說郛三種

玖

[明] 陶宗儀 等編

上海古籍出版社

說郛續四十六弓

說郛續目錄

姚安陶　珽纂　弘農李　　里定

正學編

晉江陳琛

太始

古今之運元而已矣一元之運陰陽而已矣夫天者其陰陽之宰乎地者其質也人物者其化也是故陰陽闔闢動靜相因而變化無窮焉

大中

盈天地間陰陽而已矣陰陽者天地中正之道也是故無陰陽則非天地矣無相互則非陰陽矣

大化

一陰一陽曰道道之不已曰命道者其統會乎命者其散殊乎是故言天下之至賾而至正者道也言天下之至動而至賾者命也升降靡常剛柔雜揉變化見而吉凶分道始渙而離之矣運之流也有從逆焉機之通也有遲速焉命在其中矣

大定

萬物之生皆滋陰含陽以爲萌始然而有通塞焉何也曰命之變化爲之也又渙而不齊者化也禪而不

窮者形也萬物以化濟以形彌而陰陽之用廣矣人物者通塞之大分也男女者陰陽之大分也然而通而塞塞而通陰而陽陽而陰者道未嘗不在齊變化而貞夫一者也

正則

陰陽者天地之道也成性者人之道也陰陽毁則天地之道息矣成性毁則人之道息矣

大通

人心會天地之虚者也是故天以虚而成運地以虚

而成質人以虚而成生天非虚則其運滯地非虚則其質廢人非虚則其生蹶故辰極者天之虚也江河淵洞之竅地之虚也人心人之虚也

至感

無一時而或息者天地之化也無一時而不感者人心之機也夫貫動静妙寂感者人心也動静相循寂感相生變易而不拘則流而不滯非人心之神其孰能與于此

眞會

中者虚體也天地惟大中故能生萬物人心惟大中故能應萬變冲漠無朕萬象昭然其中之藴乎故曰大中無動無静萬感畢應無始無終一眞冲融是之謂中虚

眞體

道也者一天人之理也仁也者齊物我之體也心也者統内外之機也是故天地合一存乎道物我合一存乎仁内外合一存乎心人之不知天人之一者以其理礙之也人之不知物我之一者以其私隘之也人之不知内外之一者以其聞見蔽之也

眞順

聖賢之所以異于衆人者聖賢能全其心性之用而衆人則汩之聖人能全其耳目之用而衆人則賊之聖人能全其四肢之用而衆人則害之

眞反

齊民之所以爲齊民者其在于習乎習也者有生之厚蔽也其猶水之于水乎積而沍之故愈固愚者沍而愈固者也

充類

心有蔽焉不可撤也心有何焉不可豁也撤而豁之其在于學乎

異端

端正也異于正者曰異端

貞乘

天人之相接也非學不承道器之相體也非學不貫有無之相朕也非學不着內外之相合也非學不符是故學也者天人之乘也道器之機也有無之範也內外之橐也

元貫

元者天之生意也春者物之生意也仁者人之生意也是故生意之在于物充則達偏則萎絕則枯人之於仁亦猶是也

致一

心有主謂之敬是故有主則警警則昏惰不得而乘之矣有主則虛虛則思慮不得而汩之矣有主則定定則外物不得而誘之矣

互養

禮者所以齊其外而維其心者也是故垣宿次舍天之維也山岳江河地之維也禮者人之維也又範圍人道而不過者其維禮乎夫禮者中正之矩也原于道而爲道之寄也出于性而爲性之護也

聖學範圍圖說

雋李岳元聲

圖何昉乎昉吾孟夫子指黜楊墨歸儒之義而擴之象也後學讀其書而不得其旨楊墨之辯紛如甚至溺其教而爲之徒者亦復狹小聖人之道以宗廟百官爲不足奇淩淫久之有託而逃而詩禮發冢之徒且貽笑於南華氏矣孟夫子憂之洞開天心闢此异學剖破藩籬廓然大路特詔儒者以範圍曲成之方開歸受之塗止入笠之辯斯吾孟夫子願學孔子家

風痛切人靈之愚振聾啓聵使有血心者人人鞭策聖域天地之心生民之命堯舜之道具是學者舍是何以闢荆棘掃靡蕪何以體天地之撰收人物之大全使江漢秋陽之烈日月經天江河注地恐令二氏角立門外雄據別傳長作伊周傲客於吾夫子問津沮溺之懷不大剌謬須知學術之壞過在吾黨僭疏其義以就正於吾儕之誦法孔氏者

聖學範圍天地法象之圖

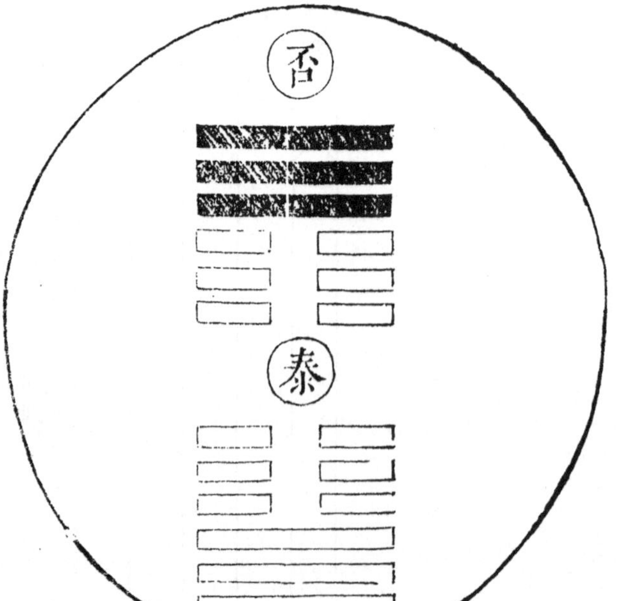

參天兩地屬人皇
否泰相尋聖與狂
不得一尊標二氏
都來三界總茫茫

客問一

客曰方今參禪味玄之徒堅白其說以傲吾儒之所不知泰盛矣予何謂之易也曰吾非易觀二氏二氏實竊取吾道而用之者也易與天地準故能彌綸天地之道範圍天地之化而不過曲成萬物而不遺乃顧有超三界以爲高者乎乃顧有凌五岳以爲奇者乎自以兼愛爲是見謂之仁而不知春之不能不秋也自以爲我爲是見謂之義而不知秋之不能不春也四時偏枯百物彫落吾懼夫乾坤毀而無以見易也感慨及此不禁學術之痛準大易作聖學範圍圖

崇一尊以攝二氏復準三五陰陽剛柔仁義推原二氏本末作差別二圖以明其偏仁偏義之僻首圖無極中圖太極卒歸無極以明吾儒有始有卒之學使逃楊逃墨者洞然曉大中至正之的便知其來也原從個中而來其去也原從個中而去殊途同歸百慮一致書有之會其有極歸其有極其斯之謂歟教者誠如是由象攝心又何慮歸受之塗不廣而入笠之有遺憾乎客聞之唯唯而退

聖學範圍釋氏法象之圖

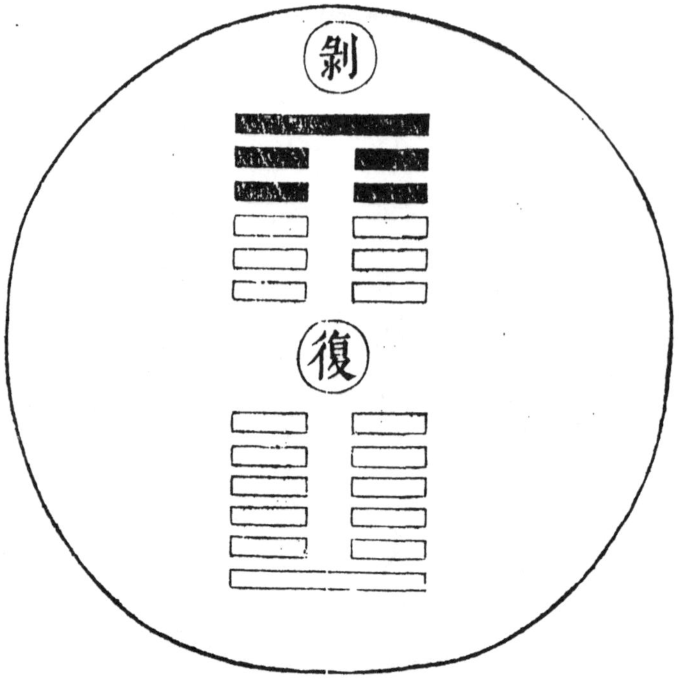

羣陰剝盡一陽來
斷髮文身出世才
六根隱見靡消息
大地潛夫不用猜

客問二

客曰予不聞西方聖人之稱乎而欲以剝復範圍釋氏之情狀政恐釋氏之徒未必心折也曰善哉問也夫不盡釋氏之情狀而篤空譚以與釋氏辯是入笠之招也且世之取大於釋氏者以能利天下也試觀其傲兀君父雄視陽明以爲如來此非剝後之復耶剝不終於剝故受之以復六龍上行五陰俱盡驅三身四智作渡迷之筏以皮囊爲幻化而謂空空子不足以見天地之心是誣釋氏也見天地之心而毀天

地之形自以爲幽贊王化而不知已明棄倫常聖學之所以範圍天地不如是其兼愛之辟也儻其一日反經則逃墨歸儒孟夫子曲成盛心千載如生矣客曰誠如是夫業已釋氏之徒矣又遵何道而不詭於聖也在乾之初九曰潛龍勿用陽在下也龍潛則不至過乎亢何偏仁之不可歸而儒也吾敢借潛龍之義以進夫釋氏之卒爲釋氏之徒者而謂剝復不足以範圍釋氏乎予其退而參之無輕譚

聖學範圍老氏法象之圖

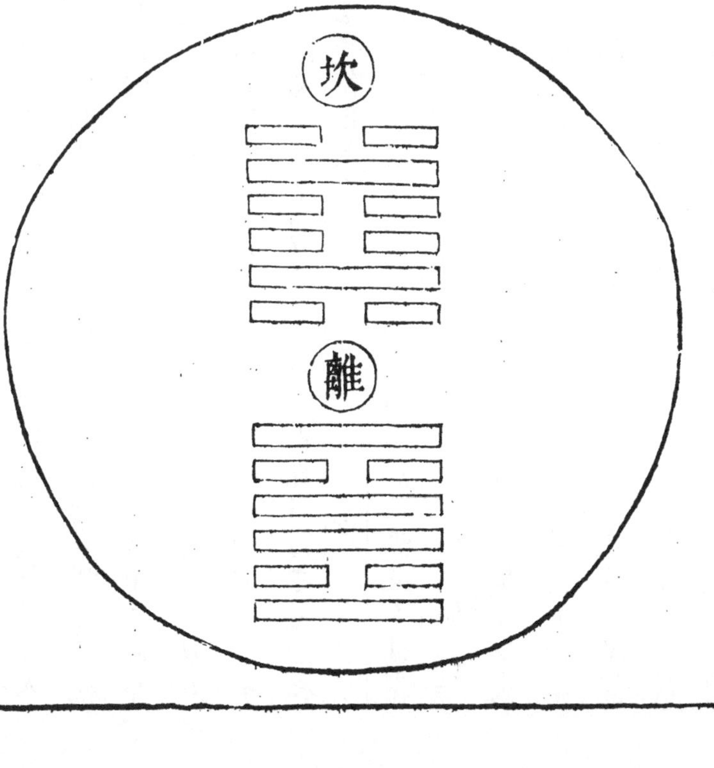

衆生險處處中央
實腹虛心道者漿
白日羽翰非奇事
泠泠玉液細嘗嘗

客問三

客曰子不聞柱下猶龍之稱乎而欲以坎離範圍老氏之情狀政恐老氏之徒未必心折也曰善哉問也夫不盡老氏之情狀而逞玄譚以與老氏辯是又入笠之招也且世之取大於老氏者以能自利也試觀其致守虛無雌伏陰符以爲竅妙此非坎中之離耶坎不終於坎故受之以離抽添尾閭消息崑崙取五金八石作服食之糧而以形骸爲蟬蛻謂玄玄子不足以窮日月之變是又誣老氏也窮日月之變而私日月之照自以爲逃生物表而不知已倫死人間聖學之所以範圍天地不如是其爲我之辟也倘其一日反經則逃楊歸儒孟夫子曲成盛心千載如生矣客曰誠如是夫業已爲老氏之徒矣又遵何道而不詭於聖也在易坤之六五曰黄裳元吉文在中也能中則不至流於險又何偏義之不可歸而儒也吾敢借黄裳之義以進夫老氏之卒爲老氏之徒者而謂坎離不足以範圍老氏乎子其退而參之無輕譚

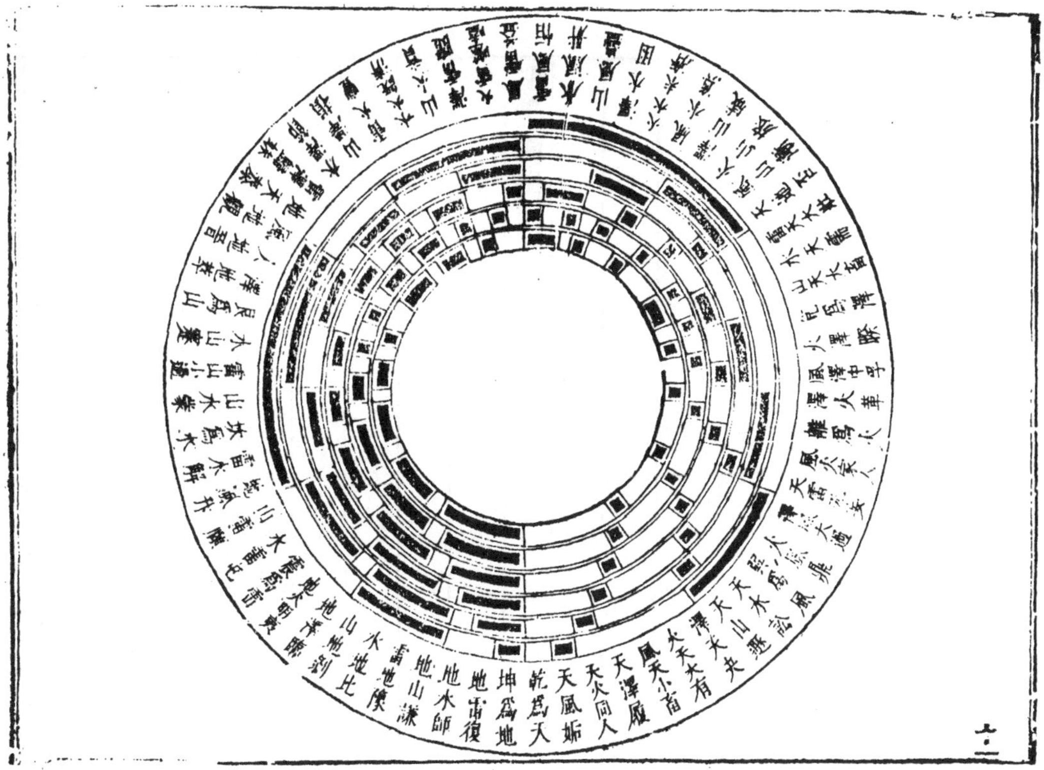

客問四

客曰卦有六十四而子以剝復象釋氏以坎離象老氏以否泰象吾儒其爲敘也夫乃偏而不全略而不詳有遺象歟曰是不然言剝復而一陽一陰之卦盡之矣如坤逢雷自復而師而謙而豫而比而剝皆一陽之卦也如乾遇巽自姤而同人而履而小畜而大有而夬皆一陰之卦也言坎離而二陽二陰之卦盡之矣如自臨而明夷而震而屯而頤而升而解而坎而蒙而小過而蹇而艮而萃而晉而觀皆二陽之卦

也如自遯而訟而巽而鼎而大過而无妄而家人而離而革而中孚而睽而兌而大畜而需而大壯皆二陰之卦也言否泰而三陽三陰之卦盡之矣如自泰而歸妹而節而損而豐而旣濟而賁而隨而噬嗑而益皆三陽之卦也如自否而漸而旅而咸而渙而未濟而困而蠱而井而恒皆三陰之卦也易之道一而二二而三三生萬物盡之矣一不兩不三三不兩不六六六而參天兩地之事備矣聖學所以範圍二氏而不遺政惟此易簡之配至德也而子乃執象求之

是緣木而求魚也去易之道遠甚乎其退而參之無

輕譚

元圖大衍

益河馬一龍

太極者渾淪元氣未破之象也

太極有名而無狀惟元氣之胞可以象之元氣之胞若氣毬然周子作太極圖亦模寫乎此耳

元氣胞

剖渾淪之象而伸之者陽動而虛復生氣也又從而斷之者陰靜而氣又化虛也

—— 剖渾淪之象

— — 斷所伸之奇

夫兩象天地也兩象立則天地位矣

天地位則天者乾父也地者坤母也父母交而萬物生矣

是故天氣下交于地地氣上交于天

乾初交于坤則一陽動于地之下而生震震者乾之

長子也

☳ 陽動地下

乾再交于坤則一陽升于地之中而生坎坎者乾之中子也

☵ 陽升地中

乾三交于坤則一陽出于地之上而生艮艮者乾之季子也

☶ 陽止地上

坤初和于乾則一陰生于天之下而生巽巽者坤之

長女也

☴ 陰生天內

坤再和于乾則一陰麗于天之中而生離離者坤之中女也

☲ 陰麗天中

坤三和于乾則一陰悅于天之上而生兌兌者坤之季女也

☱ 陰悅天上

先天八卦小橫圖

☰ 天

☱ 陰悅天上　地三和天

☲ 陰麗天中　地二和大

☳ 陽動地下　天一唱地

☴ 陰生天下　地一和天

☵ 陽升地中　天二唱地

☶ 陽出地上　天三唱地

☷ 地

天地交氣而雷風山澤水火之質成乾坤合體而兌

震坎離艮巽兌之象備陰陽升降之情見矣

八卦之象不外乎天地六子之象不外乎乾坤乾坤合體則六子之奇偶陰陽之升降咸見矣

乾坤合體圖

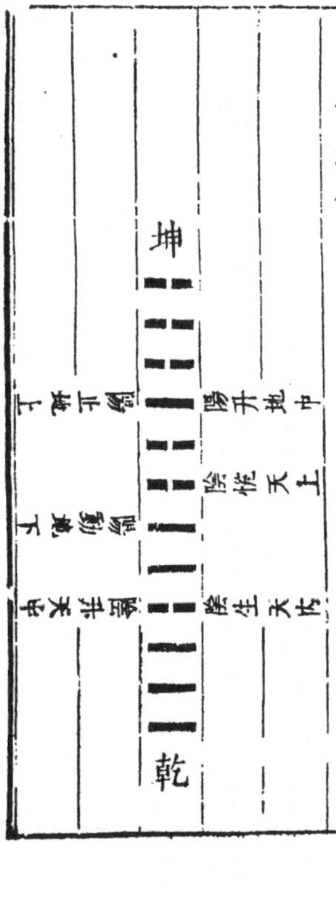

是故圖書未出數在奇偶

此言易作而圖數散伴于卦爻也奇偶謂卦爻奇偶未畫則易理未著陰陽老少之數隱于河圖之中雖天地開示至理于物象神而明之則待乎其人耳

奇偶既具數在圖書

分圖數以為奇偶則奇立而一三五七九之數在焉偶立而二四六八十之數在焉此則天生神物聖人則之而萬世道學性命之源于此而發端矣

老少既分數在老少

二老立而一九四六之數具二少立而二八三七之數具圖之數在四象矣

八卦既分數在八卦

四象之生八卦者以一二三四順加于二少之上六七八九逆加于二太之上故八卦定而數在是矣

周易稽疑

汴上睢樗

元亨利貞

易道廣大精微無所不備故注者各以所見如元亨利貞程傳以為四德本義謂當得大通而在在貞固然後可以保終也或謂二說以古言當宗本義以彖言當宗程傳程傳祖文言者也

彖傳爻傳

彖曰大哉乾元萬物資始此本彖傳之辭今不曰傳

而曰彖何也雖磐桓志行正也此本爻傳之辭今不曰傳而曰小象何也其它卦曰彖曰小象皆類此是義不知本于何人始于何時宋大儒俱不言及或別有意義也

見龍在田

見龍在田時舍也項平甫舍讀作去聲止也猶傳舍之舍謂龍初出潛時寓于此朱義雖未明訓音義亦與此同

知進不知退

知進而不知退知存而不知亡知得而不知喪曹仲
禮云喪字下魏王肅本曰其惟愚人乎知進退存亡
而不失其正者其惟聖人乎如此讀意似完足

位乎天位

象曰位乎天位以正中也據鄭氏謂上位字誤當作
莅字

利執言

六五田有禽利執言无咎按言字當作之字傳寓之
謬以五柔中不爲兵端之象

君子有終

謙亨君子有終按說苑終下有吉字韓詩外傳曰能
以此終吉者君子之道今謂亨通而有終則卦爻係
君子若義未盡也

剛柔交錯

剛柔交錯天文也文明以止人文也天文上脫剛柔
交錯一句余初讀疑有此句未敢以爲然及觀朱子
語錄亦解脫也

枯楊生華

九五枯楊生華老婦得其士夫按少字誤作士字及
觀郭氏定本亦云少字虫傷類于士字誤亦明矣士
字義理無謂

大耋之嗟

大耋之嗟凶嗟字下古文及鄭薛本无凶字晁景迂
曰凶字者得象數理或然也

有嘉折首

王用出征有嘉折首獲匪其醜舊傳以有嘉爲句恐
不是釋讀小象多有韻此當日有嘉折首庶與韻叶
也

晉如鼫鼠

晉如鼫鼠貞厲象曰鼫鼠貞厲位不當也鼫鼠子夏
康成皆作碩碩大也二三四互艮象鼠九陽爲大鼠
本草指爲螻蛄項本菴乃土狗言皆非

得其大首

九三明夷于南狩得其大首不可疾貞吳幼清曰大
謂二之陽與上應上者三之首故曰大首謂能得上
六也不可疾貞先儒俱連讀項氏玩辭貞字自爲句

得之

弗損益之

弗損益之先儒皆連讀惟晁氏客語弗損絕句蓋損處上九物極則反是以弗損也

居德則忌

居德則忌南軒張氏曰居德則忌言不居其德也積而不流之謂居節齋蔡氏曰居德而不施則與象反矣故忌蓋祖南軒之說注疏以則字作明字非

入于幽谷

初六臀困于株木入于幽谷三歲不覿按象曰入于幽谷幽不明也不明字上誤增幽字義亦甚析也

井谷射鮒

井谷射鮒谷窮也即詩進退維谷之谷射注也言井竭而空不能上出濟物僅足注鮒而已不在谷字取義今傳稱澗谷又稱谷下恐非本爻之旨

非收勿幕

井收勿幕俞氏謂收爲汲收字作去聲讀詩救切是也幕當作羃掩之也井養不窮蓋以濟人利物爲功而使之羃可乎

巳日乃孚

巳日乃孚漢上朱氏曰十干自甲至巳然後爲庚庚革也自庚至巳十日浹矣巳日浹日也例以先庚先甲爲訓似爲近之

漸下有缺

漸字下缺一漸字瀘川毛氏曰易未有一義而明兩卦者晋進也漸非進以漸而進爾

賢德善俗

山上有木漸君子以居賢德善俗郭氏云賢德以止巽爲居風俗以止巽爲善今本正文脫風字本義亦疑善下有脫字是也

鴻漸于磐

鴻漸于磐飲食衎衎孟康曰磐水涯之堆二當互坎可稱水涯之堆虞馬謂磐爲山石悉誤坎爲飲互兑爲食夫鴻水鳥也據于石又何飲食乎孟之說是矣

遇其夷主

遇其夷主吉行也郭氏謂行上脫志字理或然矣或

文疑皆字爲志字之誤石守道曰四雖幽暗而遇夷
主是以志行而吉也

得童僕貞

旅即次懷其資得童僕貞俞氏曰貞當自爲句周禮
有所求貞貞亦古之美辭或謂此意象也黃楚望謂
象外之象即此類也爻亦有同此

未濟征凶

未濟征凶利涉大川居下坎之上似亦濟矣而又有
坎在前蓋亦未濟也六三位不當征之且凶況涉大

川乎朱子曰利字上當有不字

立象成器

立成器以爲天下利漢紀引易立象成器以爲天下
利本義云立下疑有闕文蓋使人深考而自得之也

是故夫象

是故夫象聖人有以見天下之賾而擬其形容象其
物宜郭京曰是故夫象四字衍文呂東萊說亦同今
觀上下文郭呂之說似不誤

不威不懲

不威不懲小懲而大戒此小人之福說苑不威下脫
小字不懲下脫大字此先儒論事理而後舉易以明
之說苑去古不遠或有所據也

同功異位

二與四同功而異位其善不同二多譽四多懼近也
或以爲譽可以言善而懼亦可以言善乎善字疑是
義字之誤

坤爲柄

坤爲柄俞氏曰柄爲枘乾性圜轉而曲坤性執方而
直故乾圜坤枘相反也此一句本義不解當以俞氏

之說爲是

震爲龍

震爲龍龍虞翻干寶作駹以第八章有其文此重出
也故以虞干之說爲然駹色蒼也震之色亦蒼

馬爲曳

其于馬也爲曳郭氏雍曰馬字誤當作其于輿也爲
曳易曰見輿曳又曰曳其輪故輿有曳而馬无曳也

兌爲羊

兌爲羊李鼎祚曰羊已見前此當爲羔虞不重出與震爲駹之義一也

晉晝明夷

晉晝明夷誅也誅孫奕作昧明出地上爲晝明入地中爲昧得反對之義關子明曰蒙昧者厥道求乎明明夷亦昧也昧不明蓋傷之也孫氏奕本此

大壯則止

大壯則止遯則退也熊氏曰大壯剛以動而曰止非其象矣止蓋上字之誤大壯之勢陽上而不已遯則陽退諸家之說紛紛多牽會無取也

周易會占

江寧程鴻烈

乾一 壬戌土 壬申金 壬午火 甲辰土 甲寅木 甲子水

六爻不變占

乾 飛壬戌土 伏癸酉金 乾元亨利貞

道陟多阪胡言連蹇譁瘖且聾莫使道通

請謁不行求事無功

一爻變占

姤 飛辛丑土 伏甲子水 潛龍勿用

仁政不暴鳳凰來舍四時順節民安其處

同人 飛己丑土 伏甲寅木 見龍在田利見大人

子號索哺母行求食反見空巢訾我長息

履 飛丁丑土 伏甲辰土 君子終日乾乾夕惕若厲无咎

空拳握手委地更起富饒豐衍快樂無已

小畜 飛辛未土 伏壬午火 或躍在淵无咎

据斗運樞順天無憂所行造德與樂並居

大有 飛己未土 伏壬申金 飛龍在天利見大人

上帝之生福祐日成修德行惠樂日安寧

夬 飛丁未土 伏壬戌土 亢龍有悔

狐竹之墟失婦亾夫傷於蒺藜不見少妻

東郭堂姜武氏以亾

二爻變占

遯 飛丙午火 伏甲寅木 見龍在田利見大人

聘雞無距與鵲交鬬翅折目盲爲鳩所傷

訟 飛戊午火 伏甲辰土 君子終日乾乾夕惕若厲无咎

龍馬上山絶無水泉喉焦脣乾舌不能言

巽 飛辛未土 伏壬午火 或躍在淵无咎

出門逢惡爲患爲悠更相擊刺傷我手端

鼎 飛己未土 伏壬申金 飛龍在天利見大人

弱足刖跟不私出門市賈不利折亡爲患

大過 飛丁未土 伏壬戌土 亢龍有悔

桀跖並處人民愁苦權兵荷糧戰於齊魯

无妄 飛庚辰土 伏甲辰土 君子終日乾乾夕惕若厲无咎

傳言相誤非干徑路鳴鼓逐狐不知跡處

家人 飛辛未土 伏壬午火 或躍在淵无咎

三女求夫不見復關伺候山隅長思憂歎

離 飛辛未土 伏壬午火 飛龍在天利見大人

胎生孚乳長息成就充滿帝室家國昌富

革 飛丁未土 伏壬戌土 亢龍有悔

玄黃虺隤行者勞疲役夫憔悴踰時不歸

中孚 飛辛未土 伏壬午火 或躍在淵无咎

舜升大禹石夷之野徵詣王庭拜治水土

睽 飛己未土 伏壬申金 飛龍在天利見大人

陽旱炎炎傷害禾穀穡人無食耕夫嘆息

兌 飛丁未土 伏壬戌土 亢龍有悔

鷁飛中退舉事不進宋人潰亂

大畜 飛丙子水 伏壬申金 飛龍在天利見大人

三年爭妻相逐奔馳終日不食精氣勞疲

需 飛戊子水 伏壬戌土 亢龍有悔

日瞯足動喜如其願舉家蒙寵

大壯 飛庚戌土 伏壬戌土 亢龍有悔

郤大牆壞蠹衆木折狼虎爲政天降罪罰

高獄望夷胡亥以斃

三爻變占

否 飛乙卯土 伏甲辰土 乾元亨利貞
莪月晶光驂駕六龍祿命徹天封爲燕王
漸 飛辛未土 伏壬午火 乾元亨利貞
陽低頭陰反首木爲凶傷我寶進不利生
其子
旅 飛巳未土 伏壬申金 乾元亨利貞
繭栗犧牲敬享鬼神神嗜飲食受福多孫
咸 飛丁未土 伏壬戌土 乾元亨利貞
三人求橘反得大栗女青以富黃金百鎰

渙 飛辛未土 伏壬午火 乾元亨利貞
跛踦相隨日暮牛罷陵遲後旅失利亾雌
未濟 飛巳未土 伏壬申金 乾元亨利貞
長面大鼻來解己憂遺吾福子惠我嘉喜
困 飛丁未土 伏壬戌土 乾元亨利貞
噂噂所言莫如我恒歡喜堅固可以長安
蠱 飛丙子木 伏壬申金 乾元亨利貞
彭祖九子據德不殆南山松柏長受嘉福
升 飛戊子木 伏壬戌土 乾元亨利貞

鶴鳴岐山鷩應山淵男女媾精萬物化生
文王以成爲開周庭
恒 飛庚戌土 伏壬戌土 乾元亨利貞
東山西岳會合俱食百家送從以成恩福
益 飛辛未土 伏壬午火 益利有攸往利涉大川
公孫駕驪載聘東齊延陵說産遺季紵衣
噬嗑 飛巳未土 伏壬申金 噬嗑亨利用獄
堅冰黃鳥常哀悲愁不見甘粒但見藜蒿
數驚鷙鳥爲我心憂

隨 飛丁未土 伏壬戌土 隨元亨利貞无咎
乘龍上天兩蛇爲輔踊躍雲中遊觀滄海
民樂安處
賁 飛丙子水 伏壬申金 賁亨小利有攸往
室如懸磬既危且殆早見之士依山谷處
既濟 飛戊子水 伏壬戌土 既濟亨小利貞初吉終亂
梗生荊山命制輸班袍衣剝脫夏熱冬寒
饑餓枯槁衆人莫憐
豐 飛庚戌土 伏壬戌土 豐亨王假之勿憂宜日中

太微帝室黃帝所値藩屏固衛不可得入
常安無患
損　飛丙子水　伏壬申金　損有孚元吉无咎可貞利有攸往
姬姜祥淑二人偶食論仁議福以安王室
節　飛戊子水　伏壬戌土　節亨苦節不可貞
龍角博顙位至公卿世祿久長起動安寧
歸妹　飛庚戌土　伏壬戌土　歸妹征凶无攸利
背北相憎心意不同如火與金
泰　飛癸酉金　伏壬戌土　泰小往大來吉亨

不風不雨白日皎皎宜出驅馳通理大道

四爻變占

觀　飛辛巳火　伏壬申金　觀我生君子无咎
江河淮海天之奧府衆利所聚可以饒有
樂我君子
晉　飛己酉金　伏壬申金　晉如鼫鼠貞利
三癡俱走迷路失道惑不知歸反入患口
萃　飛丁亥水　伏壬午火　大吉无咎
任劣力薄孱駑恐怯如蝟見鵲不敢拒格

艮　飛丙申金　伏甲辰土　艮其限列其夤厲薰心
民怯伐惡姦人所伏寇賊大至入我邦郭
妻子係獲
蹇　飛丙申金　伏甲辰土　往蹇來反
騎豝逐羊不見所望徑涉虎廬亾豝失羔
小過　飛丙申金　伏甲辰土　弗過防之從或戕之凶
從風放火荻芝俱死三害集房叔子中傷
蒙　飛戊辰土　伏甲寅木　包蒙吉納婦吉子克家
鴻鵝鴟鴞專一無尤君子是則長受嘉福

坎　飛戊辰土　伏甲寅木　坎有險求小得
黃鳥來集既嫁不答念我父兄思復邦國
解　飛戊辰土　伏甲寅木　田獲三狐得黃矢貞吉
暗昧冥語相傳詿誤鬼魅所舍誰知卧處
升　飛辛亥水　伏甲寅木　孚乃利用禴无咎
衛侯東遊惑於少姬亡我考妣久逝不來
頤　飛庚子水　伏甲子水　舍爾靈龜觀我朶頤凶
純服黃裳戴上以典德義既生天下歸仁
屯　飛庚子水　伏甲子水　盤桓利居貞利建侯

陽孤亢極多所恨惑車傾蓋亡身常憂惶
乃得其願雌雄相從
震 飛庚子水 伏甲子木 震來虩虩後笑言啞啞吉
懸恒素餐居非其安失輿剝廬休坐徙居
明夷 飛己卯土 伏甲子木 明夷于飛垂其翼君子于行三日不
食有攸往主人有言
弓矢俱張把彈折絃九發不至道遇害患
臨 飛丁巳火 伏甲子木 咸臨貞吉
南山昊天刺政閔身疾悲無辜背憎爲仳

五爻變占

剝 飛丙寅木 伏壬戌土 碩果不食君子得輿小人剝廬
大禹戒路蚩尤除道周匝萬里不危不殆
見其所使無所不在
比 飛戊戌土 伏壬申金 顯比王用三驅失前禽邑人不誡吉
中夜犬吠盜在墻外神明祐助消散皆去
豫 飛丙申金 伏甲辰土 由豫大有得勿疑朋盍簪
禹鑿龍門通利水源東注滄海民得安從
謙 飛丙申金 伏甲辰土 勞謙君子有終吉

山險難登澗中多石車馳轊擊載重傷軸
擔載差躓踠跌右足
師 飛戊辰土 伏甲寅木 在師中吉无咎王三錫命
倉盈庾億宜種黍稷年豐歲熟民人安息
復 飛庚子水 伏甲子水 不遠復无祇悔元吉
三人爲旅俱歸北海入門上堂拜謁王母
飲勞我酒

六爻變占

坤 飛坤酉金 伏壬戌土 見群龍无首吉

招殃來螫害我邦國病傷手足不得安息

戊申立春考

明 路士登

萬曆三十六年戊申歲立春正月節曆

以洪武初欽天監監正元統大統曆法推

推天正冬至

置所求萬曆三十六年戊申歲距元至元辛巳歲積三百二十八年減一以大統歲實三百六十五日二十四刻二十五分乘之得一十一萬九千四百三十四日二十九刻七十五分爲中積分加氣應五十五

日〇六刻得一十一萬九千四百八十九日三十五刻七十五分爲通積分滿旬周去之餘二十九日三十五刻七十五分爲天正冬至分以法推之得歲前十一月初四日癸巳辰正二刻冬至

求立春

置氣策一十五日二十一刻八十四分三十七秒五十微三因之得四十五日六十五刻五十三分一十二秒五十微加天正冬至日分得七十五日〇一刻二十八分一十二秒五十微其日滿旬周去之餘一十五日〇一刻二十八分一十二秒五十微爲立春分以法推之得歲前十二月二十一日己卯子正一刻立春

以元至元辛巳太史令郭守敬授時曆法推

推天正冬至

置所求萬曆三十六年戊申歲距元至元辛巳歲積三百二十八年減一以授時消一歲實三百六十五日二十四刻二十二分乘之得一十一萬九千四百三十四日一十九刻九十四分爲中積分加氣應五

十五日〇六刻得一十一萬九千四百八十九日二十五刻九十四分爲通積分滿旬周去之餘二十九日二十五刻九十四分爲天正冬至分以法推之得歲前十一月初四日癸巳卯正初刻冬至

求立春

置授時消一氣策一十五日二十一刻八十四分二十五秒三因之得四十五日六十五刻五十二分七十五秒加天正冬至日分得七十四日九十一刻四十六分七十五秒其日滿旬周去之餘一十四日九

十一刻四十六分七十五秒爲立春分以法推之得歲前十二月二十日戊寅亥初三刻立春

以余蘭州立六丈表取冬至前後冬四十五日實測晷景推

推今時所測天正冬至

余於蘭州立六丈表下識圭刻約戊申歲前丁未歲冬至前後相距各四十五日測得午景前四十五日九月十八日戊申景長七丈二尺○九分至後四十四日十二月十九日丁丑景長七丈二尺五寸四分

五釐後四十五日十二月二十日戊寅景長七丈一尺六寸六分以前後相對所距之四十五日戊申戊寅二景相校餘四寸三分爲晷差爲實仍以十二月十九日二十日丁丑戊寅相連二日之景相校餘八寸八分五釐爲法以法除實得四十八刻五十八分七十五秒前多後少爲減差於前後相距各四十五日計九十日凡九千刻內減前減差餘八千九百五十一刻四十一分二十五秒折取其中爲四千四百七十五刻七十○分六十秒加十日五十刻共爲四千五百二十五刻七十○分六十秒百約爲日命起戊申日筭外得四十丗日爲癸巳餘以發斂收之爲時刻及分除甲子以前至戊申之十六日自甲子至癸巳得二十九日二十五刻七十○分六十秒爲冬至分以法推之得歲前十一月初四日癸巳卯正初刻冬至

推今時所測歲實

置余所測萬曆三十六年戊申歲前冬至日景推得癸巳日夜半後二十五刻七十○分六十秒上取元

至元十八年辛巳歲前郭守敬所測日景推得己未日夜半後六刻即五十五萬六百分之氣應爲準以辛巳距今戊申三百二十七年共積一十一萬九千四百三十四日加新測到癸巳日夜半後二十五刻七十○分六十秒內減去元辛巳歲測到己未日夜半後六刻得一十一萬九千四百三十四日一十九刻七十○分六十秒爲實以距積三百二十七年而一得三百六十五日二十四刻二十一分九十秒爲今時所測歲實

求今時所測氣策

置今時歲實三百六十五日二十四刻二十一分九十秒以二十四氣而一得一十五日二十一刻八十四分二十四秒六十微為今時所測氣策

求今時所測立春

置今時氣策一十五日二十一刻八十四分二十四秒六十微三因之得四十五日六十五刻五十二分七十三秒八十微加天正冬至日分得七十四日九十一刻二十三分三十三秒為立春分去其旬周餘一十四日九十一刻二十三分三十三秒為立春分以法推之得歲前十二月二十日戊寅亥初三刻立春

布大統立春分校授時多九刻八十一分三十七秒五十微立春後天十刻有奇相隔一日與天不合授時校余實測之數止多二十三分四十二秒其立春時刻與余合余與天合乃稍差二十餘分者則消一未盡畸零之小數耳不害其為同也

論曰孟子云天之高也星辰之遠也苟求其故千歲之日至可坐而致也旨哉言乎夫故之言利也其天行順利之故道也故不難致而難於求然求亦多術矣從古羲和道廢日官失職帝王六曆訛於四分漢人踵之又假不變而不知為好事之偽作也四分之曆天與日齊以步氣朔一跬步不可行迨漢末劉洪始覺其誤乃減歲餘立歲差考冬至日躔在斗二十二、度千古不明之數自洪始發之後之曆家代各改革然不數十年而輒先後天不可行者何則以歲差之中仍有消長一機未備也至元太史郭守敬乃悉其竅焉觀守敬之言曰上考往古下驗將來皆距立元為筭歲實上推每百年長一下筭每百年消一其諸應等數隨時推測不用為元其說至明也至洪武初欽天監博士元統則不知測驗為何事而徑削去消長另立準分以為修改合天擢為監正監副李德芳持消長正論力爭之不得遂從統議然而統所修改四準則皆授時舊數接年續之一無所改者也訛傳至今失之益遠疇人沿襲恬不為怪今余於蘭州立六丈之表視郭太史四丈之高又申一之半復從

宋周琮取立冬立春去至日遠之景日差長幾九寸
尤易分別以法布之立春時刻與郭太史消一之曆
符合而大統則後天九刻八十餘分適值子半之交
差天一日矣夫曆從何來從日躔之在天來也今仰
觀天象立春日躔在戊寅亥初而欽天監在己卯子
正此可以口舌爭乎且七政齊禀於日躔日度變而
朔轉交及五曜之率皆變氣應一差則諸事皆差而
而以之步曆無一可者故守敬曰天有不齊之運而
曆爲一定之法所以既久而不能不差既差則不可

不改隆慶間監官周相亦曰今年遠數盈歲差天度
失今不考所差必甚皆探本之論也乃監正張應候
等不知據以爲知方訑訑然曰大統曆乃元統依守
敬法爲之准驗無差必不可改且詆余爲妄議夫使
元統果依守敬安得有差統皆守敬者也皆守敬而
差亦只爲無差何不觀今日之天其躔形非景立春
在亥分寸以辨一指點間可與海内億萬人有目所
共見者亦孟子所謂天日之故可求而可坐致者也
若信如彼言堅持大統爲無差則余與守敬並耶若
余與守敬差則天亦差耶嗟嗟張壽王不能爭鄧平
祖冲之不能勝戴法興李德芳之是不能掛元統之
非張應候之非力能奪余之是振古如茲匪今斯今
則吾末如之何也已

題戊申立春考證後

觀察邢公按金城和以治粟臬蘭爲屬下吏公著曆
書成復出戊申立春考證一帙示和和幽誦竊有請
曰曆稱千古絶學自公發之其精微蘊奧和固難測
然立春爲朞實之首與窮月相禪受者大統且差隔

日則監官擇日之吉凶不甲乙顛覆令人靡所適從
乎公曰善哉問可易言之余訂古今曆數言天運不
齊事應大統擇日其事應之驗與否我不敢知第今
時所用上自宰
國重務下逮民間日用吉凶趨避一切禀命於曆書
而立春一差其弊有不可勝言者如從大統十二月
二十一日己卯立春則己卯爲萬曆三十六年正月
節爲除日立前一日戊寅爲三十五年大寒十二
月中之終亦除日爲四絶如從郭太史授時曆與余

測晷所步十二月二十日戊寅立春則戊寅爲三十
六年正月節爲建日立前十九日丁丑爲三十五年
大寒十二月中之終亦建日爲四絕查欽天監大成
曆載十二月戊寅除宜施恩封拜宴會整手足甲上
官立劵交易掃舍宇不宜出行正月戊寅建不宜出
行動土四絕日打上官上梁出行此大統不易之定
法也而今監曆謬以戊寅之立春正月節爲四絕以
戊寅之建日爲除日丑月戊寅宜施恩封拜等吉應
上忌出行乃今建也而非除也一期之首日也而非

絕也正月建寅百事皆忌而以之施恩封拜宴會整
手足甲立劵交易掃舍宇可乎監曆四絕打上官上
梁出行監官遂皆打去而不知建日自不宜上官上
梁出行日原不忌出行而正月之戊寅則不宜出行
也十二月十九日爲四絕打上官上梁出行監曆宜
祭祀不宜出行適偶合者則以丑月建日止宜祭祀
餘事皆忌故偶合而非以四絕之正論打去也不寧
惟是立春一差則年神方位俱差監曆戊寅日之年
神方位太歲黃幡在木一黑以至九白子死符小耗

以至壬容授時與余戊寅日之年神方位太歲五鬼
金神在申一白以至九紫子大殺官符会神畜官以
至壬容監曆非矣夫余不言事應者也監曆之非即
姑置勿論乃其大者今去郭太史才三百二十餘年
差十餘刻猶可言也若三千年仍舊則計差千餘刻
中節俱差十餘日三萬年仍舊則計差十萬餘刻中
節俱差千餘日不可言也和聞公是語如夢功覺如
夜斯晝乃仰天大息曰有是哉從古帝王以欽天授
時爲首務今若此謂宛天負時何使斯世斯民不用

迴避也則可如用趨避則胡可使昭昭之民昭犯
之忌也況係軍國重務乎和而後乃今始知臺司之
舛謬非小而我公之有功於天下萬世至弘遠矣和
不文敬述公明訓題其後
萬曆丁未上元之吉臨洮府同知屬下吏滇南阮犛
和頓首拜題

讀史訂疑

吳郡王世懋

南宮适

南宮适之爲南宮敬叔見論語註古來皆無異議獨予深非之斷以爲一人也聊具數駁以諮羣疑按史記孔子弟子傳南宮括字子容而述論語二條以實之初未嘗云是孟僖子之子孟懿子之兄也而索隱註遞云是孟僖子之子仲孫閱論語註遽云謚敬叔孟懿子之兄史無其文也可疑一也适見家語一名

縚是适已有二名矣而左傳孟僖子云必屬說與何忌於夫子索隱又云仲孫閱是又二名天下豈有一人而四名者乎可疑二也孔子在魯族姓頗微而南宮敬叔公族元士遺從孔子時定已娶於强家矣豈孔子得以兄子妻之可疑三也禮記檀弓載南宮敬叔反必載寶而朝孔子曰喪不如速貧之爲愈也若而人豈能抑權力而伸有德謹言語而不廢於有道之邦耶可疑四也愚以南宮敬叔之與南容皦然二人矣後世孟浪者合而一之耳請以質之識者

班史疎處

班史張安世傳安世兄賀有一子早死無子子安世小男彭祖宣帝以賀舊恩賜謚陽都哀侯彭祖封陽都侯明爲賀嗣而文乃曰賀弟子侍中關内侯彭祖何也又曰賀有孤孫霸年七歲拜爲散騎中郎將賜爵關内侯食邑三百戶此益可疑旣云子死無子而孤孫霸何從生旣名爲孫何不令襲爵而以弟子襲耶傳中言安世子千秋延壽彭祖傳末復敘千秋之才爲霍光所歎千秋長而才當襲然竟以延壽嗣侯必千秋早死亦當道出此等處亦未可謂不疎也

蔡邕有後

前漢書游俠傳遂族郭解翁伯解族滅當無後而後漢書郭伋傳高祖父解武帝時以任俠聞爲伋曾祖父者何人也蔡文姬傳曹操素與邕善痛其無嗣蔡伯喈後絕矣晉蔡充別傳乃曰充祖睦蔡邕孫也睦父爲邕子竟是何人又邕女傳止云文姬晉羊祜傳云祜蔡邕外孫其母必非文姬矣豈邕尚有別女耶至祜討吳功當進爵土以乞舅子蔡襲得爲關内

侯是襲父伯階孫也伯喈遂有兩孫何得云無後耶及觀蔡豹傳云祖睦是蔡邕叔父質之後也睦又非邕孫矣豈邕本無後而蔡氏以睦爲父後之耶

張劭死友

後漢書范巨卿式傳汝南張劭垂死不許郅惲爲死友而獨舉巨卿又所載登堂拜母事甚詳是謂劭外無死友矣而酈道元水經註乃云巨卿與汝南張劭長沙陳平子石交號爲死友矣不知其言何所本也道元極稱博洽定非無稽第不應與正史互異如此

羊祜隱事

晉羊祜唐褚遂良陸贄皆千古忠賢然褚陷劉洎幾同宋之問輩贄害竇參小史亦具載之祜爲人寡謙讓本傳云王佑賈充裴秀皆前朝名望祜每讓不處其右而山濤傳乃云羊祜執政時人欲危裴秀濤正色保持之由是失權臣意出爲冀州刺史謂權臣非祜而何是祜一舉而傾裴山兩賢也然歟否歟褚陸事顯人皆知祜事最隱故標出之

古今紕漏

罔閲古今來紕漏之事不檢點而輕於註述者六臣註文選謝朓和王著作八公山詩謂謝安與王導共破苻堅十歲兒皆能笑其繆何良俊集語林詳陳咸用漢祖臘云御史大夫陳萬年子咸亢直有異才官廷尉監累遷尚書是以兩漢書爲一傳而陳咸爲一陳咸也萬年子咸以憂卒於成帝世後咸是陳寵曾祖卒於王莽篡漢後年代相遠官不同地亦不同茅鹿門坤批評漢書史丹傳云丹之不附定陶太后卒以免官一節乃其大節也漢書何不以見之本傳而

以附之傅喜傳似非史記大體處其批師丹傳立定陶王爲皇太子以丹爲太子太傅云輔太子一節本丹一生功業而一節本末亦具在此是始終以史丹師丹爲一人也史丹所護太子乃成帝師丹所傅太子乃哀帝史丹卒於成帝世不附定陶太后哀帝時事漢書明晳是師丹與史丹何與而妄批至此若謂批評本謂師丹則師丹傳叙不附丁傅尤明何以云附之傅喜傳也陳咸傳稍隱且註誤猶可恕鹿門欲識彈班氏不應謬至此豈刻者非其手筆或他人

傳會而誤刻耶至又批李廣利傳曰武帝以寵一姬欲封其兄弟遠行萬里開邊紫卒困中國已而以巫蠱事案誅李姬而李廣利以貳師將沒於匈奴天道好還如此案誅李姬不知何據坤素博洽豈李夫人傳及詩竟終身不寓目耶巫蠱事在李亡後弟延年以此誅耳恐誤後學不得不一拈出辨之

鴻臚澗

靈寶之西函谷之東有澗直下黃河曰弘農澗大明一統志載之云宋避英宗諱改爲鴻臚澗余竊疑宋

爲太祖父諱弘殷耳何必並農字改之英宗初名及後更名俱不犯二字以爲英宗者尤誤也後閱王得臣塵史始知其大謬不然得臣曾修陝志云靈寶之西有澗曰洪溜不知其名之因也比見水經云縣有鴻臚團池是水津渠沿注故謂斯川爲鴻臚澗於是知洪溜語之訛也灑然始悟當時俗名是洪溜原非弘農所謂鴻臚者即得臣援證水經修志時改之耳彼自云鴻臚非云鴻蘆也得臣政和時年八十所著書正當英宗前後何嘗有避諱之說乎蓋陝州古名弘農而是澗先名洪溜後名鴻臚其聲近於弘農措大强解事遂以意傳會其說以爲復古而名之事固有雅而非眞者予故拈出之以雪斯澗之誤名今靈寶人亦順呼爲弘農無有知其非者仍當稱鴻臚爲是不然稱洪溜猶是宋以前語也

柳惲讀書臺

湖州有毗山一統志云唐刺史柳惲讀書其上有讀書臺址山今爲尚書潘公所得命予作歌亦具言柳渾事予爲證其誤非唐柳渾乃南齊柳惲也惲是渾

六世祖爲吳興守時有亭皐木葉下隴首秋雲飛句時人目爲柳吳興故當有讀書臺耳考唐書渾未嘗爲湖州刺史安得至毗山當時修志者不學乃爾

龍魚川

岑嘉州詩魚龍川北盤谿雨鳥鼠山西洮水雲以魚龍對鳥鼠絕工然讀水經註方知魚龍乃龍魚也水出五色魚俗以爲靈故稱龍魚水又曰龍魚川嘉州去道元未遠身所經處豈當倒呼定是後人校書者誤易之耳校刻岑詩者仍當作龍魚爲是是水一統

志亦不載又一缺典也杜詩水落魚龍夜山空鳥鼠秋亦然未知竟是誰起

晉書易字

世說新語載殷淵源語我與我周旋久寧作我語輕薄而大有意韻晉書易一字云我與卿周旋久以卿易我一字而義實壞豈唐諸賢不能解此趣耶吾意定是後人校書淺陋者繆改之若韓吏部子金銀車耳

顏註中酒

中酒二字始見於徐邈傳中聖人義如中者之中而音反從平聲樊噲傳項羽既饗軍士中酒顏註云飲酒之中也不醉不醒故謂之中義宜從平聲而音乃竹仲切何也亦猶中興之中音同竹仲耶按中酒二字來歷之古無如噲傳而義乃別取不爲後人語柄余故標而出之

玉蘭即迎春

余兒嘗占玉蘭花古不經見豈木筆之新變耶余求其說而不得近與元馭學士對坐偶閱苕溪漁隱曰感春詩辛夷花高最先開洪慶善註云辛夷高數丈江南地暖正月開北地寒二月開初發如筆北人呼爲木筆其花最早南人呼爲迎春余觀木筆迎春自是兩種木筆色紫迎春色白木筆叢生二月方開迎春高樹立春已開然則辛夷乃此花耳其言如此洸然有悟今之玉蘭即宋之迎春也亟呼元馭曰兄知玉蘭古何名乃迎春也元馭疾應曰果然昨嶺南一門生來見玉蘭曰此吾地迎春花何此名爲玉蘭其奇合如此乃知迎春是本名此地好事者美其花改

呼玉蘭而嶺南人尚仍其舊耳據叢話言玉蘭是迎春迎春即辛夷即木筆也然今北方有木筆而絕無玉蘭則王摩詰辛夷塢果是何花豈古有之而今絕種耶譬花以辛名今玉蘭嚼之辛而木筆不然又似苕溪之說爲是夫玉蘭之爲辛夷未可定而其本名爲迎春則自今日始知也嘗恨山川草木鳥獸之名古今不合多如此類是故惡夫改者近閱宋小說又有名爲白辛夷者則木筆當爲辛夷而迎春白辛夷玉蘭本名審矣

古器宗賤

玩物喪志先民所規然而宗器之陳寶玉大弓之守古人未嘗不重也今世人有不好古者以爲用無當較角而視等於瓦礫且謂古物何憑類多贋作耳至溺意好古者一聞是古物輒便欺賞都不別白精麁殊不知古器之中精麁既殊貴賤迥異按漢書梁孝王有罍尊直千金罍古雷字註云刻爲山雲雷之象以金飾之大抵商金類也孝王時去古未遠而尊價已值千金蓋精好之極假令其尊尚存不啻二千其

値耶持是以論古物貴賤可知矣

諱字宜改

王右軍曾祖郎丘子諱覽祖侍御史諱正故右軍書蘭亭記覽字加十宀書正皆作政字以示諱也後人不知相沿用之以爲古不知其於義無當也余故表而出之爲晉家一刊誤焉又如唐人諱虎以虎林爲武林諱昺以丙丁爲景丁諱淵以殷淵源爲深源宋人諱恒以田恒爲田常諱桓以齊桓公爲威公諱貞以王文貞曰王文貞曾俱改爲文正其眞諡文正者范希文司馬君實而已在後世俱當訂此原文而一切沿用不知其非何也

溫公通鑑

唐蕭至忠素有雅望後附太平公主以進嘗自主第門出遇宋璟璟曰非所望於蕭傅蕭取潘安仁西征賦中句欸有情賓司馬溫公作通鑑遂以臆改曰非所望於蕭君也雅俗迥別矣豈以溫公而不讀文選人故是識趣爲難耳

書傳正誤

泰和郭孔太

廣韻引史記毛遂曰公等娽娽今史記作錄錄古文碌碌琭鹿陸娽通用老子琭琭喻少也漢書灌夫傳帝在卽錄錄應劭注猶娽娽也蕭何贊錄錄未有奇節顏師古注猶鹿鹿也後漢馬援傳更共陸陸李賢注猶碌碌也

梧轉音誤魁梧大貌漢書張良傳贊魁梧奇偉蘇林梧讀悟顏師古注可驚悟也或讀吾非

後漢書董卓傳卓縱軍士淫畧謂之搜牢李賢注牢漉也楊氏古音附錄搜牢二字竝去聲今俗猶有此語貴州俗云打牢

泛駕泛轉音捧義同覂漢書呂后紀自起泛孝惠卮又武帝紀泛駕之馬俱作捧

宋人小說謂天下字皆有對如饑飽勞逸之類惟渴字無對楊氏古音叢目云古文渴卽竭字孟子溝澮皆盈其竭也可立而待則渴者盈之對今孟子文作涸

谿與徯與谿牽奚切讀曰溪宋均曰無水曰谷有水曰谿徯弦雞切讀曰兮反戾也莊子婦姑勃徯注勃爭也徯空也

黔有二音一音琴一音鉗其義皆黑色也貴州爾黔從秦黔中郡隋黔州名也音琴以人言有黑苗有黑羅以水言有黑水有烏江以郡言有夜郎有烏撒烏蒙皆黑義也

常談考誤世稱青衿之士曰秀才士子聞之尚若以爲輕巳者按北史杜正玄隋開皇十五年舉秀才試

策高第不知秀才非始於隋也晉書王祥年垂耳順始舉秀才除溫令則秀才之舉行於西晉史記賈誼年十八以能誦詩屬書聞於郡中吳延尉爲河南守聞其秀才召置門下甚幸愛則秀才之名著於西漢

燕窩海粉二物俗以爲海味之素食誤也燕窩係銀魚之初生者海燕銜以結窩故曰燕窩海粉是海魚口吐之物以其形似粉故曰海粉魚去而海粉浮土人卽收之其色綠若日曬過收之其色黃是一一爲魚質一爲魚吐非素物也

姑息二字出檀弓細人之愛人也以姑息陳澔集注未解荀注苟容取安也亦未晰陸務觀老學菴筆記王荊公熙寧初召還翰苑初侍經筵之日講禮記曾參易簀一節曰聖人以義制禮其詳見於牀第之間君子以仁行禮其勤至於垂死之際姑息者且止之辭也天下之害未有不由於且止者也予謂荊公亦有所本韻會曰姑且也息止也左傳曰姑已若何子姑待之巳即止也荊公說本此

古今有諺語有謠語有讖語有諧語有譏語有讔語

語意不同其跡易混諺語如大學故諺孟子夏諺是也謠語如檿弧箕服實亡周國之類是也讖語如亡秦者胡劉氏復起李氏當王之類是也諧語如優孟諷漆城優旃諫葬馬之類是也譏語如既定爾婁豬盍歸吾艾豭之類是也讔語如麥麴庚癸之類是也楊升菴作古今諺古今謠似矣然諺中雜謠雜諧如狐非狐貉非貉之類謠而雜於諺也如左相宜威沙漠右相馳譽丹青之類諧而雜於諺也謠中雜讖如論語比考讖天監志公詩讖陸法和書讖而雜於謠也似當釐正各從其類爲六語

紫薇花爾雅爾雅翼埤雅天中記俱未載惟事文類聚有紫薇花亦不載事實止載劉禹錫和令狐相公郡齋對紫薇花詩明麗碧天霞丰茸紫綬花白居易詩絲綸閣下文章靜鐘鼓樓前刻漏長獨坐黃昏誰是伴紫薇花對紫薇郎此唐人之誤以紫微爲紫薇者即劉白未悟也然紫薇花亦始於唐今人以六月開百日紅者爲紫薇花其色有紅紫二種樹高尋丈皮薄而白花繁而碎亦濃郁可愛吳中點中最多

宛委餘編用修能辨晉元非牛金所生且知其爲誣辭而云魏道武名犍繼受命爲牛繼馬後之像此又誤也道武初名涉圭後名圭犍者其父什翼犍也亦遠矣愚謂用修以昭成爲道武以什爲犍誠誤然以犍爲牛繼馬則非始於用修也元行沖作魏典三十篇以昭成名犍繼晉受命可以當繼馬之象行沖本拓跋後尊祖之詞耳

孟氏譜孟子以周定王三十七年四月二日生即今之二月二日赧王二十六年正月十五日卒即今之

十一月十五日壽八十四歲誤也貞定王在位二十八年而崩無三十七年卽以定王二十七年生至赧王二十六年卒共計一百五十四歲無是理也陳士元氏辨之甚詳但云周定王在位二十一年而崩亦誤定王在位實二十八年也又云定王二十一年乙亥至赧王二十六年壬午凡二百九十八年亦誤定王二十一年壬辰非乙亥也赧王二十六年壬申非壬午也自定王二十一年至赧王二十六年共一百六十二年非二百九十八年也

莊子闕誤

闕名

逍遥遊 計十三字

亦若是而已矣（見文如海本舊作則）槍榆枋而止（見文本及江南本舊闕）腹猶顆然（見文本舊作果）彼之二蟲又何知也（見文本舊闕）八千歲爲穪此大年也（見成元英本舊闕）豈唯形骸有聾瞽哉（見天台山方瀛觀古藏本舊作育）請買其方以百金（見江南古藏本舊闕）安所困苦哉（文作安所窮困哉）

齊物論 計十二字

老洫（江南古藏本作溢）雖我亦成也（江南古藏本作雖我無成亦可謂成矣）仁常而不周（見江南古藏本舊作成）飄風振海（見江南李氏本舊闕）聖人愚芼（見劉得一本舊作芚）則是之異乎不是也其無辯矣然若果然也則然之異乎不然也亦無辯矣（見江南古藏本）

養生主 計七字

牛不知其死也如土委地（見文如海劉得一本舊闕）始也吾以爲至人也（見文本舊作其）

人間世 計二十字

思其所行則庶幾（見李氏本舊闕）曰譆若往而殆刑耳（見張君房

（本舊作若殆往而刑耳）衎暴人之前者（見江南古藏本舊作衎）有心而爲之其易邪（見張本舊闕）寡不道以懼成（江南古藏本作寡有不道以成懼）其大蔽數千牛（大成李張本同舊闕）將隱芘其所賴（見張本舊作隱將）郤曲郤曲（見張本舊作吾行郤曲）

德充符　計十四字

守其宗者也（見江南古藏本舊闕）受命於地唯松柏獨也正在冬夏青青受命於天唯堯舜獨也正在萬物之首（見張舊本闕）計子之德□足以自反邪（文成李張同舊作不足以自反邪）不知先生之洗我以善邪吾之自寤邪（見張本舊闕）孔丘之

於至人□未邪（見張本舊作其未邪）

大宗師　計七字

邴邴乎其似喜乎崔乎其不得已乎厲乎其似世乎（文成張作邴邴乎其似喜也崔崔乎其不得已也厲乎其似世也）善少（見張本舊作天）故殺生者不死（見江南古藏本舊闕）往侍事焉（見張本舊作待）

應帝王　計五字

庶民孰敢不聽而化諸（見張本舊作度人）吾與汝無其文（見江南古藏本舊作旣）不震不止（見江南古藏本舊作正）紛然而封哉（見張本舊闕）

駢拇　計二字

而多方於聽明之用也（張作而多□於聰明之用也）而枝者不爲岐（見江南古藏本舊作跂）

馬蹄　計一字

絡之（見江南古藏本舊作雒）

胠篋　計十一字

曷嘗不法聖智哉善人不得聖智之道不立跖不得聖智之道不行則聖智之利天下也少聖智生而大盜起掊擊聖智聖智已死聖智不死雖重聖智是乃

聖智之過也彼聖智者天下之利器也（並見張本舊作人）

刻意　計一字

故曰聖人休焉休則平易矣（見張本舊作聖人休休焉則平易矣）

繕性　計九字

繕性於俗□學以求復其初（見張本舊作繕性於俗俗學以求復其初）滑欲於欲思以求致其明（見張本舊作俗）古之治道者以恬養智智生而無以智爲也謂之以智養恬（見張本舊闕）義明而物親忠也（見江南古藏本作中）禮樂徧行（江南古藏本作偏）四時應節（見張本舊作得）又何爲乎哉（見張本舊闕）軒冕在身非性命之

有也見張本舊闕

說劍計一字

悝當何敢言見張本舊作尚

漁父計三字

皎白見張本舊作交侍於下風見張本舊作待以敗德人見張本舊作惡音烏路反

讓王計五十五字

恐聽□謬見張本舊作恐聽者謬弦歌見張本舊闕不以羨自累也見李氏本舊作刑神無惡也見張氏舊作乎吾是以知松柏之茂也

桓公得之莒齊子糾之亂小白出奔莒文公得之曹曹人觀晉公子駢脅越王得之會稽越爲吳敗勾踐以敗卒保於會稽山陳蔡之隘於丘其幸乎自桓公并注至會稽山四十八字見江南古藏本舊闕故許由虞於潁陽而共伯得志乎丘首虞安也見江南古藏本舊作娛志舊闕殷德衰見江南古藏本舊作周

盜跖計十一字

穴室樞戶見劉得一本舊作樞□休卒徒於太山之陽見江南古藏本舊闕凡天下人有三德見張本舊闕此七子者世之所高也見江南古藏本舊作六此六子者無異於磔犬流豕見江南古藏本舊作四操瓢而乞者皆利名輕死見張本舊作雖汝行如桀紂則□作色有不服之心者見張本舊作則有作色吾昔與子訟於無約曰見張本舊作日則亦猶夕病長阨見江南古藏本舊闕若負重行而上坂也見張本舊闕貪財而取辱見張本舊作慰

在宥計二字

空同之山見張本舊作上以此因人之國僥倖也見江南古藏本舊闕

天地計十三字

故通於天者道也順於地者德也行於萬物者義也見江南古藏本舊闕上五字義作道沈珠於淵見張本舊作藏退巳音祀見江南古藏本

舊作已有機械於此其名桔槔並見張本機舊闕桔舊作爲聖人所羞也見張本舊作聖人羞之不相罪坐見張本舊闕

天道計九字

其自然爲也見張本舊闕而道德之至也見張本舊闕實者倫矣江南古藏本作實者備矣刑名比詳見張本下同舊作刑夫天地至神矣見張本舊闕安取道哉見文本舊闕非知治之道者也見江南古藏本舊闕淵淵乎其不可測也見江南古藏本舊闕

天運計十七字

孰隆施是見李氏作弛在上彷徨見張本舊作有名者公器也見張本舊

闕又奚傑傑然見張本舊闕子口張而不能脅舌舉而不
能訒見江南古藏本舊闕然則至人見江南古藏本舊闕發動如天地者
哉見張本舊作乎三皇五帝之治天下也昔黃帝之治天下
見江南古藏本舊闕眸子不運而感風化雌應於下風而感風
化故曰風化並見張本舊闕

秋水計十四字

五帝之所運見江南古藏本舊作連故異便耳見張本舊闕是故大
人之行不出害人之塗也見張本舊闕謂之纂之夫見張本舊
闕知乎人之行見江南古藏本舊作天而不遇時也見江南古藏本舊作

莊子闕誤　六

得當堯舜之時當桀紂之時並見張本舊闕出跳乎井幹之
上見江南古藏本舊作跳梁且子曰見張本舊闕

至樂計三十八字

吾未知之樂也亦未知之不樂也果有樂無有哉吾
以無為而誠者為樂矣並見江南古藏本舊闕萬物皆化生見江
南古藏本舊闕令有變之而死見江南古藏本舊作今又變而之死髑髏見夢
曰向子之談者見張本舊闕泛然以天地為春秋見張本舊作從
而復為生人之勞乎見張本舊作人間之勞乎彼必相與異其好
惡好惡異故先聖不一其能見江南古藏本舊作故異也種有幾

若蠹為鶉見劉得一本舊闕斯彌為食醯食醯生乎頤輅頤
輅生乎黃軦黃軦生乎九猷九猷生乎瞀芮瞀芮生
乎腐蠸腐蠸生乎羊奚羊奚比乎不箰久竹生青寧
並見張本舊闕

達生計十四字

是形色而已見江南古藏本舊闕物焉得而正焉見張本舊作止不開
人之人見劉得一本舊作天以死投鉤投金投見呂覽舊作注有張毅
者見高門縣簿見劉得一本舊闕人之所最畏者見江南古藏本舊闕
取吾將三月豢汝見張本舊作犧篇韻不收自為謀則取之其所

莊子闕誤　七

異彘者何也見張本舊闕潛夫異雞無敢應見者反走矣文如
海劉得一本同舊闕其由是與見江南古藏本舊闕□忘是非張文本同舊作知忘
是非則安平陸而已見劉得一本舊闕

山木計七字

運化之泄也見江南古藏本舊作物褰裳躩步見張本舊作蹇莊子反
入宮三月不庭見江南古藏本舊闕從其令江南李氏成本同舊作俗
虞人以吾為戮張文本同舊作栗林虞人逆旅之有妾二人見劉得一
本舊作人

田子方計一字

其導我也似父見江南古藏本舊作道

知北遊

知如字舊音智不敢故曰通天地之一氣耳見劉得一本舊作通天下一氣

合彼神明至精見劉得一本舊作今子孫非汝有見張本舊作孫子運

量萬物而不遺文劉本同舊作匱汝唯莫必謂無乎逃物張成

本同舊闕山林與皐壤與與我無親使我欣欣然而樂與

見江南藏本舊闕

庚桑楚計十二字

辟盡矣□奔蜂不能化藿蠋江南李氏張本同舊作日奔蜂不能化藿蠋

莊子闕誤　八

十日息愁江南李氏文劉張同舊作自人見其人物見其物見張

本舊闕每妄更爲失見劉得一本舊闕出入而不見其形見張本舊

作入出孰知有無死生之一宗者見文本舊作守又適其偃溲

焉江南李氏張本同舊闕移是非今之人也江南李氏張本同舊闕

徐無鬼計十二字

藜藋柱宇鼪鼬之逕文張同舊作乎察士無陵誶之辭則不

樂見文成張本同舊作凌誶之事聽而斲之瞑目恣手盡堊而鼻不

傷見江南李氏本舊四字是郭注可不諱云見江南李氏本舊作謂游於天地

也見江南古藏本舊闕擇䟽鬣長毛自以爲廣宮大囿見張本舊闕

古之眞人以天待人見張本舊作之

則陽計二字

同檻而浴見張本舊作濫氣之廣者也見劉得一本舊作大

外物計五字

我且南游說吳越之王見張本舊闕出拾薪見張本舊闕中民

之行易進焉耳張成本同舊闕大林丘山之善張文本作大林沐□

見張本舊作休

寓言計四字

如觀鳥雀蚊虻見張本舊闕勸公以其私死也見張本舊闕向

莊子闕誤　九

也括撮而今也被髮見張本舊闕而況乎以無有待者乎

見張本舊闕

列御寇計十二字

無多餘之贏江南李氏張本同舊闕汝處已音紀江南李氏本舊作巳闔□

嘗視其良文成李同舊作闔胡嘗視其良古之至人天而不人見張文本

舊闕有愼懁而達見江南古藏本舊作順仁義多責六者所以

刑也達人之情者傀見劉得一本舊闕

天下計三字

而九滌天下之川江南李氏本舊作雜雖未至極江南李氏文本同舊作可

謂至極

右三十三篇闕誤或兩義共三百四十九字

廣莊

公安袁宏道

逍遥遊

豎儒所謂大小皆就情量所及言之耳大于我者即謂之大是故言大山則信大海則信言鳥大于山魚大于海即不信也何也以非情量所及故也小于我者即謂之小是故言螻蟻則信蟭螟則信言蟻有國國有君臣少長是非爭讓之事蟭螟睫上有無量虫虫有無量郡邑都鄙即不信也何也以非情量所及

故也嗟乎一人身量自頂至踵五尺耳三百六十骨節之中三萬六千種尸蟲族焉凡有目者即有明是彼未嘗無晝夜日月也凡有足者即有地是彼未嘗無山岳河瀆也有嗜欲者即有生聚是彼未嘗無父子夫婦養生送死之具也齧而爲疥彼知趨利膚中之蟣出之甲上奔丞如鶩彼知畏死吾安知天地非一巨丈夫邪娑婆世界非其一骨節之虚空處邪人物鳥獸賢聖仙佛非其三萬六千中之一種族邪經曰髮毛爪齒皮肉筋骨皆歸于地吾是以知地特髮毛

之大者唾涕濃血津液涎沫皆歸于水吾是以知水特唾涕之大者暖氣歸火動轉歸風吾是以知風火特喘息之大者天地得其大不爲有餘人得其小不爲不足虫處其内不爲逼狹人據其外不爲廣廓天地以成住壞空爲刼虫以生老病死爲刼肘間之蟲笑指節爲爽狄膚間之蟲語以牙甲叱爲怪誕尚不信身外有人又況人外之天地邪由此推之極情量之廣狹不足以盡世間之大小明矣拘儒小士乃欲以所常見常聞闚天地之未曾見未曾聞者以定法

縛已又以定法縛天下後世之人勒而爲書文而成理天下後世沉魅于五尺之中炎炎寒寒畧無半罅可出頭處一丘之貉又惡足道聖人知一巳之情量決不足以窮天地也是故于一切物無巨細見于古今世無延促見于衆生相無彼我見殤可壽巨可細短可長我可彼智可蒙蜉蝣以暮死爲長年故殤未始不壽也牛大于豕小于象故巨未始不細也夢十年者不出一覺故短未始不長也魘者以手搦胸手即物故我未始不彼也聖不能見垣外故智未始不蒙也正倒由我順逆自彼游戲根塵無罣礙盡聖人者豈有三頭九臂迥然出於人與虫之外哉惟能安人虫之分而不以一巳之情量與大小爭斯無往而不逍遥矣

齊物論

天地之間無一物無是非者天地是非之城也身心是非之舍也知愚賢不肖是非之果也古往今來是非之戰場墟壘也天下之人頭出頭没于是是非非之中倚枯附朽如大末蟲之見物則緣而狂犬之鬬

聲則吠是故寄心于習寄口于羣人嗔則嗔人譽則譽者凡夫之是非也援古證今勘聖校愚叱凡譽雅者文士之是非也投身幽谷趨清避濁潔士之是非也課名實黜浮譽上督責罪虛誕法家之是非也祖述仁義分別堯桀規思矩孟馨王醜霸儒生之是非也惡盈善退絕智棄聖道家之是非也趣寂滅樂悲捨贊歎戒律呵斥貪嗔釋氏之是非也異途分門爭道並出海最爲書不可盡載嗚呼是非之衡衡于六根六根所常執爲道理諸儒最賢聖詰其立論皆進

諸此今夫不食烟火者目見十里短視隔尺訓狐之烏夜祭蚊螟晝不辯丘嶽目果可常乎哉跛雉陀龍無耳而聞亂聽以掌牛以角耳果可常乎哉口司言也而海外有形語之國馬相不以鼻口果可常乎哉足附地則行欹側則蹶此其職也而蟻能倒行蠅能仰棲足果可常乎哉色借日月借燭借青黄借眼色無常聲借鐘鼓借枯竹竅借鎚借肺中風借舌腭聲無常想借塵緣借去來今借人借書冊想無常夫不可常卽是未始有衡未始有衡卽不可憑之爲是非

明矣槐葉之虫其身純青見粉壼之白者笑之而不知青白之不由彼也蜀犬見雪則吠詫其所變江魚入海則惑失其所常生首子者烹而食之以爲宜子彼見夫中國之慶喜鄭重以爲不慈矣祝夫尚僧以貴其女彼見夫中國之問名納采從一守貞以爲不令矣死者棄骸野外以施烏鳶七日不盡聚族而哭彼見夫中國之素車黄腸珠襦玉匣以爲不仁矣天地之大何所不有我憐彼彼亦憐我我訕彼彼亦訕我是非之質惡從而辨之是故以長非短者是以髮

之若若識髭之虬結也以大議小者是以甁中之空笑盃中之空也以辨屈辨者是以百舌之語攻燕子之語也以聖斥狂者是以横吹之聲刺空谷之響也以古折今者是以北岡之舊壘欺南山之新壘也以智證愚者是以機關之木人悲土偶之無識也以中國非夷狄者是以楚蜀之土音正閩甌之鄉語也夢中之人物有嗔我者有齧我者是我是人夢中之榮瘁醒待不相續醒中之悲喜夢時亦不相續孰真孰幻空中之花可以道無亦可以道有故聖人不見天

高地下亦不言天卑地高波中之像可以言我亦可以言彼故聖人不見萬物非我亦不言萬物是我物本自齊非吾能齊若有可齊終非齊物聖如可悟不離是非愚如可迷是非是實雖萬釋迦何處着脚哉

養生主

天下無一物不養生者亦無一刻不養生者貧賤之人波波吒吒槁形極慮以養其生富貴之人營生路嘖奧室以養體淫妖以養目絲肉以養耳極羞醢以養口窮嗜欲以養性養之未久病病立至伐生斧命

萬厲于此賢知之人惘其淫溺是故執轅以範躬收
視卻聽以衛耳目恬淡虛無以葆神氣夫執轅以範
躬躬之卷鞠者生而躬之安逸者死矣收視以衛目
目之幽隱者生而目之弃色者死矣卻聽以防耳耳
之壅蔽者生而耳之納囂者死矣恬淡以約口口之
淡薄者生而口之愛濃厚者死矣虛無以葆性性之
寂滅者生而性之動蕩周流朋從往來者死矣皆吾
生即皆吾養不宜厚此薄彼辟如半身不遂之人雖
復面形天地半巳枯朽不得復名全人故養生者傷

生者也夫生非吾之所得養者也天之生是人既有
此生即有此養草木無知亦能養生若必自養而後
生盡天地之天喬枯死久矣子待父而養者也而少
孤之子不見天絕于世父母豈真能養子哉嬰兒之
生也即知求乳是嬰兒知養生也三月之後以手麾
之則知閉目見風則啼是嬰兒亦知衛生也嬰兒非
真有知也養生之道與生偕來不待知而知者也聖
人之于生也無安排無取必無徼倖任天而行修身
以俟順生之自然而不與造物者忤是故其下無傷

生損性之事而其上不肯為益生葆命之行古之善
養生者有三家釋曰無生儒曰立命道曰外其身而
身存既曰無生即非養之所能生也既非養之所能
生則不以不養而不生明矣立命者順受其正順受
故不欣長生不悲夭折何也命不待壽而立壽何益
命不因夭而不立夭何惡夭不足惡壽不足欣故養
生以益壽皆妄之妄者也外其身者可以存身則內
其身亦可以亡身郭橐駝之種樹也置之若棄鄉人
有病疽者痛楚入骨殆不欲生一日聞其父有大獄

立起下牀籌畫區置且日而病去此外身身存之明
效也衆人以利生故害生聖人不利故不害衆人以
得生故失生聖人不得故不失嘗雞雛者養以松子
灌以漿酪鷄亦自幸與羣雛異而不知鸞刀之先至
也西方有神女相好光明且謁主人于門主人曰神
何來女曰余功德天凡余所至之家求福者福求慧
者慧乞男女者男女諸所願欲無不吉祥如意主人
乃洗滌牀席延之上座頃之一醜女至而若塗漆髮
若野蒿主人曰若何來女曰余黑暗女凡余所至之

家富者貧貴者賤幼者殤壯者衰男子啼哭婦媼夜啼王人乃奮臂挈杖驅之出門天曰不然有事我者亦當事彼余與彼如形之影如水之波如車之輪非我無彼非彼無我王人大駭揮手謝天送之唯恐不速聖人之養生亦若是焉矣嗟夫養生之說起于貪生知生之不必貪則養生之說荒已今夫世之所謂殀折者或三十二十以至一周二周所謂善攝養者最多不過八十九十或百餘歲辟二蜉蝣一死于午一死于暮諸水族虫皆弔午而慶暮而不知時之頃

刻也若爾則所貪之生亦大倏忽矣試令一老人與少年並立問彼少年爾所少之壽何在覓之不得問彼老人爾所多之壽何在覓之亦不得少者本無多者亦歸于無其無正等若爾則所貪之生亦大烏有矣天地如獄入其中者勞苦無量年長獄長有若老囚縱不求脫何至求繫若爾則所貪之生亦大勞碌矣生有生可戀死亦有生可戀戀生之生者既迷而畏死戀死之生者亦必迷而畏生若爾則所貪之生亦大兒戲矣嗚呼不知生之如戲故養生之說行不知生之本不待養故傷生之類衆非深達生死之理者惡能養生哉惡能養生哉

人間世

衆人處人間世如鰍如蟹如蛇如蛙鰍濁蟹横蛇毒蛙噪同穴則爭遇弱即噉此市井小民象也賢人如鯉如鯨如蛟鯉能神化飛越江湖而不能升天鯨鼓鬣成雷噴沫成雨而不能處方池曲沼之中蛟地行水溢山行石破而入海則爲大鳥所啖賢智能大而不能小能實而不能虛能出纏而不能入纏是此象

也唯聖也如龍屈伸不測龍能爲鰍爲蟹爲蛇爲蛙爲諸蟲蚓故雖方丈涔蹄之中龍未嘗不游鱗濯羽也龍能爲鯉爲鯨爲蛟故江淮河漢諸大水族龍未常不相噓相沫也龍之爲龍一神至此哉是故先聖之演易首以龍德配大人周易處人間世之第一書也仲尼見老聃以猶龍老子處人間世之第一人也易之爲道在于善藏其用崇謙抑亢老氏之學源出于易故貴柔貴下貴雌貴黑夫羣不藏毛魚不隱鱗尚能殺人而況于人是故大道不道大德不德大仁

不仁大才不才大節不節道也者導也有導則有滯
滯則碍故古之人以道得禍者十常一也德也者得
也如人得物則矜矜則人見而畏故古之人以德得
禍者十常三也仁也者恩也恩能使人愛亦能使人
忌忌愛相半故古之人以仁得禍者十常五也才也
者財也如人有財盜必刼之故古之人以才得禍者
十常七也節也者岊也高也氣太高則折身太高則
危行太高則厥故古之人以節得禍者十常九也天
下之患莫大乎見長于人而據我于局我之爲我其

伏甚細其害甚大聰明我之伏于諸根者也道理我
之伏于見聞者也知解見覺我之伏于識種者也古
之聖人能出世者方能任世我見不盡而欲任世辟
如有人自縛其手欲解彼縛終不能得堯無我故能
因四岳禹無我故能因江河太伯無我故能因夷狄
迦文無我故能因人天三乘菩薩諸根是故龍逢見
戮比干剖心伍有乘潮蠧均是沈者事君之我未盡
也務光投河夷齊卬馬漆室自縊者潔身之我未盡
也羑里彼囚居東見疑者居聖之我未盡也孔畏于

匡伐木于宋絕糧于陳者行道之我未盡也孔子自
言六十耳順是六十而我見方盡明矣我見不盡戮
身之患且不保何況治世今夫父母之養嬰也探其
飢飽逆其寒暑啼者令嬉嗔者令喜兒口中一切喃
喃不字之語皆能識而句之何則無我故也同舟而
遇風者十百人一心惟三老所命呼東則東呼西則
西何則無我故也夫使事君者而皆若父母之求其
子處世者而皆若同舟之遇風何暴不可事何亂不
可涉哉古之至人號肥遯者非遯山林也遯我也我

根在卽見山林亦顯何也有可得而見者也我根盡
卽見朝廷亦隱何也無可得而見者也無可得而見
是故親之不得疎之不得名之不得毀之不得尚無
有禍何有于禍處人間世之訣微矣微矣三代而下
亦有一二至人與龍德相近者漢之子房東方朔黃
叔度晉之阮嗣宗唐之狄仁傑是也子房當烹狗藏
弓之世時隱時見托赤松以自保方朔事殺人如薦
之主玩弄兒戲若在掌股叔度居亂世君公顧廚皆
其師友而黨禁不及嗣宗縱酒汙朝口無臧否深公

身事女主與姪奴爲伍縱博褫裘佸不知耻使諸君子有一毫道理不盡我根潛伏惡能含垢包羞與世委蛇若此夫李泌亦似之矣然高潔其行至不能調伏一張良娣我見尚在處人間世之道未盡也嗟乎若胡廣之中庸馮道之五代是之而非非之而是噫余不敢言之矣

德充符

天下所寶者軀命也所尊者面貌也所倚者手足耳目也軀命計其短長面貌角其妍媸手足料其强瘦

耳目較其聰塞一支不治百里尋方一夫抱痾舉族奔丞至于覺明眞常形神之帝聽其杌揑恬不知怪有言及者互相嗔笑指爲異端噫何其頑鈍昏劣抑至此邪夫天地之長且久者非以形氣也草木之生生長長非以枝葉也人之視聽操履含知秉耀非以手足耳目心也謂耳能聽死者亦有耳何不聞謂目能視死者亦有目何不見謂手持足行死者亦有手足何不移謂心能思死者七竅具在何以都無知識空俄而有氣氣俄而有根根俄而有識根者諸濕之

偶聚如濕熱之蒸而成菌也識者六緣之虛影如芭蕉之卷而成心也蕉落心空緣去識亡熱謝菌枯濕盡形壞向非覺明眞常客于其中一具白骨立見僵仆辟則無柱之宇無根之樹其能一日立于天地間哉萬物皆可爲人是故得水者知得火者烈得金者强得木者理人皆可爲萬物是故值其生則生值其尅則死值其駁則愚值其正則賢草木一生尅也人特草木之有知者也瓦礫一水火也人特瓦礫之能動作者也嗟夫知與動作豈人之爲覺性也今夫神

之赴箕也密語則聽是有耳也呈帖則知是有目也證事則書遇物則題是有思慮也夫其耳目思慮者豈箕之爲哉神也神不以箕之成壞爲已之存亡則人亦不當以㲉之有無爲心之憂喜明矣楚俗尚鬼其致鬼之物不一推之皆有至理肩挺之鬼揑兀不休所附者長而狹且直也甕罌之鬼聲如歌曲所附者腰大而嚥細也兀丫之鬼剝啄如雷所附者短身長味也斛桶之鬼厲聲疾呼所附者濶口空腹也覺之在人如鬼附物因形發識虛實各異是故附其卷

面納者則爲聽附其漏而光者則爲視附其勁而節者則爲動履附其竅而出入者則爲意識一一切衆生不深惟身心之所以百計愛惜以愛惜故牽纏糾縛促局如繭中之虫煎唧如在釜之蟹畜盜自刼家貲日銷至于寶盡囊空猶愛盜不止可不大哀經云空生大覺中如海一漚發又云汝身汝心皆是妙明眞心中物夫狂者尊古畢今尚能眼空一世糠粃形骸至人脫郤浮漚通身是海又惡有淨穢大小之見哉

齊有優蛾者館于秦山之逆旅龜蒙先生分室而寢

夜半聞蛾謂弟子曰余初入俳場村叟有聚覩者余面若塗血心若累石口噓噓不能終折已遊三衢六衢與諸少年狎視村叟之覩者蔑如也已又過達官貴人之家分盃連席謔浪終日歸而見市井少年猶奴隸也已而入京師隸籍樂部出入掖廷聲遍長安王侯公子爭爲挾箏負琴視達官貴人猶家鶩庭鳥也今余出京又十年餘高賢大士游公卿貫閱歷既多處萬人場有若幽室籠撚揞撥隨手而應歌喉盤旋不拘本腔人無不擊節者何則不見已焉耳不見人焉耳龜蒙先生曰吾深矣夫某甲行道四十年而唯恐置身之無所也隘矣夫彭祖之神與國殤相遇于道殤目兒來祖怒曰余壽過若倍徙何嬰我殤曰兒所謂八百形骸也非兒也夫人僞而鬼眞今與若較卽眞之日予壽先若久矣

大宗師

古今宗師未有不言生死者佛曰爲一大事出見于世孔曰朝聞夕死老曰死而不亡者壽夫釋老之爲生死人皆知之孔學之爲生死雖鉅儒大賢未有能

遽知之者嗟嗟聖人之道止于治世卽一修齊已足而沾沾談性與天窮極微耿得無迂曲之甚夫天命者不生不死之本體也何言天非人是已天與人對非人者非耳非目非口鼻非心意識也既已非耳非目非口鼻非心意識矣我何在我相盡卽道既已無耳無目無口鼻無心意識卽天下之耳目口鼻一時頓盡矣人何在人相盡卽敎教之一字尤爲喫緊位天育物總是教儆心淨土淨曰位胎卵濕度曰育性如是故非是强爲爾我生死了不可得噫金口未宣

木鐸先啓涅槃妙路實擘數仞天人尊師非孔誰歸莊去孔聖未遠七篇之中半引孔語語語破生死之的倘謂蒙莊不實則中庸亦僞書矣天下皆知生死然未有一人信生之必死者冏冏之人一陷大戮窮瘏寐寐惟脫死是求是故有一罅可直不惜營營也有所可脫居間可解不惜傾囊槖鬻子女赴之也何則信巳之必死故也茫茫衆生誰不有死墮地之時死案巳立趨名騖利唯日不足頭白面焦如處銅鐵之不堅信有死者當如是邪文章之士以立言爲不

死是故著書垂訓砥毫吮墨仰面覩屋神仙之士以䙴形爲不死是故鍛精鍊氣習心龍虎坎離及諸大丹藥物之術二乘之士以寂滅爲不死是故耽心禪觀趨向虛無遠離一切幻垢無明夫文章之士無足論矣十種大仙壽千萬歲報盡還墮二乘雖受三界外變易之身終屬有爲捨此趨彼焉知大道嗟夫道何物也而可以巳意趨捨之哉夫道天也趨捨人也天地之間無物非人即無物可與道湊合者道若可聽是聲非道道若不可聽是塞非道道若可見是相

非道道若不可見是瞶非道道若可言是響非道道若不可言是瘖非道道若可思是憶非道道若不可思是忘非道道若可得是法非道道若不可得是空非道可聽可見可言等即生不可聽不可見不可言等即死可聽可見可言等即死不可聽不可見不可言等即生種種趨避皆屬生死迫道愈急去道愈遠夫惟聖人即生無生即生故不捨生無生故不趨生畢竟寂滅而未嘗破壞有爲常處一室而普見十方空界示與一切同行而不與一切同報尚無生死可

了又焉有生死可趨避哉善我者無體善行者無時善因者無果金之堅也而火流之水之輕清也而風日銷之有體故也聖無體一株之桃可分而千松子飛山成林蓮實墮泥成藕者因能爲果果亦能爲因也聖無果子生于亥死于丑此一時之生死也日生于朝死于昏此一日之生死也春生于冬死于夏此一季之生死也時爲之也聖無時無時者古今一時是故伏羲神農至今猶在無果者無因非果仲尼表高子淵表深杏壇陋巷本無是事無體者諸法同體

三教聖人末世衆生同一眼見同一耳聞同一氣出人此非識心分別可知智證乃見讀儒書者尚以此意參之庶幾聖門之嫡傳哉

應帝王

矢不密烏不高羅不繁獸不深法不多民不譎道不夥士不岐吾欲爲網罟彼卽爲深穽網罟者深穽之始也吾欲爲法律彼卽爲舞文法律者舞文之始也吾欲爲仁義彼卽爲放弒仁義者放弒之始也道而觸者彼曰無禮此亦曰無禮分辯不已遂爲格鬬僞盟誓者亦假約束何也非約束無以爲局騙賫也嗟夫此豈制作之初意哉勢使然耳文中子爲弟子曰余依先聖之言教民慈教民孝教民睦教民信講業三十年而民之厲滋甚者今之人不逮古邪何訓之難也弟子曰先生之教非也非民之難訓也先生言慈而不類之子始以慈望其父先生言睦而不肯之卑幼始以厚責其長上先生言信而締盟要約者始以信讓其朋友故自先生立教以來父見子過子見父過兄弟責望于家朋友誚讓于野先生之教則然

豈民之罪哉文中子愀然而退屏居深山終身不爲人師邃古之初民物雜處有若族屬患難不作迨其後世始有教民網罟漁獵者于是獸相率入于山魚相率入于淵鳥相率入於深林人與禽獸旣不相習見故人之强有力者遇獸則殺獸之强有力者遇人亦恣其食噉故夫民之無辜而不免於齒角之禍者智士之教也文王謂鶡冠子曰敢問詐之所始鶡冠子對曰始于一二文王曰一二奇偶自然之數也惡乎詐鶡冠子曰有一二卽有千百有千百卽有計算有計算卽有文字有文字而天下之機變不可勝窮也記曰蒼頡作字天雨血鬼聚哭憤大朴之漓奸巧之生也鬼神不得其所況乎人哉舜南廵狩至江漢之野遇一丈人披髮而泣舜曰天下熙熙然樂父老獨悲何者丈人曰往者余釣于江朝出夜沒垂六十年人無知者今江濵之人有以余爲賢而親之者矣是必上之人有以使之也夫以爲賢而親之不賢者將疎之矣余將目擊夫百姓之相食而此地之爲戰塲也是以泣也舜曰今天下何如放勳之時丈人曰

嚀安可比帝堯之世九水溢十日出而民不爲災今
則壤定日月調而民之煞痍不加于昔也帝堯之世
四凶在位三苗負固頑讒布野而堯不以其故貶聖
今流者流格者格殛者殛而昭宜平章不倍于昔也
大帝堯之德去烈山氏一間耳今奚得比哉聖王之
治何法曰法天天何法曰法嬰兒嬰兒何法曰法鵠
卵大不以水之剋火而去水天不以嚙人之故而絕
虎狼蚊蚋天不以地狹民貧而摧山填海聖王亦然
聖王者覆智愚賢不肖而因其自生自育者也故法

天也嬰兒激之不嗔譽之不喜太山摧于前而目不
瞬天之至也故法嬰兒也鵠卵無聞無見冥冥漠漠
㩳之不以爲熱濡之不以爲寒蒙之祖也故法鵠卵
齊威王令于國中有能善巧分別者賜千金三日而
應募者三人一人曰臣能分別人之面貌萬不失一
齊王乃呼左右一色一衣者百人遍令閱之一閱而
識其姓字三覆不悞一人曰臣之術有過于此者臣
能分別鵷鷺野鵲齊王乃呼嗇夫籠孔雀翡翠百餘
枚識其左右前後遍令閱之頃之發籠嘈喽庭下雜
沓其處一無所失一人曰臣之術又有過于此者臣
能分別諸名花果齊王乃導入囿命觀桃李諸花觀
畢死令摘花試之枝葉柯亞皆記其處十問而十不
失齊王大喜立賜千金西郭先生進曰此小術也奚
足爲怪臣之術有大異于此者因問首一人爾一日
能分別幾曰千餘人次分別幾鳥曰百餘次分別幾
花曰不過六七樹西郭先生笑曰陋哉臣之術能一
時知趙魏齊楚諸國雨點之數飛禽走獸皆洞得其
情狀臨淄之中七萬戶起一心一念臣能悉知用臣

不術可撫四夷齊王大駭齋戒七日庭設九賓進西
郭先生于殿王三環進食跪而請曰先生之術可得
聞乎西郭先生曰可霖雨臣知其可千里猛雨知其
不數十里分龍之雨覘雲之雨知其不隔轍臣是以
知雨點之數也翼者知其能飛角者知其能觸逸者
知其善走臣是以得鳥獸之情狀也王之百姓貧者
知其欲粟賤者知其欲爵鰥者知其欲婦曉起知其
營業人夕知其宴眠臣是以悉知其心之所念也臣
之術擽者簡而用者博故得之可撫四夷威王憮然

自失曰先生休矣

説郛續目録

弓第二

草木子

括蒼葉子奇

草木一荄之細一核之微其色香葩葉相傳而生也經千年而不變其根榦有生死其神之傳物未嘗死也

物之氣類萬古不移此主宰所以爲之帝也

草木一核之微而色香臭味花實枝葉無不具於一仁之中及其再生一一相肖此造物所以顯諸仁而藏諸用也

鬼者人之影死者生之終

善者萬理之總名也性者萬理之全體也仁者萬理之全德也孔門傳道以仁大學言道以善中庸原道以性誠者理之實元者善之長一者數之始中者物之心極者理之至皆聖賢論道極則也

人心是根於氣耳目口鼻之欲是也道心是原於理仁義禮智之性是也

新故事物爲之今古也得失人事爲之存亡也治亂世運爲之變更也

荀子曰性者惡也爲善者僞也杞柳桮棬之喻也楊子曰人之性善惡渾性無分於善不善猶水之無分於東西之説也達磨云我見佛性云何佛性作用是性生之謂性之説也蘇氏曰善惡皆出于性而非性之所有胡氏曰善不足以言性孟子道性善猶佛氏善哉善哉蓋贊嘆之辭即性無善無不善之説也韓子説性有三品即性有善有不善之説也後世諸説紛紜縱横孟子當時已一一加辨可見儒書之不可無孟子

丹經言鼎鑪是安身立命也採藥是收精斂神也火候是操存之意也沐浴是日新之功也抽添是動息之節也

佛氏謂一切衆生種種幻化皆生如來圓覺妙心譬如從空而有幻花雖滅空性不壞此東坡言性之本旨也

天地之間至堅惟金石爾金有時而銷石有時而泐至堅且然而況於人乎故知神仙可以久生而不可以長生

仁人之詘國將亂也小人得位亦國將亂也是以漢之黨錮唐之朋黨宋之奸黨三黨與天下遂至於衰亡矣

窮理須是用心自有悟處管子曰思之思之又重思之思之不已鬼神將告之非鬼神告之也乃精氣之極也

舉世皆夢也夢夢也不夢亦夢也夢乎夢不夢乎不夢是故得失蕉鹿也物我胡蝶也榮枯黃粱也

佛居大地之陰西域也日必後照地皆西傾水皆西

流也故言性以空孔子居大地之陽中國也日必先照地皆東傾水皆東流也故言性以實意者亦地氣有以使之然歟佛得性之影儒得性之形是以儒以明人佛以明鬼

輪迴舉世皆言之可見佛教入人之深也此理能窮造化之理者始足語之

飛昇有乎曰此必有術不可得而測也必也至人能之乎然天上實無着處

十室之邑必有數家居貨財而無數人能文學何天工輕彼之付而嗇此之施誠以文章學問迺乾坤之清氣也世人類曰德行本也文藝末也德則不務而文藝是經是何世人之矯枉而過直也蓋文章學問是智德上事亦德也行處是仁德上事亦德也荆南高士戴如高曰百家之中不下一二十家有錢粟而無一二人能文章可以見造物取與之輕重矣香之多者色減花之盛者實稀天地無全功矣

豢龍子

溆水董穀

人之於世皆在憂患中過日雖富貴之極亦然彼皆不知反以生爲樂何也此惟無我可免

賢者避世無道則隱此聖人之言處亂世之律令也然周流列國而無所避反爲沮溺輩所笑雖曰聖人急於救世憂樂並行不悖耳竟與律令相反如伊傅呂望彼來求我故事易成

朝即今日也元昨日也宋前日也推至羲農之世

不過一月而已世有久近理無長短時有前後理無今昔一刻即是

或問天地有始乎曰無始也天地無始乎曰有始也未達曰自一元而言有始也自元元而言無始也

識得破天地萬物不見一毫何世態之有識得破天地萬物莫非己也何人我之有

唐虞迄今四千年所謂三墳五典八索九丘但聞其名而已更歷四千年則今之五經四書寧有存者乎大化之中未嘗有聲臭而能久存者也

蜘蛛結網此殺心所形也與始作網罟者同一機事理無大小

空空之學聖而入神之地也故心空之極雖血肉之軀可有可無非有神通變幻于其間乃理之本然也而人之不能焉者心礙其形非形之不能隱也古之至人能入水不濡入火不焚者曰惟心耳莊子曰孔子能之而不爲此非眞知孔子者不能言

人皆指命運之吉凶以爲賦禀之偶値而不知本於一念之仁暴皆其所自致也譬之物價之低昂由于

物品之美惡命自我立我即天也其來也遠矣

文中子曰清談盛而晉室衰非老莊之罪也齋戒修而梁國亡非釋迦之罪也愚則曰舉業興而世道微又豈仲尼之罪哉

小兒周歲後多有見字即愛讀若有所知者此舊習之猶存也漸長能言則漸忘之故叔子探金環白公識之無信非偶云

商周之生本于契稷契稷之生出于天帝豈非高辛之裔也

南周之興後世篡弑之源也陳鄭之風後世淫亂之
備也
士世祿而不世官雖忠厚之道然官日多而祿日衆
民何以供之哉此亦周政之未善者也異于唐虞失
官不食之法矣

觀微子

上虞朱袞

天地以分而殊名也其實一物也故專言之則曰天
而已矣以地之上下四旁皆天也通山澤貫金石何
莫非天

天道一氣推遷而已矣或曰陰陽二物非歟曰烏乎
二不觀行者乎其出有往主動陽因以名其返有復
主靜陰因以名是二之說也其爲行一也烏乎二

中庸之道中和盡之矣修道之功致中和盡之矣中
和二者一中爲盡之矣一中之學心學也心統性情
道該體用

由性情有動靜之名由動靜有闔闢之名由闔闢有
通變之名由通變有德業之名由德業有參贊之名

天以氣機生人人以氣機肖天

有喜怒哀樂中節之情而後見有仁義禮智根心之
性中節存乎養根心存乎生孰生匪靈孰養匪通生
也弗養無物能長

聖人有常生之天衆人有不死之天常生之天全遊

不死之天一端仁義禮智不可勝用全體之天也惻
隱羞惡辭讓是非一端之天也擴而充之可保四海
其詔衆人之爲聖人乎衆人有聖人之體自孟氏之
啓入人矣
人之一身志與氣而已矣天地之氣何嘗弗剛有弗
剛志向之際耳吾人之志孰不務伸有弗伸氣隨之
靡耳故欲成其剛先直其志欲直其志先集其義欲
集其義先克其慾欲克其慾先察其機棖之屈于慾
軻之塞天地其皆始於幾乎

觀徵子　二

康節謂心者性之郛郭予謂血肉者心之郛郭膚革
者血肉之郛郭衆衣者膚革之郛郭棟宇者衆衣之
郛郭郡縣者棟宇之郛郭四海者郡縣之郛郭焉有
有郛郭而無君以主乎曰性是已匪性弗君郛郭盡
空由此觀之人人有君
心不可縱弛亦不可拘迫元精烱烱居吾體中一生
靠它主宰運用極宜善養尊之如天敬之如神則精
微察而吉凶昭然事著龜
天地非翕聚專一無以化生萬物吾人非蓄養貞固
無以發揮大業要哉靜也寧惟壽乎
不入羅浮高深焉得春秋微妙羅豫章得靜字力氣
最多所以動輒教學者靜坐然其訣亦自楊龜山傳
來
或問君子憂乎曰不憂然則君子樂乎曰不樂何以
其能不憂不樂也曰知還禍者福之還窮者通之還
喪者得之還虧者盈之還知是是以不憂福者禍之
還通者窮之還得者喪之還盈者虧之還知是是以
不樂然終無憂樂乎曰不憂則樂矣不樂則憂矣

觀徵子　三

夜氣之生不足以償旦晝之梏觀旦晝則知習矣觀
夜氣則知性矣
或問古之害正道者曰異端今則無世曷爲不吉也
觀徵子曰古之害也以異端殊門而異辨今之害也
自吾儒同室而鬪覺故一人作之衆人疑之有道者
起而闢之雖有害焉寡矣父師開之子弟習之有國
者舉而用之雖有不害焉亦寡矣曰敢問其所以害
曰以似仁義害仁義不愈於以不仁義害仁義乎曰
舉業業仁義也奚害焉曰非舉業之害也舉舉業業

者之宮也業斯體釋斯學斯川釋斯口耳身心不相謀是滋亂爾吾求見絜己之楊利物之墨且不可得矧敢闢乎有人於此揭正道之幟烈聲以諭人曰仁如是義如是同室之兵蝟集矣於戲欲爲天下罷同室之兵非　聖君賢相酌古崇正則不可若夫豪傑之士其興朋係于時

人之爲不善也恒畏人知而不畏神知人知于其顯神知于其微人以其微也而爲之無所不至至于顯也乃揜之以著其善而不知心術之欺神有甚于自

門之欺人人非之可畏孰與神責之可畏也是故君子之學非致嚴屋漏不足以通神明非天下歸仁不足以表成德

世無道學皆緣正學不明士習非古厥原在小學之廢乎小學廢而詩禮之習孝弟之範蔑有聞焉庠序以文義入家庭以進取先而士無古人之學矣作室罔基詒謀昌遠又奚以庇世豫哉其惟小學乎故曰蒙以養正聖功也

識量君子忍人所不能忍容人所不能容處人所不能處

物惡太過造化且然而況于人乎

纔計較添多少煩惱只計較便有查滓安得瑩然能寡欲省多少勞擾只寡欲便見虛明自是廓如

覺得自家過失便是知長處改得前日過失便是仁長處覺後必改改後必不復便是勇長處

舜禹之未受禪也初無得天下之心也其既受禪也初無利天下之心也憂以天下而不以身此所以出乎萬物之表而介然無累故曰巍巍

海樵子

澹淵王崇慶

古人所謂氣機言鼓舞人心之道也是故渡江之擊楫陽門之弔卒睢陽之哭像其諸知此道與

夫允執厥中堯授舜也執中無權孟子戒子莫也大哉中乎權在矣夫論中以權自孟子始也

志寧於虛故君子以靜致學道集於實故君子以誠心御物

君子之精神命脈存乎言考言而責實存乎德故言也者德之華也不可僞也夫德僞而言傳者鮮矣是故君子慎言先慎其德

帝王以扶持綱常爲主以奠安生民爲急以講明心學爲要

夫天下之命存乎農决天下之疑存乎卜寄天下之死生存乎醫夫三者天下之大端也先王之所不敢後也子夏所謂小道豈眞謂是也哉

或問文章以潤身致遠有道乎曰有其道奈何曰寡欲以充氣充氣以完神完神以致用是故氣養而天下之道得矣天下之道得而文行乎其中矣

人之精力以寡欲而完識見以窮理而博功業以盡性而弘

沸湯以釜其氣勃然是孰使之噫火歇則水寒養生者可以猛而省矣

天之六陽藏於九地人之六陽藏於二腎故雷地曰復精腎曰命門

故君子語不可盡機不可或露語盡則人得以乘其命機露則物得以揆其緒易曰幾事不密則害成曰括囊無悔

天道晝夜而光明其陽之所爲乎是故晝之日夜之星未始昧也惟人心亦然晝爾事事夜爾夢夢而謂其獨昧可哉是故乾之九三不獨終日而又繼之以夕豈亦合晝夜而一之者邪噫君子之體道至矣

沆瀣子

長洲蔣鐄

君子有三愛愛其日故不侮愛其儀故不傷愛其好惡故愆咎無或在身

楊墨塞而輒好辨老佛演而愈力排功莫參于斯矣或曰祭則如堯周公乎曰未可知也不輒不愈孰堯周

古之學者渴道其次有渴名今之學者渴祿其自名者渴而入于古

覆醢仁人之爲也分羹不仁人之爲也覆羹仁與不仁之間也仁與不仁之間也者不以家難辭國難不以慈道易忠道也

羊杜之好功名也而功名皆立書曰功崇惟志業廣惟勤蓋二氏實允蹈焉

吏秦者恐人也臣蒙古者自恐也操斵之刀助斵之施非恐人乎將聖服王役于禽門非自恐乎秦蒙古之世君子惡乎不閉關

祿仕不及政古之道也君子之祿於政也是國之不與

或問秦以法斃漢以法王曰子見王者法乎哉蕭酇劉鄗雖法則誰非秦餘曰吏秦而法法於四百秦餘焉歷年何秋法而亂周周實亡秦蕭法而亂秦秦實延漢

務德者自雄故功人于罪而多爲之樾德不足者雄人故罪人于功而日長其驚心韓彭無類尉李咸休在其君之德也

漢之治猛而括唐之治約而銜漢猶秦唐不隋矣或問漢霸唐夷曰霸也猶夷也鈞漢夷刑唐夷禮刑及民禮自及也

蕭何收秦圖籍舍刑書可也刑之不舍挾書之不除其賢秦焚也無尽

蕭曹漢畫而秦驅其李斯之流蠢乎房魏隋滌而唐薦其魏孝文之齊馨乎不斯法律惡乎師不魏河汾惡乎教

漢武之德鷙于苛秦矣張湯血之弘羊髓之苛秦之蠹民也猶偏或曰其能奚不亡曰川賦無收民猶愛

其主焉士之不忘則思莫在亂雖欲亡諸焉得而遽
諸
或問吳賦實半中邦壤則然與曰其政也以地則吳
方福矣以播則荆揚埒良壤乎政乎昔之人必有任
是夫
漢祖惡乎雜霸其霸之不能乎斯間六國平開楚桓
文其猶班諸
夷狄之有君誠哉是言也湯尹一德不在符王乎或
曰夷德不終奚其一曰奚而能夏又可忘乎不終唯

天終則雜漢德矣
國無小亦無大如葛之德登兩漢焉曹孫雄雄志士
蔡猶厲旃
周宗宋祖之德之㮚也惜也周不允宋不初如使周
父而宋子漢商文其役矣
或問晉文公伐原而信信以義夫曰不原不含隧隧
可義乎曰吾將有其終曰勤諸鄗而伐諸郊終猶隧
也
荀卿之不才也俾斯焚聖或曰斯也實罪祖及無乃

非所乎曰僞堯而性桀者匪卿也與夫斯將性秦而
僞聖者也故焚
性有三品非韓愈之自自仲尼也仲尼言之韓愈氏
信而微之性于是乎盜明孟荀楊氏之偏辯于是乎
遂樂
晉史載記中洲小大諸僭國不亦識乎載記之者載
之也微之也微諸　以崇帝畧春秋大一統則莫此
爲近焉是以君子貴之
齊桓公之尊周劻劻義哉太師于是乎式增晉文公

姑也先是利也而後以從周雖勤不義仲尼嚴爲譎
正諸也者實然
周公仲尼之弘于文也增文王而功也文王之無遁
文也周公仲尼之無遁增也孟氏曰賢于堯舜意其
然乎
用世不若出世出世不若忘世忘之至矣烏用烏出
烏出烏用至矣
儒以明人佛以明鬼佛曰無生是畏死之説也老曰
不死是貪生之説也

雉善聽狼善覘狐善疑駱駝善知泉象善知地礎寶
流布以灰濯錦以魚洗金以鹽

郁離子微

青田劉基

郁離子謂從政曰今之用人也徒以其數與抑亦以為良而倚以圖治與執政者曰亦取其良而用之耳郁離子曰若是則柘國之政與相國之言不相似矣執政者曰何謂也郁離子曰僕聞農夫之為田也不以羊負轅賈子之治車也不以犬驂服知其不可以集事恐為其所敗也是故三代之取士也必學而後入官必試之事而能然後用之不問其系族惟其賢不鄙其側陋令風紀之司耳目所寄非常之選也儀服言講云乎哉乃不公天下之賢而悉取諸世胄昵近之都那豎為之是愛國家不如農夫之田賈子之車也執政者許其言而心怍之

郁離子曰一指之寒弗燠則及於其手足一手足之寒弗燠則周於其四體氣脉之相貫也忽於微而至大故疾病之中人也始於一腠理之不知或知而忽之也遂至於不可救以死不亦悲夫天下之大亡一邑不足以為損是人之常言也一邑之病不救以及

一州而一州以及一郡及其甚也然後傾天下之力以救之無及於病而天下之筋骨弛矣是故天下一身也一身之肌肉腠理血脈之所至舉不可遺也必不得已而去則爪甲而已矣窮荒絶徼聖人以爪甲視之雖無所不愛而損之可也非若手足指之不可遺而視其受病以及於身也故治天下者惟能知其孰爲身孰爲爪甲孰爲手足指而不逆施之則庶幾乎弗悖矣

北郭氏之老卒僮僕爭政室壞不修且壓乃召工謀之請粟曰未聞女姑自食役人告飢涖事者弗白而求賄弗與卒不白於是衆工皆憊恚執斧鑿而坐會天大雨霖步廊之柱折兩廡既圮次及于其堂乃用其人之言出粟具饔餼以集工曰惟所欲而與弗靳工人至視其室不可支則皆辭其一曰向也吾飢請粟而弗得今吾飽矣其二曰子之饔餲矣弗可食矣其三曰子之室僨矣吾無所用其力矣則相率而逝室遂不葺以圮郁離子曰北郭氏之先以信義得人力致富甲天下至其後世一室不保何其忽也家政

不修權歸下隷賄賂公行以失人心幷不幸矣

郁離子曰民猶沙也有天下者惟能摶而聚之耳堯舜之民猶以漆摶沙無時而解故堯崩百姓如喪考妣三載四海遏密八音非威驅而令肅之也三代之民猶以膠摶沙雖有時而融不釋然離也故以子孫傳數百年必有無道之君而後衰又繼而得賢焉則復興必有大無道如桀與紂而又有賢聖諸侯如商湯周武王者間之而後亡其無道未如桀紂者不亡無道如桀紂而無賢聖諸侯適丁其時而間之者亦不亡霸世之民猶以水摶沙其合也若不可開猶水之冰然一旦消釋則渙然離矣其下者以力聚之猶以手摶沙拳則合放則散不求其聚之之道而以責于民曰是頑而好叛嗚呼何其不思之甚也

郁離子之市見壞宅而哭之慟或曰是猶可葺與郁離子曰有魯般王爾則可也而今亡矣夫誰與謀之吾聞宅壞而棟不橈者可葺今其棟與梁皆朽且折矣舉之則覆不可觸已不如姑仍之則甍桷之未解者猶有所附以待能者苟振而摧之將歸咎于葺者

弗可當也況葺宅必新其材其取材也惟其良不問其所産非空中而濟身者無所不用今醫閭之大木竭矣規矩無恒工失其度斧鋸刀鑿不知所裁桂楫柟櫨剪爲傾薪雖有般王爾不能輒施其巧而況於無之乎吾何爲而不悲也

或問勝天下之道曰在德何以勝德曰大德勝小德小德勝無德大德勝大力小德敵大力力生敵德生力力生於德天下無敵故力者勝一時者也德愈久而愈勝者也夫力非吾力也人各力其力也惟大德

郁離子微　八　四

爲能得群力是故德不可窮而力可困人言五伯之假仁義也何足道哉郁離子曰非仁人之言也五伯之時天亂極矣稱諸侯之德無以加焉雖假而愈於不能聖人有假也故曰誠勝假假勝無至誠吾不得而見矣得見假之者亦可矣

瓠里子自吳歸粤相國使人送之曰使自擇官舟以渡送者未至於是舟泊于滸者以千數瓠里子欲擇之而不能識送者至問之曰舟若是多也惡乎擇對曰甚易也但視其敝蓬折櫓而破帆者即官舟也從而得之瓠里子仰天嘆曰今之治政其亦以民爲官舟與則愛之者鮮矣宜其敝也

郁離子曰善戰者省敵不善戰者益敵省敵者昌益敵者亡夫欲取人之國則彼國之人皆我敵也故善省敵者不使人我敵湯武之所以無敵者以我之敵敵敵也惟天下至仁爲能以我之敵敵敵是故敵不敵而天下服

盜子問於郁離子曰天道好善而惡惡然乎曰然曰然則天下之生善者宜多而惡者宜少矣今天下之

郁離子微　八　五

飛者烏鳶多而鳳凰少豈鳳凰惡而烏鳶善乎天下之走者豺狼多而麒麟少豈麒麟惡而豺狼善乎天下之植者荆棘多而稻粱少豈稻粱惡而荆棘善乎天下之火食而竪立者姦宄多而仁義少豈仁義惡而姦宄善乎將人之所謂惡者天以爲善乎人之所謂善者天以爲惡乎抑天不能制物之命而聽從其自善惡乎將善者可欺惡者可畏而天亦有所吐茹乎自古至今亂日常多而治日常少君子與小人爭則小人之勝常多而君子之勝常少何天道之好善

惡惡而若是戾乎郁離子不對盜子退謂其徒曰甚矣君子之私於天也而今也辭窮于予矣

楚南宮問于蕭寥子雲曰天有極乎極之外又何物也天無極乎凡有形必有極理也勢也蕭寥子雲曰六合之外聖人不言楚南公笑曰是聖人所不能知耳而奚以不言也故天之行聖人以曆紀之天之象聖人以器驗之天之數聖人以算窮之天之理聖人以易究之凡耳之所可聽目之所可視心思之所可及者聖人搜之不使有毫忽之藏而天之所閟人無

術以知之者惟此今又不曰不知而曰不言是何好勝之甚也

郁離子見披枯荷而履雪者惻然而悲消然而泣之沽其袖從者曰夫子奚悲也郁離子曰吾悲若人之阽死而莫能恤也從者曰夫子之志則大矣然非夫子之任也夫子何悲焉夫子過矣郁離子曰若不聞伊尹乎伊尹古之聖人也思天下有一夫不被其澤則其心媿恥若撻于市彼人我亦人也彼能而我不能寧無悲乎從者曰若是則夫子誠過矣今夫子羈旅也伊尹之事非夫子之任也夫子何爲而悲哉且吾聞之民天之赤子也死生休戚天實司之譬人之有牛羊心誠愛之則必爲之求善牧矣今天下之牧無能善者夫子雖知牧天弗使牧也夫子雖悲之若之何哉退而歌曰彼岡有桐兮此澤有荷葉不庇其根兮嗟嗟奈何郁離子歸絕口不談世事

熊蟄父謂子離曰今有病渴而刺漆汁飲之可乎曰不可育魚于池而患獺毒其水可乎曰不可曰然則子之王亦未之思也甚矣王患民賦之不均也而用

司馬發司馬發務盡收以爲功見利而不見民民入不足以爲出老弱餓殍田野荒虛而王未之聞也王患敵寇之未弭也而用樂和樂和悅士卒以剽掠見兵而不見民民視之猶虎狼所過妻孥不保而王未之聞也是何異乎刺漆汁以止渴毒池水以禁獺哉王如不寤吾恐民非民而國非王國矣

郁離子曰勸天下之作亂者其招安之說乎非士師而殺人謂之賊非其財而取諸人謂之盜盜賊之誅於法無宥秦以苛政罔民漢王入關盡除之而約三

章焉殺人傷人及盜而已秦民果大悅歸漢漢卒有天下由是觀之豈非他禁可除而惟此三者不可除乎天生民不能自治於是乎立之君付之以生殺之權使之禁暴誅亂抑頑惡而扶弱善暴不禁亂不誅頑惡者不抑善者日弱以消愚者化而從之亦已甚矣而又榮之以爵祿華之以寵命假之以大權使無辜之民不可與共戴天者釋其讐而服事焉是誠何道哉遂使天下之義士喪氣勇士裂背貪夫悍客攘臂慕效以要利祿故曰勸天下之作亂者招安之說

百世主弗寤也悲夫

或問郁離子曰井田可復乎郁離子曰可曰何如其可也曰以大德戡大亂則可也夫民情久佚則思亂亂極而後願定欲謀治者必因民之願定而爲之制然後强無梗猾無間故令不疚而行井田可復也

或問於郁離子曰弊之不行而欲通之有道乎郁離子曰在治本何謂治本曰弊非有用之物也而能使之流行者法也行法有道本之以德政輔之以威刑使天下信畏然後無用之物可使之有用今盜起而不討民不知畏信法不行矣有用之物且無用矣而況於弊乎知之何其通之也

郁離子曰天地之呼吸吾於潮汐見之魄霸之素定吾於夢寐之先兆見之同聲之相應吾於琴之絃見之同氣之相求吾於鐵與磁石見之鬼神之變化吾於雷電見之陰陽五行之消息人命繫其吉凶吾於介鱗之於月見之祭祀之非虛文吾於豺獺見之天樞之中吾於子午之針見之巫祝之理不無吾於吹蟲見之三辰六氣之變有占而必驗吾於人之脈色

見之觀其著以知微察其顯而見隱此格物致知之要道也不研其情不索其故梏于[illegible]目而止非知天人者矣

潛溪邃言

金華宋濂

縣大夫問政宋子曰民病久矣其視之如傷乎曰是聞命矣願言其宅宋子曰勿爲盜乎曰何謂也曰私民一錢盜也官盜則民愈病矣曰若是其甚乎曰殆有甚焉不稱其任而虛冒廩祿者亦盜也

孔子傳易孟子釋詩加數言而其意炳如辭不費也辭之費經之離乎漢儒訓經使人緣經以求義優柔而自得之有見乎爾也近世傳文或累千言學者復

求傳中之傳離經遠矣造端者傳之孔冲遠乎

孟子之後言性善者蘇綽一人耳三國之後言推蜀繼漢者習鑿齒一人耳唐之後言黜周存唐者沈既濟一人耳有識之士不世出也如是夫

古之帝者必有師炎帝師悉諸黄帝師封鉅大塡泰山稽顓帝師大彭亮父繆圖帝嚳師赤松子柏招堯師君疇夫五帝大聖人也猶或有師者誠以天下之大未易君也後世乃反此何哉

宋子嘆曰鄭侯萬世之罪人也當始皇焚天下詩書而藏於泰博士者故在也鄭侯乃棄之而取戶口阨塞之圖方與咸陽宮殿一火俱盡悲夫鄭侯固無足責入關將士奚翅數萬而無一人及之豈天欲喪斯文哉千載之下不得見聖人全經果誰之過歟若鄭侯者萬世之罪人也

呂后幾移漢鼎寶啓後世女主專制之禍史家雖曰據事直書宜作惠帝紀而附見呂后之事今乃反之司馬遷其無識之人邪古今人表所次管晏左丘明列之第二游夏及曾點父子列之第三數子之高下

甚不難知也今乃反之班固其無別之人邪

作史者不爲楚義帝立本紀而以項羽當之失爲不知統不書呂氏滅秦牛氏易晉而徑以嬴司馬言之其失爲不知義作史者亦難乎哉

聲韻出於天自然而不可易故燕代之遲重荆楚之剽疾其方言有不可一律齊者近世解詩者十五國風皆以一音叶之何邪是必有其故也

勇之於學者大矣人非勇不立勇也者作聖之階梯也孔子以勇而聖曾子以勇而賢故曾子曰吾嘗聞

大勇於夫子云欲學孔子曾子者其大勇矣乎

人在天地間猶蟻之在磨蟻磨之轉西爲東回南作北蟻初不知也天地之運也亦然人曷知乎

渾天儀可施之中國中國之外舍周髀勾股不可理差其至精乎曰洛陽天地之中非歟曰非也以中國論也

君子之道與天地並運與日月並明與四時並行沖然若虛淵然若全渾然若無闕凝然若弗移克然若不可以形拘測之而弗知用之而弗窮唯其弗知是

以極微唯其弗窮是以有終

至虛至盛者心視之無形聽之無聲摸之不見其所處一或觸焉縮縮乎萃也炎炎乎熱也莽莽乎馳弗息也苟不以畏爲君而欲嚮之勒之檢之柙之苞之涵之是猶衣猿學禮也不亦左乎

子不見嬰兒乎目不留采色故明全耳不留音聲故聰全舌不留苦甘故味全君子則之養其聰游其明忘其味是之謂通原通原則幾乎聖人不用則已用則爲天下獨

六經皆故迹新入之機不同其機確確其履濯濯其機采采其服昧昧甚哉其機也人以文視經斯繆已善察機者其以質視經乎

絲絲棼棼乃政之分純純諧諧乃政之壹是故聖人馴而弗擾靖而弗逸明而弗察勤而弗煩弗擾故民舒弗逸故民寧弗察故民寬弗煩故民裕四者有失則天下受其害

守正莫過于一一故弗貳弗貳則明明則神神則無不通天下之能事畢矣是故聖人之學貴一

天下一物也嘗之乎釣鳥獲能舉之力不獲若則或壓焉或僨焉甚可畏也然則舉天下有要乎曰有德以懷之刑以威之

陰陽相摩晝夜相環善惡相形梟鳳相峙梁藜相茂勢也亦理也君子欲盡絕小人得乎哉

鳥之羽者兩其足獸之角者去其齒天地生物尚有不能而況衆人乎故曰功有所不全力有所不任才有所不足

行遇刃者必避食逢鴆者必舍懼害已也麗色藏斂

厚味腊毒則弗之察愚矣

雞司晨犬警夜雖堯舜不能廢人有棄小善而弗采者非道哉

以文徼名名必隳以貨狥身身必亡隳故無成亡因有爭唯君子知名不可徼身不可狥是謂守素守素則治治乃昭昭乃純純乃誠內修不暇奚事外欲

曒曒兮不緇容容兮不知其所窮如擁鑑如持衡隨媺惡輕重而應焉其君子之心也哉天無言而生殺遂神兮則榮屈兮則悴亦何容力哉故君子與天合德

不察察以自恃乎不默默以求全乎不赫赫以鶱翔乎不縮縮以雉伏乎能純一乎能絕外誘乎能山立而海受乎如是者謂之近道

彼因氣強吾以義剛彼因氣弱吾以仁柔剛柔強弱之間不容一髮知者行之是謂得天不肯者悖之是謂失天

人有奔走而求首者或告之曰爾首不亡也指以示之泠然而悟學者之於道亦然

世求聖人於人求聖人之道於經斯遠已我人可聖也我言可經也弗之思耳

天下之事或小或大或簡或煩或虧或贏或同或異難一矣君子以方寸心攝之了然不見其有餘

以術干祿者敗以財樹家者禍以勢臨人者辱以安自恃者危以學自眩者貪以行自魁者僞是六疾也去慈則和儉則裕勇則決明則遠容則聚是五懿也去六疾行五懿方有爲於天下

蘿山雜言

金華宋濂

濂自居青蘿山山深無來者輒日玩天人之理久之似覺粗有所得作蘿山雜言

君子之道與天地並運與日月並明與四時並行冲然若虛淵然若潛渾然若無悶凝然若弗移充然若不可以形拘測之而弗知用之而弗窮唯其弗知是以極微唯其弗窮是以有終

至虛至靈者心視之無形聽之無聲探之不見其所

廬一或觸焉繽繽乎萃也炎炎乎爇也莽莽乎馳弗息也苟不以畏為君而欲攣之勒之檢之柙之苞之栢之是猶教猿學禮也不亦左乎

于不見嬰兒乎目不留采色故明全耳不留音聲故聽全舌不留苦甘故味全君子則之養其聰擴其明忘其味是之謂通原通原則幾乎聖人不用則已用則為天下獨

六經皆故迹新入之機不同其機確確其履濯濯其機采采其履昧昧甚哉其機也人以文視經斯繆已善察機者其以質視經乎

綿綿棼棼乃政之分純純謐謐乃政之一是故聖人馴而弗擾靖而弗逸明而弗察勤而弗煩弗擾故民舒弗逸故民寧弗察故民寬弗煩故民裕四者有失則天下受其害

守正莫過于一一故弗貳弗貳則明明則神神則無不通天下之能事畢矣是故聖人之學貴一

天下一物也譬之千鈞烏獲能舉之力不獲若則或壓焉或憤焉甚可畏也然則舉天下有要乎曰有德

以懷之刑以威之

陰陽相摩晝夜相環善惡相形梟鳳相峙梁藜相茂勢也亦理也君子欲盡絕小人得乎哉

馬之羽者兩其足獸之角者去其齒天地生物尚有不能兩而況衆人乎故曰功有所不全力有所不任才有所不足

行過方者必遜食逢鴆者必含悱害已也膗色藏劍厚味腊毒則弗之察愚矣

鷄司晨犬警夜雖堯舜不能廢人有棄小善而弗采

者非道哉
以文徼名名必隳以貨徇身身必亡隳故無成亡因
有争唯君子知名不可徼身不可徇是謂守素守素
則治治乃昭昭乃純純乃誠内修不暇奚事外欲
皦皦兮不緇容容兮不知其所窮如擁鑑如持衡隨
美惡輕重而應焉其君子之心也哉天無言而生殺
遂伸子則禁屈子則悖亦何容力哉故君子與天合
德
不察察以自恃乎不默默以求全乎不赫赫以驚翔

乎不縮縮以雄伏乎能純一乎能絶外誘乎能山立
而泐受乎如是者謂之近道
彼因氣強吾以義剛彼因氣弱吾以仁柔剛柔強弱
之間不容一髮知者行之是謂得天不肖者悖之是
謂失天
人有奔走而求首者或告之曰爾首不亡也指以示
之冷然而悟學者之於道亦然
世求聖人於人求聖人之道於經斯遠已我可聖人
也我言可經也弗之思耳

天下之事或小或大或簡或煩或虧或贏或同或異
難一矣君子以方寸心攝之了然不見其有餘
以術干祿者敗以財樹家者禍以勢臨人者辱以安
自恃者危以學自眩者窮以行自翹者偽是六疾也
慈則和儉則裕勇則決明則遠容則聚是五懿也去
六疾行五懿方有偽於天下

何子雜言

信陽何景明

北方水之大者惟河故北方之水通曰河南方水之大者惟江故南方之水通曰江濱海之水皆曰海濱湖之水皆曰湖

古人奉德則報以珮恩返則報以環恩絕則報以玦珮佩也環還也玦決也

鳥棲樹鴻則棲于野獸棲野猿則棲于樹

雉雞類鴈鵝類鳧鴨類雞鵝鴨可得常食雉鴈鳧弗可得常食也可得者在家弗可得者在野也

經亡而騷作騷亡而賦作賦亡而詩作秦無經漢無騷唐無賦宋無詩

器虛則貯之滿則撲之木小則培之大則伐之故處可處滿不可處也小可處大不可處也

龍蛇之伸于霄漢者以其屈也杞梛之屈爲卮匜者以其伸也故君子寧屈以求伸毋伸以致屈

諂似恭吝似儉諂則不恭恭則不諂吝則不儉儉則不吝

雪則霰風則霾陰則蝃霽則虹故霰則知雪霾則知風蝃則知陰虹則知霽

婦人之仁不仁匹夫之勇不勇仁者推不臧之德施不報之恩勇者見義必爲當幾能斷

華川巵辭

烏傷王禕

千古在前千古在後吾身處其間百年頃刻耳奈何前承千古後垂千古乎亦曰自致於不朽焉耳矣不朽之道奈何曰太上立德其次立功其次立言

王者能富萬民而不能富一夫能安四海而不能安一戶豈其智弗及而力弗逮哉無私故也

聖人不得已而用刑輔治之具匪刑不懲刑書刑罰特以示世之章程是故簡易者制刑之本矜恤者用刑之情

聖王之制兵用以康不若匡不乂而已是故有義兵而無忿兵有應兵而無貪兵

爲天下者必先有天下之才而又有天下之器乃足以成天下之功矣才以施之器以容之施之欲無獘容之欲無遺施之周故其業可大容之廣故其德可久

惟大人爲能格君心之非君心之非非一端也莫難強如息心莫難制如慾心莫難降如驕心莫難平如怒心莫難抑如忌心莫難開如惑心莫難解如疑心莫難正如偏心故必隨其非而格之格之之道攻之以言難爲從感之以德易爲化故非大人莫之能古之大人伊尹周公是已

毋以智術殺身毋以政術殺人毋以業術殺子孫毋以學術殺天下後世天道遠人道邇故君子貴於盡人道人心脉天心顯故君子斲於合天心人可欺也天不可欺天可欺也心不可欺

人有三不祥曰盈曰矜曰爭盈則傾矜則陵爭則刑惟盈故矜惟矜故爭

財者腐身之穽色者戕身之斧酒者蝕腸之藥人能於斯三者致戒焉災禍其或寡矣

利者害之基福者禍之媒乘除倚伏灼如蓍龜夫惟明炳幾先乃能洞其幽燭其微世之饕利溺福入而不出者有不蹈災而襲危

禍患之臻言行之失召之也故君子之謹言慎行也視其足常若刖視其舌常若結

山高矣鷹鷲猶以爲卑而增巢其上淵深矣[illegible]

以為淺而穿穴其下然而卒不免罹於畢弋者何也有身則有害也惟君子藏其器若虛爵祿莫敢為之拘體其道若愚功名莫能為之驅爵祿者災之媒功名者禍之輿

賢不賢才也遇不遇時也用不用命也有其才無其時雖以孔子之聖周流天下卒不以少遇而獲試焉有其時無其命故以唐虞之世而有許由非由之不見用也其受於天者非所當用也

君子平居若無所事也及涉於患難則智愈明氣愈

平志愈增德愈成道愈凝故曰不遇盤根錯節無足以別利器

文本於才才命於氣氣帥於志志立於學學以基之志以成之文不期工而自工矣苟徒驅之以才駕之以氣則才有時而盡氣有時而衰文能久而不躓乎

學必有師尊信其師說故易為道師道廢學者始騖其私說而道術乖矣斵木為棋刓革為鞠猶必有師焉況於學道乎

道不可以言傳也契之於身悟之於心道之全在我矣身者道之符心者道之儲彼以口舌為者竊道之華棄道之真者也

學在力力則無不至性質之駑駘不與焉騏驥千里跛鱉亦千里

人之欲為善也由乎一念之烈而已反而求之克而致之滋踐有不可為堯舜者乎

氷蠶不知寒火鼠不知熱蓼蟲不知苦糞蛆不知臭與生俱化故也人生而性善者也溺於利欲與之俱化而不自知悲夫

交友之道褻則慢慢則欺嚴則憚憚則離惟敬是持則情真而愈宜好久而不衰

衆君子之中一小人容焉鮮有不敗其成者蠹蟻仆柱梁蚊蝱走牛羊小人雖寡為害甚鉅也故國家之務去小人也如農夫之除稂莠稂莠雖微不得不除者也

青巖叢錄

烏傷王禕

緯書漢儒以爲孔子所演七經之緯凡三十六篇易緯稽覽圖乾鑿度坤靈圖通卦驗是類謀辨終備書緯璇璣鈐考靈曜刑德放帝命驗運期授詩緯推度災紀曆樞含神霧禮緯含文嘉稽命徵斗威儀樂緯動聲儀稽耀嘉叶圖徵孝經緯援神契鉤命訣春秋緯演孔圖元命包文耀鉤運斗樞感精符合誠圖考異郵保乾圖漢含孳佐助期握誠圖潛潭巴說題辭

此三十五篇又太平御覽有論語緯摘輔象撰考讖書緯帝驗期禮緯稽命曜春秋緯命曆序孝經緯左方契威嬉拒及河圖九篇洛書六篇又別有三十篇與七緯各八十一篇而尚書中候論語讖又不與焉大抵緯書之說以謂孔子既敘六經以明天人之道知後世不能稽同其意故別立緯讖以遺來世其書出於漢哀平之世蓋自賀良之徒爲之以爲有經則有緯故曰緯書其言誕謾詭譎不可致詰是時王莽好符命將以此濟其篡逆而公孫述效之至光武亦以赤伏自累篤好而推崇焉當世儒者習爲內學賈逵以此論左氏學曹褒以此定漢禮樂大儒如鄭玄輩專以讖言經而何休之徒又不足言矣然惟桓譚張衡力非之而不能回也先是孔安國毛公以來皆相承以爲妖妄亂中庸之典因魯恭王河間獻王所得古文參而考之以成其義謂之古學而世儒惑於讖緯反非毀之至魏王肅推引古學王弼杜預從而明之自是古學稍立而讖緯之學浸微建宋大明中始禁讖緯之書及隋末遣使搜天下書籍與讖緯相

涉者悉焚之唐以來其學遂熄矣然考之唐志猶存九部四十八卷而孔穎達作九經正義往往援引緯書之說宋歐陽公嘗欲刪而去之以絕僞妄使學者不爲其所亂惑然後經義純一其言不果行迨鶴山魏氏作九經要義始加黜削而其言絕爲今易緯乾鑿度猶存

佛氏之學其未入中國也世尊大弟子阿難陀多聞總持有大智慧結集世尊所說爲修多羅藏而諸尊者或後或先各闡化源優波羅集爲四部律謂之毗

尼金剛薩埵於毗盧遮那前親授瑜珈五部謂之秘
密章句無着天親頻升知足天宮咨參慈氏相與造
論發明大乘謂之唯識宗旨西竺龍勝以所得毗羅
之法弘其綱要謂之中觀論燉煌杜法順深入華嚴
不思議境大宣玄旨謂之華嚴法界觀此其大略也
自漢永平二年佛法始入中國厥後離爲異宗曰教
曰禪曰律凡三焉魏嘉平初曇柯羅始持僧祇戒本
至洛陽曇無德曇諦等繼之立羯磨法唐南山澄照
律師道宣作疏以明之四分律遂大行是爲南山之

宗薩埵以瑜珈授龍猛猛授龍智智授金剛智唐開
元中智來中國大建曼茶羅法事大智道氤大慧一
行及不空三藏咸師尊之是爲瑜珈之宗唐貞觀三
年三藏玄奘往西域諸國肄戒賢於那蘭陀寺因授
唯識宗旨以歸授慈恩大基乃網羅舊說廣製疏論
是爲慈恩之宗梁陳之間北齊惠聞因讀中觀論悟
旨遂遙禮龍勝爲師開空假中三觀止觀法門以法
華宗旨授慧思思授天台國師智顗其說乃大備顗
授灌頂頂授智威智威授惠威惠威授玄朗玄朗授
湛然是爲天台之宗隋末順以法界觀授智儼儼授
賢首法藏至淸涼國統國師澄觀追宗其學著華嚴
疏論數百萬言圭峰宗密繼之而其化廣被是爲賢
首之宗瑜珈久亡南山亦僅存其行於今者唯慈恩
天台賢首而天台爲尤盛此則世之所謂教也世尊
大法自迦葉二十八傳至菩提達摩乃弘教外別傳
之旨謂不立文字可以見性而成佛達摩傳慧可可
傳僧璨璨傳道信信傳弘忍忍傳曹溪大鑒禪師慧
能而其法始盛能二弟子懷讓行思皆深入其閫奥

讓傳道一一之學江西宗之其傳爲懷海海傳希運
運傳臨濟慧照大師義玄玄立三玄門以策厲學徒
是爲臨濟之宗海之旁出爲溈山大圓禪師靈佑佑
傳仰山智通大師慧寂父唱子和微妙玄機不可湊
泊是爲溈仰之宗思傳希遷遷之學湖南宗之其傳
爲道悟悟傳崇信信傳宣鑑鑑傳義存義存傳雲門
匡眞大師文偃偃之語言如青天震雷聞者掩耳是
爲雲門之宗玄沙師備實偃之同門友其傳爲桂琛
琛傳法眼大師文益益雖依華嚴六相唱明宗旨而

迥然獨立不涉凡情是爲法眼之宗雲之別出爲藥山惟儼儼以寶鏡三昧五位顯訣三種滲漏傳曇晟晟傳洞山悟本大師良价价傳曹山元證大師本寂而復大振是爲曹洞之宗法眼再傳至延壽流入高句驪仰山三傳至芭蕉徹石晉開運中亦亡弗繼雲門曹洞雖僅存然不絕如綫惟臨濟一宗大用大機震蕩無際久盛於今此則世之所謂禪也律學均以南山爲宗眞悟智圓律師允堪著會正記等文實出六十家釋義之外是爲會正之宗至大智律師元照

復別以法華開顯圓意作資持記乃與會正之説不能有同是爲資持之宗二宗今雖並存而學者多遵資持之教此則世之所謂律也大抵佛之爲道本無二門自去聖既遠源遠而流益分於是師異指殊各建戶庭互相矛盾禪則譏教爲滯於名相教則譏禪爲溺於空寂若律之爲用雖禪教所共持而取舍各不同至於爲教禪之學者又各立異以取勝一彼一此不相出入自教宗言之慈恩立三教天台則分四教賢首則又爲五教自禪宗言之慧能與神秀同受法於弘忍能則爲頓宗秀則爲漸宗道一神會同出於能道一則密契心印神會則復於知解其不同如此至若天台教宗之一也而四明知禮孤山智圓性善性惡之説如冰炭之不相投臨濟禪宗之一也而或以棒或以喝至橫川珙則復以聲偈其示人之要如枘鑿之不相合支派乖錯論說紛紜殆不得而悉數也

老子之道本於淸靜無爲以無爲爲體以無爲而無不爲爲用道德經五千餘言其要旨不越是矣先漢

以來文帝之爲君曹參之爲臣常用其道以爲治而民以寧一則其道固可措之國家天下者也自其學一變而爲神仙方技之術再變而爲米巫祭酒之教乃遂流爲異端矣然而神仙方技之術又有二焉曰鍊養也曰服食也此二者今全眞之教是已米巫祭酒之教亦有二焉曰符籙也曰科教也此二者今正一之教是已鍊養之事黃帝之書雖頗及之而皆後人依倣而託之者及赤松子魏伯陽者由實始爲之宗至於盧生李少君欒大之徒則又變鍊養爲服食

其爲術愈偏矣符籙之事黄老之書所未嘗道張道陵寇謙之等實創爲其法及杜光庭與林靈素輩則又變符籙爲經典科教其爲事益煩矣然嘗論之錬養之說歐陽子嘗删正黄庭經朱子嘗改注參同契二公大儒皆不以其說爲非山林獨善之士用以養生全年固未爲得罪於明教科教之說鄙陋不經庸黄冠資是爲逐食之具爲世患蠹亦未甚鉅也獨服食符籙二說本邪僻謬妄而凡惑之者鮮不惟禍變大李少君于吉張津之流以此殺身柳泌趙歸眞之

徒以此禍人而卒自嬰其僇張角孫恩呂用之輩遂以此敗人天下國家而不顧矣今也鍊養服食其術具傳而全眞之教兼而用之全眞之名昉於金世有南北二宗之分南宗先性北宗先命近時又有眞大道教有七祖康禪之教其說又自相乖背至於符籙科教具有其書正一之家實掌其業而今正一又有天師宗師分掌南北教事而江南龍虎閣皂茅山三宗符籙又各不同先儒有云道家之說雜而多端其信然矣又謂其書皆昉於漢桓帝之時今其經典以爲天師永壽年間受於老君是也世傳太平經最古且多今不復存然其所言與圖讖之說殆不過房中鄙褻之談若大洞等經大率六朝以來文士之所造雖文采可觀而往往淺陋無甚高論朱子謂佛學偷得老子好處後來道家只偷得佛家不好處執是說以求之道家之本末可論矣

堪輿家之說原於古陰陽家者流古人建都邑立家室固未有不擇地者而擇地以葬其術則本於晉郭璞所著葬書二十篇多後人增以謬妄之說蔡元定

嘗去其十二而存其八後世言地理之術者此其祖矣自近世大儒考亭朱子以及蔡氏莫不尊信其術以謂奪神功回天命致力於人力之所不及莫此爲驗是固有不可廢者矣後世之爲其術者分爲二宗一曰宗廟之法始於閩中其源甚遠至宋王伋乃大行其爲說主於星卦陽山陽向陰山陰向不相乖錯純取五星八卦以定生尅之理其學浙閩傳之而今用之者甚鮮一曰江西之法肇於贛人楊筠松曾文迪及賴大有謝子逸輩尤精其學其爲說主於形勢

原其所起卽其所止以定位向專指龍穴沙水之相
配而它拘忌在所不論其學盛行於今大江以南無
不遵之者二宗之說雖不能相同然皆本於郭氏者
也業其說者參其異而會其同斯得之矣
醫家之書自内經以下藏于有司者一百七十九家
二百九部一千二百五十九卷而後出雜著者不與
焉内經謂爲黃帝之書雖先秦之士依倣而託之其
言質奧而義弘深實醫家之宗旨猶吾儒之六經
乎秦越人八十一難經繼作蓋舉黃帝岐伯之要旨

而推明之亞於内經者也漢張仲景本内經難經之
旨著金匱玉函經及傷寒諸論其論六氣之所傷最
爲詳備晉王叔和纂岐伯華佗等書爲脉經叙陰陽
内外辨三部九候分人迎氣口條陳十二經絡三焦
五臟六腑之病尤爲精密二氏之書誠千古不刊之
典也厥後巢元方著病源候論王砅撰天元玉策要
皆有所祖述然元方言風寒二濕而不著濕熱之說
砅推五運六氣之變而患在滯而不通此其失也至
唐孫思邈出以絶人之識篤濟物之仁其列千金方
翼所以發前言啓後學有功於醫道深矣當時王燾
有外臺秘要所言方證符證灼灸甚詳然謂針能殺
生人而不能起死人則一偏之論也及宋錢乙龐安
時許叔微迭興龐則囿於準繩尺寸之中許則務在
出奇而應變其術皆本於仲景惟錢深造仲景之閫
奧建爲五藏之方各隨所宜用謂肝有相火則有瀉
而無補腎爲眞水則有補而無瀉可謂啓内經之秘
惜其遺書散亡出於閻孝忠之所集者非乙之本眞
也若大觀間陳師文裴元宗輩所製二百九十七方

則欲以一定之方而應無窮之病識者固知其昧於
變通之道矣金氏之有中原也張潔古劉守眞張子
和李明之四人者作醫道於是乎中興潔古以古方
新病不能相値治疾一切不以方故其書不傳其學
則明之深得之明之推内外二陽尤先於治脾土其
爲法專於補其所著脾胃論誠根本之言也子和以
吐汗下三法風寒暑濕火燥六門爲醫之關鍵其劑
多峻厲其爲法主於攻守眞論風火之病以内經病
機氣宜十九條者爲病原式曲盡精微其治法則與

子和相出入者也張氏一再傳其後無聞李氏弟子多在中州獨劉氏傳之荊山浮圖師師至江南傳之宋中人羅知悌而南方之醫皆宗之矣及近時天下之言醫者非劉李之學弗道也劉李之法雖攻補不同會而通之隨證而用之不存其存乎

廣成子解

宋 蘇軾

黃帝立爲天子十九年令行天下聞廣成子在於空同之上故往見之曰我聞吾子達於至道敢問至道之精吾欲取天地之精以佐五穀以養民人吾又欲官陰陽以遂群生爲之奈何

道固有是也然自是爲之則殆不成

廣成子曰而所欲問者物之質也而所欲官者物之殘也

得道者不問問道者未得也得道者無物無我未得者固將先我而後物夫苟得道則我有餘而物自足豈固先之耶今乃捨已而問物惡其不情也故曰而所欲問者物之質也而所欲官者物之殘也言其情在於欲已長生而外託於養民人遂群生也夫長生不死豈非物之實而所謂養民人遂群生者豈非道之餘乎

自而治天下雲氣不待族而雨草木不待黃而落日月之光益以荒矣

天作時雨山川出雲雲行雨施而山川不以爲勞者以其不得已而後雨非雨之也春夏發生秋冬黃落而草木不以爲病者以其不得已而後落非落之也今雲不待族而雨草木不待黃而落雖天地之精不能供此有心之耗故雕亡之符先見於日月以一身占之則耳目先病矣

而佞人之心翦翦者又奚足以語至道

眞人之語佞人猶穀之與稗也所種者穀雖瘠土惰農不生稗也所種者稗雖美田疾耕不生穀也

今欲學道而問已不惰佞僞之種道何從生

黃帝退捐天下築特室席白茅閒居三月復往邀之廣成子南首而卧黃帝順下風膝行而進再拜稽首而問曰聞吾子達於至道敢問治身奈何而可以長久

棄世獨居則先物後已之心無所復施故其問如此

廣成子蹶然而起曰善哉問乎來吾語汝至道

廣成子至此始以道語黃帝乎曰否人如黃帝而不足以語道則天下無足語者矣吾觀廣成子之拒黃帝也其語至道已悉矣是以閒居三月而復往見則蹙然爲之變其受道豈始於此乎

至道之精窈窈冥冥至道之極昏昏默默

窈窈冥冥者其狀如登高望遠察千里之毫末如臨深俯幽玩萬仞之藏寶也昏昏默默者其狀如枯木死灰無可生可然之道也曰道止此乎曰此窈冥昏默之狀而致道之方也如指以爲道則失窈冥昏默者可得謂之道乎人能棄世獨居體窈

冥昏默之狀以入於精極之淵未有不得道者也學道者患其散且僞也故窈窈冥冥者所以致一也昏昏默默者所以全眞也

無視無聽抱神以靜形將自正必靜必淸無勞汝形無搖汝精乃可以長生目無所見耳無所聞心無所知汝神將守形形乃長生愼汝內閉汝外多知爲敗

自此以上皆眞實語廣成子提耳畫一以教人者無視無聽抱神以靜則無爲也心無所知則無思也必靜必淸無勞汝形無搖汝精則無慾也三者

具而形神一形神一而長生矣內不愼外不閉二
者不去而形神離矣或曰廣成子之於道若是數
數歟曰穀之不爲稗在種時一粒耳何數數之有
然力耕斂耘不可廢也
我爲汝遂於大明之上矣至彼至陽之原也爲汝入
於窈冥之門矣至彼至陰之原也
窈冥昏默長生之本長生之本旣立則必有堅凝
之者二者如日月水火之用所以修鍊變化堅氣
而凝物者也蓋必有方矣然皆必致其極不極不

化也
天地有官陰陽有藏
廣成子以窈冥昏默立長生之本以無思無爲無
慾去長生之害人以至陰至陽堅凝之吾事足於
此矣天地有官自爲我治之陰陽有藏自爲我蓄
之爲之在我成之在彼
愼守汝身物將自壯
言長生可必也物豈有穉而不壯者哉
我守其一以處其和故我修身千二百歲矣吾形未
嘗衰黃帝再拜稽首曰廣成子之謂天矣廣成子曰
來余語汝彼其物無窮而人皆以爲終彼其物無測
而人皆以爲極
物本無終極其分也成也其成也毁也物未嘗有
死故長生者物之固然非我獨能我能守一而處
和故不見其分成與毁耳
志吾道者上爲皇而下爲王
皇者其精也王者其粗也
失吾道者上見光而下爲土

生者明死者幽幽者不知明明者不知幽
今夫百昌皆生於土而反於土故余將去女入無窮
之門以游無極之野
蓋將有示化去世形解入土之意也歟
吾與日月參光吾與天地爲常當我之乎遠我昏乎
人其盡死而我獨存乎
南榮趎挾三人以見老子老子訶之則矍然自失
人我皆喪夫挾人以往固非也人我皆喪亦非也
故學道者能盡死其人而獨存其我者寡矣可見

可言可取可去者皆人也非我也不可見不可言不可取不可去者是眞我也近是則智遠是則愚得是則得道矣故人其盡死而我獨存者此之謂也古今語異吾不知豨之所謂也以文意求之其猶曰明也歟

按山經廣成子治太易屯蒙二卦運行日月蓋古之眞人黄帝師也

空同子

北郡李夢陽

化理上篇

或問雷霆空同子曰吁胡叩淵于淺人雖然竊聞之矣是陰陽搏擊之爲也曰有鬼神形者何也曰氣動之也氣散則散凡神怪隨氣之妖祥亦有人物形者皆變也星之妖爲攙搶天狗彗孛等亦氣之生散唐一行北斗化七豕是也

正德二年正月一日日食既空同子曰予蓋親睹焉月體不滿規日大而月小乎凡月食既則輪盡黑無餘欠乃益知月體小於日

天與水違行訟天一生水天水一耳違行訟者訟詞兩而事一也

五行木金水火四氣不內邪邪入則壞惟土內汙汙變則化化則神是故胃四臟而獨功也在人脾爲土游溢精液輸灌肺腎肝心不然百物食之腥羶臭味淆雜于胃中何以發神明而行變化莊子神化爲臭腐臭腐復爲神化蓋言土也

用先土生先水天一生水資始之道也故人命門在
腎
極黑之夜久坐亦明陰中之陽歟猶水之中明歟
負勁氣者有非威之威是故松檜不棲蟬熊豹之皮
不上蟻
天道以理言故曰虧盈而益謙地道以勢言故曰變
盈而流謙鬼神以功用言故曰害盈而福謙人道以
情言故曰惡盈而好謙盈謙以分限言耳非謂消長
升沉也而俗儒不知類以日月草木等當之悲哉月
有虧而無益草木有益而無虧若以凋落爲虧則謙
者不凋不落邪

天地間惟聲色人安能不溺之聲色者五行精華之
氣以之爲神者也凡物有竅則聲無色則敝趣乎此
而不離乎此謂之不溺
德者必福天人相與之際若求焉者無心之心也求
福不回人際天也介爾遐福天際人也壽考不忘言
壽考之求德如念念在之也禍福之幾捷於影響欲
之乎察之乎

十月無陽故曰陽月非無陽也陽生而未成也消長
之道盡於上則生於下故曰復其見天地之心乎董
仲舒雨雹對謂十月眞無陽又謂月内一日無陽何
哉
易獨言象象者懸一以會萬者也又一一者象之所
由始也一以會萬故得象而忘言萬以會一故得意
而忘象它經言一理則止一理言一事則止一事
雨一也春則生秋則枯風一也春則展秋則落雪一
也冬六出則益春五出則損水一也鶩鴨則宜鷄濡
則傷土一也夏至則重夫一物且爾況殊哉

或問人性上人何也空同子曰陰陽必爭也二氣旋
轉坎北以負勝爲寒暑是故晴和之日少而風霾之
時多斯陰陽之爭也人秉其氣得不上人哉
或問化權空同子曰陰陽代更必爭而主之者行如
春主生即惡風淒霜無損於拆萌如冬主藏非無晴
和之辰而黃落愈增故曰化權權者謂主之也有宜
之義焉官之者權也能推移輕重之也
東方蒼龍七宿中曰火心星也心昏中則夏木生火

也人心屬火故名火爲心詩七月流火是也斯皆自然之數也火秋則流而下以火不生金故不復中於西而二十八宿西者虎北者龜蛇東者龍南者鶉背自然此象非人假借之也

北之象二陰二也空同子曰予往在玉虛觀見其像設問道士此何神答曰皆星也慮人不敬畏故假名像耳如王靈官卽心星故焰而火輪北者至陰之地陽之根窟故目照三面如人之背至陰不自見至靜而動者出焉非此則無根無根則其用窮也人五臟

系在背背有神舍故膏肓病則無醫膏肓者根也

夏易首連山天下不止不動動根止商易首歸藏天下無陰無陽陽根陰周易首乾天下非陽不統故後天尊陽

化理下篇

夏則伏者傳其所尅也秋冬春不伏者子承母也伏則蒸濕者土氣也助金生之也木生火故日東出日不照北以水也夏至日照三面亦不北月西生者金生水也月不北者從日也又借日而光者也又陰不獨成者也

萬物並育而不相害謂不相妨耳桃榮而梨枯麥秀而穀槁則妨矣百步之内茂草各遂一不遂則妨矣虎肥而鹿瘠馬健而牛羊瘦則妨矣

手七故天之數多準七二十八宿皆七也左氏天以七紀是也日月五行璣政亦七易曰七日來復極衣之盡時七則周夜亦如之詩曰終日七襄是也佛家竊其意義是故數亡人用七

人皆曰中國天地東南隅耳又曰萬物齊乎巽故中

國文物聲教獨懿然燕之土盧盧龍塞是也盧黑也江之南石之色皆赤中國之四方不見乎又星曆驗之側景臬郭守敬量天尺亦樹嵩洛間則中國不有中乎佛者竊其意乃曰天地有幾洲中國者南瞻部也

或問海市李子曰此處偶有此怪異氣耳夫陰陽五行氣化不齊濱海之邦海錯萬殊廣之珠滇之石北之蟶南之鱉淮之蟹吳之蛤能盡究所來耶事有不必辯者以其非急也有不能辯者以其非理也不必

辯如海市烏鼠同穴象腸四時在四肢之類是也不能辯如鼠立人啼人死託生之類是也人不能自見其腦與背病之來也忽而痛忽而止忽而寒忽而熱自不能知之而好奇者每每辯其非急求之理之外乎

夏之初月高其圓也低冬之初月低其圓也高進退之義也、

人之五臟各其喜生腎虛者嗜鹹肝虛者嗜酸凡食脾胃喜之則味佳不喜則咽之不下亦自喜生之道

數口脾之屬歟

濟之性勁源于晉伏流地中乍見乍伏一支穿太行爲百泉爲衛水一支爲濟源出山東爲七十二泉大抵天地勁氣在山西人之性勁天下其鐵亦如之所謂并州剪刀者也漢之性曲其流十里九灣鄧沔之間瀦爲澤藪皆漢之漾也語曰勁莫如濟曲莫如漢

五行火無體在物則藏燃物則用用盡則息五藏心爲火烱然中伏遇動則發不動則已

十支在時五日一周在日兩月一周在月五年一周在歲六十年一周朱子謂六十節者此也十二支子鼠丑牛等初謂取象耳然木人見漆則瘍猶見蛋八則銜其兒走徙其窠昨問劉南宮劉曰是眞有之也不但取象朱子論乾馬坤牛震龍巽雞坎豕離雉艮狗兌羊曰此取象亦自有來歷非假譬之由是觀之十二支象眞有之邪

項氏曰六子始氣也末形也中精也雷風氣也山澤形也水火精也空同子曰雷電光墮地則石氣非不形也山澤通氣形非不氣也水火非氣何來氣非不

精也形氣精一而三三而一者也朱子本義主揲蓍乎

陰陽貫錢四時一緡錢亂而成緡已矣向背上下雖仍也四時成歲已矣明晦雨暘雖仍也

離爲科上槁木盛火藏於內助其盛木槁火燃其外灰其槁人水火濟而生者也生則神棲目離爲目也水絕則死以槁而焚也人槁則神先去目

空同子省稿坐其場麥將颺候風焉川老曰風之來視雲雲之方無風也已而四方雲風來子嘗之田老

曰風即來無定方斯謂斷續之風也不信令颸焉麥果四落子曰嗟斯可以心覩矣夫風無不入者也雲猶格之况心乎况心乎

後天之易退乾西北長子用事退坤西南長女代母然國有長君社稷之福傳稱覩志易戒無成又家有主毋則悍奴奪氣如漢高不廢呂雉者斯何也空同子曰用事者六主之者二是故六氣代謝而乾坤常行也故曰役乎坤戰乎乾

秋之雲濁而薄故其雨微夏之雲獨而滂故其雨注

化氣亦專而後壯者勢然也轟雷徧四海湅澍盡八埏天地能之乎故言仁智者必曰勇勇者專壯之義也風行水上渙天下之至文也渙者文隨之而生者也亦天下之至變也天地之道一耳齊生而槩斂則其功不普物之生斂有先後而無棄遺者變化之漸也故曰乾道變化各正性命化極而不生不斂則萌者始枯實者始槁斯傾者覆之也非變化之罪也

小人多君子少何也陽一陰二也陽生於陰也小人必壞者邪也福善禍淫之道也陽生於陰者男自女生其證也

元氣正行巳矣成歲功巳矣非無邪惡妖祲之氣任之矣任之者俟其盡自滅也彼即淵淵無損於歲功斯天地之大也堯舜之治亦其大焉矣非戶戶人人者論也

時甲子五日一周周六而成月月甲子兩月一周周六而成歲歲甲子六十歲一周周六而爲三百六十

倮蟲三百六十而人長之毛蟲三百六十而麟長之羽蟲三百六十而鳳長之介蟲三百六十而龜長之

鱗蟲三百六十而龍長之皆六之則也木水用陽六甲六壬火用陰六丁而土金不用

或問舜入井以孔出空同子曰既入井顧安所得孔哉即有孔象獨不之知邪曰若是舜胡由出曰神爲之也漢高大風破圍光武六月之氷宋康王泥馬渡河古來眞天子怪異多矣况舜哉此等不可知亦不可窮

物理篇三

道理一橫一直爾十字是也數盡十理亦盡之矣王

字與草篆隸不變挺三才而獨立者也變之非王也
人食蔬谷不害食果蓏害木尅土也木味酸木生火
故食果蓏多則酢而內熱木實曰果草實曰蓏
雀乳雛四月四五月五六月六夫曆者聖人節天者
也鳥知四時巳矣知月乎哉
麥種之秋而焦于夏火尅金也麥穗直而芒有兵象
焉穀種之春而焦于秋金尅木也穀穗垂而毛有木
象焉
環慶無麥秋大梁無螢無寒蟬然寒蟬螢北京有之

空同子　八　十

矣地之異邪冷使之邪江之南不產荊棘山不產櫟
柔之義邪孔林不產荊棘仁邪
空同子之廬有蝠焉多而殲令撲焉撲者無始而有
終閒焉曰始撲之逐焉逐逐擾擾其獲也少終立處
之中俟焉至則撲之故其獲多甚哉一之應萬也
宋人不言理外之事故其失拘而泥玄鳥生商武敏
肇姬尹之空桑陳搏之肉搏斯於理能推哉空同子
曰形化後有氣化焉野鼠之鼠醯甕之雞其類巳
桃杏仁以核內含生生故曰𣪊孟子曰仁人心也又
曰仁者人也以生生言之也
髮血之餘血陰也髮黑者水之色也白者反從毋氣
也凡物極則反
松栢蒼然梧竹疎秀茶梅冷淡荊棘針樗櫟雍腫芝
菌靈異茶蘪穠弱鹿葱海棠艷並育而同生氣之變
化然也文固難以拘論也故文必曰如此如此者皆
拘之類也
雙生以後為兄者昧化理者也凡產必前動謂之囬
轉無碍則首始下首下則生矣卽以受氣先後疑則

空同子　八　十一

囬轉特先氣者先出矣斯造化至妙之幾所以全毋
子者也予亦雙生子先生者體大差長亦獨先齔
獺獺為樹懶魚則浮亦磁石引針琥珀起草之類歟
骨鯁以玉簪花根汁滴之則化
庶其化理其畫一橫一直者二儀也一顯一伏者陰
陽也一畫顯伏者陰陽一道也畫必錯三而成文者
三才也織之必自中起者極也形必方者四方也制
器尚象孰不由之而人知之乎
北之土厚故其人信南之水廣故其人智土厚故其

鼻隆水廣故其口闊鼻隆故北人不相鼻口闊故南
人不相口信而偏故其性戇智而流故其性巧
水允火然火水既濟木生火然火焚木何也天下有
一氣之害二性之交也
海翁忘機則鷗狎百里奚忘祿則牛肥祿亦機心乎
禽鳥先氣者也凡禁聚處則旺而興空同子曰弘治
初予恭侍朝焉每鐘鼓鳴則烏鴉以萬數集於龍樓
予退而問諸長老曰此百鳥來朝也然久矣朝朝
帝帝如此後正德間不復見此矣嘗聞　獻皇帝
空同子　八　十二
之國也舟泊龍江關烏鴉以萬數集江柳向　王舟
鳴噪亦今　中興之應歟今人家喜鵲憂鴉亦氣之
先歟寧陵符生稱老鴉符家言環莊樹皆鴉每鳴
噪妨人語今多事來鴉亦不之來
知聲而不知音者禽獸是也知音而不知樂者衆庶
是也惟君子而後知樂空同子曰聲言直音言曲樂
言律直者質而粗者也音者方而文者也律者比而
諧者也如喌喌呼鷄落落呼猪咄咄呼馬驢苗呼猫
鴨呼雀呼之則應者知聲也人人能謳如今里巷之

詞曲不學而能之疾徐高下皆板眼所謂知音也及
問其由其呂其律孰宮孰商則不知也故曰惟君子
而後知樂解者未達乃以瓠巴鼓瑟游魚出聽伯牙
彈琴六馬仰秣為禽獸知音夫作樂而獸舞鳳儀斯
感通之妙非聲音之末也昔有鼓琴於池上者調及
甃賓而甃有鐵躍之出亦謂知音邪
天道虧盈而益謙繪事其証乎凡繪不及則是過之
則非知繪人分寸亦人若六七尺則非人以人長五
尺也物皆然又如繪朴野幽寂之形則雅如茅村茅
空同子　八　十三
盧疎松片石疲驢破帽則雅若繪樓閣金碧凡富貴
事則俗矣吁天之盈虧不顯哉不顯哉
鳥之性南向鴉鵲晨南昏北蝠昏南晨北南出而北
還也鴈之南也鶴鸛亦南即鵓鴣鶺鴒梧同黃雀之
微亦南不問遠近但見其南耳
生性難移如草木之蔓之直故人剛柔之偏變之爲
剛善柔善有之[illegible]欲剛爲柔柔爲剛能之乎
天之生物主於用能用人故雲馬用地故健虎用山
故風牛主耕故柔[illegible]主[illegible]故不雅豕主食故一乳十

七八推之物皆然而仙釋之徒乃欲棄人倫絕羣類高飛遠翥哉如生才亦主用大受小受卽有湮淪者鮮焉用之時義大矣哉

王生善聽聲聞丁公馬蹄聲曰旬月必拜相又聞其蹄聲曰必出而西行皆驗以是觀之小人名位素定矣易謂小人道長不以是乎又以知宋宰相乘馬金達宮肩輿行謂馬卑也唐宋拜相則築沙堤或以便於馬 箋云唐天子尚乘馬況宰相哉如肅宗與玄宗控馬是也

禹貢山川多與今不合何也空同子曰自河之入淮也彼滎澤孟諸芒碭諸陂今皆耕牧地耳流謙變盈

滄海而桑田古今能合哉

車陸象鳥舟水象魚蓋不能不圓席不能不方智者行其所無事已矣私意鑿之哉

空同子圍爐而覩銅瓶之水熱極則響轉微乃喟然而歎曰嗟至寶不耀至聲無聞天之道哉天之道哉

凡欲人知者非足者也凡人不知而悶者欲人知者也

秦時用商鞅法令如牛毛天下之毛多矣繁令必曰牛毛者何也空同子曰牛之毛於人獨無用用之無益也然則繁令者不可鑒哉

味生色故染絳必以酸養生味故吟詩必用色嘉靖六年四月舞陽之野麟生於牛其夜火光又其聲雷又見其角而麟以爲妖擊之口吐火鼈項又蘇燎之土又自起聲轉雷擊碎首乃死見者謂麟也野人懼扛之省城然誠麟也古謂麟一角然此則雙肉角麟馬蹄此則蹄牛古謂鶴胎生今鶴卵生豈傳者誤邪抑形有變邪此似麟非麟者邪古又謂牛馬交則生

麟此牛馬交者邪龍與馬交則生千里馬汗則腹下麟

嘗疑大學絜矩又疑平天下不言準而言矩今乃知方圓平直一道矩盡之也矩爲方例其角則間矩爲平直其尾則平尾不直不平也陣法五變亦方變圓

或問方能圓圓不能方何也李子曰楊根陰也

鋸之齒太平直則人木不行必有齟齬俗謂之料斷濟變之譬也泛駕之馬不羈之才用之易效

聖人貴智亦貴藏以智者善藏也鰂魚性痴見人則

樹其巢謂人曜巴也又其性畏寒西方有鳥曰半翅者亦痴見人飛不過三五尺可以杖擊之得也鮮意入網輒伏者惜離也孔雀愛其尾潛則露尾錦雞愛其毛羽自照水因而有溺死者皆不智不藏者也

乾爲駮馬駮鉅牙食虎豹一名茲白空同子曰凡物食物天生相制之義非但力之也駮未必力虎豹虎豹食鹿豕牛馬鹿豕牛馬見之則觳而脉斯有制之者非力之罪也如豺小而降虎豹是也在人如君制民夫制妻在禽如鶻搏兔鵲擊鳶

空同子　八　十六

治道篇四

或問哀帝屢誅大臣而卒不威何也空同子曰人主以無爲爲體有代天之相則百官自正有執法之吏則百度自貞君何爲哉故自用者小侵下者煩煩小之政挾之誅戮則人心離矧哀非正己之君乎賈氏曰廉遠地則堂高

君子以遏惡揚善順天休命遏者止之之義而揚者彰之之名也火在天上既無所不照物無遁形善惡畢露使遂賞罰之則四海兆民勝罰之邪又能盡爵之邪故聖人不曰罰而曰遏遏之不過則罰行不曰賞而曰揚揚之又揚則賞行天命有善而無惡又火在天上故曰順天言有非我者遏之揚之吾何心哉

貞爲兩在不逆其僞功罪具疑則重其功上之道也

羣居而和一君子每益數小人陽統陰也私起而爭一小人每害數君子陰賊陽也反復之道也天地能使陰無哉在統之有道耳

衆美容惡羣惡不容美如華屋有穢只見其華而茅茨之下著一雖氣則詫眼難觀矣故衆君子中不無小人而羣小人內絕無君子故治朝君子七而小人三不害其治而亂世容一君子不得

空同子　八　十七

言治者必曰唐虞何也聖人久於其道而天下化成也堯在位一百一年舜在位八十年又禹繼之則二百餘年矣郎有堯舜而年或不及則於變亦難孔子曰王者必世而後仁謂此也

郊上辛社稷上戊祭孔子上丁戊在丁後故先丁如十日丁則一日戊當先戊而後丁以丁不當十故人鮮知一日之戊弘治間吏部主事楊子器上言戊從

初十之丁則次戊非上戊也時無蒞禮者竟寢下行大人以天下為度書云其心休休焉其如有容焉言度也論相者曰鼻吸三斗醋口腹内好撐船亦以度言也相必言度者以狹人氣勝也氣勝則偏偏則窒窒則貴天下之務大人恒澄明澄明則鑒物也今人但知宰相包容不知包容中有鑒也不然模稜胡塗亦謂天下之度可乎

天地父母萬物聖人父母萬民其心無一息忘之故孔有莫知之歎孟有不得已之辯即如父母育嬰兒

有一息忘之耶

莊周齊物之論最達天然亦最害治使人皆知彭殤孔跖同盡同歸則孰肯自修或又知清濁混沌金石銷鑠孰彭孰殤孰孔孰跖肯自修乎故曰害治孔子曰民可使由之不可使知之

人之病痰火八九老人不宜盡去火虛人不宜盡去痰去之則愈病斯救世之譬也

書曰汝惟風下民惟草又曰彰善癉惡樹之風聲孔子曰君子之德風小人之德草政之行風行之也關羽威振華夏關侃千里不拾遺亦其風耳李斯論因渭水為赤而關東盜愈繁漢武令直指使者誅捕無道而海内愈擾以不知風耳傳曰知風之自

甘誓以君行故其詞嚴胤征以臣行故其言詳一君二民之道也

疾威上帝其命多辟命之天者也天生烝民其命匪諶秉之人者也命一也蕩之世乃辟乃匪諶乃有初無終皆詩人疑怪之辭也天不湎爾以酒不義從式言酗酒者不制之義酒伐德故愆爾止又亂性故無

明晦號呼俾晝作夜者靡明靡晦也斯自事耳非天湎之也

顛沛之揭者本實先撥也非枝葉之害也治天下有本其本亂而末治者否也

人無賢愚嗜酒必昏然紂甚是故詩書言酒禍於紂切也

居上貴寬太寬則弛臨事貴簡太簡則漏故曰寬而栗又曰居敬而行簡

聖人重祿位者本人情而順天心也天之禍福主德

人之好惡主利孔子稱舜曰故大德必得其位必得其祿又曰貧與賤是人之所惡也書曰我有周惟其大介賚爾迪簡在王庭是以名位歆之也詩亦曰爾公爾侯逸豫無期聖人豈內好爵而外隱約哉民之所好好之又天以是報德也故今將喬其官則高廣紅黃夢寐嘉美星命拱吉罔知天未始不緣之重也

又曰期人以名位不若勉人以德業空同子曰無其德無其業無其業無其位無其位無其名即有之幸耳矣

空同子　八　二十

空同子曰使孔子得位二帝三王之治難哉或問何難也曰堯舜禹之世則有益稷臯契夔龍湯有伊萊朱文武有太公周召孔門惟一顏子王佐才不幸而蚤死設使孔子得位則參雍游夏季路輩能為益稷諸人事否乎以沛中豪傑南陽貴人觀之則佐命未生亦孔子不王之兆也

為政在人非其人而用之則不官取人以身非其身而取之則不人不人而曰世無人不官而曰世無官有是理哉孟子曰虞不用百里奚而亡秦穆公用之而霸劉基徐達輩固元生之也我　大祖用之而興世無人邪有人邪

鮑參政曰今欲平治先三要或問何謂三要曰內閣掌中一要吏部尚書一要左都御史一要空同子曰內閣之要大而公吏部之要明而執都御史之要貞而無囘大生公公生明明生執執生貞貞無囘

闒之先生曰銷元氣者苛吏也苛則刻則不恕則怨已疲人則訐人則伺察人嘗無疾而藥索五臟之未形

空同子　八　二十一

今之弊官不久任　國初臺省不甚通如御史歷按察僉副或徑陞使使久則入為左右都副則左右副僉則左右僉如知府久則陞左右布政使或參左右使久則入為部侍郎尚書等如此則法吏敢持繩糾之權民吏無不吏事之嫌今臺省既大相通融而任又弗久也監官非良久必敗故今之官吏數遷太抵貴緣求速故私奸易規避大事無了絕途路迎送輿費甚者一官至民不知姓名去矣猶過客也今又陞卜轉法如知府轉按察副使按察僉事轉參議等或

年資未應轉又爲更調法如此府調彼府此縣調彼縣此臬調彼臬此省調彼省等甚者巡撫都御史亦調法愈巧而官愈廢故曰今弊

古之良久任獲之也漢世爲吏者不長子孫乎凡治朝皆然

孝廟不立貴妃是時言官有以匹夫之行言者試請之謂之者不讀禮者也古者天子有后有夫人有世婦有嬪諸侯一娶九女皆廣嗣之道也是故一傅絕曹志秦秀庾純父子皆切實之才晉武怒而不承鄒

空同子　二十二

銑阮种華譚直辯博之士則上第登庸斯取人以身之澄乎

太宗時郁陽一老儒詆斥濂洛之學上已所著書上覽之大怒閣臣楊士奇力營救得不殺遣人即其家盡焚其所著書空同子曰盛世之君有道哉記曰一道德以同俗故異言亂政

詔令足以占朝廷言有遺慮則知野有遺賢矣故朝有王臣則其言王朝有霸臣則其言霸尉佗得漢文書即徹黄屋奉正朔竇融得光武璽書歎服曰天子明見萬里孰謂詔令不足占朝廷哉

爲上爲德爲下爲民如聚財强兵非不爲上然非爲德拔引私昵非不爲下然非爲民

舜禹有天下而不與孟子所謂若固有之者注曰不以位爲樂非也樂者對憂之名不以位樂以位憂乎既若固有則憂樂其泯耳必不樂而後爲不與哉獨言舜禹者以其得天下易也

成康刑措之治召畢壽考夾輔之功也不然康之世其難哉或曰任之而不疑二王不賢乎

空同子　十三

春秋諸侯出告廟則書至則有飲至策勳之禮所以孝敬而防游佚也聖人之制禮不其微邪是故僖伯憂如崇

和氣致祥而治世亦菑天心仁愛之軟乖氣致菑而叔世亦瑞燈滅必光耳或曰治世菑在朝廷而瑞在天下叔世瑞在朝廷而菑在天下

續志林

烏山王禕

古稱文章家自漢唐而下莫盛於宋東都歐陽修氏曾鞏氏王安石氏並時迭起而蘇軾氏於其間爲尤傑然者也蘇氏之文長於持論縱橫開闔上下變化無不如其意之所欲言雖其理不能皆純而其才氣之浩博固將躝漢唐而上之矣余讀其書愛其志林諸篇議論超卓而文章馳騁殊可喜中心慕之因竊其餘論續爲十八篇陳俚樂於金聲玉振之餘厠瓦

缶於夏鼎商敦之末亦見不知量已然而願學之意則庶乎君子有取焉王禕序

周穆王時徐偃王爲國徐去州爭末事君國子民侍四方者務出於仁義而穆王無道意不在天下四方諸侯之爭辯者無所質正咸賓祭於徐焉或謂楚文王曰徐偃王好行仁義之道漢東諸侯三十六國盡服矣王不伐楚必事徐楚遂興師伐徐殘之徐偃王將死曰吾賴於文德而不明武備好行仁義之道而不知詐人之心以至此也君子曰仁義天下之本也自古有天下者由之以興矣未有由之而亡者也謂行仁義而亡者知假仁義之名而不知所以爲仁義者也徐偃王之謂也夫徐處淮之南北而得乎地之中其爲中國患久矣先乎穆王當成王時即已肆其强暴書所謂淮夷徐戎並興東郊不開是也後乎穆王至宣王時其憑陵爲尤甚詩所謂徐方驛騷是也當穆王時天下晏安而天子乃無意於天下方乘八龍西遊與王母宴於瑤池之上逸樂而忘返於是偃王時得乘間而起用其籠絡駕馭之小智煦煦以爲

仁孑孑以爲義以韓聱東諸侯而諸侯之爭辯者適無所質正乃咸賓祭於徐庭偃王蓋自謂仁義之道爲止於是而王業固可圖而不知所以爲仁義者不在是也故未幾爲天子諸侯所不容而國以遂敗身以遂亡而偃王顧謂吾好行仁義之道以至此也嗚呼藉使偃王誠知仁義之爲道而力行之則民之附之者心必堅諸侯之從之者名正而言順湯武之業可成也其何敗亡之有惟其不知所以爲仁義而徒假仁義之名故不旋踵而敗亡世之論者因以謂湯

武以仁義興偃王以仁義亡興亡雖殊其爲仁義一
也嗚呼亦孰知仁義雖一而行之有不同偃王假其
名而行之湯武則眞知之而行之以無僞者也興亡
之效固判然不同矣湯武偃王奈何同年而語哉春
秋之時宋襄公欲圖霸亦徒假仁義以爲名與楚人
爲泓之戰曰吾文王之師也不禽二毛不鼓不成列
一戰而敗國以幾亡故宋襄公之仁義即徐偃王之
仁義也一則假以謀王而不成一則假以圖霸而不
就皆假其名而不知用其實者也或曰齊桓晉文亦

假仁義者也而其霸業以成何歟曰齊桓晉文之於
仁義善假之者也假之而善故其業以成偃王襄公
則慕仁義之名而不善假不善於假其敗亡也固宜
此又其得失之所由分也
太史公曰學者皆稱周伐紂居洛邑其實不然武王
營之成王使召公卜居居九鼎焉而周復都酆鄗至
犬戎敗幽王周乃東遷于洛蘇氏曰周之失計未有
如東遷之繆也自平王至於亡非有大無道者也然
終以不振則東遷之過也君子曰周之東遷非過也
謂周自東遷而益衰可也謂國東遷而致衰不可也
周居酆鄗酆鄗在西故謂洛爲東都自武王遷九鼎
于洛固已有意於經營周公相成王成武王之志於
是乎卜洛以建邑而郊丘社壝宗廟市里無乎不備
是固以洛邑無可都矣謂洛邑形勢不如西周之據
函崤界蜀隴邪則東有成皋西有殽澠背河向伊洛
其固有之守也謂洛邑土地不如西周爲天下土腴
邪則左伊右瀍沃衍可以富也而況天下之中實維
洛邑陰陽之所和南北日晷於是而取正道里之所

均四方諸侯於是而取則是則維邑曷嘗不可以爲
都也以書攷之周公告成王使居新邑以爲治王因
遂東故曰戊辰王在新邑烝祭歲是成王嘗至洛邑
事烝祭矣以詩攷之宣王徵車馬備器械會諸侯于
東都因田獵而選車徒是宣王又嘗至洛邑會諸侯
矣然則平王之遷洛得非先王之遺意而豈可謂其
失計乎藉使周因東遷而致衰則曰蹙國百里已非
一日西　交侵有甚於　伐凡伯南征不復有甚於
問鼎輕重豈至平王以後而然耶蓋周自厲王之亂

王室板蕩不有宣王以中興之吾見其不待東遷已無周矣宣王之後幽王失德王室又大壞使平王不遷周其將不衰乎使文武而東遷周其有不興乎是周之所以衰因無令王以振興之初不以遷故也且堯都平陽而舜遷蒲坂禹又遷安邑商自契至湯八遷盤庚五遷是唐虞夏商之都罔有定止蓋屢遷矣奈之何獨以周之東遷爲失計耶遷都之義曰洛邑之地四達而平使有德易以興無德易以衰則都洛本可以致興而所由致衰者罔在於不德也周以後

漢世祖都洛矣而延祚二百魏孝文又都洛矣而太和稱治有德而都洛無有不興之理此古今之所同然者然則周有天下傳主三十七而平王以後凡二十四主歷年八百六十有七而東遷之後猶五百二十八年平王之東遷其果失計乎哉

漢高帝既定天下謂群臣曰運籌帷幄之中決勝千里之外吾不如子房填國家撫百姓給餽餉不絶糧道吾不如蕭何連百萬之衆戰必勝攻必取吾不如韓信三者皆人傑吾能用之此所以取天下也君子曰知人善任使此帝王之畧也夫以高帝之雄姿大度而當其任使者又皆天下之才其取天下也固宜矣方其與項籍俱起叛亡逐秦鹿蚌鷸相持者八年高帝之命懸於籍手數矣而籍卒以敗亡者籍專爲暴高帝務爲寬大故也高帝之入咸陽也秋毫無所犯籍至火而屠之暴與寬大異超如此楚漢興亡於是已決况籍有一范增而不能用而高帝則攬一時之英豪而御之如所謂三傑者皆天下之才也而用之各能當其才及其成功且曰吾不如焉是可謂知

人善任使有帝王之畧矣其得天下不亦宜乎雖然高帝固善知人爲可尚抑所以任使之道則未免持駕御之術以束縛馳驟之蓋有無足多者當韓信爲治粟都尉蕭何數言其奇而高帝故不用始欲激之使亡爾既亡而追得之則信以爲必死矣反遽拜之爲大將使其以任遇太重爲過望效死以酬恩不復叛而信遂謂漢遇我厚也此在其術中而不知者也酈食其爲漢謀撓楚欲立六國後高帝非不知六國後不可立也而以問良是特以嘗其心焉耳蓋良始

惟爲韓報仇又嘗說項梁立韓諸公子橫成君成爲
王而已爲韓司徒而後又自褒中去漢而歸韓高帝
恐良終爲韓不爲漢故因疑其謀以嘗戹豈果不知
六國後不當立哉而子房固且力陳其難以爲不可
此又在其術中而不知者也蕭何與高帝同起事膺
專任守關中漢廷諸臣功無與比然高帝恐其脫自
驕以取禍故遣卒爲衞又縶之廷尉以抑折之使自
謹守以保令終非誠疑何也設誠疑之則已以待韓
彭者待之矣而何至自汙以求免此又在其術中而

不知者也嗟乎三子者皆人傑然役於高帝術中而
皆不知而高帝既知三子之爲人傑矣乃徒以術御
之不復知有忠信之爲道君臣之際其不俱可惜哉
且吾聞之舜之於十二牧武王之於十臣其君臣之
相與無非忠信之道焉上以誠求下下以誠事上元
首股肱視同一體烏有所謂相持之術哉嗚呼此古
帝王之所以爲盛也高帝非不得天下也然其君臣
之際如此其不有媿於古帝王也夫
高帝六年叔孫通徵魯諸生起朝儀魯兩生不肯行

曰今天下初定死者未葬傷者未起又欲起禮樂禮
樂所由起積德百年而後可興也君子曰兩生之所
謂禮樂非禮樂也彼以爲禮樂矣而吾謂非禮樂何
哉彼徒知其文而非其本之謂也記曰禮者天地之
別也樂者天地之和也天高地下萬物散殊而禮制
行矣流而不息合同而化而樂興焉又曰大禮與天
地同節大樂與天地同和孔子之論以爲禮云禮云
玉帛云乎哉樂云樂云鐘鼓云乎哉孟子之論先之
以仁義而曰禮之實節文斯二者是也樂之實樂斯

二者是也此禮樂之謂也夫禮樂不可斯須去身者
也聖賢之治身即其所以治天下國家者也以其不
可斯須廢者而必俟乎百年亦何其迂之甚也是故
無本不立無文不行其可損益因革者文也故忠變
爲質質變而文繼文者不能保其不變也夏變而濩
濩變而武繼武者亦不能保其不變也此皆文之謂
也至論其本則古今一而已矣孔子所謂百世可知
者也吾故曰兩生之所謂禮樂非禮樂也禮樂之文
而非其本之謂也自兩生創是說而漢儒叅宗之終

漢之世禮樂之説紛如而其大槩則正朔也服色也辟雍也井田也封建也雅樂也是皆帝王經制之具而帰滅於暴秦者有王者作固當修而明之然漢之賢佐莫如孝文漢興至是已及百年禮樂之興維其時矣而賈生請改正朔易服色定官名興禮樂則謙讓以爲未遑惟以德化民故海內安寧烟火萬里成康以後稱治者莫加焉至武帝而改正朔矣議明堂矣至成帝議立辟雍未作而王莽作之矣至哀帝而詔定雅樂能淫聲矣此三君者其於致治何如也自漢以來千數百年之間有爲之君臣於斯數者未嘗不講明之其説易通而易行者正朔服色也言人人殊而或行或不及行者明堂辟雍雅樂也其説雖多而終不可行者井之而皆足以爲一代之治則其爲禮樂之文而非其本也明矣禮樂之文無與於治道也明矣蓋高祖以馬上得天下而輕詩書叔孫通鄙儒也因拔劒擊柱之事將蕝朝儀以止喧嘩乃進儒者可與守成之説夫蕝朝儀以緜蕞從事其事至末也而通以爲儒者守成之事兩生以爲興禮樂之事

嗟乎儒之爲儒禮樂之爲禮樂止是而已乎至隋文中子講道河汾謂其徒魏徵房杜曰先輩雖聰明特達然逢明主必愧禮樂及聞江都之變曰道廢久矣如有王者出三十年而後禮樂可稱也十年平之十年富之十年和之斯成矣其後唐太宗與房杜論興禮樂曰禮壞樂崩朕甚愍之有志不就古人攸悲時難得而易失朕所以遑遑也徵與房杜皆慚悚而退是數公者可謂興王之良佐而明於古今之治體矣雖未嘗以改法立制自任至論其輔佐之實則房杜之彌縫魏之諫諍皆人臣之所難爲在其媿禮樂也是故以征伐取天下者莫如湯武湯造邦之初誥其臣下曰無從匪彝無即慆淫各守爾典以承天休此禮也故俎之民室家相慶此樂也武下車之初列爵惟五分土惟三建官惟賢位事惟能此禮也大賚于四海而萬姓悦服此樂也然則革命不崇朝而禮樂行乎其間亦烏待於三十年之久乎故吾以謂兩生之所謂百年文中子之所謂三十年皆徒論禮樂之文而非達其本者也嗟乎彼兩生不足道也文中子

動以聖人自僦而立論若是幾何而不爲叔孫通也
哉
光武遭漢中衰紹恢前緒征伐四方日不暇給而乃敦尚經術賓延儒雅開廣學校修明禮樂繼以明章臨雍拜老横經問道自公卿大夫至于郡縣之吏咸選用經明行修之人是以教立於上俗成於下自三代既亡風俗之美未有若東漢之盛者也君子曰國家風化之成非一人之爲一日之積也爲之非一人故行之也無弊積之非一日故守之也有素此所以

既成而益隆愈久而不替者也周之有天下也始於文武崇道德隆禮義設辟雍泮宮庠序之教陳禮樂弦歌移風之化叙人倫正夫婦天下莫不曉然論孝悌之義惇篤之行故仁義之道滿天下繼以成康持盈守成世篤忠厚當其時風俗之隆比屋可封蓋垂裕乎八百年之久此豈一人之爲一日之積哉成周之後言風化之美者無如東漢矣然非光武躬行於其先明章繼志於其後皆敦尚經術修明儒學以爲務則其效之所至亦豈能底于盛極乎是故自建武永平以至于建初永元上而朝廷下而鄉閭莫不以名節相砥礪而不肯一毫苟且以自詭相師成風翕然無間此其俗習之美雖其比隆於成周可也及乎元興以後閹豎擅政而小人挾其威福相煽爲惡中材顧望不知所爲而漢已失其操柄綱紀大壞矣然在位公卿大夫有若袁安楊震李固杜喬陳蕃李膺之徒皆豪傑特起之士相與發憤同心戮力用公義以扶其危直道正言分別其是非白黑不少回撓至於勢有不容而織羅鉤黨之獄起而其執彌堅其行

彌厲志雖不就而其忠則有餘天下之士聞其風慕其義者人人感慨奮激如符融郭泰范滂許劭之流咸立私論以救其敗闕而其甚者至於解印綬弃家族骨肉相勉蹈死而不避或且以不得與其死以爲恥以故百餘年間擁兵專地者雖互相吞噬而猶莫不以尊漢爲辭雖以曹操之姦雄擅彊大覬非望乃至沒身不敢廢漢以自立豈不以名義有在知所畏避而自抑乎嗚呼尚論兩漢之習者西漢必曰經術東漢必曰名節抑豈知經術者固名節之本而名節

之為效其有係於國家天下者爲尤重如是夫程子之言曰後漢名節成於風俗非自得也然一變之則可以至道矣司馬公之言曰教化國家之急務風俗天下之大事惟明智之君子深識長慮然後知其爲益之大而收效之遠也至哉言乎其政治之龜鑑矣乎

曹操權勢日隆董昭言宜進爵加九錫以彰殊勳荀彧以爲曹公本興義兵以匡朝寧國秉忠貞之誠守退讓之實君子愛人以德不宜如此操由是不悦及

擊孫權請彧勞軍因輒留彧以侍中光祿大夫持節參丞相軍事彧以病留壽春飲藥而卒君子曰纂逆之人將欲奪人之國家必擇正人賢士人望所屬而意與己忤者從而中傷之惟恐人之不成其志而其惡之不遂也曹操之殺荀文若是已夫文若飲藥而死爲自殺也而謂操殺之何哉蓋文若雖自殺而致其自殺者操也雖謂操殺之可也嗚呼君子不幸而處國家亂亡之際而欲自立於其間適足以殺其身而已爾雖欲明哲保身有不可得若文若者亦何其不幸也且文若可不謂正人賢士者歟當漢之亂豪傑並起文若以爲曹操者庶幾可以圖大事定國家故從而佐之凡其與操謀所謂大順大畧大德者大抵皆匡朝寧國之事豈嘗與謀篡漢哉而不知曹操者天下之姦雄懷其鬼蜮之智雖外示恭遜而圖漢乃其本心彼董昭逆知其本心者也九錫之謀有以中其心之所欲矣文若雖賢而智不足顧謂曹公秉忠貞而守退讓君子愛人以德不宜如此不亦有忤其心乎智不足而節有餘不殺其身不止矣操見乎

時文若所與言未嘗逢其志及圖九錫而又忤其志使文若而在將己之志不得終成其殺之也固其所矣是故文若死操之惡遂成明年而九錫加及孫權稱臣稱述天命而操以爲天命在吾吾爲周文王矣操死于丕遂篡位而且以舜禹自居矣嗚呼世豈有是等文王舜禹也哉朱温將篡唐欲以優人張廷範爲太常卿裴樞持其事樞等朝廷宿望温以爲小事猶不已從必不肯聽已取天下故肆其誅鋤白馬之禍樞等無遺類矣曹操之篡漢朱温之篡唐其惡一

也操之殺荀彧溫之殺裴樞何其所爲之相類邪吾是以知篡逆之人欲奪人之國家者必擇正人賢士而中傷之惟恐人之不成其志而其惡之不得遂也嗚呼以操久蓄無君之心加有大功於天下其移漢祚不啻如反掌文若縱忤已其力豈足以沮操當是時國之后戚朝之忠良殺戮畧盡留一文若夫亦何害而操曾不能少容焉文若則死矣而不知篡魏之司馬懿已疑其後而不察也害能加於其所易制而明不足以料其所難圖烏在曹操之爲智哉懿既制

魏國命子師及昭竝秉重權而昭子炎遂以代魏當其時王陵以壽春欲討懿而不克文欽毋丘儉以淮南欲誅師而不遂諸葛誕又欲以壽春誅昭而不成巨姦之餘夫人將嚙之然人知司馬氏專魏而不知養成其惡者由操之不智也故夫司馬氏於魏猶曹氏之於漢而已耳孟子曰不仁而得國者有之矣未有不仁而得天下者也又曰出乎爾者反乎爾者也有天下者盍亦鑒觀之乎

唐太宗有天下貞觀之間天下大治外薄嶺海戶門不閉行不齎糧米斗三錢歲斷死獄僅二十有九蠻夷君長咸襲衣冠帶刀宿衛太宗歎曰此魏徵勸我行仁義既效矣惜不令封德彝見之或曰太宗烏在其爲仁義也太宗之爲君大抵仁不勝其武義不勝其利者也當其以英武之姿而舉義師於弱冠之始一戰而定東都再戰而下河北以至取江陵舉黎陽攘群盜如振槁拉朽其有天下如運諸掌視成湯之拯民似矣而陽尊隋以爲名則何異晉文河陽之尊周北擒頡利西滅高昌以及破吐谷渾降薛延陀衣

冠其人郡縣其地視武王之通道似矣而高麗之征垂老而不厭則不及齊桓召陵之伐楚太宗之用武果三王之義乎因至五覆罪至三訊視古人聽獄之辭則審矣而張蘊古之死則未免於濫殺除斷趾之法去鞭背之刑視古人肉刑之制則輕矣而李君羡之誅則未免於濫刑太宗之用刑果三王之仁乎蓋其好大喜功志慕高遠而學問之道有未充故其設施制度綱紀雖有足觀而平生所爲類皆假仁義以濟其功利之私烏在其爲仁義也君子曰三代而下

賢聖之君無如太宗矣而頗猶不足焉春秋責備之意其毋乃已甚乎夫論仁義之本太宗雖若有愧論仁義之功太宗不可謂不盛也孟子曰堯舜性之也湯武身之也五霸假之也然則太宗雖未可以性之許之而亦豈可以假之議之哉不然仁義之效大矣太宗行之何其易致而速成如是也蓋仁義之於天下如饑渴之於飲食人情之所同欲也其所以同欲由人心之所同有也況當天下大亂之餘斯民新脫於水火綏之以仁撫之以義尤易爲尤故其行之數

歲粟米之賤斗至數錢居者有餘蓄行者有餘資人人自厚幾至刑措天下翕然而從化如影響之從形聲有不期然而然者此其爲效易致而速成曾不待乎必世百年之久不謂之盛可乎太宗之所以致是者非其身之而孰致之乎使太宗行之以無倦雖至於由仁義行可也而謂其徒行仁義可乎而況謂其假仁義不亦過乎且自唐虞之治五百餘年而有湯之治自湯之治五百餘年而有文武之治文武以後千有餘年而始有太宗之爲君其治天下之效如此然而猶以其所未至而責備之不得與先王並是則文武之前率五百餘年而遇一治世文武之後千有餘年而猶未遇願治之君也是不亦責人終無已乎嗚呼唐有天下更十八君垂三百年其間蜀道關陝奉天之幸唐之幾亡者數矣而天下終復爲唐焉是則太宗仁義之效益不可誣而行仁義之功果何負於太宗哉

魏徵嘗言於唐太宗曰願陛下俾臣爲良臣無俾臣爲忠臣也君子曰人臣委質以事君其義一也而以

爲有良臣忠臣之異者則以其君有道無道有不同焉耳人君有道人臣直道以事之而得明哲以保身故謂之良臣君臣之名兩全而無失此處君臣之常者也人君無道人臣不容於直道而殺身以殉之故謂之忠臣君臣之名兩敗而不全此處君臣之變者也是故有禹湯文武之爲君則皋陶伊尹周召之流因而爲良臣有夏桀殷紂之爲君則龍逄比干之流因而爲忠臣嗚呼使其君爲桀紂而已爲龍逄比干之爲此豈人臣之所願乎宜乎魏徵拳拳焉以爲太

宗告也且三代而下受諫如太宗之爲君盡諫如魏
徵之爲臣可謂各極其志無媿乎君明臣良者矣而
徵猶爲是言何哉嗚呼此政徵之所爲善諫者也徵
之意以謂君有道則臣得爲良臣君無道則臣必爲
忠臣願陛下爲有道無爲無道苟爲無道則臣將必
爲忠臣矣是殆欲繩其君使不得爲無道云耳不然
則忠良雖異稱要皆美名而徵亦何擇焉蓋徵非爲
其身謀實爲其君計藉令其君以無道見醜於天下
後世而已獨以忠節聞孰與君都顯號臣荷美名而

臣主之善兩立也抑徵之爲是言蓋亦深知太宗之
足以爲有道矣苟太宗果不足與爲有道也則與龍
逄比干游於地下徵其寧有貶哉幸而太宗力致貞
觀之治而終爲有道之君雖徵之所以諫之者非一
端安知非忠臣良臣之論有以啓之也雖然良臣未
始不爲忠而忠臣未有不爲良者也徵之此言抑有
所矯而言之世有庸回之臣韋脂塞默惟以持祿固
位爲務者將必坐視其君之昏愚暴戾而無所匡救
因據魏徵良臣之言以爲解卒致臣主有兩敗之禍

嗚呼此又徵之罪人也哉

說郛續目録

弓第三

說郛續目録 弓三

冥影契

澉水董穀

天地混沌之說非也無初也天如卵白亦非也無形也天之蒼蒼亦非也無色也能見大塊面目者壽

由太虛有天之名由自然有道之名由受生有性之名由良知有心之名

境無美惡物無妍媸皆生於心

性者心之本體心者性之妙用識則心之能事也猶之燈焉性其火也心其光焰也識其燭照也軀百體

皆心也癢疴疾痛觸處相關然則又有肉質如蓮苞位于方寸者何曰火無實體必附於木性亦無實體故附于蓮苞蓮苞者譬燈草也故燈草亦謂之燈心耳

法言之言文也文謂之作河汾之言道也道謂之述述作之間可以觀德矣

衆生必死然雖死而非死蓋臭腐化神奇若潮汐之消息無往不成來非有空閒可頓放也故死亦生之事非生之外別有死也

生之精爽曰魂死之靈異曰魄陽曰魂游魂爲變鬼神之義昭矣

四方上下無際也於心之無際見之

大患在吾有身去私己之謂也

如明鏡物來則照物去則空如洪鐘不扣寂然扣則響應聖人之事畢矣

萬象皆太虛含萬象欲得太虛猶之空中覓天也無象前之虛亦無象外之虛天亦太虛之別名萬象即天也外天而求象猶之外水以言冰

兒時嚴師老猶夢畏習根不斷如此況飲食男女乎

雞雛可以觀仁者未有知覺也

止是一心自吾肝膽百骸宮室服御以至天地萬物皆此心也舍此而求心是見鬼也若人識得心大地無寸土

致良知學者之活法主敬而非良知或勞苦而不延人情行恕而非良知或慈和而易於兼愛直躬而非良知則證父嫂溺而非良知則不援凡百皆然

天無實天自山河大地見之道無與道自飲食男女

見之性無自性自四端七情見之心無別心自百骸萬事見之是謂體用一源

山河大地皆天也而求天於天則無陰陽五行皆道也而求道於道則無四端七情皆性也而求性於性則無百骸萬事皆心也而求心於心則無四者只是一句隨事而異名而或二之亦非也

性無眹兆而有條理喜怒哀懼七者性之施情之實也仁義禮智四者施之妙情之德也

學者最要識天識破天無復餘事太極圖上一圈

即天也復推數圈明之識破皆筌蹄耳

能知生則無生無生則無死生

晝之所爲者心之施夢之實也夜之所感者心之思夢之餘也

天地一人身督脉經泥丸遵夾脊而至尾閭河源自雲漢下星宿海而入歸虚

理之成形則爲氣氣非眞有也此理之幻化而成也

心之成形則爲事事非眞有也此心之幻化而成也

佛氏云生死事大仲尼云朝聞夕死然則道之未聞死不得也不但死不得雖生在世間亦在鬼窟裏過日益其死也久矣何必死而謂之死先須生得然後死得其所以死乃其所以生者也故曰未知生焉知死程子曰死之道即生是也更無別理

費隱只是一層晦翁作兩層看了故失程子之意

知是主意行是工夫博文爲約禮工夫克己爲復禮工夫道問學爲尊德性工夫此聖學之眞傳也今有巨木於此將爲梁棟欲其圓潔光滑是主意必用鉋子以加之是工夫自第一鉋以至千鉋皆爲求圓工

夫第一鉋乃圓之始千鉋乃圓之終固不能舍第一鉋而遂成千亦不待千鉋足然後是工夫亦不須旁觀坐議講求鉋法下手便鉋鉋求圓圓隨鉋生鉋至圓至以至無鉋可施而梁棟成矣此知行合一之喻乎

宵練匣

靖江朱得之

黄蘿石平生好善惡惡甚嚴自衆以問陽明老師曰好字原是好字惡字原是惡字黄於言下躍然

董實夫問心卽理心外無理不能無疑陽明老師曰道無形體萬象皆其形體道無顯晦人所見有顯晦以形體言天地一物也以顯晦言人心其機也所謂心卽理者以其充塞氤氲謂之氣以其脉絡分明謂之理以其流行賦畀謂之命以其稟受一定謂之性

以其物無不由謂之道以其妙用不測謂之神以其凝聚謂之精以其主宰謂之心以其無妄謂之誠以其無所倚着謂之中以其無物可加謂之極以其屈伸消息往來謂之易其實則一而已今夫茫茫堪輿蒼然隤然其氣之最麤者歟稍精則爲日月星宿風雨山川又稍精則爲雷電鬼怪草木花蘤又精而爲鳥獸魚鼈昆虫之屬至精而爲人至靈至明而爲心故無萬象則無天地無吾心則無萬象矣故萬象者吾心之所爲也天地者萬象之所爲也天地萬象吾心之糟粕也要其極致乃見天地無心而人爲之心心失其正則吾亦萬象而已心得其正乃謂之人此所以爲天地立心爲生民立命惟在於吾心此可見心外無理心外無物所謂心者非今一團血肉之具也乃指其至靈至明能作能知此所謂良知也然而無聲無臭無方無體此所謂道心惟微也此大人之學所以與天地萬物一體也一物有外便是吾心未盡處不足謂之學

問喜怒哀樂陽明老師曰樂者心之本體也得所樂

則喜反所樂則怒失所樂則哀不喜不怒不哀時此眞樂也

楊文澄問意有善惡誠之將何稽陽明老師曰無善無惡者心也有善有惡者意也知善知惡者良知也爲善去惡者格物也曰意固有善惡乎曰意者心之發本自有善而無惡惟動於私欲而後有惡也惟良知自知之故學問之要曰致良知

或問客氣陽明老師曰客與主對讓盡所對之賓而安心居於卑末又能盡心盡力供養諸賓賓有失錯

又能包容此主氣也惟恐人加於吾之上惟恐人怠慢我此是客氣

人生不可不講者學也不可暫留者光陰也不能暫留甚爲可惜學不講自失爲人之機誠爲可恥自甘無恥自不知惜老至而悔不可哀乎孔子曰學如不及猶恐失之朝聞道夕死可矣旨哉

或問三教同異陽明老師曰道大無外若曰各道其道是小其道矣心學純明之時天下同風各求自盡就如此廳事元是統成一間其後子孫分居便有中

有傍又傳漸設藩籬猶能往來相助再久來漸有相較相爭甚而至於相敵其初只是一家去其藩籬仍舊是一家三教之分亦只是此其初各以資質相近處學成片段再傳至四五則失其本之同而從之者亦各以資質之近者而往是以遂不相通名利所在至于相爭相敵亦其勢然也故曰仁者見之謂之仁知者見之謂之知纔有所見便有所偏

天地萬物之機生生不息者只是翕聚翕聚不已故有發散發散是其不得已且如嬰兒在母腹中其混沌皮內有兩孔端生近兒口是兒在胎中翕而成者也故出胎便能吸乳

人之養生只是降意火意火降得不已漸有餘溢自然上升只管降只管自然升非是一升一降相對也降便是水升便是火參同契眞人潛深淵浮游守規中此其指也

或問金丹曰金者至堅至利之象丹者赤也言吾赤子之心也煉者喜怒哀樂發動處是火也喜怒哀樂之發是有物牽引重重輕輕冷冷熱熱煅煉得此心

端然在此不出不入則赤子之心不失久久純熟此便是丹成也故曰貧賤憂戚玉女於成動心忍性增益不能此便是出世此是飛昇沖舉之實謂其利者百凡應處迎之而解萬古不變萬物不離大人之心常如嬰兒知識不逐純氣不散則所以延年者在是所以作聖者在是故曰專氣致柔如嬰兒清明在躬志氣如神嗜欲將至有開必先所以知幾者在是所以知天者在是

太虛浮雲過化也乾乾不息於誠存神也存神則過

化矣所過不化不存神也存神而過化所以與天地同流

此身之外一絲一縷皆粧綴故緊隨身不可須臾離者貧賤也或得或失者富貴也於其不可離者必求離之於其不可保者必欲得之此所以終身役役卒歸於惡也

三代教人年未五十者不得衣帛未七十者不得食肉是天下莫非素縞也今自嬰兒時便厚味華衣豈知古人愛養生命之道佛氏戒殺其徒不腥不錦意

正如此若得天下知此風味便省許多貨財便有許多豐裕息貪息爭無限好處雍熙之風指日可見惜乎欲重情勝而不能從也

往古聖人立言垂訓宗旨不同只是因時立教精明此性耳堯舜曰中湯文曰敬蓋以中有糊塗之景將生兩可之病故以敬爲宗提省人使之常惺惺也敬則易流於有意故孔子曰仁仁易無斷故孟子曰仁義仁義流而爲假仁襲義故周子曰誠誠之景乃本體無思無爲者也人不易明將流於訐直故程子復以敬爲宗敬漸流於孤陋故朱子以致知補之致知漸流於支離故先師辨明聞見與良知特揭良知爲宗千古聖學之要天地鬼神之機良知二字盡之矣

混沌開闢之說亦是懸度只就一日晝夜昏明之間便可見戌亥時果人消物盡乎但自古至今生氣漸促其醇氣之耗智巧之深終非古比

或問事物有大小應之不能無取舍此正是功利之心千駟萬鍾之取予一念也衆人在事上見故有小大聖人却只在發念處見故不論事物之大小一念

不安即不忍爲

人無善可爲只不爲惡有心爲善善亦惡也

玄機通

浙西仇俊卿

九九賤藝也王侯圖霸者禮焉蛩蛩微物也豪傑達觀者取焉奕秋射義並著于經而玄亦理之寓也學者可不加察而折衷之乎

士之鶩空名探捷徑者託之譚玄皆祖老子不知老子非清淨無爲守株縶匏者也當周衰時避世出函關語關令喜特緒餘耳至有附爲吐納按摩道引之術陋矣劉子玄疑非中的言哉其云以正治國以奇

用兵以無事取天下則神用無方莫能當也豈雌雄黑白之間已邪謂得易之體亦未盡諒也

或問陰符經殺機之說亦有合老氏否曰以奇用兵辟廣筵一觴耳至爲天地發殺機等云其迹太著與如黃石一編自韞青龍三尺可使金甌萬全雖曰不能去兵而自可以戢兵更有無敵之道動于無形運于無外惟在元苞推廣可收天下春于一統力不必于萬人敵財不必于鉅橋積險不必于天塹限謀不必下犖醜屈者也若鬼谷之徒爲蘇張之闔捭爲孫臏之反覆亦又何誅

或問留侯出處深有得于老子不知晏嬰之相齊猶爲善用范蠡之興越先有良規若曹參之繼相克終不追其始之合李泌之養望有始不究其終之同皆其術之次也至于末流其失也蕩而誕則有王弼何晏之徒倡爲清譚以亡晉其失也紛而誣則有王欽若呂惠卿之儕嗜爲玄詮以亂宋論世者所當糾猶車之指南向往不差也

或問專氣致柔如嬰兒何謂也孟子曰大人者不失

其赤子之心者也此沖宮妙象神祏靈原惟在觀頤于谿不可以罔識而窺者也學者轉爲嬰兒姹女下而方士又誑爲結胎等語非盡性至命者孰與焉還丹之大者莫踰于此也

或問丹鼎何如蓋緣大還之說傳訛耳葛洪修煉累召不起宜于功名富貴泊如也豈貪大能耶

或問導引何如諸說雖枚舉也視其所養而進退修天可占矣雖然調息之法愚皆有微焉

或問飛昇有諸曰黃帝葬橋山信矣使果騎龍上昇

今何居乎空同之訪廣成恐非寓言也
或問符咒何取乎噫何矯誣也天有明聽日有赫曰日嚴此作善與否之實而降祥與災之招也
或問固命廣嗣之說何如曰嗇養微

求志編

海鹽王文祿

今之仕者爲廉爲能不過求陞未有實心爲民者欲天下之治得乎此大學之道在明明德在親民在止于至善蓋明德則能照燭民疾苦之態而迫切惻怛之心視民猶己而救之恐後止至善即純亦不已蓋大學用世大典也明明德親民之始事止至善親民之終事

三代以上之臣皆爲民後世則爲名而已爲民者蓋

鮮也夫爲民即以爲國爲國則涉爲名爲名則口談爲國爲民之事假之以彰譽求陞耳噫親民之學不講欲復三代之治可得乎

有官守者時時求阜民之利除民之害爲社稷長久之計不可須臾放過蓋人心好逸樂而易怠荒況居官又便于驕縱必思文王視民如傷之心早起念人之俟我者衆而不可不勤且光景易過及時急立功尤爲遲也

爲政莫大于兵刑民生莫重于醫是以周官有詢聽

有赦之詳無濫刑矣田氏講武之預無敗兵矣十全十失之察無庸醫矣今大理刑部都察院審録重囚用一已之見都督都司揮戶戰敵之多算之謀惠民藥局廢而不講奈何能與親民之治也

封元後于沙漠是不得已當時惜無人言求前代之後封之以塞元後負固之心況孔子殷人封其後以承湯趙宋之後猶的有存者唐漢恐亦可求舉而封之曠世公天下之大典也

試官不刊實録而自作文則誤閱文出簾宴出題宴

五日一大宴三日一小宴甚誤閱文蓋場中閱文之日甚促也初九舉子入場十一始謄進第一場文十二第二場出題宴又促矣十五第二場文始謄完二十外三場文始謄完會取卷宴又促矣二十九放榜蓋草榜已定于二十五六在院閱文之日不過半月而飲宴之誤又間之何能得賢況試官未必盡賢是以真才多遺也必減飲宴寬以月日待放榜後得賢補禮可也

請立一大科于會試之外若宋制科以鼓舞天下之學凡進士舉人歲貢不分已仕未仕其試文若漢策元賦以博通今古練達政務爲中式行于辰戌丑未之正月朝覲凡有志者皆得應之視舊品超擢初皆署教三年滿則入翰林閣輔九卿皆于其中取之庶乎真才輩出也

律令國朝之大法令增條例則濫矣每三歲大讞獄御史于科場畢日即留在場執事守令推官通判之廉明者盡心覆勘其情罪務求生道以定決之則無冤矣

從政錄

河東薛瑄

孔子曰不患無位患所以立惟親歷者知其味余忝清要日夜思念於職事萬無一盡況敢恣肆於禮法之外乎

程子書視民如傷四字於座側余每欲責人嘗念此意而不敢忽

凡國家禮文制度法律條例之類皆能熟觀而深考之則有以酬應世務而不戾乎時宜

作官者於愚夫愚婦皆當敬以臨之不可忽也學者大病在行不著習不察故事理不能合一處事即求合理則行著習察矣

處事最當熟思緩處熟思則得其情緩處則得其當

一字不可輕與人一言不可輕許人一笑不可輕假人

至誠以感人猶有不服況設詐以行之乎

防小人密於自修

事最不可輕忽雖至微至易者皆當以慎重處之

丙吉深厚不伐張安世謹慎周密皆可爲人臣之法

論萬事皆當以三綱五常爲本學者之講明踐履仕者之所表倡推明皆當以三綱五常爲本舍此則學非所學仕非所仕也

接物太寬含弘如行曠野而有展布之地不然太狹而無以自容矣

左右之言不可輕信必審是實

爲政通下情爲急

愛民而民不親者皆愛之未至也書曰如保赤子誠

能以保赤子之心愛民則民豈有不親者哉

正以處心廉以律己忠以事君恭以事長信以接物寬以待下敬以處事此居官之七要也

士之氣節全在上之人獎激則氣節盛苟樂軟熟之士而惡剛正之人則人務容身而氣節消矣

爲官者切不可厭煩惡事坐視民之冤抑一切不理曰我務省事則民不得其死者多矣可不戒哉

作一事不可苟

必能忍人不能忍之觸忤斯能爲人不爲之事功

與人言宜和氣從容氣忿則不平色厲則取怨處人之難處者正不必厲聲色與之辯是非較長短惟謹於自修愈謙愈約彼將自服不服者妄人也又何校焉

爲官最宜安重下所瞻仰一發言不當殊愧之張文忠公曰左右非公故勿與語予深體此言吏卒輩不嚴而慄然也

待下固當謙和謙和而無節及納其侮所謂重巽吝也惟和而莊則人自愛而畏

慎動當先慎其幾於心次當慎言慎行慎作事皆慎動也

聞人毀已而怒則譽已者至矣

法立貴乎必行立而不行徒爲虛文適足以啓下人之玩而已故論事當永終知弊

爲人不能盡人道爲官不能盡官道是吾所憂也

使民如承大祭然則爲政臨民豈可視民爲愚且賤而加慢[illegible]

處事[illegible]之於言尤妙

嘗見人尋常事處置得宜者數數爲人言之陋亦甚矣古人功滿天地德冠人羣視之若無者分定故也

如治小人寬平自在從容以處之事已則絕口不言則小人無所聞以發其怒矣

膽欲大見義勇爲心欲小文理密察智欲圓應物無滯行欲方截然有執

事事不放過而皆欲合理則積久而業廣矣

養民生復民性禁民非治天下之三要

治獄有四要公慈明剛公則不偏慈則不刻明則能

照剛則能斷

大丈夫以正大立心以光明行事終不爲邪暗小人所惑而易其所守

疾惡之心固不可無然當寬心緩思可去與否審度時宜而處之斯無悔切不可聞惡遽怒先自焚撓縱使即能去惡已亦病矣况傷於急暴而有過中失宜之弊乎經曰忽忿疾於頑孔子曰膚受之愬不行皆當深味

輕與必濫取易信必易疑

韓魏公范文正公諸公皆一片忠誠爲國之心故其事業顯著而名望孚動於天下後世之人以私意小智自持其身而欲事業名譽比擬前賢難矣哉

成王問史佚曰何德而民親其上史佚曰使之以時而敬順之忠而愛之布命信而不食言如臨深淵如履薄冰此名言也

以己之廉病人之貪取怨之道也

作事只是求心安而已然理明則知其可安者安之理未明則以不當安者爲安矣

聖人爲治純用德而刑以輔之後人則純用法術而已

以其能治不能以其賢治不賢設官之本意不過如此有官威剝民以自奉者果何心哉

去弊當治其本本未治而徒去其末雖衆人之所暫快亦賢知之所深慮

人皆妄意於名位之顯榮而固有之善則無一念之及其不知類也甚矣

機事不密則害成易之大戒也

爲善勿怠去惡勿疑

恭而不近於諛和而不至於流事上處衆之道

世之廉者有三有見理明而不妄取者有尚名節而不苟取者有畏法律保祿位而不敢取者見理明而不妄取無所爲而然上也尚名節而不苟取狷介之士其次也畏法律保祿位而不敢取則勉強而然斯又爲次也

一毫省察之不至即處事失宜而悔吝隨之不可不慎

處事當沉重詳細堅正不可輕浮忽略故易多言利艱貞蓋艱貞則不敢輕忽而必以其正所以吉也

天下大慮惟下情不通爲可慮昔人所謂下有危亡之勢而上不知是也

不欺君不賣法不害民此作官持己之三要也

人遇拂亂之事愈當動心忍性增益其所不能所行有窒礙處必思有以通之則智益明

下民之寃抑不伸者由長人者之非其人也

不虐無告不廢困窮聖人之仁也

一命之士苟存心於愛物必有所濟益天下事莫非分所當爲凡事苟可用力者無不盡心其間則民之受惠者多矣

勿以小事而忽之大小必求合義

臨屬官公事外不可泛及他事

無輕民事惟難無安厥位惟危豈惟爲人君當然哉凡爲人臣者亦當守此以爲愛民保己之法也

王伯之分自在不謀利不計功與謀利計功之分

處事識爲先斷次之

作官常知不能盡其職則過人遠矣

孔子曰死生有命富貴在天是皆一定之理君子知之故行義以俟命小人不知故行險以僥倖

法者輔治之具當以教化爲先

止末作禁游民所以敦財利之源省妄費去冗食所以裕財利之川

春秋最重民力凡有興作小大必書聖人仁民之意深矣

凡事分所當爲不可有一毫矜伐之意

伊傅周召王佐事業大矣自其心觀之則若浮雲之漠然無所動其心

清心省事爲官切要且有無限之樂

犯而不校最省事

人好靜而擾之不已恐非爲政之道

名節至大不可妄交非類以壞名節

守官最宜簡外事少接人謹言語

與人居官者自當使有益於其身有益及於人天之道公而已聖人法天爲治一出於天道之公此王道之所以爲大也

霍光小心謹慎沉靜詳審可以爲人臣之法

亦有小廉曲謹而不能有爲於事終無益

凡事皆當推功讓能於人不可有一毫自行自能之意

大臣行事當遠慮後來之患雖小事不可啓其端

雖細事亦當以難處之不可忽況大事乎

所謂王道者眞實愛民如子孟子所謂老吾老以及人之老幼吾幼以及人之幼上以是施之則民愛之

如父母者有必然矣

民不習教化但知有刑政風俗難乎其淳矣

惠雖不能周於人而心當常存於厚

孔子曰斯民也三代直道而行也是則三代之治後世必可復

唐郭子儀竭忠誠以事君故君心無所疑以厚德不露圭角處小人故讒邪莫能害

處大事貴乎明而能斷不明固無以知事之當斷然明而不斷亦不免於後艱矣

聖賢成大事業者從戰戰兢兢之小心來

好善優於天下若自用己能惡聞人善何以成事功

聖人子民之心無時而忘

於人之微賤皆當以誠敬待之不可忽慢

爲治舍王道即是霸道之卑陋聖賢寧終身不遇孔孟不自貶以徇時者爲是故也

書言罰弗及嗣賞延於世此聖人之仁心也故賞當過於厚而刑不過於濫

出處去就士君子之大節不可不謹禮曰進以禮退以義孔子曰有命孟子不見諸侯尤詳於進退之道故出處去就之節不可不謹

遵徇編

三衢葉秉敬

魯人獲麟不以爲瑞楚狂見鳳反以爲衰此世俗之識域於耳目聽睹之中

塞翁失馬不以爲憂楚王亡弓反以爲得此達人之懷超於得喪乘除之外

風雨霜露無非教也豈必陽春之爲恩

東西南北惟所命之安見棄遺之非寵

分粟者多寡之爭靡定量之以斗斛而爭者平矣是

斗斛者片言折獄之季路也

寄財者疑慮之心未忘付之於鎖鑰而疑者息矣是鎖鑰者一介不取之伊尹也

天地間無二無三儘着我說千說萬

人世上隨南隨北都是我好東好西

倒掛胸中無點墨不識字人宜爾惟讀書人亦然更是黃金窟中一片寒骨

浣溷囊中只一錢不得時人宜爾惟有位人亦然纔是白玉壺裏一片冰

用兵攻賊賊平後便須罷兵猶復窮兵不休必且驅民作賊

用藥治病病好後便須拋藥猶復服藥不已必且積藥成病

上可以陪玉皇大帝下可以陪卑田院乞兒蘇長公脫灑襟懷

別人喫飯從脊皮上過我喫飯從肚裏去程純公眞實學問

蕭何置田宅必居窮處爲家不治垣屋曰後世賢師

吾儉不賢毋爲勢家所奪

疏廣以餘金趣置共具不爲子孫買田宅曰賢而多財則損志愚而多財則益其過

孝者所以事親大學曰孝者所以事君也天地間有此奇文字

忠者所以事君曾子曰爲人謀而不忠乎聖賢家有此小心腸

無内無外之說太渾以吾心論只可說無外不可說無内

分人分小之說太析以吾心論本只是至小却包得至大

常將十年後眼睛預評今日自家文字便不敢艸艸作文

常將百年後公論預勘今日自家操修便不敢艸艸幹事

人只道人心難料不知自心更難料假如乏錢時自思得了百錢千錢儘彀足矣及至得錢後再添了千貫萬貫還更不彀以此知自心難料

人只道人心平平不知自心更不平假如失意時受了人一拳一棍幾恨死矣及至得意後打了人百拳百棍反更稱作以此知自心不平

賤人身子值錢反多大貴人不值一文錢問何故曰無價

凡人性子動氣最易大聖人不動些兒氣問何故曰無敵

生時平安由得我死後平安由不得我由不得我底要在由得我處做

理念平淡人所能欲念平淡人所不能人所不能底要在人所能處脩

吾有箇無財布施法如難讀之書教人易讀不讀之書教人知讀此是大布施

吾有箇無位薦舉法如人少作文勸人多做人苦作文勸人樂做此是大薦舉

海涵萬象録

明 黄潤玉

予幼時戲將豬水胞盛半胞水置一大乾泥丸于内用氣吹滿胞晒見水在胞底泥丸在中其氣運動如雲是卽天地之形狀也此太虛之外必有冈氣者

班固陳卓賈逵蔡邕皇甫謐一行六家各有分星之論惟唐一行之説詳審

雷皆氣也在天成形入地則化石吾嘗轉所得雷石左轉則跳躍有聲右轉則滑旋無聲

海涵萬象録 一

汴爲天下之中不如金陵江夏漕運之易集也又曰金陵據江之要會楊之可都者惟此地

幽州易水以西皆冀州境也今西安府是冀州帶太原府若并州是大同府地

氣至而伸者曰神反而歸者曰鬼事行而和者曰樂成而序者曰禮有氣則有鬼神有事則有禮樂陰陽之在天人也徒見其寒暑男女殊不知明而在人則禮陰樂陽幽而在天則鬼陰神陽此禮樂鬼神天人之妙用也

仁如黄鍾律義如尺必方直禮如衡均平智如鏡圓明尺制長短衡權輕重鑑照妍媸三者皆準於律信則四者無僞也

御邊之法擇將分守地方用其邊民爲兵置屯田以養寇來則拒寇去不追莫容貢附

北　宜以術驅計當多置城堡于要害時其弓勁清野以待去則勿追

當今要務在乎屯戍不分兵農則戶口繁河海兼漕則倉廩實内外廉察則風俗美

海涵萬象録 二

人家中饋必娘女親之勿使僮僕爨薪

大學之道問學之宏規論語之言踐履之實理孟子七篇擴充之全功中庸一書感化之大義

娶妻生子而出家釋迦之教門也臣周友孔而出關老聃之行徑也孰謂釋老滅絕父子君臣夫婦之倫乎

補衍

海鹽王文祿

天地終始篇

氣彌虛空性眞湛澄無初無疆渾闢靡停同異攸列
征復有恒大化自然莫齡莫增補天地終始

天地終始謂一大刼刼壞時火災將起天久不雨所
種而生依水泉源四大駛河悉竭久後有大黒風暴
起吹使海水兩披取日宮置須彌山半安日道中七
日輪次第現出一日出百草樹木一時凋落二日出

四大海水漸涸三日出四大海水轉消四日出四大
海水淺阿耨達池竭五日出四大海水竭盡六日出
大地烟生火起從須彌山至三千大千刹土靡不悉
燒七日出大地須彌山崩壞洞然諸實爆裂熖震動
至梵天盡成灰畢此名器世間

已壞滿二十中刼壞已復二十中刼住過七火災已
從此生水界起壞器世間如水消鹽此水界與器世
間一時俱沒沒已復二十中刼住過七水災已復七
水災從此生風界起壞器世間如風乾支節復消盡
此風界與器世間已壞

壞刼後名空刼經無量久刼欲成時火自滅起大重
雲注大洪雨滴如車軸復經無量時雨止水聚從下
水輪湧沸水上騰漂淩泱遍滿梵天四風輪所住持
水漸退下爾時四大風起欻然飄擊吹彼水聚混亂
不停水中自生大沫聚大風吹沫擲置空中從上造
梵天宮七寶間成水更退下湛然停住四方浮沫水
上深厚周濶大風吹沫復造須彌山又吹沫四面散
擲造四大洲八萬小洲并餘大山周匝安置爾時大

闇有大黒風吹大水聚底漂出日月置須彌山半安
日道中繞須彌山洞照四方炎退水濕又大風吹掘
大地漸深入置大水聚爲四大海是故風界吹起火
界蒸煉地界堅實

四千五百六十年爲一元大數之終四百五十六年
爲一小元數之終陽厄五陰厄四陽爲旱陰爲水初
入元百六年有厄故曰陽九百六之會

天地久矣曷經歴之曷言之傳之也曰神聖心具六
通洞見無始不聞昆明刼灰西域至人能知耶烏可

泥日踶之延而併廢萬掛之變也

邃初大聖篇

粵誕至人分別二儀建極作則裁輔攸宜聽聆元聲
觸類先知神妙無方三才乃歸補邃初大聖
開闢後光音天人誕降大聖曰渾敦氏即盤古氏初
天皇氏也龍首人身神靈一日九變一萬八千歲爲
一甲子荆湖南以十月十六日爲生辰有初地皇氏
初人皇氏
中天皇氏號曰天靈姓望名獲頎嬴三舌驤首鱗身

補衍　三

碧盧禿揭歲紀攝提靈書八會提名旋復出桂州無
外山一姓十三頭平初紀元年一萬八千歲地皇氏
岳姓名鏗馬蹏牧首出熊耳龍門山一姓十一頭太
始紀元年一萬八千歲人皇氏即泰皇氏一曰居方
氏姓愷名胡洮龍軀驤首達腋出刑馬山提地國一
姓九頭太平紀元年一萬八千歲自人皇氏後有五
龍氏兄弟五姓人面龍身並乘龍上下治五方司五
類攝提五十九姓即九皇氏沒六十四氏與六十四
氏沒三皇與六十四氏叅併五姓三皇乃合雒三姓
教人穴居乘蜚鹿以理連通六姓乘蜚麟以理敘命
四姓駕六龍而治
循蜚二十二姓鉅靈氏出汾脽驅陰陽反山川式治
獨蒸迹躍云句彊氏譙明氏涿光氏鉤陣氏黃神氏
出天參政三百四十歲巨神氏出長淮三百歲五蜚
千五百歲犁靈氏大騩氏見南寄鬼騩氏後有鬼氏
僥氏撩氏刹氏弇茲氏泰逢氏出萯山陽冉相氏得
環中以隨成蓋盈氏出若水揭中大敦氏雲陽氏是
爲陽帝處長沙巫常氏泰壹氏是爲皇人神農黃帝

補衍　四

老子皆受道要有兵法雜子陰陽雲氣黃治泰壹之
書空桑氏出兗國神民氏都神民丘三百歲倚帝氏
都倚帝山次民氏是爲次是民次是民沒元皇出穴
處之世終矣總六十餘世
因提十三姓辰放氏是爲皇次柏渠頭四乳出地郛
教民攓木茹皮以禦風霜綯髮閭首以去靈雨號從
曰衣皮人治二百五十載四世蜀山氏始蠶叢柏濩
魚鳧各數百歲號蜀山氏偃傀氏後有偃氏倪氏并
蜀由氏六世渾沌氏是爲渾敦後有渾氏沌氏屯氏

七世東戸氏十七世皇覃氏一曰離光氏兑頭日角將六鳳皇出地衡治二百五十歲七世啓統氏三世吉夷氏後有吉氏四世几蘧氏一世豨韋氏四世有巢氏棲石安顏樓木末爲巢教民巢居以避物爪牙角䶵號大巢氏治三百餘載二世遂人氏出不蜀寅城游日月都至南垂感木火仰察辰心作鑽燧教民火食曰燧皇治律高石室二百三十載四世庸成氏出群玉山平阿無隘四徼中坦冊府所在庸成是立故號庸成氏有季子性淫放之西南儀馬產子身人

而尾蹄馬是爲三身國八世總六十八世

通禪十八姓倉頡氏一世栢皇氏二十世中央氏四世大庭氏五世栗陸氏五世麗連氏十一世軒轅氏三世赫胥氏一世葛天氏四世宗盧氏五世祝融氏三世昊英氏九世有巢氏七世朱襄氏三世陰康氏二世無懷氏六世伏羲氏二世神農氏三世總八十八世

五德主運篇

陰陽消息五氣布行生剋制化損益因更迭應萬有一元穆清泯則厭勝通斯永貞補五德主運

木火土金水是爲五行其神謂之五帝古之王者易代改號取法五行五行更王始終相生亦象其義也五行用事先起于木木東方也屬巽巽爲風萬物之初皆出焉是故帝王則之首以木德王其次則以所生之行轉相承也所尚則各從其所王之德次焉

或曰五行人間用物六府增穀木類耳干支甲子紀時非可配生剋也素問五運六氣泥哉予曰誠然毋仰觀五星初昏即見五色朗然不亂是五行之精也

古今不改罔可僞爲則五行不可誣然五德運因天曆數攸位耶

迂怪之變篇

乾坤浩渺塵妄紛糾倏忽呈沒昜明昜幽萬變恒常涭索徒佡名實腓異異見相仇補迂怪之變

貪物罪畢遇物成怪鬼貪色罪畢遇風成魃鬼貪惑罪畢遇畜成魅鬼貪恨罪畢遇蟲成蠱毒鬼貪憶罪畢遇衰成癘鬼貪傲罪畢遇氣成餓鬼貪罔罪畢遇幽成魘鬼貪明罪畢遇精成魍魎鬼貪成罪畢遇明

戍役使鬼貪黨罪畢遇人成傳送鬼
怪鬼報盡生爲咎徵類魅鬼報
盡生爲狐類蠱鬼報盡生爲毒類癘鬼報盡生爲蛔
類餓鬼報盡生爲食類魘鬼報盡生爲服類魍魎報
盡生爲應類役使鬼報盡生爲休徵類傳送鬼報盡
生爲循類
梟倫生人中頑類咎徵生人中異類狐倫生人中庸
類毒倫生人中狠類蛔倫生人中微類食倫生人中
柔類服倫生人中勞類應倫生人中文類休徵生人

中明類循倫生人中達類
大道茫茫包羅靡外日不及覩悉疑怪迂蕭丘寒焰
溫谷湯泉浮石之山沉水之木弦膠火布苟信之宇
宙大矣遠矣豈可泥焉盡無邪故曰變即常也不覩
疑之也聊述此篇以發例云

機警

海鹽王文祿

武王封師尚父於齊就國道宿行遲逆旅之人曰吾
聞時難得而易失客寢甚安殆非就國者也尚父聞
之夜衣而行黎明至國萊侯來伐爭營丘沂陽子曰
尚父敦商造周威名著矣就封常典徐行若無虞旅
人且憂焉勸勵之心無時可已也使諷而不聞聞而
不悟營丘失矣噫旅人者靜覘則明尚父豈功成或
怠邪時難得而易失尤爲至警

王稽使魏載范雎入秦至湖關望見車騎從西來雎
曰彼來者爲誰稽曰秦相穰侯雎曰聞穰侯專秦權
惡納諸侯客恐辱我我且匿車中穰侯勞稽謂曰謁
君得無與諸侯客子俱來乎無益徒亂人國耳稽曰
不敢即別去雎曰聞穰侯智士也見事遲向疑車中
有人忘索此必悔之於是雎下車走十餘里果使騎
還索車中無客乃已沂陽子曰應侯脆死亡命慮患
深操心危矣望車騎而疑之知穰侯而料之先匿車
中以潛蹤繼走車下以避索關逸不亂非養不能也

宋也讓位蔡澤以穰侯爲戒哉

楚悼王殁宗室大臣作亂攻吳起吳起走之王尸而伏之射刺吳起并中悼王楚令傷王尸族太子立復令尹盡誅射吳起并中王尸者坐夷宗死七十餘家沂陽子曰起長于兵謀臨死猶能令後王復仇云走伏王尸冀避害且害彼攻者諸臣不悟墮起計中矣噫歿猶用智孰若生能見幾

燕師長驅平齊田單走安平令宗人盡斷車軸末而傅鐵籠已而燕軍攻安平城壞齊人走爭塗以軸折

機警　八　二

車敗爲燕所虜唯田單宗人以鐵籠故得脫東保即墨沂陽子曰田單復齊由保即墨保即墨由傅鐵籠倉惶臨難而心不亂先幾之見非豫養弗能也所卒勝樂毅單名將之傑歟

楚公子遇國難微服出亡將及門守門者難之其僕捽箠擊公子背罵曰隸也不力何不早出守門者不疑竟出去沂陽子曰將欲出之必固辱之使尊禮之彼阻之矣是以反之而詭其識也

楚伏弩射中漢王漢王傷胸乃捫足曰　傷吾指漢王病創卧張良強請起行勞軍沂陽子曰傷胸則能殞命衆聞之驚疑而生息楚兵乘之敗衂必矣傷指則無害也起而勞軍亦以定衆志漢之興決于此

呂布屯濮陽曹操闖之城中大姓田氏爲反間操得入城燒東門示無反意及戰軍敗布騎得操不知是否問曰曹操何在紿曰乘黃馬走者是也乃釋操而追乘黃馬者操突火而出沂陽子曰操出入行陣勝敗神色不動雖禀之厚則養之深操嘗曰秋冬校射春夏讀書呂滙子曰周文子發旦三聖魏武子丕植

機警　八　三

三文盛矣哉心術則殊後世繼之者鮮也

王羲之幼時江州牧王敦甚愛之恒置之帳中眠敦嘗先出羲之猶未起錢鳳入敦屏人言逆節謀忘羲之在帳羲之覺備聞知無活理乃佯吐汙頭面被褥詐熟睡敦言畢方悟相與大驚曰不得不除之及開帳見吐信之乃得全沂陽子曰羲之早慧故能脫虎口至親何益哉是以君子貴豫遠惡人也

李勣孫敬業年十餘勇悍異甚勣心患之伺其入林獵縱火焚林敬業見火到刳所乘馬入其腹中

火過浴血而出沂陽子曰成敗論勳勝敬業大體論敬業勝故臣復雖虛武曌𧙓魄反周爲唐陰有力焉蓋見人心在唐不易華也兵敗後敬業與駱賓王俱遁去有是哉

張平崖詠守獨兵火之餘人懷反側一日大閱方出軍衆忽嵩呼者三平崖亦下馬隨衆東北望三呼攬轡復行衆不敢讙沂陽子曰是舉也尊君而定亂且伏衆心聞于朝雖權重而不疑四方皆知忠義之風心神完定乃能從容若此後與傅霖仙去然乎

太宗大漸李太后與宣政使王繼恩忌太子英明陰與其黨謀立潞王太宗崩太后使繼恩召呂端端知有變鎖繼恩于閣內使人守之而入太后謂曰宮車晏駕立嗣以長順也今將何如端曰先帝立太子正爲今日豈可違先帝命更有異議乃迎太子立之即位垂簾引見群臣端于殿下平立不拜請捲簾陞殿審視然後降階率群臣拜呼萬歲沂陽子曰神定哉非有聖學不能也禁邪敏速審事從容宋臣不下伊呂矣

眞宗不豫李文定廸宿內祈禳時太子尚幼八大王元儼頗有威名問疾留禁中累日不出執政患之無翰林司以金盂貯熟水過問之曰王所需也文定取案上墨筆攪水令盡黑王見大駭意其爲毒卽上馬去沂陽子曰知彼知己自爲白中蓋文定素知元儼膽怯者可駭而走也不然幾不爲所破邪

文潞公彥博知成都大雪會帳下卒有詐語共拆井亭燒以禦寒軍將以聞公徐曰今夜誠寒亭弊矣正欲改造更有一亭可盡拆爲薪樂飲如常明日乃究

問先拆亭者杖而流之沂陽子曰令不素乎亦踈矣寒不恤下亦恐矣特取定一時之變耳是故御大衆者寒暑當豫處云

司馬溫公光幼與群兒戲一兒墮大水甕中已沒群兒驚走不能救公取石破甕兒出得活沂陽子曰惟誠故神蓋已見于幼時宜其當國而任台鼎重寄也諺曰三歲至老信夫天地間氣攸鍾豈凡例邪

苗傅劉正彥叛張魏公浚在秀州謀舉勤王師開苗劉僞詔將至公潛取府庫中舊詔令持往十里外易

之詔既至令條屬宣讀畢張於譙樓旋即斂之大犒
諸軍群情賴以不搖一夕獨坐從者皆寢忽一人持
刀立燭後公知刺客徐問曰汝非苗劉遣來殺我乎
曰然曰若是取首去曰予頗知書寧肯爲賊用况公
忠義豈忍加害恐防閑不嚴有繼至者故來相告爾
問欲金帛乎笑曰殺公何患無財然留事我乎曰有
老母在河北未可留也問姓名俛而不荅攝衣躍起
屋瓦無聲時方月明去如飛明日公取死囚斬之曰
夜來獲一姦細後嘗河北物色之不可得沂陽子曰

機警　六

詔至易之以安衆心審矣且踈自檢慎哉臨事無時
無處無不審也明發取囚斬之揚言之絕後至者則
審矣其亦聞言而悟與
趙從善尹臨安宦寺欲窘之一日內索朱紅桌子三
百隻限一日辦從善命於市中取茶桌一樣三百隻
糊清江紙朱塗之即成兩宦幸聚景園回索火炬三
千枝限以時刻從善命於娼家取竹簾束之頃刻而
辦沂陽子曰相傳開濟館某尚書家　上郊祀索上
桌闌鑪三百尚書窘迫莫應濟教截矮桌脚鑿圓孔
白紙糊之取鐵鍋爲鑪如數進　上喜詰之衆濟是
時索燎火萬炬于上元縣令陳煥煥命各坊長督大
小戶具門簾香燈迎　駕遂命捲簾爲燎得如數進
上仁其才二事正符豈暗合耶亦見此推之也以故
貴顯者多
辛幼安在長沙欲於後圃建樓賞中秋時已八月初
旬吏曰宅皆可辦唯瓦難辦幼安命於市上每家以
錢一百賃簷前瓦二十片限兩日以瓦收錢於是瓦
不可勝用沂陽子曰建樓賞月細事也尤能速成示

機警　七

敏也且以起衆心云蓋幼安志存恢復若以無瓦止
宅日用兵何以鼓之始徙木立信之意
紹興十二年京東王知軍寓新淦之清泥寺嘗燕客
中夕散夫婦醉卧俄有群盜入執諸子及群婢縛之
婢呼曰主家司庫鑰者藍姐也藍姐即應曰有毋驚
主人盡付匙鑰秉席間大燭指引之金銀酒器首飾
盡數取去主人醉方知明發訴于縣藍姐密謂主人
曰易捕也群盜皆衣白妾秉燭時盡以燭淚污其背
當密令捕者以是驗後果皆獲云沂陽子曰藍姐一

婦人耳臨變忙迫中而從容用智天資何穎敏也張敞傳誠緒汙盜衣裾執之與此暗合但彼緩圖此急應且婦人猶難云

嘉熙間江西峒丁反萬安令黃炳鳩兵守備忽五更報寇至炳遣廵尉領兵迎敵衆皆曰枵腹柰何炳曰第速行飯且至矣炳乃率吏輩擕竹蘿木桶沿市民門呼曰知縣買飯時人家晨炊方熟厚酬其直負之以行於是兵皆飽食一戰破寇沂陽子曰師行餉從無餉曷濟貴神速遲或生變炳兩得之胸中經畫素定矣噫安得斯人與之談兵哉

筆疇

鉅鹿陳世寶

歐公言有山林之文有館閣之文山林之文枯槁道不行著書立言者之所尚也館閣之文溫潤得位於時者所尚也然文章者發於性情者也不可以矯僞而成者居館閣而言山林可也居山林而言館閣不可也何也居山林而言館閣則慕富貴之心重矣處貧賤而慕富貴是何志邪道濟於一時德孚於上下而其心不忘乎山林自非不以富貴動心澹然無欲

者不能也惟司馬公富鄭公輩可以當之

先淡後濃先疎後親先遠後近交朋友之道也世之人喜於目前而不慮於日後一言稍合殺犬羊具朋酒出妻子傾肝膽雖絲竹無以踰其和雖金石無以踰其堅惟恐心之不結頸之不刎情之不通也及乎片言不合一利不均一食不至則怒心斯生各相厭斁凡昔日出妻子者造之為是非之根傾肝膽者蓄之為訐詰之本其和且堅者變之為干戈矛盾之相仇矣不亦深可戒哉

信步行將去隨天分付來此古人之名言也然余嘗反之曰順理行將去隨天分付來如此則理直而辭順爲無病矣何則謂之信步則有荒唐不撿之患何所爲而不爲哉彼蒼蒼者非天也天之形氣也存乎人心而不去率於萬物而不傾此所謂天也求天於蒼蒼者爲甚急忘天於方寸中者爲甚緩如之何而天應邪

人生世間要見識高遠見識高遠則不爲淺近者所眩惑日觀世事之盛衰夜思氣運之消長由其盛衰

也吾以出處應之由其消長也吾以進退隨之則禍可避而患可禳不然奔奔役役惛惛懵懵幾何而不爲時勢所害邪

書曰必有容德乃大必有忍乃有濟君子立心未有不成於容忍而敗於不容忍也容則能恕人忍則能耐事一毫之咈即勃然而怒一事之違即憤然而發是無涵養之力薄福之人也

稠人廣坐之中不可極口議論逞己之長非惟惹不抑亦傷人豈無有過者在其中邪議論到彼則彼不

言而心慽其如對官長而言清則不清者見怒對朋友而言直則不直者見憎彼不自責其將謂我有意而爲之矣彼或有禍我能免乎惟有簡言詞和顏色隨問即答者庶幾可耳

君子不可以己之長露人之短天地間長短不齊物之自然也故爾之軀豈能事事而長哉必欲炫己之長而露人之短則跬步而成仇矣何也諱莫諱乎己之短樂莫樂於人之掩其短彼既揚吾短矣不慽者千百人一人耳然則言人之短者可謂之種禍哉

人之病在乎好談其所長長於功名者動輒夸功名長於文章者動輒夸文章長於游歷者動輒夸其所見山川之勝長於刑名者動輒夸其讞獄之情此皆露其所長而不能養其所長者也惟智者不言其所長故能保其長

寶器珍玩不可示之於權勢之人古琴名畫不可夸之於貪汚之士一經其目則動其心既動其心必索之於我矣有識長禍者與之可也不然由物生禍其能逃哉漢晉唐宋以來如此者衆矣可不懼耶可不

懼耶不然誅而薦賄無及矣

處事不可撅撅亦不可孜孜孜孜則罷軟無立撅撅則粗硬惹禍和易其身心謙恭其言語近恕而行則人無怨而躬全矣

貧人之前莫言窮彼將謂我求其福矣富人之前莫言貧彼將謂我求其薦矣是以群賢之中淡然漠然付之謹默可也窮也貧也皆命也非告人而可脫者也或有不得於心寄言咏歌之間陶寫性情而已

人家禍患皆自多事生來夫見位高金多者未嘗不

願與之交也見勢崇權重者未嘗不願與之接也而不知一交一接之間禍患由此而基焉善於保安者盍以清靜省事爲本窮通有命徒事紛紛夫何益哉

古言

海鹽鄭曉

孔子曰作易者其有憂患乎又曰當文王事紂之時乎是故其辭危讀易而後知聖人憂勤惕厲之心也文王羑里時年八十八其所演易彖詞是也讀其詞而見其心矣德愈盛而身愈下名愈彰則迹愈危此文王小心翼翼昭事上帝以服事殷之心也危必平易必傾吉凶消長之理進退存亡之道也危而平矣平易至於傾也易而傾矣傾可反而平也危易之心

毫釐傾平之迹天壤

乾彖見文王造周之德坤彖見文王事殷之心

聖人將修春秋使子夏等十四人求周史記得百二十國寶書又與左丘明乘如周觀於周史乃作春秋既成以授游夏令參正之對曰不能贊一詞已乃稽之卜得陽豫之卦此漢儒之言去聖人未遠宜信

宋儒有功於吾道甚多但開口便說漢儒駁雜又譏其訓詁恐未足以服漢儒之心宋儒所資於漢儒者十七八只今諸經書傳註儘有不及漢儒者宋儒議

漢儒太過近世又信宋儒太過今之講學者又譏宋儒太過

近世言鬼神事卽謂此禪說不知四十二章經未至洛陽達磨未入建康時聖賢亦多言之語曰未知生焉知死未能事人焉能事鬼又曰鬼神之爲德其盛矣乎使天下之人齊明盛服以承祭祀洋洋乎如在其上如在其左右此何物也易曰精氣爲物游魂爲變是故知鬼神之情狀記曰骨肉斃於下陰爲野土其氣發揚于上爲昭明焄蒿悽愴此百物之精也神

古言　二

之著也吳季札葬子嬴博之間而曰骨肉復歸於土命也魂氣則無不之也此後屈原賈誼知此意天地間萬物聚散皆鬼神也

平勃之誚少帝以佚代王也辟弑君之名也少帝眞惠帝子也夏侯嬰之淸宮也衛士呵曰天子在內惠帝紀言少帝後宮美人子張后傳亦言後宮人子殺其毋而取之帝之幼也嘗言后殺我毋我長必爲亂此皆子長之言至孟堅史乃云少帝呂氏子平勃不立少帝而迎代王恐有唐五王之禍也少帝不得其終是以有齊趙楚七國之難

王荆公修身潔行過於韓范富歐其志在天下後世必欲一身一時任其事但不得人人似荆公耳乃不諒其心萬口交訕豈不冤哉荆公自信無愧不以人言爲意誤天下矣

三王之後人君大有功於天下後世者莫如漢武帝表章六經於秦火之後罷斥申韓蘇張之術又開拓華夏今遼東寧夏甘肅四川雲南貴州兩廣福建并浙東數郡皆武帝所取蠻□爲華交州今爲安南

古言　三

竊據朔方今爲□□果穴右北平之大寧今界朶顏諸戎玄菟樂浪又爲朝鮮所有此皆武帝所取故我朝輿地廣於唐宋不及於漢

策莫盛於漢漢策莫過於晁大夫晁策就事爲文文簡徑明暢事皆鑿鑿可行賈太傅不及也文中子曰洋洋乎晁董公孫之對有以哉

朱子言文中子論治體高似仲舒而本領不及爽似仲舒而純不及予謂文中子本領純粹得聖學正傳過仲舒遠甚朱子又言退之原道諸篇非通所及亦

恐未然退之文人何敢望文中子文中子前有孟子後有周子餘皆不及也

愼勿爲才所使必欲用世荀文若身名俱喪爲何只爲恐不住這一段才或與徐庶皆事操庶不露其才得脫去或才露欲去不得三國人才孔明之下即文若文若優於公瑾孔明高於文若處只在躬耕南陽不遇玄德不相從事玄德本漢宗人獻帝衣帶中密詔禪位玄德稱爲帝室之冑文若亦知之而不能令操歸劉可恨也齊丘穆之豈能伯仲文若

古言　四

朱陸之學本不同余不知學亦未知孰是禮哭師哭友哭所識各有其處朱子帥門人詣佛寺爲位哭子靜斥爲禪學也趙東山贊子靜云儒者曰汝學似禪佛者曰我法無是超然獨契本心以俟聖人百世

張横渠學術純於伊川柳子厚文章優於退之平津淸約嚴於君實鄭侯忠諫深於宣公

才之用世者日畢一日世之忌才者日狠一日人之生財者日懶一日財之糜費者日甚一日

仲尼雖有天子薦之亦必不有天下當是時世衰俗薄非唐虞時比若非順天應人爲革命之事安得寧帖武王革命後禍亂不已已不及商時仲尼不欲爲革命事觀稱太伯文王爲至德謂武未盡善可見

敎即學也敎人之敎乃學中之一事耳修道之謂敎自明誠謂之敎皆自學也佛家亦云頓敎漸敎頓自誠明漸明誠俗云儒釋道三敎敎之爲言學也

何平叔註屢空朱註用之平叔又云一說屢猶每也空猶虛中也顔子懷道深遠不虛中不能知道此說得之

古言　五

近世多議從祀諸儒而不及十哲十哲直取陳蔡一時與難之賢非孔門定論自開元迄今無敢議者夫有若之言四見於論語大類聖人公西赤志於禮樂有爲邦之才其爲言語政事不優於宰冉乎我求言行不必徵諸史傳論語中多有之視二子優劣何如宜進祀二子於殿上改求我於廡中

曾晳言志非有待於春及童冠也就是眼前一時事當承問時正是季春穿夾衣坐中又有童冠在側地又正在沂水傍舞雩左右故云然乃其所遇在此即

所樂在此所志在此故也若使皆是時有國有邑其志又必欲一國一邑之人各得其所矣夫子所以與之者只因三子是妄想皆是眼前事耳若必等待此時此景與妄想何異

論語中聖人答爲仁之問惟克己復禮章是求仁直截工夫其告仲弓子貢樊遲諸子皆隨機應答接引語所謂因材而篤也克己復禮無它只非禮勿視聽言動是已此工夫最易最難非是去了非禮别有一禮己禮一也禮在己中己在禮中己去則禮完矣視

古言　六

聽言動無非禮卽喜怒哀樂之中節卽所謂動容周旋中禮約禮卽復禮諸家註約禮處更詳之

儒言無極之眞佛言眞如道言全眞皆是言體佛言空道言虛儒言太極只一個空圈中間再無些子爲學只要還此本體不須添由萬千種私智去得一分私智本體乾淨一分克己復禮非二事佛家言但盡凡心卽爲聖解近之

子產在鄭孔明在蜀收拾人才足幻三四十年之用此豈門墻桃李哉庶幾棫樸矣

形神相守則生相反則病相離則死

唐虞及夏周盛時皆以用人致治然商尤重不說用人只說求人曰聿求元聖曰敷求哲人旁求俊乂人惟求舊後世求賢之名寔自此始商賢聖之君六七作至於紂亡時尺地一民不失舊物所謂九有之師肇域四海者恭六百年夏周不及遠甚豈無自哉後世用人取之甚狹待之甚輕犬馬草芥與於商矣

老佛虛無寂滅是去人欲不爲．毫勢利情愛所染以故莫可絆繫天理完固眞如玄如不增不除無欠

古言　七

無餘强名曰太極太虛惟虛惟極抑又何居體認到此天地錙銖今之講聖學者專徇人欲汩於勢利情愛而可非罵老佛乎

開闢至今惟天不增不減土有增有減山有減無增水有增無減土山水皆地也統言之地亦不增不減然其形體亦改變矣其於人也形體有減無增嗜慾有增無減惟天命之性不增不減

原始反終故知生死之說與無極而太極同意一起一結也無極而太極從頭推到後原始反終從後遡

到前
先師王祀萬世其功德所由來遠矣唐虞之際七聖
一堂惟契爲司徒掌教人之事典謨中絶無契語言
惟舜命契敬敷五教在寬孟子曰舜使契教民以人
倫人倫五教之名始見於此契蓋道德純粹惇叙五
典性行和平足爲世師者故其後世子孫千餘年間
聖賢八九作成湯始言性字高宗始言學字曰誠曰
仁曰義曰禮曰智曰信曰鬼神曰知曰行曰愛親敬
長曰作善作惡曰好問曰改過皆商君臣始發之及

其亡也箕子又以洪範授武王蓋自契至先師千□
百年凡先師所以教人爲學者皆商先世相傳之□
也契以是教人開基受姓先師亦以是教人垂世作
則萬世無窮王祀夫子其所由來遠矣

大地華□之界真有意大漠限北□流沙限西□滄
海限東□谿嶺限南蠻然□國自漢武以來南境漸
遼東如故

介甫非春秋汞叔毁繫辭傳君實詆孟子兩程子敗
古大學晦翁不用子夏詩序何也

堯舜亦非生知安行惟太昊炎帝黄帝可以當之但
聖人日知日行日明日熟凡人月昏日倦日退耳

前刧後刧無不毁之天地豈有不亡之國不敗之家
不死之身乎

人皆知日必有夜夜必有日而不知利必有害禍未
必非福易曰知進退存亡而不失其正者其惟聖人
乎知非難不失其正爲難

士入朝見妬姤賢嫉能者寇子孫黎民之禍故嘉魚
美太平之君子樂與賢者共之朝臣願多賢寔爲美

事詩曰濟濟多士文王以寧

燕書

金華宋濂

齊路寢壞桓公欲新之召工師翰具材工師翰伐巨木於營丘山中若籠若綣若鬼旄若豫章無疵取而泛之河蔽流而下工師翰麾衆徒操剞劂斵之運繩尺劘之闓闓然橐橐然聲達乎臨淄之郊越五月路寢成桓公環視之東阿之楹有用欂者桓公讓工師翰曰欂散木也膚理不密滲液非固嗅之腥爪之不知所窮為栿為棖且不可況為負任器邪工師翰對

曰臣之作斯寢也嘉木以為桯文碣以為址畫藻以奠井堅壁以厚墉陶甓以飾甃臣竊以為盡善矣雖東阿之楹缺以一欂足之不虞君之見譴也桓公曰寢之華者在宗甯承宗者在桴藉桴唯楹耳一楹蠹則寢隳奈何不讓工師翰曰臣聞國猶寢也一楹蠹則無寢若衆壬進尚可有國乎桓公曰不可也工師翰曰君旣知不可何為察其小而遺其大也桓公曰不知也工師翰曰臣請為君言之擅執國柄者有雍巫焉成內食之姦者有臾鼓初焉長君之欲者有寺人貂焉外惡諸侯而凶悳非華者有開方焉是衆楹皆蠹矣路寢能獨存邪桓公悟曰敬諾於是解四子政而召管仲任之齊國大治君子曰工執藝事以諫忠矣斷而行之者非勇歟宜其上下相親伯業底定書曰從諫弗咈桓公有焉易曰納約自牖工師翰近之矣

頓國之大夫權聞黃帝與蚩尤戰裂角以象龍鳴樂之刻桐而絲鋼焉畫為龍文日習焉其音齗紆而迴旋優優焉靡靡焉可聽若能通乎玄潛者大夫吹向

南山之湫以感龍湫中三足能聳角鳴意八將醢巳呀然號林木皆動大夫大驚謂真龍吟也走謁公之奇曰真龍之鳴業業如靈鼓前後相續宛澤不能休吾向學者殆非也請改而習諸何如公之奇曰子所聞者能也非龍也龍之鳴人鮮能聞子之所固僞也今子又以能為龍益僞矣舍僞而學僞奚擇焉君子曰世之法孔子斷斷兮自謂得其宗者若真龍出鳴則駭矣

鄭伯卒庶孽奪正公子五年及厲公自櫟入國將盡

劉諸公族縣劒于國門且下令曰敢爭者斬子俞彌方病聞之歎曰是何亡國之政也乃令左右扶見公未至公遥呼曰大夫力疾而見寡君非欲訾國門劒乎聲色俱厲子俞彌陽驚曰何謂也公語之故子俞彌曰君能如此過文王遠矣臣頓首賀且不暇况敢爭乎公解顏曰寡君焉能過文王也曰臣言不悖君焉過之公曰大夫言何易也雖然幸卒言之子俞彌曰君之過文王者無它威勝也公悅前子俞彌問曰文王初伐犬戎次伐密須次伐耆邦次伐崇虎侯而

作豐邑其岐徙都之其威盛矣大夫乃謂寡君勝之其故何邪子俞彌曰文王之威能行天下而獨不行于周宗故其孫子之蕃兄弟之國者十有五人姬姓之國者四十人此無它親親也今君欲兵之非威勝文王乎公愧然見乎色曰大夫言固善如儀臺之黨何子俞彌曰鄭之公族盡二人黨邪君奈何殲之臣所居之南有山曰陽都之山甚深棘熊萃焉熊性惡血偶度絶壑棘刺脅血見若濡縷熊亟爪之血愈溢爪之不已膚成坎原原如泉涌熊不能禁剜去其膚而血弗息竟攫胃腸以死鄭之公族猶一體也今國公子五爭不問小大盡劉無乃與前事類邪公瞿然失聲曰吾過矣吾過矣遂下城門之劒賓諸公族不論君子曰鄭厲公之愎諫誰能犯焉子俞彌反覆言之而公弗格者以順入以正出也内經曰寒因寒用熱因熱用其始則同其終則異於戲豈特醫師之爲然哉

晉欒氏世爲晉卿以財名至欒霽益務侈靡狗馬聲色無不好藉之舉火者百姓無規之者媚惑唯恐不

亟求獒西旅訪神馬渥洼徵樂姬燕趙出則行馬擁犬還則吹竹彈絲爲長夜飲酣連臂踏歌曰非却之陰白楊悲止今我不樂月月馳止卷髮袞止飲酒沱止我心和止無日不然蓄藏皆空而爲樂不厭霽覺召所嬖謂曰吾樂已太康家力不向單乎輒給之曰魚雁滿藪澤羊牛溢郊駉金帛珠玉充積庫藏何謂單乎霽復悅霽妻蓼嫄罵曰蟯蛕所藉以生者在人腸胃中也嚙其血脊日夜不止人因病厲死人死則蟯蛕亦槁矣爾胄藉吾家舉火且且盡而代之我

家亡汝家得獨存乎衆畏蓼言以計去之變亂益甚雩以貧死百餘家皆散爲丐君子曰山之陽有桑焉蟲穴之晝夜齧弗止桑瀋液乾而悴蟲亦無生者蟲其欒氏之客與使戒蓼言亦何至于丐哀哉

玉戣生與三烏叢臣朋玉戣生曰吾儕宜自厲異時立朝勢人之門足無陟也三烏叢臣曰此予切齒腐心者盍誓諸玉戣生喜乃歃血誓曰二人同心毋循利毋訹有位毋附厥檢壬而移其行有違此盟明神殛之居亡何其仕于晉玉戣生復申前誓三烏叢臣

曰言猶在耳何敢忘也時趙宣子得君諸大夫日奔走其庭三烏叢臣既悔復恐玉戣生知之又不得不往也雞初鳴卽去候宣子入門有危坐東榮者舉火照之則玉戣生也各慙而退君子曰二子於貧賤時其盟誠良及登祿仕遽變其初志何邪利害戰于中位勢怵於外故也士君子食於山林而壞於朝廷背人之歎其有感哉

宋有白冥子旃耕于渠蒢之埜得石焉圓而皙肉且倍好土有蒲穀文子旃熟視之曰貿如截肪澤而有章其璧也哉乎尹旁迸廉而不劌其璧也哉無功而家大寶者禍當獻諸朝於是沐浴冠帶言於周王曰臣渠蒢之賤夫也偶挈耒耜以耕竊不自意地不愛寶獲嘉璧焉臣不敢私昔王將有事上帝方明六玉闕其一焉敢獻諸下執事王使大夫欽受璧薦諸玉尹玉尹曰嘻是珉也卻還之子旃抱石歎曰吾聞有道之朝是與非別白繡裳雖華不黼以補冠太阿雖鈍不委以割牲今强謂璧爲珉可不可乎楚丘丈人過而視之曰子旃其幸矣哉子旃怒曰何幸也曰卞

和以玉獻尚遭刖況爾薦珉者乎子旃終不悟君子曰士以眞材衒且猶不可假才能自致與嗚呼世不特一子旃也

越人甲父史與公石師交甲父史能計而弗決公石師義決而計疏各合其長事無留行人兩而一心也因語相侵離去政輒敗吝須奮泣諫二人曰君不聞海蟲有水母乎水母無目資蝦以行蝦亦資水母食兩不能無也水母姑寘之又不聞有瑣玷乎腹藏蟹饑則蟹出求食歸則瑣玷飽否乃死蟹失所巢亦兩

不能無也瑣𤦲姑賓之又不聞夏屋有蹷鼠乎與邛邛駏驉比爲邛邛駏驉齧甘草卽有難邛邛駏驉負而走亦兩不能無也蹷鼠姑賓之又不聞西域有共命之鳥乎枳首一體性多妒飢則爭啄一俟其瞑飡毒艸害之及下嗌皆斃亦兩不能無也是皆山海蟲豸不足怪雖人亦有之北方有比肩之民迭食而迭望失一則死亦兩不能無也今二人甚類之其所異者彼以形此以事爾奈何離去奈何離去二人相顧曰微僞言吾等將愈敗驩焉如初君子曰十二官各有所思必相資以成體況尺有所短寸有所長何可自用哉齊須督可謂善諷矣

宋剔成君自高視羣臣皆下有諫者輒拒曰爾欲上我邪并不已也指所佩劒曰聰此乎皆怖汗而退欲造九成臺於雍丘之郊恐羣臣言戒門者并納士納則死北般子且謁門者曰吾將見吾君門者沮之子且堅欲入且曰吾事君十年豈不知君君所甚惡者諫耳吾不諫則已何沮也曰子旣不諫欲入何爲曰吾善爲鷄戲將以悅君也門者入白剔成君君召至子且股肱爲翼膠膠而長鳴鳴已急趨出氣甚暢君怪之趣使還問曰子人耳乃效鷄鳴何也曰臣尊鷄甚故效之耳何故尊之曰臣以堯舜之知或不如也曰是何言歟是何言歟寡人聞非聖人者無法況方之與類乎曰臣言敢非聖人竊有疑也道蔽天地者堯惠及萬世者舜皆古聖人也今謂其知不若鷄者誠過乎激然風雨晦冥能司晨不愆度者堯舜能之乎曰不能也曰堯舜雖大聖司晨必以鷄乎曰固也門君如知此奈何盡下羣臣無若鷄者乎君喜曰羣

臣無言及茲者今乃始聞之寡人有過子宜力諫也曰君令臣諫臣不敢隱今賦急民罷環四封皆强敵夙夜憂勤且懼不免況事游觀乎曰寡人不敢也曰君曰不敢而造九成之臺何也剔成君卽日能其役君子曰日之行晝天下無不照月之行夜萬國無不明然日月之光有所不及者一燈之微足補其功此蓋子且鷄喻之說也

庸書

相臺崔銑

圖象繁而易荒矣小序廢而詩蕪且淺矣左氏輕而春秋虛矣喜新變古君子亡樂乎斯焉爾

諸子賊乎文者也六朝賊乎詩者也允與忘賊乎學者也夫勿豢天下之至美也王公食蕨則以爲大美夫莊也列也佛也申也韓也沈也謝也宋賢闢而廢之矣今獵之以爲奇珍之以爲真眩視驚聞六經又晦矣哉

士之好高也有三欲焉一曰匿二曰譽三曰便夫不事事則中之真僞混矣非匿乎迹奇取慕事常取忽非譽乎玄則人莫測也高則人莫階也然後操從由己非便乎然久則不可掩夫子示學曰主忠信而已矣

尤而後慎言悔而後理行末之及已寒而索裘不亦曉乎亂而親賢不亦茫乎易曰繻有衣袽既繻而猶有袽恐或隕也寒其遠諸

治而必亂者人也長而必消者天也人至逸而便者莫踰於坐臥坐久思立臥久思興故易窮則變變則通且久治亂者人回天者道易曰繻有衣袽美帛曰繻敝絮曰袽繻轉爲袽衰代盛矣噫可不戒乎

厭飫役而貞觀怠矣疏宋璟而大寶兆矣夫治與亂猶人之行與止也不止則行二者弗可兼用已故君子戒謙終其身戒則升於治謙則推其亂易曰繻有衣袽言勿以新鮮而棄舊袽也冤亂之自

虞帝之德不可加已末而征苗苗胡逆命乎夫猶禽鳥也人而踐禽鳥之居而弋之其不奮翼而逝

去者鮮矣夫聲人之罪是自章其德也以德相較不幾於亢乎因益班師修文德已而不見苗之有罪也安得而不服哉

流者陽也凝者陰也陰生物非陽運之則弗能故陽得陰而行陰得陽而靈若曰陰陽一氣爾人死而魂魄離者何居

易曰内君子而外小人夫位偪而志不通非内矣心腹寄而遠其迹非外矣

或曰周正改時與月乎曰改予嘗思之矣有至理存

爲春夏陽也陽生於子而極於巳秋冬陰也陰生於午而極於亥夫行夏之時夫子之義禮也春王正月夫子紀事之文也禮有因革事無增損是非兼存哉之在人若曰夫子截其冬而首春則弒君變古者何足易其文哉

耶律晉卿之諫弒許平仲之興學劉夢吉之不仕蓋元三儒而已矣方希直之志李時勉之直薛德温之清王公度之不折明四臣而已矣

二南正家也變風化於國也雅則天下之化焉頌以

事神學成而應見矣故自惟仁人爲能享帝惟孝子爲能享親仁且孝德之備也魯頌者其僭也商頌存古也詩斯終矣

宋人之說古事也多以其意億之始猶昭然也習之久遂若眞者誣矣哉

或曰二南之名義何也曰周召地名也南樂名也取明盛之義也一曰夏當文王時周公少且武王在焉未必使之爲政成王幼而後周公攝政也

大賞數世斯亂矣大獄與國斯亡矣人慕賞則幸有事獄廣逮則濫及者衆樂禍憾民不亡奚恃哉

問忠恕曰盡心於恕爲忠恩有殺禮有等當其分不敢以踰忠之事也故以德報怨非忠矣量己恕人非恕矣夫子嘗語曾子矣而恐其易之故又曰吾道一以貫之一者忠恕是也後人欲高其論而遠斯義也其未然乎

河圖洛書之文緯書載之五行相生且相克也術家之言也夫子述伏羲之作易自仰觀以下凡六事非特取於二圖而已其詳不得而聞也能明八卦之義

斯可矣陳氏希夷所謂索隱行怪者與不可通於易也已

程伯淳得仁之公者也程正叔得仁之正者也張子厚得仁之勇者也司馬君實得仁之質者也

得理多者存乎讀書得理速者存乎辯得理深者存乎思得理實者存乎得行

至哉夫子之教也使人事事而道存焉孟子曰學問之道求其放心而已矣條目不具奚以求心故曰處恭執事敬與人忠出門如見大賓使民如承大祭

其存心之方乎夫心火屬也火麗物而後有形心宰
事而後有造其端之言與焉曰靜則心定而理自見
無待乎學矣是猶舍耒耜而言耕也不能是非學者
之所患也學之患有三曰輕曰疏曰弱輕之失殆疏
之失紛弱之失廢

問曰顏子之樂可得聞乎荅曰古人以盡倫爲樂瞽
叟底豫舜之樂也兄弟既翕周公之樂也若曰風月
之懷花柳之興萬物同體天地爲侶斯後人之衍言
毋乃誕乎

問曰傳曰幽贊於神明而生蓍舊訓奚宜荅曰蓍者
策也非指在地之草蓍亦皆聖人所立占事之名天
生百物聖人相宜立器以周民用是故刻木爲書鑄
金成鼎裁竹作律取蒿爲蓍天地一闢庶物露生則
蓍已出矣至今與庶草同茂奚待聖人之贊乎

監司患其政之廢問於崔子荅曰毋以政爲慮必也
擇人乎今世胄之子豢養而不學惟其豢也故專眴
惟其不學也故逃稍有與者不便於僚胥相譖以訟
株連百人必歷歲而誣乃白故胥如傳舍官如驛符
更二人者有矣事誰與治是故先掄其才次定其
任誨其不及而需其成宥其小失而絕其罔任專而
人思奮時从而務旌許其少有濟乎

友人有倅郡者崔子告之曰君知政乎夫子曰政者
正也學正斯可以言正人矣是故修容治度齊其外
也審幾守一正其中也綸經覆實滿其量也辯詞考
迹驗其真也歛束含畜養其有也是故明則容直則
濕斷則審

崔子謂唐監司曰刑欲其審不欲深令欲其簡不欲

煩未化而責民善則民怠未孚而責民從則民疑怠
以刑去疑以議定則殘擾之害生焉故四馬未調不
可言御六物未具不可言漁同刑而僻止者化也同
令而行與者孚也是故化無刑孚無令

松窗寤言

相臺崔銑

癸巳臘予屛迹靜居致觀復之功表侄李生棟遺予古松一株若偃龍之狀目閱歲十有五禩載列窓側共守寒節是冬天氣和煦筆硯調適乃援筆從談得數章取諸考盤寤言是命義不詮次詞亡因襲粵若是非俟哲人正之

學不志道乃冥行也道不法聖乃曲涂也聖莫中於夫子道在修其倫紀是故發諸孝弟主諸忠信出諸

强恕比諸文審其節大其規遠其止得其定履而後博諸先儒之言以盡參驗之詳可矣

漢唐銘墓之文簡宋則繁固曰秉筆者之辯亦由漢唐行事宋人建白倣伊周書紀其御變張蕭史載其典邪賈誼董相之策匡世可也相如揚雄之賦毋乃濫乎

日誦六經不力行則得其字倣心無定靜之力則行乃迹倣故孟子曰不著不察

士患見不高高或流於虛患行不果果或涉於癡言顧其行無虛行履其平無癡大言者難與適道尚氣者難底功

碑志盛而史贋矣唐詩典而敎亡矣啓札具而友濫矣表牋諛而君志驕矣制誥偃而臣報輕矣時幣流而贄禮失矣舉業專而經學淺矣登第易而全才廢矣

强入不如積感考辭不如玩意發事不如默成動求不如靜養

人心有邪思有妄念邪者貪也妄者覬也貪其所可

致覬其所難得愈動愈馳愈馳愈遠是故有之即思覺之即截或澄心或究理或舉聖學久之則定矣

學者有二病積學未厚而用之遽養德未足而談有餘

讀經見之行事因事驗其經旨是故卒至不駭可以御變矣邇言不御可以出令矣小物克愼可以舉大矣僕婢服義可以使民矣

接凡夫聞俗論應乎默乎擇其可應者推義而正言之可也

心在焉謂之敬由中焉謂之誠循性焉謂之情合情
焉謂之恕發恕焉謂之忠

古無閒民士有定業競業者實功也閒散者虛樂也
學記之教有七正容修職而誦説居其一今之士終
身誦説其下者習非法言也　噫獘久矣

齊桓戮哀姜晉文內王晉悼討魚石乃定伯之柄乎
人倫稍明紀綱麤立所謂假之也與是故儒學王道
修彝倫而已矣

文王之詩謂之雅則非天下之故文王未王也謂之

松窗寤言　三

風則　於列國王業之由基也　之則卑也尊之非
實也故與其稱曰南小雅曰以雅以南其皆治世之
音乎

魯其頌之變乎頌歌諸廟魯奏諸朝頌嗣祭其先魯
臣禱其君頌美其成德魯願其開治頌以祭魯以燕
是故魯頌氣溢而詞夸周文之極弊也不繼以商幾
滅質矣夫檜曹無幽則人望絕春秋不書獲麟則天
道竭一經聖筆神工大化妙矣淵哉

夫子定書終于秦定詩終于商商之質變周之文秦
之伯兆王之熄夫周上承乎商下訖於秦也

横渠撤皐比幾於亡我後人爭氣屢變以求長真君
閔道衛聖然徒熾其勝心而不悟也噫

月川曹端之敦篤介菴李錦之清固學皆守朱氏識
或未逮沿襲之近也荒陋之中卓然自與今士習改
民偽滋安得斯人矯之哉

至哉夫子之教也相其明而廓之扶其武而誘之子
路欲共車裘於友顏子辭善勞於巳子路重意氣顏
子達性分猶有人巳之判子進之曰老者安之朋友

松窗寤言　四

信之少者懷之人巳兩忘矣我無可施彼無可受四
時行百物生天果無言哉

人食五味以養五氣疾則扞味而氣消藥以去之凡
使味之得傷也人之道也君臣父子以相生桑麻穀
粟以相養有暴民生焉侵弱犯尊反厥民常故刑以
正之甚者合黨盛與逆厥上罰故兵以克之暴者服
而人道通矣無疾則藥不可試也暴者泯則省刑戢
兵可也夫甘味肥膏過食之且傷氣況於藥乎而況
於外施者乎

堯舜之用心得人也夫子病學者無用心之所寧博奕也大學之正心憂好忿懼也孟子之存心仁禮也雖橫逆自反也與夫面壁杜門絶念與意者異也賢士大夫始厲節而終喪名且以亂邪其出四失乎急論議則畧巳而傷人爭名勢則致飾而敗友尚同黨則叢欺而蔽主務欲速則開徑而蠹事

後渠漫記

相臺崔銑

桓野子曰宋史濫矣曷從而徵實誤國之臣亂眞之儒後猶有稱述之者道其不明矣夫末月治稼柴村雨晝默坐因記他書可證者著于篇

王安石之變法其弟安國諫之不從乃哭于景堂曰吾家今滅門益知其必亡宋也

張浚興符離之師李椿告之曰復讐討賊天下大義也必也正名定分養威觀釁而後可圖今議不出於

督府而出於諸將巳爲輿師之凶況藩籬微儲備薄將多非才兵弱未練節制未允議論不定彼佚我勞雖得地不能守也李公洺水人朱子志其墓乃力行之士云

張浚出師與高宗克日復中原岳飛曰相公睡語邪遂忌岳陷之而死高宗謂趙鼎曰浚措置三年竭民力耗國用何嘗復尺寸之土朕寧亡國不用此人浚又上疏言兵高宗曰浚用兵天下皆知之富平淮西兩敗矣今又生事乃下永州之命史氏皆咎其君之

不用浚也非實也
實錄曰苻離罪敗浚身息如雷魏公有是定力邪果然是其輕民之死宜其敢用罔也
剧密曰張九成參杲之禪陸九淵又參禪於杲之徒得光云杲之謂韶曰侍郎得此欛柄可改頭換面說向儒家子靜門人詹阜民瞑目坐半月豎子目逆之曰此理已顯夫張以禪語亂經陸以禪定亂德陸子亦讀書談道乃譏文公言龐喻鄙其忌心之發邪楊簡欲去意如彼攻時文而取官理政事而著功

後渠漫記　八　二

非意孰尸之二子務爲人言以高人而不檢其所行也噫
宋光宗之病心至于子藩作而不知蓋沈淵矣不朝重華非罪也宰臣有王曾韓琦焉明暴上疾昭示百官請于監國崇朝而定唐順憲是已趙汝愚用趙彥逾之策付於侂冑致禍邪家故中國寧威之弗振不借兵於宮禁君子寧事之不成不授柄於小人
唐五王失誅三思唐仍亂矣宋趙相吝賞侂冑宋浸亡矣謀始如轉丸圖終如回天於乎可忽哉

寧宗以樓鑰倪思之言以侂冑首畀金蓋以縣鄙自居金之尊無敵於天下矣寧宗之世金虜衰頹中國恢復之幾乃不自彊而安於弱夫正法戮奸各國之政何與於金邪噫宋尚爲有臣與
宋君厚其臣臣負其君國有大政不務審處而先抗論不求濟事而先潔名神宗求興邦惧於安石而南度孝宗求復讎惧於張浚而請和史浩而下苟延日前哲正而下有斧而已矣
謝枋得有言宋亡於道學大明之日夫亡漢者梁冀

後渠漫記　八　三

曹節猶有君子起而存之宋亡於韓史賈丁亡能存之者蓋漢之明經以修行宋之注經乃衍詞漢士質宋士浮漢協忠宋爭名

仰子遺語

仰崖胡憲仲

與富者其事用不可以太縮恐其以我爲貧也與學者共席談不可以太博恐其以我爲驕也與尊者共議詞不可以不思正懼其易近於諂也與親者共處容不可以不思恭懼其易近於狎也惟君子能無二恐亦無二懼

天下之至尊貴者道也春秋去古猶知道之爲貴故左丘明之贊仲尼至謂之素王及秦漢之時惟知貨

之爲貴而已故司馬遷之贊猗頓至謂之素封夫素封豈得與素王並哉千餘年以來人能至猗頓之富者有矣未有能爲仲尼之富者何也爲嗜道不如嗜貨也故道聚于學而貨聚于市說命曰惟學遜志務時敏厥修乃來允懷于茲道積于厥躬言道之以嗜聚也不遜不敏則不來不允不懷則不積知其所由來又知其所由積仲尼之富可學矣六經言學始此蓋契爲萬世立教之宗家學相承最爲詳切故傳說論學于高宗皆本商先王之遺教而仲尼商人也學又多本于此學仲尼者不可不加之意也

古之教人引之自悟而已今之教人傾之速悟又恐不盡而弟子以爲吝也夫引之自悟則得之漸故爲身心之蘊傾之速悟則得之輕故爲口耳之資而施忘之由其思慮識見未及乎此恍惚無意味耳洙泗而後惟周濂溪有此意二程從游時先令尋仲尼顔子樂處

或問堯舜愛百姓而棄其子周公急社稷而遺其兄易地則皆然與曰周公之過朱均未必爲堯舜之事

堯舜之處管蔡不致有周公之愆

或問諸子論夫子作春秋其說詳矣尚有遺論乎曰春秋之作夫子懼文之勝質史氏之多曲筆而起也虞夏殷周之史皆聖哲也方其盛也紀善爲經紀惡爲戒而大道明于天下人莫敢肆焉及其末也如義和黨后羿雖日食而不言仲康特師征焉何重若此也正謂國家所恃以明王制而昭物戒于後世者史官也故奸臣有不畏天子而畏史官者史官失職其誰畏之有周之衰也在下史猶有老聃掌職周禮孔

子往而問焉猶幸王制之存而文武之政可行于天下也及老聃西遊周禮散佚又無良史以繼之禮制不明僭逼彌甚此春秋所由作也

或曰左氏懼門弟子各以其意爲說而失夫子之旨故爲之作傳使左傳不作孔子之書豈皆隱語乎

蒙泉雜言

闕名

太初者理之始也太虛者氣之始也太素者象之始也太一者數之始也太極者兼理氣象數之始也

天道縱爲經橫爲緯經常也緯變也常者能一能一故正正故大大所以公也變者不一不一或偏偏必小小所以私也

數五也而皇極經世以四爲用法先天也非不用五五所以用四也五神也四形也神之妙不可知不可

見而常主宰乎四也

先天者理而氣者也後天者氣而理者也天氣也人氣之氣也氣也不能以違理而氣之氣者安得違氣而不有以奉其運乎

氣顯象象形也理分數數神也神因數而虛數因理而著理因形而寓形因象而成知乎此則知易矣

數陰也其數十而用者九指陽也其數十其一無名而附于中陰陽各虛其一也天數五地數五五十者天地之數虛其一者道也

乾左旋陽進交於陰也坤右轉陰進合於陽也陰陽交萬化生也

乾爲大天之用火也故離爲火火之聚也成雷其散也成風則震與巽又離之用也坤爲地地之用水也故坎爲水水之聚也原于山其人也豬于澤則艮與兌又坎之用也父生子子生孫之義也

伏羲八卦一卦之所生也虛母而用七七乘七而四十九太衍之用也虛一者太極也加一則五十大衍之體也五與十天地生成之數也天交地而生地合

天而成故天地共虛其一以象極焉

崑崙脊也中條脊也南北條左右臂也醫無閭尻也大海膀胱也歸虛尾閭也島嶼兩足十指也土肉也石骨也水泉血脈也嶽瀆臟腑也岡阜筋節也澤孔穴也草木毛髮也氣而形也雨雪雨也風吹噓也霜露汗也雷聲音也霆怒而嗥也潮呼而汲吸也晝寤也夜寐也晴明喜也晦冥愁也鬼神魂魄也日月耳目也星宿口鼻也形而氣也

血少陰也金也故其氣腥尿太陰也水也故其氣臊髓少陽也木也故其氣羶尿太陽也火也故其氣臭津隱于舌通于脾故其氣香

乾離艮巽巽爲陽之終坤坎兌震震爲陰之終震巽者陰陽之交會也

震巽恒益恒益處震巽之中故邵子曰震巽相博恒一以象卦爲五十共虛其一得四十九而爲大衍之數五五各虛其一得八而成八卦之名

經世準易而作也潛虛準玄而作也準易者于承父也準玄者支繼統也

元亨利貞以爲乾春夏秋冬以成歲四而五者也仁義禮智信以爲德金木水火土以爲行五而四者也四而五者舉四以成一五而四者主一以成四易之數四也非五也而潛虛起五悞之矣

有體者之謂物父子君臣兄弟夫婦朋友是也有爲者之謂事爲親爲義爲序爲別爲信是也所由者之謂道當親當義當序當別當信是也所得者之謂德能親能義能序能別能信是也

或問曰管仲鮑叔孰優邵子曰亦叔也已矣曰得桓

公而佐之率諸侯一匡九有仲尼歸仁仲也而叔則
載籍廢闕焉雖其自稱亦曰臣所不如管夷吾者有
五將安在其爲優哉噫牙進仲而齊伯仲死三豎而
齊亂亂齊者仲而伯齊者叔也叔惡乎不仲優耶
浮屠氏學不立文字文字學巳非矣不文字者學于
他學又非之非者矣唐以前其學近古文字不傳難
以口舌授受相悟以意故釋言者曰佛者覺也宋有
契嵩者出既文字其學又預人家國事譬之戲劇官
府縱令逼真畢竟優立其後闖至者祖之夸詡矜放

力與儒鬬甚至詆訾伊洛假佛爲飾其諸扶巳醜正
稍有識者亦知非之顧犯而不校吾家家學而猶喋
喋者好文字者或駸化于鮑肆則所憂也深矣
荆公不好東坡表忠觀碑出荆公取而玩之或曰公
亦喜此人文字邪公以酷似史記答之又答所問畢
竟似史記諸侯王年表此說恐好事者爲之予嘗以
表忠觀碑是郴州壽州孝門銘家子弟頗有丈風耳
其視馬遷尚隔鄉曲又以爲似諸侯王年表則千里
矣荆公必無此論或曰荆公不讀[illegible]州書故耳謝疊

山非任耳者集文章軌範乃復舍孝門銘而取此碑
又詳載前段豈俗好風靡者耶都不可曉矣
避虎以墜避火以淵知不免而覬其免也避饑以盜
盜亦墜淵也法家從而正其罪悲哉
譏可惡通惡也在聖人則微而婉書命納言而可見
在衆人則嚴而薄詩詠巷伯而可知
礬石食鼠而鼠死食蠶而蠶肥
鵲不觀天而知風虵不察地而知水
黃鳥食之止妬鮎魚食之止驕鷹栝食之不饑酸餘

食之不醉鮎魚食之已狂人魚食之已癡
氣閉而藏豪蜚冬見而夏蟄光生而顯鵰鶚晝盲而
夜察
天雖生才才者未必成君子則力學以成之未嘗以
巳而負天世實須才才者未必用君子則委時以待
之未嘗因天而遺巳
展季既三黜而非卑靈均雖九死而不悔
智不足以應變而道不可與權亦未可以言至也
孫臏以同學相讐耳餘以同勢相害陸趙以同官相

傾

華子魚以嚴御內陳元方兄弟恣愛宜家二門雍睦兩得其軌

華王避難王似是而華似非而不識華之有終王和居喪王似失而和似得而不識王之至性

阮嗣宗放達之士也而司馬昭稱其慎則其放也豈真放耶是可悲也

嵇叔夜愛惡無迹而致憾于鍾會其死也以忤物名王藍田褊躁有名而能答于謝奕其化也以忍性勝

難乎觀士矣

革弊如接戰無援者不勝而敗建利如務農不力者無獲而荒革弊而上不援者身危建利而下不與者詬作

書家以永字八法該諸字之法予謂八法本於四法四法本于一法卽太極分而爲兩儀四象八卦六十四卦之義故側者太極也勒者引而伸之也努者勒之豎也側分而爲趯勒分而爲啄爲策努分而爲掠爲磔努從而勒衡策左而啄右掠倚而磔偃知此則知筆矣

歐陽學書在半百外王右軍書家之聖者也當以天成目之亦至五十三乃稱成書予年五十有二學書未成不敢以遲鈍自棄每以才老自勉語曰物常聚於所好事竟成於有志或將然乎

酉山雜俎與六帖皆載葡萄由張騫自大宛移植漢宮按本草已具神農九種當塗熄火去騫未遠而魏文之詔實稱中國名果不言西來是唐以前無此論予嘗以爲大宛之種必與中國者異故博望取之歟

白所載必有所據但失實耳比戍酒泉屢嘗取乾之名曰瑣瑣比中國者差小形圓而色正赤其味甘美非中國者可敵則予所見庶或得之今此種處處有之獨蒲坂者勝土人乾之以資貿易江南重之稱蒲萄曰蕃云者豈承襲瑣瑣之乾歟姑識之以俟知者

禹貢導渭自鳥鼠同穴唐孔穎達註疏曰一鳥一鼠共爲雌雄同穴而處山因得名宋蔡仲默傳以爲恠誕不經不足信也予戍甘時過莊浪親見之鳥形色

似雀而稍大頂出毛角飛即匿穴穴口有鼠狀如人家常鼠但唇缺似兎蓬尾似鼬與鳥皆入彼此御昵有類雌雄者問之土人皆孔謊謬蒸謊據理天下亦有理外之事博物者不可不知

槎菴燕語

蕭山來斯行

凡情想上做工夫皆爲炎上皆是苦因故曰炎上作苦凡根本上做工夫皆爲稼穡皆是甘因故曰稼穡作甘

蠶爲繭而身化其中故能入而復能出蛛爲網而身居其外故可進而亦可退

吾見有爲生計者矣未見有爲死計者也吾見有爲子孫計者矣未見有爲身計者也

人身决不可閒閒則病生人心决不可閒閒則生病

悔過者要尋過之起頭遷善者要尋善之着落若有天堂卽是自慊底影子所謂心廣體胖者也若有地獄卽是自欺底影子所謂如見肺肝者也

得失之事必輕於生死性命之憂必重於功名

魚生於水離水則死矣可以出入於水而運用衆水者其惟龍乎人生於世離世則死矣可以出入於世而主宰萬世者其惟聖人乎

闤闠無閒言何妨煩議私居有懈色烏取遊揚

嬰兒之初生而哭泣也有戀戀於生前者矣病者之將絶而依回也有戀戀於死後者矣

世緣未能遽絶要時時有蔬水曲肱簞瓢陋巷底意思世事未能頓除要時時有富貴浮雲春風沂水底襟懷

爲師者有纖毫可以授人皆爲邪師爲學者有纖毫可以授人皆爲邪學

有之而後有我者即是根底之門有我而後有之者皆爲贅疣之物

人於自心上悟得透則上下古今皆爲故物人於自心上打得淨則窮通得喪眞是浮雲

怡顔對妻子即是俯仰無慙燕笑有弟兄何必英才多育

參道理須別具肺腸閲古今須自開眼目

君子未嘗無邪念也隨起而隨滅則日月何虧小人未嘗無正念也明知而明悖則禽獸不遠

無病之身不知其樂也病生而始知無病之樂矣無事之家不知其福也事至而始知無事之福矣

樂護人之善事者每多善緣喜發人之陰私者必有陰禍

達生勝於尊生逃世淺於涉世

使千人知我不若使一人之知我也使一世知我不如使千世之知我也

學道不足迂闊治生亦非俗事

君子當使人忠我不可使人恕我

聖人不能必天下之無小人也而有防小人之方不能必天下之皆君子也而有引君子之路

官雖至尊決不可以人之生命佐巳之喜怒官雖至卑決不可以巳之生平佐人之喜怒

居山林而好聞朝市之言其炎涼特甚處濃艶而强爲枯寂之態其鄙厭彌增

衲衣蔬食欠志焚修及探其隱衷則羅刹爲之避席高眡濶步託名道學稍窺其行徑則臧獲爲之醜顔

絶世之資必不如專門之夙習也獨得之見必不如衆議之參同也

雖親勝於易介面諛甚於背非

世路違順之境貧難而富易家庭骨肉之間貧易而富難

我無所求於人則飲啄自便人無所忌乎我則矰弋不生

天下無人不足爲吾害者也難防之人即易忽之人

天下無物不足爲吾累者也易捐之物即難割之物

輕於遷徙者其資具必寡厚於積蓄者其顧慮必深

貧賤時不可輕於受恩當思酬報之難富貴時不可濫於市恩當思應付之難

與朴實之人交必無根本之虞與輕薄之人交必多離構之事

讀書不必多有益於身心即是好書處友不必泛有助於德業即是好友

閒門靜守不防儒素之風廣納徇名終有路岐之嘆

誦詩讀書簡編訂千古之交種花養魚林園具四時之樂

食期充腹多宰殺以何爲屋止庇身窮高華而無益

天下無不可格之人但恐誠心未至天下無不可爲之事只爲立志未堅

天有定數人不能與天爭人有定理天亦不能與人爭

君子之待小人也不可不寬君子之處小人也不可不嚴

今日忽然作好人則前日之非如已醒之夢今日忽然作歹事則前日之善如已染之絲

夢中不見一不好人終是糊塗生平不作一皺眉事方名受用

聽斷之官成心必不可有任事之官成算必不可無

事忌非常物嫌太盛

古人有失意則怨天今人有失意則怨地故多遷葬

古人思得意則求人今人思得意則求鬼故多禱祀

興利除害皆當以漸興利太急恐失萬全之計除害太急易生不肖之心

得意而驕溢蓋緣童心未除失意而悲嗟只爲世情未破

心欲遠而身欲近行欲高而氣欲下

無一事可以不學人無一事可以酷肖人故羲獻父子而書法不同機雲弟兄而體裁各異

凡事較之故苦則樂一生聽之有命則安

庭間簡寂定是名流笑語喧譁必非佳士

思慮不必遣也只要問所思慮者何事交遊不必絶也只要問所交遊者何人

衣冠學時態直是難堪談論拾唾餘深爲可厭

意外之憂患寧可信其有意外之毀譽寧可信其無

事上見得徹則一時之浮議不能惑也胸中持得定

則一時之浮氣不能動也

貴不居于五福見崇高非養安之地弱仰列於六極見威武無可逃之時

堯典一書三皇在朝獄訟在庭頑傲在野尚有混沌之風遂三凶之季運也舜典一書誅四凶辨幽明嚴黜陟已成開辟之象蓋三王之始基也

周官建極之書也皇極無偏故首置三公皇極無黨故次置三孤

武王之勇過于成湯故太白之誅無慙德伊尹之任重於周公故桐宮之放無流言

崇侯讒夫也于商則爲忠臣祿父叛孽也于紂則爲孝子

曾子分金自予三歸之始基也三戰三北請囚之故智也知我者鮑子豈其然哉

夫差之失不在荒淫而在圖霸伯嚭之罪不在玩寇而在偷安

范蠡之滅吳爲楚復讐也志隱于包胥伍員之寄子爲已而死也事同于士燮

留侯之辟穀畢竟是枯寂中人也以爲能免禍患汾陽之窮奢畢竟是豪俊中人也以爲善保功名

容臺隨筆

華亭董其昌

般若如清涼池四面皆可入用人之謂也般若如太火聚四面不可入行法之謂也用人欲兼收一門則局行法欲畫一多門則亂

氣之守也靜而忽動可以採藥藏之行也續而忽斷可以見性故道言曰一霎火燄飛真人自出現竺典曰在心未欸欸即菩提

俠客爲知己者死動于氣義也非是則郭解之精手

何異于豢犬之吠人忠臣以大義滅親關于廟社也非是則逢萌之負心何異于哺梟之食母是以君子不受難酬之恩不樹難事之友

一人發真魔宮震動諸天欲善人熾盛以摧魔也一人造業地藏愁悲菩薩欲地獄盡空乃自成佛也

庶官修名大臣捐名修名者心不敢念是非口不敢言利害潛行容用如龍之養珠也捐名者橫心之所念而無是非橫口之所言而無利害獨往獨來如龍之行雨也

如來說法必先放光非是無以攝迷而入悟也故易曰潛龍弗用祖師印可旋爲掃迹非是且將執悟而成迷也故易曰亢龍有悔

知潛之弗用則必有激發之大機董公所以說高祖也其說曰名其爲賊故師直而爲壯知亢之有悔則必有收歛之妙用子房所以招四皓也其說曰難以力爭故功逸而有成

甘草非上藥也而參苓以爲國老黛赭非殊綵也而丹碧以爲前茅今五品散局名位未極纓蓋猶輕有

心足以思目足以識口足以辨行足以信者布列數人隨事評定時乎左袒公卿而臺諫不疑其爲阿時乎左袒臺諫而公卿不疑其爲激國是自出人心自正矣

易戒童牛書稱孽蘖匹夫匹婦之是非不明其究必有犯大人者愚夫愚婦之是非不明其究必有侮聖人者宋人有言曰清議者國之所以立也重則亟反蔑則難圖矣

王者不治[illegible]窮兵則耗國聖人不爲已甚盡法則

無民第國乎不以後着爲先着庸醫亦以活人者殺
人是之與非猶卜國之與亡　也有如烽火初驚而
始發懲膺之策則聽華内之自相屠戮而一無所創
乎黒白未剖而主調停之議則聽邪正之自相玄黄
而兩無所排乎孔子作春秋孟子闢楊墨此舜連飛
矢而魏勝濟師也郎大將更當何如矣
張安道歐陽永叔子瞻輩人也子瞻以其譽而重王
荆公程伊川子瞻輩人也子瞻亦以其譽而重作家
之相譽勝于疇人之相譽何則妒之屬係其知之真

也知薛道衡者隋煬也知駱賓王者武后也若乃蚍
蜉之撼無損叅天蒼蠅可憎等之飄瓦而已
如心畫師想成國土人在　中有千日而不醒者官
中之天地也人在夢中有千載而不寤者名中之天
地也關尹子曰至　天地去識
獨立不懼惟司馬君實與　兄弟耳東坡之不容于
荆公也昔之君子惟舒是師今之君子惟溫是隨吾
不能隨耳東坡之不容于溫公也具此兩截成一完
人兵再鼓而氣不衰金百煉而色益瑩蓋東坡筆鋩

之利自竺典中來襟宇之超得了元之力謂其爲縱
横之學者洛黨之口業也
金剛經四無相但我相空則人法壽相皆盡矣永嘉
集三料揀但法身徹則般若解脱皆真矣華嚴六相
義但知真如總相則總别同異成壞皆融矣曹溪四
智但悟大圓鏡智則平等觀察所作皆轉矣孟子之
言巧力臨濟之言照用豈有二哉
曾子行恕當無一事忤人而放流之論諄諄癉惡孰
知三省者知爲金剛劍乎南容慎言當無一語傷時

而羿奡之喻咄咄逼人孰知三緘者之爲塗毒鼓乎

說郛續目録

弓第四

未齋雜言

臨川黎久

予屏於京師以天下事物之理多有可疑故每欲求益於人然未及終篇今欲易其未安補其不足而未暇姑存其畧

灸蛭螾于火形已焦矣沃之以水而活撲蒼蠅以物身已虀矣擁之以土而甦何也曰物之易生而難死者非止此也折楊柳之條而倒竪之斷瓜葛之蔓而雜蒔之而時至氣化無不勃然而生蔚然而榮矣以

至于無根之草不灰之木卜奇質異類萬不能齊相濟者與也然未聞五穀可以倒植而麟鳳可以更生者故陽奇而陰偶

東西南北客嘗遊乎盱江之上有曾氏者夜聞猫吼甚亟燭之爲鼠嚙其尾也嘆曰猫去鼠者也野生者必迎諸蠟社家畜者必藉以裀褥葢不輕也故上焉者能辟鼠次焉者能捕鼠下焉者或與鼠同眠今此猫乃爲鼠嚙其尾則猫非其猫而鼠非其鼠矣昔者蘇文忠公得劍槊之餘尚可却鼠何斯猫之負人乃爾然則鼠可却乎曰大而驅龍蛇小而除蛙蠅之職載在周書

癸丑之夏買舟濟江艄人爲言江有纜精能棄風濤爲人害予不之信或曰昔有患其臟腑嗜油不息者醫以計出之得一物如大蚓焚之作髮氣焉乃悞吞人髮所致吳王食鱠而棄其餘於水後復生爲魚故至今江中有魚曰王餘焉而草之爲螢木之爲蠹蟲之祝子程朱亦信之無或則巨纜沉水久化爲精未可知也予曰延平寶劍傳之或譌

予昔遊乎青陽九華之山山之巔平疇一望寺之僧而無影陰經方動而交則子生髮白肝枯俗名社公皆氣之不純焉耳徵之于古有若三耳重瞳唇胸鼻脇比肩合形四乳八子者其事非一

吞鳦而生履武而育刻在經史姑寘勿論頃民間有處女而孕其家訊掠百至而卒無明驗也何哉蓋生之理不一也或神交或氣交或精交在物如此人胡間然間見村家養鷄無雄取其卵就釜底摩之而無不育則其理亦可推矣女國照井而孕豈欺我哉

有問東西南北客者曰無價之珍希世之寶皆出崑丘之外四海之中何也豈天地秀氣之所鍾在中華則人當之在荒服則物當之歟曰非也禹貢所書凡方物之有資生民可交神明者皆出九州之內特用之日廣則生有不繼氣或不和而育之未成故近取之不足而取諸遠耳蓋天地之氣生化之理無乎不在而物無定值乏者爲先少輒加貴謂神氣之鍾有彼此之間非通論也故孟子以舜爲東　之人文王爲西　之人而近世賢材之出于遐陬絶域者尤衆

矧世之大寶如穀粟布帛民賴以資生者中國何嘗乏絶哉觀乎此則不珍其珍而珍其不珍者何限

摩慶岩硐中石乳溢出結成人物之狀者甚衆其深海處則有石蟹石蛇之屬首足尾甲皆具而端溪之可以爲硯者又往往五色成文萬象皆具宛若繪比楚蜀吳越趙所産文石變勝因知恒山之圭璧抑谷之璜玦果足以証器車之出而太華仙掌蛾眉佛鏡之類皆奇形異狀生有相似非神迹鬼工也

河漢之出沒潮汐之消長先儒已有辨論至于暵日生光擊石出火比虹霓雷霆亦有月暈矣然虹霓或能盜酒雷霆或能書字何也神迹鬼工可盡誣哉曰至妙者化工也大而爲天地小而爲人物微而爲鬼神一氣流通聚散存亡幽顯久近而萬不能齊則雷霆虹霓之倏有倏無可疑可惟者豈外是哉直妙之妙焉耳

今有人號于人曰吾能煉銅爲銀點石爲金信乎曰萬物之生待人而成循理者眞悖常則僞僞以亂眞巧者能之夫金銀銅鐵均出土石品類甚近也故硫

黃可以乾汞水銀可以化錫德化之水可以煮鐵爲銅以至石膽空青黃白變化吾固未之能試然亦類推之宜有巧爲是者

以器聚寶而行子母之錢亦足信乎曰物以氣成氣以類應故眞火燧于日中而火出陳方諸于月中而水生銅山崩而洪鍾自鳴神劍藏而龍先不掩而金石之品或陰極而飛或逐陽而起磁石可以引針琥珀可以拾芥雉羽可以候雨鵲尾可以占風膠之可以投漆皆明驗

或曰久視之術沖舉之法符呪之説誠荒唐矣惟世傳海中有山山中産不死之藥故其人皆列僊之徒意氣化之不能無也吾將往而求之可乎曰空桑出尹石裂啓生黎婺島居高昌孕水與夫洪崖羽化辟舉鷄巢之屬固非儒先所取必然吾悲夫海中之人也蓋人之爲人貴居中夏而所以貴者有先王之制度聖賢之敎化耳彼僻居海島不聞詩書之言不見禮樂之事不知五常之理不辯五倫之道不詳事物之故宫室衣服或非其制飲食器皿或非其宜上下

內外或無殺親疏貴賤或無統交易聚散出入起居或不相安雖能變化恍惚長生不死猶禽獸耳魚鼈耳柰何舍天命自然之理叛中國違人道而偷生于沙磧腥臊之域哉雖然書陳五福以壽爲先詩三百篇多稱萬壽故古之敬身者常省心寡欲瞬存息養向善背惡就利避害如臨深履薄矣其導養之法爲何如而竟不能逃乎死生者分也又嘗建中致和積德累功恩被當時慶延後世如岡陵川至矣其久長之計爲何若而亦不能免于興亡者數也吾惟盡吾之職守吾之身而已其分之不可踰數之不可易者俟諸天焉爾邵子曰先能了盡世間事然後方言出世間程子曰我亦有冊君子信否用時還解壽斯民皆有以也至朱子調息有箴養生有歌雖畧取其意亦不過明其理耳曷嘗外夫日用人事而龜蛇木石之是效哉假饒學得長生而物閉運終天地終窮又將焉往

或曰鬼神可役吉凶可小禍福可求乎曰二氣含靈百物幻精變化恍惚其形聲倏有倏無鬼神也神之

與人物之與事一氣所關而萬物之生惟人最靈靈至神通此鬼神可役而吉凶可卜也且終歸知往猩猩知來猢人乎故大而呼雷召雨撇風起霧降龍呪虎凌空馭鶴小而圓光附魄懸箕降筆捕蛇却鼠厭魅誣蠱雖非正道而往往有徵驗者間記嘗與予姓者會于客次自言常見騎而逐之者稍近輒無及居京鄰有翁嫗者言時有人在其耳內與語而視之不見索之不得又見南城有村氓查氏非能候氣觀星談命説相識讖卜筮推理明數而言人家幽明先後

之事甚悉其意蓋可察矣然禍福皆定于天吉凶或召于已雖大智不能逃惟學問之至德行之尊自然先天弗違足以通神明贊化育而與夫彼也

或曰聰明正直能禦大菑大患者神也今人立一木一石而號于人曰神禱無不應若昔之乾魚廟者或由地之靈或系物之精而人之誠意從而會之也然公私善惡報復感應之反其所施且作妖為孽菑沴於民者衆矣何聰明正直之有而上帝不加斥尚容坐享祭祀豈亦能如弘杞之巧於欺罔歟抑亦能如

盜跖之僥倖富壽歟是或天之未定也姑置勿論夫神之著者無若雷霆勢足以軒簸海陸氣足以洞徹金石功足以震與萬物殛除善惡而往往肆其怒于木石而遺夫梟獍之類何歟吁天地之化莫齊也天地之量莫測也其生不能皆善則于物無所不容其動未必有心故妙用自不容議而木石遭擊梟獍獲免者蓋亦未忍加怒于血氣之類而著其神力于無知之物猶耀武示刑而弗果于用使之有儆知戒而已此天地之所以為天地也然為下民者不可忽焉

廟食于民者尤不可忽焉

南山素言

上虞潘府

人得天地正氣以生直養之曰正學順行之曰正道養之弗直行之弗順者邪也

君子誦聖人之言愛之如父母敬之如后王

好人譽己而忌稱人之善惡人毁己而樂道人之惡民俗斯下矣

古之言也心之聲今之言也口之聲古之文也言之文今之文也文之文今之心亦果有異于古之心乎

飲食男女入道之門也故君子謹微

務禮義以養心者積久而身潤務旨甘以養口者過則疾病生焉

聖人之道盈天地皆是也學者反諸身而求之可見矣吾身一天地也

薦賢惟恐後論功惟恐先古之道也

耽淫樂者必耽色好善人必好學邪正各以類動也

天下之人凡孔子所不與者皆異端也鄙夫佞人鄉愿是也

伊川之學而有魏公之量荆公之時亦可以舉禮樂矣

明道善處荆公伊川不善處蘇公亦可以覩二子矣

范仲淹司馬光李綱胡寅文天祥此五人者三代以下豪傑之才也充其識量皆可與諸葛亮並立矣

治家亦欲嚴嚴然後和和然後久

夷狄未嘗一日忘中國中國不可一時輕夷狄

邵堯夫蔡元定皆有廣易自得氣象蓋務精義之學故爾

冠婚喪祭家法之本也

好聞過不若好改過

俗吏聖門竊家之賊也腐儒聖門敗家之子也

經筵得真儒人主無非心朝廷得賢相人主無過舉

君子與時進退故終身無咎

心內也言動衣冠外也內外交正然後謂之君子

君子處事過緩則怠過速則疎其損一也

聖人吾不得見矣吾見六經矣因語以求其心聖人亦可見矣

無實之名禍之門也無名之實福之基也
居官之本有三薄奉養廉之本也遠聲色勤之本也
去讒私明之本也
民生不可一日無穀帛尤不可斯須無禮義
學者有繼聖之心匹夫有顯君之志皆分內事耳
學然後知過學之篤然後能改過
古者文以藏道宋景濂得其華方正學得其大
五經皆史也易之史奥書之史實詩之史婉禮之史
詳春秋之史嚴其義則一而已

南山素言　三

士而樂放佚者漸與無忌憚近矣

類博雜言

鄞縣岳正

數五也而皇極經世以四爲用法先天也非不用五
五所以用四也五神也四形也神之妙不可知不可
見而常主宰乎四也
崑崙首也中條脊也南北條左右臂也醫無閭尻也
大海膀胱也歸虛尾閭也島嶼兩足十指也土肉也
石骨也水泉血脈也岳臟也瀆腑也岡阜筋節也澤
孔穴也草木毛髮也氣而形也雨雪呵也風吹噓也

類博雜言　一

霜露汗也雷聲音也霆怒而嘑也潮呼而汐吸也晝
寤也夜寐也晴明喜也暝冥愁也鬼神魂魄也日月
耳目也星宿口鼻也形而氣者也
血少陰也金也故其氣腥尿太陰也水也故其氣臊
髓少陽也木也故其氣羶屎太陽也火也故其氣臭
津隱於舌通於脾故其氣香
乾離艮巽巽爲陽之終坤坎兑震震爲陰之終震巽
者陰陽之交會也
震巽恒益恒益處震巽之中故邵子曰震巽相搏恒

畜起意意中也萬化之所由起也

乾左旋陽進交于陰也坤右轉陰進合于陽也陰陽交萬物生也

思玄庸言

海虞桑悅

膏粱之口食物天與其味之薄藜藿之口食物天補其味之厚千金之子餘百金而自貧編氓之家得十金而自富是故口常淡則能養味心不奢則能養財能養味則常甘能養財則常足

天地之數起於一極於三萬一千三百四十五萬六千六百五十六萬三千八百四十萬一咳唾不能離焉故曰萬物莫逃於數

寒暴者日得其心耨耕者雨得其心冥行者月得其心水蠱者惡近池內燥者惡視旱斥是故人心有衆枳天道無兩岐喜怒異趨惟物之恒不御於物乃能定我惟我既定不物于物疾雷震空空本無聲洪水崩山山不納水優哉一笑千古

聰明盡忘則智周萬物才辨俱晦則賢能效用

天下靜器擾則恍恍則棘棘則危繁焉使人莫能理是絲政也屢汲焉可潤百口是井恩也加力培植焉而後生物私其主是苑囿德也行絲政者亂行井恩

者勞行苑閘德者維日不足易曰易簡而天下之理得矣天下之理得而成位於其中矣

高宗取傳說於版築使總百揆卒又有商高祖追亡卒韓信拜爲大將克成漢業陳龜年有云三辰不寧取士爲相四夷不軌拔卒爲將後世以資格取士器人於歲月之間欲得眞才以濟帝載其難矣哉

君相之文在於任賢其武在於任將故曰用人則裕自用則小

紀昌射能貫虱不如養由矯矢而猷號養由矯矢而猷號又不如更嬴虛發而鳥下紀昌射之精養由射之化更嬴射之神識此其能兵乎

東田皐言

故城馬中錫

得士者昌失士者亡魏有一士曰孟子有一士曰樂毅得樂可霸得孟可王二士在魏而乃相犀首與張儀是猶捨照乘而玩蜣丸不智甚矣惠王既卒孟子去魏而適齊燕昭禮賢樂毅去魏而適燕二士既去魏何以爲國樂未去魏孟先至齊而燕大亂盍嘗以湯武之事勸齊矣然齊終無興滅繼絕之舉使齊移薛公之位以位孟子孟子豈但爲一薛公而已哉王者之佐有言無位宣王不得爲桓公矣況湯武乎及其致爲臣而歸曰天未欲平治天下也如欲平治天下當今之世舍我其誰也此千古之痛也

劉靜修云邵至大也周至精也程至正也朱子極其大盡其精而貫之以正也此語吾不敢謂盡然晦菴誠大儒然遂能極盡周邵二程之學而一以貫之乎抑揚太過遂啓後人之疑況橫渠張子平生規矩謹嚴踐履篤實乃不寘數公之列千載寧無遺憾若於周邵二程之下繼之曰張至嚴也朱至博也未知可

否先儒又謂朱子集諸儒之大成愚以爲所謂集大成者非謂其遂能集周邵程張也蓋謂南軒東萊廣漢鵞湖之屬耳幸明哲之教我也

伯夷太公同避紂于海濱同就養于西伯意氣孚合久矣然太公佐文王伐紂伯夷則叩馬諫武王太公竭力依歸以樹勲名伯夷則極口唾斥以發憤恨是何大異也蓋太公救天下之大亂而中稱事之權伯夷謹萬世之大防而遂匹夫之節易地則皆然

屈原楚之宗臣受懷王之任王西行蹈虎狼之秦原

當以死諫不從以身先之否則與之俱行王死與死可也夫何後王放逐江潭卒至飲恨溺死使移所以葬魚腹者而葬之於虎關則得所當死之地矣

李泌度肅宗必不能保已之不殺故急去於五父擅權之日顏魯公不量德宗終不能保已之不傾乃不高舉於盧杞亂治之時夫年踰八十位爲太師棲依不去尚何求也若魯公者可不必死矣不必死而竟死之眞可惜也

朱子卦變之說漫無根據近於傅會蓋宋熙寧元豐間有鄭夬者嘗著書談易變曰乾一變生復得一陽二變生臨得二陽三變生泰得四陽四變生大壯得八陽五變生夬得十六陽六變生歸妹得三十二陽坤一變生姤得一陰二變生遯得二陰三變生否得四陰四變生觀得八陰五變生剝得十六陰六變生歸妹得三十二陰乾坤錯綜陰陽各三十六乾坤大父母也復姤小父母也歸妹者歸宿之地也一時無人解其旨獨秦玠者知之謂所親曰此天地之秘藏西都邵雍稍知粗迹已能洞達吉凶之變鄭君何敢

筆之於書必有天譴吾因達是動遭坎軻恐亦不久於世已而鄭與秦俱死此卽焦延壽所謂四千九十六卦者晦庵求其說而不得乃強爲卦變之說如此而夬與玠之言至今未有解者

霍光於昌邑未可廢也王吉諫游獵而加禮龔遂捽大奴善衛士長行法而不禁天資質朴猶可爲也在位二十七日而廢觀其言曰天子有諍臣七人雖無道不失其天下其所以望於輔臣者切矣斯言也千古之痛也不學無術之輔弼之良而視如玩物去取

在掌握間後世葦卓桓溫之徒以及南北朝五代間紛紛效之光寶作俑赤族之禍萌於驂乘宜哉

洪平齋云天機在半夜子之初人事在五更三之後不特爲世間一作對何而抉精意於象外露生機於毫底已迥然非世間言語矣嘉哉平齋之善言也易曰七日來復蓋自姤卦一陰始生至十一月來復及七爻爲七日之象是固易道之自然究而論之自夏至至冬至凡七月一年之復也自午初至半夜凡七時一日之復也以十二支記之自午日至子日凡七

日一月之復也自午歲至子歲凡七歲一紀之復也天道循環卦脉流通合之爲一紀分之爲一歲析之爲一月一日無日不可觀來復無時不可驗生意而七日其定期不可易也周子以靜處測陰陽之根程子以動處觀天地之心邵子以動靜來往之間閤三十六宮之春或自小雪積分或自中孚起卦或謂應鍾當復純體破體本氣餘氣縱橫設施無不可觀

大易休咎寓彌綸之道於策筮之中洪範庶徵建皇極之中於兆象之外故在易非中正惕厲不足以得吉在範非肅乂虞哲不足以得福即天以驗人神道以設教此聖人之書也今諸小道家淺陋無理葬得善地雖殺人巨盜亦可獲福課得美占雖弒父與君亦無大害傷教敗俗莫過於此蓋有不待攻而自破者自不察也愚人固不足責儒者亦酷好之不希蹤於盡性之聖人而一聽於渺茫之術數惑之甚矣賈誼謁司馬季主外龜著而論聖賢楊雄從嚴君平依卜筮而談忠孝如此庶可雪易書洪範之耻

宋王介甫創新法貸本收息得周官救荒之遺意

侯城雜誡

天台方孝孺

人孰爲重身爲重身孰爲大學爲大天命之全天爵之貴備乎心身不亦重乎不學則夷乎物學則可以守身可以治民可以立教學不亦大乎學者聖人所以助乎天也天設其倫非學莫能敦人有恒紀非學莫能序故賢者由學以明不賢者廢學以昏大匠成室材木盈前程度去取沛然不亂者繩墨素定也君子臨事而不眩制變而不擾者非學安能定其心哉

學者君子之繩墨也治天下如一室發于心見于事出而不匱煩而不紊不學者其猶冇乎手揣足行物至而莫之應

治人之身不若治其心使人畏威不若使人畏義治身則畏威治心則畏義畏義者於不善不禁而不能爲畏威者禁之而不敢爲不敢與不能何啻陵谷

養身莫先于飲食養心莫要于禮樂人未嘗一日舍飲食何獨禮樂而棄之尊所賤卑所貴失莫甚焉

古之仕者及物今之仕者適已及物而恤民樂也適已而棄民耻也與其貴而耻孰若賤而樂故君子難仕

古之治具五政也教也禮也樂也刑罰也今亡其四而存其末欲治功之逮古其能乎哉不復古之道而望古之治猶陶瓦而望其成鼎也

三代之化民也周而神後世之禁民也嚴而拙不知其拙也而以古爲迂孰迂也哉

化于未萌之謂神止于未爲之謂明禁于已著之謂察亂而後制之謂瞽秦漢之治其瞽也與不師古而瞽之師孰謂之非瞽也

古禮之亡也人不知事親之道今喪禮朝夕奠之儀其事生之常禮乎孔子曰至于犬馬皆能有養不敬何以別乎噫行者鮮矣

爲子孫者欲其戇不欲其浮欲其循循然不欲其頷頷然循循者善之徒頷頷者惡之符

一年之勞爲數十年之利十年之勞爲數百年之利者君子爲之君子之爲利利人小人之爲利利己

待人而知者非自得也待物而貴者非至貴也

不怍于心合乎天足乎已及乎人而無容心焉惟君

子哉君子有四貴學貴要慮貴遠信貴篤行貴果好義如飲食畏利如蛇虺居官如居家愛民如愛身者其惟貞惠公乎釋書而爲治而政無不習也去位而野處而色未嘗異也是以不以才自名而才者莫能及不以道自任而君子推焉世俗之學豈足以窺之乎

學術之微四蠹害之也文姦言摭近事窺伺時勢趨便投隙以貴富爲志此謂利祿之蠹耳剽口衒詭色淫辭非聖賢而自立果敢大言以高人而不顧理之

是非是謂務名之蠹鉤摭成說務合上古毀訾先儒以謂莫我及也更爲異義以惑學者是謂訓詁之蠹不知道德之旨雕飾綴緝以爲新奇鉗齒刺舌以爲簡古於世無所加益是謂文辭之蠹四者交作而聖人之學亡矣必也本諸身見諸政教可以成物者其惟聖人之學乎去聖道而不循而惟蠹之歸甚哉其惑也

爲政有三曰知體稽古審時缺一焉非政也何謂知體自大臣至胥吏皆有體違之則爲罔先王之治法詳矣不稽其得失而肆行之則爲野時相遠也事相懸也不審其當而惟古之拘則爲固惟豪傑之士智周乎人情才達乎事爲故行而不罔不野不固

定天下之爭者其惟井田乎弭天下之暴者其惟比閭族黨之法乎有恒分而知恒道奚由亂

貧國有四而凶荒不與焉聚斂之臣貴則國貧勳戚任子則國貧上好征伐則國貧賄賂行於下則國貧富國有四而理財不與焉政平刑簡也民樂地闢也上下相親也服儉而尚德也此富國之本也

國不患乎無積而患無政家不患乎不富而患無禮政以節民民和則親上而國用足矣禮以正倫倫序得則衆志一家合爲一而不富者未之有也

學古而不達當世之事鄙木之士也通乎事變而不本於道術權詐之士也鄙木者不足用權詐者不可用而善悅人及其失也木愈於詐聞以權詐亡國矣未聞鄙木者之僨事也故君子尚朴而不尚華與其詐也寧木

仕之道三誡以格君正以持身仁以恤民而不以利

祿撓乎中一存乎利祿則凡所爲者皆徇乎人徇人
者失其天失天而得人愈貴而猶賤也
柔仁者有後剛暴者難繼仁者陽之屬天之道也生
之類也暴者陰之屬地之道也殺之類也好生者祥
好殺者殃天行也
爲家以正倫理別內外爲本以尊祖睦族爲先以勉
學修身爲教以樹藝畜牧爲常守以節儉行以慈讓
足已而濟人習禮而畏法亦可以寡過矣
禮本於人情以制人情泥則拘越則肆折衷焉斯可

已古之庶人祭不及祖漢以下及三世非越也人情
所不能已也古過於薄今過於厚則從於厚今過於
薄不若古之美則惟古是從禮近於厚雖非古猶古
也
三年之喪自中出者也非强乎人也因其心之不安
莞簟也故枕凷寢苫因其心之不甘於肥厚也故啜
粟飲水因其不忍佚樂也故居外次不聞樂豈制於
禮而不爲哉情之不能止也今世之能喪者寡矣飲
食居處如平時談笑容服無所更變古之戮民與欲

正天下之俗非始諸此夫安始
君子事親以誠緣情以禮知其無益而僞爲之非誠
也惑異教而冀冥福者非僞乎聖賢所不言而不合
乎道者非禮也化乎異端而奉其教者豈禮也哉事
不由禮者
孝子之愛親無所不至也生欲其壽凡可以養生者
皆盡心焉死欲其傳凡可以昭揚後世者復不敢忽
焉養有不及謂之死其親沒而不傳道謂之物其親
斯二者罪也物之尤罪也是以孝子修德修行以令

聞加乎祖考守職立功以顯號遺乎祖考稱其善屬
諸人而後蔫磬之俾久而不忘遠而有光今之人不
然豐於無費之用而嗇於顯親之禮以忘自誑而不
以學自勉不孝莫大焉
國之本臣是也家之本子孫是也忠信禮讓根於性
化於習欲其子孫之善而不知教自棄其家也
士不可以不知命人之所志無窮而所得有涯者命
也使智而可得富貴則孔孟南面矣使德而可以致
富遠禍則羑里匡人之厄無從至矣使君子必爲人

所尊則賢者無不遇矣命不與人謀也久矣安之故常有餘違之故常不足

處俗而不忤者其和乎其弊也流而無立持身而不撓者其介乎其弊也厲而多過介以植其内和以應乎外斯庶矣乎

非義之利腊毒可喜之事藏悔易悅之人難近萬全之衆多怨君子知其然功苟可成不汨於怨也人果不可近不受其悅也事之適意必思其艱利之可取先慮其患故名立而身完也

侯城雜誡　七

儒者之學其至聖人也其用王道也周公没而其用不行世主視儒也藝之而已矣嗚呼孰謂文武周公而不若商君乎

人或可以不食也而不可以不學也不食則死死則已不學而生則入于禽獸而不知也與其禽獸也寧死

尚鬼之國多病好利之國多貧禍不可避也利不可求也有心於避禍者禍之所趨嗜利無厭者害必從之故君子信道而安命

人之不幸莫過於自足恒若不足故足自以爲足故不足甕盎易盈以其狹而拒也江海之深以其虚而受也虚己者進德之基

政之弊也使天下尚法學之弊也使學者尚文國無善治世無聖賢二者害之也何尤乎人

愛其子而不教猶爲不愛也教而不以善猶爲不教也有善言而不能行雖善無益也故語人以善者非難聞善而不懈者爲難

金玉犀貝非産於一國而聚于一家者以好而聚也

侯城雜誡　八

人誠好善善出於天下皆將爲吾用奚必盡出於己哉智而自用不若聞善而服之懿也才而自爲不若任賢之速也

西原約言

亳州薛蕙

由孔子而上至於堯舜由堯舜而上至於伏羲前聖傳之後聖承之伏羲而上其孰傳之邪傳諸天也吾是以知夫聖人者非傳前聖之道也傳天之道也夫聖人者傳天之道以詔下民而已矣

人稟天之理而不能覺聖人立教使人務學者以明此存此而已後世教者之所教學者之所學舍夫固有之大者從事夫外物之小者古人之學覺人後世

之學導人於迷也耳矣

聖人人也其能知天命何也知其性斯知天矣

太虛之中一理旁薄寧有二乎幽明人鬼未始不一斷可識矣上帝固曰天吾心亦天也鬼神固曰神吾心亦神也古之人其知此矣畏天而尊神有爲言之也及世愈衰小人自智其愚妄意神道爲茫昧故肆其惡而無忌憚謂天爲弗知而吾心已知矣謂神爲可欺吾心已不可欺矣書曰天聰明自我民聰明民之聰明卽天之聰明也繇是故也億兆至衆天將竭聰明以伺之不亦勞乎

天人合一云者猶二物也知天人本一則不必言合言內外合一者亦然

天人之常其本虛也物感神應而變化出焉變者日新而無窮常者素定而不易

天道無窮其不越於吉凶已天道幽微孰謂其易知乎順理者吉逆理者凶孰謂其難知乎

性情者道也舍性情無道矣養性情者學也舍養性情無學矣人皆有道性情非亡也人皆可學養其性

情非難知難能也賢智者過焉愚不肖者不及焉心學於是乎不傳矣

人之生也惟此心爲屬己自餘皆外物也舍此而求其餘難以言智矣古人之所以學者明此心養此心而已及其至也可以希聖而希天以此見學問之道是極大事不學則不知此理喪其本心雖王公之貴晉楚之富抑末矣

無知者知之原也有知之屬皆無知中客感之跡爾

世人以知爲大聖人以無知爲大

人爲益之大莫如修德然無明師良友以誘掖之則必不知修德之爲益所以修德之方也易曰困蒙之吝獨遠實也又曰休復之吉以下仁也易發此義甚衆夫子曰汎愛衆而親仁事其大夫之賢者友其士之仁者後世不務修身故亦不知親賢之爲務君子是以知世俗之日陵夷也

書曰在知人在安民易曰聖人養賢以及萬民夫人君之職在安民安民之術在用賢修此二者而大本舉矣

天下之事舍忠信則不成忠信者事之幹也故主忠信

無聲無臭不容有言聖人所不能顯也何思何慮不假有言聖人所不能隱也道體如是明道者莫善於無言溺言語而拘口耳者未足以庶幾此言也

得失之應存乎人得失之本存乎已得自已得失自已失莫非已也求諸已者明求諸人者惑

未發之中先聖相傳之微言也講學而不知此雖其學有大過人者未可與言性命之學也

用賢者用其道也用其道者用其言也故曰諫行言聽膏澤下於民用賢而不聽其言雖賢人皆聚於朝猶不用賢也

乞墦之事人皆耻之而不爲乞墦之心學者或有之而未察未嘗有其事未足言未嘗有是心則善矣

治亂安危皆生於人心善言治道者必以正人心爲本

學問之術多矣歸於復性乎明善明此也窮理窮此也敬者敬此也誠者誠此也知復性之學者天下之

理舉一以蔽之矣

涵養本原窮理在中矣存久自明心學之要術也

學所以養心也務外而累心則俗學之流生害也

道雖至近君子必懇切以求之不敢易心視之也

聖人之道一言以蔽之無私心而已矣

人能去私意即與天地無與

上蔡曰人能識眞我何者是我理即是我至哉言乎學者所宜盡心也

天人一理也古今一理也死生一理也不能窮理焉

知其爲一

聖人衆人之同類也由衆人而參天地得道而已矣其得道也必自於聞道其聞道也必自於得師是故古人務求師而亟聞道不聞道者人之大不幸也無師者人之大不祥也

或問大人曰大者道而已矣人之知道體道者謂之大人非此而曰大者皆君子之所小也

敬而不敢慢與人交之道也

默而識之此聖人微言

凝齋筆語

南陽王鴻儒

陽主笑陰主哭故同人號咷指六二笑指九五也

噬嗑震下離上彖曰雷電合而章始以雷電爲一物謂電即雷之光也及觀曆候八月雷始收聲十月亡電則相去兩月乃知非一物矣雷得電而聲愈震電得雷而光愈燁故曰雷電合而章

下武自三后言之也三后在天武王在下故曰下武

衛武公諸侯也其詩乃見於雅蓋爲王卿士時也

虞夏雍州貢道浮于積石至于龍門西河自今日觀之則漕運當由虜中行者千里由是知唐虞北邊疆竟尚遠在河外也

左氏隱三年四月鄭祭足帥師取溫之麥按夏四月正麥熟之時故曰取溫之麥若依趙氏謂時月皆改則此當爲夏之二月豈可取麥者乎

周之郊祀亦有迎尸以爲迎后稷之尸也然據禮家說祭山川皆有尸則恐祭天亦有尸也

或問周禮祀天祇地示人鬼之樂何以無商音文公

先生曰五音無一則不成樂非是無商音只是無商
調先儒謂商調是殺聲鬼神畏商調
壘尊陽也在阼犧尊陰也在西堂上以陽為主也縣
鼓陽也在西應鼓陰也在東堂下以陰為主也
魏主嗣常咨問崔浩曰屬者日食趙代之分朕疾彌
年不愈恐一旦不諱此與左氏載日食日豕韋當之
者同是日食之災誠有分野
唐德宗命李泌為相曰朕今用卿欲與卿約卿慎勿
執仇仇蓋指盧杞也而泌豈如是之人哉然杞幾至

亡國德宗猶始終不忘小人能中君心如此
史彌遠雖非賢相猶置人才簿書賢士大夫姓名以
待用今有若人乎宜賢才之日遺也見方虛谷撰呂
午家傳
孔子之謂集大成樂一變為一成尚非大成九成皆
畢然後謂之大成
叅同契曰二月榆落魁臨于卯八月麥生天罡據酉
因知天罡即北斗也
説苑曰齊桓公北伐山戎氏其道過燕燕君逆而出
境然則山戎在燕之北疑即今之北虜也
文公先生答王子合書曰吾輩於貨色兩關打不透
便是無話可說也

方山紀述

武進薛應旂

牛桔于童可服于廁木植于芽可棟于堂必也其始乎

氣者所以運乎天地萬物者也有清則有濁有厚則有薄窮則變變則通故一治一亂非一日之積也

不知幾不足與有行也不知本不足與有用也

華園徐子與薛子論易於西湖之上薛子曰秦始皇之焚書其肇於伏羲之一畫乎徐子憮然曰子之言

其有感歟非過也

治天下以得民心爲本得民心以散財爲先散財以節用爲急

君子之籌邊也養士爲先禦敵次之勝敵又次之

唐有李晟宋有曹彬其家無金玉之積其受爵不濫其功是以能令聞長世也

周道微而霸臣興宋論繁而霸儒競霸臣藉強大以假仁霸儒必抗高奇立異皆勝心之爲也

惜王仲淹抗志續經天之未喪斯文也惜其籍無傳焉豈後人誅絕之甚而遂泯之乎

戰國亂矣樂毅之謝燕魯仲連之郤帝秦正矣

詞章靡則理礙訓詁繁則經散是故學至宋而明亦至宋而支也

或問人之貴賤貧富壽夭由人乎由天乎曰孟子言之矣禍福無不自己求之者但後世星數之說行而求諸天矣堪輿之說行而求諸地矣獨於人事委焉不亦惑哉

賈誼董仲舒僅相王國漢之所以雜霸也陸贄韓愈

不久於朝唐之所以雜夷也

古者諫無官以天下之公議寄之天下之人使天下之人言之此其所以爲盛也

王文恪公嘗言以科目收天下之士以制科收非常之才如此而後天下無遺才矣

天下之事當以天下之心處之元祐熙寧諸人互相攻擊此宋事之所以日非也

賈誼之經制范仲淹之才畧値漢宋之盛不能更化以成一代之制豈才之不逮哉勢則然也

宋哲宗之世非無范純仁韓忠彥也南渡之時非無李綱趙鼎也其後非無真德秀魏了翁文天祥也如不用何哉

陶靖節之乞食而詠邵康節之微醺而吟非有所自得者能若是乎過此以往孔顏之樂其幾矣

經世要談

晉安鄭善夫

元東陽鹿皮子謂秦漢而下說經而善者不傳傳者多未善淳熙以來講說尤與洙泗不類嘗自謂明月之珠失之二千年乃獲之牧豎之手其言曰神所知之謂智知天下殊分之謂禮知分之宜之謂義知天地萬物一體之謂仁禮復則和之謂樂國家天下一枳也枳一爾而穰十焉枳有十而一視之其於人則仁也發而視之穰有十其於人則君臣父子長幼之

等刑賞予奪之殊所謂禮也視十為十者禮之異視十為一者仁之同天下萬殊之分視聽言動之宜所操者禮之柄耳鹿皮子却是獨到之學

防身當若禦[illegible]一跌則全軍敗沒愛身當若處子一失則萬事瓦裂涉世甚艱畜德宜豫布人以恩而外揚之則乖教人以善而外揚之則仇

自古刺史鎮臣得自辟其參軍記室擇其賢者薦之於朝然後大用之此法最美刺史據郡望以辟人凡部下之賢者鮮不就辟故多得人亦鄉舉里選之遺

意也後世科舉之制行詞章之習盛由是人才混肴古意落盡矣

君子貴通天下之志疾惡太嚴則傷公明之體人莫不剛愎自信剛愎自信即是自絶誰敢語以至道凡人有才氣而復虚已下問者實大難得

儼山纂録

上海陸深

本朝輿地前古無比猗與盛哉然有可疑者二事堯舜時以冀州爲皇畿四方皆二千五百里今冀州之北能幾何邪三吴在古不入職方其民皆斷髮文身以與蛟龍雜處若空其地然爲最下也今財賦日繁而古之遺跡不異其水不爲害者天幸爾萬一洚水不知何以處之區區開築難以言善

本朝國初總計天下税粮共二千九百四十三萬餘浙江一布政司二百七十五萬二千餘蘇州一府二百八十萬九千餘松江一百二十萬九千餘浙當天下九分之一蘇嬴於浙以一府視一省天下之最重也松半於蘇蘇一州七縣松才兩縣較蘇之田四分處一則天下之尤重者惟吾松也

本朝國體與前代不同者有三事其一指北虜以爲不可一日忘備漢唐故事但驅出境外而已近得戸部移文開稱宣府歲用銀九十二萬五千九百餘兩大同歲用銀九十九萬二千四百六十餘兩遼東歲

用銀三十九萬四千八百七十餘兩延綏歲用糧料五十二萬一千三十六石零寧夏歲用糧料五十三萬四千二百五石草三百九十三萬九千六百餘束甘肅歲用糧料六十九萬七千六百零草五百二十萬三千八百五十四束大約歲費四百餘萬隨時用兵不與焉　今上大工之費近得工部總計九百餘萬只大木一項四川已用九十萬尚須九十萬可足川之民力可念也

先秦兩漢間書名爾雅曰故者如毛詩故衆故后氏故韓故杜林蒼頡故曰微者如左氏微鐸氏微張氏微虞卿微曰通者如陸君通白虎通風俗通之類

按黃鍾爲萬事根本其要在中氣元聲而已但槩黍候氣之法無授受之眞必當有神解妙悟者此禮樂之本也

余往來漕渠未嘗不三致意焉通塞者天幸也使北方無惰農有此焉而不恃可也國家詳於講漕而畧於講農豈未之思乎

術家以人生所值年月日時推筭吉凶而必歸重於日主頗亦有說夫子丑寅卯辰巳午未申酉戌亥十二時皆生於日積日而後成月積月而後成歲故天干最爲重葢日躔于子宮則謂之子時丑寅之類雖然無日則無時而月與歲皆無從推矣雖小道亦嘗窺測陰陽之際者

嘗聞西域人筭日月食者謂日月與地同大若地體正掩日輪上則月爲之食傳注家謂月蝕爲暗虛所射者予未敢信以爲然

奇子雜言

奇峯楊春芳

顔淵問仁孔子教以非禮勿視聽言動何細密也問爲邦孔子教以四代禮樂何宏大也使其任伊周事業恐做不來終是純粹氣質

曾子治世用人理財盡之矣子思治世九經三重盡之矣曾子得其要子思識其全

季氏魯强臣衛出公無道諸侯當毋求仕季氏子路仕衛孔子豈不能止哉其用意亦微矣

覩陽貨好從事而亟失時等語不數句章法句法巳備其詞辨其理直亦文足以飾奸者也有才如此而不善用惜哉

孔子曰四十五十而無聞焉又曰年四十而見惡焉多以四十爲言可占壽不過七十餘故曰甚矣吾衰也

孟子養得浩然之氣故富貴不能淫貧賤不能移威武不能屈故說大人則藐之豈養其氣哉養其心也故曰養心莫善於寡慾孟子工夫亦精密矣孰謂氣象之巖巖也

天地間人與物奇數多偶數少本陽數多陰數少也陽主生陰主受故陽多陰少

古之同姓名者多如武王臣南宫适孔門有南宫适鄭行人子羽齊有行人子羽往督學取士校書至閔子馬以馬字誤鶩學不可不博也

鷹雖鷙悍高飛不加大鵬上能攫大鵬下者氣制之也故曰禽之制在氣良將用兵能鼓三軍直前克敵者豈徒號令嚴明哉亦氣足以帥之耳

婦人首飾金本貴重又加珠寶亦華美矣復厭常尚玉況礦玉多珉石價反貴于金是猶真才不用假者多得銜售也可嘆哉

春秋惡世官愚謂史官不可不世也史不世官班馬復生不過傳聞往代近習一方而巳先朝典故尚未核真況求董狐之筆乎

問成今代人才不及宋室何邪曰天地生才有數華除忠節盡矣嗣後振擅權人才銷鑠吉祥又銷鑠之直又銷鑠之瑾又銷鑠之嵩又銷鑠之人才何由盛

邪

弘治間振復古雅如李空同何大復者詩文宗匠不選翰館何邪嘉靖間徧訪將材如劉誠意者挺身平亂不授閫轂何邪

聖執中儒致中仙守中醫補中其要一也

人生或軀長十尺或力舉百鈞及覩內照一氣呼吸云耳生呼吸間死亦呼吸間何其微哉

夫精生氣氣生神故學莫先乎養氣傳曰戰勇氣也一鼓作氣彼竭我盈克之故善師者不可不養氣也

易曰同氣相求聖人作而萬物覩故善為國者不可不養氣也中庸曰致中和天地位焉萬物育焉中和非氣乎孟子養氣之言大有功于聖門

書曰紂有億兆人離心心不聯屬氣不貫通也故有元氣焉有神氣焉培元氣仁也振神氣義也

舜臣五人禹稷契後皆王天下皐陶之後封英六楚商臣滅之伯益之後封秦呂不韋絕之豈皐陶作宮刑絕人之後伯益焚山澤殄天之物故邪

宋多人才漢唐皆不及者蓋宋之待士其勸恤也重其黜逐也輕如有慶賞蔭子及甥有罪上貶寘鞭朴罵辱不及焉此雖垂亡得養士之力也

拘虛晤言

四明陳沂

刀劍凶器也而可以禦凶荆棘惡材也而可以防惡何魏臭物也而可以止臭故納叛以治叛豈非善駕馭者之術哉

木之生歲有其尺而高不踰數尋髮之生歲有其寸而長不滿倍尺分定故也故君子無過位之思焉

狐智不過善疑兎狡不過三窟故三十里之智以欺其生七十二塚以欺其死啖葛飲鴆莫非欺也百世

之下又將誰欺乎

火無踰光之燭鑑無過形之照器之所使也故君子盡人之能而已矣

陰結而陽不能入故風暴焉陰襲而陽不能出故雷迅焉陰陽和則風雨時陰陽乖則亢沴積故君子惡夫否有以哉

蔦以松栢而高蝨以驥尾而遠故進身於青霄之上垂名於百世之下非附有道者何以自致哉

巢危者卑居穴處者濕垤物之靈也夫人問吉凶昧進退而不靈豈若是之異哉弗思耳矣

爵不賤其親富不遺其祀古者忽祿仕稱貨殖夫豈不欲哉惡不由夫道耳

軫非矩不載輪非規不行載象地也行象天也故知圓而動不滯義方而靜不隨

莫利於刃淬礪而後盡其能莫精於鑑刮磨而後盡其明得之者天也爲之者人也雖有良知良能尚忘學問之功哉

麋善角解而不仁於麟定蜩善蛻化而弗靈於龜息

故有天下者不貴於變也

鳥卵不毀而鳳凰集駿骨既貴而龍種至故盛世不弃標末之功明主不遺粢棁之材

狂沙成丘而風散則卑聚潦成壑而雨止則涸此赫赫之勢小人所幸卒然之遇鄙夫所利而君子戒一簣之虧務成章之漸有以哉

山虛而雲生谷虛而泉出有所受也君子虛以受人故能聚天下之善而時出之彼溢者惡足以言

大寒切膚而莫先於耳鼻大暑沾汗而莫甚於腋脘

盈外凌則多傷內附則多辱

瓜若于蒂得之初也蔗甘于節得之久也初者性之眞久者養之充君子不損其眞不虧其充

世無兵革者不知其恩身無疾痛者不知其福故君子思不亂之治求無危之安

務輕鮮者則常視爲不足念懸結者則常視爲有餘

傳曰君子坦蕩蕩小人常戚戚非有餘不足之故哉

中流之石不損一埃逝水之波不枉一折君子進退之象也捍之而動逆之而返又何取於中而謂之道

哉

栗烈之寒見于流火腹堅之水萌于始涸徵于色發于聲而未喻者可謂智乎

豐體者多痺修軀者易躓氣之難周力之不逮也故君子懷自盈之憂恥過人之譽

與人之取則天下無競人取人之舍則天下無棄物故智者用是以爲術賢者達是以爲理

天數五地數五而五行生焉故五星麗于上五岳奠於下五方以固民人之有性也秩以五禮敘以五典

人之有形也外以五形內以五臟人之有耳也諧之以五聲人之有目也宣之以五色人之有口也和之以五味人之有鼻也襲之以五臭故人得其全而靈于萬物焉

日月以體圓而行天故輪象焉鳧鷺以趾方而行水故楫象焉輪設而車不躓楫舉而舟不沉故聖人制器以尚象君子觀象以達理

引水以溉者不如雨露之滋擧火以炙者不如陽春之布蒸澤降而氣息陽升而氣和君子貴自然也

止沸以泉不若去薪止病以藥不若去慾薪不去則沸益淫慾不去則病益甚治其末也

佛者曰無言聖人亦曰無言老者曰無爲聖人亦曰無爲聖人之無言信于無言也佛則與信俱無聖人之無爲成于無爲也老則與成俱無不信而無言不成而無爲此棄天下於不治者也

理莫貴於順欲莫貴於逆理順則吉欲順則凶順於目者荒於色順於耳者淫於言順於口者腐其臟順於四肢者痺其體凶孰甚焉

涸礫不污夫淵珠湍流不潔夫塗豕故緼袍不能掩西子之美鉛朱不能飾嫫母之惡君子所自處者可不慎其初哉

麝逞香而致嚙龜闞靈而被刳故自見者不盡其術庸人者不竭其智智竭則敵至術盡則忌成

寸錦之華不若匹練之素一貂之貴不如百狐之溫故學耻一善之襲君子貴全體之用

芳鮮陳而必燕臭穢臨而必吐蓋美惡之理著而好惡之意真也

拘虛晤言　八　五

猩以醉而執猶羨夫醯鷄豨以寐而獲尚嗤夫戢翼故舉世鮮聞乎獨醒大夢斯嗟乎未覺

作之必介釋氏之法猶貪欲奪與之老氏之術猶儉故公而無欲者謂之聖道譎而不正者謂之異端

至味不味而腴至色不色而明至音不音而和至臭不臭而馨至迹不迹而顯至思不思而神

繩之直也急而後伸矢之直也疾而後至蓋緩則無可準之度徐則無可中之力故令謾則易玩法縱則難守

塚沉於河岸善崩也舟沉於陸河善塞也崩則有可防之漸塞則有不測之來君子審其勢安其變而已矣

鳥以翼而不墜獸以蹄而不蹶猿以臂而不顛魚以鱗而不沉象以鼻而能飲蟹以螯而能食人全五性具百體弗靈于物也不亦艱哉

瓢一也顏樂水而搽之許惡風而棄之其所遇之不同亦若是爾

拘虛晤言　八　六

文昌旅語

海鹽王文禄

兩山徐子梗曰秋間予遊張公洞勝槩請悉言之沂陽王子文禄曰山半一竅秉火入穹窿敞豁由逵達明如重窒石白如玉其底石板稜層如斧鑿下其上有石膏流結爲柱爲人掌人从北上一竅由山頂出天光照云兩山子曰山阜厚也曷奇巧如斯謙謙仇子俊卿曰開闢初土石相擁而成山洪流盪激沙土洎去如癰腫既潰惟石窿然獨存仰匡胡子憲仲曰

花瓣之齊色香之備皆化工之巧沂陽子曰山譬人骨土譬人肉骨中皆空則凡山皆空特無竅可入見其阜厚耳石膏鍾乳不猶骨髓乎

謙謙子曰嘉靖初年漁人于苕溪中網得一石圓大如鵝子內鏗然有聲擊碎之有銅牌一方上刻宜聖二字東沙劉子熠曰其殆前次開闢有此牌渾沌之時灰砂滚而包裹之者乎

少豐顧子贊曰客有自雲中來者云威遠有一男子嘗習飛狀遂飛去不復返陽和有一女子年可十六七忽化爲男此何異也兩山子曰此陰陽失調所致也男陽道也而能飛陽失節也女陰質也而化男陰氣縱也陽失節故佚而不寧陰氣縱故變而爲幻氣化不得其槩理固然耳少豐子曰然則冀北之山坼地震冬月而龍見雷鳴亦陰陽失調之故與兩山子曰山與地皆靜物也理宜貞以安而坼且震焉是陰精不固龍與雷皆動象也冬宜閉以蟄而且鳴焉是陽精不藏陽陰之精不固不藏是發天地之房

鳳岡趙子黄金謂奇峰楊子春芳曰學貴變化氣質

氣質變化甚難奇峰子曰然躁者少容雅者易隨虚者輕諾察者太險詐者多匿怯者能恐躁斯直雅斯親虚斯誕察斯鑿詐斯罔怯斯止非學曷矯哉

鷄鳴偶記

晋江蘇濬

精神欲斂戒于太洩意味欲淡戒于大浮一洩則無餘味一濁則不復振矣故喜一事不若省一事喜一言不若省一言

天道忌太盈而人情爭有餘夫有餘者天之所損也故量腹而食可無酖毒矣審膝而居可無斧斤矣擇地而蹈可無招覆矣

無習難知之語無貴難能之行無創難繼之法無求難得之物無示人以難近無責人以難堪

有歆艷心便有慾懟心有追促心便有厭棄心無歆艷則無慾懟矣無追促則無厭棄矣

風光月霽是吾心太虚真境鳥語花陰是吾心無盡生意

無事時常照管此心兢兢然若有事有事時却放下此心坦坦然若無事

學者不可不擇友道誼相詆過失相規畏友也緩急可共死生可托密友也甘言如飴游戲徵逐昵友也利則相攘患則相傾賊友也學主忠信友先直諒聖人之戒嚴哉

聖賢之言可以鏤于骨書于紳聖賢之行可以染于神薰于識

讀書筆記

吳郡祝允明

歲乙巳允明居憂弗能肆力讀書於事物之理偶有所見隨筆箋記伺就有道而正焉

學貴有常又貴日新日新若異於有常然有常日新之本也

虎狼存父子之仁蜂蟻有君臣之義蟲豸有時而人也今人仁不如虎狼而虐如之義不如蜂蟻而毒如之是人亦有時而蟲矣然蟲之人也進也人之蟲也退也人之不如蟲也哀夫

造化無全功人類無全才雨露以生之霜雪以固之日月以照臨之雷霆風氣以鼓舞而調暢之彼固各有功焉耳使求生於霜雪求固於雨露求鼓舞於日月求照臨於雷霆風氣得乎雖謂之廢物可也人之才有詎者有細者有高明者有沉潛者有寬然而廓以紓挐然而歛以嗇者必欲其令而不頗天下之人皆廢矣聖人者知其然故因其才而成就之斯天地之功也已於戲甚哉聖人之似天地也

見子而欲其孝不思吾父之欲吾孝乎臨下而猛不思吾上之不欲其猛乎觸類而爲是思其過也必寡矣

雞司晨犬儆夜彼固全其信義之性也若猶未足貴也使雞處無人之地犬遭簞朴之苦若可改矣而不改焉斯尤賦性之堅貞可貴也爲人而失其性不失而或改焉者視雞犬爲何如

詐人信放人孫非其性然也醜其稱而矯焉爾然苟欲詐放亦何稱之足醜閹官清醜女貞非其情然也

勢有違而安焉爾然苟欲汚淫又何勢之能違故君子之於人取其信取其孫取其清取其貞它無計焉爾

人之言也其猶鍾乎大扣則大應微扣則微應如不扣而應扣而不應也者人必怪之

視聽持行耳目四肢自然之功也聰明運動耳目四肢自然之效也人惟其自然也是以功不亂而效自著至於心乃不任其自然而擾之欲其虛靈而功效之得也難矣

君子之治心也猶權之稱物也過則損之不及則克之斯平矣然權之取平以人而心取平卽以心耳不外之重不内之輕斯吾心之權乎

食物各有性熱者不炙手而寒者不墮指也至於人食之則温寒附於中而證於外不少爽焉是知果行不必爲會誓而至信無假於言說

齊王見顔斶曰斶前斶亦曰王前莊光見光武臥不起及其臥也以足加光武之腹二子者高則高矣然君臣之禮可廢乎就使在朋友且不可若是也蓋高

而無禮者歟以是爲訓吾恐無禮於君者有以藉口也

魏子擊遇田子方於道下車伏謁子方不爲禮曰貧賤者驕人耳夫其不禮亦可矣而必曰驕驕果可有者乎此戰國之所謂賢者也

原思貧而子貢病之病之者非也而思何必諄諄然辯之乎孔子謂其克伐之難有以夫

郭巨殺子不孝也鄧攸絶類不仁也陳仲子之廉非廉也逆也宗魯之義非義也黨也葉公之黨之直非直也悖也尾生信矣而信非其所信也倉梧丙讓矣而讓非其所讓也

觀善人者觀已善觀已者觀心

彩色所以養目亦所以病目聲音所以養耳亦所以病耳耳目之視聽所以養心亦所以病心中則養過則病

攫金於市見金而不見人逐獸者趨知獸而不知險況重於金獸者乎

犬見人衣貌之不揚則吠之稍整則亦稍戢蓋彼惟

知外美之可貴也人之知宜辯於犬矣乃亦惟富貴之敬貧賤之忽而不計其賢否何如是真犬耳

人之履憂患者大較有三上焉者夷險一致略無垂異次焉者激厲固守堅逾平日下則隕穫而已觀人者尤於是乎易見焉

爲文作字初無意於必佳乃佳凡事皆然不但文字也

心者體之君也得喪安危之主也聞以一人治四海未聞以四體而役一心也人之以四體而役一心蓋

惑於大小繁寡之形耳然不惑於軍民之大小繁寡而獨惑於心體則習之罪也故知者皆習

奉親孝事君忠處長孫出言信臨財廉茲非所謂仁知賢人矣乎人之聞仁知賢人之名則惕然敬慕而不知親也君也長也言也財也隨其敬慕而在耳不能孝焉忠焉孫焉信焉廉焉而徒慕仁知賢人之名是束其足而羨趨者之前也不亦戾乎

大道之世無忠臣無孝子無君子善人其無忠臣也非無忠也夫人而莫非忠臣也其無孝子也非無孝

也夫人而莫非孝子也其無君子善人也非無善也夫人而莫非君子善人也

高不虛也卑不汚也明而無耀也闇而無昧也張乎其博而非空也斂乎其約而非隘也不偏焉不倚焉其中也而莫過莫不及也心之本體蓋如此

弦被木而音聲發絲附織而文章顯學焉未用而責其功能之茂者不可哉

愛之欲其生惡之欲其死旣欲其生又欲其死是惑也這惑有終身不解者子言四十不惑自量到此際愛惡心庶幾氷解凍釋耳

汲古叢語

長水陸樹聲

嘉靖丙寅春余備員南雍甫至嬰疾屬假息餘陰稍親載籍有得輒劄記以備遺忘曰汲古叢語者僅若干言夫見聞易局名理難窮即言境之可循豈智綆之能測剡余淺昧率意揣求譬之蠡管億量高深竊冀有一得云爾

天動為圓其數奇奇以圓行故天一生水而三生木圓者徑一而周三地靜為方其數偶偶以方止故地

二生火而四生金方者徑一而匝四葢天之法所謂申圓之周而為句展方之匝而為股然則所謂方圓者非天地之定形也奇耦之數陰陽之義也

分至啟閉順四時而成八節也以其得陰陽之中謂之分以其當寒暑之極謂之至以其生長謂之啓以其收藏謂之閉然則四孟啓閉者陰陽闔闢之初二至二分者陰陽老少之變也

易之為字從日從月日陽而月陰陰陽之義配日月也故日中一畫為奇月中二畫為偶奇者為陽陽上乾偶者為陰陰主坤乾坤交而六子生故易者陰陽交易之義也

風不離空故捉空而得風水不離地故掘地而出水然形動而風隨者則因有以顯無氣噓而成水者則自無而生有

生生化化形形色色其森然可見者故曰顯諸仁而自生自化自形自色莫測其所以然者故曰藏諸用

離內陰陰主實故目視色色有形者也坎內陽陽主虛故耳聽聲聲無形者也

虛器應聲實之則黯然矣虛室生白窒之則黝然矣故曰當其無有器之用心者神明之舍應之主宰也可不虛乎

動靜者相待而有者也一動一靜之間機相乘者也故舉步者舉左則止右舉右則止左動根于所止也觀此可以知動靜之不相離矣

處順境者往往逐物逐物則我隨境遷處逆境者往往執我執我則境為我礙惟內無我而外忘物則順逆境來處之一也是故君子無入而不自得

墮肢體槁木其形者此虛以養形也反息循空鍊氣入微者此虛以養氣也黜聰明美靈根者此虛以養神也其有出於吾儒勿忘勿助無思無爲之外者乎

凡物以適爲得以足爲至故居約思泰得少爲足而履高危者多懼處豐亨者多憂當盈滿者招損物盛則衰陽壯則老是故樂生于不足而憂生于有餘也

窮通得喪遇之者猶寒暑旦暮之敘也而喜朝惡夕去寒即溫者又人情之常也然則翟公之客何妨十去就而屑屑焉書門以絕之也不已置冰炭於胸中

乎

大鵬尺鷃不同者形也而其分各適也故均謂之逍遙山亳彭殤不同者質也而其性各足也故均之爲齊物

寓無辨於塞翁之馬蕉中之鹿則得失可以齊視遊無間如莊生之蝶濠上之魚則身世可以兩忘

忘物易忘已難忘世易與世相忘難未能忘已者忘物之未盡也未能與世相忘者忘已之未盡也跡雖忘世而不忘乎名者未能忘已者也未能忘已而世與我相忘乎是故四皓不如邵平郭林宗不如申屠蟠乾之初九潛龍勿用曰不易乎世不成乎名

處方寸於中身者謂之心而不知潛天地備萬物者皆心也是天地萬物者此心之現量也大其心則宇宙在吾度內故曰身在心中如水一漚身者心所現量之一物也

鷙欲啄則偃絲鷹欲搏則弭角藏殺機也然絲與角者其廉隅也中有欲則廉隅不張故曰廉生咸

蟻貫行而不失敘鵲能決起而不戀羣君子進則蟻

行退則鵲起進以禮禮主遜退以義義主斷君子難進而易退也

事有大小心無大小故非其義也非其道也一介不取與之以天下弗顧一也非其有而取之與禦人而得之者類也故曰人能充無穿窬之心而義不可勝用矣

陽仰而出爲仰雷與火奮而上者也故雷火爲豐陰俛而入爲詘澤與水潰而下者也故澤水爲困豐亨困窮之義其像此乎然困言貞亨而豐戒日中達於

此義者可以處豐與困矣

乾之九二非君位也而曰君德九五君位也不曰君位而曰位乎天德舜之玄德君德也受堯之禪則位乎天德矣故飯糗茹艸若將終身而德未嘗儉於位也貴爲天子若固有之而位未嘗儉于德也故曰有天下而不與

艮者止也曰時止則止時行則行者時乎止而止止也時乎行而行亦止也止也者各止其所也故曰動靜不失其時其道光明

乾之潛不必其在下也亦有在上位而當潛之勿用者亢不必其在上也亦有下位而當亢之有悔者何也六爻者虛位也而理實也理實而用虛故爻者效也擬議以爲用者也變而通之其存乎人

四德具爲乾是故元始而亨通利遂而貞成其成也物各自成而造化不居其功易曰乾始能以美利利天下不言所利始者元也亨者美也利者利也不言所利則貞也故曰大矣哉

元者一也天得一以職覆乎上而稱乾元地得一以職載乎下而稱坤元人君者代天地而理民物羣萬民而首出者也故曰元首而職在體元

禮之目趨於僞也煩文縟節磬折以爲恭摯曲以爲敬而非由中出也飾外而遺其中焉譬之以機發木偶體具而其中枵然無人理也故曰有無體之禮

柳子厚於八司馬中可謂至巧者矣作乞巧文巧非不足也晚來作愚溪對以愚自命豈眞愚者哉然以子厚之巧而昧於進退從違之義孰謂子厚非愚也

劉伶酒德頌達矣東坡以爲尚未忘于形骸也達者

固如是乎然東坡作四菩薩記既捨矣而尤諄諄焉戒人之取而去也豈眞捨耶

萬物歸藏於陰而爲冬冬者終也發生於陽而胎于子子者孳也生物之所始也故諧音於子而爲始

名以爲實之賓然有因名勝而損其實者故曰名者實之累也能以顯性之用然有因多能而苦其性者故曰能者性之賊也

晦其明而用光潛其神而任形歸其性以御情知此者可久視可長生

水可以喻氣火可以喻性水遇坎則流入虛則盈者氣之充塞也火因質以用其光其光相續而其體不分者性之各足也故煉氣者取義于河車而釋氏見性以燈喻傳心

病榻寤言

雲間陸樹聲

余卧病榻閒寘心攝息或瞥然起念意有所得欲言囁嚅時復假寐頃焉得寤蹶然起坐憑几提筆造次疾書雖語無倫次其於生死之故養生之旨間亦億中存之以自覽省曰寤言者以其得之寤寐

壬辰秋余卧病兩月一切世慮芒無縈罣追思此身未生之前與此生已盡之後何者爲我乃知是身非實一聚之形氣至則生氣返歸空生理無常而一空常住故曰生者死之根必至之期達生知命者委順以待之耳先儒曰透得名利關方是小休歇余曰透得生死關此是大休歇

昔人有言曰得者時也失者順也夫人之生也自少而得壯自壯而得老其得也以時至而得也然至壯則失少矣至老則失壯矣其失也以順而失也故鳥之迎風也魚之泝流也皆逆也陰陽家之沙水取逆者迎生氣也易乾下坤上之爲泰外坎内離之爲既濟養生家之取坎塡離返老復丁者皆取逆也易曰

生生之謂易又曰易逆數也陽上陰下而必曰一陰一陽之謂道陰先於陽正不測之神也

人之有生也則有生計自一歲至十歲以上爲身計二十至三十以上爲家計三十至四十以上爲子孫計五十至六十以上爲老計六十至七十以上爲死計中間營營擾擾或追憶其既往逆料其將來外則苦其身以事勞擾内則苦其心以密思慮用以爲周身之防善後之策者總之曰勞生然或計未周而生先盡慮未及而形難留譬之夸父逐日務奔騖而不

止臧穀求羊多岐路而終亡

死生者天地之定制人理之必至定於稟氣受形之初不以貴賤愛惡有所增損故曰賢愚同盡然而顔跖之辨大椿之於朝菌玉石俱焚薰蕕同臭而其辨不可紊也故有死而不朽沒世而名無稱與草木同腐者非所論於生死之同也故曰至人以萬世爲其裘蜉蝣以旦暮爲大年蟪蛄以[illegible]天爲一世

夫生人之初陰陽和會絪緼凝結資血氣以爲榮衛故血陰而氣陽陽旺乃生陰血方其少壯則氣盛而血華及其老也氣餒而血衰髮白膚皺是其徵也加之以五欲交攻二火焚和語云燥萬物者莫熯乎火膏油所以繼火於無窮人當暮齒則非膏既盡衰爐漸微譬之春楊條枝柔可縮結至秋枯瘁脆若拉朽木液竭而生理盡矣故養生者以惜精氣爲本

飲食男女人之大欲也而大戒存焉故有以肥甘爲酖毒衽席爲畏途者戒於所易溺也砒霜之於甘露也美惡不同用之而生死立異然謂甘露可以殺人砒霜亦能活命夫旨酒美色沉湎荒淫以伐命戕生

此非以甘露殺人者乎良藥苦口而利於衛生忠言逆耳而福以寡過此非以砒霜活命者乎故曰甚美者惡亦稱美好者溺往亡之尤物世知惡之爲惡矣抑有察於美之果得爲美乎

倪文節公云貧賤之人一無所有及臨命終時脫一厭字富貴之人無所不有及臨命終時帶一戀字夫脫一厭字如釋重負帶一戀字如擔枷鎖又曰富貴貧賤所處不同至三者緊要處則一曰老病死以愚觀之則富貴之於斯三者反不若貧賤者之無係累

也向子平曰我已知富不如貧貴不如賤但未知生不如死耳然就是以觀則生不如死亦可知矣

緩步可以當車晚食可以當肉史記顏闔之言也論曰謂顏氏之子可謂巧於處貧漢楊王孫遺命贏葬其言曰死者終身之化而物之歸者也歸者得至化者得變是物各返其眞也又曰精神者天之有也形骸者地之有也精神離形各歸其眞爲用久即其言似非中道然亦不可謂巧於處生死者乎

唐裴炎之序猩猩也曰與之酒兼與之屐醉酒穿屐

則擒而刺血隨所問而得否則寧死含血不與夫身死矣而猶靳於血獸之愚若此人靈於物而其愚有類是者今夫財色名利之溺人也其若猩猩之於酒乎爵賞祿位之豢人也其若猩猩之於屐乎饕餮致禍重利忘身之死而無悔者其猩猩寧死含血乎

乾之內一陽交于坤而爲坎坎爲水坤之內一陽交于乾而爲離離爲火乾坤交而爲水火水火凝合而生人坎離者天地之用故人之受形於天地也先天之氣具水火而後天之養生也不能一日無水火南離而北坎心居上而腎居下心腎交爲水火既濟故曰水火合則生水火離則病水火絕則死

紀昌學飛衛之射視小如大視微知著不易事物而物爲我轉造父學泰豆氏之御不以目視不以策驅得之于手而應之于心孔周挾含光之劍視之不可見運之不知其有所觸也經物而物不覺學道者之于養生也墮肢體黜聰明存其精于何思何慮若存若亡之間冲兮若虛神妙合而入無間亦若此若三子者之習于技不若而得之神解則一是亦可謂技而進于道矣

神依形則生神離形則死故形骸者神之宅舍形骸屬陰而元神屬陽陰以實爲質陽以虛爲用心者虛靈之府神明之舍心定則神凝心虛則神守玉皇印經解云皆在心內運黃庭晝夜存之得長生黃言中庭言虛故養生家有曰心死則神活曰心死者則虛之謂也又曰未死而學死當生而無生曰無生者學死而忘生之謂也如曰忘氣以養形忘形以養神矣而又曰忘神以養虛蓋虛之所藏者深矣

夭養生者視身爲太重則憂患易入而憂患因以傷生吾故曰養生者戒于傷生也而世有以養傷生者矣老子曰我有大患惟我有身我若無身我則何患山谷老曰衆生身同大虛煩惱何處安腳夫旣身同太虛而視身若無則憂患不能入是能齊生死而處之一矣故曰夭壽不貳然又曰脩身以俟則又非漫然無當而虛生浪死者矣此正先儒所謂養則付命于天道則責成于己養生者所宜體此

楊朱之友季梁有疾其子三致醫其一矯氏之醫曰

病在有生之後欲攻其漸季梁曰衆醫也其一俞氏之醫曰病在未生之前其甚弗可已也季梁曰良醫也其一爲盧氏之醫曰病出于稟生未形之先齊生死而一之也季梁曰神醫也遣之而疾瘳夫季梁之疾三致醫而疾瘳余也齊居三月內達于生死而疾自愈若季梁則猶有外之心也

清暑筆談

九山陸樹聲

余衰老退休端居謝客屬長夏掩關獨坐日與筆硯爲伍因憶曩初見聞積習老病廢忘間存一二偶與意會捉筆成言時一展閱如對客譚噱以代抵掌命之曰清暑筆談顧語多苴雜旨涉清詼聊資聽說以備眊忘觀者當不以立言求備時庚辰夏仲也

有天地斯有山川自一氣初分而言則曰融結氣之

成形則曰流峙形區性別則曰動靜水陰也融而流動者其陽乎山陽也凝結而靜峙者其陰乎故知陰陽互爲體用

乾坤天地之體坎離天地之用體交也而爲用故乾得坤之一陰而爲坎坤得乾之一陽而爲離坎陰也陰中有陽離陽也陽中有陰其在人身心爲離而離中有眞水腎爲坎而坎中有眞火故心腎交水火濟謂之母子胎養丹經以硃砂煅出水銀硃砂屬離水銀爲眞水以水銀煉成靈砂水銀屬坎靈砂爲眞火

水火升降養成内丹

陰陽之氣專則不能生化如天地交而爲泰山澤通而爲咸水火合而爲濟蓋交則爲用故或以陰求陽或以陽求陰或陽感而陰應或陰合而從陽龍陽也然爲陽中之陰故龍之興雲陽召陰也虎陰也然爲陰中之陽故虎之生風陰召陽也

人之生也分一氣以爲形賦一理以爲性自夫岐形體者以爲異而不知性無分別也譬之境交萬燭而光影難分海會百川而水體無二

清暑筆談　八　二

其聚也其散也變化也氣之客形也所以主宰之者不變也是故方其聚也以爲有也然自無而有則有者未始不無方其散也疑於無也然因有故無則無者未始不有

卯者冒也陽氣冒地而出建二月卦則自泰而之大壯外卦坤變爲震月令雷始發聲蟄蟲啓戶故曰卯爲天門

心去腎八寸四分天去地八萬四千里人自子至巳則腎生氣自午至亥則心生血陽生子而地氣上升至巳而亢陰生午而天氣下降至亥而極人身肖天地也

寒暑天地間一大氣萬物所同有也而人於其間趣欣厭避就不知人之一心方與物交欲惡起而攻之如焦火凝冰惱安樂性此之謂内寒暑

此身爲衆苦所集有問大熱向何處避者曰向鑊湯裏避何以故曰衆苦所不到

暑中常默坐澄心閉目作水觀久之覺肌髮洒洒几格間似有爽氣須臾觸事前境頓失故知一切境惟

清暑筆談　八　三

心造眞不妄語

曠野中陽燄坌之如波濤奔馬及海中蜃氣爲樓臺人物之狀此皆天地之氣絪緼盪潏回薄變幻何往不有故知萬象者一聚之氣兩間之幻有也

人與萬物孰大物萬而人處一焉則物大然道生萬物萬物之道脩於人備萬物者之謂大大於道則物不足言矣是故至人能細萬物

東坡云凡草木之生皆於平旦昧爽之際其在人者夜氣清明正生機所發惟物感之牛羊旦晝之牿亡

則存焉者寡朱子曰平旦之氣便是旦晝做工夫的樣子當常在此心如老氏云早復

張則必翕强則必弱興則必廢與則必奪此物理之自然是謂微明微明者微密而明著理昭然可考見也葢老氏處恬淡無爲不爲物先方衆人紛拏攫攘在靜地中早見以待物之必至者若此或作權智解者謂管商之術所自出

聖人忘己靡所不巳夫惟無我而後能兼天下以爲我故自私自利從軀殼上起念者有我也至大至公

會人物於一身者無我也聖人盡巳之性盡人物之性以贊化育而參天地是兼天地萬物而爲我矣故曰成性成身以其無我而成眞我

明鏡止水喻心體也然常明常照常應常止依體有用用不乖體故曰體智寂寂照用如如若曰觸事生心依無息念則是隨塵動靜非具足體

余無字學兼不好書間有挾卷軸索余書者逡廵引避然遇佳紙筆入手輒弄書數字書後或棄去獨喜購佳紙筆或謂善書者不擇筆爲余曰此謂無可無不可者耳下此惟務其可者

士貴博洽然必聞見廣考據精不然則乖誤龐雜爲後人抨擊之地如歐陽公好集古而黃長睿以爲攻校非其所長然長睿自任考校精審矣而樓攻瑰猶摘其中可疑者謂尚多舛訛

捶粉箋雜色者僅華美然粉疎則澁筆滑則不能燥墨藏久則粉渝而墨脫不便收摺摺久衡裂近稍用繁白純淨者夫物古質而今媚近來俗好多媚惟所用縑素稍還古質故余詩云餘情寄縑素反朴還其

淳

余不善書自委無字性然亦豈可盡責之性此近於不修人事而委命者晚年知慕入法然衰老指腕多强復懶放不能抑首臨池勉屈意摹倣拙態故在乃知秉燭不逮晝游歐陽公云晚知書畫眞有益却悔歲月來無多

製筆者擇毫精麤與膠束緊慢皆中度則鋒全而筆健近來作者鹵莽筆旣濫劣惟巧於安名以斬售一種毫過圓熟者不能運墨用之則鋒散而墨漲以供

學人作義易敗而售速予性拙書用筆不求脩然爲馬無良御蓋窘躓矣

國初吳興筆工陸文寶醞藉喜交名士楊鐵老爲著頴命託以秦中書令制官復自注中書令秦無此官前輩臨文審於用事若此

墨以陳爲貴余所蓄二墨形製古雅當是佳品獨余不善書未經磨試然余惟不善書也故墨能久存昔東坡謂呂行甫好藏墨而不能書則時磨墨汁小啜之余無啜墨之量惟手摩香澤足一賞也

士大夫胸中無三斗墨何以運管城然恐蘊釀宿陳出之無光澤耳如書畫家不善使墨謂之墨癡

硯材惟堅潤者良堅則緻密潤則瑩細而墨磨不滯易於發墨故曰堅潤爲德發墨爲材或者指石理芒澁墨易磨者爲發墨此材不勝德耳用之損筆

蔡忠惠題沙隨程氏歙硯曰玉質純蒼理緻精鋒鋩都盡墨無聲此正謂石理堅潤鋒鋩盡而墨無聲矣安能損筆而坡仙乃謂硯發墨者必損筆此不知何謂

端硯以下巖石紫色者爲上其貴重不在眼或謂眼爲石之病然石理堅潤而具活眼者固自佳若必以有眼爲端則有飾僞眼於凡石者西施捧心而顰病處成妍東家姬無其貌而效顰焉者也

凡香品皆產自南方南離位離主火火爲土母火盛則土得養故沉水栴檀薰陸之類多產自嶺南海表土氣所鍾也內經云香氣湊脾火陽也故氣芬烈

龍涎於香品中最貴重出大食國西海海中雲氣罩覆其下則龍蟠洋中大石臥而吐涎飄浮水面爲太

陽所爍凝結而堅若浮石而輕用以和衆香焚之能聚烟煙縷不散蓋龍能興雲亦蜃氣樓臺之例也

犀角以粟紋麤細辨貴賤貴者爲通天犀色理瑩徹一種半黑白者爲斑犀或謂通天者乃其病相傳犀飲濁水不欲照見其角每蛻角則掊土埋之惡其病巳也然則物之有美者又孰知其非病也耶

琴材以輕鬆脆滑謂之四善取桐木多年者木性都盡液理枯勁則聲易發而清越凡木皆本實而枝幹虛惟桐木枝幹堅實用以製琴或謂琴木取枯朽

勝指者此不可不曉
鍾子期死伯牙絕絃不鼓傷世無知音也然使其音而循之人則以譜衆耳可也奚子期也如其爲至音歟則知者宜寡故曰知我者希則我貴卽世不我知安知後世無子期者而絕絃寢音以自傷是何其恃人者重自任者輕而果於待世之薄也
余不蓄琴客有爲余解嘲者曰昔陶靖節蓄無絃琴今君幷琴不蓄視靖節又進一解矣余曰雖然此近於貧漢自傳王夷甫口不言阿堵物耳

陶元亮畜無絃琴曰既得琴中趣何勞絃上聲雖然得精而遺其粗無事于音則音與形可兩忘也然尚有琴者在
歐陽公論琴帖自叙夷陵令時得一琴常琴也及作舍人學士再得琴後一琴雷琴也官愈昌琴愈佳然在夷陵得佳山水耳目清曠意甚適自爲舍人學士日奔走塵紛聒聲利無復清思乃知在人不在器苟意所自適無絃可也
遺喧入靜者以瓢因風動棄瓢以絕聽不知耳塵雖淨心塵未盡蓋六用爲塵若從耳根返源則何所往而非靜故曰風幡非動由心動故
右軍蘭亭在僧辨才處唐太宗令蕭翼以百計得之從葬昭陵夫太宗以天下與其子而蘭亭則未之與其靳惜若此後人論蘭亭者往往從摹刻中校量故曰蘭亭如聚訟昔嘗爲之說曰後世而有王右軍則蘭亭之後出者必勝後世如無王右軍則蘭亭當求初本不見初本正是不必論蘭亭也
都下庖製食物凡鷄鴨鵝豕類用料物炮炙氣味辛

醲已失本然之味夫五味主淡淡則味眞昔人偶斷殺羞食淡飯者曰今日方知眞味向來幾爲舌本所瞞
東坡於資善堂食河鲀味美曰直得一死而梅聖俞以爲甚美惡亦稱凡世間尤物之可以溺性迷心至伐命沈生者就其初孰不以爲至美耶
東坡偕子由齊安道中就市食胡餅糲甚東坡連盡數餅顧子由曰尚須口耶客有以仕宦連蹇罷歸不自釋者余慰之曰凡仕宦所歷如飲食精麁美惡忽

然過口至於果腹同歸一飽何暇追計客謂此東坡齊安道中未發之意

東坡在海南食蠔而美貽書叔黨曰無令中朝士大夫知恐爭謀南徙以分此味使士大夫而樂南徙則忌公者不令公此行矣或謂東坡此言以賢君子望人

蓼虫之食苦也蛣蜣之轉丸也而天下之甘與芳臭可廢矣故曰天下皆知美之爲美不知非美之爲美也何也以美惡無常是也

清暑筆談　八　十

隆慶巳巳余被召北入滯疾淮上疏再上乞休未得報移舟泊瓜步陣下會天氣乍暄運艘大集河流淤濁每旦舟子棹江濤中汲中冷泉一日舟觸礐破索他器承餘瀝以候瀹茗聞金山僧飲食盥漱皆取給於此此何異秦割十五城易趙璧而荆山之人用以抵鵲

晨起取井水新汲者傳淨器中熟數沸徐啜徐漱以意下之謂之眞一飲子蓋天一生水人夜氣生于子平旦穀氣未受胃藏冲虛服之能蠲宿滯淡滲以滋化源

財　不足言矣多蓄珍玩未免落富貴相一種嗜好法書名畫至竭資力以事收蓄亦是通人一癖是着清淨中貪癡

賢者重進而輕退廉者重媿而輕死義士重信而輕身其段干木鮑焦田光之謂乎

歐陽公之切于釋位歸田也至欲以得罪去東坡謂在他人或苟以藉口若公者發於至情如飢者之不忘食以是知士非求進之難而乞身之難也

清暑筆談　八　十一

嘉靖壬子余自史官請假回中途聞先資政喪持服滿三載又再踰年就家起南司業甫及期移疾歸自是無意復出壬申內召承乏禮書距壬子離國門者二十年餘矣乍到入覲闕庭頭目眩暈拜起蹣跚幾不成禮東坡云久居山林乍入朝市覺舉動周章信其言不爽

士大夫逢時遇合跬步以至公卿非難而歸田爲難此東坡有激之言至謂歷官一任無官謗釋肩而去如大熱遠行雖未到家得清涼館舍一解衣漱濯已

足樂矣此非親履其境意適於中者不能道

士大夫處世聲名重者則責望亦重若虛名一勝恐不能收實用如眞西山負一世重名及其入朝前譽小減故前輩云聲名自是一項事業自是一項江南地土薄士大夫只做得一項

攫金於市者見金而不見人剖身藏珠者愛珠而忘自愛與夫決性命以饕富貴縱嗜欲以戕生者何異

臨海金一所賁亨偎居應容庵大猷二人以道義相友善金既謝事家居應復起用詣金言别金曰君此

出他日回來要將一照樣應容菴還我兩人竟保晚節昔王嘉叟與王龜齡别曰吾輩會合不可常惟常留面目異時可復相見龜齡每誦其言

士大夫出處遇合得失皆有定數然得失止于生前而是非常在身後蓋身名之得失關一時之亨否而公論之是非係千載之勸懲故曰得失一時榮辱千載

高子業詩云衆女競閨中獨退反成怒夫爭妍取忌有之也而獨退成怒者豈不以衆邪醜正世忌大潔耶故楊誠齋有云聲利之塲輕就者固不爲世所恕蔡定夫是也不輕就者亦不爲世所恕朱元晦是也

昭德晁氏世多賢者自蔡京專國晁氏子姓皆安於外官唐質肅子嘉問紹聖初至京師謁時相見一人朱衣象笏爲典客所拒匍匐從門閫下入歎曰士大夫汩喪廉恥一至此乎拂衣徑去蓋家世熏烝習熟見聞故能自立若此

碁罷局而人換世黄粱熟而了生平此借以喻世幻浮促以警夫溺情世累營營爲不知止者推是可以

盡達生之旨

賈太傅年二十而爲大中大夫楊太尉五十而應州郡辟馮唐白首而衿穿郎署董賢年未二十而爲三公馮元常平生取錢多官愈進盧懷愼貴爲卿相而終於處貧修短貧富窮達其有定命若此

任安灌夫世之置論者或耻小其人也然觀其處衛大將軍魏其丞相於死生隆替之間終始不二後世稱士大夫者往往規勢以分燥濕順時而爲向背處一人之身而變態不常如翻覆手者其視二人何如

仕局中脂韋迎合工巧佞以希媚于時者一似優人登場作劇憂喜悲笑曲盡情態以取人意然不過一餉間倶成空矣

玉韞璞而輝珠處淵而媚世爭寶之三上而刖足暗投而按劍忽於自售也

陸士衡豪士賦云身危由於勢過而不知去勢以求安禍積起於寵盛而不知辭寵以招福石季倫金谷澗詩序云感性命之不永懼凋落之無期二人者攷其終所及祗自道也

世之言者曰君相不言命又曰君相造命此言君相處時位之得爲凡事幾得失治忽理亂當責成於己不可諉命于天非若制於時位者之可以言命也若曰威福予奪自恣而吾能陶鑄人以是爲造命而肆然物上則謬解矣

失生於得者也辱生於寵者也故得爲失先寵爲辱先惟能以未得爲失則失不足患矣以遺寵待辱則辱不能驚矣故曰得者時也失者順也以得委時何寵之有以順處失何辱之有

元次由作丐論自叙遊長安中與丐者爲友或以友丐爲太下者然而世有丐顔色於人丐名位於人丐權家以售邪妄以容媚惑者此之不羞而羞與丐者爲伍郭忠恕自放於酒出則從傭丐飲街肆中或詆其不倫者曰吾觀今公卿大夫中多此輩也

富者怨之府貴者危之機此爲富貴而處之不以其道者言之也乃若處榮利而不專履盛滿而知止持盈守謙何怨府危機之有

或謂立朝多異同者彭止堂曰異同無妨但願當面

異同如韓范富諸公上殿相爭如虎此異同也然體國忘私同歸于是異處未嘗不同乃若外示苟同內懷猜異甚則設謬敬以爲容悅假深情以伏駭機快意己私不恤國是以是爲同非國家之利也

祿位者勢分也官守者職分也勢分爲儻來由乎人者也職分有專責由乎己者也故士大夫之視勢分也宜假其視職分也宜眞乃若大行不加窮居不損此則所謂貴于己者性分是也

孟子云萬物皆備于我反身而誠老氏曰吾有大患

爲吾有身老氏之所謂身者四肢六骸衆體而言之也孟子之所謂身者四端萬善即性而言之也故曰人于萬類中如海一漚發言體也曰此心不與萬物同盡者言性也在釋氏則有報身法身之謂

李翺復性篇主排佛也而闇用其言王世之廢莊論以反非也而多襲其語此文章家之操戈入室者

暇日過僧寺入淨室見僧掃地次曰淨室何須着掃僧拈起箒柄趾前曰土上加灰余曰棒不着便好與二十箒柄去

昔人以理髮搔背剔耳剌嚏爲四暢此小安樂法余所服二丹曰醼津納息爲小還丹澄心寂照爲夜氣丹既無火候又免抽添久之著效

宰相元氣也臺諫藥石也調和燮理輔元氣也繩愆弼違備藥石也元氣之養貴平藥石之用貴明故人君者託心膂於宰相而寄耳目於臺諫心膂欲其平耳目欲其明也

堯舜之與賢也禹湯之傳子也論者謂堯舜不私其子然使啓非賢而太甲不遷善則禹湯有不得私其子者故南巢之放禹不得而有夏矣牧野之伐湯不得而有商矣以是知堯舜之善愛其子

禪家曰絶學玄門曰絶聖此爲已學而絶學既聖而絶聖向建立處掃除離絶名相能所皆空者言之非未嘗學也而可言絶學未至聖也而可言絶聖儒者曰爲學日益爲道日損使其未嘗學也何所損哉

釋氏之輪廻不特生死輪廻凡念頭起滅即是輪廻如前念滅而引後知後念生而續前滅種種取捨無非是相故一念之起生之類也一念之滅死之類也

於中解脱是了日用中小生死

玄關牝戶此言陰陽往來闔闢之機交合綿續根柢出入是謂天地之根或以口鼻心腎爲玄牝者是涉形相何以云若存也故董思靖曰神氣之要會曹道沖以爲玄者杳冥而藏神牝者沖和而藏氣俞玉吾謂坎離兩穴妙合二土混融神氣不落名相者斯近是矣

寺刹中地獄變相具刀林沸鑊極陰慘之狀使觀者悔惡遠罪然必在當人起念處懺除而愚惑者謂生

前一切罪業沒則可假僧懺除是使爲惡者得造業於生前而免于身後藉以爲釋罪之因而恃以無恐昔方蛟峰有云貳閻鐵湯地獄中何以無和尚曰若使閻羅有罪亦要和尚懺除

無雲之月有目者所快覩也而盜賊所忌花鳥之玩以娛人也而感時惜別者因之墮淚驚心故貳見境以生情貳緣情而起境

文章功業之士於世願已足則往往求服餌以希慕長生然于世法中取數已多恐造物者所靳惟以嗇

處泰廉取而薄享以延續其餘可也昔白香山忠州別駕命下明日而丹竈敗蓋世間法與出世間法不兩立若此

處治安之世而戒以危亡履盛滿之勢而戒以知止當嗜慾之熾而戒以節慾則諱惡其言而不之信及其亂亡禍敗追思其言則無及矣是故早見而戒未然者之謂豫

人不能以勝天力不可以制命故壽夭通塞豐約自其墮地之初大分已定如鉶甖瓮盎各有分量非人所能置力增損君子惟愼德修業以聽其自至若曰我命在天抂人事于不修則又非修身俟之之謂也故曰君子不以在我者爲命而以不在我者爲命

書畫自得法後至造微入妙超出筆墨形似之外意與神遇不可致思非心手所能形容處此正化不可爲如禪家向上轉身一路故書稱墨禪而畫列神品

觀舞劒而得神聞江聲而悟筆法此出于積習之久一觸則詣神境如參禪已至境界一喝得悟者譬之人當關而立一喝則掉臂而過矣靈雲之于桃花香

巖之于擊竹其得悟皆此類若據以求悟是守枯筌而索舟劒也

近來一種講學者高談玄論究其歸宿茫無據依大都臆度之路熟實地之理疎只于知崇上尋求而不知從禮卑處體究徒令人凌躐高遠長浮虛之習是所謂履平地而說相輪處井幹而譚海若者也

陽明致良知之說病世儒爲程朱之學者支離語言故直截指出本體而傳其說者往往詳于講良知而於致處則略坐入虛談名理界中如禪家以無言遣

言正欲掃除前人窠臼而後來學人復向無言中作窠臼也

孔子曰隱居求志孟子曰得志澤加于民所謂得志者得行其所求之志也苟道不行于時澤不加于民雖祿萬鍾位卿相不可謂得志也故昔人云不論窮達利鈍要知無愧中只是得志

仕而不得行志或誘之時不可爲者往往依違衆中曰無奈時何然時亦人所爲也如荆公新法一時奉行者迎合詭隨釀成已甚間有不樂居職欲投劾去

者堯夫曰此正今日仁人君子盡心之時晁美叔爲常平使者東坡貽書曰此職計非所樂然仁人於此時假以寛大少舒吏民於網羅中亦所益不少二公之言若此彼徒潔一去者于己分得矣如時弊之不可救何

說郛續目錄

遵聞錄

廣右梁億

太祖親征陳友諒大戰于彭蠡湖與伯溫皆在　御舟以觀將卒搏戰伯溫忽躍起大呼　太祖亦驚起疑其作亂見伯溫雙手麾之連聲呼曰難星過可更舟　太祖如其言而更之坐未半餉舊舟已爲敵砲擊碎矣及後勝負未決伯溫密言于　太祖曰可移軍湖口期以金木相尅日決勝　太祖從之遂平陳氏

太平府不惹庵　太祖既渡江嘗題詩于壁後庵僧洗之及有天下僧乃獻詩云　御筆題詩不敢留留時只恐鬼神愁曾將法水輕輕洗猶有餘光射斗牛

張士誠以厚幣招楊濂夫甚急濂夫勉行至姑蘇適元以龍衣御酒賜士誠濂夫因飲御酒遂作詩曰江南歲歲鋒烟起海上年年御酒來如此鋒烟如此酒老夫懷抱幾時開士誠聞之默然遂不强留其後濂夫歸于我朝未幾而卒

國初時嘗欲征倭國彼遣使嗒哩嘛哈奉表乞降上問倭國風俗如何嗒哩嘛哈以詩答曰國比中原國人如上古人衣冠唐制度禮樂漢君臣銀甕篘新酒金刀膾錦鱗年年三二月桃李一般春

古岡黎先生名貞號林坡　國初名儒也嘗以非罪謫戍遼左同里馬某與焉既先生蒙恩放回而馬獨不與其兒一日盛席以邀先生侑觴之妓皆絕色也先生不往遺之以詩曰錦瑟銀箏白玉卮賞音元自有鍾期可憐孤鴈長城外叫斷南雲總不知其兒得詩爲之墮淚而罷宴

羅復仁吉水人　國初時爲編修後乞休致　太祖賜以布衣而題其袖曰性雖麁率忠直可喜賜此布衣放歸田里

太祖征陳友諒王師至瀟湘賦詩云馬渡沙頭苜蓿香片雲片雨渡瀟湘東風吹醒英雄夢不是咸陽是洛陽天葩膚藻豪宕英邁有如此

王佐號雪蓬五羊人　國初給事中博士工詞章與孫先生蕢齊名予少時嘗有其文集二三冊今失之矣然尚能記其詩數篇謹錄於此應制賦宋承旨黃

馬歌云　聖明天子齊唐虞萬方混一同車書大宛
西域總臣附萬馬入貢皆名駒天門十二近宮闕牝
牡驪黃色俱別羅帕輕籠錦作韉絲韁穩控金鞍勒
玉堂學士真老臣日日趨朝侍　紫宸承恩特賜飛
黃馬騎出通衢不動塵飛黃之精真天駟天駟騰驤
若星馳況拜親題　御製詩奎壁垂芒照人世須知
君恩如海深臣騎赤馬當赤心風雲會遇有如此形
筆宜書耀古今
陶安知饒州　聖祖賜以詩曰匡廬岩穴甚幽深水

怪無端盈彭蠡鱷魚因韓去遠滸陶安鄱陽郎一理
未幾以爲翰林學士賜以門對曰　國朝謀畧無雙
士翰苑文章第一家後又以安爲江西參政而卒
聖祖親製文遣使祭之其蒙被　寵眷終始不衰如
此視諸宋濂其幸與不幸間相去遠矣
濮真者　國初時都督僉事也征高麗被執其王欲
降之真怒罵而死　上嘉其忠追封樂浪公謚忠襄
表其門曰班超輩將志邁雄師時真子璵甫生數月
郎襁褓中封爲西凉侯年方幼因趨朝爲多士蹋傷
母夫人以聞　上命御用監鑄一王字牌懸璵冠上
每朝使人知所遜避噫　祖宗之愛惜死事之臣而
眷顧後人也如此
大將南征膽氣豪腰懸秋水呂虔刀雷鳴甲冑乾坤
靜風動旌旗日月高世上麒麟終有種穴中螻蟻竟
何逃大標銅柱歸來日庭院春深聽百勞此　聖祖
命都督僉事楊文廣征南而賜之之詩也氣象豪雄
而音律和暢酷侶盛唐詩人格局
聖祖嘗有佳句云鳥啼紅樹裏人在翠微中天下誦

之
太子嘗有新月詩云昨夜嚴陵失釣鈎何人移上碧
霄頭雖然未得團圓相也有清光遍九州
文皇將營北京宮殿時有神木出四川馬湖山中命
禮部尚書浦城潜賜齋香帛往答神休聞山呼聲者
三震動天地賜亟歸奏　上命立石紀之

賢識錄

四明陸釴

洪惟我 國朝 太祖開基胡元終運乾坤再整日月重明而其應天順人創業垂統立綱陳紀盡制盡倫巍乎成功煥乎文章一時臣工仰名言之莫盡幸親見之有知賢者識其大者不賢者識其小者莫不有作類而述之涵泳之餘庶得以知識乎盛美云

高皇龍潛時過臨淮郭山甫山甫驚異具饌與交歡酒酣踞 上備陳天表之異他日貴不可言幸無相

忘 上去山甫語諸子吾視若曹皆非田舍郎往往可封侯今始知皆由此貴宜識事之復以女入侍從渡江協 孝慈以肇家 孝慈崩嘗攝六宮事號皇寧妃追封山甫營國公

元世祖起自朔漠以有天下悉以胡俗變易中國之制士庶咸辮髮椎髻深襜胡帽衣服則爲袴褶窄袖及辮線腰褶婦女衣窄袖短衣下服裙裳無復中國衣冠之舊甚者易其姓氏爲胡語俗化既久恬不知怪我 太祖心久厭之洪武改元乃詔悉復衣冠唐制士民皆束髮於頂官則烏紗帽圓領束帶黑靴士庶則服四帶巾雜色盤領衣不得用黃玄樂工冠屯青字頂巾繫紅綠帛帶士庶妻首飾許用銀鍍金耳環用金珠釧環用銀服淺色團衫用紵絲綾羅紬絹其樂妓則帶明角皂褙不許與庶民妻同不得服兩截胡衣其辮髮胡髻胡服胡語一切禁止斟酌損益皆裁自 聖心於是百有餘年胡俗悉復中國之舊矣

孝慈高皇后以懿聖之德上佐眞主成萬世之業化

及海隅比隆任姒蓋 聖母出自宿州徐王王篤生聖女而無他子乃屬有司以王之祀武氏主之武之先有諱原者於 高皇后有葭莩之親 龍興初數從征伐授武藝將軍至其孫戡遂授徐州衛指揮僉事其命諸武之彥曰忠爲奉祠曰聚爲祀丞隸官太常寺徐王之祀則洪武己巳也 太祖文皇帝嘗以巡狩北京過焉復求武氏之後而得名貴以嗣聚歷定暨閔至騰霄以[illegible]廢職事者三年今歲夏詣闕自陳 皇上惻然憫其先勞特許復官故與騰霄善

者有請於予而予獲聞其詳如此惟古帝王之有天下者推恩之漸必由親及疎況　聖后之先有開祥毓秀之功而不及享一日之養于生前者乎肆我
高皇帝　御極首厚大倫而推恩徐王又推而及于武氏與古帝王同一道也夫祀官秩比中士而　恩禮殊異其賦入有田輸作有衆獵有養薪有林雖以爲崇祀之需而祠官實綜之蓋上公之尊外戚之貴未有能過之者

金碧峰者勝國一和尚也寓宣州　皇帝過江元氏

故臣迎謂曰今欲侍霸我則當有財貨納賄　太祖叱曰我應天順人行王道汝敢霸覷我耶故臣曰若篤行王道可尋宣州胡僧金碧峰必有所授　太祖抵宣州見州治西一草廬處一老僧　太祖仗劍叱問其名僧不答　太祖即揮劍向之其僧引頸就焉
太祖笑謂曰可見殺人王道乎僧曰可見不怕死和尚耶語遂投乃告今欲行王道我有所指　太祖悅然後推誠溫問乃云建康有地可王此處非帝王之居遂定鼎金陵云乃建寺延碧峰主之

今之戒石四句銘舊傳乃宋太宗書以賜諸郡縣者其辭則摘蜀王孟昶之文也自是天下始有戒石予考歐陽集古目錄稱唐明皇擇令一百六十三人賜以丁寧之戒其後天下爲縣者皆以所戒刻石乃知戒石不自宋始蓋唐已有之特不見其詞耳

太祖初渡江　御舟頻危得一檣以免令樹此檣於一舟而祭之遂爲常制今在京城清涼門外已逾百四十年矣有司歲修祀給一兵世守之居舟傍免其餘役或云即當時操舟兵之後也

高皇平僞周先有檄諭曰予聞伐罪救民王者之師考之往古世代昭然軒轅氏誅蚩尤殷湯征葛伯文王代崇侯三聖人之起兵也非富天下本爲救民近覩有元之末主居深宮臣操威福官以賄求罪以情免臺憲舉親而劾讐有司差貧而優富廟堂不以爲慮方添冗官又改鈔法役數而配享亦無王氏位不知何也靖江文正南昌王子也

舊傳東夷諸國多乞賜書及賜惟易不能達凡數賜每有之舟輙溺或曰令人誦記去人亦不達未察信

在田錄

泗水張定

高皇鳳陽泗州人居鍾離鄉　上皇以賣腐爲生皇
覺寺一寺僧衆爭來買之遂爲主顧生　太祖之夕
鄰里中只聞　上皇屋上霹靂一聲啓戸視之但見
紅光屯聚一鄉之人無不驚駭又寺僧高彬于是夜
夢　上皇屋上火發煙焰冲天空中見一人擎金椎
而下彬遂覺至晨候　上皇來欲語之　上皇不來
歇月餘挑腐而至彬疑其有病一見卽問何故一月

不來莫非有恙　上皇曰非病某于其夜得一小男
恐不淨故弗敢來彬遂言其夢因稱此兒後必大貴
上皇言草野之人何敢望此但得長成送爲長老弟
子我之願也

高皇爲兒童時糾合村中年相若者聚爲一群採蘆
葦結作宮室朝夕至其所南向令衆小兒羅拜稱山
呼又于曠野營石爲陣圖列衆小兒爲行伍習行軍
之儀識者謂其過于老將

元末甲申歲大疫　上皇罹是病又値大荒　上皇

及皇太后陳氏　皇兄皇侄皆相繼而亡　上皇旣殂家益無聊田主呼叱昂昂不與之地謀葬無所同里劉大秀與地以葬葬旣畢　上無所依以嘗許從釋氏遂請于仲兄師事沙門高彬于里之皇覺寺隣嫗汪氏助爲之禮九月乙巳也

皇祖死時衣不被體棺槨無具及至葬浮土三尺而已　上旣卽位欲遷葬下議于群臣群臣咸曰擇陵改葬固陛下孝心之無已但今旣葬而復遷之不惟有泄元氣且使神靈不安爲今之計莫若增土如山

在田錄　八　二

栽植如林如是則元氣厚蔵陰靈亦安誠萬萬世無窮之美矣　上竟從之　皇陵今在泗州臨濠縣

高皇在寺嘗戲書九字于伽藍背云發你去三千里外充軍伽藍夜來托夢于僧致心乞赦僧遂呼　高皇詰其實　皇言有之乃洗去伽藍復來謝去

高皇旣在寺値歲内僧以歉收不能給衆俾各還皇陵碑記有云朝塞突烟而徑進暮投孤廟以趍蹌盎紀實也

高祖游食四方時嘗露宿野中作詩自述云天爲羅帳地爲氊日月星辰伴我眠鞠躬不敢高伸脚恐踏山河社稷穿

又詠日一首云東頭日出光始出逐盡殘星　殘月轟然一轉麗中天萬國山河皆照着入聲

高皇資稟生知勤于聞善毎遇閭塾鄉校講説詩書必注意聽之而不去有儒衣數人講孟子以微子微仲王子比干箕子膠鬲爲六人　高皇曰微子王子箕子所封爵與國也微仲比干膠鬲是人名衆皆嘆服

在田錄　八　三

上潛時漁于川上日獲鯉三十五置之簍中有陳四者來共語又戲以皐皐聖躬旣而上持魚歸啓簍已朱其五知爲陳所竊往問之陳諱不認上欲毆之陳笑出以還　上

高皇謀身無所碌碌途中一日遇相者于永安橋相者儀甚偉　高皇異之因敝巳處世變故身歷艱危求其後來之否泰相者曰汝今當大通矣言訖別去及卽位改橋名爲大通橋今在濠梁府城東南十里

上嘗往來淮泗間入一山深處一人冠服特異揖上

而言曰今天下亂汝何爲在此我有一物汝可佩之
解以授　上乃赤搖光玦也　上因扣其姓字曰我
此山之神也忽忽不見　上遂出遂決意集兵定亂卒
有天下及即位遣行人致祭焉未審何山

高皇微時過剉柴村已經二日不食矣行漸伶仃至
一所乃人家故園垣缺樹凋是兵火所戕者上悲嘆
之緩步周視東北隅有一樹霜柹正熟　上取食之
食十枚便飽又惆悵久之而去乙未夏　上拔采石
取太平道經于此樹猶在　上指樹以前事語左右

在田錄　四

因下馬以赤袍加之曰封爾爲淩霜長者或曰淩霜
侯

高皇生于元天曆戊辰歲至　皇祖死時年十有七
歲矣又十年方起兵濠和時至正甲午已年二十七
歲矣

逐鹿記

明　王禕

甲辰徐達總甲士二十萬東取吳越鏖戰于湖州皂
林之野生擒張兵六萬十一月師至姑蘇營于葑門
築長圍困之架木塔與城中浮屠等築臺三成名曰
敵樓下瞰城中設火筒其上一發連中又設襄陽礮
着物無不糜碎礮風着人皆死城中震恐明年九月
城破僞周就縛

耿再成下處州時有軍校斬人丘木郎捕誅之又有

逐鹿記　一

士卒微私粟于民號曰指糧成怒其剝民脂膏罷之

薛顯與士誠五太子及朱暹戰于舊館降之五太子
士誠養子短小精悍能平地躍起丈餘又善沒水自
稱龍精暹亦善戰士誠倚之及降士誠爲之屏氣

張士誠破時縱宮人數百于民間開庫藏令其自取
有數人務多因得促腰搖臂之疾一嫁皮工曹某名
阿圓自言見庫中金匱可重二百餘斤極力一舉不
覺臂脫其骨又出絲帛十三庫散之城中父老又取
珍衣二十餘種出于臥龍街將焚之正舉火我軍已

入小校单發拾其二種一爲緑鸞摩雲一爲春花競秀一時銀帛狼藉于道徐達下令封府庫禁士卒

王師入武昌友諒愛妃樂氏投臺死内人即取其屍埋臺下軍校毀臺忽聞太息聲掘地見尸即妃也一校胱其金鴻戲藻衫去或曰千兵胡德又裨將陸純夫私其宮娥奪臂上玉盤螭張景山入僞宮取出金照珠玉鎮獅等物後皆按以法

廖永忠伐蜀兵至瞿塘關忠以山峻水急而蜀人設鐵索飛橋横據關口我舟不得進乃密遣壯士數百

人舁小舟踰山度關以出其上流人持糗糧帶水筩以㮚饑渴蜀山多草木命將士皆衣青簑衣魚貫出崖石間蜀人不之覺也遂攻水寨斬獲甚衆飛天張鐵頭張皆遁去

元宮人至京師將籍之以給令後宮有一人不屈上言爾即守節何不死于元亡時此女對曰願明一言而死以爲有名鬼耳上令左右以紙筆與之女寫云君王慧性被奸迷妾曾三諫觸闈墀不能死守身𣳚遁致令鐘移社稷墟擲筆投地而死　上爲之改容

賜文南征帝製詩賜之曰大將南征膽氣豪腰有秋水呂虔刀馬鳴甲胄乾坤靜風動旌旗日月高世上麒麟終有種穴中螻蟻更何逃大標銅柱歸來日庭院春深慶有勞

李文忠北征患渴忽所乘馬以足跑地泉隨湧出三軍賴之乃爲文殺牲以祭

黔寧王沐英征八百息婦經腰露頂山山頂有石壇父老相傳云古有赤脚僊成道于此道成之日精華少室夫人帥僊官降壇設金觴果木陵子食之餘藏

于櫃今壇東石櫃是也英極力舉之櫃忽開内有朱字四行云翁臺方龜神驚鬼驚啟食其力海東沐英益異之遍視櫃中止有木陵子三枚似棗核而青色英吞之自覺身輕力盛及平八百息婦就于山上刻石紀功而還又征緬思得金絲罽碧珊瑚等物

李文忠兵至錢塘僞周平章潘原明遣貞外郎方彛詣軍門納欵狀曰嬰城固守乃受任之當爲歸欵救民亦濟時之急務竊伏自念起身草野叨位省樞非心慕乎華榮乃志存乎康定豈意邦國殄瘁王師見

加事雖貴于見幾民實同于歸義念是邦生靈百餘萬比年物故十二三今既入于職方欲溥單于天澤謹將杭州土地人及諸司軍馬錢糧之數以獻并執叛將蔣英劉震出降凡得兵三萬糧二十一萬馬六百匹

壟起雜事

吳郡楊儀

芝麻李之遁也髡髮爲頭陀僧及天下既定遊徐之永固河河上有留連亭李徘徊久之乃題一筆云憶昔曾爲海上豪臙脂馬上赤連刀此地斬分陳總管彼肝斫斷莫軍曹固知今日由天定方信當年漫自勞英雄每每無常在戰袍着盡又方袍三歎投筆而出乃有一翁方且以舟艤岸見李發歎問其故李泣下謂曰我卽蕭縣李二也起兵時自謂天下可得今

乃匿踪緇流暫免鋒鏑而功名不就鄉舊何存是以不能不悲耳此翁亦淚流不止自陳其由所謂湘鄉賊鄧文元也避難詭姓名作渡于此二人沽村酒酌之話昔日之强梁傷今日之狼狽聞者爲之感歎

方谷珍起兵時嘗造天台山隱士周必達問計必達曰當今四方雖亂君舉義爲天子除道斯名正言順富貴可致耳餘非我所知也谷珍不別而必去達意珍復來乃題句扉上云海角愚夫不自斟妄起關中逐鹿心命運由來非力致項羽英雄亦就擒遂携妻

子入山谷中明日亦果來恨不先殺之焚其廬而去後谷亦事不成爲兵所困方悔曰不意黃毛野人能料事至此嗚呼晚矣乃投水死

徐壽輝以闇巷之庸纔一月而即稱帝（至正十一年八月起兵九月即帝位于蘄水）僭號十年然長于謀敵而短于制勝故攻城略地皆委于倪文俊等及有功者多忌之是以卒罹其難大抵欲計功謀利者當置心人腹中不宜相忌則必有一傷矣

四飛山亦曰陽山産白墡膩滑精細士誠取之作堦

壟起雜事　一八　二一

面之飾和以脂膠久而不變有水雲白雪浪花玉鱗墀等各以形製名也

元夕張燈城中燈毬巧麗他處莫及有玉柵燈琉璃燈萬眼羅百花欄流星紅萬點金街衢雜踏人物喧嘩士誠登觀風樓開賞燈宴令從者賦詩號望太平

張王基本舊治也大亂後百餘年來忽有三異亦氣厚之所鍾也生一草結實如小紅燈夜則開之以承露人取飲之百病自愈人呼爲天膏一異也其根可以爲厨料置飲食中盛暑不敗二異也一男子陰囊大如斗號浪蕩子陝西大賈識爲至寶買去俟其死破囊得二玉碗世所絕無三異也

僞周用王敬大蔡彥文葉德新爲叅軍謀國事三人皆奴才也丁未春蔡葉伏誅于南京風乾其屍于竿一月王已死初吳人爲十七字詩云丞相做事業專用王蔡葉一夜西風來乾鱉竟其成讖

韓林兒始用潁川逃之武安爲穿窬漸肆劫殺有徒既繁乃嘯亂稱小明王劉福通迎居亳州未幾遁于安豐至正十八年又都河南汴梁

壟起雜事　一八　三

林兒母楊氏雖老而善自粧飾性頗淫見人則匿其年云四十自稱少娘又善爲嬌狀使人忘其老司徒杜遵道通焉目之爲少郎自是專權怙勢人皆嫉之時有好事者榜其門云斜倚水開花有思緩隨風轉柳如癡花喻楊柳喻杜也

林兒居汴每事皆決于左右日惟于福源地捕魚以爲樂得魚則鱠之與羣小沉醉自謂所鮮之會又起樊樓于土市子街西飾紅裙綺瑟于上將帥出師飲餞于此林兒自稱樊樓主人或暮夜燈火遊翫

宋故宮太后苑舊有土峰十餘處林兒命士卒毀平之獲紅玉指環青金照子花紋石研粉盤等物林兒爲劉福通等所推戴建國曰宋改元龍鳳劉護軍基始就之謂豎子不足謀去適　皇祖　皇祖時亦與共事故平僞周榜有皇帝聖旨　吳王令旨之語仍稱龍鳳十二年　皇祖嘗謂劉應使除之乎基云不足爲伺他息嚮時彼已先下矣因請建號大明皇祖從之韓果先殄實洪武元年也

張士誠至正十三年據高郵僣號後居蘇州兵糧饒

足雄視一時

丞相士信守湖州粧二美姬以進士誠起香桐芳蕙二館居之又選三吳良家女八十餘人充内使時宮闕未備就于府後起重樓邃閣數十間以爲闈闥之所總名之春錦園

城内淤川士誠嘗以彩漆金花舟施錦帆載美人泛此列妓女于上使唱壽香採芳之曲本朝高太史啓詩云水繞荒城栁半枯錦帆去後故宮蕪窮奢畢竟輸漁父長保秋風一幅蒲遂名其處曰錦帆涇今府治西衣帶水是也

龍興慈記

明 王文祿

王生文祿曰自幼聞慈淑母氏言國初遺事子雖
幼喜問以故始末甚詳惜歲久多忘也益外祖陸
公源生國初時壽逾耋好學多聞授母氏母氏授
予予今幾艾母氏違養巳十有三秋追書幼聞恍
然如覩悲哉邈矣忘者曷能盡書邪嘉靖辛亥冬
十月

泗州有楊家墩墩下有窩 熙祖嘗臥其中有二道

上過指臥處曰若葬此出天子其徒曰何也曰此地
氣暖試以枯枝栽之十日必生葉呼 熙祖起曰汝
聞吾言乎、熙祖佯聾乃以枯枝揷之去 熙祖候
之十日果生葉 熙祖拔去另以枯枝揷之二道士
復來其徒曰葉何不生也曰必此人拔去矣 熙祖
不能隱道士曰但洩氣非長支傳矣謂曰汝有福殁
當葬此出天子 熙祖語 仁祖後果得葬葬後土
自壅爲墳半歲陳后孕 太祖皆言此墩有天子氣
仁祖徙鳳陽生于盱眙縣靈跡鄉方圓丈許至今
不生草木 仁祖崩 太祖舁至中途風雨大作索
斷土自壅爲墳人言葬九龍頭上系曰嘉靖戊戌春
遇淞江徐長谷獻忠言與予幼聞合且言曾至 熙
祖陵龍脈發自中條王氣攸萃前瀦水成湖作內明
堂淮河黃河合襟作外明堂淮上九峯揷天爲遠案
黃河西繞元末東開會通河達之而 聖祖生矣天
時地理不誣也又言誕時二郎神廟徙去路東數十
步擕浴于河忽水中浮起紅羅一方取爲襁今名紅
羅幛云

聖祖始誕屋上紅光燭天皇覺寺僧望見之驚疑回
祿也明發扣問告以誕請長從游後睿知天縱主僧
禁縛之堦下口占一詩曰天爲羅帳地爲氊日月星
辰伴我眠夜間不敢長伸脚恐踏山河社稷穿系曰
天眷中華篤生 大聖夙禀涵一寰宇志矣伏讀
宸章恍然開闢維新景象元運安得不迄哉
聖祖幼時與羣牧兒戲以車輻版作平天冠以碎版
作笏令羣兒朝之望見儼然王者殺小犢煮食之犢
尾揷入地誰主者曰陷地裂去矣主者拽尾轉入地

中眞以爲陷也埽梵宇以帚擊伽藍像令縮足起待我埽卽縮起佛前燭鼠傷責伽藍不管書其背曰發去三千里其晩僧夢伽藍辭行曰何也曰當世主遣發三千里矣明早僧視伽藍背有字追問之　聖祖曰戲耳令釋之晩又夢伽藍來謝江淮訛言接新天子　聖祖立于仆碑跌石龜背上望之石龜行十數步系曰　聖天子出百靈受命非異也常也有開必先哉

聖祖渡江至大平府不惹庵僧問詰不已題詩壁上

曰腰間寶劍血星星殺盡南蠻百萬兵老僧不識英雄漢只管刀刀問姓名僧洗之去題詩旁曰壁上新詩不可畱欲畱在此鬼神愁慢將法水輕輕洗洗出毫光射斗牛後差人密訪錄詩進呈遂不問系曰神武英發　玉音朗宣剴側不平義之決宥釋細故仁之完

劉伯温見西湖五色雲起知爲天子氣應在東南微服以卦命風鑑遊江湖間密訪之先至會稽王冕家與之閒行竹林中潛令人放砲冕聞響而驚嘆曰膽怯往海昌賈銘家時新建廳堂精潔唾汙之銘出見命拭去嘆曰量小遂往臨淮見人人皆英雄直諒屠販者氣宇亦異買肉討僥卽大斫一塊與之笑多王侯貴人命嘆曰天子必在此也不然何從龍者之衆邪晩得　聖祖知眞命　天子遂深結納之許定大計後薦聘起者明出之以正也

青田山中有異劉伯温隱居時日對之坐山忽開石門進入見石壁上有字曰山爲基開取石擊之石門又開進入內有道士枕書臥遂取書看乃兵書也曰

明日能熟之吾當授汝明日果熟遂授以兵法少時讀書寺中僧房有一異人每出神夫鎖門或一月半月偶有北來使客無房可宿見此空房擊開之曰此人死矣可速焚瘗我住之僧不能禁遂焚之其人神返身已焚無復可生每夜呼呼曰我在何處基知之開牕應曰我在此神卽附之聰明增前數倍天文兵法一覽洞悟斡運爲謀臣之冠也

聖祖賜劉誠意一金瓜曰擊門錐有急則擊之一夕夜將半擊宮門乃洞開重門迎之曰何也曰睡不安

思　聖上奕碁耳命碁對奕俄頃報太倉災　命駕往救劉止之曰且奕　聖祖遽起曰太倉國之命脈也不可不救曰請先遣一內使克乘輿往遂如言回則內使已斃車中　聖祖驚曰何知以救朕厄曰觀乾象有變特來奏聞耳曰何人爲謀曰明早朝衣緋者是早朝西班中有一臣衣緋命縛之即取袖中懸哨鴿放起鴿已死袖中蓋以鴿爲號起伏兵也其臣姓名忘之劉誠意影神畫中有童子持金瓜隨侍即上賜也系曰篤生　聖君允降賢輔湯武伊呂合耦

也皇矣上天惠民哉或疑誠意伯祿米不及忠勤伯多殆功不云曰否辭減祿米以減括蒼耗稅也　聖祖神武惟誠意伯能盡言毋稱先生不名後生烏可輕議哉

刑部尚書開濟聰敏明辨深契　聖心久亦疑之聖祖午門見羊偈二何忘之濟續曰昨日方過九月九今朝又見雨重陽侍遊後苑　聖祖偈二句曰柿子熟綿綿不落待何年颯退也濟續曰因沾恩露重寧碎玉堦前　聖祖一夕不睡召濟曰朕欲燕上天二十八宿濟曰臣意亦然曰燕何品也曰昴奎用酪畢用鹿肉觜用根及果參牛用醍醐斗井鬼用秔米華和簽佈用乳糜星用秔米烏麻作粥張用毗羅婆果翼用煮熟青黑荳軫用莠稗飯角氐用諸華飯亢用蜜煮蓏荳房用酒肉心危用秔米粥尾用諸果根作食箕用尼拘陁皮汁女用鳥肉虛用烏荳汁室用肉血壁用肉糞用大麥飯弁肉胃用秔米烏麻野棗列于二十八張金卓上曰何以知至否也曰二十八把金椅用二十八纑紅綿剖鬆椅上至則苡頭倒不

至則苡頭不倒如濟言燕之二十六金椅苡頭倒二椅苡頭不到問曰二宿何不至也濟曰一宿　陛下一宿臣　聖祖疑曰卿欲做朕不難也後以事見法問曰卿聰明絕世錦心繡腹且賢人心有七竅可見乎濟曰先剖腹風入無見也先斬後剖五肉死然臨刑嘆曰待我了清軍事方可死今死後不能清矣如言剖之無見也曰濟死且誘朕真聰明也濟前元儒學職以薦起初造天下黃册不能清問濟濟曰以新收次舊管則清矣至今因之我　朝建置多出濟定

系曰濟有學有養者觀臨刑不亂神完哉天生賢以輔世死生不論也或曰何不見幾遠去曰用世才天授之也必用之後已曰用之不盡奈何曰彼亦恐不盡用故不去也曰清軍未完其未盡乎曰大者亦盡矣其未盡留之以待再來耳

武寧達疾亟　聖祖幸其第至榻前問之占二句曰聞說　君王　鑾駕來一花未謝百花開蓋諷待用英賢之衆戀主之思乎執　聖祖手不放　聖祖曰卿欲朕繫掌山河達就榻上叩頭勉　主之忠乎嗚

呼君臣始終兩得之矣

聖祖憫常開平過春無嗣　賜二宮女妻悍不敢御晨起捧盂水盥櫛開平曰好白手遂入　朝去矣至回內出一紅盒啟之乃斷宮女手也開平驚憂後入朝儀度錯愕　聖祖問之不敢對再三詰曰面色非昔豈謀朕邪開平懼盡吐其實且叩頭曰　聖上憐臣　賜二宮女　恩莫敢也今若此有孤　聖恩萬死莫贖故連日驚憂　聖祖大笑曰再賜何妨且入宮飲酒解憂外　命力士肢解其妻分賜功臣上寫曰悍婦之肉開平回不見其妻驚成癲癇又有無嗣功臣若指揮千百戶妻面奏　聖祖求養　聖祖曰你們平日妒悍絕我功臣後嗣可着禮部各給木碗一隻拄杖一條沿功臣門求討作樣系曰雲行雨施每快人意當元末大亂後用重典允哉奉天也觀此細事垂戒無窮

季巴巴王嫣嫣者　聖祖微時有恩隣人也登極後召至　命工部造房與居官其子攜入宮撫之二人直呼　御名而疑曰如何誆我到古廟中來　聖祖

笑而不較蓋不知　宮殿之高廣而　帝王之尊嚴也系曰今人一至富貴舊皆忘之豈思圖報惟我聖祖天縱英明不忘人所易忘云

聖祖戰偶失利夜行宿妓館明發語姓名題詩于壁曰二之十古之一左七右七橫山到出得了一是爲之土之一皆不能解後生子聞　登極錄壁間詩攜子奏　聞即　命工部造府封子爲王其婦不召見詩蓋言王吉婦得子爲王系曰欽仰　聖度非庸後所能窺也又聞毋氏云起兵時微行御女與記後生

子合年月日認之多封王亦名養子有封侯者噫衆
建親王垂萬世無疆之休
國初頑民竄避緇流收聚數十掘深坑埋身露頂大
斧一削去數顆名劃頭會惟一僧削去復生連削連
生凡四五次乃釋之併罷斯會系曰佛法之大有如
是哉此教不當滅故出此僧以現神異殆佛之轉世
歟故　聖祖存之曰陰翊主化云
聖祖遣高僧宗泐拜表上天宮宗泐沐浴俯伏神遊
三日後返入奏曰天宮所見有　黨藍黨藍　惟庸

藍玉以二人故牽連戮者十萬人目曰　藍二黨問
又何見也曰徐太傅坐龕子中蓋武寧達問又何見
也曰婁宿現形俄疽發背崩一云　上有疾差使訪
周顛仙于匡廬天池山顛令遍閱二十八宿躔舍皆
有人惟一舍空然無人　一蛟龍垂首流血顛云此世
主也又角亢宿矣系曰　聖祖盪滌天下首開大治
上天經星降靈實哉三十餘年太平而上賓焉令人
切鼎湖之思也噫於昭于天陟降在帝左右云

聖君初政記

江東沈文

國初御史與校尉同居官舍重屋御史在上尉在下
欲其互糾察也
皇祖始造鈔不就一夕夢神告當用秀才心肝爲之
寤思之不得高后曰士子苦心文業其文課即心肝
也祖善曰得之矣因命取太學積課簿搗而爲之果
成國初諸司官不由科薦苟得其人使令正席民服
涖政故有平巾祭酒等稱或有過稍輕罰去冠帶

皇祖一統後每高秋嚴冬分命諸王帥兵巡邊遠涉
不毛校獵而還謂之
功臣廟祀饅頭徹予散給衛士以激勸也
洪武三年二月命製四方平定巾式頒行天下以士
民所服四帶巾未盡善復制此令士人吏民服之
詹舍人希原書宮殿公署牓最後寫太學集賢門門
字右文稍鈎其末　上曰吾方欲集賢希原欲閉門
塞吾賢路耶以此殺之
三年五月諭中書省曰今人書劄多稱頓首再拜百

拜非實禮也宜定其式凡致書于尊者稱端肅奉書答則稱端肅奉復敵已者稱奉書奉復上與下稱書寄書答卑幼與尊長云家書敬覆尊長與卑幼云書付某人其名字有犯古聖賢諱者悉更之

上敬天無復毫末怠以樂生不娶專潔建神樂觀以居之贍給優裕所轄錢穀不刷卷曰要他事神不必計校常膳外復予肉銀若干

郊壇武舞執干盾後易楮甲繪兵其上曰爲後世防微

聖君初政記　二

皇祖命圖大辟因造罪被刑之狀于錦衣衛外垣俾人得見爲懲戒

洪武初欲作鐵券而不得其制有言吳越王錢氏子孫居浙東者家傳唐昭宗賜鏐之券猶存乃遣使覓得按其制作焉

皇祖於開國之初開禮樂二局徵天下耆儒宿學分局以講究禮樂當時集成有大明集禮而樂未有全書

洪武六年命中書省暨翰林院太常寺定擬三禮明年再議又明年遍徵草澤文章之士相與考訂之以爲一代之制今書之存者有大明集禮洪武定制禮樂定式稽古定制諸司職掌

洪武三年命儒臣魏俊等六人編類天下郡縣地里形勢爲大明志

洪武壬子簡會試士張唯等一十六人授編脩等職入文華堂宋濂爲之師俾肄業　上間至堂中取其文親評優劣命光祿給酒饌冬夏時賜衣及白金鞍馬

聖君初政記　三

洪武丙辰俾任內外職九年爲秩滿每三年具錄行事之實朝京以考績焉

十有五年詔立諸殿閣官以寵待儒臣之賢者金華吳沈由太史屬拜東閣大學士　上親制誥文以授之

十八年三月十四日聖旨憑禮部選年紀小秀才編類陳蔡二傳二十八年校正尚書會選孟子節文刻板給散天下學校

十九年詔民年八十九十爲鄉閭推重者賜爵有差

貧不能養者日給酒肉歲與絮帛著爲令
張士誠平後張昶欲亂政乃使人上書稱頌功德勸
上宜及時爲樂劉基曰是欲爲趙高也上頷之
二年詔修元史命李善長爲監修宋濂王禕爲總裁
又詔立　皇陵碑
上一日問劉基吾享位幾何年基曰聖壽無窮然以
數言當三十五年又其間五歲假者　上忽憶陳四
竊魚事以其數符也立召陳至將殺之　上問汝頗
憶昔日事否陳答曰臣何敢忘因述漁事　上曰吾

忘之爲何地陳曰烏龍潭也　上曰吾鄉烏有此陳
曰臣嘗於此阜烏龍故云爾　上見其對以爲畏懼
頗謂稱旨因曰汝欲爲官乎陳叩首謝　上曰可爲
戸部左西郎中時錢穀山積陳居四年竟墨誅
上問戸部天下民孰富對曰以田賦較之惟浙江多
富室若蘇州一郡民歲輸糧百石至四百石者四百
九十戸五百石至千石者五十六戸千石至二千石
者六戸二千石至三千八百石者二戸計五百四上
四戸而歲輸至五十萬有奇　上曰富民多豪强故

民受其害宜召之來朕時勉諭之于是諸郡富民入
見諭之云云皆頓首謝復賜酒食遣之
十三年戸部覈實天下土田惟兩浙富民畏避徭役
往往以田產詭託親隣佃僕謂之鐵脚詭寄久之相習成
風奸弊百出謂之通天詭　上聞之遣國子生武淳
等往各處查定細底編類爲冊其法甚備謂之魚鱗
圖冊
上惡游手者和州縛一人至指甲長尺餘　上欲加
刑陶安諫曰此人雖不勤業亦不爲惡請　陛下赦
之　上遂解其縛謂安曰微卿言幾殺無辜矣

建帝王廟于鷄鳴山之陽　上親祭行酒至漢高帝
曰大哥得天下與朕同多賜你一杯酒令太常再進
一爵
上凡得封疏即令左右疏節其事粘之壁甲乙治之
裁斷如流壁粘一日數易
給存恤之祿以養國初所設十大元帥都尉指揮陣
亡物故無子孫承襲者之父母
驍騎指揮郭德成嘗侍上宴内苑既醉免冠謝其項

蕩然　上笑曰酒風漢頭毛如此非酒過耶德成曰臣猶厭其多欲盡薙也上黙然既醒悔悟觸犯遂盡削其髮披緇誦佛乃免

高祖惡頑民竄緇流聚犯者衆乃掘地埋其身十五并列特露其項用大斧削之一削去數顆頭謂之鏟頭會時有神僧在列因示神變元既喪隨復出凡三五不止乃釋之并罷斯會

國初重辟凌遲處死外有刷洗腓置鐵床沃以沸湯以鐵帚刷去皮肉有梟令以鉤鉤脊懸之有稱竿縛

聖君初政記八　六

置竿杪彼末縣石稱之有抽腸亦掛架上以鉤入穀道鉤腸出卻放彼端石墜起腸出有剥皮剥酷吏皮置公座令代者坐警以懲有數重者有挑膝蓋有錫蛇游等凡以上大憝之辟也迨作祖訓即嚴其禁至哉聖心之仁矣

本朝賜臣下姓不多見惟國初有之予邳州車揮使車言本姓信洪武中信錄有軍功賜姓車

太學初成　上幸觀某處仮費命埋督造部官

國初官名有更制後人鮮知者漫記一二未之盡也曰尚寶大使曰都諫官曰知驍騎衛指揮使司事曰詹事府贊讀曰儒學提舉司校理曰侍禮郎曰引進使曰翰林院直學士曰翰林院應奉曰起居注曰左右正言承天門待詔閤門使觀察使侍儀司通贊舍人如罷中書四輔諫院儀禮司及改御史中丞大夫之屬不復其餘

戶堅洪武中以勇力爲直殿將軍外國貢天馬名獾倒山奚官近之輒人立莫能鞚　上以命堅堅立高樓上使人引馬過其下提沙囊四百斤壓之乃得施

聖君初政記八　七

鞍勒

國初犯大辟者其家屬多請代刑　上并宥之如五倫書所載是也其後繼請者乃一切許之

洛陽秦從龍居鎮江王師狥鎮江從龍與妻偕來上親至龍江灣迎之以入時　上駐富民王綵帛家因邀之以同處　上待之甚厚

上令有司造成均多蜈蚣築土峯以鎮之號鷄鳴山曰是蜈蚣頓息又造士人肄業案座以獨木堅厚曰秀才頑毋敗吾案

終

一統肇基錄

長沙夏原吉

據皇陵碑載　高皇帝曰朕幼時　皇考爲朕言先世居句容縣之朱家巷爾祖生于宋季元初我時尚幼挈家渡淮開墾兵後荒田因家泗州朕記忽忘皇考有子朕長兄諱　生于津律鎮仲兄諱　生于靈壁縣三兄諱　生于虹縣及　皇考年五十居鍾離東鄉而生朕甫十歲復遷鍾離之西鄉長兄侍親仲兄三兄皆出贅而復遷太平之孤庄村

據解學士大明帝典載　高皇帝系出顓頊周諸侯國于邾漢大司空浮之裔也始居丹徒後渡江家于泗　仁祖暨陳后習夢于休天曆元年戊辰九月丁丑旦誕　帝巳卯彫不懌　仁祖夢之寺抱犾于金人植墇于脊端瘠瘳因以帝許從釋氏

至正十四年甲午　帝夢江東有一木與天相齊又見紅日中赤城紫闕宮殿崔嵬中放一幅金字扇下有二句云翶翔太平美齊中華鈎畫分明恍若白書帝覺甚以爲異私自喜之就于是歲起兵

上初起手時行列未成屯戍未備一日于曠野處作午飯以瓦罐爲炊器適亂兵突至罐爲火藥所壞不得食者累日及成和州漸成軍容打諢謂徐達曰銅將軍打碎罐州城那時好苦諢謎語也

上初隸濠之定遠滁陽王郭子興麾下子興本姓陳元末有陳某者不知何許人精識緯候知王氣在東南徧游閩廣江黄間久亾所遇乃北涉淮泗入塗山之境得之遂止不行假五行命祿求諸陶漁中大姓郭某令觀其家人數輩悉貴人命也後及一女陳曰

公家之貴悉由此女主人曰是乃雙瞽復問聘者曰人以瞽弗娶陳曰吾未娶誠能歸之當得貴子主人遂納爲壻生四男一郎滁陽王也亾幾天下大亂王糾旅已衆　皇祖亦歸之王配以女郎　孝慈也王分兵授　皇祖往守某地時與王同起有甲乙兩軍王從甲軍飲甲將除王因徙席漸遠王從兵已隔郎執之　皇祖聞變馳援王得脫而　皇祖被執王速遣中山王達往質易　皇祖歸久之兩軍復連和中山亦歸已而　皇祖悉有滁陽之衆王後伏鄉炊[illegible]

乙未渡江下采石定太平　上舍于太平民陳氏家后誕　懿文陳媪賢夢天上龍見雲光爛然明日具韭根盤金盤賀曰太子生太子生太平俗賀生子以韭根盤取根源長久之義也

丙申取金陵　上命總制孫炎聘括蒼劉基基陳時務十八策又遣使聘金華宋濂濂至問以取天下計濂以不殺對

上欲定鼎金陵未決陶安言金陵古帝王之都龍盤虎踞據其形勝足以馭萬方　上竟從之

庚子六月僞漢傾國入寇攻陷姑熟窺伺南京　上召康茂才計事謂才曰友諒來寇吾欲速其來非汝不可汝與友諒有舊宜作書遣使僞降友諒爲內應招之速來仍紿之以虛實使分兵三道以弱其勢才曰諾吾家有老閽舊嘗事諒令齎以往必信無疑既而友諒得書果大喜問曰康公安在曰見守江東橋又問曰橋何如曰木橋也乃遣使還謂曰歸語康公吾即至至則呼老康爲號歸具以告上乃命李善長連宵易江東橋爲鐵石橋諒至見橋皆鐵石乃驚疑又呼老康無應之者始知闇者謬巳才乃合兵奮擊大破降其將校士卒二萬餘人

上聞中書省于南京克敵後設御座于省内將奉小明王劉基大怒罵曰彼牧豎耳奉之何爲不拜遂陳天命所在　上大感悟

上議伐張陳劉基曰張自守虜耳陳居上流宜先伐之會陳氏復攻洪都　上亦思報龍江之役決意大戰

辛丑秋八月伐陳友諒逕安慶直泝上流至小孤山

風忽大作左右言祭拜當得濟　上口吟一詩云大孤過了小孤過風浪迎船奈爾何丈夫自有凌霄志誰肯低頭拜老婆

過小姑山抵九江九江陳氏僞都也友諒以神兵自天而下倉皇宵遁遂克九江獲其玉研華蓋日月旗等物

壬寅春兵至彭蠡湖南昌降　上駕至龍沙臺集父老論之曰陳氏據此軍旅百需民甚苦之今俱不以相勞其各事本業爲吾良民父老皆感悅呼舞云臺

在府城北江濱龍沙上亦國初所築也今俗爲重九登高處

上微行入南昌城游能仁上藍禪院院廣大美麗爲南昌諸寺之冠　上周游細玩傍若無人僧扣其姓名　上不答僧固扣之上命取筆來題于殿壁云殺盡江南百萬兵腰間寶劒血流腥野僧不識山河主只個滔滔問姓名擲筆徑出明日以兵圍其寺一寺三千餘僧相聚啼泣有一雲遊僧笑曰不用哭不用哭我有一計可解其難乃磨去　上所題詩更題曰

御筆題詩不可留留時唯恐鬼神愁常將法水頻頻洗猶有毫光射斗牛　上至殿見之問誰所題此僧曰是小臣所言　上曰寺有如此僧何故不識好人僧曰正是有眼不識泰山陛下至人宜非常人所識也　上笑而遣之遂赦一寺僧得不死今改院爲永寧寺

癸卯秋八月遇友諒于彭蠡湖之康郎山友諒以巨艦連鎖爲陣旌旗樓櫓如山我師舟小卻于仰攻上不悅桄旗四麾右師小卻　上遽命斬隊長而下十餘人猶不止郭威襄英請以火攻上命常開平遇春與郭宣武之輿帥衆以輕舸載火縱焚僞平章舟溺敵將張定邊中流矢走陳兵大敗退保鞋山我師控湖口旬有五日友諒食乏出江求戰過春復用前法燒之敵兵奔遺追北數十里與酣戰自辰至未不解　上所乘舟膠于沙不動　上拔劒斬纜索仰天言曰如我有天下分舟當得脱索忽如龍形扶舟而出及陳氏平　上立廟致祭封爲纜三爺爺（斬爲三段故云）至今過彭蠡湖者立纜三爺爺則風浪無阻

上與陳氏戰未決雌雄問劉基基期以金木相犯日決勝及期基意友諒以銅將軍害帝乃爲計遇之擊游龍九蓋于巨艦傍皮日月之旗基與帝對奕其下坐帝于近倉諒軍見之大悅遂舉銅將軍基知將發以基案推帝于倉中將軍及船椅案纖碎而帝得無傷諒知帝必死乃啓牕視之爲我軍郭子興射一矢貫其頭顱而斃其子理結陳奔武昌

甲辰春二月陳理銜璧出降　上入武昌城取陳氏所藏金花子銀花子賞士卒于黃鶴樓下至今人呼

其處爲花子街又駐驛于封建亭謂此當封楚王後果然

上平僞周有榜諭曰皇帝聖旨　吳王令旨總兵官準中書省咨敬奉令旨予聞伐罪救民王者之師考之往古世代昭然軒轅氏誅蚩尤殷湯征葛伯文王伐崇侯三聖人之起兵也非富天下本爲救民近覩有元之末主居深宮臣操威福官以賄求罪以情免臺憲舉親而劾讐有司差貧而優富廟堂不以爲患方添冗官又改鈔法役數十萬民湮塞黄河死者枕

藉于道哀苦聲聞于天不幸小民悞中妖術不解其言之妄誕酷信彌勒之眞有冀其治世以蘇民困聚爲燒香之黨根據汝潁蔓延河洛妖言既行凶謀遂逞焚蕩城郭殺戮士夫荼毒生靈無端萬狀元以天下兵馬錢糧大勢而討之略無功效愈見猖獗然事終不能濟世安民是以有志之士傍觀熟慮乘勢而起或假元氏爲名或托香軍爲號或以孤兵自立皆欲自爲由是天下土崩瓦解予本濠梁之民初列行伍漸至提兵灼見妖言不能成事又度胡運難與立功遂引兵渡江賴天地祖宗之靈及將相之力一戰而有江左再戰而定浙東陳氏稱號據江上游爰興問罪之師彭蠡交兵元惡授首父子兄弟面縛輿櫬既待以不死又封以列爵將相皆置于朝班民庶各安于田里荆湘閩廣盡入版圖雖德化未及而政令頗修惟兹姑蘇張士誠爲民則私販鹽貨行劫于江湖兵興則首聚凶徒負固于海島其罪一也又恐海隅一區難抗天下全勢詐降于元坑其參政趙璉囚其待制孫撝二也厥後掩襲浙西兵不滿萬數地不

足千里僭號改元三也初寇我邊一戰生禽其親弟再犯浙省楊苗直擣其近郊首尾畏縮又降于元四也陽受元朝之名陰行假王之令挾制達丞相謀害楊左丞五也占據江浙錢糧十年不貢六也知元綱已墜公然害其丞相失帖木兒南臺大夫普化帖木兒七也恃其地險食足誘我叛將掠我邊民八也凡此八罪又甚于蚩尤葛伯崇侯雖黄帝湯文與之同世亦所不容理宜征討以靖天下以濟生民爰命中書左相國徐達總率馬步舟師分道並進攻取浙西

諸處城池已行戒飭軍將征討所到殲厥渠魁協從罔治備有條章凡有逋逃臣民被陷軍士悔悟來歸咸宥其罪爾張氏臣寮果能明識天時或全城附順或棄刃投降名爵賞賜予所不吝凡爾百姓果能安業不動即我良民舊有田產房舍仍前約主依額納糧以供軍儲餘無科取使汝等永保鄉里以全家室此興師之故也敢有千百相聚旅拒王師者即當移兵勦滅遷徙宗族于五溪兩廣永離鄉土以御邊戎凡予之言信如皎日咨爾臣庶毋或自疑敬此欽遵

外咨請施行准此合行備出榜文曉諭敬依此令旨事意施行所有文榜須議出給者　龍鳳十二年五月廿一日本州通判許士傑齎到

丙午遣征張氏明年丁未士誠就擒時姑蘇城堅難卒破無錫莫天祐與士誠爲聲援其步將楊茂善游水天祐遣爲偵邏卒獲茂具得往來書悉知士誠天祐虛實九月城破縛士誠

張九四之敗由其僞司徒李伯升倒戈今吳人猶呼賣友者爲李司徒　皇祖始見伯升命勞以酒花綵迎賞于京城三月卻取對九四斬之

呂珍爲張士誠守紹興　皇祖屢攻之未克珍有才畧善戰嘗以牛革囊兵宵濟以襲我師每戰命戰士及城中人爲歌高噪以詬胡公大海王冕元章不肯從珍誚我軍戲策攻之然亦弗克既而竟不能支降乃訊之今越人有此書

兩寇既殄戊申正月　帝即位于郊壇南丞相李善長率文武百官及都城父老北面拜賀舞蹈呼萬歲者三禮畢具儀導從上率世子諸子奉神主詣太廟

追尊四代祖考妣爲帝后奉上玉寶玉冊祭畢　上顧謂善長曰朕荷先世積德慶及于躬今遵行令典尊崇先代齋肅一心對越神靈所謂薰蒿悽愴若或見之善長對曰陛下誠孝感通達于幽顯遂詣社稷壇立主行祭上還御奉天殿善長率百官上表賀

上受賀畢命善長奉冊寶立妃馬氏爲皇后世子標爲皇太子國號大明改元洪武

未收元時　上欲盡除道教有道士黃月清奏曰昨日臣到三天門下見張一金榜大書十字于上云山

川奠洪武日月照大明　上以其言合己意遂定國號改元道教因得不廢也

初上以丙申七月爲吳國公凡八年甲辰正月爲吳王凡四年至是即帝位在位凡三十一年

築新城又營皇城于其内皇城内有萬歲山依山爲大内宫建宗廟大社及諸司衙門定十二門詔立圜丘在洪武門外方丘在左卯第門外制大明令造洪武通寶錢

五月　上幸汴梁即開封府也議定都兼取元都留

善長守京師　上駐蹕于陳州城北門外父老進瓜果　上詔本州給瓜果銀仍賜巾服以榮之因于此建亭亭有榮老石以紀美焉

車駕至汴築城以祭天臺今在布政司治後又築臺于南薰門外名封臺以爲祭神之所八月還京師詔以大梁爲北京

八月庚午大將徐達副將常遇春都督張興祖進取元都元主及后妃太子北走達登齊化門命將填濠登城而入達登齊化門樓執其監國宗室淮王帖木兒不花及太尉中書左丞相慶童平章迭兒必失朴賽因不花右丞張康伯御史中丞滿川等數之并獲其宣鎮南威順諸王子六人及玉印二成宗玉璽一封其府庫及圖籍寶物又封故宫殿門以兵守之宫人妃主令其宦侍護視

一年李文忠征進北三年克應昌獲皇孫買的里八剌及后妃宫女宋元玉璽金寶玉圖書玉冊玉鎮圭大圭玉笏玉斧十一月師還至龍江　車駕出勞于江上文忠上平沙漠表曰日月麗中天萬國仰照臨

之德乾坤大一統羣生倚覆載之恩文教誕敷而治具畢張武威繼揚而妖氛頓息臣民欣戴海宇歡勝恭惟　皇帝陛下卓冠羣倫茂膺景運皇圖啓祚粤申命之自天曆數在躬遂化家而爲國拯生民之墊溺救亂世之勛勦洪鈞布而品物亨皇極建而彜倫叙凡有血氣莫不尊親惟彼殘胡敢行肆毒竊乘間隙侵犯邊郵赫怒皇心用加天討爰聲罪而致討乃鞠旅以陳師臣賦質庸愚託屬外戚忝受副將之寄愧無贊襄之能拜命闕廷俾率熊羆之衆總戎行陳

誓空胡馬之羣前茅度關而興和之師卽降後騎出塞而駝山之兵旋衂進開平而乘破竹之勢克應昌而振覆巢之威皇子后妃兩宮之貴人俱獲金璽玉册歷代之重器全收皇風遠破于遐荒胡運竟終于此日凡玆勲業之建豈因臣下之能玆蓋伏遇 皇帝陛下廣運如天宏謀葢世明見萬里之外遂成千載之功東日窟而西月氏莫非王土南炎荒而北瀚海共惟帝臣 一統太平萬年悠久

四年傅友德湯和廖永忠定巴蜀之諸郡師抵重慶

次銅鑼峽明昇與右丞劉仁等大懼仁勸昇奔成都昇母彭氏泣曰事勢如此縱往成都不過延命旦夕何益不如早降以免生靈于鋒鏑于是明昇面縛銜璧與母彭氏及劉仁等奉表詣軍門降表畧曰乾坤正一統知天命之有歸日月仰大明撫華夷之無外萬方丕冒四海同權欽惟 皇帝陛下功軼禹湯德及堯舜運乾元不息之妙寰宇肅清秉神武不殺之權生民永賴收豪傑于紛爭之日施仁義于拯溺之時景運維新皇謨丕顯故無 征而不克亦無令而不從臣昇僻處偏方慚無學識旣靡竇融先幾之智又乏錢俶達事之宜見同井蛙計窮穴鼠揣罪實由于已啓釁用匪其人自抵愚蒙獲干天討顧閉關之何益遂開門以來降迎拜道傍竊効子嬰之繫頸仰瞻天上敢希孟昶之傾心謹將軍馬錢糧府庫及土地人民以獻

東朝紀

海上王泌

初太子讀書大本堂選民間之俊秀及公卿之嫡子入堂中伴讀謂之龍門秀才後以文華殿爲太子進講之所

宋學士景濂教太子之功居多因孫祚得罪連坐應死　高后遣奏請免其死　上未允太子泣諫亦未蒙恩太子計窮投金水河左右救止以聞上乃釋公竄之松潘

鈔法既行　上命太子專董其事時僞造甚衆比有得者一見即知眞僞蓋其機識在二印僞者不知

國初疏牘奉御　上一覽即送東宮令參決以觀才識後遂定制凡章奏必以副封啓東朝與實封同進

太子以二十五年夏薨將停群祀禮部當議如宋制從之

洪武二十五年九月十三日冊允炆爲　皇太孫詔曰彰古列聖相繼御宇者首立儲君朕自甲辰即王位戊申即帝位于今二十九年矣前者操將練兵平天下亂偃天下兵與生民于田里用心多矣及統一以來除奸暴去豪强亦用心多矣邇來蒼顏皓首儲嗣爲重嫡孫允炆以九月十三日冊爲皇太孫奉上下神祇以安民庶誥示臣民想宜知悉

皇太孫洪武三十一年閏五月十六日即　皇帝位改明年爲建文元年追　懿文太子爲孝康皇帝懿敬皇太子妃爲皇太后常遇春女冊妃呂氏爲皇后后壽州人太常卿呂本之女八月詔書日將呂后之父呂本靈位與　太祖高皇帝同祀于西宮正指此也

皇帝嗣位之初即下明詔行寬政赦有罪蠲逋租去事之妨民者明年以紀元賜高年米肉絮帛民鬻子者爲之贖免田之租稅幾分遣使者問海內所患苦者當康平吏罪至死者多令活之于是刑部都察院論囚視往歲減三之二人重犯法

上親擇二十四人爲採訪使以觀風謠給事華亭徐思勉亦與焉又改建都察院　史衣又賜宴于新治以寵之二年

元年使者還自西方得玉于雪山廣二尺色青先是

上在宮儲時嘗夢神致上帝命授以重寶及是始應命工琢爲大璽方尺六寸九分親定其文曰天命明德表正萬方精一執中宇宙永昌名曰凝命神寶

上幸大學親祀孔子拜跪盥獻咸用享廟禮縉紳聚觀皆思自奮以進庸于世元年三月

處士高鬼上時事一墾荒田二抑末藝三愼選舉四開鐵冶

七月十一日賜學士董倫御書怡老堂三大字及孫几玉鳩杖各一

十二月癸卯朔乘輿臨視殿壇戒飭百官滌牲省器是月戊寅　上御奉天殿群公卿咸受誓戒宿于齋宮明日已卯出舍　皇邸尚食進素膳及期行事自元旦至于祭天地陽朗日月輝華方當出郊龍旗徐行萬騎不驚山川草木皆有喜色六軍百姓欣躍聚觀

上于乾清坤寧南北二宮間爲退朝燕處之殿置古書祖訓于其中沉玩深思名之曰省躬左孝孺奉

王紳禕之子　皇上即位召入翰林編摩　太祖實錄王景新一作彰爲山西布政坐事謫雲南　上召爲侍讀同修　太祖實錄

聞之故老言洪武紀年之末庚辰前後人間道不拾遺有見遺鈔于塗拾起一視恐污踐更置者也高潔地直不取也

建文國破時削髮披緇騎而遁其後在湖湘間某寺中或曰武當山　至正統時八十餘矣一日間巡按御史行部乃至察院言欲入陳隱門者不知誰何亦不敢沮

旣入從中道行至堂下坐于地御史問爾何人訟何事不對命與紙筆即書云告狀人姓某太祖高皇帝長孫懿文太子長子以付左右持上御史謂曰老和尚事眞僞不可知即眞也爾老如此復出欲何爲曰吾老無能爲矣所以出者吾此一把骨當付之何地耶不過欲歸體父母側耳幸爲達之御史許諾命有司守護飛章以聞　上令送京師至遣內監往視咸不識和尚曰固也此曹安得及事我爲問吳誠在否衆以白上上命誠往誠見和尚亦遲疑和尚曰不相

見殆四十年亦應難辨矣吾語若一事昔某年月日吾御某殿汝侍膳吾以箸挾一臠肉賜汝汝兩手背有執持不可接吾擲之地汝伏地以口囓取食之汝寧忘之耶誠聞大慟返命言信也上命迎入大内某佛堂中養之久而殂云

初逸時由地中出雲遊河南江淮間既久入汴梁甚寺題詩云寥落東南四十秋而今霜雪已盈頭乾坤有恨家何在江漢無情水自流長樂宮中雲斷影朝元閣上雨聲愁新蒲細柳年年綠野老吞聲哭未休

太祖嘗問劉誠意朕長孫享天下當幾何劉對曰皇太孫骨氣不凡非富貴可久拘也　上問其由不答固問之劉曰此出家當得僊若嗣大位只四五年天下分　上曰令出家而以燕王爲嗣若何劉曰于理不可貽笑于後弗若令嗣大位而有難則避　上言何以預爲之所劉曰製一函藏度牒緇衣剃刀其中令遇難則啓之庶幾　此以免且得天下者必燕王也燕王才度既雄而北地常有王氣八　上然之遂作牒函之以遺建文至是果以燕王難披剃而頂燕王即位削去劉誠意伯爵

建文在儲試時與燕王同侍　太祖太祖出一對以觀其志曰風吹馬尾千條綫建文對曰雨打羊毛一片羶燕王則曰日照龍鱗萬點金　太祖意以燕王氣象爲不小

建文未遯時先于大内爾香殿聚珠衣寶帳及内帑珍異諸物殿上塗猛火油貯瀝青其中語親密宮人期以城破遯去舉火故當時以建文自焚死也

椒宮舊事

梁溪王達

楊王墳在盱眙牧羊山西北洪武初設祠祭署以王親陳氏爲奉祀設墳戶二百十戶供灑掃命宋濂撰文樹之神道王妃陳氏太后之所自出其先維揚人

徐王墳在宿州閔子鄉洪武中設祠祭署以親武氏爲奉祀墳戶九十三戶供灑掃王姓馬氏妣鄭氏高皇后之父母也陶凱作誌銘

皇后馬氏本宿州馬三之女馬三以忿爭殺人恐犯

于法後家定遠及天下亂乃挈皇后母避兵他所而以皇后托郭子興後子興首難自爲元帥收鄉兵皇祖歸焉子興因其單居欲爲娶夫人勸子興以女馬氏配之及即位正號中宮是爲孝慈皇后

子興卒于和陽歸葬滁州洪武初追封滁陽王其女爲妃生蜀王如意王十六年十一月七日　上親纂子興事實俾太常丞張來儀論使爲文刻于廟石

皇妃郭氏山甫之女也　高皇微時過臨淮山甫見之驚異急具饌與交歡酒酣跪　上偹陳天表之異他日貴不可言幸無相忘　上去山甫語諸子吾觀若曹皆非用命郎往往可封侯今始知皆以此公宜謹事之後以女入侍從渡江協孝慈以肇家　孝慈崩嘗攝六宮事號皇妃追封山甫營國公

郢敬皇妃姓胡氏生楚王本豫章侯胡美之長女也後美于十七年以入亂宮禁賜死

孝慈嘗幸大學遂賜監生家人粱粉錢後以　孝慈崩諸婦不哭臨詔除之

后見秀才巾服與胥吏同乃更製儒巾藍衫令　上

着之　上曰此眞儒服也遂頒天下

洪武五年遣中人往蘇杭選民間婦女通曉書數者入宮給事須其願乃發得四十四人比至試之可任者纔十四人乃厚之賜金以贍其家餘悉遣歸

郭妃弟德成嘗入禁内　上以黃金二錠置其袖曰弟歸勿宣出德成散諸北出宮門納鞾中佯醉脫鞾露金閽人以聞　上曰吾賜也或尤之德成曰九閽嚴密如此藏金而出非竊耶且吾妹侍宮闈吾出入無間安知　上不以相試衆乃服

上與後宫語必以六稜組紃爲先宫中垣壁屏障皆繪耕織之象

初魏觀蔡本應召爲蘓州守引入後宫二人頓首將辭出　上遽止之少頃后出宫人奉酒果以從上手酌以賜二臣

成穆貴妃姓孫氏參政孫英之妹嘗與　上登香雲閣觀後苑刈稻　上命宫人取酒來爲嘗豐飲令妃誦詩侑酒妃爲歌李紳閔農詩　上大悅賜予有加

皇淑妃李氏霍縣李傑之女也性不愛酒　上爲造引口醪每宴飲特設以供妃

太祖愛諸公主欲其便于入内乃于後載門外建十駙馬府制甚弘麗服飾器具悉如意爲之不禁也

復辟錄

明　亡名氏

景泰八年春正月

上染疾免百官朝數日内外羣臣患之十有一日左都御史蕭維禎左副都御史徐有貞率十三道同百官問安於左順門外太監興安自内出問曰若皆何官維禎答曰乃都御史六科十三道給事中御史五府六部堂上官　聖體不寧謹來問安興安以指作十字謂病之篤不過是日耳又曰若皆　朝廷大臣耳目不能爲社稷計日日徒問安耳衆乃惶惶而退即日維禎同有貞集十三道御史議曰今日興安之言若皆逆其意否衆曰　皇儲一立無他患矣請早立之二公喜曰斯議得矣衆還道中作封事草其略曰　聖躬不寧五日未朝内外憂懼京民震恐蓋爲皇儲未立以致如此伏望　皇上早建元良正位東宫以鎮人心草具呈堂二公是之會稾於　朝集文武羣臣石亨張軏張輗于謙王文胡濙楊善等於左掖門議允僉題維禎舉筆曰我更一字乃更[illegible]子

為擇字笑曰吾帶亦欲更也是日進奏十有三日去出奉　聖旨朕這幾日偶染寒疾是以不會視朝待正月十七日早朝請擇元良一節難准部院科道皆勃勃憂慮瑄與同官監察御史錢璡樊英同曰斯當復請未幾禮部尚書胡濙令一辦事官赴道報曰請立東宮事令本部會閣下及文武大小羣臣於十七日待　上視朝合辭懇請令來報知僉名瑄與璡英不勝忻忭約曰　上再不可吾等皆免冠叩頭辭職乞還田里滿朝若是　上亦心動事無不可皆會議

於禮部學士商輅主筆草奏其略曰天下者　太祖太宗之天下傳之於　宣宗陛下　宣宗之子憲宗御名宣宗之孫以　祖父之天下傳之於孫此萬古不易之常法稿成登正本會僉因姓氏衆字畫多訛至十六日晡時方完是日先進題知明日對仗陳進亦無害也徐有貞時常往返石亨家人莫知其故是日未末有貞自造亨家燃燭時方出十七日四鼓時衆集於　朝人人謹待　上出以期事濟填之南城呼噪震地羣臣失色須更鳴鐘鼓　上皇御極矣於

是朝野歡騰以為復見太平本遂不進　旨下擒于謙王文等以其迎立外藩故也有貞亨等皆進爵有差究迎立之迹無實可驗乃曰謀而未成于謙王文殺死棄市商輅免還為民餘從編戎伍有貞以已乃謀首功冠文武論於　上前乃錫以奉天翊運推誠宣力守正文臣特進光祿大夫武功伯兼東閣大學士亨一日自引千戶盧旺顏敬二人侍於去文華殿前　上問曰二人何人也亨對曰臣之心腹何謂心腹對曰臣每有機事與二人謀他人不知也如迎請

上時亦與斯二人謀乃特拜二人為指揮使自是求請無虛日冒報功次陞六千餘人　上甚厭之事定日久　上察迎立事愈無狀心頗見疑毋許亨及張軏曹吉祥等迎立外藩之故對曰臣亦不知乃有貞向臣言耳石曹二家專權恣肆無復畏忌死生予奪皆在其手士皆重足而立莫敢仰視君子患焉有貞亦欲遏其勢毎沮其謀互相排抑於是文武二途矣成化改元修　國史瑄詢史館未載是事瑄乃身為目見故謹錄於斯以彰　國史之公以備修史者

采焉浙江按察司副使豐城楊瑄識
初景泰不豫圖富貴者因起興謀大學士王文與太
監王誠謀欲取襄王世子立爲東宮其事漸泄既而
　景泰疾亟太監興安諷羣臣請復立東宮僉謂
上皇子固宜復之惟王文之意不在此閣下陳循輩
亦知之賢因會議問學士蕭鎡乃曰既退不可再賢
始覺其有異謀也文入對衆曰今只請立東宮安知
　朝廷之意在誰賢益知其必然明日早觀奏詞曰
早選元良人皆曰此非復立之意遂篤其說於石亨
復辟錄　〔八〕　四
輩曰王文于謙已遣人齎金牌勑符取襄王世子去
矣郎於十七日早帶兵入南城請　上皇復位是時
景泰不朝已四日矣先一二日又篤其說於石亨輩
云景泰命太監張永等夆亨數人掌兵者其謀立
上皇中官吉祥蔣晃輩白于　太后寫勑旨與亨輩
成此事遂以王文輩爲大逆姦惡然王文初謀于謙
輩未必知亨輩不過因于謙平日總督軍務一切兵
臨專而行之亨不得遂其所私乃乘此機而除之其
徐皆因平日不足者而中傷之未必皆知王文之初
謀也況王文之謀其實未發所以誅戮者多非其罪
乃曰臣等舍命衆此大事以爲有社稷之功　上亦
信之極其報典之隆而亨等遂招權納賄擅作威福
冒濫官爵恣情妄爲勢焰赫然天下寒心初徐有貞
亦與迎　駕之謀特命入閣有貞以陳循輩在前不
得自專乃助亨除去循輩未幾有貞亦爲亨所嫉而
出之人以爲天道好還不意亨復遭烈禍益見天道
之好還也　李賢天順日錄
景泰有疾都督張軏武清侯石亨太監曹吉祥以南
復辟錄　〔八〕　五
城之謀扣太常卿許彬彬曰此社稷功也雖然彬老
矣無能爲也盍圖之徐元玉軏亨等從其言是十月
四日夜會有貞有貞曰　太上皇帝昔者出狩非以
遊畋爲赤子故耳今天下無離心謀必在此特不知
南城知此意否軏等曰兩日前有陰達者有貞曰必
伺獲審報乃可議軏等去兩日夜再會有貞言報得
矣計將安施有貞乃升屋覽步乾象亟下附軏等耳
言時在今夕不可失遂相與密語人不得聞已而軏
云今〃　騎薄都城柰何有貞言正宜乘此以備非常

為名陰納兵入內誰不可者軏等皆肯之復密語既
倉皇以出有貞焚香祝天與家人訣曰事成社稷之
福不成家族之禍矣歸人不歸鬼遂往會軏亨吉祥
王驥楊善陳汝言等收諸門鑰夜四鼓開長安門納
兵近千人宿衛官軍驚愕不知所為有出入者兵輒
叱止之有貞命仍鎖諸門曰萬一內外夾攻事去矣
鎖訖有貞取鑰投水竇拚軏等莫之知時天色晦暝
軏等惶惑有貞趣行軏顧謂曰事當濟否有貞大言
時至矣勿退薄南宮城門鐵錮牢密扣不應俄聞城

中隱隱然有開門聲有貞等命取巨木架懸之數十
人舉撞城門又令勇士踰垣入與外兵合毀垣垣壞
門啓城中曉無燈火軏等入見太上皇燭下獨出問
曰爾等何為衆俯伏合聲請　陛下登位乃呼兵士
舉輿兵士驚懼不能舉有貞等助挽以前掖　上
皇登輿有貞等又自挽以行忽天色明朗星月輝光
　上皇顧問有貞等卿為誰各對某官某有貞等前
導密邇輿車既升　奉天殿諸臣猶有在輦前者武
上以推擊有貞　上叱止之時斧座尚在殿隅諸臣

往推之至中　上升座鼓鐘鳴羣臣百官入賀　景
皇帝聞鐘鼓聲問左右云于謙耶左右對曰太上皇
帝　景皇帝曰哥哥做好　上既復辟即日命有貞
依舊左副都御史兼翰林學士明日陞兵部尚書命
掌內閣事三月封武功伯仍命兼華蓋殿大學士掌
文淵閣事燕朴卜余
景〻　正月十二日禮部會內閣及文武羣臣議
立東宮事具奏不允十四日內閣大臣陳循等招石
亨至東閣會本請復立茂陵為　皇太子亨對曰上

面有病休要激惱他又言少停慢慢說話因見人多
不曾說得初　景皇帝有病羣臣不知其危劇本月
十三日夜石亨獨蒙宣到郊壇齋宮榻前面受命代
行禮親見知必難起於是時有南城之謀十七日早
四更時有郎中龍文至循家蓋文素善張軏得之軏
謂前日石總兵要與循計較說道西邊病重難起若
請復立東宮不如就請　太上皇復位可以得功賞
要與循說較循不着却與徐有貞計較言先要與陳
學士說不曾說得本官回言陳學士往日在人前說

你無功封侯此事如何與他說他見爲首請立東宮若他得知西邊難起是的又會集百官懇請　太上皇復位大衆所爲必無功賞切不可令之知只約內外典兵柄者三五人密爲之庶幾功勳有歸權寵在已又與亨計必須捏餙與故方顯得吾輩功高此事有今日早發（見陳循辨究疏）

天順元年正月十七日　聖上復位當日拿于謙王文第二拿項文曜問父喪未起身逃錦衣衛皆打一百第二日拿陳循蕭鎡商輅俞士悅江淵王偉顧鏞

丁澄沈敬等多官問皆打二十擬謀逆重罪題奏

聖旨且監着內臣王誠舒良兵權者十四五人皆擬重罪陞副都御史徐有貞爲兵部尚書太常卿許彬大理卿薛瑄加禮部侍郎

勑朕居南城今既七年心已忘天下不幸姦臣謀逆武清侯石亨等能　忠義奉迎朕復正大位功在　宗社可特進封爲　國公食祿一千五百石右都督張軏爲太平侯食祿一千三百石張輗爲文安侯都御史楊善爲興濟伯食祿一千二百石俱子孫世襲如　勑奉行

正月二十二日　聖旨于謙王文舒良王誠張永王勤論法本當凌遲從輕決了罷家下人口免死充軍家小免爲奴着隨住家財入官陳循江淵俞士悅項文曜免死發口外永遠充軍家小隨住蕭鎡商輅王偉顧鏞丁澄原籍爲民

天順元年正月二十六日都察院左都御史蕭維禎等於奉天門欽奉　聖旨于謙王文結同內賊王誠舒良張永王勤等搆成邪謀逢迎景泰簒位易儲依

阿從謀廢黜正后內外朋姦紊亂朝政擅奪兵權將軍國大事都弄壞了近因（景皇御名）有疾不能臨朝視政這厮每自知罪惡深重恐朕不容因共謀爲不軌糾合心腹都督范廣等要將總兵官等擒殺迎立外藩以樹私恩動搖宗社其一般姦黨陳循蕭鎡項文曜俞士悅王偉顧鏞丁澄商輅亦各密知前謀不行發舉及朕復位這廝每姦謀節次敗露已將于謙王文王誠舒良張永王勤處以極刑籍沒家產成丁男子俱發充軍仍將其餘姦黨陳循等發口外永遠充軍

及原籍爲民了論這廝每罔危　宗社的情理窮兇極惡本當族滅如今體　上天好生之德都從輕處治了今後内外的官務要竭力盡忠奉公守法以保身家不許似這廝每朋姦亂政違了必誅不饒恁都察院便出榜曉諭多人每知道欽此

天順元年二月初六日奉　聖旨軒輗陞刑部尚書劉廣衡刑部左侍郎李賓調大理寺卿李秉調南直隸管糧儲張鳳調南京戶部薛希璉調南京刑部蕭維禎調南京都察院姚夔調南京禮部宋琰調兵部

鄭泰李敏孟鑑張儁沈巽張惠孫元貞張純楊寧張敏王驥年富馬瑾馬昂韓福欒惲程南雲蔡巽嚴愷姜勝都着他致仕劉本道替張儁管京倉糧儲翰林院便寫勑書着人鋪馬裏去欽此

上復寶位二三日間諸文臣首功之人列侍文華殿

上喜見眉宇呼諸臣曰弟弟好矣喫粥矣事固無預弟弟小人壞之耳諸臣默然時都督劉深亦帶刀在侍亦以復位功進左都督後充總兵官掛征蠻將軍印來廣西爲盛偶及此其語尤詳　水東日記

壬申易儲之詔既下何文淵嘗告人曰詔文天佑下民作之君父有天下傳之子此文淵語陳循老思不及也既歸田里又屢以告郡邑親識人皆知之天順改元鄉人固虞文淵必及禍謂在旦夕一日邏報陳都御史將至邑人竝驚信文淵因自經死未幾至者乃廣東陳副使泰便道過家耳陳以都憲改職因誤傳云　上同

天順初　上以郕王薨欲令汪妃殉葬賢因奏曰汪妃雖立爲后即遭廢棄幽閉幸與兩女度日若令隨

夫情所不堪況幼女無依尤可矜閔　上惻然曰卿言是朕以弟婦少年不宜存内初不計其母子之命一日　上曰汪妃既存不宜在内欲移居舊府何如賢曰如此誠便但衣食用度不可闕減　上曰朕更欲加厚豈可減乎其原侍宮人悉隨之復遣老成中官數人以備使令由是母子保全甚得其所

上之復位天下人心無不歡戴若無亨輩攪擾左右前後得正人輔導行事三代可復不幸而遇亨輩讒言一人未能遽解數年之久言路猶塞所謂開家承

家小人勿用可不戒哉
初朝廷旨意多出內閣臣條進稾留閣中號絲綸簿其後宦寺專恣時奏收簿祕內徐有貞既得權寵乃告　上如故事還簿閣中
景泰不豫文武羣臣不過候其不起請　上皇復位時武清侯石亨都督張軏掌大兵小人欲圖富貴者以爲少保王文于謙與中官王誠等欲取宗室立之之說以激亨等借其勢而成功亨等遂以迎　駕爲功殺王文于謙等并貶謫陳循等數十人亨封忠國

公軏封太平侯乃固寵攬權冒濫官爵黷貨無厭方復位之初人心大悅及見亨等所行人皆失望于動天象彗出星變日暈數重數月不息乃羣邪固蔽太陽之象而亨怙不知戒賄賂公行強預朝政掠美市恩易置文武大臣邊將以彰其威有不出於門下者便欲中傷中外見其勢熖莫不寒心敢怒而不敢言亨姪彪傾驍勇驟陞都督性尤貪暴初立邊功大肆兇惡謀鎮大同邀人保奏　朝廷覺其不實使人廉察果皆虛詐置彪於法人心皆快已而罪連亨　朝廷初念其功累宥之未幾家人傳說怨謗有不軌之謀於是置亨於法籍其家受禍甚烈議者以爲天道好還如此人見其爵位勢力重如泰山一旦除之曾不少阻蓋幽明究抑從此伸氣雖　朝廷大法有所不免亦其罪惡貫盈人神共怒助力於間當時若以彪鎮大同誠爲可憂且在京武官多出亨門下而亨又握兵權天下精兵無如大同稍有變動內外相應其禍可勝言哉此時雖欲撲滅力不能及今辦之於早除此大害非　上之剛明果斷不能如此而亦

祖宗在天之靈默相之社稷綿遠兆端於此天順日錄
法司奏石亨等報陞官員俱令查究　上召賢問曰此事可否恐驚動人心賢對曰若查究則不可但此等冒陞職者自不能安欲自首猶豫不決若朝廷許令自首免罪事方妥帖　上曰然遂行之於是冒陞職者四千人盡首改正人心皆快或有擬欲追其支過俸米者賢曰不可戶部奏請得旨乃免人心皆安
亨既置于法平日出入門下者無不驚懼一日賢言於　上曰元惡既除宜戒諭羣臣慰安人心不究其

餘　上允之中外釋然無不感戴朝廷之恩者天順日錄
石亨下獄死法司請戮其屍　上召賢曰如何賢對曰如此行之未爲盡善法司宜執法論罪欲梟首示衆　朝廷不從特全其首領尤見恩義　上曰然即從之天順日錄
石亨嘗往來大同顧紫荆關謂左右曰塞守斯關京城何由能至識者知其心矣忌憚于謙兼懼正人之多不敢決爲天順初自　南城迎復之功封忠國公益恃寵招權納賂天下都司及邊將多出門下是年

二月初三日朝退歸私第所親盧旺顏敬杜清等二十餘人各叩頭起侍亨曰我這職事皆爾之所欲爲者衆不知所謂咸曰我等賴公擡舉各衛都指揮及指揮之職至是足矣三公之位何敢望也亨曰當時趙太祖陳橋之變史不稱其謀反爾等若助我至此我職非爾爲之而何衆皆股戰南城有功督日指揮童先乃手出妖書曰惟有石人不動蓋天意有在爾等勉力爲之乃謀因大同人馬甲天下我撫之素厚今石彪在彼充遊擊將軍與日以彪代李文掛鎮朔將軍印北塞紫荆關東出山東北臨清決高郵之堤以絕餉道則京城可不戰而疲遂議以盧旺守裏河一道各有分地三月　忽延綏命亨征之童先力勸亨成前謀亨曰爲此事不難但天下各處都司除代未週待週爲之不晚也童先曰時者難得而易失也恐時一失不可復得亨不聽童先私罵曰這廝不是幹此事底亨師還無功見　上於文華殿　上命環衛露刃以待
天順五年七月初二日太監吉祥姪昭武伯曹欽作

亂放火燒東西長安門殺害左都御史寇深恭順侯吳瑾錦衣指揮同知逯杲等前夕指揮皮兒馬哈麻在欽家飲酒謀叛既而悔之乃以聞
内官吉祥居禁庭最久爲人惟喜私恩小惠招權納賂擅作威福嘗往雲南福建殺賊帶去達官軍能騎射取功因而收於部下加以恩澤爲心腹天順初呼召此輩迎駕俱陞大職此輩亦感吉祥之恩後石亨事發冒官者俱革去此輩又爲吉祥所庇不動吉祥初以迎　駕爲功貪圖富貴一家弟姪俱得大官又

賣官鬻獄贖貨無厭　上初不得已而從之後不能堪稍疎抑焉吉祥輒懷異志令其姪昭武伯欽糾集所恩之人謀爲不軌會兵部尚書馬昂懷寧伯孫鏜統官軍往陝西殺賊於五年七月初二日早辭　朝欽等乘機欲殺昂等就擁兵入内爲變幸而鏜等先覺二鼓時即報於内禁門不開欽兄弟與同惡者詣錦衣衛指揮逯杲宅前遇杲方出斬其首碎其尸蓋杲亦吉祥所恩之人後　朝廷委任行事且發欽非理之事所最恨者先害之然後分布於各禁門待其

開擁入三鼓至門欽兄弟四五人俱在長安門予四鼓到朝房聞鎗馬驚亂以爲出征之軍及入房聞呼錦衣指揮焦壽郭英等拿住予亦不知何如俄又呼予官名同尋李學士予方恐即出房至門前見披甲持刀者數人一人砍予一刀又打一刀背曹欽適至見予不忍殺連呼尊長執予手曰毋恐叱退持刀者且告曰我父子兄弟盡忠迎　駕復位逯杲譖毀反欲相害提杲頭示予曰誠爲此人激變不得已也予曰此人生事害人誰不怨恨既除此害即可請命欽曰就與我寫本進入即令防予至吏部朝房尚書王翺處借紙筆寫成予拉翺同行門縫投進欽見門不開乃舉火焚燒復欲害予令持刀者同予尋尚書馬昂得翺等解之及天明上馬呼衆馳往東安門又令披甲持刀者一人馳馬尋予翺等復解之忽孫鏜領官軍襲而鬬之予乃得脫時恭順侯吳瑾左都御史寇深俱被殺死予被傷在吏部至晚大雨不止聞官軍圍欽等於其宅盡誅之予慮其脇從者不寧即進本請急宣　聖旨脇從者罔治以安反側之心然後

詔示天下布寬恤之恩一切不急之務悉皆停罷與民休息吉祥已正典刑蓋此亂臣賊子肆行反逆天地鬼神所不容當時若不早覺各門既開此賊擁入縱横一時不能禦之其禍不可勝言幸而早撲滅之此實　宗社之福也天順日錄

吉祥初傳　太后勑旨令石亨等迎　駕有功與政然不通文墨恐事歸司禮監以此極力贊説凡事與二學士商議而行時徐有貞李賢已爲吉祥所引入閣辦事故除于謙等皆用徐有貞策而賢陰助之先

吏部侍郎闕調兵部侍郎項文曜於吏部李賢以吏部郎中陞兵部侍郎代文曜蓋嫌於陞本部與尚書王翺並之意謙嘗薦文曜賢以爲今調出謙意深恠之嗾給事中王鎮等劾文曜爲謙姦黨都御史蕭維禎亦吉祥所引用文致謙罪以爲欲迎立外藩依謀反者律凌遲處死以文曜爲知于謙謀反故縱者律斬事載李賢天順日錄及蕭維禎所構獄案日錄內賢自言助有貞展盡底蘊又言有貞素行持公者少及予持公助之遂改前轍觀此則有貞害謙之事謂賢不與謀可乎況日錄屢言文曜黨謙士林非笑夫謙本非邪人文曜所黨何事唐李訓鄭注爲宦官所引用既而欲除宦官以自解訓又恐注專其功遂致甘露之禍賢與有貞既爲吉祥亨所引用而慮爲所累欲以至公除之幾致禍變初亨爲來閣議事則欲以己意令內閣行之有貞等得無厭乎又亨欲薦吳與弼賢乃代草附亨奏之則吉祥亨初與有貞賢相親厚可見矣雙溪雜記

保孤記

闕名

今上皇帝備堯舜之盛德合日月之明照繼天立極應瑞中興文恬武熙四海清穆稽古沿革永光萬壽無疆之業外分四郊之祀內正九廟之規以仁孝化洽黎庶百僚奔走五官夾輔皆極英賢之選也一時總督內外規制雖各有其職務然淵度實出 宸衷惟時一二大臣特勤 聖眷癸亥夏惟公歲周甲子錫以玄纁牲醴惟公一品九載考績進律重封命九卿大臣陪宴禮部惟公六十未有嗣人奉金橋寶籙時恭誠伯以大宗伯鶴袍犀帶設壇顯靈宮祈嗣儀與公婿吳春會壇下啓紅錦囊出寶籙恭拜覽之公名居中左右蘇夫人及長妾一人相並列下一等妾一十八人以齒序列崔氏實預焉其日未申陰霾作公命使召儀日於便坐謂儀曰吾受聖天子恩私齋沐有日矣適疾病不可以風不能親拜壇下命大著顯告於古聖先師卜得蠱之大畜其繇曰幹父之蠱有子考無咎厲終吉卜人執著久不言汝其謂何儀對

日幹父之蠱有子抃辭顯者大復何疑公啓曰此吾意也特取決吾子耳又問曰卜人久而不言者何儀曰公方大亨而有密雲不雨之象故遲不敢發然不知公意在卜嗣他無命書也薄暮辭歸公出黃封酒一尊揖儀曰吾方齋戒不能款留歸即開尊爲我預慶明年夏儀有餝兵之命冒暑兩入舟病作不能與掛冠天津門而歸其秋公亦以疾力辭得命過吳及再相皆於錫山道中夜坐對語旂以寡嗣爲憂儀曰静養則神會寡欲則精聚此有子之道也公曰吾以

聖眷隆重天使賛途不敢違命何過江更以情懇不知　聖意若何倘至京必有藥莖之勞非求誕育計也忽泫然出涕欠伸而起明日別於毘陵公出舟揖膺者四五曰汝言謹記聰不忘也儀私念必申辭謝矣至揚三思之曰君命召不俟駕而行君天也天可逃乎風絲揚之篇其何有白首豈堪仍廟廊以示意遂發江龍其冬歸朝　君臣歡慶有加於昔嘉靖丁未七月二十二日陝西澄城縣界頭嶺鳴二十七日崩移數里撫臣以聞其應三邊帥將搆難語侵及公且張皇奔賊聲勢飛蹄走檄晝夜交錯于道　上怒明年正月一日下修省之詔六月而事及輔臣公竟被禍三月儀與畢松江遇於吳門方舟西邁過望亭見飛騎傳呼知公被逮於丹陽時崔夫人種嗣之祥已匝月矣崔夫人者河間良家女也先有洪生綮以相人術遊京師春坊時守河間公因以書令綮求宜子小婦綮至是而綮術始驗初公罷相入出幣與縫人趙金五製衣服幣得金一緡深藏以伺公至出金獻之公嘆曰縫人賤工也乃有士君子之行遂錄於

門令司公服由是內外皆知其賢崔夫人將就館私討曰相公禍福未定倘生男必有嫉我者諸僕中金五爲衆所推知其可托出黃金九兩銀五十兩謂之曰相公一綫之繫在吾腹中幸而生男不能保無妬忌者惟爾謹愿惟爾忠淳必不負公也爾其慎爲之持金以去金五本三門里人與其叔趙七二四二預置田租三十石牛一具爲保育之計密謀既定果兒生而妬者起矣是爲十一月十日孤兒生於忠禮書院越三日張氏馬氏稱欲抱視之自書院擕入城中

行館以糕米塞其口不死以絮塞其口又不死前有盆池棄水中以去幸水淺不能殺金五乘間竊出給曰死矣私置僻處以米飲飼之又以綿裹核桃膏置口中以防其啼越旦日付其二叔接抱以去報曰死兒埋矣諸妒方相欣慶子既出虎口趙氏之賊程念七妻董氏乳之越六月忌者方覺大怒召金五以必殺兒爲約責限以須私與程夫婦商其事二趙氏亦來五人相向泣於中庭金五曰非吾意也將謂王何程曰吾聞諸鄉先生驪姬之譖晉無公族矣汝獨不

爲念乎衆共謀曰此有徐念八者謹厚人也無子而生女又死遂以孤托之由是隱秘愈密雖間有知者諱不外聞念五又反命曰吾殺兒盡奪程氏乳資租牛歸矣忌者深信之在徐四年兒以瘵瘍幾死者屢念八爲寄名僧寺以精神休及徐病死妻將他適勢不能俱遂送入清凉寺爲僧己酉七月春謝政歸知孤兒在徐氏私究之念八雖死其族不知春意所向辭以疾死金五又私以金三星入廟焚脩爲兒祈福久之金五知春意無他始具實以告春泣曰孤兒者

趙武也徐念八者嬰也金五者韓厥也武其復與終反祁奚之田矣予張禹不過二姊婦勢必不能凌逼人至此且上不畏天下不愧人特不知孰有甘爲屠岸氏耳春以兒未出幼府未可言乃告夫人召孤兒匿之公門下士鄉大夫歐陽清屢謂春曰啟不可處時不可失忠不可棄懷不可從此管敬仲之所以霸齊姜氏之所以興晉者也今從者之謀忠矣時日及矣公子幾矣子必速行毋失壬戌仲冬八日補四二知事難終秘自出舉首夫人曰此吾家事何用煩官

乃召其支屬長老巾陽公而下四人外黨葉吉周泊府縣庠儒不期而會者三十餘人越二日先後預知接遞及乳母程董皆集里排胥史郡城內外聞而至者且萬人衆口同辭自相申辨既見孤曰兩耳願頷相公也體格動靜崔夫人雖死夫人父則存何其貌之似也是日三門里趙徐祝三氏雜居人民初送投清凉寺者老九松而下三百餘人皆從兒入見郡公遠近翔集闐塞街巷爭先稱快曰相公復生也郡公曰異哉鬼神之前知也疇昔之夜吾夢城中黃[illegible]謫

閱報送殿元披錄視之狀元名道先其父前科進士
道無名也因問子何名春日尚未名㮚公曰即以夢
中字命之曰先承從其序也其時孤年十有五矣有
從傍贊之者曰岐嶷端重器度偉然豐頤長軀肩圓
背負神色凝定瞻顧安詳真相種也聞者以為實錄
即日謁告祖廟恭拜在庭者賢內姓不遺親外姓不
遺傳既乃奠告於先公懽夫人之墓盡禮而還公門
下奴隷厮臺無老無幼以次叅列坐起端莊高不仰
卑不俯襁褓中度槩無汙懾內負之容雖貴介素習

莫是過也左右顧瞻之人識與不識莫不翔躍者半泣
涕者半叙州府同知周宗正叙其事

秘錄

北郡李夢陽

初　今上即位青宮舊閹等日導　上狗馬鷹兎舞
唱角觝漸棄萬幾閹親時號八虎而段敏黃偉雖舊
閹以端慤斥不信用會段坐病免死於是戶部尚書
韓文每朝退對屬吏言輒泣淚數行下以閹故而郎
中李夢陽聞說之曰公大臣也義共國休戚徒泣何
益韓公曰奈何曰比諫臣有章入交論諸閹下之閣
矣夫三老者顧命臣也聞持諫官章甚力公誠及此

時率諸大臣殊死爭閹老以諸大臣爭也持必更易
力易爲辭事或可濟也韓公於是捋鬚昂肩毅然改
容曰吾即事弗濟吾年足死矣不死不足以報國翼
日早　朝韓公密叩三老三老許之而倡諸大臣諸
大臣又無不踊躍喜者韓公乃大喜退而召夢陽令
具草草具韓公讀而芟之曰是不可文文　上弗省
也不可多多覽弗竟也而王岳者亦青宮閹也剛厲
而無所頗亦惡其閹儕初閣議持諫官章不肯下諸
閹者業窘相對涕泣會諸大臣疏又入於是　上遣

司禮者八人齊詣閣議一日而遣者三而閣議持卒不肯下而岳者八人中人也顧獨曰閣議是明日忽有 旨召諸大臣諸大臣者益人人惴也既入左掖行吏部尚書許進首答韓公曰公疏言何韓公於見故史履徐徐行而使吏部侍郎王鏊極詣閣探動靜閣老劉健語鏊曰事已七八分濟矣諸公第持莫輕下至左順門問首李榮手諸大臣疏曰有 旨問諸先生諸先生言良是無非愛君憂國者第奴儕事上久不忍抑置之法耳幸少寬之 上自處耳衆震

懼莫敢出一語答李榮面韓公曰此衆本出自公公云何韓公曰今海內民窮盜起水旱頻仍天變自增文等借負卿佐廝所同救而 上始踐阼輒棄萬幾遊宴無度狎暱群小文等何得無言韓公言雖端而氣不動又鮮中官際於是李榮哂而曰疏備矣 上非不知今意第欲寬之耳諸公遂瞢然而退蓋是日諸閣者窘業自求安置南京而閣議猶持不從諸公乃竟爾爾退惟王鏊仍前謂榮曰設上不處如何李榮曰榮頸有鐵裹之耶而敢壞國事榮入而事變矣

是夜立召劉瑾入司禮而收王岳范榮詔寘南京尋殺二人于途已又連斥劉謝二老顧獨懇留李而韓公輩詢詢咸拔茅散矣變之起大抵莫可詳而李榮則曰諸大臣退而瑾儕繞 上前跪伏哭痛首觸地曰微 上恩奴儕磔餧狗矣 上爲之動而瑾輩輒進曰害奴儕者岳也 上曰何也曰岳前掌東廠也謂諫官曰先生有言第言而閣議時岳又獨是閣議此其情何也大 上狗馬鷹兎岳嘗買獻之否 上心所明也今獨咎奴儕倪而益復伏地哭痛 上於

是怒而收王岳瑾又門夫狗馬鷹兎可損於萬幾今左班官敢諱而無忌者司禮監無人也有則惟 上所欲而人不敢言矣 上於是詔瑾入司禮監此其說亦近第難盡言耳又聞閣議時徙宵推奈哭謝亦壘壘譬譬不休獨李閣開口得懇留云

說郛續目録

弓第六

明良録畧

明　沈士謙

昔元綱不振群雄並起而爭之于時山童子韓林兒據中原僭稱小明王國號大宋改元龍鳳都亳州徐壽輝臣陳友諒據湖廣僭稱帝國號大漢改元大義都江州（或曰武昌）潁州民張士誠據浙西僭稱王國號大周改元天祐都蘇州明玉珍據四川僭稱帝國號大夏改元天統都成都其餘若方谷珍據浙東陳友定據福建何真據廣東劉益據遼陽毛貴田豐等據山東皆各蹶一方以專號令垂及二十餘年盡混一于

祖高皇帝矣

上即位以所生鄉爲雄飛里舊舍兵火後不復辨但於址上金銀規地大會鄉之故老宴畢仍以金賜之特與劉氏田三十頃免十年之税衆請罪田主　上曰此世情耳不必問吾貧時彼豈知今日爲天子耶

郭景祥濠人博洽經史丙申置行省于金陵上自總省事以景祥爲左司郎中與李夢庚侯元善等同事遇事敢言累遷和州總制教養大舉

劉基字伯溫處州青田人得性理學天文兵法無不洞曉在元舉進士不仕嘗游西湖有異雲起西北光映湖水中時魯道原宇文公諒諸同遊者皆以爲慶雲將分韻賦詩基獨縱飲不顧曰此天子氣也應在金陵十年後有王者起其下我當輔之時無知基者惟西蜀趙天澤奇之以爲諸葛孔明之流　皇帝定括蒼基乃指乾象謂所親曰此天意也豈人力能之耶總制孫炎以上命聘至金陵自是凡有征伐基密謀居多上方欲刑人基曰何爲上語基以所夢基曰

是衆字頭上有衆血以土傅之得上得衆之象應在三日當有報至三日後海寧以城降元年葉琛奏定處州稅糧上特命青田縣糧止作五合起科目使劉伯溫鄉里子孫世世爲美談也仕終御史中丞加弘文館學士封誠意伯八年四月卒年六十五以天文書授子璉使伺服闋進且戒之曰勿令後人習也所著有郁離子覆瓿集寫情集犁眉公集

陶安字主敬太平當塗人乙未　太祖渡江取太平路安與耆儒李習出迎上待之厚既而得劉基宋濂章溢葉琛四人上問四人者何如對曰臣謀畧不及劉基學問不及宋濂治民之才不如章溢葉琛上多其善讓甲辰知饒州上賜以詩曰匡廬巖穴甚濟濟水惟無端盜彭蠡鱷魚因韓去遠洋陶安鄱陽郎一理三年入朝民爲之歌曰千里榛蕪侯來之初萬姓耕闢侯去之日既而復命守饒州民懷其德復歌之曰湖水悠悠侯澤之流湖水有塞我思侯德吳元年初置翰林院召安爲學士賜誥有云江南之士杖策謁于軍門者陶安實先乃者開翰苑以崇文治立學

上以冠儒英重道尊賢莫先于爾丁亥　上御東閣安與中丞章溢等侍因論前代興亡之事上曰喪亂之源由于驕佚大抵居高位者易驕處佚樂者易侈如此者未有不亡今日聞卿之論此源有儆于予心古者今之鑑豈不信歟癸巳上與儒臣論學術安對曰道之不明邪說害之也上曰邪說之害道猶美味之悅口美色之眩目人鮮不爲所惑自非有豪傑之見不能決去之也壬子奏言天子大社必受霜露風雨以達天地之氣若亡國之社則屋之不受天陽也

令于社稷壇側屋非禮安有入翰林國家制度禮文
多所定擬撰文武誥命千餘上賜對曰國朝謀畧無
雙士翰院文章第一家仕終江西叅政戊辰九月卒
年五十七疾劇猶草時務二十事上之
宋濂字景濂金華人在娠七月生六歳爲詩歌有奇
語人呼爲神童游元末諸名賢之門至正間有薦于
史舘者辭不赴入龍山門著書名龍門子庚子遣使
徵至金陵授江南儒學提舉奉旨授皇太子經壬寅
八月上召濂講春秋左傳濂因曰春秋乃孔子褒善

貶惡之書苟能遵行則賞罰適中天下可定也甲辰
致政居注未幾以疾告還家賜金帛太子賜有加上
箋謝恩復奉書皇太子勉以孝友恭敬勤敏讀書無
怠惰無驕縱進修德業以副天下之望上覽書甚喜
召太子諭以書意且賜書答其畧曰曩者先生教吾
子以嚴相訓是爲不倦也以聖人文法變俗言教之
是爲疏通也所守者忠貞所用者節儉是爲得體也
昔聞古人今則親見之二年詔修元史爲總裁官擢
翰林學士時甘露屢降上問災祥之故對曰受命不
于天于其人休符不于祥于其仁是以春秋不書祥
而紀異爲是故也五年擢太子贊善上問帝王之學
讀何書最要濂請讀眞德秀大學衍義上令左右大
書揭之兩廡之壁時時觀之六年陞侍講奉詔搜萃
歴代姦臣之蹟編爲辨姦錄及進分賜太子諸王上
作祖訓錄成命濂序之嘗侍上至後苑觀稼上曰農
事成矣對曰陛下能知稼穡之艱難實德也八月奉
詔纂修大明日暦一百卷擇言行之大者爲寳訓朝
夕禁中至七年五月乃成上嘗欲得叅大政辭曰臣

少無他長惟文墨是攻不願居職任也上愈厚之每
燕見必命坐賜茶飯且令侍膳濂嘗奉制詠鷹令七
舉足即成有自古戒禽荒之言上嘗與濂飲濂辭上
强之至三觴面如赭行不成步上歡笑親御翰墨賦
楚辭一章以賜仍命侍臣咸賦醉學士歌曰俾後世
知朕君臣同樂若此也九年拜學士承旨上謂曰朕
以布衣爲天子卿亦起草萊列侍從爲開國文臣之
首俾世世與國同休不亦美乎輒令取子孫官之特
詔太子選良馬以賜濂上親作馬歌以寵耀焉上又

嘗稱濂寵辱不驚始終無異可以爲賢人君子十年
致仕歸臨行賜綺幣及御製文集皇太子贈以衣三
襲上諭曰朕最愼于賞予嘉卿忠誠故有是賜又曰
卿年幾何曰六十有八上曰藏此幣俟三十二年後
作百歲衣也是年九月入朝上降勑遣儀曹參醪膳
諸物抵寓舘以賜自是日侍上遊歷觀闕盤旋禁禦
便殿侍食日旰始退上愀然歎曰純臣哉歲暮辭還
上謂其子璲曰爾父雖去朕嘗見諸夢寐中書舍人
史靖可太子正字桂彥良等皆爲詩歌以紀之蠻

朝貢者數問先生安否日本使奉勑請文得潛溪集
刻板國中以百金爲獻卻不受高麗安南使者至購
文集不啻拱璧而濂躬默自持似不能言者晚年歸
青蘿山閉門篹述人不見其面視近甚明一黍上能
作十餘字人以爲不飲酒不嗜慾所致十三年冬孫
愼以罪被刑濂安置茂州以疾卒于夔州端坐歛手
而逝年七十二所著有潛溪芝園集蘿山詩稾
章溢字　益處州龍泉人弱冠從鄉先生王叔剛遊
至正壬辰斬黃妖寇自閩犯龍泉溢從子存仁被執
溢思兒止一息願以身代賊素聞溢孝友并舍之溢
集義勇應石抹宜孫退賊又以私田易粟代里人從
行勸糶之政民受其惠既而天下日入于亂結廬匡
山又避地入閩中歲庚子　太祖以束帛召溢與劉
基等同至建業上問勞曰我爲天下屈四先生耳自
是擢用嘗與宋劉等從上觀緑萼梅于香雪亭賜宴
亭上宴畢各賜白　龍涎酒一瓶幷天竺玉勝第一
根元年拜御史中丞兼太子贊善二年卒年五十六
溢平生嘉言善行不可勝紀嘗奏減處州稅停海舟

木
王禕字子充金華義烏人有齊瑀者得邵子數推言
天運興衰甚驗見禕嘆曰公異代人物也禕亦自知
世道終不可爲隱青巖山著書不求仕戊戌　太祖
下金華聞禕名遣使徵至行在一見大悅
太祖即位之後親戚無貧富皆賜朱戶復其家至今
村上數家茅屋柴扉上猶施朱
開元寺潛龍殿基多龍鳳磚上微時嘗鑿之爲硯及
即位遣使華之內府中都人爭效之一日幾取殆盡

號龍鳳硯

上起兵時嘗夜過塗山橋問前有人云胡運窮胡運窮廣運有神通扶桑墩上日照得木間紅上忽之忽不見及即位改橋名廣運

上攻下鳳陽時飯于翛然石亭忽有寇兵遽至遺飯而去至今呼其坐石爲遺飯石

上嘉徐達之功特建開國元勳閣于鳳陽府以表之曰俾萬代不泯也

明良記

吳郡楊儀

吳文定公寬初以歲貢入監後科第狀元官階至閣學世稱三極

施會元顯建文中遭放黜還家丹陽道中有詩曰寒驢馱病出京華細策吟鞭數落花借問呢喃雙燕子隔江楊柳是誰家

朝定制鄉試以子午卯酉年會試以辰戌丑未年惟兩癸未年一以 太宗靖内難一以文場災並以

甲申開科正德庚辰 武宗南巡會試登第者至辛巳始廷試或謂可以當癸未之數矣特天運小變先後耳

平江伯陳恭襄公瑄既通運河緣堤皆樹楊棗二木並淮北所宜凡楊枝可薪棗實可啖又易長多陰憑聽運夫爲利其後土民併根伐之其事近官舍者並輸入官運夫既不敢謀而官司亦不復問矣

羅一峰倫每下筆爲文章文思泉湧不能遏輒自誇語曰還用你不着

丘瓊臺濬王三原恕並以大賢立朝然不相能王謂
丘作五倫全備傳奇有傷風化失文宗體丘謂王自
刊章疏彰君之過失大臣體
張尚質在京師穴地藏鮮妓夜燕其中以此被劾不
敬
武宗幸楊州買民舍自居仍以契付稅課局批稅藏
之
吳康齋與弼召至京師常以兩手大指食指作圈曰
令太極常在眼前長安浮薄少年競以蘆菔投其中

戲侮之公亦不顧
庚辰年至京師見智永千文二千字無一殘缺其前
有宋徽宗瘦金細書黄綾貼云梁釋智永真草千文
是李文正公家物
武功伯徐有貞初在張秋治水方畧未定或謂當大
濬一溝或謂當多開支河乃以一甕鑿竅方寸者一
又以一甕鑿竅方分者十並實水發竅十竅者水先
竭乃多開港汊以殺水勢
李尚書旻初以省元入監時丘瓊臺爲大司成
適曰浙江解元李旻見丘公怒其淺劣令即用其語
爲題作破冒李應聲曰以一省之名魁謁天下之宗
主丘公曰不然虛譽雖隆而實德則病者浙江解元
李旻然也
我朝科貢恩例四等入胄監濬日並許戴遮陽大帽
即古笠也吳文定公未及第時久困科場作詩戲咏
曰似傘難遮雨如鐃却畏風
高帝既制官員月俸仍有食鹽其關支之時馱負有
不勝者輒委棄於地帝偶見之問之乃刑部人也

帝曰此無他以多厭弃耳命刑部食鹽遞減十斤
況司徒鍾少貧賤有御史過聊城縣官發徒前驅公
在道中御史就輿中假寐忽見神人謂曰尚書導輿
能安坐耶覺而異之因物色諸執事見公年少狀貌
雄偉令縣收錄教之果大顯
正德初馬端肅公文升在吏部論試選人以宰相須
用讀書人爲題蓋正德者宋世西夏李乾順僭號故
取乾德故事諷之
李文正公久在相位忽有狂生遮道獻詩曰才名空

與斗山齊伴食中書日巳酉四首湘江春水綠子規啼罷鷓鴣啼文正見之不覺泣下急使人召之已失所在矣

明臣十節

柏臺崔銑

銑自童丱好訪求賢士大夫善行先君是之每舉以語銑及長遊四方又官兩都聞見日充南昌袁白先生張公告我尤詳庚寅秋八月獲忝後渠久京寡慮乃取其不疑者十節識于篇皆傳志之缺者云

正統初王振問大學士楊文貞公曰今九卿無山西人豈皆不賢者乎文貞曰僉事薛瑄其人也已而文清至京振使僕致餼于文清文清固却之僕曰公何駁與諸方而以千金求通于吾公不得惜君反却其餽邪禍將立至吾危君吾危君僕歸跪對振曰大權在我不厚鄉人以美官而乃餽酒肉彼却之固當已遷文清大理少卿又餽又却之亦不往謁未幾文清得罪

天順初岳先生正以修撰入閣・英皇召而問曰卿何以輔朕正曰今內臣武臣權重上須之曰已[illegible]公退告曹欽石彪令謝兵歸第不然上將有疑心二

內走告太監吉祥吉祥詣　上乘流免冠請死具道
所由　上曰無之乃召正責其漏言正曰固也臣觀
二家必有叛之誠即今無可恢之誅吾欲全君臣共
難之情故令早自爲計　上不説二內遂陷岳公西
戍尋即叛誅
天順末讒者謂　憲皇與泰嘗廢之當別立嗣　英
皇意疑之獨李賢不從一日　上病卧便殿召李賢
論曰今廢事頗寧顧大者反搖奈何賢曰此謂國本
也力陳不可動　上曰然則此位竟傳太子乎賢叩

頭賀曰宗社幸甚遂傳旨召太子須臾至賢曰殿下
事定趨入謝　太子抱　上足對泣讒遂不行成化
初李公遭喪奪情起　憲皇固眷云
段公名堅字可久蘭州人爲福山令李文達公薦遷
萊守二公竟未面也後改南陽段公尚教化凡屬史
不法者即案問民或良或奸相宜訓治識王凝齋尚
書張貢士純于微賤躬督令學皆成名儒其翕然向
禮女繯而殉夫死者二人公自往祭南陽至今美俗
公嘗被酒杖囚醒而忘其故是後飲既不笞

陽公繼宗知嘉興治一蒙强伏罪而釋之其民改行
杜門五年不出後以事入城行由治前擒公識之使
人召而來曰爾今爲吾良民矣遺米一斛勢人子由
內官謀署縣篆大璫帑金莫敢何公至收治追金御
史行部欲出之乃詰公曰盜有失主何人也公曰朝
廷即失主又詰曰原告何人也公曰知府即原告御
史慚而去公踰壯年即獨居在嘉興九年止一老僕
朝夕飯兩盂蔬兩豆而已夫人自其鄉來閱三日促
歸官滿即郡居宿客堂蔡介夫脩清操獨以絶欲爲

難能常歎公行自勵云
陳克菴先生選長憲河南守令用非刑者皆送吏部
不貸贓吏然受賂百金者要辭但列六七錢或問之
公曰汚人惜財如惜命如責賂厚彼挈而貨權人則
法撓而難除矣然吾權此待茲時非正法也太監汪
直被命巡都國威怖人主至汴自都御史以下俱合
參若朝禮然獨陳公長揖不屈直令左右負而劾公
呼曰內官乃辱朝廷大法司邪直愕然命釋公
成化中政理物豐臣無事譴內則宦戚外則閣部各

引私朋寘清䇿及閣注直吏今伇省礙咸萬氏繫寵
又進退大僚矣惟王端毅公著節焉公撫雲南乃擿
之危公鼎大體畧背務摧強仰窮雖錢閣亦必仰其
治士爽詳近畧遠凡政下川片紙直陳數言事妥詞
省滇人傳誦至今公治經就所行而究多與舊訓背
言宋諸儒可謂善言德行矣門人稱尊之丈不無過
實云
劉忠宣公大夏在司馬　孝皇眷之造膝奏對所謀
離輔臣不與聞一日　上張縱衣于內宮之隙屏左

明臣十節　八　四

右召公問曰朕守　祖訓不敢踰分滇民然各省歲
奏民窮而亡者何大夏叩頭曰臣在廣東久請言廣
事市舶一關歲所歛與省大小官俸禀捋稍縱又倍
從皆辦于民上曰此弊久病之但朕在內勢孤如陳
寬靖巳李榮康劣不足慮惟蕭敬悉故事朕所須間
然不假以權此事卒難大更但老者死或以罪罷不
以嗣代可也縱衣後一童關伏地竊聽未幾孝皇棄
天下忠宣竟戍甘州
成化中白沙陳獻章學禪而疎一峯羅倫尚直而率
定山莊杲好名而無實皆負巨望焉楓山章公懋質
約淳雅潛修黙成由四十年棄官還郡賀諫議欽鄭
御史巳皆責公交疎於陳莊公遜謝之後白沙受清
秩而交泛一峯行鄉約而戮族人莊晚又仕而敗章
公德行無瑕起掌南監日闡經訓勸士進德畧其瑣
屑常姬泰和羅欽順為司業方嚴沉密能裨公之教
董吏部玘稱公留心經世之務每一政先稽古與次
參經制折衷于道而定矩焉家故田居諸子躬操畚
治農邑令過訪諸子輟耰跪迎在司成其子自金華

明臣十節　八　五

徙任來省道逢廵檢笞之巳知請罪公笑曰吾子焉
衣弊履宜爾不識也論者曰古三不惑公有之矣
雍泰字世隆西安人剛果自任所治以威烈著稱許
襄毅曰世隆有克亂之才必死之節廵撫宣府指揮
李稽閒老西涯甥恃援横作雍公捕掠將寘之西涯
右稽怨雍公除名正德戊辰劉瑾盾虐縉紳有勸其
起時望以碁厭議者乃起雍公南國操江遂弄南司
徒公憤　不樂或問曰今將　公于朝政奚所先公
曰請戮劉瑾爾聞者吐舌巳瑾怨公不愧謝仍故除

名凡在先朝薦公者皆得重謹云

造邦賢勳錄畧

夏山王禕

文臣

楊元杲滁人累官應天府尹　安然開封人初授起居注累官工部尚書御史中丞十四年卒　郭彥仁無爲州人歷官嚴州知府　陳灌廬陵人上克武昌因弘文學士羅復仁謁上歷官寧國知府有治功　阮弘道滁人歷仕閩江二行省參政　鞠騰霄山東人素負才不讓　詹彥中淮人國初陞湖廣行省參政及去民立懷

治碑　劉辰金華人謁上授點籤奉使方谷珎珎令左右饋二姬以進辰叱之其人慚而退又爲湖廣御史知鎮江府累官刑部尚書　王宗顯烏江人累官至寧越二府開郡學延葉儀宋濂爲五經師戴良爲學正吳沉徐源爲訓導皆一時知名之士亂離後知文向學始于此　趙耀寧晉人以中書省提控官至北平參政　馬汝舟武陵人官常德知府　朱守仁徐州人歷官四川布政　周忠全椒人國初召尚能殿奏對稱旨　薛文勝龍州知州　許存仁謙之孫歷官博士祭酒

單安仁歷官兵部尚書　潘廷堅當塗人歷官中書
博士金華同知翰林學士　于黼歷官湖廣按察使
會脩大明令爲議律官　錢宰會稽人以老儒徵至京
纂修尚書節文　宋訥大名人歷官學士祭酒尤得師
道　御史大夫陳寧　學士劉三吾並茶陵人　陳遇居金
陵　上渡江以書扎徵至授供奉司問辭不受　上
數幸其第洪武初陳治要三授學官亦辭賜肴輿校
尉十人便其出入召令草平西詔受重賞遘疾　上
親賜藥于恭天順間至工部尚書危素以勝國名臣

仕我朝爲學上　上重其文學厚待之　秦從龍洛陽
謀畫帷中深見採納每以漆板書信問答人莫知
也乙巳求還鎮江　上餞之郊外握手爲別　張孟
兼江浦人洪武中爲太常丞自負爲文奴視同輩劉基
嘗爲　上言今文章士第一宋濂臣基次之又次張
孟兼歷官山東布政　秦約仕至禮侍郎以母老歸
入覲陳三事多裨益　沈德以文學選入文華殿説
書累官山東參政並德　全思誠以老儒召爲學士
何廣洪武中舉明經在都邑稱循吏在風憲有濂

揚在藩垣得方岳體並松人　吳雲以賢良授弘文校
書累官刑部尚書　楊得安由太學生歷官僉都並宜
興人　虞謙金壇人由監生累官大理卿天津衛倉火焚
糧數十萬御史按主守者盜之因火謙察其寃白上
得減死論又嘗上書言七事皆切時務　李民瞻揚州
人官至刑部尚書　馮諒以才能累陞尚書　楊靖
乙丑進士累官左都　李徵有幹濟才陞兵尚書並山
陽人　鮑恂以明經召授文華學士輔導東宮　貝瓊
徵修元史官至國博士　程本立由秀才出身官至

僉都並崇德人　殷近仁嘉興人國初以孝悌授平遙令以
所著蒞政戒銘四十二篇獻于朝擢廣西參政　嚴
震直國初以税戶官至工部尚書　陳援官大理丞
陳治平十疏　閻良輔常奉使暹羅國官至廣東廉
使　潘長壽由人材舉任僉都並湖州人　周淵壽昌人以
能書授舍人陞至四川參議　蘇伯衡文采敷腴國
初擢編修　鄭沂洪武末以人材召至　上以其孝
義即授禮部尚書並金華人　徐恢國初舉官戶部尚書
何初召修尚書會選並常山人　趙俶以儒士召爲司

業名重當時　呂升以教授陞江西僉事調福建有
蠙傷稼祝天大雷雨作蠙盡死並山陰人　桂彥良應召
命作香几贊授太子正字問治道以正心對而懲忿
窒欲爲本又條陳十二事名萬世太平治要上之
陶鑄爲御史正直不避嘗劾刑部尚書開濟不臣爲
福建廉使劾布政薛大方貪墨借名至京民爲之詩
曰閩使再來天有眼薛公不去地無皮　陳遠有晉
人風度召寫　御容賜金帶帛授文淵待詔並寧波人
嚴存心黃巖人　禮部侍郎　劉廸簡宜春人　國初徵授尚

寶副使陳時務進皇王大學通旨　劉崧禮部侍郎
權吏部尚書　梁伯與吉安人　嘗撰日本國詔冊旨官
至河南布政　曾魯新淦人　與修元史累陞禮部侍郎
夏恕刑部尚書賢良　劉世英僉都人村　石璞以教
職陞戶部尚書　趙瑁吏部尚書　趙翥工部尚書
並儒士　范敏戶部尚書秀才並河南人　張謙初爲御史再
薦試劉向說苑吏部奏第一授禮部侍郎　朱善累
官文淵學士並南昌豐城人　胡楨刑部尚書　于敬杭人春
坊中允　薛祥盧人工部尚書　秦逵太平人　由國學生

累官工部尚書　唐同新安人　歷官博士承旨兼吏部
尚書　高巽志博學能文與修元史官至侍講　朱
守仁徐州人　工部尚書　和希文學行過人官至刑部
侍郎　王克巳以文學起家至吏部試尚書　齊麟
太原　禮部侍郎　偰斯應天　戶禮二尚書　李敏工部尚
書　唐鐸兵刑二尚書　上重其德　郁新以才能
授戶部主事尋陞侍郎　金純禮工二尚書　吳斌
持法不撓朝廷重之官至左都　陳居敬戶部侍郎
揚冀安禮部侍郎　張泌光祿卿並中都鳳陽人　又左丞

汪廣洋　治書侍御秦裕伯　弘文學士睢稼　起
居注樂韶鳳　兵部尚書吳琳皆國初名臣可以表
一世者　宋思顏以元臣歸本朝辛丑七月　上視
事東閣時大熱坐久汗濕衣左右更衣以進皆經澣
濯者思顏曰　主公節儉如此誠可爲子孫法惟願
始終如一　上悅

武臣

徐達鳳陽人　以軍功封信國公元年加特進有誥云從
予起兵于濠上先存捧日之心迨茲定鼎于江南遂

作擎天之柱末云太公韜畧當弘一統之規鄧禹功
名特列諸侯之上克元都市不易肆人謂曹彬下江
南伯顏入臨安不是過也改封魏國公十七年卒追
封中山王謚武寧
常遇春懷遠人以軍功封鄂國公洪武己酉卒于柳河
川時征大寧追封開平王謚忠武
李文忠盱眙人上之甥以取應昌功最大封曹國公十六年
命領國子監事　上諭以爲國家育材之地公侯子
弟咸在非得威重老臣無以勸勵故命卿十七年卒

追封岐陽王謚武靖常師金華范祖幹
鄧愈泗州人以功封衛國公　上稱其智如淵之深不
可測也卒葬三山門西山原　車駕臨奠諭朱夢炎
爲碑文追封寧河王謚武順
湯和濠人三吳悉定除御史大夫賜誥有云麾精騎于
滁和渡義旗于姑孰金陵地闢明開日月之衢鐵甕
城環險據江山之境又云載嘉骨鯁之貞誠若鷹鸇
之搏擊二年封中山侯上稱爲熊虎之將二十八年
卒追封東甌王謚襄武

沐英濠人有功十年封西平侯十四年生擒達里麻于
曲靖雲南梁王懼先縊其妃自投水死二十二年入
朝　上宴之奉天殿二十五年卒追封黔寧王謚昭
靖
李善長定遠人初謁　上　上以長者禮之既定金陵
置江南行中書省以善長爲參議時　上保有江左
命將四征百凡供億皆善長傳給之辛丑二月議立
鹽法錢法茶法甲辰陞右相國論平吳功封宣國公
二年奉　詔編　祖訓定封建國邑及百官之制三

年議置司農司丙申進封韓國公誥命有功同蕭何
之語　上與陶凱論齋戒當致誠因謂善長曰人之
一心極難檢點心爲身之主若一事不合理則百事
皆廢所以常自檢心凡事必求至當今每遇齋戒必
思齊整心志對越神明七年　上移江南民十四萬
詣濠給與牛種使之開墾荒田永爲己業命善長總
其事二十三年卒
馮勝定遠人有功三年征西北上番封宋國公賜誥有
云居京師則除肘腋之患誅張昶歷征伐則建爪牙之

功三十二年卒
胡大海虹縣人 有功歷官江南行省參政守金華苗軍
叛陽請大海至八詠樓下觀弩遇害封越國公
馮國用定遠人 初謁 上妙山問計以定鼎金陵不貪
不殺爲對嘗以一身宿衛帳下令降將四繞以安反
側卒年三十六 車駕臨葬追封郢國公
耿再成泗人 從征有功守處州苗軍作亂大罵不屈而
死追封泗國公賜茶果山園地一千七百畝以奉祀
趙德勝累有功從朱文正守南昌癸卯陳氏攻城德

勝中弩卒于私第追封梁國公
廖永忠巢縣人 有功嘗與呂珍戰不利爲所獲士誠欲
降之不屈卒于蘇州 上親製文祭之追封鄖國公
俞通海巢縣人 友諒中矢死俘其御舟征張氏敗寇兵
于滅渡橋中流矢卒追封號國公謚忠烈
丁德興弟 上偉其貌以黑丁呼之圍蘇州卒于軍
追封濟國公
張德興合肥人 友諒犯龍江追戰采石卒于戰追封蔡
國公

耿炳文濠人 吳平論功降褒諭有今日之功無忝古之
名將等語三年封長興侯二十三年死于戰
吳良守通州使張氏不敢西侵以是 上得畢力于
友諒 上嘉其功命宋濂爲文美之三年封江陰侯
傅友德碭山人 累有功嘗面中一矢鏃出腦後不爲沮
三年封潁川侯
廖永忠巢人 征西廣立大功二年封德慶侯八年卒
吳禎良弟 平福建三年封靖海侯
陳德濠人 從征有功丙申平浙右繼靖中原封臨江侯

十一年卒追封杞國公謚定襄
費聚有軍功守關陝尤著績封平涼侯二十六年卒
王志濠人 以功封六安侯三十九年卒追封許國公謚
襄簡
鄭遇春濠人 與兄遇霖同輔 太祖論功封滎陽侯二
十三年卒
康鐸才之子 從征雲南漢北皆有功封蘄國公
郭子興濠人 克漢吳有奇功三年封鞏昌侯十六年卒
謚宣武

趙庸廬人有功三年封南雄侯二十三年卒
楊璟合肥人三年封滎陽侯十五年卒謚武侯
朱亮祖六安人三年封永嘉侯十三年卒
汪興祖巢人三年封東勝侯有過不與券
薛顯沛人三年封永城侯二十年卒謚桓襄
俞通源三年封南安侯二十二年卒
蔡遷有功累官廣西行省參政二年卒上親爲文述
其功
韓政三年封東平侯十七年卒

黃彬三年封宜春侯十六年卒
梅思祖歸德人自張王來歸　上即授大都督制有云
辟項歸劉知同曲逆舍闇去術識擬伏波語極褒賞
之三年封汝南侯十五年卒
陸聚三年封河南侯十三年卒
華高和州人三年冬以軍功封廣德侯卒以無嗣納券
墓中　康勝宗三年封延安侯　陸仲亨濠人三年封
吉安侯後以脅借得罪　曹興國十二年征西番論功封懷
遠侯　周武十二年封雄武侯　周德興濠人三年封

江夏侯　華雲三年封淮安侯　顧時三年封濟寧
侯　國初從征有功封侯者不止是又有舳艫侯朱
壽　鶴慶侯張翼　永寧侯張詮　鎮遠侯顧成
十二年以征西功封侯者靖寧侯葉昇　定遠侯王
弼　安慶侯仇成　鳳翔侯張龍　安陸侯吳復
永平侯謝成　航海侯張赫　十六年以南征功封
侯者東川侯胡海　普定侯陳桓　崇山侯李彰
武定侯郭英　洪武前後不封侯授以軍職者莊齡
孫世盧高顯丘廣陳文陳淸胡通繆大亨何文輝張

彬戴德金興旺王成單發王簡何德張溫楊文趙圭
並至都督僉事　王眞潘毅徐司馬袁義王臻王德
陶文輿潘敬並至指揮　王玉宋朝用湯昌並至元
帥　趙曦桓密院判　謝彥劉謙袁洪陳勝陸旺並至
都督　胡淵至四川都司　張旭孫繼達何文政濮
瑛胡天福俞輔王雄唐英湯克明從鑑常守道趙監
陶成楊義韓春胡保舍霍輝武尉劉聚袁政秦友諒
翁子奇皆指揮同知僉事等官
袁義二十三年入朝　上惜其老命太醫院爲之染

鬒　吳裕爲溧水令有聲　上作褒賢頌送之
郭英　上呼爲郭四嘗有急連呼之英持鎗躍馬奮臂大喝賊應手而隕　上解所御赤戰袍衣之曰唐之尉遲敬德不是過也

備遺錄

新淦張芹

太常寺卿黃公

公諱子澄江西分宜人初名湜以字行博學多才洪武癸亥貢入太學明年京闈鄉試第二乙丑會試第一進士及第第三授翰林院修撰尋兼春坊官侍東宮講讀累遷太常寺卿太孫立諸王多不心服一日太孫坐東角門召子澄告曰諸王尊屬各擁重兵何以制之澄以漢平七國事爲對太孫喜曰得先生謀

吾無慮矣及即位有言周齊湘代岷五府爲變者朝罷召子澄謂曰先生憶昔東角門之言乎子澄曰不敢忘也遂與齊泰謀遣李景隆往執周王徙代王于邊以兵圍湘王于荊王自焚死洮齊王囚之京師珉王降爲庶人　燕邸亦加誚讓朝廷以子澄爲功褒賞之己卯七月靖難兵起移檄誅子澄及齊泰等耿炳文既敗詔李景隆率兵百萬以往景隆自負文武林子澄授以指畫景隆依違而已子澄甚憂之未幾景隆戰敗奔還京師赦不誅子澄哭諫曰景隆出師

無紀意在觀望不誅之以謝宗社何以懲將士不聽已而徐凱盛庸繼踵敗衄顧成等皆降子澄撫膺慟曰大事去矣萬死不足贖誤國之罪矣乃賦詩以志痛詩曰仗鉞曾登大將壇貂裘遠賜朔風寒出師無律眞兒戲負國全身獨汝安論將每時悲趙括攘[illegible]何日見齊桓尙方有劍憑誰借哭向蒼天幾墮冠聞者哀之尋用廷臣議謫子澄及泰于遠方以快敵意其實陰使之募兵也時諸將猶守淮南而　文廟之師渡江矣京城破子澄死之宗黨連坐者甚衆

兵部尙書齊公

公諱泰應天府溧水人洪武丁卯鄉貢進士始名德後受知於　高廟改賜今名筮仕禮部主事一日雷震謹身殿　上躬禱於天擇九年無過官陪禮泰與焉乙亥爲兵部左侍郎戊寅進本部尙書嘗被召問邊將姓名泰歷數無遺又欲考諸圖籍泰出袖中手册以進自是益承眷遇及　上棄羣臣泰與受顧命輔嗣君日見倚重遂與黃子澄議削弱諸藩邸及靖難兵起泰主用兵之策命將出師多其籌畫嗣君惟召學士輩討論周官法度處便殿弄翰墨而已閫外事一以付泰泰遂移檄指斥　親王或難之泰怒曰名正言順敵乃可服是何言邪語聞泰罪遂重泰以谷王瀛師遁還慮遼寧二府爲變召還京師寧王與靖難師合惟遼王至始與北兵戰猶互有勝負及勢不可支乃謫其官以求解兵時二年七月也李景隆奏書　文皇謂齊黃皆已屏竄遐荒可息兵矣　文皇不信進兵益急尋召泰還而京城已定嗣君出走泰追之不及至廣德州時翰林修撰王叔英在州募

兵以泰爲貳令州人執之既至泰告之故乃釋與圖再舉後被執不屈而死親黨連及者數百人或云泰之脫走也其所乘白馬極駿慮人識之乃以墨塗黑焉既而行遠馬汗流墨脫竟爲人所蹤跡

翰林侍講方公

公諱孝孺字希直一字希古別號遜志浙江寧海人父克勤爲濟寧太守子三人公其仲也生之夕有大星墮於其所自幼精敏絶倫雙瞳炯炯如電日讀書積寸年十四五侍父北遊歷齊魯故墟覽周公孔子之廟宅求七十子之遺蹤慨然以爲彼七十子縱顏

閏未可幾及其餘若樊遲冉求輩使與之同時豈皆
讓之但今世無孔子者出不得所依歸耳由是精思
力踐進修不已弱冠從學宋濂時濂所收皆天下名
士公五經百家皆已緼籍凡理學淵源之統人物絕
續之紀盛衰機微之載名物度數之詳靡不研精離
析而會歸於大道謂化民必自正家始作宗範九篇
以告宗人嘗卧病絕糧家人以報輒曰古人有三旬
九食飢無儲粟者窮豈獨我哉因相與大笑而止父
嘗被誣謫戍江浦上疏乞代役不報洪武十五年吳

沉揭樞等薦公可大用聘至入見稱旨　上謂太孫
曰此莊士也當老其才以輔汝試靈芝甘露論論遣
還家丁卯復召至　上方重賞罰以其志存教化謂
左右曰今非用孝孺時乃擢將仕佐郎漢中府學教
授蜀獻王延之處以賓師使之講經論文無虛晷當
時蜀治依於禮樂公之功也丙子校文應天府戊寅
太孫即位召爲翰林侍讀學士每臣僚奏事必命公
就扆前批答言聽諫行近古所無公嘗作書事詩曰
斧扆臨軒几硯閒春風和氣滿龍顏細聽天語揮毫
久攜得香煙兩袖還風軟彤庭尚薄寒御爐香繞王
闌干黃門忽報文淵閣天子看書召講官其相與如
此時朝議削弱諸藩公與其謀靖難師起移檄誅姦
臣公名與焉姚廣孝嘗啟　文廟曰殿下入京慎勿
殺方孝孺殺此人天下讀書種子絕矣王是勢迫公
自分必死乃作絕命詞其略曰天降喪亂兮莫知其
繇姦臣得計兮謀國用猶忠臣發憤兮血淚交流以
死殉君兮抑又何求嗚呼哀哉兮庶不我尤既而
文廟踐祚求代草者廣孝薦公召之數回乃以衰服

入見慟哭不止授以筆投之地　文廟曰吾效周公
輔成王而來公曰既稱周公輔成王今成王安在且
成王既沒當立成王之子因有滅十族等語　文廟
大怒　命割其舌乃含血犯御座語極不遜磔之至
死乃已遂誅其宗親八百四十七人焚夷其先人墓
後　仁廟嘗與近臣論及曰孝孺是箇忠臣永樂二
十二年十一月御劄禮部建文中姦臣正犯已受顯
戮家屬初發教坊司錦衣衛浣衣局并習匠及功臣
家爲奴今有存者既經大赦可宥爲民給還田宅於

是惟一子婞魏氏得歸即其故居立祠祀之所著遜志齋集行於世盛大司寇景隆文子好賢下士與公交館甚篤景隆之帥師北伐由公薦之既而兵敗不能渝有異志人多知之以告建文建文雅信公遂不復疑卒開門以降蓋不免於讒間也

副都御史練公

公諱安字子寧以字行江西新淦人父伯尚洪武間爲起居注以直言忤旨謫歸德州同知後遷臨安鎮江二府通判卒于官公性資英邁志操不凡幼從鄉長者竹莊先生遊竹莊命賦水竹村居有千山暮雨石泉通一夜春雷籜龍長之句竹莊甚奇之後遊邑

庠與金公幼孜相友善嘗謂之曰子異日必爲良臣我當爲忠臣洪武甲子領鄉薦明年入對大廷極言朝廷用人徇其名而不求其實以小善而迅進之以小過而迅戮之因歷陳古人所以教養任用之道言甚剴切　高廟嘉之擢第二名進士及第授翰林院修撰公益以名節自礪於是聲望藹然未幾以母喪去位力行古喪禮服闋陞吏部左侍郎尋遷御史臺左副都御史革除間與方公孝孺等特見信用靖難師起公極論曹國公李景隆姦邪不忠一日於朝班內執景隆數其罪奏請誅之不聽公憤激稽首請先伏誅遂罷朝師既渡淮靖江府長史蕭用道衛府紀善周是修上書論大計指斥用事者罪書下羣臣及兩人議用事者怒盛氣以詬兩人公言國事至此尚不容言者乎願所論者過有則改之無則加勉詬者愧而止　文廟繼統召公責問公不屈而死姻親被逮戍邊徼者甚衆惟吉水錢氏得免及錢公習禮仕於朝爲鄉人所持恒懷不安以告少保楊公榮楊公乘間以聞　文廟欣然曰使練子寧今日在此朕固

當用之耳後同知王佐輯公遺文一帙序之曰金川玉屑集提學副使李夢陽立金川書院祀公父子名其堂曰浩然而刻石記焉

禮部右侍中黃公

公諱觀字瀾伯一字尚賓池州貴池人父贅于同邑許氏從其姓公既仕始復姓公自幼穎異長受業於元翰林制黄公殷士天兵入大都殷士死之公益砥礪以忠義自許洪武庚午領鄉薦辛未入對禦、　策大要以大道福善禍淫之機人事練兵講武之法爲

言　高廟嘉之擢狀元及第授官翰林尋陞禮部右
侍郎革除年間改官制增侍中員次尚書以公爲之
與方公孝孺等日見親用靖難師既渡淮公徵兵上
游率諸郡入援奮不顧家且行且募兵至安慶聞京
城已定痛哭謂人曰吾妻素有志節必不受辱遂招
魂葬之江上明日家僮自京逃來果言夫人翁氏暨
二女俱被執有象奴得之叱取釵釧出市酒餧夫人
遂攜二女率家屬十人赴淮清橋下溺焉公舟至李
陽河度大事已去不可爲乃東向再拜於羅汊磯湍

水急迅紿舟人奮櫂遂自溺焉郡人柯暹嘗爲傳其
事匿不示人後知縣清江龔守愚於公所居故址學
宮之西立祠祀之

禮部尚書陳公

公諱迪字景道寧國宣城人曾祖巨卿元江州路總
管祖宥賢父仲康撫州守禦千戶所百戶公自幼倜
儻有志操洪武初辟郡學訓導己未以通經召除翰
林編修乙丑陞侍講預修大典辛未陞山東布政司
左參議捕蝗弭盜民甚德之甲戌丁內艱奪情起服
辭不允乙亥陞雲南左布政使時曲靖烏撒烏蒙等
處苗賊猖獗公率師擊破之獻俘於　朝有白金綵
幣之賜戊寅陞禮部尚書革除二年水旱求言公條
陳清刑獄恤流民等事多見采納尋加太子少保辭
所兼俸不受靖難師起公與太常寺卿黃子澄兵部
尚書齊泰等上疏陳大計　文廟繼統召公責問公
不屈與子丹山鳳山等六人同剮于市丹山等哭叫曰父親累我輩也迪曰今且休說這話一云迪之臨刑也　文皇命割其子肉塞入迪口令自啖之問曰好喫否迪曰這是忠臣孝子底肉香美好喫我若是亂臣賊子云云初廷臣同約死義者二

十五人惟鄭賜黃福尹昌隆歸附後數十年有司於
公故居立祠祀之

戶部侍郎卓公

公諱敬字惟恭浙江瑞安人後徙滄洲博學多能談
論英發天文律曆地理兵刑皆造其奧十五六歲時
讀書簣香山嘗夜歸值風雨路得一牛騎以行及門
縱之則虎也洪武戊辰繇進士爲給事中嘗言諸王
服飾踰制　高皇笑而納之歷宗人府經歷進戶部
侍郎革除初　文廟入朝卓密奏曰　燕王智慮絕

人酷類　先帝夫北平者強幹之地金元所繇興也宜徙燕封南昌以絶禍萌夫萌而未動者幾也量時而爲者勢也勢非至剛莫能斷幾非至明莫能察䟽上建文君大驚袖而入事竟寢後靖難兵入有執敬數之曰此得非前日奏我諸王者邪敬厲聲對辭不遜且曰若用敬言王何能至此　上怒欲殺之繫之獄使人諷之受官不屈姚廣孝乃借吳不殺范蠡而蠡卒滅吳王衍不殺石勒而勒終滅衍夫敬言誠見用　陛下豈有今日於是斬敬夷三族

左拾遺戴公

公諱德彝浙江奉化人洪武甲戌進士第三授翰林編修甫三載陞侍講　上諭之曰官翰林者雖以論思爲職然旣列近侍旦夕在朕左右凡國家政治得失生民利病當知無不言昔唐陸贄崔羣李絳之徒在翰林皆能正言讜論補益當時顯名後世爾宜以古人自期待哉公與侍讀張信皆頓首謝繇是感奮思所以稱　上意拾遺補闕直聲振於朝改監察御史益善于其職革除閒改左拾遺靖難師旣迫與黄子澄齊泰方孝孺練子寧胡閏宋徵韓永等日夜謀策防禦後俱死難

都給事中龔公

公諱泰字叔安浙江義烏人九歲而孤母傅氏躬教之洪武丙子領鄉薦入太學授户科給事中辛巳遷都給事中壬午六月靖難師駐金川門與妻傅訣曰國事至此吾分死矣爾齋勑攜幼穉以歸否則俱溺于井庶可免矣言未竟火起内庭公馳赴之道爲兵校所執見　上於門外命非姦籍者釋之公亦釋遂從城上投下而死時年三十六

太常寺少卿廖公

公諱昇洪武中爲五軍都督府斷事二十九年六月遷太常寺少卿革除中修　太祖實錄與侍讀學士高巽志俱爲副總裁壬午六月京師平自縊死

副都御史陳公

公諱性善初名復以字行浙江山陰人洪武丁丑進士授行人司副遷翰林檢討動止安雅書法精妙上嘉悦之超拜禮部左侍郎革除間以副都御史監

李景隆軍北伐自溝河之敗朝服躍馬入河以死之

大理寺少卿胡公

公諱閏字松友江西鄱陽人嘗題竹詩于吳芮祠壁聞 太祖征陳友諒時見之深加歎賞陰記其姓名（詩云幽人無俗懷寫此蒼龍骨九天風雨來變化作靈物）後以薦至闕 上識之曰此題詩鄱陽廟者也授都督府經歷革除間累遷大理寺左少卿靖難兵入京師死之

宗人府經歷宋公

公諱徵革除間建議親藩不順削其屬籍故靖難之

兵討焉事平就戮其詳不可考

翰林修撰王公

公諱叔英字原采號靜學浙江黄巖人洪武中爲漢陽縣知縣革除初召爲翰林修撰上資治八策曰務學問曰謹好惡曰辯邪正曰納諫諍曰審才否曰慎刑賞曰明利害曰定法制皆援古證今鑿鑿可行且曰 太祖皇帝除姦剔穢抑強鋤梗如醫者之去疾農夫之去草然急於去疾則或傷其體膚嚴於去草則或損於禾稼固自然之勢今體膚疾去之餘則宜調燮其血氣禾稼草去之後則宜培養其根苗亦宜然之理也識者知公有經濟遠略靖難師起公奉命募兵廣德知事不可爲乃沐浴具衣冠書絶命辭曰人生穹壤間忠孝貴克全嗟予事君父自昔多過愆有志未及竟奇疾忽見纏肥甘空在案對之不能餐意者造化神有命歸九泉嘗聞夷與齊餓死首陽巔周粟豈不佳所見良獨偏高蹤遠難繼偶爾無足傳千秋史臣筆慎勿稱希賢又書於案曰生既久矣愧無補於當時死亦徒然庶無慚於後世遂自經而死

公將死以書抵祠山道士盛希年曰可葬我祠山之麓希年卒收葬之後廣德知州莆田周瑛重修公墓立石爲記

兵部尚書鐵公

公諱鉉河南鄧州人洪武間繇國子生授禮科給事中一云初爲都督府斷事奏對詳明 高廟喜之字之曰鼎石嘗有訴藩府違法狀者召至屬法司鞫之數日獄未成 高廟怒屬公鞫之片時而成自是益見愛重凡法司有疑獄必以屬公未幾擢山東布政

司參政靖難師起曹國公李景隆奉命出師駐德州公督漕運飛芻挽粟水陸並進未嘗乏餉俄軍敗南奔公與斷事高公巍相遇於臨邑遂協謀募兵固守濟南既而被圍相持不下城有攻破者輒完之受圍既久乃伏兵門内開門詐降欲誘　文皇入城下閘板閘之幾中其計已而出兵戰城下靖難師大敗奔還比三月圍始釋事聞賜金幣封三代入謝陞右布政使尋陞兵部尚書佐大將軍歷城侯盛鏞總天下兵北伐　文皇繼統以計擒之械至京師責問不屈

而死

刑部尚書侯公

公諱泰不知何所人革除間爲刑部尚書靖難師起公主抗禦之策壬午二月運糧至濟寧諸郡五月復運糧至淮安時京師已告急六月赴京行至高郵被執七月十日就戮

戶部主事巨公

公諱敬山西平涼人革除間爲戶部主事與陳迪等俱被責問不屈而死

監察御史甘公

公諱霖安慶懷寧人洪武丁卯領鄉薦爲監察御史持正不屈　文皇即位執迷不從被執求死乃伏誅

鄒魏二公

鄒公諱公瑾魏公諱公冕俱江西永豐人鄒爲大理寺丞魏爲監察御史靖難師駐金川門有約開門迎納者二公率同僚十八人即殿前毆之幾死其日蝦朝二公大呼曰請速加誅臣等義不與同生不聽次

日宮中自焚死　文廟繼統二公俱自殺

僉都御史景公

公諱清陝西真寧人革除間爲僉都御史以剛直聞　文皇入南都清死之一云　文皇既即位清陽臣服而陰懷豫讓之志一日　文皇夜夢有紅衣人執刃闖不軌者遂驚覺明日視朝令遍搜羣臣清果衣紅而潛挾利刃詰之對曰欲爲故主報讐耳乃用鐵箒刷其肉至盡親屬連坐者尤衆

給事中陳公

公諱繼之福建莆田人登革除二年進士授戶科給事中以江南僧道多占腴田蠶食百姓乃奏請僧道

入給五畝餘以賦民從之靖難師起公累有建明興
肆指斥　文廟繼統召公責問不屈而死

吏部尚書張公

公諱紞字昭季別號鷗菴陝西富平人父號月川文
行知名公於識通敏洪武間由明經舉歷雲南布政
司右參政進左布政使凡雲南土地貢賦法令條格
祀神壇祠公署廨宇與夫上下典儀公用程度悉公
裁定　民心孚遠近奠安洪武三十年三月入覲考
最爲天下第一三十一年爲吏部尚書　文廟繼統

命公與戶部尚書王鈍俱以半俸致仕公遂自經于
部之後堂

監察御史曾公

公諱鳳韶江西廬陵人洪武末年進士革除間爲監
察御史嘗侍朝班彈劾無所避忌聞者駭愕靖難師
起議遣使致書請罷兵歸國無敢行者公獨請行至
軍前不納公取竹通節入書鼓風達之亦不報　文
廟繼統嘉其直復以御史召不赴尋加侍郎召又不
赴乃刺血書憤詞於襟其略曰予生居廬陵忠節之
邦素負骨鯁之強讀書而登進士第仕宦而至繡衣
郎慨一死之得宜可以含笑於地下而不愧吾天祿
囑妻李氏子公望勿易衣遂自殺時年二十九李氏
亦死於節

副都御史茅公

公諱大芳泰州人洪武間以儒士應辟典教淮南考
績入朝　高廟召對悅之擢秦府長史且勉以董子
輔相之業公以特受隆遇懼無以稱益自感激諫諍
彌綸得大臣體踰年秦國稱治革除間累官副都御

史靖難師起公以詩寄淮南守將梅殷曰幽燕消息
近如何聞說將軍志不磨縱有火龍翻地軸莫教鐵
騎渡天河關中事業蕭丞相塞上功名馬伏波老我
不才無寸補西風一劍一悲歌聞者壯之　文廟繼
統不屈而死

刑部侍郎胡公

公諱子昭字仲常一字伯尚舊名志高方孝孺之教
授漢中也公從之遊後以儒士薦至京師　高廟重
之革除間爲史官歷山東按察僉事遷刑部侍郎士

午九月十一日受戮（四川嘉定州榮縣人）

戶科給事中黃公

公諱鉞字叔揚蘇州常熟人洪武初以太學生授典史後登革除庚辰進士選戶科給事中以憂家居壬午歲自投琴川橋下死

兵科給事中韓公

公諱永陝西西安人（一云山西平山人）革除中爲兵科給事中（一云戶科）與陳迪巨敬戴德彝等俱被責問不屈而死

監察御史王公

公諱度字子中惠州歸善人由明經儒士授山東道監察御史有直聲嘗監革除二年會試壬午七月以姦黨發賀縣千戶所充軍後出不遜語坐族誅

監察御史高公

公諱翔陝西朝邑人有文學洪武中以明經薦授監察御史所論奏皆關國家机事　文廟素聞公名及繼統召公將用之公喪服入見語又忤　旨乃坐族誅

翰林修撰王公

公諱艮字敬止江西吉水人庚辰進士（初取狀元擬傳臚以貌不及胡廣乃以廣易之公次焉遂遵洪武乙丑事例首甲三人皆授翰林修撰）間靖難師起憂但不食日就羸憊以辛巳九月卒革除君聞之遣禮部侍郎黃觀諭祭于家（吉安志云文廟繼統羣臣多往迎附公慟哭與妻子訣是夜服腦子死非實）

散騎舍人廖八

公諱鏞無爲州巢縣人德慶侯權之子革除間以元勳後任散騎舍人見用癸未四月十日就戮（母湯氏東甌王長女也入浣衣局弟銘鉞俱流運）

浙江按察使王八

公諱良字天性河南開封人居常以忠孝自許建文辛巳坐事以刑部侍郎左遷浙江按察使謁岳飛墓誓曰苟愧武穆非人也壬午六月聞難慟哭誓必死會　命使召公公集本司及各道印于私第嗟歎者久之妻問故公曰我分應死顧思所以處汝未決耳妻曰我則不難處君爲男子乃爲婦人謀乎遂投池水而死公即列薪于戶命妾抱幼子往某僉事家以宗祀爲託遂闔室自焚事聞　上曰死自其分燬印

可罪耳徙其家于邊

江西按察副使程公

公諱本立字原道別號巽隱族出伊川遠祖杞自開封徙杭曾祖鵬自杭徙秀州崇德父德剛生公於鳳鳴里公少有大志聞金華朱彥修兄弟得考亭之學於許文懿公乃往就學造詣日深洪武丙辰舉明經秀才擢　泰府引禮舍人召見　奉天門下　賜馬疋楮幣在任五月以母艱去庚申服除補　周府禮官從　王之國大梁丁卯春從　王朝京師被累謫

雲南馬龍他郎甸長官司吏目曹家大梁以一僕之任所部百　叛逆公單騎深入為書諭以禍福諸夷感悅邊事以息時西南當王師初靖餘孽尚驕長官不能戢遂屢生變公因剏為賑濟安撫之計身歷艱險自楚雄姚安以逮大理鶴慶麗江永昌咸賴其撫綏由是軍民得安戊寅奏計京師府尹向瑤學士董倫交章薦其文行乃徵入翰林纂修　高廟實錄陞左僉都御史辛巳歲以失誤陪祀謫除仍留翰林纂修明年實錄完謫江西按察副使未及行適靖難兵渡江公有所見而遂自盡實壬午六月十三日也官因追其恩典家無遺貲時稱為清御史所著有巽隱集四卷藏于家

徽州府知府陳公

公諱彥回福建莆田人父諱立誠洪武間歷仕州縣以罪被誅家屬發戍雲南之臨安多道卒比至蜀惟公與祖母郭氏存既而遇　赦無資以還乃依定遠知縣鄉人黃積良以居遂從其姓更名禮求幾積良亦謫去公轉依南充縣丞于中和其後閬中教諭嚴

德政以明經薦公為保寧府學訓導九載考績　高廟親擢為平江知縣明年　高廟晏駕公捧香入臨給事中楊惟中等薦陞知徽州府明年朝覲考嚴稱職賞賚甚厚其年冬丁郭氏憂徽民詣闕奏留未報革除己卯春公乃疏其改姓歷官情罪乞正名籍乃罷為民尋命復官留治郡事公復上疏乞終制得許歸葬葬畢即回郡供職明年復涖徽州會靖難師起公募義勇赴援　文廟繼統械至京師不屈而死

寧府左長史石公

公諱撰山西平定州人洪武中爲寧府左長史　太
宗靖内難諸郡縣皆下撰在大寧獨爲守備　上怒
攻拔之得撰不爲屈遂支解而死

遼府左長史程公

公諱通字彥亨績溪人祖平素業儒洪武初謫戍延
安有同謫而旅死者平遣子以誠負遺骨歸其家其
家以貧故不納又買地葬之公少有至性動必遵禮
以縣學生貢入太學聞父喪徒步歸葬廬墓下三年
哀慟毀瘠妻子至不相識時平已老公上書言臣壯

而無父祖猶父也臣祖老而無子孫猶子也更相爲
命願代其役辭極懇切　上歎曰孝哉若人命兵部
除其籍驛送平還鄉後舉應天府鄉試授遼王府紀
善以祖喪免歸復廬墓三年服闋進左長史從　王
之國靖難師起朝廷遣人告急通草上封事數千言
進之　文皇入繼大統知公有封事詔械詣京師死
之家人戍邊錄其家得田數十畝遺書數十百卷而
已公初讀書即勵志聖賢之學故所立如此

衛府紀善周公

公諱以德字是修以字行江西泰和人洪武間爲霍
丘訓導入見　高廟問曰汝年幾何對曰年四十四
又問曰家居何事曰導人爲善而已　高廟喜擢周
府奉祠正革除初年有訴王府不法者官屬皆下吏
公以嘗諫得免改衛府紀善任編纂於翰林靖難師
起公數論國家大計及指斥用事者誤國用事者怒
共挫折之公不爲動師入金川門公留書別友人江
仲隆解縉胡光大蕭用道楊士奇且付後事暮入
應天府學自經死越數月御史言公不順天命請加

追戮　文廟曰彼食其祿自盡其心耳置不問公平
生負氣節嘗曰忠臣不以得失爲憂故其言無不直
貞女不以死生爲慮故其行無不果卒能償其志云

沛縣知縣顏公

公諱瓌字伯瑋江西廬陵人唐魯公眞卿之後以賢
良徵授徐州沛縣知縣未幾靖難師起所過郡縣皆
歸附公獨以死自誓時曹國公出師駐德州公督民
給軍餉措畫有方未嘗闕乏辛巳六月靖難師直擣
濟寧過沛沛民竄匿公招來之九月設沛豐軍民指

揮司集民壯五千人築堡備禦壬午正月靖難師駐沙河二十二日攻沛公遣縣丞胡先詣徐州告急既而度不能支預遣其子有爲出走告之曰汝還家白大人子職弗克盡矣題察院壁曰太守諸公監此情只因國難未能平丹心不改人臣節青史誰書縣尹名一木豈能支大廈三軍空擬築長城吾徒雖死終無憾望采民艱達 聖明交二鼓師入東門指揮王顯迎降公冠帶升堂南拜大哭曰臣無以報國矣乃自經死其子不忍去復還公已死矣遂自刎以從俄

擒主簿唐子清典史黄謙至亦死之縣丞胡先收公父子屍葬沛南關題曰顏公墓

前斷事高公

公諱巍字不危山西遼州人洪武十五年應貢入大學十七年以孝行被旌表尋授前軍都督府試左斷事十八年上疏欲墾河南山東北平兵後荒田及抑末役慎選舉惜名器數事 高廟深嘉納之後因斷事不稱 旨當罪以議賢謫戍貴州關索嶺仍許以姪代役革除初年上疏陳情乞歸田里許之既而遼守王欽辟送赴銓曹靖難師起公建議乞效主父偃下推恩之令分封藩王子弟以少其力遂命公從曹國公李景隆出師參贊軍務公累上書 文廟請罷兵歸國不報俄而戰敗隨景隆南奔遇督餉參政鐵鉉於臨邑遂與協謀固守濟南頗著勞績後從征晉陽鴈門等處既而聞京城已定乃縊死驛舍

北平左布政使張公

公諱昺山西澤州人 國初舉人材華除閒爲禮部侍郎時欲削弱諸藩凡王封所在悉更置守臣以素

負重望者居之乃以公爲北平左布政使公察 文廟必起兵遂與都指揮謝貴以在城七衛及屯田軍士列九門防守掾吏李友直泄其謀會朝廷遣內官逮護衛官屬 文皇召公及貴入府執之皆不屈而死己卯七月六日也屍得還葬及繼統族誅其家後 上屢夢公等被髮爲厲 命出其屍焚而棄之面猶如生

濟陽教諭王公

公諱省字子職江西吉水人洪武壬子領鄉薦明年詔免會試命吏部次第擢用之公以親老乞歸養復

以文學應徵　高廟親試稱旨例當殊擢公以才溥力弱親老乞便遂授浮梁教諭尋丁外艱起改睢陽八年改濟陽靖難師至濟陽公爲遊軍所獲從容引譬辭義慷慨衆舍之公乃陞明倫堂召諸生謂曰若等知此堂何以名明倫今日且都不說只說君臣之義一節如何遂大哭諸生亦哭遂以頭觸堂柱而死後有司立祠學宮祀之其子禎爲夔州通判亦死于賊

蘇州府知府姚公

公諱善字克一湖廣安陸州人初姓李後復今姓志行純實學識高遠工詩洪武中由鄉舉歷祁門丞同知廬州重慶所至有能聲三十年擢知蘇州冶爲列郡最隱士王賓獨居陋巷公往候見舍車騎詣門賓問爲誰應曰姚善乃開門延語及賓報謁面府門再拜而去公自邀還賓辭曰非公事不敢入也又將候韓奕奕避入太湖公歎曰韓先生可謂名可得聞面不可而見也己卯靖難師起公畫策勤王與有勞焉壬午京師平時黃子澄朝廷索之急避於公所約與航海公曰在公則可在善則不可善守土之臣當與城存亡子澄去善竟伏節而死或記云當時燕師日廹建文召與方孝孺用漢破七國之策貶齊黃于外善言于朝曰齊黃文武才器可以扶顛濟危者反置之散地不用今事狼狽須急召之詢其姓名不對再三詢之則曰於今人才豈有過於黃太卿哉遂復召二人不至則是善嘗在朝也然其詳不可考矣

燕府長史葛公

公諱誠不知其所以進靖難師未起時　文皇嘗病中暑布政使張昺偕三司官入問疾見　文皇四圍皆着火爐猶自呼寒皆懼危篤獨誠密語云非病也

不得于上故耳因令人上變會　文皇遣人至京奏事齊泰等言于建文君執之既成獄即發符逮王府官屬後謀不果見殺族其家

教授俞公

公諱逢辰南陽鎮平人兵起時以泣諫被戮

陝西按察僉事林公

公諱嘉猷本名鼎以字行浙江寧海人洪武中以儒士校文四川後入史館累遷陝西僉事嘗得　燕邸密事以告方孝孺壬午九月丁亥被戮收遣錦衣千戶張女齋書

許世仁襲封公諱也

寧波知府王公

公諱璡字器之莒州日照人學通經史長於春秋初任教授謫遠方洪武末以賢能薦授寧波知府清儉律己平易近民杜私謁革吏弊政敎兼舉而自奉儉約一日見饌有魚肉大怒命撤而瘞之號埋羹太守惟痛繩武人之不法者以故軍衛懟之靖難兵迫方造船航海勤王爲軍衛縛送京師　文皇問造舟何爲對曰由海邇瓜州以截來路耳　上義而釋之得還田里

蕭縣知縣鄭公

公諱恕台州仙居人由訓導遷蕭縣知縣靖難師至竭力拒守被擒而死時年五十六二女當給配亦死之子濂洸皆從坐

東平州判官鄭公

公諱華台州臨海人洪武丙子貢士授行人革除間謫東平州判官將赴任聞靖難師至以妻子託其友人馳至東平力疾戰死

岳池縣教諭程公

公諱濟陝西朝邑人洪武間以明經爲四川岳池縣儒學教諭公有法術岳池去朝邑數千里寢食俱在朝邑而日治岳池學事不廢革除間上書言某月某日西北方兵起朝廷以爲非所宜言繫至京召人將殺之公扣頭曰陛下幸囚臣期而無兵臣死未晚也遂繫公獄已而兵果起乃赦出公更以爲軍師護諸將北伐與靖難兵先鋒戰于徐州大捷會曹國公師退　文皇至江上公逃去不知所終初徐州捷時諸

將樹碑紀戰功及統軍者姓名公忽夜往祭碑人莫測其故後　文皇過徐州望見碑問知之大怒趣左右碎碑方一再椎　命止勿擊錄其碑文遂按碑族誅諸將無得脫者公姓名正在擊處遂免往日之祭蓋禳之也

北平都指揮使謝公

公諱貴革除間議削諸藩　文皇稱疾齊泰謀以備[illegible]爲名以貴爲北平都指揮使與張昺潛通王府官屬覘察動靜貴等謀欲先發同官張信與布政司吏

李友直入王府告變遂與昺同召入端禮門伏發就
擒而死
參將宋公
公諱忠革除間朝議欲削　燕邸命公爲參將以備
虜爲名練兵北方守懷來靖難師至公帥兵拒敵將
士多北平人對陣時見其父兄子弟皆無鬬志遂大
潰公被執而死
都指揮馬公
公諱宣奉命守薊州靖難兵起朱能張玉來戰公與

鎮撫曾濬等閉城堅守玉等反覆諭之不下遂擁衆
急攻宣率兵出拒玉遣精銳衝敗之遂與濬皆被執
而死事聞革除君褒卹之
都指揮朱公
公諱鑑提兵守大寧靖難師至拒戰而死事聞革除
君閔之卹典加厚（相傳鑑與馬宣之死皆畧無異辭云當時用兵累年武臣死事者甚衆不能悉紀）
魏國公徐公
公諱輝祖中山王達之子襲封魏國公　高廟崩諸
王世子及郡王多在京遺命三年喪畢遣還時　仁
廟漢庶人趙王皆留遺詔至北平　文皇有疾遣人
扶掖哭臨語莫能辨如是數月乃乞　仁廟及漢趙
視疾朝廷以遺詔不許既而屢請益哀懇建文君將
許之輝祖不可乃止明年　文皇疾愈入朝復申前
請建文不忍違召輝祖及弟都督增壽議增壽獨以
百口保無他虞於是　仁廟及漢趙遂得還國蓋
文皇后中山王女也故朝廷謀必及之靖難師將起
輝祖復與齊黄陰謀加兵于燕及　文皇即位齊黄

輩皆死獨輝祖以中山王子赦不誅革爵閒住尋繫
獄而卒永樂五年八月朔日奉　聖旨比先徐輝祖
與黄子澄齊泰盧振張昺爲誠等通同謀危社稷以
後事發黄子澄等伏誅徐輝祖是中山王男因念中
山王比先平定天下有大功於國家以此不曾罪他
只著在閒今病故了中山王的功不可忘如今着他
嫡長男還襲中山王原封魏國公爵中山王沒後的
祿米户部查了都還他
已上五十五人

黃公彥清（不知何所人）革除間巡撫其地　文皇即位頒
詔至不受　命謀欲起兵其下皆已歸附力寡而死
劉公諱政字仲理蘇州人父以禮洪武中薦授沛縣
教諭公聰敏好學平生以忠義自許革除己卯中應
天鄉試第一（不知曾授某官）壬午歲不食而死
彭公諱二北平都指揮己卯七月與張昺謝貴同死
盧公諱原質浙江寧海人洪武戊辰進士第二歷翰
林編修陞太常寺少卿
葉公諱惠仲浙江寧海人嘗以知縣充修史官為庚

辰會試考官後陞知府
牛公諱景先（不知何所人）禦靖難師京城平逃難出走而
死
周公諱璿青州諸城人曾與抗禦靖難師壬午內難
乍戮死（不知為某官）
謝公諱昇（不知何所人）曾犯靖難之師壬午歲伏誅父丘
子咬兒俱發金齒衛充軍
郭公諱任鎮江丹徒人戶部侍郎（一云定遠人）
盧公諱迥台州仙居人戶部侍郎

毛公諱泰吏部侍郎
黃公諱魁禮部侍郎
暴公諱昭刑部侍郎
董公諱鏞監察御史
盧公諱振
己上一十五人事迹未詳
附錄（永樂二十二年　仁宗即位　御劄付禮部尚書呂震曰建文中姦臣其正犯已悉受顯戮家屬初發教坊司錦衣衛浣衣局并習匠及功臣家為奴今有存者既經大赦可宥為民給還田土）

明輔起家考

宜興徐儀世

洪武九人先置中書省十五年始置殿閣　胡惟庸

以上俱中書省

李善長　徐達俱翊運勳佐

汪廣洋令史　胡惟庸寧國縣知縣

吳沉待制　吳伯宗禮部員外名祐以字行

宋訥助教　劉仲質宜春縣訓導

朱善豐城縣訓導

按十五年徵耆儒鮑恂全思誠余詮張紳張長年詣闕俱命授文華殿大學士固辭　僅列銜未入閣故不載

永樂七人

解縉中書庶吉士　黃淮中書

胡廣修撰　楊榮編修

楊士奇吳府審理名寓以字行　金幼孜給事中名善以字行

胡儼華亭縣教諭鄉科

洪熙五人

楊榮見前　黃淮見前

楊士奇見前　金幼孜見前

權謹樂安縣知縣

宣德五人

楊榮見前　金幼孜見前

楊溥編修　張瑛寧州訓導

陳山奉化縣教諭鄉科

正統八人

楊榮見前　楊溥見前

陳循修撰　曹鼐修撰

馬愉修撰　苗衷編修

高穀庶吉士　張益庶吉士

景泰九人

陳循見前　高穀見前

彭時修撰　商輅修撰

俞綱郕府審理　江淵編修

王一寧吏部主事　蕭鎡編修

王文御史

天順八人
彭時見前　徐有貞庶吉士
許彬庶吉士　薛瑄御史
李賢吏部主事　呂原編修
岳正編修　陳文編修
成化十人
彭時見前　李賢見前
陳文見前　商輅見前
萬安庶吉士　劉定之編修

劉珝庶吉士　劉吉庶吉士
彭華庶吉士　尹直庶吉士
弘治六人
劉吉見前　徐溥編修
劉健庶吉士　丘濬庶吉士
李東陽庶吉士　謝遷修撰
正德十四人
李東陽見前　謝遷見前
焦芳庶吉士　王鏊編修

楊廷和庶吉士　劉宇上海縣知縣
曹元工部主事　劉忠庶吉士
梁儲庶吉士　費宏修撰
靳貴編修　楊一清中書
蔣冕庶吉士　毛紀庶吉士
嘉靖二十七人
楊廷和見前　費宏見前
蔣冕見前　毛紀見前
楊一清見前　謝遷見前

袁宗皋興府長史弘治庚戌進士　石瑤庶吉士
賈詠庶吉士　翟鑾庶吉士
張孚敬南刑部主事原名璁　桂萼丹徒縣知縣
方獻夫庶吉士　李時庶吉士
夏言行人　顧鼎臣修撰
嚴嵩庶吉士　許讚大名府推官
張璧庶吉士　張治庶吉士
李本庶吉士　徐階編修
袁煒編修　嚴訥庶吉士

李春芳 修撰　郭朴 編修
高拱 庶吉士

隆慶八人
徐階 見前　李春芳 見前
高拱 見前　陳以勤 庶吉士
張居正 庶吉士　趙貞吉 庶吉士
殷士儋 庶吉士　高儀 庶吉士

萬曆二十人
張居正 見前　呂調陽 編修

馬自強 庶吉士　張四維 庶吉士
余有丁 編修　申時行 修撰
王錫爵 編修　許國 庶吉士
王家屏 庶吉士　陳于陛 庶吉士
趙志皐 編修　張位 庶吉士
沈一貫 庶吉士　朱賡 庶吉士
沈鯉 庶吉士　于慎行 庶吉士
李廷機 編修　葉向高 庶吉士
吳道南 編修　方從哲 庶吉士

以上共一百八人　勳佐一人　詞林七十九人　內一甲三十人　二甲起受編修二人
庶吉士四十六人　待制一人　京職十四人
內吏部主事二人　禮部員外一人　工部主事一人　南刑部主事一人　給事中一人
御史三人　中書二人　中書庶吉士一人
行人一人　國子監助教一人　令史一人
外職十三人　內長史一人　審理二人
推官一人　知縣四人　教諭二人　訓導三人

掾曹名臣錄序

孔子曰性相近也習相遠也愚謂自聖賢以至於凡庸其德遠矣自割股以至勃磎其行遠矣自讓國以至攫金其事遠矣由初而言善惡之間不能以髮而其終之遠乃如是焉獨不爲習所移爾習之移人雖豪傑之士有不能免者而況於中材乎此爲人上所以有教也正德癸酉予承乏南京户部侍郎抵任未幾大司徒胡公即有乞身之請累月在告予兼攝印章而治財賦陰觀諸司掾吏有知琴書可教誨者因

錄我　朝名士出於掾曹至顯宦者數人爲一卷以示皆有勃然興起之色乃知人性果不相遠一脫故習至君子不難矣有教無類不其然乎昔元好問曰自風俗之壞上之人以徒隸遇佐史甚者先以機詐待之廉恥之節廢苟且之心生頑鈍之習成實坐于此而佐史亦以徒隸自居身辱而不辭名敗而不悔甚矣人之不自重也吁遇之以徒隸待之以機詐我固不可以不自省若自暴自棄而不自重爾曹豈可以不戒乎所錄自劉侍郎敏而下凡十三人續有得焉則載于後正德九年歲在甲戌夏六月望日王凝齋序

掾曹名臣錄

明　王凝齋

劉敏

河間府肅寧縣人爲中書吏時葬以小車出入江市蘆葦且載於家而後入錄事妻以蘆織席鬻以奉母人或憫亡以絹帛兎器遺其家者敏懸于梁候其復來竟還之爲楚相府錄事值中書以沒官婦女給文臣家衆咸勸其請給以事母敏固辭曰事母乃子婦事何預他人及權奸事敗敏獨無所與人稱其有行

識洪武十三年由工部侍郎轉刑部侍郎其誥曰於戲昔聖人以德化天下故民樂于從善而天下治然聖人之心必欲天下之人皆善無惡有不率者然後用刑以齊之故賞當其功罰當其罪而民之不從善者無有也故上曰君聖中曰臣賢下曰民良而天地致和品物咸亨矣後世之君臣乏誠意正心之學篾成也及物之善是以刑罪不當仁義倒施法愈繁而犯愈衆此爲世之大病也久矣求君之聖臣之賢民之良者幾希故善治國者必擇人治刑否則法由此而庶期於無刑之地焉可得哉今以爾敏爲刑部侍郎特授通議大夫爾尚敬慎之哉

李友直

字居正保定淸苑人也爲北平布政司掾史　太宗皇帝初奉藩北京建文中廷臣有因齊藩不法遂建議凡藩國所在更置守臣於是擢張昺爲北平布政使昺至日求王府細事將爲不利友直密聞於　太宗義師旣舉遂擢用友直友直質樸直亮知無不言甚見嘉獎日益信任出理餉運入嚴城守率以命之

殫力竭慮事率早集而咸稱上旨初授北平布政司右參議旣建北京改布政司爲行部陞左侍郎時初作宮殿營繕務殷專經度提督躬任勞勣早暮弗懈改行在工部侍郎　仁宗皇帝臨御嘉念舊勞陞刑部尚書奉　命代祀周文武成康陵及秦愍王旣還言關中民瘼深見嘉納　賜誥命并追贈祖考妣請告焚黃遂立碑於墓以條　上恩昭先德　宣宗皇帝嗣位改行在工部尚書嘗奉　命蒞採殿材於蜀設施有方綏撫有誠勞者不怨自是　朝廷凡有典

作重役悉以委之其臨事有條理而體恤下情所行悉公是以人從事集訕詳不與而屢承勞錫焉為人坦夷簡儉雖不與物競而持己正直亦不屈於物有恤人之心施濟弗倦與人言必歸於忠厚有之官往辭者必勉以愛民之政與人交㤝款緩急率得其力度量有容屬司之貪說者以友直長者數欺慢之友直雖知弗校清議以是益重之其卒也　上賜祭命工部營葬禮部賜祭公卿以下皆往祭之

徐晞

字孟晞常州江陰人永樂中由縣功曹授繕工司都事歷工部郎中試兵部右侍郎奉　命簡閱陝西臨洮諸衛軍士尋以　□□兒只伯寇西陲佐寧陽侯陳懋鎮甘州正統初召還實授右侍郎復往鎮涼州莊浪諸要害地遷南京戶部左侍郎會征麓川晞往督餽餉凱還以功陞兵部尚書卒晞謙德有容處事惟慎士論以此多之子訥舉賢良終尚寶司丞訥子世英以蔭授中書舍人累官南京通政司左通政

楊時習

江西人永樂二十二年　仁廟初即位大理卿虞謙奏事侍臣有言此當榻前密請　旨不當於朝班對衆數奏為賣恩者又有言其為官楊時習先導之密陳而謙不從者遂降謙為大理寺少卿而陞時習為卿其後大學士楊士奇獨進奏事畢未退　上問士奇曰汝有欲言者乎奇曰有非虞謙乎對曰然　上曰吾亦頗悔之汝試言之對曰外間皆云時習實無先導之言時習是臣江西人亦親語臣本無此言今冒居卿位愳懼不安士奇又言謙歷事　三朝皆居通顯頗為得大臣體者且今所犯小過　上曰吾之悔亦念此因問時習其人若何對曰雖起於吏然明習法律公正廉潔　上喜曰吾有以處之會以吏部言交阯闕按察使　上乃復虞謙大理卿取時習交阯憲使

況鍾

字伯樂靖安人中書吏事呂尚書震震薦其才授禮部主事陞郎中蘇郡由永樂以來長吏治狀鮮著朝廷屢遣吏督責無効宣德初以雄劇十郡缺官薦

擇良牧尚書胡忠安公等遂舉鍾典蘇郡復奏　賜
勅以便行事乘傳赴郡鍾已洞灼郡弊及任吏胥抱
案牘請署以嘗鍾鍾默默若無能爲既三日吏復請
署鍾曰若謂吾不事事耶歷舉三日牒無一遺誤指
摘其間某爲故出入及隱匿顛倒者喝令取一二輩
即庭下撲殺之僚屬震慄鍾因并舉僚屬貪虐懦者
立黜之搜逐胥隸主文積蠹置通關勘合以防詐僞
衛卒久驕橫痛加繩禁郡體始尊嚴勢家倰恣不法
鄉里武斷咸取杖殺之而扶惠單弱置善惡二簿察

民善惡者籍其名既施行則著列以示勸懲婚喪不
時者召諭反覆而峻其校督刑罰民畏而感無不從
令鍾既達而果又素忠直簡在　上心故凡所論列
悉　賜施行郡田有官民之別官田稅額特重擬奏
求減焚香自祝或動以禍福不顧疏上卒得如所請
凡奏減省重額正副錢糧七十二萬一千有奇募民
開墾荒田起科以免逋年包荒之糧至一十四萬九
千五百有奇停徵淪没田糧二十九萬五千免舊欠
糧草鈔數百萬錠罷平江伯董漕歲取民船五百艘

買免船米十五萬一千一百石疏免　詔買減閘白
三梭布七百疋銀數千兩奏革倭船徵需無度請濬
淪水道淤塞辯明平民誣入軍者千八百餘家招復
逃亡三萬六千七百戶凡所罷行皆綱紀大務民到
於今受其賜尤重於事神社稷山川龍母泰伯伍員
范仲淹諸祠宇皆拓而新之享獻誠愨雨暘祈禱輒
響應興崇學校敬養才俊薦拔孤寒有起家爲近侍
者剛敏敢爲不懾權要度量廓如　朝廷累有褒勞
述職陛辭　上爲賜宴賜詩恩寵甚至而以蘇人仰

藉倚以守御不遷其官鍾亦無倦丁内艱去任民上
請乞還鍾治復除仍舊任正統五年九載滿去闔
郡之民上章乞留往叩闕者八萬餘人遂再遣任若
赤子得慈母無疾卒於位民益哀之

平思忠

吳江人初爲縣吏永樂中被薦授禮部主客司主事
進郎中時　文皇帝方事招懷主客務方殷思忠有
精力事皆立辦尚書呂震特器之俄以事下獄北
入貢他任主客者多不稱　上憂因以思忠爲言即

日赦復其官時以給事楊弘爲陝西布政欲使清强有力者伺察之遂拜思忠陝西叅政未幾爲人所誣謫戍北邊會有　詔市馬西域以思忠嘗官主客多識賈胡　詔釋其戍給冠帶隨太監劉馬兒使蕃諸國而還後卒於家初郡守況鍾官主客與思忠有交承之分至是數延見思忠執禮甚恭且令二子給侍曰非無僕隷欲使兒輩知公爲吾故人爾其見敬如此然思忠居貧自守未嘗以事干鍾人尤多之

故禺

字宗器福州侯官人也總角穎悟脩潔寡言其父嘗曰見也不凡吾家闕久宜揚其在茲乎洪武中郡籍博士弟子衆推胡生不置父喜曰見不凡固宜以學顯卽資遣之禺既游庠序嘉友其才雋相與頡頏不合尋屬予寧歸遂不復起時憲府辟從事請從吏相與言如胡某不宜掾耶得胡掾者宜增重爭羅致禺禺之在憲署也志弗爲貶益樹奇操人不敢干以私嘗從孫僉憲分司于泉孫兇惡而貪饕莫敢與計事前後從吏不相能者反爲所中禺擿其奸利骫數事飛章劾之孫竟得罪諸長佐每視禺盱眙曰斯史智藏陽秋吾可弗自檢哉由憲府三最内選敘用曹掾無慮數十人禺爲主掾掌牋奏以贊曹務識典故以决羣疑咸服其能會尚膳監選清慎吏遂得官七品階從仕郎禺晨入暮出進止有常所既執禮度而儀觀清偉　靑宮嘗遥見之問郎選何曹左右曰此光祿胡署丞也目送咨羨久之性謹密内有事未嘗言於外或問之直曰所職上用有司存焉他吾不知也退直無事焚香振書衣冠兀坐神情脩然如在

物表賓客非故知莫與往來者蓋在兩京獨處者十餘年而人見之常如一日焉

王堂

字維政紹興諸暨於也元艮吏淮東道宣尉副使王艮之孫七歲能賦詩長老皆奇之進從學鄉先生唐處敬讀書日記千言終身不忘方肆力於古文雖值元季兵亂未嘗輟也　國家平定之初堂之父以元故官謫濠梁堂侍行躬勤孝養後奉父還鄉辛苦闢草萊治田廬有　詔發兵民築緣海城邑大夫推舉

堂率民就役撫馭規畫悉有條理民不困而事先集
他之率兵民者多効法焉有司以賢良衆送堂至京
師奉命使蜀還奏稱　旨得疾歸既瘉時太康王師
曾爲浙江布政使表然一時方岳之望其所用簿書
史必愼簡賢良知名之士遂采輿論舉堂爲掾凡所
言與行皆愜王公之意被檄督賦嘉興有推官不職
不爲堂所禮銜之推官後坐賄徵下京獄造誣詞連
堂逮至誣竟直未出京以病卒洪武二十四年十二
月二十九日也洪熙元年以子珏貴贈翰林院脩撰

維政自少負邁往之志操執剛正議論高明素欲有
所見於世不遂大施以卒其鄉之長老知堂深而尚
存者往往與少者道堂之才之行而未及展施以爲
悼惜云

曾仍

字弘宗號訥菴曾氏故蕭大姓世居瑤江里沂山東
津之鄙濱父尚和工書能詩該綜希夷鬼谷子風候
星占算曆之學數具棺施宗黨之貧者大有義聲母
鄭氏仍六歲失怙日夜呱呱髫髦知孝比長禮度循

習辭辟唯諾無子弟之過舉進士彌勤術者曰非以
利了也曷他圖之遂應辟爲藩臬從事欠心在公持
法惟謹大方伯廉訪而下咸器愛之既事得冠帶待
次銓曹時知府林慈知縣張朝敎諭黃暹相繼客死
於京仍悉爲之棺殯經紀倉劇而不忽於禮敎諭病
且革囊白金三十二兩置仍袖中曰僕輩非所託其
幸藏諸時無復與聞者仍以虞患不他告久之完全
授鄉人歸其子曰此屬續時寄也物論高之鄉翰林
院學士林瀞菴先生聞之嘉其誼語同列曰掾之行

顧爾吾儒甫有弗及者乎遂相與定交及爲仍贊小
像極深褒奬方之善人成化戊子拜浙之小鹿巡檢
屬歲饑民多亡匿爲盜仍安輯勞來伺其長而尤者
還致之發摘如神盜用遁去境賴以不擾越三歲忽
悒悒不樂曰吾少有大志謂功名可裂契取竟爲術
者所誤班白是官紅腐五斗吾何屑焉遂致政而歸
問田園就松菊月夕花朝則炙海鮮溫家釀葛巾野
服與一二耆舊徜徉於名山勝水間若忘其身之既
老者鄉閭高之翰林學士林文贊曰貌清而癯體安

而舒衣冠儼若佩玉鏘如肅乎其容止翼乎其進趨年富而力強智融而器疏不爲外物所誘不以常流自居言必貴乎踐履行必慎乎斯須祿惟安乎淡泊囊不計其空虛心雖善於會計志則勤乎詩書噫其若人歟惜乎所用者未盡其心之所儲若其膺民社之寄必能廣敷仁民之政而爲古循吏之徒也耶戶部尚書張鳳贊曰貌不華而質其蓄於內者智識之通融言不肆而訥其檢於身者彝則之脩從志不俗而閎其所向慕而廸者古長者之風仕不通而晦其

而厥職者無貽羞於厥躬噫若人也者石其外玉其中其所積者崇其所施未艾而錘其慶於無窮也耶翰林庶吉士陳音贊曰貌癯而不偉行蹈古人遺蹤言訥而不肆心存長者之餘風服質而不侈里閈皆慕其信義之崇位卑而不擢雲仍乃受其餘慶之鍾彼丹青者徒模其外而不能狀其中也耶即數公之言觀之可以見其爲人矣

劉本道

常州江陰人少嘗學有才畧能詩由掾史見知於靖遠伯王驥引置幕下奏授刑部照磨從征雲南於凡戰克攻守之策多咨訪之正統戊辰閩賊猖獗寧陽侯陳懋往討之尚書金濂實綜理軍務以本道識達請以自隨軍中事宜悉以委之本道盡心戮力活脅從者萬餘人放還婦女八百餘口凱旋陞戶部員外郎景泰庚午西北二邊境民不能生本道奏　請給價買牛二千頭并易穀種與之乙亥貴州邊倉糧儲盜事覺展轉連坐推本道往治本道在彼不逾月而積歲之弊洞徹無遺且立法以爲治規時年被苗賊

作亂本道遺書總兵官李貴貴如詩討平之奏上其功本道曰吾職在糧儲用兵乃分外事也固止之竣事還　上嘉其廉能賜五白雲絲段天順丁丑進戶部右侍郎總督京畿及通州淮安糧儲先是漕運京糧惟通州倉臨河近便自通州抵京倉陸運四十餘里費殷而增耗不給各處赴京操軍久役而用稱匱乏本道慮二者之病奏將通州倉糧於各月無事之時令歇操軍旋運至京每三十石給賞官銀一兩而漕運之糧止於通州交納就彼增置倉廒三百間以

便收貯歲積羨餘米五十餘萬石以廣京儲　上復賜二品服以寵異之祖克閏父得成皆追贈如其官

王愷

字用和太平當塗人幼有大志沉酣六經諸史間必欲見之於用起應公府之辟爲府史疏讞獄訟人服其平歲乙未　上取江南兵臨當塗卽召至幕府上方爲元帥命爲掾以叅决戎事丙申春從王師下建業又下京口民新附杌隉不安愷撫慰之始定上爲中書平章政事建江南行中書省於建業陞左

右司都事愷遇事善於彌綸日以薦賢爲先元戎宿將咸器倚之惟愷言是信戊戌秋苗獠兵數萬自杭來降待命嚴陵境上　上遣馳入其軍喻以禍福俾其渠帥來朝是年冬　上將征浙東時婺之蘭溪已下僉樞密院事胡大海戍之　上命愷與大海定議取婺州親率師圍其城守將出降愷審察民情而奠綏之歷言　上前無有不聽者己亥春王師攻越久不下夏六月師還　上留大海鎮婺而民賦軍器之務悉以屬愷冬　上師克三衢擢左司郎中總制衢州軍民事愷增城浚濠置游擊軍募保甲翼餘丁及舊民兵得六百人以益戍守兵食不足則斥並城廢田五萬七千畝使之耕以自給民有田力弗能藝者聽軍士貸耕而爲輸糧縣官籍江山常山龍游西安四縣丁壯凡六丁之中簡一以爲兵置甲首都長統之丁壯八萬有奇得兵一萬一千八百無事則爲農脫有警則兵者出攻而五丁資其食開平忠武王屯兵金華其部將戍來侵民愷偵知之擒而撻諸市王使人讓之對曰民者國之本將軍天子之股肱肯令傷

其本乎撻一部將而萬民安計將軍所樂聞也王嘆美之開化馬宣者挾舊邑印章誘騙民爲變江山楊明恃砦柵之險扳服靡常愷皆定計擒之梟首以徇衆部內帖帖無譁民饑疫相仍死者枕藉道路則出倉粟使作糜啗餓夫脩惠濟局居藥以注病者所獲生者不可勝數學校廢於兵愷爲復泮池築杏壇建極高明亭設博士弟子員孔子家廟之在衢者亦爲新之退食之暇集薦紳之徒摩切道藝人士翕然悅服諸暨戍將謝再興與部帥王甲有違言幾致

上令愷調解之愷善於說辭二人之懽如初邊鄙以
寧同僉樞密院事李文忠以國之懿親握重兵鎮嚴
陵　上命愷往來佐其軍庚子夏六月僞漢冦龍江
上召嚴陵帥曹俊擣廣信以牽其帥道過衢愷謂
俊曰廣信僞漢門户彼旣傾國入寇寧不以重兵爲
守非大將統全軍以往不可若出偏師撓之未見其
利設有挫衂吾衢先罹騷矣乃止俊而請大海行大
海至而廣信潰一如愷言辛丑夏拜大海江南分其
衆萬餘戍婺其帥劉震等相挺爲亂大海被害愷亦

及于難當難作時苗帥多公恩欲擁之而西愷正色
叱曰吾　天子大吏設不幸義當死寧能從賊反邪
賊初縮首不敢犯拘繫一日而罵賊聲逾厲命左右
取酒引滿竟日達夜旁若無人賊知不可屈乃遂戕
之壬寅二月七日享年四十有六　上駐蹕江西聞
愷死爲之嗟悼良久親爲文祭之及返金陵　上復
率群臣往城南致奠乃以其年四月十一日葬江寧
縣鳳臺西鄉聚寶山之原　洪武戊申春正月　上
正位宸極布告中外念及舊勳俯須恤典於是贈愷

巳七年矣初愷旣沒　上詔有司議贈奉直大夫浙
東等處行中書省左右司郎中飛騎尉追封當塗縣
男且俾與享雞籠山功臣廟中　上猶未慊其情至
是復仍其舊職進爵爲子以寵之愷狀貌魁偉氣局
堅凝善謀而能斷嘗以事入諫　上弗聽愷却立門
外旣暮猶未去　上出怪問其故愷從容諫如初
上慨然從之愷於吏事尤長援律按比而飾之以儒
術案牘經其裁削辭簡而意周喜爲詩歌與賓朋談
笑尊俎間更唱迭和情意豁如也故於其殁也人莫

不傷之子文有學行今爲侍儀使階承直郎次行賊
害愷之日行方侍側或勸其去行曰棄親而求生吾
不忍爲也隨愷以卒次升童宋濂爲左史時侍　上
左右與濂論佐運之臣以字稱愷曰正用和經濟之
才也吾將大任之惜乎早殁于難

單安仁

字德夫鳳陽人少有志事功雖爲府史晝夜以洗冤
澤物爲事當至正辛卯江淮兵起剽奪相屠流民遑
遑無所寧居安仁奮然曰丈夫當出奇蘄冦可坐視

父母之邦淪覆耶遂椎牛釃酒率健少年與飲盩伍嚴器械教以坐作擊刺之法不一月間從之者數萬人新建壁壘横亘三十里寇至輒揚旗鳴鼓大呼追殺俾無噍行乃止退則閉柵自守老弱襁負依爲保障者累十千家當是時豪傑角立割據擅號令者比比而是乙未秋安仁遂移兵廣陵以觀變且曰此輩皆爲人作敺除爾眞人之興氣勢自與恒人殊丙申冬安仁見　皇上威德日盛統六師而下金陵安仁曰向所爲眞人者此眞是已乃率部曲而歸之

上大悅明年令戍鎮江安仁嚴飭軍伍益自振勵敵兵不敢侵境居歲餘會　朝廷始立提刑按察司以廉糾不虞　上選安仁爲副使廵行浙水東悍將獰卒横賦民糧曰寨糧務刻剥以蠹民安仁一寘於法金華民有訟其邑丞受白金者安仁詰之曰頗聞爾丞賢爾細民也奈何犯分而訐之即圖其金短長圓方形來民圖上藏屏復命諸左證圖之人各不同安仁曰是非誣耶衆環目相顧無一語遂以其罪抵訟者告訐之風爲衰辛丑陞按察使東方肅清莫敢譁擾甲辰徵爲中書左司郎中時江淮甫定軍國庶務紛如亂絲安仁佐太師李韓公叅錯裁斷日就統緒事以無滯　上益倚信之吳元年丁未閩浙中原漸平營建城闕宮殿脩朝享服御衣物廷議可任其責者遂奏舉安仁爲將作卿安仁精敏多智凡所制量皆中法不苟明年戊申是爲洪武元年　上即皇帝位安仁陞嘉議大夫工部尚書仍領將作事二年夏改兵部安仁宅心中正能聲彰聞年已六十有七自以精力衰孱請致其事　上閔其勞從之贈田三千

畝牛七十角仍給尚書半禄養其終身退卜儀眞珠金沙結廬以居六年夏　上念安仁舊勳復　詔中書起爲山東行省叅知政事安仁詣闕力辭而止八年復須致仕誥加通議大夫益異數云

李質

字文彬號樵雲其先開封祥符人在宋季有仕於德慶者因家焉質生頴悟器度宏偉昻然負高志博習經史必期明體以達諸用當是時無有辟薦之者沉浮府掾中日以澤物爲已任無何中原擾攘嶺海多

事質起搆義兵捍鄉里及德慶路脅士民遑遑無所依戴推質守之質日夜浚城隍繕甲兵扼險要以遏他寇由是一路賴之以寧時據鄉邑多刻剝殘忍質嘗戒麾下非遇敵毋妄殺或執敵人來獻率給衣糧縱之家富饒急於賑施三族與鄉里流寓之貧者咸有所仰以故一時名士如建安張智茶陵劉三吾江右伯顏子中羊城孫仲衍王彥舉皆聞風來歸及太祖高皇帝定鼎金陵遣師南討洪武戊申四月平章廖公忠參政朱公亮祖總師至質遂散麾下全城

歸附總兵遣使入奏　上嘉質忠誠召至慰勞再三賚予優渥就擢中書斷事越明年己酉轉都督斷事偕　調大夫皆能執法丞相都督咸敬憚之五年壬子授刑部侍郎階中順大夫尋陞本部尚書階嘉議大夫尤慎於刑獄盡哀憐之情致淑問之頌寬猛適中爲上所知日益親幸時開行省於浙江　上念厥地素重號稱難治宜簡廷臣有德望未器者往綏之即拜浙江行省參知政事階中奉大夫是年秋九月也下車之初首以承宣爲己任振紀綱正風俗勸農

桑興學校舉遺賢恤民隱知無不爲爲無不力居三年惠流兩浙厥績以懋聲聞於上　天子念其老召還致政於京師嘗入見　帝賜坐便殿訪以時政得失直言無隱　上益重之八年乙卯冬十月復起爲靖江王府右相階資政大夫仍　勅獎諭甚至質益竭忠誠以盡輔導之職嘗入覲因奏乞歸省墓上可其請　帝親揮翰賦詩以　賜復命藩憲元僚與府中官屬宴餞漓江之滸人莫不以爲榮後王坐事去國質隨終焉質偉丰儀性孝友治家有法接人以誠

雖極顯榮情素冲澹暮年尤工於詩有樵雲集若干卷藏於家爲行中書省參知政事分省於婺以控御東浙愷仍以左司郎中分治省事金華婺劇邑役民無藝愷令民自實田請都以糧多爲正里長寡者爲副正則以一家或二家充副則合四三至七八而止通驗其糧而均賦之有一斗者役一日賤與貴皆無苟免者金華周泰義烏楊昌恃鯁以蠹民愷逮至於獄皆痛懲之自是畏避不敢吐氣猾胥潛立道操金華一邑田賦之柄飛寄詭遁並緣爲奸利廉其罪狀

以閩寘於法大海日治軍旅以略嵊縣禦諸暨以爲巳任分省之政皆愷綂之愷挈綱布紀風采凜然僞吳將呂珍使諸暨欲堰水以灌我城大海奪其堰反決水灌珍珍勢蹙乃馬上指天與大海誓請各解兵愷聞之移書謂大海曰彼狡譎爾慎毋聽今珍在重圍是天授首之日也大海不忍食言竟從之珍果敗盟而去

殉身錄

亡名氏

王褘進平江西頌　上覽而喜曰吾固知浙東有工儒者卿與宋濂耳學問之博卿不如濂才思之雄濂不如卿丙午同知南康元年出判漳州上疏勸上法天道順人心以爲祈天永命之實五年命往諭雲南梁王不屈遇害其遺文有華川集玉堂雜著

程國勝死鄱陽之難汪廣洋應制賦詩挽之曰黑雲如陳壓艨艟血戰消沉一代雄鐵馬降靈忠憤在金貂追爵聖恩隆張巡節重凌煙上紀信功高汗竹中生氣尚疑君不死亘天終古作長虹

桑世傑無爲州人戊戌攻張士誠江陰石牌寇欒瑞整兵出戰傑奮戈陷陣死之後附祭功臣廟　國初在廬則有精忠大節者四人曰楚公永安號公通海蔡公德勝永义侯就世傑也

曹良臣安豐人有功三年封西寧侯五年北征孤軍深入陷　戰殁茅成定遠人　閩蘇州軍婁門戰死孫興祖濠人　三年北伐死于五郎口胡深處州人乙巳征陳友

定馬蹶被執不屈死
花雲懷遠人庚子守太平友諒以舟師入寇城陷不屈
而死妻郜氏生一子煒甫三歲聞雲遇害義不受辱
以煒付侍兒孫氏令善護之遂投水死諒平孫氏
至九江孫氏恐兒被害以簪珥為漁家嫗鞠之是年
冬王師敗偽漢孫脫身至漁家視兒在瞷其亡竊負
以走宿陶穴中明日出江滸僦舟以渡遇漢潰軍還
爭舟捽孫氏及兒投之江出沒波中有斷木自上
流浮至附之入蘆渚中渚有蓮實孫氏取啖兒七日

不死忽夜聞人語聲呼之逢老父告之故與偕行明
年辛丑達　上所遂撫養之年十三授千戶
許瑗樂平人趙忠王鼎儀真人皆死太平之難
韓成虹縣人戰鄱陽漢軍圍我師　上方設奇成謂得
如紀信誑楚遂賜龍袍冠冕對賊衆投水死賊遂退
濮真鳳陽人國初征高麗被執王愛其驍勇欲降之不
屈加以刃真厲聲曰　爾滅吾爾亦不日滅矣遂
剖心以示之王懼遣使入朝請罪真子興尚在襁褓
即封西涼侯稍長令御用監鑴一王字牌懸興冠上

海朝裨入知所遜避
孫炎一足偏跛天台丁復何容夏煜皆以詩名炎遊
二人間得其真趣乙未　上召用之尋遷處州總管
壬寅苗將作亂幽辱之令其解衣炎曰此綺裘乃
主上賜我者賊勿解遂遇害
王愷太平人與大海守金華同罹其難曾萬中劉齊陳
海同守吉安癸卯友諒遣將必勝饒鼎臣來取三人
被執不屈死楊國興丁未與士誠兵戰死國初封宜
興城陞顯佑伯于光戊徽州召還　上解連環并繼

賜之二年死王保保之難孫處與徐達北征戰死落
馬河周顯張耀平定龐煙李傑並從文忠北征死之
顯尤　上所愛嘗賜所服紫繡襖
李實滁人十二年從沐英平西羌與敵戰于上門乘
勝深入中流矢死　上特勅禮侍郎劉崧撰神道碑
劉林洪武中土官作亂林擊賊至西寶融臺力戰而
歿　上嘉其忠因改名其臺曰劉林臺
國初壬寅三月南昌降將祝宗等叛癸卯友諒圍南
昌文武諸臣與之戰死者凡十四人趙德勝李繼先

劉齊許圭趙國昭朱潛牛海龍張子明張德山徐明夏茂成葉思成葉琛趙天麟立廟南昌歲時祀之

癸卯四月友諒以重兵來圍洪都日久守將朱文正遣使告急請援七月上率諸將統舟師二十萬往討之諒解圍東出鄱陽湖以迎我師遇于康郎山歷戊子巳丑庚寅等日連六大戰一時諸臣多效死者凡三十六人（韓成宋貴王勝陳兆先李信姜潤丁普郎王鳳顯程國勝石明常惟德王德王咬住朱鼎張志雄李志高汪清常德勝鄭興袁華昌文貴俞昶陳冲王喜先汪澤丁宇逯德山羅世榮史德勝徐公輔劉義陳弼裴軫王理王仁曹信）建祠于康郎山歲時祭之

致身錄

東吳史仲彬

洪武三十一年戊寅（閏五月辛卯建元帝即位）冬十一月史仲彬以明經除翰林院侍書

先是洪武二十四年彬應詔執貪縱官吏延見高皇帝條具若干言當時俱付法司論坐　高皇帝命至政戶部彬恐錢穀事重頓首固辭更訪治道稱　旨賜酒饌于延及鈔四百錠驛舟傳歸建文帝即位越五月詔起山林才德士有司以名聞適監察御史劉有年上儀禮十八篇并叙彬明經（儀禮故彬家所藏劉鳳輿講習王是上之于朝命藏秘閣）特詔所在禮請來京十一月十八日陛見試四書疑一道　欽授翰林院侍書（階侍詔上正九品秩）

建文元年春正月遣往衡山告即位也元旦　上受朝賀畢謂侍臣曰朕奉天地山川之靈以登太寶改元伊始將告五嶽神祇其命儒臣以往閣臣擬彬衡山初六日陛辭閏三月報　命

夏四月更定官制疏諫不報
用壽州訓導劉亭言乃□方孝孺等議大加更定
彬具疏大略以安靜□□爲言會金華樓璉亦上
疏稱引孟班子之孝□於樓疏批此與胙史仲彬
疏同意此正所謂知其一未知其二者六卿果可
甲於五府耶祭酒果可在於太僕下耶假令　皇
祖而在當必以更定爲是羣臣勿復言
秋七月廷斥監察御史尹昌隆爲奸黨因薦魏國公
徐輝祖　上嘉納之
致身錄
時燕藩已稱兵兩月矣昌隆手疏面奏勸上讓位
守藩廷臣愕然彬執笏麾之曰天下乃　太祖之
天下非　皇上所得私授者一人逆命遂舉而授
之尤而效之又何以焉選將募兵今日急務臣竊
見魏國徐輝祖忠義性植智勇絕人以當一面燕
可平也昌隆狂言惑世請速加誅　上曰人臣之
義當以仲彬爲正昌隆素有敢言之氣其勿爲罪
二年春三月疏均江浙賦役從之
時建文帝正值更制彬乃上疏曰國家有惟正之
供賦役不均非所以爲治江浙本賦重而蘇松嘉
湖又以籍入沈萬三松江史有爲嘉興黄旭蘇州紀定湖州
準租起稅此以繩一時之頑豈得據爲定則乞悉
減免以蘇民困竊照各處起科畝不過斗即使江
南地饒亦何得倍之奈有重至石餘者臣往年面
奏　先帝賦歛太重蒙　吉嘉勞特以臣本蘇人
而史有爲又臣之族屬也恐坐以私未敢盡言幸
皇上明聖每事從寬敢竭愚忠伏聽採擇疏上
詔可蘇松準各處起科蘇松人仍官戶部
致身錄
夏五月改彬爲徐王府賓輔仍兼原官陪長史下正六品秩
時三王未遣之國長史以下諸員直宿內閣參議
事宜多見親幸故壬午削籍殆盡焉
三年春正月副工部尚書嚴震直督餉山東閏三月
彬歸報　命
轉餉已專責嚴震直左刺之者曰敵情虛實弁將
士強弱密偵以報閏三　十八日還朝見　上于
文華殿奏夾河之役非　乙罪也盛庸智深勇沈
當今將略還爲第一至莊介張能楚智平元□□

纛旗夕戰以焱宜急加恤典以爲風勵燕王用兵
變化不測用强恃壯親掠我陣幸庸結陣甚堅屹
不可動復以單騎逼營越宿鳴角穿營而去盖恃
勿殺叔父之諭也軍中衆謂　皇上失之太仁帝
曰奈何已有是命不可返也默然者久之更奏機
密事十二條　帝叱左右曰勿洩因誦君不密則
失臣臣不密則失身機事不密則害成之句叩首
而出
冬十一月以省親還鄉隨賜　勑命

自轉餉歸請告凡四不許至是得請適　皇少子
以十三日生查京官歷三年滿者得一五百十二
人帝親制誥彬以前二日滿考　皇帝勑曰國家
建官文武殊局中外分曹等最辨職難兼也爾徐
府賓輔兼翰林院侍書史仲彬用明經起家矢盡
忠報國或校書或轉餉或密疏或面陳文材兼武
畧俱隆輔蕃與襄　帝竝茂朕資啓沃寶用弘多
階爾承德郎妻沈氏爲安人追厥所自父母有教
育之恩忠孝本一致之理爾父居仁從爾階爾母
黄氏從妻階給假歸家以申寵錫父母深恩今已
展矣國家多事爾毋　特　勑十八日奉旨發
中書科謄寫與他二十一辭朝限二月以裏來京
四年三月彬入京陛見口授翰林院侍讀
時北兵日逼詔勤王者分道四出遂依限單騎入
京戒其子曰而父官雖卑被　朝廷恩寵見幾引
避非所願也萬一有難爾守　先帝孝弟力田之
諭以成家保身毋爲我慮
夏六月庚申廷議避難彬請從方孝孺堅守之策

燕王渡江李景隆往許割地不許還報　上愕然
無措羣臣慟哭茹瑺等請幸湖湘王華等請幸江
浙方孝孺謂當堅守京城以待四方之援衆議譁
然不決彬獨以方言爲是棲璉亦言效死勿去爲
正上微首肯羣議乃定　燕兵薄金川門監察御
史魏冕及彬請誅徐增壽從之先是　燕兵將薄
城下左都督徐增壽謀降魏冕廷毆之至是在左
順門語同列曰　皇上必面縛出降乃可魏冕與
彬亟請加誅　帝怒甚下殿手刃之復請誅李景

隆手詔召來使未至金川而門已獻矣
大內火起帝從鬼門遁去從者二十二人
時六月十三未時也　帝知金川失守長吁東西
走欲自殺翰林院編修程濟曰不如出亡少監王
鉞跪進曰昔　高帝升遐時有篋遺曰臨大難當
發謹收藏奉先殿之左羣臣齊言急出之俄而舁
一紅篋至四圍俱固以鐵二鎖亦灌鐵　帝見而
大慟急命舉火焚內程濟碎篋得度牒三張一名
應文一名應能一名應賢袈裟帽鞋剃刀俱備白

金十錠朱書篋內應文從鬼門出餘從水關御溝
而行薄暮會于神樂觀之西房　帝曰數也程濟
即爲上祝髮吳王教授楊應能亦願祝髮隨亡監
察御史葉希賢毅然曰臣名賢應賢無疑亦祝髮
各易衣備牒在殿凡五六十人痛哭仆地俱矢隨
亡　帝曰多人不能無生得失有等任事者名勢
必究詰有等妻兒在任心必掛牽宜各從便御史
曾鳳韶曰項卽以死報　陛下　帝麾諸臣大慟
引去若干人九人從　帝至鬼門牛景先以鐵棒

啟之若不用力而卽尾解者出鬼門而一舟艤岸
以待十人乘舟舟人頓首　帝問汝何人何爲至
此對曰臣乃神樂觀道士卽前　皇上賜名王昇
昨夢　太祖高皇帝緋衣南向御奉天門令兩校
尉縛臣詰曰汝提點秩六品何爲臣頓首謝不知
曰明日午時可于後湖艤大舟至鬼門外伺候汝
周旋勿洩後福未期不然難逃陰殛臣是以知
陛下之來也乂跪憩息觀中徐議行止舟止太平
堤畔王起導前間步至觀已薄暮矣俄而楊應能

葉希賢等十三人同至共二十二人兵部侍郎廖
平襄陽人刑部侍郎金焦貴池人翰林編修趙天
泰三原人浙江按察使王良祥符人四川參政蔡
運南康人刑部郎中梁田玉定海人監察御史葉
希賢松陽人程濟績溪人中書舍人梁良玉梁中
節俱定海人宋和臨川人郭節連州人刑部司務
馮濯黄岩人所鎮撫牛景先沅人王資楊應能劉
伸俱杞縣人翰院待詔鄭洽浦江人欽天監正王
之臣襄陽人太監周恕何洲及徐王府賓輔史彬

吳江人上曰今後但師弟稱呼不拘禮數諸臣泣
啫廖平曰諸人願隨固也但隨行不必多更不可
多就中無家室累并有膂力足捍衛者多不過五
人餘俱遥爲應援爲便師曰良是于是環坐于地
享道士夜飡酌定左右不離者三人比丘楊應能
葉希賢道人程濟往來道路給運衣食者六人馮
漼時稱塞馬先生時稱馮翁時稱馬公時稱馬二
子郭節時稱雪菴後稱雪和尚宋和時稱雲門僧
時稱稽山主人時稱槎主趙天泰適衣葛稱衣葛

翁時稱天肖子王之臣家世補鍋欲以此作生計
號老補鍋牛景先稱東湖樵時稱東湖主人師曰
吾今往滇南依西平侯彬曰大家勢盛耳目衆多
况新主諒不釋然能無見告不若往來名勝東南
西北皆吾家也弟子中有家給而足備一夕者駐
錫于兹有何不可師曰良是於是更舉七家廖平
王良鄭洽郭節王資史仲彬梁良玉師曰此可暫
不可久况郊壇所在明旦必行將何所之衆疑
江而鄭亦曰族俱忠孝可居也夜分師病足胥度

不能行徵明牛景先與彬步至中河橋畔謀所以
載者有一艇來聞聲爲吾鄉人急叩之則彬家所
遣以偵彬吉凶者也與牛大快亟迎師且至彬家
諸人聞之且喜且悲同載八人爲程爲葉爲楊爲
牛爲馮爲宋餘俱散走期以月終更聰取道溧陽
依叔松隱所不納八日始至吳江之黃溪奉師居
所居之西偏曰清遠軒衆出拜師亦大適明旦改
題水月觀師親筆篆文閲三日諸弟子至彬家相
聚五月師命歸省

八月十五　勑命師遜去　新皇帝追彬
新皇帝即位之九日編籍在任諸臣遜去者四百
六十三人即日削籍戒毋齒及八月着禮部行文
書各州縣追繳革除誥勑至是蘇州府差吳江邑
丞鞏到彬家追奪且曰建文帝聞在君家彬曰未
也徵兩而去明旦師同兩比丘一道人入雲南餘
俱星散期以來年三月集于襄陽廖平家
癸未正月彬往襄陽
正月二十日爲襄陽之行三月初二日至廖平家

牛景先已先在矣閏六月馮滙自雲南來四人相對大慟馮告以師向留雲南之永嘉寺亦甚安妥明年來遊天台今年無煩往來復居停旬日諸弟子俱會惟梁良玉已物故矣月終東歸

甲申八月大師同楊程葉三人來家

先是七月牛景先來言師將至矣至是八月初九日天將暝一僧突至忠孝堂彬及家人出拜畢飲至重慶堂已舉燈矣而楊程葉亦至舉酒半酣師曰我明日當即去彬惶悚曰弟子掃門而俟久矣

即有不肅師當見原本意欲留師幾月奈何明晨之云乎師泣曰彼方覔我而圖我昨於四安道中見冠蓋來者瞪目而視此臣我曾用善之後必有以奏也東南通臣相指先汝我去改爲汝計相對而慟久之且曰此近宮闕不便彬曰亦不妨視師衣履敝甚固留三日命家人製衣師服師用綿紬大小計十六件楊程葉俱用綿布大小計三十有六件白金十兩爲資十三日清晨彬隨師爲兩浙之行杭州計遊廿三日天台雁宕計遊三十九日

會馬二子稽山主人金焦亦來于石梁間且云諸友俱約於此一會然終不一見時天氣已寒師欲返雲南固却諸人而去

丁亥春三月同何洲往雲南謁師

正月中遣僮往海州請何洲同到雲南三月終纔到留五日彬携一僮三人皆道人飾行二月得至連州訪郭節適故翰林檢討程亨在焉相持痛哭徐曰師近來在重慶府之大竹善慶里有杜景賢築室與居吾四人同往候之留二日遂行至所謂

善慶里師不在杜亦不在時朝廷偵師密而嚴有胡濙鄭和數往來雲貴間彬等夜則同宿日則分行相與行乞于市者旬有六日一日彬于寺舍傍暫息比丘程濟熟而視之曰汝在耶彬起鼓掌曰是急叩師程曰已結菴白龍山深處矣去此不遠兩人淚下如雨不敢出一聲比晚同諸人以往程爲導時七月十八日也月色皎然上下山坂逶迤曲折約行十八九里而菴在焉天已微曙矣扣扉而出者爲楊應能旋拜師榻前師顔色憔悴形容

枯稿蓄夏月患痢因有戒嚴不能時時出山爲膳狠狽至此對面慟隨問曰汝等帶得方物爲我嘗否各爲獻彬獨有僮而所獻豐況當年職居禁近知師所好若金華火肉淡菜金山魚膾筍鰲鯗豆肉縣六味見之大喜即命熟火肉啓床頭搏酒啖之曰不嘗此已三年矣謂於彬家嘗後無之也翌日師率由山中自近而遠日以爲常甫一月郭與程以事請行彬亦以請師曰汝遠來固當久留因問汝子年幾何曰十六歲矣能辨事否曰尚在書

堂曰欲爲官乎曰必不敢相與唏噓久之自後屢請屢留竟延至明春三月行之日師痛哭失聲囑曰今後勿再來道路阻修一難關津盤詰二難況我安居不必慮也彬等叩首領命而行

庚子秋八月彬往雲南

自南遊以後嘗有以奸黨告者雖獲宥於上官心嘗惴惴十餘年來無日無滇南之思終不得往且臨行師囑恐彼此俱殃至是革徐之禁稍稍寬矣決中秋携一价以往始至南康蔡蓮家既至襄陽廖平｜王之臣家復至連州郭節家俱已物故矣遂至雲南循白龍山菴故道了不見所爲菴者山旁有一民居詢其老婦則曰向來上司官來已毀矣問僧徒則曰不知所之暗中流淚因彬不遠萬里來得一面師亦且瞑目不則得一音耗歸家亦安凡值寺院靡不拜禱循遊數郡幾兩月餘一日在鶴慶忽一比丘指曰汝尋師耶彬愕然比丘曰國忘我耶彬曰汝師何名曰文大師是也亟問何所曰在隨之去三日得至師所師兀坐一室見之大

喜菴在平陽前後深林密樹不下數里爲浪穹所轄地先時葉希賢所募建者甫落成兩人已故菴之東即埋之於是師命舉所饋獻覓之呼僮沽酒是夕盡歡前此戚容愁氣殆消融矣惟言及楊葉則嗟歎久之流連彌月遣歸

甲辰秋七月洪熙改元八月彬往雲南

八月十三日自家起行九月二十二入湖廣界投宿旅店主人曰內有兩道可與俱彬入見一道躺躺床上覘之師也伺其覺師喜曰此來何爲曰來

訪師彬曰師欲何往曰訪汝等言及榆木川皆色喜彬問道路起居狀答曰近來强飯精爽倍當明日郎偕下江南以從陸路十一月始得抵家至之日具酒餚於重慶堂師位上程濟東列彬西列有從叔祖名弘者嘉興縣史家村人也直入至堂上彬不得已亦與坐問師何來彬未及答即起趨出招彬曰此建文皇帝也彬曰非也弘曰吾曾于東宮見之當吾家籍没時非是吾無死所矣活命恩主也彬不得已以實告弘即稽首堂下涕泣問向

來狀師曰虧這幾箇隨亡的人給我衣給我食周旋夷險之間二十年來戰戰兢兢復大慟慟已徐曰今想可老終矣弘曰師今欲何之曰欲遊天台諸勝弘曰吾當具一月之糧隨行居數日師行成彬曰有叔在爾勿往也也弘從之去去明年三月復來擬往祥符渡江彬送之江上偶有洪熙升遐之問師顧曰吾心放下矣今後而可往來想關津不若昔之有意我也且喜且悲止程濟從彬等觀渡而返

此先君事主之顛末也先君性忠孝一飯不敢忘君從亡一節爲仇訟凡十有七竟以此死先君終不爲悔死之前一月不肖往獄中先君曰我死矣即不望若遠行來時得謹事一食周給我瞑目也致身錄十八條存之以志一生之概然勿示他人戒子若孫毋輕示人雖　今皇帝寬仁長厚此節事自不可知慮有赤族之禍子孫言及此者以不孝論時宣德二年丁未三月初七日也閱三日竟死明年不肖訟冤於按臺

寘仇于死但先君所不忘於師者自後絶無音耗至九年甲寅五月兒婦患產凡四日家人惶惑無措適老僕密言前道人在外晟急迎之入方稽首于地而耳間微聞已產男矣師悲先君之亡旋喜產男之慶命名曰文隨轉語曰我文也而不終將無疑耶適一宋史在案更命曰鑑師精于祿命詳鑑子平曰是兒當貴晟曰不求貴得識字成家足矣師曰即不貴當以文名世留五日晟具衣十件并行糧爲會稽之遊程濟

從迄今十又一年不知所之時正統戊午五月

堂不肖晟謹識

致身錄　

説郛續目録

弓第七

翊運錄

青田劉基

防姦

高皇帝北巡命丞相李善長及基留守京師且語基督察姦惡以肅輦轂中書都事李彬素附善長竊弄威福姦惡事覺善長託基緩其獄基遣人奏請誅彬　上允其奏時大旱禱雨而誅彬之報適至善長曰今方禱雨可殺人乎基曰殺李彬天必雨遂斬彬善長銜之及　上還善長極言基專恣　上不聽會妻喪

乞歸　上許之

寵賜

洪武九年拜宋濂爲翰林學士孫愼爲儀禮序班子璲爲中書舍人　上時時訓戒之　上笑語濂曰卿爲朕教　太子諸王朕爲卿教子孫以濂行步艱詔皇太子選良馬以賜　上親作馬歌詔群臣咸作之以寵焉十年冬致仕歸請歲一來朝明年秋入朝上佇想久延問者數矣及至大喜　皇太子諸王皆動色相賀　上降敕符遣儀曹賜珍羞諸物侍食便

殿日晏始退　上嘆曰純臣哉爾濂方今四夷皆知
卿名其自愛濂遜避不敢當歲暮辭歸　上語遂曰
朕晴昔之夜夢見爾父笑談如平生　賜緡綺　御
製文集　太子贈衣三襲　上曰朕最愼賞知卿忠
誠貫金石故以賜卿卿今年幾何曰六十八　上曰
藏此綺爲百歲衣公頓首謝

服制

洪武元年學士陶安等奏古者天子五冕祭天地宗
廟社稷諸神各有所用請製之　上以五冕太繁今
祭天地宗廟則服袞冕社稷等祀則服通天冠絳紗
袍餘不用

祀孔

洪武二年詔孔子春秋什奠遣使降香曲阜致廟于
仲月上丁致祭京師免祀天下不必通祀刑部尚書
錢唐言孔子百王宗師先儒謂仲尼以萬世爲土天
下祀孔子如天下祀　聖壽報本之禮不可廢也時
修孟子節文并議其配饗唐論之尤力　上皆從其
議一日召講虞書陛坐而講或糾唐草野不知君臣
禮唐正色曰以古聖王之道陳于　陛下不跪不爲
踞常諫宮中不宜揭武后圖忤　旨待罪于午門外
終日　上悟賜飯即命撤圖

遜國記

闕名

東湖樵夫

東湖樵夫浙東臨海東湖上日負柴入市口不二價建文壬午秋詔至海臨湖上人相率走縣庭聽詔或歸語樵夫曰新皇帝登極樵夫愕然曰皇帝安在或曰燒宫自焚矣樵夫慟哭遂投湖水中死竟不知何許人

練子寧

練子寧初從鄉長者竹兆先生游命賦水竹村居詩云千山暮雨石泉通一夜春雷長籜龍稍長與金少保相友善謂之曰異日子必爲良臣我必爲忠臣廷對言近日　朝廷用人徇名而不求實小善驟進小過輒戮以有限之人材供無窮之誅殺非育才用人之道剴切不顧忌諱　上親擢第二授翰林修撰夫高皇帝聖性嚴重子寧以布衣慷慨犯之今其言固在也非見定於素哉

河西傭

河西傭不知何許人建文四年夏六月　成祖入金陵即帝位傭被葛衣走是冬至金城行乞邊地極寒傭常衣葛衣明年過河西依莊浪豪家爲傭傭亦取直稍稍積買羊裘披之雖寒必覆之故葛衣葛益破縷縷竟不肯脱故葛衣夏或衣暑布布即新故葛衣輒覆其上人勸之棄故葛衣不肯棄直悶悶不答傭錢有餘走市中買牛肉酒與諸乞兒食飲傭力作倦時自吟哦或夜聞其哭泣聲永樂中有都官從宋總兵至莊浪者識傭欲與言傭走南山中避旬月畱

都官去乃還有問畱都官傭何人者畱都官亦不答在莊浪數年病且死呼主人謝囑曰我死無殮我棺幸西北風大起火我無埋我骨豪家從其言

補鍋匠

川中補鍋匠亦不知何許人往來夔慶間爲人補鍋至州邑不過三日即去去或復來夔慶有欲學補者即教之補鍋不索謝錢直令負擔從有後曹學者至即遣先學者去如是數年夔慶間人識之皆呼爲老鍋匠補鍋或與錢布米不擇當食時與之食即不復

索錢錢稍稍積囊中遇風雨寒暑不出補鍋即出錢買酒飯自飲食嘗寄宿蕭寺中忽夔州市中逢馮翁者二人相顧愕然已而相持哭哭已相牽入山巖中坐語竟日學補鍋者屏不得聞二人語語已又相持哭且別去言今永訣不可復相見已竟莫知其所終蜀中峨眉亭嘗有建文遺臣題詩云一箇忠臣九族殃全身遠害亦天常夷齊死後君臣薄力為君王固首陽

馮翁

馮翁亦不知何許人在夔州以章句教童子給衣食能為對句及古詩詩輒自題馮二子或馬公或塞馬先生嘗作詩大書壁間比見補鍋匠歸即剗去詩曰夜夢何奇特龍飛天漢津朝橫滄海曲夕過滇池濱光雯皆五色蜿蜒無損鱗淵田變化間張主藉高旻時蓋永樂甲申乙酉間未幾辭主人去莫知所終

程本立

程本立洪武九年舉明經補周府引禮進長史從王來朝被累謫雲南長官司吏目會師可伐爆誘百

為逆本立單騎入　巢諭順逆利害諸　落咸感悦歸附冬諸　復變帥藩沐英張紞屬本立行縣典兵事且撫且禦誓以死濟萬民不避險難山行野宿自楚雄姚安抵大理永昌鶴慶麗江往來綏輯

革除遺事

太和黃佐

蔣長史

蔣誠爲燕府長史靖難師未起時王嘗病瘧暑中四圍皆着火爐猶自言寒三司官入視疾皆懼危篤獨誠知之以不得于上之故因令人告變會王遣人至京奏事　上執之成獄卽發符逮王官屬且約謝貴先舉誠許爲內應入王府無大小誠皆籍以爲後謀不密見戮其家

方尚書

永樂十九年　上復議親征北虜夏公原吉約尚書方賓同入諫公獨言頻年師出無功戎馬儲積十喪八九災眚間作內外俱疲況　聖躬少安尚須調護勿煩六師　上怒命公治邊儲于塞北賓懼自縊併籍公家惟賜鈔千貫餘皆布衣瓦器命錦衣尅日召公還公方治粟使者促之　上問征虜得失公歷陳往鑒謂當內治不宜勤遠畧執不變坐繫內官監上察公忠間訪國事

夏忠靖

夏忠靖諫北征頌繫內官監　車駕至榆林川不豫八月楊榮以凶問至　皇太子親臨繫所與共哭令出視事公叩首曰臣　先帝罪人未聞　詔强之乃受命

又

夏忠靖與蹇忠定同飲于所契家歸値雪過　禁門有不欲下馬者曰雪大寒甚公曰君子不以冥冥惰行公之盛德雖緣事納忠而其本則在此敬愼耳

梁厚齋

梁厚齋歸老日家無餘財嘗見一匠人何云公歸閭月議建祠安祀其先計工匠之直日需八金匠六往日未有以給也盍少需八往不能營給祀竟不克建

夏原吉

文皇親征北虜命夏原吉輔　皇太孫居守北京兼掌六部都察院事　上諭公曰朕以房廷齡委卿宜盡心輔導時京邑諸司草創公每旦入朝獨延　展前叅决機務退至政事堂上郎官御史抱成案盈廷

公曰應手判不動聲色北奏　行在南啓　東宮京
師肅然

擁絮迂談

東吳朱鷺

談革除是文事也特求遺

今上允復年號盛德事予許曉曉贊矣語又半入書
法中而此復全存者不忘始也亦慮析入者倏
貫靡竟未得直通鄙意耳　鷺識

談之日方寒兄弟擁敗絮而坐併擁絮云爲朱伯子
白民季子道方益萬曆甲午冬二之月也道方挾漢
史問予指昭烈帝紀曰天下不一統不帝蜀何以帝
白民曰帝也昭烈既炎室之胄孫曹奸矣奸不掩胄
帝昭烈不亦可乎何必一統道方曰三國鼎分昭烈
君臣自分一足耳作誌者全以天子之制予魏通鑑
因之不改至子朱子綱目之作乃始奮然改筆曰後
漢曰昭烈皇帝曰吳爲僭明曹爲賊而先主儼然正
天下焉然則天下之統紀一史筆能予奪之乎昭烈
不自謂帝也歷晉迄宋不與其爲帝也紫陽秉筆乃
在五六百歲以下而斷以獨見不爲私更張往牒不
爲擅還統紀於易代之後振筆削於蠹簡之餘而千

載無異議史權亦重矣哉白民曰史豈直紀言動而已筆代褒誅權所自制故微嫌可剖沈枉可雪其況大義較然彰著者乎哉春秋溫之會晉侯召王以諸侯見且使王狩仲尼曰臣召君不可以訓書曰天王狩於河陽存其大也綱目祖春秋遺意存漢不亦可乎又奚惑史權重也

道方曰周漢往事春秋綱目往史其在

本朝若革除一事顛末何如可得議短長乎白民答嗟太息而應曰惡惡所置短長議雖然顛末可具道

也孔子曰邦有道則危言卽爲若發迂議可乎昔者

建文天子用齊黃兩臣謀削奪諸侯王爵或廢或放而禍且逼燕也

文皇帝曰小杖則受大杖則走遂起兵靖難以誅奸臣爲名持戰三載而

天命卒歸

文皇帝金川之門啓大內之火熾而

建文天子以崩聞矣蓋壬午歲之六月十三日也

文皇旣登位未遑改元命革除建文仍稱洪武於是有洪武三十五年之稱實建文四年也編年亂實錄更耿帝稱君而建文忽若滅遺矣道方訝曰一至是靖難革除二俱過邪白民曰否否靖難是也而革除則過

高皇帝定鼎金陵特以順一時歸附之人心非持久計相陝弗界若有待焉天實篤生

文皇徙鼎北平奠萬世之安靖難曷可少乎卽以人事論

高皇帝經理天下三十年百度縝密可謂至當

建文君臣一朝舉約束而更之紛紛焉

高皇帝在天之靈必有震怒不寧者昔太甲顛覆湯之典刑而伊尹放之桐天下不稱逆

文皇帝卽舉兵南嚮豈過乎而況

高皇骨肉未寒諸王相繼廢削若周若湘若齊若岷慘然傷夷矣張昺謝貴等伺燕日密而指揮使收燕之牧業已洩露矣此時而欲終守人臣之節不亦難乎鼂錯不能使吳楚之不執詞齊黃兩臣又安能制燕兵不舉邪

文皇帝舉兵之日嘗一上書矣曰
祖訓有之朝無正臣內有奸惡則親王訓兵以待
天子密詔討平之臣謹俯伏俟命又諭將士曰禍迫
於躬實不得已罪人既得則法周公以輔成王吁何
其辭之正也不庶幾動以義哉已而
建文天子崩聞齊黃先後歸死則罪人得矣無復成
王之可輔矣天下固
文皇帝之天下也非文皇帝之天下而誰之天下
哉嘗試設言之當北兵薄城時有如

建文天子誠將吏且毋用兵拒出九卿中官百數人
城外雍雍然執奄御盍以親王禮奉迎曰聞殿下欲
法周公輔成王成王敬速以人而天子身自衮冕臨
朝設周公所負扆以待當是時
文皇帝且奈何勢不得引嫌自退而必且假手必且
推刃以居天下之不韙幸哉不出此也遜去馬崩聞
馬若虛位以須
文皇之至而文皇得宴然有之而無所事湯武威
豈非

天相其間以善
文皇之始輿爲文皇計宜召父兄百官而告以骨
肉不幸之意曰既不獲遂予周公輔成王初志予敢
以
高皇帝天下付非其人予不得不立則爲
建文上議謚議廟饗議修實錄議封後綢繆委曲不
勝哀悼之心而絕無快意一逞之跡尼可有辭於天
下萬世
建文不失尊號

文皇不失顯名豈不善始善終哉顧急急乎革除年
號追廢天子此何爲者是異姓仇讐相克之所爲而
安在其爲骨肉之不幸哉且何以解靖難也無乃非
天所以相
文皇帝意乎惟其急急于滅
建文若快意一逞者然而始開天下萬世之疑以爲
文皇帝私天下有如是其固然矣夫靖難執詞庶幾
天下之公義而卒疑于私則革除之爲也故曰靖難
是而革除非也且

文皇帝正位之日亦既輟朝三日矣命以天子禮成
葬矣豈其生擅天子之尊死蒙天子之葬而史獨貶
而稱君年獨削而不用邪以爲
建文不足存也　皇明之一葉不足存邪
太祖帝[illegible][illegible]丁再門宇宙爲古今盛王而令一傳剝
蝕四祀無上實績而名絕之生榮而死辱之儼然正
位華[illegible]　同仰既有年矣而一旦胥名實而劃戈之辟
如白[illegible]正書而欲掩爲昏宵則誰能信且也
高皇帝演沒後之年是死而生之也

建文天子匿生前之號是生而死之也之死致生之
生致死不兩倒哉跡疑於私而事入于倒此忠臣義
士之所浩歎而深惜非惜夫
建文之不存而惜夫
文皇帝當日之舉之誤也
道方曰革除之不可也如是其奈何自民曰言之矣
皇明之一葉不可以不存存之奈何曰復革除復革
除奈何曰借存于史漢昭烈且得以史存其況
建文乎頃

天子下令纂修　皇明正史將合二百餘年之實錄
會而成編開局延賢既闕耳矣此微特斯文煥發之
秋將亦公道彰明之會者儒碩輔其遂無嫌慨議復
此者乎我與若姑傾耳以聽可矣道方曰
文皇帝之所革除也而又誰敢議復乎哉復之是昭
文皇帝之過舉而發其瑕也傳稱揚父之美不揚父
之愆而又誰敢乎哉自民曰甚矣弟之闇也夫靖難
動以公者也而卒疑于私則革除之爲也復革除乃
以昭

文皇帝之公而滅其私而又爲發瑕乎哉夫治玉者
務擇瑕而去之瑕不去千載無完白
今日之史亦若此矣吾聞孝子慈孫惟是蓋愆幹蠱
光昭前人之令德爲兢兢不聞匿污掩垢以遺後人
發也而曰誰敢誰敢是何言與嘗觀
文皇帝發謀舉事往往遲疑於天命人心向背之際
未之敢驟迫而後動不得已而後起上書則引
祖訓執詞則除罪人諭衆則曰法周公心周曰吾一
不當而萬世之惡歸之也及至城門不攻而自啓

主君不挍而自亾何憤不雪何怒足留而又必革除
之爲快哉烏乎豈謂
文皇之聖也而德宇若是其不寬宏邪當是時靖難
諸臣必有挾淺薄之見肆殘刻之說以從史其間者
宋太宗問趙普後計普曰太祖已誤陛下豈容再誤
而太宗意遂決諸臣其少普之徒哉即如賊臣都御
史陳瑛天下平定踰三時矣猶請追戮建文臣其況
乃更嬗之際乎又何所不至哉竊謂革除之舉必非
文皇帝意即有之必遺恨于在天之靈耳豈惟

擁絜迂談　八　八

文皇帝我
太祖神聖逆知
太孫之不足與守成自其新月詩占之矣而遺詔卒
立
太孫無有動搖意雖以
文皇帝之聖也僻智慮過人酷類
太祖者而寧寘之藩封
太祖固曰自我創天下而以天下傳之庶孽萬世而
下有庶奪嫡孽抗宗者我開其亂也亂一傳而萬世
之傳足慮焉
高皇帝其恐乎哉夫一傳而亂且弗恐剏舉一傳而
滅之乃獨恐邪竊謂
高皇帝在天之靈亦必不安此久矣從是言之昭
文皇帝之公而滅其私者復革除也釋
二祖在天之憾者復革除也夫舉事而足以昭公滅
私而釋在天之憾此孝子慈孫之所亟圖而又虞諱
觸乎哉不寧惟是有天下者父爲祖則子爲宗百世
不易之理古未聞父子俱祖者而自我　明始

擁絜迂談　八　九

太祖以創業僻祖
成祖以守兼創而
世宗皇帝追隆之亦僻祖豈不有當願惟是有
建文以間乎其間而後
二聖不妨並祖不然子父相接也而俱祖邪故以一
代之首而嚮一葉非體也以子父之接而平列爲祖
亦非體也明史將爲萬世觀其得不深慮邪即不爲
建文計獨不爲
文皇帝地邪是又秉筆諸臣所決圖度也而曰誰敢

誰敢乎哉道方曰秉筆諸臣圖度易見諸行事難綱
目之存漢昭烈也典代也居昭代而擅借存焉謂臣
子何自民曰吁是未易爲若言也吾所謂借存史筆
云者非曰肆然無所開説於
上而輒爲之復年傳號也又非僅僅年號之請而已
也將請其年必請其錄得請其錄必請其謚得請其
謚必請其饗而後儼然成一朝天子褒然成一朝實
錄而可以後先
二祖之間而天下萬世之人必乃以快然無餘恨雖

然請而得則非臣子之所能必也非
聖天子獨見獨斷爲一代惜統紀以昭公滅私爲大
誼以匿瑕掩垢爲賾識其又安望剖破拘攣慨然舉
此曠典乎哉夫至于請而不得而後史臣之權有所
不得不用矣古者史臣筆則筆削則削奪則奪予則
予天子不得而寓目焉誠以垂萬世之勸戒而已操
筆之權而天子有所不能制自古以然而獨難于
今日乎即不獲請謚請廟饗而修實録非史臣事乎
斷以史臣之權而爲建文立本紀復其年隨録其當
時行事以存
皇明之一葉令前後統紀不至中闕而不續夫非匡
救忠乎且夫史宦而禁之書能必野史之不書邪當
世不書後世其無書之者邪與其爲野史書爲後世
書傳疑述譌逐影尋響譸張其説而矯誣其事寧正
之今日乎秉史筆者猶得以彌縫潤飾其間而不至
滋萬世之惑也若是而史臣之權又可不用邪然則
書法何如曰我夙有心矣近艸就未訂定故不敢輕
出也道方曰建文之借存于史史臣之不獲已也設

幸而得請直復年已邪即欲追謚追饗其若何儻亦
有説乎曰民曰謚以易名也寄美刺於一字仁暴與
亾之主得共之無不取焉　建文即亾國何至并易
名之禮而廢之原所以亦惟是革除故苟得
請焉雖追謚可也臨以
高皇帝在天之靈而斷之萬世人心之公是何不可
之有雖被以極垢蒙之大辱如幽如厲如愍哀固亦
無傷焉曰得齒于一王之列而已矣按于法在國遭
憂曰愍在國逢艱曰愍禍亂方作曰愍使民悲傷曰

愍此四愍者
建文幾備之矣偁愍皇帝其亦可爲敢凱嘉號我
高皇帝制法親王一謚郡王二謚親郡王而非謚終
亾弗謚也矧紹大統正南面儼然臨天下者四歲顧
弗得一字之及乎哉則是
建文皇帝曾不獲列在　郡王下也正恐能削其名
者不能滅其實終爲欠事耳必難一謚意倣古少帝
略偁即非至當義然足通也江上老人詩不曰少帝
亦何尤乎此其可采者亦一義也道方曰即幸而復

年矣追謚矣　建文居然一朝矣其於
廟饗不亦難乎不與饗不成一王與饗如
九廟之額何日是無難也禮祖功宗德百世不遷非
此盡遷也
建文廟饗固遷列耳今其主在廢舉而入之
祧廟不亦可乎夫　祧廟三年一祭於禮非數而旋
九廟之額無增損焉而又可以明世系正昭穆昔者
魯躋僖公以爲閔兄也閔實先僖立而春秋譏焉傳
曰易神之班不祥又曰春秋不必見親廢尊尊父子
兄弟不同繼而同偁世何則重統也　建文非一世
之昭乎安得以失國之故叔侄之嫌而擯去之去之
是虛
太祖之一世也是無昭也故夫
建文不可以不存也雖追饗可也然而復年要也年
誠復即廢謚與饗不害年不復而一代之統紀乖矣
其何以信爲世道方曰自古亦有君天下而不得偁
年者乎白民曰無之位可革年不可革位可除號不
可除漢惠帝養他姓子爲嗣而高后立之非正也史

故不載然而猶書　呂氏八年何不遂以惠帝統之正
所用表世傳正統　紀不得而虛也昌邑王賀以藩王
入不道大將軍光白太后廢之廢立在本年內又外
人也故不書唐中　宗嘗一貶爲廬陵王矣綱目書帝
在房州武氏固不　得而沒之也豈其名正實章四歲
天子如
建文皇帝也而不　得偁年乎哉
孫蒙
祖號寇亂生年失亾無太於此考以爲亾國之主與古

之亾國者非一姓其誰竝年而亾之以爲德不足以
與顧何如桀紂桀紂固有年也況
建文弱冠之年能以興致太平爲己任躬郊視學復
高年勸孝弟舉賢遴能問民疾苦孜孜不自暇逸庶
幾守成令質乎
高皇帝夙以仁孝稱之而當時政聲亦日霓務大能
得中外心雖變文成法而咎生于蓁古雖刻削諸藩
而要亦自爲社稷計可得追滅之邪卽當
文皇帝在御不難以義爭之況今日是非已定正

擁絜迂談　八　十四

聖子
神孫幹蠱補闕善繼善述時乎道方復問曰革除後
亦有議復建文者乎其始于誰曰民曰有人心者誰
顧是也而始誰哉然其最可據者莫若
昭皇帝
長陵碑文矣碑稱
皇考駐師金川門遣人奉章言所以不得已來朝之
故閒
建文君自焚大驚發衆馳救不及
皇考仰天慟哭曰臣之來也將淸君側之惡用寧
家曰不痛邪遂備天子禮斂葬
建文君雖廢猶書其殁日崩當其在位尊之曰朝廷
從是言之
文皇名没建文實未嘗没
建文也其卽位詔
論臣民敕封功臣敕曷嘗不稱建文
文皇自革除之而自稱之畢竟實難揜耳
昭皇帝雖

擁絜迂談　八　十五

文皇子而不勝痛惜
建文之至意則天下萬世之公論從茲決矣

天順日錄

南陽李賢

災異

明自王振擅權天象災異疊見振很恣愈甚日諱言之時浙江紹興山移於平地地動白毛徧生又陝西二處山崩壓沒人家數十戶一處山移有聲叫三日移數里又黃河改流東北於海淹沒人家千餘又振宅新起內府乾方未踰時一火而盡又南京殿宇亦一時被焚是夜大雨明日殿基上生荊棘二尺高

始下詔赦盜不可遏蝗不可滅天意不可回　寇乘機大舉犯闕矣

牟富

天順初副都御史牟富被石亨姪彪奏害自大同逮繫至京　上曰此人如何賢對曰行事公道在彼能革宿弊　上曰此必石彪被富阻其所行不得遂其私耳賢曰　陛下明見眞得其情須早辯之幸甚明日　上召錦衣衛指揮門達曰牟富事情務要推問明白已而進狀果多不實賢曰須遣人體勘庶　[illegible]

人　上曰然乃遣給事中郎中二人　上曰再遣武職一人同往不然縱得其實彼必以爲回護賢曰　陛下所慮極是勘回果無實狀富遂致仕而歸

石亨

天順初石亨招權納賂文武大臣多出其門奔競成風士大夫不知廉耻節義爲何物賢深憂之思欲息此風適廷試舉子以求賢安民二事問之欲得眞才止奔競以正士習時都御史缺員有行賂于權貴之門者爲其名　上知其不可問賢可以勝此任者且

曰若耿九疇何如賢曰　陛下得其人矣此人廉名素著士林重之未幾九疇自陝來遂拜都御史　上召見戒諭諄切深愜輿論

汪妃

天順初　上以郕王薨欲令汪妃殉葬賢因奏曰汪妃雖立爲后卽遭廢棄幽閉幸與兩女度日若令隨去情所不堪況幼女無依尤可矜憫　上惻然曰卿言是朕以爲弟婦且少不宜存內初不計其母子之命一日　上曰汪妃既存不宜在內欲移居舊府向

如賢曰如此誠便但衣食用度不可缺減　上曰朕更欲加厚豈可減乎其原侍宮人恐隨之復遣老成中宮數人以備使令由是母子保全甚得其所

孛來

天順初　孛來近邊求食傳聞寶璽在其處石亨欲領兵巡邊乘機取之　上曰何如賢曰景泰以來連年水旱災傷府庫空虛軍民疲困已極　陛下初復位正宜與之休息況　雖近邊不曾侵犯今無故舉兵伐之恐不可若寶璽乃秦皇所造李斯所篆

天順日錄　八　三

亡國之物不足爲貴　上曰卿所見極是莫若只遣通事齎賞賜以與之賢曰　聖慮如此庶幾允當明日　召亨曰且未可舉兵先遣通事探其逆順俟其回報處置亨意方止於是遣都督馬政往見孛來厚與賞賜深知感恩但其餘部落爲梗得孛來保送使臣而回

待召

賢自再入閣立意退避必待宣召方趨時不然只在閣內整理文書封進雖十日不召亦不往　上久而覺之且厭石亨輩朝退頻入見或因小事私情或無事亦報入見一日　上召賢曰先生有文書整理每日當來若其餘總兵等官無事亦頻來甚不宜令左順門閽者今後非有宣召不許擅進　上意謂賢當來賢亦不自入必有宣召而後入然　上意漸加向從凡左右薦人必召賢問其如何賢以爲可者即用之不應者即不行但賢惟以正對　上亦漸覺

太后

三年郊天後　上一日顧賢曰朕居南宮七年危疑

天順日錄　八　四

之際實賴　太后憂勤保護罔極深恩欲報無由可倣前代尊上徽號何如賢頓首曰　陛下此舉莫大之孝也於是命擬徽號賢定四字曰聖烈慈壽詔示天下人心大悅慶賀禮成　太后深慰喜之復嘉贈其親以榮所自太夫人董氏壽方九十兄弟五人長陰會昌侯次皆高品子孫數十人皆爵祿之左右又有爲其次兄求陞者一日　上謂賢曰外戚孫氏一門亦足矣復希恩澤以爲慰　太后之心不知　太后正不以此爲慰比者授其子弟官時請於　太后

數次方允且不樂者累日曰有何功於國家濫受祿秩如此然物盛必衰一旦有干國憲吾則不能救矣今若問此必見怒矣賢曰此足以見　太后盛德因問　祖宗以來外戚不與政向爲侯者與此不審太后知乎　上曰　太后正不樂此初爲內庭近侍或以關防之說至今猶悔賢曰此尤足以見　太后之高但侯爲人淳謹後不可爲例耳　上曰然

吏部

吏部左侍郎孫弘闒茸　上召賢曰孫弘豈勝吏部

天順日錄　八　五

賢曰誠如　聖諭薦弘以知縣考滿赴京爲忠國公石亨鄉里囑留京官又因奉迎有功陞工部侍郎後極力謀求得此士林鄙之　上又恐其謀奪情卽令守制復召賢曰吏部侍郎乃天下人物權衡非他部此必得其人先生以爲誰可賢曰以在朝觀之無如禮部二人可擇一用之　上復問其優劣賢曰鄒幹爲人端謹但規模稍狹姚夔表裏相稱有大臣之量上曰然遂用之命下士類皆悅

左右

上躬理政務凡天下奏章一一親決有難决者必召賢商議可否且厭左右干預察知無非私意嘗於靜中召賢嘆曰爲之奈何賢對曰惟在獨斷可以革之上曰非不自斷如某事某事某人某人皆不從其說賢對曰若常如此可矣　上曰但依之則悅不從便怫然見於辭色賢曰於理果不可行者宜從容諭之　上曰今後彼欲用人不當者先生亦當執而沮之賢曰臣若頻沮其勢必怨惟　陛下明見自以爲不可庶幾漸能革之　上曰然

天順日錄　八　六

求封

駙馬趙輝貪財好色景泰時只在南京天順改元懇乞來朝　上許之既見厚有所獻賄左右求封爵一日　上召賢曰趙輝求封如何賢對曰名爵豈臣下可求左右亟欲成之　上復召賢議賢謂求則不可與若　朝廷念其舊戚自加恩命則可遂從之已而輝以賄賂事發特免其罪封爵竟亦不行

遷官

先是兵部尚書陳汝言阿順權宦將前時送去雲南

兩廣湖貴等處達官盡數取回物論沸騰以爲不便下情不能上達一日賢從容言於　上曰達人非我族類自古爲中國患昔幸遷之江南遠方今復取來甚是不便留此類在彼住定以爲樂土多不願來上曰吾亦悔之初取時聽其願若後願去者仍聽之賢曰甚幸

錦衣

錦衣衛官校差出提人惟財是圖動以千萬計天下之人被其擾害不可勝言此情不能上達賢一日從

容言於　上曰今天下百姓頗安惟有一害　上曰何害賢曰錦衣官校是也一出於外如狼如虎貪財無厭寧有紀極　上卽悟曰此輩出外誰不畏懼其害人不言可知今後非大故重事不遣賢頓首曰幸甚

鎭守

鎭守遼東太監范英乞來朝見卽以部下親昵都指揮高飛乞統遼陽兵然已有叅將曹廣兵部以爲不可　上欲允之召賢曰可以飛代廣賢不能止明日復見　上曰聞飛非統御才地方所係　上曰已發奈何賢曰雖發未行猶可止事未停妥雖行亦止上曰然卽召兵部已之

歲宴

冬十一月　聖節及冬至例宴羣臣於　奉天殿上顧賢曰節間當宴不惜所費但計牲畜甚衆尚有正旦慶成一歲四宴朕欲減之如何賢曰大禮之行初不在此　陛下減之亦是由是每歲二宴至於正旦亦或不宴惟慶成一宴歲不缺云

九朝野記

姑蘇祝允明

厚德

尚書楊公翥厚德冠一時鄉邦傳誦其事甚多如隣家構舍侵其甬溜墜其庭公不問曰晴日多天雨日少也又或侵其址公有普天之下皆王土更過些些也不妨之句又以隣翁生兒恐乘驢驚之徒行如此等紀載已多又聞其先墓前碑爲數田兒戲推仆墓人奔告公曰傷兒乎曰否曰幸矣語諸兒家善護兒

毋驚之

詩嘲

兵部王公竑應　詔薦編修岳正給事中張寧爲都御史二公爲内閣李公賢所忌嫉吏書王公翺附之皆得外補竑致仕歸河州柯學士潛有詩送之末云不知白髮龍鍾者猶踏清霜候早朝王翺見之曰柯君此詩蓋謂我也

感寓

王抑菴先生還政歸太湖日有嘆落花詩一首最愛東閣桃李花可堪飄蕩委泥沙人生榮謝皆如此不用臨流去嘆嗟春雷一首東風萬樹發青條信宿都隨雪色彫惟有前林松與栢依然蒼翠拂雲霄其亦有所感寓而作歟

勳謀

曹欽反時邀孫鏜孫祥與欽謀欽留孫帥兵孫言馬須素乘熟者欽令十勇士隨孫往取馬孫入門輒鏁之重重鏁入裁十兵於家從後門出治軍襲欽欽殺孫之子孫遂迄成殲渠之勳

建號

韓林兒始出潁川徙之武安爲穿窬漸肆刼殺有徒既繁乃嘯亂稱小明王劉護軍始就之謂豎子不足謀去適　皇祖　皇祖初亦與共事謂劉應便除之乎基云不足爲何他僞婿熄時彼應已先下矣因請建號大明　皇祖從之韓果先殄

美食

解學士縉與呂尚書震一日談及食中美味呂曰駝峰珍美寰未之識也解云僕嘗食之誠美矣呂知其

誑巳他日得一死象蹄踁語解曰昨有駝峰之賜宜共饗焉解因大嚼去吕寄以詩曰翰林有個解癡哥光祿何曾殺駱駝不是吕生來說謊如何嚼得這般多爲之哄然一笑

太陵

乙丑冬初建　太陵時都下盛傳其地有水吏部主事楊公子器直言其事時督工太監李興素有殊寵勢焰薰灼遂下楊錦衣獄莫敢捄適有起復知縣丘太莆田人到京上疏言楊某此奏甚有益蓋　太陵有水通京師皆云使此時畏而不言萬一梓宫葬後有言者欲開則洩靈氣不開則抱終天今開看無水此疑遂釋故云有益尋遣司禮監押楊往衆謂必遭興毒手及至興率奴客罵詈欲捶楊司禮太監蕭敬則曰水之有無視之卽見李哥何必麤躁取茶出曰楊先生來換茶又顧李曰士大夫可殺不可辱遂得免楊辨論不少屈回奏無水楊謗甚重衆謂楊必死在獄對語甚壯在獄中口占述懷詩數篇意氣如平時事傳　禁中　太皇太后聞之曰他秀才官說有水也是他的意如今沒水便罷如何只要擺佈他遂得免罪還職

玉池談屑

闕名

高御史

高都御史明卒時題絕句曰歸去來兮歸去來一聲長嘯入瑶臺誠明本是吾儒學寄與吾儒莫浪猜又書一對云平生無一事欺天今日送百骸歸地

孫太初

孫太初玉立美髯風神俊邁嘗寓居武林費文憲罷相東歸訪之値其晝寢孫故卧不起久之少師坐益

恭孫乃出又了不謝送之及門第矯首東望曰海上碧雲起遂接赤城大奇大奇文憲出謂馭者曰吾一生未嘗見此人

定數

寧波胡弘深于易理以卜筮名景泰初楊尚書翥從問休咎筮得復之六二言公至中年方有奇遇若官三品壽九十官二品則差減四五年子亦沾祿未幾果以潛邸舊恩累進大宗伯卒年八十五子亦以廕授吳縣主簿

相業

我朝相業獨稱楊文貞李文達然文貞不死建文之難而文達奪情一節皆于大節有虧他復何論耶獨文貞不肯移兵征趙府李文達當英宗復辟時能調停中外此二事乃二公之卓然可稱者也

賣陣

李司徒伯升初從張九四總兵先與王師相結爲計及臨敵伯升倒戈從之九四敗績　太祖召見入對命勞以酒膳花綵迎賞京城三日斬之令人呼賣陣

者爲李司徒

貞女

國初保寧一女韓氏年十七聞大軍逼城慮爲不得明配僞爲男子衣飾混處民間既而果被擄居伍中七年人亦莫知其爲女子也後從王珍討雲南及歸邂逅其叔父贖之歸成都以適尹氏同事者咸駭異焉成都人稱爲韓貞女

兄弟司徒

嘉靖十三四年靈寶許公讚爲北司徒其弟誥爲南

司徒皆故冢宰襄毅公進之子也兄弟對峙兩京並掌國計古今未有也時人榮之

嵩陽雜識

闕名

狀元

京師民某氏一日夢文天祥至其家方入門即仆是年春朱公希周生是家狀元及第一夕下樓偶失足顛仆良久始甦蓋天祥乃宋丙辰狀元也又無錫富室請將因扣今春狀元姓名判云姓字原從太祖來反求文武定奇才而今要識機關巧須向詩中仔細猜反求爲希文武爲周姓名已黙示矣

古棺

天順間安陽民牧牛入一破塚中鉄索懸一棺去地四五尺四旁無一物民搖動其棺沙土蒙頭不能開眼民懼急趨出沙已沒鉄矣翌日拉伴往視之沙土滿中不復見棺蓋觸其機發而然也

詩諷

成化間太監汪直用事朝紳諂附無所不至其巡邊地所在都御史皆鎧甲戎裝將迎至二三百里望塵跪伏半跪一如僕隸揖拜之禮一切不行以是皆蒙

喜遂得進階有諺云都憲叩頭如搗蒜侍郎扯腿似燒葱奔競之甚良可嘆也

感夢

盛寅先生嘗夜夢有寄樹于家者久矣急欲樹遂私發用之寤而深自訟曰豈素日義心不明以致此邪迄不能寐坐以待旦

試題

癸丑禮部春試初燕宗伯或與典衡爭席比命題曰伯拜稽首讓于夔龍蓋示譏也

後身

胡忠安公濙生髮白如絲彌月方黑生之夕母夢一僧持花以遺之覺而生公見僧即笑父問之僧答云此吾師天池高僧後身也先師嘗示夢今生胡氏家後當顯爾來求我以一笑爲記聞者異之

詆誚

李空同與韓貫道艸疏極爲切直劉瑾切齒必欲置之死賴康滸西營救而脫後滸西得辠空同議論稍過嚴人作中山狼傳以詆之

傲睨

何大復傲視一世在京師日每有燕席嘗閉目坐不與人交一言有一日命隸人携圊桶至會所手挾一冊坐圊桶上傲然不屑客散徐起去

溶溪雜記

闕名

劉文靖

劉文靖教人嘗以收放心爲主嘗語諸子姓曰吾老榮已極壽躋耆耋此心猶日兢兢不敢放爾曹生膏粱中易流佚肆少弗知檢將損若身敗若家可不慎歟

又

孝宗嘗召劉大夏因言天下何時太平朕幾時做得

古之帝王公曰求治不宜太急但凡用人行政有疑者即召內閣并執事大臣面議停當行去自然順理便可臻太平

李西涯

正德中有士人瞰李公西涯亡投以尺素公歸啓之乃一絕云才名直與斗山齊伴食中書日已西回首湘江春草綠鷓鴣啼罷子規啼意味雋永深中西涯之病視之能無恧然

卓敬

卓敬生質秀敏孝悌七歲嬉戲相工曰此兒骨髮殊異必爲名卿惜血不華色耳年十五讀書寶香山風雨夜歸迷失道路得一兕牛馮之歸比入門廼異虎也

劉忠宣

劉忠宣語陸吉士深曰初入仕不可受人知知己多難立朝矣只如朋友若三數人得力者自可了一生過多則晚年受累

劉東山

劉東山愛百姓如己子百姓戴之如父母徧觀當世

未見有如此者吳廷舉嘗謂古人有言曰憂民如有病見客似無官公足以當之

三楊

我 朝賢相以三楊爲首然亦賴 朝廷委遇而成之正統初 英宗與幼君臨御 張太后在上有權佑之功凡事專任三楊百司奏事必命中使咨議然後裁決中官王振一日以事至閣楊少師士奇有所議疑振輒可否其間公憤懣而歸三日不朝 太后

遣使來問楊少師榮語其故　太矣且毋病與取第
人押至閣中謝罪且戒之曰再爾弄愈人稱其孝
年朝綱整飭海內晏安其後　太
後下世振始弄權天下遂多事矣

郊外農談

闕名

陳濟然

濟然陳公以南京祭酒九載奏績之京時中貴有柄國者勢傾朝野素慕公人品欲收之門下適工部侍郎周公忱廵撫南圻在京進謁中貴知其與公同年微露其意周公詣公達其意公曰敬宗忝爲人師表而求謁中貴他日無以見諸生周公因諷中貴曰陳祭酒書法極高姑以求書爲名先之以禮幣彼將詣謝矣中貴乃遣人致彩段羊酒求書程子四箴公爲走筆書之而遣還其禮竟不往見故爲祭酒十八年更不遷轉士大夫益高其風節云

魏國公

初魏國公徐達與常遇春同伐元元主知曆數在我太祖遂北歸沙漠盡讓華夏之地遇春欲邀其歸路殺之魏國曰不可彼不戰而去還我中夏是順天也我邀而殺之寧非逆天乎及還遇春先歸見　太祖曰我欲殺元主徐達受其賄縱之　太祖由是疑魏

國魏國寬仁長者素得左右心至將入金川門有一内侍馳馬來附耳與語魏國遂還坐舟中陳兵甚嚴太祖待之不至命衆公卿往迎於江上魏國堅卧舟不起　太祖親往迎之猶不起　太祖不得已入其舟中魏國始伏地慟哭指天自明　太祖亦泣下對勞再四自是君臣相遇如初

文皇

文皇初渡江橋折前一神廟有竿其神玄帝也文皇欣然命取用之遂濟竊念成功後當建一塔寺以展

報誠一日江中見水湧出一寳塔上悚然起前念既即位會天禧寺浮圖災有司入奏勑兵馬督人巡衛勿救火寺既燼命取其灰投之江即其地剏建大刹立塔十三重賜名報恩寺

虎臣

鳳翔之麟遊有虎臣者慷慨有節氣成化末貢入太學適聞萬歲山架棕棚以備登眺臣上疏極諫　憲廟奇之祭酒費誾不知也懼其賈禍乃會六堂鳴鼓聲罪以銀鐺鎖之以待俄官校宣臣至左順門中官傳　溫旨勞之曰爾言是也棕棚好拆卸矣命還時吏部予臣七品正官誾聞言大慚臣名遂播天下後知雲南鶴嘉縣卒於官

冶城客論

闕名

遺老

永樂中有一人居洞庭湖之濱久而復有兩人至聚居一室不輕出門戶風月之夕則棹小舟操酒榼泛湖而飲飲至醉扣舷而歌歌竟相持大慟而歸人莫測也居人時以錢米周之或受或否而一人病革呼其鄰曰吾欲告汝以姓名恐爲汝累不言女終見疑柰何其人固請乃曰我建文朝某編修也幸葬我湖旁其山下居人收葬之其二人後未知所在

買辦

英廟有意江南買辦諸學士難言欲持不可而有貞度不可言將入對謂學士薛瑄云予若多言恐忤上意若度稍可從後觸止之瑄以爲信然於其語半時伺其後有貞即大聲曰薛瑄欲有所言　上問言何事瑄倉卒無所對即以江南買辦一事言之　上不悅而罷

人情

原泰元年廣寧伯劉安都督僉事郭登守大同也先遣人奉　上皇至城下〻守臣出見議事劉邀郭同出郭曰人情叵測安知其不以良人之誘楊定者誘我乎吾二人之身城之存亡攸繫脫或陷詐吾二人不足惜如此城何擐甲登城北向拜曰臣非敢不出但此城臣擅不敢離耳劉竟自出因得迎復　上皇命加封侯從而入京給事中葉盛等劾之詔復原職英廟復位進劉爵郭罷廢至成化間始得復用人莫不多郭之守正云

夢詩

羅一峯赴試時有一水手夢中與語之曰明日附舟乃羅狀元明日果有秀士來附舟詢其姓則是衆皆驚訝倫赴春闈道蘇州爲文謝范文正公祠是夕宿舟中夢文正遺之詩曰賜帶横腰重宮花壓帽斜勅君少飲酒不久卧烟霞天順癸未赴試春闈舍宿邸舍其家奉盥盆中有金鐶一隻羅僕取之明日早行謂僕曰此去京城尚遠又缺路費如何僕曰分無憂夜來于盆中獲一耳鐶足以爲資倫怒索其鐶而還

志此至與其婦爲夫所逼欲捐生感謝不已既而入
場被火賴謝大韶出之人以爲陰騭之報倫有詩寄
大韶曰曾同丙子看鄉榜丙戌春闈又在門南省再
生眞父母西湖歸老任乾坤成化丙戌倫與同邑劉
試商皆第一潘中乙榜授陝州訓導未久而卒夫壽
天窮通皆有定數如此人其可以不安命乎

西皐雜記

闕名

氣節

逆濠就擒江彬擁邊兵邀 駕駐通州命文武大臣
出迎人人自危毛文簡倡正議謂當訊鞫告廟悉從
之嘉靖初 上選婚姻錦衣韋千戶女與焉內侍并
皇親邵蕙俱得重賂咸屬意焉公在左順門厲聲曰
韋千戶是韋太監家人不知的姓何以登玉牒此事
禮部不敢擔當汝曹自爲之衆議遂息文簡體弱而

氣不可奪此其大節云

辟妖

景中丞淸赴舉時過淳化主家有女爲妖所憑淸宿
其家是夜妖不至去却來女子詰之曰避景秀才且
日女以告其父父追及淸詰之故淸書景淸在此四
字令父歸粘於戶妖絕不至矣

判狀

明華亭縣有民某某母再醮生一子及母死二子爭
葬質之官知縣某判其狀曰生前再醮終無戀子之

心死後歸墳難見先夫之面令後子收葬

滄江野史

闕名

楊文襄

嘉靖初張桂二臣剛愎著聞　上亦厭之言官多有論列疑楊文襄所授二臣行時即私謀于霍公韜霍懼有齒寒之勢遂上疏毀公于朝　上始疑公遂再疏乞歸霍復風言官論劾褫奪公官衆謂公當辨公曰吾心無愧得失在彼吾何辯哉

李獻吉

李公夢陽上疏有二病三害六漸之説所虞宦官外戚盜賊之禍後來其言無一不酬正德初劉瑾擅權稔惡繼而流賊四起幾至大亂至嘉靖中壽寧侯卒以驕横干誅三復此疏其才識氣節一時可想矣

石文隱

石文隱在吏部承羣小黷亂之餘政以賄成官以意授士習日趨于壞屬考察京官凡於請議有干者多見弃黜以孤貞行一意柄臣不悅兩月解部以尚書嘗詹事府事典誥敕蓋前無此故事也石文隱初居

翰林巳厲志不殖貨利在内閣有所論列多觸忌諱
上優容之有勳戚怙勢奪圻内民地萬頃詭言 國
初所賜歲久失之今得焉以請旣得 旨矣圻民大
恐公言于 上曰百姓爲業且久一旦奪之恐生變
上爲停前命仍給之民作相後門無私謁其剛方正
直始終不變云

朱御史

朱公裳少勵清節爲諸生衣食不續裕如也後學于
京師旅于郊寺無僕從自炊汲同門生或辦甘脆而

食之不去讀朱氏詩諷誦不輟口登進士積官至九
卿大夫寒約如一日自號貧子旣顯改安齋自都御
史守制還居無賓堂土壁席門自奉嘗茹菜連旬無
肉食爲御史按山東山西有風采人稱爲長齋御史
云

薛文清

薛文清曰余昨日京師來河南瀕行院中寮友有誦
唐人此鄉多寶玉愼莫厭清貧之句余每不忘其規
戒之益導友善不納則當止宜體此言未合者不可
强言以鈎之若然則近於諂

澤山雜記　闕名

剛直

羅文肅公剛直自持人不敢干以私釐正數十年積弊遷南京吏部右侍郎正體統慎交接掌國學以端風化爲本凡陳謨皆大本急務建儲二疏尤剴切不畏斧鉞動止詭異徑情直行人目之爲鬼王然敦尚氣節僚友有脂韋風靡者痛惡而面斥之以故人咸畏憚不敢犯

又

魏文靖以直道自持不拘徇俗正統初任吏部侍郎時中官王振怙寵而驕每出雖部堂尊官亦斂輿廻避公一日相遇於崇文門不爲避振銜之譖于內衆爲公危之忽一日　上御便殿召吏部既至問孰爲侍郎驥且詆以近日曾有何事公慷慨言其故且曰臣不才備位六卿臣不足惜　朝廷名器可惜耳上溫旨慰之曰爾所言者是好官好官

放捷

景淸偶儻尚大節領鄉薦遊國學時同舍生有秘書淸求而不與固請約明旦即還書生旦往索曰吾不知何書亦未假書於汝生忿訟於祭酒淸即持所假書往見曰此淸燈窗所業書即誦輒卷祭酒問生生不能誦一詞祭酒叱生退淸出即以書還生曰吾以子珍秘太甚特此相戲耳

忠武

張忠武王任燕山護衛　文皇靖難師起幃幄謀畫悉以任王王攄誠效慮夙夜不懈可否進止王正色

數語決之咸中機宜用王策奪北平九門撫順討逆三日城內外悉定師將南出王曰不先定薊州將爲後患薊平餘無患也時薊州守將馬宣謀起兵迎拒上命王討之王至諭之不下環城攻之宣率衆出戰遂執宣殺之急趨遵化戒將士曰師行以得人心爲本師入城不傷一人遂移師永平寄雲皆望風輸欵

孝感

彭濟物少慷慨有志節初會試時前二場文論皆得意忽得家報言母夫人劇病即束裝歸朋輩咸勸其

留終場必取高第公曰吾方寸亂矣且母病與取第
孰重耶遂行抵家母見之喜病亦尋愈人稱其孝

沂陽日記

闕名

武皇

武皇南征駐蹕留都大將江彬等統領邊軍數萬扈
從屯處京城彬恃恩跋扈權侔至尊下視公卿懷不
軌心喬公白巖時爲大司馬獨任留守之重持正鎮
靜每事裁抑彬亦敬憚不敢肆隱然虎豹在山之勢
一日晚彬遣官兵索各城門鎖鑰城中驚駭不知所
出督府遣人來謀于公公曰守備者所以謹非常城

門鎖鑰孰敢索亦孰敢與者雖　天子詔奈何督府
以公言拒之竟寢城中帖然彬每假傳　旨有所求
爲日數十道公每得　旨必請面奏彬計遂不行公
又慮有他變乃選精通武藝者數十人充隸卒隨護
一日會公于演武場彬欲逞部下之勇以懾人問曰
南京亦有能武藝者可與我邊軍一較乎公曰善者
固有猝難至吾從者亦畧諳此可與較彬易之有與
卒小而黑人呼爲鬼李有神力善跌打公呼出叩頭
請較公謂彬曰今日較藝傷死勿論彬部下四八大

而長視彼小甚易之與李較蹬什彬失色又命勇者
對連勝七八人後有劉鑑廖清沙者有重手法來敵
皆負彬由是奪氣又 武皇在牛首山經宿彬欲行
異志而山神震吼達曙不寐不敢舉事次日歸抵聚
寶門時已深夜彬傳 旨開門迎 駕公閉門不納
是夜 武皇宿于報恩寺公鎮安都城保護 大駕
其以死衛社稷者矣

韓苑洛

韓苑洛性剛直初舉進士值劉瑾亂政朝士奪氣同

年多往謁之有約公者公卒不往爲浙江按察僉事
分巡杭嚴獨持風裁鎮守太監王堂并織造中官有
所求爲于有司率裁抑之積忤既久後因富陽縣產
茶與鰣魚二物皆入貢採取時民不勝其勞擾公目
擊其患作歌曰富陽山之茶富陽江之魚茶香破我
家魚肥賣我兒採茶婦捕魚夫官府考掠無完膚皇
天本至仁此地獨何辜魚兮不出別縣茶兮不生別
都富陽山何日頹富陽江何日枯山頹茶亦死江枯
魚亦無山不頹江不枯吾民何以甦後被鎮守奏公

作歌怨謗阻絶進貢逮至京下錦衣獄褫其官公初
被逮時杭府縣贈錦衣官校金祈途中寬挺公斥之
曰死則死耳何以金爲及府縣贈公路費公悉揮之
挺挺不屈眞烈丈夫哉

王都督

王都督佐掌錦衣衛事京師人稱爲王堂才敏志忠
律已廉介扶翼善類祛擊凶邪凡詔獄議該從輕雖
披逆鱗必委曲剖白至數十上不肯阿順違議京師
刁徒劉東山者狡而黠能窩行移遊于壽寧侯張鶴

齡延齡之門毎日瞷二張陰事籍記之一日嚇二張
索金數千用盡復奏二張陰事下詔獄公力爲張辯
又勒延齡之妾爲妾不從又奏其謀反公復辯其誣
遂劾東山平日姦惡狀 上悟下其事于公公審擒
之伏辜詔枷于午門前數日竟死萬衆舉手加額曰
非王堂替天行道何以能此公不肯索富家細過至
巨猾兇豪有犯雖巧賄勢囑亦不得脱以是稱名執
法前後錦衣皆莫及也

王尚書

正統時王振雖跋扈大臣猶加禮王尚書直遇振未嘗少降詞色同坐時振欲尊席公曰太監職四品吾尚書二品豈然凝坐振無如之何

海上紀聞

闕名

神代

陳按察輿疾革忽起坐榻上舉手望空拱揖若迎送狀家人問故曰楊憲長請我來交代爲城隍也言訖而卒

契合

宋公訥病　高廟遣中使諭曰卿稟天命之性發仲尼之誠施己之幽德修道教人所以病不病而速痊以其有神也又嘗言送祭酒胄格必壽適有畫工至命繪公像甚肖　上喜吏部尚書余熂不喜公以事逐公去　上怒誅熂念公老召其子望江縣主簿麟侍養二十年卒於官年八十　上爲文祭之故事文臣四品無給喪費者給自公始又遣行人祭于家爲治墳塋官其次子復祖爲司業一時廷臣之契莫倫

名節

陳公鼎爲給事中以名節自負侃侃直言無所畏懼正德中宦官廖堂鎮守河南貪虐暴橫民遭荼毒其

弟鵬附逆瑾作威尤甚子鏜正德庚午冒祥符籍入試餘姚編修孫清失官依鵬爲代筆鏜遂取上第踰年公發其事劾之除名直聲益震廖大衍之會流賊起條陳彌盜機宜與巨璫爭辨不撓坐是繫獄罷歸爲浙江憲使凜凜持風裁藩臬諸公咸敬憚之舊都司官與藩臬同出入宴會公不許且不爲禮都司官大以爲憾在任廉介正直門無私謁禁和買戢吏姦上下畏之如神

箕仙

熊端肅浹任左都御史轉吏部尚書時 世宗信任箕仙 敕建承天閣以崇奉之公上言箕仙不足崇信宜黜之 上大怒命錦衣衛官校押發原籍爲民公於酷暑坐牛車暴日中官校督促幾死至河間知府某者遣校金易以肩輿得還鄉隆慶改元賜少保謚端肅

自重

正統間王振擅權聲勢烜赫自劉忠愍之死公卿大臣多出其門無不望塵下拜恬不知媿巋然自重不

爲所屈辱者魏文靖陳祭酒薛文清三公而已

孤樹裒談

建安李默

于肅愍

于肅愍廵撫河南山西前後幾二十年每入京議事獨不持土物賄當路汴人常誦其詩曰手帕蔴姑與線香本資民用反爲殃清風兩袖朝天去免得閭閻話短長

孝宗

孝宗憂勞思治益明習機務眷念民瘼欲盡革諸煩

苛獘彚召劉文靖公屏左右人罕得聞大懼竊從乎隙中觀但聞　上數數稱善　上仁慈敬愼尤欲守成法公等亦見　太子未壯　上體淸癯恐一旦禍起不可測務却謀遠顧省機密發天下隱受其福至上語及宮中事毅然欲創抑盡刷洗近侍權復高皇帝舊亦未敢輕動也

楊文恪

楊文恪志切匡時以經筵講學爲出治之本疏每上必懇　致意嘗因地震劾奏用事大臣首薦張元禎吴寬李東陽王鏊劉戩宜備日講讀書宜用大學衍義時論韙之吏部尚書王恕被譏公力言公卿中不可無恕所宜優禮請黜遠讒佞無爲所惑楊茂元盛應期因事獲譴仍奏乞叙復他所論薦如周瑛周孟中王鴻儒王雲鳳劉元劉大夏謝鐸林俊等皆有時名

薛文淸

刑部尚書楊寧都御史張純初以才力相尚及與薛瑄同事歎曰如薛公當於古人中求之非吾輩可及

也

謝閣老

浙江紹興府勘報經明行修者四人內餘姚三人逆瑾以爲謝閣老所私執送錦衣衛鎮撫司問其一人妄招詞連謝因及洛陽劉瑾以爲奇貨可騁宿怨笑曰今入我彀中矣言于　上必欲置謝于邊戍賴李東陽曲爲辨析令其爲民

李相國

天順時　上謂官軍一季俸關銀十四餘萬兩李公

賢對曰自古國家惟怕冗食今官軍有增無減如人只生不死無處着矣自古有軍功者雖與金書鐵券誓以永存其子孫一再犯法即除其國豈有屢犯罪惡而不革其爵者今若因循久遠天下官多軍少民供其俸必至困窮不可不深慮也

英宗

英宗嘗論景泰不與大臣接言賢曰自古明君未嘗一日不與大臣商確治道所以天下常安先儒謂對賢士大夫之時多親宦官宮妾之時少於君德方有

益又言朕自復位以來未嘗一日忘在南城時每以此戒左右賢曰安樂不忘患難古昔聖賢之君存心正如此又以戒左右最善又善飲食隨分曾不揀擇衣服亦隨宜雖着布衣人不以爲非天子也賢曰如此節儉天下自然富庶前代如漢文帝唐太宗宋仁宗皆節儉是以當時海內富庶非其餘可及又曰朕於四書尚書嘗遍讀如二典三謨眞是格言賢曰誠如聖諭凡帝王修身齊家敬天勤民用人爲政之事皆在其中此時正宜玩味體而行之　英宗每爲首肯

內閣

我　朝政在內閣士之始進以翰林爲極選而競進者率規計恐後戴公珊與華容劉公堅避不往且曰願就部曹習聞民事爲國家建勳業甚幸沒沒老文字爲所恥也後兩公咸爲名臣

西墅雜記

無爲子楊穆

況太守

況鍾字伯律南昌人始由一吏起職歷任綽有善聞内相三楊公知其名薦之故領勑來守吾蘇及臨任剖析若流善政四出民皆駭服第過考按士子悉委諸群僚多不親事其詣學宫講誦竟不能發一問于其間亦惟唯而已嘗諭衆曰某本刀筆吏所恨者不在科目固不可嗣人也於乎以有爲之才而獨歉于

此君子惜之

凍死潮

錢塘江其儕海日有子午潮不爽如過夷亭則狀元出故諺云潮過夷亭出狀元昔宋末潮過夷亭而出衛涇狀元巳驗之矣自嘉靖甲午以來非惟不能過夷亭而錢塘江潮或旬日不至時人謂之凍死潮

閩語

陶垕仲寧波鄞縣人初以國子生擢御史彈劾不避權勢　上雅重之陞福建按察使時布政使薛大方貪暴自肆垕仲劾奏之大方有詞連坐垕仲至京師事既白　詔垕仲復任大方罷職閩人爲之語曰陶使再來天有眼薛公不去地無皮

謚法

國朝謚法出自翰林者得謚曰文若魏文靖公驥葉文莊公盛吳文恪公訥姚文敏公夔不由翰林而曰文者未省何謂

慈谿縣令

宣德間慈谿一縣令初至任謂群下曰汝聞諺云滅

門刺史破家縣令否乎此固非有道者言也中有一父老對曰聞者生員多讀書某等只聞得豈弟君子民之父母縣令爲之默然

吳嗣業見神燈

吳嗣業弘治間秋日泛石湖候月而還遥見上方山燭籠百數奕奕而上或紅或綠或小或大參差不一逆抵其巔燈分兩歧久之紊雜而散嗣業見之亦無他奇

王謝相較

江西南昌府王謝二氏相傳故族謝氏雖富而王氏則族衆嘗相較無已一日王俟謝族聚飲泊家衆數百人積薪環謝居而焚之悉攘其產謝一孽子方數歲媍隙間潛草莽又爲王所獲予給爲買奴乞憐王乃收爲掌門及長頗解書算喜料理王悅之而配以已女產均析之其子後生兒孫甚衍有名得仁者仕嘉興推府有仁政民皆仰之得仁生一夔狀元及第始復前姓謝氏多顯而王氏無聞焉

色兆

西墅雜記　三

前歲午日余與一友解粽其友箸赤無似持色禱曰試觀吾後有泰日乎遂擲下六六其友大喜爲之痛飲未旬日竟死余度之六六者數已盡矣若大人占之則吉也

服妖

古服之制上衣下裳謂陰陽相半而不踰制也近世男女兢爲長衣短裳故事浮薄人皆異之昔漢建安中男子好爲長衣而下甚短女子好爲長裙而上甚短時益州從事莫嗣以爲服妖後遂大亂今京師故設此禁亦可以防世變矣

胡希顏打鬼

希顏城西人家于鄉厲壇後其人耽酒無醒日成化秋夜被醉自外歸見偉丈夫三四人皆長踰屋簷齊力來扑胡胡但望其家急趨摳門關而出大恚詈曰何鬼物敢來扑我我何畏邪視至壇側見如前長者蓋多將十七八輩群立其地胡怒無運亂石擊之鬼悉奔竄或入河或穿巷者竟無一鬼能抗久之寂然胡乃返舍

西墅雜記　四

駱堂送鬼

銀工駱堂館張氏爲甥張之母疾以巫言捉鬼于罌中加符㫁封閉使堂詣諸野外遣送之堂至野對罌語曰汝乃鬼乎吾未之信也乃啓灌以穢物寘于厠角而去既歸皆隱之弗語自是病者寖以強爽堂獨譫語曰我欲去矣何乃俾我如是我祄爲禍詎若爾意爲毒之甚邪雖然終捨爾不獲言之數四堂即死焉

梓人魘鎮

梓人魘鎮蓋同出于巫蠱呪詛其甚者遂至亂人家室賊人天恩如漢園事多矣今述所知余同里莫氏故家也其家每夜分聞室中角力聲不已緣知爲怪屢禳之弗驗他日轉售于人而毀拆之梁間有木刻二人裸體披髮相角力也又皐橋韓氏從事營造喪服不絶者四十餘年後以風雨敗其垣壁中藏一孝巾以磚弁之其意以爲磚戴孝也又常熟某氏建一新室既後生女多不貞二三世如之一日春敝而緝之于椽間得一木人爲一女子在三四男子勾引淫褻急去之帷箔方始清白如此類者不可殫言聞凡梓人家傳未有不造魘鎮者苟不施于人必至自斃稍失其意則忍心爲之此則營造所當知也

氷雹

嘉靖戊戌四月八日未刻吳城風雷暴作雨氷雹其大如李中有一眼而四圍皆紋頂以成麥菜大戕其半西南山一境其大如斗塗人不及抵室有傷其頂擊其耳而死者余詰耆老云自生平以來未之見也

倭人詠蜀葵詩

成化甲午倭人入貢見欄前蜀葵花不識因問之通詩云花如木槿花相似葉比芙蓉葉一般五尺欄杆遮不盡尚留一半與人看外國亦有此能詩者

說郛續目錄

弓第八

藩獻記

南州朱謀㙔

秦藩

秦愍王諱樉

皇帝第二子也洪武三年四月封洪武十一年四月之國西安王生而岐嶷嚴毅英武

皇帝委以關西軍事得專刑賞歲時躬巡邊徼自大將以下皆受王節制有軍功者先擬封拜以聞

王御軍嚴甚所過秋毫無敢犯未嘗妄戮一人故戎　畏威兵民倚以爲重洪武二十七年西[illegible]負固弗庭王奉　命往征多所擒獲[illegible]率衆請降受約束至今朝貢不絕王在軍中多露宿山野因遘癘力疾破賊而還捷　聞璽書嘉奬賞賚以億萬計洪武二十八年薨子僖王志堩嗣爵在位十八年薨子隱王尚炳嗣爵在位十三年薨無子庶兄渭南王志均進封是爲懷王未幾薨無子弟富平王志㙉進封是爲康王隱之三子皆親王矣康王仁愛恭敬强學好古于聲色狗馬財貨一無

所嗜宜德四年冬以護軍有中傷王于朝者遂上疏辭三護衛　詔以王言切至允辭其二在位二十八年薨所著黙菴集若干卷行世

秦簡王諱誠泳惠王之子也弘治元年以鎮安王進封王延攬文儒竟日談理不勑王府護儀子弟得入黌宮自秦簡王始也所著樂府感寓詩各百一十三篇詞旨高古享國十一年壽四十有一

秦定王諱惟焯昭王庶一子也事生母蕭妃以孝聞正德四年嗣爵嘉靖二十三年薨

汧陽安裕王誠洌秦康王諸孫也事父端懿王暨繼母以孝聞王爲長子特娶夫人王氏先卒遂不再娶秦定王以王孝行　上聞弘治十五年二月賜勑嘉奬其年王薨子莊靖王秉榛嗣爵

晉藩

晉莊王鍾鉉憲王之子

高皇帝曾孫也正統七年以榆社王進封弘治十五年薨在位六十一年壽七十五王好博古喜法書嘗以絳帖歲久斷脫令世子奇源采舊所藏古今名人墨跡摹刻以傳號寶賢堂集古法帖弘治九年閏三月表上之

孝宗賜勑嘉奬世子世孫皆先卒世曾孫知烊嗣位是爲端王端王亦好文雅事嫡母郝妃生母彭夫人以孝謹聞嘉靖十二年三月薨無嗣從姪新塽

進封

慶成端順王奇湞晉恭王玄孫也弘治十二年襲爵正德中以賢孝聞　賜勑褒奬嘉靖十一年薨子表欒嗣爵是爲恭裕王王樸茂寡言篤于孝友

好文謹度譽動國中嘉靖三十四年冬王壽八十撫臣王崇上疏乞旌表　詔賜書嘉奬賚以金幣尚書王瓊嘉靖初上言慶成王生子七十人吳郡

王世貞著

皇明盛事述稱慶成王生百子長封長子餘九十九人並鎮國將軍每會紫玉盈坐至不能相識而人皆隆準極異事也考其世蓋端順王云

西河恭定王奇溯晉定王之曾孫也父順簡王薨王方三歲稍長問父所在不得即知痛哭刻旃檀

爲順簡像祀之壽七十有六薨子表相嗣爵亦以
孝聞

周藩

周定王諱橚

高皇帝第五子也始封吳王洪武十一年改封周王
國開封建文中以猜忌大藩竄王雲南
成祖靖難得復爵王與
文皇帝同母
高皇后特見友愛歲時問遺不絕嘗以汴梁河水

將爲王患營宮洛陽永樂三年六月王上書言汴梁
水去隄防稍固第乞修舊宮以居免勞民力
上善之遂罷洛陽役永樂十九年春以奄三告王不
軌召至京師王遂奏納三護衛而還洪熙元年閏
七月薨世子有燉嗣立是爲憲王

周憲王恭謹好文辭兼工書畫製樂府新聲大梁
人至今歌舞之正統四年薨無子妃鞏氏暨牛戴
韓歐陳李六夫人同日自經以殉　詔諡妃貞烈
六夫人貞順附葬憲園弟有爝以祥符王進封爲
簡王

鎮平恭靖王有爌周定王第八子也母周夫人建
文庚辰八月生王于雲南甞化病不能乳陳夫人
解簪珥賣犢乳之
文皇帝即位復定王封王方數歲封鎮平王壽七十
三薨子榮莊王子垙嗣

博平恭裕王安滅周惠王第十三子也惠王之子
二十五人而恭裕獨以文雅得譽

南陵莊裕王睦楧周悼王第九子也好文雅敏達

有識王薨無子爵除

楚藩

楚昭王諱楨

高皇帝第六子也天資英睿有謀略洪武九年冬之
國武昌數奉　命督師討平大庸靖州上黄諸蠻
又討雲南阿資禽之
太祖嘉悅洪武二十二年肇建宗人府　命王署右
宗人事已復西番討道州全州桂陽諸叛　平盧
溪黔陽諸洞蠻　皆有功洪武三十年五月同湘

王征古州
上賜勅曰近蠻　倡亂爾能與民同憂率護衛軍馬
親征之豈不稱賢王哉永樂八年冬王朝于京師
文皇帝以楚國無事上下相安嘉王賢能　賜優詔
勞之永樂二十二年薨世子襲爵爲莊王
楚莊王諱孟烷仁厚博洽能文章深有智慮在位
十六年正統四年薨
武岡王顯槐楚端王第三子也端王世子顯榕是
爲愍王嘉靖二十四年春英耀謀弒愍王于其第

飲武岡王別室中中飲變作從官朱恩大呼王亦
奔往救被鏃傷臂愍王薨英耀伏誅　詔書勞王
魯藩
魯靖王諱肇煇荒王長子也恭儉謹度
文皇帝甚重之　車駕北巡過魯王來朝　賜以詩
幣享國六十四年成化二年壽七十九薨
蜀藩
蜀獻王諱椿
高皇帝十一子也洪武戊午歲　册封二十二年冬
之國成都王孝友慈祥博綜典籍容止都麗雅有
儒素風
高皇帝常以蜀秀才目之及就國聞漢中博士方孝
孺名以幣聘爲世子傅嘗臨講郡黌覩諸博士清
貧爲分祿俸之月一石遂著爲令府中屬官有能
進昌言者厚加禮遇沒世猶存卹其後燕居之園
大署忠孝維藩以自勵焉永樂二十一年二月薨
上悼惜良久特諡曰獻
蜀定王友垓和王之子獻王之孫也嗜學善書能

文章克纂獻王之業子惠王申鑿尤警敏好文敬
禮名士弘治六年薨惠王之孫讓栩是爲成王性
靜哲喜儒不邇聲伎動遵禮法創義學修水利賑
饑救災多所全活嘉靖二十六年薨
潭藩
潭王諱梓
高皇帝第八子也洪武二年母達定妃生明年受封
封十五年而之國長沙王聰敏嗜學善屬文嘗召
府中儒臣設醴賦詩品其高下出邸中金繒行賞

洪武二十三年坐事被召王懼與妃自焚死在位二十一年無子國除

湘藩

湘王諱栢

高皇帝第十二子也母胡順妃洪武四年生洪武十一年冊封之國荆州王粹美嗜學讀書常至夜分篝燈讐桃精思入微人莫能窺其際志在經國論古兵制有宿將所不及者膂力過人握弓矢刀槊馳馬若飛嘗受　命征常德叛　敗之虎渡蠘焉

洪武三十年五月同楚王討古州蠻　克之出入縹囊乘書以自隨遇山水勝境輒徘徊終日建文初疑忌親藩或有告王反者　朝廷遣使即訊王懼無以自明闔宮焚死謚曰戾王

成祖靖難後改謚曰獻為置祠官守其園

代藩

靈丘端懿王聰㵮代簡王之玄孫也長子俊格考學善屬文聚書數萬卷尤好古篆楷墨蹟嘗手模六十餘種勒石名崇理帖嘉靖二十四年卒端懿既乞封其孫廷址為曾長孫禮官以無典故可按第靈丘四世嫡長宗室盛事應擬曾長孫封號

上嘉王壽考宗室鮮比特許之已而復封址子彜鏻為玄長孫嘉靖三十四年閏十一月端懿乃薨壽八十三彜鏻襲高祖爵

山陰康惠王遜㷍代簡王第四子也分封蒲州三傳而至僖順僖順之子俊柵嘉靖三十七年襲封

肅藩

肅靖王諱真淤肅恭王子也封世子先恭王卒嘉

靖十八年追封贈謚曰靖靖王博雅好文善為詩詩調高古有盛唐諸名人風言邊塞事尤感慨有意

遼藩

遼恭王寵涭惠王子也性恭默謹度篤于孝友弟光澤王寵瀼已嘗出閤別邸王飲膳服御珍玩文繡必與光澤共之事靡巨細恒相咨而後行終身無異享位二十五年正德十六年薨子致格嗣位是為莊王

慶藩

慶惠王鼒枋慶定王次子也嘉靖三十年冬以桐鄉王進封王好學樂善孝友雍雍居常敦崇儉樸能以禮法飭諸宗儀寧夏修築邊城王出金帛穀粟佐工餉嘉靖四十年五月撫臣具以王行誼聞

上遣官賜勑嘉獎并賚金幣羊酒表枋焉萬曆二年薨子倪熑襲爵

寧藩

寧獻王諱權

皇帝十六子也生而神姿秀朗白皙美鬚髯慧心天悟始能言自稱大　奇士好學博古諸書無所不窺旁通釋老洪武二十四年册封之國大寧王智畧淵宏被服儒雅數會邊鎮諸王出師捕　肅清沙漠威震北荒建文中齊黄用事疑忌諸藩多所出削以王英武擁重兵于邊下勑召還京師王未奉命遂削王護衛軍後

文皇帝踐祚不欲壯王在外永樂元年二月改封王于南昌王亦深自韜晦所居宮庭無丹彩之飾覆

殿氍毹不請琉璃搆精廬一區蒔花藝竹鼓琴著書其間故終　長陵之世不被譴責晚節益慕沖舉自號臞仙建生壙緱嶺之上數往游焉江右俗故質樸儉于文藻士人不樂聲譽王乃弘獎風流增益標勝在位五十八年壽七十有一正統十三年九月望日薨世子諱磐烒孝友仁厚洞達理學有淵騫之譽正統二年正月十有九日先獻王薨世孫奠培嗣爵追謚爲寧惠王

寧靖王奠培惠王子也臞幹踈髯尤敏于學才藻豐贍一意修文辭造語驚絶性孤介寡合即諸父兄弟小有不愜動生猜嫌以故臨川弋陽褫爵皆王志也在位四十三年壽七十四弘治四年薨

弋陽端惠王拱樻莊僖王子也闓爽有幹局初封將軍同藩諸將軍已屬目其賢會宸濠作逆伏誅諸郡王埶相頡頏莫能一

上以王守正不阿　詔令統攝府事嘉靖初上書請復　獻惠二王廟祀得備禮樂稍增設審理奉祠典儀諸官屬自藩臬諸司以下歲時皆入謁如大

藩禮嘉靖二十九年甍子多焜嗣爵諸郡王始分治焜寬和喜文雅事嫡母孝謹毋勝必入侍萬曆五年甍無嗣再從弟多熑奉　勅攝府事

樂安端簡王拱欏靖莊王子也靖莊樸訥鮮慧而王以文雅才辯著稱兼精繪事又能謙和虛已煦諸宗人會弋陽端惠王甍群情更屬王賢始奏析弋陽總理于是建安樂安弋陽三王分治八支王甍子多𤋮嗣爵

石城恭靖王諱奠堵　寧惠王第四子而諶𡎚之

始祖也景泰二年　冊封性兆毅簡貴寡言笑家法甚嚴子孫小違教者輒縶而笞之內外日凜凜從事時諸郡王多生驕蹇淫虐見法王獨謹度秉忠未嘗有過舉在位三十六年成化二十二年正月十有二日甍子鎮國將軍諱覲𨮁孝友慈惠動必以禮先恭靖一年卒子宸浮嗣爵追封端隱王

韓藩

韓恭王諱冲𤆣憲王子也憲王始封開原未之國而甍永樂八年王襲爵二十二年出封平凉平凉北接邊徼　衆數充斥境上王習見邊防利害扼腕憤邑正統元年　上書極言時事

英廟報曰承諭邊計至悉足見叔祖惓惓以宗社國家爲心深思遠慮雖古賢王不是過也　賜璽書慰勞并賚金幣正統五年甍甍後九年而有土木之變

襄陵莊　王冲烌韓憲王第二子也孝友篤至遇人毋李嘗病甚王籲北辰下刲股爲藥藥焉毋病頓愈王嘗憤　衆憑陵華夏成化六年夏上書請

率子壻首擊　報國自劾　璽書褒予成化十三年甍壽七十七子範址嗣爵是爲襄陵恭惠王恭惠亦敏學篤行恭惠之子徵鈐是爲安穆王安穆之子偕洏是爲端和王端和之子旭橦是爲懿簡王自莊穆至于懿簡五世同居言必及義雍雍肅肅皆以孝友相師嘉靖十一年四月

上嘉其親睦遣書褒之賚以羊酒文幣

瀋藩

瀋憲王諱佖核瀋莊王曾孫也憲王祖詮鉌爲莊

王仲子封靈川而鉌兄恭王子勛㴬孫胤樴皆早
卒嘉靖九年憲王以胤樴再從弟進封王天資秀
傑躭好文儒嘉靖二十八年薨子恬烄嗣爵是爲
宣王王篤學工爲詩弟鎮康王恬焯安慶王恬𤒹
皆以文行著名隆慶二年各　賜勅獎勵
清源王幼圩潘康王第三子也正統十一年
冊封王博學能文詞饒于著述自號懶雲弘治十
四年薨謚莊簡

唐藩

唐靖王諱瓊烴定王世子也資性明達善綜核名
實動中法程永樂十九年嗣爵時年十九以才器
卓犖甚爲
文皇帝所禮永樂二十一年入朝京師五日之間凡
三接見焉選妃郟人高盤女未婚宣德元年十月
朔王薨高氏聞之遂自經以卒守臣上其事　詔
嘉高氏志節　特命追封唐靖王妃賜祭治喪如
制合葬紫山
唐成王彌鍗莊王之子也篤行博學工詩繪而善
敦睦弘治二年嗣爵
孝皇帝嘗賜王五經子史諸籍嘉靖二年薨弟文城
恭靖王彌鉗亦工詩著書
三城康穆王芝垝唐憲王子也成化七年
冊封王博通群經尤嗜繪事法書名畫未嘗一日
去手正德六年薨
承休昭毅王彌鋠榮和王子也性警敏絕人喜儒
雅而善决斷嘉靖二十一年唐敬王以王行誼上
聞　璽書褒之命未下而王薨長子宇淵嗣爵淵

子宙枝亦好學識典故著　皇明統宗繩蟄錄十
二卷言藩事頗詳今行于世
蕩陰端肅王彌鍔昭安王子也倜儻好文雅敬禮
名賢不問家人生產爵晃三十餘年深自琢磨一
無豪侈之習而性樂施予常自食貧薨之日僅能
周歛櫬中無餘玉帛長子宇澄先卒嘉靖三十八
年孫宙棨襲爵

趙藩

趙康王諱厚煜莊王子也性和厚嗜學博古敦尚

雅素事祖母楊妃以孝聞嘉靖七年六月　璽書
褒予明年冬境內大饑王上疏請辭祿一千石佐
賑濟
世宗皇帝嘉王能憂國詔守臣發粟不允所辭嘉靖
三十九年十月庚申暴薨
鄭藩
鄭王厚烷鄭懿王子也嘉靖六年嗣爵二十七年
七月疏請
上修德講學并進居敬窮理克己存誠諸箴復演連
珠十章以簡禮怠政飾非惡諫神仙土木爲規諷
詞語切直
上手詔曰汝覬知宗室有謗訕者故茲效尤汝眞令
之西伯也罪其長史再逾年而盟津長子祐檡訐
王跋扈詛呪煽惑諸不法事
上大震怒并責前四疏不臣奪爵幽鳳陽世子載堉
亦篤學有至性痛王非罪見繫不敢安寢築一室
王宫門外席藁獨處者十九年
穆宗皇帝即位赦免還國歲加王祿四百石世子乃

後入宫而居
襄藩
襄憲王諱瞻墡
仁宗皇帝第五子也天資明睿通詩書及春秋宣德
四年八月封之國長沙正統元年七月改封襄陽
土木之役　車駕北狩王兩上疏慰
皇太后乞命　皇太子居攝天位急發府庫募勇敢
以圖迎復仍訓諭　郕王盡心輔政章上時
景帝立八月矣
英宗復辟得其奏于宫中覽之感歎手勑令王入朝
相見甚歡成化十四年薨壽七十三
棗陽榮肅王祐楒字夏父襄憲王曾孫也七歲能
文章神姿魁岸雄健力制奔馬精騎射星曆兵農
醫卜之書靡所不究其占災變言休咎修短遲速
命多奇中又好持論經濟
世宗初年大禮未決王上疏言時議以
皇上入繼　孝廟爲人後者爲之子欲稱
聖父興獻大王爲　皇叔考斯遽宋儒濮議伯考濮

王耳當時歐陽修已謂爲人後者不没父母之名
後竟以無稱止稱濮王爲親即園立廟矣豈可引
以爲　聖朝法乎今日宜稱
孝廟爲皇伯考仍稱　聖父爲皇考文簡而事理無
遺彝攸叙公議定矣嘉靖四年春襄王祐櫍病廢
不視事承奉亨竊弄威福王惡之執亨熏目坐是
許奏奪爵嘉靖十八年以　大慶恩典乞復爵許
之王嘗疏請令宗人執士農業得自贍足勿煩
朝廷歲禄之供禮官以非　典制不許嘉靖三十

四年九月薨子厚燭嗣

荆藩

荆端王厚烇荆憲王玄孫也憲王初封建昌正統
中改封蘄州景泰元年十二月王嘗上疏請朝
上皇不許在位三十年而薨四傳而至端王王性謙
和温粹饒思典籍尤以篆隷著名正德中病末疾
不能朝謁再疏懇辭爵祿不允　詔許令弟富順
王厚焜攝朝謁嘉靖三十一年薨孫翊鉅嗣爵
富順王厚焜荆和王第二子也正德九年

冊封王幼孤未就外傅稍壯媿與長者語乃潛心
問學發憤至廢寢食遂博貫群藝王復嗜詩兼精
繪事一日拂素圖蜀葵移暴日中蜂蜨叢集花上
拂之輒來其神妙動物類如此弟永新安莊王厚
熿亦以能詩著名
樊山温懿王見澋荆靖王第三子也忠謇有大節
弘治五年九月荆見潚以淫虐閩王并發其陰謀
不軌狀而潚亦許王隱過奏上
上嘉王潛銷荆楚大害功置王過不問奪潚爵爲厥

人王由是顯名正德元年薨子莊和王祐構嗣爵
莊和子厚熂是爲恭裕王恭裕之子載埁嗣之埁
字昇甫喜讀書博極經史爲人脫略不羈能折節
下士藩王故不投人名刺接諸縉紳亦無賓主禮
王獨易之

秀藩

秀懷王見澍
英廟第五子也成化六年之國汝寧官竪以王居湫
隘請徙先師孔宫以廣之王不許長史劉誠趙銳

嘗進講尚書誠曰戡黎者武也銃執古傳曰文寔戡黎兩長史競辯不已王徐言曰　先皇簡先生輔予經義即有未安何嫌往復乃爾動色邪誠銃頓首慚謝在國三年薨無子國除

益藩

益莊王厚燁端王之子憲王之孫也醇粹嗜學問能詩文嘉靖三十五年薨無子弟厚炫以崇仁王進封王性節儉重賜予聲色珠綺一無所好宮庭媵侍僅備使令聞宗人產

子至四五以上者輒蹙額曰若等不勤學問顧日近婦女虛糜國帑奈何哉世孫翊鈏嗜文結客常中制之所積府藏金錢不可勝筭萬曆初壽八十餘乃薨世孫嗣爵遂廣築臺苑招致賓從通聘問于諸藩凡操一能一藝者莫不思走謁門下王厚贈貽之于是義聲播海中未數年而九庫之金錢頓盡

衡藩

新樂王載璽端惠王子而衡恭王之孫也博雅善文辭敦尚德行汲汲然以著述詞賦為勲業嘉靖三十六年　冊封著丁巳同封錄一卷思欲表見宗藩有才藝者

高唐王厚煐衡恭王子也與弟齊東王厚炳皆以博文篤行聞

臨川

鎮國中尉俊栜臨川懿安王後也懿安諱遜㷜代簡王之子分封澤州五傳而至莊惠王俊栢嘉靖三十四年栢薨無子　詔以栢從弟俊㮽攝府事

已而㮽坐違法奪爵復用親推俊榕代之未幾榕復坐罪廢于是議者以親不足用請舉賢能任之栜博古明經譽望甚著嘗總教宗學諸生諸宗人宿心焉萬曆五年夏山西撫按以栜名上　詔用栜攝臨川府事栜布教飭法鎮之以静群情安焉璽書褒予萬曆十九年卒于位子輔國中尉克俠復以賢能推舉奉　勅代父任

慶藩

安塞王秋炅者慶靖王季子而

高皇帝諸孫也母夫人位氏六七歲好讀書十二而孤哀毁踰禮母夫人嚴誨之曰孤子非自強無覬成矣王發憤下帷如儒者性通敏過目不忘十五而喪母十八受封明年冊妃出閣王姿表魁梧風度俊逸美鬚髯目光如電善文精楷書遇縉紳大夫賢難辯惑移日不倦故益聞所未聞人有古今書輒捐金購之繙梓與遠近學者共動息規矩惟清與儉嘗恨居塞上不獲與齊魯吳楚士游生宣德間妃成氏子三皆名而夭無嗣成化癸巳年四十七葬賀蘭山謚宣靖自稱滄洲野客

魯藩

魯恭王諱頤坦端王之庶一子也始封寶慶王嘉靖二十八年端王薨明年嗣爵王慈艮聰哲有至性端王之遘疾時王年僅十有三侍立寢所晨夕不怠居喪蔬粥哀毁送葬徃返百里號泣擗踊達邇攺觀既當國政申明訓典約以禮度魯宗數百人莫不廩廩奉法

丘榮順王當㴇魯靖王之曾孫也少而孤事祖父母以孝聞

遼藩

輔國將軍寵㚄字伯淳益陽康悼王諸孫也生而髮際一骨隱起若珠性穎敏絕人讀書一目十行俱下嘉靖十一年卒子術垺亦以詞賦著名

瀋藩

沁水王珵堦瀋簡王之後而沁水昭定王之子也隆慶元年嗣爵博雅工詩喜士徃來多布衣交名譽籍甚先此有德平王銜㯿淵鬱負儁才與衛新

樂王載璽周中尉睦㮮裹垣俊㦤晋康翻泰玉華齊名㴇著五懷詩述其事是後復有輔國將軍珵埏珵瑠珵圻稷山奉國將軍珵墒四人者結爲詞社日相課以詩每有賦詠必賡和之語並綺麗瀋國于是乎稱多才矣

趙藩

奉國將軍載埠字仲佩湯陰王諸孫也篤學好古厭薄芬華日研究六經精探理奥所著文詞動則風雅

襄垣

襄垣恭簡王遜㷟代簡王之第五子也永樂二十二年自大同分封蒲州典制諸王已之國非請命不得歸時定省王念大同不置作思親篇其詞甚悲代人傳誦之

岷藩

安昌王膺鋪者岷順王第二子也成化二年冊封順王病風痺累年不起王侍寢嘗藥晨夕不違左右岷王感其勤孝爲之疏聞成化十年二月

禮官以親藩無旌表之典

憲宗皇帝特書奬之

韓藩

樂平王冲炗者韓憲王之三子也博學好修言動必遜典禮居常自謂非讀書不樂成化中年踰七十猶手不釋卷韓王偕濬疏其行于 朝乞賜褒嘉以風宗室

上特詔奬焉成化二十年王年登八十

上再詔存問語意甚温謂其年高德劭軼漢東平王逵甚成化二十二年薨謚曰定肅孫徵鈕嗣爵

瑞昌

奉國將軍多煜字中美瑞昌恭安王曾孫也性澹雅好學不事紛華與其弟多𤇞望衡接宇孝友篤至當是時輔軍多熠多炘以秉禮嚴重見稱鎮尉多炫多爀以義聲樂施動遠近多熺多烇多炘則用詞賦結客並有赫然之譽而煜與從兄多熿獨杜門却掃購異書數萬卷躭玩教讐以爲樂終老不厭也萬曆中督撫求理瑞昌藩政者察煡煜賢

將聞于

上煜固辭不起年七十有七乃卒煜善行草得鍾王書法亦自珍惜之每一紙出好事者重價購去比之蘭亭禊帖云煡子謀埥煜子謀壂𤇞子謀圭謀垒並篤學好修盛有名理乃其韜光剷采如出一轍焉

石城

輔國將軍拱梴　石城端隱王諸孫也性沉毅有幹局文潤弘治中以事落職不能自解

肅皇帝即位𣗳力上書爲父湜雪卒得復爵進秩始宸濠不欲人出已右某絶諸宗室問學儒生有出入宗人間者輒文致于獄𣗳頗嗜學獨閉藏一室朝夕諷誦遂博通群書工爲詩賦往往有唐名家風著巢雲集四卷卒後四十年子多炘始梓傳之是後奉軍多䟽多煥鎮尉謀境謀境謀堪謀𨭖謀㙉謀𡌴謀堅謀𨽥輔尉統銓統鐳並博雅能文章各有集五七卷方伯陳玉叔采諸名宗詩爲江國風雅凡三十餘人而石城居其半方今事詞賦者日益盛要之蓽路開林𣗳有力焉

瑣綴錄

豊城楊廉

彭文憲

彭文憲在朝凡大臣爲新進所媒孽者必反覆辨析且以愛惜人才之意上達言官以言語微過被譴亦必委曲言其不足深罪賴以全者甚衆人稱得宰相體

耿文恪

耿文恪初舉進士任給事中時厥父淸惠公爲右都御史　上言父子同在要地非宜遂改翰林檢討後謫泗州判官益厲志讀書不以寵辱介意成化改元召還翰林

彭文憲

彭文憲召入内閣　英廟向用大學士賢獨見寵信數召對賢退亦諮公公持正論不肯詭隨或至失色爭議南楊亦服公雅量語人曰彭公眞君子也

廖莊敏

廖莊敏公爲人直易表裏坦然不矛子爲異飾細行

以取譽接對士類不見有纖毫貴勢態尤甚於鄉里故舊貧至扈酒豆肉輒與爲懽無一日不對賓客既爲天官或勸稍謝往來遠嫌公笑曰昔人有言臣門如市臣心如水吾無愧吾心而已

古尚書

古尚書朴居官臨事蚤作夜思勤勞弗懈一志於公無敢干以私者謹守　祖宗成憲不肯踰越或言事久於時小過不及者亦當損益就中終不爲動

耿祭酒

耿好問爲祭酒誨敎有恩義時興姓諸侯年幼者令學于國學公類古諸侯勳戚言行可法者爲書以授之在國學十年士類感而化之

馬溪田

馬溪田年七十歸隱于商山書院諸生問道者遠近踵集公山中野服鶴髮童顏望而卽之皆德容令色亦飄然仙風道氣如是者又十年而始告終

又

馬溪田戊辰辛未皆不與會試安南貢使問禮部主事黃溥曰關中馬理先生何在未登仕籍其名重外夷若是至甲戌復上春官公卿以下咸欲識面四方學者至聚觀之

彭文憲

太監劉永成沒或言其有軍功宜追封爲伯彭公時力爭之或曰自古有封王侯者時曰此豈盛世事耶祖宗成憲具在誰敢違之事遂寢公又言於　上曰前代賜諸侯有湯沐邑賜宫主有脂粉田而皇莊則未聞也今所謂皇莊大率皆　國初牧地及民田耳

一歲計之入有内官掌之以爲　乘輿供奉然　國家富有天下尺地莫非其有府庫倉廩莫非其財而又有皇莊以爲已有此固衆人所不識也疏留中

馬考功

馬溪田爲考功郎中丙戌例當考察外官時臨潁内閣樂安冢宰各挾私忿欲去廣東河南陝西三省提學公乃昌言曰魏校蕭鳴鳳唐龍卽今有數人物若欲考此三人請先考理由是獲免公之保全善類以扶正氣如此公後爲光祿卿故事凡解過用需先關

串中官否則留難人甚苦之公釐革夙弊德望所孚

雖中官亦無敢梗者

瑣綴錄

太和尹直

李康齋

李西涯問李康齋以下學上達之義康齋曰未論上達之妙且言下學其言引而不發至言也西涯乃言先生亦不記傳注可謂謬矣豈能記朱注者皆下學上達之人耶李之明達未必至此但直之忌語耳

李文達

李文達公初薦布政陸瑜爲刑部尚書石亨以私請之久不名對衆爲公危及瑜當擬旨到任同事者謂其擬侍郎公曰吾以尚書薦而改擬侍郎則自慊不信矣竟擬尚書從之後瑜頗稱　旨乃復名對如舊

韓都憲

都憲韓公初授御史年二十三巡按江西藩臬諸司多玩視之至日即具疑事數十條請決公覽畢即條答衆皆驚服平兩廣所向克捷號稱神明陞僉都御史巡撫江西年未三十民情吏治素所諳練風裁凜然凡臨衆决事動發百餘言皆引經據律無一語疎

滯處置事務靡不允當至今官民遵守之曰韓都例繼公者皆以爲不及

楊文定

正統九年春修國子監訖王楊文定公奉　旨撰御製碑文文定以重建太學爲題具稿進呈命范太監持示楊文貞公時文貞已卧病乃作一篇以新建廟學爲題封進用之文定不悅執用其題文貞具本論凡言重建者謂已作之後又作之廟學雖前元所建非　國朝事此不可論今既悉撤而新作之只當云

新建且廟與學二者若只書建太學而不云廟於禮未安請通改作新建廟學四字爲宜廷議雖諱文貞之言然已刻石無及矣二公之學識於是可見

胡宗伯

正統中宗伯胡公濙一日早朝承　旨跪廷帶解落地從容繫之遂叩頭還班御史亦不能糾十三年彭可齊中狀元當上表謝恩之夕坐以俟旦四鼓乃隱几不寤竟失朝糾儀御史奏令錦衣衛拿已奏　旨公從容出班奏狀元彭時不到合着錦衣衛尋上

之不然一新狀元遂被拘執如因斯文不雅觀矣老成舉措自得大體於是可見

商文毅

商文毅罷政家居甫七載成化丁亥被召再起初未有復職之命至日衆謂難稱職名及　陛見方巾絲絛青布圓領自稱原籍爲民臣商輅行取到京見聞者謂其妥帖

王忠肅

永樂乙未始開科於北京王忠肅翺名在第五　文

廟見公名卽喜北京初啓會闈而魁得畿甸士遂以布衣　召見賜酒飯後公官至宮保太宰壽祿名位非常可及遭際有自來矣

劉主靜

今制東宮官多襲古如庶子洗馬是也景泰間劉主靜洗馬兵部侍郎王偉戲曰先生一日洗幾馬主靜應聲答曰大司馬洗得乾淨少司馬洗得不乾淨衆聞之噱然後主靜與李克述同陞庶子劉宣化戲謂主靜曰衆人皆假庶子先生眞庶子蓋主靜庶出聞

之黙無以答

李文達

天順中李公文達獨見寵任時冢宰王九皋以老成大司馬馬昂以儀表雖皆爲 英廟所眷遇而尤賴公維持凡公有所薦舉必先諭意於二公至 御前籌咨時於文則諉諸王公武則諉諸馬公試自舉其人亦必曰臣所知如此還須召某等再審二公亦如公言以是 上不致疑下皆信服

解大紳

解大紳爲監察御史時都御史袁太怙勢家人横恣諸道御史欲糾之無敢執筆者公援筆立就歷舉其過章上雖曲宥太而一時多其直 上慮公少涵養將爲衆所傾 召其父至諭曰才之生甚難而大器者晩成其以而子歸益進學又 諭之曰朕於爾義則君臣恩同父子其歸益盡心于古人後十年來朝當大用爾遂侍父歸

李東陽

正統間 朝廷敕一邊將本左軍都督府之職而誤寫右軍邊將既受敕其疏請於何府支俸疏下内閣召武選主事鄭邊至衆皆詰其請敕手本之誤欲罪之惟東陽先生徐曰鄭主事你何出身對曰生曾與會試東陽曰然則豈不解王言如絲其出如綸乎敕書既云右府卽合於右府帶俸何誤之辯衆釋然時謂得體蓋東陽才識敏捷多類此

代醉編

張鼎思

死作王

隋時有人疾篤忽驚走至韓擒虎家云我欲謁王左右問曰何王曰閻羅王子弟欲撻之擒虎止之曰生爲上柱國死作閻羅王亦足矣因寢疾而卒

前身

王陽明嘗遊僧寺見一室鎖封甚密欲開視之寺僧不可云中有入定僧閉門五十年矣陽明固開視之

見龕中坐一僧儼然如生其象貌酷肖陽明先生曰此豈吾之前身乎旣而見壁間一詩云五十年前王守仁開門原是閉門人精靈剝后還歸復始信禪門不壞身先生曰此固吾之前身悵然久之建塔以瘞而去

抱子

戴艮齋云昔有宦家過屠家見幼稚而愛之抱以爲子戒抱者使勿言旣長且承序矣嘗因祀先恍惚見受享者皆佩刀正坐而衮章服者列位其傍愕然以語抱者抱者始告以實自是當祀必先祀其所生而後祀其所爲後者云

奇節

崔樞應進士客居汴半歲與海賈同止其人得疾旣篤謂崔曰荷君見顧不以外夷見忽今疾勢不起番人重土殯脫歿君能終始之乎崔許之曰某有一珠價萬緡得之能蹈火赴水至寶也敢以奉君崔受曰吾一進士巡州邑以自給奈何忽畜異寶伺無人置於柩中瘞於阡陌後一年崔遊丐亳州番婦自南來

尋故夫并勘珠所在陳於公府乃於亳來追捕崔曰倘窀穸不爲盜發珠必無他遂開棺得其珠汴帥王彥謨奇其節欲命爲幕崔不肯明年登第竟主文柄有清名

兩可

鄧析鄭人操兩可之說設無窮之辭數難子產之政子產誅之按洧水大有富人溺死者有人得富者屍請贖而求金甚多富人黨以告鄧析曰但安之必無買此者得屍者患其不贖又告鄧析曰但安之必無

人更賣者然後知析之辭說所謂兩可者此類是也

女將

馮寶妻洗氏封石龍夫人戰則錦繖寶幰至老未嘗敗年八十而終智勇福三者全矣古今女將第一人也繡旗女將與李全戰者見金史可對錦繖夫人

蒼蠅

苻堅將赦與王猛苻融議甘露堂悉屏左右堅親爲赦文有大蒼蠅集於筆端驅來復去俄而長安街巷人相告曰官今大赦有司以聞堅驚曰禁中無屬耳之垣事何從泄勑窮之咸言有一小兒青衣大呼于市曰官今大赦須臾不見堅等嘆曰其向蒼蠅乎

乞巧

七夕乞巧其來已久續博物志山東風俗正月取五姓女年十餘歲共卧一榻覆之以衾以箕扇之良久如夢寐或欲刺文繡事筆硯理管絃俄頃乃寤謂之扇天十以乞巧是正月亦有乞巧事然不如七夕爪果陳列穿針弄絲爲有風致

僕女

李丞相有二僕逋金十千一夕遁去其女將十歲有美姿自繫一券於帶願賣宅中以償丞相視夫人曰當如已子育之於室訓教婦德俟長求夫嫁之請夫人親爲結褵務在明潔夫人如所教及笄擇一婿具奩歸之女範堅白其父後歸京師感公刻骨丞相病夫歸刲股作羹及其服齊三年

明廷雜記

古鄣陳敬則

剛嚴

徐武寧王遠率兵於吳江有一貨食者知武寧號令嚴肅凡軍人取民食皆斬之遂詒一軍人强食其麵意其以財賂已而求免也聞于帳下武寧雖知其誣力執其事剖腹視之果無有遂殺貨食者如彼軍人之刑

立令

我太祖幼時嘗見群鷄遊於庭戲以青白二紙旗左右竪立命之曰青者立青旗下白者立白旗下違者死群鷄應聲如命而往獨一花鷄不知所適往來於青白之間上殺而食之

名儒

翰林朱學士允升歙縣人　國初名儒也一時制誥多出其手如於李韓公則曰漢廷命相蕭何在曹參之前唐室紀功玄齡居李靖之上於徐魏公則曰緊自起兵濠上先存捧日之心逮兹定鼎江南遂作擎天之柱於常鄂公則曰馮异功不下於鄧禹潘美義無忝於曹彬於誠意伯劉公則曰學貫天人才兼文武皆妙得其實今新編皇明文衡皆不收入豈編集時偶未之見邪

引古

國初郊祝文有予我字　上怒將罪作者桂彦良進曰湯祀天曰予小子履武祭天曰我將我享儒生泥古不通煩　上謔呵衆得釋

善對

國初朱善爲大學士　太祖問卿家豐城鄉里人物何如答曰鄉有長安長樂里有鳳舞鸞歌人有張華雷煥物有龍泉太阿

文

洪武末姚廣孝在燕侍　文皇帝宴時　文皇常出一對子曰天寒地凍水無一點不成氷廣孝應聲曰國亂民貧王不出頭誰做主　文皇大喜及靖難將起令擇日必須用某月某日某時好方可舉事至期疾風暴雨　文皇謂廣孝曰出師大風雨此兵家之

忌也廣孝對曰 陛下是箇龍王要風雨大方助得勢頭臣豈不先知今日有風雨哉懸行務緩其後果然

水東記畧

崑山葉盛

楊文定

楊文定公最善王儉討張修撰相見輒出所作就二人評有所改易即樂從公亦喜改人文字太師陳學士嘗筆誤祭文公欲有所易陳忿然不平見於言色公即已之

郭定襄

定襄伯郭登治大同廉而尚謀有古良將風一日則迫城下人心洶洶自登城親帥酬戰間馬溺於前左右急呼用草裹去公笑曰草菓好吃雞生也此亦能示整暇以安人心

黃忠宣

黃忠宣參贊留都機務每事先籌付襄城伯襄城伯敬信公比視事皆襄城伯處分公不出 語或以爲言公曰體當如事且汝見守備何嘗一事錯

劉文恭

劉文恭立 朝無惰容不以寒暑久速少變一日在

家中作祀事忽外傳云閣老使人來言有保薦矣先生不怡者終日日爾自保薦何與我事葢先生與高最厚高初以有旨即應入謝欲先生知之耳葢出無心而先生云云則其爲人可知也

胡忠安

胡忠安巡浙還　朝時　文皇帝北征駐驛宣府馳謁　行在　上方卧不出聞公至起見勞之曰卿奔馳勞苦　賜坐與語凡所歷山川郡縣民情疾苦悉爲陳說　上欣然比退漏下四鼓矣

陳敬宗

陳敬宗德望文章名聞朝野在南太學時力以師道自任時關中楊鼎發解試禮部下第疏乞入南監從公學　上從之鼎至監清苦篤學修行後舉禮部第一廷試第一仕至戸部尚書

于節庵

于節菴養子于康頗好聚圖畫天順中自邊被宥還將以節菴柩歸葬于鄉一日無聊中坐褑褙巷人家見賣畫人負數軸來呼取而觀之則兩軸者節菴夫婦畫像也納微價而得之初節菴家圖畫皆被籍自分不可得矣葢同時籍入者太監盧永后旨宥免籍物皆給還而畫像乃誤給盧氏于氏此事不亦一奇幸矣哉

岳季方

岳季方性剛而志高不輕屈下人在内閣不久被黜有士人告之曰先生犯孔子戒矣問之云何則曰未信而諫是也公應之曰初　上用我左右責任教戒甚至敢不盡心若子以諫官處我則恐未然後被譎

有自京師來者傳　天語於甘肅曰岳正倒好只是大膽或以賀公曰　上念公如此行召公矣曹生爲寫待漏容公遂櫽括其辭題于上曰岳正倒好只是大膽惟帝念哉必當有感如或赦汝再敢不敢臣當開古人之言葢將之死而不憾也

陳恭愍

陳恭愍倣范文正公置田一百四十畝以充祀先賙族之用號思遠莊及卒後族人以公無餘貲舉田還公子燾戴不可曰先人置此以行義也戴取而私之

獨無憾乎況治命又當俾勿廢此人謂公有子

二司馬

程公信白公圭偕赴春門將入旅肆中其家忽鍋鳴二公以爲不祥兆遂出避之鍋聲隨其車數里而止後二公相繼爲大司馬

玉壺遐覽

東越胡應麟

道經所載玄天五城之上僊聖階秩高下森如信若所言其蒞事舉職劬勞不啻于人間王元澤所謂千歲何益白石先生寧爲地仙不樂飛昇有以也顧其說不可具聞其名號時時散見諸傳記中暇讀大洞諸經外旁及稚川貞白及唐宋小說家言得名號可紀者數十百餘彙爲一若世有好譚天若鄒衍田駢輩將挐以贈焉

太極眞人 赤松子又杜冲又淮南王又西梁子文徐來勤
無上眞人 尹喜　　太和眞人 尹軌及由世遠又王君
清虛眞人 王褒又小有眞人亦褒　　大羅眞人 葛玄爲大羅前身
桐柏眞人 王子喬又李奉仙　　青蓋眞人 高世韓
少室眞人 劉千壽　　太元眞人 茅盈
太清眞人 彭清宋倫　　太微眞人 尹澄
泰隴眞人 周亮　　靖明眞人 匡續
西城眞人 王方平　　司命眞人 路大安
句曲眞人 茅固　　玄洲眞人 姚坦

中岳真人高丘子王仲甫王玄甫蘇林　西岳真人馮長
小有真人王瓊　紫府真人韓琦
大梁真人魏顯仁　○冢真人王道寧
岷山真人陰友宗　陸渾真人郭匆度
崇山真人范伯華　鬱絶真人裴玄仁
清逸真人李白　華陽真人王玄甫
太虛真人赤松子　九疑真人韓偉遠
清寧真人裴玄仁　紫陽真人周義山張伯端
玄一真人范伯慈　九皇真人張伯端

黃庭真人王探　東極真人王太虛
南岳真人陳子徵　潛山真人鮑靚號領
上清真人司馬承禎李少君趙伯元張仲遊許謐
五嶽真人馮延壽　清城真人洪崖先生
南極大明公匡續　太極右仙公葛玄
太極左仙公谷希子　上清仙公許劇又渭子爲北海公
蓬萊右仙公賀保安　九玄左仙公封瑋
玉真上公崔子文　紫陽左仙公石路成
九疑山侯張上貴　岱宗神侯鮑元節又陶侃爲西河侯

太極仙侯張奉　水府仙官郭璞
東源伯張石生　少室仙伯王遠知又史涵虛
華山仙伯秦叔隱　青城仙伯洪崖子
潛山真伯趙祖陽　海伯屈原
蓬萊大仙伯茅盈　監海伯溫嶠
太極高仙伯延蓋公　八元仙伯柯元首
嵩山伯陶弘景　理禁伯張玄賓又赤松子爲昆目仙伯
太極左仙卿王觀子葉法善　太極上卿馬成子
中元仙卿羡門子　玄洲上卿尹喜

西岳仙卿李翼　上清左卿許成巳
東岳上卿茅盈　玄真大卿邛丘仲
太極仙卿墨翟　蓬萊左卿葉叔茂
太清左卿黃觀子　東府左卿白石生
東華上佐楊義　陽康大夫石叔門
英文臺侍郎金可記　昆丘侍郎鮑靚
九華侍郎馬成子　明晨侍郎夏馥又
玉華侍郎方某及莫某三人　碧落侍郎
門下侍中張良又劉楨徐幹王粲王璞爲尚書令王嘉徐庶何晏

太極韋編郎 莊周　左玄執蓋郎 封璋
玉臺執蓋郎 郭四朝又茅衷　太上侍經仙郎 王思真
仙臺郎 侯道華　修文郎 樂子長卜子夏顏淵蔡邕
典柄執法郎 淳于叔通　都禁郎 賈誼又李明期為玉晨元郎
北天修門郎 紀瞻虞譚　執蓋郎 虞和又正一上元郎王忠
左理中監 韓崇　右理中監 劉翊
童初監 范幼安　東華上清監 李白
碧虛上監 董奉　蓬萊都水監 桓闓
左副監 謝覦又張叔隱為右仙監　太陽都錄大監 魏徵

蓬萊仙監 陶弘景又作蓬萊都水大監　丘監 王弼
保命丞 茅衷　三官保命司 茅衷又樂長治為保命丞
南岳司命 李奉仙　九宮右司保 展上公
都錄司命 郭璞　鬼官司命 周顗又姚俊為北河司命
峨嵋主司 杜光庭　地下曹司 沈文通
送迎使者 徐福　繡衣使者 孟六奇又冷廣子期
地下主者 鮑靚　太清宮主者 虞善翔
南門亭長 鄧鬱　北斗天門亭長 沈文通
北極判官 鄒宿　泰山司馬 賈誼

雷部掌事 劉景文　紫府押衙 蘇軾
太玄博士 莊周　蓮花博士 楊廷秀
玄洲長史 蕭子雲又杜預蔡謨俱為長史又管條條為左官御史
五雲書閣史 陳幼霞　神霄散吏 林靈素
文星典吏 杜甫　高明大使 許遜又為九天遊奕使
中央鬼帝 嵇康　北方鬼帝 張衡楊雄又
閻浮提王 寇準又蔡襄　遮須國王 曹植
赤龍神王 伊用昌　五方天帝君 簡肅正
西極總真君 王達　東華青童君 林景真

唐世君 司馬生　葉君 王喬
東海青童君 延陵陽　王屋山君 厲籍
方丈宮主 九源丈人　蓬萊長生主 白樂天
海山院主 白樂天　華陽洞主 東方朔
芙蓉城主 石曼卿　靈芝館仙官 王安國
太上仙官 東方朔　素靈宮仙官 馬周
六押大都統 馬總杜佑　三天大法師 馬成子
泰山老師 崔賄　太乙師 鬼谷子
恒嶽仙人 田吾道榮　太乙仙人 王向

控鶴仙人 武夷君　墜地仙人 同上
林屋仙人 王瑋玄　柏樹仙人 許遜
九華大仙 田先生　赤脚大仙 宋仁宗
斥仙人 項蔓都　謫仙人 李白
歲星精 東方朔　東海蟾精 徐知常
混沌初分白蝙蝠精 張果

凡稱先生者率當時及後世尊稱稱子者率自稱故皆不錄凡真人係世主所封者不錄凡危言所列有宮號而無職司者不錄錄其當時受封號于太上者或前身爲某仙官者

真常仙系記

梁溪鄒廸光

華陽多仙其所爲仙者類多摛詞摛藻博通延覽與夫執珪擔爵紆金曳紫之士故余與茲山輒低徊眷戀有深思焉曰此等皆吾輩人竟以仙去吾安得于藏而下列一姓氏其間也爰自司命定錄保命君而下得十六人具於左以志向往

大司命君姓茅名盈字叔甲咸陽人高祖濛知周之衰不仕師鬼谷先生道成騎龍上天濛弟憙仕秦爲

德信侯生六子少者彥英生三子長即司命也次子固定錄君字季緯三子衷保命君字思和司命君十八歲棄家學道感夢而得見西城王君留洞宮執巾櫛侍起居者十七年又須閱牒寶籙者三年而後王君攜之以見王母於青琳宮母曰總真挾肉人以登靈臺不亦勞乎司命叩首固請王君爲授記此後二弟聞其兄得道侍兄東山司命曰汝已老矣須當補復授季緯以黃帝四扇散授思和以王母回童散二弟服藥咽炁精思勤行朝夕匪解凡十八年而司命

傳以上道啟於王君所請太上界之仙職季緯定錄思和保命各領紫素留住此山司命住句曲四十三年至哀帝元年將之赤城玉洞之府與其二弟告別曰吾此去便有局務相關不得數會須一年一見耳時人爲之謡曰茅山連金陵江湖據下流三神乘白鵠各治一山頭乃因鵠集處分其山爲大茅中茅小茅三山云

楊羲字義和吳郡人徙家句容幼而通靈美姿容善言笑工書畫與王右軍並名海内許先生邁長史穆

良常仙系記　二

早結神明之契簡文帝爲瑯琊王進位丞相及帝即位不求録用高蹈遺榮後西城王君敎服日精月華之法解化去

許穆字思玄一名謐汝南平輿人六世祖光徙居丹陽起家太常博士出爲餘姚令歷官至散騎常侍與寧中衆真降楊羲家備傳經誥太元元年解化弟子輩窆空棺於縣西真誥云君挺命所基緣業已久乃武王九宮上相長里薛公之弟乘許肇遺功復應垂名後胤故乘化托生因資成道玉札所授爲上清真人

韓翽字道翔小字玉斧清穎瑩潔糠秕世務州府累辟不就立宅雷平山下客修上道嘗願早入白雲鄉以太和五年詣北洞告終真誥謂從張鎮南受衣解法夜半壇上化去

陸修靜字元寂吳興東遷人蹠有重輪足有雙跋掌中有字背有斗文研綜文籍旁通象緯與陶淵明慧遠交明帝勑住後堂不樂授館於外爲立崇虛館傳經壇著齋法儀範百餘謐簡寂先生

良常仙系記　三

孫岳字穎達東陽人博學經傳拜簡寂於仙都山四十七年不與世接後來茅山簡寂見而喜曰運君來吾高枕廬山矣一時名士沈約陸景真諸人咸就學焉

陶弘景字通明秣陵人既冠不婚仕齊歷諸王侍讀尋拜表辭職來茅山自稱華陽隱居梁武即位手勑招之畫兩牛一放水草間一著金籠頭執繩杖之梁武笑曰此人欲作曳尾龜耳每國家大事無不咨詢月中常有數信時人謂山中宰相死之日顏色不變

屈伸如常香氣累日不散
司馬承禎一名子微字道隱世居溫晉彭城王權之後襄滑二州長史仁最之子生而能言嘗有鳥如鳳凰集几上爪痕著几成文曰東華上清眞人玄宗異之勑住王屋山陽臺觀一日來禮華陽洞撰貞白碑陰記著坐忘論修眞秘旨十二篇後徙居天台玉霄峯
左慈字元放漢建安中登茅山禮拜五年而洞門自開得入洞虛造陰二宮三茅君授以神芝復就司命

君乞玉門丹砂得十二斤服之顏色甚少
王遠知陳揚州刺史曇首之子其母夢靈鳳有娠又聞腹中啼聲寶誌曰生子當爲神仙宗伯七歲日覽萬言博極羣書十五入華陽事貞白先生授三洞法於茅山西北嶺上結靜室以居晉王廣鎭揚州請先生旣至須史鬚髮盡白王懼而歸之復還黑高祖龍潛時先生嘗密告符命曰方作太平天子願自愛後登極將加重位固請還山臨化謂弟子輩曰吾昨見仙格以小時誤損一童子吻不得飛舉當署少室仙伯將行在近翌日沐浴衣冠焚香化去年一百二十六
馬樞字要理扶風郿人博極經史精硏佛氏邵陵王綸引爲學士綸舉兵援臺留書二萬卷付樞樞肆志尋覽忽喟然歎曰貴爵位者以巢由爲桎梏愛山林者以伊呂爲箎虡束名實則芻豢柱下之高蹤淸虛則糠秕席上之說稽之篤論亦各從其好也乃隱於茅山有終焉之志
許邁一名映字叔玄句容人長史穆之兄總角好道

從郭璞筮卦遇泰之上爻變曰君元吉自天宜學道初師鮑靚未忍違親謂餘杭懸溜山近茅山是洞庭西門潛通五岳陳安世茅季偉所嘗游處於是立精舍於懸溜而往來茅嶺㘽望　家定省而已父母沒乃遺婦孫氏還家改名遠游入居臨安西山與王右軍父子周旋復移臨海赤山遇王世龍趙道玄傅太初遂師世龍受解束反行之道服玉液朝腦法度名東華爲地仙中品
張孝威晉陵人玄宗嘗詔問理化對曰道德君王師

也昔漢文行其言仁壽天下又問金丹對曰道德公也輕舉公中私也時見其私聖人存教若求生徇欲乃似繫風耳無何以疾辭還句曲山所撰仙學傳及論三玄異同諸書

賜遊西苑記

明　李賢

天順己卯首夏吉日　上命中貴人引賢與吏部尚書王翱數人遊西苑明年亦如之又明年亦如之初入苑門即臨太液池蒲葦盈水際如劍戟叢立芰荷翠潔清目可愛循池東岸北行榆柳森槐艸色鋪岸如茵花香襲人行百步許至椒園松檜蒼翠果樹分羅中有圓殿金壁掩映四面豁敞曰崇智南有小池金魚作陣遊戲其中西有小亭臨水芳木匝之曰翫芳又北行至圓城自兩掖洞門而升上有古松三株枝榦槎牙形狀偃蹇如龍奮爪拏空突兀天表前有花樹數品香氣極清中有圓殿巍然高聳曰承光北望山峯嶙峋崒嵂俯瞰池波蕩漾澄澈而山水之間千姿萬態莫不呈奇獻秀於几窓之前西有長橋跨池下過石橋而北山曰萬歲怪石參差爲門三自東西而入有殿倚山左右立石爲峯以次對峙四圍皆石贔屭齦齶蘚封蔓絡佳木異艸上偃旁綴樛葛薈翳兩掖疊石爲磴崎嶇盤折轉而上巖洞非一山畔並

列三殿中曰仁智左曰介福右曰延和至其頂有殿棟宇宏偉簷楹翠飛高揷於層霄之上殿內清虛寒氣逼人雖盛夏亭午暑氣不到殊覺神觀蕭爽與人境隔異曰廣寒左右四亭在各峰之頂曰方壺瀛洲玉虹金露其中可跂而息前崖有壁夾道而入壁間四孔以縱觀覽而宮闕崢嶸風景佳麗宛如圖畫下過東橋轉峯而北有殿臨池曰凝和二亭臨水曰擁翠飛香北至艮隅見池之源云是西山玉泉逶迤而來流入宮墻分泒入池西至乾隅有殿用草曰太素

殿後草亭畫松竹梅於上曰歲寒門左有軒臨水曰遠趣軒前草亭曰會景循池西岸南行有屋數連池水通焉以育禽鳥有亭臨水曰暎輝又南行數弓許有殿臨池曰迎翠有亭臨水曰澄波東望山峯倒蘸於太液波光之中黛色嵐光可掬可挹烟靄雲濤朝暮萬狀又西南有小山子遠望蔚然日光橫照紫翠重疊至則有殿倚山山下有洞洞上石巖橫列密孔泉出迸流而下曰水簾其淙散激射飛薄濺灑最爲可玩水聲泠泠然潛入石池龍昂其首口中

延休堂漫錄

闕名

劉忠宣

劉忠宣公大夏任兵部尚書戴莊簡公珊任左都御史時有大政事　上每召二公面議弘治乙丑春二公對畢　上令中使出白金二錠以賜且面諭曰卿等將　其茶果用朕聞朝覲日文官避嫌有閉戶不與人接者如卿等雖開門延客誰復有以賄賂通也朕知卿等故有是賜且命不必朝謝恐公卿知之未

免各懷愧恥也

滕用亨

滕用亨初名權字用衡避諱更今名蘇人自少遊學四方頗多見聞問學辨博文詞爾雅尤精六書之學篆法之妙高在近世永樂三年被薦時年幾七十矣召見面試篆書用亨作麟鳳龜龍四大字又獻禎符三詩稱　旨授翰林待詔預修永樂大典在官四年卒用亨善鑒古器物書畫嘗侍　上閱畫卷衆目爲趙千里用亨頓首言筆意類王晉卿及終卷果有駙

馬都尉王駪名

伍文定

伍文定初爲常州推官以簡伉忤提學御史陳琳左遷起爲嘉興府同知而陳亦來爲郡守相見握手道舊歡若平生彼此各無芥蔕時兩賢之

楊一清

江西宸濠謀逆　武宗親征既得凱駐蹕金陵渡江幸致仕大學士楊一清第　賜絶句十二首公又有應制律詩四首應制賀　聖武詩絶句十二首編爲

二卷名車駕幸第録公自叙謂虞廷賡歌之後古帝王有以詩章寵臣下者不過一篇數言而止未有聯章累牘若是其盛者至以屈萬乘之尊在位者或有之然亦鮮者若罷政歸休者爲尤鮮或有之豈有至載至三如今日者乎守　溪王公鏊有四絶句云相國移家江水湄金山望幸已多時太平金鏡無由進願得回鑾一顧之猶普元　爲社稷臣君臣魚水更何人難虛雪夜相過意海錯尤堪佐酒巡北固山前駐翠華慇懃來訪相臣家太湖怪石慙多幸也得相隨載後車賡歌千載盛明良　宸翰如今更煒煌溫衍魚龍看未了梨園新部出西廂

桂文襄

桂文襄自釋褐授丹徒知縣執正不肯徇時曲媚見辱于知府林魁林辭官疏有此縣有聖人之令之言請避之公亦棄官去

孫榮僖

孫榮僖公交初任南京駕部主事時毎日散衙後諸僚輩各歸私第或出訪客或拉朋儕飲奕賦詩習之

爲常公獨退處一室默坐觀書至晚方回或以爲言則曰對聖賢語不猶愈于對賓客妻妾乎三原王公時爲大司馬嘉其有志甚愛之後累官至戶部尚書致仕平生言論恂恂誠慤清愼恬雅始終一致云

陳恭愍

陳恭愍選任河南按察使持憲公廉不畏強禦時中官汪直司西廠事能立中人禍直往河南勾當公事藩臬咸出郊迎公不爲禮俟其至盛服自公署中道而入直不能堪詰責之功寀疏其擅權之罪疏入留

中逮直歸　上問河南好官爲誰直以公對　上以

疏示之

濯纓亭筆記

長洲戴冠

孤介

尚書童公軒性寡合不妄取予居南京時家人衣食或不給惟三原王公餽以米及白金或不受毘陵王尚書與知其介不敢致餽值有持禮幣求文者因謂曰童公之文勝余令人導汝往求之至則童公問其人曰汝自來乎仰有使之者乎其人以實對遂却而不納其介如此

風節

張公寧至汀年餘以疾乞休尚書李秉侍郎葉盛黎淳並奏起公皆以疾辭王端毅道郡城特造公敦勸之卒不起閒居三十年絕迹不事干請蒞泉士夫東西行者靡不造謁得一接見爲幸名震海外行乎鄉黨英風峻節足以敦薄俗勵後進公眞一代之偉人哉

盟水

王都督信奉　命總理漕運卽日上道嘗語人曰苟

國厚恩未能報稱此行當以江水洗滌肺肝少盡區區爾及之任抗章言事不允公益思奮厲府舊有湖前官漁利其中公仰開通以泊運舟疏放蓄洩日夜運謀多汗於人未有怨者

詩名

清江俞行之在永樂中有能詩盛名其題清慎敬之句曰夜門無客敲懷金秋臺有情甘飲水惜其不得多見

門帖

北京宮闕成　太宗命解縉書門帖以古詩書之曰日月光天德山河壯帝居　上大喜賜賚甚厚

厄運

天順庚辰春闈火起監察御史焦顯因鎖其門不容出入死者數十人焦頭爛額折肢傷體者不可勝計不久孔林亦灾衍聖公某被奏不法得重譴

又

正德初彗星掃文昌臺官云應在內閣未幾逆瑾出逐內閣大學士劉健謝遷自是而後一時在位九卿臺諫無不被其禍

說郛續目録

弓第九

錦衣志

吳郡王世貞

客有徵錦衣事者不能詳予以所聞荅之退而詮其語曰錦衣志

高皇帝初即位置司曰儀鸞掌侍衛法駕鹵簿使冠文冠十五年罷置司改設錦衣衛指揮使一人秩三品同知二人從三品僉事三人四品鎮撫二人五品所千戸五品副千戸從五品百戸五品鎮撫七品冠武冠所統曰將軍力士校尉人凡　上大朝賀宴群臣指揮自使而下得以介侍左右廷列其從校五百人夜則殺十之九入圍宿候指使京師衛四十八獨錦衣金吾龍驤虎賁等凡八衛並隸大都府稱親軍云而　上時時有所誅殺或下鎮撫司雜治取　詔行得並徑法曹其祿秩名號無以越異諸軍也乃勢則奕奕不啻過之二十年治錦衣事者失其名頗恣而舞文有所操舍　上微其狀執退之悉火其拷掠具又六年　詔内外獄毋得上錦衣衛諸大小咸徑法曹終　高皇帝世錦衣衛不復典與獄稍稍夷它

軍矣而　燕王初起師師蕩山東度臨邑臨邑書生紀綱叩馬首請效　王與語悅之綱善騎射頗目法家言便辟應對刻精詭秘耐逆鉤人意所嚮先發以爲績　王日益幸愛之旣卽位擢綱自忠義衛千戶爲都指揮僉事治錦衣親兵復典治詔獄　天子旣繇藩國起以師脅僭大位內不能毋自疑人人異心有所寄耳目矣綱覘之益布其私距日夜操切陰訐聞　上　上大以爲忠驅之謦咳亡間卽淇成諸公號元勛見則自匿引不敢以身比數而綱小人也遂

驕窮意爲非行僚屬指揮莊敬袁江千戶王謙李春等故無賴曲侍奉綱相緣借奸利數百千端　上久亦頗悟疏之中貴李仇綱者白發其端　上令給事御史廷劾下御史院按驗俱有狀　上大怒卽日捕誅綱磔于市仍夷三族而令御史院罪狀綱其畧曰謹按故都指揮綱儇薄駔儈陰歛陽卻撫擬蠆尾包藏虺心積稔惡極未易指數按綱前後使腹心幹鶻爲　詔下諸司鹽場勒鹽四百餘萬還復稱　詔奪官舡二十艘牛車四百輛載入私第弗予僦人牛直

稿又卽獄嚇持大賈數十百家家索賂不等爲黃金三百五十兩白金二千兩鈔四十五萬貫帛千五百疋又挾詐取交阯使黃金八十兩金盆一異寶二十枚奪民人倪貴等第舍莊宅十七所計直金三十餘萬匿縣官子民地八所直二十餘萬從籍故晉王乾沒黃金五百兩金盆一寶釧二白金鞍轡二又從籍故吳王沒瑟瑟御龍服王冠還輒衣故王冠服坐高坐置酒命優童眞保道眞吉祥等效伎樂奉觴上壽呼萬歲徐勞卿等無恙敬舉卿之觴綱諸所用金裝

八寶環八寶帽飾玉蓋玉水池硯珊瑚扉吡玉束帶紅鋪牀玉石憑几咸飾交龍日月星斗度如乘輿訓又　上所怒內侍右班當下綱論棄市者輒將至家具洗沐好食食之陽爲言見　上赦若誘取金帛且盡更數日將至市殺之而先日以行刑報詐道姑陳氏姿首欲買置媵爲都督薛祿所先恚之遇于大內持鐵鑹擊首腦裂幾死祿懾噤不敢言又道恚都指揮啞失帖木不避謗持其冒賞事摧之死綱家畜養亡命耗山劉等多造鐵甲弓弩萬計腐取良家

子十八以下數百人充左右役　詔選姣好才人既
試可令暫出待歲綱輒簿錄其尤者內之別以夭塞
莫敢問吳人故大豪沈萬三子文度　萬三生嘗伏法
高皇帝籍沒其家所漏貲尚富而文度頗爲人把持
其短患之因綱舍人匍伏見曰進黃金百兩白金千
兩龍紋被一牀龍角一株奇寶十具異綃綺四十疋
願得從贊御列爲外府外廄歲致粲六百石鈔二十
萬貫醞百石布帛以時進食餌羞果以月進綱許之
仍語文度吾后庭未充若爲我吳中徵好者不爲數

文度因是挾綱十五而分民間室亡誰何者綱自維
威日重重且迫　上冀得所欲當端午　上射柳綱
私其司射鎮撫龐瑛曰我故射不中而子折柳鼓噪
以觀兵部尚書御史既射綱謬爲不中瑛折柳鼓噪
竟射無糺者綱乃喜詫曰是無能難我矣按綱爲
天子腹心臣負委任妄意不軌擢髮不足數罪罪誠
當爲死其僚指揮敬江千戶謙春鎮撫瑛比周爲誣
罔當死并諸應從坐人以輕重受條　詔曰可頒示
天下自紀綱誅終　文皇帝世錦衣衛雖典詔獄畫

可領諾而已欲中消不復能望綱矣　宣宗朝初理
衛事者指揮使王節　上嘗燕見太師英國公張輔
從容言公有昆季在可加恩乎太師頓首言主臣輗
若輒者蒙　上大恩以臣故備近侍祿二千石然耆
內好酒獨從弟兵部左侍郎信賢可使也　上召見
信曰是英公弟耶趣武冠冠之遷錦衣指揮使子世
襲信爲人潔廉於詔獄頗任云未幾出爲四川都指
揮使信以部臣遷於職爲左頗不懌然自是諸后妃
尚主公侯中貴人子弟當授官者皆寄祿錦衣以才

諝選遞進治事鮮世業矣　英宗初理衛事者指揮
僉事劉勉指揮使徐恭咸文無害　上年少中貴人
用事者王振張甚弟山海俱緣振官指揮治錦衣事
貴顯矣然俱盛年擁珍重漁色而湛飲多鬪雞擊鞠
狗馬之好不事事事頗推孫馬順馬順者亦指揮也
以義子事王振見必膝行遽除戚施振甚暱嬖之國
子祭酒李時勉有所忤振陰令順行其伐廟木事褻
三木廟門久之始釋有雷震奉天殿賜吻翰林侍讀
劉球應　詔上封事語多侵振振大怒而會編修董

璘言太常用道流不稱請自爲卿共祀忭　上下獄
順搒笞璘使引珙爲具藥草即朝班中捽之出球不
知所坐欵第曰若史振死我死即訴上帝耳竟與董
璘並死獄家人行求屍順故糜之弗得也而順有子
年二十餘病痿久困矣欻起持順髮拳且蹴之曰死
老奴令而與日禍諭我我劉球也順再拜謝罪不可
俄而子死中貴人振以　上北代　也先陷土木敗
聞時　郕王監國朝群臣伏闕泣請籍振家併誅振
弟指揮山海未報衆忿鬨無所泄而馬順前謂衆姑

已胥後命給事中王竑直前提捽順曰是非奸人黨
耶衆趣前擊殺順須臾血肉壒起不可辨矣　王恐
乃下令誅山海籍中貴人振家因併籍順蓄藏金瑤
無筭於是理錦衣事者指揮畢旺碌碌循職而已而
英宗之在　營也校尉袁彬始得見袁彬者少以材
力射生選從刺燉緹騎既從征沒　麾下牧馬矣久
之乃使侍　上　上方坐槖駞帳中咄咄無所出得
彬甚喜彬溫美多計數善言笑時時爲隱語悅　上
獲一羊脾烹而共啖之甚斧新伐木夜則以背承

上足而寢　挾　上攻寨中轉戰上谷遂躪關而下
趨京師小不遂輒欲僇殺彬　上至爲泣請之不得
而哈銘者故　種官爲賜姓楊以譯鞮從胥　順幸
也先間以詼諧解之俱免也先欲使妹尚　上　上
謝之彬曰不可請辭以返國而聘彬皆病中寒　上
親爲治糜啖之身壓彬背汗洽良已及朞　上還稱
太上皇紬彬勞僅拜錦衣百戶　太上皇還爲皇帝
即日召見彬語絮且泣超爲都指揮僉事理錦衣事
賜城東甲第一區引太液池穿中御溝達之黃金十

鎰白金二十鎰綵綺鹽醪醯醬乾餚充實又加賚妻
與紬精鏐各有差擢楊銘千戶賜半之間夕宴對畧
用家人禮然彬畏滿好避而同列門達逯杲顯達初
以錦衣校用文無害理鎮撫司積功次稍遷至指揮
而其所任校逯杲繼起與同列　上故緣中貴人吉
祥及忠國公石亨復大位德之而二人驕于請不已
上心厭之欲稍稍削其重以屬彬彬固謝不敢乃屬杲
杲數伺忠國公罪狀聞　上併其從子定遠侯彪誅
之　上益貴重杲理篆者都指揮王某取充位而已

杲遂持吉祥陰擬之急乃與其從子昭武伯欽謀以五鼓從騎就謁杲出見之欽拔刀手斷杲頭攻長安門不下尋就擒　詔族吉祥贈杲右都督彬請急不任而門逵獨重逵佐理衛得兼治鎮撫司鎮撫於錦衣屬也而得專治獄或　上有所怒特下與緹騎賊曹鈎發者俱以委鎮撫獄竟自上請可否毋由錦衣大僚逵爲人沈斂善計筭所讞恒規　上旨而決時上業已誅曹石內惴不自安恒借逵爲强而逵多所陰獻杲遷都指揮僉事治鎮撫如故時　上最所禮

信者李賢逵亦之每朝而左顧則命賢右顧則命逵賞賚無筭而逵內害賢寵譖於　上曰是嘗受陸瑜金酧尚書者　上疑之不召可半歲而袁彬猶以義故位逵上逵知　上薄之構以死罪劾奏　上不樂曰是負我者然故人不死足矣此外以任若逵退則執彬下獄脅以火五毒吏下彬不勝苦且誣伏矣而燕中小年楊賢者嘗爲漆工尚方詣闕袁公　上魚服偕也門逵何人而輒害之因上疏詆逵姦惡數十百事事有指而條摘彬枉且有社稷功不宜罪　詔

併下逵治逵恚捶賢至百餘賢恐遂死不得白謬曰吾有陰事欲告公逵令犢與前前迺蔓耳逵曰吾小人何辦爲此李學士草耳逵大喜趣罷笞出湯沐沐賢醪肉食之持牘而訴曰李賢令楊賢中臣爲袁彬地獨不畏陛下法乎　上曰明於東朝堂辨之之東朝堂楊賢度　上已集羣臣出餘肉大呼曰天乎寃哉門指揮醪肉食我而令引李也李學士貴人吾何從見之且吾死固分柰何寃他人爲也　上悟趣出袁彬令分司南都餘俱置不問然自是逵寵漸衰不

復寄腹矣居一歲驛召袁彬還職寄如故　上崩李賢益重逵內不自安出怨望語御史言之　詔執赴法司論戍嶺表濱行袁彬帥僚出餞郊墅握手語繾綣已揮橐金爲解裝良厚衆咸多彬不念惡有古長者風彬再遷掌衛事至都督僉事乃卒楊銘亦仕至都指揮代彬者都指揮同知牛循中貴人玉猶子也已何免代循者都指揮使朱驥驥始以父任百戶家貧未娶落魄不爲人所知嘗給事少保于謙門下晨樞而候捕求保出見奇其貌謝之曰家有弱息以奉

箕箒可乎驥與謝不敢夫人恚曰老蒔生女不嫁官人乃得窮葬耶少保笑謂非兒女子所知卒以歸驥後用少保勞至指揮僉事少保死坐累戍邊還累遷都指揮使治錦衣者二十餘年貴矣前是錦衣帥理篆者一人所統緹騎百人顓司察京邑不軌亡命盜奸機密大事巡捕一人統緹騎倍之職專賊曹號東西司房其騎多大俠或賈人子取顯位者比比也而天子猶以外臣故意之別置東廠中貴人重者始出領廠事所統緹騎八十人人取捷悍利牙爪者其鈎察出入帷簿間錦衣二千戸理其牘而中貴人得持牘徑至　上御所稍稍出衛上矣　憲宗朝　上幸太監汪直欲尊寵之別爲置西廠所領緹騎倍東廠而邏得糺察中外文武大小及民間事嘗入郎署紲掠郎至死擅乘傳凌漕河入陪京而縛留守太臣海内骨慄搖手亡論東廠即錦衣久之始罷西廠不設孝宗皇帝仁聖委法秋官御史臺廷尉嘗曰與我共天下者三公九卿也以故緹騎逆自歛不敢有所爲而其帥如李成李珍趙鑑亦後先遜遜守祿俸而已

獨牟斌以指揮領鎮撫有聲斌字益之博學曉文義爲儒衣冠其所理恒傅經而法戸部郎李夢陽嘗奏封事言壽寧侯竹吉下獄斌曰郎封事大善郎言壽寧胡不指其實及諸羽翼耶夢陽曰慮置對耳斌曰置對則奚難吾能翦厥羽翼也因傅經牘具上夢陽得不駁正德初劉瑾持中權逐大學士健遷而削尚書韓文等籍而諫臣劉茝戴銑等數十人後先下詔獄斌輕刑莫居曲爲申救御史任諾怨諸僚草奏署其名已實他出不與也斌曰古有耻不與黨人名者公爲忠悔耶劉瑾復要斌去奏首權奸事斌不可而顧語同列曰存此諸公臣節庶幾白他日乎宋鄉道原以失先奏被害吾儕何自計爲奏入瑾大怒望斌又偵知其庇言官也矯　詔廷杖之垂死謫戍邊劉瑾誅驛召斌還領鎮撫如故知府劉祥搏其守閹因相論奏中貴人張雄者納守閹賂陰嗾斌令歸曲祥仍爲閹導賂斌不可雄恚挾詐陷之安置武昌感疾卒斌之再起也長子袞工部循故事官爲賻三百金斌指其存者二子曰吾司刑不道天禍一子懲而

受金行及此矣恭庳屋敝衣再遺譴怡怡若素云相
臺崔銑記其事盛稱服斌謂直節懿行卽名經術士
大夫蔑如也始劉瑾用事時諸中貴人相與蠱說
上復建西廠使谷大用領之而馬永成丘聚分領東
廠皂衣團牌縱橫燕中人人不聊生矣而瑾復用其
私人張文義爲錦衣都指揮使與吏部尚書綵表裏
作威福時稱瑾左右翼云然文義時時以掌傳瑾命
侍應對不得治錦衣治錦衣者都指揮高得林也文
義尋從瑾伏誅高得林罷都指揮劉璋代璋罷亡何

錦衣志　八　十二

錢寧貴治衛事錢寧者不知何氏少孤鬻中貴人錢
能家爲養子遂冒錢寧生而警敏巧媚異常兒能頗
變之時塡滇携以往俾主侍應賓客而滇守備盧洪
者出入能門下顧見與其相因大贈遺金帛曰苟富
貴無相忘寧跽謝曰若矦幸厚奴旣爾何愧之也洪
日不也若不見衛將軍者矦乎寧日以重錢氏而會
中貴人能死推恩家人寧得受錦衣百戶　上時從
諸中貴人微服縱射游獵自稱朱壽若張公子事者
寧始緣馬永成見　上於豹房爲搖槊走馬手搏諸

戲　上大悅絶愛幸之賜國姓命爲義子俄進指揮
使領衛事詔獄緹騎刺姦悉隸屬焉凡所從幸南
海北苑網魚兎射狐豕手猛獸出上谷西之雲中穿
塞直抵延綏徑　庭而後歸寧又進錢永安亦賜姓
官至右都督寧遷爲左都督使事如故遂大煽熱威
澤所顧指諸司姘不惴惴承奉恐後而或意開向背
者輒取　中旨行之而盧洪亦用寧力進參將塡金
齒嘗故勘殺平人二嘏其屍及奪民居財產萬計事
發寧以屬御史唐龍龍不承抵洪罪寧憾之甚未有

錦衣志　八　十三

以中也寧故繇中貴人進乎中貴人則易之寧見陽
爲恭謹叩頭稱死罪　上嘗怒中貴人張永欲殺之
皇太后爲請不能得賓客居間屬寧寧曰吾力能得
之顧諸公居一何魚肉我耳乃宛轉爲　上解永果
免中貴人則改事事寧矣而諸省總鎭監鎗督撫貂
璫大臣請事者以萬金爲薄擲弗顧然寧所進江彬
許泰神周者俱有寵寧獨能以謹身和柔媚　上而
巳耳不能如彬等武幹彬又日夜譖傾寧居無何寧
王宸濠反誅事連寧下　朝堂按問具狀會　肅皇帝

立獄上其畧曰故左都督寧貪緣中人托號義子濁
亂國姓玷汚天秩諸所顧使同於山獄及非受 上
云何詐稱得請或口授王綸或手寫御筆前後傳奉
大小職官脅取方鎮郡邑文武金寶珮奧疏巨百萬
其姻族錢永安子傑等貫魚驟進翼虎自肥咸辱國
姓至都督都指揮等官故寧庶人宸濠以復護衛請
行萬金寧爲下兵部允之倒授阿錫故滋叛柄又以
按察副使胡世寧條列庶人不法狀庶人恐復行五
千金寧捕世寧下獄煉質萬方遣戍遼左 上未有

太子庶人有子自以疎且非次不當立欲伺 上間
內入東宮復行五萬金寧陰爲契約假以進香取留
報庶人金玉帶各二閙裝七寶帶一奇縉綵十爲御
書加璽詭言 上賜庶人大喜列牙受賀令其國僚
衣紅四十餘日庶人前後問謝行金約十餘萬會御
史蕭儀發其反謀將置獄使者就按石室齊書寧信
且馳報令先發制人已從中起大事易就庶人反令
連寧寧有危社稷之心罪惡萬狀宜據法磔裂夷三
族亡少長皆殊死 詔曰可藉其家黃金可萬斤白

金三十萬斤白玉帶二千五百束獅蠻帶二束祖母
琭佛像二胡椒千五百石他奇珍方琴器甲名畫稱
是斤賣閣宅直三千萬萬計增益縣官二歲賦錢永
安等皆從坐誅寧爲人狡陽敬禮士大夫樂施予雖
誅人頗有稱惜之者 上旣誅寧因悉誅彬等而大
學士楊廷和等合策輔政 詔下革傳奉遷者錦衣
自指揮下汰十之八復汰旗校十之五歲省度支錢
數千萬一時翕然稱神明云其所留舊臣治錦衣事
者都指揮駱安等與興國從起相半而大禮議起聶

能遷爲指揮僉事能遷者淸平人素險猾亡賴多計
數 武宗末冒功累官錦衣千戶後亦在汰中 上
時下群臣議崇 獻皇帝未决主事張璁桂萼言
上實 獻皇子何以考 孝宗宜考 獻皇帝 上
心動而大臣楊廷和等持不可能遷故善中貴人崔
文有所窺見疏稱璁萼議是當聽 上前以逐二三
大臣而召璁萼等議矣禮成能遷亦得擢指揮領鎭
撫事而會 上修明倫大典欲盡列其疏不得怨望
疏言臣爲 上推孝思明典制功甚大爲奸臣張璁

桂萼所忌紬弗錄即二臣非臣弗勝也而獨進師傅
備阿衡之寄臣區區一戎衛賈人子拾級可便得耳
且詹事黃綰私浙建伯王守仁爲行賂璁以萬計許
大用守仁請悉賜罷　上怒下御史院雜治能遷誣
誣妄獄上杖之百戍嶺南尋瘦死天下快之未幾王
佐爲都指揮使領衛事佐試武舉第一授錦衣千戶
累遷督漕參將佐爲人謹愿有志介閒射便騎以刀
筆吏能稱也然時　時援古義　昭聖皇太后弟昌國
公鶴齡建昌侯延齡貴盛久驕恣無狀吏不能長持

明法讐之　上以春朝　慈慶不爲禮銜鶴齡等未
發而建昌侯坐故殺爲御史論抵罪繫待決市人劉
東山者素陰毒利口逆　上意與其儕僞爲疏草恫
喝鶴齡得且萬金矣鶴齡不勝賂拒之乃誣鶴齡兄
弟毒魘咒咀　上盜內藏金寶通　慈慶侍人至相
與爲巫蠱以急變聞　上大怒下鶴齡等詔獄置對
東山等因得以株引素所不快人定國京山諸公侯
俱坐累繫三法司大臣色奪不敢訊佐謬爲厚東山
者次第探得其情論誣罔法反坐報可佐以三木囊

東山等闕門外昂之不及旬悉死是舉也中外以佐
安　慈慶曲成　上孝稱社稷臣云而佐竟以憂思
過度得疾死　詔贈二階爲左都督代佐者陸松故
從　上興國衛士也頗謹信識大體於　上怒時時
有所解釋以都督僉事卒有子炳代松者陳寅寅亦
興國衛士也其人大抵類松然謹身自殖耳不能有
所上下於世寡稱焉嘗受命監南北郊壇工累遷後
軍左都督以老疾乞休　賜璽書褒諭安車駟馬就
第禁衛之得請自寅始也贈太子太保代寅者陸炳

炳少以力幹稱强敏通書數嘗一登武舉遂自指揮
數遷爲左都督或云炳嘗從　上幸承天行宮火炳
以宿衛排宮門負　上出於熖　上心德之不欲顯
其狀故炳事無傳者其官獨驟貴異他人莫測也炳
旣斂起代父執衛政其同列皆父黨炳陽爲敬事之
而徐以計去其易巳者又能得閣臣心以故日益重
嘗摭殺兵馬指揮爲御史所繩　詔弗問大學士言
故愛暱炳炳亦事之謹甚而亡何御史糺炳亂醝政
攬榜禁小錢諸不法狀言欲從中下捕治炳行三千

金解救不得長跪泣謝罪乃已炳楚士晧大學士言
刺骨而會言與其同列嵩爭寵不勝免炳合謀嵩發
言所與邊帥關節書　上怒爲誅言大學士嵩更德
炳且奇之引與共籌策矣炳所選用衛士緹騎皆長
安中大豪善把持長短者多布耳目所睚眦無不立
碎然其屬小犯法輒置之死而炳方得幸　上言無
不從夕趨走麾下唯諾者晨拔寘同列故其下甚畏
炳而慕趣之恐後咸寧侯仇鸞以大同帥入援總天
下兵權勢張甚無所不抑傲視大學士嵩蔑如也而

獨意憚炳炳亦曲奉之不敢與鈞禮而出重金帛結
其所親愛探得鸞陰私鸞病死炳即行其謀反狀族
之累加太保兼太子太傅中貴人馬廣領東廠者也
李彬司樞密者也其人咸耆宿握重自恣炳前後刺
其罪下獄死京中外惴惴重足不寒而慄凡豪貴臨
爲以下少酒食過輒收而籍之亡遺者然浮慕義名
居之又好爲敬禮士大夫士大夫即　上所甚恨下
詔獄廷杖緩之不令死以俟　上怒解即貶戍出金
錢治道里飲食費不惜也炳既貴驟得爲紳間聲而
又善　上所親近者中貴人司禮鎬元相嵩咸與炳
結婚姻盤據相重矣　上彌益幸之召入侍西苑直
供奉青詞加兼少傅食伯爵奉炳又益選緹騎驍勇
者七十人別置裨將領之而其所召募畿輔秦晉齊
魯間驍猾超乘跡射之士以千計衛之人鮮衣怒馬
而仰度支者凡十五六萬人大司馬持其籍仰屋歎
而已元相嵩既已縱其子攬文武選權而炳從中調
停各曹事亡所不關白方鎮督撫大臣非又故而錢
通者以八九給事御史自跪門下者亦十之三四炳

所蓄金珠奇異以巨萬計甲第膏腴擅燕中而其歲
出饋遺宰相中貴人亦以萬計特又有朱希孝者領
巡捕希孝成國公希忠介弟也用兄任數遷至左都
督加太子太保希孝寬然長者不恥爲屈得元相驩
然炳既以勢望迫其於元相外相倚而已不能如希
孝遷往無間也然希孝事炳卑下多避炳以故無意
官之嗚呼錦衣一禁校耳其領宿衛則光祿勳也刺
姦則司隸也至炳而分將相任極矣一重於紀綱再
重於錢寧三重於陸炳其究乃位師保恭綸綍不亦

殆哉炳所與共事者都督高怨麥祥黃浦此皆中貴人子弟飾輿服肥酒食宮室苑囿聲色以娛其身如是耳此乃炳所羞接席者何足道哉

馬政志

吳郡歸有光

學者論官必本周禮周禮之書世或疑其與周制不合然文武周公之遺法亦頗可攷至言牧馬之事則夏官之屬曰校人趣馬巫馬牧師廋人圉師馬質其辨六馬之屬故爲天子十二閑馬六種也其職事有校左右馭夫至于阜師皆員選頒良馬養乘之鶩馬三其良之數其政則齊其飲食簡其六節春除蓐釁廐始牧夏庌馬冬獻馬射則充椹質茨牆則翦闔疾

則秉治之牧地則有厲禁有駕稅之頒有質馬之量毛馬齊其色物馬齊其力禁原蠶凡馬特居四之一春祭馬祖執駒夏祭先牧頒馬攻特秋祭馬社臧僕冬祭馬步獻馬講馭夫佚特教駣攻駒散馬耳焚牧通淫而呂不韋月令季春合累牛騰馬遊牝于牧仲春別群則縶騰駒凡此皆自古以來傳其法所以能盡物之性者也其稱四井爲邑四邑爲丘十六井出戎馬一匹四丘爲甸甸六十四井出戎馬四匹天子畿內方千里定出賦六十四萬井戎馬四萬匹或謂

周葢令民間養馬攷其實不然丘甸之馬葢國有賦調民自具馬以即戎民之平日養馬官何與焉唯校人以下之職乃為王馬而天子使人自養之者也牧師所謂牧地皆在草莽水泉之區若今之苑馬然其後天子亦不盡如其制而自其以意使人養馬穆王時造父御八駿孝王命非子主馬汧渭之間皆非如周禮有一定之官也春秋時魯衛弱國而魯僖公坰牧之盛衛文公騋牝三千詩人歌頌之秦起西北牧多健馬其詩曰駟鐵孔阜六轡在手又曰騏駵是中

騧驪是驂言秦馬之良也諸侯力政國各有馬至千萬騎後秦併六國馬皆入之秦及山東豪俊起章邯以百萬之師數進數郤竟以敗降秦馬無聞焉漢初高祖與匈奴冒頓遇當是時高祖被圍白登匈奴騎其西方盡白馬東方盡青駹馬北方盡烏驪馬南方盡騂馬高祖以故大困時漢馬益乏故用婁敬之計誂意和親孝文孝景循古節儉廄馬百餘匹孝武恃中國富盛兩將軍出塞殺虜八九萬而漢馬死者十餘萬漢亦以馬少無以復征其後天子為伐胡盛養

馬馬之來食長安者數萬匹其後大將軍驃騎將軍軍益出漢軍馬死者又十餘萬於是令民得畜牧邊縣官假馬母三歲而歸及息什一其後車騎馬乏絕縣官無錢買馬乃著令封君以下至三百石以上吏以差出牝馬天下亭亭有畜牸馬先是天子發書易云神馬當從西北來得烏孫馬好名曰天馬及得大宛汗血馬益壯更名烏孫馬曰西極名大宛馬曰天馬云宛俗嗜酒馬嗜苜蓿漢使取其實來於是天子始種苜蓿蒲萄肥饒地及天馬多外國使來衆則離

宮別觀旁盡種蒲萄苜蓿極望其後天子下詔深陳既往之悔修馬復令毋乏武備而已孝昭詔止民勿共出馬罷天下亭馬及馬弩關孝宣省乘輿馬及苑馬以備邊郡三輔傳馬至元成之世數詔減乘輿馬光武中興官皆省併太僕獨置一廄後置左駿令和帝省減外廄及涼州諸苑馬其後世承華騄驥廄馬亦萬匹矣漢馬莫盛於孝武之世至以伐胡馬遂大耗故為假馬毋歸息諸一切法此後世民養官馬之始也然不久而罷漢太僕所領若車府路軨騎馬駿

馬䮾馬閑駒騊騟諸監廐皆内馬也邊群六牧師苑
及漢陽流馬苑此皆在外而諸牧師苑分在河西六
郡中北地靈州有河奇苑號非苑歸德有堵苑白馬
苑郁郅有牧師苑襄平有牧師官鴻州有天封苑太
原有家馬官其後又置越雟長利高望始昌三苑益
州有萬歲苑犍爲有漢平苑皆太僕屬也魏晉以後
迄于隋天下變故多突兵亟用而馬政未有聞惟獨
魏馬自世祖平統萬乃以泰涼以西水草豐美用爲
牧地馬大蕃息至有百餘萬匹高祖置牧河陽常畜

戎馬十萬匹每歲自河西徙牧并州稍復南徙而河
西之牧愈蕃故天下稱魏馬之盛唐尚乘掌天子之
御左右六閑一曰飛黃二曰吉良三曰龍媒四曰騊
騟五曰駃騠六曰天苑總十有二閑爲二廐一曰祥
麟二曰鳳苑每歲河隴群牧進其良以供御六閑馬
其後禁中又增置飛龍廐初得突厥馬二千匹又得
隋馬三千於赤岸澤徙之隴右監牧之制始此其官
領以太僕其屬有牧監副監監有丞有主簿直司團
官牧尉排馬牧長群頭有正有副凡群置長一人十

五長置尉一人歲課功進排馬又有掌閑調馬習上
初用太僕少卿張萬歲領群牧自貞觀至麟德四十
年間馬七十萬六千置八坊岐幽涇寧間地廣千里
一曰保樂二曰甘露三曰南普閏四曰北普閏五曰
岐陽六曰太平七曰宜祿八曰安定八坊之田千二
百三十頃募民耕之以給芻秣八坊之馬爲四十八
監而馬多地狹不能容又析八監刻布河西豐曠之
野凡馬五千爲上監三千爲中監餘爲下監監皆有
左右因地爲之名當是時天下以一縑易一馬萬歲

掌馬久恩信行於隴右後以太僕少卿鮮于匡俗檢
校隴右監牧儀鳳中以太僕少卿李思文檢校諸牧
監使後又有群牧都使有閑廐使又立四使南使在
原州西使在臨洮軍東北二使皆寄理原州其後益
置八監於鹽州三監於嵐州有白馬諸坊樓煩玄池
天池之監自萬歲失職馬政頗廢開元初國馬益耗
太常少卿姜晦請市馬六胡州王毛仲領内外閑廐
馬稍復蕃息其始二十四萬至十三年乃四十三萬
天子以突厥欵塞於受降城歲與之互市又市之河

東方朔隴右旣雜胡馬種馬乃益壯天寶後戰馬動
以萬計遂弱西北蕃安祿山以内外閑廐都使兼知
樓煩監陰選勝甲馬歸范陽故其兵力傾天下肅宗
收兵至彭原蒐平凉監牧猶得馬數萬軍以復振及
吐蕃陷隴右死牧馬皆沒焉其後水草腴田旋以予
貧民及諸賜占幾千頃德宗命閑廐使張茂宗收故
地民失業愁怨穆宗卽位悉復還民太和七年置銀
川監大氐無復開元天寶之舊矣他如蔡州龍陂襄
州臨漢淮南臨海泉州萬安皆不足數也漢以來牧

官後世不聞唯唐張萬歲王毛仲此兩人名最著而
馬特盛議者以爲唐得人專其職也初置監牧秦渭
二州北會州南蘭州狄道西益跨隴西金城平凉天
水四郡之地漢志云武威以西本匈奴昆邪王休屠
地習俗頗殊地廣民稀水草宜畜牧故凉州之畜爲
天下饒皆唐之牧地之所苞絡也五代戰爭養馬之
政奠紀宋太祖初置左右飛龍二院以二使領之後
改爲天廐坊又改爲騏驥院以大駟監隸焉眞宗咸
平三年置群牧使景德二年改諸州牧龍坊悉爲監

在外之監十有四置群牧制置使及群牧使副都監
判官廐牧之政皆出於群牧司自騏驥院而下皆聽
命焉諸州有牧監知州通判兼領之先是五代兼牧
多廢太祖始置養馬二務又興葺舊馬務四遣使歲
市邊州馬閑廐始備太宗得汾晉燕薊馬四萬二千
餘疋始分置諸坊國子博士李覺言冀北燕代馬之
所生胡戎之所恃也制敵以騎兵爲急議者以爲欲
國之多馬在乎啗戎以利而市其馬然市馬之貴歲
益而廐牧之數不加者失其生息之理也且戎人畜

牧轉徙馳逐水草騰駒遊牝順其物性所以蕃滋其
馬至于中國縶之維之飼以枯藁離析牝牡制其生
性玄黃虺隤因而減耗宜然矣古者因田賦出馬馬
皆生於中國不聞市之於戎今所市戎馬直之少者
匹不下二千往來資給賜予復在數外是貴市於外
夷而賤棄於中國非理之得也今宜減市馬之半直
賜畜駟之將卒增爲月給俟其後納馬則止焉是則
貨不出國而馬有滋也大率牝馬二萬而駒收其半
亦可歲獲萬匹況夫牝又生駒十數年間馬必倍矣

昔猗頓窮士也聞朱公教以畜五牸乃適西河大畜牛羊于猗氏之南十年間其息無筭況以天下之馬而生息乎太宗嘉之仁宗慶曆中知諫院余靖言詩書以來中國養馬蕃息不獨出於夷狄也秦之先非子居犬丘好馬及畜養息之周孝王召使主馬於汧渭之間馬大蕃息犬丘今之興平汧渭今之秦隴州界也衛文公居河之湄以建國而詩人歌之曰騋牝三千衛則今之衛州也而詩人又頌魯僖公能遵伯禽之業亦云駉駉牡馬魯今兗州左氏云冀之北土

馬之所生今鎮定并代也漢太原有家馬廐一廐萬匹又樓煩玄池出名馬卽今之幷嵐石隰也唐以沙苑最爲宜馬卽今之同州也開元中置七坊四十八監半在秦隴綏銀皆古來牧馬之地臣切見今之同州及太原以東衛邢洺皆有馬監其餘州軍牧地七百餘所乞令群牧使都監判官分往監牧舊地相度水草豐茂四遠牧放依周官月令之法務令蕃息別立賞罰以明勸沮庶幾數年之後馬畜蕃盛皇祐五年丁度上言天聖中牧馬至十餘萬其後言者以爲天下無事而事虛費遂廢八監然而秦渭環階麟府州太山保德岢嵐軍歲市馬二萬二百才能補京畿寨下之闕自用兵四年而所市馬才三萬況河北河東京東京西淮南籍丁壯爲兵請下令有能畜一戰馬者免二丁仍不升戶等以備緩急如此國馬蕃矣言不果行至和二年群牧使歐陽修言今之馬政皆因唐制而今馬多少與唐不同者其利病甚多不可槩舉至於唐世牧地皆與馬性相宜西起隴右金城平涼天水外洎河曲之野內則岐豳涇寧東接銀夏

又東至於樓煩此唐養馬之地也以今考之或陷沒夷狄或已爲民田皆不可復得惟聞今河東路嵐石之間山荒甚多及汾河之側草地亦廣其間草軟水甘最宜牧養此乃唐樓煩監地也可以興置一監臣以謂推迹而求之則樓煩元池天池三監之地尚冀可得又臣往年奉使河東嘗行威勝以東及遼州平定軍見其不耕之地甚多而河東一路山川深峽水草甚佳其地高寒必宜馬性及京西路唐汝之間久荒之地其數甚廣請下河東京西轉運使遣官訪草

地有可以興置監牧則河北諸監有地不宜馬可行廢罷嘉祐中韓琦請括諸監牧地留牧外聽下戶耕佃遣都官員外郎高訪等括河北得閒田三千三百五十頃募佃歲約得穀十一萬七千八百石絹三千二百五十疋草十六萬一千二百束羣牧司言諸監牧地間有水旱每監牧放外歲刈白草數萬束以備冬飼今悉賦民與時監馬增多及有水旱無以轉徙牧放詔遣左右廂提點官相度除先被侵冒已根括出地權給租佃餘委群牧司審度存留有閒土即募

耕佃五年群牧司言凡牧一馬往來踐食占地五十畝諸監既無餘地難以募耕請存留如故廣平廢監先賦民者亦乞取還乃詔河北京東牧監帳管草地自今毋得縱人請射犯者論以違制初眞宗用群牧使趙安仁言改牧龍坊爲監仍鑄印給之於是河南爲洛陽監天雄軍大名爲大名監洺州爲廣平監衛州爲淇水監鄭州爲廣武監同州爲沙苑監相州爲安陽監澶州曰鎭寧滑州舊龍馬監曰靈昌通國初內有騏驥兩院天駟四監天廄二坊及上下監外則

河南北爲監者十二皆掌於群牧司乾興天聖間天下兵久不用於是河南諸監皆廢其後議者謂河南六監廢京師須馬取之河北道遠非便乃詔復洛陽單鎭以牧河北孳生馬其後復廣平監以趙州牧馬隸之又以原武爲單鎭移于長葛蓋自宋興以來至于仁祖天下號稱治平而法度常至于不能振舉而馬政亦多廢神宗以王安石爲相銳然有志于天下之治遂多所更張熙寧以來乃有保馬戶馬其後又變而爲給地牧馬初神宗患馬政之不善詔曰方今

馬政不修吏無著効豈任不久而才不盡歟是何監牧之多吏之衆而乏才之甚也昔唐用張萬歲三世典群牧恩信行乎下故馬政修舉後世稱爲能今上自提總官屬下至坊監使臣既非銓擇而遷徙迅速謂之假道欲使官宿其業而盡其能不可得也今當簡其勞能進之以序自坊監而上至于群牧都監皆課其功而第進之以爲任事者勸焉於是樞密副使邵亢請以牧馬餘田修稼政以資牧養之利而群牧司言馬監草地四萬八千餘頃今以五萬馬爲率一

馬占地五十畝大名廣平四監餘田無幾宜且仍舊而原武單鎮洛陽沙苑淇水安陽東平等監餘良田萬七千頃可賦民以收芻粟從之已而樞密院又言舊制以左右騏驥院總司國馬景德中始增置群牧使副都監判官以領廄牧之政使領雖重未嘗躬自巡察不能周知牧畜利病以故馬不蕃息今宜分置官局專任責成乃詔河南北分置監牧以劉航崔台符爲之又置都監各一員其在河陽者爲孳生監凡外諸監並分屬兩使各條上所當行者諸官吏若牧

田縣令佐並委監牧使舉劾專隸樞密院不領於群牧制置時上方留意牧監地然諸監牧田皆寬衍爲人所冒占故議者爭請收其餘資以佐芻粟自是請以牧地賦民者紛然而諸監尋廢迺選其善馬而以其餘馬皆斥賣收其地租以給市易本錢是時諸監既廢仰給市馬而義勇保甲馬復從官給朝廷以乏馬爲憂先是河北察訪使曾孝寬言慶曆中嘗詔河北民戸以物力養馬備非時官買乞參考中行之於是始行戸馬法元豐三年春以王拱辰之請詔開封府界京東西河北陝西河東路州縣戸各計資產市馬坊郭家產及三千緡鄉邨五千緡若坊郭鄉邨通及三千緡以上者各養一馬增倍者馬亦如之至三匹止馬以四尺三寸以上齒限八歲以下及十五歲則更市如初籍於提舉司於是諸路皆行戸馬法矣先是熙寧中嘗令德順軍蕃部養馬帝問其利害王安石謂令坊監以五百緡得一馬若委之熙河蕃部當不至重費蕃部地宜馬且以畜牧爲生誠爲便利已而得駒庳劣亡失者責償蕃部苦之其法尋廢

至是環慶路經畧司復言已檄諸蕃部養馬詔閱實及格者一匹支五縑鄜延秦鳳涇原路準此養馬之令復行於蕃部矣五年詔開封府界諸縣保甲願養馬者聽仍以陝西所市馬選給之而戸馬更爲保馬六年曾布等承詔上其條約凡五路義勇保甲願養馬者戸一疋物力高願養二疋者聽皆以監牧見馬給之或官予其直令自市毋或強予府界無過三千匹五路無過五千匹襲逐盜賊之外乘越三百里者皆有禁在府界者免輸糧草二百五十束加給以錢

布在五路者歲免折變緣納錢三等以上十戶爲一保四等以下十戶爲一社以待病斃補償者保戶馬斃馬戶獨償之社戶馬斃社戶半償之歲一閱其肥瘠禁苛留者凡十有四條先從府界頒焉五路委監司經畧司州縣更度之於是保甲養馬行於諸路矣先是文彥博吳充言三代有丘乘出馬有國馬國馬宜不可闕且今法欲令馬死備償恐非民願而王安石以爲令下之初京畿百姓多自以爲便願投牒者已千五百戶決非有所驅迫力請行之時河東騎軍

有馬萬一千餘匹歲番戍邊率十年而一周議者以爲費廩食而多亡失乃行五路義勇保甲養馬法繼而兵部言河東正軍馬九千五百匹請權罷官給以義勇保甲馬五千補其闕合萬匹爲額俟正軍不及五千始行給配事下中書樞密院以爲軍騎國之大計不當專以一時省費輕議廢置且官養一馬歲爲錢二十七千民養一馬纔免折變緣納錢六千五百計折米而輸其直爲錢十四千四百餘皆出於民決非所願若芻秣失節或不善調習緩急無以應用況

減馬軍五千匹即異時必減軍正數九千九百人又減分數馬三千九百四十匹邊防事宜何所取備若存官軍馬如故漸令民間從便收養不必以五千匹爲限於理爲可而中書謂官養一馬以中價率之爲錢二十三千募民養牧可省雜費八萬餘緡且使入中芻粟之家無以邀厚利計前二年官馬死倍於保甲馬而保甲有馬可以習戰禦盜公私兩利上從樞密院議河東騎軍得不減耗而民馬不至甚病六年提舉河東路保甲王崇拯言請令本路保甲十分取

二以敎騎戰毋官給二十五千令市一馬限以五年當得馬六千九百十有八匹爲緡錢十七萬二千九百有五十詔以京東鹽息錢給之令崇拯月上所買數於是保甲皆兼市馬矣七年京東提刑霍翔請募民養馬蠲其賦役乃詔京東西路保甲免敎閱每一都保養馬五十匹匹給十千限以京東十年京西十五年而數足置提舉保馬官京西呂公雅京東霍翔並領其事而罷鄉邨先以物力養馬之令尚養戶馬者免保馬凡養馬免大小保長催租支移每歲春夫

催税甲頭盜賊備賞保丁巡宿凡七事先是西方用兵頻調戶馬以給戰騎借者給還死則償直是年遂詔河東鄜延環慶路各發戶馬二千以給正兵河東就給本路鄜延益以永興軍等路及京西坊郭馬環慶益以秦鳳等路及開封府界馬戶馬既配兵後遂不復補於是京東西戶馬更爲保馬矣公雅又令每都歲市二十匹初限十五年乃促爲二年半京西地不産馬民又貧乏甚苦之八年京東西既更爲保馬諸路養馬指揮亦罷其後給地牧馬則亦本於戶馬

之意云九年提舉開封府界蔡確言比賦保甲以國馬免所輸草賜之錢布民以畜馬省於輸藁雖不給錢布而願爲官養馬者甚衆請增馬數歲止免輸藁三百五十束詔毋過五千匹於是京畿罷給錢布而增馬數矣哲宗嗣位言新法之不便者以保馬爲急乃詔罔京東西保馬期限極寬有司不務循守遂致煩擾先帝已嘗手詔詰責今猶未能遵守其兩路市馬年限並如元詔尋又詔以兩路保馬分配諸軍餘數付太僕寺不堪支配者斥還民戶而責官直期公

雅皆以罪去而保馬遂罷既罷保馬於是議興廢監以復舊制詔庫部郎中郭茂恂視陝西河東所當置監尋又下河北陝西轉運提點刑獄司按行河渭并晉之間牧田以聞時已罷保甲教騎兵而還戶馬於民於是右司諫王巖叟言兵之所恃在馬而能蕃息之者牧監也昔廢監之初識者皆知十年之後天下當乏馬已而不待十年其弊已見此甚非國之利也乞收還戶馬三萬復置監如故監牧事委之轉運官而不專置使今鄆州之東平北京之大名元城衛州

之淇水相州之安陽洺州之廣平監以及瀛定之間棚塞草地疆畫具存使臣牧卒大半猶在稍加招集則指顧之間措置可定而人免納錢之害國收牧馬之利豈非計之得哉又況廢監以來牧地之賦民者爲害多端若復置監牧而收地入官則百姓戴恩如釋重負矣自是洛陽單鎮原武淇水東平安陽等監皆復初熙寧中併天駟四監爲二而左右天廄坊亦罷至是復左右天廄坊紹聖初用事者更以其意爲廢置而時議復變太僕寺言府界牧田占佃之外尚

存三千餘頃議復畿内孳生十監後二年而給地牧
馬之政行矣先是知任縣韓銙等建議凡授民牧田
一頃爲官牧一馬而蠲其租縣籍其高下老壯毛色
歲一閱亡失者責償已佃牧田者依上養馬知邢州
張赴上其說且謂授田一頃爲官牧一馬較陝西沿
邊弓箭手既養馬又戍邊者爲優樞密院是其請且
言熙寧中罷諸監以賦民歲收緡錢至百餘萬元祐
初未嘗講明利害惟務罷元豐熙寧之政奪已佃之
田而復舊監桑棗井廬多所毀伐監牧官吏爲費不

貲牧卒擾民棚井抑配爲害非一左右廂今歲籍馬
萬三千有奇堪配軍者無幾惟沙苑六千匹愈於他
監今赴等所陳受田養馬既蠲其租不責以孳息而
不願者無所抑勒又限以尺寸則緩急皆可用之馬
矣殿中侍御史陳次升言給地牧馬其初始於邢州
守令之請未嘗下監司詳度諸路各有利害既不可
知民居與田相遠者雖就耕牧一頃之地所直不多
而亡失責償爲錢四五十千必非人情所願言竟不
行四年遂廢淇水單鎮安陽洛陽原武監罷提點所

及左右廂惟存東平沙苑二監同知樞密院曾布自
敘其事曰元祐中復置監牧兩廂所養馬止萬三千
匹而不堪者過半今既以租錢置蕃落十指揮於陝
西養馬三千五百又人戶願養者亦數千而所存兩
監各可牧萬馬馬數多於舊監而所省官吏之費非
一近世良法未之能及時三省皆稱善其後沙苑復
隷陝西買馬監牧司而東平監仍廢大觀元年尚書
省言元祐置監馬不蕃息而費用不貲今沙苑最號
多馬然占牧田九千餘頃芻粟官曹歲費緡錢四十

餘萬而牧馬止及六千自元符元年十二年亡失者
三千九百且素不調習不中於用以九千頃之田四
十萬緡之費養馬而不適於用又亡失如此利害灼
然可見今以九千頃之田計其磽瘠三分去一猶得
良田六千頃以頃計之頃爲錢五百餘緡以一頃募
一馬則人得地利馬得所養可以紹述先帝隱兵於
農之意請下永興軍路提點刑獄司及同州詳度以
聞俟見實利則六路新邊閑田當以次推行時熙河
路蘭湟牧馬司又請兼募願養牝馬者每收三駒以

其二歸官一充賞詔行之四年復罷京東西路給地牧馬復東平監政和二年詔諸路復行給地牧馬復罷東平監宣和二年詔罷政和二年以來給地牧馬條令收見馬以給軍應牧田及置監處並如舊制又復東平監給地牧馬始於紹聖至政和時蔡京秉政行之益力京罷而復廢六年又詔立賞格應牧馬通一路及三千匹州通縣及一千縣及三百其提點刑獄守令各遷一官倍者更減磨勘年於是諸路應募牧馬者爲戶八萬七千六百有奇爲馬二萬三千五

百既推賞如上詔而兵部長貳亦以兼總八路馬政遷官然北方有事而馬政亦急矣靖康元年左丞李綱言祖宗以來擇陝西河東河北美水草高涼之地置監凡三十六所比年廢罷始盡民間雜養以充役官吏便文以塞責而馬無復善者今諸軍闕馬者太半宜復舊制權時之宜括天下馬量給其直不旬日間則數萬之馬猶可具也然時已不能盡行其說矣前史言牧政者唯宋爲詳其由牧上槽芻秣棡井息耗多與今同以世近也語在兵志故不論獨戶馬保

馬餘地牧馬猶爲後世害故備著焉欲令議馬政者知其所以利害之實也蓋自熙豐變法以至崇宣小人在位亟復亟變迄無善政而宋隨以亡渡江以後頗置監牧而江南多水田其後三衙遇暑月放牧於蘸秀大爲民患鄂郢之間亦置監牧然皆不可用而戰馬悉仰川秦廣三邊焉宋初收市馬戎人驅馬至邊總數十百爲一券一馬預給錢千官給芻粟續食至京師有司售之分隸諸監曰券馬邊州置場市蕃漢馬團綱遣殿侍部送赴闕或就配軍曰省馬陝西

廣銳勁勇等軍相與爲社每市馬官給直外社衆復裒金益之曰馬社軍興籍民馬而市之以給軍曰括買宋初市馬唯河東陝西川峽三路詔馬唯吐蕃回紇党項藏牙族白馬鼻家保家名市族諸蕃至洪熙端拱間河東則麟府豐嵐州岢嵐火山軍唐龍鎮濁輪砦陝西則秦渭涇原儀延環慶階州鎮戎保安軍制勝關浩亹府河西則靈綏銀夏州川峽則益文黎雅戎茂夔州永康軍京東則登州自趙德明據有河南其收市唯麟府涇原儀渭秦階環州岢嵐火山保

安保德軍其後置場則又止環慶延渭原秦階文州鎮戎軍而已大氐宋初市馬歲僅得五千餘匹天聖中蕃部省馬至三萬四千九百餘匹嘉祐以前原渭德順凡三歲市馬至萬七千一百匹秦州券馬歲置萬五千匹元豐四年詔專以雅州名山茶爲易馬用自是蕃馬至者稍衆崇寧四年詔曰神宗皇帝厲精庶政經營熙河路茶馬司以致國馬法制大備其後監司欲侵奪其利以助糴買故茶利不專而馬不敷額近雖更立條約令茶馬司總運茶博馬之職猶慮

有司苟於目前近利不顧悠久深害三省其謹守已行毋輒變亂元豐成法自是提舉茶事兼買馬其職任始一凡宋之市馬分而爲二其一曰戰馬生於西鄙良健可備行陣宕昌峰貼峽文州所産是也其二曰羈縻馬産西南諸蠻短小不及格黎叙等五州所産是也紹興三年即邕州置司提舉市於羅殿自杞大理諸蠻然自杞諸蕃本自無馬蓋又市之南詔南詔今大理國也大理地連西戎故多馬雖互市於廣南其實猶西馬也宋自熙寧未變法以前然苑馬之政亦未稱善蓋世之害馬者有三曰選吏曰繁法曰易地吏非馬之所宜其害馬一也法非馬之所宜其害馬二也地非馬之所宜其害馬三也大費佐舜調馴鳥獸鳥獸多馴服其後周孝王封犬丘非子曰栢翳其後世亦爲朕息馬也古有豢龍氏周官服不氏掌養猛獸而教擾之掌畜掌養馬而阜蕃教擾之馬非異獸必有能馴之者非世官不可也羗童胡兒項髻徒跣隨水草畜牧馬與人意相喻非有書生文學法度理也法數變馬與人皆不自適何以能遂其生

況置之磽陿無所毀畜或禾稼稻秔之田溝塍封限遊騰莫逞非所以適其走壙之性也昔元魏起代北故馬爲特盛雖唐馬未必能及也故曰馬陸居則食草飲水喜則交頸相靡怒則分背相踶此馬之眞性也元起于北遂以弓馬之利混一天下沙漠萬里牧養蕃息太僕之馬殆不可以數計其牧人曰哈赤哈剌赤有千戶百戶父子相承任事自夏及冬隨地之宜行逐水草醞都之馬在朝爲卿大夫者親秣飼之車駕行幸上都太僕卿以下皆從先驅馬出建德門

外取其肥可挏乳者以行車駕還京師太僕卿先期遣使徵馬五十醞都來京師醞都者承乳車之名也皇朝洪武六年置太僕寺於滁州七年設羣牧監十三年增置滁陽儀眞香泉六合天長五牧監滁陽群二十有二儀眞六合羣各七香泉羣八天長群四二十三年定爲十四牧監九十八羣二十八年廢牧監始令民間孳牧三十年置北平及遼東山西陝西甘肅等處行太僕寺是年　太祖以寧遼諸王各據沿邊草場牧放乃圖西北沿邊自東勝以西至寧夏河

西察罕腦兒東勝以東至大同宣府又東南至太寧又東至遼東又東至鴨綠江又北不啻數千里而南至各衛分守地又自雁門關外西抵黄河渡河至察罕腦兒又東至紫荊關又東至居庸關及古北口北又東至山海關外凡軍民屯種田地不得牧放孳畜其荒閑平地及山塲腹内諸王駙馬及極邊軍民聽其牧放樵採近邊所封之王不得占爲已場而妨軍民腹内諸王駙馬聽其東西往來自在營駐因而練習防胡或有占爲已草場山塲者諭之　上又以洛甘烏思藏長河西一帶西番自昔以馬入中國易茶邇因私茶出境馬之入互市者少於是彼馬日貴中國之茶日賤命秦蜀二王發都司官軍於松潘碉門黎雅河州臨洮及入西番關口廵禁私茶之出境者又遣駙馬都尉謝達往諭蜀王曰秦蜀之茶自碉門黎雅抵朶甘烏思藏五千餘里皆用之彼地之人不可一日無茶邇因邊吏譏察不嚴以致私販出境爲夷人所賤夫物有至薄而用之則重者茶是也始于唐而盛于宋至宋而其利博矣前代非以此專利蓋

制夷狄之道當賤其所有而貴其所無耳國家榷茶本資易馬以備國用今惟易財物使蕃夷坐收其利而馬入中國者少豈所以制夷狄哉又命曹國公李景隆賫金牌勘合直抵諸蕃令其酋領受牌爲符以絕姦欺勑兵部諭川陝守邊衛所廵禁私茶出境仍遣僧官著藏十等往西番申諭之時　晉王成祖統軍行邊出開平數百里　上聞之遣人以勑往諭之云自遼東至於甘肅東西六千餘里可戰之馬僅得十萬京師河南山東三處馬雖有之若遇赴戰猝難

收集苟事勢警急北平口外馬悉數不過二萬若遇
十萬之騎雖古名將亦難于野戰我馬數如是縱有
步軍但可夾馬以助聲勢若欲追北擒寇則不能矣
止可去城三二十里往來屯駐遠斥堠謹烽燧設信
砲猝有緊急一時可知胡人上馬動計萬兵勢全備
若欲折衝鏖戰其孰可當方今馬少全仰步軍必常
附城儻有不測則可固守保全以待援至吾用兵一
世而指揮諸將未嘗敗北致傷軍士正欲養銳以觀
胡變夫何諸將日請深入沙漠不免疲於和林此蓋

輕信無謀以致傷生數萬今爾等又入廣塞提兵遠
行設若遇敵豈免凶禍自古及今胡虜爲中國患久
矣歷代守邊之要未嘗不以先謀爲急故朕于北鄙
之慮尤加慎密爾能聽朕之訓明于事勢雖不能勝
彼亦不能爲我邊患矣　太祖既驅元主遷幕北已
無復窮追之意而殘元遺孽不能無犯境　諸王往
征輕出塞　上在兵間久深患馬少遂戒諭云云故
尤留意西番茶馬定金牌之制令重臣招諭蕃胡之
勝兵在馬中國非多馬亦不能搏胡唯自守則步卒
可用且驅之出境而已實帝王禦戎上策也永樂元
年改北平行太僕寺爲北京行太僕寺四年應天太
平鎮江楊州廬州鳳陽州縣各增設判官主簿一員
專理馬政設陝西甘肅二苑馬寺又設北京遼東二
苑馬寺五年增設北京苑馬寺監六年增設甘肅苑
馬寺監

贊曰易稱乾爲馬其於繇辭言馬不一馬之用大矣
余從太史問　皇朝馬事自洪武以來畧知其本始
作馬政志

冀越通

吳興唐樞

地脉向中國來者三支北絡發崑崙東折而東南行其背爲北狄其正結爲冀都其支結爲燕京其餘氣爲東夷冀都自雲中上黨博換來三面繞河外案多疊大河東北徂入海重重包褁故堯舜禹都之但四旁險阻貢輸非後世所便河且徙而南氣大洩燕京氣非龍結下沙轉少又藩籬單薄時或山東泉涸漕水何賴而河徙而南同之中絡發崑崙東南至岷山

由蜀隴轉北而東爲終南長安之地也金城四塞以爲固古豪傑有取焉貢輸艱人後世費繁今能處之郡由關中出至太華中嵩伊闕既聚是謂洛陽洛陽天地之中陰陽和南北平百物會周公營之地氣自北以南人事化機互以爲用古今冈不齊也行乃盡於東泰翻身顧祖東海外邊河江前向華產賢貴凝聚有因後世河徙截其來脉者三會通河復加截之其力遂微南絡發崑崙迤東南而行至大峨山其背爲西戎直南折而東爲五嶺其餘氣爲南蠻復折而東北大盡於建康其支結爲吳閩越大戕而下至於五嶺環抱中原情無南面力雄勢坎吳閩越支凝謗力海水陽勝明有餘而氣不足以當之一大都會於今日其金陵也乎長江天塹財用易輸持護不少世謂江左不得於宅中偏安不可以圖大是安於建康之說不能用建康於天下夫安於建康乃河大勢不拱東嚮未亢泰淮河不湧邗溝尚微故建康倚徂於自便知守江而不知用淮於江知圖淮而不知用天下於淮知據武昌之上游而不知上游之守鎮知集

貨之易而不知散貨以用於四方知南兵之難振而不知練兵於北之可用故金陵不可以故常論當有知者曠百世相感不爾則中絡爲河截所在其汴淮江漢之間乎金陵爲南京汴梁爲北京國初深見也

北畿防禦之勢、西行都司當其衝萬全都司護其背大寧都司藏其備薊州守備斷其徑萬全都司一衛一所嵌山西行都司之境聯逵之道也大寧都司五衛一所嵌薊州守備之境夾持之法也

欲聯屬兩京以制天下宜於楊州臨淮徐州置重臣

鎮之其聯屬徐臨而執其中則濟寧爲之要轄其聯屬揚徐而執其中則淮安爲之要轄臨爲梁冀青兖之會揚爲江淮汴海之交徐爲梁冀青兖江淮汴海之限

大同宣府爲最重兩鎮勢相依倚大同之患大宣府之患急據無重險而險在兩鎮之内此外沙漠一望故居庸紫荆倒馬三關雖係腹裏而幾何容避鴈門寧武偏頭三關雖屏大同而切於套警爲太原緊要之地

永寧城四海治龍門所一帶最單薄以朶顔爲藩籬而黄花鎮且無厚戍鎖鑰北門能免杞人胠篋之虞邪

廢東勝則大同寧夏不爲援廢大寧則遼東宣府不爲援以榆林援大同寧夏則偏頭關花馬池等處所以孤弱以朶顔三衛代大寧則喜峰古北口黄花鎮等處所以單薄近來益貢之儆雖小而急意者朶顔不可不設圖以處吉囊之患雖緩而重意者河套不可不俟時而復

都金陵者宜守淮以防外庭守武昌九江以蔽上游守淮之勢東固淮安泗州自丹陽而揚州而淮安而泗州乃全淮之右臂也西固鳳陽壽州自采石而和州而鳳陽而壽州乃全淮之左臂也東無淮安雖得泗州而不爲用西無鳳陽雖得合肥而不爲用上游之勢沅湘諸水合洞庭之波而輸之江則武昌爲之都會故湖廣省所以蔽九江江西諸水與鄱陽之浸匯於湓口則九江爲之都會故九江所以捍武昌而蔽金陵若用於天下則徐邳臨清淮安之應也洛陽

鈞鄭鳳陽之應也荆州武昌之應也而襄陽又荆州之應也固荆州可以開蜀道固襄陽可以控川陝固臨清可以通燕冀固洛陽可以制潼關其西南守江西以運百粤其東南守浙江以治閩吴皆金陵之門庭帑藏云爾

五季及宋都汴梁汴梁宅中南北衝道水陸後世議都者舍金陵其庶幾乎其地平曠無險三代前封建諸侯則王畿無恃故不可都春秋以後葵丘之會踐土之盟敗師于邲于鄢陵及劉項畫界鴻溝巳各晋

意夫重屯之勢利於用武又得扼控屏蔽以制於外
是誠勝地如因燕薊固絳澤則彰德衛輝無北憂固
山南則嵩洛無西憂固襄黄則南汝無南憂固臨濟
則歸陳無東憂由是而運於四方漕貢朝會之便永
無所滯
陝西饒沃盛水草可耕可牧故名陸海又云塞北江
南又云有二山河繞南北兩山脉會至龍氣極盛故
冬不甚寒其堰垻渠陂耕溉相濟有歌曰寒鋪爲雲
决渠成雨注水一石其泥數斗且溉且糞長我禾黍

惜其舍西安每地多遺利耳
甘州古張掖郡肅州古酒泉郡極西北重鎮北倚合
黎山山丹界甘肅之中爲支山在山丹東南五十里
祁連山在酒泉張掖南連亘一帶古匈奴失此地嘗
歌曰亡我祁連使我六畜不蕃亡我焉支使我婦女
無姿故本朝設行都司於甘州而以肅州爲都司門
庭肅州城西六十里爲嘉峪關乃羌胡要塗關外卽
沙州衛古三危山在焉有羈縻六鎮古燉煌地土番
居之西北有鎮夷所尤孤危其地雖險可據但薄於
鹽利華夷賴之恐爲必爭之地
潮河川寔爲虜衝沙淤水漫孤營難守凡邊牆水口
俱然可容無慮乎
河套漢朔方郡東北曲畔乃東勝舊址正統以前尚
爲中國所有此以西三受降城一帶近北虜亦克罕
住牧今其爲營者五曰好陳察罕兒白克失旦曰把
卽郎阿兒曰十爾報東營曰阿兒西營兵約五萬
榆林蔽延安花馬池蔽慶陽固原蔽平涼西寧蔽河
洮莊浪蔽臨洮岷文蔽鞏昌靖虜蔽會寧沙州蔽甘

肅靈韋寧夏之接葭綏榆林之接蘭州河洮之接古
浪涼州之接環縣以援固原鎮番以援寧夏山丹以
援肅州碾伯以援西寧此全雍邊防之大畧也
榆林地乏耕牧藉於河套爲多河套失自弘治正德
間數千里膏腴之地盡爲胡虜出沒榆林由是失所
養榆林之守無險可據而左右援大同寧夏甚遼雖
設迤左烽墩五十六迤右烽墩九十二而軍食兩缺
連年告急然諸邊鎮獨榆林軍忠義無擾志且負勇
常懷復套之憤其惟苦於無糧彼識者謂得百萬金

可克恢復之用矣

甘肅鎮自蘭州城起至嘉峪關幾二千里一綫綿延孤立西控吐蕃北隔胡達南蔽羌戎歲糜邊費營傑且持苟非宇宙一體之心自認爲王者不容已之事必輾而弗之理也

寧武處三關之中當華夷之要衝爲東西之援應寔陽方温嶺神池義井之門戶外接八角堡内維崎嵐以一守備一千戶居之自偏頭徂鴈門似落寞耳

薊州遵化平谷之馬蘭谷將軍石大喜峰口熊兒谷

三屯營羅文谷寬佃谷等俱北邊緊要關營豐潤之南帥臨大海海運道其西接永平東北當審雲之路誠京輔要地喜峯口朶顏三衛出入之門尤緊要

遼東三岔河一帶亘數百里北自遼陽舊城至南三岔河關俱棄以與朶顏三衛住牧隔絶東西增費堡戍其地且多草木魚鮮之利若自宋家堡直西過鎮遠關截守不亦快乎

遼東東鴨緑江西山海關相距一千五百七十五里南旅順海口北開原相距一千七十里而都司城處其東北稍偏是爲東一大鎮廣寧處都司城至山海關之中是爲西一大鎮金州爲南鎮而旅順當其衝開原爲北鎮而三萬鐵嶺瀋陽中接於南蒙州廣寧中屯輔於右巡撫及兵備住劄廣寧巡按分守住劄

遼陽遼東地皆沃壤舊爲郡縣自置衛之後人多僑居生齒稍減今猶自在安樂兩州以處徙徙要之未足以盡規議近年黠卒内叛今參將馬永又物故可憂顯迹容徐徐覘之邪

四川天下絶險龍州松藩振其北播州諸夷列其南

天全黎州當其西雅塘守其東江山四塞關峽孤開可守一當百吐蕃西控烏思藏等處風俗樸啓慈教大行法令飭嚴行人所利非若北達烏合之衆殘侵無紀況以重險臨之爲力又易南隣芒部東川烏蒙烏撒諸蠻獠要皆腹裏几上肉耳行都司六衛截制民夷可以安業而西之雅威茂灌南之崇慶瀘嘉馬敘北之龍溪綿漢彭石重重遮護深藏三窟所慮姦宄内作地饒克備不能施速定之術耳本朝從階文入成都取明昇蓋以計破之苟非盡兵東守瞿唐事

未易成也
海運憚文登南之成山登州北之沙門此兩險多積
又成山突出當東洋之衝沙門旋拖處北洋之腹宜
無嵵勢新河一開可避兩險不爾則古濰水及沽尤
河皆可免於成山沙門方今山東會通漕河整修糜
萬移以盡力於斯何弗可爲也
山東平度州東南境有南北新河元時所開以避海
連放洋之險其水源發高密至膠州分流爲南北新
河自膠州入新河行二百四十里至萊州之海倉入

海自逸北新河店置閘以達安東止八十里可通海
北河通免登萊大海一繞千里其便無量惜歲久盡
塞今副使王獻力主開復并於馬家濠鑿山麓通之
苦工浩且人溺便安未及告成此議不可終已也
山東青登萊三府隙地甚多皆可耕之所人事不修
溝澮不立一雨成漫而旱則赤地千里雖古河渠俱
堙置沃壤無所用可惜也元虞集之議至今可行
福建僻阻海濱危關疊嶺於浙江江西廣東俱盤陟
而出諸水悉注省下建延邵汀爲上四府據上流福

興泉漳爲下四府瀕海設都司十一衛於下所以防
海設行都司五衛一所於上所以防關海重於備倭
琉球次之而我民盜海者漳則爲甚關大則崇安之
分水關建寧之仙霞關次則光澤之杉關分水由江
西上饒以越建寧仙霞由浙江江山以越建寧杉關
由建昌以越邵武
貴州偏橋清浪銅鼓五開四衛及黎平中潮龍里新
化亮寨新化屯五所俱隸湖廣據上游也雲南霑益
所隸貴州開行道也四川黃平所隸貴州畀夷防也

河南汝寧所隸中都守鳳陽也河南磁州所隸山西
重壺關也山西廣昌所隸萬全嚴紫荊也山西平定
所隸後軍謹外應也浙江嘉興所隸蘇州運海防也
潼關衛隸中軍系親戍也山西蒲州所隸潼關衛援
關戍也安慶諸衛隸南京連吳楚也
四川馬湖敘州二府逼臨蠻獠華與夷雜處瀘州不
雜夷實殷夷警成都以省藩重鎮控制西番而崇慶
雅州亦雜安堵重慶南接夜郎西通牂牁俗有夏邑
蠻夷雜處順間無外防保寧夔州險據在我其地沃

民殷諸府爲然當是海内樂土而馬湖叙州葢畧次之矣

川之形勢北有劒門不足恃而慮在松蕃以孤城介生蕃之域乃待食于龍州懸命千里之外設爲羌戎所截則疊溪而南如建瓴而下直抵茂州無難是誠限外隱弃耳西有黎州不足恃而慮在維州維州在保縣外無百里乃爲董十韓胡所據是切近之災且復有自靈關一道可抵雅州自草坡一道可抵汶川自淮里嘴一道可抵灌縣自清溪口一道可抵崇慶州其門庭顯禍乎

無襄陽則荆州不足以用武無漢中則巴蜀不能以存險無關中則河南不能以豫居無巴蜀則吳楚不得以奠枕

邊紀畧

海鹽鄭曉

居庸諸關本太行山與鴈門諸山相斷數百里鴈門亘南北太行絶東西表裏縱横左右縈帶闗狄藩華時用大矣夫重險由乎天造掌固存乎人謀自古在昔隆壞多矣得道乎哉失道乎哉

居庸號北門山形左轉盡漁陽盧龍當山海之隙爲榆關控約遼東西右循太行西南以往包絡數十城皆平原沃野北連上谷雲中皆宿重兵表裏維固眞天險哉

西山自井陘西地數百里崇岡複嶂扼爲居庸遮邏東折玉帶神嶺諸山若拱若抱七陵在焉外拒四海冶嶼河川古北口去虜不遠備守其可忽諸

居庸東去舊有松林數百里中有間道騎行可一人卽札八兒導元兵趨南口者今以供薪炭荐伐條枚林木日踈薄樹渠藩塞豈無謂邪

紫荆倒馬二關隘口既多守備不能專内連中山保塞瀘淵古燕趙之郊平夷曠衍無高山大陵爲之限

隔騎兵便馳逐南並井陘接山西路險隘士馬不能
成列東更鉅鹿邢名遂入齊晉已巳之難虜有謀奪
紫荆窺臨淸者不有節庵司馬殆矣而謂國不以人
哉
鴈門稱絕險虜入大同川二邊不能守則雁門當其
衝矣幽燕之兵出紫荆榮其左延寧之兵度黃河拂
其右虜可邀也昔李牧守鴈門誘匈奴入張左右翼
擊之大捷
寧武諸營壁不堪險隘虜往往由蕎麥川野豬口等

處入婦女畜產驅逐已出塞而老營遊兵方百里赴
援難矣
偏頭地平可馳馬故多虜患西北東備河西東北時
時備大同川
鴈門三關之山東起代郡外斷雲中內界太原北境
西盡雍河之濱
遼東西渤碣之谷外一都會也西南起山海關醫無
閭長白諸山經絡北東南走海上海薄蓋金以西接
盧龍可度登萊泛吳浙地饒魚鹽穀馬馬給吏士或

市之葆塞奚夷彼遂挾以邀我我亦以官市縻之而
奸闌出入亦不能盡禁寧遠東西兩屯頗安給錦義
地瘠寡生理廣寧無屯營之利率仰給轉粟與遼陽
隔河河兩濱防虜遼陽以北益聚兵兵食益窘開原
三城三面受敵六堡雖復二虜輒巢淸陽鎮夷間聚
而謀我我失漁樵之利又掠我男女易畜產二江外
否即禁之耕織日夜無休時西馬市廢蒲河懿路幾
破不可言撫順通百夷貢市內外皆山多伏虜我雖
於斥堠瀋陽雖有關虜馳牧外險內夷不能援厥風

壁戰東陲鴉鶻鎖鑰西境並海四州恃得勝之捷無
海寇然遼水南注海溢不能洩患苦沮洳矣
薊州諸山關無慮數百西接居庸北折而東南抵海
上盡漁陽盧龍塞皆其管內縱泛登萊路走趙魏肩
肘奚遼襟帶原濕馮翊京師號稱雄鎮又地壤深厚
樹畜魚鹽黍稷之利甲於圻內天壽山七陵在焉予
嘗謁長陵登山北望邊關可順風而呼也已巳之變
祠官不能至昌平陵衛吏卒如僑寓增埤繕障於斯
爲急喜峰稍深峻山海府鑰遼東西燕河太平寨馬

蘭峪寨雲四營聲勢相接虜即入中兩營當有衛燕
河寨雲相犄角遵化三屯建昌同其內防永平梁城
間無虜患亦無海寇薊州轉布粟遮洋猶海運也興
營諸衛初隸北平行都司列守大寧大寧在諸關山
外西北接宣府東北抵遼陽千里山谿水屋可廬而
居既挈其地界山戎我遂失外險山戎故條塞北結
媚大種闘我東鄙慎哉慎哉
高皇帝永清四海傳檄驅胡醜鄂逐于前宋凉蹴于
後當是時胡運已衰然猶伏我障圉掩我將校　皇

子元侯作鎮開府周匝三垂選練士馬日夜防警羽
檄南馳殆無虛日　高皇帝垂訓　後皇時備西北
猷慮遠矣靖難之後臚朐挫跌五帥不還　文皇赫
怒仗鉞四征雖嘗蹂虜庭降名王俘其輜畜而我之
財力亦已大窘至于末歲猶議勤兵廷臣力阻　上
意益堅司徒逸繫于掖庭本兵雉經于私第榆木之
變雖悔曷追　宣宗時出近郊大蒐講武喜峯之役
薄伐山戎而已正統十餘年間貢使往來好語相怵
謾和親于漢姬委賜物于宋幣戎心狡焉覬覦非望

重以奄寺瞷張柄臣首鼠垣墉既潰驕豹彤虜卒致
六師失次將相與尸將馬被遮四郊多壘三陵徹祀
萬難幾搖賴天之靈　景皇知人善任文武大臣艱
難宜力禹冉遄歸堯封如故虜亦散亂叛弑相尋我
得寧輯顧其書詞桀傲使介驕凌稍示包荒治以不
治爾天順時我懷平城之警虜邁呼韓之隙雖有寇
掠亦能捍禦迨至成化諸酋競起分部爭雄各據水
草殘我邊郡河套沃土棄爲虜巢威寧之捷足稱敵
愾顧茲讒口反謂貪功刀筆因而舞文干城爲之解

體不惟大寧興和開平已非我有朔方河南亦非職
方之舊而河西遼東徼外城郭諸國堡塞奚夷漸亦
携貳於是並塞萬里所在將屯官益多力益分財益
匱中國益困以故弘治初年頗搜往牒謂洪武永樂
皆嘗遣使穹廬至麗書勑錫之綺繡縻以官封苟爲
馭有方彼狎其餌吾峻其防亭堠不驚耕牧自便遲
以數年虜將耗鈍我益富强此計之得者也於時許
進行之大同三年三貢費幾十餘萬金大同東西五
鎮皆無虜患已而議者又謂虜入邊塞經闘臨扣關

庭知我地利闞我兵力普化也先前車不遠我是以閉關却貢專意内修已未庚申妖躔昴畢上谷雲中惨被荼毒　孝宗發憤召見公卿即議征討劉大夏面陳利害僅遣柳棘之師坐收薇杜之績不然幾考庚寅之故不貽已巳之憂乎比至正德河東陜西鴈門以北歲有虜患隱敗冒功上下欺蔽修攘無策盜賊四起宗藩再變　今上躬神聖之資秉禹革之會順治威嚴化洽内外蠢兹醜虜曾何足慮或謂近日諸虜解讐結好更入迭出罷我奔命且進退分合頗

有紀律而又納我逋人巧爲間諜混迹市廛至窺京甸往歲越大同逾鴈門經太原掠上黨闖平陽近復度紫荆逼居庸秦中隴西去京已遠即殺掠人畜數萬不以聞也乃役役爲議兵食戰守通貢互市亦其細耳嗟乎三代之盛漕輓未及於江南五季以還門柝不施于薊北漢開疆于衛霍唐蹙國于安史豈若我　朝山川綢繆已得天險營鎮聯絡更盡人謀節其貢賦有恒足之財總其紀綱無專命之吏葢自生民以來未有盛于　今日者也善爲國者特加之意而已

制府雜錄

明　楊一清

初予致政家居强長史晟書云先生之在位也不患於難進而患於難退今既得謝不患於無復起之日而患其有復起之機比起廢西征過西安見之曰某不幸復起奈何晟曰　朝廷以　事起公安得不出但功成之後宜早退以全晚節耳强汝南人予提學時爲眞寧訓導以文學見知前所言非道義不及此顧予西事甫定旋被　召命屢辭不獲媿負忠言

寧夏有沃饒之利故稱樂土自撫馭非人橫徵暴歛紛然雜出軍始不堪命逃亾接踵見存者日益困敝至逆瑾時極矣上下交征歛取財物爲脫禍計盤糧科道所歛銀四千兩鎭巡倍之官軍俸廩芻糧經年不得給千戶何錦指揮周昂素梟雄知人怨入骨始懷異志錦頗通文事乃應武舉上京見時政日非歸語昂等曰可舉大事矣屬鎭巡供更代太監李增總兵姜漢雖無大善不至如前作虐都御史安惟學自陝西布政擢巡撫正德五年二月十九日抵鎭安素嚴明以藏廩空虛軍政廢弛乃與總兵約申嚴禁令追徵積年負欠屯糧追補馬匹被箠撻者多無完膚大理少卿周東清查屯地又復嚴急錦昂等遂激衆爲亂諸臣皆遇害四月五日也寧夏奏事者皆嘗被笞之人遂揚言於朝謂亂乃惟學東所激而成聽者不察和出一口後李姜俱沾卹典惟學旣被膺錄又以言者追奪之且錦等蓄謀已非一歲惟學莅任未及兩月況比併公務比之朘削私用者有間矣作惡者何人而惟學乃代伊受禍寃哉亂臣賊子必假

藉事端以爲口實故錦等必殺鎭巡奪其兵柄而後可逞是時惟學雖寬亦不能免也

何錦之亂鎭巡既被殺副總兵楊英領兵在外錦招之不肯入其所部兵聞亂而潰英僅以身遁錦又紿遊擊將軍仇鉞入城而奪其兵時陝西總兵曹雄在固原聞變即趨至境上首遣都指揮黃正統遊兵三千入靈州以固士人之心約會隣境將官刻期進討又遣兵戍寧夏中衛及廣武營以捍其所必攻密燒大壩捲埽之草以攻其所必救與靈州守備史鏞輩

謀奪取河西之船盡泊之東岸錦閭而櫂領兵出守大壩以防決河雄乃議令史鏞潛通仇鉞書謂河東大兵已集以某日渡河俾鉞爲內應鉞卒成大功顯名天下而發蹤指示之功何可少哉竟以締姻劉瑾得罪身死家籍艮足悼巳功名之士固自有幸不幸者存而世之見利忘義托身匪人者亦可鑒也夫

曹雄長子謙讀書善吟作有機略揣度世事多曲中又樂爲義舉陜西故李叅政崙孔主事琦家貧其妻子不能存活雄上疏請卹其家以勸廉官從之益出

謙意具其筆也高御史衜先被逮 詔獄貧無銖兩之資謙助之路費令人送至京又資給其家類此者尚多然英華太露好惡太明自恃其才智頗輕世傲物故人多忌之雄通好劉瑾初若避禍然至締兒女姻則甚矣謙慮不及此不能力止之卒以黨惡被收乃爲怨家所忌箠死獄中傷哉予致仕家居時 廷議有見推者謙以書來曰此何等時也而先生可復出哉宜致書所厚切勿道及起用二字又曰近日陜西人才連茹而起山川之不幸也斷不留三五輩以爲後地耶彭濟物不見登用天其有意於將來矣夫以謙之明於料人忠以處人如此而所以自料自處顧若是不尤大可惜哉

靈州邊堡壁間有詩云堪笑書生無勇略漫營習陣日紛紛問之乃總制才尚書所作後聞諸邊將云才公見予下操軍令及行營陣圖笑曰此皆古本子何足法邊兵自能殺賊若得驍勇將官賊來驅之使戰有進無退何功不成安用營陣爲哉未幾聞才在邊檄陜西寧夏兩鎮總兵自興武營出塞促之使前直

擣賊營而親率輕騎百餘人徐踵其後賊數十騎自沙窩突出百餘騎皆潰散才中矢墜馬身被數刃而死出不兩逾時竟以屍還與武慟哉予誡書生不諳軍旅嘗以古人行謹哨撫止修戰備爲法每諭諸將曰無事常如有事時隄防有事還如無事時鎮靜又念武侯李靖未嘗廢營陣世無岳武穆豈可恃野戰以爲能哉才之死固出不幸而後之易其言輕進貪功者可以鑑矣

總督張公嘗語及地方事輒斥瑾曰天下事被伊壞

得如此時瑾焰方烈張公與予初傾蓋又左右多瑾腹心爪牙予默不敢應時貴近家人隨征者數十張公每名給銀百兩令買蔬肉及供馬匹食用曰此外不許分毫侵擾軍民犯者以軍法從事瑾姪男劉奎等二人後至獨不賞曰不愁伊無有也予曰彼亦將隨之數難分彼此若謂其有將聽其取受耶乃笑而與之又欲將瑾盤糧招商諸事有所論列予恐嫌隙遂成密告之曰二公皆爲帷幄腹心重臣公今在外宜存形跡不宜輕起釁端張公厲聲曰先生不知吾

何畏彼哉予曰固然彼方在　帝左右公有言能保其必達乎且扶蘓父子之親蒙恬之有功卒隳趙高之手不可不慮也張公首肯久之後乃知瑾亦頗聞張言將謀不利幸其歸速不及有所爲卒除姦宄於呼吸間然亦危矣　祖宗在天之靈實默相之　主上之剛斷又豈近代人主之可及哉

中國制禦　惟火器最長顧今所造銃砲不能致遠兼不善用不能多中近年來人不甚畏之惟大將軍二將軍三將軍諸銃力大而猛然邊城久不用予[illegible]昔在定邊營教場取而試之總兵張安輩皆懼謂恐傷人予曰然則遂爲長物耶詢諸軍中必有能用者西安指揮楊宏應曰某曩在陝城教場見用此器越三日花馬池下操宏請先取二將軍試之乃自裝藥舉火却立十餘步以俟聲如迅雷遠及三百步營中皆震慴宏神色不動予喜曰破大虜無逾此矣然以欽降者不敢輕用乃市鐵募工於固原鑄造如二將軍式分發邊城營堡各數枚俟　大舉入寇攻城札營以此擊之當不戰而退自後陝城所在肄習用以

爲常至是花馬池參將閻綱告予曰前歲大虜擁衆出城下用公所發鐵銃擊之所傷甚多賊遂遁去又此器衆云止可用之守城予謂行營亦不可無乃議令二騾駕一銃凡用八騾可駕四器出禦之時置之中軍遇有危急攻營潰圍不過數壯士之勞而可當千萬夫之力矣因思往年宣府張穆二遊擊被虜困之數重經二三宿使營中有此豈至全軍覆沒哉[illegible]

各邊演習營陣止按舊規而行不知變動予謂地利有險易賊勢有強弱人馬有多寡若不知活變遇警

安能濟用乃參酌舊規間出新意令隨機應變如衍三疊陣畢再衝旋陣下一條邊營畢變三才營又變五行營又合爲四門斗底營當分而分當合而合分而不缺合而不亂或人馬方行驟報賊至倉卒之間就於脚下站立拒敵務使彼此人馬相迎盤旋拒捺以決勝負凡坐作進退應援追截悉視中軍旗鼓指揮以類而推隨意生發如下棋局局皆新如此操演使人人知兵初雖甚難久則有益

今之下營布陣或太稠密或太空疎太疎恐敵人乘

隙而入太密則旋轉之間人馬擠塞賊來衝擊無所措其手足乃教之按古兵法止則爲營行則爲陣陣中容陣隊間容隊營中有營有正有奇有常有變布列有廣狹回轉離合無相奪倫部分有疎密左右救援不致淆亂卒有外寇侵軼堅整全備莫可動搖

演陣下營務使人人常存戒心就如賊在目前軍器什物常防遺落馬匹常防奔逸毋容外人得入恐係姦人刺客如一面受敵三面皆當提防敵來無懼色敵去無惰容久久慣熟　敵不過如此粧塘夜不收[illegible]人務尋人　粧作眞　形狀若無眞　衣[illegible]翻穿皮襖乘風拍馬直衝營陣　難聞聲勢兜[illegible]使我馬慣見遇賊自然不驚是不但習人亦且習馬其衝擊方向悉聽管塘馬官臨期驅使或東或西或來或去或衝其前條擊其後使官軍應接不暇以上皆予總　務時軍令才尚書之見喩者以此知兵者或以爲然姑識其槩以俟後之君子

將領三軍司命安危所係苟非其人則急去之在其位則不可忽且侮予在制府雖衛所庶僚平居未嘗

妄笞輕詈一人有足重者必改容禮之苟奸法于紀則亦未嘗假貸故解任之後遺愛恒多才公嘗怪參將闖綱遊擊陳善都指揮郭遡不能殺賊褫其衣冠加之巾幗婦服令周遊營陣三人皆有時名坐是諸將解體出塞之役心知其非無一争者比聞其敗各按兵不救且其心焉是時變起倉卒雖救無益而人情向背可知已

法曰兵無選鋒曰北凡官軍一隊之中勇怯能否必[illegible]區別若混爲一途非惟人心懈怠兵勢不揚且臨

敵接戰怯者先逃摔衆被其動搖壯勇亦爲所累故選鋒爲兵家第一義然人才難得舍短取長皆有可用大將之門兼收並蓄庶無遺才予先年總制通行各邊大小將官各於該管衛所城堡官軍夜不收内逐一試驗揀選弓馬出衆膂力兼人有膽氣有智略四事兼備或三事兼擅者定爲第一等四者之中二事可取者爲第二等一事可取或二事粗可觀者爲第三等若四事俱無足取但不係羸弱疾病者爲第四等其老弱幼小疾病者定爲第五等一等選備奇

兵二等三等選備正兵四等專備守城守堡雜差撥用第五等不堪之人責令選勾精壯户丁代補騎射之外各採所長如善御兵車者善放銃砲者熟於弩彈牌力骨柔者善用鈎鎗斧鉞鞭撾者但一藝精熟皆可備二等三等之選此外仍須廣詢博訪有知天文善占候者識地利山川道路遠近險易者善書算者攻巫醫者自　中來習知　事者善　語者脚健善走者耳明善聽者形影詭譎善窺探者有雖無他長賦性直戇決烈不顧生死者以至百工技藝之人苟有一長俱令開報閲視無異各造册登籍定與操習條約立爲賞罰規格隨宜器使各得其用行之一年自覺人心奮厲精采一新後予解任南歸此事旋廢今部曲猶能道之方圖舉行而召命下矣始識之

古之善將兵者不獨選人亦兼選馬蓋馬身首有大小行步有疾遲筋力有强弱平居之際先爲選別出戰之時量力馳用庶幾人馬相當戰功可立若平時漫不挑選用之征戰人强馬弱人欲進而馬不前馬强人弱馬可前而人怯懼雖有猛將安能成功予行

令各將官將所部馬隊官軍騎坐馬匹逐一慎選精別等第身力高大馳驟迅疾者選作第一等身力雖小頗能馳驟者作第二等身力雖大行步遲鈍者作第三等若身首短小又不善行及瘠瘸老瘦者作第四等一等二等專備騎征三等以備雜差四等責令易換中間若有跳蕩超越之材上山下坂足力不倦駐坡驀澗如履坦途者及有十分調良馴熟羣馬動而不嘶金鼓喧而不驚者亦要查出開報以備將宜遇急取用今敢戰之兵隨處皆有練兵之將十無一

一兵不練而強之應敵其不敗者幸也選兵之說已
矣不能御不能行而令其選別戰馬其不呀然驚輾
無幾矣者殘希矣

醫閭漫記

明　賀欽

九月某日清河羊山之戰兵見我軍奮勇追之即退遁追者歸輒躡之有軍士數人謀曰此有溝可伏兵汝等牽我數人之馬歸我輩伏之渠彼躡爾後伺其至伏起射之爾等反兵追之　可得也謀出於下非將令也無人爲牽其馬且恐歸者不返援之也事遂不成羊山戰勝歸有兵二十餘人隨我軍之後至墻下我軍入境人始歸軍士有云若此緩緩與敵更選百千精騎入境而西復出而東自後攻之首尾夾擊彼將安往惜乎不能也二事皆出在下之謀以此見爲將者當廣詢博訪云

成化丁亥都憲李執中東征日聞有兵至空室以遁有一勇健壯夫夜操兵坐其室寂若無人靜以伺之一潛歸視其室入戶壯夫從旁擊殺之至明挐數賊首歸

撫順有百戶某夜當上城疑其妻有淫行欲伺察殺之取所佩腰刀以往至城上見賊有登城者將踰女

墻百戶以刀斫之墮而死視之乃一婦也使其無刀非特不能死賊反爲賊所害而禍及一城矣百戶之以刀自隨固非爲廵城而然然廵城者之不可無兵也如此

山東管家庄長壯男子不在舍[illegible]州兵至驅其妻子去三數日壯者歸室皆空矣無以爲生欲傭工於人弗售乃謀入一地伺之見其妻出汲容約夜以薪積舍戶外焚之并積薪以焚其屋角火發[illegible]驚覺祼躰起出戶壯者射之賊皆死挈其妻子取賊所有歸是

後他賊聞之不敢過其庄云

搭山所有江總旗者名通勇健善射刺榆堡之敗所領十人通乘良馬善走餘九人之馬皆不能及通曰余走則脫矣餘皆不免人手吾不忍也乃下馬背相倚而立命其九人曰此吾人死所也不可不死中求生時天暑十弓惟二弓可射通視其來攻處則射之內六人中賊矢通曰傷者毋坐坐則賊乘勝而攻吾俱死矣傷者立如令賊不敢逼皆得免歸此通之力也

遼陽東山人人剽掠至一家男子俱不在在者惟三四婦人耳兵不知虛實不敢入其室於院中以弓矢恐之室中兩婦引繩一婦安矢於繩自窗棚而射之數矢賊猶不退矢竭矣乃大聲詭呼曰取箭來自棚上以麻楷一束擲之地作矢聲賊驚曰彼矢多如是不易制也遂退去

聞有屯卒有戍沙河者軍敗兵將脫取其甲冑衣服而殺之其人自分必死奮然取所佩銅銃擊之碎其首而死兵恨亂斫死之

戊午九月二十七日射西門外會高姓舍人自云貼邊十許日歸貼邊亦虛應故事耳遣去貼邊者多有疾生瘡者無瘡疾者類多軟懦不能弓矢間有勇捷能射者不多也自言渠㸃某臺臺軍五名三爲南人二人取米賊來攻貼邊軍二名各持一牌自衛及命南人射南人辭不能而持牌者竟亦不射守臺貼臺者俱不精如此可乎

九月西門外習射會二舍人自貼邊始回云前日某千戶率某等十人往貼邊見某不任辛苦一宿命某

歸余曰汝貼何臺曰清水臺軍俱被　去却遣人貼之臺軍少可以貼臺無人矣貼者能獨居乎名曰貼耳寔不往也可居處居之耳

九月二十八日營城臺上有數十人攻之守臺劉百戶者率臺軍禦之射死二賊一馬賊曰我三宿內多來報讐劉忠之預徙他臺越二日賊衆果來約三百餘攻圍其臺見無人也上臺毀其屋破其甕而去當時若伏一二百勇健者臺旁屯兵馬十許里外應之取勝必矣

爲將者當用勇敢智謀忠義之士爲腹心頭目手足之任勇敢者不退縮智謀者能料敵忠義者能爲國而不爲家爲君而不爲身所益多矣若或所用失人懦弱者先退遁以爲民望無謀者卒迷惑以失事機不忠不義者惟利是貪而已豈知忠君報國親上死長之道哉將之用人誠不可不慎也

一隊官軍二十五人多者不過十四五人少者僅得五七人而已餘皆入私門矣軍政如此望其克敵不亦難哉

經年不搠兵何由精兵士貴操演訓練使有勇知方可也

賞罰不明則軍士孰肯用命

當殺賊時則退縮不進人得賊首則從而妄爭焉其無勇無耻亦甚矣哉

一人斬賊數十百人聚而爭奪之壓斬者氣不得出幾至於死既解斬賊首者雖負痛以獲功故弗言爲將者明知之而不究亦何以懲後耶謂治爭奪者之罪使有所戒庶後有賊人各奮勇殺之不至叢於一

及傷吾人而失脫當斬之賊也

斬賊爭奪由狩獵爭奪而然能禁狩獵之爭奪則斬賊之爭奪自息矣

邊城濠之外當築土墻圍之屯樸周密日常省視以防越城之盜濠當注水環之不宜空也

河口之功逆天者至殺漢人以圖功主者不即時驗首級二三日猶俟兵主以故逆天者得肆其奸虐南城上上城無目者方氏夜爲人所共首去數日棄出之驗不過恐爲人所識故耳有賈姓者爲人斫其首

身屍支解盛以布袋棄之東北城僻處朱三者爲人斫其首後棄其屍城東南惟此賊被獲伏罪旗纛廟殺死一男子無首東門外内官園井中一死人無首獄中二人不得死罪者病死日久時亦割其首後數日棄一首於分司南李氏院中奉國井中汲水得一死女子屍無首可十許歲城西河沙洲上水激出一死屍亦無首亦可十餘歲河北岸有一男子屍無首初見者再往止有血盤無屍相拖入水中矣方驗功時有持男子首髮短而盡白乃漢人首再驗無之有

衆見網巾痕者有小兒首髮未經剃者有剜去其炙盤者有烟火薰其網痕致令漆黑者石家堡孫某者年前死以棺盛置堡外待吉日下葬厥子聞時變不善日往守之一日早往見棺毁其堵頭屍半出無首矣不敢聲冤賊因是焚之印氏有痦者又與一小厮爲廣寧人馬掖至曹家堡何中初以繩札其口不令得叫後殺其小厮痦者得歸害不能明惟以手作勢數日與言猶流淚後衛衙中一小厮爲人割其首云是民吏之弟三堂親驗功於義州時有數人買漢人首者呼不至恐事發故耳後於廣寧竟成之此決非虜首無疑者當時得功有此逆天悖理之徒作亂如此而在位略不加意究竟恐懷其功余曰功自功罪自罪兩不相妨小人無知乘機造禍非上人使然然無聽信者余曰譬之一定銀十兩雜以二三兩銅是假銀矣若能提出其銅雖止七兩一定是眞銀矣聽者不之信漫記之于此俟後日天道報復云右所聞見查究寔者如此其數傳聞未經究寔尤多

懷柔伯在任當久雨時遣人呼王馬陳魯許等五六

千百戶語之曰連日雨我日日心在邊上幾回汝等可各往某處治其水口愼哉　朝廷疆界施某地方累及爾等往治數日畢功歸乃設酒筵之日　朝廷疆土施某地方累及汝等飲畢遣之後來將官慮及邊事既少而禮接下僚者尤不多見也人或舉此告之則拒而不信或信之反輕其爲失威嚴也

紀信陝西鄜縣軍餘曉暢軍法白尚書用兵陝西時常信任之

翁泰李錦威寧學生治周易有學識持身不苟李嘗

寓京師有王千戶者聞其賢欲以爲贅婿不從右三人聞之工科高文著

文禧蘇州崑山學生制行不苟有不樂科舉意聞之同年徐文亮云

陳先生江西樟樹人隱居著述不求人知徒步百餘里爲人療疾不受其報六七十時猶如此著韻書解周易其易圖次第與康節有小異云

韓先生幼倫通州衛千戶兄嘗業舉子以有司待士之薄遂絕意不爲閉戶讀書以著述自樂右二人聞之蕭文明先生云

御史張壽雲南人嘗按福建有一縣丞一驛丞素貪暴善逢迎賄結上司以故歷數年廵按按察官爲所誘不能去張始至首究治之奪其官由是福建之貪酷不職者卒多望風遯去一日在科中與丘掌科論及風憲官丘誦張之風力如此且曰吾今肆拾餘所見御史惟此一人因又嘆人才之難也

章德懋云論語齊景公有馬千駟章最能警發人又曰當以西銘爲心腹又嘗言人如何得爲御史給事中既得之若不言却是蹉過了也

謝元吉言人看聖賢之書當如看相書然乃有益人觀相書如言鼻高隆耶低折耶高隆則喜不然則憂矣如言面正滿則吉偏狹則凶以鏡照面自考曰我面正滿耶偏狹耶正滿則喜不然則憂矣讀聖賢書如言仁義言禮智與夫不仁非義違禮弗智一一自省於身我果有是善我果無是惡耶以是而爲憂喜以致思齊自省之力則庶幾其有益不然雖誦之甚習記之甚富亦何益於進修哉

戊午八月丁酉自二十日起至今九月一日西邊大安綏遠等處臺空兵人無日不來窺竊或十許人或二三十五七十或百人晝夜圍繞攻擊或踰牆或半日夜不勝乃退轆軸山臺戍守百戶張欽初與之荅話　黿頭射之中右手背張驚曰兵作反矣呼其卒取甲披之未及披左肩又被一矢張以矢禦之一賊從旁石崖伺張不見欲射之張一矢中之墜崖死攻之愈力張卒有欲射者張止之曰汝射不力爲所輕侮長賊氣且喪矢其人從之張發百餘矢中之死傷

之者數人矢竭矣吾人被傷者三四人賊猶示退張曰賊若再攻不已吾無矢以敵之不免死矣丈夫不死賊手吾當自刎汝曹自力也俄而賊退次日賊復增騎來張以其臺不可守且力薄率其卒趨隣臺以避之賊見其臺無人乃攻圍隣臺禦敵經時不退官軍將至人望見乃解退之

所管之人教訓須常以忠君孝親報本道理及進止擊刺之法度發警告之不厭煩可也

年年有　敕燒荒去却境外荒草使之遠遁如何有

燒裏荒之理我曾面見都司王備禦大人他說不曾燒賢婿可自斟酌他日城中無燒柴牛馬無穀草要荒草用修邊人馬用柴草何以得之又射箭一事賢婿莫道我已能射要必步下馬上日日習之軍士當以敵愾爲心於武藝固當致精而凡一語一默一動一靜皆專專以武爲念可也講求陣法攻戰擊刺奮忠立節除忠安邊一切着實事務雖戲劇亦以武事如李廣好射席間亦以射爲戲且凡飲酒看戲又皆取忠勇者詞曲談話亦然久之成俗人人皆忠勇向義於安邊何難哉

往年巡總　軍令凡一應官　軍舍餘人等出城者必操弓矢無者不放出駕使牛　車者每車必兩人持弓矢方得出至今人稱其善

征藩功次

餘姚王守仁

准　欽差整理兵馬糧草等項兵部左侍郎兼都
察院左僉都御史王　咨内開煩爲查照將征勦防
守有功官軍人等俱照功次分别明白造冊咨送以
憑查議等因案查先爲飛報地方謀叛重情事本職
奉　命前往福建公幹中途遭遇寧府反叛謀危
宗祀係國家大難義不容舍之而往當即係吉
安隨具本奏　聞及星夜行文各府起調兵快召募

四方報効義勇適遇廵按兩廣御史謝源伍希儒回
京復　命又行具本奏留軍前協謀行事各哨官兵
俱聽監督獲有功次俱憑本職送發各官審驗紀錄
去後續督官兵前後攻復省城俘執宸濠并其黨與
劇賊起解間隨准南京兵部咨開稱前事云云　照得
西逆賊既已擒獲逆黨已經剪平所獲功次合行
驗除原差科道官前來外煩將征勦逆賊官軍民
召募義勇及鄉官人等所獲功次分别奇功頭功
功造冊覆驗等因案經備行江西按察司查照施
行去後今准前因看得征勦宸濠之時止是分布哨
道設伏運謀以攻城破敵爲重擒斬賊徒爲輕且攻
城破敵雖係本職督領各哨官兵協謀併力緣任非
一人事非一日各官俱係同功一體難以分别等第
其擒斬賊徒雖有等級自有下手兵夫難以加於各
官之上止將各哨擒斬賊犯送發御史謝源伍希儒
審驗明白從實直紀緣各官不曾奉有紀功之命但
照本職欽奉
勅諭便宜事理從權審驗紀錄難以分别奇功頭功

次功等項名目止於造冊内開寫共人擒斬某賊首
某賊從重輕多寡據實造冊中間等第亦自可見除
行各官再行查照造冊徑繳外所據擒獲功次總數
及官軍兵快報效人等員名數目合行開造咨報施
行

計開

一提督領兵官一員

欽差提督南贛汀漳等處軍務都察院右副都御史
王

一協謀討賊審驗功次官二員
欽差巡按兩廣監察御史謝源　伍希儒
一領哨官十員
衝鋒破敵
吉安府知府伍文定　贛州府知府邢珣
袁州府知府徐璉　臨江府知府戴德孺
邀伏截殺
贛州衛署都指揮僉事余恩　撫州府知府
陳槐　建昌府知府曾璵　饒州府知府林
城　廣信府知府周朝佐　瑞州府通判胡

堯元

一分哨官十一員
邀伏截殺
吉安府泰和縣知縣李楫　臨江府新淦縣
知縣李美　吉安府萬安縣知縣王冕　南
康府安義縣知縣王軾　瑞州府通判童琦
守把截殺
吉安府通判談儲　吉安府推官王暐　南

昌府進賢縣知縣劉源清　南昌府奉新縣
知縣劉守緒　南昌府推官徐文英　撫州
府臨川縣知縣傅南喬
一隨哨官四十六員
邀伏截殺
吉安府通判楊昉　吉安守禦千戶所指揮
同知麻璽　贛州府同知夏克義　贛州衛
指揮僉事孟俊　永新守禦千戶所指揮同
知高睿　南昌府通判陳旦　南昌府豐城

縣知縣顧佖　袁州府推官陳輅　南昌府
寧州知州注憲　饒州府餘干縣知縣馬津
瑞州府上高縣知縣張淮　瑞州府高安縣
知縣應恩　吉安府永新縣知縣柯相　南
康府建昌縣知縣方澤　南昌府靖安縣知
縣萬士賢
守把截殺
廣信府沿山縣知縣杜民表　廣信府永豐
縣知縣譚緍　瑞州府同知楊臣　瑞州府

新昌縣知縣王廷　饒州府安仁縣知縣楊
林　廣信府通判俞良貴　廣信府通判安
節　廣信府推官嚴鏜　臨江府同知奚鉞
臨江府通判張郁　廣信府同知桂鏊　瑞
州府推官金𤩁　贛州府贛縣知縣宋瑢
贛州衛正千戶劉鏜　贛州衛正千戶楊基
廣信守禦千戶所千戶秦遜　永新縣儒學
訓導艾珪　瑞州府高安縣縣丞盧孔光
饒州府餘干縣縣丞梅霖　南昌府靖安縣

縣丞彭齡　吉安府萬安縣縣丞李通　南
昌府武寧縣縣丞張翱　贛州府興國縣主
簿于旺　瑞州府高安縣主簿胡鑑　饒州
府餘干縣龍津驛驛丞孫天裕　南昌府南
昌縣市汊驛驛丞陳文瑞　吉安府吉水縣
致仕縣丞龍光　贛州府贛縣聽選官雷濟
南昌府豐城縣省祭官文棟材　贛州府贛
縣義官蕭庚　南安府上猶縣義官尹志爵
一協謀討賊鄉官十二員

致仕都御史王懋中　養病痊可編修鄒守
益　丁憂御史張鰲山　養病郎中曾直
養病評事羅僑　調用僉事劉藍　致仕按
察使劉遜　致仕參政黃繡　閑住知府劉
昭　依親進士郭持平　參謀驛丞王思
參謀驛丞李中
一戴罪殺賊官一十七員
九江兵備副使曹雷　九江府知府汪穎
九江府德化縣知縣何士鳳　九江府彭澤

縣知縣潘瑝　九江府湖口縣知縣章玄梅
南康府知府陳霖　南康府同知張祿　南
康府通判蔡讓　南康府通判俞椿　南康
府推官王詡　南康府星子縣主簿楊永祿
南康府星子縣典史葉昌　南昌府知府鄭
巘　南昌府同知何繼周　南昌府通判張
元澄　南昌府南昌縣知縣陳大道　南昌
府新建縣知縣鄭公奇
一提調各哨官軍兵快人等除分布把守外臨

陣共一萬四千二百四十二員名
一擒斬首從賊人賊級并俘獲官人賊屬奪回
被脅被　招撫畏服官民男婦等項共一萬
一千五百九十六名顆口
生擒六千二百七十九名首賊一百零四名
從賊六千一百七十五名内審放一千一百
九十二名
斬獲賊級四千四百五十九顆
俘獲官人四十三名　賊屬男婦二百三十

八名口
奪回被脅被　官民人等三百八十四員名
口
招撫畏服投首一百九十三位名
一奪獲　誥命符驗并各衙門印信關防金銀
首飾贓仗等物
誥命一道
符驗一道　印信關防一百零六顆
金并首飾六百二十三兩一錢二分

銀首飾器皿八萬二千八百九十七兩一錢
五分八釐五毫
贓仗一千八百九十件
器械一千一百九十九件
牛三十頭　馬一百零九匹　驢騾一十三
頭　鹿三隻
一追獲金璽二顆　金冊二副
一燒燬賊船七百四十三隻
一陣亡兵六十八名

兵符節制

餘姚王守仁

先據該道具呈計處武備以便經久事議將原選聽調人役如寧都殺手廖仲器之屬盡行查出頂補各縣選退機兵通拘贛城操演以備征調已經批仰施行去後看得習戰之方莫要於行伍治衆之法莫先於分數所據各兵既集部曲行伍合先預定爲此仰抄案回道照依定去分數將調集各兵每二十五人編爲一伍伍有小甲五十人爲一隊隊有總甲二百

人爲一哨哨有長協哨二人四百人爲一營營有官有參謀二人一千二百人爲一陣陣有偏將二千四百人爲一軍軍有副將偏將無定員臨事而設小甲於各伍之中選材力優者爲之哨長於千百戸義官之中選材識優者爲之副將得以罰偏將偏將得以罰營官營官得以罰哨長哨長得以罰總甲總甲得以罰小甲小甲得以罰伍衆務使上下相維大小相承如身之使臂臂之使指自然舉動齊一治衆如寡庶幾有制之兵矣編選既定仍每伍人給一牌備列同伍二十五人姓名使之連絡習熟謂之伍符每隊各置兩牌編立字號一付總甲一藏本院謂之隊符每哨各置兩牌編立字號一付哨長一藏本院謂之哨符每營各置兩牌編立字號一付營官一藏本院謂之營符凡遇征調發符比號而行以防姦僞其諸緝養訓練之方旗鼓進退之節皆要逐一講求務濟實用以收成績事完備造花名手冊送院以憑查考發遣

十家牌法

餘姚王守仁

本院奉　命巡撫是方惟欲剪除盜賊安養小民所恨才力短淺智慮不及雖懷愛民之心未有愛民之政父老子弟凡可以匡我之不逮苟有益於民者皆有以告我我當商度其可以次舉行今爲此牌似亦煩勞爾衆中間固多詩書禮義之家吾亦豈忍以狡詐待爾良民便欲防奸革弊以保安爾良善則又不得不然父老子弟其體此意自今各家務要父慈子

孝兄愛弟敬夫和婦隨長惠幼順小心以奉官法勤謹以辦　國課恭儉以守家業謙和以處鄉里心要平恕毋得輕意忿爭事要含忍毋得輒興詞訟見善互相勸勉有惡互相懲戒務興禮讓之風以成敦厚之俗吾愧德政未敷而徒以言教父老子弟其勉體吾意毋忽

輪牌人每日仍將告諭省曉各家一番

十家牌式

某縣某坊

某人某籍

某人某籍

某人某籍

某人某籍

某人某籍

某人某籍

某人某籍

某人某籍

某人某籍

某人某籍

右甲尾某人

右甲頭某人

此牌十家輪日收掌每日酉牌時分持牌到各家照粉牌查審某家今夜少某人往某處幹某事某日當回某家今夜多某人是某姓名從某處來幹某事務要審問的確仍通報各家知會若事有可疑即行報官如或隱蔽事發十家同罪

各家牌式

某縣某坊民戶某人
某坊都里長某下甲首軍戶則云某所總旗小旗
某下匠戶則云某里甲下某色匠客戶則云原籍
某處某里甲下某色人見作何生理當某處差役
有寄庄田在本縣某都原買某人田親徵保住人
某某若官戶則云某衙門某官下舍人舍餘
若官戶不報寫庄田在牌者日後來告有庄田皆
不准不報寫原籍里甲即係來歷不明即須查究
男子幾丁

某 某項官見在致仕 在京聽選或在家 某 某處生員吏典
某 治何生業成丁未成丁或往何處經營 某 見當某差役
某 有何技能 或患廢疾 某
某 某
見在家幾丁　若人丁多者牌許增濶量添行格
填寫
一婦女幾口
一門面屋幾間 係自已屋或典賃某人屋
一寄歇客人 某人係某處人到此作何生理一名 名開寫浮票寫帖客去則揭票

云
無

保民訓要

山陰劉宗周

順天府爲通行保甲以安地方事照得弭盜安民莫善于保甲而一切教化卽寄于其中古之君子常熟講而施行之邇者　已順一時城守之計頗恃以無恐然第麤舉其端於法未悉也今特再爲申飭仰該司坊官以下一一遵守要于可久見經題疏奏

旨着實舉行無或視爲文具倘行之不力使國家

不得收良法之效責有所歸三尺具在因揭其事宜如左

計開

一保甲之籍

民　土著　流寓

士

農

工

商

庶人在官

道　妖道有禁

僧　遊僧有禁

優人　合班梨園有禁

樂戶　土娼有禁

流乞　奸細有查　凡流乞總甲收之各舖房查其來歷冬月以官稍養之至春遣還原籍收管驅以力農其遠方者仍留舖中聽其貧閑行乞死則埋之義冢殘疾者送入養院　在京制有攤竿蠟燭等寺留養流乞

軍

屯軍

營軍　二軍除戰守有事外皆聽有司節制

十戶爲甲甲有長各戶互相親識以聽命于甲長　零戶隨寄　戶有戶票

十甲爲保保有長各甲互相親識以聽命于保長　零甲隨寄　甲有甲票

十保爲鄉鄉有長各保互相親識以聽命于鄉長　裒益隨宜　保有保票

聚鄉爲坊坊有官各鄉互相親識以聽命于坊

官鄉約有特劄
五坊爲城城有司各坊互相親識以聽命于司
官
五城爲畿畿有　天子之守臣與院臣各城互
相親識以聽命于守臣院臣
城外爲郊郊外爲都鄙各有長各長遞相親識
分隷于國中之鄉長聽命于州縣官
一保甲之政
一曰火燭相誡

二曰盜賊相禦
三曰憂患相恤
四曰喜慶相賀
五曰德業相勸
六曰過惡相規
凡一户有事九戶趨之一甲有事九甲趨之一
保有事九保趨之一鄉有事各鄉趨之小事
聽鄉長處分大者聞于官匿不以聞者罪坐
其長廢之若因而生事取戶甲一錢者即以

贓論
能舉一甲之政者署爲甲長其不能者保長聞
于鄉而廢之
能舉一保之政者署爲保長其不能者鄉長聞
于坊而廢之
能舉一鄉之政者本府旌以禮甚者奏　聞擢
用其不能者坊官遞聞于本府廢之
能舉一坊之政者本府會城院薦于　朝陞爲
司官其不能者論劾廢之

能舉一城之政者本府會城院薦于　朝另加
陞擢其不能者論劾廢之
能舉一府之政者惟　上所擢用其不能者自
劾待罪
保甲之教
一曰孝順父母
二曰尊敬長上
三曰和睦鄉里
四曰教訓子孫

五曰各安生理
六曰毋作非爲
布
聖諭六條每月各甲一申飭簡其不肖者教之
每旬月各保一申飭簡其不肖者教之每朔
望日各鄉會司府一申飭簡其不肖者教之
凡鄉用木鐸徇于道路口宣六義以火夫司之
或殘疾失養之人代之
凡鄉旌善有錄記過有錄月朔會于衆而宣之

凡鄉終歲無訟者旌其鄉曰仁里鄉長紀錄早
完官税者旌其鄉爲義里鄉長紀錄
凡鄉立鄉學舉鄉師教其子弟詩書禮樂射御
書數達于成德
凡民六德俱備者鄉舉里選之三德具者門旌
以扁以孝爲主 濟惡不才者至三犯法門辱
以扁改過者除之高年有德者鄉飲賓之忠
臣孝子義夫節婦表著者特請 朝命旌之
一保甲之禮

冠
並依文公家禮 凡官民服色冠帶房舍鞍馬貴賤上可以兼下下不可以僭上 品官士庶巾帽不得飾玉結等物 庶民不許戴四方唐巾等巾士子不得服紅紫 庶人服色止許布褐紬絹素羅士庶妻女並不得僭用官裝及圓領珠玉等飾
婚
並依文公家禮 不得論財禁指腹割襟
喪
並參文公家禮 禁用浮圖

祭
並參文公家禮
飲
每春各保長會其甲長出錢少許歸鄉長賽
于土穀飲福于社各戶復出錢少許歸甲長
會飲于私家不得往還秋亦如之
射
每月朔望士習射于學宮齊民習射于別圃
庶人在官者習射于公署皆令能者教不能

而官與長提督之如鄉射禮賞罰行焉郊外
則行以農隙
讀法
每鄉立鄉約所於便處縣
聖諭其上逢朔望約長率保甲各長拱候本府
官至肅拜
聖諭四拜禮畢各行叅謁官府西向坐鄉長正
途士出身者東向坐以下皆拱立聽開講講
畢鄉長仍報一鄉善惡事跡禮畢而散

凡家庭尚親父老子當戶兄老弟執役
凡公庭尚賢各戶上甲長各甲上保長各保上
鄉長
凡鄉社尚齒甲長序于戶中保長序于甲中鄉
長序于保中
凡講約尚貴士讓其士先于農農先于工于賈
僧道之流引而進之優隸之徒賤而外之
凡道路男子繇左女子繇右徒步者讓負乘成
人者讓瞽疾

凡飲不至醉餚不得過八鼎會親加二鼎
保甲之養
農田
稻　黍　稷　麥　菽隨土所宜　月開水田先講水利以備旱澇開荒者官給牛種北地水田事宜備載徐尚寶潞水客談中
樹宅
桑　麻　木綿　棗　楊蔬果隨土所宜
春令民畢出在野有事于耕每月朔坊廂承
旨轉相傳諭

夏令民畢出在野有事于耔每月朔坊廂承
旨轉相傳諭
秋令民畢出在野有事于穫每月朔坊廂承
旨轉相傳諭
冬令民畢入在戶有事于蓋藏每月朔坊廂承
旨轉相傳諭
每甲推一二戶預蓄雜糧一年煤芻一年遇歉
則以時價分賣于本甲
每保推一二戶預蓄雜糧二年煤芻二年遇歉

則以時價分賣于本保

毎鄉推一二戸預蓄雜糧三年煤易三年遇歉則以時價分賣于本鄉

毎坊司以贖鍰買米積煤至冬月米給粥厰濟貧煤以備不時之需

毎州縣各設常平倉積穀待賑

凡秋成先上賦于官齊長先期知會至期民各輸如額後至者報名于官令鄉長決罰果係窘乏令甲中富民質其戸產輸之其息視其

產所入

凡秋成未上賦先償私債者治富人以罪沒其貲入官代輸官稅者不在私債之例

凡鰥寡孤獨及有殘疾不能自養者鄉長報名入養濟院

凡四郊各立義塚貧民無依者死而官給槥埋之

一保甲之備

毎戸備兵器一件木棍一條貧者止備木棍毎甲備鑼一面毎保備牛三隻贏三頭毎鄉備馬四匹弓矢二十副京城內不必備牛各州縣亦然驢隨用隨戸所有不足者補備

毎甲選健丁三名毎保選藝士二名毎鄉選韜畧士一名

凡地方有警毎甲養健丁三名日口糧三分毎保養藝士二名糧倍之毎鄉養韜畧士一名糧又倍之遞相部署受命于司城以居守器械馬匹惟其所用事已復初各村里仍聽自

相團練

凡郊以外遇警士民各以資糧運入城隨寄所親無親屬則寄官府惟身備計日之糧以待變避寇入城則聽其鄉長辨認而入各依所親遠方至者各依寺院無食者報名給食

毎鄉遇夜輪一火夫鳴鑼直更口宣火燭六義以爲常

保甲之禁

一不許私自宮刑

一不許停喪娶妻
一不許同姓爲婚
一不許私娼賣姦
一不許婦女入廟如東嶽戒壇混會尤禁
一不許宴集梨園
一不許聚衆說法
一不許教唆詞訟如拴坐鋪房尤禁
一不許拏訛結把
一不許容留面生

一不許寓藏賭盜
一不許盛行齋醮
一不許越境燒香如鄭州廟會泰山進香南海齋僧尤禁
凡一戶犯禁九戶舉之一甲容奸九甲舉之一保容奸九保舉之一鄉容奸各鄉舉之司坊容奸上官舉之
附保甲牌式凡各戶以鄉長給票用私記各長用官票
某城　坊　鄉　保　甲　人　業係某籍
年　月　日來京自某坊徙至

父某故某官　母某氏存
兄某某業見在某處生理　弟某幾歲未成丁
妻某氏　子某　某
寄客　某某親自某處來　某某友自某處來
僕從　某　某　某
成丁幾丁
門面幾間賃某人房
戶稅幾多
行稅幾多

月糧幾石
器械幾件
年　月　日　甲戶准此出京繳票移居驗票
某城　坊　鄉　保　甲長　人某業係某籍
年　月　日自　坊　徙至
一戶甲長
二戶某人某業
三戶某人某業
四戶某人某業

五戶某人 某業
六戶某人 某業
七戶某人 某業
八戶某人 某業
九戶某人 某業
十戶某人 某業
火燭相誡
盜賊相禦
憂患相恤

喜慶相賀
德業相勸
過惡相規
年 月 日甲長准此
某城 坊 鄉 保長 人某業係某籍
年 月 日自某坊徙至
一甲保長
二甲某人
三甲某人

四甲某人
五甲某人
六甲某人
七甲某人
八甲某人
九甲某人
十甲某人
火燭相誡
盜賊相禦

憂患相恤
喜慶相賀
德業相勸
過惡相規
年 月 日保長准此
某城 坊 鄉長某人某業係某籍 必用士著士紳
一保鄉約長
二保某人
三保某人

四保某人
五保某人
六保某人
七保某人
八保某人
九保某人
十保某人

火燭相誡
盜賊相禦

憂患相恤
喜慶相賀
德業相勸
過惡相規

年　月　日鄉長准此另加專劄

某府縣爲鄉約事照得京師首善之地保甲王化之基積甲成保積保成鄉厥任彌重實惟吉人端士乃克勝之咨爾學行老成衆所推允茲特立爾爲一鄉約長約爾一鄉之民使出入相友首望相助共成敦睦之風永効君親之戴尚有異數俟爾殊能須至劄者

說郛續目録

弓卷十

備倭事畧

吳郡歸有光

倭寇犯境百姓被殺死者幾千人流離遷徙所在村落爲之一空迄今踰月其勢益横州縣壓壓嬰城自保淩滛延蔓東南列郡大有可慮即今賊在嘉定有司深關固閉任其殺掠已非仁者之用心矣其意且欲保全倉庫城池以免罪責不知四郊既空便有剝膚之勢賊氣益盛資糧益饒并力而來孤懸一城勢不獨存此其於全軀保妻子之計亦未爲得也見今賊徒出沒羅店劉家行江灣月浦等地方其路道皆可逆知欲乞密切差兵設伏相機截殺彼犯於數勝謂我不能軍往來如入無人之地出其不意可以得志古之用兵惟恐敵之不驕不貪滛曰卑而驕之又曰利而誘之今賊正犯兵家之忌可襲而取也訪得吳淞所一軍素號精悍倭賊憚之呼爲白頭蟲去歲宗百戶馮百戶見倭船近城倉卒與敵爲其所殺有司不加矜恤反歸罪於二人自後人以爲戒又城壁崩圮半落海中且累年不給軍糧士皆饑凍往往乞

爲表裏而後可也又嘉定近海爲内地保障其縣令
恇怯不知兵乞委任百姓所信向如任同知黄知縣
武指揮等恊力主决兵事知縣備辦糧食不得從中
沮撓儻有疎虞即蘇松二郡不可保矣又䂓得白茆
舊有白茆寨劉家港舊有劉家港寨青浦舊有青浦
寨此皆前朝撥置軍士備倭之所蓋以春夏廵哨秋
冬還衛又白茆吳塘茜涇劉家港甘市等處各有烟
墩烽火相接以此見往昔被倭之跡今疎濶如此欲
以一城自固不可得也又訪得賊中海島夷洲眞正

謂守城者徒守於城之内而不知守於城之外惴惴
然如在圍城之中賊未至而巳先自困矣畏首畏尾
身其餘幾故脣亡而齒寒魯酒薄而邯鄲圍夫蘇州
之守不在於婁門而在於崑山太倉太倉之守不在
於太倉而在於劉家港此易知也今賊掠羅店等處
巳盡必及南翔賊據南翔奪民船以入吳淞江一日
可至葑門即蘇州危矣南過唐行則松江危矣今聞
又至太倉崑山等處即常熟危矣故欲害之使不得
至所以爲守也然所謂設伏爲奇兵又昔出正兵相

食道路遂致新城失陷翻爲賊巢嘉定上海之勢日
以孤危今乞召新城失事指揮令收還散卒許以贖
罪要以厚賞俾於賊所入嘉定及往南翔等要路阻
隘之處長鎗勁弩設伏以待之又新城敗散之餘所
存約二百餘人人數寡少乞募沿海大姓沈濮蔡嚴
黄陸等家素能禦賊及被其毒害者并合爲一專爲
伏兵及往來遊擊賊自不敢近太倉嘉定松江矣且
因新城之軍俟便襲擊城可復襲而有也法曰善守
者守其所不攻又曰使敵人不得至者害之也今所

倭種不過百數其内地亡命之徒固多而亦往往有
被刼掠不能自拔者近日賊搶婁塘羅店等處驅率
居民挑包其守包之人與吾民私語言是某府州縣
人被賊脅從未嘗不思鄉里但巳剃髮從其衣號與
賊無異欲自逃去反爲州縣所殺以此只得依違苟
延性命愚望官府設法招徠明以丹青生活之信務
在孤弱其黨賊勢不久自當解散此古人制夷遏盜
之長策也又聞民間不見官府出軍以爲當俟請旨
須大軍之至竊見　祖宗於山東淮浙閩廣沿海設

立衛所鎮戍連絡每年風候調發舟師出海後又設都指揮一員統領諸衛專以備倭爲名今倭賊馮陵所在莫之誰何但見官司紛紛抽點壯丁及原役民快皆素不教練之民驅之殺賊以致一人見殺千人自潰徒長賊氣使海外諸夷聞之皆有輕中國之心非　祖宗設立沿海軍衛之意也當事者拘碍文法動以擅調官軍爲解竊伏讀大明律擅調官軍一款其暴兵卒至欲來攻襲事有警急及程途遥遠者並聽從便火速調撥軍馬乘機勦捕若寇賊滋蔓應合

會捕者鄰近衛所雖非所屬亦得調發策應若不即調遣會合或不即申報上司及鄰近衛所不即發兵策應者與擅調官軍罪同此各衛得自調撥策應之明文也今賊殺害人民揺動畿輔蘇松内地城門經月不開百姓喁喁各衛擁兵深居賊在近郊不發一矢忍以百萬生靈餌賊幸其自退豈可得哉夫以沿海之衛自足備禦今獨民兵支吾玩愒養寇及具必不可已然後請　旨動調大軍夫以民兵則氣力孱弱以大軍則事體隆重是虚設沿海數百萬之兵也况大軍之至吾民饜飽豺狼之腹已久矣賊聞天兵既下倏忽遁去雖貔貅百萬悵望空波徒使百姓騷然而已乞蚤爲裁處遵照大明律軍政調撥策應庶殄滅有期不煩　朝廷動調大軍實地方生靈之幸

北虜紀畧

鄖郡汪道昆

北虜之盛終于西南直吐蕃青海西海之地在松潘山外東北抵遼海絶朝鮮盡西北東三面皆抵海地雖廣漠而分散無統皆中國未有以制之非虜能强也非肅迤西一曰忠順王以元裔不能服哈密回一曰瓦剌部落止存數百騎一曰帖木哥以番僧爲夫雖有虛號盡屬中國虜之枝蔓削矣弘治末虜之强臣亦不剌酗酒斬小王子使者率其部落度莊浪古

浪峽南走雪山往往暴侵西番族帳族帳舊有國初所賜金牌納馬賜茶號合當差法故設西寧兵備守備以鎮撫之番漢典屬國都護職也亦不剌掠之而不能救族帳皆怨叛内附往往又致討伐以是西番離心差法馬少入茶不行而亦不剌遂雄據西海矣自嘉靖以來吉囊承火篩餘烈據河套有衆四五萬數自賀蘭山後度古浪峽穿黑松山入西海伐之亦不剌死長子幹耳篤思其二弟析而爲三嘉靖二十四年吉囊侵西海虜幹耳篤思全部以歸居之賀蘭山後以爲右部自此寧夏赤木黄峽之口無寧日矣其二弟愈南徙直松潘永寧山外絶不與虜通初吉囊之西伐也娶瓦剌之女至是死三子囊台吉等各分兵俺灘阿卜孩吉囊弟也居黄河東仍虜俗欲蒸瓦剌氏三子不從遂大戰俺灘敗走渡河仍居直宣大之地又數失小王子貢約亦相侵伐近年以來俺灘阿卜孩得肆志中國益桀驁然西失吉囊手足之助内攜小王子君臣之情頻年戰伐而驕侈淫縱部衆亦厭苦稍離心矣其地西距娘娘灘黄河東

不過故獨石嶺潮河川所遶之麓所謂萬塔黄崖者衆男女老弱不過四萬凡東南侵必徙其帳於北以避我擣巢又留兵以護家防小王子故直南則入宣大之間極則西至紫荆關東至永寧四海治隆慶居庸直西則入大同雁門以犯山西自獨石嶺折而東行千六七百里方過太行山麓由潮河經行之口以犯古北東至順薊南窺通路然臚朐滹沱京西諸水及都城遶之亦不能復南也古北路甚險故西緣陵南白羊口以出居庸關後仍道宣府而歸古北口之

東曰墻子嶺曰羅紋峪皆縮入古北口之東南西曰不墳嶺曰馬關大水峪匣兒嶺又西曰渤海所黄花鎮皆縮入古北口之西南其山外夾墻則諸華夷人之逋逃者曰陳鞋頂色稱兒何耨豆兒居之衆僅合六七百猶中國山賊也常盜俺灘馬牧山深險無如之何虜之折而東行一千六七百里此山之虜遁之也中國置墻皆在山下山皆棄不守不足爲險自此以東置墻皆如之緣川而行遇山悉棄故廻遠而難守然皆故大寧地以居朶顔者也其入貢而爲患者

哈密赤又東曰喜峰口南直薊州又東曰冷口南直遵化永平虜若犯此則在潮河之東又爲白龍江所阻當犯永平遵化鐵冶不能至京師又東則泰寧福餘地直遼左矣虜之特起新酋曰虎喇哈赤者衆不滿千遼澤受東北諸夷水入海之路春夏秋三時多淖泥常以三冬春初氷結時犯塞又遼人王忠人構熟夷得千人自爲部長常以父事趙叅將傾葵數爲盜晨起必斬二人以祭旗率以爲常其惡甚於哈舟兒陳通事等也虜中大校如此其名目可微見者仝列於左方以備叅考云

虜酋名目

小王子打來孫罕

俺灘阿卜孩 大虜酋在大同邊外

把卜孩 熟夷古北黄草川

虎禿孛賴 朶顔頭目近邊住夷

吉囊 在黄河南死有三子襲吉台吉青台吉黄毛台吉

虎喇哈赤 大虜酋在遼東邊外

那應真 遼東熟夷

紅臉孛羅 泰寧衛在夾墻住

捨力木 泰寧熟夷

倘孛賴 花當達子頭兒

伯言哈答 此乃虎剌哈赤乘殺之人

達火通倘不囊 俺灘部下小頭目

阿兒禿 夷首

哈哈赤 朶顔部指揮

司吉囊 夷酋

撦克兒 朶顔部下頭目

瓦撒答 通事在大同北

丫頭智 脫脫部下夷人通事講開馬市者已被擒獲

辛愛把都兒 俺灘子

花當苔子 在遼東辛愛外父

把把 遼東任夷

花當駝立 近遼東夷首

把禿 差用夷人

把禿賴兒 其子辛愛壻也

討不賴 花當部夷

我包阿十敘 遼東達子頭目

祖兒在 把都兒部下夷

哈喇 夷首

伯顏帖忽思 朵顏都指揮

引燒卜 朵顏夷首

安灘的 即俺灘亦呼他苔

虎喇大阿卜戶 夷首

昔馬台吉 獨石邊外虜首子

阿剌處台吉 小王子部下

青台吉 小王子部下是吉囊子疑有二名或俺苔借名以脅我

納林台吉 小王子部下

更 探台吉 夷首

錫剌台吉 夷首

把都兒台吉 夷首

鬼林台吉 小王子部下夷首

各台吉俱吉囊部落並俺灘輩借名以脅我耳

陳仁錫曰此司馬第一篇文字大有來歷又不剿

古

雲中事記

明　蘇祐

嘉靖癸巳冬十月大同卒殺總兵官李瑾距癸未甫十載蓋再變矣先是八月八日余受　面命巡按宣大九月十三日辭　闕又二日至居庸代其事又七日至宣大乃十月七日有大同之變是夜五鼓星殞如雨曾變不虛生邪又明日代王遣內使入　奏過告之故既而巡撫潘公倣使亦繼至揭云李瑾性過嚴急興工不息軍士訴不聽七日之夜激而殺之黎

明解散今已寧息合具　題并首惡另行查究意蓋歸罪瑾云余竊疑瑾縱有罪非軍士可擅殺也或姑安反側不可盡懲乃具疏其畧曰變雖成於激起姦實本於玩生大同地方再興變亂良由驕軍悍卒蔑視　朝廷干紀違天動逞脅制法徒羈縻畧存紀綱恩屢布宣益見姑息據齋揭帖人口報巡撫大門并卷房亦皆燒燬已後巡撫消息亦不可知縱云變由總兵亦既火延都院由是觀之則臺臣之重已就迫驅具奏之詞任其指畫忝照巡撫都御史潘倣知人心之將變不能弭消致禍胎之既成轉乞赦宥事不得已罪亦難辭伏望　皇上軫念大同一鎮禍變再生安危所關紀綱所繫乞集廷議以正　國典斯宗社無疆之福若夫持守故常非臣所知也總督劉公源清亦具奏未上而代王奏已先至朝議洶洶莫定及見余疏衆論是之即日下兵部議覆則　命劉公與提督郤永將兵按問首惡且降　黃榜赦脅從余監軍覈功罪焉遂相次行期會之陽和城未至濟已拏二十餘人械繫東來王于兒首惡也其餘皆乘機

搶貨之人總督訊之不服因益招數十百人劉公乃會郤先將兵而西比余至則劉公迎謂曰已張　黃榜又已出曉諭若入城則惟按兵索捕首惡脅從罔治庶恩威自上出而法足正矣余固善其一念忠憤之心天日可對亦竊意諸逆自始變至今脅制由已背帖然受命乎業已行矣又明日朱振自大同來總督露刃見之責以大義但應曰振一人何能爲也既余見對如總督道出而報者繼至云大同城砲聲不絶是夕振仰藥死矣振嘗總大同軍務賊以萬計癸

未之變亂軍取之獄中援而立之因檄援馬賊亦罔
問後罷而瑾來代凡軍伍上下班則更候之瑾實甚
廉謀勇亦絕人獨見軍政之日廢也欲整飭之不少
縱諸軍亦時時向振告振曰不我聽奈何似亦不善
應嗾而殺之未有也初事之起也止領粮餉者至城
求假一日製衣裝而瑾不從七八人醉而倡爲之副
總兵以下獨遊擊戴廉騎馬再向前諸軍輒挽廉馬
回餘皆坐視之可罪也瑾聞變乘屋下射飛死斷其
弦遂被執不屈但戟手東向曰瑾死　朝廷盡戮汝

矣因并其弟殺之且焚其都察院大門及巷房時巳
向辰聚者亦僅數十百人無藉者因肆搶掠四門則
效往年接邏內言不得出且要巡撫乞宥而振遂擅
攝指揮事其後議者頗罪瑾而宥振失是非之本心
矣初官軍之西也諸逆罪固重且襲故變因訛言洗
城大軍今且至內一二良善雖知其訛衆惑且懼由
是一城盡變四門晝閉遂謀抗　王師前軍南至東
關參將曹安巳死於乘城之砲南關亦即出兵接戰
復拒城矢石如雨郤永因與遊東游擊武瀅據南關

參將段堂等據東關副總兵張鎮等據北草厰三面
攻城而城中亦時時自洞門出相攻殺洗城之說牢
不可破馬昇舊中軍時以事係鎮撫獄楊林舊夜不
收把總時爲郤永旗牌官開變後方田黄鎮華任參
將王安郭全等故無賴遂受衆推戴爲頭領凡誘虜
出戰皆其指授既而樊公繼祖來代巡撫之任居陽
和不得入見軍久無功因相與往會總督於聚落總
督方謀水攻言頗不相入初余聞城中雖迫於叛軍
日夜求生之心寔什之七八千戶李椿張者者兵部

差官也因其入城則命以禍福曉之又咸無不日夜
望郤則時時揚兵欲攻而城中因不信　黄楠且疑
兩千戶賣巳余聞語總督則又曰君按臣不可仰面
語賊因自思意既不合事焉能濟徒聒聒矣乃復還
陽和樊公遂有請金牌入城之　奏而余亦參兩節
制久暴師無功乞　天語戒飭羅峰見余諸奏每語
人曰御史當大用及見是乃不以爲然外議亦紛紛
矣余因取蓍揲之得大過之隨竊意斷曰斯事誠大
非大過人之材罔攸濟諒哉稽隨之時義坎水震木

茲仲冬盛德在水木且休矣平定之期其在春乎茲
史識之既而賊誘大　至城下內外夾戰我師失利
雖去聲言且復來又數日爲二月四日節在驚蟄
語茲史曰占無乃應乎門既闢果大同兩人至其一
鎮撫王寧也詰之則曰城中實畏死非叛今　黃榜
坐馬昇等名城中以爲誣諸印信結狀咸在望貸此
七人以全百萬之衆余因笑曰受命西來按茲兩鎮
四閱月矣今始見大同朱纂尚爲賊游說邪且曰朝
廷百餘年生息何負於汝乃一旦助逆招　若自爲

利獨能保妻子不奴辱乎王寧因求近案對狀既前
泣訴曰城中寔怨此七人恨未能即殺之得庫金二
百萬賞可濟又寔欲內應不得通亦恐不自免也願
示之信余曰城存倉庫固存陷之處城且亡則倉庫
邪儻謀成賞不吝恩信　黃榜具載尚俟多言乃印
給批廻使馳去簽　既去城中聞穿地鑿城益懼因
怨此七人曰奈何駢死思圖之矣時詹郎中榮藏游
擊廉而機警軍士素不怨此兩人而兩人亦深相結
馬昇微察其情求自脫乃以情告廉乞宥罪戮餘黨

以應　黃榜廉察其寔乃語詹因縋城下見總督總
督已解官東歸有期城中不知也時楚職方書李戶
部文芝適咸以水攻至在劉公所劉因紿曰城中惑
言不信　黃榜謂　朝廷將盡殲之茲遣二部使察
眞妄冊奏死無日矣詹曰公言如是巡臺謂何則又
詭曰明日當自至陽和言之又曰二部使可即一至
城下以慰倒懸劉曰難輕就見俟明日南城下見之
明日劉公東歸楚偕副總兵梁震等至南城下見諸
父老因攤之自西門入面定約楊林察其狀亦因馬

昇乞死諸君許之次日東闌至自大同備以告又明
日乃斬黃鎮等三人傳首東來而雙嵩入城撫定劉
公既得去張侍郎瓚時督餉在受命來代業相約至
陽和及得報乃徑度而西至城下賊爲已功不顧劉
矣父老生儒亦相率詣陽和請曰撫臺入矣望偕至
以慰人心余曰撫安也按治也慈母哺失乳之子樊
公足矣余雖不才天子法吏將由小門入乎且止此
四閱月非雲中何栖栖也大門朝闢則夕以入夕闢
則朝以入衆曰諾遂先歸既而門大闢張朝入余夕

入城上相望者猶逛邏也余乘馬過四街老稚俯伏左右頂水爐香者不可勝數既至院報事者告曰防護須兵幾何余曰何須若不以心誰非叛者且蔡人即吾人况一時之變乎由是聞者諗無它遂盡散去次日詰之曰　黄榜取七人馬昇楊林自劾奴免罪可諉也王安郭全何以具奏乎是法信終不行城進與存兩人懼乃夜斬王郭又明日具　奏論其功罪本兵報曰即當有勅勅御史矣既而代王奏乞犒賞以安人心不過徼福以慰軍士凡王府奏例下之禮

部時桂洲夏公言爲尚書黄公綰爲侍郎綰以　闕文奪也踰兩月不定盖先意云諸勘官亦莫能與爭而招擬寔不合至於邀截寔封使欺銀兩等項詞皆文致不知法鮮麗也既會奏去余與樊公奉　旨處决逆黨三十六人有定期張總怦行在次日恐有變也乃累以臺劄未到爲言余曰咨猶劄也咨已備矣無庸俟也乃八月廿有六日偕撫臺至帥府審諸服辯驅之市日中而戮之觀者塞巷壓屋蓋自癸未變後無日論刑有杖人者哉吁法廢久矣既罷例爲譃張

公謝不至明日亦不告而去又明日余自西門出巡塞因携楊林行歷左衛平　井坪朔州而南自杜巡察後不塞行十四年羿誰與稽復轉而東至應州則去大同爲近乃呼林進諭之曰爾知所以生乎叩頭曰公活我余曰否斯　朝廷之恩信也汝勿疑但汝亦迫於勢非初心既已宥之又從而殺之殺一人而失大信其誰肯爲顧也保首領又陞賞與偕獨無一人然忌乎人將它事媒孽汝汝難免矣林泣曰願公卒生之復曉之曰不解任罔以兵自衛也斯無兵足

時可一力士縛汝出斬首矣終不可者爲大信也可歸語昇共圖之林復泣曰奈都臺何余曰爲汝致書既歸猶豫不决樊公詰問之乃各以情告既即遣人代之調衛之命下矣後兩人輒復懈稽延旬餘迫而後行樊公致書曰彼兩人去甚難非先解其任既當遣不可留又不肯卒去則當迫之迫之將無變乎凡此皆執事力也古人云盃酒釋兵權今盃酒且不費矣後漁石唐公在刑曹會奏　劉止奪秩家居郤降級其初謀逆王号兒等諸叛亦　巳伏誅大同一鎭遂安

百萬生靈生息自如不知者往往猶有吹齏之疑余輒解之曰嗟毋庸異視大同也異視則君子曰棄我矣則怨心生小人曰畏我矣則逆心生語云蛇影生疾審聽之可也或亦有因而窗問之者歲月云邁亦不暇悉因憶錄之用備遺忘於是乎記

南巡日錄

明　陸深

嘉靖十有八年己亥春正月望　聖駕巡幸承天相度　顯陵遷合是行也秉於　上心之獨斷諸凡機務咸躬親裁決若　冊立東宮分王　祫　景　祭告　郊廟建置留守遣使行邊特設都護將軍左右副將軍出是臨　軒掛印內刺前驅雷動風行雅尚整峻至於車旗弁服之制一新皆出夙辨非臣工之所能與嗚呼大矣哉　聖人之作爲也諸司印信次

第掌署乃發舊鑄行在印以從特諭輔臣以深掌行在翰林院充　扈從　御筆親署爲翰林學士抹落侍讀　聖眷厚矣二月九日禮部送至印文完好作九疊三行曰行在翰林院印直檽爲紐旁鑿小楷字曰永樂十一年正月　日禮部造行在翰林院印自左向右作三行背北今院印差大云既有　旨十四日從官分程前行至期適官僚　命下深得改詹事府詹事兼翰林院學士是晚報名明晨入　謝畢詣内閣出由宣武門西行十　五日甲寅也午過盧溝橋

初作一詩南行野田村落中悠然有鄉思未至艮鄉吏導入民舍署曰公館從官所止略具一飯從權宜也日晡過舊店夜向陰乘月行至涿已二鼓矣亦入民舍乃吾鄉崑山顧氏父子出拜候甚謹宿十六日乙卯曉發涿出南郭初望 甫殿甚整行二十里餘遇兵部右侍郎方山張公衍慶仲承邀入寓次時戶部尚書蒲汀先生李公廷相吏部尚書松皋許公讚戶部左侍郎靜菴袁公宗儒繼至方山留小酌松皋先生四人飯畢同行巳刻細雨入定興循例寓次一

飯而發過同年王司徒南皋尭封家不遇出南門行五十餘里過麒麟店又南上丘隆然道旁刻石曰麒麟冢云西抵安肅北門有吏持木牌上書翰林院講讀三位來迎寓次甚陋又吏持牌白詹事府一位予曰此是也返顧屋主曰屠胡陳三翰林至善事之入城寓楊生家初禮部儀注止定翰林講讀三員堂上不具予以別 諭從故兵部文移有司者亦不具迎候多誤惟詹事府元不與 扈從不知此縣何據有此牌予頗以爲訝燈下安州同知何城來候城嘗爲庶吉士以刑官謫此予禮而慰之因餽品物曰下程予曰此有 題准事例彼此無益峻却之而去遂宿十七日丙辰早發白溝驛白溝在雄縣土人云東去尚三十餘里是日天氣和朗西望郎山諸峰甚秀爽南出郭松皋自後來予遜之先松皋但曰悶悶强拉同行並輿得商確古今數事酬答縷縷予曰我輩此行惟有早勸 廻鑾爾松皋首肯曰然然又南度肅河石橋始有水木之觀抵保定北門與松皋別候吏導行濠上自西而南寓傅文敎公莊門榜曰少冢宰

公名珪 武宗朝禮書有氣節予會試本房座主也嘗許爲序其文集未脫稿爲之憮然倦甚就南牖下偃息午飯後漸山屠文升前岡胡用天至頃之方山陳應和亦至矣前後房宿十八日丁巳早赴 行宮候 駕巳刻 上乘馬入 宮恭從從官朝于 行殿奏事如儀退偕三春坊過 內閣直廬起居桂洲公云明早當朝後發先是 行宮前見傳帖書保定真定鈞州襄陽四處駐蹕初定十處者改矣午仍飯傅莊唐朔鑾來候以中書供事 勑房後至乃出湯

餅食之時行李車已先發是夜臥土炕夜半報免
朝遂發五更騎至滍陽驛二門閉官吏皆避與工部
尚書石菴蔣公坐簷下燎火而出並馬行曉月日十
九月戊午晨抵慶都寓次博野知縣張鳴岐來候外
姪也騎行途中馬爲車傷午入定州北門寓軍衞家
暫憩向晚三春坊至予就寢矣二十日己未以新銜
再發行牌爲應付多錯也乘月南發懷表弟顧世安
抱病有詩是曉寒甚行二十五里入村店燎薪啜湯
而去卯至新樂寓次午過伏城遇刑部尚書五華楊

公志學同行未至眞定入北門寓次晚三春坊見過
留小酌而去是夜與方山中允同宿二十一日庚申
晨出　行宮候　駕已刻　朝于　行殿從官各有
廨次頗可居午後復入城過大佛寺登高閣觀宋太
祖畫像與一老僧相對若問道狀在西閣之東壁壁
已頹圮閣後觀八角井殿前開皇碑字帶隸體尚完
好可搨東亭有端拱碑已橫裂皆不及細讀而出西
過開元寺寺已荒落惟一殿是十八石柱皆中斷木
作斗栱甚奇古殿中東柱上刻寺始於元魏似唐人

書跡西柱上有楷書心經望之亦佳遂與屠陳南過
陽和樓樓下兩複道通衢頗有偉觀漸山云此樓雨
不霑灑四面隨風若避故曰陽和問之土人曰然遂
相與飲王鑛家鑛舊識也迎送甚謹予復至廨寓宿
候　朝二十二日庚申晨起燈下見　御札三侍郎
高三峰張方山工部江瑞石曉以闕供先去各取回
　行在午易吉服陪祭北嶽祭所復覩一札三更起
行衆皆欣躍　上欲兼程速回甚盛德也因　命從
官三品以上乘轎　聖恩厚矣別定儀注從事予騎

行南渡滹沱數里見校尉馳馬宣吏部松泉返騎而
北晚至欒城馮御史汝學彬過寓次坐語別去二十
三日辛酉月初出即上車嚴介谿宗伯向予說坐車
可抵按摩予憶弘治辛酉冬同介谿赴會試車行屆
指三十八年矣曉抵趙州次劉編修世盛家世盛字
子謙丁丑進士場屋舊識也以心疾殀死過栢林寺
趙州和尚道場也殿後壁上有畫水二堵作波濤狀
其起伏之勢筆底凹凸渦洄流動自側視之平壁也
亦似近時手跡西有古佛堂東南所樹名遂靈碑石

甚光潤而黝黑一撕而出南過石橋申馬闢雄又南
二十里入鋪舍小憩遇右副都御史顏東苑公守衡
以平與並行過三十里鋪高邑縣協濟吏治具帳次
同顏東小酌而出又南過王莽城午抵柏鄉寓次自
此見西山發脈起伏屏屏南望白浮橫截一縷如雲
頃至乃河沙爾復遇松泉知昨宜爲散賞故也夜至
內丘宿南城樓居是夜大風有聲二十四日癸亥發
內丘地多浮沙途中風塵甚高午抵順德旵寓不得
暫寄清軍御史寓次屠胡至小酌既而遷寓市樓小

憩騎出東門　行宮候　駕燈下還耀照磨崔九臬
來謁少敘而去三更復上車二十五日甲子曉過沙
河閘車人若沙漠而車中乃少安辰抵臨洺寓次午
過邯鄲南行西望趙王城叢臺故址遇通政使鄭敬
菴公佩紳同行道傍見兩人折柳枝而將之云以充
饑入河南地界見姚布政文清樂參政護龐廉使浩
王副使納言胡都司永錫皆儁識也衛南遇都憲可
泉胡孝思纘宗以治河至敬菴易廷用纘以巡撫至
巡按馮御史震宋御史大本偕入逆旅茶話而別暮

至磁州寓次宿二十六日乙丑曉發川中辰臨漳河
渡自新橋旁結浮梁亦可渡南岸行數里遇　趙王
樓輿拱候道左而過巳抵彰德過安陽石橋河水涓
涓流即洹水是巳寓倉司午飯過學宮訪三春坊出
自南門候　駕燈火下與同年崔后渠子鍾立敘契
闊了鍾名銑以南祭酒致仕家居十餘年昨還宮僚
遷少詹事兼侍讀學士於此朝見會介谿講送親王
還國之禮始知濮亦與焉顧不知有　御札爾介谿
第囑之曰從行三學士須不遠亦不知有宣　召之

事過內閣直廬桂州云有　御札笑且賀曰昨　御
筆特稱卿先生當又遷矣還寓次復辦車行三更遂
發二十七日丙寅曉至湯陰寓察院早飯發抵宜溝
入市居供湯餅遂行過高三峰知張方山奪俸六月
騎行中抵淇縣寓次出東門候　駕會郟都尉景和
始見　御筆稱卿事蓋因戶書禮侍似以舊官入銜
蒙　上記憶若此敢不圖報謹識之會蒲汀陽峰於
內閣直廬知　勅止　汝王遠迓寓孫生家宿三更
車行二十八日丁卯曉至衛源寓次出邀蒲汀同至

行宫候　駕午後　駕至　次王來朝司禮監太
監張佐自　行宫東門引王入東轅殿　上升座文
武官僚侍班王由行殿東門入至　御前行五拜三
叩頭禮　上避座受之王叔行也王退復入東蕭
殿從官　朝參如儀后渠商見賜酒飯鴻臚劾彰德
知府王瓶失　朝有　旨逮治　上退王入内行禮
高三峰亦奪俸半年怒　旨參詰撫按官甚嚴以闕
乏也既乃命宗伯送　王予犒候得亢村祭河之
命還寓次三更車行途中望火光已而知　行殿災

二十九日戊辰曉抵新鄉不下車而行午至亢村候
駕鄭王　朝于　行殿初儀注以是日酉時亢村祭
河濱臨時太常牲品先往河濱既有　旨以明日寅
時臨河而祭　駕發遂車行以從深夜始返　行宫
乃騎行昏黑失道走至河濱還覓得席寓小憩三月
一日己巳質明陪祭禮畢隨　駕至河壖奉　上升
舟予得胡可泉官舫與陳尚寶荒胡御史守中同濟
觀龍舟少泊南岸乃騎至滎澤寓次宿小樓河濱
行殿亦災衛輝之變焚燬法物甚多後宫中貴受禍

數輩　上怒河南撫按二司皆下　詔獄張方山亦
就逮有司有鄉縛示衆者兵書院長浚川王公子衡
廷相被命於災所檢括二日庚午發滎澤午抵鄭州
　周世孫　伊王來朝中過郭店少息树陰夜深抵
新鄭寓次三更出　行宫候　駕免　朝還寓宿三
日辛巳曉發午過姚店入斗室中朱署正守宜來謁
爲設豆飯行途見饑民跪號者相續未至鈞州　嶽
王來朝從官朝于行　殿如儀前少保閣老南塢先
生賈公詠迎　駕失朝可泉面謝河南巡撫之　命

禮畢陪祭中嶽夜入鈞州城寓次　駕即發乃騎從
自出京是夕始隨　駕後行四日壬申曉過鹹塞巳
至襄城　行宫候　駕會南塢乙丑經房座主也慰
藉久之乃有鐫落散官之命視介谿疾入城發是日
始行山麓林木向榮晚至葉縣寓次宿五日癸酉五
更發曉過袁静菴同行卯過昆陽城是日大風午抵
保安寓次未抵裕州寓王生家茅堂上壁窻弱朴雅
庭中有竹篠松檜藥闌花塢耳目頗適疏食後出
宫候　駕免朝遂宿是夜夫隷俱逃散中宵

聞雨聲初六日甲戌晚抵博望寓次朝　騎行途中
濃陰細雨復車行過博望未至南陽東關寓次出候
駕過松臯席寓間　回鑾有期促工大峪夜深
駕至從官俱候於門屏待旦七日乙亥辰　唐王來
朝免從官以出行　旨從官先行遂發是日風陰途
中遇京山侯崔公元同行聞松臯奪俸三月該司六
月以推補有忤也午抵林水暮至新野縣寓次宿八
日丙子發新野過呂堰寓次晚至樊城候　駕得旨
切責以失送　新王也與蒲汀陽峰俱待罪二更發

襄陽午過宜城不及下車既而蒲汀來約乃騎追三
十里及之議上疏認罪中夜行車至豐樂校進吏禮
祭處亦上九日丁丑曉至承天　藩邸西門會工部
侍郎東橋顧公華玉璘與敘契闊同飯午後始得東
關寓次宿十日戊寅辰出南郭候　駕不至還寓宿
十一日己卯申刻　駕至入舊　邸免朝十二日庚
辰黎明入　朝待罪工部左侍郎方塘潘公希古鑑
以督木至來訪出答之十三日辛巳入朝仍待罪巳
刻始得降俸兩級之　命喜懼交并報名謝　恩是

舉也深資次稍後追趨難前可謂自負　聖恩矣及
捧　聖諭嚴詞峻督皆有至愛存焉愧心之痛慘於
刑戮其間難處事扈從諸公或有能知之者是日聞
上有擇地之行抵夜有　旨罷之得閣老未齋顧
公致此信至癸封得黃甥標手書知京邸龐安十四
日壬午入　謝禮成湖廣撫按來訪巳刻　駕謁顯
陵同蒲汀扈從過松臯三人隨　駕機轎聯接平生
親近未有如此日者既而退息槲陰下以俟暮還寓
次二更入陪祭　龍飛殿　社稷　山川禮成還寓

就寢十五日癸未入朝頒　賞銀五兩十六日甲申
雨　謝過內閣直廬議表賀還過介谿階酌觀賜衣
酒杯適樂工至奏伎東橋陽峰同席盡情冒雨暮還
風雨益甚更餘得　旨明晨午前後候　旨上陵十
七日乙酉入朝頒　賞銀七兩未刻雨止　駕出子
輩從間道至　陵夜還宿十八日丙戌　楚王來朝
上御龍飛殿受之出赴廖學士道南招過孫尚書
九峰先生交東城別業遂訪孫憲副從一元叙舊十
九日丁亥出答拜撫治鄖陽石岡汪公以旂巡撫湖

廣右澤陸公杰巡按御史朱君麓因啓 榮府王長史正宗書正宗字嫡夫予丁丑會試所取士以御史謫遷遣人候問至二十日戊子 上御龍飛舨受賀宣 表禮成午從 上幸 顯陵恭祭還二十一日己丑有 旨從官先發 上以二十三日 大駕北還

北還錄

明 陸深

四月二十一日己丑早入謝賞 上御麗正門受朝 學士張君治以奉命侍講學士廖君道南以接駕 而見退予過 內閣直廬桂洲所飯因示以 御製宣諭文相與歎 聖作高古非近代帝王所及因告 先行遂發出循漢江而北申抵豐樂宿二十二日庚寅曉發筍輿步鄉巷中旭日清風鶯花燕麥殊令人忘疲春衣映草色脈沐若浮亦歸途一樂也辰度浮

橋適北涉小澗有策馬而告者曰公非學士儼山翁乎予方欲答輒揚鞭言吾師宗林化去矣林僧號竹菴涉文藝以詩鳴於時予嘗與游爲之憮然問後適姓名曰呂淮與日修謁當呈師偈頌文業舉手而過午入道傍民舍飯脫粟復跨馬行二十里少憩鄉除泰生兄弟供茶指對面土坡而問曰此顧襄城登所謂鄢都者耶又北有古城名鄢縣又北過宋玉墓未抵宜城寓學宮二教官洪儒陳生予前歲赴京時識之屈指丁酉三月今復以三月過此亦數也宿二十

三日辛卯乘月北發行二十里餘過黃憲墓又北過淳于髡墓巳抵潼口入市居邀馮濮城少卿同飯而別濮城名惠光祿舊僚也巳而追及於峴山之麓與同過習池少憩出經羊叔子祠遂登祭江亭濮城不能從焉亭據江山之會甚勝下出襄陽南門轉西門渡浮橋次樊城集寓宿襄陽形勢自蜀山一枝盡於此三面阻江而西峴結亢雄鎮也本在漢南而稱陽夫山南曰陽水北曰陽對岸鹿門諸山自嵩嶽發脈一枝盡於安陸今　潛邸也南為沔陽漢陽皆在漢

水之北沔方言漢也二十四日壬辰晨起出候　駕過蒲汀知龍湖張學士文邦鏞倅二級遂至也大雨暮還會龍湖同三春坊小酌宿二十五日癸巳晴曉出候　駕登抱秀樓以俟漢江新晴洲渚出沒青山城郭宛宛在目慨想宋元攻守之際何其慘也顧襄樊孱齒而樊瀕奢亢勝金湯設險正當今悉務聊志之得　旨先朝先行　晚抵呂堰與龍湖漸山同飯有贈龍湖詩次趙光祿信臣韻夜發路旁燈火星聯一望數十里亦奇觀也二十六日甲午晚至新野寓次不暇梳沐而發北緣白水江江以光武名所謂白水眞人者即此午飯林水晚至南陽渡江而北宿舊寓中夜聞　駕行跨馬馳三十餘里二十七日乙未曉發博望遇介谿於途袖出武當笋分贈云　上賜也品格俱絕佳辰復隨　駕騎行午至裕州候朝旨免　祟王來有　詔止之午發裕州過張釋之墓晚至保安宿二十八日丙申五更北發辰至昆陽鋪舍小坐以俟飯大秣馬葢古葉地又舊縣基有葉公問政遺跡又光武戰勝處城址猶存外多土丘高

圓纍纍土人謂之虛糧塚東北有水南流謂之澋河合於淮土人又謂之裏河是日早晴望四山皆有白雲冪其巔如盡傾之風甚急趨葉縣寓萬安寺僧作荀蕨供邇風北行二十餘里過沙河風水相激凝沙里許殊妨行北岸鋪舍楊曰汝墳云途中見芍藥花巳盛開申至襄城旋發深夜少休村店中三更起行二十九日丁酉黎明至鈞州直抵　行宮按　駕免朝得　旨限月朔渡河次日新鄭受朝飯介谿庵寓不入城而行夾路饑民老□號乞輒以錢與之勢不

能徧有瞑目而過者午至新鄭過歐陽文忠墓涉溱洧時新雨斷橋乃知子產亦以地勢不能梁故至今猶爾入城寓董氏飯後行細雨中過吳正肅公墓又北過陳文惠公墓憶得正肅爲奎文惠爲堯佐皆宋名臣也匆匆迫暝雨不及瞻禮挨黑抵村店投宿再定寓次聞桂洲諸公咸止此是夜雨不歇以一氊假寐四月一日戊戌曉發北巷門遇蒲汀云候松臯同行問　駕所在遂冒雨走四十餘里入鄭州南郭會朱銀臺小川云適過裴晉公墓予苦雨而行遂不知

相與慰藉小川名繼忠通政參議也寓南門沈周氏午發鄭州申至滎澤借寓巡撫公館晚晴渡河抵北岸甚快見松臯議當接　駕留宿舟中二日己亥晴巳刻　上自滎澤渡北濟從官後　升輿騎從趨亢村申入蕭寓飯畢先行夜深至新鄉　行宮候　駕免朝入自東關抵北門宿王氏三日庚子晨發詣行宮免朝會巡撫可泉胡公纘宗爲言鈞州迤北至衛饑荒如許速宜賑濟可泉唯唯京山侯崔公元邀蕭寓吏戶刑工四尚書高戶侍同飯因及昨侍

上舟中與輔臣同以此事面聞　上爲之動容傳發銀二萬兩備賑　天語復云活得萬人之命否　上之盛德若此又道　伊王來見事由辰發午至衛輝寓次得少宰學士甬川張公北信知世安病愈有詩至暮報諸公俱北去予遂發冒雨行二十里聞前途叫號聲甚苦即驅衆從乃一內侍爲賊所刦遽令護應當擒一人衆皆奔散內侍捧傷哀訴不已縛賊於馬前至頓坊鋪投村店適及行李車命止呼地方與賊使根究之遂宿四日辛丑曉發冒雨行雨甚少憩

村店秣馬飯夫復即滹趨入一古祠避雨觀其楹聯似是張鷟香火以衆雜復出雨行向午入淇城南門寓郭氏雨中辱蒲汀惠縛賊歌和答遂宿五日壬寅發淇縣滹深從間道行過響河土橋石岸屈曲盤轉水流有聲青山在目頗似閩浙中山行過龍湖輩三四人於道旁趙洪洋東指三山而告之曰此濬縣地矣此山出花板石大工採之申抵宜溝同飯於蕭寓北發晚至湯陰過李司空家知后渠已北上李主事繼先置酌還寓次與龍湖同宿六日癸卯雨　湯陰

辰抵彰德寓次城隍廟北發午涉漳河覯疑塚自漳
岸抵磁州二三十里間土丘星散可數相傳曹操為
此以誑人耳恐操未必塟此一塚也按銅雀妓望雨
陵松栢想魏陵亦不遠但河南北類此亦多俱不若
磁之密也午抵磁寓次過學宮訪鄉人張學正抑而
出暮過車家閣見北直隸新撫按諸君一叙而別夜
深至邯鄲寓次宿七日甲辰曉發邯鄲辰過沙河縣
寓壁懸宋文貞公璟墓碑顏魯公書叙唐元宗車駕
幸洛陽文貞拜迎道左時已致仕年七十矣遂渡沙

河渺瀰經數里杠梁舟楫皆不易施大抵河南北諸
水源高而漲縣每遇發時浪頭高數丈有排山倒嶽
之勢雖然可立而待故俗以徒涉為便詩云匏有苦
葉濟有深涉深則厲淺則揭蓋自古然矣松皐嘗謂
孟子不知子産乘輿之事周亦有理午抵順德寓西
天寧寺瞿照磨九皐治具陪飯而別未趨內丘道中
見上阜略如此豈亦操塟耶意此中原古地顯達富
貴之人必多卜塟崇高股厚一時鄰比世遠而不知
為誰爾曉過內丘乘月北趨三更抵栢鄉宿八日乙

巳晴發北郭遇錦衣指揮趙君佐袁君天章云巳有
旨今日少駐栢鄉　上欲養人馬足力有此蓋自湯
陰起　駕兩日行五百餘里矣已抵趙州橋寓次過
石橋觀驢跡恐亦是石工所爲或石上偶有此痕爾
入城午過栢林寺觀透靈碑者亦無甚異蓋元貞乙
未趙人王詡撰寺記云後觀畫水愈奇一老僧云是
宣德間定州何生所作今何氏尚有能畫者其言頗
可信定州有東坡雪浪石銘具論畫水之法生豈有
得於是耶申抵欒城寓孫生西郭園居韭畦黍稟城

堞井廬頗有野趣宿九日丙午晴曉發孫生守正送
之北郭過高三峰閣　御札改程甚有憫恤之意已
渡滹沱入真定城北出候　駕午朝　行殿如儀鴻
臚面劾失儀官有　旨逮治退會松皐慰予擒賊事
亦作長歌口誦之予致謝過　內閣直廬會桂州遂
發申過伏城小憩即發暮渡水亦名沙河至新樂寓
次宿十日丁未陰雨發新樂辰抵定州寓次桂洲致
書至巳發午後至慶都申過溼陽更餘至保定後寓
傳莊宿十一日戊申曉出　行宮候　駕過　內閣

直廬議 廻鑾 表 桂州留飯遂過介谿午
駕至兗朝遂發過劉伶墓中至安肅即發乘月行三
鼓至定興過南泉戶書家少敘而別宿蕭氏十二日
己酉曉發定興巳至涿寓次午發過定國公徐公廷
德禮部尚書託齋溫公仁和於道立敘云 令旨迎
駕北過琉璃河石橋暮抵良鄉寓次宿十三日庚
戌良鄉新作 行宮成出候 駕月向午 駕入得
旨免朝還十四日辛亥曉先發午抵彰義門光祿
少卿草亭彭道顯邀於江氏園亭候 駕治具留宿

十五日壬子五更出候 駕居守來迎如儀自宣武
門入過大明門旭日初升而 車駕還宮矣是行也
往返凡六十日驛路五千四百餘里云

北使錄

明 李實

正統己巳瓦剌不花王及太師也先背逆天道侵臨
邊陲聲息日至時太監王振竊弄國柄請 上出征
逆北吏部尚書王直及大小群臣極諫不從是秋七
月十六日 上躬率六軍起行往征虜罪直至大同
命平鄉伯領軍與虜出戰敗績回至宣府八月十三
日過鷄鳴山遇寇命成國公朱勇出戰亦敗績十五
日至土木也先人馬四圍大戰大軍倒戈自相踩踐

虜寇大肆殺戮邀留 上駕十六日遣報飛至奔潰
回京者皆殘傷裸體京師恐怖 太后命上監國立
皇太子詔誥天下九月初六日 今上即皇帝位
上 太上皇帝尊號景泰庚午六月二十六日戊戌
瓦剌知院叅政完者脫懽五人齎番文表至請和
上御文華殿文武大臣懇請差人往虜中議和奉迎
太上皇帝己亥卯時 上命太監興安傳 旨要
於大臣中務要選如宋富弼文天祥者遣之二十八
日庚子禮部三品已上官具名封進點差時實任禮

科給事中　上命與安召實問其鄉貫傳　旨曰慿
眾進章朝廷素知忠節正欲遣使往虜中如何實曰
某雖才識不周適朝廷多事之秋安敢辭與安曰諒
爾不辱君命　聖旨李實陞兵部右侍郎做正使羅
綺陞右少卿做副使馬顯陞指揮做通使便寫勑旨
與他每去欽此本日進本討馬匹等物本上　欽改
禮部右侍郎三十日欽給帳房馬匹酒脯等物初一
日早辭　上御左順門召實等面諭曰爾每去脫脫
不花王也先那裏勤謹辨事好生說話不要弱了國

勢賞銀三十兩并衣服一套綵段三表裏領齎達達
可汗也先太師兀剌知院勑書三道及各人銀三百
兩綵段二十四表裏本日同虜使參政完者及侍郎
人等共二十一人起行宿榆河驛　上命光祿寺設
酒初二日居庸關給價鈔辦酒席館待使臣初三日
宿懷來衛仍辦酒席館待初四日離懷來賦詩　本
日過長嶺賦詩　過鵰窩堡十里乏馬一匹宿荒初
五日天曉忽有達賊二十餘人各張弓弩一人仗劍
衝入帳邊完者脫懽急與答話詢知可汗所差尚書

阿魯迷等先送先使臣平章皮兒馬黑麻赴京奏事
在彼等候阿魯迷等下馬作禮復送三十里別賦詩
　同日過雲州夜直雨赤城温泉口四十里宿荒被
賊盜去馬三四匹初六日過獨石衛遇也先人馬驅
車運糧有感賦詩　相離城北五里宿荒虜人喜悅
歌唱歡飲乳酪其夜被盜去馬六匹初七日過氊帽
山二十里宿荒述懷一詩　初八日宿興和衛東珂
邊初九日宿昂覩罔兒郎海子初十日宿失剌失𡚒
禿郎也先邊塞營中送下程羊二隻十一日至也先

營中地名失八兒禿與也先保伊婦相見開讀勑書
畢也先曰大明皇帝因何差爾每來實答曰自太師
父祖以來至於今日朝貢朝廷三十餘年你使臣進
馬往往待以厚禮遇以重恩近因奸臣王振專權減
少馬價以故勒兵拘留　太上皇帝聖駕擄掠人民
殺害軍馬今兀剌知院上合　天道下順人心奏知
可汗稟過太師特念前好同差參政完者脫懽齎文
赴京以求和好依舊遣使往來也先曰這事只因陳
友馬清馬雲小人上是非所以動了軍馬小事兒做

成大事我的實心送　太上皇帝到京你每不差大臣出城迎接我又着張闗保姚謙去奏又將他來殺了實答曰太師說是送駕軍馬不由關入瀉山而來肆意搶掠不過假名送　駕我　朝廷不能無疑況又分兵各門厮殺姚謙張闗保既為使臣却引達達百餘人各張弓矢遇敵亂殺實不知二人為使臣也先曰說得是又曰後又差者盈不花夫人赴京奏事何故不放回因止搶了寧夏大同一帶人馬實答曰先因太師人馬南侵父被害者子為報讐兄被虜者

北使錄　四

弟亦報讐人皆樂為從軍今南朝沿邊闗口軍馬多者十餘萬少者六七萬極少者二三萬俱各奮勇欲報君父之讐且軍獲一首級即將陞賞太師差使臣若無南使同行或被兀良哈達子或守邊官軍殺戮以圖陞賞又曰後又差李實我着人送至大同城裏因何亦不肯放回實答曰近得夜不收報說哨至大同東邊離城八十里見在殺死身屍四十餘人拾得荷包一個内有文書一紙言是太師差來奏事人既不存未審虛實想被守邊軍士并別處賊人殺了並

不見一人到　朝廷如孫政完者脫懽等到京奏事重加賞賜禮待筵宴又差我每來同兩國和好必資使臣以通其情豈敢殺害自絕其路也先然之又曰我又差喜寧奏事何以殺之實答曰喜寧自幼至長受　累朝聖眷厚恩托為心腹令齎金帛迎取　上皇却令太師人馬搶掠復寇寧夏朝廷已將喜寧明正典刑凌遲三日以為將來不忠之戒也先喜其言曰我亦知道又曰　大明皇帝與我是大讐自領軍馬與我厮殺天的氣候落在我手裏衆人勸我射他

北使錄　五

我再三不肯他是一朝人主特着知院伯顏帖木兒吾早晚恭敬不敢怠慢你每捉住我時留得到今日麼明日着人引你每去見實答曰足見太師仁厚之心也先曰你每來得好我正歡喜料你每事務成就殆不來呵我每八月十五日上馬到北京也先把酒曰路上辛苦可勸飲數盃畢出令平章尚書人等送壯馬一匹宰為下程十二日差頭目人等齎達達可汗并兀剌知院勑書賞賜分頭前去同日差平章人等引實等去三十里朝見　上皇同少卿羅綺指揮

馬顯共進紵絲四匹及粳米魚肉棋杪燒酒器皿等
物實泣下行禮畢惟見校尉袁彬餘丁劉浦兒僧人
夏福等三人侍左右　上所居者圍帳布幃席地而
寢牛車一輛馬一匹以爲移營之具　上曰比先我
出來非爲遊獵私已之事乃爲天下生靈躬率六軍
征討迤北不意被留在此實因王振陳友馬清馬雲
所陷也先實意送我回京被喜寧引路先破紫荆關
搶殺人民擁至京師喜寧不肯送回後至小黄河也
先欲送回又被喜寧阻住在　乾又要送回又被他

阻當喜寧既凌遲了陳友等不要饒他　上問　聖
母及　今上安否實奏曰安及問舊臣一一道其姓
名甚悉　上曰我在此一年因何不差人來迎我回
你每與我將得衣帽來否實奏曰　陛下蒙塵大小
群臣及天下生民如失考妣但虜中數次走回人口
有言見　陛下者有言不見　陛下者言語不一又
四次差人來迎俱無回報因此特差臣等來探　陛
下回否消息實不曾戴得有衣服靴帽等物來　上
曰你每回去上覆　當今皇帝并内外文武群臣差

來迎我願看守　祖宗陵寢或做百姓也好若不來
接取也先說今人馬擾邊十年也不休我身不惜
祖宗社稷天下生靈爲重實詢知也先每五日進牛
羊各一隻以爲　上食殊無米菜實奏曰昔　陛下
錦衣玉食今服食惡陋不堪臣有大米數斗欲進
上曰飲食之類小節也你與我整理大事實奏曰王
振一宦官爾因何寵之太過終被傾危國家以致今
日蒙塵之禍　上曰王振無事之時人皆不說今日
有事罪却歸於朕我亦知此人壞大事不能去之今

悔莫及時伯顔帖木兒適來歷言其故亦如也先之
詞　上賜酒畢令往帖木兒營相見帖木兒烹羊與
伊婦把酒歡飲回見　上皇奉命決議大事實以
上昔日任用非人嘗引咎自責謙退避位忠言直諫
上嘉從之日暮深有不忍別之情欲留宿館伴者
促歸不果因賦一絕　歸宿也先營中送下程羊三
隻十二日也先宰馬備酒相待令十餘人彈琵琶吹
笛兒按拍歌唱歡笑曰你每來可怕我麼實答曰古
今敵國講和爲上欲要講和必命使臣以通兩國之

情中途有賊寇劈月危險尚無所怕今到太師營中便是一家何怕之有也先喜而然之且曰有理的不怕也先曰你每認得　上皇可想他麼實曰爲臣盡忠爲子盡孝君父之恩豈可忘乎我每之思　上皇如太師之思可汗耳也先曰然既是思想何不迎回實答曰朝廷四次差人直齎金帛太師皆不發今太師既肯差我每迎回朝自有厚禮給賞不輕也先曰　大明皇帝勑書内只說講和不曾說來迎駕　太上皇帝留在這裏又做不得我每皇帝是一個閑人

諸事難用我還你每千載之後只圖一個好名兒爾每回去奏知務差太監一二人老臣三五人來接我便差人送去如今送去呵輕易了你每皇帝了再不可言待酒畢送下程羊三隻十四日與也先作辭備酒相餞曰今我差一人與你每議一日去大同調大同并山西黄河一帶人馬說與大同宣府沿邊可放人出郊收禾稼打柴草我的人馬也不動你一苗差來接駕的人約在八月初五日實答曰差人不差人奏知　皇帝請聖旨我每豈敢約期也先曰初五日不到你每邊上人民喫苦了再三不敢約也先曰若來遲呵可差去兩個達達同兩個漢人務要初五日先到回報正差使臣遲三五日亦可若無人來軍民擾邊我每不失信勉强與决各送馬一匹也先差尚書土木罕同少卿羅綺往大同調回人馬差虜使左丞把秃兒等二十七人共備馬四十二匹貂鼠皮五十張同實等赴京奏事進貢本日辭　上皇帖木兒侍側　上皇再三叮嚀迎復之事惟恐來遲袖出書三封令實齎回　上曰來時衣服可放在宣府便服

隨帶來路程遥遠勿辭辛苦當以國家天下蒼生爲念賜酒飲畢令辭帖木兒同伯婦把酒曰大人回去可着人早來圖成大事我每也要回去了實曰　皇帝在此多蒙恭敬奏知　朝廷給賞慰勞送馬一匹復辭　上皇上皇曰你每回去上覆　聖母太后上覆　當今皇帝也先要者非要土地惟要蟒龍織金綵段等物可着早齎來實領命泣下拜辭起行至二十里宿荒送下程羊二隻十五日至中途過午送下程羊一隻宰之宿夫剌失簿秃送下程羊一隻當夜

三更起行十六日過積麻嶺山下宿荒十七日從西
陽口入關至萬全左衛中飯宿宣府見彼處軍民採
打柴草收刈禾粟搬運木料人皆喜悅生意殊盛十
八日會稅官驗馬造冊差人奏報仍宿宣府十九日
至土木右丞禿馬指顧曰　上皇在彼被陷南朝枉
有人馬衆多不能戰實曰中國人民多如草芥土木
失利出於不意未可以為常理有盛有衰有降有替
把禿曰亦非我每勇力乃天的氣候又曰元世祖未
做皇帝時與敵國戰後遺使往戰國遺鍼二袋羊毛

一袋世祖怒意謂彼處說兵多於此鍼彼處戰馬多
於此毛遂與二子并頭目圖往征之后諫不聽後果
滅敵回至中途世祖病乃載屍還后曰二子不聽我
諫敵國雖滅爾父不得復生二子告天世祖即甦遂
滅金即帝位二十餘年人馬固多不足恃實曰昔項
羽號霸王英雄蓋世善治軍馬漢高祖寬仁大度信
任豪傑與項羽戰七十二陣漢高祖皆敗厥後高祖
一故而擒之霸王遂滅有漢四百餘年天下此無他
蓋因霸王荼毒生靈天怒於上人怨於下况無故興

兵搶掠上天豈有不厭之耶把禿咬指仰天嘆曰大
人言者大道理本日宿於懷來時在京運糧二萬石
至軍士皆悅適　朝廷復差都御史楊善侍郎趙榮
同虜使平章皮兒馬黑麻同到吩咐等下番議和實
將虜情與也先應對之詞一應事情并奏廻回　上
皇之禮備細言之使彼無詞以全終始二十日少卿
羅綺同尚書土木軍往大同調回軍馬軍民俱出郊
採打柴草實別把禿等預先回京奏事過居庸關遇
長隨陳容齎　勅命實等將虜使騎坐馬匹留在懷

來喂養先是巳將馬匹并各人懸帶弓箭俱留宣府
就領　勅齎回過榆河驛宿朝房二十一日復命
上御文華殿召實問曰也先有甚麼說話實悉陳前
詞又問　太上皇帝如何說實拜首奏曰上覆　陛
下復陳　太上皇帝前旨無遺　上曰也先講和之
意虛實何如實奏曰臣入番境彼處虜人舉皆喜悅
夾道謳歌沿途乳駱勸臣等飲之咸願和好蓋用人
馬相繼又曰離家年久窺其和意似有實情但也先
萬一變詐非臣可知望　陛下處置　上曰一路辛

勤驚恐賜鈔三千貫羊一隻酒十瓶命太監李三於
文華殿右廊待酒飯二十二日少卿羅綺同右丞
把禿等到　京進貢朝見二十三日把禿等奏討使
臣　上不許五府六部數四上章請遣使亦不許二
十五日實進言其略曰臣竊謂先差臣等未嘗令迎
上皇專爲講和今已事完其欲差人迎復之事及
定約日期皆出也先之口臣特專說虜情伏望　陛
下如群臣之請另差有能大臣奉迎　上皇雖虜情
變詐不測亦可使無詞倘不差人失約則直在彼而

曲在我耳臣若不言恐日後差人復不用命必曰臣
若可差臣自擒違期失約決不敢去則彼此猜疑彼
此猜疑則和議不成和議不成則　上皇終不可復
干戈終不可息邊鄙終不可寧今臣頗測虜情不避
鐵鉞眛死爲　陛下備陳乞早賜　乾斷天下生民
幸甚奉　聖旨也先使臣明日趕上楊善待楊善來
再定奪欽此二十六日把禿等回二十九日早到虜
營見也先楊善等本日晚到時也先打圍未回楊善
等八月初二日方見也先予備酒餞　上皇行初六

日發程初八日入野狐嶺十一日到萬全左衛演武
亭駐　蹕十二日宣府南城裏駐十三日駐宣府十
四日到懷來　上皇發書二緘命中使陳容齎回十
五日至唐家嶺遣使回　京詔文武群臣言避位之
由十五日　勅文武群臣免朝見之禮當日百官至
東安門外迎接　今上於東安門下輦拜迎　上皇
亦下輿禮之百官隨至　大內南城殿中　上皇陞
座百官行禮中始所行之事悉實之言無更隱　上
皇之所以回鑾　社稷之所以奠安實無分寸之功

寓於其間特紀歲時云

西征記

明　宗臣

戊午五月海寇既平于是悉能諸所入戍者先是粵兵三千以丁巳十月徵至戊省中督府至函下采金牛酒勞之已而寇至檄其往不往也匿之民間而督府既已檄閩兵勦賊歸矣于是粵兵斬會其酋長以千金為其二子取婦欲去遂日夜請之督府業已厭之請之請　上罷去而檄予督之西時七月六日也故事召兵餉金歲頒之酋長酋長輒匿其半而半給

之以故任其掠不問予于是召其酋長跽之庭誡之曰而提三千人食我四萬未聞其逐一賊也若後匿羣酋金任其掠者吾且縛而千金婦致之闕下于是酋長大懼出則嚴戢其羣毋掠予至延平聞其不掠也輒又厚遺其酋長牛酒是時汀守徐君使使來則粵兵狀予報以尺牘其詞曰歸自建安則有護軍之檄矣其人咸虎而戟日夜繩之僅不掠塗然亦其塗之人徙其雞犬孥孺而內之他所故免足下幸傳檄塗居者毋縱雞犬不收毋不能一時去其孥孺以為護軍使者憂也再二日至將樂羣酋之至也戒舟至將樂則陸是時秋炎羣酋畏炎不日馳而夜馳予與之共馳輿不雞鳴不停也蓋十日而至石牛石牛去汀百里其地故有塾云塾師聞羣酋至輒匿之山中而獨留其學子而髫者守笥酋睨其笥不知其書笥也持刃劈之見其為書則又碎其書于是學子頓足而泣亡何酋又網其池魚學子者業不知畏酋也既已忿已又閱其網魚輒大呼曰客兵作賊因裂其網投之于是酋大怒即手縛之而訴之酋長曰是子竊

吾刃也酋長信之既已縛之一夕明日驛吏入言狀予怒命從事往讓酋長酋長懼而詰人安在則已繫而去之三十里矣於是追釋之又二日至汀徐君又大勞其酋長及群酋以去自省抵汀蓋千里而二旬始至其所經雖少焚劫然雞鴨魚鱉門扉廬竈蕭然矣出瑞金遂益大掠而予聞從輿中問父老父老輒為予泣曰吾民之苦客兵甚于盜也夫嘗事者走千里召外兵擊賊豈不至急民哉及其至乃不肯發一矢徒攫金而歸也歲費帑金數萬即道塗牛酒又半

之矣卒乃使其民憂嗟怨嘆若覩賊焉嗟乎後之談
容兵者愼念哉

又西征記

予以八月二十八日出閩則泰寧報粤賊急予即下
檄邵延各郡邑兵夾勦而身與數騎星馳而西至延
則賊已殺泰寧簿又擄其衛使楊子曰事迫矣于是
檄歸化兵截其西邵武兵防其北將樂兵阻其東而
謝倅時事永安則檄謝督兵截其南馳至將樂會顔
使君顔使君留將樂防賊之東而予督數百騎徑趋

歸化至白蓮驛則賊已遁紫雲臺矣臺去白蓮六十
里歸化永安沙縣各百里而歸化又賊入汀歸粤之
要塗也予以是夜馳至徼其邑兵五百粤兵二百付
李丞蘇簿及貴從事馳之紫雲兵急不及餐而予取
邑父老米三十石令健兒數十肩隨之賊是時已據
紫雲數日延平衛使劉周率其衆與賊戰賊佯敗衆
逐之賊伏起環戰遂殺我兵數十人已而聞歸化兵
至輙驚走先是賊過歸化歸化人善弩輙射殺數人
賊遂遁至語人曰吾過延平兵卧而戰遇永安兵坐
而戰遇歸化兵立而戰益懼之也賊既遁而歸化兵
追之遂逼永安永安在萬山中而積穀寮人最悍于
是謝倅檄積穀寮兵三百出戰擒數十賊獲大旗追
至百里不及而歸而賊遂夜從上杭歸粤會上杭兵
又追擒之謝倅馳報予于是勦回所遣歸化兵龍豐
從事還郡明日遂發歸化至白蓮其丞廣陵人也老
而被創覩予流涕予詰其狀則曰賊從泰寧來乃徑
至驛云其鼓而登堂而朱衣者益少年美丈夫也是
時驛中人惶急走而丞負橐金匿之暗室中少年問

丞安在于是羣賊四索曳出之欲鞭之而少年止之
曰丞老矣速取金來宥女于是驅而之賊中少年獨
坐上坐見丞跪輒以手扶之起曰此官人也遂呼之
官人與之坐而列所掠諸婦于傍諸婦有抱兒者輒
自乳其兒其兒啼少年輒喚之果代抱之而諸婦如
對其家人勿懼也少年謾言曰公以我爲賊乎我非
賊聊與二三兄弟訪故舊此中不免取牛酒爲諸父
老費而僞當是者以我爲賊而勦官兵捕我也公不
聞泰寧簿與衛使之事乎即曰不畏兵然時時遣其

從外賺聞兵至輒錯愕耳語起矣予曰女奚策而歸曰賊既矣解去腰間槖金而丞之子復以十金跪進遂釋丞然初索之瞻中時已被三創矣而諸婦之家亦各進金放去余因太息曰嗟乎世言賊難圖者豈不惑哉夫丞卑官耳而畏不敢縛止利其數金此其志非雄傑可知矣且賊號千人實不滿二百又多老稚其間方初入寇時使有司者僅得中智之士率健兒善射者數百人扼其要而伏以待之可一鼓而擒也乃張簿以輕進斃楊帥以貪功縛劉周以失險潰

此何說哉此何說哉予又聞賊之初至泰寧也泰寧故無城而簿遂率諸健兒出戰簿亦衣健兒衣賊不知其簿也已殺始知其簿遂駭而走而楊善之逐賊也會有部兵獲　賊級善奪之兵譟而散而賊遂禽善以去然則楊之罪甚矣甚矣世人覩賊殺簿禽使以爲桀不可禦是豈賊桀哉予還將樂與顏使君大怪之而因採掇其事以見賊不足慮而當慮所以禦賊者嗟乎是亦予之罪也夫

西門記

戊午四月既望予至自汀是時都御史阮公被逮北去島寇直犯閩安省中人惶急走而諸大夫日議守城事遂以予守西門城凡七門而西門者芋原横塘南臺之所取道也先是有司悉部勒諸父老子弟守陴予發陴則悉罷諸所貸者疾者孤而懦者留其壯與之約曰晝則家夜則陴擊柝鳴梆而懸火陴外不如約者以軍法從事會明日報寇將至六門咸閉矣而城外人數十萬大呼祈入予遂日闢西門人之甚起輒坐城上列健兒數十于門人詰而入而牛馬雞

豚羣犢薄吾坐不問也客有言闢門誠善獨奈何不虞奸人哉予曰客休矣予辦此矣即有奸人者吾任之于是爲檄召城外百里所蓄薪穀悉徙之城中不徙者吾縱亂兵焚之而壯夫有不肩薪穀而入吾門者不得入于是城外薪穀日以萬石衆門矣城外人食城中者不下十萬城守凡五十日而斗米不增一錢薪以多故而議者謂城門外廬逼城者恐賊至焚之以攻吾門于是凡有廬而近者輒命焚之烟裊裊四起廬者還泣而不止也予則止西門之外之廬不

焚下檄曰寇至五十里爾其自焚吾不忍爲爾焚也其有樹于城側者議者恐寇至登樹闞我于是下伐木之令護戎者持斧環城伐之至西門余偕護戎出視棗百株梨百株垂垂實矣護戎請斧余止之曰毋伐卽寇至何能登此柔條哉凡城不屋其上而闞城則屋蓋其城故于沙不屋則雨浸善壞而議者謂城而屋不便擊寇也于是每楹輒毀其一路寇至則立之屋上擊寇予笑曰兵不能雄之行間而能雄之屋上哉且一雨而千楹何恃也遂止不毀而外郡以援

兵至凡二千人咸余所部兵也余令護戎日督之野習射夜則分屯之堞門五人一爨十人一人取下堞薪不取薪而下堞者以軍法論以是兵戢不擾而郡武部兵之出守西夾江也至則咸病臥村墟中予命楊[illegible]急馳而入剿之遂起是時寇已陷福清福清人携孥息至者日以千計而鎮東人善守以故不可拔[illegible]分一寇與賤拔會從事者提兵至遂解與之圍而[illegible]寇泉[illegible]巡[illegible]敗失守遂解去往往出游兵伏[illegible]攻鎮東鎮東有所俘獲以歸當是時興泉之寇已而而鎮東者尚屯游上意揚揚甚也會督府馳至則檄兵數千連數十大艘要擊之寇輕我輒駕大艘逆我而我兵奮怒弩駭亂發乘風大呼寇艘反出其下遂大肆擒獲餘者沉之海中捷至悉罷諸所守陴之卒與外兵入援者予亦解榻還署而父老羣然別余泪下霑衣焉時五月二十三日也余懼往事放失無以詔來遂書而存之

北征記

明　楊榮

永樂二十二年春正月甲申大同開平守將並奏虜寇阿魯台所部侵掠邊境初忠勇王金忠來歸屢言阿魯台弑主虐人違天逆命數爲邊患請發兵討之願身爲前鋒自効上可其奏至是勑緣邊諸將整兵以俟丙戌勑山西山東河南陜西遼東五都司各選馬步兵擇將統領以三月至北京山西行都司兵命都督李謙統領以三月至宣府必士馬精强兵甲堅利不如令者誅三月丁丑朔大閱命安遠侯柳升領中軍遂安伯陳英副之英國公張輔領左掖成國公朱勇副之成山侯王通領右掖興安伯徐亨副之武安伯鄭亨領左哨保定侯孟瑛副之陽武侯薛祿領左哨新寧伯譚忠副之寧陽侯陳懋忠勇王金忠率壯士爲前鋒安順伯薛貴恭順伯吳克忠都督李謙等各領兵從上諭諸將曰爲君奉天愛人爲本朕臨御以來視民如子內安諸夏外撫四夷一視同仁咸期生遂逆賊阿魯台始以窮蹙來歸撫之甚厚豺狼野心不知感德積久生慢反恩爲讐侵擾邊疆毒虐黎庶違天負恩非一而足朕再出師擣其巢穴焚其積聚寇之微命危如絲髮當時從將士之志寇豈復有生理但體上帝好生之仁驅而逐之亦冀萬一其能改也而獸心終爲不變今朕必往伐之朕非好勞惡逸恭志在保民有非得已爾等從朕誠能奮勇成功高爵重賞不汝吝如方命失機則軍法亦不汝貸汝其懋哉四月戊申以親征胡寇告天地宗廟社稷遣官祭旗纛山川等神詔皇太子監國己酉車駕發北京次唐家嶺癸丑次龍虎臺遣太常寺臣祭告居庸山川乙卯度居庸關次岔道丙辰次懷來丁巳次土木陞陜西行都司指揮劉廣爲右軍都督府都督僉事仍掌陜西行都司事戊午勑各城堡嚴哨瞭謹守備己未次長安嶺享諸將壬戌萬壽聖節禮部尚書呂震奏百官行賀禮詔却不受遂發長安嶺次赤城癸亥次雲州乙丑次雲門丁卯次獨石庚午次隰寧忠勇王所部指揮同知把里禿等獲虜諜者言虜去秋聞朝廷出兵挾其屬以遁及冬大雪丈餘孳畜

多死部曲離散北聞大軍且至復遁往答蘭納木兒河趨荒漠以避所以遣諜者慮聞之不實耳上曰然則寇去此不遠遂命諸將速進以獲諜功陞把里禿爲都指揮僉事餘皆陞一等各賜白金有差辛未次西涼亭甲戌次開安五月乙亥朔次威虜鎮丁丑次環州戊寅次雙溶巳卯次開平是日雨士卒有後至而霑濕者時其地尚寒上見之指示諸將曰士卒者將帥所資以成功名撫之至則報之厚古人有言視卒如嬰兒可與赴深谿視卒如愛子可與之俱死今

方用此輩爲國家除殘去暴其可不恤甲申召學士楊榮金幼孜至幄中諭之曰朕昨夕三鼓夢有若世所畫神人者告朕曰上帝好生如是者再此何祥也豈天屬意此寇部屬乎榮等對曰陛下好生惡殺格于天此舉固在除暴安民然火炎昆岡玉石俱燬惟陛下留意上曰卿言合朕意朕豈以一人有罪罰及無辜卽命草勑遣中官伯力哥及所獲胡寇齎往虜中諭部落曰往者阿魯台窮極來歸朕所以待之者皆爾等所知天地鬼神實監臨之此何負彼而比年

以來寇敘我邊鄙虔劉我孫黎累累不厭其自取之禍也朕聞者雖以天人之怒再率六師往行天討當是時如狥將士之志奮雷霆之威彼之危猶洪鑪片雪豈復有餘命哉朕體上帝好生之仁惟剪其枝葉毀其藏聚驅山曠遠之地豈徒全其餘息亦猶冀其或改而自新也迺獸心弗悛日增月益比吾邊垠困其荼毒者殆非一所大爲惡有本今王師之來罪止阿魯台一人其所部頭目以下悉無所問有能被順天道輸誠來朝悉當待以至誠優與恩賚仍授官職

聽擇善地安生樂業朕之斯言上通天地毋懷二三以貽後悔乙酉命安遠侯柳升等率軍士拾道中遺骸爲叢塚瘞之上親爲文祭焉丁亥次武平鎮戊子召諸將諭曰古謂武有七德禁暴誅亂爲首又謂止戈爲武蓋謂止殺非行殺也朕爲天下主華夷之人皆朕赤子豈間彼此哉今之罪人惟阿魯台餘脅從之衆悉非得已不可以同日語自今凡有歸降者宜意撫綏無令失所非持兵器以禦我師者悉縱勿用稱朕體天愛人之意己丑次威信戍辛卯次通

川甸壬辰次長樂鎮文淵閣大學士楊榮金幼孜侍
上曰漢高祖過追人慮追於人今朕至長樂思與夫
下同樂何時而庶幾也榮等對曰有志者事竟成陛
下聖志如此天必助順矣癸巳次香泉泊甲午次環
翠岡乙未次永寧戍丙申次清平鎮即元之應昌路
是日雨重車皆後上諭諸將曰輜重者六軍所待爲
命兵法無輜重糧食無委積皆危道曹操所以屈袁
紹者先焚其輜重今諸軍皆至而重車在後爾等獨
不遠慮邪遂命分兵迎之丁酉晏隨征文武大臣命

內侍歌太祖皇帝御製詞五章因舉爵諭諸大臣曰
此先帝垂諭創業守成之難而示戒荒淫酣酗之失
也朕嗣先帝鴻業兢兢焉惟恐失墜雖今軍旅之中
君臣杯酒之歡不敢忘也尚相與共勉之英國公張
輔等稽首對曰敢不欽遵聖訓戊戌次威遠川己亥
宴文武大臣上曰朕仰循皇考之意自製詞五章以
奉天法祖勤政恤民爲言亦將以垂示吾子孫俾有
所警戒遂命內侍歌之羣臣俯首聽畢皆叩頭言皇
上深思遠慮前古帝皇之所不及上悅悉霑醉而罷

庚子次陽和谷辛丑次雙泉海壬寅次覽秀川癸卯
次錦秀岡六月甲辰朔次祥雲屯乙巳次錦霞磧丙
午次翠玉峯勑寧陽侯陳懋忠勇王金忠等曰用兵
之道貴乎先知古之賢將所以動而勝人者先知敵
之情也今興師遠出而未悉賊情何以成功朕以前
鋒命爾尤宜晝夜用心其精擇勇智廣布偵邏如有
所得星馳奏來朕佇俟焉丁未次鳴玉關戊申次清
漠州己酉次和鸞谷庚戌次紫駝岡辛亥次清泉泊
壬子次通流澗癸丑次金沙濼寧陽侯陳懋等得胡

寇馬九疋來進上曰醜虜多詐安知非以是誘我也
勑懋等益加防慎不可怠忽甲寅次秀水河乙卯次
玉雖峯丙辰次寶屏山諭諸將曰今既深入虜地尤
須謹備嚴哨瞭肅部伍明約束晝夜毋怠孔子行軍
必臨事而懼孫吳兵法無恃其不來恃吾有以待之
必敬慎如此庶幾萬全丁巳次凌雲峯戊午次玉沙
泉上以苔蘭納木兒河已近令諸將各嚴兵以俟是
時將士皆踴躍思奮上聞之喜曰兵可用矣己未次
龍武岡命寧陽侯陳懋忠勇王金忠率師前進且戒

之曰若遇賊宜審機行事如兩鋒相當彼投戈下馬者皆良民勿殺如其來敵先以神機銃攻之長弓勁弩繼其後遇阿魯台亦勿殺生擒以來庚申次天馬峰上以大軍繼進行數十里懋等遣人奏言臣等已至苔蘭納木兒河瀰望惟荒塵野草虜隻影不見車轍馬迹亦多漫滅疑其遁已久上遣英國公張輔成山侯王通等分兵山谷大索仍命寧陽侯陳懋忠勇王金忠前行覘賊車駕進駐河上以俟壬戌發河上次蒼石岡英國公張輔等相繼引兵還奏曰臣等分

索山谷周廻三百餘里一人一騎之跡無睹必其遁久矣癸亥次連秀坡寧陽侯陳懋忠勇王金忠亦還奏曰臣等引兵抵白印山咸無所遇以糧盡故還于是英國公張輔等奏願假臣等一月糧率騎深入罪人必得上曰今出塞已久人馬俱勞虜地早寒一旦有風雪之變歸途尚遠不可不慮卿等且休矣朕更思之甲于次翠雲屯召英國公張輔等諭曰昨日之言朕思之不可易也古王者制夷狄之道驅之而已不窮追也且今孽虜所存無幾茫茫廣漠之地譬如求一粟于滄海可必得邪吾寧失有罪誠不欲重勞將士朕志定矣其旋師于兵部尚書李慶等進曰王者之師畏則舍之今已搗虜之穴破虜之衆塞北而萬里無虜跡雖有數輩如犬羊棲棲偷生窮漠之境陛下天地大德寧當盡殺之邪上悅遂命班師乙丑召諸將議分兵兩路南歸于是上率騎士東行命武安侯鄭亨等領步卒西行期會開平丙寅次蒼玉澗諭諸將曰今大軍南還將士既未嘗見敵必有怠心寇蹤跡詭秘不可輕忽須嚴兵殿後仍戒飭軍中晝

夜警備常如寇至丁卯次清流峽戊辰次富平川乙巳次長清戍庚午次懷柔甸壬申發懷柔甸次寧遠鎮七月甲戌朔乙亥次廻流灣丙子次清虜鎮丁丑次峭石川戊寅次羣玉峰己卯次雙清島庚辰次清水源道旁有石崖數十丈命大學士楊榮金幼孜刻石紀行曰使萬世後知朕親征過此也辛巳次豐潤壬午次長林窪癸未次廣平川甲申次遠安鎮乙酉次通津戍其地平廣多麋子軍士有馳騎犯之者過見之急下令止之謂諸將曰能種是者必安業

于此不爲寇矣而不見人者必聞大軍至懼而逃今
縱騎犯之非仁其禁止士卒凡有種藝而無居人者
皆勿犯違者斬丙戌次盤古鎭丁亥次翠微岡上御
幄殿憑几而坐大學士楊榮金幼孜侍上顧問內侍
海壽曰計程何日至北京對曰其八月中矣上頷之
旣而諭榮等曰東宮歷涉年久政務已熟還京後軍
國事悉付之朕惟優游暮年享安和之福矣榮對曰
殿下孝友仁厚天下屬心允稱皇上之付託上喜顧
太監馬雲賜榮幼孜羊酒而退戊子次雙流濼以旋

師遣禮部尚書呂震齎書諭皇太子并詔告天下己
丑次蒼崖戍上不豫下令大營五軍將士嚴部伍謹
哨瞭毋忽庚寅次榆木川上大漸召英國公張輔受
遺命傳位皇太子曰云喪服禮儀一遵太祖皇帝遺
制辛卯上崩內臣馬雲孟驥等以六師在遠外秘不
發喪密召大學士楊榮金幼孜入議喪事遂一遵古
禮含歛畢載以龍轝所至朝夕上食如常儀壬辰靈
次雙筆峯大學士楊榮少監海壽奉遺馳訃皇太
癸巳次連雲磧甲午次黑河戍乙未次宣威鎭丙
申次廣漠川丁酉次靑楊峽戊戌次聞喜岡己亥次
白沙河庚子次香泉泊辛丑次通川甸壬寅次武平
鎭武安侯鄭亨等所領官軍皆至八月癸卯朔靈轝
度開平次雙塔甲辰次威虜城乙巳次西涼亭丙午
次隰寧丁未次雲州戊申次赤城己酉次鵰鶚皇太
孫奉皇太子命至自北京哭迎軍中始發喪六軍號
痛聲徹天地庚戌次懷來辛亥入居庸關文武百官
縗服軍民耆老僧道人等皆素服哭迎壬子及郊皇
太子親王以下素服哭迎至宮中奉安仁智殿加歛

奉納梓宮

北征錄

明　金幼孜

永樂八年二月初十日上親征北虜是日駕出德勝門幼孜與光大胡公由安定門出兵甲車馬旌旗之盛耀于川陸風清日和埃塵不興鐃鼓之聲訇震山谷晚次清和十一日早發清河途間雪融泥深馬行甚滑晚次沙河勉仁始至十二日早寒發沙河午次龍虎臺十三日早發龍虎臺度居庸關關下人馬輳集僅容鶩過如是者凡數處晚次永安甸大風未幾

陰晦須臾大雪少頃雪霽天宇澄淨雲霞五彩爛然照耀山谷西南諸山無雲巖壑積雪如銀臺玉闕東北諸山雲掩其半露出峯頂四顧皆奇觀上立帳殿前面東北諸山命某等西立觀山上曰雪後看此此景最佳雖有善畫者莫能圖其髣髴也十四日早發永安甸大風甚寒且行且獵幼孜觀騎逐兎不覺上馬過前上笑呼幼孜三人曰到此看山又是一種奇特也蓋諸山雪霽千巖萬壑聳列霄漢瓊瑤璀璨光輝奪目真奇觀也午後次懷來十五日早發懷來午次鎮安驛十六日早發鎮安驛行數里道邊有土垣宛如一小城問人曰此元時官酒務每歲駕幸上都于此取酒午次雞鳴山相傳起于唐太宗征高麗至此登山雞鳴由是得名上指示幼孜三人曰此即雞鳴山昔順帝北遁其山忽崩有聲如雷其崩處汝等明日過時見之十七日發雞鳴山山甚峭上有斥堠下有故永寧寺基有歐陽玄所譔碑尚存其西北崩處土石猶新其下即渾河流出盧溝橋有石柱數十根陷於泥鬧其半出地上俗傳以為魯班造橋未成

而廢但無紀載可考竊以為遼金時所造者行里餘路甚窄僅可容兩馬人馬輳集危迫殊甚又行三四里度橋山下有土垣乃元時花園有舊柳數株尚存更行二十餘里過坳見山路險如雞鳴山石巉然下壓下臨河水路陡絕旁有積雪凝附于岸雪上亦可行但坼裂可畏車行馬驟毛髮栗然過此山漸平上勒馬登高岡召幼孜等指諸山曰此天之所以限南北也且行且語上下馬少坐于山岡之上賜酒殽午次泥河十八日發泥河午次宣府上閱武營內夜雨

十九日微雨駐蹕宣府閲武營内二十日駐蹕宣府二十一日發宣府晚至宣平召幼孜等謂曰今滅此殘虜惟守開平興和寧夏甘肅大寧遼東則邊境可永無事矣二十四日早發宣平行數里度一河水迅疾及馬腹近岸氷未解水從下流人馬從氷上度間有缺處下見水流而薄處僅盈寸度此甚戰栗更行數里入山峽中行又數里上登山而行過山下平陸次萬全大風寒下微雪二十五日大風寒發萬全行數里至城下上謂幼孜三人曰此城朕所築過城北

見城西諸山積雪上曰此亦西山晴雪也過城北入德勝口上指關口曰如此險人馬安能度山皆碎石若堆粟然入關兩峽石壁崎峭如削時車馬輳集拆關垣以度過關由山峽中行地凍氷滑馬蹄時踣間度澗積雪未消從水梁上行大風甚寒下馬便旋靴底露雪凝凍滑甚上馬尤難兩手攀鞍皆凍不能屈伸行二十餘里上野狐嶺上指東南諸峯曰至此看山則盡在下矣時風沙眯目小石擊而面爲風所吹皆紫黑下山頂度關關門爲車所塞從土隄而下地

滑馬多仆者午後至興和城北下營旣而上召獨光大往上曰是寒時不要即附火只頻行足自煖又曰金幼孜何在恐凍傷其足光大曰適同至僕者未到在彼控馬二十六日駐蹕興和上祭所過名山大川上駐馬於營前召幼孜等謂曰汝觀地勢遠見似高阜至即又平也此即陰山脊故寒過此又暖爾等非日過關始見山險若因山爲塹因壑爲池守此誰能輕度幼孜等頓首曰誠如聖諭二十七日駐驆興和上閲武營外時天晴大風上曰爾等今日始知朔方

風氣忽天陰上曰雪且至命亟曰至營門雪下已而大風復晴二十八日風寒駐蹕興和上閲武營外二十九日獵者得黄羊至上召幼孜等三人觀之遂立語于帳殿前至二鼓乃退三月一日晚上召至帳殿語至二鼓上曰夜已深汝等且休息庶明日有精神歸帳房已三鼓矣自是每宵或漏下或二更始出初二日駐蹕興和賜食黄羊初七日早發興和行數里過封王陀今名鳳凰山山西南有故城名沙城西北有海子鴛鴦鴻鴈之類滿其中遠望如人立者坐者

行者謦欬者白者如雪黑者如墨或馳騎逐之卽飛起入去旋下翩躚廻翔于水次過此海子又度數山岡午次鳴鑾戍上指示山謂幼孜三人曰此大伯顏山其西北有小伯顏山指其東北曰由此去開平復曰汝等觀此方知塞外風景讀書者但紙上見未若爾等今日親見之上又曰適所過沙城卽元之中都此處最宜牧馬語久始退少頃上復謂曰汝等觀此四望空闊又與每日所見者異汝若倦時少睡半餉卽起四面觀望以暢悅胸次幼孜等叩頭退初八日

駐蹕鳴鑾戍夜上坐帳殿前望北斗召幼孜等觀北辰正值頭上語至二皷乃出初九日駐蹕鳴鑾戍上大閱武誓師六軍列陣東西綿亘數十里師徒甚盛旗幟鮮明戈戟森列鐵騎騰踔鉦鼓震動上曰此陣孰敢嬰鋒爾等未經大陣見此似覺甚多見慣者自是未覺先是東風及鼓作徐轉南風上悅大飲將士午回營夜召幼孜三人至帳殿前語至二皷始出初十日早發鳴鑾戍上登山麓漸行徑山谷山平曠不甚高見鹿蛻角于地長數尺許椏牙如樹枝行數里平山漸盡東北有山頗高如諸山上曰此卽大伯顏山西北有山甚長隱隱如雲霧間如海波層疊上曰此卽小伯顏山望之若高少焉至其下則又卑矣由是地平曠沙中多穴上指示曰此𪕰鼠穴也馬行其上爲所陷漸近一山下見諸軍於此掘井所出泌有純黃者其色如金白者其色如玉雪又有青黑者上令中使下馬取觀復以示幼孜三人觀之適中官射一野馬來進上召幼孜與光大勉仁及尚書方賓前觀上曰野馬如馬此野騾非野馬汝輩詳觀之比來

每物見之足廣聞見又行數里遠望如水近則如積雪乃是鹻地又行十餘里過凌霄峰卽小伯顏山也上登山頂多石山下荒草無際北望數十里外又有平山甚長上曰人未經此者每言塞北事但想像耳安能得其眞也觀望良久乃下見草間有兩途如驛道上曰此黃羊野馬所行路也駐營凌霄峰比時少水軍士多不食者夜雪平地尺餘次日人馬得雪炊飯皆足十一日駐蹕凌霄峰北上召幼孜三人曰雖下雪不寒夜來無水人馬俱足矣食後天晴十三日

午復下雪夜漏下上召至帳殿至二鼓雪霽月明寒風洒淅毛髮栗然久乃出十六日五鼓駕發由東路幼孜三人向西路行三十里天明隨駕不及幼孜與光大由哨馬路迷入窮驢山谷中山重疊頂皆石山下有泉水一溝甚清飲馬其上泉傍多豐草閒無一人但見虎蛻角滿地間見人家居址墳塋漸見有數卒驅驢過問大營所在皆不知前行數十里山轉深遂登高岡望川之西北蕭條無人始勒騎回至泉上有數十騎駐泉北問之皆不能知遂下馬略休息

忽有軍帥過見予三人亦下馬同坐草間問駐蹕處亦不知軍帥往東南山谷中尋大營幼孜三人由東北而往車馬來者漸多皆尋不得行十餘里遇去者漸回乃由東北山峽中行峽之南山皆土而北山盡石壁巉巖峭削有小石戴大石層疊高低宛如人所爲者自與和至此地無寸木但荒草而已惟此石壁之半生柏樹一株甚青翠可愛如江南人家花圃所植幼孜呼光大曰此亦塞外一奇觀峽中行十餘里途窮復回穿過數山忽遇寧陽侯曰我已五處發馬

尋大營待回報相與同往飯畢久俟報馬不至日已暮上遣中官二人來問之曰大營在五雲關去此八十里寧陽侯領二千騎與幼孜三人偕行行數十里入山谷中下一山甚險時昏黑下馬徐行過此又上山相與盤旋于山頂上不知路所向更過兩山下山麓東南有間道可行時月色昏暗野燒漫山悲風蕭瑟行十數里度大川望東北行徑山麓有泉潺潺而流行數十里遇深澗馬不可度乃復回泉上下馬休息荒草間十七日早由山間望東南行逾數十里雪

益大隱隱聞銅角聲隔山谷間又過一山見隊伍前進即按馬行五六里往問之曰左掖軍馬言駕起往前五十里駐營遂同行午至錦水磧見上上喜曰汝等何來遲三人答以迷上問迷道之故遂備言之上大笑曰爾等皆疲倦且休息出遇方尚書曰昨日上在途屢召不見謂必迷道凡遣傳令者三十輩來相尋今早又遣十餘人適又問爾三人來未幼孜自惟以一介書生荷蒙聖上眷顧頃刻不忘天地之德將何以爲報十八日駐蹕錦水磧上念幼孜無馬數命

中官竹旨與清遠侯討馬鞍一副送至帳房下遂詣上前叩頭謝十九日早發錦水磧行十餘里道邊有古城上指示曰此答祭城也朕嘗獵于此又行十餘里上登山射黃羊令幼孜隨觀午次環璦剛自此皆沙陁出塞至此漸見有榆桺鳥鳶二十日次壓虜川水多鹹炊飯色皆變黃作氣息食不下咽日暮上召幼孜三人至幄殿前指示塞北山川上曰古交河在今哈剌火州因兩河相交故名水齧沙出碑曰唐之交河郡故知交河在彼二十一日駐蹕壓虜川二十

二日次金剛阜日暮上坐帳殿前令幼孜遠望極目可千里曠然無際地生沙葱皮赤氣辛臭有沙蘆菔根白色大者徑寸長二尺許下支生小者如筋氣味辛辣微苦食之亦作蘆菔氣二十四日夜甚寒上召草勑硯水成氷二十五日早發金剛阜午次小甘泉有海子頗寬水甚清鹹不可飲中多水鳥胡騎云此名鴛鴦海子疑即鴛鴦濼也地志云鴛鴦濼在宣府此去宣府蓋遠未敢必其然否夜召語至三鼓乃出二十六日發小甘泉上召語虜中山川上曰女直有

山其巔有水色白草木皆白產虎豹亦白所謂長白山也天下山川多有奇異但人迹不至不能知耳此地去遼東可千餘里朕嘗問女直人故知之行十餘里上召令馬上草勑幼孜三人按轡徐行執筆書草成上已行三里餘飛鞚至上前視草觀畢令膳真下馬坐地于膝上書之午次大甘泉二十七日上令衛士掘沙穴中跳兎與幼孜三人觀大如鼠其頭耳毛色皆兎爪足則鼠尾長其端有毛或黑或白前足短後足長行則跳躍性狡如兎犬不能獲之疑即詩所

謂躍躍毚兎者也有鹽海子出鹽色白瑩潔如水晶疑即所謂水晶鹽也二十八日移營于大甘泉北十里屯駐二十九日午次清水源有鹽池鹽色或青或白軍士皆采食三十日駐蹕清水源去營六七里地忽出泉予與光大往觀至則泉溢數畆人馬飲之俱足四月初三日進神應泉銘初五日午發清水源過此沙陀漸少時大風寒予戴帽上馬時被風吹斜側常以手執帽籠上顧而笑曰今日秀才酸矣晚至屯雲谷此處少水由清水源載水至此晨炊初六日早

發屯雲谷霜氣甚寒皆衣皮裘戴狐帽行十餘里上
召曰云幽風一之日觱發二之日栗烈今巳莠葽之
時而氣尚栗烈人皆衣狐裘未經此者與之言自是
不信光大對曰誠所謂井蛙不可以語海夏蟲不可
以語氷臣若不涉此亦不深信上笑曰爾等誠南士
也午次玉雪岡見上于帳殿上見光大衣狐裘暖帽
笑曰今爲冷學士矣初七日發玉雪岡行十餘里過
一大坡陀甚平曠遠見一山甚長一峯獨高秀拔如
拱揖上指示曰此賽罕山華言好山也又曰阿十者

華言高山也其中人迹少至至則風雷交作故胡騎
少登此若可常登一覽數百里巳爲其所窺矣午次
玄石坡見山桃花數藂盛開草莽中忽覩此亦甚奇
特上登山頂製銘書歲月紀行刻于石命光大書之
井書玄石坡立馬峯六大字刻于石時無大筆用小
芊毫筆鉤上石勒成甚壯偉可觀坡有泉躍出于地
如神應泉足飲人馬名曰天錫泉上命幼孜三人及
尚書方賓侍郎金純往觀至見人馬塡滿泉水上溢
出泉復壅塞初八日次鳴鞍鎮初九日早發鳴鞍鎮
是程若遠然地甚平曠午至一山谷中有二舊井水
可飲新掘井皆鹹苦午後忽微雨風作天氣清爽人
馬不渴若值熱人皆病矣過數里兩旁皆山西山皆
黑石磊砢層疊東南諸山皆土晩至歸化甸上與諸
騎將前行眺望有泉出于地遂名曰靈秀泉適中官
以玄石坡字來進觀畢命司禮監藏于篋十二日早
發歸化甸由山谷中行地多鼠穴馬行其上輙蹈行
二十餘里地多美石有如琥珀玳瑁瑪瑙碧玉者其
光瑩然同行好事者下馬拾以爲玩午至楊林戍地

亦有美石但不如前所見者之佳晩有泉出于營之
西南遂命名曰神晩泉十六日午次禽胡山營東北
山頂有巨白石上命光大往書禽胡山靈濟泉大字
十七日次香泉戍十八日早發香泉戍行沙陀中多
山桃花滿地爛熳又有榆林藂生不甚高有鳥巢甚
完固舉手可探之皆鷹隼巢也午後至廣武鎮川中
有土城基問人云國初征和林時所築屯糧于此過
川入山有泉流馬皆不飲泥臭故也西南山峯甚秀
上欲刻石令方賓與幼孜三人上觀石登山下馬偏

觀無佳石得一石略平可書正書忽風雨作遂下山至營復命上面營前高峯而坐上曰人恒言此山有靈異適登此忽雲陰四合風冷然而至遂命之曰靈顯翠秀峯泉曰清流十九日發廣武鎮上登靈顯翠秀峯令幼孜三人從晚次高平陸無水于廣武鎮載水至此晚炊二十日次懷遠塞二十一日次捷勝岡有泉湧出名曰神獻泉上令光大書捷勝岡三大字于石山多雲母石并書雲石山三字刻于石二十二日早發捷勝岡行數十里但見荒山野草上曰四望

無際莫知其極此眞所謂大漠也午次清泠泊有泉湧出名曰瑞應泉二十三日午發清泠泊晚至雙秀峯是程無水自清泠泊載水炊飯適天陰風寒下雨人馬俱不渴二十四日早發雙秀峯晌時至威虜鎮泉曰永清二十五日午後發威虜鎮晚至紫霞峯二十六日至玄雲谷使臣舒百戶自瓦剌回上召幼孜三人隨駕同行聽其言瓦剌事夜命寫勑無阜以氊覆地伏而書之書畢已四鼓矣二十七日次古梵場二十八日早發古梵場行數十里東北有山甚高廣峯巒聳拔蒼翠奇秀類江南諸山山之下孤峯高起上多白石元氏諸王葬其下晚至長清塞有泉水甚清賜名曰玉華泉夜漏初下上立帳殿前指北斗曰至此則南望北斗矣語甚久方退三十日至順安鎮上立帳殿前指營外諸山曰此虜地諸山之入畫者遂令畫工圖之晚下雨五月初一日早微雨發順安鎮行十餘里山多白雲上召指示前山曰此即名白雲山又行數里白雲中有青氣接地望之如青山白雲上曰此山甚高大可觀幼孜以爲信然上笑曰此

氣也非眞山若誠爲山則天下之山無有過之者度一岡遙見臚朐河又過一岡上攬轡登其頂四望如下又行數里臨臚朐河立馬久之賜名曰飲馬河河水東北流水迅疾兩岸多山甚秀岸傍多楡柳水中有洲多蘆葦青草長尺餘傳云不可飼馬馬食多疾水多魚頃有以來進者駐營河上地名曰平漠鎮初二日駐蹕平漠鎮賜食御庖鮮魚初三日發平漠鎮由此順臚朐河東行午至祥雲巘上立帳殿前召語片時乃退初四日晨發祥雲巘午次蒼山峽哨馬

營巳值胡騎四五人得箭一枝馬四疋來進初五日
發蒼山峽午次雪臺戍地多野韮沙葱人多采食又
有金雀花花似決明莖似枸杞有刺葉小圓而末銳
人采取其花食之又有一種黄花菜花大如茼蒿葉
大如指長數尺人亦采食初六日次錦屏山初七日
次玉華峰初八日發玉華峰胡騎都指揮款台獲虜
一人至知虜在兀古兒扎河晚遂度飲馬河下營初
九日上以輕騎逐虜人各齎糧二十日其餘軍士令
清遠侯帥領駐劄河上扈從文臣止令尚書方賓及

光大勉仁數人隨行命幼孜留營中初十日早雨駕
將發余同光大詣帳殿見上請隨駕同往上曰爾不
能戰陣往亦無益前途艱難朕一時顧盼有不及或
為爾累爾留此豈不安幼孜叩頭不勝感激食後送
光大勉仁出營門馬上相別殊覺愴然是日哨馬營
獲胡寇數人及羊馬輜重送至大營清遠侯復遣人
護送馳詣上所蓋欲以為鄉導也十五日早食後出
城東回至清遠侯帳下坐移時得上追逐胡虜動靜
十六日食後同張侍郎袁中書出城外登一小山四

望天宇空濶情懷甚適十九日食後聞捷音將至甚
喜清遠侯來邀作午飯仍食鮮魚二十一日早飯出
城外候駕光大勉仁先至營中相見且喜且戚時駕
從城外過去城二十里安營至營中見上與語良久
命寫平胡詔二十二日分軍由飲馬河先回上以騎
兵追逐餘虜東行步行者俱不得從是日發平胡詔
及書勅諭數道甚怱迫午後起營二十三日午大雨
午後雨止發威遠戍晚至廣安鎮二十四日發廣安
鎮由此循飲馬河南東北行午次蟠龍山大雨平地

水流暮雨止二十五日發蟠龍山雨意未止晚次臨
清鎮二十六日午後離飲馬河取便道入山中晚次
定邊鎮是程無水載水為早炊二十七日發定邊鎮
午至河午食後渡河河水稍深據鞍不能渡幼孜三
人俱脫衣乘散馬以渡水没馬及腹以上暮至雙清
源夜禁火不舉二十八日發雙清源午至河水益深
多用柳枝縛筏以渡晚次平山甸上立帳殿前召幼
孜三人問津河之由上嘆曰朕渡河時已命筏上渡
汝何不由彼光大曰臣輩不知及至彼又無與臣言

者故不由彼渡上笑曰今日方爲艱難汝得無懼乎因渡水得一木板上有虜字就以進上命譯史讀之乃祈雨之言也虜語謂之札達華言云詛風雨益虜中有此術也二十九日次盤流戍六月初一日次凝翠岡初二日發凝翠岡午經澗灤海子上令幼孜數人往觀去營可五六里有山如長堤以限水海子甚濶望之者無畔岸遙望水高如山但見白浪隱隱自高而下天下之物莫平於水嘗經江湖閒望水無不平者獨此水遠見如山之高近處若極下此理極不

可曉觀畢復命上曰此水周圍千餘里幹難臚朐凡七河注其中故大也遂賜名曰玄冥池晚次玉帶河初二日次雄武鎮上召予同勉仁往光大看馬及退漏下巳三鼓矣初四日發雄武鎮晚次清胡原初五日次澄清河初六日發澄清河數里渡河穿入柳林中柳蒙密不可行下皆汙泥行五六十里下營大雨如注至晚不止又復移營夜次青楊戍初七日發青楊戍凡四渡河河水甚急午次克忒克剌華言半箇山山甚峻拔遠望如坡故名入此河稍峽山攢簇多松林上曰此松林甚似江南至前山水益清秀可愛孰謂虜地有此奇觀也晚次蒼松峽隔岸坡陀閒樹林蓊鬱宛如村落水邊楡柳繁茂荒草深數尺而草稍俱爲物所食是日獲虜二人因問之知虜騎曾經此過一宿草爲馬所食也初八日發蒼松峽渡泥河數次河狹水淺兩岸泥深人馬多陷晚渡黑松林蒼翠可愛遂下馬少憩復行十數里下營飼馬日沒復啓行夜入山谷中乘月倍道兼行上坡下澗不勝崎嶇月落路難行旌旗甲戈咫尺不能辨幼孜三人從

寶纛須臾莫知其處但前騎皆不行始下馬立半山間逾時復上馬下至平川路多沉淖且陷益難行而鄉道亦惑遂止次飛雲壑初九日發飛雲壑行二十餘里凡渡數山至一水泉處前哨馬巳見虜列陣以待上飭諸將嚴陣先率數十騎登山以望地勢幼孜二人下馬被甲復上馬隨陣後渡一大山見虜出沒山谷中少頃遣人來僞降先是上度虜必僞乞降頒書招降勑以待至是虜果來上在陣前召取勑幼孜遂馳馬至前以勑進上曰虜詐來請降朕亦給之乃

以勑付來者去又行數十里駐兵于山谷中忽見塵動亟上馬前行俄聞砲聲左哨已與虜敵虜選鋒以當我中軍上麾宿衛即摧敗之虜勢披靡追奔數十餘里予三人同方尚書隨寶纛前進上已駐兵于靜虜鎮遣傳令都指揮王貴來收兵貴見予數人驚曰何故在此主上已久下營可亟回予數人遂回往返已百餘里初十日早發靜虜鎮命諸將皆由東行人渴甚以衣于草間且行且拽漬露水扭出飲之行數十里始得水晚次駐蹕峰十一日上先將精騎窮追

虜潰散者令予三人及文職扈從者皆隨都督金玉冀忠用領馬步後進午始行入山谷中漸見虜棄輜重晚次長秀川而輜重彌望十二日發長秀川隨川東南行虜棄牛羊狗馬滿山谷崖次回曲津十三日次廣漠戍歸大營上逐虜于山谷間復大則之久方回營幼孜三人見于帳殿上語破賊之故復加慰勞幼孜三人叩頭謝十四日發廣漠戍行數里渡河河濱泥深陷及馬腹餘虜尚出沒來窺我後上按兵河曲佯以數人載輜重于後以誘之虜見競奔而前銃響伏發虜蒼黃渡河我師乘之生擒數人餘皆死虜由是遂絕晚次蔚藍山十五日次寧武鎮十六日次紫雲谷十七日次玉潤山十八日次紫微岡十九日次青陽嶺二十日次青華原二十一日次淳化鎮二十二日早發淳化鎮渡河深及馬鞍既渡以為無水矣而入一澤中長六七里草深泥水相交復渡兩河泥陷及馬腹馬行泥潦中幾陷晚次秀水溪二十三日發秀水溪行十餘里入淙流峽甚險一水流其中路傾側臨水縈廻曲折如羊腸日凡七八渡登高下

低馬力疲倦逾數岡至營晚次峽中二十四日次錦雲峰二十五日次永寧戍二十六日次長樂鎮二十七日發長樂鎮草間多蚊大者如蜻蜓拂面嘬嗒拂之不去晚次通川甸即應昌東二海子間上登山遙望指海邊石山曰此即三石山也營之西南曼陀羅山下有寺基元公主造寺出家于此國初廢二十八日次金沙苑二十九日發金沙苑是程多水途邊多榆柳沙陀高低樹青沙白甚可觀上曰此景猶小李金碧山水也行數十里有大海子水稍深先令軍士

伐木爲橋以渡晚次玻瓈谷三十日次威信戍七月初一日次武平鎮初二日次開平營于斡耳朶華言宮殿也元時宮殿故址猶存荒臺斷礎零落荒煙野草間可爲一慨初四日次環州上召賜瓜果初五日次李陵臺今名威虜驛連渡𣪺河水深及馬鞍晚次寧安驛初七日發寧安驛經元西涼亭故址四面石墻未廢殿基樹木已成抱殿前栢兩行仍在但蕭條寂寞觀久悵然而出晚次盤谷鎮初八日發盤谷鎮入山峽中路甚險兩山相夾如行夾城中上曰此山

險阸若是雖有虜騎千羣豈能至此縱至此斷其歸路鮮有能出者晚次獨石初九日次龍門龍門兩山對峙石崖千仞水流其中路由水中行山水泛時此處最險上指此山曰斷此路孰能度者崖石懸處甚平光大曰此處好鐫磨崖碑上曰朕意如此汝言正相合也初十日次[illegible]然關十一日次長安嶺至此方出險十二日次鎮安驛十三日次懷來十四日次永安甸召賜瓜菓十五日度居庸關上令幼孜三人記關內橋自八達嶺出關口凡二十三橋晚次龍虎臺

十六日次清河十七日駕入北京

北征後錄

明　金幼孜

永樂十二年三月十七日庚寅上躬帥六師往征瓦剌胡寇答里巴馬哈木太平把禿孛羅等馬步官軍凡五十餘萬予與學士胡公光大庶子楊公勉仁偕扈從是日辰時啓行由安定門出午至清河下營晚微雨夜復驟雨五更雨止十八日晨發清河午至沙河命光祿寺賜酒饌十九日早雨晨發沙河途間雨止午次龍虎臺午後復雨二十日晨發龍虎臺度居

庸關午後至隆慶州下營二十一日至榆林雨午後至懷來下營雨不止二十二日早雨止發懷來午次沙城晚晴二十三日午次雞鳴山大風二十四日午次泥河二十五日次宣府大風雨下即止是日穀雨二十七日晨發宣府午次宣平大風二十八日次德勝口晚發風下雪二十九日度野狐嶺風寒午後次興和三十日風寒四月初五日移營于興和北十里沙城初六日大閱軍士初十日次紅橋是日立夏十一日次凌霄峰即兀出于伯顏雨連宵不止甚寒十二日早雨食後發凌霄峰午後次大石鎮無水瑎宿十三日早微雨午前次五雲關即哈剌罕有水十四日霜寒次高平阜即忽牙撒里禿十六日次殺虜城即答虜城十七日次龍沙甸即阿蘭惱兒午後雨十八日次錦雲磧大風雨雪晚復晴十九日次小甘泉二十日次大甘泉二十一日次清水源即馬塔馬二十四日午發清水源晚次屯雲谷無水自清水源載水至作晚餐二十五日次玉雪岡是日小滿二十六日發玉雪岡晚次玄石坡大風二十七日次鳴鑾鎮

二十八日發鳴鑾鎮晚次清風壑無水大風二十九日早寒午次歸化甸五月初一日癸酉早寒午次楊林戍初二日次禽胡山初七日大風寒晨發禽胡山晚次香泉戍初八日風寒巳時發香泉戍午後次廣武鎮即哈剌莽來夜雨初九日大雷雨下雹如雪積地二三寸初十日次懷遠塞十一日次玉帶川即柴禿是日芒種十二日次富平鎮即兀兒禿十三日次翠幕甸無水瑎宿十四日次長山峽少水十五日次至喜川十七日至環秀岡十八日午發環秀岡暮次

野馬泉晡宿十九日次蒙山海二十日午發蒙山海晚次威武鎮二十一日午前發威武鎮晚次通泉泊二十三日午次飲馬河微雨晚晴二十六日夏至二十七日移營于飲馬河北十里凡五渡河至營暮大雷雨二十八日次飲馬河二十九日早食後復自飲馬河北仍五度河午前次飲馬河西三峯山六月初一日壬寅次飲馬河清流港初二日早微雨發清流港循飲馬河行二十五里復晴下營午後再行至暮次崇山塢無水晡宿初三日晨發崇山塢午後入一

山峽長數十里有水下營作午炊食後再行晚次雙泉海即撒里怯兒元太祖發迹之所舊嘗建宮殿及郊壇每歲于此度夏山川環繞中潤數十里前有二海子一鹽一淡西南十里有泉水海子一處西北山有三關口通飲馬河土剌河胡人常出入之處也初四日微雨午晴次雙泉海前哨馬來報哨見胡寇數百人稍與戰皆退去初五日午發雙泉海暮至西北三峽口即康哈里孩無水是日前哨馬與寇相遇交鋒殺敗胡寇數百人宵遁初六日次蒼崖峽初七日

次急蘭忽失溫賊首答里巴同馬哈木太平把禿孛羅掃境來戰去營十里許寇四集列于高山上可三萬餘人每人帶從馬三四匹上躬擐甲冑帥官軍精銳者先往各軍皆隨後至整列隊伍與寇相拒寇下山來迎戰火銃四發寇驚棄馬而走復集于山頂東西鼓譟而進寇且戰且却將暮上以精銳者數百人前驅繼以火銃寇復來戰未交鋒火銃竊發精銳者復奮勇向前力戰無一不當百寇大敗人馬死傷無算皆號痛而往宵遁至土剌河上乃收軍回營已二

鼓矣遂名其地曰殺胡鎮初九日移營向西十里許晚雨下風寒初十日頒師午次廻流甸晚微雨風寒十一日晨發廻流甸午出三峽口餘寇復聚峽口山上又有數百人據雙海子諸軍乃以火銃先擊據海子者寇知不能拒遂遁餘寇在山峽者恐火銃再至亦遁去晚次雙泉海十二日次平山鎮十三日次飲馬河清源峽是日小暑十四日次飲馬河平川洲十五日次飲馬河青楊灣十六日次飲馬河三峰山十七日渡飲馬河西北三峰山東南下營阿魯台遣頭

目數十人詣軍門謁見上皆賜以衣服絹帛米糧復勞之酒肉遣回十九日移營于飲馬河北舊下營處二十日午後渡飲馬河凡三渡水循河行數里下營二十一日循飲馬河南岸東行數十里下營二十三日次青山峽微雨無水暗宿二十四日晚次蒙山海二十五日午後發蒙山海途中驟雨即止暮次野馬泉二十六日次環秀岡二十七日次至喜川暮再行十里下營二十八日次黑山峪是日大暑二十九日次翠幕甸三十日次富平鎮七月初一日次玉帶川

大風微雨初二日大風初三日次懷遠塞初四日次廣武鎮過二十里下營午後大風微雨初五日晨發廣武鎮午前過香泉戍午後次禽胡山寫平胡詔其晚就遣都指揮李瑛同中官齋回北京初六日次楊林戍晚下雨初七日次歸化甸晚微雨復晴初八日午前發歸化甸途中下雨晚次清風壑初九日次鳴轂鎮午後復起營晚次玄石坡初十日次屯雲谷十一日次清水源十二日次小甘泉十三日次錦雲磧上召賜食燒羊燒酒其日立秋十四日次龍沙甸下雨十五日次殺胡城微雨晚晴十六日過高平阜下雨午後次五雲關更度山二十里下營十七日晨發五雲關過大石鎮午後次凌霄峰上召賜食燒羊燒酒十八日次紅橋十九日次興和二十一日晨發興和度野狐嶺過德勝口午後次萬全大風雨二十二日午次宣府下雨至更盡雨止二十三日次泥河下雨二十四日次雞鳴山途中微雨晚上召賜桃子及食羊肉酒二十五日午次土墓二十六日次懷來二十七日次永安甸二十八日雨是日處暑晨發永安

甸度居庸關于後次新店大雨晚奉旨同光大勉仁先回八月初一日早文武百官迎駕由安定門入上升殿羣臣上平胡表稱賀而退

北征事蹟

明　尹直

錦衣衛掌衛事都指揮僉事臣袁彬謹　題爲纂修事成化元年七月二十一日該太保會昌侯孫繼宗等題　英宗皇帝車駕北征往還事蹟有錦衣衛都指揮僉事袁彬一向隨侍必能詳知合無令其開寫具題奏　聖旨是欽此欽遵本月二十二日臣將事蹟錄寫欲進該館未敢擅便具題奏　聖旨是錄寫完了還封進欽此欽遵今將事蹟開坐謹題請　旨

計開

正統十四年八月十五日臣在土木爲回回賽伏剌所虜十六日　皇上在雷家站南岡地上衆坐達子圍着是臣遠覷認的是我　英宗皇帝臣叩頭哭上問你是甚麼人臣說是校尉當奉　聖旨你不要說是校尉只說是原在家跟隨的指揮又問你會寫字不會臣說會寫就令在左右隨侍答應本日奉聖旨討珠珠六托九龍段子蟒龍金二百兩銀四百兩賞也先着臣寫書與千戶梁貴回京奏討十七日隨到宣府西城角令答話城上放短鎗不得近又轉到南門有　聖旨宣楊洪范廣宋謙羅亨信着開門接我城上去城上人回說今日晚不敢開門這城池軍馬是　爺爺的楊洪也出去了不在城裏星月上時隨　上渡宣府河臣下水控馬渡訖至二更時太雷雨就陣上震死也先所騎青白騸馬兩匹　上令臣出帳房外窺覷但見彩光罩定　御帳隨即奏知先是虜衆累謀欲害　上數見瑞應謀遂沮明日也先就來帳房前叩頭致敬十八日　聖旨差喜寧回

京奏討賞賜十九日早也先令伯顏帖木兒得知院來進熟肉鋪蓋皮襖二十日到大同東塘坡上　聖旨着寫書差力士張林到大同城裏有總兵官劉安都督郭登都御史沈固將張林付斷事司審問來歷是晚說差人出來打話二十一日早過西門官話上又令忠勇伯到城下城中不信着臣自騎馬到城下跪說我是寫字的校尉見有駕牌爲照我原籍是江西人這裏委的是　皇帝在土木時軍馬盡被也先殺散了下弔橋放我進去臣入城見劉安郭登沈

固霍埴衆官計議只父臨臣在城劉安出城見　上
慟哭　上問城裏有會說話的通事着一人出來劉
安說有通士指揮李讓奉　聖旨便着他出來劉安
入城方遣臣出臣見　上又令臣入城取李指揮李
指揮說我女兒許與大同王對親如今不與他我若
出去他定殺了我臣扯住縈腰說　皇帝在門外你
如何不去劉安又言我在　上前說過了你便去遂
同李指揮出見　上得知院等言說我太師也先曾
說我有甚麼本事征伐南朝只是天着我和皇帝一

會李指揮說官人你這說話有天理得知院等到城
下令臣於　上前索羊酒賞賜是日劉安等同大小
官員出城朝見及進羊酒等物　上問大同有多少
錢糧劉安說有十四萬兩銀子當令臣取銀一萬兩
以五千兩賞也先五千兩賞得知院等三人虜又索
衆軍馬賞賜　上令臣再入城取銀五千兩散與衆
達子二十二日臣傳奉　聖旨討武進伯朱冕西寧
侯宋瑛內官郭敬的家財及三人的蟒龍衣服酒器
盡都拏來賞與也先城內衆指揮千百戶轎衣服綵

段來賞與也先大小頭目又着擺筵席管待他至晚
離城西二十里駐蹕有夜不收楊總旗來與臣說今
夜有五個夜不收來密請　爺爺石佛寺去待他尋
不見時便乘間入城去臣備奏知　上曰此危事使
不得先在土木時不曾死我命在　天若萬一不虞
如何好遂不用其計二十三日也先等說我毎到猫
兒莊外會議擬送　皇帝南歸是日晚到水盡頭指
揮盛審等送至銀三千兩二十四日送衣服二十六
日送彩段羊酒蜜食二十七日到九十九個海子二

十八日下柳源縣二十九日到黑河三十日到八寳
山九月十六日季鐸齎賞并　聖毋皇太后寄來貂
裘胡帽衣服等物到營見　上說初六日郕王巳即
皇帝位又說文武百官奉　皇子三人中年長者一
人爲東宮　皇上令臣寫書三封一禪位於　郕王
一問安於　太后一至意於百官絕也先闚地之心
動　景皇天倫之念　上看之甚喜當時祝　天本
月十七日到斷頭山住五日也先每日進諸般熟野
味二十二日又往北行二日也先會議復往南行一

日也先號令着廝殺馬五更時分起營至暮駐扎二
十八日到大同　上至北門下郭登等朝服在月門
裏設交床一把侯候叩頭　上不肯下馬郭登着令
人伏城上欲放下月城閘板虜覺之就擁　上出門
也先到大同東門叫城中頭目出見城中不從惟進
羊酒諸物　上親說與城上官軍這廝每說謊不肯
送我你每守　祖宗的城池操練軍馬不可怠惕十
月初一日至衆樂店内官喜寧說如今送　爺爺從
居庸關進去初二日至陽和討了牛羊酒初四日到

紫荆關北空地駐扎有通事都指揮岳謙與臣說喜
寧會說達達話說他領哨馬進紫荆關去搶北京臣
思喜寧頗知中國虛實今爲虜用恐其乘虛入關當
以岳謙所說奏聞　上曰只憑着天理去初五日喜
寧領前哨進紫荆關北口初九日喜寧等燒燬紫荆
關殺都御史孫祥初十日過易州至良鄉縣本縣里
老人等進茶食果品羊酒十一日到蘆溝橋有果園
署官以果品來進　上又令臣寫書三封奉　聖母
皇太后及　御弟皇帝暨文武群臣通報虜情固守

社稷當差岳謙同那哈出到彰義門答話岳謙爲
官軍殺了那哈出奔走回營與也先說他南朝人也
不認得殺了岳謙也先聽得當令達子擺一字陣直
至西直門　上御德勝門外空房内十二日臣送
上登土城答話有王復趙榮來進羊酒得知院等說
怎麼沒大頭目來接着你小官人出來十五日　上
令臣與得知院說哈銘會說達子話就帶回去不要
放他入城又宣喜寧三次不至是日回至良鄉十六
日到易州十七日到紫荆關連日雨雪上下艱難十

八日到渾河十九日到蔚州二十一日到順聖川駐
扎二十三日往陽和後口到貓兒莊二十四日北行
十一月十六日到老營得知院妻宰羊迎　上遞盃
十七日宰馬做筵席在蘇武廟駐扎凡四十日時天
寒甚臣得宿寢傍每至中夜令臣伏臥内以兩脇温
上足　上時出帳房仰視天象或指示臣曰　天
意有在我終當歸耳也先每二日進羊一隻七日進
牛一隻五日七日十日做筵席一次逐日進牛乳馬
乳又進窩兒帳房一項差達婦管起管下　上在行

營或乘騾車或乘馬途中達子達婦遇見皆於馬上
叩頭隨路進野味并奶子也先每宰馬設宴伺奉
上酒就自彈虎撥思兒唱曲衆達子齊聲和之得知
院大同王賽罕王跪奉　上酒至十二月初二三在
老營起往來駐扎也先并達子每夜見　上所御帳
房上火起隱隱若黃龍交騰其上也先欲以妹進
上竟却之初六日喜寧與也先議請　上往高橋兒
寧夏去臣說如今天氣冷凍　爺爺如何去得遂不
成行喜寧與也先說都是校尉袁彬擬置阻住將臣

賺去蘆葦地內綑了欲開剝忠勇伯蔣令人走報
上令哈銘與也先說饒臣死方解皮條放了也先等
領達賊四散搶虜至月盡回營日期不等　上累令
臣寫書差人回京與　御弟皇帝并文武群臣以
祖宗社稷爲重好生操練馬軍謹守城池不要顧我
景泰元年正月初一日　上自將白紙寫表宰羊一
隻祝告　天地行十六拜禮至二月初一日也先請
上至其帳奉酒彈唱也先三妻皆出叩頭獻鐵腳
四月二十二日　上以久無使臣往來喜寧又潛

懷二意數教也先擾邊於是令臣寫分豁本差人回
京若爲喜寧中埋者又令臣至也先處說　爺爺有
旨要差總旗高磐太監喜寧達子那哈出回京也先
依聽又密書喜寧謀叛情跡函於木片內繫高磐腿
上令至宣府與總兵等官以計擒之及至野狐嶺高
磐與喜寧飯於城下密約城上至進湯時即發短鎗
少頃短鎗發達衆走散高磐抱喜寧滾下濠中遂擒
入城那哈出走回營見　上說喜寧在野狐嶺被高
磐抱住滾下濠裏縛入城內去了　上大喜說使兩

下裏動干戈害人民都是這廝如今拏了他邊上方
得寧靜我南歸也可望了五月內李實羅綺馬顯齎
賞來與也先見　上本月內回京七月初三日哈銘
來說也先會議送　爺爺回朝要京裏着頭目來接
就差哈銘指京奏報二十七日哈銘同楊善至龍門
地方接見八月初二日也先得知院等進馬匹貂鼠
皮張也先得知院等及其妻妾俱送　上行約半日
程也先下馬叩頭跪着解所帶弓箭撒袋戰裙以進
與衆達子羅拜伏地慟哭辭去惟得知院領部下人

馬直送至野狐嶺又進馬匹齊叩頭拜別到宣府右衛城外官廳住一夜宣府都督朱謙同男朱勇帶領人馬到右衛接見　上到宣府城外搭殿住二月十三日就着朱謙設宴討綵段衣服等件賞達子那哈出等又有商輅王謙許彬接到朝見畢後　上令臣宣許彬等到　上說爲我家　祖宗社稷着恁官人每多費心憂念我如今幸得回還到京時情願退居閒處你便寫書與　御弟皇帝知道十四日到雙泉鋪巳夜其夜　上打點衣服以舊所服白綾中衣一

件及也先所獻戰袍　賜臣十五日至京入　南宮十六日早臣　朝見二十五日蒙陞臣試百戶天順元年正月十七日　上復位十九日陞臣指揮僉事二十五日　欽賜第一所於澄清坊舊北　向上令内官監改造面陽本衛撥大千人又賜銀三百兩綵段六表裏三月内臣娶妻　上命國舅孫顯宗主親及賜金二十兩銀二百兩綵幣八表裏天順二年二月内臣生子賞金二十兩銀一百兩綵幣六表裏又陞賜大紅織金紵絲蟒龍并各色織金胸背衣服綉

春刀磁器等物

說郛續目録

弓第十一

平夏録

東海黄標

大政不綱羣雄鼎沸蓋天命

聖人必先以驅除云爾蜀有明氏（一日旻氏）諱玉珍（一日字玉珍）隨州玉沙村人也家世務農玉珍身長八尺目重瞳子鄉閭有訟皆往質焉至正辛卯歲汝潁兵起玉珍乃團結里中人屯于青山衆推爲屯長（一日爲總司弓兵牌子頭隨倪蠻子即文俊也）明年壬辰徐壽輝亦起於蘄黄癸巳冬十一月壽輝僭大號都漢陽遣使招玉珍玉珍歸漢陽授元帥益兵俾鎮沔陽與元將合林　連戰湖中飛矢中其右目人呼爲旻眼子沔陽連歲饑乙未春（一日夏）玉珍將斗船五十艘上夔府哨糧時　陵皆屬漢參政姜珏守之玉珍至巫峽貿糧皆滿丙申冬辰州人楊漢者元義兵元帥也以精兵五千屯平西寨時行省右丞相完者都鎮重慶招兵丁酉春三月漢以兵屯江北完者都誘漢來謟席閒殺之欲併其軍麾下懼且怒乃一船下流適遇玉珍於巫峽訴其事且言重慶一城並有左丞相合林秃右丞相完

者都兩不相下郡無厚兵可攻也玉珍猶豫未決萬戶戴壽等曰烏囘投林人困投人且公在沔陽爲民樂遠來覓糧亦爲民也若分船爲二以其半載糧還沔陽以其半因漢兵攻重慶事濟則爲之不濟則歸無損也玉珍從之道路俄見斗船遠邇驟然完者都夜遁果州生獲咎林秃父老迎玉珍入城玉珍禁侵掠城中安堵如故四外降者絡繹不絕乃獻咎林秃于漢陽是歲徐壽輝以玉珍爲隴蜀省右丞戊戌春二月完者都來自果州屯嘉定之大佛寺（一名凌雲）規復

重慶玉珍使義弟明二禦之明二者黃陂人也智勇絕人玉珍寵愛之妻以弟婦稱爲明二（一曰三奴）後復姓萬曰萬勝明二攻嘉定夜遣軍人陳夜眼緣城劫烏牛山城破惟大佛未下相持越半載玉珍親率兵繼之旬日內潰入之趙資者行省參政也與完者都平章朗革歹同守嘉定明二陷嘉定時完者都朗革歹先遁惟資守大佛明二執資妻于江岸以招資資嘻曰痴婦不死何爲汝不見平章婦乎平章婦者朗革歹妻也城陷時赴水死語畢以強弩射殺妻復欲射

其子爲衆所擁不得射已而大佛陷資亦遁三人者會于龍州謀興復爲遊兵執至重慶玉珍欲用之館之治平寺使人諭意三人曰國破家亡祈一速死爾玉珍猶欲生之時傳趙參政兵將至三人者同斬于市（郎大十字術）蜀人亦謂之三忠玉珍乃以禮葬之初玉珍攻完者都時道出瀘州暮宿于河下宜使劉澤民曰此間有劉楨者字維周官爲大名路經歷前元進士也能文章政事避靑巾李喜亂入居深山盍往見焉玉珍曰可與俱來澤民曰此可就見不可屈致也

明日遂往見之相與講論玉珍喜曰吾得一孔明也邀至舟與議國事即舟中拜爲理問官己亥遣使貢於漢陽時友諒矯命使會兵建康明年庚子春友諒弒壽輝自立玉珍曰陳友諒倪文俊同在徐朝爲臣予今弒逆予當討之遂令莫仁壽領兵守夔關絕不與通爲壽輝立廟城南衆推玉珍爲隴蜀王辛丑夏四月以劉楨爲參謀朝夕侍講楨屏人從容說曰四蜀形勝之地東有瞿塘北有劍門沃野千里自遭青巾之虐民物凋耗明公撫養民幸蘇息人心之歸則

天命可知且陳友諒弑主自立明公必不肯聽命也若不稱大號以繫人心恐軍士俱四方之人或思其鄉土而去明公孰與守取乎弗聽明日禎又言玉珍乃吞謀於衆以壬寅年春三月戊辰即位于重慶（綱目書三月明玉珍破雲南夏五月自稱隴蜀王）國號大夏改元天統倣周制設六卿即日以戴壽為冢宰萬勝為司馬張文炳為司空尚大享莫仁壽為司寇吳友仁鄒興為司徒劉禎為宗伯置翰林院以牟圖南為承旨史天章為學士立妻彭氏為皇后子昇為皇太子朝夕受學內設

國子監教公卿子弟外設提舉司教授生徒府置史州曰太守縣曰縣令去釋老二教止奉彌勒夏定賦稅十取其一農家無力役之征秋廷試進士賜董重璧等八人及第餘出身有差置雅樂立郊社之祭冬命司馬萬勝領兵攻剌踏坎普顏達史平章走之天統二年癸卯春命司馬萬勝攻雲南由界首入司寇鄒興由建昌入指揮芝麻李由八番入勝兵不滿萬皆以一當十二月八日抵雲南梁王孛羅（一名把都）及南行省廉訪司官先二日走屯兵金馬山（一日皆走楚威）

鄒李不至遣使四出告諭招安降者日至即遣侍中楊源表聞獲其象以獻表曰聖德孔昭誕受維新之命王師所至宜無不服之邦大軍既發于三巴踰月遂平乎六詔竊張交賀遠邇同歡恭惟皇帝陛下勇智如湯文明協舜慨念中華之貴友為乙　之流刦在位之貪婪致生民之困悴恭行天罰遂平定乎多方禮順人情即進登于五位恭茲南詔鄰比西蜀公挾便宜行事之文專任憸人恣其饕餮守宰無恒心愛民之意肆為虐政害彼黔黎下詔楊庭出師討

罪初臨烏撒蠻酋納款以供輸繼次馬隆敵衆望風而奔潰遂由驛路踏入滇池士民冒雨以爭降官吏叩頭而請罪一毫不染萬室皆安勝愧以庸才欽承威命凡此大勛之集斷非小器之能皆聖人大庇之洪休抑諸將勠勞於忠力深入不毛臣愧偶同於諸葛誕敷文命帝德齊美于有虞此鄒興所撰也夏四月梁王下王傅官大都領兵同哨援之勝敗於關灘時招安元帥姬安禮被執至行邸問兵多寡曰八千於是大都命集于大理是役也勝以孤軍不可深入

士多戰傷乃留建水元帥府聶千戶守之遂引還重
慶天統三年甲辰司馬萬勝兵攻興元閬城三日不
克而還命司寇鄒興攻巴州克之留兵鎮守是年更
立中書省樞密院戴壽爲左丞相萬勝爲右丞相尚
大亨張文炳爲都察院鄒興爲平章俾鎮成都吳友
仁鎮保寧莫仁壽鎮夔門俱爲平章竇英姜珏爲參
政鎮播州夾陵荆玉商希孟俱爲宣慰鎮永寧黔南
天統四年乙巳萬勝取興元時有劉湛者江西人爲
仁壽教官文章精古能作成後進玉珍入蜀棄官隱

居瀘州子弟多從之游玉珍屢徵不就卒弟子葬之
小市廂是年冬我
太祖高皇帝遣使通聘曰北人本處　塞今巳居于
是[illegible]　足下應時而起居地上流區區有長
江之險相爲唇齒協心同力併　惟足下　之
玉珍遣參政江儼答聘天統五年丙午春玉珍卒年
三十六昇襲位纔十歲改元開熙尊母彭氏爲皇太
后萬勝與張文炳有隙文炳使玉珍義子明昭矯彭
氏旨召勝殺之使劉禎代爲丞相勝有開國功夾非
其罪人多不服吳友仁移檄興兵昇命戴壽討之友
仁遺書曰不誅昭國必不安昭若朝誅吾當夕至壽
乃奏誅昭友仁入朝謝罪是年昇遣使來貢　太祖
命侍御史蔡哲報聘因挾一畫史同往潛圖其山川
險易巳酉大明洪武二年也　朝廷遣使入蜀求大
木昇亦遣使來貢使還　上賜璽書答之曰朕歷覩
古之有蜀者如公孫述劉備李特王建孟知祥輩皆
能乘機進取而善守之道未聞今足下據此必圖所
以善守可也朕連年出師所向皆捷諸將用命故能

成功遠勞致禮益見厚意因使者還姑以此復是年
冬十月　太祖遣湖廣行省平章楊璟招諭昇璟至
蜀諭昇禍福使同入覲昇牽於羣議不能決璟還復
以書曉之其畧曰足下以幼冲之資襲先人之業不
咨至計而聽羣下之議以爲瞿塘劍閣之險一夫負
戈萬人無如之何此皆不達時變以誤足下何則昔
之據蜀最盛莫如劉備諸葛孔明佐之訓練士卒財
用不足取之南蠻然猶朝不謀夕僅能自保今足下
疆埸南不過播州北不越漢中以此準彼相去萬萬

而欲以陡絶一隅之地延頃刻之，可謂智乎。我聖上以足下先人通好之故不忍加師，數遣使諭意，又以足下年幼未歷事變，恐惑於狂瞽之說，失遠大之利，故復遣璟面諭禍福，深仁厚德所以待明氏者至矣。足下可不深念之乎。且向者亂雄如陳友諒、張士誠竊據吳楚，造舟塞江河，積糧過山嶽，強將勁兵自謂莫敵，然鄱陽一戰友諒授首，旋師東討張氏面縛，此非人力，實天命也。足下視此以爲何如，禍福利害瞭然可覩，逆順之圖在足下審之而已。昇不能從。

平夏録　八

洪武二年庚戌夏四月，大將軍徐達遣裨將金興旺、張龍由鳳翔入連雲棧，合兵攻興元，興元守將劉思忠、知院金慶祥迎降。達留興旺、龍鎮守。七月，吳友仁寇興元，興旺擊却之。明日友仁復來攻，興旺與戰，面中流矢，拔矢復戰，斬首數百。時城中守兵纔三千，友仁兵三萬，興旺遣使間道走寶雞取援兵。友仁乃圍城，決濠塡塹急攻，興旺嬰城拒守，發礮擂石，敵兵多死。時徐達在西安得報，即帥師還屯益門鎮，先令傅友德率兵三千徑趨黑龍江，夜襲木槽關，攻斗山砦下，遂令軍中人持一炬然于山上。友仁見列炬起，大驚，乘夜遁去。是年又遣使假道攻雲南，戴壽不奉命，又遣蔡參政指諭，昇不從。四年辛亥春正月丁亥，

上親祀上下神祇，告伐明昇。命中山侯湯和爲征西將軍，江夏侯周德興爲左副將軍，德慶侯廖永忠爲右副將軍，營陽侯楊璟、都督僉事葉昇率京衛荆舟師由瞿塘趨重慶；頴川侯傅友德爲征　前將軍，濟寧侯顧時爲左副將軍，都督僉事何文輝等率河南陝西步騎由秦隴趨成都。諭和等肅部伍，嚴

平夏録　九

紀律，懷降附，禁殺掠，以王全斌事爲戒。戊子，命宋國公馮勝往陝西修城池，衛國公鄧愈往襄陽練軍馬，運糧餉以給征蜀將士。閏三月，楊璟兵次夔，以大溪口。先是蜀人自謂瞿塘天險，遣莫仁壽守之，以鐵索橫斷關口。聞王師臨境，又遣戴壽、鄒興、飛天張益兵爲固守計，於鐵索外北倚羊角山，南倚南城寨，鑿兩崖壁引纜爲飛橋三，平以木板，置砲以拒我師。璟等攻之弗克。是月傅友德攻蜀階州，克之。先是友德陛辭，上密語之曰：蜀聞吾兵至，必悉其精銳東守瞿

塘北阻金牛以拒我若出其不意直擣階文門戶既隳腹心自潰兵貴神速但患爾等不勇耳友德受命馳至陝集諸道兵揚言出金牛潛使人覘知青州來陽空虛階文雖有兵壘而守備單弱遂引兵趨陳倉選精兵五千爲前鋒攀緣山谷晝夜兼行大軍繼之直抵階州蜀守將平章丁世貞率衆來拒友德擊敗之生擒其將雙刀王等十八人貞遁去遂克階州進至文州距城三十里蜀人斷白龍江橋以阻我師友德督兵修橋以渡至五里關丁世貞等復集衆拒險

都督同知汪興祖躍馬直前中飛石歿友德怒奮兵急攻破之世貞僅以數騎遁去遂拔文州五月已未友德兵至漢江不得渡乃令軍中造船百餘艘已卯船成將進兵欲以軍事達湯和而山川懸隔適江水漲乃以木牌數千書克階文綿州月日投漢江順流下六月壬午友德拔漢州初夏人聞王師至命鐵壽與友仁等悉衆守瞿塘以扼三峽之險及聞階文破壽乃留鄒興飛天張守瞿城而自與友仁還援漢州以保成都未至而友德舟師已逼漢川何大亨悉兵

戰于成都友德選驍騎擊敗之既而壽等兵至友德令諸將曰彼遠來聞何大亨敗衆已洶洶可一戰克也乃迎擊壽兵大敗之遂拔漢州壽與大亨走成都臨江侯陳德追擊又敗之獲其卒三千馬三百友仁走古城友德乃以顧時守漢州自將擊古城又大敗其衆擒殺二千餘人友仁遁還保寧丙戌上聞湯和等駐兵大溪口欲候水平進師恐其逗遛失事　賜璽書促之廖永忠聞命率所部先進和猶遲疑未決及得木牌于江乃自鹽山伐木開道由紙坊溪以趨

夔州永忠兵至舊夔州鄒興等出兵拒戰永忠分軍爲前後陣前軍既接後軍爲兩翼旁擊之興等大敗明日復併兵攻之殺溺歿者甚衆辛卯永忠進兵瞿塘關山峻水急而蜀人鐵索飛橋橫據關口舟不得進遂遣壯士齊併力舁舟踰山度關出其上流人持糧帶水筒以濟饑渴衣青蓑衣以象草木色魚貫出崖石間蜀人不之覺也度其已至乃率精銳出墨葉渡夜分兩道一攻陸寨一攻水寨舩頭皆鐵裹置火器而前黎明蜀人盡銳來拒永忠已破其陸寨矣俄

術將上昇舟山上流者揚旗鼓譟齊下獨入方大戰下流舟師亦進發火砲火筒夾擊大破之鄒興中火箭死飛橋鐵索皆斷擒其將蔣逵等八十餘人斬首千餘溺死無算飛天張鐵頭張等皆遁去永忠入夔州明日湯和兵至永忠乃與和分道並進和率步騎永忠率舟師約會于重慶丙申傅友德進兵成都夏守金州九龍山寨平章俞思中率官屬軍民二千三日餘人詣友德降是日永忠舟師抵重慶次銅鑼峽昇等大懼戒勸昇奔成都昇母彭氏泣曰今勢成破

平夏錄　八　十二

竹兵民皆已膽落並能効力驅之拒守死傷徒多終亦不免不如早降昇遂遣使詣永忠軍納款永忠以湯和未至辭不受癸卯湯和至會永忠兵駐朝天門外是日昇面縛銜璧與母彭氏及右丞劉仁等詣軍門降和受璧永忠解縛承制撫慰下令將士不得侵掠撫諭戴壽何大亨等家令其子弟持書往成都招諭遣指揮萬德送昇等幷降表于京師表畧曰乾[illegible]月四海同歡欽惟　皇帝陛下功跡[illegible]

侔堯舜運乾元不息之妙衆宇肅清秉神武權生民永賴收豪傑於紛爭之日施仁義於塗溺時景運維新皇謨丕顯故無征而不克無令而不

昇僻處偏方膚無學識既靡竇融先機之智又乏錢俶達事之宜見出井蛙計伺穴兎攜罪實由於[illegible]啟釁用非其人用捨愚蒙自干天討顧開關之何[illegible]遂開門以來降延拜道旁竊効子嬰之繫頸仰瞻上敢希孟昶之傾心謹將軍馬錢糧及上比人民[illegible]獻七月庚申友德兵圍成都戴壽何大亨等出[illegible]

平夏錄　八　十三

戰以象載甲士列于陣前友德命前鋒以弩矢[illegible]衝之象中矢還走反蹂壽兵死者甚衆友德亦中[illegible]矢會壽等得家書聞昇已降而室家並完皆無[illegible]乃籍倉庫遣子納款友德許之翊日壽等率其[illegible]軍門降友德按兵自東門入得士馬三萬壬戌分兵徇州縣之未附者重慶知州尹善清拒戰擊斬之判官王桂華率軍民降夏亡初保寧城韓氏女年十七遭明氏兵亂虜爲所掠乃僞爲混處民間既而果被　居兵伍中七年人莫[illegible]

子也後從玉珍兵掠雲南還過其叔父贖歸成都昇適尹氏人皆與之稱爲韓貞女乙丑明昇等至京師　上命禮官定受降禮禮部按孟昶入宋故事擬今昇等於午門外進表待罪聽宣制釋罪賜冠服引入丹墀聽宣諭　上曰明昇與孟昶不同昶專制國政所爲奢縱昇年幼事由臣下宜免其叩頭伏地上表請罪之禮是日昇及其官屬朝見百官稱賀制授昇爲歸義侯賜冠帶衣服及居第于京師八月庚子蜀和遣周德興會傅友德攻克保寧執吳友仁械送京

師蜀地悉平

平夷錄

鳳陽趙輔

建州三衛世爲女直東方之黠虜也深處萬山之中亦障天險盡如瑞特險負固已有年矣永樂間羈縻降虜楊木答兀者悖逆率衆數百騎往投之其黨類遂滋日浸强悍會我　成祖文皇帝靖難之初閔生民之艱不欲加兵姑撫綏之彼頗予嚮心終懷覬覦邇者守邊將吏弗能制禦以致得任其退一歲間寇邊者九十七次殺虜人口十萬餘　皇上震怒乃與閣

罪之師以輔掛靖虜將軍印授以　成命總統戎師復以太監黄順少監張譔監督軍務左都御史李秉提督兵戎副參厥事則都督王瑛武忠總督根諸則僉都御史張岐督陣紀功則監察御史孫珂崔讓呂雯邊鏞往來游擊則都督王銓都指揮韓斌協同游擊則指揮黄欽分兵出奇則遼東副總兵都指揮裴顯左右參將孫璟周俊論鋒破敵則都指揮楊璵柯忠曹廣戴廣楊廣海榮楊玉孫龍文寧崔勝焦貴白欽盛鑑等綜理營陣則都指揮曾浩劉通傅海王鍇

䕶遞饋餉則都指揮郭瑄通得京營與遼東漢番官軍五萬餘衆各秉忠赤咸奮敵愾俱以成化丁亥秋九月二十有四日兵分五路深入虜地左掖左哨出渾河柴河越石門土水河至分水嶺右掖右哨由鴉鶻關喜昌口過鳳凰城黑松林摩天嶺至濲豬江中軍自撫順經薄刀山粘魚嶺過五嶺渡蘇子河至古城期以是月二十有九日大兵齊擧時則有若朝鮮國亦遣中樞府知事康純魚有沼南怡等率兵萬衆以助官軍皆如約抵虜巢無一後期者勢撼山岳聲

振天地虜寇望風披靡旹之破竹迎刃而解擒斬俘獲虜酋指揮苦女等巳千數賊屬牛馬無筭巢穴蓄積蕩然一空收其被虜者歸厥家間有遺冦奔遁深山以保殘喘一月之內虜境肅然時積雪盈尺寒風裂膚不可久居乃整兵凱還尋有遺冦指揮頭顧的里率其妻赴軍門哀詞乞降且曰吾所處之地自唐以來人跡罕到太宗東征至鳳凰城而止亦未嘗入吾境土今　天兵卒然至此使我父母不相顧兄弟妻子盡被擒戮家產巳盡死亡無日豈非天也耶遂

具　奏納之予惟建州之地東南接鴨綠江朝鮮國正南則三江月虎城正東則毛憐衛七姓野人黑龍江奴兒干諸夷東北泊北率皆海西四百餘衛野人女直西北又泰寧富峪朶顔三衛之虜賊也而建州實處其中左右前後盤爲夷狄相去聯絡犄角應援五嶺喜昌石門咽喉之地車不得並行騎不得成列乃一夫當關萬夫莫開之險今　王師一擧直擣其中長驅席捲所向無敵誠我　皇上德動天地威播華夷神謨廟筭之所致也其萬萬載太平無疆之休

又肇乎此矣予覩成功不勝雀躍謹拜手稽首而作賦曰成化丁亥仲夏既望　上御奉天端拱南向金印白旄授鉞命將　帝曰建州之虜曾世受國恩亡曠蕩茲乃悖逆荼毒我邊實罪大而惡極宜天討以殄殲惟渠魁則罔赦在脅從而悉蠲臣拜稽首　天子萬年　臣　聞建州女直東夷猾虜食肉衣皮山居林處藉弓矢以憑陵恃山林之險阻其心狡黠其力強圉蛇突豕奔倏來忽去曰漢曰隋且綏且撫偉矣唐之太宗乃奮東征之擧僅勒馬於鳳凰之山敢肆志

於豺狼之所茲行斷出於　宸衷廟筭敢之於　當宁　帝曰俞哉汝其征徂閫外便宜付託在卿至拜稽首戴懽戴競爰整其旅于焉啓行征亭彭彭以戴道旂旐央央而嚴程發通津而出山海歷義錦而抵廣寧覽滄海之浩瀚躋閭山之崝嶸邃河一水而三岔襄城百里如砥平乃營細柳乃閱大兵帶甲十萬鐵騎如雲兮刀鏟次旌旗蔽空將士賈勇如彪如熊精忠炯炯兮貫日膽氣堂堂兮如虹揮金戈兮止白日擊鼉鼓兮轟雷霆威信洽而士心一賞罰公而號

令明列八陣布五軍翁鳥蛇而變龍虎配天地而合風雲左哨出柴河而掩乎東極右哨襲太行而濤乎老營左掖右掖前軍後軍中營握幾總掌權衡淩猪江之巨浪洶湧摩天嶺之群峯巑岏鴉鶻關險踰於蜀道鳳凰城高並於嵩衡黑松林之森森當白晝而如晦石門山之矗矗峙積雪而如銀樹木蒙密蠛蠓過而猶礙鳥道懸絕猿猱懼而愁攀蠢彼虜賊負固并吞剗絕鑿爲濠湟樹巨木爲城郭晝則拒奔夜則衝突羽鏃蝟飛兵刃相薄移日之間轉戰百合雖周

之玁狁漢之匈奴未有能過之也於是我兵鼓勇敵愾奮發怒髮衝冠目眥盡裂乃陳三軍乃召五丁伐鄧林碎昆侖剗渤澥填東溟馳龍驟以蹴踏驅虎賁而咆哮揮倚天之長劍彎滿月之烏號神鎗發而火雷迅擊信砲舉而山岳震搖盡虜酋之所有罔一夷而見逃剖其心而碎其腦粉其骨而塗其膏强壯就戮老稚盡俘若土崩而燼滅猶瓦解而冰消空其藏而潴其宅杜其穴而火其巢又有朝鮮之一國率兵萬衆以効勞搜天門與地角刮海底而揚濤甫及旬

日之內虜境以之蕭條外有毛憐强虜乜姓野人四百餘種之海酋三衛朶顏之天驕無不心驚而氣喪膽落而魂銷王師全勝以大捷征夫凱還而歌鐃猶夏啓之伐有扈如帝舜之征有苗也由是遼左之民迎拜道邊簞食壺漿舉手謝言昔遭虎狼荼毒萬千今我得生如解倒懸我得衣衣　天子之賜我得食食　天子之與凡此更生不可枚舉是乃　天威遠播　廟筭如神拓其疆而廣其宇誅其罪而弔其民陋漢唐之黷武　昭　當代之施行神武大振於窮

荒　聖德光被於四表車書由此而會同華夷以之而一統桓桓猛士糾糾虎臣振旅回朝陛謁紫宸天顔怡悦海宇咸春報功行賞兮世其禄分茅胙土兮崇其勳雨露均沾兮九天降風雲慶際兮萬方寧蕭韶九成兮百獸舞干羽兩階兮四夷賓耕田鑿井兮利其利出作入息兮堯舜民熙熙皞皞兮俗化美巍巍蕩蕩兮而天下莫知所云也

平定交南録

明　丘濬

太宗文皇帝入正大統之初安南國王陳日焜爲其臣黎季犛所弒季犛詭姓名爲胡一元子蒼爲胡奃矯稱陳氏絶嗣蒼其甥請權署國事　上不逆其詐從其請未幾求襲王爵許之踰年陳氏孫添平始從老撾逃至京愬其實季犛聞之懼遣使上表請迎添平還以國永樂四年春遣使者以兵五千人送添平歸達其境季犛伏兵殺之及使者以上聞之震怒諭

群臣曰朕爲萬國主蠢爾蠻　乃敢爲不道以戕其主奪其國朕不正其罪如天道何既而占城亦告其侵軼疆界强掠以印服又聞其僭號大虞紀年號蒼爲稱尊號季犛稱太上皇毁中國儒教謂孟子爲盜儒程朱爲剽竊乃議興兵問其罪群臣咸贊成之乃遣大臣告于　郊廟分遣近侍徧告天下山川秋七月癸未制諭太子太傅成國公朱能佩征　大將軍印充總兵官西平侯沐晟爲征　左副將軍新城侯張輔爲征　右副將軍豐城侯李彬爲左參將雲陽

伯陳旭爲右叅將救大將軍率右副將軍右叅將又
淸遠伯朱友領驃騎將軍朱榮劉劄出鷹揚將軍呂
毅方政神機將軍程寬羅文游擊將軍朱廣王恕橫
海將軍魯麟劉淸等二十五將軍統兩京畿荆湖閩
浙廣東西之軍從廣西思明府憑祥縣進左副將軍
率左叅將領都指揮陳濬盧旺等統巴蜀建昌雲貴
之軍從雲南臨安府蒙自縣進以兵部尚書劉鐫參
贊戎機刑部尚書黄福大理寺卿陳洽給事中馮貴
督餽餉於凡所過名山大川修祀事乙酉出師　上

親幸龍江禡祭將帥陪位受賑惟謹訖事駐蹕江滸
誓于衆曰朕命汝等奉行及罰罪惟元兇尚體朕心
毋宛武毋殺降毋繫累老稚毋毁壞室墓雖一草一
木亦勿妄剪除違朕命者雖勞勿勳且底于罰能等
頓首受命萬衆鼓舞發舟以行是年九月師次龍川
大將軍遘疾以師授右副將軍上月庚子大將軍薨
衆議軍機事重不容以緩請右副將軍代總其兵行
大將軍事急驛以聞　上命輔就佩征　大將軍印
代能總兵且降救諭之曰昔　祖皇帝命開平王

常遇春爲大將軍岐陽王李文忠爲偏將軍率師北
征開平王卒于柳河川岐陽王率諸將　薦殘　終
建大勳著名靑史爾宜取法前人以建萬世之功此
定與忠烈王受命專征之始先是上與大將軍榜示
黎賊父子大罪二十以明天討之意數季犛兩殺其
主以奪其國罪一凡陳氏子孫殺之殆盡罪二淫刑
以逞視國人如讐重斂暴征民不聊生罪三世本黎
氏背祖更姓罪四既篡主位乃詐稱權署國事以罔
朝廷罪五表請陳氏孫還以國及朝廷使送之乃敢

拒遏罪六殺國主孫罪七侵雲南之寧遠州七寨罪
八殺土官猛慢　其女徵其銀罪九威逼近邊土官
致其駭散罪十侵廣西之祿州地界罪十一擅據西
平州殺土官罪十二占城國王占巴的賴國新遭丧
與兵攻其舊州格烈等地罪十三又攻板字郎黒白
等州掠其人民罪十四勒取占城象百餘仍加兵不
已罪十五占城既受天朝章服輒僞造金印帶服逼
使其受罪十六貴占城王惟知尊重中國而欲其以
所以事中國者事之罪十七朝使送占城陪臣還其

國以兵刼之於昆陵港口罪十八旣奉正朔又僭稱
國號僞紀聖元紹成開大年號罪十九朝貢不遣陪
臣輙以罪人充使罪二十初交人聞天兵南下罔知
所以旣聞榜示咸知其曲在彼及見榜末云待黎賊
父子就擒之後選求陳氏立之莫不延頸跂足以待
王師之至王以十月丁未至憑祥縣禡牙入境并望
祀其國中山川諭丁衆曰　皇帝非利安南土地人
民乃爲黎賊害其國七虐其黎庶奉行天討以繼絶
世甦民困命我等以弔民伐罪丁寧告戒非臨陣不

得殺人非稟令不許取物毋掠子女毋焚廬舍毋踐
禾稼爾等宜奉承　聖天子德意以立奇功不用命
者必以軍法從事無赦衆皆歡呼用命是日大軍入
坡壘關揭前榜諭國中吏民以朝廷伐罪弔民之意
以招徠之王詢知坡壘以南由隘留關歷雞翎關至
芹站山菁深險林木陰翳且多溪澗慮賊有伏先遣
鷹揚將軍呂毅哨探及做都督同知韓觀築于坡壘
修道路繕橋梁督糧運戊申大軍次丘溫縣己酉哨
至隘留關賊衆二萬依山結寨毅攻拔之斬首四十

級生擒六十餘人是日驃騎將軍朱榮等亦破雞翎
關斬首八十餘級生擒十一人賊閧二關破其屯兵
設伏者悉奔散壬子大軍次雞翎關癸丑次芹站是
日先遣鷹揚將軍方政游擊將軍王恕等直抵富良
江北岸嘉林縣是時左副將軍西平侯亦自雲南蒙
自縣進兵經野蒲蠻入境都指揮朱廣等奪猛烈關
俞讓等拔栅華隘隨處築堡駐兵代木造舟都指揮
徐源孔誠等突出宣光江口奪其漁汭等沙左參將
豐城侯領兵渡其上游都督程達等中夜舁舟越山

自間道以出逃水江縱火焚賊舟遂奪富良江十一
月乙巳西平侯統軍至三帶州與王所遣都督朱榮
會癸酉橫海將軍魯麟驃騎將軍劉釗出援因吾寨
是日有僞三帶州僉判鄧原南策州人莫遼等來降
因詢降人知賊巢穴在東西二都恃宣江洮江富良
江以爲險自三江府洮江南岸傘圓山起由富良江
南岸東下直至寧江又自富良江北岸自海潮江由
希江麻牢江直至盤灘因拔山立木爲栅及增築土
城于多邦隘樹栅立城連橋接艦七百餘里又于富

良江南岸綠江下木栰悉國中舟艦泊其內凡諸港汊可通舟處俱下拒木以備賊衆聚屯守水陸者號七百萬恭悉驅國中老幼婦女以助聲勢非眞也大軍屯富良江北岸王以書諭季犛曰予奉命統兵來問爾罪爾能戰則率衆于嘉林以待不能赴軍門以聽處分王意欲挑其急戰也會朝遣行人朱勸齎勑至諭犛賊以禍福及許其輸金五萬兩象百隻以贖罪行人至其國季犛不出見以詭辭答曰文書比對原發勘合不同此必非上所遣又云兵已入境若

兵回即貢否則自有准備王知此勑是欲以款其兵而賊亦無改過悔罪之意乃移軍二帶州屯蔺招市口與左副將軍西平侯會議造船置銃以圖進取時時有划船出沒江口王命桑麟夜舁舟從上流下水奪其船斬首百餘級自是划船不敢出沒王與西平侯議于上流渡江乃遣朱榮等于下流八十里嘉林置舟筏爲欲渡之勢以嬰其勢賊果分遣水軍于嘉林奪我舟榮等奮擊大破之十二月己亥大軍與左副軍合勢王與西平議曰賊遶江立柵勢逼地狹難以列軍惟多邦隘城外沙灘上平潤足以容軍然其城峻濠深守具無不備而外設坑坎布竹籤賊所恃者此耳蠻人綿薄不耐苦不足慮也今我攻具皆雲梯仙人洞之類俱備易于攻取乃召將士諭之曰汝等報國成功在此一舉宜奮勇爭先以立奇功先登者不次陞賞將士聞命無不踴躍乃議分地界大軍攻其西南左副軍攻其東南己酉各列軍沙灘之上布置已定別調軍距欲襲之處里許作欲攻勢以出賊不意于是出內府所製夜明光火藥散軍士俾執

之有先登者燃之及吹角爲號是夜四鼓都督黃中率官軍潛舁攻具越重濠抵城下用雲梯先附城都指揮蔡福等數人先躡梯登用刀亂砍賊衆驚呼城上火齊明角應之士皆蟻附而上賊于城內列陣驅象來衝我軍乃出內府所製獅子象蒙馬象見獅形驚畏而顧又爲銃箭所傷倒回奔突賊潰亂自相蹂踐及官軍殺死者不可勝計大軍乘勝長驅明日追至傘圓山又明日循富良江南岸而下縱火焚緣江一帶木柵烟焰漲天辛亥直擣其東都克之王與左

副將軍駐軍于城之東南給榜招諭吏民降者日以
數萬計王召其父老諭以弔伐之意歡聲動地乙卯
議遣左叅將豐城侯李彬右叅將雲陽伯陳旭伐其
西都賊首聞多邦破先已焚其倉庫携妻子遁于海
島我軍至焚其宮室據其城池餘黨依天建山困枚
山等處水陸據守乃分遣淸遠伯王友都督黃中都
指揮柳琮等剿賊所在而征勦之自是年冬至明年
春前後斬首三萬七千餘級將王留交州鎮適聞賊
子黎澄聚舟黃江左副將軍左叅將領軍循富良江

左右水陸並進次于木九江對岸下營辛巳賊船三
百餘艘來犯我軍水陸夾擊賊衆大敗斬首萬餘級
溺死者無筭二月乙巳王聞賊首遁于悶海口出魯
江口與左副將軍會兵下膠水縣賊聞大軍至又遠
遁大安海口王謂左副將軍曰賊聞大軍來不敢敵
故潛遁他所以覘我動靜我若回軍交州留兵于鹹
水關兩岸留戰船守備彼必出悶海口以襲我我俟
其出水陸併擊之賊必成擒三月癸酉大軍回交州
甲午賊果犯鹹水關報至己酉王與左副將軍合兵

水陸並進賊以海船橫截江中而以戰船划船兩岸
齊進既而登岸植木爲柵王乘其柵之未備親督精
銳攻之都督柳升等亦率舟師來奮擊賊遂大敗富
良江水爲之赤積屍數十里右叅將雲陽伯乘勢長
驅直抵悶海口黎賊父子喪敗乘船遠遁于靈源王
諭將宜乘破竹之勢追剿殄滅乃回軍交州留左叅
將鎮守備禦黃江等處四月乙亥王與左副將軍統
軍由清化府倍道兼進調柳升察麟土官莫邃等分
領戰船由水路窮追戊寅舟師至清化之磊江賊衆

聚船以拒升等擊敗之斬首萬餘級五月丁卯王至
演州柳升等舟師來會途中降者相繼調知黎賊父
子遁于義安府之涎江王議與左副將軍兵從陸路
柳升等率舟師由水路追賊壬申大軍至義安府上
油縣王從舉厥江東路左副將軍從舉厥江西路進
兵兩軍俱至盤石縣下營甲戌柳升率舟師至奇羅
海口與賊戰大敗之獲賊船三百艘餘船分散賊首
潛竄草野乙亥升所領軍士王柴胡等七人擒賊僞
上皇黎季犛黃中所領軍士李保保等十八人獲僞衛

國大王黎澄丙子莫遂下土人武如卿五人獲僞國主黎蒼及其僞太子芮于高望山凡黎氏親屬俘獲無遺安南地悉平所得府州四十八縣一百六十六戶三百十二萬五百象馬牛羊舟糧器械無算遣都督柳升等獻俘闕下露布以聞先是王等受命時詔令求陳氏子孫立之至是平定王徧訪國中官吏耆老人等咸稱黎賊于巳卯年殺光泰王顒立其子顩而殺之遂簒其國前後殺其近屬五十餘人及其遠族又千餘人血屬盡絕無可繼立者請依漢唐故事

立郡縣如内地以復古王疏以聞上從其請乃于其地立交趾等處承宣布政使司都指揮使司按察司分其地爲十七府四十七州一百五十七縣據其要害設衛十一守禦千戶所三又于交廣分界處如潼關衛例設丘溫衛及坡壘隘留二守禦所軍隸廣西民屬交趾以相制馭是歲大詔天下以平安南復古郡縣之故并勑有司爲陳王贈謚凡其宗親爲賊所害者各贈以官又爲之建祠立碑葺墳墓禁樵採各給戶三十凡黎賊苛政暴斂悉皆除之擢用賢能優

禮耆老賑恤窮獨革去　俗以復華風使秦漢以來之土宇暂于　者四百四十六年一旦復入中國版圖詔布天下文武群臣親王藩服咸上表稱賀六年春班師入朝秋七月策功行賞進封王英國公西平侯黔國公濟遠伯王友進侯爵都督柳升陞安遠伯餘擢官增祿有差賜王誥券玉帶金帛命子孫世襲加祿米三千石旣大宴上親製平安南歌以褒嘉之是年冬安南餘孽簡定作亂定自稱陳姓本前陳官先已降附旣而遁于義安府與其黨鄧悉鄧

阮師陳希葛等謀反僞稱日南王旣而僭號大越稱興慶年號朝命黔國公　將軍從雲南往征之久不能遏絕廷議謂非王不可七年正月乃命王佩征　副將軍印往共勦之王以四月至南寧會兵五月入境王躬督戰艦破孔目柵再破鹹子關斬俘無數賊退保黃江乘勝擊之于太平海口賊竄義安茶偈江冬十二月師至清化越四日生擒簡定于吉利柵之山并其黨陳希葛等檻送京師明年二月王還朝上嘉勞之未幾簡定餘黨陳季擴復嘯聚僭稱重

光年號季擴乃簡定從子簡定爲阮師等所廢而立
季擴定敗潛遠竄聞王班師復與陳景異等同反九
年春正月復授王前印往督師征之夏五月師次東
關六月進兵賊聞王至以石塡神頭海口三十丈許
設拒木以抗王督將士悉起其石以通舟楫賊懼立
堡常月江王戒衆曰此堡不足攻其山南險阻彼必
設伏以撓我乃使驍將率七兵擣山果得其伏者斬
之遂奪其堡賊遂遠遁王隨所至而追之賊或聚或
散竟莫得其要領時關以東群盜蜂起所完者交州
平定交南錄八　十二
一城耳舊新設州縣軍衛太多交人久外聲教樂寬
縱不堪官吏將卒之擾往往思其舊俗一聞賊起相
扇以動賊　所至輒爲之供億隱蔽以故賊潰復聚
朝廷屢下詔招撫之授季擴以布政使彼欲受命
制于其黨服而復叛僞稱王孫以復陳氏爲辭大軍
至則深入山海避之軍退復出用是官軍不能成功
王既蒞軍始大　賞罰而諸將疲于奔走往往因循
玩寇都督黃中不用命王以軍法從事由是人人知
懼不敢辭難避險是時賊恃荷花海險謂我師不能
渡于日麗海口立堡以守王率舟師自奇羅海口洋
過荷花海口直抵日麗賊焚堡而遁至茶偈江連進
兵破之賊驚曰天兵飛來也遂大潰奪其化口城諜
知賊悉衆守愛子江復追至其境賊伏巨象數十以
爲前敵列人馬于後盡力以抗我師王戒將校曰擒
賊在此一舉機不可失乃鞭馬先進象伏突起王一
箭落其象奴再箭中其象鼻象叫號退走自蹂其衆
乘勢擊之斬艾僵仆塡滿山澗賊散遁暹蠻等處王
部分將領隨處擣捕至暹蠻蕭幹等柵山徑崎嶇林
平定交南錄八　十三
麓險翳馬不能前王乃下馬徒步履險兼程趨之士
卒不能從惟將校百餘人僅屬與賊遇殺數千人賊
首陳季擴暨其妻子皆就擒時十一年冬也明年班
師還京自王出師至是首尾踰三年始獲首　說者
謂王此役校之前平定之功爲難云十三年四月
朝命佩征　將軍印充總兵官往鎭交趾又有平陳
月　之功十五年上以王久勞于外詔還京師王以
正統已巳歿于王事至是三十有七年矣嗣子太
太傅襲封英國公懋出其家關者福住所錄王平安

南時前後所上奏啓見示屬予次第之予因參考交
阯郡志所載露布榜文及胡文穆公奉　勅作平安
南碑陽文貞公撰東平武烈王及定遠忠敬王神道
碑附以所聞以爲此錄云

撫安東夷記

明　馬文升

洪惟我　太祖高皇帝膺　天眷命奄有萬方以西
北密爾胡戎乃設陝西行都司於甘州山西行都司
于大同萬全都司於宣府又於喜峯口外古惠州地
設大寧都司遼東遼陽設遼東都司陝西寧夏即趙
元昊所居地設寧夏左等五衛而遼之廣寧尤北虜
要衝復設廣寧等五衛與各都司并寧夏咸號重鎮
焉特則　封肅王於甘州慶王於寧夏代王於大同

谷王於宣府寧王於大寧遼王於廣寧以藩屏王室
捍禦胡虜凡有不廷即　命諸王討之所以三十餘
年胡虜不敢南牧迨我　太宗文皇帝遷都北平始
徙大寧都司於保定府而其所屬營州等一十餘衛
所亦省入順天永平二府地方特谷府未之國即改
湖廣之長沙遷寧府於江西之南昌遷遼府於湖廣
之荆州乃以大寧之地自古北口至山海關立朶顔
衛自廣寧前屯衛至廣寧迤東白雲山立太寧衛自
白雲山迤東至開原立福餘衛處虜之附近者旣又

以開原東北至松花江海西一帶今之野人女眞分
爲二百七十餘衛所皆錫印置官官雖多寡不一皆
選其酋長及族目授以指揮千百戸間亦以野人之
向正者爲都指揮都督統之爲我藩屏而松花江東
北一月之程所謂黑龍江之地則又立奴兒干都司
時遣使往招諸夷有願降中國者於開原設安樂州
遼陽設自在州居之皆量授以官任其耕獵歲給俸
如其官當時各衛夷人毎入貢賚賜殊厚以故凡遼
北征討皆聽調遣無敢違越永樂末招降之舉漸弛

而建州女直先處開原者叛入毛憐自相攻殺宣德
間朝廷復遣使招降之遼東守臣遂請以建州老營
地俾居之老營者乃　朝廷歲取人參松　地也名
爲東建州初止一衛後復增置左右二衛而夷人不
過數千然亦歲遣使各百人入貢以爲常其地則遼
東自山海關直抵開原道路如一之字南瀕大海三
面皆夷虜至爲難守其性則建州女直詭詐過於海
西海西過於朶顔等三衛蓋海西建州馬步能戰而
朶顔三衛止長於騎射故也自北虜也先猖獗三種

之胡遂皆歸之正統十四年也先犯京師脫脫卜花
王犯遼東阿樂出犯陝西各邊俱失利而遼東被殺
虜尤甚以故朶顔三衛并海西建州夷人處處蜂起
遼東爲之弗靖者數年至景泰後始克寧謐而海西
野人女直之有名者率死于也先之亂　朝廷所賜
璽書盡爲也先所取其子孫以無授官璽書可徵不
復承襲雖歲遣使入貢第名曰舍人以是在道不得
乘傳置錫宴不得預上席賞賚視昔又薄皆忿怨思
亂遼東人咸知之而特未有以處之也積至成化二

年建州都督董山等梟雄桀驁乘是以動海西之夷
擁衆入寇守臣以聞　朝廷命太監黃順總兵官武
靖伯趙輔左都御史李秉往討之輔等既降董山則
逮赴京師而山仍桀驁比行至廣寧輔等以爲山若
復歸貽患必大奏　朝廷遂誅山而安置其黨于兩
廣福建且復進攻之時雖克捷而所失亦不少矣然
邊境亦賴以寧至成化中元之遺孽滿都魯瘄癖可
汗虜酋癿加斯蘭爲太師節犯宣府聲勢甚大警報
殊急予乃以兵部右侍郎奉　命整飭遼東邊備以

防胡時成化十二年八月也九月卽抵遼東邊歷險要繕城堡利甲兵練單士選精莊凡所以爲防虜計者罔不殫心力虜人覘知我有備遂不復發適山東左布政陳公鉞以右副都御史來巡撫遼東後予而至凡備禦都指揮等官輙逮于理旣當法則止罰馬罰草而復俾莅戎政由是馬之價皆削剝軍士不復覲忌予旣防胡歸京師則以十五事上陳而禁巡撫官罰馬於算職者亦與焉陳遂以爲隙先是海西兀者前衛都指揮散赤哈上番書言開原驗放夷人管

指揮者受其珍珠豹皮兵部移文遼東守臣勘之管指揮者懼乃因本衛都督産察係散赤哈姪入貢歸賄求産察言管實無所受散赤哈聞之深怨産察聲言聚衆犯邊邊將以情報守臣守臣乃譯番書招散赤哈來廣寧而折散赤哈遂率所部十數餘人欲由撫順關進赴廣寧時參將周俊等守開原恐散赤哈至則眞情畢露乃遣使馳報廣寧守臣詭云海西人素不由撫順關進恐熟知此道啟他日患守臣不虞其詐也卽召其使速阻時之散赤哈已入臣聞之大怒折箭誓恨復歸至撫順所備禦都指揮羅雄知事不協具酒食慰遣出關時建州三衛女直亦欲報讐董山之怨而仝籍海西之勢緣此遂畱散赤哈于建共來犯邊勢漸昌熾向使不阻散赤哈以啟之邊患爲之息矣守臣以聞乃招上兵大征建州而出榜示衆徒張虛聲實皆顧戀私家不趍遼陽三衛遂得糾合海西人數千餘十四年正月乘虛入境大掠鳳集諸堡報至廣寧陳懼始赴遼陽而寇出已久矣獨近邊土著虜人也僧格等十八人家皆有使入貢未還

恐誤羅兵禍及拘畱其使乃走撫順所報訴云犯邊者皆海西人陳與分守遼陽副總兵韓斌意在撲勦夷人以掩罪遂皆拘繫瀋陽衛乃乘夜率諸軍襲各寨屠之詑無所掠入畜而精壯者聞亦脫去暨同遂捶死也僧格於獄乃以搗巢之捷聞時太監汪直者勢焰方熾惑於通事王英謂往撫可邀大功　上命司禮監出　駕帖太監懷公恩以直年少喜功於本年三月初四日同太監覃昌等七人至內閣傳宣兵部尚書余公子俊侍郎張公鵬暨予北至僉言彼旣

有使入貢邵又屠其家今若之何可以彌釁或言宜以大官餌之予曰官不足以釋其忿且宋以李繼迁爲京官遂致西夏之患懷公曰然則遣大臣同大通事往撫之衆皆曰諾尋宣至内府懷公傳　旨建州夷人被大軍征剿恐懷疑惧着兵部侍郎馬文升通事詹昇前去撫安已而王英即謁予於私居喻汪意欲請與俱予遂謝絶之即行汪深以爲恨衆皆爲予棋子以事關　朝廷亦無所恤乃疾馳追及入貢夷使董陽等於中途四月初五日抵撫順所先殺董陽

左右一二人歸諭其衆使知　朝廷意旨遂有十數人來見即諭以前意遣歸尋召各衛酋長聽宣璽書由是纍纍皆至而被屠之家數百人悉訴其方遣使入貢無犯邊狀而冒當殺戮又果無刼掠人畜可證今雖仰荷朝廷招來實難於度日予遂承　詔各以牛布給慰之且令其酋長赴京適微聞海西雖來聽撫循恩寇掠始歸乃於東寧衛訪嘗爲建州經歴識字熟女直趙安以招降爲名陰探於渠魁卜剌答所果有海西兵馬與否不數日趙安歸云有且賊數千而馬悉臆壯時分守開原太監韋朗亦遣人來言海西賊俱動若來遲恐勢不可撫予遂以建州事聞於朝且言夷人雖暫聽撫觀其言貌詞氣尚懷反側難保邊安仍移文總兵官歐信副總兵韓斌叅將崔勝各率所部及調開原叅將周俊帶領開原鐵嶺精兵三千各分伏鳳集堡一帶賊以爲無備矣比予至開原甫三日果數路入寇諸軍以逸待勞遂斬首二百餘級生擒數十人及賊馬器仗無筭而所斬者率多海西人馬叅將崔勝周俊馳報陳陳爲功予因并前

所諭反側情狀及申虜人背逆天道既聽招安旋復入寇以自取滅亾之禍請移遼東兵剿之或既奪其心而姑與更新招撫遣通事指揮李璟開諭　上事下兵部以爲虜人既撫安垂成只仍招撫以安地方朝廷從之海西人聞之且感且懼都督産察等毳歸降乃一體諭之遣其酋入京而遼東守臣奏報十數日方至以故賞皆不行陳以是隙益甚夷既降予慮其猶踵今人之怨則檢其先授官子孫之失襲者皆令來見譯審實請兵部於内閣驗授官璽書依底籍

明白再遣遼東守臣勘實令襲官者復十數人夷愈感激汪以夷既招安曷又入寇復主王英言請帶頭目百餘人給令牌令旗往夷間其聲勢久無一人復出者汪至開原更有予原所招出兀者前等衛野人女直堵里吉等三百餘人而予時在撫順汪不與之接皆怒欲歸寨叅將周俊恐敗事乃謂汪曰不可不請馬　欽差來議汪乃遣人至撫順所邀予予亦馳至開原與汪會汪曰若之何予曰太監既至此夷即太監招出者也何問彼此汪揣知事不易遂聽予言

俱犒之既又以謄黄璽書付各寨招安同以事聞已而汪意猶欲再招出示見示已功予曰太監此來既有令牌令旗彼俱決無敢出者太監第回京可保無虞也汪亦欣然與予俱歸遼陽復會聞於上予至京師　上賜羊酒寶鈔汪亦釋然矣既而兵部以失機召信械入京久未訊汪皆許以復舊任適汪有事河南兵部以信等速訊於都察院汪回怒甚又有李謙者上疏救械汪遂請同定西侯蔣琬刑部尚書林聰往勘比回信等獄皆解有譖予者汪遂密奏予下錦衣獄謫戍四川成化癸卯乃蒙　恩改都察院左副都御史巡撫遼東顧軍士雖喜而將臣甚疑懼予率公以處之迄今邊境晏然而東人之心亦安矣嗟乎國計私忿不兩立也予以區區爲國之心雖一時囏危何恤然而事久天定不惟少裨於邊防國事抑且不愧不怍神明有不扶持者哉然則爲人臣者亦可監矣

哈密國王記

明　馬文升

幅員之内以中嶽爲地之中惟西域最遠而夷人種類亦繁自大禹時始通貢中國今之甘凉即漢匈奴右賢王之地也武帝傾海内之財始取之設酒泉張掖燉煌三郡西至玉門關外去中國数千里至光武時乃閉關以謝西域唐太宗好大喜功斥地極遠而西域諸番入貢中國者始盛唐之中葉雖六盤山外亦爲土番所據終唐之世不復入貢延及有宋趙元

昊據有寧夏僭號稱帝遂并西域大爲宋室患元太祖起自朔漠收併諸夷入主中國者九十餘年我
太祖高皇帝膺天眷命掃除胡元統一寰宇凡四夷來貢者不拒不來者不强其於西域也亦然眞得古帝王馭戎狄之道矣迨我　太宗文皇帝繼承大統開拓疆宇始招來四夷而西域入貢者尤盛乃即哈密地封元之遺孽脱脱爲忠順王賜金印令爲西域之襟喉以通諸番之消息凡有入貢夷使方物悉令此國譯文具聞脱脱故其子孛羅帖木兒襲封孛羅帖木兒故無嗣王母理國事成化九年土魯番鎖檀阿力王虜王母金印以去本國番夷離散皆逃居苦峪肅州亦有陰隨上魯番者甘州守臣奏報兵部集議以聞　上命高陽伯李文右通政劉文往撫之比至止調集罕東赤斤番兵数千駐苦峪不敢前自此番兵漸輕中國之兵矣竟無功而還　朝廷屢命守臣經畧而王母金印竟不可返至成化十四年鎖檀阿力故其子阿黒麻主事十八年甘肅守臣乘間奏以王母外甥畏兀兒種類都督罕愼襲　封爲王成

化二十年遣使送入哈密鎮守太監覃禮總兵周玉都御史王繼皆　賞賜白金綵段而劬勞之人亦各陞賞矣弘治元年阿黒麻以罕愼非貴族乃假結親而殺之尋遣夷使入貢且乞大通事往和番因求爲王以主哈密國事予時任兵部尚書以爲逆日進北大虜亦不遣使通好今阿黒麻自有分地亦難封彼爲王以主哈密彼若入貢亦所不拒乃具以　上聞請降璽書付甘州守臣遣遣哈密夷人曾居甘州者齎賜阿黒麻切加責諭時王母已故弘治四年本酋

遂以金印城池來歸守臣具 聞事下兵部本年八月予以爲哈密國回回畏兀兒哈剌灰三種番夷同居一城種類不貴彼此頡頏北山一帶又有小列秀野乜克力數種强虜時至哈密需索稍不果願輒肆侵陵至爲難守必須得元之遺孽襲封以理國事庶可懾服諸番與復哈密不然雖十年未得安耳先是曲先安定王遣使入貢即忠順王裔派也予因命通事詢貢使安定王族中子姪有可以主哈密國事者貢使舉王姪陝巴可任狀予遂奏令甘肅守臣取陝

巴赴哈密可否守臣尋以陝巴堪舉及據哈密三種大頭目奄克孛剌等亦皆合詞告保陝巴年少量洪足以服衆願乞早襲王爵管理國事狀聞弘治五年二月予集議請以陝巴襲封忠順王主哈密然尚未給冠服也守臣急欲成功倉卒遣使送之於哈密未幾諸番夷以陝巴無所犒賜而阿黑麻復怒大頭目都督阿木郎嘗剋其賞賜又常虜其部落頭畜遂殺阿木郎復虜陝巴及金印以去時弘治六年也報至適阿黑麻先所遣大頭目寫亦滿速兒等四十人入貢在京師內閣禮部尚書大學士丘公濬謂予曰哈密事重須煩公一行予曰邊方有事臣子豈可辭勞但西域賈胡惟圖寬利不善騎射自古豈有西域爲中國大患者徐當靜之丘曰有識言不可不慮予因集議請自往衆曰哈密一方事耳今北虜在邊四方多故公往甘凉四方邊事付之何人乃議以兵部右侍郎張公海都督僉事緱謙領 勑率寫亦滿速兒等往經畧之既抵甘州議令寫亦滿速兒等數人并遣在邊通事先以 勑諭阿黑麻順天道歸陝巴金印而

諸夷使緣此皆欲同回張緱等不可惟遣哈密夷人以 勑往迨久未回張緱等遂以 上命修嘉峪關淸各衛久居哈密回回名數以聞復捕哈密久通阿黑麻黠詐回回二十餘人發戍廣西諸夷頗知畏懼予以爲此虜既遣使入貢復虜陝巴金印迨 勑使往又久不報其輕中國之心著矣遂請以寫亦滿速兒等四十餘人皆安置兩廣福建并閉嘉峪關示西域入貢諸番夷俱毋令入使阿黑麻結怨於衆夷以孤其勢張緱等於弘治七年三月未尚聞印歸 上

怒其不進圖本又無成功皆下獄張降外任紀仍俸閑住然阿黑麻愈肆驕橫大抵皆哈密回回教之也蓋以成化間彼番貢獅子甘州守臣奏至　憲宗皇帝預命内臣接至河南入京賞賚甚厚今　上即初復貢獅子泛海由廣東來奏至　上不貴遠物諫官交章請却之而回其餘貢至者亦不及昔年厚賞利乃教誘阿黑麻詐稱領夷兵一萬用雲梯攻肅州城并蹂甘州報至朝野頗驚予以爲彼張虛聲以挾我耳且土魯番至哈密十數程中經黑風川俱無水草

哈密至苦峪又數程亦無水草入貢者往返皆馱水而行使我整兵以俟謹烽火明斥候彼至肅州我以逸待勞縱兵出奇一擊必使彼匹馬不返矣夷使入貢至京者亦以此意曉之伐彼邪謀自此再不敢復言來攻肅州矣無何阿黑麻復令頭目牙蘭率番夷一百餘據哈密予以爲此虜只專示以恩而不加之以威彼終不知畏必須用陳湯故事因訪肅州撫夷指揮楊翥雅諳夷情熟知哈密道路而爲各種番夷所信服乃請　命守臣遣翥奏事京師詢以襲殺牙蘭之策翥即陳罕東至哈密捷徑道路甚悉予曰若用漢兵三千爲後援別選罕東番兵三千爲前鋒各持數日熟食兼程襲之何如翥曰如此取之必矣予乃於弘治八年請　勑甘州守臣揀選精銳漢兵如前數令分守肅州副總兵彭清統領由南山取捷徑馳至罕東急調番兵齊足乘夜兼道襲斬牙蘭而守臣貪功乃親率漢兵至肅州又久駐嘉峪關外候罕東兵不至即命彭清由無水草常道往牙蘭預知之皆遁去泊兵至哈密獲城追斬之僅斬首六十餘而

威大振於西域巡按御史以功冊聞予以兵遠至哈密雖未得牙蘭而擒斬亦多且軍士重勞悉加犒賞至於鎮守太監陸誾總兵官右都督劉寧巡撫左僉都御史許公進有功陞賞請　上裁之乃加陸誾俸米二十石劉寧陞左都督加俸米一百石許進陞右副都御史彭清陞實授都督僉事賞足酬功人心允愜阿黑麻以畏威悔過計無所出遂遣使入貢并以陝巴金印來歸且求寫亦滿速兒等時弘治九年也予以其挾詐乃請取陝巴金印至甘州候命然後取

寫亦滿速兒四十餘人於兩廣付甘州給前錫賚及
阿黑麻　勑諭并賞賜表裏等皆附八今降　勑內
俱交與後貢番使同寫亦滿速兒等歸之其先未給
賜陝巴蟒衣綵段冠服適值總制三邊經畧哈密太
子太傅兵部尚書王公越來請印　勑就彼賜陝巴
遣使自甘州護入哈密時有內侍欲以指揮倪端百
戸王希恭充軍閑住指揮使馬俊嘗至哈密又三人
皆迎合彼意希陞官職毋許誘遣彼以護送陝巴爲
名可至土魯番取寶以彰功彼好異物不度其詐因

令俊等進本求復職予以俊曩守靈州貪贅特甚既
充軍閑住官無名可復俄有　旨復指揮同知及予
請以應賜陝巴冠服綵等物令總制王公所遣千戸
張仁齎往彼堅意欲遣俊等遂𨈆延日久予方得請
以陝巴冠服仍委張仁往至則王公適以其日卒於
位至弘治十一年二月守臣始以冠服并　勑諭就
甘州給陝巴其三種大頭目都督寫亦虎仙係回回
奄克孛羅係畏兀兒并迭力迷失係哈剌灰種類皆
翼佐陝巴者予又慮哈剌灰以射獵爲生各番頗懼

多不樂居哈密城遂請酌量其家室之半居肅州許
其往來以繫其心并將張䌓等查出前居甘州及後
哈密離散夷人大小共二千餘名口咸給牛糧種子
布疋衣糧遣撫夷千戸數人於弘治十一年二月護
入哈密弘治十三年甘州巡撫都御史周季麟以往
來有功者上聞予論功上　請鎮守太監陸誾總兵
官彭清都御史周季麟皆賜綵段白金餘亦陞賞有
差自是阿黑麻威畏　朝廷恩威并黑樓國等處咸
遣夷使入貢諸番無警邊方底寧而　九重亦紓西

顧之憂矣葢懾服黠獪之醜虜興復久滅之番國伏
仗　聖天子明聖且經畧者十有餘年而功始就中
國任事者亦豈一人哉是何成事之不易邪昔狄仁
傑所論推亡固存之義國家繼絕之美議者是之茲
舉亦有所本也因記興復歲月及我　朝設置之由
俾後之人知其始末得有所考云

滇南慟哭記

明　王紳

先公以洪武五年正月奉使雲南招諭元梁王六
抵其境六年遇害至二十五年不肖孤紳竊祿西
慶請于　蜀王殿下二十八年冬得　旨十二月
成行次年二月二十三日到滇次日參見　黔
退謁藩閫文武大臣及士人士爰並以情事爲告
者閔之競爲咨訪二十五日有僰人書工何仁可
七十餘來言親炙先公於祐聖宮甚久至紛素之

亦多經指授且云初來時梁王甚加禮敬府僚
若司徒達里麻參政喻金閬高撫慰華尤所尊
見梁王必以天命所歸人心所屬之理爲之開
諭其臣僚尤加委曲梁之君臣亦知元祉已屋
降意時元之孽主遁逃朔漠者遣侍郎脫脫自
來道耗索援且劫以危言必欲殺我使以固梁王
梁王不忍遽絕於我朝迺匿先公於民間脫脫
誚曰國家顛覆而不能救反欲遠附它人邪
起梁王不得巳遂出先公以見之脫脫欲迫
公慷慨罵曰天訖汝元命我朝實代之汝
爝尚欲假息以與日月爭光邪我將命遠來豈爲
屈今惟有死而巳或解曰兩國交爭不罪來使不
則遣之彼何罪焉況王公才器天下無雙宜有以
之賊脫脫曰今日雖孔子在義不可留梁王不能
先公復顧梁王謂曰汝朝殺我大兵夕至矣亦不
遂遇害時爲臘月二十四日未申時蓋僰人以此
爲節日故久不忘也諱日城中父老士女莫不垂
達里麻既陳奠祭左右具衣冠殮之以禮卽日

地藏寺北漏澤園化之以火諱所則今之觀音寺
市街言訖引至漏澤園擗踊設奠是夕宿地藏
自此連日至彼展哀至二十七日紳別訪南關董
剛保以合其說蓋以先公嘗主其家故也金剛保
引至觀音寺前指以諱所號慟間市人競來至
有蘇奴者前言棺木實其家所備並其兄慶時亦
聊故達理麻一以後事委之其言遺事畧與仁可
但奴則云火化　小南門城濠邊復引至歷指
衣未止有僧從　來自云年百歲口述遺事

[illegible]開化後遺殖何在僧言彼時上下恟懼誰復道及此者三人之言遺殖並同自是士民僧道多來稱述先公容貌言行嗜好製作動靜僕從皆可稽但無能知夫葬所者因姑設次爲位於地藏寺之東夾室越明日漏四下陳設於寺門外告祭於雲南府城隍里社寺伽藍等神備述情事之由禮畢奉新製木主就觀音寺前諱所盡哀題禮畢迎回地藏寺位次昧爽行正祭禮先是布政張公紞叅議范公祖胥訪先公節行於臨安儒士賈寬寬達理麻門客也故獲侍先

公最密因言曾有詩見寄可考暨紳至張公即命迎寬三月十日寬至所言與前頗同乃云化後達理麻已使葬于地藏寺之旁後十許日寬往哭之止見平土而不結丘壠自國兵來陵谷變遷已不可認迄今犂鋤薦臻屋廬相望想像亦不能得其彷彿也寬又云先公前館于報國寺後因賊脫脫至遂移館于春登楊氏家平日杜門不接人事惟讀書著述有文集二大冊達理麻錄本藏于家後并原藁不知何在寬年高質重所言似非虛妄者又沅士鎦有年近見宜

梁民李鉉鉉自言其父起宗爲元樞密院都事好士而知書曾延先公於家甚久後事皆其經理今幕所惟鉉知之有年前任沅庠時常接見先公故聞之甚留意越半月紳至滇有年即來告儿爲書招鉉十一日鉉至口述遺事亦悉又舉先公題其竹軒三絕句遂導至兀兒朶東門外之百步指群塚千百而言曰大畧記在此處而群塚盡遺發掘無遺者紳見其年少不敢盡信又見頗能記憶亦不敢不信遂於其處仰天大慟次日于群塚旁擇曠地仍設次爲位迎神

主陳祭祭畢復奉歸寺之元次越十日奉神主而廻嗚呼哀哉紳之初志銳欲訪求遺骸歸葬先壟以襄大事不幸歲久事殊以至此極雖粉身碎骨亦不足以贖其辜它日有何面目見先公于九泉下哉擗踊之餘因忍死備記于簡以誌不忘終天之恨且使後世子孫有以知其荼毒嗚呼痛哉

渤泥入貢記

金華宋濂

濂承　旨禁林日福建行省都事沈秩來謁曰洪武三年秋八月秩與監察御史張敬之等奉　詔往諭渤泥國冬十月由泉南入海四年春三月乙酉朔達闍婆又踰月始至其國國王馬合謨沙僻處海中倨傲無人臣禮秩令譯人通言曰　皇帝撫有四海日月所照霜露所隊無不奉表稱臣渤泥以彈丸之地乃欲抗　天威邪王大悟舉手加額曰　皇帝爲天

下主即吾之君父安敢云抗秩即折之曰王既知君父之尊爲臣子者奈何不敬亟撤王座而更設鄉几寘　詔書其上命王帥官屬列拜於庭秩奉　詔立宣之王俯伏以聽成禮而退明日王辭曰近者蘇祿起兵來侵子女玉帛盡爲所掠必俟三年後國事稍紓造舟入貢爾秩曰　皇帝登大寶已有年矣四之國東則日本高麗南則交趾占城闍婆西則吐蕃北則蒙古諸部落使者接踵於道王即行已晚何謂三年王曰地瘠民貧愧無奇珎以獻故將遲遲爾非有他也秩曰　皇帝富有四海豈有所求於王但欲王之稱藩一示無外爾王曰容與相臣圖之又明日其相王宗愬來曰使者之言良是請以五月五日戒行闍婆有人間王曰蘇祿來攻王帥師却之今聞歸誠中國無我闍婆矣王惑之秩復亟見王王辭以疾秩大言謂宗愬曰爾謂闍婆非中國臣邪闍婆尚稱臣於爾國乎何有使者朝還天兵且夕至雖欲噬臍悔可及乎宗愬悚然曰敬聞命矣乃入白王王大會其屬共議遣亦思麻逸等四人入朝臨發王以金佩

刀吉貝布爲贈秩毅然辭之王顧近侍曰中國使者廉潔乃如是邪闍婆來人誅索無厭況强之而不受邪爾曹宜效之秩以涉海萬里不可以無紀乃與敬之各賦一詩王大悅書於板中懸之既與王別舟行至海口王又惑左右言令人與亦思麻逸曰使者不受刀布爾等必不還矣秩恐王不愉復走王所反覆譬曉之王曰使者之言如此予中心釋然矣王舉酒爲別酹地祝曰願使者蚤還中國願亦思麻逸蚤歸敝邦秋八月十五日還京師十六日以亦思麻逸

□見錫宴於會同館也而遣優詔
□其所貢物鶴頂生玳瑁大片龍腦米腦□□□降
□諸香其表以金刻番書彷彿如回鶻書其文鄙陋
不足觀　皇太子牋用銀牋文與表相類其地炎熱
多風雨無城郭樹木柵爲固王之所居若樓覆以貝
□葉王綰髻裸跣腰纏花布無輿馬出入徒行城中
人不滿三千家多業漁剪髮齊額婦人衣短衫備蔽
兩背腰繫花布散髮　足其物產只吉貝黃臘降眞
□筒玳瑁檳榔煑海爲鹽瀝椰漿爲酒無稻麥捕生

渤泥入貢記　八　三

魚鰕蟹食之兼食沙糊沙糊者取樹實爲漿澄汰之
如粉食之能不饑食無器皿以竹編貝多葉爲之食
畢則棄之番書無筆札以刀刻貝多葉行之事佛甚
嚴以五月十三日爲節國人亦於是日作佛事若有
燕饗則刲羊豕鷄鶩鳴鼓擊鈸以爲樂此其大凡也
□先生職在太史嘗爲詳紀之以昭　聖化所被之盛
□聞渤泥在西南大海中所統一十四州去闍婆四
十五日程去古城與摩逸各三十日程去三佛齊四
十日程歷代未嘗朝貢故史籍不載至宋太平興

國年其王向打始因商人蒲盧歇遣使施弩使副蒲亞
利判官哥心等齎表來貢元豐五年二月其王錫理
麻喏復遣使如前自後輒不聞元有國百餘年亦不
能至方今聖人在上威德之所被無遠不屆　遣書
一頒輒稽首臣順稽之往古允謂過之至若秩等奉
宣　德音辭令所加足以讋服其心亦可謂不辱
君命者矣其事宜書以俟他時脩國史者采焉秩字
□庸湖之烏程人敬之字某某州人二人協心謀慮
無役不偕故卒能成功云

渤泥入貢記　八　四

番文云渤泥國王臣馬合謨沙爲這幾年天下不寧
俺的上頭俺在番邦裏住地沒主的一般今有
皇帝令有使臣來開讀了　皇帝的詔書知道　皇
帝登了寶位與天下做主俺心裏好生歡喜本國地
面是闍婆管下的小去處怎消得　皇帝記心這幾
日全被蘇祿家沒道理使國將歹人來把房子燒了
百姓每都喫害了託着　皇帝詔書來的福蔭喜得
一家兒人沒事如今國別無好的東西有些不中的
物使將頭目每替我身子跟隨着　皇帝跟前來

的使臣去見　皇帝願　皇帝萬萬歲　皇太子千
千歲可憐見休怪洪武四年五月渤泥國王臣馬合
謨沙表

琉球使畧

明　陳侃

頒賜
國王
紗帽一頂展角全
金廂犀束帶一條
常服羅一條
大紅織金胷背麒麟圓領一件
青褡𧞑一條
綠貼裏一件

皮弁冠服一副
柒旒皁縐紗皮冠一頂旒珠金事件全
玉圭一枝袋全
五章絹地紗皮弁服一套
大紅素皮弁服一件
纁色素前後裳一件
纁色素蔽膝一件玉鉤全
纁色粧花錦綬一件金鉤玉玎璫

紅白素大帶一件
大紅素紵絲舃一雙襪全
冊帶紅平羅銷金夾包袱四條
素白中單一件
紵絲二疋
黑綠花一疋
深青素一疋
羅二疋
黑綠一疋

青素一疋
白氎絲布一疋
妃
紵絲二疋
黑綠花一疋
深青素一疋
羅二疋
黑綠一疋
青素一疋

白氎絲布十疋
祭品
牛一隻　猪一口
羊一腔　饅頭五分
粉湯五分　蜂糖糕一盤
象眼糕一盤　高頂茶一盤
響糖五箇　酥餅酥飩各四箇
纏碗五箇　降眞香一炷
燭一對重二斤　焚燭紙一百張

酒二瓶

日本寄語

定州薛俊

寄郎譯也西北曰譯東南曰寄

天文類

天 天帝　日 虛路　月 禿計　星 付泥

風 有朱加前　雲 朽罔　雨 挨迷　霧 吉利

雪 計伏六攸計　霜 名末僻滿　落雨 挨迷阿魯

時令類

早 來運挨挨發耀　夜 揺落　午 非路　晚 揺撒皿五

日本寄語　八　一

明 挨介木　暗 骨辣水　冷 三孛水　煖 族椒水

今日 詐以呼雞聳介喬　明日 挨延亞失日　後日 亞撒旦

昨日 傑奴　前日 阿多堆　日暮 非故路路　今日來 个阿卯[illegible]

明日來 挨戊打俚　後日來 挨殺杉阿耶俚

地理類

地 大様禿智　山 羊賣耶賣　水 明東　海 烏瀰

石 依水在木古　沙 何吉大水　火 非　鄉 羊埋儸

江 打各計

方向類

東 熏加　南 迷南來　西 義西　北 饺不乜

前 日皆門利婆　後 吾失利

珍寶類

金 空揩泥　銀 失祿揩泥　珠 他賣　錢 前移

黃銅 中若左　紅銅 鶯更揩尼　水銀 明東揩尼　好銅錢 姚善

人物類

皇帝 大利天王家里　官 人米烏野雞　百姓 別[illegible]

大官 大大烏野鷄　公 翁知　婆 循蒲翁妃

父 阿爺　母 發發　兄 挨尼　嫂 阿尼尢尼

日本寄語　八　二

弟 阿多多　妹 亞尼多一沒多　姊 亞尼　嬸 完多

子 莫宿哥　姪 何義　女 莫宿眼　孫 阿奚胡來

丈人 子多　丈母 子多謬　叔 何冶王前老官　丈夫 壽山

婦人 倭家倒　男子 何奈公姑　老 禿古要个　後生 倭家[illegible]

孩 歪鼻　親眷 新雷　朋友 道門大聖滿門大帝

姐夫 不哥迷　女婿 米哥　僕 三字郎　小廝 歪[illegible]

和尚 才老烏索　老實人 埋骨多　艱難人 胡奈故人門闕人

强盜 六宿鼻瞳　獨眼人 索皎闞鴉　瞎子 眉骨懶　你 [illegible]

[illegible]埋俚八利　誰人 答梭　徒弟 加食雖　財主 妻

[illegible]得好 眉眉月失 眉眉姚水 外甥 萌哥 長子 雛解水
媳婦 嫌妙報長吊 年少 華盖 主人 床呆[illegible]
生得醜 魯歪失 聰明 力哥 貴 他介水 賤 那塑 羊碎水
乞烏多姑 貧 腮東旦 乞丐 寛需計 好淫 梭羅
年紀 一故都 麻子 莫人 骨水 村 孫 拐 科水非計
賊 陸宿人

人事類

要 坡水水 不要 依也 立 達子 等待 埋祖
眠 羊達路 烏將率 拿來 未低吉反俚 未得哥巴 拿去 未底 於古

日本寄語 八 三

亂說 思量骨多 莫話介反俚 相擾 括計 括盆 看 覓見 迷路
不送 何埋解 邵賣 嬉 挨核蒲 坐 移路 阿將投 病 羊埋 氐千
捉 科眉乃可 民奈禮 罵 寛彼計乃俚 話鸞褪皮 晋 烏羊埋水 烏爺鸞計
歼 因彼計 睡 寡路 去 漫陀羅 獺俚旦多 去 何故伊虜 何耶路
不在 論速 持踈 來 何耶俚 古大 便來 羊伴地何爺俚 慢陀的姑
便去 寡路 回來 慢慢的 耶俚 快來 發下何耶俚 法古
送與我 面皮 愛惜 搖路 扛蒲 怕 倭跡 路路 山去 一一卦
久不見 倭非 何面 凸 水 辣水 前行 叙癡倭 行 杴能門
一殺水 [illegible]打步 說話 未納忍 打俚 怠慢 雛利骨多 罵山奴

羞愧 番助山 水水 飲 那慕 吃 何賣利 獨樂 哥賣
女非 蘇路 不來 未旦盧 賣矢 快去 法古計 走 法古
借 脡路 各炎 添 所有 路路 打人 作亞達 達个 買賣 烏禮加
冒 嗝天 痛 一軭水 教 何水尤路
不吃了 榮哥 多吃酒 何賢 鼻旦 賣 烏路 無六 吃酒 麻黑 晒鷄
莫怪 哥面 乃禮 老實說話 買多滋多 遊 西孫步
那里去 陀姑 移姑 買 加和 行路 的盐 磨成 曉得 个个俚 打夫文
多多吃了 前行哥 殺 其奴[illegible] 瞻咀郎 害 天
醉 邀帯 不曉得 措頼路 不失打 哭 乃古

日本寄語 八 四

打 胡子 換 嗜賀 叫人 多奴 怪 發頼旦[illegible] 堅故
死 身大 喚 加右 咲 歪羅 肚饑 勲大 路木
還了 諸也數 慢慢的 買得 買得 起身 倭達 的援 腫 刺大
請人 家那 挪多 不賣 烏魯 賣加 怎麽賣 雛烏 禮在 活 吉打
輸 埋計打利 有情 亞姊 吉奶 無情 亞姊吉 乃乃木 傷寒 鷄骨
多少 一故 頼介 無工夫 一孫 獬水 寫字 加計

身體類

小 眉眉 口 骨土 鼻 發奈 眉 賣
[illegible] 欲 足 挨身 心 个个路 頭 客成額

[illegible] 薫計　髮 揩洣火迷　肚 發賴　揩 [illegible]
爪 卒賦　齒 法

器用類

小刀 曆个乃空客打乃　中刀 乇計柴需　大刀 潤中挑打奈
刀柄 脫介俚　甲 大買路　弓 淌米　盒子 剛白哥
磨刀石 依水　砂石 揩路依水　硯 孫助俚尊力子　紙 揩秧加迷
厚紙 沃速水　薄紙 沃鑾子　筆 粉地　墨 跦煤
扇 黄旗　泥金扇 空揩泥黄旗　鑰匙 坑其
泥銅扇 法古黄旗　鎖 哥利素　船 浮泥　鏤 難皮

針 快利法利　等子 發介俚　箒 花鷄　小箱 法哥
硯箱 孫助利法哥　鋸 拏剛繫利　酒盞 晒加藤計　碟 晒賴沙賴
傘 隔落隔晒　鏡 坑皆彌　枕 麻骨藾埋骨賴　蓆 不奴
鐺 何水鷄　銀硃 失祿挨揩水　漆 烏論水　筋 法木
[illegible]　沉香 沉哥　麝香 射哥　木香 木哥
酒瓶 哭笋昆皮　碗 倭吉貼彎　梯 課水飛計

衣服類

衣服 乞麻俚　靴 骨都　鞋 水托里失其里　箬帽 搖安俚
錦 歪帶　氊衫 迷奴　手巾 達昂个　綿布 木[illegible]

夏布 奴奴綿　被 伏思麻

飲食類

茶 鮮素　酒 晒箕　白酒 門東晒箕　燒酒 隔辣晒箕
老酒 福祿晒箕　飯 密黍　飲酒 晒加乃　吃飯 搽[illegible]羅皿
鹽 失河收河　醬 彌沙　米 科媚科媚　湯 挨蒲賴
大麥 烏蒙崎　小麥 柯蒙崎　穀 森米倭米　羹 水路
荳 磨米　肉 恕恕　筍乾 太吉糯古　醬瓜 可羅米糯

花木類

杉 松計　檜 去那鷄　松 埋止　梅子 面姿大

芥 恝辣水　菜 奈　瓜 烏埋　麻 莫入骨水
茄子 乃沈皮

鳥獸類

牛 胡水　狗 意奴　猪 豕豕　鷄 抓泥撥地泥環多禮
鵝 解加　馬 烏馬　魚 遊河　蟹 揩泥
蝨 失辣水　羊 羊其　鼠 眠助米

數目類

一 丟多子丟微咀多　一箇 个利　二 伏達子去咀多　三 蜜子倏咀多
四 學子搖搖做　五 意子子難難多　六 後子　七 乃乃子

八 亥子　九 个个乃子　十 多[illegible]　[illegible]一 [illegible]

五十 大　百 法古　千 借一貫　萬 [illegible]

通用類

有 挨路何路　無 乃　好 高高的姚鎖盧　極好 明[illegible]

不好 由無奈　大 加小思姑奈何計　小 發薛　多 快都河河水

少 跡古乃水　遠 多俟　近 的个　瘦 牙十大

短 迷加　細 相快大　扔 骨薛路　厚 挨卒水

薄 溫卒水　歪貨 不高歪賴水　不是 松田乃係　破 羊鈸[illegible]

要緊 馬多合子　緩 漫大漫大　無用 設計　多有 何何[illegible]

來 慢大　香 干牌水　臭 骨薛水

士君子非先王之法言不敢言而方言固不足[illegible]齒然言者心之聲得其言或可以察其心之誠[illegible]故特寄其常所接談字彷彿音響而分繫之以[illegible]衛邊將士之聽聞亦防禦之一端也初無義[illegible]不必字爲之釋

朝鮮紀事

明　倪謙

景泰元年正月丁丑朔　丙戌遼東起程都司差東寧衛指揮一員百戶四員率領軍馬二百護送鎮守都御史李純巡按御史劉孜左府都督守遼東都司王祥出城宴餞別自遼東至鴨綠江舊有捌站今廢官齋帳房隨行過高麗衛頭館站東領至浪子山下人家宿　丁亥浪子山起程過背陰山盤道嶺至辛寨人家宿　戊子辛寨起程高嶺至東山關東門宿

東關係華[illegible]界限　己丑出東關過分水嶺至龍鳳山下營　庚寅龍鳳山起程過八度斜列嶺至鳳凰山下營　辛卯鳳凰山起程過開州站至東湯站朝鮮義州兵馬節制使趙石岡遣通事金滿吉里送米酒下程迎犒下營宿　壬辰湯站起程將近鴨綠江石岡率軍兵供帳迎於江上宴罷先往馬軍後發過江抵義州城外石岡率僚屬迎　詔入義順館其朝服儀制俱與華同行禮畢王遣尹曹判書尹炯來迎拜　詔罷謁見設宴館堂侍宴者平安右道首領官

羅弘緒察訪李養倫義州判官朴孟朝女散大夫麟山郡事宣炯司驛院事艾險護軍梅佑宴罷宿　癸巳留義順館給遼東軍馬酒飯行糧遣回約回期至石岡設宴宿　甲午順義起程自北至各處俱有軍馬迎送四十里至所串館定寧郡事某設宴過五十里至良策館泰川郡事李昀龍州郡事高某設宴宿　乙未良策起程四十里至車輦館錢山郡事某設宴過五十里至林畔館通訓大夫定州牧使洪益生宣州郡事吳仲宇設宴宿　丙申林畔起程四

十里至雲興館郭山郡事崔潤玉設宴過五十里至新安館隨川郡事某博川郡事鄭得孫設宴宿　丁酉新安起程七十里至嘉平館嘉山郡事某設宴過五十里至安興館王遣禮曹參判李邊來問安設宴席餙女樂三十餘輩兩行各抱樂器升堂跪邊進云此奉王命自京携至以奉權進辭卻之退侍宴者平安道都觀察使韓確安州牧使朴以寧宴罷邊辭回復命確同往有卻樂詩宿　戊戌安興起程七十里至肅寧館肅川郡事某設宴過六十里至安定館順安縣令禹元球設宴宿　己亥安定起程六十里至西京平壤府確先於十數里外遣伶戲來迓抵近郊列香亭龍亭儀仗鼓樂率僚屬迎　詔樂人皆着樸頭小帶執仗者皆着戎冠簪花衫金釘帶與花同陳戲環繞作百獸率舞態竪若幡幢者四上書曰萬同歡淨蹈舞兩儀相對自生成天下太平垂拱崇海東無事樂耕中迎導入城至大同館門外東南二面各樹鰲山綵棚山上下列伶妓諸戲入館行禮畢王遣胥尹師頭來問安拜　詔罷設宴宴罷辭廻復

命又有黃海道首領官金處禮察訪宋重孫迓亦辭回平壤府官則少尹金光粹判官宋仁昌宿　庚子西京起程六十里至生陽館中和郡事劉强咸從縣令朴祭設宴過六十里至黃海道黃州都觀察使申何諡率僚屬迎　詔列香亭龍亭黃儀仗鼓樂雜戲及鰲山綵棚皆與西京同入治行禮畢王遣判漢城府事李孟珍來問安設宴侍宴者豐川郡事貝仁寬海州牧判官金壤黃州牧判官尹期長連縣監崔經至又遣禮曹正郎安日立來議受　詔勅及　賜物

儀曰稱殿下有病日久世子代掌國事今亦病不能
行禮王令子代行謙曰王久病　朝廷亦知世子病
則予不知也然則世子病幾何時爲何病曰病腰疽
將一月矣曰病將一月則尹尹曹正病中所遣其初
見汛上時何以不言有病今始言病詐也毋得因
朝廷有事輒懷二心且瘡瘍之疾膿潰即安非若感
傷奇症不可以日月也如果病疽當　潰膿乎在此
坐待其愈始行十日不愈待半月半月不愈待一月
無不愈者若再言不愈詐可知矣即當捧　詔還朝

奉聞朝廷臣至朝鮮國王世子俱託病不出無人受
詔因捧　詔還　朝廷自有處置自亢聞謙言驚愕
無措乃曰望几徐行不必坐待小官即便馳回啟白
攸來予辭夫宿　辛丑黃州起程七十里至鳳山
郡　長淵縣監李師鳴松和縣監徐習設宴過三十
里至劒水館不下馬過三十五里至龍泉館守瑞興
都護府使羅寅載寧郡事李伯倫行康翎縣監黃甲
郵設宴詢得尹中官甥金和林在廡下因以餕餘與
一食又以一卓與其守墳家人金仲生宿　壬寅自

龍泉起程四十里至城安館平山都護府使
谷山郡事庾智設宴過工曹參判南佑良進馬五十
匹赴京來見而諭　朝廷威德而去三十里至寶山
館行知遂安郡事張自息設宴過三十里至金岩館
新溪縣令李森設宴京畿道首領官崔敬身祭詔
誰開城府都事李克效來問安宿　癸卯金岩起程
三十里與興易館行瓮津縣令張希俊設宴過三十
里至金郊館牛峰縣令奇效穗兔山縣吳用撰設宴
過三十里至開城府京畿道都觀察史朴仲林寧佐

處迎　詔倒香亭龍亭黃儀仗鼓樂雜戲及鰲山綵
綵俱與黃海道同入府行禮畢王遣壻宗政大夫許
正寧來問安設宴出王京携至女樂郗之而退侍宴
者開城府留守李季疄斷事官余伯行經歷李師曾
有郗詩王又遣漢城府尹金河來見復議禮事言世
子一國之本自得病來舉國遑遑禱於山川鬼神以
祈祐豈敢虛詐今瘡已潰膿口尚未合醫者云若遽
動皮膚必至引風復發致傷性命但望天使垂憫乞
免世子郊迎容其扶病具禮受　詔則萬萬幸

顧其辭情懇切詠是寔病遂允其陳定與[illegible]
後還朝未幾王薨世子襲封未幾亦薨　甲辰開城起程三十[illegible]
東坡館楊州都護府使閔[illegible]鄭[illegible]金[illegible]
監張有[illegible]宴[illegible]
[illegible]

[illegible]
王子[illegible]
琰和義君[illegible]
琛壽[illegible]
首陽君代[illegible]

向謙謂首陽曰此禮足見尊〻　朝廷今既代王宴可
只分東席坐乃易席就宴諸王子以次奉觴至席罷
未宴前王先遣禮曹參判李邊來達意曰天使遠來
小邦無可爲奉止有女樂數輩奉催聞一路來俱不
用今望天使容其奉侍少盡微意又曰殿下負病不
能親待十分惶恐惟此樂妓若少見容殿下心說病
亦頓減不然愈加惶恐病亦增矣謙峻辭郤之又曰
小邦差人進貢赴京　朝廷俱作樂宴待況天使辱
臨敢不用樂謙曰　朝廷所用是男樂今是女樂如

何可用又曰　朝廷用男樂是　朝廷禮小邦用女
樂是小邦風俗況小邦止有女樂無男樂不敢復命
其餘途間曾有郤樂詩但持此去復命可矣遂錄二
詩畀之乃去故宴特不曾用樂自此在館中其館伴
官工曹判官鄭麟趾漢城府尹金和司庖膳官迎接
都監判事洪某唐夢賢副使鄭有臨尹處信判官李
禮長林效善趙克仁通事官三軍副司直安至善三
軍司勇張義　丁未王遣左丞旨李宏洽領議政何
演來問安小宴席面向主席東向午後首陽又設宴

如初禮至席罷　戊申王遣都丞李思哲禮曹參判李邊送皮襖胡帽衣服繼遣中官送庖羞又遣左議政黃甫仍來問安偕司馬黃門去謁成均館宣聖廟陪行者李禮曹鄭戶曹金漢城到廟門外下輪入幄盥沐訖入廟上香行禮其廟扁曰大聖殿廟制靈星門儀門正殿兩廡聖賢俱塑像並與華同其春秋丁祭俱用　朝廷頒降雅樂謁罷升堂其官有大司成少司成謁見次館生謁見館生曰生員府州郡縣學生曰生徒皆着儒巾藍衫與華同但巾用軟羅爲之

坐定生員擡書案於前講書曰汝國音難曉免講茶罷行官與諸生送出館別有謁廟詩至館有答鄭工曹詩中書院事金效成來設宴　己酉王遣左副承旨李季甸右參贊鄭由孫來問安小宴有答鄭工曹詩午後判漢城府事李孟畛來設宴　庚戌王遣右承旨李師純吏曹判事李堅巳來問安小宴有達鄭工曹詩承旨副知院事申叔舟成三問惠刀酬之以詩午後首陽偕諸王子來設宴　辛亥王遣同副承旨鄭而漢左贊成朴從愚來問安小宴繼遣中官庖羞午後漢城府尹高得宗來設宴有答叔舟三問詩　壬子王遣右承旨李師純左參贊鄭苯來問安小宴午後中樞院事安進來設宴有答叔舟三問詩　癸丑王遣左承旨李季甸禮曹判書許朝來問安小宴繼遣中官送庖羞午後領議政何演左議政皇甫仍左贊成朴從愚左參贊鄭苯右參贊鄭甲孫來設宴有登樓賦　甲寅王遣兵曹判書閔伸左副承旨李季甸來問安小宴繼遣中官送庖羞自此毎日飯後申叔舟兵書籍於案講校音韻疑義午後漢城

府城尹高得宗來設宴　乙卯辭行王遣禮曹參判李邊都承旨李思哲來留言讓謝　思馬先行在境一日一站將西至東八站無草料處則速行至遼東庶不瘦損待馬行數日天使一日數站即至前相遇同行矣遂聽其留繼遣戶曹參判朴以昌來問安小宴午後慶昌府尹鄭陟來設宴有梅竹詩　丙辰王遣左副承旨李季甸刑曹參書趙惠來問安小宴午後首陽君來設宴　丁巳王遣吏曹參判李審右承旨李師純來問安小宴繼遣中官送庖羞午後吏

曹判書李堅巳戸曹判書尹烱禮曹判書許詡兵曹判書閔伸刑曹判書趙惠工曹判書鄭麟趾來設宴　戊午王遣右副承旨金浣之工曹參判李思任來問安小宴午後中樞院副使李昇平來設宴　己未王遣都承旨李思哲右參贊鄭甲孫來問安小宴繼遣禮曹參判李邊來請游漢江樓乃與司馬黃門乘馬自南城出陪行者工曹判書鄭麟趾漢城府尹金和知院申叔舟成三問及迎接都監衆官至樓下王預遣左副承旨李季甸禮曹判書許詡設宴樓上相

迓登樓宴頃都監持華扁詣前跪索詩留於樓上即席賦詩三章與之每一詩出則衆官聚首爭看皆縮頸吐舌禮度驚惶酒能請遊漢江下樓登舟復酌賦一章緣崖遡流而上復返樓下月出始還　庚申王遣右承旨李師純禮曹參判李邊李問安小宴安平君李瑢遣宗簿判官黃義軒來送字書酧之以詩判漢城府事李孟畛來設宴　辛酉王遣左副承旨李季甸判漢城府李孟畛來問安小宴申叔舟來送紙墨筆酬之以詩請游楊花渡溯漢江乃乘轎自東城出北至王預遣都承旨李思哲兵曹判書閔伸設幄相迓入入幄啜茗罷步舟石巖供帳甚盛蒼松環繞舉酒極月風帆沙鳥景殊幽曠席上賦詩一章酒罷請遊漢江登舟復酌賦詩一章沿流而下至喜雨亭王又遣官預置酒亭中席上又賦詩一章至暮還　壬戌王遣右副承旨金浣之刑曹判書趙來問安小宴繼遣中官送庖羞午後中樞院事李先齊來設宴有漢江遊記　癸亥王遣都承旨李思哲左參贊鄭苯來問安小宴繼遣禮曹參判李邊來送上布爲

行贐固卻至再與之辨難數四不從而去午後首陽君偕諸王再來設宴餞行　甲子王遣都承旨李思哲吏曹判書李堅巳問安小宴午後中書院事安進來設宴　乙丑王遣左副承旨李季甸戸曹參判朴以昌來問安小宴宴罷起程出郊至慕華館王與世子病不能送首陽偕諸王子預設館中候餞席上賦詩一章留別自官預皆依山設席候送館夾道拜賦亦賦詩一章留別至於松亭都監衆者宴賦詩一章留別晚至碧蹄館王預遣左議政皇甫仍禮曹判書

許譔右副承旨金訢之都承旨李思哲禮參判李邊設宴候陪行者金和中叔舟成三問　丙寅碧蹄起程至東坡接待過晩至開城王預遣光德大夫鄭孝全設宴待宴者京畿道都觀察使朴仲林有開城寓宿詩　丁卯開城起程至金郊又至興義接待過至金岩設宴宿　戊辰金岩起程至寶山又至安城接待過至龍泉詣尹中官墳上致祭畢設宴宿　己巳龍泉起程至劍水又至鳳山接待過至黃州王預遣光德大夫尹季童設宴待宴者黃海道都觀察使申

自護宿　庚午黃州起程至生陽接待過至平壤府大同館王預遣光祿大夫韓確設宴待宴者平女道都觀察使韓確宿　辛未平壤起程城中　壬申肅寧起程三廟廟皆木主有謁箕子廟詩出城西謁箕子墓有謁墓詩至安定接待過至肅寧設宴宿　壬申肅寧起程至安州安興館王預遣工曹判書鄭麟趾設宴待宴者安州牧使朴以寧工曹以詩留引郎席和答叔舟三問亦和以呈復和答之宿　癸酉安州起程麟趾以寧具舟送過薩水舟中置酒賦詩留別工曹和之涉析別午游博川三問復和以呈和答之至嘉平接待過至新安設宴宿　甲辰新安起程至雲興接待過有孝女四月詩至林畔設宴宿　乙亥林畔起程至車輦接待過至良策設宴宿　二月丙子朔良策起程至所串接待過至義州義順館義州兵馬節制使起程至右岡設宴王遣中樞院事安進具兵馬方物赴京謝　恩會聚於此遼東軍馬俱在館迎接　丁丑在館右岡設宴給遼東軍馬酒飯行糧有留金別和叔舟三問詩往復和答數章　戊

寅義順起程至鴨綠江右岡右賓設宴登舟賦詩爲別郎席和答之宴罷登舟舟中復酌涉析又舉酒留進不捨醉後左右强扶上馬遂別與安進偕行至遼東同入朝出境不錄

建州女直考

天都山臣

按今女直卽金餘孽也　國朝分爲三種曰建州曰海西曰野人而建州實居中雄長地最要害定每歲以十月入貢正統初建州衛都督猛可帖木兒爲七姓野人所殺弟凡察子童倉逃之朝鮮併失印時童倉弟董山嗣爲建州衛指揮亡何凡察童倉歸建州部更予印比得故印凡察輒匿更給者乃更分建州左右衛剖二印令董山領左凡察領右而董山益邊

無虞月尋誅之邊備日嚴乞欵貢而董山凡察後皆得襲顧時以報董山讐爲辭患苦塞上又襲破之後其酋完者禿貢馬請襲如故嘉靖二十一年建州夷李撒赤哈等人冦巡撫禦之巳復稍戢萬曆二十八年建州奴兒哈赤襲殺猛骨孛羅其勢始悍猛骨孛羅者與那林孛羅俱海西部落與奴酋三家俱封龍虎將軍猛最忠順虜或入犯輒預報諸夷惡之奴酋尤甚會猛酋與那酋讐殺猛力不支請救於邊不許願得爲障扞不許遂求援奴酋奴酋悉起兵以援爲名襲執之時邊臣遣使講救奴酋外恐吾聲罪實心利其妻妾部落乃僞以女許猛酋而陰縱其妾與通徐以私外母名殺之仍以女許妻猛酋長子送矢子歸我內地以苟塞前講邊臣因不與較奴酋自是有輕中國之心又先是奴酋父他失乘醉入我邊堡邊吏誅之奴酋遂恨日與弟速兒哈赤厲兵秣馬設險擺唐數年前精騎一萬今且至數萬自三十四年以勒索車價爲名遂不復貢擁衆要挾侵犯遼陽而要其跋扈之勢巳成於襲殺猛酋之日矣按奴酋故部

在清河邊外䆀宮塔塞直開原之東而猛骨那林二酋部落在鎭北撫順關外直開原東北與韃靼三衛接壤奴酋所以不得通北虜以二酋爲之障也猛酋亡矣那酋僅五千餘騎勢必亡亡則建酋與北虜通矣勢豈小哉且建夷素獷捷喜馳獵上下巖壁如飛浮馬渡江河不用舟楫大北虜善陸戰遇江河則股栗南夷習水道頃大海爲闌越乃建酋兼水陸之長無河海之限由此言之奴酋一日不死不可一日弛履霜之戒也敢考之以俟謀軍國者

跋女直考

自天厭夷德降生　真主北竄胡元我中土始得
光天日月之盛皇祖芳闢乾坤於遐伐之外其德
同駕唐虞三代而上之矣乃爾歲建酋以䭾爐之
灰鵶張跋扈始則詭併部落繼則要挾不庭而駸
駸乎敵彊也豈唯授鉞者蒿目即荷殳執𣗥岩叟
販夫有弗裂眦而呼亟欲顛其壘穴者乎顧不稔
察其境之透折不歷遡其類之從滋亦何異望洋
興嘆自茲圖考出而虜在吾目中矣跡奴兒哈赤

之於猛酋也假女爲敵餌委妾爲賄賮雖狡黠百
出哉無過一猷饞之獸耳我　皇祖不階尺寸一
朝而蕩腥羶豈以金甌鞏固之日控弦幾何備積
幾何猛將謀臣幾何而顧難殫一瘗哉吾儕食土
之毛忠憤橫臆然有志竊未之逮唯同志者披閱
而起長於謀者輸謀長於力者輸力長於賄者輸
賄共殲此黠獸而斃之也庶不孤傳梨之意

夷俗記卷上

泰安蕭大亨

匹配

夷中嫁娶惟以兩姓相儱男女年相若者遂爾配合
爲婚所謂媒妁哉其聘儀則取牛馬諸畜近亦知具
幣帛以貧富而豐儉其數其成親則壻往婦家置酒
高會先祭天地隨宴諸親爻婦家預置一帳房竪於
所居之側如貳室然宴畢諸親爻皆已散去時將昏
矣婦則乘騎避匿於鄰家壻亦乘騎追之獲則挾之

同歸婦家不然即追至數百里一二日不止也倘追
至鄰家壻以羊酒爲謝鄰家仍贈婦以馬縱之於外
必欲壻從曠野獲之其至婦家也諸婦女擁抱推送
入幕中壻與婦將羊骨互相捧持然後交拜天地婦
之裹衣必以馬尾辮維繫之固壻以小刀斷之其始
配如此貧者則隨意資送同歸壻家矣歸時婦披長
紅衣戴高帽婦女前導至幕中婦持羊尾油三片對
竈三叩頭即以油入竈焚之與祭竈無異次則拜公
姑伯叔母仍各送一衣似亦爲贄然亦終避匿不相

見別嫌不親授受未嘗以烝報聚麀而廢也至虜王及諸台吉家其俗大抵相同特無媜避壻追之事然台吉之女成婚之日若媜不命壻入壻不敢遽入也既婚後壻在媜家必俟產育男女始歸其歸也所贈嫁儀若帳房若馬駝若衣服男女奴僕之類輒以數百計其酋長之壻名倘不浪女名啞不害此兩家者世爲婚姻其有夫妻反目別娶有妾者婦家廉知之卽竊入其幕殺其所娶之妾盡驅其馬駝以歸若媜不悅夫則隨其所欲嫁夫亦恐不敢言也若台吉之

妻有不和則給於所部之夷如有所出則給家產令其與子別居他所無子則守夫不命之嫁不敢嫁也至父死妻其後母兄弟死盡取其妻妻之不如此反相訕笑故中行說有言惡種姓之失也不亦大可榔揄哉

生育

夷人產育男女不似我中國護持產時卽裂以皮或以氈越三日方洗洗畢仍裹之如前是日椎牛置酒召親戚鄰里而會飲名曰米喇凡產毋初產時卽飲食如常不避風寒卽所產之孩亦不避風寒母亦不甚懷抱兒饑則乳乳飽則以搖車盛之置於帳之內或帳之外如兒錯所稱風雨罷勞饑渴不困中國之人弗與也蓋自孩提而然哉產時仍有媼收生兒臍帶以箭斷之無論男女產畢俱懸紅布并腰刀於門上與懸弧結帨相似

分家

夷人分析家產大都厚於長子及幼子如人有四子伯與季各得其二仲與叔各得其一如女子以聘人

而未嫁者遇父母歿亦得分其家產以歸若已嫁之女不過微有所得耳至夷人有絕戶者凡家產俱入所管之台吉其妻亦給別夷若有恩男義子曾報名於台吉及應差者卽得其家產如故不然則毫無所得也

治姦

夷俗以姦爲最重故其處治爲最嚴如酋首之媜有與散夷姦者廉知之卽以弓弦縊死其媜矣凡姦夫之父子兄弟止存一人餘盡置之死若妻女若帳房

諸畜産之類盡給之各散夷所謂亦族之稱不過是也若散夷中有姦其嫡者唯以姦夫置之死如姦夫預知而逃避者則繫其酋長罰畜産以七九之数其有因姦而私相奔逃者被獲則持其嫡以歸而姦夫之罰亦如之至於姦其室女者父母獲之則痛責其姦夫送至夫家俟其死如夫家置之則止不然則罰以九九之数若貧不足以九九者則盡以其妻奴足之若竊其女而逃奔他所者獲則罰亦如之且罰其女之父母以七九若父母有不知情者必令之誓然

後恕之至若叔伯兄弟之姦干係倫理者反置之不問間有處罰亦不至於太甚若稍疎者亦皆有罰而已大抵夷俗治姦嚴於疎而恕於親也

治盜

夫治盜之法曩時有盜若牛羊駝馬者止罰七九或三九之数耳今新法一行且剜其目斷其手仍罰一九之数即盜一馬之尾法猶截一指也至畜産走失有收獲者酋首知之雖二三年外猶令人執旗徧部落中訪之自首者則恕如隱昧不白其事事發仍剜其目斷其手何其慘也惟外甥盜母舅之物則置之不問即姦其舅母亦無呵責之者此又何縱也奴盜主財既斷一指矣且罰及得財者計畜之牝牡而重輕其罰大抵得牝者罰六九得牡者罰三九也盜戰具則罰三九盜田禾則未收者三九已收者六九也盜爲途人所獲則盡以所盜之物給之賞其能獲盜也彼酷於治盜如是是或一道乎

聽訟

夷人雜居沙漠喜則如馬之交頸相靡怒則分背相

踶而其處分亦無定律如兩台吉不和虜王則令衆台吉理其曲直曲者則罰牛羊以千計駝以百計如散夷不和則處置其富者先奉以羊酒然後訴其事曲直已分則令曲者爲直者奉酒次日直者亦還敬遂相懽如故也如甚曲者則罰罰不過牛羊數頭即坐於曲者名下以供賞賚之資其有致人於死者則殺其人以抵命其人已逃則盡掠其家財男女而後止若兩嫡相爭至於傷命酋長必先詰之曰汝之致死彼嫡汝意欲謀嫁彼夫耶其嫡誓曰無遂以此婦

與死媳之夫矣夷中奴僕多漢人及別夷之被掠者爲之卽其子若孫亦世世無改易也若有智勇藝能之人間若有令之管事儼然亦酋首矣此而爲人所殺則罪與殺眞夷者同科若奴有殺死眞夷者非惟殺其奴以償命且倂其財產一空至於奴爲夷人所殺不過罰牛羊幾九以給其妻耳無妻者不過數罰牛羊以給其主耳若奴僕新來爲人所殺又不過罰羊一隻以給其主耳何簿奴僕若爾若曰此奴非我族類故不甚惜之乎是以被掠之人往往南冠而越唫殆爲此哉

瘞埋

夷病不服藥其所從來矣近款貢以來每賜之醫藥冀起其罷瘁頓連而安全之然藥亦多不驗者何也蓋諸戎以曠野爲性飲食衣服不與華同故張脉憤興外强中乾往往夭促其天年鮮能以壽終者良有以也乃其瘞埋之禮則尤可異焉初虜王與台吉之死也亦畧有棺木之具倂其生平衣服甲冑之類俱埋於深僻莽蒼之野死之日盡殺其所愛僕妾良馬如秦穆殉葬之意皆有盜及塚中所埋衣甲及塚外馬肉倂一草一木者獲卽置之死子女盡入爲奴而資財無論矣卽盜散夷之塚者亦罰九九之數故每於他所別立一帳令人守之且揚言曰此某王某台吉之塚也儻亦效曹瞞之餘智乎俗無三年之喪惟於七日内自妻子至所部諸夷皆去其姑姑帽頂而已七日外復如故也今奉貢惟謹信佛甚專諸俗雖仍其舊獨瘞埋殺傷之慘頗改易焉蓋西方之僧彼號曰喇嘛者敎以火瘞之法凡死者盡以火焚之拾

其餘燼爲細末和以泥塑爲小像像外以金或銀裹之置之廟中近年大興廟宇召喇嘛誦經四十九日雖部落中諸夷亦召喇嘛誦經至七日而止盡以死者所愛良馬衣甲爲喇嘛謝凡四方來吊者與所部諸夷來吊者俱有牛馬賻瘞則俱以謝喇嘛其所嬖幸之人雖不盡殺但自生母以外仍爲子所收子死父則擐甲持刃向門三砍仍收其媳惟此淫俗固佛教所不能變者若其像則雖傳至久遠亦供奉之而莫敢毁也夫像教之設肇於西方流於北土化悍厲爲

仁慈於王化豈曰小補之哉

崇佛

夷俗獷悍不可化誨久矣比款貢以來頗尚佛教其幕中居恒祀一佛像飲食必祭出入必拜富者毎特廟祀之請僧諷經俸香贍拜無日不然也所得市銀皆以鑄佛鑄浮圖自虜王以下至諸夷見佛見喇嘛無不五拜五叩首者喇嘛唯以左手摩其頂而已且無論男女老幼亦往往手念珠而不釋也又有以金銀爲小盒高可二三寸許藏經其中佩之左腋下即

坐卧寢食不釋也曩俺荅在時往西迎佛得達賴喇嘛歸事之甚謹達賴毎指今松木台吉所居曰此地數年後有佛出焉後達賴喇嘛卒不一年至萬曆十六年松木之妻孕矣孕當在腹中有聲衆僧曰此當客生佛比産時兒果自言曰我前達賴喇嘛也衆僧曰此眞向者達賴復生矣達賴生時乘馬念珠及經一册順義王西還以此數者示兒兒果曰此我之馬也於諸品物中獨取念珠與經曰此我之故物也且時時作西方語惟僧能解之甫三四歲時言禍福亦輒應夷人聞之於是千里贏糧而丞謁之者日相望於門也咸號曰小活佛上其事以聞萬曆二十年奉

聖旨陞松木之子爲朶兒只昌與其事也以故夷人愈益崇佛不倦而喇嘛之在虜中者我歲有所賜以獎異之松木台吉常居上谷西北今順義王之親弟其子曰虎督度年可七八齡云

待賓

夷人應酬禮節無所謂揖遜謙讓之儀其在幕中賓坐於西北隅主坐於東北隅賓之從者即列于西北

之下主之從者即列於東北之下皆趺迦箕踞不倚不席也主人待之仍飲以乳以茶以酥油次則酒肉之類賓主食畢即以其餘者犒從群然聚食於一幕而主僕不分也又有生平不相知識或貧或餓不必畢辭哀請直入其幕而坐之主人食即以其食剖而分之以故行人過客往往望屋而食雖適千里者奚必三月聚糧哉亦有貧夷食寡恐人之分其食也輒暮夜傳食晨起嗜食若候至日中則食雖甚寡亦必均分而無吝矣執意很如狼貪如羊者乃能軫猶儀

之念若此乎

尊師

彼文無蒔書字非六體烏有所謂師然就其能書者名曰榜什此師也學書者名曰捨畢此弟也捨畢之從榜什學也初則持羊酒行叩首禮後雖日見日叩其首必至書寫已成然後謝以一白馬一白衣衣或布或段惟隨貧富製之無定數也夷人能書則隨酋首往來列於諸夷上一等以故夷中最敬榜什恣有侮慢榜什者罰馬一匹以給之徃者各部落中榜什

不過數人近以奉貢崇佛榜什頗爲殷衆徃者書用板或以皮近欵貢來每給以紙筆之具但紙以供表章至學書者仍以板板之制如我水牌而甚飽且書甚遲鈍不能搦管秖以草管代之其字形長而直體雖草而有似于篆故不可究詰云

耕獵

論者咸曰夷人肉食不藿食也又曰不火食也此在上古或然耳今觀諸夷耕種與我塞下不甚相遠其耕具有牛有犂其種子有麥有穀有豆有黍此等傳來已从非始於近日惟瓜瓠茄芥葱韭之類則自欵貢以來種種俱備但有耕種惟藉天不藉人春種秋歛廣種薄收不能胼胝作勞以倍其入所謂耕而鹵莽亦鹵莽報予者非耶且也腴田沃壤千里蕭蓉厥草惟夭厥木惟喬不似我塞以内山童川滌遡焉不毛也倘能深耕溉種其倍入又當何如彼中松栢連抱無所用之我邊氓咸取給焉則互市之開其於材木不可勝用矣若夫射獵雖夷人之常業哉然亦頗知愛惜生長之道故春不合圍夏不群蒐惟三五爲

朋十數爲黨小小襲取以充饑虛而已及至秋風初起寒草盡枯弓勁馬强獸肥隼擊虜酋下令大會蹛林千騎雷動萬馬雲翔較獵陰山十旬不返積獸若丘陵數衆以均分此不易之定規也然亦有首從之別如一獸之獲其皮毛蹄角以頒首射旌其能也肉則瓜分同其利也其亡矢遺簇無人竊匿恐罹重罰其控弦鳴鏑悞傷本夷以致於死者惟償以一奴或償一駝不然則償馬二匹而已卽陣中亦依此例但不入故殺之科也

食用

夷人雖知火食然亦粗糲之甚矣其食肉類皆半熟以半熟者耐饑且養人也肉之汁即以煮粥又以烹茶茶肉味相反彼亦不忌也有臼爲米有磨爲麪麪和以乳而不知烹調之法也酒之名太多大抵以乳爲之厚者飲數盃即酩酊矣盛以皮囊名曰殼蔑蓋鴟夷滑稽之遺製也雖肉食然客至未嘗特牛欵之也雖穀食然終肉氣勝食氣也其性耐饑即食一餎彈飲水一升可度二三日也又耐寒冬夜卧雪中縮

其手足即雪厚數尺不言凍也食無箸以手舉之亦無碗以木盆盛之今諸夷以瓷製木碗木杓矣酋首則以銀爲之其監帳房門必巽向卧亦西首今受胡僧之約已南其門矣但西首而卧雖草野露宿終不改易也散夷仍卧於地不設床榻冬氣寒甚即犬與羊俱蟠遶於卧前人畜不分也其鼎釜食具人食畢即縱犬餂之腥穢不避也所謂犬羊之群豈虛語哉若其酋首則近日設有床榻矣僅高尺餘氊裀厚數寸食最喜甘衣最喜錦則糖飴錦繡之賞亦五餌之所不廢者乎

帽衣

夫被髮左衽夷俗也今觀諸夷皆祝髮而右衽矣其人自幼至老髮皆削去獨存腦後寸許爲一小辮餘髮稍長即剪之惟冬月不剪貴其煖也莊生所稱窮髮之北非此類耶若婦女自初生時業已留髮長則爲小辮十數披於前後左右必待嫁時見公姑方分爲二辮末則結爲二椎垂於兩耳耳亦穿小孔貫以金鐺銀環亦以朱粉爲飾但施朱則太赤施粉則太

白不似我中國之適均也其帽如我大帽而製特小僅可以覆額又其小者止可以覆頂俱以索繫之頂下其帽之簷甚窄帽之頂贅以朱英帽之前贅以銀佛製以氊或以皮或以麥草爲辮遶而成之如南方農人之麥笠然此男女所同冠者凡衣無論貴賤皆窄其袖袖束於手不能容一指其拳恒在外甚寒則縮其手而伸其袖袖之製促爲細摺摺皆成對而不亂膝以下可尺許則爲小辮積以虎豹水獺貂鼠海獺諸皮爲緣緣以虎豹不沾草也緣以水獺不漸露

也綵以貂鼠海獺爲美觀也衣以皮爲之近奉貢惟謹我恒賜之金段文綺故其部夷亦或有衣錦服繡者其酋首愈以爲榮也又別有一製闊於肩背名曰賈哈銳其兩隅其式如箕左右垂於兩肩必以錦貂爲之其裹衣甚窄以緇准其腰而服之不以帶束也女不爲弓鞋與男俱靴靴之底甚薄便於騎乘也雖甚富不以二衣更代自新製時輒服之至於敝弊亦不補也雖極佳麗不一二日則垢垢亦不浣也非惟衣垢不浣卽其夫終日垢其面經年垢其體故其腥

膻不可聞殆積垢所致哉人言虜多受制於媍非其婦性獨悍夫亦有所挾耳凡衣服冠履一切巨細之事皆出其手夫自持弓射獵外一無所事事也平則司牝鷄之晨怒則肆獅子之吼功多而驕勞多則放勢固然也

敬上

夷俗所設法令或苛急而過猛或懈弛而太寬雖失競緩剛柔之中乃其敬其上命亦有可紀者凡命下之日有抗違不奉行者輒罰千馬百駝雖台吉在所也凡所過地方俱有應付馬匹如我驛遞若奉差人員至有抗違不應付者輒罰牛羊五頭酋首之門今巳南向若王子及台吉入俱必由門之西其散夷由門之東有由中直入者輒褫奪其衣且罰其乘來之馬若婦之入見翁姑亦必由門之東見則叩首退則仍面其上逆行必出至門外始轉身順行不然懼背尊不敬也諸夷之來謁見也馬必遠繫他所繫近幕下者亦罰其乘來之馬至若毀罵酋首凡聽聞者人人皆得殺之如逃不能護則盡其牛羊馬駝而

沒之矣近奉佛教或有疾病輒召僧諷經所禱台吉爲虜王禱諸夷爲台吉禱其敬上勤懇如此

禁忌

夷人原不知機祥之說其所最忌者無過於痘瘡凡患痘瘡無論父母兄弟妻子俱一切避匿不相見調護則付之漢人如無漢人則以食物付之他所令患痘者自取之也至若夫妻之患痘也必俟聞雷聲然後相聚不聞雷聲則終年避匿如路人然其地寒患痘者少視內地若火宅不肯从留慮患痘也近奉佛

敎禁忌猶甚凡事皆守僧之戒毫不敢違一舉動僧曰不吉則戶限不敢踰也一接見僧曰不吉則人罕覩其面也其俗無曆以明時惟記月之十二圓缺爲歲記日之三十出沒爲月然每月必以初一初十十五爲上吉也是日也出行皆利刑罰盡弛其餘若上元中秋端午重九除夕元旦之節盡憒然不知慶賀不舉矣俗有卜筮不與我同有持羊膊骨火灼之以驗吉凶者有以上弦之弓用兩指平舉之口念一咒俟弓微動而知吉凶者有以衣領口袋諸器具向內

爲吉向外爲不祥者又有以所食之物藏於懷納於靴取以與人人以爲吉若頂於首盛以袖人卽忌而不食者又有天陰雷鳴震死頭畜爲大不祥則以酒食禳之立二竿爲門驅群畜從中逐者則吉留之稍旁出則凶令衆搶之夵者虜雖蠢然而亦知禁忌如此

牧養

夷人畜産惟牛羊犬馬駱駝而已其愛惜之勤視南人之愛惜田禾尤甚其愛惜良馬視愛惜他畜尤甚

[illegible]一良馬卽不吝三四馬易之得之則旦視而暮撫[illegible]珍重更無以加出入不以騎[illegible]蓄其力以爲射獵戰陣所需而已凡馬至秋高則甚肥此而急馳[illegible]之不三舍而馬斃矣以其膘未實也於是擇其尤良者加以控馬之方每日步馬二三十里俟其微汗則繫其前足不令之跳蹢躑躅也促其銜轡不令之飲水齕草也每日午後控之至晚或晚控之至黎明始散之牧場中至次日又復如是控之至三五日或八九日則馬之脂膏皆凝聚於脊其腹小而堅其臀大

而實向之青草虛膘至此皆堅實凝聚卽盡力奔走而氣不喘卽經陣七八日不足水草而力不竭我中國不知控馬之方往往乘肥馬以涉遠道則馬之死者十而九矣故馬不在肥在肥而實相馬以肥則騏驥不御有以也且其人平日間緩步以馬急馳以馬射獵以馬故周旋熟而罄控精我中國人能如是乎卯有從馬上弄弓矢者亦月不數次此所以人馬不相得而馳驟不如意與乘輿無異也虜酒多取馬乳爲之故馬之乳人與駒而分食彼旦曰我分其乳

則駒食乳多至冬月不耐寒此亦曲爲之說耳若駒以全乳食之我想其騰驤更數倍也大抵馬之駒牛之犢羊之羔每一年一產產於春月者爲佳羊有一年再產者然後羔多有倒損之患故牧羊者每於春夏時以氈片裹羝羊之腹防其與牝羊交接也馬乳初取者太甘不可食越二三日則太酸不可食惟取之以造酒其酒與我燒酒無異始以乳燒之次以酒燒之如此至三四次則酒味最厚非奉上敬賓不輕飲也牛羊之乳凡爲酥爲酪爲餅皆取給焉取牛乳

則俟犢能齕草遂隔別之日取其乳至夜始令母子相聚也取羊乳亦俟羔能齕草驅至他所將牝羊每兩隻其頭相對束縛之使不動人從羊尾後取之取畢始解其束縛令母子相聚也其取羊毛則歲取二次或一次積其毛若干則合鄰家之婦聚而爲氈彼此交作不數日而氈畢成駱駝則二年一產力能任重每藉以負載行裝故虜貴駝也犬不甚大而其性更靈收則藉以守猟則藉以逐有獸被矢而逸者犬追之不獲不止其發縱指示動如人意故虜貴犬也

虜以牧養爲生諸畜皆其所甚重然有窮夷來投或別夷來降此部中人必給以牛羊牧之至於孳生已廣其人已富則還其所給似亦知恤貧也若雞豚鵝鴨皆其所無惟板升諸夷稍有之野產之物若黃羊盤羊野猪野牛野馬野駝野鹿之類皆不可馴致惟大獵時則能獲之皆在極東極西極北三處最爲繁夥處宣大邊外之地所產不多蓋彼三處地廣人稀食之者寡而宣大以外恒聚數十萬虜於此此正江河不能實漏巵所產安能供所食哉故虜以潼酪謀

其旦夕也

習尚

夷性椎魯木彊自服食器用之外不貴異物賤用物固其習俗然也乃今尤趨華靡哉其酋長類佚樂無所事事惟耽于壺觴溺于妖冶拍胡笳以諠雜合絲肉而呼嘫荒淫沉湎更復何營其婦女雖不甚佳麗然最務藻飾閒亦工於刺綉故胭粉針線所最好也但其長乳垂至腹下時當拮据兒輒從腋後索而食之此豈生成亦從馬上得之耳其俗不競富貴不戚

貧賤雖家無升斗處之晏如最敬者篤實不欺最喜
者膽力出衆其最重者然諾其最憚者盟誓僞則不
誓一誓死不渝也最好弓弓有經十餘年不壞者最
好刀刀之制與我無異然惟尚犀利不尚光明也最
好盔甲制極精堅即無戰陣猶時時拂拭也又最好
犬馬犬馬之良者愛之甚於愛人往時不畏鬼神近
甚敬佛嘗特建廟宇乞買丹青爲莊嚴之故也其衣
服鞍轡惟婦女爲最華若其丈夫雖弊衣垢面往來
親友家不顧也其人之體貌不甚魁梧而亦有皙白

可愛者但其首微匾而短其眉横濶其睛白者多而
黑者微黄其鬚黄而赤其言語多喉舌音而不清輕
其歌唱亦多喉唇音而不響亮近雖貴金紫之飾悦
錦綉之文甘茶糖之味若夫珍禽奇獸翡翠明璫可
以快耳目周彝商鼎虞絃孔碑可以供清玩彼不知
尚也雖非渾渾噩噩之民猶有狉狉榛榛之俗此上
聖所不能懷者今何幸就我戎索哉

夷俗考卷下

泰安蕭大亨

敎戰

世人聞匈奴之長技三咸曰此誠不可當不知彼非
有他謬巧亦習慣若自然乎史載匈奴兒十五即騎
羊射鼠李蒔亦云胡兒十歲能騎馬豈虛語哉今覩
胡兒五六歲時即敎之乘馬其鞍以木爲之前後左
右皆高五六寸置兒於中雖馬逸亦無傾跳之患也
稍長則敎之蟠鞍超乘彎弧鳴鏑又敎之上馬則追

狐逐兎下馬則控拳擘張少而習焉長而精焉不見
異物而遷焉無非比勇角力之事也又稍長則以射
獵爲業晨而出晚而歸所獲禽獸夫既食其肉而寢
處其皮矣且射騎於此益精也及至勇力出衆衆甚
重之雖虜王台吉恒解衣衣之推食食之即勇力者
或紾其臂而奪之食虜王台吉亦憮然不以爲怪也
其馬每至秋高則肥肥則不堪道遠彼有控馬之方
故馬不虛肥其膘皆實即日行數百里經陣七八日
馬猶如故也弓以桑榆爲幹角取諸野牛黄羊膠以

鹿皮爲之體制長而弱非若六鈞三石之强也矢以樺木爲之鏃而大鏃以鐵爲之有濶二寸或三四寸者有似釘者有似鑿者然陣中人不數矢矢不虛發也弦以皮條爲之麄而耐久也其弓弱其矢强發之極滿至三二十步發之輒洞甲貫胸百不一失但不能射於五十步之外甲胄以鐵爲之或明或暗制與中國同最爲堅固矢不能入徒躍如也說者謂虜無鐵有鐵皆自互市中所闌出者不知未市之先歲所擄掠者不知其幾庚戌之犯其鐵馬金戈明光耀日

夫豈裸體來哉特彼中少鐵故貴鐵貴鐵故精於鐵非若我之多而濫惡也矢則人人能爲之惟弓有弓人函有函人弓人函人皆我中行說爲之也陣中有鉤鎗柄長五六尺鎗刃長數寸刃後有鉤可以刺可以挽也有鉤杆可緣以登城也有弩專以射牲戰則不用也無金鼓惟有觱篥以木爲之制如我銅號頭而甚長吹之以合衆其聲聞更遠也無旌旗惟虜王及台吉則有坐纛與師振旅皆知祭纛出行無導從服飾無等級行如鴈行人亦莫知誰爲王誰爲台吉也夫自幼至長惟力是恃自上至下惟力是愛此所以從古爲中國患乎

戰陣

夫虜之犯順也其小人零竊則無如我何獨糾衆大舉則往往得志矣嘗聞虜之大舉也不締盟與國則結援婚姻合謀虜而部署之輒逾數月始則虜王令人持三尺之梃晝夜兼程諭諸部約以某月某日集於纛中敢有愆期者必罹重罰至期諸部果畢至至則逃逐左右不令與聞獨召各酋長入纛議所掠事

議畢仍令散歸各部備弓矢甲胄及牲畜若干以充軍需至某日會於某所敢有愆期不畢會者仍罹重罰至期諸部又畢至虜所重者坐纛也其虜王之纛列之於中諸酋之纛則横列如鴈行大會群夷於纛下是日殺牲致祭俱南面叩首祈神之祐祭畢大享群夷誓師啓行先議所犯之處猶不令衆知也如欲犯東且西行三舍或五舍至塞垣下乃翻然東向曰惟予馬首是瞻遂疾驅將入塞則先營老弱以守軍需令輕騎數百或數千持鋤荷钁潰垣而入比精銳

看或伏於寨內令數十騎且前且却以誘我我烽堠始舉狠烟以傳寇至我師躬擐甲冑介馬而馳而所伏之精銳因以邀待我我不知也遂入其伏而敗師者有之矣或深入我內地三四百里如迅雷或散掠我墩堡遽反大巢如脫兔望之則彌山徧野攸之則左詘右支往往以應接不暇顧此失彼而敗者有之矣或合衆虜頓之堅城之下酋首親臨陣中四面攻圍各有分地令勇悍不別生死者以鉤緣城次則持刀繼之旁皆引滿鏑上向以衛緣城者我師從城上

以蔺石繫緣城者而引滿者輒一發若射隼於高墉中則我師不無少衄而城下之虜脅栗齊鳥呼聲動地遂蟻附肉薄而登而城陷矣此皆將帥寡籌偵探不的之過也倘有明哨以探虜情而預知所議之事有暗哨以探虜形而預知所犯之鄉則委利垂餌可以邀其惰堅壁清野可以老其師輕騎出塞擣其老弱可以使虜內顧而速其旋由此觀之安邊境立功名是在良將不可不擇也及虜既歸仍以纛竪之如前將所獲一人生束之斬於纛下然後會衆論功群夷上所鹵獲於群酋而莫之敢匿群酋上所鹵獲於虜王而莫之敢匿虜王得若干餘以頒群酋群酋得若干餘以頒群夷功輕者陞爲把都兒打兒漢功重者陞爲威靜打兒漢再重者陞爲骨印打兒漢最爲首功則陞至威打兒漢而止凡兩陣相對我營爲方陣四面外向以應敵虜亦以陣當我度其勢均猶萬馬齊驅直蹂我陣稍弱則旁擊分掠隨所欲往矣其陣中有持鈎鎗者前可刺而却可挽也右則彀弓以待左則握刃以須每三人爲隊長短相繼也虜不能

下馬地鬪故一人恒備三馬五馬多則八九馬者倘有一人折馬衆必以餘馬載之不然酋首必重其罰也有被創者危在呼吸間衆必捐軀以拔之援一台吉台吉則敬如父母歸則盡以所愛衣甲良馬與之矣援一散夷散夷亦敬如父母歸則盡分以貲財且世世德其人而不忍忘矣然此援人者惟欲稱雄虜中爲名高不爲厚利也論者咸曰虜猛甚不可當也不知虜豈虎而翼飛而食人哉蓋酋長之於群夷也獲則同其利群夷之於黨伍也危則同其害利害相

同千人一志奚俟三令五申然後蹈白刃赴湯火哉今我中國法令敢私鹵獲一介乎彼危者肯越伍相援乎即勇而直前首級不及格肯論功乎局將若轅下駒視卒如秦越人其數不勝也倘有豪傑之士破其町畦解此拘攣棄我所短習虜所長而曰陰山不可掃賀蘭不可登吾不信也

貢市

元自崇禮侯後潛居應昌不再傳被弒者五維時厖剌稱强小王子之勢又浸盛元之苗裔不絶如綫今

順義王固小王子之苗裔哉乃小王子及厖剌未知其爲元苗裔否也小王子之子曰孛顔罕者生子十一人吉囊俺答老把都其第三子之子也視他子最爲雄悍所傳嗣視他子特爲繁衍吉囊居當河西地最饒佚樂所鹵忻代女樂日夜縱淫病髓竭死俺答老把都居當上谷地最瘠計畫無所之遂慓鷙爲寇其子辛克都隆偏臂善用兵以故父子數數寇邊無已我逆黨趙全等又從而傳其翼鋒甚銳歲殺邊氓無算亡何而那吉叩關降那吉者俺答之孽孫也俺答有所私寵而那吉忿故來降俺答怒欲以兵索之先總督王襄毅公崇古巡撫方金湖公逢時使人謂之曰兵來則那吉不生還矣執趙全等以贖乎俺答首肯之因就幕中議事遂擒八逆以獻督撫上其事以聞因許通貢互市不絶賜金印封俺答爲順義王其餘封爵各有等今順義王傳三世矣歲貢馬若干市馬若干欽賞若干咸有定額不載吉囊貢市不隸宣大不載宣大所市凡五區宣府之張家口則青把都所部市焉大同之守口堡得勝堡新平堡山西之

水泉營則順義王所部市焉論者謂互市如養癰然不市則戰戰則有死亡之慘而資財無足論即戰勝則有犒賚之費而物故未必無絶互市以博犒賚矜犒賚而忘物故視今塞下耕耘樂業畚挿成功爲孰得哉然款不可恃乘款而修金湯乘款而致堅利乘款而實三氣是許款之初意也我有戰之具我操款之權則款可也戰可也是制虜之微意也稽之邊防未有不能戰而能款者揆之虜情未有不喜款而喜戰者顧款有款之時戰有戰之會在持投會乃得之

矣因紀虜俗遂贅及焉

說郛續目錄

弓第十二

否泰錄

明　劉定之

昔我
太祖高皇帝膺受　天命驅逐胡元遁歸朔漠其末
帝爰惟帖木兒既殂
太祖以其嘗君臨華夏也諡爲順帝可謂盛德至仁
矣順之遺胤據其故穴仍君長其醜類世數莫考惟
知其地名瓦剌其君立子　宣宗皇帝時者名普花
此稱爲可汗而彼自稱不可知計必仍僭其先世大

號也故其臣亦悉用故時將相稱號豈非羊質虎皮
鷙翰鳳鳴者哉稱丞相二人曰和寧王阿魯台曰順
寧王脫懽常遣使朝貢　朝廷賜以詔書亦稱之曰
王其後二人相繼死而脫懽之子曰野仙悉有二人
部屬其號爲太師君臣異處常不相見普花娶野仙
妹以相固結今
皇帝即位以來野仙每年冬遣人貢馬　朝廷厚答
金帛過元旦郊祀始去久而漸桀驁不恭往來通使
等變詐翻覆告以中國虛實野仙求以其子結婚于
帝室通使皆私野仙進馬爲聘儀　朝廷不知也
答詔無許婚意野仙愧怒以　正統十四年七月初
八冦塞外城堡多陷没邊報日至遣駙馬都尉井源
等四將各率兵萬人出禦之源等既行司禮太監王
振復勸
上親征命太師英國公張輔太保成國公朱勇等治
兵朝臣奏疏請留不允十七日　駕行命郕王居守
每旦於闕左門西面受羣臣謁見朝政皆太監金英
吏部尚書王直鄺埜學士曹鼐等官軍私屬共五十

餘萬人出居庸關抵宣府井源等敗報踵至　上至
大同暮有黑雲如繖罩營雷電如雨振恐之乃以
駕還八月十三日至狼山虜追及遣朱勇等三萬騎
還戰皆敗死無隻騎回是日　駕至土木日尚未晡
去懷來城僅二十里欲入保懷來振輜重千餘輛在
後未至留待之遂駐土木旁無水泉又當虜衝十四
日欲行虜已逼不敢動兵士束手饑渴十五日虜使
持書來以求和爲言召曹鼐草敕與和遣二通使與
虜使偕去遂移營踰塹以行廻旋之間行列已亂爭

先奔迸勢莫能止虜騎蹂陣而入奮長刀以擊我軍太呼解甲投刃者不殺衆裸袒相蹈藉死蔽野塞川虜叢入中軍宦侍虎賁矢被體如蝟　上與親兵乘馬突圍不得出虜擁以去文武軍吏幸免者蓬首赤身踰山墜谷連日饑餓得達關虜舉我輜重惟取其金銀珠寶貴細者其實虜衆僅二萬我師死傷者過半十六日　上在虜營手書遣使與懷來守將言被留且索金幣懷來城閉不可入縋而登復遣人送至京以其夜三皷從西長安門入報十七日百官集闕下須臾敗報私相告語愁歎驚懼出至紫陌見軍士奔歸瘡殘被體血汚狼籍然尚未知　上所在也是日午遣使齎黃金珠玉袞龍段匹等物馱以入馬詣野仙營請還車駕十八日

皇太后召百官入集闕下命　郕王權總萬機於午門南面見百官始啓事奉　令施行衆皆謂行且即眞矣數日內外洶洶不自保已而　皇太后詔天下立　皇子見深爲皇太子又數日尚書于謙等彈奏奸臣王振傾危　宗社歷數其罪千言讀既畢　王

諭以自有處置謙等言振罪惡滔天今日不正典刑滅其族臣等皆死于此決不但已也因痛哭聲徹中外　王起入內使將闔門衆擁謙等隨入太監金英傳　令旨且退衆奮欲捽英英懼言金籍沒振遣指揮馬順往衆曰奸臣黨也宜遣都御史陳鎰英脫身入順前勸解辭色稍遽給事中王竑捽順首衆爭毆之蹴踏擠裂頂刻而斃或就脫順韡擊出眼血流門闕前衆愈怒求內使毛玉等二人英使人捽出亦擊殺之曳三屍陳于東長安門軍士猶爭擊不已陳鎰等奉　令旨籍振宅并其黨彭得清內使陳管家等項之執振姪錦衣衛指揮王山至反接跽于廷共唾罵之乃宣　令旨獎諭百官各歸涖事拜謝而出明日移　王座入奉天門左受朝由此即眞之議益急振宅在宮城內外凡數處重堂邃閣僭擬宸居器服綺麗尚方不逮玉盤徑尺者十面珊瑚樹高六七尺金銀十餘庫馬數萬匹綵山于市其族屬無少長皆斬山弟林亦爲錦衣衛指揮從振死于虜林九凶悍姬妾百數二十二日虜擁　上至大同城門不開校

尉袁斌隨侍以頭觸門大叫於是廣寧伯劉安給事中孫祥知府霍瑄同出見獻蟒龍袍　上以賜知院伯顏帖木兒及野仙弟大通王賽罕王　上曰秋稼未收軍士久饑可令刈以入城又曰虜欲歸我情僞難測宜嚴爲備安等獻酒　上酹地飲訖虜令括城中犒軍物并內官郭敬等金銀共二萬餘兩來迎駕既獻虜笑不應二十三日　上索西瓜雪梨則與虜食訖遂去過猫兒莊九十九海子又行見蘇武廟李陵碑以二十八日至黑林松野仙營在焉　上入

營坐野仙拜稽首乃侍坐宰馬設燕出其妻妾四人以次奉　上酒歌舞以爲娛其後遂奉　上居于伯顏帖木兒營去野仙營十餘里伯顏帖木兒此其妻見　上亦如野仙禮伯顏帖木兒每二日獻羊七日獻牛野仙每七日獻馬二人者每出獵則自以其所司黑馬黃羊之類來獻二十九日

皇太后命　王早正大位以安國家有司擇日行禮衆相率詣文華殿門請　王出見辭讓不息衆共言且宗神器不可虛　聖母有命不可違有旨從請

乃再拜山呼而出九月初野仙遣其酋長尚書來言欲送　上還京入見賜以冠帶綵段臨行以金百兩銀二百兩綵段若干匹賜野仙初六日　王即

皇帝位遥尊　上爲

太上皇大赦天下百官六軍賞賜有差後十數日野仙復遣使至書辭悖慢　朝廷復書大略言中國已立

皇帝天下兵甲衆盛可相抗禦之意已而命羅通孫祥皆爲副都御史守居庸紫荊關石亨爲武淸伯總

京師兵馬十月野仙入寇自紫荊關入殺指揮韓淸等孫祥走死初九日虜至京城西北關外石亨等營于城北兵部尚書于謙督其軍都督孫堂營于城西刑部侍郎江淵參其軍交趾舊將王通爲都督鴻臚卿楊善爲副都御史守城虜連日抄掠亨等與之殺傷相當其酋長鐵頭元帥死焉時幾甸降附胡人留居者多乘時爲寇　朝廷重賞購捕被獲者累日不絕虜稍沮復遣使言欲和十七日以通政參議王復爲禮部侍郎中書舍人趙榮爲鴻臚寺卿持羊酒往

野仙營與其弟及伯顏帖木兒擐甲冑厲弓矢　太
上帶刀引福等前路刃夾之福等拜託野仙揮却羊
酒取敕視蕃字　太上取敕視漢字野仙謂福爾等
皆小官可令胡濙王直于謙石亨楊善等來福辭歸
時四方兵漸集虜夜遁從居庸關出遺所掠人口牛
羊于路以緩追兵　太上自紫荆關出乘馬踏雪而
行遇險則袁彬執鞚既入虜境野仙來見宰馬拔刀
割肉燎以進云勿憂終當送還食訖辭去十九日瓦
剌可汗普花遣使獻馬先是普花駐兵關外未入至

是以尋舊約通和爲言　朝廷以其來緩師却之胡
濙王直言普花野仙君臣素不睦宜受其獻以間之
從濙等　言亦使人入見獻馬八匹賜衣服冠帶酒
饌金帛視常年有加二十二日遣楊洪孫堂范廣等
帥兵二萬擊虜之未去者二十五日破虜于固安得
牛馬驢數百匹奪還人口萬餘十一月初八日以虜
旣退京城解嚴降　詔撫安天下十一日免朝百官
望拜　太上聖節于朝天宮十三日楊洪等旋師入
見言虜衆已盡絶其實不過百餘散掠各郡驅人畜

以自擁衛望之若萬衆官軍不敢逼其南去者各郡
以漸捕獲之北去者洪等逐至關殲焉猶殺官軍數
百人洪子俊幾爲所殺旣奏捷以洪爲昌平侯與副
都御史羅通練兵于東教場石亨練兵于西教場二
十三日野仙遣使來索大臣迎　駕約以後月初三
日至其營否且又入寇書辭甚慢不答二十九日冬
至免朝賀每年是日遣官祭　長陵　獻陵　景陵
至是以胡寇近在山外陵旁官宇祭器皆被焚掠守
陵官軍死亡逃竄輟祭禮十二月初二日贈太師

英國公張輔爲定興王學士曹鼐爲少傅吏部尚書
文淵閣大學士皆死于土木者也初四日尊　皇太
后爲　上聖皇太后初七日尊　母吳氏爲　皇太
后初八日立　妃汪氏爲　皇后冊　太上宮嬪周
氏爲貴妃即　皇太子所生母也初十日　詔告天
下赦在京流以下罪囚　景泰元年庚午正月初一
日受朝免賀初七日　太上書至索大臣來迎命公
卿集議推舉舊任老成當行不初十日大祀　天地
于南郊慶成賀宴如常年十八日遣都督范廣等率

兵廵居庸等關以虜入遠東寧夏皆有報至也二十九日遣都督等官石彪等率兵廵懷來宣府等城閏正月初十日諜報虜掠西陲取慶府楚府所牧駝馬牛羊以去二十六日大同奏虜至城下總兵官郭登敗之陞登定襄伯二月初一日大同奏敗虜于黄土嶺獲首級十三顆馬驢一百二十三匹奪還男婦二百二十五口器服稱是指揮使許貴之功也十四月宣府叅將楊俊執喜寧喜寧内侍從　太上在虜中者也數導虜入寇　上患之　太上亦以虜入寇不

已則和不可必不和則還京未有期也惡寧寧又忌袁斌嘗誘之出營將殺之　太上覺其詐急召斌回乃得免及是斌言於　太上遣寧傳命于俊索春衣因遣軍士高磐與俱斌刻木藏書繫磐髀間以示俊俾因其來執之俊既得書與寧飲城下磐抱寧大呼俊從兵縛至京師處以極刑於是虜失其向導亦厭兵矣十六日以石亨爲征西大將軍率步騎三萬五千人出紫荆關以廵北邊其後虜涉春及夏不復大入六月二十六日野仙以屢使議和不成俾其知樞密院阿剌爲書遣其叅政完者脱歡等來上疑其詐召文武羣臣議以爲虜交兵既久士馬疲怨又失常年和好之利度其情出於誠且　太上在虜理宜迎復虜縱以詐我當推誠　上聞允遣禮部侍郎李實大理少卿羅綺指揮馬顯與脱歡等以七月初一日行十一日至野仙所營失八兒禿之地野仙曰兵端皆因通使陳友等小人締構以致小事成大及我送　太上還京不遣大臣來議又殺所遣使臣張關保等我回北後遣者盈不花等亦不生還其故何也實

等答曰太師雖名送　駕兵行不戢攻關掠野　朝廷豈信張關保等死於陣者盈不花等未至京皆因將士不以爲來和而以爲來戰故也野仙曰喜寧是朝廷内臣我所遣來何爲亦見殺實等答曰喜寧蒙太上厚恩却乃導引太師兵馬殺之宜矣野仙曰太上在此我令伯顔帖木兒早晚恭敬未嘗失禮因以酒酪飲實等十三日遣人引實等至伯顔帖木兒營見　太上實等拜泣問起居　太上曰朕非以畋遊而出實爲生靈除害然陷於此者王振所致也及

野仙實意送朕回又被喜寧屢次阻住但唆令進兵今王振喜寧皆死矣因問　上聖太后與　上安好又問舊臣數人又曰在此踰年始見卿等曾將衣服靴帽等來乎實等曰虜中屢有人走回皆不知　車駕何在朝廷遣使亦無回報以此臣等行時諸物未帶時　御用物惟金龍繡枕在實等因自出所有金器燒酒焙肉等爲獻欲盡取所齎米來獻　太上曰小事勿勞卿也爲朕通和乃大事爾實等因極言王振蠹苛擅國致寇之罪　太上曰振未敗時無人肯

言然言朕亦不能燭奸悔復何及語將畢伯顏帖木兒至　太上賜酒共飲伯顏帖木兒復邀實等至其帳相與飲實等回至　太上帳來留宿館伴者不肯實等乃至野仙營宿十三日野仙置酒以飲實等野仙曰爾等念　太上否實等曰　君父蒙塵臣子豈不念乎野仙曰爾等既念何不迎回實等言來迎之意野仙將從之伯顏帖木兒言禮物未備不可容易野仙乃止凡實等所與野仙及伯顏帖木兒語者其妻皆施坐共議傳酒相酌野仙伯顏帖木兒貂裘帽

其妻珠翠覆面垂肩盌酪盂肉粗塊長啜亦更互吹彈歌舞以爲樂十四日野仙遣其右丞把秃同實還貢貂皮馬匹遣其尚書土兒罕同羅綺往大同調回虜兵不復擾邊實辭　太上袖出書三通以授實其一奉　上聖皇太后其一達于　上其一以諭羣臣與　朝廷議媾者也實不敢對十九日實至懷來遇伯顏帖木兒約實速來成和好且指野仙幼子曰此右都御史楊善侍郎趙榮同可汗普花所遣使皮兒馬黑麻北去蓋兀剌國政皆野仙專之其兵最多普

花雖爲可汗兵稍少知院阿剌[illegible]右丞鼎足而立外親內忌其合兵南侵利多歸野仙而敗則均受及欲和則野仙恥屈意而陰使普花阿剌來言阿剌所遣脫歡既多實等行普花所遣黑麻等復要善等出惟慮和之不早成也實等既至京畿邊虜兵皆退二十九日善等至野仙營野仙方出臘八月初二日回營與善等相見　太上遣袁彬來會彬臥起常不離御帳甚寒則以身爲　太上溫足彬嘗病　太上坐壓彬肩背取粥啖之以出汗至是從旁促善等使

盡言野仙遂許送　太上還京平章昂克曰既是送還有何禮物善等曰太師敬我君父故送還豈先論財乎　朝廷臣子蒙太師盛德豈有不報野仙曰昂克說不合理我圖垂名後世爾衆酋聞善語皆以齒咬其指曰好漢好漢初三日善等見　太上于伯顏帖木兒營初四日野仙請　太上至其營餞行野仙彈琵琶其妻奉酒善等侍飲執臣禮甚恭野仙歎曰中國好禮數宴畢野仙送出帳十數步　太上登馬乃退盜　太上在虜踰年未嘗屈尊野仙間見必致

敬曰我人臣也可與　天子抗禮哉嘗欲以其妹事太上不從乃止以此深服　聖德虜人往來窺覘天容穆然殊無慘沮惟聞實等言　聖母安好乃泫然出淚飲食所餘多以　賜中國被虜者及其將歸莫不悲戀虜人亦不忍別連日各設筵餞初八日太上駕行伯顏帖木兒護送十一日駐蹕野狐嶺伯顏帖木兒等數百騎皆慟哭良久既別去昂克於中路射麕獲之馳追十數里來獻十三日駐宣府十四日駐懷來十五日駐唐家嶺　上遣內閣學士許彬

商輅至　太上命書　詔諭避位免羣臣迎十六日自東安門入　上迎拜　太上答拜相抱持而哭各述授受之意推遜良久乃至南內羣臣就見而退大赦天下有生咸欣欣焉　聖朝承平既久孽萌潛滋內而奸臣播弄外而驕虜憑陵己巳之變尚賴天心默佑皇圖鞏固振威以遏其傲厚德以化其順故庚午中秋之慶亦亘古所無斡旋乾坤並明日月用夏變夷撥亂反正何其神速也哉臣因所目擊耳聞參以楊善李實所述奉使錄錢溥所述袁彬傳約其

繁蕪其爲此錄蓋出征之月否卦用事之月也廻鑾之年　景泰紀元之年也先之以否繼之以泰雖則世運關天數矣名之曰否泰錄自以身備史臣於國家大務不敢不具載以備遺忘故也雖然　聖神相繼于億萬年撫念前事豈不增致治保邦之良圖哉

遇恩録

明 劉仲璟

洪武二十年十二月十五日早仲璟胡伯機於 奉天門見欽蒙 聖旨到歇處去每日來見十六日早朝 奉天門欽蒙 聖旨你叔叔的兒子着他快完了圖來見章三益有甚麽人回奏有子 聖旨你明年帶得來葉景淵家有甚麽人你去尋問有人時與他帶將來 聖旨你如今年年來見 我各人與你鈔一百錠做盤纏回去十七日早朝謝 恩奉天門

宣諭你如今回去尋師問友但是有見識人師問於他你學得高了人皆師問於你便不做官也高尚了你每父親都是志氣的人說的言語都說得是人都聽他那時與 我安了一方至有今日 我的子孫享無窮天下你老子的子孫享無窮爵禄男子漢家學便學似父親樣做一個人休要歪歪搭搭的過了一世你每趂 我在這里年年來叩頭你每還是挨年這歇來你每小舍人年紀少莫要花搭探市裏去你父親都是秀才好人家休要學那等潑皮的頑

洪武二十一年十二月二十四日同胡伯機章允載葉永道於 奉天門早朝欽奉 聖旨教他每月日隨班朝見過節了着他回去二十五日早朝奉天門再 面見欽奉 聖旨你那劉當糧長的在這裏多時他家裏糧誰與他辦回奏訖 欽奉 聖旨每人與他伍錠鈔過節你每這幾個也年紀小里讀書學好勾當你每學爾的老子行 我來這裏時浙東許多去處只有你這幾個老子來到如今也只有你這個老子來說你每家裏也不少了穿的也不少了喫

的你每如今也學老子一般般做些好勾當鄉里取些和睦你每老子在鄉里不曾用那小道兒捉弄人他與人只是誠義所以人都信服他大丈夫多是甚麽做便死也得個好名歪歪搭搭死了也干着了個死葉景淵雖然這般死他死在官我也常念他劉伯温他在這裏時滿朝都是黨只是他一個不從他吃他每蠱了他大的兒子這小的也利害不從他也吃他每害了這起反臣都吃 我廢了墳墓發掘了那胡仲淵他若早依着 我說也不到這上他只性緊

了些恁父親到是有見識人便做先吃些虧到底也得個好名胡家這小的癡早自將得這誥來　我道那里得些誥來原來是他的　我隨即趕得他回來他那哥潑皮又不至誠又要害　我的軍　我發他在雲南金齒阿關鈔了再叩頭　聖旨我年時不筵席了這鈔你每將去買些酒喫過節再見我了去叩頭二十六日早朝　奉天殿謝　恩二十九日隨班洪武二十二年正月朔旦隨班行　朝賀禮初四日早朝　奉天殿再於　華蓋殿面見欽奉　聖旨你

這幾個小的兩下里天晴了回去等　我郊祀　天地了去十三日晴　上御殿宣制洪武二十二年正月十六日大祀　天地於南郊你文武百官自十三日為始致齋三日各供爾職隨班行禮十五日早朝奉天殿午後　大駕御南郊十六日晴郊禮畢　駕回宮　上御殿隨班行禮慶成十七日晴　上御殿賜宴行禮謝　恩宴畢出十八日晴早朝　奉天殿再於　武英殿面見　聖旨禮科給事中那里那中間小的是胡仲淵的兒子他父親陣亡了這個葉家

他公公在江西做府官吃陳家廢了這劉伯溫是個好秀才吃胡陳蠱了那胡家吃我殺得光光的了這三個父親都是好男子各與他伍拾錠鈔那東邊長的是章三益的兒子與他貳拾錠這個是胡仲淵的姪兒與他拾錠關鈔再於　武英殿叩頭欽蒙

宣諭你家去種田的種田有庄佃的使佃僕有伴儅的使伴儅你每還好學里一日便學三句學到四五十歲也好了你每父親便吃些虧呵如今　朝廷也留個好名你每日不知道胡你早將得這誥來　我

纔知道是你家便趕你回來爾那哥潑皮在那裏且由他去十九日謝　恩辭奉天殿再於　奉天殿御道東邊　面見欽奉　聖旨你每回去行着好勾當休污了父親的好名你休道父親吃他每蠱了他只是有分曉的他每便忌着他若是那等無分曉的呵他每也不忌他里到如今　我朝廷是有分曉在終不虧他的好名你每大的教着那小的學着父親每行去洪武二十二年十二月二十六日於　華蓋殿面見欽奉　聖旨呵這幾個小的也來了各與他兩

錠鈔過正了去於禮科領鈔再於　華盖殿謝
恩欽奉　聖旨恁每都往這裏歇着過正了去時再
見　我了去洪武二十三年正月初四日於　華盖
殿面辭欽蒙　賜鈔再於　奉天門左煖房內謝
恩欽奉　聖旨恁每回去至誠着恁老子都是君子
人這章三盃是個善善良良一個老兒回家去好好
的死了劉伯溫他父子兩人都吃那歹臣每害了我
只道他老病原來吃蠱了這胡仲淵他鄉里都信服
他與我帶將許多人來只他那大的子不才他在金

遇恩錄　五

齒呵等他在那裏錦衣衛官爾引他這幾個去見
東宮與殿下說這幾個都是有大功的　我如今老
了怕他不知道恐民間有是非傷着他殿下記着當
令錦衣衛官同內官引去　文華殿見錦衣衛官傳
旨訖敬奉　令旨我知道了洪武二十三年復獲
山賊吳再起等三名六月初六日見奏　聞欽奉
聖旨錦衣衛官與他收了人你帶幾個伴儻來明日
帶得裹頭來見了去初七日見欽奉　聖旨那三個
是舍人的伴儻各賞鈔五錠舍人是劉伯溫的兒子

賞鈔壹百錠做盤纏回去長解的在那裏着他入來
賞鈔各壹錠闕鈔謝　恩欽奉　聖旨劉伯溫在這
裏時胡家結黨只是老子說不倒　聖旨你父兄做
一世好人都停停當當的了你父親吃胡家下了蠱
藥哥也吃他害了你老子雖然吃些苦麽你如今恰
光榮洪武二十三年爲冒名提取賞軍事十二月二
十二日見奏　聞欽奉　聖旨這是劉伯溫的兒子
你那裏是軍罷再見欽奉　聖旨你記得父親的誥
麽你帶得來麽回奏帶得來　聖旨便取得來取誥

遇恩錄　六

進欽奉　聖旨宣吏部官　聖旨我到發州時得了
處州他那裏東邊有方谷珍南邊有陳友諒西邊有
張家劉伯溫那時挺身來隨着　我他的天文別人
看不着他只把秀才的理來斷到强如他那等鄱陽
湖裏到處厮殺他都有功後來胡家結黨他吃他下
了蠱只見一日來和　我說　上位臣如今肚內一
塊硬結怛諒着不好　我着人送他回去家裏死了
後來宣得他兒子來問說道脹起來緊緊的後來瀉
得鱉鱉的却死了這正是着了蠱他大兒子在江西

也吃他藥殺了如今把爾襲了老子爵與他五百擔
俸囘奏臣出力氣事盡死向前報本欲在襲封伯爵
的事哥有兒子在欽奉　聖旨他終是秀才人家孩
兒知理熟大功爵讓與哥的兒子好呵當宣劉鷹進
兒襲爵二十三日具服謝　恩欽蒙各　賜金綉衣
服壹套金轡鞍馬壹匹幷賜南門内房屋壹處欽奉
聖旨取得胡仲淵章三益葉景淵三家來二十四
日謝　恩就往所賜房欽奉　聖旨你如今休去
我也與你個小職名兒與朝廷辦些事只着報喜的

遇恩録　七

家人稍着書子去着他每來二十五日欽奉　聖旨
我考宋制除爾做閤門使夜來翰林院考了這衙門
正以如今儀禮司一般不着你管儀禮司事只要跟
着駕但是我在處爾便有着傳　旨意發放事呵
我如今着你叔姪兩個都囘家去走一遭把你老子
祭一祭祖公都祭一祭便來二十六日謝　恩二十
七日吏部官引奏授正六品欽奉　聖旨與實授三
十日辭囘鄉祭祖洪武二十四年二月囘京二十日
早朝　奉天門見二十八日欽奉　聖旨着記事有

不是　我口裏說的說話他每胡添上時爾便來說
傳旨宣喚人三月初十日早　華蓋殿奏事袁都御
史爲車牛事不明白蒙　寛宥不叩頭纔卽出班奏
聞訖有項都御史出班服罪欽奉　聖旨閤門使
奏爾里十一日晚朝　奉天門欽奉　聖旨今後爾
每往來照管着朝班但有這等着便來說　我雖不
罪他也着他警省着巳前胡陳在這裏無人敢說他
後來惹得不好裏六月十一日奉　聖旨爲雨澤愆
期事着同衆官人到都察院刑部審録寃滯囚人七

遇恩録　八

月二十七日充贊引官　肅遼慶寧四王行冠禮八
月初一日午於　奉天門　御道上欽陞　谷王府
左長史實授

彭公筆記

明　彭時

翰林故事凡同寅皆尚齒與諸司不同然仍以類分學士自分一類侍讀侍講自一類修撰編修檢討自一類等級截然不少紊蓋其所來久矣

翰林官惟第甲三人即除撰其餘進士選爲庶吉士教養數年而後除遠者八九年近者四五年有不堪者復改授他職蓋重其選也然職清務簡優游自如世謂之玉堂仙好事者因謂第一甲三人爲天生仙

餘爲半路修行亦切喻也

景泰元年庚午八月十五日也先遣兵奉送　太上皇帝還京因思晉懷愍宋徽欽不能無遺憾於千古而　太上獨幸其悔過奉送南歸豈　聖德有所感動而然耶抑　天討窮而爲此也臣子之憤於是乎少紓矣

景泰數年中敬禮大臣寬恤民下賞罰亦無甚失獨易儲廢后爲害大義所以失人心者在此二事也

東鹿王公自　正統中任都御史甚有名譽晚與中貴王誠厚相結納欲入內閣是時閣下已有陳高蕭江商五人矣而王難言私以語高高遂爲其奏請添人有不拘煩劇閑散之語及會議陳不知其意繆曰我於煩劇中舉前維禎高遂曰我舉王文奏上果用王當時人皆駭愕多咎陳欲私鄉人故激成此事然不知陳無意而高有意也高之意惟商公知之商以語予如此云

戊寅年二月上　聖烈慈壽皇太后尊號詔告天下詔草已進訖予謂言公曰此事前所未有宜有恩典

及人李曰先年兩赦數赦非所宜予曰非謂赦也但行優老之政爲宜若朝官父母年七十者與誥敕百姓年百歲與冠帶是即老吾老以及人之老意恩如此恩典斯與上徽相稱李公喜曰是好擬仁政數條進呈　上大悅命即行之比見　上英明大度樂用人言眞　聖主也頒徽號詔畢　上御文華殿召時等三人近前賜銀兩表裏有差仍親自授與和顏慰勉其鼓舞臣下有如此令人感激不能忘也

是年十月十日扈　駕校獵南海子海子距城南二

十里方一百六十里闢四門繚以祟墉中有水泉三處獐鹿雉兔不可以數計籍海戶千餘守視每獵則海戶合圍縱騎士馳射於中亦所以訓武也是日扈從官皆蒙頒賜獐鹿兔而內閣二人比諸人更差厚云

五月五日賜文武官走驃騎于後苑其制一人騎馬執旗引於前二人馳馬繼出呈藝於馬上或上或下或左或右騰蹴蹻捷人馬相得如此者數百騎後乃爲胡服臂鷹走犬圍獵狀終。芻俗名曰走解而不知

所自始豈金元之遺俗歟令每歲一舉之蓋以訓武也觀畢賜宴而回

七月賜尚書馬昂并內閣學士三人遊南城中有宮殿樓閣十餘所皆　宣廟與　上遊幸之處也是秋新作行殿一所東爲蒼龍門南爲南風門中爲龍德殿左右曰崇仁廣智殿之北有橋橋皆白石雕鏤水族於其上南北有飛虹戴鰲兩牌樓東西有天光雲影二亭又北疊石爲山曰秀麗山上有圓殿曰乾運其東西二亭曰凌雲御風山後爲佳麗門又後爲永明殿最後爲圓殿引流水繞之曰環碧移植花木青翠蔚然如畫觀者既畢上乃命學士李賢呂原泊時往觀焉受命領行者太監裴富也宴畢乃同時謹記於此庶不忘上恩德云

庚辰年四月六日辰刻　上御南薰殿召王翺李賢馬昂彭時呂原五人入侍命內侍鼓琴鼓者凡三人皆年十五六者　上曰琴音和平足以養性情曩在南宮自撫一二曲今不暇及矣所傳曲調傳於太監李永昌永昌歷事　先帝最精於琴是三人者皆不

及也賢等對曰由此不輟亦可精妙因皆叩頭曰願皇上歌南風之詩以解民慍幸甚　上起人賜金鑲鶴頂愽帶一條皆親授五人者皆叩頭而出

十月二十二日　上御西苑閱將臣騎射呂時等五人入侍是日所閱皆侯伯都督指揮指揮隸三營把總管操者總兵官會昌侯孫繼宗廣寧侯劉安懷寧伯孫鏜都督趙輔具名籍進呈令逐　馳馬射箭以三箭爲率　上親按籍記中否有中二箭或中一箭者其有不中而引弓發矢可觀者比中例試畢賜賚

鈔有差而總兵洎時五人各賜鈔一千貫是年十二月閱御馬監勇士騎射亦如之先次有二三人畏避不趨事者罪黜之自是將士咸感德畏威知所奮勵云

是年春廷試進士第一甲得王一夔等三人後數日　上御文華閣召李賢諭曰　永樂　宣德中常選庶吉士教養待用今科進士中可選人物端重語音正當者二十餘人爲庶吉士止選北方人不用南人南方若有似彭時者方選取賢出以語時時疑賢欲

抑南人進北人故爲此語因應之曰立賢無方何分南北賢曰果　上意也奈何已而太監牛玉復傳　上命如前令内閣會吏部同選時對玉曰南方士豈獨時比優於時者亦甚多也牛笑曰且選來看是日賢與時三人同詣吏部考選得十五人南方止三人而江南惟張元禎得與云蓋　上自復位以來明恩百辟不輕選任而時不才獨軫　聖懷如此感激於中何可忘也

予偕倖及第除修撰同年陳緝熙岳季方俱編修謝恩後卽詣閣下拜先生時曹鼐陳循苗衷高穀四先生俱以侍郎兼翰林學士遂留早食酒饌隨光祿所供不增設諸先生笑曰此是本院故事儒官清淡只如此一月後本院自學士下至孔 皆出錢置盛筵於後堂用教坊樂學士列坐於上予三人坐前之左侍講獨坐前之右餘皆傍坐謂之慶狀元蓋公宴之盛又諸衙門所無後月予三人同回席比前尤皆豐盛予出錢倍于二公亦循舊典故也

翦勝野聞

吳郡徐禎卿

太祖嘗自叙朱氏世德之碑其文曰本宗朱氏出自金陵之句容地名朱巷在通德鄉上世以來服勤農業五世祖仲八公娶陳氏生男三人長六二公次十二公其季百六公是爲高祖考娶胡氏生二子長四五公次卽曾祖考四九公娶侯氏生子曰初一公初二公初五公初十公凡四人初一公配王氏是爲祖考妣有子二人長五一公次卽先考諱世珍元初籍

淘金戸金非土產市於他方以先祖初一公困於役遂棄田廬攜二子遷泗州盱眙縣先伯考五一公十有二歲先考纔八歲先祖營家泗上置田治產及卒家日消由是五一公遷濠州鍾離縣其後因至鍾離居先伯考性淳良務本積德與人無疾言忤意鄉里稱爲善人先伯娶劉氏生子四人重一公重二公重三公生盱眙重五公生鍾離先考君娶徐氏泗州人長重四公生盱眙次重六公重七公生五河某其季也生遷鍾離後戊辰年先伯考有孫六人兵興以來相繼寢沒先兄重四公有子曰文正今爲大都督重六重七俱絕嗣曩者父母因某自幼多疾捨入皇覺寺中甲申歲父母長兄俱喪次兄守業又次兄出贅劉氏某托跡緇流至正二十四年天下大亂諸兄皆以淮兵大起掠人行伍乃招集義旅兵刃漸衆因取滁和龍鳳三年帥師渡江駐兵太平爲念先考君嘗言世爲朱巷人宗族俱存平日每有鄉土之念卽訪求故鄉宗族之所遂調兵取句容明年克金陵而朱巷距城四十里舉族父兄昆弟四十餘人至始得與

之叙長幼之禮行親睦之道但朱氏世次自仲八公之上不復可攷今自仲八公高曾而下皆起家江左歷世墓在朱巷惟先祖葬泗州先考葬鍾離此我朱氏之源流也爰自金陵太平駐節開府爲根本之地實鄉郡焉屢歲征伐拓境開疆吳楚既越方數千里由是累膺顯爵乃龍鳳九年三月十四日內降制書
曾祖考爲資德大夫江南等處行中書省右丞上護軍司空吳國公　曾祖妣吳氏吳國夫人先祖考稱　大夫江南等處行中書省平章政事上柱國司

徙吳國公祖妣王氏吳國夫人　先考府君開府儀同三司錄軍國重事平西右丞相吳國公　先妣陳氏吳國夫人謹以閏月十三日祇謁先壟焚香告祭之舊典也重念報本禮行宜厚令勉建事功匪由己能實荷先世靈長之澤垂衍後昆宜得報恩三代竝爲上公以遂爲子孫者之至願書曰作善降之百祥易曰積善之家必有餘慶先祖父積功累善天之報施茂於厥後凡我子孫皆當體祖宗之心蹈德存仁以永其緒於無窮是吾之所望也於是備書于後以傳信將來有所攷焉

淳皇帝及后疾疫死連四公繼之貧薄不能具棺才究　太祖與仲兄謀草葬山谷中行未抵所而綆絶仲返計　太祖視屍忽風雨雷電　太祖避樹下聞空中神語曰孰襲取我土髣髴有應者具　淳皇帝諱神曰爲若人則已已而暴風揚沙折木天轉晦比明往視之土裂屍已陷田伯劉大秀遂歸其地而葬責今鳳陽皇陵即其地也

太祖在滁嘗濯手於栢子潭有五蛇擾而就之因祝之曰如天命在予汝其永附焉一日戰畢羣坐藉土蛇忽蜿蜒其側　帝乃掩以兜鍪頂復報戰亟戴兜鍪而往是日手刃甚衆軍法戰勝必祭甲冑衆推帝功居多乃置其兜鍪於前甫奠忽霹靂大震白龍夭矯自兜鍪中出挾雷聲握火光騰空而去諸將自是畏服

青田劉基伯温嘗攜客泛舟於西湖抵暮仰瞻天象而言曰天子氣在吳頭楚尾後十年當興予其輔之及過蕪閶門見張士誠曰貴不過封侯何能久也夜

登虎丘山復曰天子氣尚在吳楚之間時郭子興據濠上就見之遇　太祖曰吾主翁也深自結納曰後十年主君當爲天子我其輔之乃拂衣而去

太祖之初振也將屬皆草莽麁士人人欲更試大位徐杞國陰奇帝乃謂諸將曰天子豈可更立耶遂止

常遇春初附劉聚時常晝寢夢一羽士語之曰起起此處非爾所宜託也爾主至矣既寤適　太祖至於是遂傾心焉

王師與僞漢戰於湖中時乘白舟漢主以赤龍船[illegible]

之及戰工師大捷　帝因制令以赤船載俘囚白船
給官胥之屬
僞周主張士誠面縛見　帝俛首瞋目踞坐甚不恭
帝叱之曰盍視我對曰天日照爾不照我視汝何
爲哉　帝以弓弦縊殺之及見周伯琦遙伏於後問
爲誰對曰前元江浙行省叅政臣周伯琦　帝曰元
君寄汝以心膂之責乃資賊以爲亂耶伯琦惶懼不
能答先逆三日大酺以酬其功後戮之司徒呂伯昇
先以國情虛實輸我師　帝以爲倖臣命誅之以示

士誡
帝念劉大秀施地爲陵之惠封爲義惠侯又感汪媼
之意勅授世官從事郎署令衛皇陵
徐太傅追元順帝將及之忽傳令頒師常遇春不知
所出大怒馳歸告　帝曰達反矣追兵及順帝而已
之其謀不可逆也太傅度遇春歸必有變乃留兵鎮
北平而自引軍歸駐舟江浦伏劒入謁　帝時方盛
怒宿戒閽吏曰達入愼毋縱之達既入未見　帝自
疑有變乃拔劒斬閽吏奪關而出　帝因使人釋其

罪令內謁達不允於是　帝不得已枉視於舟中達
因進曰達有異圖不在今日雖曰晚矣然吾臨江鞠
旅亦能撫有江淮顧弗爲爾且吾之不擒元帝亦籌
之熟矣彼雖微也亦嘗南御中國我執之以歸汝曷
治爲天命在爾已知之矣顧達何人敢以自外　帝
重感悟結誓而去
太祖於後湖中築一臺以藏天下兵冊避火災也築
屢潰乃命曩所誅髑髏爲基其臺即就此洪武三年
事也

太祖勤於庶政毎臨食七節屢廢思得一事即以片
紙書之綴於裳衣或得數事則纍然滿身若懸鶉焉
臨朝則一一行之
太祖既營大內而以舊禁賜中山王王謝不敢繼而
觴之大醉使人扶寢禁內密伺其意也而達醒驚拜
殿下　帝聞之而喜
洪武十年宋學士濂乞老歸　帝親餞之勅其孫愼
輔行濂頓首辭且要曰臣性命未畢蓬土請歲覲陛
階既歸毎就　帝慶節稱賀如約　帝惟舊戀戀多

深情十三年失朝　帝召其子中書舍人璲孫序班愼問之對曰不幸有旦夕之憂惟　陛下哀矜裁其罪　帝微候人瞰之無恙大怒下璲愼獄詔御史就誅濂沒其家先是濂嘗授太子及諸王經太子於是泣諫曰臣愚戇無他師幸　陛下哀矜裁其死　帝怒曰俟汝爲天子而宥之　太子惶懼不知所出遂赴溺左右救得免　帝且喜且罵曰癡兒子我殺人何預汝耶因徧錄救溺者凡衣履入水者擢三級解衣爲者皆斬之曰　太子溺俟汝解衣而救之乎乃赦濂死而更令入謫然怒卒未解也會與　太后食

后具齋素　帝問之故對曰妾聞宋先生坐罪薄爲作福祐之　帝艴然投筯而起濂至　帝令無相見謫居茂州而竟殺璲愼

太祖視朝若舉帶當胷則是日誅　蓋寡若按而下之則傾朝無人色矣中涓以此察其喜怒云

太祖御膳必　馬后親調以進深以防閑隱微一日進羹微寒　帝怒擧盃擲之羹汚很籍　后耳畔微有傷　后熱羹重進顏色自若

洪武二十五年下度僧之令天下沙彌至者三千餘人中有冒名代請者　帝大怒悉命錦衣衛戮之吳僧永隆嘗居蘇之尹山寺請焚身以救免　帝允之勅中官以武士衛其龕至雨華臺出龕望闕拜辭入龕書偈一首又取香一瓣上書風調雨順四字語中侍曰煩語　陛下若遇旱以此香祈雨必驗乃秉炬自焚骸骨不倒異香逼人羣隺盤旋舞於龕頂　上乃宥三千人誅時太旱　上命以所遺香至天禧寺禱雨至夜雨大降　上喜曰此眞神僧永隆雨也　太祖御

製落魄僧詩以美之

太祖嘗爲漢兵所逐　馬后負之而逃　太子私繪爲之圖及　后薨　帝悽不樂愈肆誅虐　太子諫曰　陛下誅　過濫恐傷和氣　帝默然明日以棘杖遺于地命　太子持　太子難之　帝曰汝弗能執與使我潤琢以遺汝豈不美哉今所誅者皆天下之險人也除以燕汝福莫大焉　太子頓首曰上有堯舜之君下有堯舜之民　帝怒卽以所坐榻射之太子走　帝追之　太子探懷中所繪圖遺于地

帝發覛之大慟而止

太祖嘗遊一廢寺戈戟外衛而內無一僧壁間畫一布袋僧墨痕猶新旁題詩曰大千世界浩茫茫收拾都將一袋藏畢竟有收還有散放寬些子又何妨益

帝爲政尚嚴猛故以此諷之亟命索其人不得

余嘗於民家敝集中得僞漢上梁文聊識於此其詞曰伏以乾坤造漢宮獻符璽圖書之瑞日月光天德立國家柱石之基于以濟世安民于以建邦啟土地靈有待天眷無私欽惟 皇帝陛下齊聖廣淵聰明

睿知富有四海作之君作之師天錫九疇得其位得其祿視民猶己立賢無方北伐東征專不邇聲色之美文韜武略厲宵衣旰食之勤儼九重龍鳳之姿擁百萬貔貅之衆惟皇作極應天順民萬福攸同一人有慶胥成周之故業如豐沛之寓都展三輔之皇圖覽九江之秀色瀑布瀉銀河於峭壁小孤屹砥柱於中流左彭蠡右洞庭滔滔天塹前朱雀後玄武煒煒京華工部掄材梓人獻巧電布星羅之合度翬飛跂翼之奏功黃道紫宸峙中天之華闕金釘朱戶啟南面之明堂虹舉雙梁雷陳六律

東扶桑擁出一輪紅光被海隅開壽域袞衣端拱帝王宮

西使臣諭蜀馬如飛五十四州霑雨露民安物阜悉依歸

南嶺嶠猿歸奏表因方土珍奇皆入貢華生彤管照晴嵐

北萬里幽寒苦霜雪江南佳麗樂昇平北屋熙熙被帝德

上天命維新增氣象中天帝座十分明歷歷泰階光萬丈

下邊境烽消收戰馬大軍務在畫耕桑率土豐登樂閑暇

伏願闢闔開宮殿巍巍玉几之端嚴山河壯帝居翼翼金城之華固永保安寧之日信符海晏之時衣冠講唐虞股肱皆社稷廬山高幾千仞綱紀四方天子壽億萬年水文百世

元君既遁復留兵問平猶有覬覦之志 太祖遣使

驛書明示禍福因答詩曰金陵使者渡江來漠漠風
煙一道開王氣有時還自息天心何處不昭回信知
海內歸明主亦喜江南有俊才歸去誠心煩爲說春
風先到鳳凰臺
太祖嘗微行每至徐太傅家一日太傅病篤 帝忽
至太傅自枕席下出一劍以示 帝曰戒之戒之若
他人得以僇汝也自後諸公臣家不復至矣
太祖嘗微行京城中聞一老媪密呼 上爲老頭兒
帝大怒至徐太傅家繞室而行沉 不已時太傅

他往夫人震駭恐有他虞惶恐再拜 得非妾夫徐
達負罪於 陛下耶 太祖曰非也嫂勿以爲念亟
傳令召五城兵馬司摠諸軍至曰張士誠小竊江東
吳民至今呼爲張王今朕爲天子此邦居民呼朕爲
老頭兒何也卽命籍沒民家甚衆
太祖幸內庭見宮人遺絲綺些微在地召諸姬至詰
其蠶繅徵稅之費而責之令後有不悛者斬
太祖嘗微行里市間過國子監監生某者入酒坊
帝揖而問之曰先生亦過酒家飲乎對曰旅次草草
聊寄食爾 帝因與之入時坐客滿案惟供司土神
几尚餘空 帝攜之在地曰神姑讓我坐乃與生對
席問其鄉里曰某四川重慶府人也 帝因屬詞曰
千里爲重重水重山重慶府生應聲曰一人成大大
邦大國大明君 帝又舉翠几小木命生賦詩因諭
已意其詩曰寸木元從斧削成每於低處立功名他
時若得臺端用要向人間治不平 帝私喜因探錢
償酒家相別而去生不知其爲 帝也明日忽移名
召生入謁生茫然自失旣至 帝笑曰秀才憶昨與

天子對席乎生惶恐謝罪又曰汝欲登臺端乎遂
命除爲按察使秣陵民家至今供司土神於地本此
僧宗泐性頗聰慧 太祖愛之令其養髮髮旣成欲
官之泐固辭乃止 帝嘗命往西域求釋典泐不敢
辭行至外國道逢一老僧泐遙拜問之曰西域此去
幾何老僧曰汝頭白行不到也泐曰 明天子命往
西域求經惟老師指教僧曰毋行秪自勞爾爲我致
書 明主愼毋毁也泐受之歸見 帝具道所以
帝發書視之乃 帝卽位時作水陸醮齋以答神貺

上御製手書表文也紙墨如故　帝允之乃止
僞周主張士誠據有江東時姑蘇市井中童謡曰張王做事業只憑黃蔡葉一夜西風來乾鱉後國事旣去　太祖取其臣黃蔡葉三人者剜其腸而懸之至成枯腊蓋三人皆元戚儀臣其殘虐積侈敗國喪家帝特惡焉故極于此典
常開平遇春驍猛絶世狀類獼猴指骨多修毫所過之地縱士卒剽掠故其兵特銳有戰輒捷
太祖微時甚見愛于郭子興郭氏五男惡焉乃以他

事幽之空室中絶其糧食　馬后竊以餅餌遺之一日煎餅斧中將修供爲郭氏親信所窺遂納懷中膚有傷痕
代王之母郯人也先是　太祖嘗戰敗而奔投王母家王母曰汝朱某耶人言汝當爲天子也因留之宿及旦辭去王母曰吾後有娠何如　帝乃貽敝袍爲質王母亦以匣中裝贈行自是果娠及　太祖卽位子凡長矣王母攜其子及質物上謁　帝令工部草創木宇居之不令入宮及代府旣成遂分封焉故王

卒得終養其母瑜於常制
太祖以　太子性仁柔不振一日竊令人載屍骨滿輦過其前激之　太子不勝慘慼撫掌曰善哉善哉
太祖嘗于上元夜微行京師時俗好爲隱語相猜以爲戲乃畫一婦人赤脚懷西瓜衆譁然　帝就視因喻其旨（謂淮西婦人好大脚也）甚銜之明日命軍士大僇居民空其室蓋　馬后祖貫淮西故云
洪武十三年五月四日雷震謹身殿　帝親見火炎自空中下乃再拜曰　上帝赦臣臣赦天下（或云雷火進身

非帝）蓋帝時刑戮過厲故云
貴妃某氏薨　太祖詔太子服齊衰杖朞　太子禮惟士爲庶母服緦大夫以上爲庶母則無服又公子爲其母練冠麻衣縓緣旣葬除之蓋諸侯絶朞喪諸侯之庶子雖爲其母亦壓於父不得伸其私然則諸侯之庶子不爲庶母服而況於　天子之嗣乎　帝大怒以劒擊之　太子且走曰大杖則走翰林正字桂彥良諫　太子曰禮可綏君父之命不可違也嫌隙由是生矣　太子感悟遂齊衰見　帝謝罪

帝怒始釋

馬后既薨臨葬日大風雨雷電　太祖甚不樂召僧宗泐至曰　太后將就窀穸汝其宣偈泐應聲曰雨落天垂淚雷鳴地舉哀西方諸佛子同送馬如來宣已　帝大悅頃忽朗霽遂啓輀　詔賜泐白金百兩

徐魏國公達病疽疾篤　帝數往視之大集醫徒治療且久病少差　帝忽賜膳魏公對使者流涕而食之密令醫人逃去未幾告薨亟報　帝　帝蓬跣擔紙錢道哭至第命收斬醫徒夫人大哭出拜　帝

帝慰之曰嫂勿爲後慮有朕存焉因爲周其後事而去

太祖在軍中甚喜閱經史後遂能操筆成文章嘗謂侍臣曰　朕本田家子未嘗從師指授然讀書成文釋然自順豈非天授乎

太祖多疑每慮人侮已杭州儒學教授徐一夔嘗作賀表上其詞有云光天之下又云天生聖人爲世作則　帝覽之大怒曰腐儒乃如是侮朕耶生者僧也以我從釋氏也光則摩頂之謂矣則字近賊罪坐不敬命收斬之禮臣大懼因上請曰愚懵不知忌諱乞降表式永爲遵守　帝因自爲文傳布天下

太祖嘗下詔免江南諸郡稅秋復稅之右正言周衡進曰　陛下有詔已蠲秋稅天下幸甚今復徵之是示天下以不信也　上曰然未幾衡告歸省假衡無錫人去　京畿甚近與　上刻六日復朝叅衡七日失期　上怒曰朕不信於天下汝不信於天子遂命棄市

獄有疑囚　太祖欲殺之　太子爭不可御史袁凱

侍　上顧謂凱曰朕與　太子之論何如凱頓首進曰　陛下欲殺之法之正也　太子欲宥之心之慈也　帝以凱持兩端下獄三日不食出之遂佯狂病顛拾啖汚穢　帝曰吾聞顛者不膚撓乃命以木錐錐凱凱對　上大笑　帝放歸自縲木榻於牀下久之　上使人召之凱慢坐對使者歌使者廉其縲還奏狀上不爲疑已而　太祖晏駕凱始出優游以終

翰林應奉唐肅初以失朝坐免官歸鄉里　太祖重其才再召入嘗命侍膳食訖拱箸致恭　帝問曰此

何禮也肅對曰臣少習俗禮　帝怒曰俗禮可施之
天子乎罪坐不敬謫戍濠州
太祖之封十王也親草冊文適李韓公北征唐之淳
在軍中嘗爲草露布　帝讀其文嘉之問草者爲誰
韓公以之淳對　帝令飛騎召之使者不論　旨械
繫之淳之淳以父肅得罪悚慄不自保至　京師過
其姑之門告使者止索其姑出泣曰善爲我斂屍姑
乃大慟之　行次東華門已閉守者曰有旨令以布
裹從屋上遞入鼎鼎傳易數遞始至便殿膏燈煌燿

帝坐閱書之淳俯首庭下　帝問曰是汝草露布耶
之淳對曰臣昧死草之良久中侍以短几置之淳前
列燭　帝令膝坐以封王冊文一篇授之曰少爲弘
潤之之淳叩首曰臣萬死不敢當　帝曰即不敢姑
易注之之淳如命　帝令中侍續續報定畢乃上之
遙望燭影下　帝微微頷次第下凡十篇悉定之每
奏輒嘉悅奏畢時夜未央　帝令明日朝謁復如故
出至姑家姑尚守門見之淳相慶幸具酒食沐具及
旦庭謁　帝問曰汝世宦否對曰臣父翰林應奉唐

肅即日命嗣父官
洪武十一年元幼主崩六月詔部省國學文史擬祭
幼主文獻之先是星變　詔求直言蘇民錢甦具封
事謂丞相不拜甯哉趣之甦曰豈有未拜天子而先
拜宰相乎丞相銜之曰然　太祖覽其奏詔甦於中
書省試事丞相令校簿後湖至是甦聞詔乃爲文獻
辭當　上意即召見曰錢甦乃者何在對曰臣校簿
後湖　上悟曰丞相憾汝耶即欲官之甦謝病歸

帝許之曰爲我道諸郡縣入南向坐口諭曰　皇帝
勅爾善闘田里養老恤孤無忘軍旅簡在　帝心欽
哉勿替甦稽首　陛辭如何容何容令禮之而不違
如冊陽冊陽令待之甚恭甦密上其事　帝嘉其縝
密報之曰　朕命也命禮而將之因怒何容令不違
召而罪之由是郡縣望風尊禮之還至家而止
陶學士安既歿其子尋以事見僇家人四十餘人悉
坐罪從軍喪亡之餘軍衛收完伍而家無餘丁安妻
莫可控訴乃裹素棠赴京師擊鼓求見　帝異其容
儀問曰今媼爲誰安妻頓首曰妾陶安之妻也　帝

汝然曰是陶先生之嫂乎言及陶先生使人心懷愴然又曰嫂有子乎對曰妾不肖子二人咸伏辜死家人四十餘悉補軍伍今以配丁州司督妾就道犬馬餘年無足顧惜惟　陛下念先學士安一日之勞使妾得保首領入溝壑　帝允之立召兵部臣諭之曰臣渡江之初陶先生首與先後棠涉諸難功在鼎彝形神入土子姓殘落深可憫念今即赦四十餘軍還養老嫂汝其毋緩於是安妻辭謝而出

太祖召畫工周玄素令畫天下江山圖於殿壁玄素

復命曰臣未嘗徧迹九州不敢奉詔惟　陛下草建規模臣然後潤之　帝即操筆倏成大勢令玄素加潤玄素進曰　陛下山河已定豈可動搖　帝笑而唯之

余嘗見倭國求通表文曰臣聞三皇立位五帝禪權豈謂中華之有主焉知□□之無君乾坤浩蕩非一主之獨權宇宙洪荒乃萬民之糾首故天下者天下之天下也非一人之天下也臣居遠弱偏倭小國城池不滿六十座封疆不足二千里故常存知足之心而知足嘗足也臣聞　陛下作中華之主為萬乘之君至尊至上也城池數千餘座封疆數萬餘里尚且不足常起絕滅之意天發殺機神號鬼哭地發殺機龍蛇起陸人發殺機天地反覆堯湯有德四海來賓周武施仁八方拱手今聞大國有興戰之策小邦有卻兵之法臣豈肯執途拱奉天顏順之未必其生逆之未必其死今聞　陛下選股肱之師起竭國之兵來侵臣境賀蘭山前聊以博戲黨君勝臣輸則滿上國之策設若臣勝君輸反作小邦之利自古及今講

和為上罷兵為強免生靈之疾苦救黎庶之艱辛年年進貢於中華歲歲稱臣於弱國今遣使臣徑詣丹墀取進止

庭聞述畧

海鹽王文禄

先康毅君毎談近代故實聞竊識之權變後類多亡逸乃今述其畧云不肖男王文禄引

正統間太白經天旄頭星見山移地震群盜繼起閩鄧茂七浙東葉宗留湖廣黄肖養四川趙鐸固原滿四倭奴數犯沿海乘輿且北狩天下危疑皆曰九九之厄賴諸大臣鎮定之社稷之福也其亦綱紀法度之未弛歟不然岌岌乎殆矣

已已也先入寇退後總兵石亨坐張掖門飛樓上望見一虜騎搴旗一虜騎挾弓矢將薄城下亨姪彪請出斬之持斧騎而往亦從一騎揚旗前迎虜彎弓引滿發矢射彪亨遥見彪騎上如爪墜地彪縱騎奮而前一斧斫落虜首搴旗虜騎遁去獲其弓亨彪共挽不能開如瓜者乃馬鞍判官頭戰馬鞍制此頭獨高可以遮胸必瘦木取堅也今尚射斷若使低而不堅一發透心矣虜力亦勇哉首大如斗非彪曷敵也

石亨勇力絶倫持大刀重八十斤左右兩行列葦束如人亦重八十斤亨被重鎧馳馬疾馳以刀尖挑葦束左右互轉轉捷如束薪然蓋不啻千斤力也天生亨彪以衛都城而奏清風店之捷惜處置非宜俱罹大辟文臣激之且擠之也

土木之變虜犯城下孔棘于肅愍欲放大銅將軍銃以擊虜傳旨壓至都督無人敢點火放者肅愍掘土坑藏身引長藥線肅愍親自點火伏坑中聲震如雷虜被擊死無數遂退去

復辟前一夕肅愍獨坐忽聞有聲如雨洒然視屏上

皆血點心惡之拜視祠堂神主俱倒明發入朝遇害

肅愍總角時隨諸生告考巡按令隷逐之去衆奔散或相蹂踐幾死肅愍獨不去巡按問曰汝何不去肅愍曰若皆去了天下大事誰當巡按奇之收入試欲取中嫌其年幼乃止後發解時嘗聽響十有八日中舉中進士做到尚書也要殺又有術士曰于謙望刀眼後皆驗嗚呼志已豫稟數已前定矣

正統間欽天監奏妖星照閩浙分野乃添差捕盜御史一員統攝閩浙要衝御史至增設十里一鋪樹旗

一面掛一燈御史巡往沙縣見鋪整肅問之乃鄧茂七喜其能委督十鋪又往見其整肅遂委督一帶鋪又往茂七稟曰去縣遠請行杖方心齊御史朱書竹片與之令行杖人皆不至縣而至茂七矣遂大得衆乃據延平稱剷平王訛言旗燈為鄧字之應御史聞變懼而仰藥死

武宗初年嘗宿豹房劉瑾等以蚺蛇油萎其陽是以不入內宮蚺蛇幾年萎如之後十五年幸劉妓甚寵之呼劉娘娘阻幸淅且促回鑾後善終

邊備大壞胡虜長驅者一由東勝河套黒山營之不復二由鹽商納銀不在邊種引致屯田拋荒三由武宗巡邊帶進邊將俱以不法誅失此干城且邊軍窺見內軍無勇遂生驕心由是大同甘肅遼陽相效倡亂諸邊效之軍驕將寡奈之何哉

小子文祿初就外傅也患學之不進先康毅君誨之曰漆絞千遍其光自見書讀千遍其理自見盍貴熟之而自得之也

慈母多敗子嚴家無格虜格虜悍僕也汝母慈矣宜勉之宅日立家須嚴文祿今省之猶昨也悲哉

今言

海鹽鄭曉

一

大同初叛之歲失總兵官所佩征西前將軍印職方請給新印鄭端簡時爲主事白郎中總兵印文柳葉篆請改印文或稱別將軍或增減其字恐原印在叛軍處有事時行文奏報眞僞不可辯誤事非小往年胡忠安公在禮部失行禮部之印改鑄行禮部印此在內衙門尚然況邊鎭兵權又反側不靖時乎郎中不以爲然

二

宸濠之役王陽明不顧九族之禍賊擒奏凱彬忠諸佞倖導　康陵南征罪人未就甸師之戮中外危疑洶洶覘行陳間尤費心力媢嫉之徒肆爲誣詆天日鑒之而已其桶岡橫水浰頭之賊連穴數省寇叛數十年國無大費竟爾盪定此功豈在靖遠威寧之下其學術非潛心內省密自體察愼勿輕訾也

三

彭惠安公哀江南詞敘述建文死義之臣至方遜志乃云後來奸佞便巧言自粉飾叩頭乞餘生無乃非直筆蓋指西楊輩修實錄方再三叩頭乞生者非實事也

四

威寧出塞爭戰甚多然自永樂以來惟此奪其氣一時羣臣忌功百方誣詆皆非實事汪直自敬憚威寧威寧不峻拒之亦未爲過後人乃以威寧比陳鉞何其忍也

五

先朝用人惟賢惟才雖內閣輔臣不專翰林初開內閣七人用王府審理副中書舍人給事中知縣改翰林官入直文淵閣此後如文達起吏部主事文淸起御史功業道德有過二人者乎近有但改人翰林及言僚者千萬指摘十無一完即有才行出羣之士亦深避峻却惟恐一旦改官徒增多口耳且往時忌人官祿至於死後定謚尚有公論今亦大異于昔矣

六

團營始於景泰三年于肅愍公建議也兵制本三營一曰五軍肄戰陣二曰神機習火器三曰三千備宿衛此三營中健鋭者合營團操故曰團然原營之名終不改如軍選自三千營團操於立威營即名爲立威三千營五軍神機亦如之是三營之有團營即遺選鋒也今又營中選官軍別名東西官廳操練名聽征者亦不足用兵部尚書提督團營將校以黜陟所在乃肯奉法若别設一尚書專領營務彼知其權輕不肯受約束掌印尚書又恐一旦有警督營尚書便當統兵四征又力辭營務耳

七

永樂元年冬定軍功襲替例自洪武永樂宣德年軍職絕不論堂兄弟並襲成化十七年以都御史何喬新言凡軍職絕非立功人子孫不得襲弘治十八年又稍許立功人親姪孫已襲者得沿襲正德十四年兵部尚書王瓊又請堂兄弟姪並得襲十六年兵部尚書彭澤言瓊議非是復不許襲會兵部大群失職者流言得復襲嘉靖十年兵部尚書王憲曰不可稍酌議立功人絕同時親弟姪得襲其姪孫以下及堂兄弟姪除親祖例前相沿人自立有軍功者扣襲其無功姪孫以下至堂兄弟姪等及沿襲後別無立功者不許襲旁子孫革職者俱收總旗

八

太祖實録三修建文君即位初修王景充總裁靖難後再修總裁解縉縉得罪後三修總裁楊士奇初修再修時士奇亦秉筆

九

洪武十一年禁六部奏事不得關白中書省又明年殺右丞相胡惟庸遂罷中書省

十

紀元有號起於漢武帝至今千數百年正統分裂僭逆不知凡幾紀元一帝一紀元實自洪武始然亦有同于前者張重華王則皆永樂元出帝天順夏崇宗正德唐高祖太宗止武德貞觀一紀元

十一

永樂初内閣儒臣考滿陞任不必在内閣如胡若思

出爲祭酒以故永樂五年十一月　長陵諭蹇太宰曰胡廣等侍朕日久繼今考滿勿改外任

十二

成祖起自北藩征誅而得天下壬午年卽位後一百二十年　今皇帝起自南藩揖讓而有天下壬午年改元

十三

洪武八年初定親王歲祿五萬石錦綺鹽茶又萬計靖江亦歲二萬石二十年停錦綺茶鹽諸物二十八

年始定歲萬石先是　孝陵諭戶書郁新曰朕今子孫衆盛歲祿五萬石天下官吏軍士多俸給爾慮其斟酌古今稍節減諸王歲給以資乏用故也是年遣使召諸王至京諭減祿之故各賜　皇明祖訓祖訓卽祖訓錄也

十四

洪武開科詔五經皆主古註疏及易兼程朱書蔡詩朱春秋左公羊穀梁程胡張禮記陳乃後盡棄註疏不知始何時或曰始于頒五經大全時以爲諸家說優者采入故耳然古註疏終不可廢也

十五

永樂元年二月以北平爲北京設行部行府改北平府爲順天府從禮部尚書李至剛之請也

十六

外戚封公自嘉靖始也張寉齡嗣壽寧伯進侯又以迎立　今皇帝進封昌國公慶雲長寧　孝肅太后家二侯伯瑞安崇善安仁　孝貞皇后家三侯伯惟延齡兄弟公侯最貴盛得禍亦最慘

十七

駙馬無封侯者欒城富陽永春西寧皆以軍功封惟永康公主駙馬崔元以迎立　今皇帝封京山侯孝陵少公主駙馬趙輝天順中求封侯不得

十八

洪武十九年　大誥三編俱成二十八年始令法司擬罪引大誥減等蓋因　大誥初序末有云一切官民諸色人等戶戶有此一本若犯笞杖徒流罪名每減一等無者每加一等故也然至今但有減等而無

加等

十九

開國功臣常李鄧湯劉王姓嘉靖中續封甚愜人情但李太師之後不沾一命尚爲缺典

二十

成祖於建文巳卯七月起兵靖難宸濠亦以正德巳卯六月反湖廣二閣老皆石首人文定永樂甲辰文簡嘉靖甲辰入閣所事 二帝皆藩王入繼大統永樂辛丑四月 三殿災嘉靖辛丑四月 九廟災

二十一

聖祖開科詔務求博古通今之士乃所試僅有判語及一二時務策生徒竟未識 大明律所云時務盡掇述括帖以故士乏通今之學其於攻體得失人材優劣且不論只 歷朝紀年及 后姓陵名知者亦鮮近二十年來士大夫始以通今學古爲高矣

二十二

入內閣爲輔臣預機務特避丞相名耳實始於建文四年長陵即位之初閣中有文淵閣印印文玉箸篆惟封上詔草題奏揭帖用之不得下諸司下諸司以翰林院印凡入內閣云直文淵閣卽官至三殿二閣二坊大學士無入內閣皆不得與機務也雖編修贊善等官有入內閣者亦得預機務矣文淵閣在禁中徐武功署銜自稱掌文淵閣事可乎

二十三

我朝 帝后尊謚皆有孝字惟 景皇汪后無孝字文臣無謚孝者國初惟贈東海侯陳文謚孝勇

二十四

春秋謹華一之辨于國有主也文中子帝元魏末爲非 聖祖功德高百王詔文嘗稱曰天命眞人於沙漠帝王廟中以元世祖與三王五帝三王漢高光唐宗宋祖並祀眞聖人卓越之見

二十五

吳元年冬 孝陵念七子漸長宜習勞令內侍製麻履行藤斥諸子出城稍遠馬行十七步行十三七子懿文太子秦愍王晉恭王 成祖周定王楚昭王齊庶人也

二十六

正德時神英封涇陽伯木無大功江彬平西伯許太安邊伯武德永壽伯以義兒故得封彬誅死太摘戍邊英德及太監家七伯皆革

二十七

嘉靖己酉應天試錄策言初開內閣所用七人者皆修撰編修檢討等官然不言當時七人者惟文穆修撰文敏編修耳大紳起繭胥爲待詔文簡中書舍人文貞齊王府審理副陞編修文靖給事中若思桐城知縣陞檢討非由翰林者亦入內閣也

二十八

懿敬太子妃常氏　懿文太子元配也建文帝追尊爲孝康皇后　武宗母張后尊謚亦孝康皇后

二十九

國初都金陵以西北兵馬之故列鎮分封似乎過制當時已有葉居升輩漢人七國之慮今考廣寧遼王大寧寧王宣府谷王大同代王寧夏慶王甘州肅王皆得專制率師禦北而　長陵時在北平爲燕王尤英武稍內則西安秦王太原晉王亦時時出兵與諸藩鎮將表裏防守　孝陵崩少裁抑而齊黃諸臣受禍矣肅王今移蘭州

三十

嘉靖九年更定南北郊禮南郊　皇天上帝南向　太祖西向東一壇大明西一壇夜明東二壇二十八宿西二壇雲師雨師風師雷師北郊　皇地祇北向　太祖西向東一壇中嶽東嶽南嶽西嶽北嶽基運山翊聖山神烈山西向西一壇中鎮東鎮南鎮西鎮

北鎮天壽山純德山東向東二壇東海西海南海北海西向西二壇大江大淮大河大漢東向

三十一

天壽七陵推景陵規制獨小嘉靖丙申稍廓大之是年作壽陵即永陵也在天壽迆東十八道嶺夫君即位爲神禮也昔漢文帝表灞西唐太宗營九嵕我二祖先作二陵故並獲吉壤　今皇帝因謁七陵遂有壽宮之役真達天高世之見

三十二

侑廟功臣位次中山王十二人洪武年定河間王四人洪熙年定皆序封爵首王次公次侯開國功臣靖難功臣各自爲序嘉靖丁酉進誠意伯位六王之下群公之上以爲不倫及營國公郭英進祀并兩朝功臣叙爵於是營國公列永義侯之上誠意伯列寧國公之下矣

三十三

南京設參贊機務自戶部尚書王忠宣公始實宣德乙卯也已而黄忠宣兼掌兵部事正統五年代黄公者

兵部侍郎徐琦正統十四年琦陞尚書景泰元年止掌部事靖遠伯代琦總督機務成化間崔莊敏公以南吏書王端毅公以南右都御史參贊機務恐亦未然又云始於正統辛酉亦非蓋正統辛酉始定名南京也

三十四

洪武十七年大明清類天文分野書成凡二十四卷詔賜秦晉燕周楚齊六府是書刻在南雍余嘗託友人印刷友人言此非我朝書殆前代人所纂或出山野小說家洪武中止有今南京爲京師何以此書乃有北京又言南京應天府若前代書何以又有十二布政司布政司古未有也余曰是洪武中書無疑此時未有貴州布政司而有北平又洪武元年詔以應天爲南京大梁爲北京矣

觚不觚録

吳郡王世貞

孔子有言觚不觚觚哉觚哉葢傷觚之不復舊觚也所謂削方爲斲朴爲雕者兹之謂矣又曰吾猶及史之闕文也有馬者借人乘之今亡矣夫其作春秋脫左驂而賻葢皆寓微旨焉余自舞象而小識人事踰冠登朝數躓數起以至歸田今垂六十矣高岸爲谷江河下趨觚之不爲觚幾莫可辨識間居無事偶臆其事而書之大而朝典細而鄉俗以至一器一物之微無不可慨嘆若其命是昔非不觚而觚者百固不能二三也旣成而目之曰觚不觚録

國朝邊帥無加宫保以上者其官至左都督而上或斬級功多則加祿賜蔭又多則封流伯又多則于流伯加歲祿其又多則許世襲或至伯而後加宫保嘉靖中閣臣不諳典故始以太子太保加大同總兵梁震繼以太保加大同總兵周尚文而錦衣緹帥亦薦加少保以至太保矣夫總兵一挑叅將也緹帥三衙杖士也而目爕理陰陽之寄不亦重辱哉是可釐而正也

隆慶卽位恩詔文職五品以上以禮致仕者進階一級于是致仕尚書左右都御史皆腰玉侍郎至按察使皆腰犀僉都御史至知府皆腰花金而僉事郎中府同知皆腰金戴裼葢事稍稍聞于内一時八座諸公尤不平謂我輩未滿九載尚不得玉而彼坐不稱而退者乃玉耶于是言官中明其事謂尚書未滿初考進一階止當曰資政大夫滿考授資政者止當曰資德大夫授資德者方可曰榮祿大夫得換服色以下皆倣此因通行天下裁正而腰玉與犀金之徒如故也余竊不敢以爲然以爲階者所稱大夫也級者品級也必隔品而謂之級若只在本階則所謂陞一級與陞俸一級者當何處耶且考之祖宗恩典皆然間與故相華亭公及之公卽草是詔者答曰公言是也當時實以爲國家曠蕩之恩第所謂彼彈劾考察致仕者不當援耳自後新鄭草赦詔第云進本一階則林下之臣被恩者無幾而諸公之自相貴者復自

若也一南兵部署員外主事以考察去者一知州被
華者忽兩進其階曰朝列大夫一府同知後　恩詔
半歲而考察去者亦署曰朝列大夫金紫塞途見者
扼腕而無如之何所謂知州者以進階高會其乃第
亦大僚也忽怳然曰恨　世宗不數赦則吾兄且腰
玉也又聞舊一輪藂指揮使凡四覩　恩詔輒刻一
牙章最後曰特進光祿大夫柱國此二事可爲進階
者助捧腹
又國家于大計京察尤重其責貪官尤深故每遇

恩詔于冠帶閒住致仕爲民復官帶者必曰不係朝
覲考察而壬午詔艸當事者矯前人之刻而收人心
遂除此語而橐金如山艸芥人命者擁冠蓋揚揚閭
里間矣
南京六部都察院之長嘉靖以前有乞休及起用而
辭者往往奉　旨不允而稱卿以留之惟下吏部議
覆不得不斥姓名爲公留耳嘉靖之末迨于近世惟
林尚書雲同一次稱卿且有褒語爲異恩其他即吳
萬二公皆故大宗伯吳又位少保爲三孤而皆下之

吏部直斥姓名反以爲故事殊不知其非故事也
成化以前諸邊掛印總兵雖都督僉事未有不稱卿
者正德以前侯伯爲總兵亦未有不稱卿者近年則
以李寧遠之開邑封戚將軍之位三孤直斥姓名重
者僅稱爾恐亦非故事也
嘉靖遺詔郵錄言事得罪諸臣雖倣改元詔旨最爲
收拾人心機括惜乎吏部奉行之臣未諳典故倉卒
奏請不能無舛如熊太宰浹之加少保少保三孤也
非部所宜定議也此一舛也得罪之臣當酌其事理

之切直心之赤誠與否而後劑之今但以得禍輕重
爲主致郭豐城之卹反優于楊富平此二舛也翰林
春坊自有本等階職可贈今擬贊善修撰皆爲光祿
少卿是外之也此三舛也都給事御史止贈通參太
理丞其有遺誤而撫按題請者超二級太常少卿致
仕官亦如之此四舛也自後言官所舉尤爲掛漏如
石文介瑶本以少保致仕而稱太子太保彭襄毅澤
本以致仕加少保而亦稱太子太保以故復贈少保
林貞肅俊以致仕加太子太保而止稱刑部尚書以

故復贈太子少保今獨林公改正而已楊文忠一品十二年滿加太傅固辭而止又與蔣文定俱封伯亦固辭而止楊不當僅加太保蔣不當僅加少師此則執政之誤也

閣臣兼掌部院非舊規也焦泌陽掌吏部不過數日李餘姚亦不過數月而已嚴常熟以候郭安陽得兩月餘嚴分宜徐華亭之掌禮部亦以候代故張永嘉之掌都察院未嘗不推代也惟高新鄭托掌吏部起而入與閣務趙内江亦遂兼掌都察院而局体大壞

矣高以吏部爲鳳池至進首輔亦不忍捨出而斥陟入而報允眞足寒心雖勉起故吏部楊蒲坂以塞人口不還其舊物而置之兵部亦可怪也此祖制之大變也

高帝不欲勛武臣廢習騎射故雖公侯極品而出必乘馬上下不用牀杌嘉靖中以肩輿優禮郭翊國朱成公扈駕南巡給輿後遂賜常乘而崔京山張英公鄔謝二都尉方安平亦因之矣夫勛戚至保傅且篤老可也陸武惠朱忠僖以錦衣緹帥而用内壇供奉亦得濫竿却恐非　高帝意也

余于萬曆甲戌以太僕卿入倍祀太廟見　上山東階上而大璫四人皆五梁冠祭服以從窃疑之夫　高帝製内臣常服紗帽與羣臣不同亦不許用朝冠服及襆頭公服豈有服祭服禮曾與江陵公言及以爲此事起于何年江陵亦不知也後訪之前輩云嘉靖中亦不見内臣用祭服而考之累朝實錄皆遣内臣祭中霤之神此必隆萬間大璫内遣行中霤禮輒自製祭服以從祀耶惜乎言官不能舉正坐成其僭妄耳

親王体至尊于中外文武大臣處投刺作書有稱王者有稱別號者不書名惟今睿王一切通名雖獲恭順之譽而識者頗以爲非休自分宜朝冠服歸然本班之首當時莫敢問也

今上初重張江陵于御札不名以後傳旨批奏亦多不名而群臣史附之至于章疏亦不敢斥名第稱元輔而已夫子之于父尚猶君前臣名故欒黶御晉侯而叱曰書退此禮也江陵没餘威尚存言官奏事欲

仍稱元輔則礙新執政張蒲坂乃曰張太師至有稱先太師者蓋未幾而褫詈無所不至矣

六年一京察爲成化以後典章其它有以　主上初卽位而考察者有以災異而考察者至于考察科道則或以輔臣㕘位而及其黨者惟嘉靖丙辰太宰李默治獄命輔臣李本掌部事悉取六部九卿自尚書而下至尚寶丞及六科十三道分別而㕘爵之蓋上以星變欲除舊布新而分宜緣此用伸其恩怨也其後大臣有起用者而小九卿及庶僚則不振矣隆

慶之四年忽有旨命吏部高拱考察科道官高乃上請與都察院同事報可蓋高之㕘實爲科道所聚劾至數十上至是歡盡其忿而會有疏小觸　上意者故托中貴達之上甚忿之大者削小者謫蓋高雖敗而猶不獲伸及江陵沒言路稍稍白其冤于是太僕少卿魏君獲補南大理丞右給事中周君獲遷吏科左而少卿張御史周亦以次起文蓋人知起考察官之非例而不知考察之非例也

萬曆之庚辰南京兵部主事趙君世卿上疏極言特政之弊皆刺譏江陵大怒旬日間吏部爲升楚府長史明年南京考察遂斥之壬午江陵沒明年其事敗言官乃交薦趙君爲禮部郎中此起決不可已而考察之典章爲之一變矣此二事皆破例故特著之

左右春坊中允入閣門內揖出用雙導左右贊善從六品亦然而翰林侍讀侍講品故同中允然以本院屬官故揖則中庭出則單導獨至修書講筵主兩京試則皆講讀先而中允後二百年故事也萬曆巳卯南京鄉試忽以中允高啓愚先而羅萬化後知者謂

江陵善高公故至爲之易成法不五年而高至禮侍以首題舜命禹爲言官所論以江陵有不軌謀而高媚之至奪官肴役焚告身當時使用故事羅居首必不出此題卽出此題而高郤得無恙一抑一揚禍福倚伏非人所能爲也

詹事府詹事班在大理卿下累科試讀卷可考惟弘治九年謝文正遷以內閣故班副都御史上近年吾鄉申少傳以宮詹掌翰林亦班其上莫有與之爭者自是遂爲故事矣

故事吏部尚書體最重六卿以下投皆用雙揩刺惟翰林光學以单紅刺相往返至轉禮侍則如他九卿禮彼此皆用雙帖而此故事廢矣萬曆初吾鄉王公元馭以少詹事學士而仁和張公爲吏部以一单紅刺投之元馭拒不納必改正乃已葢確然能守其故獨念當時無爲元馭告者不必拒不納次日亦以单紅刺報之尤爲當也

余少從家君于京師觀朝天宮習儀時吏部熊公浹以太子太保居首工部甘公爲霖以少保次之兵部

唐公龍以太子太保又次之若以三孤爲重則甘不宜讓熊若以部序爲重則唐又不宜讓甘葢兩失之也其六部尚書雖加太子少保必以部銜定序第以甘正二品故耳而甲戌朝班則工部朱公衡爲太子少保以先貴據吏部張公瀚上張亦無如之何葢一變也

相傳司禮首璫與内閣刺用单紅帋而内閣用雙紅揩帖答之然彼此俱自稱侍生無他異也近有一二翰林云江陵于馮璫處投晚生刺而呂舍人道䂓云有制勑房官江陵者三載每有投刺皆從本房出無所謂晚生也豈于致謝求托之際間一行之爲人所窺見耶

相傳六部尚書侍郎大小九卿于内閣用雙帖報之单紅五部及九卿于冢宰用雙帖亦報之单帖余舉進士時尚然及以太僕卿入都則惟内閣報单帖如故而六部自仁和張公以下皆以雙帖見報矣余等于各部屬中書行人等官皆用雙帖往返不知起自何時殊覺陵替所費紙亦不少

翰林舊規凡入館而其人已拜學士者即不拜學士而先登甲第七科者投刺皆稱晚生餘不爾也余入朝見分宜首揆而華亭次之其登第相去六科分宜又不爲學士華亭首揆而常熟新鄭次之科第相去亦六科華亭又不爲學士投刺俱稱晚生巳小變矣至江陵首揆而蒲坂次之相去僅二科而亦稱晚生何也聞尚體自是大變矣

余行部萊州而過故太倉守毛槩乃故相毛文簡公紀子也當文簡以少保居内閣而楊文忠廷和梁文

康儲爲少師嘗出二公拜刺乃色箋僅三指濶中云楊廷和拜而已梁公則稱契末或稱老叉余怪問之文簡豈二公門人耶曰非也毛公視二公僅後三科其答刺則曰侍生亦僅三指濶而已三十年來次輔投首輔帖無不用雙摺者而首輔報之亦絶不見有直書姓名及契末老叉等稱

正德中廵撫勑諭尚云重則叅提輕則發遣廵按御史及三司處涖其後漸不復然御史于廵撫尚猶投刺稱晚生侍坐也辛卯以後則僉坐矣等稱晚侍生正坐矣又稱侍教生矣已而與廵撫彼此俱稱侍教生矣已而與廵撫俱稱侍生矣盖由南北多警遷擢旣驟廵撫不必耆宿御史多有與之同臺者又功罪勘報其權往往屬之御史積漸凌替故非一朝也

正德以前都御史曾于都察院上任者御史執屬官禮嘉靖中葉都御史曾于本院協管堂事者尚執屬官禮二十年年雖管堂事者俱勿論矣

余初仕刑部時尚書聞莊簡公甫厺任而屠簡肅公代之其絜淡爲天下最踰劉應何猶能守而勿失如淮安理刑必用半年之外曾經提牢過者南北決囚三人必于主事中差資最深者毫髮不敢亂二十年後有甫入部而遽委理刑者有越資而差審决者甚至有以私情借別部差者有借本部滲除名目不當差官而差者此可嘆也

翰林分考會試雖本經房而不係所取者不稱門生惟入翰林則稱門生侍坐而至位三品以上不復叙嘉靖甲辰吾鄉瞿文懿公景淳及第而太保嚴公訥同考皆詩經瞿以齒長坐輒據其上亦不投門生刺也至乙未嚴公復入場而少師李公春芳復于詩經中會試亦不于嚴公投門生刺也此皆不可曉

百年前翰林京堂諸公使事還里及以禮致仕者在告者謁廵按按察司兵道則入中門厺甬道廵撫布政司府州縣則由傍門厺東階盖以桑梓之重與特憲者有分別耳吾吳朱恭靖公希周最名爲恭謹然尚馳御史中門甬道爲提學胡直所强下階胡嘗爲余言之余不敢對近者寧波張尚書時徹欲馳撫按監司甬道遂至兩不兩聞而華亭董侍郎傳策馳兩道

甬亦退有煩言今遂無此事矣
故事內閣大學士肩輿出則六卿以下皆避而吏部尚書獨不避遇則下輿初余入仕時聞莊簡公猶守此與貴溪分宜二相偶遇而揖二相不荅也莊簡去位夏涪縣邦謨繼之則避矣
吏部尚書與三品大九卿四品左右通政大理少卿遇則皆下輿馬揖其四品以下同其長遇則不避獨行則多避而自楊襄毅在隆慶初以少傅爲吏部尚書位望俱重于是左右侍郎自本部外皆遠避矣迄

于今不復改楊公之再起以吏部尚書掌兵部事侍郎有欲不避者竟不敢
太常應天光祿太僕皆三品卿出乘輿而皆避侍郎副都御史與此最無謂不知起自何代大輿祖制不合夫入朝同一班出而避道何也華亭董公傳策爲太僕寺卿不避侍郎與人以其先朝直臣莫敢難之後竟不行
余在郎日令馬中丞文煒時任荊州兵巡道爲余言前任某每江陵公之父封君某相訪輒于大門外一拱而入令人擁其輿由中道進至儀門復一拱復令人擁其輿進至堂已從傍進見即前堂延之正坐而己侍坐送亦如之焉至第任其由甬道而執主禮如常自是封君不復候焉使人傳問而已又言江陵時有賜及父母或誥命皆令家僮私齎至家封君于中堂跪聽開讀子孫列月臺而道府乃又列其下問作何處余謂此更不可示人其家勑也非勑道府與詔赦也但吉服至門候宣畢而後入賀可也焉深以爲然當亦如所云行之江陵聞亦不以爲忤

故事巡按御史行部必竣事而後與鄉士大夫還往當徐文貞公柄國日其父贈公在鄉賢祠時直指之陳姓者三日謁文廟畢即謁贈公主于祠而後聽諸生講講畢即造文貞第謁家廟設坐于堂拜之而後出一時他直指皆效之郡遂定爲儀注後直指温見儀注大駭泚筆去之諭郡毋入此條而身行禮亦不敢廢嘗爲余言如此及文貞公謝政歸直指無謁鄉賢祠者而其訪文貞亦必待竣事矣
三司自謁吏部都察院庭參有跪而至于朝房私第

及驛傳迎送則惟長揖而已內閣大臣雖尊貴無詭禮而江陵之奔喪所經省分三司皆出數百里外以謁然跪者十之六七未盡純璧還朝則先遣牌謂本閣部所經由二司相見俱遵照見部禮于是無不詭者矣

三十年前他郡推在吾州查盤者州守與之抗禮歡飲具賓主武于門外下輿小示別而已迩來查盤他郡推官至州守入見行跪禮乃至以他事或便道過州亦必跪雖宴會酬酢譃浪歡呼必待坐不敢講敵

禮也有崑山縣丞劉譛者由給事中考察降而御史委之查盤常熟嘉定常熟令見之行跪禮嘉定令禮之一如推官惟不行跪而劉尚怏怏不悦恣流言真可謂倒置矣

余自嘉靖丁已戊午間爲青臬前後所周還三撫臺劉公來傳公頤丁公以忠皆知巳丁公又同寮而是時無臣體尚尊劉公三次詢問事體丁公亦如之皆手書不具名惟丁公一次用單紅帖而巳戊辰起兵備大名撫臺爲溫公如璋後余三科進士亦舊知也手書論事無所不及而箋益潦艸亦不具名刺轉叅政浙江外公中虛爲撫臺交淺而知予深每有所詢輒另具姓名雙摺刺余以爲奇歸田數年來乃知所不用刺而稱公稱丈屢屢至有施之郡守以下者雖能得其歡心而事體日益褻矣

兩廣二司初謁總督行跪禮蓋襄毅之威劫使之其後迄不能正嘉靖末應侍郎檟爲總督此公守常州遵憲綱不肯詭御史有山字太守之目雖見憎白簡爲天下所誦稱至是人有以風公者不得已聽之詭

禮遂廢江西巡按獨不遵憲綱自下坐而二司夾侍左右十年以來一御史改正就從憲綱矣惟此二事不觚而觚者可紀也

京師稱謂極尊者曰老先生自內閣以至大小九卿皆如之門生稱家主亦不過曰老先生而巳至分宜當國而諛者老弟其厚之甚者稱夫子此後門生稱座主俱曰老師余自丙辰再入朝則三品以上庶僚多稱之曰老翁又有無故而稱老師者今不可勝紀矣

內閣諸老縉紳于外稱呼亦不過曰某老先生而已分宜當國多稱之曰相公而華亭餘姚與同事則別姓以異之然不盡爾也至江陵晚年則直稱曰老相公而他皆別以姓矣

馮璫勢張甚固安武淸以長樂尊父見之亦叩頭惟謹呼老公公馮小屈膝答之曰皇親免禮而已若駙馬叩頭則垂手小扶耳不爲敬也

國朝文武大臣見王振而跪者十之五見汪直而跪者十之三見劉瑾而跪者十之八嘉靖以來此事殆絶而江陵歿其黨自相驚欲結馮璫以爲援乃至言官亦有屈膝者矣

故事投刺通書于柬面皆書一正字雖甚不雅亦不知所由來而承傳已久余自癸酉起官見書牘以指濶紅帋帖其上間書啓字而丙子入朝投刺俱不書正字矣初亦以爲雅旣而問之知其爲避江陵諱也

正德中稱謂尤簡至嘉靖中始有稱翁者然不過施之于三品九卿耳其後四五品京堂翰林以至方伯憲長皆稱翁矣今則翰林科道吏部以至大叅僉憲郡守無不稱翁足又其甚者部屬在外及丞倅司理亦稱翁矣此其謟諛鬧冗流穢人目固無足道而又有一種可怪者往時于鱗與余頗厭惡之與子與輩尺牘相聞以字然不過知己十余人至于詩文稱字稍廣然亦僅施之年位輩行相若者耳今貧士書生不見錄有司輸衆富家兒不識一丁口尚乳臭輒戴紫陽巾衣忠靜衣挾行卷詩題尺牘俱稱于鱗伯玉而究之尚未識面

諸生中鄉薦與舉子中會試者郡縣則必送捷報以

紅綾爲旗金書立竿以揚之若狀元及第則以黃紵絲金書狀元立竿以揚之其他則否萬曆戊寅吾郡申相公入閣報至撫按兵道創狀元宰輔字金書于黃旗揭竿于門入雲表聞此公知之頗不樂也而不及正矣又一大司馬子拜錦衣千戶一大宗伯子入胄監郡縣皆送旗比之中式者加壯麗數陪

先朝之制惟總兵官列營始舉炮奏鼓吹而吾蘇韓襄毅公雍以右都御史總督兩廣開府梧州最盛日是三邊宣大之總督以至內地帶提督者皆然若廵

撫則不爾先君代楊襄毅總督駐密雲晚堂則不炮奏鼓吹云楊公固如是得非密雲迩京輦當稍從裁省耶然自是之後巡撫亦無不舉炮奏鼓吹矣倭變來巡江御史亦行之五六年前吾州兵道亦行之内地之人少聞金鼓不無駭異又每一臺使行部則寂然無聲久而復作殊不爲雅

余于嘉靖中見在都一二翰林有乘兩人肩輿出城飲宴者以爲怪事至萬曆甲戌郎署往往有之不復以爲異矣同寮二三少卿至乘四人肩輿開路出西

北郭門無有問之者矣

余在郎日襄陽楊兵巡一魁以考满吏部題覆陞湖廣右參政仍管兵巡事當時無有文移稱右參政仍管兵巡事余竊非之以爲此仍字葢緣不移道而設不當入御偶閲萬曆癸未登科録則倪銀臺光薦以工部左侍郎仍管通政使事入銜皆可笑也當時代言者亦誤只當稱掌通政使事不當言管通政使事也

世廟晚年不視朝以故群臣服飾不甚依分若三品所繫則多金鑲雕花銀母象牙明角沉檀帶四品則皆用金鑲玳瑁鶴頂銀母明角伽楠沉速帶五品則皆用雕花象牙明角銀母等帶六七品用素帶亦如之而未有本色者今上頗注意朝儀申明服式于是一切不用惟金銀花素二色而已此亦不觚而觚之一也

主事署郎中員外郎不得繫花帶而武臣自都督同知以至指揮僉事北署職者皆得繫其帶此國初以來沿襲之久遂成故事矣獨會典所載服色武職三

品以下有虎豹熊羆彪海馬尾牛之制而今則通用獅子畧不之禁此不可曉也

宋時諸公卿往返俱用四六啓余甚厭之以爲無益于事然其文辭尚有可觀嘉靖之末貴溪作相四大盛行華亭當國此風小省而近年以來則三公九卿至臺諫無不投啓者矣漸次投部僚亦啓矣撫按監司日以此役人司訓諸生日以此見役肓不能脱畢冗不知何所底止余平生不作四六然未嘗用此得罪

分宜當國而家人永年專爲世蕃過錢署號曰雀坡無不稱雀坡者一御史朱與之稱義兄弟而小九卿給事御史投刺十益一二至江陵當國而家人子游七司其出納署號曰楚濱無不稱楚濱者翰林一大僚爲記以贈之而二給事皆李姓與之通婚講翰林諸公贈詩及文而九卿給事御史投刺十至四五矣徼倖緹帥延飲必上坐衣冠躍馬洋洋長安中勢尤可畏後事敗一坐絞一坐斬人心雖快而士大夫之體則已糜爛不可收拾矣

先君初以御史使河東取道歸里所過遇撫按必先顧荅拜之出酒食相款必精腆而品不過繁然亦不敢下請刺也今翰林科道過者無不置席具啓肅請矣先君以御史請告里居巡按來相訪則留飯葷素不過十器或少益以糖蜜果餌海味之屬進子鵝必去其首尾而以雞首尾益之曰御史母食鵝例也若迩年以來則水陸畢陳留連十夜至有用聲樂者矣

先君巡按湖廣還見諸大老止一刻曾南豐集大明律例各一部爲贄嚴氏雖勢張甚亦無用幣也二年在楚所投謁政府絕不作書常時匪直先君爲然有用幣者知之則頗以爲駭矣

余以刑部主事慮囚江北見巡撫必侍坐巡按及所過道路遇之皆然惟審錄舊規以勑諭事重且多年深正郎故有僉坐之說而亦不能盡守當時戶工二部固無論也及余以副都撫鄖陽所見主事以上無不僉坐者間有一二人持不肯亦必强之坐不容獨異也亦不知起自何時

余舉進士不能攻苦食儉初歲費將三百金同年中

有費不能百金者今遂過六七百金無不取貸于人蓋贄見大小座主會同年及鄉里官長酬酢公私宴醼賞勞座主僕從與內閣吏部之輿人比舊往往數倍而裘馬之飾又不知省節若此將來何以教廉

河南淮北山陝諸郡士夫多仍王威寧康德涵之習大小會必呼伎樂留連宿飲至著之詞曲不以爲怪若吳中舊有之則大槩考察削籍不堪復收者既而聽用在告諸公亦染指矣又既而見任陞遷及奉使過里者復瀾倒矣乃至居喪未輕縑白恰左州侯右

夏姬以縱游湖山之間從人指目了不知恠嗚呼異哉

余在山東日待郡守禮頗簡留飯一次彼必側坐雖迂官謁辭送之階下而已遣官人投一刺亦不荅拜其時皆然其後復起累遷山西按察使一日清軍提學二道偶約余同宴二郡守升官者置酒于書院余甚難之第令列名與分而辭不往乃聞具糖席張嬉樂具賓主縱飲夜分而罷頗以爲怪後問之余鄉乃知近日處處皆然不以爲異也

余初任山東府布按二司後堂無留郡守坐者留之坐則必于私衙雖設飯無害而起官至山西臬則自守以至倅理無不留坐後堂者矣當時撫按不留郡守令坐司理縣令行取亦只立待茶而已今兩直隸至留飯矣聞之各省尚不盡然

二司自方伯以至僉憲稱撫臺曰老先生稱按院則曰先生大人其語雖不爲雅而相承傳已久二十年來北宣大之守巡與吾南直隸之兵備皆以老先生稱按院矣

余初于西曹見談舊事投刺有異者一大臣于正德中上書太監劉瑾云門下小廝某上恩主老公公嘉靖中一儀部郎謁翊國公勛則云渺渺小學生某皆極卑諂可笑然至余所覩見復有怪誕不經者一自稱不佞至通家一家不佞治下不佞鄉治下佞眷不佞一自稱牛馬走亦曰通家治下牛馬走一曰湖海生形浪生一曰神交小子一曰將進僕一曰未面門生一曰門下沐恩小的一曰何罪生此皆可嘔穢不堪捧腹

袴褶戎服也其短袖或無袖而衣中斷其下有横摺而下復豎摺之若袖長則爲曳撒腰中間斷以一線道横之則謂之程子衣無線導者則謂之道袍又曰直綴此三者燕居之所當用也邇年以來忽謂程子衣道袍皆過簡而士大夫宴會必衣曳撒是以戎服爲盛而雅服爲輕吾未之從也尺牘之有副啓也或有所指譏或有所請託不可雜他語不敢具名姓如宋疏之貼黄類耳近年以來必以此爲加厚大抵比之正書稍簡其辭無他説或無所忌諱而欲隱其名

甚至有稱副啓一副二至三至四者余甚厭之一切都絕即以我爲簡褻亦任之而已

分宜當國而子世蕃挾以行黷天下之金玉寶貨無所不致其最後乃始及法書名畫蓋始以免俗且闘侈耳而至其所欲得往往假總督撫按之勢以脅之至有破家殞命者而價亦驟長分宜敗什九入天府後復佚出大半入朱忠僖家朱好之甚豪奪巧取所蓄之富幾與分宜埒後歿而其最精者十二歸江陵江陵受他饋遺亦如之然不能當分宜之半計今籍

矣若使用事大臣無所嗜好此價當自平也

畫當重宋而三十年來忽重元人乃至倪元鎭以逮明沈周價驟增十倍窑器當重哥汝而十五年來忽重宣德以至永樂成化價亦驟增十倍大抵吳人濫觴而徽人導之俱可怪也今吾吳中陸子剛之治玉鮑天成之治犀朱碧山之治銀趙良璧之治錫馬勳治扇周治治商嵌及歙呂愛山治金王小溪治瑪瑙蔣抱雲治銅皆比常價再倍而其人至有與縉紳坐者近聞此女流入宮掖其勢尚未已也

兄弟之子曰從子自是而推次從兄弟之子次五服以內兄弟之子次妻之親從子與姊妹之子曰甥者次知已義兄弟之子次五服以外兄弟之子是諸子者行必隨行坐必侍坐不可踰也次中表兄弟之子次同年之子次寮寀會友之子年齒懸絕者行必隨行坐必隨必侍坐有宴會不並席也子之同年與遠戚兄之子雖同年之子而年位高者行不必隨坐不必侍不據上席可也今獨同年之世講重者身貴而爲同年之子故賤也何以明其可小殺也同年至宰

輔而身下寮則不敢講敵禮也遇公事紏拄不避矣甚至勢避而首相傾名軋而陰相毀有利必相兢有害必相擠即先君子之難與後之幾不獲伸伸而不能盡一二皆同年爲之故曰可少殺也

金臺紀聞

雲間陸深

孔子曰多聞擇其善者而從之多見而識之夫聞見難矣多又難也多而能擇又難也能擇而能從識之又難也此非聖人之神不足以與此予忝登朝爲史官記載職也偶有所得輒漫書之蓋自乙丑之夏訖于戊辰九月錄爲一卷題曰金臺記聞藏之庶以便自考焉爾江東陸深書於靜勝軒

弘治癸亥蘭谿章先生德懋起爲南京國子祭酒一見予遂蒙顧待嘗以事見輒慰諭之曰大凡爲禮貴

敬而和不必太促縮令人氣索孟子曰說大人則藐之凡見一有爵位者須自量我胸中所有若不在其人之下何爲畏之哉比爲庶吉士與座主劉學士司直忠先生偶道此先生微哂曰此老失言矣孟子所謂藐者是藐其勢位若如所云是藐其人矣章公援引之至劉公析理之精前輩風度如此

世所傳張僊像者乃蜀王孟昶挾彈圖也初花蕊夫人入宋宮念其故主偶攜此圖遂懸於壁且祀之謹一日太祖幸而見之致詰焉夫人跪答之曰此我蜀中張僊神也祀之能令人有子非實有所謂張僊也蜀人劉希召秋官向余如此說蘇老泉時去孟蜀近不應不知其事也

李少卿子陽受自南京來與余論綱目數事其論書新莽云莽操溫之徒皆篡弑之賊於魏書太祖於梁書太祖於新獨斥之莽者何實錄也何以謂之實錄各因當時之文也新者國也莽者名也魏梁之繼世皆有天下廟號儼然而莽死於亂兵之手美惡無一

定之謚將從何書書其國繫之名爾此春秋據事直書之舊例也其言有理又謂莽大夫楊雄死與晉徵士陶潛卒則爲贊筆春秋之法大夫致仕卒而不書若曰借二人以爲漢晉起例則孔子何以不得卒於春秋云

北人驗時以天明三星入地爲河凍之候正月丙寅冬至在十一月二十八日都下寒最遲而河亦遲凍是月望日與諸吉士早朝共試觀之黎明三星正入地而河冰亦適合云

天妃宮江淮閩瀕海多有之其神爲女子三人俗傳神姓林氏遂實以爲靈素三女太虚之中惟天爲大地次之故製字者謂一大爲天二小爲地故天稱皇地稱后海次於地者宜稱妃耳其數從三者亦因一大二小之文蓋所祀者海神也元用海運故其祀爲重司馬温公則謂水陰類也其神當爲女子此理或云宋宣和中遣使高麗挾閩商以往中流遭風賴神以免使者路允迪上其事於朝始有祀丘濬碑

東白先生張吏侍廷祥云自余登朝而內閣待中官

金臺紀聞　三

之禮凡幾變　英廟天順間李文達公賢爲首相司禮監巨璫以議事至者便服接見之事畢揖之而退後彭文憲時繼之門者來報必衣冠見之與之分列而坐閣老面西太監面東太監第一人位對閣老第三人常虛其上二位後陳閣老文則送之出閣後商閣老輅又送之下堦後萬閣老安又送至內閣門矣今凡調　旨議事則掌司禮者間出其餘或使少監并用事者傳命而已

鴟口上以石鑿獸置兩傍狀似蜥蜴首下尾上其名曰虮蝮昔鴟鴞氏生三子長曰蒲牢好聲以飾鐘今之鐘紐是也次曰鴟吻好望以飾屋今之吻頭是也次曰虮蝮好飲即今鴟口所置是也

鄜縣河灘上有亂石隨手碎之中有石魚長可二三寸天然鱗鬣或雙或隻不等云藏衣笥中能辟蠹魚又平陽府候馬驛澮河兩岸仄土上皆婦人手跡或掌或拳儼然若印削去之其中復然又大同山中有人骨在山之腰上下五六十丈皆石耳惟中間一帶可四五尺皆髑髏脛節纍纍然關中之山數處亦爾

金臺紀聞　四

余聞之陝西舉人張守後以訪之士大夫云果然造化變幻何所不有也

蚯蚓糞能治蜂螫余少時摘黃柑爲遊蜂所螫急以井泉調蚯蚓糞塗之其痛立止聞之昔人納涼簷際見石峰爲蜘蛛所罥蛛出取蜂受螫而墮少甦爬沙墻角以後足抵蚯蚓糞掩其傷須臾健行卒噉其蜂於網信乎物亦有知也沈存中筆談亦記一事與此相類但謂以芋梗耳姑試之

偷桃事有兩一說王母獻桃於武帝東方朔從旁竊

視之王母指之曰此兒已三度偷吾桃矣一說武帝時東方之國貢小人至使朔辨之朔曰王母種桃三千歲一結子此兒已三度偷桃矣未知孰是

正德二年八月十四日加　恩諸元老内閣則西涯李公時以少師兼太子太師吏部尚書華蓋殿大學士加俸一級守靜焦公以太子太保吏部尚書兼武英殿大學士升少傅兼太子太傅謹身殿大學士吏書如故守谿王公以戸部尚書兼文淵閣大學士升少傅兼太子太傅武英殿太學士戸書如故冢宰許

公進司馬劉公宇俱太子少保宗伯李公傑司寇屠公勳司徒顧公佐司空李公鐩皆賜玉帶余嘗聞前輩云　本朝文班玉帶不過五條余初登　朝所見亦止五條爲内閣劉少師健李東陽謝遷二太保冢宰馬少師文升司寇閔太保珪皆官至一品云　今上登極明年五月馬少師致仕時守靜焦公以吏侍進吏書不久遂賜玉十月劉謝二公致仕焦公以吏書入閣文班才三條既而守谿公被賜曾司空以進呈　奉天殿毾㲪被賜復如五條之數數日曾公卒閱兩月閔公致仕自是六卿無腰玉者又三月許冢宰劉司馬同日被賜復如五條之數時四明屠公滽以太子太傅吏書起復兼都察院左都御史適過其數今至十玉盛矣哉景泰初九列皆加太子少保而鹽山王公翺泰和王公直並爲吏書時有滿朝皆少保一部兩尚書之語弘治末學士最多而謝閣老木齋鴻臚寺卿賈斌太常寺卿崔志端俱帶禮書時有翰林十學士禮部四尚書之語今可謂六卿皆玉帶吏部四尚書矣内閣李焦二公與左都御史屠公俱

吏書但二王公並涖天官而今則帶銜云

公穀文法悉著何字嘗與汪檢討器之論及必當時口相講授作答問語而其徒錄之者也故其間文有極拙者非必如左氏操觚爲之近見元儒郝文忠經伯常三傳折衷序亦云公穀二氏口授其義而爲之傳故其文約其辭切其辨精反復曲折使聖人微婉之旨可推而見云乃知古人先有以此求之者文忠又有與友人論文法書亦前人所未道者其書曰古之爲文法在文成之後辭由理出文自辭生法以文

著相因而成也非先求法而作之也後世之爲文也則不然先求法度然後措辭以求理若握杼軸求人之絲枲而織之經營比次絡繹接續以求端緒未措一辭鈐制夭閼惟恐其不工而無法故後之爲文法在文成之前以理從辭以辭從文以文從法資於人而無我是以愈工而愈不工愈有法而愈無法秖爲近世之文弗逮乎古矣

友人王瑄字瑩中江浦人與定山莊孔昜同里嘗往來定山之門爲余談白沙陳公甫來訪定山定山挐

舟送之有維揚一士人同泛數十里士人素滑稽是日極肆談鋒盡衽席褻昵之事人不堪聞故以是爲二老困定山怒不能忍幾至厲聲色追明日餘恨猶未已白沙則當其談時若不聞其聲及其既去若不識其人定山大服之

孝廟人才之盛好事者取其父子同朝作對聯云雙探花父兩箇狀元兒時張宗伯昇巳丑狀元子恩王禮侍華辛丑狀元子守仁俱爲兵部主事戶部郎中劉鳳儀則巳未探花龍之父兵部員外李贊則壬戌探花廷相之父也一時橋梓前此未之有也

金華戴元禮　國初名醫嘗被　召至南京見一醫家迎求溢戶酬應不閒元禮意必深于術者注目焉按方發劑皆無他異退而怪之日往觀焉偶一人求藥者既去追而告之曰臨煎時下錫一塊麾之去元禮始大異之念無以錫入煎劑法特叩之答曰是古方爾元禮求得其書乃餳字耳元禮急爲正之嗚呼不辨餳錫而醫者世胡可以弗謹哉

楊文貞公云東坡之竹妙而不眞息齋之竹眞而不

妙

嘗聞西域人算日月食者謂日月與地同大若地體正掩日輪上則月爲之食傳注家謂月蝕爲暗虛所射者余未敢信以爲然

袁凱字景文別號海叟有海叟集行于世　國初詩人之冠冕吾鄉人仕爲御史　太祖高皇帝嘗欲戮一人　皇太子懇釋之召凱問曰朕欲刑之而東宮欲釋之孰是凱對曰　陛下刑之者法之正東宮釋之者心之慈　太祖怒以爲凱持兩端下之獄凱下

獄二日不食　太祖遣人勸之食已而宥之每臨朝見凱常曰是持兩端者凱一日趨　朝過金水橋詭得風疾仆不起　太祖曰風疾當不仁命以木鑽鑽之凱忍死不爲動以爲蹋茸不才放歸田里凱歸以鐵索鎖項自毀形骸　太祖每念之曰東海走却大鰻鱺何處尋得遣使即其家起爲本郡儒學教授鄉飲爲大賓凱瞠目熟視使者唱月兒高一曲使者復命以爲凱誠風矣遂置之聞之都主事玄敬穆余少聞故老談景文旣以疾歸使家人以炒麵攪沙糖從

竹筒出之狀類豬犬下潛布於籬根水涯景文匍匐往取食之　太祖使人覘知以爲食不潔矣豈所謂自免於禍者耶

國初高啓季迪侍郎與袁海叟皆以詩名而雲間與姑蘇近殊不聞其還往唱酬若不相識然何也玄敬嘗道季迪有贈景文詩曰新清還似我雄健不如他今其集不載是詩玄敬得之史鑑明古史得之朱應祥岐鳳岐鳳吾松人以詩自豪於一時爲序在野集者其事雖無考然兩言者蓋實錄云

周元素太倉人善畫　太祖一日命畫天下江山圖於便殿壁元素頓首曰臣粗能繪事天下江山非臣所諳　陛下東征西伐熟知險易請　陛下規模大勢臣從中潤色之　太祖即援毫左右揮灑畢顧元素成之元素從殿下頓首賀曰　陛下江山已定臣無所措手矣　太祖笑而頷之

後唐明宗長興三年令國子監校定九經雕印賣之其議出於馮道此刻書之始也石林葉少蘊以爲雕板印書始馮道此不然但監本五經道爲之爾柳玭

訓序言其在蜀時嘗閱書肆云字書小學率雕板印紙則唐固有之矣石林時印書以杭州爲上蜀本次之福建最下京師比歲印板殆不減杭州但紙不佳蜀與福建多以柔木刻之取其易成而速售故不能工福建本幾遍天下然則建本之濫惡蓋自宋已然矣今杭絕無刻　國初蜀尚有板差勝建刻今建益下去永樂宣德間又不逮矣唯近日蘇州工匠稍追古作可觀

古書多重手抄東坡於李氏山房記之甚辨比見石

林一說云唐以前凡書籍皆寫本未有模印之法人不多有而藏者精於讐對故往往有善本學者以傳録之艱故其誦讀亦精詳五代時馮道始奏請官鏤板印行國朝淳化中復以史記前後漢付有司摹印自是書籍刋鏤者益多士大夫不復以藏書爲意學者易於得書其誦讀亦因滅裂然板本初不是正不無訛謬世既一以板本爲正而藏本日亡其訛謬者遂不可正甚可惜也其說殆可與坡並傳近日毘陵人用銅鉛爲活字視板印尤巧便而布置間訛謬尤

易夫印已不如録猶有一定之義移易分合又何取焉兹雖小故可以觀變矣

勝國時郡縣俱有學田其所入謂之學糧以供師生廩餼餘則刻書以足一方之用工大者則糾數處爲之以互易成帙故讐校刻畫頗有精者初非圖鬻也國朝下江南郡縣悉收上國學今南監十七史諸書地里歲月勘校工役並存可識也今學既無田不復刻書而有司間或刻之然以充餽贐之用其不工反出坊本下工者不數見也善乎胡致堂之論明宗曰命國子監以木本印書所以一立義去舛訛使人不迷於所習善矣放之可也鬻之不可也或曰天下學者甚衆安得人人而放之曰以監本爲正俾郡邑皆得爲焉何患於不給國家浮費不可勝計而獨靳於此哉此馮道趙鳳之失也

廷宴餘物懷歸起於唐宣宗時宴百官罷拜舞遺下果物怪問咸曰歸獻父母及遺小兒上勑太官今後大宴文武官給食兩分與父母別給果子與男女所食餘者聽以帕子懷歸今此制尚存然有以懷歸不

盡而獲罪者

曾司業鐸振之欲乞終養還戊辰四月中卽謀之夜夢幞頭騎青羊乃去占者以爲當乙未日得請是時六月二十九日得乙未振之屈指以爲是其期也時禁方嚴因循遂過其期後乙未乃八月三十日以爲不至是八月六日已得 旨矣俄爲吏部覆寢衆以前夢不驗振之遂再請 旨從中許之明日謝 恩適當八月之乙未振之公服入直房待漏衆共異之

本朝輿地前古無比猗與盛哉然有可疑者二事堯

舜時以冀州爲皇畿四方皆江千五百里今冀州之北能幾何耶三吳在古不入職方其民皆斷髮文身以與蛟龍雜處若空其地然爲拔下也今財賦日繁而古之遺跡不異其水不爲害者天幸爾萬一洚水不知何以處之區區開築難以言善

玉堂漫筆

雲間陸深

薛文清公觀崖石每層有紋横界而層層相沓謂爲天地之初陰陽磨盪而成若水之漾沙一層復一層也殊不知實是水所漾耳蓋天地之初混沌一物惟有水火二者開闢之際火日升水日降而天地分矣凡山阜皆從水中洗出觀江河閒沙洲可見余嘗謂水天下之至高者也山天下之至卑者也故海底有石而山顛有水然水亦實至高霜露雨雪是也

孟子塞乎天地之閒塞字與吾徃矣字相應是克然不撓屈之義與塞天地貫金石語微不同雖横渠亦有天地之塞吾其體之言恐與孟子之意不同

性字從心從生若以耳目口鼻手足動靜爲性此近於作用之說釋氏嘗曰狗子有佛性是也然釋氏之所謂性其義亦與吾儒不同

薛文清公與吳康齋嘗言夢見朱子孔子二公皆質實人雖無妄語然不書亦可也

釋氏之所謂心吾儒之所謂氣也所謂性似吾儒之

所謂心者命名取義各有宗旨不必比而議之可也

昔人謂月體無光借日爲光朱子亦有粉丸之喻故新月之闕向東殘月之闕向西此之謂映日可也惟望後之月闕亦向西似與映日之說稍礙戊戌正月十九日予寓東長安是夜客散適見闕月初升闕處乃西向疑之明日晉陽諸生來見因舉予月影辨因識之

虞伯生集題耕織圖大意謂元有中原置十道勸農使總於大司農皆慎擇老成重厚之君子親歷原野

安輯而教訓之功成省歸憲司憲司置四僉事其二乃勸農之官由是天下守令皆以勸農繫銜憲司以耕桑之事上大司農至郡縣大門兩壁皆畫耕織圖此意甚好我　朝立法最爲周密似少此耳

漢哀帝時王舜劉歆議天子三昭三穆與太祖之廟而七七者其正法數可常數者也宗不在此數中宗變也苟有功德則宗之不可預爲設數殷之三宗是巳宗無數也所以勸帝者之功德博矣又云宗其道而毀其廟此皆據統一之君而論又曰迭毀之禮親踈相推祖宗之序多少之數經傳無明文漢儒之說不過如此似涉傳會姑錄出

天包地外水在地中恐名理亦未盡天包水外水包地外地水皆在天中晉志述黃帝書曰天在地外水在天外水浮天而載地恐亦難據使天果有外恐只是氣耳豈容有水耶氣無窮理亦無窮却倒說

嘗見閭閻尙有憲副云龍袖嬌民爲我　文皇帝白溝之役時事歐陽圭齋南詞中已有此語想是元時方言不知是何等也

圭齋論風雅取名最有理前輩說詩者之所不及也其言曰風即風以動之之風雅即雅烏之雅以其聲能動物也又曰風雅惟其聲不必惟其辭故有聲而無辭者有之無聲而有辭者無有也

月光生於日之所照魄生於日之所蔽當日則光盈就日則光盡此張衡靈憲生魄生明之說也嘉靖戊戌九月望在十六十四日晨入朝有事於太廟見月西墜而闕處向東南此時日在寅宮矣二十二日晨起見月闕正向西周髀步日自東而南而西而北穹

天所論日繞辰極沒西而還東不出入地中恐亦有理

予登乙丑科今三十六年矣浮沉中外六十有三歲巳亥蒙　御筆親題以學士掌行在翰林院印扈從南廵時同年在朝者九人掌十印亦盛事也内閣未齋顧公居守賜關防石門翟公新起行邊改兵部尚書兼都察院右都御史鑄關防禮部行在則介溪嚴公兵部尚書則東瀛張公禮部印則甬川張公兼掌翰林院印刑部印則南塘宋公戶部右侍郎三峰高

公出辦糧草亦給關防以行順天府尹則石峰邵公

俞貞木洞庭人石澗先生之孫年九十六而卒嘗見其題趙仲穆畫馬一絕頗有風致房星方墮墨池中飛出蒲稍八尺龍想像開元張太僕朝回騎過午門東

漢制以本官任他職者曰兼常惠以右將軍兼典屬國是也以高官攝卑職者曰領劉向以光祿大夫領校書是也唐制有曰攝者如侍中之攝吏部是也又有行守試之別職事高者爲守職事卑者爲行未正名命者爲試宋制則高一品爲行下一品爲守下二等爲試元祐以後又置權官如以侍郎權尚書之類漢制趙充國爲假司馬則又有假職矣

宋制以翰林學士帶知制誥謂之内制以他職帶知制誥謂之外制

本朝開科自洪武四年辛亥始後至十七年甲子復設乙丑會試楊文貞謂國初三科猶循元制作經疑至二十一年戊辰始定今三場之制刻録

楊州漕河東岸有墓道題曰夏國公夏(音虔)與夏字相

類少一發筆下作又行人遂訛呼爲夏國公蓋鎮遠侯顧公玉之賜葬也玉丙申歲歸　太祖累立戰功靖難師起輔　仁宗居守北京内難平論功封鎮遠侯年八十有五永樂十二年卒　國初功臣未有壽考如玉者也玉最有功於貴州出鎮貴州時辭　仁宗於文華殿曰　殿下於事君父恤兵民素行有誠惟於小人當置度外凡事有天理不足計意爲漢府然其辭指温厚亦武臣中之難得者獨與姚少師論兵不合云

金陵陳先生遇字中行自少篤學仕元爲溫州路學教授時兵亂棄官歸隱閒居一室署曰靜誠每夙興焚香叩天願生　聖主以救世我　太祖克金陵南臺侍御史秦元之薦於上即日召見與語大悦稱先生而不名既定再贊畫寔多命爲翰林學士者再皆辭又命爲禮部侍郎又辭又除爲禮部尚書又固辭　上嘉獎連稱君子數諭之曰卿即老不欲仕有子令帶刀侍衛亦叩首以子幼辭洪武甲子年七十二卒董倫誌其墓

宋太祖北征因河東諜者語劉承鈞曰君家與周世讎宜其不屈今我與爾無間何爲重困此一方之民承鈞復命曰河東土地甲兵不足以當中國之什一然承鈞家世非叛者區區守此蓋懼漢氏之不血食也自漢魏以來詞命簡潔未有其比

陳束字約之以翰林編修出官二司今以參議捧表入京過余問近世詩體予未及答明日以所作高子業集序爲贊其持論甚當但詩貴性情要從胸次中流出近時李獻吉何仲默最工姑自其近體論之似落人格套雖謂之擬作亦可也楊載有云詩當取裁漢魏而音節以唐爲宗殆名言也

國初書法以詹孟舉希原爲第一奕棋以江陰相子先爲國手秦化胡廷鉉與孟舉同書千文　太祖以廷鉉書法過孟舉令書皇陵碑鄞人樓得達亦累勝子先得賜冠帶都南濠亦記一僧亦勝子先云

相傳永樂初遣胡忠安公巡行天下以訪邋遢張仙人即張三丰名通號玄玄子天師之後寓居鳳翔寶雞縣之金臺觀修煉洪武壬申常應蜀獻王之召辭還山金時人也都太僕玄敬嘗爲予言蘇城人家有

三丰手筆蓋與劉太保秉中冷協律起敬同學於沙門海雲者南陽張朝用嘗記三丰遺跡三丰陝西寶雞人元時於鹿邑之太清宮學道與朝用高祖毅相識往來其家爲親密亦愛朝用之父叔廉元末兵亂叔廉避地寶雞洪武中三丰亦來寶雞與西關李道士白雲先生交契相厚朝用時方年十三三丰見之問曰汝誰家子答曰吾父柘城張叔廉也兵亂徙家於此三丰曰我張玄玄也昔柘城時多擾汝家名毅

者爲誰答曰吾高祖也三丰曰吾曾見其始生時童子其勉力讀書後當官至三品越月朝用與李白雲送之北去見其行足不履地云朝用官詹事府主簿忠安公以其常識三丰薦之爲均州知州與同往尋訪竟無所遇而還十五年　文皇再遣寶雞醫官蘇欽等齋香書遍訪名山求之又遣龍虎山道士奉書云皇帝致書眞仙張三丰先生足下朕久仰眞仙渴思親承儀範常遣使致香奉書遍詣名山虔請眞仙道德崇高超乎萬有體合自然神妙莫測朕才質疎

庸德行菲薄而至誠願見之心夙夜不忘敬再遣龍虎山道士謹致香奉書虔請拱候雲車夙駕惠然降臨以副朕拳拳仰慕之懷敬奉書或云此舉實託之以別有所爲忠安行事有密勅云又淮安王宗道字景雲學仙嘗與三丰往來游從永樂三年國子助教王達善以宗道識三丰薦　文皇召見文華殿賜金冠鶴氅奉書香徧訪於天下名山越十年足跡滿天下竟無所遇而還復命近見都公談纂記三丰在洪武永樂中事三則祝希哲野記亦謂作仙奕圖以遺三丰一條此不錄

洪武二十八年戸部節奉　太祖聖旨山東河南民人除已入額田地照舊徵外新開荒的田地不問多少永遠不要起科有氣力的儘他種按此可爲各邊屯田之法

彭惠安集有云天時不同地利亦異亢旱則低處得過而高處全無水澇則高處或可而低處不熟按此可論吾縣東西鄉之利害

國初歲遣監察御史廵按方隅大災重患乃遣廷臣

行視謂之廵撫事迄而止無定員宣德間以關中江南地大而要始命官更代廵撫不復罷去正統末南北兵興於是南省邊陲徧置廵撫官矣今惟浙江福建無廵撫時設廵視陝西一省則有四廵撫北直隸則有兩廵撫云

丁酉歲予自四川左轄召爲光祿入　朝面見侯五日乃罷因免　朝故也後轉太常兼讀學詹事兼學士皆不得面　恩當時敘菴李公時在内閣嘗與論請行午　朝禮敘菴以爲難彭惠安公韶弘治

彗星上疏云臣獲隨午朝竊念日奏尋常起數於事無補但於祖宗勤政之典乞師其意可也臣願今午朝惟議經邦急務如吏部有大陞除禮部有大災異戶部兵部有緊急錢糧邊報工部法司有緊關工程囚犯之類許令先期開具事由奏乞　聖駕定日出御左順門侍衛一如午　朝之儀事該各衙門會議者各官就於御前公同計議如吏部陞除大臣明言某官才德堪任某官資望未可之類內閣輔臣亦同議可否事體既定就行口奏取　旨奉行次日補本

備照若係本衙門自行者亦就　御前逐一陳說有無故事兩疑情由請　旨定奪若是事體重大一時難決者聽各官先行博議於下候至朝時再議奏行仍乞溫顏俯詢曲折如此不惟世事日熟而　聖明耳目開達羣臣高下邪正亦自可見有事則行不分寒暑無事則止勿勞　聖駕既不廢午朝之典又可率羣臣興事則凡時政得失軍民利病自可次第弛張矣其議如此若用之今日尤切事宜老成先見可敬可服已亥南巡還有　旨各衙門俱嚴公座仍許禮部都察院叅劾子掌　詹事印月往衙門與崔少詹後渠坐堂復至東閣書　會一時令局爲之振作時見左順門陳　御座設黃幄於上將　朝廷欲修午朝故事耶因讀惠安新　集備記於此

張文潛以水喻作文之　法至謂激溝瀆而求水之奇此無見於理而欲以言　語句讀爲奇反覆咀嚼卒亦無有文之陋也此言切　中今日之弊

太祖時南京官僚想用　傘蓋襲封誠意伯劉　有華蓋殿侍宴退　朝詩云　團團禍羅傘蔽服金文章可

見

史記扁鵲傳飲以上池之水上池水竹木上未到地水

宋高宗南渡建炎初有臣僚召對所陳劄子首曰恭惟陛下歲二月東巡狩至於錢塘呂順浩當國見之笑曰秀才家識甚好惡文章之弊一至於此爲之浩歎

柘湖今在華亭縣南六十五里本海鹽縣地王莽時改曰展武因陷爲湖

扈瀆今在上海縣北十里本海鹽之東堰晉袁崧築壘以禦孫恩者

上海縣元末割華亭東北之五鄉分置唐天寶初割海鹽之北境置華亭縣

蘇丑字叔武歙人易簡之後年八十餘正統間卒以隱逸自高性愛古法書名畫不惜萬金購之曰此足養心性非他玩好可比其人品亦可謂博雅矣近時江南人家有好古玩物至於敗家亡身者此又可爲監戒也

衡山後生竹最大名曰南竹土人截取其筒以爲甑節處可置盥盆然在深山中人蹟不到之處

世傳七賢過關圖或以爲即竹林七賢爾屢有人持其畫來求題跋漫無所據觀其畫衣冠騎從當是晉魏間人物意態若將避地者或謂即論語作者七人像而爲畫爾姜南舉人云是開元間冬雪後張說張九齡李白李華王維鄭虔孟浩然出藍田關遊龍門寺鄭虔圖之虞伯生有題孟浩然像詩風雪空堂破帽溫七人圖裏一人存又有槎溪張輅詩二李清狂狎二張吟鞭遥指孟襄陽鄭虔筆底春風滿摩詰圖中詩興長是必有所傳云

元高德基云吳人尚奢爭勝所事不切廣置田宅計較微利不知異時反貽子孫不肖之害故謂之蘇州獃自今觀之獃豈獨蘇哉

富鄭公嚴重寡言辭皆厲邵氏聞見錄記其一則曰弼嘗病今之作文字無所發明但模稜依違而已人之爲善不易人之爲惡必用奸謀以逃刑戮君子爲小人所勝不過祿位耳惟有三四寸竹管子向口角

頭褒善貶惡使善者貴惡者賤須是由我始得不可更有畏怯也

世言大藏經五千四十八卷此自唐開元間總結經律論之目至貞元間又增新經二百餘卷宋至道以後惟淨所譯新經又九千五百餘卷予見南宋藏經與元藏亦不同而本　朝藏經又添入元僧以後諸人文字而卷數仍舊豈亦有添減歟

襄陽大堤曲有倒着接䍦花下迷蓋用白紗作巾南朝雖帝王亦服白紗帽沈攸之所謂大事若克白紗

幘共著耳又別有白疊巾白綸巾後世惟凶服乃用白

予遊金陵觀大功坊回龍巷想見當時　君臣之際焉大將軍爲人謙謙不伐又從父老問大將軍時事其慼元帝於開平也撫其圍一角使逸去常開平怒亡大功大將軍言是雖夷狄然嘗久帝天下吾　主上又何加焉將裂地而封之乎抑遂甘心也既皆不可則縱之固便開平且未然嗚呼深遠矣

文章貴簡明王伯厚甫嘗稱歐陽公劉柳無稱於事業姚宋不見於文章過於唐人所云周勃霍光雖有

玉堂漫筆　六　十四

勳伐而不知儒術枚皐嚴忌善爲文章而不知巖廊終不若漢人所謂絳灌無文隨陸無武尤爲痛快也

宋徽宗宣和六年禮部試進士至萬五千人是年賜第八百餘人宋朝故事每廷試前十名御樂院先以文卷奏御定高下高宗建炎間始曰取士當務至公考官自足憑信豈容以一人之意更自升降自今勿先進卷子此眞帝王之體古所謂君明樂官不明樂音者正如此

晉悼公入告羣臣之詞左氏國語並載而不若左氏之簡嚴也左氏曰孤始願不及此雖及此豈非天乎國語作孫之及此天也惟此語勝左氏

古之言天者三家曰宣夜曰蓋天曰渾天宣夜無傳周髀蓋天考驗多失獨渾天近理其言曰天如雞卵地如卵黃天大地小天表裏有水天地各乘氣而立載水而浮天轉如車轂之運

說郛續目錄

弓第十三

皇朝盛事引

王世貞曰不佞少登朝則好聞公卿將相之業而會

我

國家代承平文武隔判若涇渭又士非明經進士不得都高位乃至薦紳恡三公止伯爵

郊廟不推恩蔭叙不庸顯而戚貴世臣名爲三公而實不與以故視前代少遜焉卽宰相世系不能表矣余故竊記其一二盛者書之以附於詹卓異記之末云

皇朝盛事

太倉王世貞

慶成王百子

慶成王生一百子俱長成自長子襲封外餘九十九人並封鎮國將軍每會紫玉盈坐至不能相識而人皆隆準極異事也

一門高第

謝文正遷以解元會魁中狀元而子丕復以解元會魁及第倫諭德文叙以會元中狀元而長子通參以

諒復領省解次子祭酒以訓會元及第此其最盛者也黃行人乾亨子御史如金史僉事俊子尚書道毛文簡紀子太僕渠張侍郎志淳子副使合俱父子解元曾狀元鶴齡孫追贊狀元宏從子懋中羅文莊欽順從子琨俱進士及第孫文恪陞及第而子鋌鄉薦第一鑛會試第一兄堪武會舉第一至都督劉尚書龍祖副使潔父刑部鳳儀俱鄉試第四人龍及子郎中承恩俱第二人爲少保守禮與其孫職俱山東解元若兄弟高科如永樂甲申周廣子述長史孟簡同科及第正統景泰中彭文憲時中狀元文思華中會元然是從兄弟耳楊文懿守陳尚書守阯劉文簡春參政台王文莊鴻儒布政鴻漸俱解元而守阯春復及第其三兄俱謚文楊光祿惟聰己卯解元辛卯狀元而兄庶子惟傑丙戌及第尤爲盛事吾州王太史錫爵會元及第而弟鼎爵復會試第五人

公侯父在受封

洪武中李文忠以浙江行省平章封曹國公而父貞以恩親封侯如子胡顯以都督僉事封梁國公而父

泉以致仕都督封亦如子永樂初鄭亨以都督僉事封武安侯父用以致仕千戶封亦如子

嘉靖初南京兵部尚書王守仁封新建伯其父南京吏部尚書華尚在亦封如子

孤卿封父

內閣則黃公淮李公賢楊公廷和父封少保劉公珝嚴公訥父封太子太保李公春芳父封少傅進少師張公居正父自少保少師以至加特進左柱國封尚書則彭公時劉公吉內淮翊及嚴公李公皆得歸養

彭公文憲義後公七年始卒

出將入相

國初徐太傅達出爲征 大將軍入爲中書右丞相正德中楊文襄一清以三邊總督入爲吏部尚書內閣太學士致仕後落致仕復爲三邊總督入爲內閣太學士

歷任三公

太師太傅有超授者惟郭翊公勛朱成公希忠自太保太傅以至太師叙遷爲盛

父子封王

隴西恭獻王李貞子岐陽武靖王文忠黔寧昭靖王沐英子定遠忠敬王晟東平武烈王朱能子平陰武愍王勇 凡三家

三代封王

河間忠武王張玉子定興忠烈王輔孫寧陽恭靖王懋凡三代王東平朱武烈王能子平陰武愍王勇又再世而定襄恭靖王希忠繼之亦可稱三代也

一門兩公

中山王首佐 太祖定天下功業爵位朝班廟享皆第一封魏國公世世承襲嗣公輝祖既殉節以終次子增壽復以龍潛翊戴贈爵上公封國於定一門兩公往往對握二都兵政諸勳貴無敢埒者又三女一爲 文皇后一爲 代簡王妃一爲 安惠王妃

父子三公

太師英公張輔子懋復爲太師俱加階特進俱勳左柱國俱再知 經筵事俱再監修 國史是稱東第之冠其次則朱保公永爲太師子輔爲太保孫會昌

侯繼宗爲太傅子銘爲太保

三代尚書

尚書宰執大臣漢則楊震四公唐則張嘉貞三相耳國朝尤不易得唯南京兵部尚書林公瀚瀚子南京禮部尚書庭機庭機子南京禮部尚書爀

三代進士相見

國朝以進士爲榮海內世家三代中進士者固多只祖孫父子相見者絕少惟福建侯官縣林春澤正德甲戌進士爲建昌太守子應亮嘉靖壬辰進士爲戶

部侍郎孫如楚嘉靖乙丑進士爲廣東提學副使浙江烏程縣董份嘉靖辛丑進士爲禮部尚書子道醇萬曆癸未進士爲給事中孫嗣成萬曆庚辰進士爲禮部郎中祖孫父子俱在一堂乃稀有之事而林氏尤享上壽廷昌一百四歲侍郎八十歲學憲自廣東告歸侍養尤難得

兄弟尚主

永樂中西寧侯宋晟子琥瑛一時尚公主拜駙馬都尉相繼嗣父爵鎮守甘肅

婦翁與壻同時大位

國朝婦翁與壻同時大位者洪武初宋國公馮勝以大將軍北討壻鄭國公常茂糸其軍事學士劉三吾預機密壻趙勉爲戶部尚書正德中周文端經爲太子太保禮部尚書壻曹元以太子太保兵部尚書入閣孫需爲南京吏部尚書壻費宏爲大學士陳金爲少保左都御史壻蔣冕爲大學士嘉靖中吳太保鵬爲吏部尚書壻董份爲學士亦遷禮部尚書

師弟同居內閣

正德中楊少師廷和爲宮保靳貫座主靳公又嘗受業楊少師一淸先後同居內閣袁少傅煒爲少師徐階督學所取士少保張居正爲徐階教習庶吉士俱同居內閣又弘治乙丑少傅謝遷廷試讀卷己丑與門生翟鑾同居內閣正德庚辰少保石瑤以禮侍主考及丁亥罷相門生張孚敬實代之嘉靖戊戌分宜以禮書知貢舉辛酉與門生袁煒同居內閣

林下九相

萬曆元年少傅李本復姓呂太子太保嚴訥少師徐

階李春芳前少師高拱少傅郭朴陳以勤少保殷士儋太子太保趙貞吉凡九人皆一品腰玉逍遥林下不惟我朝所無而亦前代所未見者

浙江三大功臣

洪武三年庚戌御史中丞劉基以謀策功封誠意伯天順十四年己巳兵部尚書于謙以靖亂功加少保正德十六年辛巳南京兵部尚書王守仁以擒叛功封新建伯文臣中最爲灼然者皆浙產也劉贈太師于贈太傅王贈侯皆在易世論定之後

內閣江西

永樂初元選翰林臣入內閣而江西居其五曰吉水解縉胡文穆廣廬陵楊文貞士奇南昌胡儼新淦金文靖幼孜綸廣士奇又皆吉安府人正統來文貞以少師首揆而泰和王文端直長吏部景泰中文端以少傅長吏部而廬陵陳公循以少保首揆亦皆吉安人也

一郡文武之盛

國初浦江宋承旨濂義烏王侍制禕胡教授翰蘇編

修衡以文章名天下而皆爲金華人青田劉中丞基龍泉章中丞溢胡郡伯深麗水葉郡侯琛亦文章士而劉以武功顯皆爲處州人既盛且奇

蘇州盛事

會元七人常熟施顯太倉吳鈛卽陸鈛也長洲吳寬吳縣王鏊吳江趙寬常熟瞿景淳太倉王錫爵

狀元六人吳縣施槃長洲吳寬崑山毛澄朱希周顧鼎臣吳縣申時行又崑山沈祭酒坤係原籍亦當爲七人壬戌壬申二元尤爲奇絕

內閣七人吳縣張學士益徐華蓋有貞王武英鏊崑山顧武英鼎臣常熟嚴武英訥吳縣申中極時行太倉王武英錫爵

伯爵一人徐有貞

嚴州盛事

嚴州小郡也成化初商文毅輅以太子太保吏部尚書翰林院學士居內閣姚莊敏公夔以太子少保爲吏部尚書又商公以乙卯解元爲乙丑省殿元姚公以辛酉解元爲壬戌省元二甲傳臚商公自修撰超

入內閣姚自給事中超拜侍郎可謂一時之盛矣

一郡兩元

永樂甲申狀元曾棨永豐人會元楊相泰和人俱吉安府嘉靖壬戌狀元徐時行吳縣人會元王錫爵太倉人俱蘇州府

一郡三及第

建文庚辰狀元胡靖第二名王艮吉水人第三名李貫廬陵人俱吉安府而二甲第一名吳溥第三名朱塔皆江西溥又會元也永樂甲申狀元曾棨永豐人

第二名周述第三名周孟簡俱吉水人二甲第一名楊相第四名王直俱泰和人第二名宋子環吉水人第三名王訓廬陵人相又會元也七人皆吉安府而內閣學士讀卷七人而五人者解縉胡廣楊士奇胡儼金幼孜皆江西其三人皆吉安府

一郡三傳臚

正統丙辰第一甲第一名施槃吳縣人第二甲第一名張和崑山人第三甲第一名莫震吳江人皆蘇州府

國初三遺老

元楊維禎爲浙江儒學提舉　國初召修史年七十六而卒沈夢麟爲武康尹入　國朝五司闈浙文衡一考會試九十三而卒滕克恭爲翰林學士入　國朝一主河南鄉試至一百餘年而卒皆不肯屈節以仕其耆德爲　昭代之盛

十知貢舉

胡忠安公濙爲禮部尚書自宣德丁未至景泰甲戌凡十爲會試知貢舉官古今罕有

享國長久

親王享國長久者　代簡王桂六十九年　慶靖王栴　寧獻王權俱六十八年　德莊王見潾六十二年　瀋莊王幼學五十九年　周定王橚五十七年　襄憲王瞻墡五十五年　衡恭王祐楎五十一年

大臣眉壽

大臣眉壽至九十者魏文靖驥九十八劉文靖健九十四王端毅恕九十三尚書胡公拱辰陳公雍俱九十二嘉靖中廣東按臣言致仕尚書湛若水年九十

請賜存問已之又五年而卒嘉靖末翰尚書茂堅萬曆初王尚書學夔俱九十餘王以九十四卒方尚書鈍以九十卒應尚書大猷今九十四尚無恙諸子俱貴顯其尚書以上至八十餘者胡忠安濙韓司寇邦問蔣恭靖瑤俱八十九鄒宗伯幹殷司徒從儉李太宰裕張太保子麟俱八十八馬端肅文升林司徒瀚韓忠定文章文懿懋高襄簡友璣劉清惠麟嚴分宜嵩俱八十六單司馬安仁楊宗伯翥王靖遠驥孫司馬原貞王安簡宗彝陶恭介琰趙康敏鑑朱宗伯恩

俱八十五王文端直王忠肅翱崔司空文奎賈文靖詠朱恭襄希周孫司徒應奎俱八十四黄文簡淮胡賓客儼劉宮保璋薛司馬遠尹文和直毛文簡紀羅文莊欽順顧宮保應祥張恭肅潤俱八十三陸康僖瑜尹恭簡旻李襄敏秉聞莊靖珪焦泌陽芳李恭襄鐩劉司寇纓聞莊靖淵俱八十二徐宗伯瓊侯司空贇洪太保鍾林司寇泮周司寇倫俱八十一俞司寇士悦苗文康衷何司馬鑑雍司徒泰王司寇鑑之孫司徒交楊司徒潭俱八十

高年人瑞

高皇帝召耆老謁見而崑山周壽誼居首年一百十六歲賜宴及鈔幣大順中召京師人百四歲茹大中入見便殿錫宴順天府賜冠帶襲衣命禮部尚書姚夔造其第賀之成化中韓王奏群牧所千戸朱政曾祖年一百六歲而終祖全一百二歲父鏞八十二歲見存三代皆以千戸致仕詔信鏞俱進階宣武將軍各賜羊酒白米二石弘治中吾州毛弼年百歲而孫澄狀元及第有司爲盖人瑞狀坊眞盛事也

累朝舊德

黄文簡以永樂甲申主會試以宣德癸丑少保致仕相去三十年謝文正以弘治乙卯入相至嘉靖戊子復召相去亦三十年可謂舊德

兩丙辰狀元

吾吳朱恭靖希周弘治丙辰狀元盛德爲天下師表雖壽止八十四然及見嘉靖丙辰狀元諸大綬而没亦吾吳盛事也

三戊狀元名姓

無錫孫狀元繼臯以萬曆甲戌及第而景泰正德兩甲戌狀元乃孫賢唐臯也以孫而繼臯若兼兩甲戌狀元而興者豈命名之始即有數耶亦稱奇

早達

十二歲楊文忠廷和舉鄉試大理卿朱奎太常卿任道遜舉奇童侍東宮書

十四歲趙中丞時春中經魁楊文襄一淸中鄉試

十五歲蔣文定冕中解元

十六歲王庶子臣登進士何提學景明張少師居正

中鄉魁
十七歲李少師東陽舉會試太常王學士獻張宫傳
燦王守郡廷幹舉進士馬工部拯佘太僕毅中俱舉
解元沐都督昂以戰功僉都督
十八歲趙中丞時春中會元陳修撰景著中探花王
兵侍儒楊文襄一清王侍講洪王叅政慎中汝楠俱
第進士竒童洪鍾舉進士是年卒解學士縉中解元
殷少保士儋中鄉魁
十九歲李詹事泰白中丞斯楊文忠廷和何少宰孟

春陳中丞燿蔡尚書克廉俱舉進士
二十歲費少師宏舉狀元鄒司成守益倫司成以訓
俱中會元與誠編修大賓俱及第解學士縉向右都
寶張學士益王中掖雲鳳胡司馬汝礪李司馬昆盛
右都應期李司徒如圭何提學景明王太宰用賓方
少保逢時俱登第
二十八歲沐定遠晟封黔國公
晚達
劉文介儼以四十九曾學士棨以五十四唐修撰皐
以五十八俱登狀元金編修達以五十八會元及第
惟張文忠四十七舉進士六年大拜任師臣者十二
年亦奇遇也
少年狀元
費宏二十林大欽二十二施槃二十三朱希周楊愼
俱二十四孫繼皐二十五胡廣彭教張昇龔用卿羅
洪先俱二十六謝遷秦鳴雷俱二十七于顯康海申
時行俱二十八蕭時中陳循柯潛陳謹俱二十九
少年會元

趙時春十八倫以訓二十鄒守益二十一彭華董玘
唐順之俱二十三陳瀾二十四陸鉞趙寛李舜臣俱
二十五洪英王鏊汪俊俱二十六陳璲劉定之梁儲
儲巏邵鋭霍韜俱二十八姚夔王錫爵陳棟田一儁
俱二十九
少年解元二十歲以下
廣西蔣冕十五歲南直隷佘毅中廣東馬極俱十七
歲
文貞奇遇

楊文貞公士奇不由科目以布衣薦輔導東宮居內閣首揆典制草詔定大禮授冊三總裁國史主會試及京試各再備極儒林之榮可謂遇矣

三元

國朝商少保輅正統乙卯領解浙江乙丑爲會試廷試第一人士林豔羡商公年二十二發解十年而成進士四年而以修撰入閣七年而以兵侍歸歸十年而復入入十年而以少保歸又十年乃卒尤爲奇也

雙槐歲抄

香山黃瑜

聖瑞火德

太祖高皇帝功德福祚超越遂古貞應之符有開必先自堯舜以來未有若是之盛也初 皇考仁祖淳皇帝居濠州之鍾離東鄉 皇妣淳皇后陳氏嘗夢黃冠饋藥一丸燁燁有光吞之既覺口尚異香遂娠焉及誕有紅光燭天照映千里觀者異之駭聲如雷天曆元年戊辰九月十有八日丁丑日昳時也河上取水澡浴忽有紅羅浮來遂取衣之故所居名紅羅幛鄰有一郎神廟其夜火光照耀及天明廟徙東北百餘步自是室中常有神光每鬱晦將卧忽煜爚若焚家人慮失火亟起視之惟堂前供神之燈耳帝王之生必有聖瑞章章如此及討元狄旗幟戰帽襖裙皆用紅色蓋以火德王色尚赤故也

禮儀尚左

聖祖初起兵猶用元制甲辰正月江南行省群臣奉上爲吳王以李善長爲右相國徐達爲左相國吳元

年丁未十月丙午命百官禮儀俱尚左改善長爲左相國達爲右相國禮記玉藻曰聽鄉任左註云凡立者尊右坐者尊左侍而君坐則臣在君之右是以聽向皆任左以尊君想當時二人侍　上坐必任左可知今中原及北方主賓相揖立時以右爲尊就坐以左爲尊其待禮意由近蟄嶷故也

禁水火葬

聖祖嘗與學士陶安登南京城樓聞焚尸之氣惡之安曰古有掩骼埋胔之令推恩及于枯骨近世狃於

俗或焚之而投骨于水孝子慈孫於心何忍傷恩敗俗莫此爲甚　上曰此王道之言也自是王師所臨見枯骸必掩埋之而後去洪武三年禁止浙江等處水葬火葬中書省禮部議以民間死喪必須埋葬如無地官司設爲義塚以便安葬並不得火化違者坐以重罪

陳情願仕

洪武丁卯三月國子生古朴奏言家貧願仕冀得祿以養母　上嘉之除兵部主事

四代通體

永新劉文安公定之與李學士克述紹同陞庶子劉學士宣化儼戲謂文安曰先生眞庶子也蓋公本庶出遂默然無以應初其父石潭先生髦將納其母側室或謂不宜同姓不從及公請封乃改爲留氏鄉人嘗許之今觀丙辰進士登科錄所書生母寔劉氏也其後將立祠堂故爲異制以諱乃翁之失見諸呆齋存稿中有家書云奉先之禮古來儒者未必皆同今亦豈能盡依朱子欲作祠堂之時整齊同作一大龕

龕中懸一軸軸上書云本宗劉氏門中三代考妣五服親疏神寃席公號名儒而其父亦敦古道者其失欲蓋而彌章如此禮貴謹始可不鑒哉

玉堂賞花

文淵閣右植芍藥有臺相傳　宣廟幸閣時命工砌者初植一本枯中濟紅者是也景泰初增植二本純白居左深紅居右舊嘗有花自增植後未嘗一開天順改元徐有貞許彬薛瑄李賢同時入爲學士居中一本遂開四花其一久而不落既而三人皆去惟賢

獨留人以爲兆明年暮春忽各萌芽左二右三中則甚多而彭時呂原林文劉定之李紹倪謙黃諫錢溥相繼同升學士凡八人賢約開時共賞首夏四日盛開八花賢遂設燕以賞之時賢有玉帶之賜諸學士各賜大紅織衣且賜宴因名純白者曰玉帶白深紅者曰宫錦紅淺紅者曰醉仙顏惟諫以足疾不赴明日復開一花衆謂諫足以當之賢賦詩十章閣院宫寮咸和彙成曰玉堂賞花詩集賢序其端

椓人妻

宣德中賜太監陳蕪兩夫人天順初賜故太監吳誠妻兩京第宅土田見水東日記諸書予按高力士傳河間男子呂玄晤吏京師女國姝力士娶之玄晤擢自刀筆史至少卿李輔國傳帝爲娶元擢女爲其妻擢以故爲梁州刺史朱子語類梁師成妻死蘇叔黨范温皆衰絰臨哭由是觀之椓人有妻古今所同也京師人謂此曹男性猶在必須近女豈其然乎

追復位號

天順元年二月乙未朔廢景泰仍爲郕王歸西内皇太后制諭也戊戌命郕王所立皇太后吳氏仍號宣廟賢妃皇后汪氏復爲郕王妃懷獻太子見濟爲懷獻世子肅才皇后杭氏及貴妃唐氏俱革其名號欽天監奏革除其年號　上曰朕心有所不忍仍舊書之癸丑郕王薨葬祭禮如親王謚曰戾唐氏等妃嬪俱賜紅帛自盡以殉葬成化初追謚郕戾王爲恭仁康定景皇帝後汪妃薨亦追謚景皇后予按建文之自焚也祭葬以天子之禮未嘗被廢故駙馬都尉梅殷軍中發喪縞素謚爲孝愍然非　上意也例宜追復位號一如景泰其當軸者之責與

伏闕泣諫

伏闕泣諫自唐宋以來有之成化四年六月　慈懿皇太后錢氏崩　憲廟嫡母也　詔大臣議葬所衆相視莫敢先發大學士彭時謂同朝曰梓宫當合葬裕陵主當祔廟無可議者即與禮部尚書姚夔定議具疏引漢文帝合葬呂后宋仁宗合葬劉后故事乞念綱常之大體　先帝之心必求至當此莫大典禮萬一有違在廷百辟將有言之宗室親王將有言之

天下萬世亦將有言之豈能保其終無擬理改而從
正者乎　上猶重違母后之意未允時率羣臣伏文
華殿以請號哭不起　上聞之使中官宣諭使衆官
退翰林中有呵中官使還者衆官皆曰死不敢奉
詔且不得命不敢退時與學士商輅劉定之進曰人
心如此實天理所在望　朝廷俯從於是中官入奏
上感動　世后亦悟即傳　旨諭羣臣曰卿等所者
會議　大行慈懿皇太后合祔陵廟固朕素志但
聖母疑事有相妨未即俞允朕心終不自安再三據

禮所幸　聖慈開喻特賜允諾卿等其如前議施行
勿有所疑故諭衆聞命咸呼萬歲而退

後渠雜識

相臺崔銑

楊繼宗

都御史楊公繼宗居憂時閹宦汪直以寵幸延攬名
士聞楊公治郡名往吊公衰絰於墳所直趨至墳所
拜起手捋公鬚曰此聞楊繼宗名今貌乃爾公曰繼
宗貌陋但虧體辱親未之敢也直不復敢言直時威
震海內不屈者公一人耳

憲皇

天順末讒者謂　憲皇景帝嘗廢之當别立嗣　英
皇意頗疑之獨李賢不從一日　上病卧便殿召賢
諭曰今廢事頗寧顧大者反揺奈何賢曰此　國本
也力陳不可動　上曰然則此位竟傳太子乎賢叩
頭賀曰宗社幸甚遂傳　旨召　太子須臾至賢曰
殿下事定趨出謝　太子抱　上足對泣讒遂不行
成化初賢遭喪奪情實　憲皇固眷云

王忠肅

王忠肅爲吏部尚書忠清爲　英皇所信任仲孫以

蔭入監將應秋試以有司印卷白公公曰汝才可登第吾豈忍蔽之哉如汝誤中第則妨一寒士矣且汝有所得仕何必强所不能以幸冀非分耶裂卷火之

英皇

英宗於便殿屏左右謂李賢曰吉祥好預國政聞四方奏事者必先造其門柰何賢曰自古人主權不可下移若　陛下每事自斷惟公道處之則彼漸不敢預而趨附之人亦自少矣　上曰朕意亦然會石亨敗家居其從子定遠侯彪謀出鎮大同諷大同薦己上廉其詐并逮亨置于法

李廵撫

嘉興當孔道内臣往來百方需索李公與菱藕曆日内臣曰我無用此太守幸與我金錢或好布絹公曰諾郎出牒取庫金錢去與太監市布絹郎索金錢内又出牒取庫金錢入饋曰布絹金錢去也幸與印券附案他日磨勘内臣咋舌不敢受公有大節持風裁藩臬御史皆敬憚公公誅鋤姦豪盡束手斂跡但得政過郎止不深究超陞僉都御史廵撫順天外戚宦官莊田多占民間地士公悉奪而還之由是權貴斂跡

楊知府

楊公繼宗知嘉興府有二勢人子由醫官謀胥縣篆大竊帑金莫敢誰何公至收治追金御史行郡欲出之廼詰公曰盜有失主何人也公曰　朝廷即失主又詰曰原告何人也公曰知府即原告御史慚而退

梁儉菴

梁儉菴爲戶部侍郎廷臣以戶部尚書乃國計大臣

總領財賦得人實難太宰許公獨薦公堪任復陞戶部尚書不數月　上手敕命公監吏部都察院考察京官蓋異典也公即日赴吏部考察凡降調黜罷公議居多士論人服是歲刑部重獄不決者四事　上命公兼掌刑部印信勘問之數日間四事俱得其擬罪各當奏　上上覽之喜謂中官張佐曰得尚書如才者十二員朕無憂矣嘗詔還梁儉菴司徒途人丐子相語曰今天眼開取回梁爺然則司馬入朝百姓留之宜也

韓忠定

韓忠定年五十時喪其配夫人子輩數以再娶并妾爲勸言及輒怒云我年已至此復何爲哉卒獨處惟一室雖使婢亦不容入遇冬寒命小孫温足教其念書作對句雖處極貴自奉甚薄其清心寡慾如此

耿九疇

耿九疇軒輗皆廉介之士操履素定天下信之天順初首用耿爲都御史軒爲刑部尚書耿欲糾石亨之罪爲所排黜爲江西布政尋轉四川　上知其爲人

清正但爲亨輩所嫉一日泛論人才念及九疇非其罪賢因曰此人操行誠不易得因禮部缺人　召至京師　上憐其衰命爲南京刑部尚書且曰遂其優閒可也

曹文忠

曹文忠鼐爲人疏通俊爽初爲校官不樂願得繁劇一職改泰和典史時中使旁午置郵無虚日公處之裕如延禮名儒益進學不倦復修舉子業遂登進士及第西楊先生嘉其志薦入經筵復入閣與政士林榮之自東楊後議大事多決于鼐明敏之才頗相類焉

顧御史

宣德初許臣僚燕樂歌妓滿前紀綱爲之不振　朝廷以顧公爲都御史禁用歌妓糾正百僚朝綱大振天下想望其風采元勳貴戚俱憚之陝西布政司周景貪濁無厭公齒欲除之累置之法　上累釋之不能伸其激濁之志正統初以疾乞臨繼其位者莫能及也

古穰雜錄

南陽李賢

奏對

楊文定爲司經洗馬一日 東宮問漢廷尉張釋之之賢溥對曰釋之誠不易得然世豈無其人但無文帝寬厚仁恕之君用之爾釋之固難得文帝亦難得也退采文帝關治道者編爲事類以進 皇太子嘉納之

守正

康齋先生辭官還鄉遭風舟幾覆衆驚怖失措先生獨正襟危坐舟定衆問其故曰吾守正以俟耳父任司成在京時命先生還鄉畢姻至親迎後不行合巹之禮及赴京拜父母畢始入室祭酒胡公執也自京還家往謁之至大門四拜而退明日又造其宅方請見曰昨日已行拜禮今日長揖問其故曰先生父執也而拜恐勞尊凡行類此

視學

魏文靖爲松江訓導汲汲成就人材諸生在學者俟

一更携茶往視之見書聲者供茶一甌至三更携粥以往尚有誦者供粥一碗如此者亦不頻數間一行之士子感激

儀望

陳祭酒美鬚髯容儀端整步履有定望之者起敬當會食諸生稍有失儀即待罪不輕容或有所稟嚴於對君之理師道卓立名重一時六館殆千人凡升堂聽講會饌儀矩森嚴雖 朝廷之上不之過也

機變

昌平侯楊洪起行伍生長在邊有機變累立邊功善騎射發則賊應絃而墜百無一失歷陞將帥能用奇兵必擣其虛或出其不意善於劫營 人憚之呼爲楊王初爲指揮杜衡所誣魏尚書論救貶衡繼爲部卒李友全所奏 天子付洪自治故得成其功名已巳之變人心驚疑公與于謙等守護京師賴以再安其用兵紀律士卒用命爲一時巨擘焉

典文

楊文定溥初入鄉試爲首選胡儼典文衡批其文曰

初學小子當退避三舍老夫亦讓一頭地又曰倘日立玉墀方寸地必能爲董子之正言而不效公孫弘之阿曲人以儼爲知人後儼爲祭酒先生已在禁垣位望益高終身執門生禮儼亦不離人兩高之

耆德

南京吏部魏文靖家居二十餘年布袍糲飯不治生業年九十八御史梁昉言驥耆德請如漢故事優禮之　上御奉天門顧禮部曰尚書魏驥壽及伯齡兼有德望朕深嘉悅其　敕遣行人存問　賜羊酒有

司月給米三石贍之　敕未臨浙而公薨

理學

吉水羅公倫歷官有聲嘗爲台州知府平生潛心理學所養甚正嘗著潛心錄以貽其子所論性理之懿極有旨義眞學者所當潛心也有云每見青天白日便看吾心光明何如每見雲影蔽日便看吾心昏蔽何如每見草木生意便看吾心生意何如每見禽獸自適便看吾心自適何如又云人於一日自朝至夕由興至寢可有一毫惡念惡念一萌即斬絕之使根株悉拔不可一息無善念善念一萌即充廣之使若泉達火燃此二條人能體驗於心身則心無不存而身無不修矣德學如公眞一代巨望

又

本朝仕途中能以理學爲務者纔見薛大理一人蓋其天資美處某嘗欲從游以官縶弗果斯人疏于處世直道見黜已就閑矣未知造詣何如也

天資

吏部尚書郭璡出身早不遑問學然天資甚美受氣

完厚臨事從容喜怒不形于色精于吏事簡切不泛爲戶曹屬文廟已知其名正統初侍臣因蝗旱言大臣不能盡職久妨賢路有　旨回奏衆欲罷歸田里以謝天譴璡獨不爲不可云非是貪位但　王上幼冲吾輩皆　先帝簡任受付托若皆罷去誰與共理只宜戴罪修省改過以回天意衆從其言識者韙之

聞喪

切見今之士大夫聞喪且用求討輓詩數月延緩哀戚之情甚畧

好人好官

今之士大夫不求做好人只求做好官風俗如此蓋亦當道者使然也何則有一人焉平日仕未顯時士林鄙之一旦乞求得好官人皆以爲榮向之鄙之者今則敬之愛之矣欲人之不求做好官難矣有一人焉位未顯時士林重之介然自守恥于干人好官未必得也若所鄙之人一日得好官人反重之而向之重者今反輕之欲人之求做好人難矣今欲回此風俗在當道者留意若不由公論而得好官者不變前日之所鄙不得好官而爲好人者不變前日之所重庶乎其可也

才位

同年鄒來學由戶部郎中改通政司參議不以爲美謂此官何足榮予謂誤矣且曰無才何敢當此若才有餘而位不足公論以爲虧此是好消息或才不足而得高位公論以爲非此非好消息也遂悔謝自後歷顯職而愈覺斯言有驗也惜乎今之士慮不及此惟恐位之不高如才也

吏部

吏部侍郎員缺　上召李賢曰吏部侍郎乃天下人物權衡非他部比必得其人先生以爲誰可賢曰以在朝觀之無如禮部二人可擇一用之　上復問其優劣賢曰鄒幹爲人端謹但規模稍狹姚夔表裏相稱有大臣之量　上曰然遂用之　命下士類皆悅

震澤紀聞

吳門王鏊

景清

清陝西眞寧人洪武乙丑進士第二人累官副都御史文皇渡江駐金川門百官出迎皆拜伏清獨植立罵不已　上責之曰勿謂吾爲天子卽爲親王若敢爾其罪云何清應曰若今日尚得爲親王耶乃命左右抉其齒且抉且駡頃之近前若有所啓則含血直沁　上衣遂醢之夷其九族久之　上晝寢夢清入

繞殿追之曰清猶能爲厲耶命籍其鄉轉相攀染至數百千人謂之瓜蔓抄其村至今爲墟焉

鐵布政女詩

鐵鉉色目人也建文時爲山東布政使　文皇師至城下攻之百方鉉隨機設變終不能克以礮石繫其城將破鉉書　太祖高皇帝牌懸城上師不敢擊久之不下姚廣孝獻計曰師老矣不如舍之而去　文皇從之旣卽位以計擒至終不屈被殺其家屬發教坊爲娼鉉有二女皆誓不受辱　仁宗卽位赦出之皆嫁朝士二女爲詩自述長女詩曰敎坊脂粉洗鉛華一片閒心對落花舊曲聽來猶有恨故園歸去巳無家雲鬟半綰臨粧鏡兩淚空流濕絳紗今日相逢白司馬樽前重與訴琵琶其妹詩曰骨肉傷殘舊業荒此身何忍去歸娼涕垂玉筯辭官舍步蹴金蓮入敎坊覽鏡自憐傾國貌向人羞學倚門粧春來雨露寛如海嫁得劉郎勝阮郎

平保兒

平保兒不知何許人建文中從軍與王師戰于小河

保兒拾幾及　上馬忽蹶乃免　文皇旣正位問小河之戰窘我者誰或曰保兒也召至問曰彼時汝得朕將何爲保兒曰殺之耳　上命引出斬之旣而曰忠臣也赦之以爲北平都司他日　上至北平見保兒曰汝猶在乎保兒懼乃縊

戴元禮

元禮浙之金華人爲醫得丹谿之傳洪武中官太醫院尚書嚴震直病　上語元禮曰好治之不愈且抵罪應手而愈後　上疾大漸强起坐便殿召諸侍醫

數以用藥無狀賜死謂元禮有仁義特生之令致仕

太宗在潛邸得瘕疾韓公懋治之輒愈俄復發如是數四公懋曰臣技竭矣元禮當能治之乃召之至問所用藥公懋以告曰皆是也又問 上所嗜曰生芹曰吾得之矣乃處劑以進是夜 上暴下明視之皆細蝗也蓋食生芹所致耳有妃嗜燒酒患腹痛治之愈曰十年復發不可爲矣十年果卒

王振

世言王振之横也公卿皆拜于其門 天子亦以先

生呼之三殿初成宴百官故事宦官雖貴寵不預是日 上使人視王先生何爲振方大怒曰周公輔成王我獨不可一坐乎使以復命 上戚然乃命東華特開中門振至問何故曰詔命公由中出振乃曰豈可乎至門外百官皆候振拜振始悅

陳繼

宣宗一日於禁中閱畫見龍有翼而飛者訝之問諸閣下問三楊諸公皆不能對 上顧翰林諸臣曰有能知者否繼時官在下對曰龍有翼曰應龍 上問何出曰見廣雅命取廣雅視之信 上甚悅

張益

土木之難益以學士從死焉後四十餘年其子某以御史印馬於北畿道經土木設祭悲泣是夜夢其父衣冠如生來曰以紅沙馬與我既覺未甚異也忽從者來報云後隊一紅沙馬斃矣始異之及歸詢之父老益初從駕騎紅沙馬云

馬琁

琁浙江處州人叔父讓以少監鎮福建進燈有寵時

修寰宇通志琁求入書辦內臣舒良王誠因諂內閣大臣得各舉一人於是王文舉驛丞某陳循舉其鄉人周某蕭鎡舉監生温良高穀舉其壻王濤商輅舉其姻蔣銘良誠因舉琁及文等數所舉皆不用琁獨擢爲典籍天順二年乞陞錦衣副千戶理鎮撫司刑成化二年進指揮僉事巡江擒江賊劉顯文等六十餘人誅之琁内倚中貴外任權要富侈驕淫荒于聲色一旦暴死

王竑

王竑李秉俱號一時名臣及二人致仕居鄉竑高自標岸不妄與人交秉出入閭巷每與人對奕終日無忤竑告人曰李執中朝廷大臣而與市井小人親狎何自輕之甚秉聞之曰所謂大臣者詎能常爲之在朝在鄉固各有體何至以官驕鄉人哉其不同如此

錢溥

溥之居與陳文隣也溥嘗教內豎後多顯者每來謁必招文共飲及　英廟不豫中外危疑王倫者溥所教也伴讀　東宮一日來謁文意必召已竟不召乃

使人微詗之時倫侍從甚多詗者雜其中倫以爲溥使溥又以爲倫使兩不疑也坐中因問　上不豫東宮未納妃如之何溥言當以遺詔行之倫喜而去已而內閣撰遺詔大學士李賢方具草文起奪其筆曰無庸已有草之者賢問何爲文因言溥倫定計將黜賢以溥代之黜兵部尚書馬昂以韓雍代之故四人俱及於貶

孟密

初安南之北雲南之南爲八百車里老撾木邦諸夷有孟密者舊屬木邦木邦有女名曩罕弄嫁之孟密其父愛之盡以寶井賂焉孟密以是日富强與木邦相攻兩家俱訟于朝孟密以寶貨賂二萬白兵部諸津要多受其賄者安草勑遣都御史程宗往按其事有可分分之語宗覆奏如安指於是孟密得立爲安撫司宗盡以所侵木邦地界之而木邦勢寖弱反出其下雲南之患由此起至今爲梗云

徐溥

溥宜興人在翰林不以文學名及在內閣承劉吉恣

威福報私怨之後溥一以安靖調和中外海內寧平行政不必出於已惟其是用人不必出於已惟其賢時稱休休有大臣之度溥嘗希范仲淹作義田以贍其宗族其子不肖多奪鄉人田以給之溥沒未久爭訟紛紜

丘濬

濬瓊州人問學該洽尤熟於國家典故議論高奇務於矯俗能以辯博濟其說亦自恃老故對人語亵亵不休無敢難者論秦檜曰宋家至是亦不得不與

和南宋再造檜之力也

菽園雜記

崑山陸容

德量

夏忠靖公德量寬厚喜怒不形永樂間嘗以治水至崑山寓于教禪寺所居不設儀從鄉民數人入寺遊觀公方坐室中觀書不意其爲夏公也雜坐其旁旣而他之問僧云尚書何在僧云室中觀書者是也民懼爭奔去公好食爓豬肝一日膳夫供具公飯盡而肝如故怪之已而分食乃食入鹽故多鹹不可食也

入服其量

仁厚

魏文靖公爲南禮侍郎時嘗積求文銀百餘兩置書室中失去邏者詢知爲一小吏所盜發其藏已費用一紙裹餘尚在也當送法司治罪公憐其貧且將得冠帶曰若置之法非惟壞此吏其妻子恐將失所遂釋之

良師

巡撫周文襄初至崑山甫登岸盛怒撻一人儒學教

諭朱晃叱皁隸令止進白公曰請姑息怒至衙門治之可也公從之至寓府人見後召晃問故對曰下車之初觀聽所係恐因怒傷人累盛德耳公謝之未幾太倉開設衛學公奏保晃爲敎授且語二衛武職云吾爲爾子弟得一良師宜隆重之

容恕

陳恭僖鎰爲人忠恕有容正統初自外臺擢副都御史久鎮陝西民戴之時王文爲按察使公知其廉舉以自代公與王相繼擢左都王擢在後反欲位公上

關中之鎮王次當往反欲擠公行　朝廷以二人皆名臣制下使一年一代因爲定規王後遇公即有忿然不樂之意凡臺官之巡蘇者必私命其伺察公家人子弟所爲凡可以害公者無所不至公一無所較

馭遠

大同猫兒莊本遠人入貢正路成化初來使有從他路入者上因守臣之奏許之時姚文敏夔爲禮部奏請筵宴賞賜一切殺減　使有後言者姚令通事諭旨云故迤北使臣進貢俱從正路入境　朝廷有大筵宴相待今爾從小路疑非迤北頭目只照他處使臣相待耳後使不復有言人以爲得馭夷之體處

極孝

李賓之事父極孝雖位至公孤周旋承順畧不少怠公飲酒不多然遇酒邊聯句或對奕則忘倦嘗中夜飲酒歸其翁猶候之賓之愧悔自是赴席嘗不見燭將日晡必先告歸此爲人子者所當効也

正色

成化中劉忠宣與同寮會飲有譽威寧伯之才者公

正色曰人皆謂王世昌智以予言之天下第一不智者此人也以如此聰明如此才畧郤不用以爲善及在顯位又不自重阿附權宦以取功名名節既壞而所得爵位竟削奪爲天下笑豈非不智而何坐客爲之肅然

敬仰

羅一峯先生名重天下所至人必相率而觀之雖武夫俗吏皆知敬仰召還時有奏事者詞連先生法當下錦衣獄鎮撫官曰羅先生其可至此乎即日鞫成

讞之先生遂得免

謔對

夏忠靖公永樂間蘇松治水與其給事中同命一日同宿天寧寺中給事涕如廁行甚急公戲之曰披衣靸履而行給事給事對曰應聲門棄甲曳兵而走尚書尚書

考選

翰林編修張先生元禎嘗建言選六科給事中不必拘體貌長大惟當以器識遠大學問該博文章優贍

者充之其言最當緣以不拘體貌一言有礙竟托之空言而已蓋六科繁近侍官兼主奏對必選體貌端厚語言的確者以壯觀班行表儀朝宁但在前居此地者體貌非不端厚而其器識學問文章往往過人蓋出自精選號爲得人如姚夔葉盛林聰尹旻張寧輩是已以後則專以體貌爲主而其所重者反不之計所謂出題考選亦不過借此以掩人耳目虛應故事耳使爲吏部者以公天下爲心不陰厚鄉里遺鉄選其體貌豐偉音吐正當者五倍其數試其奏議而又數篇併五六人中其優者一人奏上如此而不得人吾未之信也

直言

文廟初甚寵愛解縉之才置之翰林豪邁敢直言文廟欲征交趾縉謂自古羈縻之國通正朔時賓貢而已若得其地不可以爲郡縣　仁宗居東宮　文廟甚不喜而寵漢府漢府遂恃寵而有覬覦之心縉謂不宜過寵致有異志　文廟怒謂其離間骨肉縉由此得罪矣　宣廟初漢府果發交趾亦叛悉如縉

言

卓影辟邪

奉天門常御朝座後內官持一小扇金黃絹以褁之嘗聞一老將軍云非扇也其名卓影辟邪永樂間外國所進但聞其名不知爲何物也

木波城

陝西環縣界有唐時木波合道等城遺址志書以爲范文正公守環時所築嘗考之唐德宗興元十三年二月集方渠合道木波三城邠寧節度使楊朝晟之

力也文正公或因其舊址而修築之故云

嶽鎮

西嶽華山西鎮吳山皆在陝西境內載在祀典而西安又有五嶽廟陳僖敏巡撫時既不能毀而又奏請重修之失禮甚矣況勞民傷財在所得已此不學之過也

異刀

莊浪衆將趙英兒土人也嘗馬厰視土中有物得一刀甚異每地方將有事則自出其鞘者寸餘鞘當刀

口處常自剜壞識者云此靈物也宜時以羊血塗其口英兒賴其靈每寇見出鞘則預為之備以是守邊有年則無敗事太監劉馬兒還朝日求此刀不與以是掩其功不得陞

俗諱

民間俗諱各處有之而吳中為甚如舟行諱住諱翻以箸為快兒幡布為抹布諱離散以梨為圓果傘為竪笠諱狼籍以榔槌為興哥諱惱躁以謝竈為謝歡喜此皆俚俗可笑處今士大夫亦有犯俗稱快兒者

山歌

吳中鄉村唱山歌大率多道男女情致而已惟一歌云南山腳下一缸油姊妹兩個合梳頭大個梳做盤龍髻小個梳做楊籃頭不知何意朱廷評樹之嘗以問予予思之翼日報云此歌得非言人之所業本同厥初惟其心之趣向稍異則其成就遂有大不同者作如是觀可乎樹之云君之穎悟過我矣作如是觀此山歌第一曲也

青衫

新舉人朝見着青衫不着襴衫者聞始於　宣宗有命欲其異於歲貢生耳及其下第送國子監仍着襴衫蓋國學自有成規也

無鬚

正統間工部侍郎王某出入太監王振之門某貌美而無鬚善伺候振顏色振甚眷之一日問某曰王侍郎爾何無鬚某對云公無鬚兒子豈敢有鬚人傳以為笑

冬春

吳中民家計一歲食米若干石至冬月舂白以蓄之名冬舂米嘗疑開春農務將興不暇爲此及冬預爲之聞之老農云不特爲此春氣動則米芽浮起米粒亦不堅此時舂者多碎而爲粞折耗頗多冬月米堅折耗少故及冬舂之

祀師

崑山呂寅叔家貧授徒爲養平居無故不出門戶每歲春秋祀先師必半夜預詣學隨班行禮禮畢輒去不令縣官知予在崑學數年見其始終如此雖陰雨不爽也可謂篤厚君子矣

菽園雜記　八　八

公生門

東西長安門通五府各部處總門京師市井人謂之孔聖門其有識者則曰拱辰門然亦非也本名公生門予官南京時於一鋪額見之近語兵部同寮以爲無意義多譁之問之工部官以予爲然衆乃服

僭稱

吏人稱外郎者古有中郎外郎皆臺省官故僭擬以尊之今人稱郎中鑷工稱待詔磨工稱博士師巫稱太保茶酒稱院使皆然此草率名分不明之舊習也國初有禁

隸巾

南京各部皂隸俱戴漆巾惟禮部無之諸司前門俱有牌額惟兵部無之云洪武中邏卒常陰伺諸司得失禮部皂隸嘗晝寢兵部夜無巡警皆被邏者取去故至今猶然吏部後有敬亭者　仁廟爲皇太子監國時吏部選官謂之敬選故云

易字

菽園雜記　八　九

壹貳叁肆伍陸柒捌玖拾阡佰等字相傳始於國初刑部尚書開濟然宋邊實崑山志已有之蓋錢穀之數用本字則姦人得以盜改故易此以關防之耳

經□

正統初南畿提學彭御史勗嘗以永樂間纂修五經四書大全討論欠精諸儒之說有與集註背馳者嘗删正自爲一書欲繕寫以獻或以大全序出自御製而止以今觀之誠有如彭公之見者蓋訂正經籍所以明道不當以是自沮也

老臣

高皇一日遣小内使至翰林看何人在院時危素太朴當直對内使云老臣危素内使復命　上黙然翌日傳旨令素余闕廟燒香葢余危皆元臣余爲元死節恭厭其自稱老臣故以愧之

菁野纂聞

吳郡伍餘福

終南勇士

近有二賈過山東者路迷東西誤入終南山中猿啼虎嘯令人驚怖二賈自意其必死也望烟炊而進焉得草廬有老嫗訝之曰爾何來耶吾兒勇且武遇之則死宜速去二賈求哀老嫗不得已而止之俄有勇士以鐵杖肩二物前一虎後一鹿矯而歸入其室老嫗語之曰適有二賈吾援焉以候請見之二賈爲通其姓氏具告以失路艱辛之狀勇士憐之遂出酒肉以爲餉了無害意翌旦二賈告行勇士送之及半途而返且告之曰勿語吾姓名恐見知也

木介

正德己巳冬十二月吳中大雪東來者塞途自胥門河以及震澤水不流澌或有事輙涉冰以行偶從來者問湖海氷山之狀或告曰尚有木介焉曰何以言之曰瀕海有樹其水激而飛集樹皆氷也是之謂木介識者以爲兵兆云

安化伏誅

安化王寘鐇據寧夏潛圖不軌與逆瑾交通訾書約爲內應而寧夏都指揮何錦輩又從而附之假僞符以號召諸路官軍具有形迹俄有 詔率兵討之擒瑾輩并檻車寘鐇械遞 京師得其狀初不出於寘鐇而瑾實先之則瑾其首誅耳瑾以中貴得幸權傾中外大肆誅殺以擠善類觀者側目 皇上赫然斯怒密用廷臣計遂籍其家得玉琴獅蠻帶及金寶奇物無慮億萬以正德庚午八月賜寘鐇死仍加瑾以極刑其門下士若張文臣等悉就顯戮

蘭谿節婦

鍾氏者浙之上虞人也年甫笄而歸同邑孫景雲景雲以進士令玉山病革且死鍾氏環室而號之幾絶復甦曰吾終以身殉可也絶粒者數日其姑慰之不能釋家人卜以九月二十日發喪鍾氏知之黙檢殉葬儀衛自靈座外更設一座以自待忽語其姑曰若無伯叔則當奉舅姑今伯叔俱在妾無慮矣語畢而其姑在醉中懵如也翌旦往叩之則就縊矣年止二十有五衆皆流涕部使者爲之奏謂得盡祠致祭焉

葉湘屍際

洞庭賈者葉湘挾千金以市布買一舟行至澱山湖日就暝舟人利其有也酌以酒且紿之曰前此則近賊巢不若是地艤舟之爲安也湘然之方就枕而操戈者突至湘授首遂沉其屍於湖中而人不知也家人以湘未歸諏諸卜者得凶兆尋卽其所往而求之見有蕩槳者悠悠然出蘆葦中從而問曰若見湖中李乎則曰有之指示而得蓋湘魄也第不知謀自何人豈不問已而京口有操舟者倉皇失措且自附以

神語有司撿之勤其實卽殺湘者也移檄檢之果然卒抵罪予友關起山爲作傳以著其事

李貞伯諫草

李應禎先生當 憲廟時以中書舍人供奉 內閣有 詔命繕寫佛經禎辭以不可其奏略曰臣聞凡爲天下國家有九經未聞有所謂佛經者也 憲考可其奏遂寢至今諫草猶存余嘗從陳氏得觀之說者謂其鯁直有古內史之風焉

成器哭劉球

劉球學士以避難隱居姚江幾數年從學者日衆而名始聞當塗以其異黨也廉得之竟寘於法有成器先生者姚之名儒也特憫其忠爲作文以祭之登靈緒山望空而哭者三祭畢輒書祭文數通分呈藩臬蹟其所爲若謝翶王炎午之於文天祥皆非有爲爲之者后數年而球之子僉事釪以提學至造其廬而拜之執子弟禮甚謹至今山上有祭忠臺在焉

陳韓二貴相

吾藩陳僖敏公鎰韓都御史雍並爲郡上弟子員時會郡守進香城隍廟二公職當分贊先期而至有丐者私相語曰適見城隍迎丞相前導而出往常在此未嘗見也二公儼然之后果相繼第進士爲顯官皆以勳名終然則享爵祿者神明預識於塵埃中矣良可忽哉

楊尚書厚德

希顏先生楊翥嘗講道於胥溪之上徒彌衆楊士奇自廬陵來邂逅間以求館事公叩其中而器之乃告主人曰吾不足爲若師尚當求我之所師者以師之遂辭去主人詢其所謂師者蓋指士奇也竟延之公初與士奇不相善而家且貧意之所交惟以義相讓而士奇德之迨入閣首以公薦入翰林尋拜禮部侍郎進尚書時公在京邸鄰有惡少儕之公不爲意至慮以驢鳴駭其幼子而轉售之惡少爲之感化其厚德如此至今鄉人猶能稱之惜乎家無噍類而家乘世守之物往往流落人間可惜也嗚呼豈天之於作善者食其報耶

北寺浮圖災

浮圖九級冠吳城卧龍街上作爲雄鎮正德壬申五月六日有火自空而來流爲烏其聲殷殷然與雷相薄而風雨隨之火愈熾延及如來示寂像亦入毘荼自內城而外烟燄燭天見者駭目次日往觀之則向來金碧之飾土木之費蕩然盡矣因嘆息久之以爲佛有靈乎有靈則護之胡乃自滅如此遂循廊而行得一碑爲宋濂撰相傳創於孫吳再新於蕭梁又再新於趙宋所謂東坡施金龜以藏舍利者即其所也

未幾流聞日急俗以爲兆而竟不驗然則訛聞之興特常也奚怪焉

吳甘泉數學

吳甘泉長洲呂山人也博物洽聞於書無所不讀而尤精於數其學主先天加一倍法而以時日占之吉凶成敗之理具有左驗時都御史俞公諫撫吳都諜報者日至公以爲憂延甘泉而問焉甘泉以數推之曰賊必來來未及城而敗計其時蓋中秋節也已而果然余將舉山妻葬事而甘泉適至試以葬日陰晴

卜之甘泉曰自午而前半陰晚乃雨至期卒如所料所著數書千卷時人稱之曰甘泉先生

尹鬚頭

尹鬚頭者不知何許人手持一杖披羽袍翩然而行見者以其童顏鶴髮有仙風爭延致之叩其中不答或以年問則曰吾歷紹興以來蓋三百十有一歲矣郡守林公世遠聞而異之一日召見亦默然不答惟曰吾宋人於今何有尋遁去近有自天台來者亦云見之

郎山奏捷

霸州文安劇賊劉寵擁衆數千橫行江北所至郡縣悉皆風靡　朝廷命將征之而勢益猖獗正德庚午秋八月吾鄉水村陸公完以都御史攝將權提兵自山東而下晝擊夜馳窮追罔懈偵其稅駕棄馬而舟渡江抵郎山據險公曰此賊左計也約來日舉兵而風雨猝至賊衆以不習水戰望洋而懼公又曰此天亡賊也遂衝濤而進登郎山躬自督戰擒渠魁殲醜類一夕而空之海水盡赤蓋自提兵以來未有如郎

山之捷者也公將獻俘于　朝而先梟其羽翼者以示衆於是駐節於蘇而韓公不得專美有宋矣

駒陰冗記

古番　闓莊

壽愷堂

胡忠安公濙天順初年年八十二休致其弟克恭克寧克誠並年踰七十蒼頭白髮燕樂一堂遂扁曰壽愷一時以爲異

二屠通譜

鄞太宰屠公滽掌銓曹時平湖屠公勳亦掌南銓二屠源流莫考朝紳以其一時並掌兩京冢部聯輝競貴遂爲通譜二家子姓貴盛望於兩浙蓋近時鮮儷云

詩規性急

定海沃太守泮性褊急宦路鮮合者太傅王襄敏公越嘗爲詩規之有云今日牧民當尚簡此行聽訟貴從寬黃堂正是三公路莫負吾儒洗眼看沃公終不能用晚年家居猶指摘大臣過失訐奏坐戍榆林窮苦特甚久之宥還

善對減死

都憲韓公雍巡江西日方鞫死獄忽誦句云水上凍水水積雪雪上加霜久不能對一囚曰囚冒死敢對公曰汝能對貸汝死囚曰空中騰霧霧成雲雲開見日公撫掌稱善果爲減死或謂不若空中擁霧霧成雲雲騰雨致更爲順但見日意於囚爲當耳

塵勞詩

吾饒有省祭官京居日頗苦塵勞嘗作絕句云碌碌庸庸立世間朝來直到暝時閒誰知夢裏猶辛苦千里家山一夜還

鄭唐詼諧

三山士人鄭唐有逸才好詼諧有老人寫真乞題唐索飲題之曰精神炯炯老貌堂堂烏巾白髮龜鶴呈祥數年有讀之者曰此四語橫讀則精老烏龜也老人毀之有隸卒乞門聯唐書其左曰英雄右曰豪傑其人大喜具饌飲乞足成之唐書之曰英雄手執苗竹片豪傑頭簪野雉毛其人悔恨後以詼諧黜儒爲吏口占曰生員黜罷去充吏不怨他人只怨自絲縧員領都一般只是頭巾添兩翅聞者絕倒嘗爲州長

書門聯云架有春風鎖門無暮夜金州長喜大加禮
敬

尼嫁士人

饒州有女尼從士人張生者鄉士戴宗吉爲詩贈之
曰短髮鬆鬆綠未勻袈裟脫却着紅裙于今嫁與張
郎去飜得僧敲月下門聞者痛快爲尼者誦此亦增
一報云

畫菊詩

姑蘇唐子畏寅嘗過關寧德宿旅邸館人懸畫菊子

畏愀然有感題絕句云黃花無主爲誰容冷落疏籬
曲徑中儘把金錢買脂粉一生顏色付西風蓋自況
云

陳公眞率

莆田愧齋陳公音性寬坦在翰林時夫人嘗試之會
客至公呼茶夫人曰未煮公曰也罷又呼乾茶夫人
曰未買公曰也罷客爲捧腹時因號陳也罷

古今戶口

古今戶口登耗不同大抵易代之初常耗而承平日
久則登矣禹分九州時民戶一千三百五十五萬三
千九百二十三民口三千九百二十二萬周公相成
王時民戶一千三百七十一萬四千九百二十三民
口四千九百二十三萬二千一百五十一春秋時民
口一千一百八十四萬七千漢平帝時民戶一千二
百二十三萬三千六十二民口五千九百五十九萬
四千九百七十八此漢之極盛也光武之興民戶四
百二十七萬九千六百三十四民口二千一百萬七
千八百二十桓帝時民戶一千六百七十萬九百六

民口五千六萬六千八百五十六至三國鼎立之時
通計戶一百四十七萬三千四百三十三口七百六
十七萬二千八百八十一晉武平吳天下戶一百四
十五萬九千八百四十口一千六百一十六萬三千
八百六十三至隋大業中戶八百九十萬七千五百
三十六口四千六百一萬九千九百五十六至唐承
徽中戶三百八十萬天寶中戶八百九十一萬四千
七百九口五千二百九十一萬九千三百九此唐之
極盛也至大曆中戶纔一百三十萬此古今最耗者

宋太祖定天下戶三百九萬五百四至真宗時戶七百四十一萬七千五百七口一千六百二十八萬二百五十四神宗時戶一千七百二十一萬一千七百一十三口二千四百九十六萬九千三百徽宗宣和中戶二千八十八萬二千二百五十八口四千六百七十三萬四千七百八十四此宋之極盛也元世祖混一之初戶一千三百一十九萬六千二百六口五千八百八十三萬四千七百一十一至其末年口五千九百八十四萬八千九百六十四此元之極盛也

我　朝洪武之興當元亂殘毀之後戶口尚耗至嘉靖中戶九百三十五萬一千九百七口五千八百五十五萬七千七百三十八亦可謂盛矣然今制軍匠等戶不分析民間口之入籍者十漏六七況自茲以往日丁盈成之運將來戶口之登豈止漢唐宋元之所謂盛者而已哉

夢中二恨

張東海先生嘗曰吾夢中得二恨語恨司馬遷丞做史記之書不完恨蘇東坡早生伊洛之道不信賀醫閭欽曰此何足恨也使遷遲做史記得完先黃老而後六經退處士而進奸雄貴勢利而羞貧賤等病能免之乎古人賢親炙東坡見二程尚不信其道使生於後何能信之乎此確論也

南宮試士倡和錄

嘉靖壬辰天下選貢之士就教職試禮部者一百人時六月壬寅也是日雨尚書桂洲夏公言爲詩一律云凉雨階前老鶴鳴廣堂長日試諸生秋風桂闕飛騰意春水魚龍變化情須信朱衣能指點未論藻鑒

盡分明　聖朝雅重師儒職莫使蘇湖獨擅名侍郎未齋顧公鼎臣甘泉湛公若水吏部尚書誠齋汪公鋐和焉夏公命諸生皆和諸生各以詩進公論曰子輩雖以貢來實無異於科甲故吾詩中秋風桂闕飛騰意春水魚龍變化情道其實也子輩勉之蓋自禮部考試以來未有以詩慰勉諸生者諸生亦未有人人能和者今日亦一奇事也盍相與傳之名之曰南宮試士倡和錄遂合貲授之梓時傳播甚廣初六部及翰林諸公俱有和欲並入梓夏公謂恐漫衍止取

本部及諸生之作者示師生之義也取誠齋公之作者以諸生入銓選亦門下上也

戒子詩

有張總戎者善吟詩嘗作戒子一章人頗傳誦詩云銀燈剔盡自咨嗟富貴榮華有幾家紅日難消頭上雪黃金都是眼前花時來言語風行草運去田園水搏沙寄語兒曹須勉力各人尋箇活生涯

止飛稅

樂平彭懶農福守泰州日民得罪當道者甚衆懶農曰吾寧愛一官不爲民贖耶竟身承其罪落職家居縣當大造其子屬司書者飛稅他戶懶農知之延司書者飲戲贈之詩曰洛陽城中桃李花飛來飛去落誰家答曰舊時王謝堂前燕飛入尋常百姓家懶農曰旣不飛上天飛入地不過飛入百姓家耳安忍爲此乃爲詩謝之曰洪水推沙塞兩涯推來推去只交加誰知二世宮中鹿走過劉家又李家飛稅竟止

土地夫人

中丞東橋顧公璘正德間知台州府有土地祠設夫人人像公曰土地豈有夫人命徹去之郡人告曰府前廟神缺夫人請移土地夫人配之公令卜於神神許遂移夫人像入廟時爲語曰土地夫人嫁廟神廟神帷喜土地嗔旣朞年郡人曰夫人入配一年當有子復卜於神神許遂設太子像

仕途相遇

莆田楊汝惠先生初在庠時其友林君生孫汝雨雲同抱出見楊笑曰他日仕途有相遇處楊曰若待相遇吾老歸休矣至嘉靖辛卯楊以貢官廣西永福教諭時年六十餘汝雨以主事主廣西考試楊以例入試獲中式仕途相遇之戲其偶徵乎

識盜免禍

蘭陽處士丘琥山西布政陵之子商遊吳中嘗過丹陽買舟行一人來附舟直入寢所琥識其狀盜也佯落簪舟底盡出其衣篋鋪設而求之又自解其衣以示無物又俾家僮與之酌酒夜則自撫其臥側明日其人去未幾其人殺人於丹陽城中被縛乃以其事語人曰吾幾悟殺丘公也人服丘之智

思歸詩

閩寧德崔用吉昌知河源縣甫三年求歸作詩曰此心元不爲官縻當道云胡不允辭貪餌遊魚隨釣去知還倦鳥傍巢飛除苑宰嘉韜戈甲拯溺還須緩轡絲幾度欲歸歸未得故園松菊繫遐思尋以憂歸不起林居二十年未嘗以私干人時頗稱之

客座新聞

東吳沈周

鷄鳴枕

偶武孟吳之太倉人也有詩名嘗爲武岡州蘇官因鑿渠得一瓦枕枕之聞其中鳴鼓起擂一更至五更鼓聲次第更轉不差既聞鷄鳴亦至三唱而晚抵暮復然武孟以爲鬼怪令碎之及見其中設機局以應夜氣識者謂爲諸葛武侯鷄鳴枕也

衡岳松桂之勝

衡神祠其徑綿亘四十餘里夾道皆合抱松桂相間連雲蔽日人行空翠中而秋來香聞十里計其數云一萬七千株眞神幻作境宜其靈妥神安永久無虞更聞天童寺松徑亦二十餘里比之不及焉

陸孟昭好客

秋官郎中陸孟昭名杲太倉人居郎署時好結納四方郎第外隙地搆屋數間扁曰清風館朝士迎送必假之爲宴樂孟昭復益以佳殽美酒不惜所費一日風雨大作平地水深二尺許館爲之傾杞客有戲之

曰非日清風館今朝白氷村氷退孟昭復新之甫訖
工孟昭已擢福建參政矣其居轉與侍郎滕某滕因
白水村人一時戲語有數存焉

夏友諒詩讖

國初崑山夏友諒仲益生七齡夜讀書有感云更殘
燭短可微吟周孔遺書海樣深三嘆聖賢無復見只
存糟粕在人心友諒自少藻思横發下筆千言年僅
十九而沒豈更殘燭短之讖乎

關西李兆先嘲父

父子之間古云不責善然亦有可取者少師西涯李
公賓之子兆先幼穎敏過人然游俠無度公一日過
其書館中書其几云今日柳街明日花街焚膏繼晷
秀才秀才兆先歸見之亦過公齋書案云今日黃風
明日黑風燮理陰陽相公相公聞者以爲笑談

邊軍勞苦

各邊軍士從戰身荷鐵甲戰裙遮臂等其重四十
五斤鐵盔鐵腦蓋重七斤頓項護心鐵膓重五斤弓
撒箭袋重十斤腰刀三斤半蒺藜骨朶重三斤

一斤通計八十八斤半余聞之征人因偶成一篇用
志邊軍勞苦云從軍莫說戶外軍身被戰具八十斤
頭盔腦包重得之頓項掩遮刀五論唯甲所被四十
五腰刀骨朶二四均精工精鐵始合度日夜磨淬光
勝銀二五弓箭及其服隨身衣裳八乃足佩多身重
難負荷還須上馬有輕速銀包酒袋烟烘麵得飲馬
溺喉且沃將軍令嚴隨鼓進誓與羯胡爭一鏃此時
顧功不顧身刀痕箭瘢無好肉歸來性命萬死餘便
使封侯未堪贖江南一體行伍人美食好衣何苦辛

將錢買貨事游蕩有眼不曾經戰塵聽談邊軍却不
信亦莫感愧　朝廷恩

食人易足

婁子最貧得一肉必以熟合家大小傳割一臠啖餘
之骨仍傳與老者用刀割其擴屑以此爲飽至晚却
吃酪彈子以羊馬駱駞乾爲之味酸能生液可厭渴
亦止饑如此而已其腸細平生無撑腸之飽故易足
也

桑民懌嘲富翁

弘治中常熟桑民懌通判嘗過富家見其碌碌置田產戲爲戶號遺之曰廣買田產眞可愛糧長解頭專等待轉眼過來三四年挑在擔頭無人買近年民家有田二三百畝者官司便報作糧長解戶馬頭百畝上下亦有他差致被陪敗不繼以田典當輸納再不敷者必至監追限期比較往往瘦死者有之往年田畝值銀數兩今畝止一二兩人尚不願售者其低窪官田願給與人承種辦糧不用價人尚有不欲受者其奈　朝廷一應供需歲增月益皆取於民民必取之以奉上下賴以資身今民不堪命以致傷生破業民懌之言雖曰嘲之切中時病嗚呼惜哉

胡忠安公格言

毘陵自司寇昂爲進士時往候鄉先達大宗伯胡忠安公譚間問處世之要忠安曰多栽桃李少種荊棘自公嘗對人稱忠安斯言吾服膺拳拳終身享之不盡豈非名言也哉

顧成章俚語

常熟顧成章者善戲謔能以俚語爲詩極有思致之令人絕倒然亦以此薄德甚至嘲人過失數受毆亦不經意談笑自若所詠貧家姑嫂不合以致分居者云姑姑嫂嫂會鑿糟日日鑿糟要八刀拆散一雙生鴨對分開十隻小雞逃換灰草亦論顆數傳糞油還逐滴擦只有喜神無用物大家都把火來燒又詠人家不儉束使女云兩腳塵糟拖破鞋囉乖像甚細娘家手中托飯沿街喫背上馱拿着處堆間壁借梳常討襟對門挖火不擔柴除灰換糞常拖拽扯住油瓶撮撮篩此等語皆吳鄉音湊合者其機巧可知若移此以學作詩當有過人之性錄之以示薄德子弟惜其錯用心也

航船詩

嘗見雜錄中有題航船詩云兩浙無車馬乘船便當街渾身著木屐未死入棺材退殼鑽遂出掘梭下堰來夜深相並處兩籠裝儂開

治鳥傷

凡鳥翅足折喫之芝蔴仍嚼爛敷患處即愈

前輩風致

請詢陳司業幾月出南都河上交氷未江南下雪無道途多販涉塵土著些須下馬須煎滌呼兒送一壺

此詩楊閣老士奇知陳司成敬宗自南京考滿來京將至先令其子迎于道分贈黃封一壺而侑此詩一時傳者爲領聯有相臣體更於友誼之隆藹然見於詞表可以爲後人法又以見前輩之風致云

翰林清逸

長沙李西涯學士東陽居翰林時會失朝有罰翰林舊有語云一生事業惟公會半世功名失早朝所謂

客座新聞　八　六

清逸無他事也西涯續兩句云更有運灰并運炭貴人身上不曾饒一座閧然

盛允高宏遠

郯人盛杲允高初爲御史有聲後奏事被謫爲某處典史未幾陞某處知縣所至皆有山水之勝爲詩曰性懶才疏官亦拙天然處處有青山銓司頗信爲知命一度遷移一度閑甚有怨而不怒之意

史臣直筆

四明陳子桱元季僑居長洲博學善屬文嘗看通鑑續編大書宋太祖云匡胤自立而還未報筆忽迅雷擊其案先生端坐不懾曰雷雖擊吾手終不爲之改易也書成行於世

白眉神

教坊妓者以術魘子弟必供奉白眉神朝夕禱之子弟往來不絕至朔望日用手帕異針刺神面謂子弟好猾打乖者佯怒之擲帕着子弟面將墜於地令拾之則子弟心悅誠服而不他之矣

翰林戲語

客座新聞　八　七

臨川聶大年爲杭州教授以詩文負時名天順初同修通鑑綱目大年扶病至京師不入館遂至不起翰林諸公惜其不獲見者時童大章在座素善滑稽因曰不必識其人彼但多一耳少一目而已衆爲之閧然蓋大年姓聶而眇一目也

朝士相戲

予聞吾鄉吳原璧云一朝士麻臉鬍鬚一朝士面歪而眇一目眇士戲麻士云麻臉鬍鬚羊肚石倒栽蒲草麻士答云歪腮白眼海螺杯斜嵌珍珠衆爲之絶

倒又太倉陸孟昭爲刑部郎中嘗往一朝士家駕牛投刺不書名惟云東海釣鰲客過其士歸見之知其孟昭也亦遮一帖云西番進象人來蓋孟昭黑而白齒人皆嘲爲象奴云

前輩風韻

崑山葉文莊公盛爲禮侍轉吏侍禮書桐廬姚公夔治宴於公臺賀之及暮復於私第宴葉公公謝曰何勞鄭重姚公曰某鄉里親友干謁者衆煩公垂意公唯唯而已無何姚公進太宰公置酒往賀執盃獻于

姚公曰今日送鄉里還先生矣文莊處事之善如此

詩刺貪徒

富陽俞克明既官而貧家有田與他塍相連毎歲令人侵其畔鄉民苦之其族人俞古章者賦詩一絶云一年一寸苦相侵一尺元來十度春若使百年侵一丈世間那得萬年人

翰林諺嘲

河東邢祭酒讓以錢糧累罷官翰林諸公因作諺語嘲之曰邢先生初官翰林夢其鄉土神賀曰玉皇若問人間事只說文章不値錢及入太學復夢土神賀曰喜中青錢選才高壓俊英迨錄事又夢云清風明月不用一錢買玉山自倒非人推皆暗加錢字邢甚銜之

犬肉治瘴

洞庭賀澤民元忠爲雲南按察副使時分巡騰衝等處討賊因染瘴癘腰股發熱甚亟土人一監生殺犬煮饋之令空心恣食飲酒數盃即去溺溲少候清利其腹漸退蓋犬肉能治瘴也

詩戲宦官

大司馬新安程公信成化中參贊南都左璫安寧時爲守備燕公設席中爲巳坐而以公位其下公心不平蓋中官雖爲主亦居首席大卿而下皆列坐焉公戲爲一絶云主人首席客居傍此理分明大不祥若使周公來守備定因屋上放交牀安見詩遂分賓主

枝山前聞

長洲祝允明

高皇帝敬天

高皇帝以天縱之聖功德廣大金匱之策不可勝紀草莽臣何敢僭褻以入私編然竊聞一二不敢隱默自敬天事神至於禮樂末節罔不究心以樂生不娶顯潔特創神樂觀居之俾從黃冠之列贍給優厚所樽錢糧例不倒卷曰要他事神明庶人不要與他計較常賜之外復益予肉人若干曰無使饑寒亂性諸

武舞執干盾之屬後易諸甲以給兵其上防微之意又因以見焉

正經傳

上萬機之暇留意方策嘗以尚書咨汝羲和惟天陰騭下民二節蔡沈註誤命禮部試右侍郎張智同翰林院學士劉三吾等改正因通加研校書成名曰書傳會選又以孟子當戰國之世故詞氣或抑揚太過今天下一統學者不得其本意而槩以見之言行則學非所學而用非所用又命三吾刪其過者爲孟子節文不以命題取士當時禮部劉材言書傳曰凡前元科舉尚書專以蔡傳爲主考其天文一節已自差謬謂日月隨天而左旋今仰觀乾象甚爲不然夫日月五星之麗天也除太陽人目不能見其行於列宿之間其太陰與五星昭然右旋何以見之當天清氣爽之時指一宿爲主使太陰居列宿之西一丈許盡一夜則太陰過而東矣蓋列宿附天舍次而不動者太陰過東則其右旋明矣夫左旋者隨天體也右旋者附天體也必如五星右旋爲順行左旋爲逆行其

順行之日常多逆行之日常少若如蔡氏之說則逆行多而順行少豈理也哉若不改正有誤方來今後學尚書天文一節當依朱氏詩傳十月之交註文爲是又如洪範內惟天陰騭下民相協厥居一節蔡氏俱以天言不知陰騭下民乃天之事相協厥居乃人君之事天之陰騭下民者何風雨霜雪均調四時五穀結實並蒸民之命此天之陰騭也君之相協厥居者何敷五教以教民明五刑以弼教保護和洽使強不得凌弱衆不得暴寡而各安其居也若如蔡氏之

說則相協厥居事付之於天而君但安居自若而奉天勤民之政略不相與又豈天佑下民作之君師之意哉今後當依此說

制度

令士庶所戴方頂大巾相傳　太祖皇帝召會稽楊維禎維禎戴此以見　上問所戴何巾維禎對曰四方平定巾　上悅遂令士庶依其製戴或謂有司初進樣方直其頂　上以手按偃落後儼如民字形遂爲定制按洪武二十四年三月二十六日禮部右侍

郎張智同各官奉　聖旨恁禮部將士民戴的頭巾樣製再申明整理智乃奏行先爲軟巾制度已嘗擬定而小民往往成造破爛不堪紗羅用紙粘裹竹絲添花混同遺貴有乖禮制今行申禁仍前違制者罰人買人同罪如此則當時巾制乃　太祖自定恐非緣維禎與手按也

輿地

皇明輿地前古無比猗與盛哉然有可疑者一事堯舜時以冀州爲皇畿四方皆二千五百里今冀州之北能幾何耶三吳在古不入職方其民皆斷髮文身以與蛟龍雜處若空其地爲最下也今財賦日繁而古之遺跡不異其水之不爲害者天幸爾萬一洚水不知何以處之區區開築難以言善

沈孝子

吾邑之相城有一乞兒姓沈年在中歲每詣沈隱君孟淵所請丐凡所得多不食而分貯之筒旋中隱君初不爲意久而問焉則曰將以遺老娘耳隱君始異之潛令人偵其所爲丐至一岸旁坐地出簞中飲食

整理之挈至船邊船雖陋而甚潔老媼坐其中丐登舟陳食母前傾酒跪而奉之伺母接杯乃起跳舞而唱山歌作嬉笑以樂母母殊意安之也必母食盡乃更他求若無得則自受餒終不先食之也日日如之凡數年母死丐始不見隱君嘆詫亦時少周之此非有爲而爲可謂眞孝矣

片言折獄

聞之前輩說　國初某縣令之能縣有民將出商既装載民在舟待一僕久不至舟人忽念商囊貨如此

而孑然一身僕又不至地又僻寂罔之易耳遂急擠之水中携其背歸乃更詰商家擊門問官人何以不下船商妻使人視之無有也問諸僕僕言適至船則主人不見不知所之也乃姑以報地里地里聞之縣逮舟人及鄰比訊之反覆卒無狀凡歷幾政莫決至此令遂屏人獨問商妻舟人初來問時情狀語言何如也商妻曰夫去良久船家來扣門門未開遽呼曰娘子如何官人久不下船來言止此耳令屏婦復召舟人問之舟人語同令笑曰是矣殺人者汝汝已自

枝山前聞　八　五

服不須他證矣舟人諱曰何服耶令曰明知官人不在家所以扣門稱娘子豈有見人不來而即知其不在乃不呼之者乎舟人駭服遂正其法此亦神明之政也

詠王少卿

正統間有鴻臚王少卿者善宣　玉音洪亮抑揚殊彝觀聽而其讀奏之際必多吃誤其貌美髯而禿項朝士遂爲詩以嘲之曰傳　制聲無敵宣章字有訛後邊頭髮少前面口鬚多有使回聞京師新事或此詩問爲誰其人遽曰此王少卿也

盛寅先生

鄉先生盛起東寅嘗夜夢有人竊椒於家久矣急欲椒遂私發而用之既自覺深咎曰豈吾平日義心不明以致此耶迄不能寐坐以待旦

天象

下洋兵鄧老謂予言向歷諸國非地上之物有異耳其天象大小遠近顯晦之類雖遠國視之一切與中國無異予因此益知舊以二十八舍分隸中國之九州者爲謬也

枝山前聞　八　六

弄

今人呼屋下小巷爲弄按南史蕭諶按鬱林王出至延德殿西弄弑之不度集韻廈也屏也又作屏蓋即今稱耳字書又出衖字俗呼弄唐

近時人別號

道號別稱古人間有之非所重也予嘗謂爲人如蕭文忠則兒童莫不知東坡爲人如朱考亭則蒙稚莫不知晦菴復瑣之人何必妄自標榜迄世士大夫名

實稱者固多矣自餘閭市村曲細夫末嘗無別號者而其所稱非庸淺則狂怪又重可笑蘭佳泉石之類此據彼占所謂一座百犯又兄山則弟必水伯松則仲叔必竹梅父此物則子孫引此物於不已噫愚矣哉至於近者則婦人亦有之又傳江西一令嘗訊盜盜忽對曰守愚不敢令不知所謂問之左右一胥云守愚者其號耳則知今日賊亦有別號矣此等風俗不知何時可變

尊俎餘功

蹋名

恬退

林粹夫謝中丞事而歸也杜門謝賓讀以著述自娛閒時有頗辭意有所觸則發爲樂府命小童歌之遇竟則陶然以怡未嘗一至公所有事干謁者率先加禮公以方巾古服接之有謀焉則以大體相告未嘗委曲徇其意

異笛

余尚書靖知桂州時每月盈夕聞笛聲甚清遠察其聲自溪林處大柘木中出乃伐爲枕笛聲如故公甚寶之公季弟欲窮其怪命工解視但見木之文理正如人月下吹笛像膠合之不復有聲

黄册

天下府州縣黄册十年一造以一百一十戶爲里丁多者十戶爲長餘百戶爲十甲城中曰坊近城曰廂鄉都曰里每里編爲一冊冊首總爲一圖其不任役者帶管百一十戶之外而列於圖後曰畸零

歲運

歲額運銀一百四十九萬兩內夏稅五萬五百餘兩秋糧九十四萬四千八百餘兩馬草折銀二十三萬七千餘兩鹽課折銀二十餘萬兩雲南閘辦三萬餘兩馬驢騾匹二十萬一千一百

金剛鑽

金剛鑽出西番深山之高頂人不可到乃鷹鷂打食同肉喫于腹中而土入于鷹鷂糞中得之看大小定價如辨眞僞于炭火中燒紅入釅醋中浸之假者跡而易碎眞者仍硬而可用如失去和灰土掃在乳鉢內擂之響者是也

續史記

張湯傳贊淳曰班固目馮商長安人成帝時待詔金馬門受詔續太史公書十餘篇顏師古曰劉歆七畧云商與孟柳俱待詔頗序列傳未卒會病死然則史記亦有馮商之文不獨褚先生也

食其

漢初酈審趙三人皆名食其以六國衙有司馬食其盖慕其名

漱石閒談

闕名

稀差

稀差者南中鳥也數十年一至至期則雌雄繞樹而飛不止數月忽一接遺精在地人掘而乾之食一毫足助一夕之歡

魚鳥

魚逆水而上鳥向風而立取其鱗羽之順也有徵風不知所從來但覩鳥之所向

時蟲

十二時蟲出南海若大蜥蜴一日一夜隨十二時變其色乍赤乍黃傷人立死旣潛噬人急走籬籓上望其死者家人哭又名籬頭蟲

中和節

二月初一日爲中和節以其揆三陽之中配仁義之和唐德宗時李泌置

遊月宮

[illegible]中秋夜羅公遠擲杖化爲銀橋請遊月宮見廣寒庭女群仙舞問是何曲曰霓裳羽衣帝記其聲回遂製其曲舞

平江記事

元　高德基

大德丁未吳中蟹厄如蝗平田皆滿稻穀蕩盡吳諺蝦荒蟹亂正謂此也考之吳越春秋越王勾踐召范蠡曰吾與子謀吳子曰未可也今其稻蟹不遺種其可乎蓋言蟹食稻也蟹之害稻自古爲然以五行占之乃爲兵象是亦披堅執鋭介甲之屬明年海賊肖九六大肆剽掠殺人流血

吳人自相呼爲獃子又謂之蘇州獃每歲除夕群兒繞街呼叫云賣癡獃千貫賣汝癡萬貫賣汝獃見賣儘多送要賒隨我來蓋以吳人多獃兒輩戲謔之故耳

元貞初升崑山縣爲州州治去府城七十二里延祐中移治太倉未移之先太倉江戶打碗花子遍地盛開民謡云打碗花子開令搬州縣來遷移之後常有鼠郎出没廳事上民復謡云黄鼠郎屋上走州來住不久至正間果復移回玉峯舊治

元達魯花赤八剌脱國公倜儻爽邁博文强記凡宴會以文爲謔滿坐風生一日同寅後堂會飲僚佐願求一令以資勸酬公曰吾不讀書弗能爲令但有兩字隱語請衆賢商之解者免弗解者請一巨觥衆曰如命公曰一字有四個口字一個十字又一字有四個十字一個口字在坐者皆不能解悉就飲飲竟叩之公以箸畫案上乃圖畢二字也

說郛續目錄

南翁夢錄

明　黎澄

藝王始末

安南陳家第八代王諱叔明明王第三子次妃黎氏所生也爲王子時號日恭定性淳厚孝友恭儉明斷博學經史不喜浮華　家舊例有子既長即使承正位而父退居北宮以王父尊稱而同聽政其實但傳名器以定後事備倉卒爾事皆取決于父嗣王無異于世子也初明王庶長子旣立是爲憲王而嫡子始

生長日恭肅凝昧不任人事次日裕星年未出幼而憲王殁且無嗣裕星承父命繼立是爲裕王庶兄恭靖拜太尉恭定拜左相恭定忠信誠確事君與親謹愼毫髮人無間言接物不親不疎臨政無咎無譽明王棄世居喪三年淚不乾睫服除衣無綵色食不重味巷蘿巢海豚魚是南方珍味自此絕不到口事裕王十有餘年裕王天而無嗣大臣議曰左相甚賢然兄無嗣弟之義乃以國母令召立恭肅子忘名爲王是時恭肅亦已早世子旣立以衆議進拜太尉爲太

宰左相爲太師左相　弟恭肅爲右相恭肅子少不學好游俠人言委拜私通外人楊氏所生故爲宗族素所輕賤既嗣位居喪無戚容舉動多失禮擢用親昵小人蔑視祖父卿士不滿朞年宗族無狀者相與作亂既捕獲誅戮連累枉殺甚衆又潛謀盡去陳氏之有名目者乃殺太宰于家太師夜逃迄旦宗族官寮盡挈家奔都城爲之蕭索太師間道得至窮邊蠻峒意欲自盡左右持之峒人留寓旬月人頗知之宗族官寮相繼尋至恭肅子遣軍追捕者亦盡歸投右相

唱率羣寮勸請還都以清君側太師嗚咽謝曰諸君早返城邑善護明君易亂致治尊安社稷某死亦受賜某得罪于主脫身逃竄待斃山林幸矣豈敢有他諸君幸勿相逼衆皆諠譁不已再三懇切上書誓死無易逼請就途有輦出山遠近雲集歡聲震天將至都三百里老將阮吾郎教恭肅子出手書罪己辭位已而擁出迎謝恭肅子伏地請罪太師亦仆地相抱慟哭盡哀曰主上何至如此臣之不幸豈意有今日也有相拔劒厲聲曰天命討罪罪人安得多言相王

豈可以煦煦之仁失于大義乃叱將軍挾去促有司備禮奉太師即王位廢恭肅子爲昏德公王入城謁廟涕泣告曰今日之事非臣意所及以社稷故不得辭免有乖忠孝懇懼在懷願自黜尊榮以少酬素志乃下令勿用兵車輦衣服器物黑漆無以金寶丹朱其餘飲食服用依前節儉終身之喪殷世無改乃黃亂政率舊章明賞罰用賢良以己子不才難堪大事朞年使弟右相嗣位而同聽政是爲睿王先是占城乘國釁數來寇睿王即位三年乃親伐占城敗績不

返王以睿王之子晛嗣位久之晛聽奸臣行不道王憂社稷傾覆涕泣而廢之號曰靈初公以王小子順入嗣位是爲順王歷七載父王薨時洪武二十七年甲戌塟于安生山謚曰藝初藝王爲兒時八九歲侍明王適床上有竹奴試命詠之乃占口應曰有偉此君中空外勁倒汝爲奴恐傷天性明王異之佯叱曰此不成語勿記錄乃戒師傅妍令作詩君子謂大命有兆誰能禦之後果然矣即位之後盡取兄弟姊妹子女孫姪之孤幼者鞠養宮中視同已出宗族遠近

咸被恩憐有遺亂後貧窶不能婚嫁者婚嫁之未葬者葬之末派支流莫不收錄翕然成里俗若舍其國人化之俗漸淳厚此上之君斯其賢者歟

竹林示寂

陳氏第三代王曰仁王既傳位世子乃出家修行刻苦精進慧解超脫爲一方祖師庵居安子山紫霄峯自號竹林大士其姊號曰天瑞多失婦道大士在紫霄聞姊病亟乃下山往視謂天瑞曰姊若時至自去見冥間問事則應曰願少待我弟竹林大士且至言

訖還山數日至庵分付弟子後事奄然坐化天瑞亦以是日卒

祖靈定命

仁王示寂時其子英王未有嫡嗣止有庶子意且待嫡子而後定嗣位至荼毘後封骨時子孫環拜舍利飛入庶孫袖裏而放光既收又入英王拜曰敢不奉命收之乃定尊以庶子爲世子既久嫡母生男不育庶子終嗣王位是爲明王

德必有位

明王既嗣王位久之嫡母生男至周晬時英王巡邊在外家事先決于嗣王有司以周晬禮請乃命以世子例行之有司以王故難之王曰何疑乎初以嫡嗣未生故我權在此位今既生矣待長復辟何難曰此事前古多危請慎思之王曰順義行之安危何足慮也卒以世子例行之井年而嫡嗣殁王甚哀之君子謂明王誠心不顧于安危讓德克光于今古傳曰有德者必有其位其斯之謂歟

婦德貞明

陳睿王正妃黎氏靈德之毋也初睿王出師不返妃乃披剃爲尼會藝王以靈德嗣位妃爲之辟讓不得乃涕泣謂親人曰吾兒薄福難堪大位足以取禍爾故主棄世未亡人惟欲速死不欲見世事況兒子之將危乎乃精修苦行朝夕經懺以報主恩不五六年燃臂煉頂無不備至遂以入定示寂後至靈德見廢人皆服其藻鑑先知且感事君之誠貞婦之節一歸佛氏便造閫庭如此之深也誰不哀傷而嘉獎乎雖陳家先世妃嬪多有賢者而此妃出于其後又欲過

之何其偉歟

聞喪氣絶

陳太王女號曰韶陽方坐蓐時王已旬月不豫數遣人起居左右紿曰王已平復無事至棄世日忽聞鍾聲連響曰得非不諱事耶左右紿之不聽乃慟哭長號氣絶瞑目而逝

文貞鯁直

朱安號樵隱交趾上福人也性廉直剛介居家篤好讀書學業精醇名聞遠近弟子盈門相繼躡青雲登

政府者往往有之安恬澹寡欲不起應舉至元間陳氏明王徵拜國子司業授世子經尋遷大學祭酒明王殁其子裕王逸豫怠于聽政權臣稍多不法安數諫不聽又上疏乞斬姦臣七人皆權幸者時人號爲七斬疏既入不報安乃掛冠歸田里後裕王殁國頗亂羣臣迎立藝王安聞之大喜扙策上謁旋乞還鄉以老病辭不受封拜乃賜號文貞先生厚禮送回久之壽終于家都城人上景仰高風莫不嗟悼昔安弟子爲執政者時來問候拜床下得與談話片言而去者甚以爲喜有不善者切責唾罵甚至訶叱不納其清直嚴正名聞一時凜然可畏吁其善哉

勇力神異

安南李氏時清化人黎奉曉生而魁偉異常飲食視人十倍年十二三身長七尺適有外寇侵境虜掠甚衆隣里倉皇罔措奉曉語其父母不可隨人奔忙但多作飯與兒子飽吃一頓今日殺賊救民易如反掌飯畢持一短刀俗呼爲斫刀者伐木爲兵直衝賊陣縱擊潰走盡獲隣邑被　者千餘人而還李氏賞賜

除授固辭不受乞賜田地以自耕食耳有司議定頃畒奉曉曰臣以斫刀破賊願擲斫刀所至爲界許之擲至十餘里悉以與之後人因此凡賞功田名之曰斫刀田使領軍辭以不能願居田里待用兵時請爲先鋒破陣報國而已後十餘年召爲先鋒以十餘人擊數萬餘賊衆封威遠將軍仍在田里壽終于家

奏章明驗

交趾太清宫道士名道甚元世祖至元間爲陳太王祈嗣拜章畢乃白王曰上帝既允奏章即命昭文童

予降生王宮仕四紀已而後宮有孕果生男兩脚上有文曰昭文章子學頗明顯因以昭文爲號年長其文始消至四十八歲臥病月餘諸子爲之建醮請減已壽以延父齡道士拜章起曰上帝覽章笑曰何乃戀俗欲久留乎然其子孝誠可允再留一紀病乃瘳後果有十二年壽

公餘日錄

江陰湯沐

丙辰同年道選

予丙辰同年進士選南北道者前後共六十七人自逆瑾專柄正德五年以前轉至堂上者有楊武甯杲陳天祥季春瑾敗五年以後者則有劉玉鄭陽李鉞而陳緯則前後咸在焉前既仕而後復起者何天衢劉玉鄭陽陳琳季暉姜佐韓廉葛浩貢安甫張鳴鳳潘鏜郭東山胡獻不才亦與其列若前後以終養不起而卒果承恩典者唯陳茂烈一人而已

臺中辦事吏役

予項備員臺侍時凡撥到辦事吏典除呈印送印報朝隨朝此外更無別項遣用如私舍間有供事須預省知且有飲食之犒彼方樂用令則不然出而訪客則隨馬挈衣入而在家則守門接帖此在堂老尚有不忍若是其遇者彼方甘焉此雖吏役之貴賤亦可以占世道之重輕矣

丙辰進士姓名對

弘治丙辰禮闈定榜後諸主司以所取士子爲對句有曰夏鼎周鼎對以孟春季春有曰蔡中孚對以吳大有意每科或然如癸丑則有高達高文逵吳鵬吳一鵬之類但不若是科之妥切且巧耳

光孝寺詩僧詩

永樂初有吳僧聰聞及寄鉢于吾邑君山光孝禪寺善聲詩其徒有從學者屢請之未見啓受一日同行晚眺戶占一絶云粥罷行來坐看山何人學得老僧閒農家未熟黃昏飯一縷清煙出樹間曰此絶法也

音趣雅適時頗取之然不耕坐食之罪正恐不免于自省耳

成化己丑舉子破

成化己丑會試涯翁同考論語出老者安之朋友信之少者懷之三句時有一舉子云在人有其等聖人等其等涯翁聞之謂曰若還如此等着他等一等亦歐文忠秀才剌試官刷之意可見古今欲變文格者同一揆耳

一秋兩元

景泰丙子鄉舉吳啓文衆以春秋學生發解應天後泰士亨以書經監生發解順天皆邑人同學眞可謂一時盛事四方羨媿矣

使臣採樵婦吟

成化初遣官分采實錄有某進士者常往某處有司彙集詩文以上彼獨取樵婦吟一首云與郎相期月上來及至月上郎不來妾在平地見月蚤郎在深山見月遲蓋得古體也今讀之宛然怨而不怒之意聞之金陵姚大章今失其士之姓名及使地云

錢太常嘘聯

成化中莆田陳師召先生由翰林陞南京太常寺卿瀕行時同年同寀多有郊餞者而門生故吏亦不少繾綣之餘座有客出一對句云師友惜分離不堕南大常也罷闕有對之者云君臣欣際會便做大學士何妨前輩一時嘘笑俱有情義

作官不可輕興革

近世後輩作官者少有弛張人或許可輒自矜炫孟浪曰我興某利貧巳有濟我革某弊奸巳有怵不惟

呈逵于當道而凡榻示于所屬此好名近利之言多見其不知量也嘗聞周文襄巡撫江南時作感懷詩云法在恤民民反病事因除弊弊逾增以此老尚爾云然而後生初仕可以妄道耶若此者不惟爲識者所鄙而反爲奸人所嗤矣

樣曆

我朝大統曆每歲各省俱降自禮部有所謂樣曆者依式翻刻不敢更寫其印篆則欽天監曆日印亦先降以俟用者成化之後西北如山陜河南東南如江

浙湖閩俱有解送兩京各衙門者近雖言官論列亦未能止豈本監成造實少而京師仰用故多耶竊意當有調停之法可也

村社占年

村社占年之說自古有之如雨旱驗生草如麻麥驗雪往往無爽有不待求之天文書者蓋耆舊之在鄉井閱世久歷時多觀化廣見事熟必有所試而云然非孟浪也

不由翰林謚文

國朝有不由翰林而得謚爲文者吏部尚書姚大章夔曰文敏魏君房驥曰文靖吏部左侍郎葉與中盛曰文莊右副都御史吳敏德訥曰文恪按謚法勤學好問敏而好學施而中禮慈愛恵民剛柔相濟道德博聞皆所謂文諸公必皆備焉始不止于詞藝之一長而已然尤有位翰林侍講如劉求樂球而復謚爲忠愍者蓋尤舉其所重哀其所遇而云然耳

仕無足心

古人入仕者有眼前何日赤腰下幾時黃之詠既進

復曰眼赤何時兩腰黃幾日重豈仕宦無休勢而仕者無足心云然耶昔蘇公賀六一致仕啓有曰山林之士猶有降志于垂老而況廟堂之舊欲使辭祿于强年有其言而無其心有其心而無其決賢愚共蔽今古一途信斯言也

詩句全用書語

詩句全用書語如子美丹青不知老將至富貴於我如浮雲子瞻君獨不知其趣耳臣今時復一中之近見西涯懐麓續稿題水竹居有七八月皆盈兩三年

也是卞華伯席戲客有狀元自是渴睡漢宰相須用讀書人雖有裁剪渾無痕跡俱可法也

英氣客氣當辨

英氣不可無客氣不可有有英氣便能卓立有客氣便是忿爭始廣東監臨若毛鳳鳴崗提學若余木子華二人者俱非有大過惡秖緣各好勝認眞毛以御史自任余以翰林自居遂至不相下畢竟相毆相訐然此皆非士夫之所爲也但今後生小子以客氣認爲英氣所謬多矣

中洲野錄

鄱陽程文憲

宋蘇文忠公作志林范文忠公作東齋紀事凡有裨王化關風教者必錄之然而詼諧嘲謔鬼神夢幻之事亦皆雜志其間而弗棄二公之作古稗官野史之類也淳熙間宣校郎龔明之嘗模倣其意有所謂中吳紀聞者出余何人也安敢捧心而效顰哉蓋少而縈燁圭寶壯而匏繫塵鞅間見有涯事變無際能服膺而排牙頰間者殆不多得矣垂老而歸陶然既醉齁然且卧蛙井醯甕之外竟不

知天曾許大耶竊以斷蕃無所用心不若博奕者爲猶賢顧博奕又非予所能閒摭嚋昔蝸涎蹄涔之說召子口授而手筆之若類二公所必錄者亦必錄之固也若夫二公所弗棄者脱胆感創攸寓得無去取乎裒帙既成命藏巾笥廣增痛訂尚屬望于該博之君子嗚呼幽人觸客助詞鋒資談柄未必付之爲贅疣枝指也借曰於世道有補則余豈敢

養金死國

饒郡程養金元壬辰舉進士官至鉛山判與郡教范堯臣董宗文陸元慶李晉齋湯思敬郡士楊本講論洽道於范松之下好事者繪爲圖題曰松間六客養全以文章鳴於時元季兵亂死國事其臨危自祭文曰幼學壯行剛直自任非腐儒也出身科第官至七品非賤大也惇國寵游粗著廉介非汚吏也年逾五十爲國而死非正命猶正命也遺筆有曰腳踏實地心契蒼穹親擢科第顯立軍功爲國宣力受屈而終

死而有知當廟食乎汭川之東

芳谷出使

徐芳谷字明善鄱陽人至正間任江西等處提舉嘗奉使交阯國其王子陳日炫聞公善詩犀卮酒立召索吟公遂曰占云乘傳入南中雲章照海紅天邊龍虎氣南徼馬牛風日月八荒燭車書萬里同丹青入王會茅土祚無窮日炫遂納欵奉貢公聲名大振

梧岡自守

宋程瑞字希鳳饒人也號梧岡幼抱才猷與同郡馬廷鸞相友馬先魁天下以書報梧岡曰秋風槐黃連吏已經始而疑終而信已而果然豈意劉蕢下第我輩登科寧無厚顏耶公亦不介意公自知命與時違非文之咎遂退隱居濤臼自守談道自娛雖馬登政府公亦未嘗以仕進干當詠梅詩云清淺溪橋水短長籬外枝疏些風骨異塵參畫古今詩此可以想見其清才峻節云

丁李二提學正直

潤州丁補齋先生璣督廣東學政渡江有司具牲醴

請祀水神先生笑曰舟平或沉或浮神何預焉至中流風濤作而舟覆李空同先生夢陽督吾省學政渡江有司亦有此請者公怒命從者縛神投諸江且曰以水神而投諸水得其所哉得其所哉竟無恙噫二公辟邪衛正之心一也而安危頓異盖有命焉豈神之所得而禍福哉

李公治郡

李公聰廣之順德人成化丁未以監察御史來守於饒歲旱或告以如故事謁廟設壇延巫祝以禱之公

曰惟心可以格天何慮文謅瀆爲哉遂省刑罰釋無辜齋沐外寢再拜籲天隨禱而應治嘗厄於火雖暮夜公必往救之曰延火之舍不絶則薰天之勢難遏乃令繫綆於檐楨間親自下車先民爲力挽拽之民止公曰貴重之體安能勝此勞耶公尚不輟屋將傾民恐傷之呼號扶護而去饒尚元夕張燈之俗公亦夜出觀之或簫鼓而歌懽公來而止遂令勿遏忻然下車旣聽且和之噫他人處此必以妨清譽爲嫌公則偕樂之念愈著愛民之舉愈彰非治化之素敷於人者疇克爾哉

諷觀競渡

鄱陽高舉登永樂甲申進士拜監察御史罷歸居林谷間謝絶人事不入城府一日棹小舟至城下時值重午郡守飲月波樓以觀競渡衆微服箕坐舟上守怒逮之至令其供不合狀舉遂書一絶云　皇后升遐未一年今春　先帝又賓天江山草木皆垂淚太守如何看畫船守詢之知爲高侍御大慚而延納之公拂衣不顧而去

梅谷化妻

鄱陽何梅谷英妻垂老好事佛自晨至夕必口念觀音菩薩千遍梅谷以儒學聞於時止之則弗從弗止恐貽笑士論一日呼妻至再且三隨應隨呼弗輟妻怒曰何聒噪若是耶梅谷徐答曰呼僅二三次卽我怒觀音一日被你呼千遍安得不汝怒耶妻頓悟遂止

彭綬之嘲友

樂平彭福字綬之舉進士守泰州爲人剛介自守以

直道忤戾部使者而歸時寓鄱陽有故舊新登進士第者歸饒綬之具酌邀之值微雨累速不至綬之遺以詩云倘來名利若游塵何事痴兒太認眞咫尺泥塗行不得山陰雪夜是何人人多傳頌之

郡學古蹟

府學基古報恩寺卽今天寧寺也元時寺僧游湘蜀間抄化巨木創治之紺宇雄偉但未設佛像耳　大明兵至凡　文廟不毀僧借宣聖牌位置殿中得免後生徒遂以爲郡庠既而奏取者三而充戎者三此

可見　聖祖崇儒重道之盛事也宣德中有的書對於方丈云萬間廣廈歸寒士一榻閒雲卧老僧有士人竟以文字易寒字云

彭泰州寄邑尹

弘治間樂平有趙尹者瀟選任邑中士夫皆趨迎之時泰州守彭公韶獨以詩投之云泊陽總駐使君標本欲趨迎懶折腰莫怪野人疎禮節好從楊晝說陽橋人皆莫喻其意一日編修程念齋見之笑曰綏之譏我邑中人深矣蓋用宓子賤事也考之劉向說苑

子賤爲单父宰過於楊晝曰子亦有以送僕乎晝曰諾吾少也賤不知治民之術有釣道二焉請以送子賤曰奈何晝曰投綸錯餌迎而吸之者陽橋也其魚薄而不美若存若亡若不食者魴也其爲魚也博而厚味子賤曰善未至单父冠蓋迎之交接於道子賤曰車驅之車驅之夫楊晝所謂陽橋者至矣於是至单父請其耆老尊賢者而與之共治单父人亦占彭之介稱之博也

周氏世壽

崑山周壽誼年一百一十三歲生於宋而鄉飲於洪武六年子孫皆有百歲家建世壽堂六世孫震正德中令鄱陽出世壽卷士夫多題詠之上海陸子淵先生以編修使饒跋其卷曰夫金玉之純固也山岳之靜常也松柏之茂貞也物且然矣若周之世壽固有本哉深竊論壽誼公之壽足以繫興亡之故爲不徒矣三代而下惟宋失天下爲無罪惟元興最爲事變嗚呼能　人數百年宗社於强弓健馬之間而不能禁一老生觀其子孫之澌盡兎解何其快也若公者

生挈華夏之禮以還華夏之主於克華夏之日何其奇也公六世孫震字世亨以名進士筮仕鄱陽令觽往來艾是能肅見華夏之道以昌公之世者而又不獨爲壽而已矣世亨其懋之哉深至鄱陽觀是卷而書之公生於宋景定之某年鄉飲禮行於　明洪武之六年卒於鄉飲後五年震生於成化之某年舉進士於正德之六年深書於七年是震令鄱陽之明年也

周古象廬墓

周古象蘄水人生元末事親孝遭喪亂入贅於淮不見笑容妻詰之告以故遂歸尋母葬之廬墓三年妻亡終身不娶淮西僉事幹克莊求見不遇留題曰事親未必可曾參職分當爲每愧心今日風來飄忽動抱琴更入白雲深復爲立孝里門

三餘贅筆

東吳都卬

夜半日出

漢封禪記云泰山東山名日日觀雞一鳴時見日始出近閱島夷志云琉球國有大崎山極高峻夜半登之望暘谷日出紅光燭天山頂爲之俱明又朱學士集云補怛洛迦山在東大洋海中雞初號遥見東方日出輪赤如火流光燭海波閃爍不定唐人詩云海岍夜深常見日非虛語也

古字相反

古字有相反者武王曰予有亂臣十人是以亂爲治也易曰天地盈虛與時消息是以息爲長也易曰同心之言其臭如蘭禮曰衿纓皆佩容臭是以臭爲香也禮曰則皆坐奠之而後取之是以坐爲跪也如此類者甚多

飲食必祭

古人每飲食必祭未有不祭而飲食者今之釋老食時猶祭而士大夫乃反不行古云禮失而求之野此

亦可見

十友十二客

宋曾端伯以十花爲十友各爲之詞荼蘼韻友茉莉
雅友瑞香殊友荷花淨友巖桂仙友海棠名友菊花
佳友芍藥艷友梅花清友梔子禪友張敏叔以十二
花爲十二客各詩一章牡丹賞客梅清客菊壽客瑞
香佳客丁香素客蘭幽客蓮靜客荼蘼雅客桂仙客
薔薇野客茉莉遠客芍藥近客敏叔名景修宋禮部
郎中吳中人

傳書鴿

鳥之中惟鴿性最馴人家多愛畜之所放數十里或
百里外皆能自返亦能爲人傳書昔人謂之飛奴一
友言家有老僕正統間嘗以事往淮陽一日大風雨
有鴿墮逆旅主人屋上困甚主人將取烹之見其足
繫書一封裹以油紙視其封蓋此鴿自京師來才二
日耳主人憐之不敢啓封乾其羽毛縱使飛去

艾一壯

醫家用艾一灼謂之一壯沈存中云以壯人爲法其
言若干壯壯人當依此數老幼羸弱量力減之

梓潼神

梓潼神祠在處有之而學宮事之尤謹按梓潼爲四
川屬縣四川上直參宿參有忠良孝謹之象其山水
深厚爲神明之所宅或謂斗魁爲文昌六府主賞功
進爵故援科之士往事之或謂神爲張宿之精詩所
謂張仲孝友是也其說不可深考

晝夜百刻

晝夜有十二時十二時有百刻一時八刻以十二時

計之止九十六刻餘四刻不知何在或以問予予曰
天地之間不過陰陽兩端而已晝夜者陰陽之象也
以晝夜而分之則有十二時以十二時而分之則有
百刻以百刻而細分之則又有六千分焉非陰陽之
數止於此也蓋陰陽無窮盡者愈推則愈有姑以六
千分而爲之限耳故以一刻言之則得六十分八刻
六八四百八十分亦多二十分益八刻有上四刻下
四刻上四刻如初刻正也有初初刻多十分爲合二
百四十分所以十二時一百刻而總六千分也

吳綾出火

吳綾爲裳暗室中力持曳以手摩之良久火星直出蓋吳綾俗呼爲油段子工家又多以脂發光潤人服之體氣蒸爝宜其致火也

鹿角

今官府衙門列木於外謂之鹿角蓋鹿性警羣居則環其角圓圍如陣以防人物之害軍中寨柵埋樹木外向亦名曰鹿角

道家南北二宗

今之道家有南北二宗其南宗者謂自東華少陽君得老聃之道以授漢鍾離權權授唐進士呂巖巖授遼進士劉操操授宋張伯端伯端授石泰泰授薛道光道光授陳柟柟授白玉蟾玉蟾授彭耜其北宗者謂呂巖授金王嚞嚞授七弟子其一丘處機次譚處端次劉處玄次王處一次郝大通次馬珏及珏之妻孫不二此外又有所謂全眞者其名始嚞蓋嚞大定中抵寧海州馬珏夫婦築庵事之題曰全眞由是四方之人凡宗其道者皆號全眞道士

涇沸

浙中人家水溝多用陶瓦爲之如竈突狀名之曰涇取其流通不壅滯也此地少水人家多於山上置閘蓄水遇旱歲開以灌田名之曰沸取沸然之義也

風馬牛

書云馬牛其風左氏傳云風馬牛不相及蓋牛順物乘風而行則順馬健物逆風而行則健

蕈

蕈生背陽濕地風味殊美然間有毒者食之往往殺

人周公謹齊東野語嘗載其事近傳一法煑時和燈心草或以銀簪淬之若燈心與簪色黑卽有毒棄之勿食

辯鳥雌雄

鳥之雌雄不可辯者視其翼左掩右爲雄右掩左爲雌一說拔其毛置水中沉者爲雄浮者爲雌

戒指

今世俗用金銀爲環置於婦人指間謂之戒指按詩注古者后妃羣妾以禮進御於君女史書其月日授

之以環以進退之生子月辰以金環退之當御者以銀環進之著於左手既御者著於右手事無大小記以成法則世俗之名戒指者有自來矣

老醫少卜

世言老醫少卜則醫者以年老爲貴卜者以年少爲貴老醫人皆知之問之少卜不知何謂按王彥輔麈史云老取其閱少取其決乃知俗語其來久矣

鍾馗曆日表

唐故事歲暮賜羣臣曆日并書鍾馗劉禹錫有代杜

相公謝鍾馗曆日表云圖寫威神驅除羣厲頒行元曆敬授四時弛張有嚴光增門戶之貴動用協吉常爲掌握之珍又有代李中丞謝鍾馗曆日表云繢其神象表去厲之方頒以曆書敬授時之始

急須僕憎

吳人呼暖酒器爲急須呼暖飲食具爲僕憎急須者以其應急而用吳人謂須爲蘇故其音同僕憎以銅爲之言僕者不得竊食故憎之也

雷公電母

俗呼雷電爲雷公電母然亦有所本易曰震爲雷離爲電震長男陽也而雷出天之陽氣故俗云雷公離爲中女陰也而電出地之陰氣故俗云電母

彖象

或問易之彖象何以取義予曰繫辭已有明說不必深究舊嘗見一說云二字皆假獸以名彖爲大豕行則俯首一望而全體皆見故統論一卦之體取以喻之象有六牙故六爻之義取以喻之

鬚眉髮

人之鬚眉與髮皆毛類也而鬚下生眉横生髮上生或問予亦有說乎予曰鬚腎屬也腎爲水水潤下故鬚下生眉肝屬也肝爲木木旁敷故眉横生髮心屬也心爲火火炎上故髮上生

古玉器

古玉器有奇特細巧非人所能雕琢者多傳鬼工所爲予曰非也此皆昆吾刀及蝦蟆肪脂也所刻按本草云蝦蟆能合玉石陶隱居亦云其肪塗玉則刻之如蠟但肪不可多得取肥者剉煎膏以塗玉亦軟滑易

琢惜未嘗試耳

廿卅字

今書廿卅二字按說文云廿音入二十并也卅先合反三十之省便古文也國語有云行玉廿穀者正作此字泰山秦碑亦云皇帝臨立卄有六年是則又以四字爲句而以二十爲一尤明白矣

角三弄

譙樓畫角之曲有三弄相傳爲曹子建作其初弄曰爲君難爲臣亦難難又難再弄曰創業難守成亦難

難又難三弄曰起家難保家亦難難又難今角音之嗚嗚者皆難字之曳聲耳

懸笥瑣探

姑蘇劉昌

峻偉

軒公輗持己甚嚴遇人無問賢否悉峻拒之不與按居南都歲時詣禮部拜表慶賀至則屏居一室撤去侍炬朝衣端坐寂無一言待鼓嚴而出禮畢不告於同事者竟御肩輿而歸同事者聞其來不悅與處皆避去平生峻偉之節惟侍公牘之存閒令吏寫數十大册以爲他日傳世考此足矣於紀載之文一無所

好及卒朝廷修英廟實錄從其家求公行實無有也

忠直

王端毅恕歷仕四十五年凡上三千餘疏皆忠直剴切蓋憂世之志如范希文濟世之才如司馬君實直諫如汲長孺惠愛如鄭子產年九十矣猶考論古今不忘憂國

薦才

况鍾在蘇州興學禮士儒生貧寒者多有所給於是爭獻詩鄒亮獻二十首鍾獨稱賞欲薦其才于朝命

有以匿名書數亮過失潛揭於府治大門外鍾得書
嘆曰彼欲沮吾薦正欲速成亮名耳遂奏亮才學可
用召試授吏刑二部司務轉監察御史其勇于爲義
類如此

惠政

況公鍾治蘇剛果敏達不畏强禦有惠政九載滿去
郡民赴闕留者八萬餘人歌曰況青天朝命宣宜早
還又曰況太守民父母願復來養田叟遂再遣任楊
文貞贈以詩曰十年不愧趙清獻七邑又迎張益州

在郡十有一年卒于官士民繪其像祀於范文正公
之祠

矜才

王汝玉作神龜賦 上親定爲第一召解學士謂曰
汝玉賦第 卿賦次之何也縉曰汝玉文辭甚妙臣
實不能及 上喜時安南平乃詔新城侯與六部賀
表皆令王汝玉撰既上 上覽之益喜時黃文簡公
淮侍側 上曰汝玉誠俊才朕觀其所撰表誠不厭
文簡公叩首言汝玉以是自矜退多後言王孟揚亦

不自安南還得辠乃與汝玉先後下獄死獨王達善
仕至翰林侍讀學士卒

夫婦如賓

五代葛從簡爲忠武節度使聞許州富人有玉帶欲
之而不可得遣二卒夜入其家殺而取之夜卒踰垣
隱木間見其夫婦相待如賓二卒嘆曰吾公欲欲其
寶而害斯人吾必不免因躍出而告之使其速以帶
獻遂踰垣而去不知其所之此與晉使鉏麑刺趙盾
相似盾篤於君臣富人篤於夫婦皆足以感人益見

大理民彝之不可滅如此

龍卵

成化五年六月初五日河決杏花營水及堤明日三
司以牲醴致奠既歸有一卵浮於河大如人首下銳
上圓質青白微具五色又多蒼黑點漁者得之守河
者以十疋布易焉因馳以告始觀之甚恐以手撼之
中汩汩作水聲又甚重氣煖而澤潤不知何祥也或
曰龍卵吾聞龍有胎未聞卵生或曰蛇亦卵生此固
其類也越三日予遇和僉憲于州橋西見圖其狀于

壁見書其上曰玄珠占法江湖見龍卵主大水又聞前一日卵送開封府皆懼不敢收守與判相却之門墜于地中惟水而已

菊有黄華

吾鄉范文穆公至能作菊譜言月令以動植志氣候如桃桐華直云始華而菊獨云菊有黄華豈以其正色獨立不伍衆草變詞而言之與予始甚疑之信如譜中所載其色已不勝其多而月令獨云菊有黄華何也及來河南行熊耳錦屏弘農崤函諸山時正秋

草木俱衰謝盡山上下暨水厓籬落皆黄菊大如錢叢生繁然乃悟河南爲中州得風氣之正黄爲正色而正秋時着花隨地皆有此月令紀候所以獨言之也然則如譜中所載諸品得無人智力變幻所致與則其見述于月令宜矣

絶筆詞

曾狀元子啓名棨永豐人仕爲少詹事兼侍講學士善艸書能詩歌稱江西才子有薦一士人至者既入内將試上曰堂堂翰林獨無一人如彼者乎衆以子啓應詔御試天馬歌子啓之文先成文多瀏亮士人後成詞復蹇澁上立賜子啓瑪瑙帶始授士人官由是子啓寵遇日至既而有疾自惟不可起乃提筆書曰宫詹不小歲周非夭我以爲多人以爲少易簀蓋棺此外何求白雲青山樂哉斯丘卒贈禮部侍郎

學與才不同

翰林侍講劉公鉉予始舉進士以鄉曲上謁踰年公始報禮坐定言年來老嬾不欲與人競相往來必俟有來者可報則報之此雖迂濶而簡于接人亦省事

又言吾鄉國初仕翰林者梁用行滕用亨皆博學能文章每有所作必旬日始成王汝玉時爲贊善日爲文數篇諸老先生驚嘆傳觀則曰此皆吾所讀書非有所加也何故其速成如此今翰林吾輩中二三人吾每作文必旬月始成而張士謙蓋則日作數篇信學與才不同蓋公隱然有自負者

僧殺牛

浮屠大有無賴者竄其中向時襄陽石賊是巳余嘗自鎮平赴南陽至麒麟岡見大冢數十皆若被發者

間從吏曰岡上有大冢今摧陷矣此石麒麟即故冢上物也予惋惜久之至十三里河見大冢益多又至三里河則一艸菴菴外方冢石甃橋且治碑紀建橋功皆粗完予入菴中惟一小童云有僧旦時入城矣予問此大石何從來曰在十二里河冢中所掘爾余徧行石間見石上有流血被滿問從吏此何爲曰當是殺牛馬然予大駭又行一里見僧與兩人遠來予使人召之乃皆拜道旁予好言問之曰非造橋僧耶曰然又問從何得石乃不能對且詰何以血滿大石

僧言有千戶夜牽牛來殺之就石上剝取皮耳予怒使從吏送南陽府獄盖護衛軍也皆坐如律發冢夜殺牛此豈小事乃猶欲以建橋爲功而公肆其惡一無問者何邪昔韓滉嘗曰賊非牛酒不嘯結滉於是禁屠以絕其謀予身在遮職聊自嘆息而已

殊遇

吾鄉禮部侍郎金公問在仁廟時嘗賜歐陽居士集二十本寶藏之旣而所居不戒于火公忘護持已失八本後宣廟在文華殿公被顧問因從容言賜書事宣廟促令內侍爲補之踰數日得賜入本雖紙色不同而兩朝恩賜復歸于完盖殊遇也

木氷

成化丙戌十一月朔日予自西華抵扶溝明旦坐堂上見有若霧者從東來著樹并艸莖皆白少頃堆積枝柯間玲瓏雕鏤甚怪問輿皁此何物曰樹孝也因檢玉笥集有云氷凌禾稼達官怕旣而聞河南李少保賢有疾十二月十四日竟卒大夫之所繫固重也夫

白楊

予初不識白楊及來河南巡行耙邑嘗出北邙經平疇入山谷見丘冢間多大樹問從者曰白楊也乃悟古人哀挽用此不爲無謂東南丘壟多植松柏故人多不識白楊盖其種易成葉尖圓如杏枝頗勁微風來則葉皆動其聲蕭瑟殊悲慘陝虢南山谷尤多高可二三百尺圍可丈餘修直端美用爲寺觀材久則跳裂不如松栢材勁實也

鼨鼠

唐盧藏用弟若虛多才博學隴西辛怡諫爲職方有獲異鼠者豹首虎文大如拳怡諫謂之䶂鼠而賦之若虛曰非也此許慎所謂鼨鼠豹文而形小一坐驚服予在虞衡時四川貢諸獸皮中有石虎者似猫而小似鼠而大形全類虎其色黄而斑黑正類豹文豈所謂鼨鼠而俗謂之石虎邪

笏囊

唐故事公卿皆搢笏于帶而後乘馬張九齡獨常使人持之因設笏囊自九齡始今公卿多肩輿四品以

下始乘馬惟南京與外方面官迎詔送表時皆就服乘馬導引有搢笏于帶者有手自持者有人爲持者要之皆以意自便無所謂故事夫九齡使人持笏有囊而世因置笏囊乃知古人舉動不苟如此今人借使能置人亦無肯效者

藝事自負

王孟端中書寫山水爲一代名筆嘗退朝黔國公從後呼之孟端不爲應有同行者曰黔公呼君孟端曰吾亦聞之必其與吾索畫耳黔公追及之果云云孟端亦不答黔國又遣其第數年始作一幅曰吾不可宜寄黔公其西賓平仲微者吾故人也吾但寫寄之待彼與求耳使人之售其身之易者觀孟端之於書亦可以自媿矣

蘭陽二印

成化六年三月開封蘭陽縣掘地得二印上送于河南布政司其大如今之府印廣二寸方圓八寸厚可五六分文曰宣差副總領之印背有天興六年六月日行宮禮部造十二字旁書宣差副總領之印七字

其一文曰尚書戶部郎中之印如今之縣印槪總領之印差小背有天興六年二月行宮禮部造九字旁亦正書尚書戶部郎中之印八字此是大金時物而篆文不甚竟字畫或五或七或九皆取陽數天順七年時予同僚張孟弼築堤捍河亦嘗得一印文曰行軍萬戶之印失記其所造年月當是同一時也我朝凡印章每字篆疊皆九畫此正乾元用九之義豈彼之所能知哉

借酒詩

予在史館時日詣良醞酒一斗然飲少多有藏者湯東谷流勧從予索之詩曰兼旬無酒飲詩腹半焦枯間有黃封仕何勞市上沽予嘗至其第見其廳事舂聯曰東坡居士休題杖南郭先生且濫竽後堂曰片言曾折虜一飯不忘君蓋東谷嘗從與濟伯禮部尚書楊忠定公善奉迎鑾輿故云其東偏曰楚柱西山笏開北海尊其西偏曰長身惟食粟老眼漸生花而豪俠之氣可以想見矣

古銅欵識

予嘗至南内于戊字庫見古銅器一事如劍而無刃平直首微稜下有靶長可二尺濶僅及寸皆嵌銀作童子奉牌舞牌上有古帝蔣家四字面嵌銀題模稜難斷佞臣頭碎腦粉成百倍憂解使英雄生膽氣從今不用佩吳鈎詩直似宋元人作然不可考矣

龍鬬

天順七年九月十六日予自嵩縣赴汝州見一物於中天淡白頭長數丈尾微曲少頃不見忽又垂出因閃若動細如數百丈縷人言此龍也十月二日自南陽赴鄧將至白馬寺時微雨且晴忽見西南有黑物在薄雲間蜿蜒如圖者其首尾莫可辨惟身顯然若艸書雲字之狀忽又有一白物在其下如乙字然相去尺許久之始滅人皆言龍鬬云

贗譜

袁鉉績學多藏書然貧不能自養游吳中富家依棲之間與之作族譜研窮漢唐宋元以來顯者爲其所自出凡多者家有一譜其先莫不由侯王將相而來歷代封誥諸勅名人序文具在初見之甚信徐考之

乃多鉉贗作者鉉年七十餘竟以作譜事致一家爲其府所究破其産人四竄避去而鉉亦不復來吳

詩讖

正統三年六月一日予始入吳縣學爲增廣生是年開科取士而吳學之得舉者三人周郁爲春秋魁第四名張瓛第十一施槃第十五既而赴會試槃作詩留別其詞有曰紅雲紫霧三千里黃卷青燈十二時又咏胡嗟云莫怪風前多落魄三春應作探花郎已未果狀元及第

萬三遺宅

況萬三家在周莊破屋猶存亦不甚宏壯殆中人家制耳惟大松猶存焉被沒者非萬三家蓋萬四之在黄墩者耳

蘇談

吳郡楊循吉

姚守重士

革除年間太守姚公最爲重士嘗禮俞貞木於布衣之中數數餽以薪米因此遂復得錢纖中二老儒皆徵出部下自姚公折節顧好悉爲貴客郡中常開宴彥士畢集一右列指使據坐上席纖中罵之貞木踐纖中足勸使勿罵纖中罵愈急太守問故纖中曰公今日設會當以尊士爲重更無日子使一武臣坐諸

賓上耶右列慚謝退避下座是時四海初定武公方盛衛將赫赫在姚公固不敢與之抗禮置之上坐蓋非其本心云而纖中當筵叱罵太守爲之彌縫周全指使爲之從容避席皆可謂難得者也

黠妓賺詩

老儒陳體方以詩名吳中有一妓黄秀雲好詩繆謂體方曰吾必嫁君然君家貧如此肯爲詩百首贈我以爲聘資乎體方信之爲賦至六十餘篇而浚情致清婉傳誦詞林然是妓性實黠慧利於多得其詩而

已於體方本無意也方體方之爲詩時人多笑其老耄被詒而欣然每談於人以爲奇遇焉

韓公有度量

韓公永熙作鎮兩廣時峒蠻方熾公深追之斬大藤峽猺表悉安梧州兩廣中界也公於此開都府聽治焉門列畫鼓數十面每有出入則撾之以爲節凡給侍左右皆三品指使盡極一時之富貴其尊嚴擬於王公也公度量宏大每賓客過必有厚贈軍前取資無算而士氣懾伏無敢有不盡力者諸蠻因是遂屏

息不出至于今猶公之功也然公得謗亦竟坐用侈一事解政及後代者至則拘拘繩墨無復公之洞達慨當公之時廣中兩司自正使而下交代皆一至梧州叅謁候於門下若小吏然及見則長跪白事惴惴不敢以方面自居也及公歸後川易四五人皆不得然矣惟交代一見爲不廢也則知公之威望豈可以時輩小節求之乎

僧中善記

陽山寺僧道昂能默誦法華經七軸熟如注水每旦入城則沿途持以爲課至半道輒一周焉他如圓覺了義慈悲懺法金光明地藏皆能口述不煩披閱余惟華嚴般若則稍對經本然閉目亦能諷誦畧據行墨而已吾輩士人罔多愧之也

吳中醫派

今吳中醫稱天下蓋有自矣初金華戴原禮學於朱彥修既盡其術來吳爲木客吳人以病謁者每與一方率銀五兩王仲光爲儒未知醫也慕而謁焉因咨學醫之道原禮曰熟讀素問耳仲光歸而習之三年

原禮復來見仲光談論大駭以爲不如恐壞其技於是登堂拜母以定交時仲光雖得紙上語未能用藥原禮有彥修醫案十卷必不肯授仲光仲光私窺之知其藏處俟其出也徑取之歸原禮還而失醫案悔甚嘆曰惜哉吾不能終爲此惠也於是仲光之醫名吳下吳下之醫由是盛矣

顧阿瑛豪侈

顧阿瑛在元末爲崑山大家其亭館蓋有三十六處每處皆有春帖一對阿瑛手題也記必名公詩必才

士雖篆隸二三字亦必選當代之筆當時如楊廉夫鄭明德張伯雨倪元鎮皆其往還客也尤密者爲秦約于立釋良琦有二妓曰小瓊花南枝秀每會必在焉阿瑛好事而能文其所作雖不逮諸客而辭語流麗亦時動人故在當時得以周旋騷壇之上者則亦非獨以財故也後阿瑛遭亂財盡散去遂削髮爲在家僧

常熟酒令

常熟士人飲酒立令至爲嚴酷杯中餘瀝有一滴則

罰一杯若至四滴五滴亦罰如其數人惟酒錄事是聽不敢辭也又其爲例頗多如不說後語及落臺說話不檢舉飲不如法皆有罰罰而辯者爲攪令亦有罰必滿飲飲復犯令則復罰雖十罰必罰十杯無一恕者其爲深刻慘酷殆杯勺中商君矣如飲者飲本乾主令者故欲其飲則驗杯唱云有五滴則徑罰五杯或主令者初舉酒時揚杯唱云如法而不告以其故及飲者効之揚杯則唱云不如法不得不飲故其宴會非有深量者未有不被荼毒者也不知此法起於何人亦不仁之甚矣然亦其本邑自行之他邑不用也飲酒本以爲歡乃苦人如是豈善飲乎

武功治水

武功在章秋治水久未就功問於王尚書來尚書曰分水勢尋水源武功於是先開數渠引水散爲各支流去而時或泛濫其害終在再三求源發處不得乃投以物使人離數十里候之物復浮出如是者數處武功曰水流則不受物源不在是再投之一處不浮曰此乃眞水源也以百計塞之皆莫效下以上石若

無者聞一僧有道武功就往謁之問術僧不肯言强之但曰聖人無欲武功歸思而不得數日忽悟曰此下殆有龍窟龍所欲者珠也吾能使之去於是鑄長鐵柱洞釜底貫而下焉水始受塞不踰時遂成平陸蓋鐵汁能蝕珠龍愛珠故去也武功時時爲人道之

文襄佛噱

文襄在吳中好徜徉梵刹旌節所至鐘磬交接每至佛殿則膜拜致敬人或誚之文襄笑曰即如以年齒論之彼長吾蓋二五千歲豈不直得人拜一二拜也

行之自若

東里薦吳人

楊文貞公薦達士類多踐清華如吾蘇一郡者有三人則天下從可知也三人爲尚書楊仲舉都御史吳訥五經博士陳嗣初仲舉與文貞在武昌因患難之交訥以県寄匠以一文嗣初教書儒生以一詩皆入啓事悉登臺閣今人雖曰詩文百篇誰復聞有薦一人者哉

文貞貴德

楊文貞公作第初成設中門未行使人亟請仲舉先生焉曰此門何不容有德之人先踐也

五經文累

陳五經嗣初家居後王淮學士展墓還台州過蘇相相與登城而游焉王公引其二子拜五經於城上乞文遂爲命筆時五經老矣冥搜耗精至成疾乃戒弗復覩篇翰後一客頗無狀必欲五經爲之辭而不獲因怒曰若强吾作須臾耳客責曰王學士固有勢人文宜與之吾故人輩何足勞公耶五經不得已勉頒之操觚而疾重遂以不起大抵作文出於思索具傷心役氣時甚又况執筆對題爲世俗酬應之文亦何意味苟非沛然有餘之才鮮有不爲所困者也

吳中故語

木郡楊循吉

太傅收城

勝國之末太尉張士誠據有吳浙僭王自立頗以仁厚有稱於其下開賓賢館以禮羈寓一時士人被難擇地視東南若歸自是楷能羅致名客如張思廉陳惟允周伯琦輩皆在焉及　大朝行弔伐之誅羣雄稽顙而士誠獨後至勤　王師鐘鼓聲伐螳臂自衛天下笑之當是時太傅中山武寧王實爲元帥以長

圍圍城城中被困者九月資糧盡罄一鼠至費百錢鼠盡至煮履下之枯革以食于時城中士卒登垣以守多至亡沒士誠聚尸焚于城內烟焰不絕哀號動地武寧圍久不克或有獻計者曰蘇城爲龜形也六處同攻則愈堅耳不若擇其一處而急攻之乃可破也會士誠之親信李司徒者亦密遣人至軍前納欵武寧王乃引兵從閶門入士誠募勇士十人號曰十條龍者皆執大杖出戰死焉武寧乃入不戮一人時信國公以城久不破怒若城下之後二歲小兒亦當斫爲三段時信國引兵從葑門入過城中士女必處以軍法武寧聞之急使人捧令牌迎信國軍曰殺降者斬信國軍乃止士誠聞城破其妃作淮音語士誠曰我兒敗矣我往日道如何士誠乃悉驅其骨肉登齊雲樓縱火焚之而已獨不死曰吾救一城人命乃就縛俘至都下李司徒者得以鼓樂迎導遊城三日意謂必得重賞乃竟正丁公之戮焉李司徒故宅今吳縣學宮是也其墓在九龍塢亦被發掘久矣初葑門以信國之入至今百載人猶蕭然武寧入閶門故

今民物繁庶餘門皆不及也迹士誠之所以起蓋亦乘時喪亂保結義社泛海得杭遂止於蘇觀其在故元時貢運不絕亦周知有大義者獨恨不能如吳越錢俶王之獻土以取覆滅哀哉然蘇人至今猶呼爲張王云

魏守改郡治

蘇州郡衙自來本在城之中心僭周稱國遂以爲宮頗爲壯麗元有都水行司在胥門內乃遷衙居焉及士誠被俘悉縱煨焰爲瓦礫荒墟方版圖始收玆地

高皇擇一守来蒞蒲圻魏公觀方以國子祭酒致仕將歸　上親宴餞於便殿得平蘇之報因酌酒留之曰蘇州新定煩卿往治蒲圻遂領蘇州時高太史李廸方以侍郎引歸夜宿龍灣夢其父來書其掌作一魏字云此人慎勿與相見太史由是避匿甫里絕不入城然蒲圻愛被殷勤竟遂棄寐告爲忘形之交然未有驗蒲圻碩學夙充性尤仁厚貴臨之久大得民和因郡衙之隘乃按舊地而徙之正當僞宮之基初城中有一港曰錦帆涇云闔閭所鑿以游賞者久已

堙塞蒲圻亦通之時右列方張乃爲飛言　上聞云蒲圻復宮開涇心有異圖也時四海初定不能不關聖慮乃使一御史張度覘焉御史至郡則僞爲役人執搬運之勞雜事其中斧斤工畢擇吉構架蒲圻以酒親勞其下人予一杯御史獨謝不飲是日高太史爲上梁文御史還奏蒲圻與太史並死都市前工遂輟至今郡治猶仍都水之舊僻在西隅堂宇偏側不稱前代儀門下一碑猶是都水司記可徵也而僞吳故基獨爲耕牧之場雖小民之家無敢築室其上者惟宮門巋然尚存蒿艾滿目一望平原而已然數年之前猶有拾得箭鏃與金物者近亦無矣

嚴都堂剛鯁

嚴德明在洪武中爲左僉都御史嘗掌院印以疾求歸發廣西南丹充軍面刺四字曰南丹正軍後得代歸吳中居於樂橋深自隱諱與齊民等宣德末年猶存西軍之過暴苦民家公奮手毆之西軍訟于察院被逮時御史李立坐堂上公跪陳云老子也曾在都察院勾當來識法度底豈肯如此李問云何勾當嚴

公云老子在洪武時曾都察院掌印今堂上版榜所稱嚴德明者即是也李大驚急扶起之延之後堂請問舊事歡洽竟日而罷後御史繆讓家宴客教授李綺上坐致公作陪公時貧甚頭戴一帽已破用雜布補之綺易其人見公面上刺字憐而問之云老人家何事刺此四字公怒因自述老子是洪武遺臣任僉都御史不幸有疾蒙恩發南丹今老而歸且曰先時法度利害不比如今官吏綺亦大驚拜而請罪因退避下坐前輩朴雅安分如此聞之長者洪武時吳中

多有仕者而惟嚴公一人得全歸焉今其子孫不聞如何也然當公在時已埋沒不爲人所知況其後乎

況侯抑中官

蘇州古大郡也守牧非名公不授載見前聞自入我朝魏公觀以文化爲治姚公善以忠烈建節赫如也自時厥後乃得況公鍾焉公本江西人實姓黃氏初以小吏給役禮部司僚每有事白堂上必引公與俱有所顧問則詢於公以答尚書呂公震奇之因薦爲儀制主事 仁宗賓天 宣宗在南京當遣禮官

一人迎 駕衆皆憚行呂尚書以公就命公挺然出曰是固非我不可鋪馬馳七晝夜至南京 駕發公紗幘直領芒鞋步扶版轎行千餘里不辭其勞 宣宗憐之 敕令就騎每至頓次則已先謁道左 宣宗由是知其忠勤可用時承平歲久中使時出四方絡繹不絶采寶幹辦之類名色甚多如蘇州一處恒有五六人居焉曰來内官羅太監尤久或織造或采促織或買禽鳥花木皆倚以剝民祈求無藝郡佐縣正少忤則加捶撻雖太守亦時訶責不貸也其他經過内官尤横至縛同知卧於驛邊水次鞭笞他官動至五六十以爲常矣會知府缺楊文貞公以公薦而知蘇州有内官難治乃請 賜勅書以行文貞難其事不敢直言乃以數毋字假之以柄下車之日首謁一勢闍于驛拜下不答欽揖起云老太監同不喜拜且長揖既乃就坐與之抗論畢出麾僚屬先上馬入城而已御轎押其後由是内官至蘇皆不得撻郡縣之吏矣來内官以事杖吳縣主簿吳清況聞之徑往執其兩手怒數曰汝何得打吾主簿縣中不要辦事

只幹汝一頭事乎來懼謝爲設食而止於是終況公之時十餘年間未嘗罹内官之患也然況公爲政特尚嚴峻故時有以輕罪而杖死者御史某巡按在蘇況適過交衢中拱手而過不下轎徑去人乃晰之競以爲謗故久抑遏不遷至九年復爲留守卒官然蘇州至今風俗淳良則皆其變之也至於減三分糧當一代軍則其惠澤之在人者不小也然其初非呂尚書之薦 宣廟之知楊文貞之助則安得如是而九年之間使不滿而他徙則其政未必告成若此也郎

中引與之俱逸其名不耻下問以達其下亦賢矣哉

錢曄陷楊貢

錢曄常熟之富人也入貲得授浙江都司都事豪壓一邑知府楊貢訪朱漢房御史曄在焉衣服鮮美而語言容止並復都雅貢敬之既去問得是貲官貢始悔恨曰此吾部小民何敢與吾坐乎惡之曄之寓舍在泰伯橋下先是指揮何某呼角妓數人供宴舟載經曄寓過曄亦方筵客截而有之何由是銜曄至是每短曄於貢貢既深惡曄得何言益怒於是以事收

之下府獄吳人大喜貢具本馳奏曄之輩如劉以則等數人皆大家也平日相結為友見曄敗有齒寒之懼各助曄銀五百兩必欲勝貢曄家僮奴數百人多有有智能者貢之本既發上道曄家人隨焉詐為附舟者與齎本吏一路游處卒賂之發封竊視盡得其所奏情罪辭吏先往預以本進焉一一皆破貢所論者也後三日貢本始入同下巡撫都御史鄒來鶴推勘鄒特欲扶曄故遲之以貢難抑不敢決初曄之在獄獄囚夜反知縣聞人恭白貢請乘勢棒殺曄貢不肯曰是何得好死獄中貢意蓋欲顯戮曄并沒其產也及鄒既為曄獄久未成曄遂使人以貨謀於權貴乞同提至京理對於是貢與曄皆就逮北行初將朝審時方嚴寒曄賂校尉五更巳縛貢縛繩至骨又不與飲祼凍欲僵莫能發一語曄則飲酒披裘至臨入始一縛焉於是貢辭不勝貢至刑部尚書某曰楊知府汝作街頭榜用牌兒名綴語此時巳天奪汝魄矣尚何言初曄進本自署浙江都司都事至是刑部覆不言貢以如府按曄事但言以都事與知府詰奏事

勢相等又曄與貢亦交有所論於是論貢與曄皆為民吳人寃之貢誠清苦無所私其收曄亦深欲抑强而自立也公不勝貨事遂以壞惜哉然於貢亦何損焉當時僉事湯琛賦一詩紀之蓋幾千言語雖鄙俚皆述實也詞多不載貢既去郡貧甚還家布衣破帽教授以自養迨始郎世曄無子亦老死家中將死前月餘所乘馬尾一旦盡落人謂絕後之兆方曄盛時其享用等封侯園池之勝蓋為江南甲冠嘗於池中築一亭夏月宴客則登焉客既集則去橋不得輒去

亭皆四窓嫌日色蒸照則取大方舟實以土上種名花作高屏視日所至牽而障焉

王文捕許妖

許道師尹山之小民也善房中術以白蓮教惑人欲鈎致婦人爲亂有傳道者數輩事之以爲神佛遂鼓動一境皆往從焉具人居一室中人不得妄見以五月五日取蜈蚣蛇蠍壁虎等五種毒物聚置一甕中閉而封之聽其相食最後得生者其毒特甚乃取而刺其血和藥浸水貯之令婦人欲求法者必令先洗

其目云不爾不清淨不可以見佛洗後入室金光眩然妄見諸鬼神相愚無知者於是深信之以爲誠佛也道師坐一大竹籃中令婦人脫衣抱持傳道婦人不肯者則請令小兒摸其勢果若天閹者於是競不疑之及親體則迫而淫焉婦人或聽或不聽無不被污而出不敢語人故其後至者不絕有沈三娘者與之淫尤密每招村之婦女來傳法則並污之惑者既衆恒所聚人亦幾百數府都指揮翁某新至欲以此立功求陞百戶李慶贊之遂白都御史王文張皇其事文時以賑濟在蘇亦有喜功心三人議遂合乃發衛兵五百人往收之知府汪滸指揮使謝某坐中軍李慶爲前哨妖黨初但以淫人故爲左道實未敢爲叛也至是懼死乃相率遁去居田野中其類惑之者執竹鎗田犂之器衛之許道師坐一石上衛兵列陣而對之其黨曰汝軍家勿動吾師少誦一呪則汝等來者皆死衛兵惑之果欲反走中一卒曰賊首坐在石上何難擒也馳突前至道師所執其衣領擒之餘皆盡縛無脫者蓋將三百人焉皆以檻車載送捷上

尚書于謙在兵部深知其飾功止特奏陞翁一級餘並不遷賊首置極典連誅者三四十人沈三娘者亦在焉後李慶進本自陳其功乞遷官于尚書立案不行慶爭曰若如此則使他日有警人不肯用心也于曰吾杭州人豈不知此事僞耶今一士執一人遂謂之討叛乎遂罷許妖之罪自是滔天不容誅矣然其間田野愚夫有一時無知相從者因三人有遷官之心遂使三百人皆以大辟死誠何心耶後文被誅翁亦縊死李慶之二子皆爲盜死獄中亦報施之不爽

也已

三學罵王敬

成化癸卯之歲太監王敬以采辦藥材書籍至江南所至官司無不望風迎合任其意剝取財貨無敢沮者於是民間凡有衣食之家悉不自保惴惴朝夕又有一種無賴小人投附其中悉取富人呈報或以償其私怨敬既恃其權奸於是大肆厥惡至及於士類先在杭州時使士子錄書或不如意則出梵經使鈔之得賂而止至蘇復以子平遺集要三學筆錄其多

至千餘卷初每生給錄一帖凡錄數百帖與之矣時方近秋試復以紙牌呼集諸生諸生知其意復欲抄書不往敬怒使人督促三學學官不得已率諸生往見于姑蘇驛敬時坐堂上其副曰王臣者立其傍王臣木杭之無賴嘗得罪當死有邪術能爲木人沐浴跳踉于几上夤緣進上遂得寵用是行實其計敬之爲惡大抵皆斯人爲之敬特爲之尸而已時敬見諸生至責曰何不肯寫書衆合辭對向來已寫訖敬曰昨日飯今尚飽耶遂欲笞學官諸生乃大譟呼其在門下者皆入指敬面而罵之敬起而復坐不能爲進退荒忙失措仰面偃肩于座上聽其罵其部下軍校執杖擊諸生走出驛門遇市薪二束各執之反擊軍校皆散走王臣知不敵遁入舟中衆又從而逐之有鄭万者都下惡少亦王臣黨也被執至城門下闔門而毆之幾死時三學生徒及其家僮僕幾百人既散去明日敬召知府劉公瑀泣而愬之以爲計使諸生罵之劉公跪拜乞罪出而訪求罵者自三學乃一時恃其衆多以所訪十七人及諸生皆引見敬王

臣時在側乃極口詆訶諸生不知何人悉以諸生陰短訴王臣臣悉發之衆大慚而出劉乃引罵者笞于皇華亭下各二十具數而已劉次日召諸生責之曰王敬家有三條玉帶汝輩小兒何能與之抗且說永樂間秀才罵內使皆發充軍汝謂無紅船載汝輩耶恐械至臨清則俱死爾長洲學生戴冠獨抗對曰死生有命如何怕得遂罷然諸生又有自書其輩名字詣敬首告者蓋爲敬所窺薄焉方罵時巡撫都御史王公恕適至公嚴峻剛方特爲天下具瞻平生恒不

喜閣貴至此諸生懼罪哀訴焉公曰既已罵訖今無如之何且俟其歸必作奏亦不過行巡撫巡按處耳今且勿譁諸生大失望然不知王公密奏已達矣後敬至　闕下果以諸生事上至動　震怒果下巡按推治時敬勢方張未敗也諸生又往告王公王公曰此人耳目至多蘇州南北交往之地兼有二豎在此謂織染局有太監二人既已推治安得不管朴松江僻靜吾已與御史言送彼中獄矣巡按時爲張公淮亦號有風力不肯承旨重繩諸生以是得無苦然張公亦且未

敢決其事持兩可之説以待會王敬等事敗下獄張公乃上其事得皆末減焉初敬出時氣焰薰天諸生以士子罵之與古人烈烈者何異惜其後更無挺然自當敢出數語與此輩辨曲直者俯首帖耳反敗儕輩之事抑何前後之不類乎惜哉聞諸四方可笑也古之爲忠義志定於平日而氣發於一時彼無根之怒豈可一旦而施之遂以徼取忠義之名乎若然則陳東輩遍天下皆是也當時好事者遂傳以爲吳中十了美談不知乃一時之氣耳豈不過哉

此卷有裨史學黄氏吳記祝氏猥談鄙褻馳頽遠不及也顧嘉慶識

庚巳編

長洲陸粲

太學

相傳　高皇帝時初起太學　上臨視之顧學制宏麗　聖情甚悦行至廣業堂前偶發一言云天下有福兒郎應得居此迄今百四十年來學生居此堂者往往占魁選躋位通貴他所不及也又諸堂中都無蜘蛛云　上來時見蛛布網屋隅曰我纔建屋爾輒據之耶顧呵之出語訖而蛛遯從茲遂絶

貢院

南京貢院錦衣衛指揮紀綱宅也綱有寵　文皇帝朝後坐不法伏誅闔門受戮於是（或云生瘞其下）至今每鄉試時舉子入院輒有聲自地中起歷諸號而止如萬馬騰踏者云

鬼兵

陸容居吳之婁門外正德丙寅春一日薄暮容倚門獨立聞隔岸洶洶若有兵甲聲已而有數千百人自腰以上不可見腰以下所可見皆花縚緻股其行甚疾容大驚呼其家男女老幼畢出皆見之踰時過始盡是歲崇明海寇鈕東山作亂奏調京軍及諸衛討之兵歲餘乃罷官帑爲之一空容所見蓋兵象也

婦人生鬚

弘治末隨州應山縣女子生髭長三寸餘見於底報予里人卓四者往年商於鄭陽見主家一婦美色頷下生鬚三繚約數十莖長可數寸人目爲三鬚娘云

肉芝

今年春長洲漕湖之濱有農婦治田見湖灘一物白

如雪趨視之乃見一小兒手也連臂約長尺許其下作聲唧唧驚走報其夫夫往看亦甚疑怪掘之其根不可窮乃折而棄之湖嘗讀神仙感遇傳云蘭陵蕭靜之掘地得物類如人手肥潤而紅烹而食之踰月髮再生力壯貌少後値道士顧靜之曰神氣若是必嘗仙藥指其脈曰所食者肉芝也壽等龜鶴矣然則漕湖之物正此類耳乃不幸棄于愚夫之手惜哉

玄壇黑虎

吳俗喜鬬蟋蟀多以决賭財物予里人張廷芳者好

此戲爲之輒敗至鬻家具以償焉歲歲復然遂蕩其産素敬事玄壇神乃以誠禱訴其困苦夜夢神曰爾勿憂吾遣黑虎助爾今化身在天妃宮東南角樹下汝往取之張往掘土獲一蟋蟀深黑色而甚大用以鬭無弗勝者旬日間獲利如所喪者加倍至冬促織死張慟哭以銀作棺葬之

芭蕉女子

馮漢字天章爲吳學生居閶門石牌巷口一小齋庭前雜植花木瀟洒可愛夏月薄晚浴罷坐齋中榻上

忽覩一女子綠衣翠裳映窗而立漢叱問之女子斂袂拜曰兒焦氏也言畢忽然入户熟視之肌體纖妍舉止輕逸其絕色也漢驚疑其非人起挽衣相押之女忙迫截衣而去僅執得一裾角以置所卧蓆下明視之乃蕉葉耳先是漢嘗讀書隣僧菴中移一本植於庭其葉所斷裂處取所藏者合之不差尺寸遂伐之斷其根有血後問僧云蕉嘗爲怪惑死數僧矣

怪石

予家楓橋別業港運河中有青石一方可長四五尺蓋塚墓間物衍落於此歲久爲怪每至秋間能自行出於河出必有覆舟之患一歲有木商泊筏於港口自其下過木爲撑起尺餘商大驚而外報覆一麥舟少時復自外入木起如前今猶在水中時爲變怪

蜂化促織

相城劉浩性好鬭促織嘗侵晨出婁門見水濱一大蜂以身就泥中輾轉數四起集敗荷葉上心竊怪之還過其地見蜂猶在身已化爲促織頭足猶蜂也持歸養之經日脱去泥殼則純變矣健而善鬭所當無

不勝者物數之相感化固然

方卵雛猴

弘治末南昌艾公璞巡撫江南蘇州屬縣崇明申報本縣民家有鷄生卵而方者異而碎之中有一雛猴纔大如棗艾公以告巡江都御史長洲陳璚欲同奏於朝陳公曰妖異誠當以聞然其物怪甚慶已不存矣萬一柄臣喜事者以　詔旨何以進命艾公乃止奏用見其文移云

雀報

鎮江衛左所軍士范某妻患瘵疾瀕死遇道人與之藥云用雀百頭以藥米飼之至三七日取其腦服之當差然一雀莫減也范如教買雀養之有死者則旋買之以充數未旬日范以公差出妻覩雀嘆曰以吾一人殘物命至百甚不仁也吾寧死安忍爲此開籠放之夫歸怒責其妻亦不悔已而病差初久不產育是年忽有娠生一男男兩臂上各有黒誌如雀形一飛一僥而啄羽毛分明不減刻畫葢冥道以此示放雀報云也

老盜

嘉興金晟永樂中爲刑部主事時湖廣有强盜若干人械至部晟鞫之其渠首年一百二十五歲而如童子晟不信移文驗之果然問其所以致壽曰少居荆山中嘗遇一人以草灸其臍云令爾多壽遂活至此耳　朝廷以其老命杖殺之餘皆伏誅

行坐

古者賓位尚右如史記陳平願以右丞相讓周勃語云無能出其右者及行尚西禮記曰主人就東階客就西階諺呼主人爲東道則古人坐尚西亦甚明矣後世不察遂以東左爲尊耳

續已編

仁和郎瑛

人瑞

汝寧秀才燕生者妻一乳三男吾鄉陸鍾人傑知光州時嘗以公事適府城過其家生呼三男出拜皆韶秀才形狀衣飾畧無少差其髻一向左一向右一在頂中生云其年皆十二矣以貌類難別故剃髮爲髻以識耳他日生率三子來州謁見云聞此地有一胎三女者與吾見同年欲求爲配人傑奇之召見其人爲議而聘焉

隕石

成化中星隕於山東莒城縣馬長史家門中初墮地其光煜煜而星體腐軟特如粉漿馬家人以杖抵之没杖成穴久而漸堅乃成一石

猫王

福建布政使朱彰交阯人而寓於蘇景泰初謫爲陝西莊浪驛丞有西番使臣入貢一猫道經於驛彰館之使譯問猫何異而上供使臣書示云欲知其異今夕請試之其猫盛罩於鐵籠以鐵籠兩重納着空屋內明日起視有數十鼠伏籠外盡死使臣云此猫所在雖數里外鼠皆來伏死蓋猫之王也

黑厮

黑厮者陝西按察司隸也洪武中有按察使當朝覲詣京籍其從者名黑厮預焉俄一夕病死使將擇代者更造其籍是夕恍見黑厮跪白曰籍無庸改也小人雖死尚能事公所患潼關難過公但於關外大呼吾名卽出矣許之此行所經驛傳百需皆備詰之則云適有隸報公將至令治具爾問其狀曰肥短而黑

使心知其黑厮也出關呼其名訖便聞鬼語云某已出關矣自陝護至淮安謝不肯行曰都城隍嚴某不敢入京師當止此以候公使入朝以事狀下吏久之黑厮遂降於居民言吾黑厮大王也當血食此土鄉民翕然信之爲立廟憑巫言禍福甚驗禱謝無虛日巫積所施予至數百金歲餘使事完復官將渡江黑厮下教於巫曰某月某日官將至具宴犒而所有金悉歸之不者吾且罪汝巫不得已往迎焉以金獻前一

日使巳見黑廝來白巳曰公謹無泄吾名懼不爲福巫至使受其獄巫不解神意數問焉不答巫隨行數百里固請之乃以實告巫惧歸以語鄉人相率投詞都城隍訴之毀其廟靈響遂絶

蝎魔

西安有蝎魔寺塑大蝎於楣相傳　國初有女子素不慧病死復生遂明敏以文史知名時有布政適喪偶客以女爲言遂娶之月餘日布政方視事有所需使閽人入私廨取之呼夫人不應但見老蝎大如車

輪臥於榻閽驚而出以白焉不信此爲妖妄閽請曰他日相公望願無聲欻窸捲之必可見也如其言果見老蝎伏榻上輾轉間又成好子矣雖抵諱而詞意頗羞沭巳而忽失所在是夕人定乃出拜燈下曰身本蝎魔所以夤緣見公者非敢爲幻惑欲有求耳公能不終拒乃敢輸情許之乃曰昔爲魔得罪冥道賴觀音大士救拔免其死因假女屍爲人幸獲侍左右覬公建一蘭若以報大士之德耳今醜迹巳彰幸公哀憐布政領之女子遂隱他日乃命所司建寺至今存焉

上梁日時

誠意公當過吳門中夜聞撞木聲以問左右曰某人上梁也又問其家貧富及屋之豐儉曰貧者數楹屋耳公嘆曰擇日人術情乃爾又曰惜哉其不久也左右問故公曰此日此時上梁最吉家當大發然必臣室乃可若貧家驟富必復更置此屋旺氣一去其衰

可待也其後家生計日裕不數歲藏鏹百萬果撤屋廣之未久遂貧落如故

辟瘧鏡

吳縣三都陳氏祖傳古鏡一具徑八九寸凡患瘧者執而自照必見一物附于背其狀蓬首黧面糊塗不可辯一舉鏡而此物如驚奄忽失去病即時愈蓋瘧鬼畏見其形而遁也世以爲寶至弘治中兄弟分財剖鏡各得其半再以照瘧不復見鬼矣

樓三舍人

樓三舍人者樓璉也　太祖御舟師敗陳友諒于鄱陽死者數十萬返還擲纜樓于湖寃鬼憑之湖遂能

爲妖舟人必祭否則有覆溺之患

長安客話

晉陵蔣一葵

小履紵衫

李文正公幼舉神童　帝抱至膝上時其父拜起侍丹陛下　帝曰子坐父立禮乎對曰嫂溺叔援權也入朝小履一雙僅二寸餘猶是絆繫所成衫則粗紵爲耿天臺先生所得置王督學大謨家王爲孝廉時也後以還其家

賜第

先朝賜第有胡忠安李文達李文正張文忠胡在麻繩衚衕文正在灰廠小巷李閣老衚衕張在五顯廟廟前張閣老衚衕文達在東邊王府街

講筵金錢

景泰初始開經筵每講畢命中官布金錢于地令講官拾之以爲恩典時高穀年六十餘俯仰不便無所得一講官忘其氏名常拾以貽之按宣德中李時勉爲侍講學士一日　景陵懷金錢至史館撒之於地令諸講官拾取時勉獨正立乃呼至前賜以袖中金

錢則金錢之事其來已久

只遜

我朝見下工部　旨造只遜八百副皆不知只遜何物後乃知爲上直校鵞帽錦衣也

洗象

象房在宣武門西城墻北每歲六月初伏官校用旗鼓迎象出宣武門濠内洗濯

國子監松

彝倫堂前古松是元儒許衡手植

翰林院積沙

翰林院門左右各積有飛沙高三四尺若短墻然微風一動則坌起出入者厭之　世廟中掌院某嘗令除去官僚罷譎幾空沙還積如故或以爲形勢宜爾

六科廊

國初六科在午門内原與尚寶司相隣今工部委官製衣處猶稱六科廊是也永樂間失火遷午門外遂爲定居

工部銅僮　光祿寺酒榨

工部有銅僮四一在節愼庫高可過人云是　國初籍沒沈萬三家物又光祿寺有鐵力木酒榨每榨或用米二十石得汁百甕亦云是萬三家沒入者

太醫院銅人

太醫院署有古銅人虛中注水關竅畢通古色蒼碧瑩然射目相傳海潮中出者

太醫院捕蝦蟇

太醫院例於端陽日差官至南海子捕蝦蟇擠酥以合藥製紫金錠其張大其事備鼓吹旗幟喧闐以往

或嘲以詩曰抖擻威風出鳳城喧喧鼓吹擁霓旌林披莽如擒虎捉得蝦蟇剜眼睛

渾不似

渾不似狀如琵琶直頸無品有小槽圓腹如半瓶榼以皮爲面四絃皮絣同一孤柱相傳王昭君琵琶壞使胡人重造造而其形小昭君笑曰渾不似遂以名元史以爲火不思今以爲胡撥思皆相傳之訛

摻金榔頭

京師稱以好語誚過人者曰摻金榔頭言語

不易也謂人將死曰去天漸遠言入上近也謂人瘧於色者曰閻王未勾何自抑到誰肯失稚有合稱以譎人者曰未勾先抑到已識去天遠若受摻金椎寘途可回轉

嘲北地巷曲中

金陵陳大聲嘲北地巷曲中人半亦近誣不盡然也日門前一陳騾車過灰揚那裡有踏花歸去馬蹄香綿襖綿裙綿褲子膀脹那裡有佯人夜試薄羅裳生葱生蒜生韭菜腌臢那裡有夜深私語口脂香開口

便唱寃家的歪腔那裡有春風一曲杜韋娘開筵空吃燒刀子難當那裡有蘭陵美酒鬱金香頭上鬏髻高尺二蠢娘那裡有高髻雲鬟宫樣粧行雲行雨在何方土坑那裡有鴛鴦夜宿銷金帳五錢一兩等頭昂便忘那裡有嫁得劉郎勝阮郎

三婆

禮儀房在治南供事掖庭者如所稱二婆是矣每季精選奶口四十名養之內又別選八十名籍於官分半季點卯二項　內庭有召則就其中拔其尤者一人易高髻新衣如宫粧以進不稱　者多至十餘易而後定定則終其身服役於所乳榮富貴厚矣名曰奶婆民間婦有精通方脈者由各衙門選取以至司禮監御醫會選中者著名籍以待　詔婦女多榮之名曰醫婆就收生婆中預選名籍在官以待　內庭召用如選女則用以辨別妍媸可否如選奶口則用等第乳汁厚薄隱疾有無名曰穩婆

快雪堂漫錄

秀水馮夢禎

記慶安坐化事

今歲正月湖南淨慈迎雲棲蓮池師講圓覺師以十三日赴法席甚盛聽衆二千餘某日有客比丘慶安宣城人自言明日日中吾當化去或尤之曰莫捍怪惑衆安不顧先以銀二分授丐者令買薪火我次日衆守至日中咸散去將昃忽起禮十方佛約數十拜遂端坐合掌而逝停三日顏色鮮好鼻注尺餘火浴

無屍氣虞長孺兄弟與大衆所共目擊者

記衙門舊例

癸未四月初十日前輩吳復菴召復官吳親兄爲吳復菴檢討諱可行語及近例衙門入閣者講讀已下不問科第深淺率用晚侍生帖吳云嘉靖間想無此例對家兄言及怫不信嘗云分宜當國時有一檢討家居十九年既至與分宜公抗禮上坐用侍生白单帖分宜公亦不爲異蓋衙門稱晚生者惟七科前輩不論入閣與否又新進者于掌院學士稱晚生避馬余爲庶吉士數月信陽何公以宮諭改讀學掌院時請教閣師申公換晚生帖吳又云辛未散館時申瑤老以宮允掌院未加學士申瑤老不肯受晚生帖又途中相遇請公避馬瑤老亦下馬請作揖形迹甚不妥後請教江陵公用晚侍生帖不避亦權宜也

趙鼻涕

臨安令有趙鼻涕者以其罷軟故得此名民有錢德明者持狀赴告狀稱錢德明年若干歲趙怒命行笞民不服曰汝家我不稱今年若干歲而稱明年何也

趙蓋以德爲民名而明字屬下文聞之不覺捧腹高心田說今追記之

栽蘭法二

陳季象傳栽蘭法取山土火煨細羅過種蘭訖以清水旋澆之以透爲度蓋濕土難至根下乾土得水則漲而抱根無不活矣蘭根甘易生蟻去之法置盆水中俟水及根即取起次用便溺澆之復置水中俟蟻浮水爲度恐未盡再行前法一次

磨漢印

虞長孺畜一漢印上刻長孺私印款甚奇古一日有舉人某者乞長孺文謄眞訖索印記長孺以漢印付之某怪其文模糊磨而後用封還長孺後復用大損古意怪詢得其故大爲鼓掌此當與削圓方竹杖同案者也陳季象說

月中人

虞長孺祖母今年八十一矣嘗云年三四十時秋夜露坐庭中見有三人挨月而過異之急呼長孺伯母同觀伯母出遲僅見其二須臾俱入月中矣親語陳季象爲余述之

李于鱗岕茶

李于鱗爲吾浙按察副使徐子與以岕茶最精者餉之比看子與昭慶寺問及則已賞皂役矣蓋岕茶葉大多梗于鱗北士不遇宜矣紀之以發一粲

藏茶法二

徐茂吳云藏茶法實茶大甕底置箬封固倒放則過夏不黃以其氣不外泄也子晉云當倒放有蓋缸內缸宜砂底則不生水而常燥時常封固不宜見日見日則生翳損茶味矣藏又不宜熱處新茶不宜驟用過黃梅其味始足

茉莉酒法

用三白酒或雪酒色味佳者不滿瓶上虛二三寸編竹爲十字或井字障瓶口不令有餘不足新摘茉莉數十朵線繫其蒂懸竹下令齊離酒一指許貼用紙封固旬日香透矣

造糊法二

用麵掛作掌大塊入椒礬蠟等末用水煮俟麵浮起

爲度取出入清水浸浸至有臭氣白泛即易水直待氣泛盡取出待乾配入白芨汁作糊永遠不受黴濕季象傳又一法白芨爲末勻入白麵潔淨水漫漫澄過不可將水入麵但以麵入水入器內蓋好一日一夜待麵沉入底務令粘膩量水多少入白蠟及明礬川椒末置火上不住手攪火須用文火不得令焦結實加麻腐取作數塊浸水中以次用之子晉傳

造色紙

用橡子殼大黃梔傘店所用者二味量濃淡合用炊

用上白東荊川連厚而少路者光滑長几上鋪開用排筆上色次疊上務令色遍勿使有白點約一刀分二叠置透風處候乾極燥揭開裱用季象傳

雲夢藥溪談

西極文翔鳳

天關雲卧

天官鉞北北河南南河兩河天關間爲關梁蓋北河南河皆星名各三星而正義又曰關丘二星在河南天子之雙闕諸侯之兩觀亦象魏縣書之府予謂黄河應天漢而洛京之南爲伊闕伊闕古所謂闕塞蓋雙闕也也老杜龍門奉先寺詩天闕象緯逼雲卧衣裳冷盖謂伊闕應天關云爾而解者忽漫不詳卧雲者伊陽之北山卽鳴皋之派長殆百里如雲卧然龍門南直卧雲或云然老杜精核按天官地紀而命辭恐非漫拈語

中州地形

中州地形大體以嵩高爲心以汴京爲腹以伊汝爲左右手以河淮爲左右足蓋伊陽之北山曰卧雲北則伊水南則汝水卧雲中據之則中州之華蓋伊自鞏會洛卽入河汝亦東入於淮兩水之内蓋再結而爲嵩高三結而爲汴河與淮交而入海伊河之北汝

淮之南皆所謂外羅者與

十五國風

周有二南十三國合之爲十五國風予嘗謂我朝有兩京十三省亦合之爲十五國旣嘗欲賦兩京因欲爲十五國之賦總挈一代之體近楚瞿氏亦欲采十五國之詩比於周風予賦尚闇筆未知瞿所采者云何

三山

封禪書八神四曰陰主祠三山索隱曰顧氏案地理

志云東萊曲成有參山非海中之三神山也按萊陽有三架山如筆架而一云三駕山云迎唐文皇征遼駕而名當誤駕何言乎三架而三近是豈即主陰之三山與

山繭

禹貢曰萊夷作牧厥篚檿絲史記作酓絲爾雅曰檿山桑顏師古曰山桑之絲其韌中琴瑟之絃蘇氏曰惟東萊爲有此絲以之爲繒堅韌異常萊人謂之山繭爾雅又曰蟓桑繭讐由樗繭棘繭欒繭蚢蕭繭今萊陽之山繭紬蓋樗繭也枚乘七發野繭之絲以爲絃殆所謂蟓繭而韌堅者與

五酉

予初爲庠師朱公論文及楊用修則曰所述如孔子陳蔡間遭五酉之侮不知其出何書比予遊燕市得孔子集語讀之亦載此事而所引出者獨闕此條之注比讀干寶搜神記得之而孔聖全書亦引此然集語則作五酋故予詩有五酋何事愁相傷之句酉酋俱通而酉優孔子曰五酉者五行之方皆有其物酉

者老也律書亦云酉者萬物之老也酋其以言乎終耶集語或誤

八蠶

吳都賦曰鄉貢八蠶之綿按俞益期牋曰日南蠶八熟永嘉記曰永嘉有八輩蠶蚖珍蠶三月績柘蠶四月初績蚖蠶四月初績愛珍五月績愛蠶六月末績寒珍七月末績四出蠶九月初績寒蠶十月績凡蠶再熟者前輩皆謂之珍愛蠶者故蚖蠶種也

四柱

予嘗結星命家有四柱同而禍福異者何曰刻異予曰刻異而君之推之者以時不以刻有四柱無五柱而惡乎知之文山贈朱斗南序云甲巳之年生月丙寅甲巳之日生時甲子以六十位類推之其數極於七百二十而盡以七百二十之年月加七百二十之日時則命之四柱其數極於五十一萬八千四百而無以復加矣考天下盛時凡州主客戶有至千四五百萬或千七八百萬而荒服之外不與焉天地之間生人之數殆未可量也生人之數如此而其所得四

柱者皆不能越於五十一萬八千四百之外且夫五十一萬八千四百之數散在百二十期中人生姑以百歲爲率是百歲內生人其所受命止當六分之四有奇則命愈加少而其難斷亦可知矣宇宙民物之衆謂一日止於生十二人豈不厚誣文山殆絨星家之舌使之橋然不下者也

滑

史記襄王十三年鄭伐滑賈逵曰滑姬姓之國正義曰杜預云滑故國都河南緱氏縣爲秦所滅按滑非滑臺之滑滑臺有滑伯墓

靈隱警句

宋之問所得駱氏靈隱警句樓觀滄海日門對浙江潮李太白天台曉望詩門標赤城霞樓棲滄島月最相似

柳東丘記

柳文永州龍興寺東丘記末忽作韻語曰丘之幽幽可以處休丘之窅窅可以觀妙溽暑頓去茲丘之下太和不遷茲丘之巔與乎茲丘孰從我游使韓蘇當

此必爲歌爲詩矣

纖絮

史記豫州其篚纖絮孔安國曰細綿也今伊陽有伊紬其一種

中國山川

史記曰中國山川東北流其維首在隴蜀尾沒於勃碣正義曰言中國山及川皆東北流行若南山首在崑崙葱嶺東北行連隴山至南山華山渡河東北盡碣石山黃河首起崑崙山皆東北入渤海也予以太

行爲脊黃河爲腸中水與太史合

古詩俳偶

三百篇往往有俳偶語葛覃則是刈是穫爲絺爲綌草蟲則喓喓草蟲趯趯阜螽柏舟則覯閔既多受侮不少碩人則鱣鮪發發葭菼揭揭氓則言笑晏晏信誓旦旦黍離則行邁靡靡中心搖搖吉日則發彼小豝殪此大兕後世律詩之祖

吹不盡燒不盡

李詩秋風吹不盡總是玉關情此搗衣聲也白詩野

火燒不盡春風吹又生此咸陽草也

聞雁齋筆談

鹿城張大復

櫻粟

櫻粟花之無香韻者也朱宏侯種之盈畝萬朵爛然亦足奪目飽我生問余此堪作何比余昔過盧溝橋一庄院僧驅騾百許頭縱食櫪下其色相錯如繡始知昔人雲錦之比殆非虛妄今日所見頗爲似之二生皆絶倒

茶

茶既就筐其性必發于日而遇知已于水然非資之

茶竈茶罏則亦不佳故日飲茶富貴之事也趙長白自言吾生平無他幸但不曾飲井水耳此老于茶可謂能盡其性者今亦老矣甚窮大都不能如曩時猶摩挲萬卷中作茶史故是天壤間多情人也

人面桃

桃之品亡慮數十絳碧夭緋總堪極目然夭者故是正色耶至于人面桃則桃之變極矣瑩白如雪光浮白外素者故艶不艶于此方之梅花則今古雅倸正

復逌然稍使數觴一時堪作梅變夭夭者雲從

戲書

梅花方開新釀方熟河豚方出水是一時絶新光景花之有蘭果之有橄欖書之有離騷亦是從來絶異滋味若夫花之光水之色岕茶之氣世界都空無所著其耳目口鼻矣

又

一卷書一麈尾一壺茶一盆果一重裘一单綈一奚奴一駿馬一谿雲一潭水一庭花一林雪一曲房一

竹搨一枕簟一爱妾一片石一輪月逍遥三十年然後一芒鞋一斗笠一竹杖一破衲到處名山隨緣福地也不枉了眼耳鼻舌身意隨我一場也

吳因之語

吳因之曰造謗者甚忙受謗者甚閑忙者不能造閑者之命閑者則能定忙者之品此亦名言

林會元

壬辰會元林先生春其父故漕卒家貧善養其母往往至日中不能炊先生拾穗行歌聊無慍色後官吏部卒于邸檢之橐中僅得銀四兩幾無以殮可謂終始一節者大學士張玉陽賞其卷批曰布帛菽粟之文必是篤行君子張可謂知人已

聞曲

喉中轉氣管中轉聲其用在喉管之間而妙出聲氣之表故曰微若絲發若括真有得之心應之手與口出之手與口而心不知其所以者曾聽張伯華吹簫王季昭度曲庶幾至無而供其求時馳而要其束今日納凉張時可亭上聞徐生歌大有故人風味不覺快然季昭歌者也微言冷諷雅寃一時後爲尼數年

化去

墨窓二僧

僧伴雲南京人長身玉立機鋒甚敏癸巳歲從雪浪來傾余墨窓下時小雨甫晴秋氣漸肅相與談無生理其淡語不及之默坐若忘似一無知識者又有槩如亦學于雪浪議論亹亹而面有不齊之色爲言其師教人只是空諸所有實諸所無唯唯而已未一年雲死蓮花庵如亦不知所在

錄劉洎語

唐劉洎有言多記則損心多語則損氣心氣內損形神外勞初誰不覺後必爲累誠哉是言也生平少記而多言每與客論難常至俯首欲睡所以損氣者甚矣殆哉易曰躁人之辭多將以此自攻其學

鬱岡齋筆麈

金壇王肯堂

甲問乙曰吾予子千金子敬事我乎乙曰吾有千金矣何爲敬事子甲曰吾不予子千金子敬事我乎乙曰子不予我金我何爲敬事子甲曰吾與子中分千金子敬事我乎乙曰中分之則我與子等耳何爲敬事子

世宗皇帝晚年多忌諱每賓興鄉書以文涉刺譏下詔獄者非一嘉靖乙卯袁文榮公煒主順天鄉試首場首題曰仁以爲已任不亦重乎次曰必得其名必得其壽有說乎　上者曰首題下文云死而後已此攷官意在詛　皇上也　上甚怒問徐文貞公階曰仁以爲已任不亦重乎下文云何徐對曰必得其名必得其壽　上大喜遂不復問

今人畫佛菩薩草草數筆備諸醜態前人無是也余嘗于嚴道澈家見沈啓南補陀觀音則此老已作俑矣萬物有體萬事有法愚而自用諱拙以爲奇言之短氣

李伯時蓮社圖後有李元中跋小楷遒勁縱逸而不越規矩嘗于胥董與生處見之今長洲文氏刻入停雲館帖乃無一筆似其画則贋本也

南陽孔生爲人卜宅又单論竈禍福尤捷如影響工部郎中閻春藿邦嘗師事之得其訣以授余大抵亦從遷移起數不論宅坐向與夫所謂宅無宅氣由人爲以變之者皆未嘗不符合也

今于人所餽遺有不受者恒曰返璧葢用左傳晉公子重耳事僖二十三年僖負覊乃饋盤餐寘璧焉公子受餐返璧是也而昧者誤以爲藺相如事乃新其詞曰完璧曰歸璧甚至曰歸趙夫秦恃彊詐而取之相如以死爭懷歸此何等事乃施用于和好之交際不亦誖哉

梵語佛陀達摩僧伽即三寶也浮屠即佛陀之轉音而唐人率呼僧與塔皆爲浮屠後人因承襲之誤之大者不可以不正

名義考云古人詠雪多用瓊樹瓊枝瓊瑤皆誤也瓊赤玉也安得以象雪乎按此亦太拘錢氏云詩言玉以瓊者多矣著瓊華瓊英瓊瑩木瓜瓊琚瓊瑤瓊玖皆謂玉色之美爲瓊非玉之名也許叔重云瓊亦玉也然木瓜所謂瓊玖玖乃黑玉亦非赤也

今人多呼研爲研瓦此唐人語也邵伯温云非謂以瓦爲研葢研之中必隆起如瓦狀以不留墨爲貴百餘年後方可就平古人用意于一研尚如此況其他乎今之作僞者輒洼其中若臼然以示古又暴烈日中乘其燥渴而飲之以墨爲墨鏽皆研之賊也

説郛續目録

弓第十五

胡氏雜説

明 胡儼

東坡與李方叔詩記

宋元祐中蘇東坡知貢舉屬意李方叔令其子叔黨持一簡與方叔値方叔出僕受簡置几上偶章惇子持援來訪取簡竊視乃劉向優於楊雄論二篇援兄弟徑持去坡亦入院李方叔不知也既而就試果出此題二章倣坡意爲之援遂中第一人持第十人坡初意第一人必方叔及揭榜乃章也徒爲之悵然方

叔母嘆曰蘇公知貢舉吾兒下第命也坡旣出院以詩寄李有云平生浪説古戰場過眼空迷日五色葢亦解嘲云耳其詩眞蹟今在南昌李士濂家與徐鉉書稿及張即之手帖共爲一卷字畫皆可愛也

米黄書記

昔潘谷病目謁黄山谷山谷以囊墨試之谷初探一囊摸索曰今不可得也問之曰此承晏軟劑也又探一囊曰此谷二十年前作今亦不能爲矣山谷曰得無假鬼神耶谷曰非也熟之而已山谷遂書以贈谷

字徑三寸餘筆皆戰掣至今三百餘年光采尚煒然射人及米元章海嶽菴四詠其字亦大書險勁飄逸尤爲奇絕皆在友人胡思中家誠可寶也

虞文靖公知人

元史虞文靖公傳載馬伯庸欲薦光州人龔伯璲邀公署薦章公以其小材不可且言其人必不能終伯庸甚不樂及公以草詔事退歸伯庸實倡導之也後龔敗果如公言人服其明智余又嘗聞熊伯幾先生言初危太樸以文學徵起聲名實播于朝野士君子

皆想望其風采諸門人問於文靖公曰太樸事業當何如公曰太樸入京之後其辭多誇事業非所敢知後曰必求其人其余闕乎時闕名未甚著門人曰何以知之公曰集於闕文字見之後闕竟以忠義顯乃知前輩觀人自有定鑒

元二辯

後漢鄧騭傳騭拜大將軍時遭元二之災章懷注云元二即元元也古書字重者多於上字下作小二字以取便爾洪容齋隨筆中乃引王充論衡恢國篇曰今上嗣位元二之間嘉德布流爲證謂元二爲元年二年也遂自述在史館修欽宗紀贊曰遭靖康元二之禍實本諸此余考漢書文紀有元元之民師古曰元元善意也又光紀有下爲元元所歸注謂黎庶猶言喁喁論衡元二之間亦是謂嘉德布流於元元之間容齋偶未詳耳而趙明誠謂元元語殊不可讀何也

杜詩阿咸辯

杜子美杜位宅守歲詩首句云守歲阿咸家注者云

咸一作戎乃晉王戎昔阮籍與戎父渾爲友嘗謂渾曰共卿語不如與阿戎談黃鶴謂杜位乃公之從弟不應用父子事魯本作阿咸東坡與子由詩云頭上銀幡笑阿咸又云欲喚阿咸來守歲林烏櫪馬鬬喧譁正用公此詩也余嘗觀南史齊王思遠小字阿戎王晏之從弟也清介有識鑒隆昌之事嘗規切晏及晏貴盛與思遠兄徵曰隆昌之際阿戎勸我自裁若如阿戎言豈得有今日徵曰果如阿戎言尚未晚也晏大怒後果及禍子美詩用阿戎蓋出於此注者失

考遂定爲阿咸豈不知阮咸籍之姪亦與兄弟之事不相當而東坡於子由偶誤用爾何必據以爲證邪文當於內閣見子美親書贈衛八處士詩字甚怪偉驚呼熱中腸作嗚呼熱中腸然則杜詩謂善本而其中之誤者豈止阿咸而已哉

劉氏雜志

明　劉定之

蘇子瞻

宋仁英以前用差役而民不擾王安石用雇役民始擾矣司馬君實廢雇用差雖蘇子瞻亦喋喋不已豈稍欲中立於荆温兩間冀免後患邪觀其爲哲宗言臣私憂神宗勵精之政漸致隳壞理財踈而備邊弛故撰策問欲以感動聖意子瞻之情殆可見也然其後惠儋之貶罪子瞻全佐助温而不貸其畧護向荆則昔者之言徒爲向背亦何益哉子瞻作君實神道碑深美其誠蓋自覺誠之未如君實者也

蘇子由

蘇子由使遼歸爲哲宗言遼主弘基以與我和好爲喜年貌可六十步履輕健飲啗不衰享國尚當有年我可以無虞其君臣事佛國俗化之此彼之巨蠹足爲我喜也弘基孫延禧當嗣位然骨氣凡弱視瞻不正恐非彼之福其意亦微慕和好而我不足恃之矣其後弘基守和好又十餘年而殂延禧亦不背盟然

遼國遂亡於延禧之身則子由之言信矣容貌辭氣乃德之符非特得其身之遐促而并得其國之興替仲由盆成括之死見知於孔孟邾子高仰魯侯卑俯兆其死亡見知於子貢聖賢原自有觀人之法也子由殆開於是而然歟抑使可覘國則非其人者不足使佛能蠹國而歷世之莫悟也何哉

李淸臣

李淸臣見宣仁聖烈后旣崩哲宗入群小之言意欲紹述熙豐之法而是時小人屏黜在外者其勢亦將

轉而復起元祐諸賢凜凜乎覆壓及之矣若此者淸臣之所喜也淸臣平日於操切禽制以作法抑揚軒輊以立勢所優爲也故嘗發而爲法原勢原之文譏其辭氣眞小人之言也夫爲治者先德而後法上理而下勢今乃切切於法與勢之爲言則其所蘊可知矣

蘇易簡

蘇易簡內直宋太宗謂曰君臣千載遇易簡應聲曰忠孝一生心可謂的對今上在春宮時習對李賢取是日早所進讀孟子全句君子遠庖廚五字請對頃之對云聖人參贊位覆對云學士上瀛州尤見　睿思之妙

徐敬業

徐敬業與駱賓王兵敗賓王亡命爲僧往來杭州靈隱寺宋之問至寺夜吟鷲嶺鬱岧嶢龍宮鎖寂寥久無下韻賓王隔壁朗吟以終篇之問大駭質明求見則遁矣敬業亦脫去爲僧于衡山黃巢旣敗依張全義爲僧于洛陽嘗繪已像題詩云記得當年草上飛

鐵衣脫盡着僧衣天津橋上無人識獨倚欄干看落暉人見像識其爲巢蓋古今若此脫身者多矣史豈盡得其實哉

王介甫

王介甫詩云周公恐懼流言日王莽謙恭下士時假使當時身便死終身眞僞有誰知其意謂巳嘗辭館職出於眞異巳者若司馬君實辭樞副范景仁辭翰長出於僞爲莽之徒也然不知蘇子瞻又嘗謂介甫爲莽之徒其詩曰漢家殊未識經綸入手功名事業

新百尺穿成連夜井千金購得解飛人識其汲汲妄作也嗚呼數他人之髭髯鬚鬚而不見己睫者其分甫之謂哉

韓退之

韓退之自言口不絕吟於六藝之文手不停披於百家之編貪多務得繼晷窮年其勤至矣而李翺謂退之下筆時他人疾書之寫誦之不是過也其敏亦至矣蓋其取之也勤故其出之也敏後之學者束書不觀遊談無根乃欲刻燭畢韻舉步成章彷彿古人豈不難哉

李杜韓柳

以詩言杜比跡於李以文言柳差肩於韓而以人言則杜韓陽淑李柳陰慝如冰炭異冷熱薰蕕殊芳臭矣子美嘗安史作難時徒步從肅宗其詩拳拳於君臣之義太白於其時從永王璘欲乘危割據江表叛棄宗社作猛虎行云旌旗繽紛兩河道戰鼓驚山欲傾倒一輪一失關下兵朝降夕叛幽薊城頗似楚漢時翻覆無定止張良未遇韓信貧劉項存亡在兩臣

[illegible]肯視祿山思明反噬其主比於劉項敵國相爭[illegible]之大倫歟元稹謂太白不能窺子美藩籬況其堂奧得之矣退之懷忠事主闢邪宗聖間有本原其稱子厚謂斥不久其文必不能傳於後如今無疑蓋惟稱其文而已其阿附伾文胡致堂謂忌憲宗在儲位有更易秘謀未及爲而敗後又託河間淫婦無卒者以詆憲宗得免於大戮爲幸由是言之文雖美而若斯過惡固非可湔滌者也朱文公楚辭載子厚謫居時懲咎賦取其有自悔之言噫既悔已又詆主則亦非眞悔也奚足錄哉

天極

天有北南極如瓜果有[illegible]尖天分十二宮如瓜果分十二瓣其近極處狹而當天腰處廣濶如瓜果之瓣其近蒂尖者狹而當腰者寬也天之頂心當嵩高山下陽城而地之頂心爲崑崙參差不相對者天地間東南暑熱西北寒凉地在寒凉方者堅凝高峙而在暑熱方者融液坍塌故東南多水合東南多水西北多山處均平論則地仍以嵩高山下陽城

中但取最高頂心處則其皆爲中也

日輪

日輪大月輪轂小日道近天在外月道近人在內故日食既時四面猶有光溢出可見月輪小不能盡掩日輪也日月合朔時月常在內未有日在內者故月食日也日月相望則日食月者月雖資日光以圓於望時然微相參差則光圓恰相衝射則日反食之如熙燈者正當爐炭炎熾之尖所衝射則燈反不然矣此曆所謂暗虛言月爲日所暗而非日之實體暗之

乃日之虛衝㑹蓋二曜各有所行之道如二人各行水陸之塗朔望則一人由陸者在橋上一人由水者在橋下稍相先後亦不食適相對當乃食矣日行道周天如循環月行道亦周天如循環兩環相搭有兩交處一處謂之天首一處謂之天尾天尾爲計天首爲羅至於木火土金水五星不由日道亦不由月道各自有道木星八十三年而七周天與日合者七十六火星七十九年而四十二周天與日合者三十七土星五十九年而二周天與日合者五十七金水二星雖隨日一年一周天然金星八年而合於日者五水星四十六年而合於日者一百四十五其遲速離合以宰萬類之生成司千代之起伏俯視人寰奚異夫蠢蚋褌蝨之聚散緣齒也奈何欲以私意仰干之哉孛生於日月之行遲速有常度最遲之處即孛也故謂之月孛孛六十二年而七周天炁生於閏二十八年十閏而炁行一周天炁孛皆有度數無光象故與羅計同謂之四餘并七政爲十一曜也

丹鉛雜錄

成都楊慎

嚴君平註老子

嚴君平註老子其文奇世多未見如云肝膽爲胡越眉目爲齊楚又云生不枉神死不幽志又云天地億萬而道王之衆靈赫赫而天王之倮者穴處而聖人王之羽者翔虛而神鳳王之毛者蹠實而麒麟王之鱗者水居而神龍王之介者澤處而靈龜王之百川並流而江海王之又云言爲禍匠默爲害工進爲妖

式退爲變容嘗鼎一臠可知其味也

莊子憤世

莊子憤世嫉邪之論也人皆謂其非堯舜罪湯武毀孔子不知莊子矣莊子未嘗非堯舜也非彼假堯舜之道而流爲之噲者也未嘗罪湯武也罪彼假湯武之道而流爲白公者也未嘗毀孔子也毀彼假孔子之道而流爲子夏氏之賤儒子張氏之賤儒者也故有絕聖棄智之論又曰百世之下必有以詩禮發家者矣詩禮發家談性理而釣名利者以之其流毒甚于宋之晚世今猶未殄使一世之人吞聲而暗服之然非心服也使莊子而復生于今其憤世嫉邪之論將不止於此矣

郭象注莊子

昔人謂郭象注莊子乃莊子注郭象耳蓋其襟懷筆力畧不相下今覩其注時出俊語與鄭玄之注檀弓亦同而異也洪容齋嘗錄檀弓注之奇者于隨筆予愛郭注之奇亦復錄於此如逍遙篇注云大鵬之與斥鷃宰官之與御風同爲累物耳養生主注云向息

非今息故納養而命續前火非後火故爲薪而火傳又以生死爲寤寐以形骸爲逆旅又云多賢不可以多君無賢不可以無君又云通彼而不喪我卽所謂惠而不費也又云天性在天質乃開又云堯有亢龍之喻舜有卷僂之談周公類之走狼仲尼比之逸狗又云律呂以聲兼形玄黃以色兼質又云生之所無以爲者分外物也知之所奈何者命表事也此語尤精可比於荀孟又云草不謝榮于春風木不怨凋于秋天李太白用爲詩語而人不知其本於子玄也

賈子韻語

賈子曰君子重襲小人無由入正人十倍邪僻無由來又曰見祥而爲不可則祥反爲禍見妖而迎以德則妖反爲福皆極文字之妙

王嘉

隴西處士王嘉隱居倒虎山有異術符堅迎之入長安按嘉字子年今世所傳拾遺記嘉所著也其書全無憑證直構虛空首篇謂少昊母有桑中之行尤爲悖亂嘉蓋無德而詭隱無才而强飾如今之走帳黃

冠遊人羽客僞藥欺人假丹誑俗是其故智而移於筆札世猶傳信之深可怪也哉嗚呼子書之與妙不傳者何限而今乃傳鬻子子華子唐詩之佳而不行者無算而世乃盛傳許渾胡曾小說之可觀者多矣而天寶遺事杜詩僞蘇注至名家亦爲所惑且引用焉噫

太玄非擬易

孫明復曰楊子雲太玄非準易乃明天人始終之理君臣上下之分蓋疾莽而作也桓譚曰是書也可與太易準班固曰經莫大於易故作太玄使子雲被僭經之名二子之過也

天鬭天總

潛夫論世主欲無功之人而强富之則是與天鬭也況使無德之人與皇天鬭而欲久立自古以來未之嘗有也又曰民安樂則天心總天心總則陰陽和此皆格言也天鬭天總文字尤奇

蟪蛄蜩螗

說苑載孔子曰違山十里蟪蛄之聲猶尚存耳言政

事之惡譁而喜肅也夫蟪蛄之聲必在山林之地違山十里則朝市矣市有蟪蛄之聲則朝有蜩螗之沸政之譁也甚矣史記云魯之衰也洙泗之間齗齗如也齗齗交爭之意即孔子之所謂譁也

鹵莽滅裂

莊子謂耕之不善曰鹵莽耘之不善曰滅裂鹵剛鹵之地也耕剛鹵之地必加功呂覽耕道篇所謂强土而弱之也莽草莽之地詩所謂載芟載柞乃善耕也不治其剛鹵不芟其草莽是曰鹵莽之耕耘以去草

古有鳥芸之說如鳥俯而啄食乃善芸也呂覽善耘者長其兄而去其弟兄嘉禾也弟荼蓼也不善耘者長其弟而去其兄是滅也裂者并其土而扣之

喬宇鬼瑣

嘉靖初給事中張翀上疏言時政中論學術不正一條有喬宇鬼瑣之語　上以此四字問內閣値愼在史館即取荀子非十二子篇以復敬所蔣公喜曰用修之博何減古之蘇頌乎近日之學謂不必讀書考古不必格物致知正荀子所謂喬宇鬼瑣者也

論衡

論衡孔子出使子路齎雨具子路問其故孔子曰昨暮月離畢他日孔子出子路請齎雨具孔子不聽出果無雨子路問其故孔子曰昔者月離其陰昨暮月離其陽故不雨史記仲尼弟子傳亦載此事而刪除子路問其故以下數句蓋文有以含蓄不盡爲工者若莊子數九淵之目而止列其三列子書九淵具陳說盡則索然無味矣

迓鼓

宋儒語錄今之古文如舞迓鼓人多不解爲何語按元人樂府有村里迓鼓之名宋人樂苑有衙鼓格圖官衙嚴鼓之節也衙訛爲迓而名村里迓鼓者以村里而效官衙其衣裝聲節必多可哂者以是名之語錄云如舞迓鼓者謂無古人之樂而效古人之言如村人學官衙鼓節也

戲婦

抱朴子疾謬篇云世俗有戲婦之法於稠衆之中親屬之前問以醜言責以慢對其爲鄙瀆不可忍論或

蹙以楚撻或繫足倒懸酒客酗醟不知限劑至使有傷於流血踒折支體者可歎也古人感離别而不滅燭悲代親而不舉樂禮論娶者羞而不賀今既不能動蹈舊典至於德爲鄉閭之所敬言爲人士之所信宜正色矯而呵之何爲同其波流長此敝俗哉今此俗世尚多有之娶婦之家新婿避匿羣男子競作戲調以弄新婦謂之謔親或褰裳而鍼其膚或脫履而規其足以廟見之婦同於倚市門之倡誠所謂敝俗也然以抱朴子考之則晉世已然矣歷千餘年而不

能變可怪哉

康節不信命

張横渠喜論命因問康節疾曰先生推命否康節曰若天命已知之矣世俗所謂命則不知也康節之言如此今世游食術人妄造大定數蠢子數托名康節豈不厚誣前賢

五代史學史記

嗚呼自唐失其政天下乘時黥髡盜販衮冕蛻裳吳暨南唐姦豪竊攘蜀險而富漢險而貧閩陋荆蹙楚

開蠻服劍剽弗𨈆吳越其尤牢牲視人嶺蛋遭劉百年之間並起爭雄山川亦絕風氣不通語曰清風興羣陰伏日月出爝火息故眞人作天下同右六一公五代十國世家序也其文豐約中程精彩溢目歐文第一篇也李耆卿謂公之五代史比順宗實錄有出藍之色似矣然不知五代史本學史記非學韓也古云學乎其上僅得其中俗云搠高一丈𨈆打八尺信其然乎

綱目減字

司馬温公資治通鑑云補闕喬知之有婢名碧玉美色善歌舞知之爲之不昏昏與婚古字通用蓋言知之惑溺此婢不娶正室也綱目去不字而云知之爲之昏蓋誤以婚姻之昏爲昏惑之昏也字義不明文理不通矣綱目似此類極多蓋朱子門人趙師淵奉師命所編朱子固無與也師淵史學既非所長而古文又未經心其疎舛固宜今人以爲出於朱子合於春秋殆類于牟所謂承餘竅之鄙夫誠可笑也

史傳遺事

張唐英論王威高君雅在晉陽謀誅李淵爲隋之忠臣胡安國論五代宋令珣死事之跡歐陽公遺之予視郭忠恕初事湘陰公贇爲郭威所殺忠恕佯狂遁去亦清節之士也史皆不能表章之噫若此者亦不幸矣

李密陳情表

李密陳情表有少仕僞朝之句貴備者謂其篤於孝而妨於忠嘗見佛書引此文僞朝作荒朝蓋密之初文也僞一字蓋晉改之以入史耳劉靜修詩若將文

字論心術恐有無邊受佤人蓋指此類乎近日趙弘作令伯祠記辨僞朝字皆未見此

微子面縛

史記宋世家武王克商微子肉袒面縛左牽羊右把茅亡弟恒讀史至此謂予曰微子有四手乎兄知之乎予曰書傳未聞乃笑曰使無四手何以既面縛而又有左手牽羊右手把茅乎然究言之皆必無之事肉袒而縛出於左氏乃楚人以誑莊王受鄭伯之降借名於武王而誣微子也史云微子抱祭器而入周既

入周矣又豈待周師至而後面縛乎又究而言之抱器入周亦必無之事劉敞曰古者同姓雖危不去國微子紂世兄也何入周之有論語云去之者去紂都也雖去不踰國斯仁矣

秀龐多能

北史稱崔浩尫纖懦弱胸中所懷乃過甲兵不如說苑稱孫叔敖秀龐多能四字文而不贅先秦文人造語如商彝周鼎因物賦形文質得中後世不朴則[illegible]矣

皐夔讀何書

王安石與公卿爭新法曰君輩坐不讀書耳趙閱道折之曰皐夔稷契所讀何書此言未足以折安石皐夔豈不學者耶若折之曰相公誤矣共工驩兜孔光張禹豈不讀書耶則能折其口而理亦協矣

漢辭深厚

貢禹乞骸元帝詔答之引傳曰亡懷土所稱傳者即論語小人懷土之文易小人二字作亡蓋嫌於以小人稱其臣漢世訓辭深厚皆此類也後世平交問辨

難之文即如怒罵況君臣之間乎

宋主禮儒臣

宋之君崇禮儒臣過於漢唐正史之所遺者有二事其一真宗臨楊礪之喪降輦步吊重其介清也其二富弼母卒仁宗爲之罷春宴二事雖三代令主不過此也其後徽宗之待蔡京王黼南宋之待秦檜侂胄似道恩禮倍此然前之則如蕩子之交狹客後之則如弱主之畏豪奴豈曰榮遇美事乎書之祇辱

讀書不求甚解

晉書云陶淵明讀書不求甚解此語俗世之見後世不曉也余思其故自兩漢來訓詁甚行說五字之文至於二三萬言陶心知厭之故超然眞見獨契古初而晚廢訓詁俗士不達便謂其不求甚解矣又是時周續之與學士祖企謝景夷從刺史檀韶聘講禮城北加以讎校所住公廨近於馬肆淵明示以詩云周生述孔業祖謝響然臻馬隊非講肆校書亦以勤嗇不屑之也觀今詩云先師遺訓今豈云墜又曰詩書敦夙好又云游好在六經又云汎覽周王傳游觀山

海圖其著聖賢辟甫錄三孝傳贊考索無遺又跋之云書傳所載故老所傳盡於此矣豈世之鹵莽不到心者耶予嘗言人不可不學但不可爲講師溺訓詁見淵明傳語深有契耳、

書肆說鈴

三衢葉秉敬

古語聲相近

注書者每見經史字義難解者輒以音聲相近之字代之毛詩泉水云遄臻于衛不瑕有害朱子註云瑕何古音相近通用不知瑕即瑕瑜之瑕言縱曰不瑕亦有害矣今以瑕爲何言不何有害文義欠順當倒轉云何不有害義始稍通然塗却本色造出別字顚倒改移令人錯迕又如周頌假以溢我舊注假　也

溢盈也朱註以假爲何以溢爲恤夫瑕既爲何矣假又爲何古人胡爲謬寫至此哉依舊注假大溢盈于義爲順即不依舊註亦當云假令有以盈溢于我我當收其溢而不使放失也奚必轉其字而謂之何以恤我也

鄭伯突出奔喪

陸淳之說非也逐君之臣罪固易知然没而不書貌見其惡以爲君之自取而不復罪及其臣則是倒持之罪重而竊柄之罪輕處君之法嚴而待臣之律寬

是夫子與亂賊之黨而孤君父之勢也愚謂鄭伯不能殺仲故使雍糾及糾被殺則鄭伯之勢窘矣是以出奔以紓其難其實祭仲未嘗逐之故不書逐而但書出奔凡春秋紀事皆從其實而後儒猥以造作穿鑿之私亂聖人大公至正之筆亦謬甚矣

吾喪我

喪我非是把在我的都喪去了正是不以我爲我而以天地萬物都合爲我故名雖爲喪我其實所以成我也喪我與篇末物化二字正相應蓋不見有物物

化而合爲一我不見有我我喪而同乎萬物此一以爲大齊也

莊子就不欲入和不欲出

就者從俗而不拂孔子獵較是也和者義之和和之以天倪是也形就俗而心亦就俗是爲入心和義而形亦和義是爲出

自狀其過

莊子申徒嘉曰自狀其過以不當亡者衆不狀其過以不當存者寡知不可奈何而安之若命惟有德者能之解者數家皆不得其旨愚謂狀善狀也彊以善狀飾過自謂可以保身不當亡也此衆人之見也不以善狀飾過謂性不踐形形不當獨存也此衆人中之寡有者然見未出于自然猶非其至惟知不可奈何而安之若命德斯至矣

不爪翦

莊子謂天子之諸御不爪翦禮記注蚤治手足爪也鬋剔治鬚髮也與此爪翦字少殊而意同

軹字

莊子而奚來爲軹注皆不明按車輻之湊貫轂者爲轄轂末之小穿容轄者爲軹據此則軹字亦輳合之義也蓋許由言意而子奉堯之教被服仁義明言是非正與我之道相枘鑿奚爲將軸來求軹于我乎

三都賦百果甲宅

其園則有林檎枇杷橙柿梬楟榹桃函列梅李羅生百果甲宅異色同榮註宅即拆也易曰百果草木皆甲拆愚謂太冲此語雖或采之于易亦未可知然改拆爲宅字新而意亦別認宅爲拆失冲之意矣毛詩

大田云既方既早鄭箋曰方房也謂孚甲始生而未合時也疏曰謂米外之房米生于中若人之房舍也孚者米外之粟皮甲者以在米外若鎧甲也特以解此賦則甲者孚郭在外其鎧甲之義乎宅者舍胎在中其房舍之義乎就字解字意自融合扯彼合此理反支離

上林賦

視之無端察之無崖日出東沼入乎西陂劉辰翁曰日之出東入西盡極天下東西之地矣一上林何遂有是哉甚矣長卿之誕也愚謂不然嘗記兒時隨王

父夜宿洞庭見日出東方從湖面上起日落西方從湖面上沒夫一洞庭耳豈遂盡天下東西之地而予親見其出沒若在湖中然則日出東沼入乎西陂此正上林陂沼之盡不當以爲誕也

河圖洛書二同二異

一六居北三八居東五居中此河洛之三同也二七圖南而洛西四九圖西而洛南此河洛之二異也

糠粃瓦礫

友人聚坐有談及功名之際羨蚤登而恨淹滯者予曰彼所謂糠粃在前耳友人應曰予輩非所謂瓦礫在後耶予曰糠粃在前不過爲輕薄子瓦礫在後不失爲厚重士況瓦礫不朽而糠粃立敗吾寧爲瓦礫毋願爲糠粃也一坐鼓掌

解報復語

人有被橫逆而欲報復者問于予予應之曰天方助桀胡可與爭人自吠堯吾則何與急而擊之在我多費博浪之椎徐以制焉在渠自有烏江之刎況彼之叫跳有識者已鄙其狂而我以安閒無知者亦服其

量使丙夜而深思乎彼之含羞其將何解卽終身而不報乎我之得勝亦已多矣此一時曉解之語可以銷世人許多不平之氣

讀書三禪

閒居弟子侍坐問讀書之法予曰讀書不可不學禪衆問其故予曰讀書養靜不萌妄念這便是禪心讀書出家不理塵務這便是禪行讀書作文意在筆先神游象外這便是禪機

韻書莫字

愚考莫字于韻書凡三四見然以愚意總括之莫者安于莫爲即清靜之意不必轉音作貊始爲淸靜也轉而爲暮夜之莫者書則有爲暮則莫爲故音雖讀爲暮意則仍夫莫爲之義而已凡韻皆依此法括之則韻書之重出者可削其半

花信風

花信風與寒食雨前後稍異寒食雨自冬至起至清明前一日合七氣得三個月零十五日花信風自小

寒起至穀雨合八氣得四個月每氣管十五日每五日一候計八氣分得二十四候每候以一花之風信應之

曆

解大紳洪武中大庖西上封事云治曆明時授民作事但伸播植之宜何用建除之謬方向煞神事甚無謂孤虛宜忌亦且不經東行西行之論天德月德之云臣料唐虞之曆必無此等之文所宜著者日月之行星辰之次仰觀俯察事合逆順七政之齊正此類也愚按此語乃千古定論今觀臺曆止紀日月星辰過宫度數頗得此意而頒行之曆多載開成收閉不宜出行不宜竪造等類似專教人趨避吉凶而非惠廸吉從逆凶之正道故愚截解公之疏語于此

田居乙記

明　方大鎮

記學

馬實曰幸生聖明之世免氈尾之資託爲丈夫當建名千載不可爲空生徒死之物穢天地之間

孔子曰可以與人終日而不倦者其惟學乎其身體不足觀也其勇力不足憚也其先祖不足稱也其族姓不足道也然而可以聞四方而昭於諸侯者其惟學乎詩曰不愆不忘率由舊章夫學之謂也

子思曰學所以益才也礪所以致刃也吾嘗幽處而深思不若學之速吾嘗跂而望不若登高之博見故順風而呼聲不加疾而聞者衆登丘而招臂不加長而見者遠故魚乘於水鳥乘於風草木乘於時

湯曰學聖王之道者譬其如日靜居而獨思譬其若火夫舍學聖王之道而靜居獨思譬其若去日之明於廷而就火之光於室也可以小見而不可以大知是故明君貴尚學道而賤下獨思也

公明宣學於曾子三年不讀書曾子曰宣而居參之門三年不學何也公明宣曰安敢不學宣見夫子居宮庭親在叱咤之聲未嘗至於犬馬宣說之學而未能宣見夫子之應賓客恭儉而不懈惰宣說之學而未能宣見夫子之居朝廷嚴臨下而不毀傷宣說之學而未能宣說此三者學而未能宣安敢不學而居夫子之門乎曾子避席謝之曰參不及宣其學而已乎

孔穿與公孫龍論臧三耳甚辨而不應平原君問之穿曰謂三耳實難而實非也謂兩耳甚易而實是也

不知君將從易而是者乎其亦從難而非者乎平原君謂龍曰公無復與子高辨事也其人理勝於詞公詞勝於理詞勝於理終必受屈

黃魯直云士大夫三日不讀書則義理不交於胸中對鏡覺面目可憎向人亦語言無味

陶弘景讀書萬卷一事不知深以爲耻

齊澣善知今事高仲舒善知古事姚崇曰欲知古問仲舒欲知今問齊澣則無敗政矣

枚皐文章疾敏長卿制作淹通皆盡一時之譽而長

郛首尾猥雜枚皐將有累句揚子雲曰軍旅之際戎馬之間飛書馳檄用枚皐廟廊之下朝廷之中高文典冊用相如

揚子雲工於賦王君大習兵器桓譚欲從二子學子雲曰能讀千賦則善賦君大曰能觀千劍則曉劍諺曰習伏衆神巧者不過習者之門

有人問蘇文忠公曰公之博洽可學乎曰可吾讀漢書蓋數過而始盡之如治道人物地里官制兵法貨財之類每一過博求一事不待數過而事事精覈矣

參伍錯綜八面受敵沛然應之而莫禦焉

記仕

魏公子牟東行穰侯送之曰先生將去冉之山東矣獨無一言以教冉乎魏公子牟曰微君言之牟幾忘語君君知夫官不與勢期而勢自至乎勢不與富期而富自至乎富不與貴期而貴自至乎貴不與驕期而驕自至乎驕不與罪期而罪自至乎罪不與死期而死自至乎穰侯曰善敬受明教

魏文侯使西門豹往治鄴告之曰子往矣是無邑不有賢豪辯博者也無邑不有好揚人之惡蔽人之善者也往必問賢豪者因而親之其辯博者因而師之問其好揚人之善蔽人之惡者因而察之不可以特聞從事夫耳聞之不如目見之目見之不如足踐之足踐之不如手辨之人始入官如入晦室久而愈明明乃治治乃行

孫叔敖遇狐丘丈人狐丘丈人曰僕聞之有三利必有三患子知之乎夫爵高者人妬之官大者主惡之祿厚者怨歸之孫叔敖曰不然吾爵益高吾志益下

吾官益大吾心益小吾祿益厚吾施益溥可以免於患乎狐丘丈人曰免矣

晉程鄭卒子產始知然明問爲政焉對曰視民如子視不仁者誅之如鷹鸇之逐鳥雀也子產喜以語子太叔且曰他日吾見蔑之面而已今吾見其心矣子太叔問政於子產子產曰政如農功日夜思之思其始而圖其終朝夕行之行無越思如農之有畔其過鮮矣

季孫好士終身莊居處衣服常如朝廷而季孫遂懈

客過失而不能長爲也故客以爲厭易已相與怨之遂殺季孫故君子去泰去甚

荀粲與傅嘏夏侯玄親善侑常語傅與夏侯曰子等在世途間功名必勝我但識劣我耳傅難曰能盛功名者識也天下孰有本不足而末有餘者耶荀曰功名者志局之所奬也然則志局自一物耳固非識之所獨濟也

嵇康從孫登游三年問其所圖終不答康將别曰先生竟無言耶登乃曰子識火乎生而有光而不用其光果然在于用光人生有才而不用其才果然在于用才故用光在乎得薪所以保其耀用才在乎識物所以全其年今子才多識寡難乎免於今之世矣康不能用卒然呂安之難

碧里雜存

海鹽董穀

甲辰

按邵子皇極經世斷自陶唐甲辰年即位爲始我國家萬載無疆之曆自洪武元年戊申即位至三十一年戊寅建文元年己卯至四年壬午永樂元年癸未至二十二年甲辰洪熙元年乙巳宣德元年丙午至十年乙卯正統元年丙辰至十四年己巳景泰元年庚午至七年丙子天順元年丁丑至八年甲申成化元年乙酉二十年甲辰至二十三年丁未弘治元年戊申至十八年乙丑正德元年丙寅至十六年辛巳嘉靖元年壬午至二十三年甲辰盖自戊申迄兹三歷甲辰一百七十七年計自陶唐至此共六十五甲辰整三千九百歲也至嘉靖一百四十七年滿四千歲

梅梢

梅梢者我　聖祖高皇帝鏖戰鄱湖時御舟黄帽吳人謂舟子爲梢子其人[illegible]姓故云時[illegible]

樓指顧將士適僞漢有舉流矢相向者梅梢偶見之急撤御座甫倒于舟中而流矢及矣利害在毫忽間比之沛公傷胸捫足福孰隆耶登極後大封已畢獨不及梢時梢老病家居自已失明時時自數無敢爲之言者他日侯郊天駕回梢令其孫扶之路傍大呼曰　皇帝忘梅梢乎　上大驚曰朕忘之矣即日厚加錫予以其孫尚公主云余聞諸江寧父老如此鄱湖之鏖也僞漢兵力甚盛我師小挫友諒推篷四顧志得氣驕二女子捧銀盆具帨以進盥手未畢我郭

發一矢中之貫睛及顱而斃子理舁屍遁去遂此乃知帝王有眞信天命也英字子典先用其以僞漢有大功封郯國公謚宣武

滿江紅

我
祖居和陽時欲圖集慶遂與徐公達間行買以覘江南虛實至江口適值歲除呼舟人無肯應者有貧叟夫婦二人舟尤小欣然納之曰天晚矣明日早渡且進雞酒具黍情甚眞厥明發舟老叟舉棹中打號子曰聖天子六龍護駕大將軍八面威風

聖祖元旦得此吉語喜甚與中山躍足相慶登極後訪得之無子官其姪并封其舟而朱之以故迄今江中渡船皆謂之滿江紅云

千里草

高皇帝初作孝陵於鍾山之陽因山多鹿禁人捕獵而設孝陵衛於山下特置牧馬千戸所蓋取義鹿馬欲其蕃息耳所既置矣尚慮典守之職他日因微行至陵所歸途遇雨偶於民家門屋下憩焉問其何姓曰董氏也　聖意遂註曰千里草馬所宜也即拜其

人爲千戸以典斯牧至今子孫世掌所印不得而易墻門毎壞官府輒爲之修云

彭友信

彭友信者攸人也歲貢至　京一日　聖祖微行途中相値忽見虹霓　聖祖曰古二句云誰把青紅線兩條和雲和雨繫天腰友信應聲曰玉皇昨夜鑾輿出萬里長空駕彩橋　上異之相約明日會於竹橋同早朝明日彭果往候久不至遂失朝已而宣入喜曰有學有行君子也以爲北　平布政使

舊內

南京舊內在今應天府之左　高皇帝建大內宮殿既成遷居之舊內虛焉他日召中山王飲樂甚酣以是第賜之中山拜謝而出　上乃夜命工作匾刻舊內之門四字厥明將往懸之未及行而中山辭表至矣　上悅今其前門所揭匾是也中山之純謹而機警如此

寶誌公

寶誌公蕭梁時神僧也余嘗於雞鳴山塔中睹其塑

像臘高貌古筋骨皆露儼如生人非今之匠工所能爲也詢於故老告余曰今之孝陵卽誌公之瘞所也瘞傍原有八功德水泉脈甘美誠意伯奏改葬之乃見二大缸對合啓之端坐於內髮被體指繞腰矣瘞既遷而水亦隨往　聖祖異焉勅建靈谷寺賜之庄田甚廣仍迎其像以歸建塔居之命太常歲祭行揖芴之禮焉

孫蕡

孫蕡字仲衍號西庵五羊人爲翰林典籍無書不讀詩高古坐爲藍玉題畫誅臨刑口占曰鼉鼓三聲急西山日又斜黃泉無客舍今夜宿誰家死後　太祖聞知此詩曰有如此好詩不覆奏何也併誅監斬者又訪駙馬不遇題壁云踏青駙馬未還家公主傳宣坐賜茶十二闌干春似海隔窗閒殺碧桃花

聽經樓

我　成祖文皇帝既靖難卽思所以導民於善乃於都城凡四達之衢必建一聽經樓每夜妙選高僧於上諷講經義俾臣民咸席地而靜聽之既遷都百餘

年後舊制盡失尚存其一於北門橋與十廟相近嘉靖初僧復新之雖藹然臨市然知者鮮也蓋我　太祖高皇帝天縱之質博通三教作養人材儒風既盛禪學並興當時若姚廣孝訢笑隱泐季潭琦楚石諸僧皆高才博學與宋景濂沈士榮諸學士往復論難各明其道而　成祖繼之表章六經尊信朱子洪嚴機新豪傑輩出雖異教之徒亦皆砥礪振作以自見無有蠢然游食以厲民者　聖母仁孝文皇后武寧王之女也精通內典在燕邸嘗夢白衣大士授以

經一卷謂之曰汝他日當正位中宮誦此可以禦難夢中誦之一遍覺而書之凡數千言不遺一字遂命之曰觀音夢感經自製序文宣入大藏余嘗得而伏讀之潔淨精微深入三昧不減圓覺諸經信非神聖不能爲也後　聖母端坐而逝　獻陵嘗有御製記之云

本朝超越前代

程伊川謂宋家超越前代者五事余謂我　朝超越前代者畧言七事而一　之盛尤自古之所無也是故漢呂臨朝唐武易姓趙宋雖多賢后猶有垂簾之失國家歷　九朝椒房不預政事內廷甚正一也外方之患自漢以來和親致幣不知紀極　國家廓清平治之後遂絕其源大限甚明二也人君即位謂之元年無再元之理其弊自漢文帝始後代多因之至一君有十數元者無謂之甚我朝一列聖相承只以一元紀世老成正大無誇侈變更之心三也黨錮之禍漢以之亾牛李洛蜀何代無之　國朝百八十年多士一心無復朋黨四也古者名不偏諱臨文不諱惟致諱於君上之前耳後世忌避太甚極爲可惡名晉肅而不舉進士姓石昂而攻呼石昂片言隻字無心獲罪者不可勝舉我朝惟進　御名避外一切皆畧之上風稍古五也前代殺人無忌雖平居盃酒之間動以人命爲戲如王愷飲客日殺美人徐知誥鴆弟貽禍佞者其他快已欲復私讐雖當盛世漫無法度　我　聖祖在御先出五刑酷法後申大誥三編明著律令使之趨避故雖位極人臣無敢專擅殺戮太平全盛人有所恃而無恐六也前代皆有官妓雖張禹大儒後堂女樂而謝安之風流杜牧之狂狎縉紳以爲美談至於有宋士習稍還而此風不變我朝一革遂盡始無寄猳之醜七也

板兒

四方風俗皆本於京師自古然矣故有廣眉高髻之謠吾鄉自國初至弘治以來皆行好錢每白金一分准銅錢七枚無以異也但揀擇太甚以青色者爲上正德丁丑余始游京師初至見交易者皆稱錢爲板兒怪而問焉則所使者皆低惡之錢以二折一但取

如數而不覜善否人皆以爲良便也旣而南還則吾鄉皆行板兒矣好錢遂閒不行不知何以神速如此旣數年板兒復行揀擇益甚其加倍之由而仍貴如數自是銀貴而錢賤矣其機亦始於京師三十年前吾鄉婦女皆窄衣尖髻余始至京見皆曳長衣飄大袖髻甲而平頂甚訝其製之醜也還鄉又皆然矣余素不識蝗嘉靖八年於京師慶壽寺見一宦者晨至手持一虫云不知何名近日生於宮中甚多余觀之殆類吾鄉所謂蚱蜢者但稍大耳比南還而淮南北皆

蝗矣舟爲所阻至不可行甫至家而吳浙皆蝗矣江南有蝗未之前聞寔肪於此氣之感召捷於影響有如是夫

論斛

齊民要術後魏時書其言一石註云當今二斗七升此不可曉然考魏時長安童謠云百升飛上天是以百升爲一斛則魏所謂斛正今所謂石也魏所謂石今時無此制也今官製五斗爲一斛蓋取其輕而易舉耳實當古斛之半也今米一石重百二十斤正合四鈞爲石之說

論里

今以兩足平移一十二步准是五弓蓋一步准二尺五寸也六尺爲一弓五六則三丈也凡八百六十四步是爲三百六十弓是爲二百一十六丈是爲一里

論畒

畒法古今不同漢書鹽鐵議曰古以百步爲畒漢高帝以二百四十步爲畒今時俗語云横十五豎十六一畒田穩穩足蓋以十五乘十六正是二百四十若

古之百步以今弓准之則其一畒當今四分强耳故后稷爲田一畒三畎廣尺深尺是横過一弓直長一百弓也古之一夫百畒當今四十一畒耳播種之區一畒三畎通計百畒三十丈濶六十丈長耳傳言顏子有田百畒信乎其貧哉

論尺

按家語孔子云布手知尺布指知寸舒肱知尋蓋用手拇指與中指一叉相距謂之一尺兩臂引長則得八尺謂之一尋中指中節上一紋謂之一寸益中

有二横紋當上一紋也后世嘗造尺始准下紋但不知始於何時宋儒以爲本於仁宗中指中節恐未必然若以古准今每尺當今七寸七分耳今以拇指與中指自臂腕一叉盡處謂之尺脈此亦可驗然程子又言古尺僅當今五寸五分弱則文王十尺當今五尺五寸六尺之孤當今三尺三寸稍七寸當今三丁八分强而已不知其異於家語者何也然文上五尺五寸可謂短矣恐還准作七尺七寸者爲是

聽雨紀談

吳郡都穆

成化丁未自夏入秋不雨至九月霖雨洽旬齋居無事客有過我清談竟日漫爾筆之得數十則命之曰聽雨紀談既而以其瑣雜無補亟欲毁棄而客以爲可惜聊復存之

小名小字

古之人有小名必有小字離騷云皇覽揆予於初度兮肇錫予以嘉名名予曰正則兮字予曰靈均蓋屈

原字平而正則靈均則其小名小字也予嘗見宋進士同年錄皆書小名小字猶存古人之意然亦有不盡然者如司馬相如小名犬子楊雄子小字童烏相如未聞其小字楊氏子未聞其小名也今之人生子亦但有小名而無所謂小字唐陸魯望有小名錄宋陳思有小字錄又有所謂侍兒小名錄豈小名小字固可以互稱邪

載歲祀年

爾雅謂唐虞曰載夏曰歲商曰祀周曰年予考之書

堯典以閏月定四時成歲舜典歲二月東巡守則唐虞亦嘗稱歲而不專曰載禹貢作十有三載乃同則夏亦嘗稱載而不專曰歲太甲三年復歸於亳則商亦嘗稱年而不專曰祀洪範惟十有三祀王訪於箕子則周亦嘗稱祀而不專曰年葢載歲祀年古人通用之耳

先子先君先人

今人稱先子先君先人爲父然不獨父也如曾所稱曾子曰吾先子之所畏也則稱祖爲先子子順曰吾

先君之相魯則稱六世祖爲先君孔安國曰先君孔子又曰我先人用藏其家書于屋壁則稱十一世祖爲先君五世祖子襄爲先人也

瀧岡歐陽墓

歐陽公生四歲而孤其父崇公葬吉永豐之瀧岡公自登進士及歷仕中外惟葬母鄭夫人僅一至其地葢終公之生瀧岡未嘗兩至也公中歲欲家潁上有思潁詩十餘篇又有續思潁詩十七篇後竟葬於潁子孫遂爲潁人洪景盧謂歐陽氏因一代貴達而墳墓乃隔爲他壤且公無一語及於松楸爲之太息瀧岡有西陽宮宮之道士歲時展省如其子孫吳正公嘗撰宮記中亦深寓不滿歐公之意殆有同於洪氏之太息者乎

東道

世人稱主人曰東道葢本鄭人謂秦盍舍鄭以爲東道主葢以鄭在秦之東故也漢光武時常山太守鄧晨請從擊邯鄲光武曰不如以一郡爲我北道主人又光武他日指耿弇曰是我北道主人也今人但知有東道主而鮮知有北道主人者

急急如律令

道家符呪其末皆云急急如律令説者謂律令乃雷部鬼神之名而善走用之欲其速也此殊不然急急如律令漢之公移常語猶宋人云符到奉行漢米賊張陵私創符呪以惑愚民亦借用之道家遂祖述之耳

敘齒

鄉人敘坐以齒雖貴爲卿大夫者其居鄉亦皆謙退

從厚曰鄉黨莫如齒不然人必非之攷之禮一命齒於鄉再命齒於族三命則不齒於族此貴貴之義也予嘗謂鄉之薦紳同輩而序齒可也苟非其人而亦以齒尊之不幾於失禮乎藍田呂氏鄉約曰非士類者不以齒斯言爲得之矣

金縢

宋杜太后金縢之事載之信史莫有知其非者元袁文清公集載其事云趙普退居洛陽太宗疾之後以此密奏太宗大喜秦王廷美與王德昭秦王德芳皆

由普以故今宋史普傳無一語及之李燾作通鑑長編亦不敢載私家作普別傳始言普將死見廷美坐於牀側與普忿爭文清之言足以破萬世之惑而人鮮有知者故表而出之

書籍

今之書籍每册必數卷或多至十餘卷此僅存卷之名耳古人藏書皆作卷軸鄴侯家多書插架三萬軸是也此制在唐猶然其後以卷舒之難因而爲摺久而摺斷乃分爲簿秩以便檢閱蓋愈遠而愈失其真矣

鄭玄何休

鄭玄注毛詩曰箋何休注公羊傳曰何氏學蓋毛公嘗爲北海太守玄是郡人故云箋以爲敬何氏學者休謙辭受學於師不出己也

孟陶二母

孟宗爲鹽魚司馬罷職還道作鮓器鮓以奉母母曰吾老爲母嘗言惟飲彼水何吾言之不從也陶侃作魚吏以坩音龕鮓餉母母返書責侃曰汝爲吏以物見

餉非惟不能益吾反以增吾憂二母事絕類予惟世之爲吏者往往累於父母妻子所謂父母但知喜悅竟不問物從何來若二母者可以爲法也

新唐書太畧

新唐書李白傳云十歲通詩書旣長隱岷山州舉有道不應蘇頲爲益州見白異之曰是子天材英特稍益以學可比相如及喜擊劍爲任俠輕財重施叙寥數語似未盡太白之爲人而古本太白集有上安州裴長史書自叙其平生甚悉新唐書皆不及載此書

作史之體當然然恐失之太畧劉元城曰新唐書叙事好簡畧其辭故其事多鬱而不明進書表云其事則增於前其文則省於舊新唐書所以不及兩漢者病正坐此耳今觀太白一傳則元城之言其弗信矣乎

孟子

史記孟子列傳不書其生卒歲月予嘗觀孟氏譜云孟子周定王三十七年四月二日生即今二月二日赧王二十六年正月十五日卒即今之十一月十五日壽八十四鄒邑里人至今遇冬至日慶賀節之禮蓋有自來矣又按譜云孟仲子名睪孟子之子也四十五代孫寧嘗見一書於嶧山道人曰公孫子丙有仲子問一篇乃知仲子實孟子之子嘗從學於公孫丑者朱子注孟子從趙氏以仲子爲孟子之從昆弟與譜不同

石刻

近世凡墓志銘及碑碣之類必加書撰人并篆蓋題額者於前至往往假顯者之名以誇於人此甚可笑

歐陽公與尹材帖云墓銘刻石不必留官銜題目及撰人書人刻字人姓名晉以前皆不著撰人姓名此古人有深意況久遠自知歐公此言豈無所見而云邪予觀古之碑志有止書撰人姓名而不書書人者蓋以當時之人皆能書或多撰者之所書也有止著書人姓名而不著撰人者蓋文或書者之所爲也有止書某官某人於旁而不著書撰者蓋書撰或即其人也予近得唐人二志石其一開元二十八年周府君志其一太和二年顧府君志皆不著書撰人名可見在唐猶然而不特晉以前也又嘗於城南草間見宋時墓石一方乃予志文其諱處字皆畧草與志文之字不倫後書曰某人書諱字亦如之乃知諱爲其人親書此又可見古人作事之不苟

書進士

唐宋人無有書進士於官銜之上者逮元猶然獨楊維禎廉夫當元世之季書李黼榜進士至用刻之印章蓋黼死節之臣廉夫之書之者欲自附於忠節之後其意固有在也後之人乃有效廉夫故事者則失

之矣

喪祭

今士庶之家凡有喪者其靈座前皆設肴果或土或木任意爲之而飾以色其祭祀則必焚楮錢及金銀楮錠楮錢亦有用金銀者陶穀淸異錄載周祖靈前看果皆雕香爲之形色如生則肴果五代時已有之矣唐書王璵傳載漢以來皆有瘞錢後里俗稍以紙寓錢璵乃用於祠祭則祭祀之焚楮錢蓋始於璵又淸異錄載周世宗發引之日金銀錢寶皆寓以形而楮泉大若盞口其印文黃白泉臺上寶曰冥遊亞

寶則金銀楮錠及錢亦始於五代時矣

父子之稱

今人自稱其父多曰家嚴稱人之長子多曰主器謂皆本之於易也按易家人之彖曰家人有嚴君焉父母之謂也則父雖稱嚴母亦可以嚴稱矣序卦於震之後而曰主器者莫若鼎故授之以鼎謂震爲長子可以主祭非謂長子爲主器也

圖書

古人私印有曰某氏圖書或曰某人圖書之記蓋唯用以識圖書書籍而其他則否今人於私刻印章槩以圖書呼之可謂誤矣

朱子不注尚書

朱子於經傳多有訓釋惟尚書則否蓋以其多錯簡脫文非古文之全也蔡氏書傳序云二典禹謨先生蓋嘗是正則其他固未之及世所傳有朱子書說蓋當時門人取語錄文集中語以成之非朱子意也或謂日本國有眞本尚書乃徐福入海時所携者予初

未之信後觀歐陽公日本刀詩有云徐生行時書未焚逸書百篇今尚存令嚴不許傳中國舉世無人識古文先王大典藏夷貊蒼波浩蕩無通津則外國眞有其本歐公之言未必無據朱子之不注者豈以是耶

姓氏

姓氏所以別婚姻明貴戚古之貴者有氏賤者有名無氏朱紫陽謂秦漢以來奴僕主姓今有天姓所在必有人同姓不知所來者皆奴僕類也元虞奎章云

異姓不可以爲後天理民彝固當然也而後世有是者其始蓋出於牽情狥利而天下之爭端起矣予觀今之奴僕皆冒主姓雖士大夫家亦然此非奴僕之失始所謂牽情狥利者邪予家自前元以來祖有遺訓僕輩各姓其姓子孫守之至今不易親友中亦間有效之者

宦遊紀聞

江陰張誼

夢幼同科

雲南大理府李智夢人語之曰君與省城張輝同科及應試偶見此子尚幼稚再往見其髮漸長後果同登而李智年已五十二矣其定數如此

真人止恠

四川綿竹縣有吞道觀每歲一道士修善至期有白雲載之而去名曰升天江西一真人過而見之曰此物乃在此爲祟宜除之卽彎弓仰射怪墮落巢穴人蹤跡其處乃蟒成精也搜索穴中遺留道冠無數

對驚

安南國遣使來獻　朝命程篁墩先生父程某作館伴　使出一對求對琵琶琴瑟八大王一般頭腦程命其子篁墩先生敏政對時年纔數齡對云魑魅魍魎四小鬼各樣肚腸　使驚異自是朝貢不絶矣

恩宥逋臣

聖祖微行至一小店傭人供之　聖祖出對云小店

三盃兩盞冇批 西儒對句云 大統
分南□此恭 元遺臣隱作酒肆傭爾 聖祖訪知
之特賜 恩宥但使黃冠終命而已後至年八十餘
南卒

試師得姪

江右安福人李旦春自幼失亡寡母求之弗得年十
六流于荊之江陵久之歸安福寓於山寺寺館有李
舉人者藏脩待價旦春謁見之求童師館以度日焉
舉人遂試之將驗深淺以爲薦得卷細閱訝其非凡

嫂寡每幼子未歸覲旦春狀貌酷肖其姪且年庚正
與之齊驗知其爲姪矣乃謂其嫂曰吾姪既歸又幸
其學之有成吾嫂有託矣嫂亟爲召見識認之母子
相持大慟既而中丁酉省魁此吾聞之李同寅同寅
聞其先翁者

抱佛免罪

雲南之南一番國其俗尚釋教人有犯罪應誅者其
國主捕之其人恐急奔往其寺中抱佛脚知悔過願
髡髮爲僧不敢踰前非主許之竟貰其罪遂髡髮環
耳衣禪衣守禪教故其國人爲僧者多當有人入中
國皆自稱番僧而莫知其故俗諺云閒時不燒香急
來抱佛脚蓋本諸此

江水變異

弘治辛酉仲夏二日夜分古渝城上忽白光映天見
者驚異爭起視之但見渝水明耀浮光上燭而已次
早驗之宛如豆汁人不敢飲踰三日始澄澈敘州府
使人探流至木川長官司抵崇山峻嶺林木蓊鬱阻
不能前詢之父老言此水發源自建昌從來未有此

變也愚謂江海嘯笑亦常有之此何足怪觀桑欽著
水經陸羽辨淄澠二水味等而上之大禹定水之色
性似此變異無所疑矣

伶人賍騙

嘉靖乙丑有遊食樂工乘騎者七人至綿州未詳何
省人其所持舞襴衫服整齊鮮明拋戈擲甕歌喉宛
轉腔調琅然咸稱有遏雲之態適余憲副至舉城士
夫商賈無不忻悅以爲奇遇搬作雜劇連宵達旦者
數日久而情洽一日晚衆曰今夕改作雜劇手服以

新視聽遍索七夫富室陳列珍玩器具衣着織金彩服乃令綿城樂工代司鼓樂至夜闌俟人酣倦矣忽隱几者大半乘機催迫鼓樂喧震作雞鳴渡關七人以次入甕久之寂然破甕索之了無所得所驅銀不止數百兩惟司鼓樂者枉受刑罰而已嗚呼此即遁身掩形之法苟非識者堅弗之信難免墮其術中矣

窑氣殺人

正德戊辰渠縣大渠城居人于山之陽產石煤處掘窑穴取煤年久掘深數百尺每歲除日各持茅拱許

於穴口焚烟伺地交吸入以禁忌取間有蒲姓者乃以厚薦一番深入爇之其煙猛深入新正五日其人率領二少年取煤先入者猛趨數十步仆地不能起聲如鼾吼次入者聞之急回至穴口良久始言穴中之氣如氤氳撲面如沙而麻木戟喉如椒而脹懣如瘴氣然又三日烟始息索尸如穴色紫而腹脹少頃色變而復消矣嗚呼窑煙積久而殺人即古井久閉而成毒其害一也

救僧起溺

敘州富順縣生員車冕幼嘗在一寺讀書偶聞寺僧多欲謀害一僧者冕憐之陰漏語使逃後冕以渡江遭颶風覆溺見一僧拯援而起初莫知誰何張目熟視之乃知其爲向者逃逸之僧也彼此拜哭而伸謝嗚呼人生報復之不爽有如此哉

廿貧歠粥

解學士官詞苑食大廚未至于屢空也第水旱頻仍歲遭荒歉每廿貧而歠粥焉一日有感詠詩云水旱年來稻不收至今煮粥未曾稠人言箸插東西倒我

道匙挑兩岸流捧出堂前風起浪將來庭下月沉鈎早間不用青銅照眉目分明在裡頭彼不識歲之凶荒而惟欲飽食終日者可以省矣

館俸有數

南城李夢林篤行君子也嘗夢至一所庭下植兩石榴樹下獲錢一窖凡千緡自念平生無妄想何從有此未幾臧尋思招延家塾訓諸子歲俸百緡入齋見庭下二石榴樹宛然夢中所見凡十年而辭計所得果千緡嗚呼館俸一細故爾且前定有數況富貴利

達所係尤大此者乎

神醫骨鯁

鄱陽汪友良因食辣蹄誤食骨如指大鯁於喉間累日不下家人憂之汪昏睡間如見朱衣人來告曰爾沒骨鯁苦痛吾有一藥可治乃南鵬砂最妙既覺索砂一小塊淨洗噙化食頃脫然消融恐有偶誤食骨者亦在所當知

意見

南充陳于陛

立教

近世高明之士動稱造化在乎天地萬物在吾度內實剽釋氏之言害道爲甚釋氏云心生山河大地其實有此理但聖賢不輕言之此等學問一倡則人且視天地爲無何有又況于兩間倫物細微皆看得沒關係了聖人之心極小其立言極近易曰乾稱父坤稱母神明森然在上在左右君父之倫等于天地下至一言一動一事一物俱不敢忽匹夫匹婦皆能勝予如此立教方能扶持世道彼高奇者眞名教罪人也

應物

道理載在典籍者一定而有限天下事千變萬化其端無窮故世之若讀書者往往處事有執泥處至于作官吏歷事變多者又看得世故太通融而無執此皆是偏處吾人當讀書時要思量泛應世務庶乎臨事不滯當應事通達無礙時却又要思量據著書本

行如此方免二者之弊

恕字

聖賢學問雖立言多端只一恕字終身受享不盡假如已在患難時常望人振救有排擠者恨之必深則當無事時可爲人盡力視人患難却不救或爲下石之語此豈是恕已當憂病人來憐恤存問必感之有禮數疎濶者必不悦若人有憂病已却懶慢不知恤管此豈是恕已當卑位去見尊官貴人使勢輕忽久候不出心上必然忿恨若居尊貴不肯體恤人依前

慢他此豈是恕已有纖過東掩西藏惟恐人知他人有過却對衆公言此豈是恕人規正已失中心不能堪或面發赤强顔勉受若直攻人過不知避忌此豈是恕至于已所守廉潔却不責人以刻甚已所行忠厚却不望人以過泰此又是盛德事加于恕一等矣

施報

稱物平施聖賢處已待人之常道也寧人負我毋我負人此是君子過甚之陰德寧我負人毋人負我此是小人之尤者所行之陰害

出處

中庸論聖人之道其大至于洋洋乎發育萬物峻極于天至其收斂處却只說箇既明且哲以保其身可見出處事在吾道中最重

寬嚴

世論嚴者當嚴于左右吏胥而不當嚴于窮困之赤子世論寬者當寬于百姓而不當寬于奸豪猾黠之徒若嚴而用之當則嚴亦寬也若寬而用之不當其害民何可言哉世有縱容左右毀公玩法而獨以嚴

刑酷罰施于無罪之小民此最可恨

三才

人非天地無以生成天地非人亦無以自立三才者交相依附古今不毀辟如人在房室之中房室若無人住居亦易傾覆也

續經

予以五經易禮之外詩書春秋皆可續或曰得無蹈僭擬之罪予曰不然辟如祖父在前有所著述使其子孫能承其意而衍續之則爲祖父者喜悦之不暇

而肯責其借擬哉

文字

文字自六經降而有左傳莊子馬遷以至韓柳諸大家余謂韓柳諸大家以篇爲文必讀完篇其旨意乃見莊子馬遷以句爲文蓋雖一句中便極其工而意足也左傳以字爲文蓋雖一字必工而意甚妙也至于六經則無意於文不求工于字句篇章而其文自不可及矣

澄養性情

士大夫功業在外者不必十分留心但澄養心源要緊如中庸所云不見不動不言不賞不怒不顯皆在無聲無臭處做工夫大抵心源潔淨已是七八分地位舉而措之事業皆自然而然無難爲者矣

天道

余嘗與人論造化所生之物自然而成者如果實雞卵之類多是圓必有方者山石間成方體亦非自然僅有方竹一種亦非四方可見造化以圓爲貴而無方截廉隅老子曲則全之說非欺我也直方之道人

所以裁成天道者亦不可過甚

文章

作文不必論奇古須自成一家意見讀之首尾成章不逗漏便是好文且可觀其人之行事功業受用今人但務新奇剽竊全無由衷真的之見余辟之如常人衣布袍猶是好衣若以綾羅剪裁補綴其飾雖貴終非完衣如貧家食菽粟尚是好食若乞兒從墦間乞得酒肉雖多終賤鄙可恥也

人心

周末晉之請隧楚之問鼎實有窺覦周室之意當時不爲公議所容竟不敢肆至陳恒篡弒孔子請討不遂人心已漸變故莊子有竊國者之侯之嘆至帝秦之舉魯連力止之亦人杰也漢之興董公三老勸爲義帝發喪實見人心尚有古意至操莽而後人心習見以爲恒古意不復存矣

知幾

易曰幾者吉之先見者也單一吉字甚妙正要以凶爲吉方是知幾之神若有凶則何貴于知幾乎樂記

則樂之道歸焉耳且言禮樂只用一樂字結之甚妙
蓋其作用處禮多效驗成功處樂多是禮先樂後之
言若説禮樂之道歸焉耳又何趣味

自責責人

今人談人則易自責則寬常見當事者指謫前人殆
不容口及至觀其所為不若遠甚宋人詩云鮑老當
筵咲郭郎咲他舞袖太郎當若教鮑老當筵舞轉更
郎當舞袖長可謂曲盡事情

溫公通鑑

予嘗謂司馬溫公通鑑既以正統歸晉則何不以正
統系蜀想溫公自稱司馬氏之後畢竟是公中之私
也

懲創

凡人性氣懲創人言告諭者終不能深入必須自家
經歷世途自知痛痒其創方深如人有素性驕矜者
一旦獲交天下英豪自顧所有如遼東豕則汗浹不
已其驕放之痛不療而自除矣又如人有輕躁妄動
者以未經傾跌一旦遇事齟齬深自悔艾則後有舉

動將愼重而不敢妄發矣此等方是眞得學問

兩漢

偶讀史見兩漢之君所行政事大非東漢所及然西

漢之末王莽容易竊之海內帖服而東漢之末至以
曹操之奸雄不敢遠移漢鼎天下卒至三分猶有蜀
漢延不絕之緒蓋東漢之亂亂在天下而腹心尚好
朝廷紀綱及正人君子不乏西漢則奸邪在內播弄
已久朝宁之間紀綱凌夷中正凋喪所以不同可見
人腹心有病強不足恃腹心無病雖弱可以少延也

七國

宋人論文帝不除七國為是景帝用主父之言除七
國漢卒以安然使七國尚存則王莽所不能篡漢天

下事變之事固非一端所能防也

易傳孝經

程氏易傳當與朱子本義并行孝經當以試士

難易

韓范富歐功名滿天下然古今如此者多所謂似難而易陶淵明劉静修皆身不與事然而明光日月所謂似易而難

申韓

太史公説申韓原道德之意此語最好夫老子之言

道德申韓之重名法迹若相懸遠然老子云失道而後失德失德而後失仁失仁而後失義夫吾人之所以敦崇倫理和洽事物者惟頼有仁義存耳老子却以爲粗只説個虚却把倫理事物都看輕了所以其流之弊與慘刻刑名家無異道德者棄仁義而不用申韓者背仁義而爲用此所以迹異而其歸同也孔子言仁孟子言義所以爲中正之道也

房杜文章

世稱房杜無文章非無文也特其文如布帛菽粟不與文士鬬巧耳

吏才

歐陽公曰凡治人不問吏才能否設施如何但民稱便即是良吏識者以爲知言

辨才

世有外渾樸而中炯炯者眞才也有外渾樸而中墨墨者庸才也二者亦難辨何以察之眞才如人坐紗幃中秉燭光雖不甚露而時亦閃閃爍人庸者如坐暗室中無復可覩矣

儒名

儒字古列于九流十二家至荀子乃稱大儒之效歸之堯舜孔子至宋儒益加發揮儒道始彰儒名始白荀子之功不減宋儒矣

二氏

莊子説有夫未始有始者釋氏無無亦無等語似乎渺茫不可究詰大抵是精入語令人粗心不能識得即如自心生出種種見解而外邊安能計其層數令收攝此心向内豈無階級特心粗窺測不到耳

不爭

天下有不如意事不當忿激與爭昔人謂世齷齪富貴者止如醉人弄酒風正可耐渠一餉聞言雖謔而可法

觀世

山居觀世態紛紜歷歷如視在中朝混揉未必然蓋傍觀者明自古如此尭夫曰遂令高臥人欹枕看兒戲

識小編

明 周賓所

洪武通韻

洪武二十三年洪武正韻頒行已久 上以字義音切尚多未當命詞臣再按之學士劉三吾言前後韻書惟元國子監生孫吾與所纂韻會定正音韻歸一應可流傳遂以其書進 上覽而善之更名洪武通韻命刊行焉今其書不傳仍行正韻

大明令日曆

洪武五年十二月禮部尚書陶凱等奏言古者國有典法定著爲令有違於令者則加以律故令與律相爲表裏漢有令甲令乙後世守法之人有曰法者高祖之法也令律已行而令未備宜及時定令使有所遵守又考漢唐宋皆有會要宋會要逐日記載時政分門別類以憑稽考今起居注記言記事藏之金匱是爲實錄凡各衙門欽錄及奏事簿紀載時政可以立法垂之後世者宜依做會要編類成書使後之議事者有所攷焉 上從之次年遂命纂日曆復纂皇

明寶訓惟大明令未見復修所行乃洪武元年修者

帝王廟

洪武四年 命官叅考歷代聖帝賢王但在中原安養人民者合祭之自三皇至元世祖三十四位洪武六年禮官奏帝王内有父子祖孫相繼者合祭未安於是别立廟正殿五間畧如宗廟同堂異室之制三皇居中爲一室夏禹殷湯周文王武王漢光武唐太宗爲一室共一十八主皆創業者也其餘守成賢君一十六主令所在有司歲春秋各於陵寢致祭其後

復奉 旨除周文王唐高祖以三皇爲一室五帝爲一室夏禹商湯周武王爲一室漢高祖光武隋文帝又爲一室唐太宗宋太祖元世祖爲一室洪武二十年立今廟於鷄鳴山南又去隋文帝以三皇爲一室五帝爲一室夏禹商湯周武王爲一室漢高祖光武唐太宗爲一室宋太祖元世祖爲一室歷代名臣從祀兩廡歲以秋八月擇日致祭每三年一遣官齎香帛至陵寢祭之嘉靖九年南京歷代停祭二十四年七月撤元世祖并其從祀五臣

帝王廟從祀功臣

洪武二十年 上命禮部同翰林院國子學將歷代名臣功德兼全者考究以聞尚書李原名等查得風后力牧等三十五人以奏 上曰歷代名臣内未避普是不忠太祖者不當從祀元朝既有伯顔其阿木安童不必入祭如漢陳平馮異宋潘美元木華黎等皆是節義兼美始終無過可與風后力牧等一體入廟祭之

孟子節文

洪武二十七年翰林學士劉三吾等奉 上徵天下耆儒同校蔡氏書傳賜名曰書傳會選又校孟子一書中間語言太峻者八十五條除之命自今八十五條課試不以命題科舉不以取士其餘一百七十餘條頒之中外俾皆誦習名曰孟子節文二書俱有板在南雍今殘缺矣

頌經瑞應

永樂十七年九月十二日欽頒佛經至大報恩寺當日夜本寺塔現舍利光如寶珠次現五色毫光慶雲

捧日千佛觀音菩薩羅漢妙相又現寶塔金光徧地天花麗霄又有騰龍舞鳳麒麟獅子寶螺菩提樹既而頒佛經佛曲爲善陰隲書至淮安又現五色圓光彩雲滿天雲中現菩薩羅漢天花寶塔龍鳳獅象又有紅鳥白鶴盤旋飛繞次年禮部尚書呂震副都御史王彰頒佛曲至陝西河南亦有慶雲圓光寶塔之應此皆番院故牘所見者不知何以致此應耶聞陶眞人爲　世宗建醮亦有白鶴旋空之應或者此亦西僧之術耳

驃騎

禁中端午有龍舟驃騎之戲驃騎者一人騎而持幟前行後騎繼之各於馬上呈弄巧技蓋以習騎乘云實元制也龍舟似亦有習水師之意

剪柳

永樂時禁中有剪柳之戲剪柳卽射柳也陳眉公云一人以鵓鴿貯葫蘆中懸之柳上彎弓射之矢中葫蘆鴿輒飛出以飛之高下爲勝負往往會於清明端午日名曰射柳

鹽利

儒者謂管仲煮海爲霸國之術然歷代行之未有能廢者我利朝國賦所資於鹽尤溥以近日計之歲入餘鹽課稅等銀約一百萬三千兩有奇各邊中鹽引價約五十六萬七千兩有奇其於全賦蓋五之一云

誣告

永樂初凡誣告三四人者杖一百徒三年五六人者流三千里十人以上凌遲梟首其家屬遷化外近時誣告者罪此不應故其俗日盛

殿試易日

舊制殿試在三月朔日成化八年以悼恭太子發引改於十五日至今因之

蔣山寺廣薦佛會

洪武四年十二月　詔徵江南高僧十人於蔣山太平興國寺建廣薦法會明年正月辛酉　上服皮弁備法駕臨幸寺中羣臣從　上搢玉圭升殿禮佛前後各再拜奏法曲者八已行三獻禮皆跪進清淨饌已聽法於徑山禪師宗泐受毘尼戒於天竺法師慧

日乃還自辛酉至癸亥凡三日 上之禮佛也雲中雨五色子如豆或謂娑羅子或謂天花墜地所變云事詳宋濂文集中

朱國臣盗事

朱國臣者京師大盗也其黨爲劉燁劉大劉二劉三等十八人萬曆二年三月二十一日命其妻大作炊供夜半之食黨集而其妻睡失炊怒笞之逸出東市遇夜巡把總詰之故反詰云爾爲何官曰吾夜巡把總也曰夜巡獲盗有功當陞何官曰有功陞欽依或叅

將曰吾語爾吾家堂子衕衕有强盗十八人可往擒之然須養我終身毋把總諾之果獲十八人無脱者下法司具服而朱國臣云我等擒京師靖矣夜戶可無閉矣且吾告若凡訊獄不可不慎如石駙馬街周皇親之殺我也而坐使女蕭荷花凌遲家人斬豈不甚寃臨刑不覺爲之揮淚李皇親朝房人亦我殺其婢與僕棄首餙於道而坐拾遺人以死又一寃也今吾不言誰復爲鳴之者於是法司追問所治荷花獄者而免侍郎翁大立爲民謫郎中徐一忠於外云荷花獄事具徐太宰集中茲不載

語言談

長洲張獻翼

言有下流之言如綦棄訕謗之類是以有市井之言如炎涼貨利之類是已有荒唐之言如浮游不根之類是已老子云曰可以食不可以言莊子云狗不以善吠爲良人不以善言爲賢況言下流之言市井之言荒唐之言乎苟類斯言不爲下流則爲市井吾望汝曹爲才子弟士君子而可有一於是乎鄭五花歇後語可鑒也然芻蕘之言狂夫之言又君子所聽而

察焉者芻蕘與狂夫非下流市井之謂也有理寓焉如孺子之歌夏諺之類是已下流訕謗市井貨利誤聽之不覺喜談而樂道不惟口不可得而言耳亦不可得而聞至謬悠之說荒唐之言尤不可不戒修其内則爲誠修其外則爲巧言易以詞爲重上繫終於默而成之養其誠也下繫終於六詞驗其誠不誠也少見鄉曲有一前輩善爲俚鄙填刻成篇播滿人口以快一時之意於人若無大損而於已損德不少君子隱惡不談人過自是長者之道非懼害至此而不爲也自有不忍言者此雖小惡終基大禍汝曹幸所見皆長者自能言以來耳不聞下流市井之言況俚鄙之詞乎吾深懼此事不得不爲杞人之憂漆室之懼予少侍文待詔先生之側常云人有一言涉於虛百行俱隳矣前輩之言有旨哉汝曹念之見富者勿談巳之不足似乎有所求對貧者勿談巳之贍足似乎有所傒不問而告問一告二皆非也對長者切勿妄談他事涉於輕縱對處順境人勿多及沉淪蹉跌事遇失意人勿多談飛揚快利事見閒適瀟洒之容

勿論隱顯貴賤盛衰及風塵除目中事恐妨其雅懷且乖雅道自負之意遺俗客世人當隨時應荅勿引丘壑烟霞詩章文翰事恐拂戾其情諺云可以知者道難與俗人言也凡情多忌諱勿輕率談巳胸臆恐誤觸人之忌犯人之諱亦足招尤陶淵明云悅親戚之情話情話豈槩施者哉蘇瓊守珍之清河太守道人研爲滄州沙門統資產巨富在郡多有出息常得郡縣爲徵每見談問玄理研雖爲債數來無由啓口弟子問故研曰每見府君徑將我入青雲路何由得

論地上事問漆雕馬人曰子事臧文仲武仲孺子容三大夫者孰爲賢馬人曰臧氏皆有龜焉名曰蔡文仲立三年爲一兆焉武仲立三年爲二兆焉孺子容立三年爲三兆焉馬人見之矣若夫三大夫之賢馬人不識也孔子曰君子哉漆雕氏之子其言人之美隱而顯其言人之過也微而著顏子淵成童學孔氏之門問君子子曰愛近仁度近智爲己不重爲人不輕君子也問小人曰毁人之善以爲辨狹計懷詐以爲智幸人之有過恥學而羞不能小人也裴令臨終

告門人曰吾死無所繫但午橋莊松雲嶺未成軟碧池繡尾魚未長漢書未終篇爲可恨爾張曲江語人曰學者常想胸次吞雲夢澤筆頭湧若耶溪書量既并包文情亦浩瀚陶淵明聞流水聲倚杖久聽嘆曰秋稍已秀寒色染人時剖胸襟一洗荆棘此水過吾師丈人矣李白登華山落雁峰曰此山最高呼吸之氣想通天帝座矣恨不携謝朓驚人詩來搔首問青天耳戴顒春携雙柑斗酒人問何之曰往聽黄鸝聲此俗耳鍼砭詩腸鼓吹汝知之乎崗旻語常帶華藻

李時安曰時方三月坐間生無數牡丹花矣張祜苦吟妻孥喚之不應以責祜祜曰吾方口吻生花豈暇汝輩宇文卓方執崑崙玉盞聽左丞櫝超高談不覺墜地羣公對雪尚隆之曰麪堆金井誰謝湯餅奥承素曰玉漏天山難刻瑕珮李白與人談論皆成句讀如春葩麗藻粲於齒牙時號李白粲花之論古人言談高者大都如此卑者亦不至令人洗耳俗人在傭奴之中片言令人拔擢曰予若無言吾幾失子矣太真終日無鄙言劉尹道江道羣不能言而能不言王

黄門兄弟三人俱詣謝公子猷子重多説俗事子敬寒温而已既出座客問謝公向三賢孰愈謝公曰小者最勝客曰何以知之謝公曰吉人之詞寡躁人之詞多推此知之宋史載孫甫言唐君臣行事以推見當時治亂若身履其間而聽者曉然如目見之時人言終日讀史不如一日聽孫論言談如是斯無忝於言談矣予從弟鳳文延儀輩謂予出語皆成章雖對覡狎未嘗發一鄙語予不能然羣從所見有如此金人之三緘白圭之三復慎言故當爾是編猶爲

多口

子元案垢

燕泉何孟春

看書如服藥藥多力自行此前輩語人不能無病藥不可妄服前輩非聖之書不讀養蒙之道先入之言以爲主可不慎乎

宋景文嘗自言手抄文選三過方見佳處洪景盧亦嘗手抄資治通鑑三過始究其得失彼於文史間且用力如此有志大儒爲經學者可草草乎

天之黄道可見處暑後秋分前晴朗日没時于高處向南視之若虹霓斜界雲氣皆不敢入者是也

禹本紀并水經皆以崑崙爲地之中崑崙墟在西北去嵩高萬里而以爲中者東南皆水水土在天運間要不可定論也

今世擬擬富貴者正如醉人弄酒風觀者正可耐渠一餉閒耳

楞嚴經五種辛菜注云一大蒜二茖葱三慈葱四蘭葱五興渠與道家五葷之名不同要之皆記之所謂葷也

吏部尚書韋陵以宗人伐墓伯坐不相教貶絳州刺史此法令無間矣

易陽奇陰偶天一地二宋人易義一而大謂之天二而小謂之地一大二小天示字也天曰神地曰示

禮竈者老婦之祭也盛于盆尊于瓶注老婦先炊器也祭竈以祭先炊也今俗祭竈必辟婦女竟不知何故

說郛續目錄

弓第十六

西樵野記

吳郡侯甸

幽怪之事固孔子所不語然而使人可驚可畏可愛可畏明顯箴規而有補風教者此博洽君子不可不知也余嘗得前代數事第恐涉於虛遠且記載者居多固弗敢贅自　國朝迄今其有得於見聞者輒隨筆識之凡一百七十餘事名曰野紀噫余性孔釋然每見小說竊甚愛之亦性之一偏也

本朝官妓

國初於　京師嘗建妓館六樓於聚寶門外以宿商賈時雖法度嚴密然有官妓諸司每朝退相率飲於妓樓詠歌侑酒以謀斯須之歡以朝無禁令故也厥後漫至淫放解帶盤薄牙牌纍纍懸於窗槅竟日諠呶政多廢弛於是中丞顧公佐始奏革之故挾妓宿娼者有律耳

水鬬

貴州普定衛有二水一曰滾塘寨一曰鬧蛙池相近前後吾吳人從軍至此夜聞水聲搏激既而其響益大居人闢戶覘之噴而波濤竟不可遏坐以伺[illegible]二水一涸一溢[illegible]以為水鬬吾不知其何[illegible]

報狀元

[illegible]成化丙戌與鄉人劉忠同赴春闈[illegible]以宗[illegible]至京師舍館盡為他人有之覓一[illegible]室塵垢[illegible]除間[illegible]上壁下一[illegible]羅素絲[illegible]視之模糊莫辨乃以水固[illegible]之圖有一紋檄上[illegible]髹欵書報狀元三字羅憤之[illegible]至[illegible]皆登第羅倫則狀元也

鬼觀戲

弘治癸丑湖州[illegible]敷演梨園飲客酒罷夜[illegible]日吾乃嚴尚書府中召汝今夕[illegible]白金半錠愛之諸優如召從至一大廈雕梁畫[illegible]聞章縫畢集帷[illegible]趙盾故事直[illegible]許[illegible]之未曉復[illegible]一[illegible]乃一古廟試以[illegible]曰　國初嚴[illegible]書舊遊地也

學[illegible]

舊制生員惟有廩膳增廣雖然廩膳有額增無額成化初京師語曰和尚曾度秀才拘數禮部姚夔請奏故附學立焉

本朝丞相

本朝承宋元以來亦嘗置立丞相若汪廣洋胡惟庸等俱在相位洪武八年　皇祖欲出師北伐相府因有井油之變事覺於內豎擭伏兵百數斬之由是始置三公閣內以備顧問而丞相廢革矣

盛景華瘞師

盛景華吾吳徵士也有翰林待詔李貞臣洪武初棄官如吳景華延之俾教諸子李以無嗣卒景華勒銘石祔葬祖塋之側歲用二享今子孫亦如之

一孕五兒

天順中有民妻一孕五兒體貌無異森然無一夭者母亦無恙此事聞之非誣而往往不詳其姓里或曰楊州人成化間諸子爭財析居時巡撫畢公案蒞吾蘇其父母卒諸子來決訟故蘇人習知之未暇究其案牘也

鬱林太守石

昔漢末吳郡陸公積爲鬱林太守泛海而歸唯一空舟因恐覆舟載一巨石鎮之至吳棄于婁門之野埋沒土中已爲民家居址久矣然亦有識者過而謠曰此鬱林太守石也弘治丁巳聞有代巡樊社史命有司督役夫曳置察院之側題其楣曰廉石建亭覆之

海島人

成化辛丑蘇衛數軍士被公遣赴崇明事畢泛海而歸爲大風飄至一島山麓聽異一人從林中出長可

三四丈深目黑面獰醜不可喻見數人悉以藤貫掌心繫於樹下已而復入衆極力斷之而竄始放舟前者僧數輩狀貌無異蹲立水滸以手攀舷舟中一勇士急擊刀斷其指始獲捨舟而去辨之乃一指中一節耳試以小尺度之尺有四寸因獻嘉定令令貯藏中

天愁

弘治辛酉閏七月二十一日午後陰雲密布迷漫欲雨者然俄聞空中閧然有聲約二刻乃止識者以爲

天愁

黃萊菔

僞吳嘗用黃參軍敬夫蔡參軍彥文葉參軍德新圖事三人皆迂濶書生不識大計洪武丁未春　太祖下江南三人皆伏誅其屍風乾於旗竿之首初吳中童謡曰丞相做事業專用黃菜葉一夜西風來乾別於是知童謡始驗

虜斷

洪武間人有隨母改嫁者以繼父疾割股愈之有司

以孝聞　上曰繼父爾之讐家也割父遺體以愈讐家是不孝也乃置之法　虜斷若此臣下固不識也

告神

鄉人顧綱卒煞回適值夜中其妻設香楮牲饌于靈几開中障以彩綺合門藎隱隣舍獨留一媪守家媪匿下久之見一物其狀如猿而大如犬繫綱從甕中而下據案啖牲饌見媪連杖揮之媪肆號呼衆趍入室已失之矣

被錢詩

吾吳李氏女善詩拾一開元錢詠云半輪殘月掩塵埃依稀猶有開元字想得青光未破時買盡人間不平事詩固雖於婦人所作而亦慨世衰薄故識之

骷髏誦經

江夏悟眞寺一僧法名元仁秋夕月朗輒出山門閒步聞誦華嚴經聲不絶元仁諦聽之未得所在悵然而歸次夕令諸徒復詣聲處聞經聲出自土中卽以曳杖畫記翌旦啓壤乃一骷髏皮肉悉腐獨存舌鮮潤元仁持歸以石匣韞之外護蘘穰置於廡廊至夜

經聲如故觀之者以億計未旬月爲客僧竊之而去

韓公斬人

韓公雍總督兩廣軍中獲一善星象者懼其妖言惑衆命斬之及斬公試問之曰斬汝者誰與星士曰緋衣人公特命劊者更白衣斬之以破其言公謂術斯妄矣後問諸劊者乃裴姓也公愕然又斬一人首仆地其人兩手捧其首疾趨數步而蹶

賜中舉人

劉學士儼景泰中典北畿秋試取江陰徐泰爲解元

泰本富族有欲更爲親厚薦者奏儀與泰有私儀欲扣閽力辯禮部請以覆試　上從之召五經魁士親試禁中彌封以示閣老某某取次拆封一與原榜無異仍賜泰爲解元時目爲　欽賜舉人

蛇菩薩

京師西山寺有二青蛇大者長五丈二三小者長四丈五六如人至僧乃呼蛇以酒肉飼之二蛇輒引喙出入無憚人或逢蛇身旋轉一過謂之不絶人身故謂之曰蛇菩薩

甲乙剩言

東越胡應麟

蜀僧

余過京口見鄔佐卿語曾于甘露寺遇一蜀僧與接言論蓋深于禪理者因數數往還佐卿適有所負迫窘無以應憂見于色僧問曰君須幾何而形困若此鄔曰此方以內煎熬地獄非十金不能免此僧持几上煮茶銅銚視之曰此踰十金矣便命索炭鄔異之即以燃炭僧出袖中一包出藥匕許以銚周身擦抹此藥藥盡着火中燒令通赤急索酒淬之尋以水洗則成銀矣鄔遂得緩子錢之急明日往謝僧已行矣

方子振

人多言方子振小時嗜奕嘗于月下見一老人謂方曰孺子喜奕乎誠喜明當俟我唐昌觀中明日方往則老人已在老人怒曰曾謂與長者期而遲遲若此乎當於詰朝更期于此方念之曰圯上老人意也方明日五鼓而往觀門未啟斜月猶在老人俄翩然曳杖而來曰孺子可與言奕矣因布局于地與對四十

八變毎變不過十餘着耳由是海內遂無敵者余過清源因覓方問此方曰此好事者之言也余年八齡便喜對奕時巳從塾師受書毎于常課必先了竟且語其師曰今皆弟子餘力請以事奕塾師初亦嚴撻禁之後不復能禁日于書案下置局布筭年至十三天下遂無敵手此蓋專藝入神𠕋夷吾所謂鬼神通之而不必鬼神者也

酒肆主人

余過淮陰市中憇一酒肆主人約五十許人與余談

酒事各極其意主人忽瞪目視余曰觀君似解操觚者余謝曰非曰能之嘗竊一斑矣主人遂與余論詩上自三百漢魏下及六代三唐以及我皇明無不畢當歎察因命酒對坐劇飲復論天下事事至于千古興衰毎太息流涕忽问余曰吾閱海內人多矣少得似君君得無金華胡元瑞乎余曰是也余因詢其姓字主人曰肆門所書張叔度是也余復問其鄉縣主人曰吾無何有鄉之人也余笑曰地且不得曾謂張叔度是丈人姓字乎主人起顧余笑躍身入內曰毋

多談君且休矣明日索與相見衆傭保曰主人仗一劒躍馬去矣余遂窮問其人則曰主人有錢數百千令我輩張肆于此其出處從不能悉也余意必江淮大俠託于市隱者耳

天上主司

乙未春試前一夕余忽夢見冕服一人坐殿上召余入試既入則先有一人在坐者呼之曰易水生未幾殿上飛下試目一紙視之有晉元帝恭默思道七字翻飛不定余與易水生爭逐之竟為彼先得余怒力

往鬬擊而覺為不怡者久之及入會塲第一題是司馬牛問仁章始悟所謂晉元帝者晉姓司馬元帝是牛金所生以二姓合為司馬牛也恭默思道是訒言破無意耳可謂大巧第易水生不解所謂及揭榜則湯賓尹第一盖以易水二字為湯也然夢亦憒憒書法以水從昜音陽非易也觀此則天上主司且不識字何尤於濁世司衡者乎

李惟寅

李惟寅太保別墅一再易京著耳遂不良于行蹣跚

出見客道故殷勤至涕落不能止因念走馬長千鍾陵躍澗時何輕捷也而一旦衰憊爾爾乃知人生壯盛足恃幾何不覺覽鏡亦爲髩絲興嘆

趙相國

趙相國以東事憂悴時或兼旬不起余往訪之適日者王生醫者李生兩人在坐相國謂王曰我佐忌何日出宮謂李曰我何日膏肓去體余笑曰使石尚書出京便是佐忌出宮沈遊擊去頭是膏肓去體相國爲之黙然

劉玄子

劉玄子從朝鮮還言彼中書集多中國所無者且刻本精良無一字不倣趙文敏惜爲倭奴殘毀至圊溷之間往往以書幅拭穢亦典籍一大厄會也因目不忍見每命部卒聚而焚之余乃知國初朝鮮獻顏子朝議以僞書却之此四庫之所以不及前代也且如今中秘所藏如子華關尹亢倉之類果皆出于諸賢手乎嗟嗟眞以爲僞僞或爲眞惟具眼者能别其眞與僞耳

王長卿

王長卿新安人能詩其内人精于鍼繡嘗觀其繡佛纖密絢爛而髮絲眉目光相衣紋儼若道玄運筆余所見宋繡最多此繡當不多讓即謂之鍼王可也王行甫汪明生諸君多以篇詠重之第性嚴妒長卿往朔方謁周中丞慮有外私使向繡佛前受邪淫戒而去

王太僕

天台王太僕嘗言天台名山無踰五岳皆得覽其槩

矣未有若峨嵋之奇峻者余嘗宿絶頂光相寺于時早秋曉起遠望寒冽不減嚴冬爲體戰齒鬪不能止時寺鷄三號耳殘月猶在遠見西極荒垂有一點尖明若火光者因以問僧僧云此天竺雪山爲初日所照也始亦未信頃之日出而此山隱隱炫燿天際已而日色徧滿大千則山光不復明矣但見一粉堆耳余味此言乃知佛經言初日始出先照金剛山頂爲足證也

青鳳子

新安楊不弃精于鑒別法書名畫吳用卿所刻新帖皆其審定鈎摸上石不弃鄉人有得一石于水濱狀如鵞子而青瑩可愛楊以千錢易之恒以自隨作鎮紙及楊來燕有外國人數來看之不忍釋手楊詢之其人曰此名青鳳子卽吾土價亦不貲于是聲價一旦貴踴有一兩殿供事許以千金易去進內開爲禁中寶重夫此一石也弃之水濱與瓦礫無異一遇知者遂爲上方大寶物固有遭與不遭如此哉

博古圖

鄭錦衣樸重刻小幅博古圖其翻摹古文及雲雷饕餮獰獸諸衆較精于前且卷帙簡少使人易藏雖寒生儉士皆得一見商周重器大有神于賞鑒家第一序艱滯可笑人謂可比樊宗師余謂非也此猶闖粤田農卷舌作燕趙語耳足爲圖減價落色

曹娥碑

聞吳聞齡太史家藏曹娥碑眞蹟書法甚佳而有識者謂是贋本何者碑辭本作可悵華落乃以可爲何當是臨書人不解文義而誤書之耳余謂墨蹟眞贋我則不知若曰可悵則是唐人字面矣且觀其上文曰生賤死貴利之義門下文曰艷冶窈窕永世配神則可悵有勸慰之意如作何悵便與上下文不相協矣讀者當自得之

沈惟敬

沈惟敬以落魄僑寓燕中寓傍有開屋使賣水擔子沈嘉旺居之嘉旺本樂淸趙常吉家蒼頭幼爲倭奴所掠載還日本凡十八載乃泛海而還還復走燕依趙趙無所用之故賣水以自給惟敬暇則時時從嘉旺

談中倩俗雖器什鄉語無不了悉會石大司馬經略東事而石寵姬之父袁某恒從惟敬游惟敬日與袁言中事若身至之者袁以告石石遂召與相見與語大悅遂奏受游擊將軍奉使日本而有封貢之說矣惟敬妻姓陳名澹如本故倡也惟敬既遠使石每到門慰籍至以沈夫人呼之眞可謂能下賤矣第下非其所當下爲可惜耳

賀啓露布

有一近來聞人賀翰林某啟曰通籍玉堂　帝亦呼

庶吉之士校書天祿人皆稱劉更之生此與昔人身坐銀交之椅手持金骨之朶可謂今古捧腹又曾見寧夏露布以祿山之亂對宋江之强彼以山對江自謂絶異不知轉入惡道是以王元美先生謂近來修史之難政謂此耳如此等一番大舉動載此露布一通可乎

卵燈

余嘗于燈市見一燈皆以卵殼爲之爲燈爲蓋爲帶爲墜凡計數千百枚每殼必開四門每門必有欞拱

窗檻金碧輝耀可謂巧絶然脆薄無用不異凋冰畫脂耳縣價甚高有中官以三百金易去

陳紀傳

臨朐馮少宗伯嘗問余曰范曄書陳元方傳與邯鄲淳碑辭稍異將從碑乎從傳乎余曰覩元方傳便見蔚宗作賊腸腑蓋碑文明説以何進表荐拜爲五官中郎將而傳則删去第謂董卓入洛陽乃使就家拜官是陷陳入于卓黨以爲彼所謂名賢亦復爾也至于謀説呂布絶婚袁術一事乃元方爲國破奸一點赤忠所在竟抹殺不書蓋以見小人不成人之美如此理當從碑傳不足據也馮爲首肯

李長卿

李長卿嘗言自古大篇名什銷沒沉湮令人搜募不得至于學究所攻如千家詩及巷里村詞如呂蒙正蘇秦劉知遠之類雖窮邊瘴海莫不誦讀唱演我不知其何所感格一至于此余謂天下多凡眼俗耳惟近于凡俗則行之必遠此亦勢也故我輩捉筆得與千家蘇劉傳奇爭上下便足千秋矣不覺相對大笑

魏總制

人傳紫陽魏總制與織水沈中丞不協當朔方變起哱賊誘　深入以撓我師我師多挫屻不得逞然魏往往掩敗爲功會題沈多不與魏蓋恨之時沈軍固原値□過靈州而南魏令烽砲毋達固原□遂疥至闈沈數日而去余謂邊塞烽燧自有軍法何得至此恐言者之過及見中丞客姚士粦塞上詩有曾有勝兵雄九地不傳烽火到孤城之句乃知人傳者不誣也夫大臣爲國家折衝禦侮以當一面正須共分獻

念協力相為乃欲以敗為功欺誤朝廷固罪在不赦
更復嫌忌同官以、狎中此又刑書所必討者也

合巹杯

都下有高郵守楊君家藏合巹玉杯一器此杯形製奇惟以兩盃對峙中通一道使酒相過兩杯之間承以威鳳鳳立於蹲獸之上高不過三寸許耳其玉溫潤而多古色至碾琢之工無毫髮遺恨蓋漢器之奇絕者也余生平所見寶玩此杯當為第一

薛校書

京師東院本司諸妓無復佳者惟史金吾宅後有薛五素素姿度艷雅言動可愛能書作黃庭小楷尤工蘭竹下筆迅掃各具意態雖名畫好手不能過也又善馳馬挾彈能以兩彈先後發必使後彈擊前彈碎于空中又置一彈于地以左手持弓向後以右手從背上反引其弓以擊地下之彈百不失一也素素亦自愛重非才名士不得一見其面又負俠好奇獨傾意于袁六微之余笑謂袁曰袁黑橫得素素相憐能無為我輩妒殺素素好佛師俞羨長好詩師王行甫

人亦以薛校書呼之雖篇什稍遜洪度而衆伎翩翩亦昔媛之少雙者也

吳少君

余下第後吳少君忽從北來人寄余一絕云趙氏連城辨得真幾年聲價重西秦從來有眼皆能識何意猶逢按劍人得詩數々後夢少君曰余詩中按劍人明日謹避之余亦不解其意明日飲朱汝修齋頭以口語相謔趙常吉忽使酒至按劍欲甘心焉汝修力救余得絕袖逸柱而遁趙猶率奴丁數里追索此余平生所遭最大危厄乃從朋友得之尹公佗良為多

愧而少君一詩遂于夢中點出趙氏按劍四字大可怪也

友人

友人嘗從關中來言自環慶以北不復見山餅從馬首極望惟見平沙際天千里超忽俄有橫山嶙峋可人忽焉滅沒知是雲也余後讀俞羨長詩云惟有故雲似遠山乃知是真境也又言固原都御史行臺後有園池池北有堂池上有亭堂之額曰天光雲影亭

之顏曰半畝方塘棹楔之前曰源頭活水後曰清如許凡歷四中丞所題俱用朱晦庵一絶句可又言環縣御史臺廳事寫李獻吉天清障塞收禾黍日落溪山散馬群爲柱聯但改落爲轉眞所謂點金成鐵也

前定命

都下有抄前定命者其辭皆七言而村鄙若今市井盲詞之類其言自父母妻子兄弟貴賤庚甲皆具人皆狂駭以爲神也雖三公九卿莫不從風而靡以爲此邵堯夫再來也不知此皆從京師日者購其年庚

履歷預爲撰集使人身自覔索以駭眩之耳如余未嘗以命問京師日者則覔之不復有此命矣且未有文理村鄙若此而足以定人之貴賤壽夭者也其事易見何不少察而明墮于其僞術乎

邊道詩

有一邊道轉御史中丞作除夕詩云幸喜荆妻稱太太且斟栢酒樂陶陶蓋部民呼有司眷屬惟中丞已上得呼太太耳故幸而見之歌詠讀者大爲絶倒然此猶近于俚鄙耳至若閩人王少白市作郎爲衆所傳誦如宋人日出卓八脚之類最多好事故爲鏤板書賈一且騰踴貿者如市盖人喜得之用爲笑資耳亦詩道一惡刼也

都下詩

余頃入都詞人盖寥落無幾而所見篇什惟吳允兆秋草十詩及汪明生秋闈雜詠翼翼可誦其他惟邴陳父元夕一結云看他何處不娛人及楊不弃溪上偶成沙頭小鴨自呼名而已至如朗哉公翰諸君都不復進亦足以見詩道之不振也

胡孟弢

胡孟弢嘗言于任城客邸遇一人豐顱長髯頭着青幘身被布衲手捉一扇來謁胡胡與之言則道流也須臾拉胡上太白樓下瞰南池遶眺洸水劃然長嘯有如鳳音因相與對坐道人曰倉卒無以爲娱聊與君飲遂袖出一盤如赤玉徑八寸許光瑩可愛又出二杯則琥珀也胡意安所得酒饌乎未幾以盤向空言曰取無覔饌來忽見鹿脯蒲中杯紅香撲人矣心益大駭既飲而杯復滿脯亦不見增減道流更言曰

明日在酒清風滿衿不有歌舞多負佳客因向南招之頃之有白鶴一雙自南而來下集客前相對鳴舞胡不覺五體投地曰凡夫不知賢聖願知此身昔所從來今何抵止幸一爲指示道人曰人有星宿降謫身有菩薩出世身有真仙再來身有山川孕靈身有鬼神託見身汝是匡廬山伯來所從來止所從止後當自驗吾乃言天地之秘未敢盡泄胡因歷以在朝諸大寮問則曰趙相國是天目上真張相國是旌陽顯化陳相國是參水猿沈相國是南濱公孫太宰是

金天上相孫少宰是文昌司命楊尚書是司祿褚侍郎是司祿左相范尚書是貴相馮侍郎是壁月烏劉侍郎是江伯曾侍郎是南岳副司命石尚書是武曲李侍郎是北地主者沈侍郎是優波離尊者蕭尚書是折威星呂侍郎是尾火虎徐侍郎是營室裏總憲是左執法李臨淮是次將李寧遠是上將軍胡欲更問諸公而忽聞窗外大聲曰盜道多言有翅不騫道人曰余過矣余過矣遽起長別不知所之余笑曰可惜此問答只成得一部天上縉紳耳何不問胡元瑞以上應少微庶幾解俗乎

黄白仲

黄白仲寓居武林余往訪之適有友人携一名姬邀余兩人赴飲黄便入内少時其容有蹙復以他事誒說許時邀者益急言主人候湖上久矣余欲捉之偕行黄復身入内余聽之聞刺刺詈聲余知其以妓故不敢往也故促之黄不得已與余相赴日未晡黄便謝歸主人留之不得遂去明日余往伴問于黄曰年餘四十遂乏血胤雖一似人女妍亦不能居命也奈

何更問昨者邂逅之狀曰凡赴妓席必涕泣至歸方已又問如遠出何以制君曰出必歃血蒞盟余因大嗟曰余方愧王茂弘九錫不意足下更是馮敬通也

知己傳

余嘗于潞河道中與嘉禾姚叔祥評論古今四部書姚見余家藏書目中有于寶搜神記大駭曰果有是書乎余應之曰此不過從法苑御覽藝文初學書抄諸書中錄出耳豈從金函石匱幽岩土窟掘得邪大都後出異書皆此類也惟今浙中所刻夷堅志乃吾

篋中五分之一耳別後乃從都下得隋盧思道知己傳二卷上自伊呂下至六代由君相父兄妻子友朋外以及鬼神禽畜涉于知己者皆錄第諸葛孔明與先主最相知以爲有君自取之一語爲大不知己不錄盖有激乎其言之也因壽梓此書惟隋志有之自唐已下不復有也能不愧金岩石篋遽以語叔祥者乎

厠籌

有客謂余曰嘗客安平其俗如厠男女皆用瓦礫代

紙殊爲嘔穢余笑曰安平習唐間爲博陵縣鶯鶯縣人也爲奈何客曰彼大家閨秀當必與俗自異余復笑曰請爲君盡厠中二事北齊文宣帝如厠令楊愔執厠籌是帝皇之尊用厠籌而不用紙也三藏律部宜律師上厠法亦用厠籌是比丘之淨用厠籌而不用紙覩此厠籌瓦礫均也不能不爲鶯鶯要處掩鼻耳客爲噴飯滿案

余從錄酬中淸冷點沸得此抄本校得二十字已復得五字顧不知鏤板後何如耳昔人謂校書如

掃落葉隨落隨掃亦是一適張元貺識

藂槩膚見

誤術

甬東毛元仁

宋人有善爲不龜手之藥世世以洴澼絖爲事客聞之請買其方百金客得之以說吳王吳將冬與越人水戰大敗越人裂地而封之少史子曰夫以無用之術始則不洛百金之貴斷乃卒致裂地之封盖其術也但可以用之於洴澼絖之藝而非可用之於戰陣之間者也吳王不知而輕用之然則洴澼絖之人果可以爲介冑軍旅之士耶客之獲封所以取償其百金者則得矣其如誤國家之事何噫豈不龜手之藥誤國而已哉若趙括之能讀父書馬謖之好論軍計郭京之六甲遁法其爲誤也何殊

爭訟

昔者秦緩死其長子得其術而醫之名齊于秦緩其二三子者不勝其忌於是各爲新奇而託之于父以求勝其兄非不愛其兄也以爲不有以異于兄則不得以同于父天下未有以夬也他日其東鄰之父得緩枕中之書而出以證焉然後長子之術始窮于天下少史子曰有所訟者必有所質也苟不稽實訟可聽虖是以爭鷄之訟有拔距之證爭牛之訟有放歸之證游賊之訟有撲鐘之證否則鼠牙雀角穿屋穿墉者誰能勝其辨耶豈惟辨醫緩三子之術而已哉故曰簡不聽又曰閱實其罪

虞害

秦人有置係蹄而得虎者虎怒跌蹯而去昔有人爲蟲虵螫其手其人則斷其手少史子曰虎之情匪不愛其蹯也不以環寸之蹯而害其軀人之情亦匪不

愛其手也不以一手之微而捐其命其所全者重其所棄者輕若乃樂禍懷寧迷而忘復如虞公不知晉文公屈產之置係垂棘之發手寘頑不寤遂至亡國愛小利而不虞其害惜哉

放心

孟子言求放心康節曰心要能放二者何相反也少史子曰放心者心馳於外如雞犬之出不求則不得也心放者能盡其心如鷹隼之翔于雲霄而機繫固

在吾手也衆人之心易放聖賢之心能放易放者流蕩能放者廣大流蕩者失其本心廣大者擴其本心

觀物

昔李白把酒問月庾亮乘樓咏月謝惠對酒醉月是三子者其果有獨得之趣而見道之深耶少史子曰噫是皆適興于一時玩情于旦夕醉生夢死抑何望其觀物理而見道之深也哉然惟孟子容光之照周子光霽之懷程子吟弄之趣朱子秋寒氷月之句玆固觀之以理而翫之以心者若夫寫景岳陽模像滕

閣蘭亭醉翁之遊赤壁黄州之玩皆能收景物之熙明悉造化之情狀而感慨忘情若羽化而不能自已謂之玩物可也謂之善觀物不可也謂之適情可也謂之見道則未也噫今之人非惟不能觀物亦且不能玩物非惟不能見道抑且不能適情隹時勝景不易得也孳孳碌碌患得患失殆無虚日殊不知青鬓易皓朱顔難售童冠相偕風浴惟時與點之意吾何獨不然

斥邪

蜀之犬吠日越之犬吠雪少史子曰夫犬一也而一則吠日一則吠雪何也以其見與不見耳夫怪生於罕而止於見赫赫當空者謂之日粲然徧空者謂之星油然布空者謂之雲隱然在空者謂之雷突然倚空者謂之山瀰然際空者謂之海是亦可謂怪矣而舉世安之而不以爲異者見也今之人未見之物而驟見之心愈疑而事愈繆舉措乖張心志靡定立壇設醮以求安于一時適人未見而疑之耳故蜀犬吠日而越犬吠雪者非日雪之異見與不見之異也使

其易地而居則泯然無復吠矣康節見麐鼓而不驚元忠覩老猿而不逐惟二人足以語此

着愛

嘗讀韓詩外傳至孔子出遊少原之野有婦人哭甚哀問之婦人曰向刈蓍亡吾簪是以哀也少史子曰婦人之哀豈縁于物哉縁情以生愛縁愛以生哀理則然也故斜谷之鈴溺愛者思之思在人而不在鈴也鄰人之笛懷舊者感之感在人而不在笛也

繪事

古人云繪雪者不能繪其清繪月者不能繪其明繪花者不能繪其馨繪泉者不能繪其聲繪人者不能繪其情少史子曰然則言語文字果足以繪道也耶故陰陽繪于易而消息盈虛之理不能盡其象政事繪于書而禮樂刑政之體不能盡其道性情繪于詩而喜怒哀樂之發不能盡其意節文繪于禮而升降揖讓之規不能盡其儀賞罰繪于春秋而威福與奪之施不能盡其權夫是以太玄洞極欲以擬易帝王誥詔欲以擬書唐詩杜律欲以擬詩家禮以擬禮綱鑑以擬春秋是亦盡其有餘不盡之故也豈惟雪之淸月之明花之馨泉之聲人之情而已哉

孟浪

昔有人朝三飯于家而敎其隣以辟穀之方又有人十年空言以報仇而不敢動又有人終日礪劒以刺虎見虎而又反却走者少史子曰空言無實君子病其誕人言不慙聖人知其難夫有辟穀之方則家之三飯何爲耶遇仇不動則十年之圖報何爲耶見虎却走則終日之礪劒何爲耶是以不言而躬行者萬

石君之所以見稱以清談而廢事者司馬氏之所以自敗故議論多而成功少者達人之所深戒

語窺今古

清源洪文科

偶録

乙卯季夏同方孺顯鮑雅修客蕪關吉祥寺時案頭有李于鱗選詩一冊雖平昔所觀覽其間補註多警語恐過目遺忘因録之如王勃別薛華詩云送送多窮路皇皇獨問津悲凉千里道悽斷百年身心事同漂泊生涯共苦辛無論去與住俱是夢中人又如明皇登花萼樓聽歌李嶠詩云山川滿目淚沾衣富貴榮華能幾時不見只今汾水上唯有年年秋雁飛二

詩皆覷破閻浮世界讀之令人爽然偶録之予閱釁花記自悟一首有舊歡皆是幻新寵亦非眞總屬空中境渾疑夢裡身童顏難再得老髮易催人試看荒郊外峻峻白骨新之句亦附之以續貂云

托言

圯上老人古今異人也世云黄石是其後身誤矣當時命子房取履橋下已知孺子可教但惜其悻悻一擊客氣未消故抑之授書而爲王者師焉曰十三年

見黄石即我乃仙去托言豈眞也耶獨前知十三年後從高祖過穀城山下爲奇耳子房取黄石而葆祠之是無忘本師之詣亦豈以黄石爲眞老人也

言可觀人

夫言者心之聲也在聖門每令弟子言志漢高觀始皇東巡曰大丈夫當如此也其言何等雄渾何等潤大即預知爲帝者之言在項籍則曰彼可取而代也言雖豪邁不迨劉季遠甚人固知爲覇者之言矣而蘇秦引椎刺股時便以出金玉錦繡取卿相爲志後

果佩六國印獲白璧百雙錦繡千純之利酧其素心非宿昔所期待者乎若晚近過爲無稽以欺世者尼父所謂其言之不怍者也

勉強

古云事在勉強而已又云勉強行道又云勉強加飡飯吾人艱難處世存一勉強之心即甘淡薄守寧靜之意志氣　何宏遠勳猷不可至乎後人水陸備陳窮口腹之欲裘馬休休獲即次之安縱情逸樂恣意驕奢天下事不可爲矣且宴安酖毒伐性之媒身

命亦隨喪亡焉是亦未識勉强之義也

遵成說

瓜李之嫌自昔嘗之至今形之章奏見之詩篇雖三尺童子習知之矣然瓜田不納履固也芋蔗菱芡之田又可納履乎李下不整冠固也桃杏梨栗之下又可整冠乎均有不可之嫌而獨言乎瓜李何也前人之成說止有兩者之喻是以後世遵之不替此所謂舉一以見百又焉能槩述天下物以垂訓哉

竊附風人知己

嘗讀孟浩然松月夜窗虛之句固深喜其命句之工猶未得其逼真之妙丁巳冬寓歷山官署短牆外松栢森森夜深月出東山之上影映窗間高眠卧榻見枝榦縱横清輝照耀雖畫工不能描其巧懷愁不寐之人覩此景象淒涼在念幽恨關心慨世路之多艱哀浮生之若寄撫景興懷又將何以爲情耶當日浩然舉此爲明皇誦誠哉最得意之詩雖遇最失意之日亦命也予生千載後覩此詩之景契此句之神竊附浩然知己之末

節飲食

古云節飲食以養其身吾獨怪夫躭麯糵者翦精沉飲爲長夜之歡椰椎呼盧須傾百斗竟醉矣乃服葛根湯以解酲嗜滋味者恣意烹調羅肥甘於几席盤食羅列不厭飫不休竟飽矣乃啜苦茗以消悶夫任情醉飽又憑茶葛二物以消磨是何異揖盜入門伏兵勦殺真以吾腹爲戰場損傷腸胃多矣與其消解於後孰若適可於前故節之一字當味也

傳奇之盛

往昔英雄豪俠秘計奇謀可喜可驚真足照耀千古太史公紀之詳矣然天下豈皆操觚染翰之士按籍而覩者寧幾何人匹夫匹婦茫乎未知也我朝騷人墨客作綄紗紅拂竊符投筆等記其間慷慨悲歌風流豪邁樹蓋世洪勲之奇男子具超塵偉識之俠婦人編之詞曲演之壇場俾當年行事歷歷如在目前凡有血氣者咸知奮發誠感激人心之一助可謂盛矣如觀此而徒以聲音衣服與傀儡同類而共笑之真所謂木石人也

山水之緣

五嶽爲中原勝槩予家㳺源僅僅兩謁岱宗焉比庚寅浮瀟湘過衡岳而未登徒瞻三十六峯之勝壬辰使蜀經華岳亦未上遥望蓮花絕頂之奇自娓分緣淺薄由名山可企而不可親此中歉然至今矣乃游燕都數四密爾滿井西山客金陵幾年棲霞牛首又不甚遠若雨花臺咫尺耳並無予跡與諸友相吟咏益信少山水之緣虛此生也爐頭楚舘每多往來寄興處名勝而邂塵芬噫予其俗品也夫予其俗品也

夫

戴巾之濫

晉漢唐巾乃先朝儒者之冠我明與科甲監儒兼而用之數十年前人心猶古非眞斯文盡安分焉漸至業鉛槧賦詩章者戴矣此猶之可也邇來大可駭異一介細民耳未聞登兩傍而入黌宮一丁不識驟獲貲財不安小帽巍然峩其冠爾然大其袖揚揚平康曲里此何巾哉曰銀招牌也至於諸人亦僭用之曰省錢帽也一人僥倖科第宗族姻親盡換儒巾曰蔭襲巾也故諺有滿城文運轉遍地是方巾之誚噫亦太濫矣獨惜此時臺中乏人不然朝廷當差巡巾御史攬轡中原過此輩杖而裂之可也

王官十事

一曰習儀拜牌二曰接詔送表三曰救護四曰春秋祭壇五曰朔望朝王六曰拜千秋七曰兩臺作揖八曰計期支俸九曰手談消日十曰染鬚夫林總之官沉溺風波者不可勝數免大察而登彼岸僅僅幾人一自曳裾甘心冷宦株守空齋十事外毫無職掌安

命者方幸可以稅駕而世人皆以末路視之豈唯王官日暮途遠六卿宰輔亦有之如石東泉陳鯀台之繫獄嚴分宜生前之辱張江陵身後之羞淒涼景氣又爲十事者所笑其餘海内堪捧腹輩尚多也世運承平中原邊塞皆賴朝廷福澤肉食者特借衣冠彈壓地方耳眼見幾人眞是經綸手也槩而論之王官固卑卑無足比數縱位三公官一品亦電光之過瞬息總屬幻泡空花世人又何必鴻毛此而太山彼也

功名之際不可無

人至殺身滅族禍至慘矣談及此大可寒心誰願效之乃後世言報人者不曰千金贈則曰一飯報毋以韓侯自比豈不以其築壇推轂曾封齊王樹蓋世之勳名垂奕冑之事業乎倘信受辱跨下徒獲非義之財雖報漂母千金人必不肯比迹於韓況又赤族之慘乎

詢芻錄

闕名

二郎神

二郎神衣黃彈射擁獵犬實蜀漢王孟昶像也宋藝祖平蜀得花蕊夫人奉昶小像於宮中藝祖怪問對曰此灌口二郎神也乞靈者輒應因命傳於京師令供奉蓋不忘昶以報之也

漢壽亭侯

關羽人稱爲壽亭侯漢壽地名亭侯官名章昭爲高陵亭侯蔣琬爲邑鄉侯是也漢復有鄉侯

張僊

人以二郎挾彈者卽張僊也二郎乃詭辭張僊乃蘇老泉所夢僊挾二彈以爲誕子之兆因奉之果得軾轍二子見集中

眞武

眞武卽龜蛇玄武神也青龍白虎朱雀皆奇惟玄武陰象獨偶北方肅殺之氣故持劍其色玄故衣玄

泰山碧霞元君

元君女像愚民以娘娘稱之北方稱爲奶奶蓋后土神故也世俗遂以女像相傳以起愚民之信向余嘗嘆曰曾謂泰山之神不如奶奶乎

門井竈厠神

世以門稱丞戶稱尉井曰童竈曰君厠曰三姑皆古戮於門而自投於井竈厠而死者人遂以爲所司之神而圖其形焉理或然也搜神記又云厠神名郭登蓬頭青衣豈亦死於厠者歟

牽牛郎

小兒相牽戲曰牽郎郎拽弟弟打破瓦兒不坐地初不爲意後知祝生男也牽者郎郎拽者弟弟打破瓦襁之以弄璋不坐地褫之以寢牀無非男也古人小兒童呼以相祝之意

保娼

古優女曰娼後稱娼之老婦曰保考之鯧魚爲衆魚所淫鴇鳥爲衆鳥所淫相傳老娼爲鴇意出於此魚或云娼而得名也卽虵與龜交而雄龜畏避之意故曰龜

問到底

嘗見人相詰必曰打破沙鍋問到底不知其說後知問乃璺字器破也沙鍋力薄損則其璺到底故怪問者借此以言

正月

秦以吕政諱以正月之正爲平聲自漢至今形之文辭詩歌皆從平韻秦法之嚴如此

漢子

漢自武帝征伐匈奴二十餘年馬畜孕重墮殞罷極

聞漢兵莫不畏者稱之爲漢兒人又曰好漢自後爲男子稱矣

黄卷

古人用辛苦之物染紙以辟蠹其色黄故稱黄卷有差誤以雌黄塗之而蓋以墨書後人有言談即翻改任意是非謂之口能雌黄

窟壟

俗稱孔爲窟壟蓋翻切也窟壟窟輕牽孔市語有黑鬼切稱漏八分等語欲諱而不明也傳久遂不知所

謂

筍牡

結屋枋湊合處必有牡牝筍穴俗呼爲公牡筍是也

屈戌

屋門牖關鎖處釘鮫也俗呼不一亦不知爲何字近覩輟耕錄所載爲此字引梁簡文帝詩云織成屏風金屈戌唐商隱詩云鎖香金屈戌又李賀詩屈膝銅鋪鎖阿甄又作屈膝銅鋪即金鋪古之戶牖飾寳石鴉𪂴每見權貴人以青寳石作帽頂曰鴉𪂴考之回回之寳有五色亞姑又曰鴉鶻蓋番字譯者不必太求也

課馬

馬以牡稱課蓋唐計歲課駒故也見輟耕錄

正五九月

新官到任多忌正五九三月不知所謂唐以此三月斷屠宰節度使上任必有大宴宰割遍及下人緣禁不便事故於此三月不上任非不利也今無齋禁而亦不用豈非因襲之弊哉

風箏

即紙鳶又名風鳶初五代漢李鄴於宮中作紙鳶引線乘風爲戲後於鳶首以竹爲笛使風入作聲如箏名俗呼風箏

菠莧藜

南人呼菠菜北人呼赤根菜南人呼莧菜北人呼荇乃人莧音誤也易夬有莧陸卦詞董遇謂人莧北人誤以莧爲荇古稱藜即灰莧老可爲杖蓋藜杖也

新知錄

賢智之過

明　劉仕義

吉水羅念菴先生以議大禮不合去之屢詔不起居嘗講學務敦實踐接引四方有志之士孳孳不倦嘉靖末郭希顏以放棄佚臣徒畎畝不忘君之義上疏請建儲貳朝廷惡其希功干進處以極刑先生聞之惕然感動因思昔人薰膏之譏遂禁趾不踰中閫者數年諸縉紳皆謝絕之歲癸丑楊繼盛在武選謂嚴

嵩當國專權稔禍發其十惡五奸曰臣居兵曹以討賊爲職嵩盜權竊柄誤國殃民天下一大賊也卒以危言就戮劉仕義曰念菴　知道者也二公其賢智之過矣

唐荊川

唐荊川順之以議大禮不合而去養高林泉海内矜式厥後倭寇猖獗應命總戎乃大不厭時望士論以是少之劉士義曰此不足以病荊川也昔翟焦謂梁惠王曰今夫舉大木者前　呼邪許後亦應之此舉重勸力之歌也豈無鄭衛激楚之音哉然而不用者不若此其宜也

治體

居官以不擾爲貴老子烹鮮之喻柳子種樹之説可謂達於治體者矣淺識之人每自矜其智自炫其才日驅所治之民而奔走之　月取前人之成規而更易之殊不知上日勞而下日困矣其何能治哉王陽明先生知廬陵時務以玄默化民縣庭晏然民有訟者亦不令人拘捕但以一木牌付訟者俾人隨牌至而

已其不擾類如此噫天下本無事庸人自擾之耳父母斯民者所宜深念也

詩有別趣

昔人謂詩有別才非關學也誠然矣其謂詩有別趣非關理也則殊未是杜子美詩所以爲唐詩冠冕者以理勝也彼以風容色澤放蕩情懷爲高而吟寫性靈爲流連光景之辭者豈足以語三百篇之旨哉近唐寅送人下第詩曰王家空設網儒子尚懷珍唐荊川以爲是有怨意因舉唐人詩曰明主　不遇青山

胡不歸如此胸次方無係累也此見詩之命意當主於理矣都穆咏節婦詩曰白髮眞心在青燈淚眼枯沈不可以爲詩則佳矣有一字未穩禮經曰寡婦不夜哭燈字宜改作春字此見詩之用字當主於理矣若謂詩有別趣非關於理豈不謬哉

山林之樂

唐人有詩曰相逢盡道休官去林下何曾見一人蓋嘆世人假途躐榮守貧待次沉酣於名利中而莫之止其於徜徉山林之下自有樂地殊未知也夫政務

之擾孰與琴書之娛冠裳之拘孰與野服之適午門待漏寒威逼孰與睡覺東窗日巳紅若急流中勇退者誠達矣哉

化民成俗

湛甘泉先生爲南大司馬時令民毋得餐大魚酒肆中沽市無論舉火當罏致衆叢飲有大禁焉除歲庶民毋得焚楮祀天糜財犯禮可謂導民以儉矣然是時居民大擾咸稱不便何愚之不易化如此哉或曰歐陽文忠公嘗語人曰治民如治病彼富醫之至人家也僕馬鮮明進退有禮爲人診脉按醫書述病證口辨如傾聽之可愛然病見服藥云無効則不如貧醫貧醫無僕馬舉止生踈爲人診脉不能對病見服藥云疾已愈矣則便是良醫凡治人者不問吏材可否設施何如但民稱便即良吏故公爲數郡不彰治迹不求聲譽以寬簡不擾爲意故所至民便既去民懷劉仕義曰其然乎雖然化民成俗皷之經也隨俗習非弊之道也

國朝超越五事

國朝超越前古五事尊孔子以先師而祀以天子之禮樂一也優外戚以厚祿而處以安閑之職銜二也政本有歸無母后專制之失三也兵柄有統鮮悍將拒命之患四也金魚懸掛於歌樓象簡遺忘於妓寢豈非前代之弊乎禁官妓而嚴官箴敦尚風化五也此國朝超越前古之五事也

登科錄

今登科錄叙其生之所自出輒曰某處籍某處人非也舜生於諸馮遷於負夏卒於鳴條以皆東　地

爲東夷人文王生於岐周卒于畢郢皆西夷地故爲西夷人何嘗云某處籍某處人哉四世而緦已服窮而親盡矣况四世而上焉者乎猶曰某處人無謂甚矣或曰朱子閩産也猶自稱新安何也曰韋齋君本婺源人因仕入閩生文公寓居建陽之考亭其曰新安不忘本也予先君淳懿公晁吉安盧陵人以公務至京悅其山水之佳麗因家焉而予母郭氏歸之而以生予故予金陵産也而稱廬陵者不忘本耳若世代既遠而猶云云豈不甚無謂哉

涉異志

江右閔文振

石眞妃

羅源紫霄巖有二女神號石眞妃靈顯頗著永樂初出海軍張元海等戴星過嶺遇篝二乘侍女數輩執燭籠前導元海等疑爲于歸之婦弛擔候之忽然不見知爲二妃叩謝而過二妃者羅源徐公里石氏女也姊曰月華妹曰雪英皆有姿色涉書史五季末處州青巾賊作亂二女被　義不受辱相繼投河死宋

時林孝子戇孫入山採樵遇二女明妝儼然肅入其家延茶久之月華吟曰世亂年荒起盜兵紛紛螻蟻尚逃生妾身不幸遭俘一雨涕何時積恨平百尺瀑湲探禹穴寸心皎潔付陶泓皇天不泯堅貞女召拜雲階浪得名雪英吟曰昔日繁華若轉蓬千璣萬非總成空肉芝勝比蓮花鮮甘露何如竹葉醲物外烟霞隨處得世間風雨任牢籠知君已有曾參行暫與尋常一徑通吟畢謂戇孫曰吾石氏女遭難而死上帝憫吾貞烈勅吾爲火部曜靈眞妃吾妹爲水部風

舞眞妃封此巖爲紫霄巖命吾主之俗呼曰石八娘巖是也君以孝聞今雖貧不久當貴已而相别送出顧孫回望無復人宇矣

張太子

浮梁東隅有昭烈廟祀唐張廵設像旁侍曰張太子永樂戊子士人卜秋舉降箕曰玉霄一點墜雲端難失隹人一不全蔽斷鳳釵文不就貴人頭上請君看蓋王英高中四字也是秋果然英山東濱州人其父斌爲浮梁令以父任應舉云又士人祈芭蕉葉入云

我非問功名第言袖中何物詩云兩手懷來一葉青知君無意問功名可憐昨夜三更雨滅却窗前數點聲又士人得異草來問其名詩云蘊武當年膽氣雄匈奴一箭射飛鴻至今血染階前草一度秋來一度紅猶名雁落紅云如是者莫可枚舉或謂是時有旅櫬寄廟中必其所爲後櫬移而神不顯

鷹神

大興太宰劉公機初爲秀才時畿郡有鷹神乃一獵鷹也一月飛上公宅造窯餇之偶不潔鷹攫其奴若懲之者居數日呼公名語曰公大貴人他日當得八人擡轎叅贊南京已而飛去公後舉進士累官兵部尚書叅贊南京機務如鷹語云

台州三寶

台州城外數里有白塔觀音院初上於水濱人獲沉櫝破爲薪中有觀音小影遂刻像率衆建院侍奉忽院僧夢觀音告曰盍徙我置白塔頂詰旦僧徙像薄晚取之屹不動將集僧衆往取而院已煨燼矣像得不燬是夕城中城隍廟後王總管祠亦燬未幾王總

管幻形爲士人至溫州語商人曰台州白塔觀音院被燬盍載材往當得厚利商人果載材至白塔城中人亟市之爲建總管祠商人至祠見總管像即前士人也相視驚訝故台州稱三寶其一爲天寧寺鐘白塔觀音王總管其二也

題棟詩

嘉靖間費文憲公甞搆別業其基乃宋柴侍郎之故居也公頗勤勞建造一日卓午有絳袍冠帶士題棟柱曰我昔猶君昔君今勝我今盛衰皆有數不必苦

勞心公驚視之俄不見

滑氏構第

明府司寇餘姚滑南廓浩營第邑之南闢夜半將上樑木工報以未及吉公就寇帶坐以俟少假寐忽夢群龍旋繞樑棟間覺而私喜爲龍兆云未幾子孫零替將宅轉售與同邑少司空龔肅齋爲第有人紀詩曰司寇緋衣坐夜中忽夢棟樑飛龍叢不識共龍成一字轉眼賣與龔司空

前定錄補

武原朱佐

苗帝師

苗帝師困於名場一年似得復落第策蹇驢出都門貰酒一壺藉草坐飲有老父坐其旁因揖敘以餘杯飲老父曰郎君寧要知前事否耶苗曰其應舉已久有一第乎曰大有事但更問苗曰某困於窮受一郡寧可及乎曰更問上曰廉察乎曰更向上苗公乘酒猛問曰特相乎老父曰真者即不得假者即得苗都以爲恠誕揖之而去後果爲將相及天子昇遐攝位三日

杜鴻漸

杜鴻漸父名鵬舉父子似兄弟名有由也鵬舉父嘗有所之見一大碑云宰相碑已作者金填其字未作者刊名於上杜問曰有杜家兒否曰有任自看之記得姓下乃鳥偏旁曳脚忘其字遂名鵬舉謂曰汝不爲相即世世名鳥旁曳脚也鵬舉生鴻漸果作相

鄭復禮

釋弘道居福千寺能前知河中鄭復禮始應進士舉十上不第扣之弘道曰君之成名其事有四一須國家改元第二年二須禮部侍郎再知貢舉三須第二人姓張四同年有郭八郎四者如是賢弟姪三榜率同鄭疑而退長慶二年應舉不中直至改元寶曆二年新昌楊公再司文柄鄭果登第第二人姓張名知實同年郭八郎名言揚鄭竒歎之曰弘道言三牓率同一巳異矣況再乎至三年故尚書右丞鄭姑憲應舉至太和九舉敗於垂成直至改元開成二年高鍇

再司文柄姑憲果登上第第二人姓張名棠同年郭八郎名植私念曰兩牓無差矣又豈其然乎次年故駙馬都尉鄭顥應舉至改元會昌二年禮部柳侍郎璟再司文柄顥以狀頭及第第二人姓張名潛同年郭八郎名京三牓果無差焉

宇文融

永徽中盧齊卿暴死及蘇說見舅李某爲冥司判官有吏押案曰宇文融合爲宰相舅曰文融豈堪作宰相吏曰天符已下日數多少由判官舅判一百日及拜相百日而罷

王處厚

釋僧緘俗姓王居淨衆寺有華陽王處厚者偶落第入寺爲髮見緘緘曰得非王處厚乎處厚驚曰未嘗相狎何遽呼邪緘曰偶然耳處厚心知其異咨曰和尚其身跡奚若緘曰子將來之事極於明年而今而後事可知矣意言蜀將亡也囑令勿洩一日緘於案頭拈文卷覽之則處厚府試賦稿曰考乎真僞非君燭下之文何多誑乎遂探懷袖賦稿示之此豈非

程試之真本乎處厚驚愧不已乃曰儻後偶加潤色用補燭下倉卒之過也師何從得是本乎緘曰非但一賦君平生所作者皆貯之矣明日訪之携處厚入寺謁太尉幽公杜琮祠坐西廡下俄有數吏服色麗雜自堂宇間綴行而出降階再拜緘曰新官在此便可庭衆處厚惶懼而作緘曰此輩將爲君之騶策又何懼乎寧知泰山舉君爲司命否仍以夙負壯圖未酬前志請候登第後施行復檢官祿簿見來春一榜人數已定君亦預其間斯乃陰注陽受也策入世之

名食齒府之祿此陽注陰受也處厚震駭不知所裁但問明年及第姓名緘索紙筆立書一短封與之緘之嚴密藏之脫淹禍不旋踵至春試罷乃拆短封視之但書四句云周戌同戌二王姝名王居一焉百日爲程及榜出有八士也二王處厚與王慎言也王居一焉惡其百日爲程處厚惟卿同年置酒高會是夜暴亡驗其策名之榮止一百二十日

汪玉山

淳熙中汪玉山爲大宗伯知貢舉將就道有一友人平生極相得屢黜于禮部心甚念之乃以書約會于富陽一蕭寺與之對榻夜分密語曰此行必典貢舉兄可一就省試初場易義冒子中可用三古字以爲驗其人感喜玉山旣知貢舉授卷卷中果有用三古字遂徑批上置之前列及拆號非友人也竊怪之數日友人來見玉山怒責曰此必足下輕名重利售之它人何相負如此友人曰予以暴疾幾死不能就試何敢漏泄它人玉山終不釋未幾以古字得者來謁玉山因問曰初場易義冒子中用三古字何也對曰

此事甚怪公問不敢不以實對啓行就試假宿富陽某寺中與寺僧閒步廡下見一棺塵埃漶漫僧曰此一官員女也殯此十年無人來取又不敢葬相與黯然嘆息是夕夢一女子行廡下謂予曰官人赴省試初場冒子中可用三古字必登高第但幸勿相忘使妾枯骨早得入土旣覺甚怪之遂用其言果叨前列近遣人往寺中葬其女矣玉山驚嘆

楊汝南

清漳楊汝南鄉貢試臨安待捷旅邸夜夢有人以油沃其首驚而悟榜出輒不利如是者三竊怪之紹興乙丑復與計偕懼其復夢也揭榜之夕招同邸者告以故盍市酒殺明燭張博具相與劇飲期以達旦夜向闌四壁咸寂有僕曰劉五臥西廡下呻呼如魘亟振而呼之醒乃其言初以執炙之勤視博方酣幸主之不呼竊就枕忽有二人者扛油鼎自樓而登執主人而往之我怒而爭是以魘汝南聞之大慟曰今復已矣同邸嘆咤爲之罷博榜出報捷焉視榜黜若油迹振不拂之油漬其上蓋御史蒞書淡墨以夜倉猝

覆燈盌吏不敢以告也

何文縝

何文縝丞相在太學時與同舍黃生詣日者孫顯問命顯坦衣踞坐何先占旣布算顯正襟揖曰命極貴不惟魁天下且位極人臣二人相視笑曰何相侮邪顯愠曰顯老矣薄有生計今諂一秀才其獲幾何命實中格何曰然到何年作狀元曰乙未歲問入相曰不出一紀但有一事絕異君拜相後當死於異域尋常奉使者不過侍從官何由宰相出使殊不可曉耳乙未歲廷試擢第一人後十二年至靖康丙午拜少宰從二帝北狩死於　悉如顯言

葉祖洽

邵武俞翁善相術葉祖洽與邑友上官均過翁翁曰狀元榜眼何自來此二人曰寧有是翁曰又同年也吾爲選一題可預作之二人未信戲曰題目謂何翁指高竹一束曰當作此二人笑而去熙寧三年廷試罷詩賦論易以策問祖洽遂首選均次之方悟竹一東策字也

王文博

奉新王文博名載夢與劉鑄到南昌經江西省署見放鄉貢進士榜諦視之高懸朱牌十枚上書金字曰光炫耀不可讀忽一隸卒前白曰第一名南昌熊誼汝居第六遥呼鑄曰爾名亦在後須臾有紅英佩刀者十餘人自省中譁而出似相逼逐戰驚寤明發如人言皆大笑當是時大都督朱公鎮南昌干戈方殷詎安有貢舉之事後八年爲洪武庚戌始設科江西四十名領南昌占其十十名中熊誼冠首正符朱牌之數載却在通榜第六鑄居十九及試大廷載又中第二甲第六名一一皆驗

稚圃鉛摘

定水謝廷讚

驪鴈

王右丞出塞作第三句暮雲空磧時驅馬又七句玉靶角弓珠勒馬重一馬字李于鱗諸子俱不能定偶閱楊用修集云鮑照詩秋霜曉驅鴈春雨暗成虹佳句也又湯休之洛陽伽藍記有北風驅鴈千里飛雪之語則暮雲空磧句當作時驅鴈無疑矣王元美先生極賞敬美定開山幽居爲開士幽居愚竊謂此相校僅差覺勝耳

納納

凉州南百里崖中泥塑行像者昔沮渠蒙遜王有凉土於此崖中大造形像千變萬化有土聖僧可如人等常自經行無時暫捨遙見便行人至便止有羅土於地者後人看足跡納納杜詩納納乾坤大當本此

廣運

國語廣運五里東西爲廣南北爲運然則帝德廣運者正所謂東漸西被北朔南暨也　國朝有廣東廣西而漕河謂之漕運正此意與

孟子逸句

人之所知不如人之所不知信矣見梁武帝勅荅臣下神滅論又見釋道安教指迴向君王無好智君王無好勇勇智之過生平患禍所遵正當仁義爲本見南齊蕭子良與孔中丞書

用學言應天之始

梁武帝曰應天從人致堂謂易之華曰順天應人本聞應天也爲是言者不知天之爲天矣愚按梁武之父名順之故不云順天避諱也後人應天之語蓋襲

其誤蕭道成之篡奪順之爲爪距豈知祚移其子乎

仲卿妻

焦仲卿妻名蘭芝

紅娘

王之渙調悵詞第一首八鵲薄祭鴛衾綺半夜佳期并枕眠鐘動紅娘喚歸去對人勻淚拾金鈿

閬鄉

鄭興字少贛河南開封人也左轉蓮勺令注蓮勺縣屬左馮翊故城在今同州下邽縣東北蓮音輦勺音

酌與去蓮勺後遂不復仕客授閿鄉注閩音聞古字
也建安中改作閒

月冈不勝火

宋求亭異聞錄云謂人心如月湛然虛靜而爲利害所薄生火熾然以焚其和則月不能勝之矣非論其明闇也

功夫

世說明帝問周伯仁卿自謂何如郗鑒周曰鑒方臣如有功夫

眞直二字辨

說文直正見也从乚从十从目徐曰乚隱也今十目所見是直也說文眞僊人變形而登天也从匕从目从乚乚音隱八所乘載也徐曰眞者仙也化也匕者化也反人爲七从目𠧪乘不能識乚隱也八其所乘也乘風雲也丹鉛云左傳解詩好是正直云正直爲正正曲爲直正直二器名正射鵠也射禮用之直曲尺也梓人用之二字之形即象二器

韻學

世言韻學起于沈休文余閱李少卿與蘇子卿詩首篇皆七虞韻無一字闌入六魚者乃知韻學從漢代固嚴矣至次篇純用四支三篇純用十一尤尤可証載閱子卿詩首篇純用十一眞次篇純用四支四篇純用七陽獨三篇雜用十灰五微九佳四支耳漢韻政復嚴

盤渦

蜀江三峽中水波圓折者名曰盤盤音漩杜詩盤渦鷺浴底心性張蠙黄牛峽詩盤渦逆入嵌空地斷壁

高分綫繞天

香山

白香山浩歌行云欲留年少待富貴富貴不來年少去可以用老王夫子云吾觀九品至一品其間氣味都相似紫綬朱紱青布衫顏色不同而已矣可以達生

呂温詩

早甚見權門移芍藥詩綠原青壠漸成塵汲水開園日日新四月帶花移芍藥不知憂國是何人可爲大

息

陳江總芳樹篇

朝霞映日殊未妍珊瑚照日定非鮮千葉芙蓉詎相似百枝燈花復羞然暫欲寄根對滄海大願移華則綺錢井上挑蟲誰可雜庭中桂蠹豈見憐此七言律祖也

攬茝微言

吳郡顧其志

身外長物

李文饒鎮潤州日與甘露寺僧善瀕行以方竹杖飽之是公所寶及再鎮問僧前竹杖無恙否曰已規圓而漆之矣公嗟惋彌日嗚呼一竹杖也知者以爲珍不知者則詩常視之矣世間萬物皆如此此不足論古人所謂身外皆長物也以有道者觀之奚啻如山僧之視竹杖已乎庸知此僧非爲文饒說法也

衣祿精神

人之衣祿如錢之在囊多用則易盡人之精神如火之銷膏不恤則速竭

行義

子路有曰人不能甘勤苦不能恬貧窮不能輕死亡而曰我能行義吾不信也士君子當三復斯語

中人僭擬

近來中人執柄者其外直房在皇城東河邊人遂稱爲河下如陛下閣下之比萬曆初司禮馮保顯權寵

奏中事關馮者必以欽差加其銜上檯頭與　聖旨並不然馮輒怒

翰林清冷

翰林儒臣素稱清冷嘉隆以來往往後房宅多僕從大非昔比宋楊大年以學士請外云虛忝甘泉之從臣終作莫敖之餒鬼從者之病莫與方朔之饑欲死嗚呼此風邈矣

宋室兵弱

人皆謂趙中令勸宋藝祖收節鎮兵權遂息數十年

紛紛之禍然不知此可爲一時權宜之計卒令終宋之世兵弱而不振未必不繫于此南渡後李忠定有建藩鎮之議惜爲奸臣所阻若文文山時則國事去矣縱行之奚濟哉明主惟擇人而任之豈有虞其專擅一槩以意裁之如漢世祖之不任功臣均未得爲中道也

法嚴不可恃

秦法號爲最嚴然變時起于左右初發于荆軻之匕首再發于高漸離之筑三發于博浪之椎嗚呼嬴政亦危矣法之嚴果足恃哉固不若平易近人而人親之也

官家

蔣濟萬機論曰五帝官天下三王家天下故指天子爲官家宋真宗以問李仲容仲容亦以是對是殆不然所謂官家者猶人言公家云爾如今世俗婢僕稱主人爲大家也

五運

炙轂子曰五運二說鄒衍以相勝劉向以相生漢魏

以還共尊劉說

求雨法

蜥蜴求雨法以土實巨甕作木蜥蜴小童操青竹衣青衣以舞歌曰蜥蜴蜥蜴興雲吐霧雨若滂沱放汝歸去

罷内操

正德中　皇城内有小教場以備演武萬曆甲申稍加恢擴選内臣三千給戎器馬匹時時操練午日上親閱視事頗聞于外比部董諱基者上疏諫奉

旨左遷嗣是臺省屢有言者次年春以禱雨不應從中報罷　聖德從善之美亦近代所未有也

古詩體

詩卷耳之章有六言五言體七言則交交黃鳥止于棘八言則我不敢傚我友自逸也

丹鉛名錄

武問暢用修以丹鉛名錄其義何居余曰此即具錄中古之犯罪者以丹書其罪魏律緣坐沒配爲工樂雜戶者皆用赤紙爲籍其卷以鉛爲軸升菴名在尺籍故寄意于此也

耍地戲譚

京中六科及銓部司官　極崇重有人自外僚入見六科例應送至門輒有辦官唱云門上看見銓司例該門上揖辦官輒傳呼不許說話其人退戲謂相知曰誤矣科中應唱不許說話言其少建白也吏部應傳門上看言其多餽遺也聞者絕倒

安排較計

冬去氷須泮春來草自生吾心一有安排布置便欠自然海濶從魚躍天空任鳥飛吾心一有計較猜嫌便多乖戾

泥水刀

武淸伯李偉　慈聖李太后之父起自瓦匠驟貴所欲煩瀆請乞無厭一日　慈聖賜一篋緘識甚固啟是重寶開視則瓦匠所用泥水刀也喻　旨稍就歛戢

處世法

左氏鄭公孫黑肱戒子曰生于亂世貴而能貧民無

求焉可以後亡斯言也思深哉可爲處世法矣

以我觀書

古稱以我觀書則隨處得益故道德五千言佛經四十二章皆足以印證身心陶煉性靈未必非吾道之助若必欲推墨而附于儒援儒而入于墨此吾儒之過非二氏之罪也諸子百家亦猶是也

居鄉奢儉

吾鄉士大夫有開府鄉遊以八人輿招搖于市者一友欲嬌其非乘敝陋肩輿往拜其人茫然自失羸服

以吝而心甚啣之未幾兩人並遊地下矣所謂夷
盜跖俱亡羊也然而夷齊盜蹠之名不可泯也君子
寧爲此而不爲彼

墨池浪語

豫章胡維霖

駁宋史紀異

熙寧元年英州雷震一山梓樹盡枯爲龍腦至龍腦
價爲之賤政和四年汝蔡之間連山大小石皆變爲
碼碯倘方瓦之爲寶帶器玩夫石變爲碼碯可異也
而樹枯爲　不尤可異乎

張千載

人皆知文山之忠而不知文山之友張千載友誼尤
高千古千載廬陵人也文山貴顯屢以官辟皆不就

文山自廣還至吉州城下千載來見遂同赴京寓文
山囚所側日以美食奉之文山受刑潛造一櫝郎藏
其首尋訪文山妻歐陽夫人于俘虜中俾出火其尸
千載拾骨寘囊并櫝南歸付其家葬之似此朋友眞
堪千載不愧其名已

陶侃三恠

侃少時漁于雷澤網得一織梭以挂于壁有頃雷雨
自化爲龍而去又嘗如廁見人朱衣介幘斂板曰以

君長者故來相報後常爲公位至州都督及爲江夏太守以母憂去職嘗有二客來弔不哭而退化爲雙崔冲天而去時人異之此三者眞咄咄怪事

弇州史料辨

閱史料中間如大政年表等洵足備一代之觀然其全不盡于此也至于名臣傳須細細查考凡請弇州作傳作志表者其人雖中才亦得附名末諸傳志者尚十之八九雖嵩代勳名節義亦所不載後之耳食者未可以此爲定案也丘文莊有云天下不可一日

無史尤不可一日無史官安得有大手筆人彙成歷朝鴻史以快心目

徐有貞李應禎祝允明

人知祝希哲書法爲神品不知祝乃徐天全有貞之外孫而李貞伯應禎之子壻也天全書法歐陽率更而加以飄動行筆似米南宮狂草出入素旭奇逸遒勁間有失之怪者貞伯善懸腕疾書其實力故高往往有掾史筆則希哲亦可謂克光外祖冰清玉潤集書家之大成乎

皇明通紀多誤傳

楊升庵以通紀爲梁億所著億備弟故以不草威武大將軍勅歸之梁公其實寫威武大將軍勅者梁公也內閣有勅書稿簿綴撰者姓名于下豈可誣也信如此言則誣直相及吁事僅百年以上梁公人品尚無定論況敢尚論千古乎

楊文定好學

文定永樂中爲洗馬下獄十餘年家人供給數絕糧又朝命叵測勵志讀書不輟同難者止之溥曰朝聞

道夕死可矣人知文定相業與大制作那知其好學如許初鄉試首選者官胡儼批其文他日必能爲董子之正言而不學公孫弘之阿曲胡公眞知人哉

胡忠安逸事

太宗察濙忠實命巡訪異人歷久還報賜坐語四鼓時膺意有所屬濙力保護其間正統初提學黃潤玉行部田州遇 建文云彼時胡濙假尋張邋遢實尋我縱我入蜀久遊雲貴至此遂傳送至京

劉子玄史通

子玄史通妙處實中前人之膏肓黃山谷嘗云論文則文心雕龍評史則史通二書不可不觀

水經名山記

水經注所載事多他書傳所未有者其序山水奇勝文藻辦麗又其中載古歌謠更多奇古可入詩材至名山記乃何鏜巖所集近復補入景必窮幽語必造奇仁智者豈能足跡遍天下得此者可以卧遊

蘇長公王長公

余酷嗜子瞻元美二公集欲彙選一品題不得但覺

讀子瞻集泠然如列子之御風而行讀元美集如驂鸞駕鶴而遊三十六洞天

三李詩

李空同得趣于風李滄溟得趣于騷李西涯得趣于頌空同其詩中之長江乎滄溟其詩中之海市乎西涯其詩中之洞庭乎或謂西涯古樂府爲詩史空同滄溟爲盛唐正一洗宋元之弱信然

佛法入中國

佛法入中國不始于漢明帝列子西方有聖人老子師竺乾可証蓋周穆王時文殊目蓮來化穆王即列子所謂化人也化人示穆王云高四臺是迦葉佛說法處因造三會道場至秦穆公時扶風獲一石佛穆公不識棄馬坊中公疾令由余往視之曰此真佛神也公取像澡浴安清淨處像遂放光公宰牲祭之神擊棄遠處由余又曰臣聞佛清淨所有供養燒香而已公遂欲造佛像由余于高四臺南村得一老人姓王名安年百八十自云曾于三會道場見人造之臣老無力村北有兄弟四人曾于道場內爲諸匠執作

今請共造成一銅像相好圓備公悅大賞賚之彼人于土臺上造重閣高三百尺時人號爲高四臺其人姓高兄弟四人同立故也故名高四然則秦穆公時佛法已入中國矣

雪濤談叢

棘寺江盈科

犀怪

余鄉延溪廠有石犀牛其來頗久近歲居民藝麥被躪牛夜食幾盡牛主懼其訟已乃故言曰早見牧兒言石犀汗如喘又口有餘青食躪麥者殆是乎衆皆信然謂石犀歲久變物于是藝麥家持石往斷犀足不復疑躪牛云嗟夫躪牛食麥石犀受擊石犀之形以一擊壞石犀之名以衆口神凡事如是何可不揆

諸理

相議

余令長洲時一日謁瑤泉申相公問及冊立事公曰老夫致政之前一年以此事勸上上兩許來春立無何言者群起乃反不果然竊窺上旨實無他端但不欲廷臣居功耳及昨年震位大定乃知元老造膝之議又不及知者亦多矣

將功

近日楚蜀用兵朝廷命中丞贊石江公總楚師命大將陳璘提督所向必克兩建鉅伐然璘自恃能戰皮林一役草薙禽獮幾致玉石俱焚之嘆贊石公力止之爲開列古昔能將好生好殺之報以示璘然後璘乃戢兵所全生齒數萬噫將能殺敵將之功也制府止其多殺又以廣兼愛　之仁也本朝用大將提兵而以制府節之眞長策哉

西南

安酋不侵不叛比于流官蓋土官中稱忠順者謀黔者只當固安不當以安爲事蓋黔[illegible]池郡衛俱託安

氏舊壤安之部落去黔二里而近若橫挑此[illegible]簉而走險黔城皆魚肉矣縱天朝之力終能剪滅此酋然何如相安爲得計推而論之微獨安氏凡西南邊徼如安氏者皆當取羈縻毋輕議兵愚楚人也黔有事楚受其獘故著之

冤獄

成化中南郊事竣撤器亡一金巵時有庖人侍其處遂執之官司備加考掠不勝痛楚輒誣服及與索巵無以應迫之漫云在壇前某地如其言掘地不獲仍

繫獄無何竊瓶者持瓶上金繩鬻于市有疑之者質
于官竟得其竊瓶狀問曰瓶安在乎亦云在壇前某
地如其言掘地竟獲蓋比庖人所指掘之地不數寸
耳假令庖人往掘將而瓶獲或竊瓶者不鬻金繩于
市則庖人之死百口不能解然則嚴刑之下何求不
得　國家開矜疑一路所全活寃民多矣嗚呼仁哉

解喭

余邑喭云猪來窮家狗來富家猫來孝家故猪猫二
物皆爲人忌有至必殺之而邑中博士名張宗聖者

解曰喭語政不爾無足忌者蓋窮家籬穿壁破故猪
來非猪能兆窮也富家飲饌豐遺骨多故狗來非狗
能兆富也家多鼠蟲爲耗故猫來孝家則耗之訛非
猫能兆孝也此說甚當余邑又喭云笑狗落雨宗聖
曰此亦不然笑狗謂瘦狗江西人呼瘦爲笑落雨者
謂落尾亦江西人讀字之訛也余每觀狗之瘦者尾
必下妥此解亦確不可易所謂邇言必察者非耶

斷子葬母

成化間華亭縣民某其母再醮生一子及母死二子
爭塟質之官縣官判其詞曰生前再醮殊無戀子之
心死後歸墳難見先夫之面令後子收塟噫判詞確
則確矣得無傷前子之心乎有母而爭塟焉不失爲
孝較諸互相推諉者此殆可嘉而竟拂其志令其塟
焉可也但不必合于前夫之冢耳

文選纂註

吳中張伯起刻有文選纂註持送一士夫士夫覽其
題目乃曰既云文選何故有詩伯起曰這是昭明大
子做的不干我事士夫曰昭明太子安在伯起曰已

死了士夫曰既死不必究他伯起曰便不死也難究
他士夫曰何故伯起答曰他讀得書多士夫默然

滇中火節

滇省風俗每年于六月二十八日各家俱束葦爲藁
高七八尺凡兩樹置門首遇夜炳燎其光燭天是日
各家俱用生肉切爲膾調以醯蒜不加烹飪名曰喫
生總稱曰火節問其故謂吊忠臣王褘留此記蓋褘
受命入滇說元梁王降王反殺褘醢其肉若爾則炳
藁可也奚忍食生爲耶夫楚人競舟吊屈子也晉人

禁烟傷介推也皆有不忍之意焉王公殻醢而滇俗斫臍喫生毋乃倒置乎存炳火葷食生可也

鴉

澧州華陽王號味一者喜讀書能詩好延接四方名士其談吐有可觀者嘗言喜鵲鳴噪人聞之而喜故以喜名鴉鳴聞者皆惱應名惱鴉而世乃從老字名老鴉非也此語亦頗確

白香山

白香山詩自言久宦蘇州不置太湖一片石余以語張伯起伯起曰如此累心事香山不做余深服伯起此言然則天下事累心者多矣都丟下不做可使心不受累

春雨雜述

西江解縉

論作詩法

漢魏質厚於文六朝華浮於實具文質之中得華實之宜惟唐人爲然故後之論詩以唐爲尚宋人以議論爲詩元人粗豪不脫氈裘童酪之氣雖欲追唐邁宋去詩益遠矣

詩有別長非關書也詩有別趣非關理也不落言論不涉理路如水中月鏡中象相中色學詩者如參曹溪之禪須使直悟上乘勿墮空有嚴生之論可謂得其三昧

又曰學詩先除五俗後極三來五俗一曰俗體二曰俗意三曰俗句四曰俗字五曰俗韻此初學入門事三來者神來氣來情來是也蓋神不來則濁氣不來則弱情不來則泛而不關於神不屬於氣不在於情去此外道也似是而非也非真所謂不濁不弱不泛也非得心得髓之妙也而後世之說愚謂異於古者此也

詩三百篇之作當時閭巷小子能之後世之作雖白首鉅儒莫臻其至豈以古人千百於今世遠如是哉必有說矣

前人之詩未暇論爰以　國朝杖舉之劉基起於國初極力師古鄙練其詞亦能洗前代穠酪之氣且其位置俱在前列僕向集選故首推重樂府古調較之新聲尤勝江右則劉崧擅場彭鏞劉永之相望而稱作者

學書法

學書之法非口傳心授不得其精大要須臨古人墨跡布置間架擔破管書破紙方有工夫張芝臨池學書池水盡墨鍾丞相入抱犢山十年木石盡黑趙子昂國公十年不下樓巙子山平章每日坐衙能寫一千字幾進勝唐太宗皇帝簡板馬上字夜半起把燭學蘭亭記大字須藏間架古人以箒濡水學書於砌或書於几几石皆陷

草書評

學書以沉著頓挫為體以變化牽掣為用二者不可缺一若專事一偏便非至論如魯公之沉著何嘗不嘉懷素之飛動多有意趣世之小子謂魯公不如懷素是東坡所謂嘗夢見王不軍腳汗氣耶

評書

學書之法非口傳心授不得其精故自羲獻而下世無善書者惟智永能寤寐家法書學中興至唐而盛宋家三百年惟蘇米庶幾元惟趙子昂一人皆師資所以絕出流輩吾中間亦稍聞筆法於詹希原惜乎工夫未及草草度時誠切自愧赧耳永樂丙戌六月

十八日書

書學詳說

書肇於庖犧筆墨紙研皆世古用後世異其制爾書稱作會稽于太常非可以力削為而詩稱彤管知非始於蒙恬也三者做此今書之美自鍾王其功在執筆用筆執之法虛圓正緊又曰淺而堅謂撥鐙令其和暢勿使拘攣真書去毫端二寸行三寸草四寸掣三分而一分着紙勢則有餘掣一分而三分着紙勢則不足此其要也而擫捺鈎捐抵拒導送指法亦備

其曰擫者大指當微側以甲肉際當管傍則善而又曰力以中駐中筆之法中指主鉤用力全在於是又有拔鐙法食指拄上甚正而奇健擫管法撮聚管端草書便提筆法提挈其筆署書宜此執筆之功也若夫用筆毫釐鋒穎之間頓挫之鬱屈之周而折之抑而揚之藏而出之垂而縮之往而復之逆而順之下而上之襲而掩之盤旋之踊躍之瀝之使之入衂之使之凝染之如穿按之如揉注之趯之擢之指之揮之掉之提之拂之空中墜之架虛搶之窮深掣之收

而縱之蟄而伸之淋之浸淫之使之茂卷之蹙之雕而琢之使之密覆之削之使之瑩鼓之舞之使之奇喜而舒之如見佳麗如遠行客過故鄉發其怡怒而奮激之如撫劍戟操戈矛介萬騎而馳之□□哀而思也低回戚促登高弔古慨然歎息之聲樂而融之而夢華胥之遊聽鈞天之樂與其簞瓢陋巷之樂之意也是其一字之中皆其心推之有絜矩之道也而其一篇之中可無絜矩之道乎上字之於下字左行之於右行橫斜疏密各有攸當上下連延左右顧矚八面四方有如布陣紛紛紜紜鬭亂而不亂渾渾沌沌形圓而不可破昔右軍之敘蘭亭字既盡美尤善布置所謂增一分太長虧一分太短魚鬣鳥翅花鬚蝶芒油然粲然各止其所縱橫曲折無不如意毫髮之間直無遺憾近時惟趙文敏公深得其旨而詹逸卷之於署書亦然今欲增減其一分易置其一筆一點一畫一毫髮高下之間濶隘欹殊妍醜迥異學者當視其精微得之是以統而論之一字之中雖欲皆善而必有一點畫鈎剔披拂主之如美石之韞

良玉使人玩繹不可名言一篇之中雖欲皆善必有一二字登峯造極如魚鳥之有麟鳳以爲之主使人玩繹不可名言此鍾王之法所以爲盡善盡美也且其遺蹟偶然之作枯燥重濕穠澹相間蓋不經意肆筆爲人適符天巧奇妙出焉此不可以強爲亦不可以強學惟日日臨名書無恡紙筆工夫精熟久乃自然言雖近易實爲要肯先能骨體後盡精神有膚有血有力有筋其血其膚側鋒內外之際其力其筋毫髮生成之妙絲來綫去脈絡分明描揭爲先傍摹次

之雙鈎映搨功不可闕對之倣之如燈取影塡之補之如鑑照形合之符之如瑞之於瑁也比而似之如睨伐柯察而象之詳視而黙記之如七十子之學孔子也愈近而愈未近愈至而愈未至切磋之琢磨之治之已精益求其精一旦豁然貫通焉忘情筆墨之間和調心手之用不知物我之有間體合造化而生成之也而後爲能學書之至爾此余所以爲書之詳說也

書學傳授

春雨雜述　八　六

書自蔡中郎邕字伯喈於嵩山石室中得八角垂芒之秘遂爲書家授受之祖後傳崔瑗子玉韋誕仲將及其女琰文姬姬傳鍾繇元常魏相國元常初與關枇杷學書抱犢山師曹喜劉得昇後得韋誕塚所藏書遂過于師無以爲比繇傳庾征西翼衛夫人李氏及其猶子會衛夫人傳晉右將軍王羲之逸少逸少世有書學先於其父枕中窺見秘與庾征西相師友晚入中州師新衆碑隸兼崔蔡草並杜張眞集羣鍾章齊皇索潤色古今典午之典登峯造極書家之盛若張丞相華稽侍中康山吏部濤阮步兵籍向侍中秀華翰墨奇秀皆非其匹故庾征西始疑而終服謝太傅得片紙而寶藏冠絶古今不可尚已右軍傳子若孫及郗超謝朏等而大令獻之獨擅厥美大令傳甥羊欣羊欣傳王僧虔僧虔傳蕭子雲阮研孔琳之子雲傳隋永欣師智永智永傳唐虞世與世南伯始伯始傳歐陽率更詢本褚河南遂良登善傳薛少保稷嗣通是爲貞觀四家而孫虔禮過庭獨以草法爲世所賞少保傳李北海邕與賀監知章同鳴開元之

春雨雜述　八　七

間率更傳陸長史柬之柬之傳猶子彥遠彥遠傳張長史旭旭傳顏平原眞卿李翰林白徐會稽浩眞卿傳柳公權京兆零陵僧懷素藏眞鄔彤韋玩崔邈張從申以至楊凝式凝式傳於南唐韓熙載徐鉉兄弟宋興李西臺建中周膳部越皆知名家蘇舜欽薛紹彭繼之以逮南渡小米傳其家法盛行於世王廷筠以南宮之甥擅名於金傳子澹游至張天錫元初鮮于樞伯機得之獨吳興趙文敏公孟頫始事張即之得南宮之傳而天資英邁積學功深盡掩前人超入

魏晉當時翕然師之康里平章子山得其奇偉浦城楊翰林仲弘得其雅健清江范文白公得其瀟落仲穆造其純和及門之徒惟桐江俞和子中以書鳴洪武初後進猶及見之子山在南臺時臨川危太樸饒介之得其傳授而太樸以教宋璲仲珩杜環叔循詹希元孟舉孟舉少親受業子山之門介之以教宋克仲溫而在至正初揭文安公亦以楷法得名傳其子汯其孫樞在洪武中仕爲中書舍人與仲珩叔循聲名相埒云

饒介字介之號醉翁華蓋山樵浮丘公童子亦曰介叟臨川人遊建康丁仲容壻畜之後卒於姑蘇時歲丁未

宋克字仲溫一字克溫吳郡人卒官鳳翔府同知時洪武丁卯

宋璲字仲珩金華人太史潛溪公仲子仕止中書舍人卒於洪武辛酉

俞和字子中號紫芝山樵桐江人寓居錢塘洪武以壽終卒年八十餘

杜環字叔循廬陵人官水部員外郎卒時洪武戊辰

詹希元後更名希原字孟舉新安人號逸菴丙寅納吏幼從父官勝國至洪武初爲鑄印副使後卒官中書舍人

胡布字子中盱江人得書法於宋克一云或謂與克同受學緇典老僧云

揭樞字平仲豐城人

世說舊注

成都楊慎

劉孝標注世說多引奇篇異帙後劉須溪刪節之可惜孝標全本予猶及見之今摘其一二以廣異聞

鄧粲晉紀曰周伯仁應答精神足矣蔭映數人

續晉陽秋曰張玄之少以學顯謝玄爲會稽內史張玄之爲吳興太守名亞謝玄亦稱南北二玄

語林曰殷浩於佛經有所不了故遣人迎支道林林乃虛懷欲往王右軍駐之曰淵源思致淵富未易可當且已所不解上人未必能通縱能服彼亦名不益高若不合便喪十年所保林公乃不往

左思別傳云思作三都賦疾中猶改作蜀都賦云金馬電發於高岡碧山振翼而雲披鬼彈飛丸以熘燩火井騰光而赫羲今本無鬼丸句

又曰左思造張載問岷蜀事交接亦疎皇甫謐西州高士摯仲治宿儒知名非思倫匹劉淵林衛伯輿皆蚤終皆不爲思賦序注凡諸注解皆思自爲欲重其文故假借名姓也

夏侯湛補亡詩曰既殷斯虔仰說洪恩名定匡省奉朝侍昏宵中告退雞鳴在門孳孳溫恭夙夜是敬

孫子荊除婦服詩曰時邁不停日月電流神爽登遐忽已一周禮制有敘告除靈丘臨祠感痛中心若抽

桓玄作王孝伯誄曰川岳降靈哲人是育既爽其靈不貽其福天道茫昧孰測倚伏犬馬反噬豺狼翹陸嶺摧高梧林殘故竹人之云亡邦國喪牧于以誄之爰旌芳郁

王隱晉書曰晉帝詔徵蘇峻峻曰臺下云我反反豈得活耶我寧山頭望廷尉不能廷尉望山頭也

續晉陽秋曰謝安優游山水以敷文析理自娛

荀綽兖州記云閭丘冲好音樂侍婢不釋管絃出入乘四望車

曹娥碑在會稽而魏武楊修未嘗過江

續晉陽秋曰獻之文義非作長而能撮其勝會故擅名一時爲風流之冠也

會稽郡記曰會稽境特多名山水峰崿隆峻吐納雲

霧松楛楓柏椎幹竦條潭壑鏡徹清流寫注

續晉陽秋曰愷之矜伐過實諸年少因相稱譽以爲戲弄爲散騎常侍與謝瞻連省夜於月下長詠自云得先賢風制瞻每遥贊之愷之得此彌自力忘倦瞻將眠語槌脚人令代愷之不覺有異遂幾申旦而後止

說郛續目録

弓第十七

簷曝偶談

吳郡顧元慶

嘉靖辛丑新正五日大雪越三日又大雪既而快雪時晴相與二三子負暄於東簷之下擁膝聯趾清言竟日與夫師友之所聞傳記之所載就日贅筆寖復成編不知奇温之可獻白醉之可樂也遂名爲簷曝偶談云

朱吳子經論性不同其略云稚子夜啼拊背以哀之而不止取果以與之而不止許之以早市物而不止於是其母滅燭其父伏戶下爲鬼嘯出恒後爲狐鳴其口如窒此事所以貴乎權也此等語言絕似莊子耳

楊廉夫嘗論蠶有六德衣被天下生靈仁也食其食死其死以答主恩義也身不辭湯火之厄忠也必三眠三起而熟信也象物以成蠒色必尚黃素智也蠒而蛹蛹而蛾蛾而卵卵而復蠒神也此六德也

佛居大地之陰西域也日必後照地皆西傾水皆西流也故言性以空孔子居大地之陽中國也日必先

照地皆東傾水皆東流也故言性以實意者亦地氣有以使之然歟佛得性之影儒得性之形是以儒以明人佛以明鬼

胡文穆記李白三帖其一乘興踏月西入酒家不覺人物兩忘身在世外其二夜來月下臥醒花影零亂滿人襟袖疑如濯魄於冰壺也其三樓虛月白秋宇物化於斯憑闌身世飛動把酒自忘此興何極非太白不能道

見怪不可驚怪但宜鎮之以靜如桓公見紫衣之神周南見怪鼠之語李叔堅不殺戴冠之犬公亮大書入窓之手是皆能以氣勝之也夫怪豈能傷人所患者不能持守乃自傷耳

凡山居者先須識道而未識道而先居山但見其山不見其道故心境未通矚物成塵則鬱鬱長林峩峩聳峭鳥獸鳴咽松竹森梢水石崢嶸風枝蕭索藤蘿縈絆雲霧氤氳適足以資其喧耳

財猶賦也近則汙人豪傑之士耻言之

唐王仲舒爲郎中與馬逢友爲善每責逢曰貧不可堪何不尋碑誌相救逢笑曰適見人家走馬呼醫立可待也

東坡云神勝功用無捷於酒

舊傳得意詩有久旱逢甘雨他鄉遇故知洞房花燭夜金榜掛名時好事者續以失意詩寡婦攜兒泣將軍被敵擒失恩宮女面下第舉人心形容悲喜之狀極矣

禮記曰凡祭宗廟之禮羊曰柔毛雞曰翰音註謂異名所以別人用而今致饋於人者反借以爲雅稱是以鬼事人也

記得離家日尊親囑付言逢橋須下馬過渡莫爭先雨宿宜防夜雞鳴更相天若能依此語行路免迍邅此征途藥石之言

王建鏡聽詞謂懷鏡於通衢間聽往來之言以古休咎近世人懷杓以聽亦猶是也又有無所懷直以耳聽之者謂之響卜蓋以有心聽無心耳往往皆驗

古者賓位尚右史記陳平願以右丞相讓周勃語云無能出其右者及行尚西禮記曰主人就東階客就

西階謬呼主人爲東道則古人坐讓右行尚西亦甚明矣後世不察遂以東左爲尊耳

東陽陳同甫嘗與客言有一士隣於富家貧而屢空每羨其鄰之樂旦日衣冠謁而請焉富翁告之曰致富不易也子歸齋三日而後告子如言復謁乃命待於屏間設高几納師資之贄揖而進曰大凡致富之道當先去其五賊五賊不除富不可致請問其目曰即今之所謂仁義禮智信是也士盧胡而退

有日者謁王直卿云善筭星數知人禍福直卿曰吾有箇大筭數書曰惠廸吉從逆凶作善降之百祥作不善降之百殃大學曰言悖而出者亦悖而入貨悖而入者亦悖而出此箇數亘古今不差豈不優於子筭數乎

富鄭公云宅居山水之人其別有五有貧以樵釣爲業者有好釋老之學欲逃生死者有以德自矜託名高尚而沽聘命者有遭喪亂怖禍以避世者有賢而不能用退伏著書者是五者處山林則一其所趨則異也

董遇云冬者歲之餘夜者月之餘陰雨月之餘皆爲閒暇無事時也有疑陰雨者蓋陰雨則無出入無賓客俗事少故可讀書東坡所謂此生有味在三餘是也

船門曰馬門蓋闖字之分也引首而覰曰闖

或傳一詩謎云佳人佯醉索人扶露出胸前白玉膚走入帳中尋不見任他風水滿江湖乃賈島李白羅隱潘閬四人名也

人之叩齒將以收召神觀辟除外邪其說出於道家者流故修養之人皆叩齒不聞以是爲恭敬也今人往往入神廟叩齒非禮也

名利皆不可好也然好名者比之好利者差勝好名則爲所不爲好利則無所不爲也

和叔侍年七歲其伯氏問曰日出雨落公婆相角是何語和叔曰陰陽不和

許叔微精於醫云五臟虫皆上行唯有肺虫下行最難治當用獺爪爲末調藥於初四初六日治之此二日肺虫上行也

今人以半夜鷄鳴爲不祥其來遠矣唐來鵬曉鷄詩云黯黯嚴城罷鼓鼙數聲相續出寒栖不嫌驚破紗窗夢却怕爲妖半夜啼

病逸漫記

吳郡陸釴

大通橋去通州四十里地形高通州五丈置十閘方可行舟

仁宗皇帝駕崩甚速疑爲雷震又疑宮人欲毒張后誤進中上予嘗遇雷太監質之云皆不然蓋病陰證也

錢溥素善內官王倫陳文與溥東西鄰謂溥曰王倫來君當見報一日倫至而溥不言文甚啣之

上初即位王倫以潛邸舊人頗自尊大於老內官若牛倫輩皆易視之及　仁壽太后又嘗欲見　上於東宮爲倫所阻以故交惡之遂下倫獄溥坐交通預草上即位詔并下獄黜爲順德知縣文在內閣頗與力焉

英廟有意江南買辦諸學士難言欲持不可而有禎度不可言將入對紿學士薛瑄云予苦多言恐忤上意若度稍可當從後觸止之瑄遂以爲信於其語半持其後有禎即大聲曰薛瑄欲有所言　上問言

何事遑倉卒無對卸以買辦一事言之　上不悅而
罷之
景泰帝復謚恭仁康定景皇帝
清寧宮本太子所居之宮今皇太子旣冠者皆居於
此宮
京官有守領官者得稱堂上考滿得單引不出考語
其餘如庶子諭德等皆出考語又給事中除職事概
等得前後通考御史外除則不得通考有司官考滿
至部如戶口不增者送問指軍得三分以上者得陞

其餘雖錢粮未完不在問例
迤北進貢者待之加於四　順天供床褥禮部置酒
宴光祿人日供米一升肉一斤酒半餅又欽賜下程
每五日五人供羊一隻米五升酒若干賞賜頭目亡
六表裏加賜織金其餘各兩表裏又各衣一套韡襪
全馬價高者三表裏次者二表裏其羈留大同者取
萬億庫錢粮供給萬億庫錢粮頗爲大官侵欺以馬
草爲名軍士所得者少而官入己者多
光祿寺教坊司皆禮部支粮教坊支粮者七百餘人

光祿行移俱以手本至禮部部爲轉行科以手本至
順天府轉行益光祿六科皆內府衙門故也
禮部選駙馬同司禮監太監欽天監官筭命錦衣百
戶視其隱駙馬曾聘者聽其所從
天下王府惟蜀府最富楚府秦府次之楚府昭王
太祖高皇帝愛子田地最多故富其他如韓府襄城
范德最貧至有喪不能舉衣服不能完者
王妃之婦駙馬之父俱爲兵馬指揮無祿
母雖以子貴然嫡母在則不敢並封生母未封則子

婦亦不敢受封
三年須知考退官老疾者同致仕例罷軟與素行不
謹者冠帶閑住但有冠帶無品級一應服色儀仗皆
不得用有贓者爲民
五軍三千神機團營軍共二十五萬之數軍各處輪
番有三十萬之數團營十二萬爲精軍南京不過四
五萬之數　鎮江除京操不滿百名
天下歲運米至京師有四百餘萬民糧不在數內
南京御史刷卷清軍皆從北京都察院進本點差遣

人貲印送去
東直門外二十馬房收草料每一房用太監三人每
草一萬須用銀二十兩其馬數不許查理亦曾有人
進本乞查馬數問發充軍
通州五衛通州衛係在京衛分其左右衛并龍武等
衛皆是外衛
通州秋青草自　正統十四年其積草爲虜所焚自
今天津八衛打秋青草遂以爲例
在京倉糧每月放二十七萬石　內承運庫每季散

軍職折粮銀十二萬兩其軍職通計二萬七千有餘
耳
高季廸撰蘇州府上梁文爲御史張度度廣東人所
奏劾與知府魏觀俱罹極典
景泰廢儲之議有廣東指揮王弘發之其謀出於江
學士淵當時詔草有云父有天下傳之子乃江文淵
之語天降下民作之君則陳循之言當時以爲妙對
後文淵家居與揭侍郞家爭田不勝遂訴於朝其上
有云父有天下傳之子實有以發之發之以自邀功
可謂自實其罪者矣
正統十四年駕幸土木成國公朱勇軍駐鷂兒嶺有
旨徼還勇以　薄嶺口我軍一撒　即至矣　上
不從遂內徙　至　鷄陷時　駕下營平地四面皆
山
兵部尚書鄺野一日與恭順侯吳某取五軍軍數恭
順聞於上鄺走謝以軍之數非外人所預知此　祖
宗舊制
正統十四年十一月北　以六騎犯河間時都御史

陳鎰御史姚龍等應赴失期合城宵遁渡滹沱河斷
橋結三營以待舍堅城而屯曠野可謂無謀之甚矣
城中留者惟七十餘家
景泰七年征銅鼓等處　蠻兵部尚書石璞總督軍
務工部尚書王永壽提督軍務侍郞一人太監六人
郞中二人總兵方英以京軍千餘至南京發將調各
處軍八萬征進中軍都指揮董梁以五哨從公入進
其苗民所居凡十四寨每寨二三千人大率柔脆之
兵遠勞天兵所費過多非所宜也

羅綺都御史其愛妾石亨之妹也綺外除以亨爲內援且以銀千兩賂曹吉祥求轉　京職吉祥云此易事但欲汝陰素徐有禎事來告不患不得也羅竟無所報

岳正之被黜也頗以饒舌之故　上嘗疾覩之曰岳正敢多言乃爾耶後以家事出畝之類爲曹石所惡出爲欽州同知尋以逗遛發充軍曹石敗滅放回原籍爲民

仁宗在東宮時監國爲漢府所譖搆　太宗初有易

儲之意而高庶人實覬覦之故也於是使給事中胡濙往伺察之　仁宗令書其不軌事以聞時梁潛黃淮楊士奇等皆東宮官善於保護教太子守禮法而濙亦不敢曲意上承回朝但言皇太子敬天孝親上意稍解後終見讒乃徵諸東宮官悉下獄士奇引咎得免黃淮等繫獄十年潛語家人云此長麻線也不足多慮後竟被害

修永樂大典亦宋朝修冊府元龜之意

弘文館在大內之西　正統時始革去黃淮金問等直事　正統初選經筵官閣下悉以翰林院官充選時章后在內批云如何不見居外賢良以　旨赴弘文館於是劉球等幾人自部屬進次經筵

京師通州兩處積米除每歲支用外餘二千餘石可六七年之食

偏頭關近榆林寧武關居中鴈門關在東

戴村壩以分汶水出龍王廟口入運河堽城垻以分汶水入洸河出濟寧金口壩以分泗水入洸河出濟寧水利王事衙門在寧陽

東宮官典璽局郎覃吉廣西人自云九歲入內余初在內書館教小內官使吉提督因識其人亦一溫雅誠篤之士識大體通書史議論方正雖儒生不能過輔導東宮之功爲多大學中庸論語等書皆其口授動作舉止悉導以正暇則開說五府六部及天下民情農桑軍務以至宦官專權蠹國情弊悉直言之曰吾老矣安望富貴但得天下有賢　王足矣上嘗賜東宮五莊吉備曉以不當受曰天下山河皆主所有何以莊爲徒勞傷財爲左右之利而已竟辭之　東

宮嘗隨老伴念高里經而吉適至殿下駭曰老伴來矣即以孝經自携吉跪曰　主得無念經乎曰否吾才讀孝經爾其見畏特如此　東宫出講必使左右迎請講官講畢則語　東宫官云先生喫茶局丞張端頗不爲然吉曰尊師重傳禮當如此姑記此三事以傳後人

郭鏞山西人美儀表嘗習衆子通詩經自腐於進取從太監張敏今殿下衣服飲膳皆鏞紉所服事云

太子三加初折上巾二遠遊冠三九旒冕

景泰帝之崩爲宦者蔣安以帛勒死

太宗賜教庶吉士曾子啓等二十八人督責甚嚴嘗親爲試誦一日令背捕蛇者說莫有全誦者詔戍邊而貸之令披大木啓等以書訴執政執政袖書見上極陳辛苦狀因得釋歸

黄鉞常熟人與胡濙尚書同榜進士以給事中養病家居永樂初元徵赴　京至半途投水自溺

宣德六年造北京禮部　正統四年作北京城樓六年仍作兩宮三殿

終

蜩笑偶言

閩南鄭瑗

武侯忠漢能使後主不疑而周公之勤王家反不見信於其君叔子不僞能使敵國不疑而曾參之不殺人反不見諒於其母讒蔽其明愛惑其聰無足恠者古之聖人有能和萬邦而不能使胤子無傲虐能來重譯而不能使昆弟無流言一人之身乃如此冥頑不靈可畏哉

季羔避難而閽者室之子胥出奔而漁父渡之商君亡命而舍人拒之項籍敗亡而田父紿之得人之與失人何啻千里

陳琳爲袁本初草檄極詆曹公及歸魏而曹公不責駱賓王爲徐敬業草檄極詆武氏傳京師而武氏不怒英雄之舉措大抵如此嗚呼當塗代漢周紀亂唐豈偶然哉

食祿宜卻饋遺也而有時乎受饋遺故子産受生魚不爲傷廉陳戴受生鵞不爲不義去國非爲飲食也而有時乎爲飲食故膰不至而孔子行楚醴不至

而穆生去
懷嬴失身重耳沃盥奉匜而以不從不言爲善處蔡琰忍辱羗胡重歸董祀而以授受不親爲知禮所謂不能三年而緦功是察放飯流歠而齒決是問者也雖然豈直婦人也哉

袁紹誅宦官無須多誤死冉閔殺胡 多須多濫死應侯相秦必殺其辱已者韓信王楚反官其辱已者趙高指鹿爲馬陰中其異已者朱溫指大柳宜車轂反撲殺其佞已者蓋各繫其遭也

周昌以漢高帝比桀紂而帝不加罪劉毅以晉武帝比桓靈而帝以爲直文帝勞軍細柳軍尉不奉詔而帝善之錢鏐微行北城門吏不啟關而鏐賞之皆帝王盛德之事也

晉靈公刺客不殺趙宣子漢陽琳刺客不殺蔡中郎晉劉裕刺客不殺司馬楚之唐太子承乾刺客不殺于志寧淮南張顥刺客不殺嚴可求西夏刺客不殺韓魏公苗劉刺客不殺張魏公孰謂盜賊無義士乎

前漢書表古今人物其失也混新唐書表宰相世系其失也濫僭三長如班歐猶有此失況其他乎

元魏馬后淫兇弒逆竊國大柄而獲考終天網有時而漏也及 氏效其尤則不免於沉河矣唐之武后穢人紀冒干曆數而享壽考天道有時而爽也及韋氏繼其軌則不免於授首矣孰謂不善可稔乎

隋室既受周禪蘇威遁歸田里可謂節矣而終失身於僭僞之朝本國議立異姓泰擅抗言見執可謂義矣而終誤國於渡江之後令終之難也如此王莽篡漢其女爲孝平后稱疾不起守志終身曹丕篡漢其

妹爲孝獻后以璽抵軒涕泣橫流楊堅篡周其女爲天元后憤惋不平形於辭色徐誥篡吳其女爲太子璉妃聞呼公主則涕泣而辭司馬炎篡魏其諸祖安平王孚自稱有魏貞士不預廢立之謀武曌篡唐其姪安平王攸緒棄官不受其賜歸隱嵩山之陽朱溫篡唐其兄廣王全昱責其滅唐社稷知有覆宗之禍此三男子四婦人者不避其至親所爲如此可以見天理人心之不泯矣繭蠶出也而蠶非繭則不能藏身以形化網蛛出也而蛛非網則不能憑虛而覓食

嗟乎依憑其軀者乃出自其腹也吾於是乎有感

猩紅之罽狐白之裘盛夏被之不若絺綌之便也文茵之車朱幘之馬臨流乘之不若颿絳之利也故曰慮善以動動惟厥時動違其時雖善奚益

取涼於箑不若清風之徐來也然無風則箑不可缺激水於橰不若甘雨之時降也然無雨則橰不可廢是故三王不興不可無五伯之功二典不作不可無兩漢之制

劉禪既爲安樂公而侍宴喜笑無蜀技之感司馬昭

哂其無情李煜既爲違命侯而詞章悽惋有故國之思焉今譏其大愚噫國破身辱之人瞻望故都思興不思何往而不招誚古人所以貴死社稷也

狄仁傑含垢忍恥於僞周而卒成取日虞淵之功呂好問辱身汚迹於僞楚而竟就溥天左袒之績論者猶呫呫動其喙則夫受唾之師德仰藥之唐恪果何爲哉

商後爲殷呂後爲甫唐後爲晉魏後爲梁隨地以名夫何常之有後世或强襲舊名或別創美號失古意矣

叔孫通爲秦二世博士以巧言面諛見賞而卒爲漢儒宗孔穎達爲王世充博士以草儀禪代見親而卒爲唐儒宗皆所謂小人儒也而世儒宗焉此二代之所以無眞儒也

歐陽公一代之偉人也而小人譏以房帷之醜文信公百世之人傑也而讒夫誣以匿服之罪則夫萋斐之成貝錦哆侈之成南箕又奚怪其然哉

楚莊不罪絕纓之臣秦繆不罪食馬之盜趙盾食翳

桑之餓顧榮啖執炙之夫或得其助以成功或賴其力以濟難其視華元殺羊獨靳羊斟而因之喪師鄭靈解黿獨靳子公而因之遇弑者遠矣中山君曰吾以一杯羊羹亡國以一壺飡得二死士然則施德之與招怨豈在大哉

曾子之妻戲其子以殺彘而烹彘以實其戲孟子之母欺其子以啖肉而買肉以明不欺古人養蒙視幼之法如此

盜跖以孔子爲僞蘇軾以程頤爲奸李傕以董卓爲

忠曰承嗣以安史爲聖好人之所惡惡人之所好古有之矣跖俈承嗣不足道而軾亦爲之君子之不仁悲夫

參朮以和而起痾芝蘭以馨而熏物以其昭昭使人昭昭理之恒也若夫阿魏以臭而止臭骨咄以毒而攻毒以其昏昏而使人昭昭理固有難喻者矣

唐明皇好神仙而張果自稱堯侍中宋章聖悅幻妄而賀元自稱晉水部皆乘世主耳目壅蔽而售其欺侮也古之人明目而達聰祇遠而聽微彼瑣瑣迂怪

之徒尚莫遁於造言亂民之刑矧得而欺侮之

伊尹之言辟不辟孔子之言君不君孟子之言王不王李雲之言帝不帝其義一也而雲獨以是買奇禍焉延熹之主其太甲齊景齊宣之罪人哉

陳實謀誅宦官罷其辛螫而漢鼎隨移訓注謀誅宦官遭其反噬而唐社隨屋社飈稷狐熏灌之難如此屨校滅趾之戒可不慎乎

以兆民爲兆人以致治爲致理之類唐人之避諱也以揖讓爲揖遜以惇典爲厚典之類宋人之避諱也

今人或襲而用之所謂無喪而右袒者也

六經言邇而不遺法四書言理而不外事諸國之語迂緩而不切於事情戰國之策變詐而不要諸義理馬遷駁而無緒班固局而不暢

軒轅崩葬著於本紀而世有弔湖騎龍之說留侯卒葬見於世家而世有辟穀輕舉之說王子晉十七殀亡而世有緱氏乘鶴之說淮南王安謀逆自剄而世有雞犬同升之說漢武曰天下豈有僊人盡妖妄耳豈其然乎

東谷贅言

清江敖英

孝子忠臣代固有之惟子能合父心惟臣能合君心者爲難能也蓋有之矣不多見也是故執友窮乏濟以麥舟范忠宣公之心卽父之心也河東未平不望使相曹武惠王之心卽君之心也

古之君子所爲後之君子亦有不敢思齊者豈以其所爲未善耶抑所見不同不必蹤迹也是故柳下惠覆寒女魯男子不敢學之也程伊川祭始祖朱晦翁

不敢行之也

古來固有凶人一變而爲吉人者亦有 流一變而爲濁流者噫罔念克念其機在我而由人乎哉是故周孝侯惡少也斬蛟伐虎遂立功名永貞八司馬皆茂林異等也乃朶頤叔文之鼎而萬事瓦裂

壽五福之一也得之者有幸不幸焉彼得壽以成名者幸也得壽以敗名者不幸也雖然壽何負於人哉人負壽耳是故申公年八十餘而應聘使其先數年而死則爲治不在多言之對不登漢史矣夏貴七十九而降元使其先數年而死則忘君事仇之恥不穢宋史矣

古之權臣跋扈必陰藉名儒爲之宗主雖然復古之禮文以厭羣志然後乃敢行大事彼名儒者貪昧依附欲資其勢而行其志不知當其時國事且日非矣文禮雖復古何補哉是故西京郊祀之禮至王莽輔政而後定劉歆主之也東京宗廟之制至董卓入朝而後定蔡邕主之也

史魚盡死後之忠郄嘉盡死後之孝此忠臣孝子

之苦心也曾子曰死而後已不亦遠乎若二子者死猶未已乎

人莫不有死也惡之欲其死者衆人之情也愛之欲其死者君子之心也夫旣愛之矣又欲其死何哉蓋所愛有重於死者先民有言綱常九鼎生死一毛是故南霽雲被執而未死張睢陽大呼男兒以速其死文丞相被執而未死王鼎翁作生祭文以速其死

石碏教子以義其子厚不從而甘心爲逆黨陳萬年教子以諂其子咸不從而卓然爲名臣噫子之不係

世頼也如此哉

自古天下事君子成之小人壞之雖然亦有不其然者君子功業蕭條不足以對蒼生之望小人能行奸事亦可邀人心也是故殷浩房琯皆萬夫之望也山桑陳濤斜之役皆一敗塗地而智勇俱困秦檜姦臣之雄也當金人立張邦昌之日仗義抗詞請立趙宗就執不屈而清議壯之

古之君子其立身行已苟一節孤高足以洗濯汚習其他嘉言善行雖不盡傳可以無遺憾焉其立言也

苟一篇撰述得罪名敎即其平生著書滿家將焉用之是故解楊伯起者以其辭暮夜之金也薄揚子雲者以其獻美新之文也

小人之交外親而內疎始合而終叛君子之交則內外始終一也故君子無黨小人無朋君子無貴友之心小人無久要之信

人有恒言破家縣令滅門刺史予謂此言强宗豪右當常誦之庶幾不敢作姦犯科也爲龔黃卓魯者不可自誦此言也夫破家滅門豈盛德事哉豈盛世事哉

曹月川洛中名儒也里中嘗有二叟訪之留飲一叟劇談勢利紛華口吻津津如海夫逐臭一叟沉默寡言少焉畧談及尋幽吊古之事眞想蕭然飲罷或問優劣月川曰一叟是黑風暗雨胸襟一叟是青山白雲胸襟

古人重問疾吊喪會葬之禮忠厚之風也宋南渡以後重新婚生子壽且落成有慶賀焉有彌文焉其侈靡之風耶

[illegible]不和中國之福也猶臧獲不和家主之福也蓋[illegible]和則嘯羣入寇而邊陲不靖矣臧獲和則相黨爲奸而家食日耗矣以近時亦不利吉囊之事觀之可見矣

古之奸雄用其智以愚人皆有所祖然自今觀之秖見其自愚也豈能愚人哉向使其能以祖奸雄故智之心而學于古訓豈不爲良圖哉是故公孫鞅不許豪傑學詩書李斯祖其智而焚經籍越王趙陀之葬靈輀四出塜無定處曹操祖其智而設疑塜

古者士大夫閒居必有高人韻士與之杖屨徜徉於水聲林影之間尋幽吊古以暢冲襟如杜少陵之於錦里先生青蓮居士之於范野人是也或有禪客與之爐薰隱几散慮忘情如坡仙之於佛印浩翁之於黃龍參寥是也幸而生於多賢之邦又有天壽平格之老爲衣冠真率之會如睢陽香山洛社耆英諸會是也

嘗觀孝弟之風敦於貧賤之族而衰於富貴之家蓋貧賤之族骨肉相愛之情真也富貴之家勢利爭奪

之私勝也

我朝設養濟院以養民之鰥寡而無告者也惠民藥局以濟疾病之窮者也漏澤園以瘞無主之死者也課守令積穀而爲殿最以賑凶歲之饑者也京師有泰厲王國有國厲又有郡厲有邑厲有鄉厲以祀鬼之無所歸者也嗚呼仁哉

或問王文穆孤注之說何如予曰吾聞君子不以人廢言陽貨何人斯爲仁不富爲富不仁之言孟子錄之矧孤注之說譬喻剴切使其由衷而非貝錦之爲則與老成謀國深思遠慮其揆一也何可廢哉

或問古來亦有夫爲妻棄者乎予曰太公望爲妻所棄老故也朱買臣爲妻所棄貧故也魯秋胡志濯而忘親其妻能以一死而絕之其志也烈哉晏子之御氣盈而志陋其妻能鐫譙之以求夫其志也偉哉

古者男女別嫌明微之際最嚴也後世士夫乃有與女流款洽若交游然者而君子無鐫譙焉蓋諒哉其無他志也若王右軍之於賣扇老嫗杜少陵之於黃四娘白樂天之於潯陽商婦蘇東坡之於春夢婆是

已乃若攜妓遊山與妓賡詩對妓參禪則踰閑矣我朝士大夫無此風流綽有古意

士大夫守官之廉猶處子守身之潔皆分內事也若處子自多其潔恒自矜曰我於庶士也絕無桑中之約則人將賤之矣士大夫之能文章猶處子之能女紅亦分內事也若處子自多其女紅恒自矜曰我之織紝組紃諸姑伯姊皆莫能及則人將鄙之矣

雋不疑斷獄引春秋楊萬里註易引故實蓋引經者準古訓以律人釋經者援人事以昭義故曰無徵不

信蓋謂此耶泉齋邵公有曰易設虛以待天下無窮之變春秋據實以究天下難隱之情此又明經者所當知

東坡愛李廌之文山谷愛高荷之詩後來二子行檢齷齪徒使二公有愛才之累也惜哉

華陽有狂生粗知押韻一夕乘酣訪隣曲隱翁見主人庭中月色如畫梅花盛開乃朗誦宋人詩曰窗前一樣梅花月添箇詩人便不同蓋自負也主人亦朗誦宋人詩曰自從和靖先生死見說梅花不要詩蓋

恐其作詩唐突梅花狂生忿主人嘲己肆詬而去明日主人到縣訟之縣官呼狂生試詩甚劣笑謂狂生曰姑免問罪押發去百花潭上看守杜工部祠堂聞者絕倒

潘緯十年而吟古鏡何消一夕而賦瀟湘殊不知後之觀者只論工拙不論遲速

荷亭辯論以嚴子陵横足加帝腹為不敬古源日録論程嬰公孫杵臼殺他兒以存趙孤為不仁予按二子之論近於刻深然君子執秉義充類之筆却不可無此等公許不然微顯闡幽之志荒矣

蓬軒別記

吳郡楊循吉

皇朝文臣得拜極品爵者不數人成守伯王公其一也公當　廷試日循甫讀卷遇風起放下殿公卷於雲霄中廷臣與同試者咸仰視瞬久彌高至於不能見乃已中官以聞　詔許別作臘進後公由中執法大司馬以進於伯爵書之以志異云

臨清賦役動二年一更如以隷兵爲閘夫而閘夫爲隷兵之類是也民自十五至六十無歲無役出六十

與爲疾不能應役者俾納米一石方獲免予爲作均徭旱澇謠載清源集世謂南人困于糧北人困于役其果然哉

成化庚子京師有寡婦善女紅少而艾履襪不盈四寸諸宮貴家相薦引以教室女刺繡見男子輒羞避有問亦不答夜必與從教者共寢亦必手自鑰戶嚴於自防由是人益重之庠生某慕寡婦必欲與私乃以厥妻詒爲妹賂鄰嫗往延寡婦婦至生潛戒其妻將寢則啓戶如厠妻如戒生遽入滅燭婦大呼生扼其吭强犯之則男子也厥明繫送于官訊鞫之姓桑名翀年纔二十四自幼即縛足小而爲是圖富貴家女與之私者如干人法司上其獄　憲廟以爲人妖寘諸極典云

京中有人手足俱無父盛以布囊僅滿二尺儼如魚形挾之出觀者如堵其面甚鉅其聲甚雄能就地打滚世未有如此人也

燕有貧家女性頗慧數歲時聆其伯母誦佛書輒記不忘里有慕之者以禮聘爲婦後伯母死女繼之誦

自久不繫文義通曉專心事佛不復有嫁意母恚曰欲辭婚聘禮奚償女曰必有施之者母誶女退未幾一翁以白金來施視聘禮倍焉里人與其家咸詫女能前知母以所施半償聘禮女曰余界之恐亦不得用也乃作偈曰業緣休認是姻緣一念眞空已了然迷時與你爲媳婦今日身居天外天母携金與偈往遂得辭不數日聘家金爲盜持去由是人信女神靈呼爲活佛遠近齋香幣來拜謀事者坐以妖人惑衆收下錦衣獄雜治之無驗移繫秋臺莫能行以篋舁

至予適試政秋曹嘗一見之鞫亦無驗卯之嫁則請死繼崙之曰君命也孰敢辭遂令邑庠生某娶焉未幾卒

天順中首相江右陳公甍于位有弔以詩曰何事先生蚤蓋棺雄歌聲裏路人驩塡門客散恩何在負郭田多死亦安鹽海已無前日利氷山誰障舊時寒九泉若見南陽李爲報羅倫已復官亦詩史也

采石江頭李太白墓在焉往來詩人題詠殆遍有客書一絶云采石江邊一杯土李白詩名耀千古來的

去的寫兩行魯般門前掉大斧亦傕論也

宣德中舘太學生年五十以上放回田里而儒士應賢良方正擧者輙得八品官尹翰林岐鳳有詩曰五十餘年做秀才故鄉依舊布衣回回家及早養兒子保了賢良方正來

于節菴以兵部侍郎巡撫河南山西遷大理寺卿前後幾二十年其赴京獨不挾土物賄當路汴人嘗誦其詩曰絹帕蘑菇共線香本資民用反爲殃淸風兩袖朝金闕免得閭閻議短長

有人泊舟采石夜聞鬼哭旣而若謳吟者達旦大書一詩沙上云長鯨吹浪海天昏兄弟同時弔屈原千古不消魚腹恨一家誰識雁行寃紅粧少婦空臨鏡白髮慈親尚倚門采石江邊腸斷處一輪明月照雙魂讀之亦可憐哉

京師西郊多貧民毎晨入傭聖直資養迄暮歸往往有死于道者積而多焉兵校潛察之則所死皆貧民許爲鬼一日群校伏草莽中以俟比暝有歸者一人襲擊之仆地死羣趨擒之乃人也檢所齎上三十文

問曰彼而斃邪曰非也曰所利幾何而殺之曰吾懼禍也吾窮人打窮人則所得必廉廉則人不疑吾盜所殺百人矣羣校曰寃哉遂送之官磔于市

蓬窗續錄

吳郡馮時可

古稱藜杖藜卽首蓿養之歷霜雪經一二歲其本修直生鬼面可杖取其輕而堅非藜木也用藜爲燃光最明可傳火徹夜古讀書者燃藜以此

杜詩天吳紫鳳劉子威曰紫鳳無出必九鳳也大荒經有神九首人面鳥身名曰九鳳海外東南經云天吳八首八口八足八尾大荒東經又云蓋余之國有神人虎身十尾名曰天吳何承天云魚之大口者名

漢時親受業者曰弟子傳業於弟子者稱門生舊所涖曰故吏故民故吏與弟子並皆終身侍坐其同僚曰同舍同學曰同門皆終身以兄弟稱又有舉將舉吏皆終身不易稱卽今舉生門生也

聚頭扇卽摺疊扇貢於　永樂間盛行于國東坡謂高麗白松扇展之廣尺餘合之只兩指倭人所製泥金面烏竹骨卽此余至京有外國道人利馬竇贈予倭扇四柄合之不能一指甚輕而有風又堅緻道人又出番琴其製異于中國用銅鐵絲爲絃不用指彈只以小板案其聲更清越又有自鳴鐘僅如小香盒精金爲之一日十二時凡十二次鳴亦異物也

陸子淵豫章錄言饒信間桕樹冬初葉落結子放蕊每顆作十字裂一叢有數顆望之若梅花初綻枝柯詰曲多在野水亂石間遠近成林眞可作畫此與柿樹俱稱美蔭園圃植之最宜嘗謂泉石竹樹地之四美霞月雨雪天之四美非山居人惡能領畧其妙一雨於行路時頗厭獨在園亭靜坐高眠聽其與竹樹

颼飀相應和大有佳趣又讀書苦俗客至得大雨杜剝啄亦甚適嘗與友人萬壁同坐窗外倚一蓬雨滴其上淙淙有聲壁請去之余曰何故壁曰怪其起我無端舊恨在眉頭耳余曰舊恨如夢思舊夢亦是一適故稱舊雨今雨感慨媒也人生無感慨一味懽娛亦何意趣

朐䏰瓊州地名音屈忍或以爲蚯蚓也瓊多此物故名或又曰蚌也兩字皆從月是物月之精也旁句忍者月如句如刀環而是物生也

襬襶涼笠也以竹爲胎蒙以帛著時戴之以遮日程曉伏日詩今世襬襶子觸熱到人家今暑中謁客稱襬襶其不曉事者亦稱襬襶䙰逃樹名類偪里語曰斫檀不諦得繫迷徐太室稱僞學者爲繫迷弇洲稱讒者爲迷陽草刺人曰迷陽

曲江燕唐初設以慰下第舉人其後弛廢有司不復飭而進士會同年於此開元時立爲令典造紫雲樓於江邊至期上率宮嬪垂簾觀焉命公卿士庶大酺各攜妾伎以往倡優緇黃無不畢集先期設幕江邊

居民高其地値每丈地至數十金或閣亭有樓房者直至百金先期往俗是日商賈皆以奇貨麗物陳列豪客闌戶爭以名花布道進士乘馬盛服鮮製子弟僕從隨後率務華侈都雅推同年俊少者爲探花使有居花于家者罸之公卿勳戚皆以是日揀選東床今傳奇所述猶本此意白居易詩春風得意馬蹄疾一日看遍長安花故唐人重進士謂衣冠並香見盛唐紀事及李肇史補蓋其始不過爲眊矂解悶之舉而其後以優賢俊其末則以恣豪舉崇游觀矣始乎簡卒乎繁豈謂是與白馬之禍朝貴不啻鴟夷至使清流爲濁流盛極而衰侈極而變曲江爲之濫觴也

鈿蟬金雁皆歌妓名温庭筠贈彈箏詩鈿蟬金雁皆零落一曲伊州淚萬行唐開元製新曲名伊州涼州寧王聽之曰斯曲宮離而少徵商亂而加暴其下反叛上播越之徵乎庭筠此詩刺時而不露得國風諷諭之體

陶隱居孫思邈陳圖南皆不斷天子往還然不涉世味弇州曰余素負十鬼之慕陶公我師晩來殊厭射

欲從孫先生乞數丸藥救道上貧子歸借希夷一枕傳五龍睡法余謂陶先生萬卷不如孫先生數丸孫先生數丸不如陳先生一枕

雕胡即茭草中生菌如瓜形可食故謂之菰霜彫時采故謂之彫因訛爲雕管子書謂之雁膳

崑山朱少參年八十甚健踰于壯年曾有一道人傳之方得益闕不示人後有人賂其僕得方不過用四物與黄栢知母龜板鎖陽枸杞五味牛膝杜仲天門冬黄連又用菟荆子乾姜柴胡而以秋黄菊爲要藥

無他異也

瑯琊漫抄

衡郡文林

太祖高皇帝生於盱眙縣靈跡鄉土地廟父老相傳云生時夜晦惟廟有火光明日廟移置東路至今所生地方圓丈許不生草

堯典曰象恭滔天蔡註滔天未詳按史記作似慕慢天近是蓋史遷去伏生輩未遠必有所受也諸葛孔明曰滔慢則不能研精蓋滔與慢相通蓄古有是言也

成化丁未六月渡淮時河清一月餘不以爲異反經毫及太和渡黃河皆然令　上之龍飛不偶然也

北京功德寺後宮像設工而麗僧云正統時張太后嘗幸此三宿乃返　英廟尚幼從之遊宮殿別寢皆具太監王振以爲后妃游幸佛寺非盛典也乃密造此佛既成請　英廟進言於　太后曰母后大德子無以報已命裝佛一堂請致功德寺後宮以酬厚恩太后大喜許之復命中書舍人寫金字藏經置東西房自是太后以佛及經在不可就寢遂不復出幸當

時名臣尚多而使宦者爲此可嘆也

晦翁先生稱陳子昂詩如自然之奇寶但恨其不精於理而自托於仙佛然自三百篇後一變而爲離騷騷有遠游諸篇即多仙怪矣再變而爲漢賦則入於誕妄至於魏晉之四言五言則皆神仙懽樂之事矣子昂效漢魏而作者又何怪其託於仙佛也

三皇本紀系小司馬撰其稱天皇地皇人皇各一萬八千歲蓋本皇極經世書云一萬八千歲而天開于子又一萬八千歲而地闢于丑又一萬八千歲而人

生于寅此即三皇之歲數而本紀乃附會爲之耳經世蓋自古相傳之數也

瑞安高世則墓有穹碑一通吳中太湖石所礱碑陰鋸紋朗朗而欹聞宣德間永嘉黃少保淮墓父鋸其半爲神道碑鋸且盡高之裔孫某曰相公取之薄矣黃問故高曰恐後人復欲鋸耳黃默然

淞江錢尚書治第時多役鄉人而磚甓亦取給于彼一日有老傭後至錢責其慢對曰某擔自黃瀚墳墳遠故遲耳錢益怒老傭徐曰黃家墳故某所築其磚亦取自舊塚中無足怪者此事與高絕相類可以爲戒也

天順間桂廷珪者嘗館於錦衣門達家刻私印曰錦衣西席後松陵驛丞甘某洗馬江朝宗之壻印曰翰林東床一時傳笑以爲的對

弘治元年都御史馬文升奏令南京科道點閘大小教場操軍御史張昺給事中周紘既往點亾伍者十之三主帥成國公朱儀及太監陳祖生蔣琮恐甚因摭拾掩飾朝廷命二人回話乃直述所以其事之醜

蓋暴白矣事下兵部覆奏解之有命補外太宰王公恕上章救之不允科道復力諍之乃得調京首領

桓彝忠於晉室子溫及孫玄謀篡史分爲兩傳固當而桓謙桓振諸人皆叛賊不應亦列冲彝傳中

閣老保定劉公屢爲臺諫所論而　上寵眷不衰人因稱爲劉綿花謂轉彈轉可用也

虹縣盧璧抵河南約千餘里直河無水云是隋煬帝積黍行舟處

春秋書鸜鵒來濟下書昭公出奔宋史宜書杜鵑鳴

于天津橋下即書以王安石為羣牧判官世傳臣見君呼萬歲自漢武登嵩山聞山呼萬歲者三遂為臣祝君故事按優旃傳曰秦始皇置酒有頃殿上呼萬歲則萬歲之呼自秦已有之矣但無山呼字耳

永嘉閨婦以青梅雕刻脫核鏤以花鳥纖細可愛以手擘之玲瓏如小盒闔之復為梅謂之梅籃李太白詩云琢盤鷹雕梅豈即梅籃歟

懷遠縣人云黃河合淮時沿河受害者多今雖無水害則渠縣荒落居民蕭然矣殆氣候使然

論衡辨史傳訛謬若禹母含薏苡而生禹以含燕而生伊尹由空桑生稷以巨人跡而生又若堯使羿射日羿彈麾戈反日孔子預知秦王上我堂秦實不曾至魯凡此類歷歷辨正真可以鍼盲鑿破邪妄至以毒為太陽熱氣又謂太陽火氣常為毒則謬甚矣蓋熱自能煤物太陽寧有毒邪又甚至於譏詆孔孟欲廢祭禮則又天地間之罪人也

世以史記趙氏孤兒作雜劇是以雜劇為史記也史遷好摭拾不經之言為傳不怪其然也又或辨其有無者噫不足辨也經曰趙盾弒其君則盾固未嘗殺於靈公也盾之善終又何嘗死於屠岸賈也邪史之言不足信者多

嘗讀韓子三上宰相及代張籍書固愛其文而心竊鄙其事及蘇老泉上田樞密書固不能無求也二人之文足以傳世故人皆及見之下此不知乞憐之辭幾千百億萬也漢時此類文字絕少逮宋盛時此風未息故程明道對韓持國云惟不求而得則求者不至豈上之人有以來之邪　國初至今士稍有立者

皆以此為恥謂能韓能蘇之文章者肯為之乎

站船用粉塗地然後加彩　高皇塑製也南京功臣廟畫壁與陳漢大戰　高皇乘白船友諒紅船既平漢命以紅船入避運裝因白者加彩載使臣亦守廟相傳之言或有此事但近時所乘皆無所謂白者矣惟北方尚有此制

謝靈運送孔令詩季秋邊朔苦旅雁違霜雪凄凄陽卉腓皎皎寒潭潔上二句見孔令避地之意三句喻時四句美孔賦而比也在宥天下理吹萬羣芳悅詩

意微姚愉宋公尤妙

高坡異纂

常熟楊儀

蔡敞字士弘別號毅齋上世本崑山人永樂中徙居北京敞少好游嘗遇異人於歌樓自稱王先生相與甚善一夕乘月步都市時夜禁甚嚴邏卒交錯於道無所詰問敞心異之至東徼頭復遇二三客控馬以待異人至客前請行異人曰我偶邪君步月至此諸君能更備一騎與同遊乎須臾又控一馬至甚雄俊擁敞乘之囑使閉目雖甚苦勿妄窺覘敞如教耳邊但聞風濤聲然寒極不能禁言之甚力異人嘆曰此去地四十里有剛風過此即得上仙恨子福淺耳即令開目乃在一野寺前供帳甚盛就樹下諸客縱談皆非塵世間事敞亦不能知也因問此爲何地異人曰此去句容縣十五里某寺也敞縱觀蹴起一石子戲納金剛口中酒數行復與諸客乘馬還都市而別漏下方四籌耳居數日異人告別以一木杖贈敞勉敞讀書進修後當再會珍重而去敞後以翰林秀才四舉不第選中書歷官員外郎出守衢州府道經丹

陽因至句容尋訪此寺則固舊遊處也遣人覘金剛口中石子猶在焉始信王先生爲神仙既蒞衢好道愈篤忽一日有道士進謁敞留飲入夕道士遣一童子去席百步解衣而立時方隆冬道士遥吐氣噓之即汗出淋漓煖如盛夏既而口出風吹之寒氣襲人便欲僵仆敞驚起曰此庭中瓦礫山積欲去之久矣然未暇也君能除之乎道士曰此易耳即令閉門盡屏侍從但聞庭中若人馬聲甚衆聯息聲止開門視階砌如掃矣敞嘆服乘月送之將别乃以異人所留

木杖授道士令暫執道士亦大驚云杖熱如火不能執去不復見敞後官止衢州異人亦不復至年七十六終

程濟朝邑人有仙術不知何所承授嘗爲四川岳池縣教諭地相去數千里旦暮寢食未嘗離家而日治岳池事不廢革除中上書言西北方兵將起當預爲之備 朝廷以其言妖妄惑世繫至京將寘重典濟曰 陛下幸且赦臣及期無驗就戮未晚也及期靖難師起遂赦出之使護軍北行戰於徐州大捷會曹國公師退 文皇至江上濟亡命不知所終初徐州之捷諸將立石紀功具載姓名濟夜潛往祭之人莫測其意 文皇過徐見之命擊碑一再擊遽曰止止爲我録碑來既正位按碑盡族諸將濟姓名正當初擊處字缺不能辨獨得免曩者之祭蓋禳之也

劉知府偉朝邑人初以鄉舉令文水擢御史所至皆不嚴而治以厚德稱父喪廬墓三年人稱其孝生好神仙比疾病命其子曰即死毋埋葬我及死其鄉人有自遠方還者多從道中見之寄問及其家其子因

不敢葬今都御史韓公邦奇劉氏甥也獨不信屢促其子襄大事子亦未忍違父命久之韓公爲山西僉事方視事忽閽人持偉名紙入報韓驚起憲使張公璉問之韓公備言舅氏死已久人傳仙去果未之信令通名紙者即其人也憲使問狀閽人言此人載古毡笠青絹袍一童子扶之肩布囊立門外遂命延入從中道緩步而前韓公遥識之遽起迎候於是同僚悉下堦揖入起居無異平生但簡言問之則對坐定手接茶而不飲坐中亦莫敢先發言韓公起邀就旁

室中相勞苦答曰久別特遠來視汝語及家事頗作悲泣之狀韓嚚疑不可卽起別去謂韓曰汝弟邦靖可速令歸矣出門復携童子步行去僚友相視駭愕令人蹤蹟之至一遠寺中止明日韓公訪之寺僧曰昨暮有劉知府寄居方丈中早言進謁韓公去矣求之竟不見邦靖不久養病歸卒劉氏聞之發棺視惟一履在焉

李茂元字惟大洛陽人初名源其師問靑省元有同姓名者其父曰然則名茂元何如其師復曰此亦近

歲本省發解第二人名也父曰豈以二人故至廢名耶遂以茂元名後果亦鄉試名第二正德辛巳登進士拜行人嘗使陝洛於故華淸宮温泉其池中石座上有紅斑文俗訛傳爲楊妃入月痕也茂元見之心動浴罷登輿幨帷外有一婦人手熱視之忽不見夜宿公館有婦人至容貌絕世而肌肉頗豐自稱太眞言君一念所及幽明相感不能忘情遂惑之自是轍迹所歷每夜必至百方遣之不能去心志喪亂以疾告歸久之方絕歷南京戶部郎終陝西僉事

楊廉夫題臨海王節婦詩曰介馬馱馱百里程靑楓後夜血書成祇應劉阮桃花水不似巴陵漢水淸後廉夫無子一夕夢一婦人謂曰爾知所以無後乎曰不知婦人曰爾憶題王節婦詩乎爾雖不能損節婦之名而心則傷於刻薄毀謗節義其罪至重故天絕爾後廉夫旣寤大悔遂更作詩曰天隨地老妾隨兵天地無情妾有情指血齧開霞嶠赤苦痕化作雪江淸願隨湘瑟聲中死不逐　笳拍裏生三月子規啼斷血秋風無淚寫哀銘後復夢婦人來謝未幾果得

一子

毛孔域福淸人嘉靖乙酉正月朔旦出賀節於親友中途傾見其家樓中有一婦人越窗登樓脊身坐紅被上心異之急馳歸召其二子驗視無所見樓亦高鑰如故其年子秉鐸領鄉薦名第十八明年登進士第

李通判一寬邑人也宅故多怪一日會客滿堂予先大夫亦與焉方行酒忽衆客巾幘一時皆自脫上附梁棟左右飄蕩如飛鳥客皆愕知不懼也獨先大夫

冠如故因拱手祝曰主人以好會客吾輩固莫測汝爲何等神怪使汝爲邪祟不宜侮弄君子若正神也奈何以冠裳爲戲祝已巾帽一一各復本人首如肅整者及予舅氏湯淵一日雨中遣使至其家置傘於門外而入言事於堂上語畢出取傘則已失矣遍求之不獲更歲餘其家一故櫃封識已數年偶發之傘在焉展轉取之不能出斷其柄始能出之

水南翰記

明　李如一

凡進講衣冠帶履俱熏香退即以別篋貯之示不敢褻也必齋戒必沐浴演習講章以祈感動一念之誠殆未易以言語盡也

翰林故事凡同寅皆尚齒與諸司不同然必以類分學士自分一類侍讀自一類修撰編修檢討自一類等級截然不紊

國朝進士　賜瓊林宴溢席止飲七盃　選進士爲

庶吉士在永樂三年

宋宣獻博學喜藏異書皆手自校讐常謂校書如掃塵一面掃一面生故有一書每三四校猶有脫繆

館閣新書爭本有誤書處以雌黃塗之嘗校改字之法刮洗則傷紙紙貼之又易脫粉塗則字不沒塗數遍方能漫滅惟雌黃一漫則滅仍久而不脫古人謂之鉛黃蓋用之有素矣

內諸司舍屋唯秘閣最宏壯閣下穹隆高敞相傳謂之水天

凡接紙縫如一線日久不脫用楮樹汁白麪白芨末
調和爲糊
諸司官御前承旨皆曰阿其聲引長老子云唯之與
阿則阿爲應辭
韻書無甏字今人呼盛茶酒器邵康節詩大甏子中
消白日小車兒上看青天
蕎麥字韻書無之道藏中有藥石爾雅書元和間梅
彪所集諸藥隱名以粟黍蕎麥豆爲五弟
京師依托官府賺人財貨者名擴太歲吳中名賣廳

角江西名樹背張風背穿窬之行
唐解元子畏名成而身廢閒居作美人圖好事者多
傳之予覽其遺跡未嘗不嘆其志之有托也一日宿
旅邸館人懸畫菊題云黃花無主爲誰容冷落疎籬
曲徑中儘把金錢買脂粉一生顏色付西風蓋自況
云
閣老嚴嵩得痔疾　皇上賜紅柿以療之聞其謝啟
有曰草木何知允賴乾坤之長養桑榆有幸長承天
日之光輝伏願于萬斯年比蟠桃而獻壽克昌厥後

並瓜瓞以宜男
王荆公曰莫大之禍起於斯須之不忍一言一動毫
釐不忍遂致數年立脚不定又詩云愚濁生嗔怒皆
因理不通休添心上焰只作耳邊風長短家家有炎
涼處處同是非無實相究竟總成空
古法鑿井者先貯盆水數十置所欲鑿之地夜視盆
中有大星異衆者鑿之必得甘泉范文正公所居宅
必先浚井納青术數斤於其中以辟瘟氣
一鳩鳴午寂雙燕話春愁東坡云此唐人得意之句

苕溪隱士用二意作春聯話盡春愁雙紫燕喚回午
夢一黃鸝
楊夢羽儀調撥不斷菊苗肥菖蒲瘦生涯此外吾何
有竹影閒侵枕畔書花香自入盃中酒玉樓春畫
心無榮眉無歎今朝過也明朝又屋外江山是主賓
窗前鳥兔從飛走青氈依舊
倪郎中宗正書室中云德業觀前面人名位觀後面
人敖清江問觀之何如倪曰從前觀之秖見我不如
人而益勵思齊之志從後觀之秖見人不如我而自

銷蹭蹬之憂

蔡林瀋餘

當湖陸濬原

崇禎元年元旦立春諺云百年難遇歲朝春適際改元尤千古罕遇天道與始人事聿新聖作物覩其以不言示與

國初　太子　諸王肄業辟雍師道隆貴尊嚴若神勳戚讀習者立侍檻外諸生屏氣不息一應發印課規退兩廂發放皆景濂宋先生遺範也近有彝倫堂笑語叱咤者殊非體不鼓文在　廟儀門歲久剝蝕[illegible]半猶可辨允爲法書冠

宣廟文武六纖書畫入帝王能品器物靡不精好銅[illegible]二種今已參重嬰愚他如扇綠篓漆等累朝莫逮[illegible]苦竄史豈我誣

揄肉揄蕈也產廣中腴脆無比大者數觔天花蕈次之昌平亦有天花𦼮菇勝他產䓤即此種

僦寓凡屋潤而值廉者或多祟友人下仲陽立表貨一寓時有紅裳婦人倏忽往來白晝不避隣居日前寓此者斃其妾妻懟而雉經訊容歸正所覩也遂鍵

內戶移榻第二層是夜失其小星雙履開鍵視之乃
納塵甕中懼而還去
宮中有雙井　今上詔府於東井垂綸偶獲金鯉一
悅甚曰西井當亦有此垂綸復獲如前近侍愕異見
內官劉若愚抄記劉固匪類撰述別有所主斯記似
不敢妄
沙宛在蒔午日年年射粉團懸誰中的得先餐昨朝
傳道邊情警旋取桑繼製可汗甚有娘子軍錦繖夫
人志量馮化之叙其集以行未幾至遵化謁王撫

陷不知所終
長安婦女有好事者曾俟家覩綵箋曰一輪初滿萬
戶皆清若乃狎處衾帷不惟辜負蟾光竊恐嫦娥生
姤涓於十五十六二宵聯女伴同志者一茗一爐相
從卜夜名曰伴嫦娥凡有氷心竚垂玉允朱門龍氏
拜啓
戊辰冬杪偶至靈濟宮遇道人授一桃特大曰此與
汝有緣故以相贈詢其非常受而啖之味甘美而核
甚細旋於襟中捕一虱子擲地怒曰曰汝負我汝負
我驚顧間遽以氣噓之大如豕膀而疾馳遂烟迷雲
逝
上臨雍前二日大風雨至期忽晴和　上念軍士寒
夜發內府制錢人給五十文歡聲動地平明駕出諸
軍各掛賜錢于頸呼萬歲眞太平盛事

霏雪錄

雒陽孟熙

起復者喪制未終勉其任用所謂奪情起復者也如歐公晏元獻神道碑明年遷著作佐郎丁父憂去官已而眞宗思之即其家起復爲淮南發運使及史嵩之丧父經營起復是也今人不考例以服闋爲起復誤矣宋制銜上亦帶書如起復左僕射中書門下平章事呂趙普是也

物能復本形者則言化月令鷹化爲鳩則鳩又化爲

鷹田鼠化爲鴽則鴽又化爲田鼠其不能復本形則不言化如腐草爲螢雉爲蜃爵爲蛤皆不言化

唐人悼亡妓詩斷腸猶繫琵琶絃琵字當讀如丞[illegible]之弼

舍利按佛書云室利羅或設利羅此云骨身又云[illegible]骨即所遺骨分通名舍利光明經云此舍利者是[illegible]定慧之所熏修甚難可得取上福田大論云碎骨[illegible]生身舍利經卷是發身舍利

舍利有三種色白色骨舍利黑色髮舍利赤[illegible]利菩薩羅漢皆有三種佛舍利椎擊不碎弟子舍[illegible]椎試即碎

如試舍利子以童男女髮根可引綴髮上也

宋朝授官列銜以某階守某官以某階行某官[illegible]階高官卑則稱行階卑官高則稱守官與階等[illegible]必行守二字衘序制也

骨董乃方言初無定字東坡嘗作骨董羹用此二字[illegible]晦菴先生語類只作汨董

古王者之屋四柱太行山似之故有王屋之名一說

廟記

長安御溝曰楊溝以植楊其上而名或曰羊溝所以隔羊抵觸垣墻也

唐時婦女畫眉尚闊故老杜北征云狼籍畫眉闊或云言女幼不能畫眉狼籍而闊耳余記張司業倡女詞有輕鬢叢梳闊掃眉之句蓋當時所尚如此彭[illegible]宮中好廣眉四方且半額

司馬溫公編通鑑時手稾績嘗見數幅如人名字悉[illegible]分代類寫書久未成或言溫公利餐錢故遲遲爾[illegible]

公聞之遂急結束了故五代多繁冗小人害事往
如此
明道先生嘗憇一僧寺夜闌寮察有聲命火燭之乃
鼠於佛腑中銜一書欲出先生取視之乃丹書也觀
手抄而納舊本佛腹明日召塑工補其孔先生後如
其法鍊月餘人見其屋有光以爲火發趨撲之非火
也遂不復鍊以將成之丹塗銀器所塗處即成金或
諷先生服之先生曰吾腹中安可着此一道士擬
之比至先生已易簀矣

宋故事天子謁孔子廟止行肅揖之禮慶曆四年
月仁宗特再拜賜直講孫復五品服
楊廉夫先生之母李夫人嘗夢神人授金錢一枚
遂娠先生先生文章事業爲一代偉人豈偶然
生李錢君思復嘗作挽詩云生前母感金錢夢
人稱鐵笛仙
龍虎山道士吳善淵謂余曰州郡巻先生自
夫人嘗夢羽人騎鶴抱一小兒來曰此南
汝家養之既而誕先生

宋朝以文德殿爲正衙元以大明殿爲正衙
閣但有琉璃瓦飾簷脊
元朝萬歲山廣寒殿内設一黑玉酒甕玉有白章
其形刻魚獸出没波濤之狀其大可貯酒三十餘石
粉牋書字不經久近年作者殊鹵莽不精不一二年
字畫已漫漶矣康伯可謂向薌林出李重光金花牋
手書長短句歲久剝落其辭不全亦一證也古人於
藝必精到尚復若此矧鹵莽者乎
樊公時中爲浙江參政觀潮嘗題詩樟亭云煙波閃

閃海門開平地潛生萬壑雷大信不虧天不老潮汐
亭上看潮來公之志可見矣至正壬辰紅巾賊亂公
張弓抽矢馳射於其間賊應弦而斃者甚衆自卯至
申矢盡死之
虞文靖公集在翰林一夕夢兩朱衣引至一官府見
一人服王者服乃孔子也公跪于陛孔子謂曰汝集
善爲之公退至殿陛一跌而寤公恐遺忘口誦所言
俄而聞叩門甚急亟起乃　王召議事二使以上尊
馬翼公至承天殿朝臣及諸學士具集王曰上晏駕

上都某欲竊神器僞使者齎詔且至卿等在延[illegible]
處之衆無語公黙省夢中語乃進曰殿下爲中令[illegible]
國宜卽大位於是定計論中外初國璽在上都乃[illegible]
爲天子印章頒詔先遣使守古北口候僞使者殺之
焚其書此臨大事決大疑聖人假夢以堅公之志耳
會稽王山農元章早負大志遊大都無所遇貰屋以
居時臨川危素爲翰林學士居鍾樓街山農嘗見其
文而不相識一日危騎而過山農所與之坐而不問
其姓名徐曰君非鍾樓街住耶危曰然更不出他語

輟耕錄　八　五

而罷人問之山農曰吾觀其文有諍氣且其人舉止
亦然料知必危太樸也
趙松雪歸吳興嘗見夫婦操舟丐以爲活公識其
人問之因惻然曰我衣食爾夫婦漚波亭供酒掃可
夫婦欣然居之一日公從第緩步至亭問其居止
何夫婦感激以爲得所惟憂身後無斂形之具[illegible]
曰我適行問憶奎章閣一石甚奇命侍史取[illegible]
亭閣之神速特甚俾夫婦鬻以爲身後計其人[illegible]
駱駝儕好事者以十千購之

[illegible]姑蘇巨家也有子甫八齡欲爲求師慕鄭明[illegible]
生具禮延之先生不屑往蔣亦賤宕者遂厚延[illegible]
楊先生具道鄭不就之意時先生居吳淞放情山
水目擕賓客妓女以文酒爲樂謂蔣曰能從三事則
可彼不足計也一無拘日課二資行樂費三須[illegible]則
去以貯家人蔣欣然從之鐵崖竟留三年後其子亦
有名于時
國初宋學士濂以文柄雄視四海曾禮部魯博貫群
籍談論風發雷厲嚴陵徐尊生嘗曰南京有博學

輟耕錄　八　六

士二人一以舌爲筆一以筆爲舌指二公也
宋故事禁中處分事付外謂之內批又謂之御筆皆
內夫人代書而所謂御寶批者或上批或內夫人[illegible]
皆用御寶惟親筆則上親書押字不必用寶也
神仙修煉之說有無雖不可究然或因此致疾者斯
又不可不知也元有張性虛者嘗參東門老其法專
守下丹田偏繫之際下田結塊痛而絶又一人守上
田身中終日沸濃
[illegible]昌高八舍家軒墀之間畜龜數年生育至百餘[illegible]

家產子四五人皆龜胸傴僂蓋孕婦感其氣所致者人胎教可不謹哉

至正末越有夫婦於大善寺金剛神側縛葦席而居其婦產一子首有兩肉角鼻孔昂縮類所謂夜叉者蓋產婦依止土偶便稟得此形

陳白雲家籬落間植決明家人摘以下茶生三女皆短而跛而王氏女甥亦跛予皆識之又會稽民朱氏一子亦然其家亦嘗種之悉拔去

會稽王　家雄于貲至正間困於徭役門戶零

落一術士以六物推人禍福主其家禮遇甚厚無何與其人散步園中其人指池水謂王曰君家積德何厚池中水皆銀也吾能鍊之用銀二三鎰作六釜俟吾西遊還試之如期而至取池水熾炭淪之涸則盎以水如是者一月別以藥投之釜中皆成銀王氏異之厚賄其人別去期再至竟不來矣權其釜大虧銖兩所得之銀即釜也富家子弟愚騃而貪爲妄人侮惑如此大可爲戒

木鼈不可服蘇門一人生二子皆切愛之恣其食啖遂成痞疾其父得一方以木鼈煮猪肉食之[illegible]當夜死明日長者死愚人不謹輕信妄爲至[illegible]于悲哉友人馬君文誠得方書一帙亦載此[illegible]註其事于左以爲戒此仁之一端也

一童子頭有瘍遇人以藥傅之童子頭癢不可忍搔見血至以頭觸柱至夕竟死蓋其藥有砒見血[illegible]害人矣吾聞之文誠云

房室之戒多矣而天變爲尤月令先雷三日奮木鐸以令兆民曰雷將發聲有不戒其容止者生子不備

必有凶災謂其瀆天威也今人生子而形殘體缺大又安知其不犯斯禁耶爲人父母者宜識之噫迅雷風烈必變豈有是哉

山與水本末不同山一本而萬殊水萬殊而一本

唐人詩一家自有一家聲調高下疾徐皆合律呂吟而繹之令人有聞韶忘味之意宋人詩譬則村鼓島笛雜亂無倫

或問余唐宋人詩之別余答之曰唐人詩純宋人[illegible]駁唐人詩活宋人詩滯唐詩自在宋詩費力[illegible]

爲宋詩餖飣唐詩纘密宋詩漏逗唐詩溫潤宋詩
燥唐詩鏗鏘宋詩散緩唐人詩如貴介公子舉止風
流宋人詩如三家村乍富人盛服揖賓辭容鄙俗

唐人詠物詩於景意事情外別有一種思致不可言
傳必心領神會始得此後人所以不及唐也如陸魯
望白蓮詩云素蘤多蒙別艷欺此花真合在瑤池還
應有恨無人覺月曉風清欲墮時妙處不在言句上
宋人都曉不得如東坡詠荔枝梅聖俞詠河豚此等
類非詩特俗所謂偈子耳

唐人絕句有重複字而不鄙者如杜牧華清宮云曉
風殘月入華清又曰朝元閣上西風急皇甫冉酬張
繼云落日陰以問音信又曰寒潮惟帶夕陽還此等
別是一例唐人詩亦有不拘韻者如王建涼州歌云
三秋陌上早霜飛羽獵平田淺草齊錦背蒼鷹初出
按五花驄馬餵來肥齊字不在微韻

章草漢元帝時史游作急就章解散隸體麤書之

禎网字子囦蘇州界牌人至正末嘗爲海道萬戶
[illegible]匿名不仕號半癡老人放浪山水間
繪事自娛每出遊遇奇巒異嶂珍木恠石輒瞪目凝
視久之境與意會便欣然忘返歸卽乘興揮掃極其
變態甚則跳足大噭以爲無愧古人厥初師董元後
出入衆家無所不學然不長於設色晚年益自祕其
畫尤善博物家世本衣冠族多蓄古今名畫奇物耳
濡目染故識見絕人其爲人面大少髭長可七尺性
介寡合滑稽玩世年六十餘而終

古人畫人物上衣下裳互用黃白粉青紫四色未嘗
用綠色者蓋綠近婦人服色也琴囊或紫或黃二色

而已不用他色

欲試藥金燒火其上當有五色氣起

予喜吾衍先生子行所述書室中修行法甚有意味
得之不可不傳不得其人亦不必傳也因備錄于此
云心閒手懶則觀法帖以其可逐字放置也手閒心
懶則治迂事以其可作止也心手俱閒則寫字作詩
文以其可兼濟也心手俱懶則坐睡以其不強役於
神也心不定宜看詩及雜短故事以其易見意不滋
於久也心閒無事宜看長篇文字或經注或史

古人文集此又甚宜於風雨之際及寒夜也又曰手究心閒則思心究手閒則臥心手俱閒則著書作字心手俱究則思早畢其事以寧吾神

葛可久姑蘇人治方脉術與丹溪朱彥修齊名嘗炒大黃過焦恐藥去不用其謹如此人來迎致不問貧富皆往貧人以楮鏹來貿藥準病輕重注善藥緘以界之而歸其直或楮鏹有不佳者易佳者使供饘粥蓋仁人之用心也同郡富人家女子年可十七八病四肢痿痺不能自食目瞪衆醫莫能治迎可久可久

視之笑曰此不難治乃命悉去其房中香奩流蘇之屬發籍地板掘土爲坎置女子其中扃其扉戒家人俟其手足動而作聲當報我久之手足果動而呼投藥一丸明日自坎中出矣蓋此女平日嗜香而脾爲香氣所蝕故也又善以生尅推禍福尤習武藝一日見莫猺開桑弓可久挽之而彀歸而下血亟命其子煎大黃四兩飲之其子懼多私減其半不下問故其子以實對可久曰少耳亦無傷也我命來年當死今則未也再服二兩愈明年果卒

近世拆字言吉凶者無如張乘槎按字畫成卦即云不爲鉤距余一日坐槎肆中有二僮持一字來槎曰是爲吏緣同曹訟之當送刑部笞四十郎回二僮相視默默既而曰皆如先生言余欲訴通政司冀免可乎槎曰此行不可逭且姑欲已耶余謂笞四十未可知僮曰準律當然耳槎又曰今夕非附軍器船即官鹺船也僮曰果官鹺船也

洪武初參知政事劉公某王公某蒞浙江日改拱北樓爲來遠榜揭槎往視之曰三月內主哀喪之事如

期王公妣夫人病卒劉公以扉日紙邊坐法王公广槎問故槎曰來者喪字形遠者哀字形也旁之二點相續者汨點也公命槎易之乃名爲鎮海云

又余家錢塘西第一日以余世父初度日會賓槎亦與焉忽謂家君曰今晚當有遠客至因酒食費財已而淛東人來一如槎所云叩之槎曰吾聞滌器聲知耳余謂此術古有之如佛圖澄聽鈴聲王生聽馬蹄聲是也先是槎挈家自夫槩避兵依余家舍浦莊足之家君初不相識一見館之三年以故數欲以其術

授予時余習舉子業惜不暇學也槎姓張氏名某
德元乘槎其自號云
洪武中有胡僧善相在　寺見三僧與寺主別胡謂
主者曰彼三僧何之主者曰禮浦陀胡僧亟令召回
否則皆有水厄主者令追之不及果俱溺死胡僧後
見四明袁庭禮欲授其術乃令袁視日久之雜以黑
白豆令揀之袁目不眩遂以其術傳之袁亦多奇驗
嘗相戴九靈先生日後當有一難壬戌冬果死囹圄
洪武丁卯春湯信公持節發杭紹明台溫五郡之民

城沿海諸鎮時會稽王家堰夜大雨水暴至死者什
四五水上有火萬炬咸以爲鬼予嘗詢于習海事者
曰鹹水夜動則有光蓋海水爲風雨所擊故其光如
火耳因記王子年拾遺記云東海之上有浮玉山山
下有穴穴中有大水蕩滴火不滅爲陰火正此類也
余記此以破好怪者之說
余之外王父財賦公常自言十二三時僑居慶元汪
家府間竊從人學泅汲川踏一物如石狀極冷心惕
然亟登岸俄風起浪作有物爬沙水濱其首肖狗聲

去即向所踏物也
嘗見人云海中虎皮白皮料影三種鯊魚皆能變虎
越州馮襪補家竭池取魚一巨鯽前有二足如鼠蓋
即鼠變也
越中有道士陰國賓者曉乘舟出見白虹跨水甚近
及至其所見蝦蟆如箬笠大白氣從口出即跳入水
虹亦不見
元薛公世南爲山西僉憲時言一皮匠忽晝見二鬼
脚召渠云是冥府待命其人令家人作饌供二冥使

家人無所見也且語家人曰我平日寡慾雖死必復
生慎勿葬我是日果死三日後復蘇云至一官府設
王者儀衛一人冕服坐殿廷問曰汝知過否皮匠曰
某有生以來未嘗造惡王者命以物如青泥之狀塗
其頂久之心骨醒然累世之事皆能記憶王者曰白
起坑長平四十萬卒汝不預乎其人乃王紇九世身
對曰起坑卒時某阻之不聽非某罪也上帝以某有
陰德賜某八世爲將今九世矣俄而起械而至廡下
一鬼囚也與之對得其情起復押入冥獄夜又

遠自後棄所業乘馬出入士大家能談其前世事[illegible]聞諸王步師文王聞諸薛公云

山東民間婦人一臂有物隱然膚中屈信如蛟龍狀婦喜以臂浸盆水中一日雷電交作婦自牖出臂血一龍擘霄而去

嘗有縫人坐一室忽聞壁中瑟瑟有聲少間壁罅處一小蛇隨出隨大俄風雨化龍而去

禹廟梅梁乃大梅山所產梅樹也山在鄞縣東南七十里蓋梅子眞隱處石洞仙井丹竈藥鑪猶存山頂

大梅樹其上則爲會稽禹祠之梁其下則爲他山堰之梁禹祠之梁唐張僧繇畫龍其上夜大風雨嘗飛入鏡湖與龍鬭人見梁上水淋漓濕萍藻滿焉始駭異之乃以鐵索鎖于柱他山堰之梁長三丈許去岸數尺歲久不朽大水不漂因刀墜悞傷之出血不止今禹廟以他梅樹代之不斵不削存故事耳非舊物也

洪武乙亥冬遣使發卒修坡塘時山陰天樂灜湖上掘得一物類小兒臂紅潤如生無有識者遂棄之此肉芝也食之延年

波羅蜜樹如荔枝樹差大皮厚葉團有横紋小枝附樹身而生一枝含數實花落實出大如斗皮亦似荔枝有刺類佛首螺髻之狀肉若蜂房近子處可食與熟瓜無異而風韻過之子如肥皂核大亦可煨食味似豆春生秋熟交人珍之

安南國有一種魚鋭首無鱗有骨若揷箭然味似河豚名戴帽魚

甘草大者如柱土人以架屋吾友唐愚士西遊親

之

北方黄鼠穴處各有配匹人掘其穴者見其中作土窖若床榻之狀則牝牡所居之處也秋時蓄黍粟及草木之實以禦冬各爲小窖別而貯之天氣晴時出坐穴口見人則拱前腋如揖狀即竄入穴獵人聯句所謂禮鼠拱而立者是也惟畏地猴地猴形極小人馴養之縱入其穴則啣黄鼠喙曳而出之味極肥美元朝恒爲玉食之獻置官守其處人不得擅取也

玉面貍謂之風貍止食山果而乘風過枝甚捷
勝地貍宜糟食尤佳
蟳與石巨皆海錯之佳者
海中有甲物如扇其文如瓦屋惟三月三日潮盡
出名海扇四明任松鄉嘗有詩云漢宮佳人班婕妤
香雲一庭秋風初綱蟲蒼蒼恩自淺猶抱明月[illegible]
居至今生怕秋風向三月三日纔一見對人[illegible]
如羞背人五雲清暑殿
木綿花唐人詩多用之然與吳越所產不同[illegible]

地里志交趾安定縣有木綿樹實如酒杯口有綿
蠶之綿可作布
元末有人樸被行山逕間遇惡少意所負必楮鏹
擊殺之視袱中特楮衾耳大慚之乃書楮衾曰的[illegible]
的孰令爾紙被似鈔角問我何處住五色雲中住問
我是何姓杓子少箇柄爾也錯我也錯不如歸去的
的的懇官不知主名召商謎者問之曰五色雲綵煙
也綵煙新昌山名杓子少柄盂也蓋于姓也寄令錄
人往蹤跡之久而不得隸人亦了事者一日坐聶肆

櫛髮見一人對門置餅鼓其槌作的的之
曰某山中刼負紙被者官察知賊處即來擒
人有擢色次日閉門不賣餅矣竟捕之果服
老農語曰蝗生子遺而人地經大雪則入地愈
雪後書北臺壁云遺蝗入地應千尺又和喜雪云
騰無遺種是也
坡翁有數姿相繼而去唯朝雲者隨坡南遷朝雲
王氏錢唐人生一子曰幹兒未朞而夭紹聖三年七
月五日朝雲亡八月三日葬泗州棲禪寺東麓爲

名六如有銘
吾先君嘗言友人某解禽言見二雀啾鳴樹間久
一雀飛鳴而過二雀忽飛去友人曰此二雀求
不得々一雀報言在東園樹林中故二雀飛去
令人視林中果然

巳瘧編

明　劉玉　記

江東門外洪武間建輕煙澹粉梅妍翠柳四樓令官妓居其上以接四方賓客大賈及士夫休沐時往遊焉後士夫多以眈酒恍色廢事漸加制限

三山門外有醉仙樓以中秋與學士劉三吾宋濂董倫王景陶安等醉飲得名樂民樓以春時賜民花酒錢傅孟淇齋得名又有鶴鳴樓亦在三山門

魏國公家一對鴛鴦硯甚奇兩硯並處則硯水自流

光彩潤澤分則與常硯無異

丞相胡惟庸畜胡孫十數衣冠如人有客至則令供茶行酒能拜跪揖讓吹竹笛聲尤佳又能執朱戚舞蹈人稱之爲孫慧郎

周王開一園多植牡丹號國色園品類甚多建十二亭以標目之有玉盃紫樓等名儀部郎尤良作十二詩富陽侯李駙馬縱侍兒悉效宮妝有蝶粉蜂黃花羞玉讓之號

都下妓柳青頻爲流輩所推一時文人達士盡與之遊最厚者常唾之唾絲白如雪香滑可愛目爲唾花人爭以得唾爲榮

常開平家豪富無比每燕飲童妓滿堂傾飲者多賚賞物方往人皆苦之謂之歡喜錢

信州人袁著夜經廢宅遇一黑面婦人自稱裂娘椎雙髻衣紅褐佩兩金環正語間忽不見著疑懼旋走退宿于故知家明日復至其所但見汚塵中積褐一堆撥開得一把剪刀乃知昨所遇者剪刀精也

陝西督子京勇力過人性不喜營產業日以樵獵爲

生有搏虎法見虎則先伏于地俟其來即以藥刀刺其喉虎應手而斃藥刀九曲五尖取蕭舉山（山在商州）劫律草搗汁淬其鋒虎當之則虎毛齊裂五喉九結（虎有五喉食喉水喉風喉骨喉橫喉）無不破傷

憫初內中嘗失金餅盖謂執事內監竊之命斬于市臨刑追免之蓋已得也監言入市時猶懾懼既而覺身坐屋簷上下臨市井見反縛一人將就刑頃之四報至我乃下屋驅還耳大抵死者覓爽先逝如此又異數謂人覓非一可以分爲死生去來者亦可參審

之也

洪武中有胡僧善相在某寺見三僧與寺主別胡謂主者曰彼三僧何之主者曰禮補陀胡僧亟令召回否則皆有水厄主者令追之不及果俱溺死胡僧後見袁庭禮欲授其術乃令袁視日久之雜以黑白豆令揀之袁目不眩遂以其術傳之袁亦多奇驗

江湖間談星命者有子平有五星又有範圍前定諸數士大夫所樂問者唯子平爲庶幾以其諳乎理且道人之富貴貧賤往往多中相傳宋有徐子平者精

于星學後世術士宗之故但稱曰子平予聞之隱者云子平名居易五季人嘗與麻衣道者陳圖南呂洞賓同隱華山蓋異人也今之推子平者祖宋末徐彥昇其實非子平也

術家以人生所値年月日時推算吉凶而必歸重于日主頗亦有說夫十二時皆生於日積日而後成月積月而後成歲故日于最爲重蓋日躔於子宮則謂之子時丑寅之類皆然無日則無時而月與歲皆無從推矣雖小道亦嘗竊測陰陽之際者

元主嘗召一術士問以國祚對云國家千秋萬歲不必深慮惟日月並行乃可憂耳至是大明兵至而元亡

冷謙字啟敬杭州人精音律善鼓琴工繪畫元末以黃冠隱居吳山頂上國初召爲太常協律嘗遇異人傳仙術有友人貧不能自存求濟于謙謙曰吾指汝一所往焉愼勿多取乃于壁間畫一門一鶴守之令其人敲門門忽自開入其室金寳充牣蓋朝廷內帑也其人恣取以出不覺遺其引他日庫失金守庫吏

得引以聞執其人訊之詞及謙逮謙將至曰吾死矣安得少水以濟吾渴逮者以瓶汲水與飲謙且飲且以足插入瓶中其身漸隱逮者驚曰汝無然吾輩皆坐汝死矣謙曰無害汝但以瓶至御前上問之輙於瓶中應如響上曰汝出朕不殺汝謙對臣有罪不敢出上怒擊其瓶碎之片片皆應終不知所在後擬物色之竟不能得

莫月鼎者道士也嘗與客遊西湖烈日熱甚莫曰吾借一傘遮陰乃向空噓氣忽黑雲一片隨而覆之

有少年郎狎一娼以其美且富也利定百端趨奉唯恐失意郎惑甚留其家經歲雖他娼才貌勝者弗能移也一日晝臥櫳窗下命市魚爲午飡俄而見娼自携魚入私念彼胡不使婢輩而必自持注意察之而娼不知也提魚竟入厠中郎益疑恠俯窻諦窺之見娼置魚於空淨器中而去頃之又將一器物注淨器中若水而色異亟下視之乃月水也便大恨召與言別不飡而行焉按博物志有云尸布在戶婦人留連注謂月布埋戶限下婦女入戶則自淹留不肯去斯言可信矣

又聞娼家不欲接其人則撮物入水投火中便焦悉而去

于梓人者湖廣武岡州人梓人生七八歲眉目如畫資性聰警其州將愛之因其父藝以梓名之及長有俊才且多異術舉洪武乙丑進士歷知登州府部有訴其家人傷于虎者梓人命卒持牒入山捕虎卒泣不肯行梓人笞之更命他兩卒曰第焚此牒山中虎自來兩卒不得已入山焚其牒火方息而虎隨至彌耳帖尾隨行入城觀者如堵虎至庭下伏不動梓人厲聲叱責杖之百而舍之虎復循故道而去尋爲部民告訐以爲妖術惑衆有　詔逮治數月瘐死獄中葬其尸家人發喪成服忽一夜聞叩門聲問爲誰答是梓人也人驚爲鬼曰吾實逃去云死者詐也家人不信謂鬼衣無縫驗之不然遂內之梓人不自晦匿日與故舊遊宴或泛舟不用檝逆水而上以爲樂里人劉氏其怨家也執之白知州伍芳請奏聞芳不許劉遂詣闕告之　朝命法官推按未至一日忽失梓

人所在但存鐵索而已劉無以自明竟坐欺罔得重譴而梓人自是不復見矣梓人自號七十一峰道人詞翰遒逸可觀吳用藏言自制遊大山歌一紙余嘗見之

許子伯嘗與友人言次因及漢無統嗣幸臣專朝世俗衰薄賢者放退便擬地悲哭時稱許伯哭世

洪武初嘉定安亭萬二元之遺民也富甲一郡嘗有人自京師回問其何所見聞其人曰　皇帝近日有詩云百僚未起朕先起百僚已睡朕未睡不如江南

富足翁曰高丈五猶披被萬歎曰兆已萌於此矣即以家貲付託諸僕能幹掌之買巨航載妻子泛遊湖湘而去不二年江南大族以次籍沒獨萬獲令終其亦達而知幾者與

成都府漢文翁石室壁間畫一婦人手持菊花前對一猴號菊花娘子大比之歲士人多乞夢頗有靈異

太祖嘗微行至朝天宮前見一婦服重服而大哭問曰觀夫人之被服如此而大哭何也曰吾夫爲國而死爲忠臣吾子爲父而死爲孝子然則天下之婦人

共好夫好子未有如我者矣吾所以喜而哭也 太祖問曰汝夫巳葬乎婦人以手指示曰去此數十步是吾夫埋處也言訖忽不見 太祖識其處明日命有司往視之則黃土一坏草木森鬱掘地數尺見其誌則晉卞壼所藏也面色如生兩手皆拳其指甲出手背外六七寸是時城中墳墓有禁 太祖以其爲忠臣也遂命掩之仍爲立廟命有司春秋祀之

張士傑客壽陽被酒歷淮陽濱入龍祠見後帳龍女塑像甚美乃取桐葉題詩投帳中云我是夢中傳彩筆書於葉上寄朝雲忽見一舍有美女士傑徑詣置酒女吟曰落帆且泊小沙灘霜月無波淮上寒若向江湖得消息爲傳風水到長安士傑昏醉既醒孤舟於廟門之右小女奴曰娘子傳語還君桐葉勿復置念

夢餘錄

雲間唐錦

祠山張大帝疏涇瀆化而爲豨與禹治水時化熊事絶相類恐皆好事者爲之也

吳中呼道士之有室家者謂之火居然亦有所本也唐鄭熊番禺雜記載廣中僧之有妻者名火宅僧

古者乩卜之法不獨著龜見于書傳者尚有錢卜紫姑卜鳥卜牛蹄卜粟卜羊卜灼骨卜耗卜雖不出于聖人要之亦有可稱者焉

東坡以茶性寒故平生不飲惟飯後濃茶滌齒而已然大中三都進一僧百三十歲宣宗問服何藥云性惟好茶飲至百碗少猶四五十碗以坡言律之必且損壽反得長年則又何也

草木之花皆五出而雪花獨六出先儒謂地六爲水之成數雪者水結爲花故六出然至春則雪皆五出豈春雪獨非水所結耶恐未爲定論也

古人爆竹必于元旦雞鳴之時今人易以除夜似失古意

今人多呼隸卒爲茄鼓而莫究其始予嘗考之國初已有此號臨江多虎狼卒百姓畏之目爲茄鼓以其部黨衆而心力齊也

虎畫地以卜食狼倒立以卜所向鴞巫步以禁蛇鸛禹步以解難鸂鶒敕水啄木畫符此則鳥獸之靈者也

緬間有木曰金剛纂狀如棕櫚枝幹屈曲無葉斷以漬水暴牛羊渴甚而飲之人食其肉必死又多畜淫婦以誘人犯之亦死名曰人瘴

近世風俗多嗇于父母之養雖飲食衣服亦銖較而寸量之及亡則盛作佛事以資冥福至于葬則陳列游戲之具以侈觀瞻夫生既不能養亦何有于死哉蓋欲以此誇美于鄉人耳非誠愛其親也

唐制六品以下堂舍不得過三間五架門屋不得過一間兩架庶人房舍不得過三間四架不得輒施裝飾宋制庶人屋舍許五架一間兩廈而已其朱漆梁柱窗牖者亦在所禁我　朝庶人亦許三間五架已當唐之六品官矣江南富翁一命未沾輒大爲營建

五間七間九架十架猶爲常常耳曾不以越分爲愧澆風日滋良可慨也

古之所謂碑者乃葬祭之時植一大木所用以繞紼麗牲耳不可爲文章之名也後世易之以石已失古制孫何嘗著論辨之然有名公鉅儒爲人作碑文而往往直書其首曰某公神道碑是皆考索不精恐不免見笑于孫公矣

唐人以冬至前一日亦謂之除夜予謂除字止可施於歲前一日若又有冬除之說則夏至前又可謂之夏除乎殆非通論也

唐制三品以上服紫四品五品服緋六品七品以綠八品九品以青我　朝公服之制蓋損益于此

五代時士大夫初出身官誥不惟著歲數兼說形貌短長及髭髯有無以防僞冒今之路引必備載之蓋其遺法也

近時大家多鑄活字銅印頗便于用其法蓋起于慶曆間時布衣畢昇爲活板法用膠泥刻字火燒令堅作鐵板二審布字印一板印刷一板布字更互用之瞬息可得百本其費比銅字則又廉矣

祐山雜說

平湖馮汝弼

飛仙骨

余自幼不習詩中會膀後謂同年王柘湖梅月偶公入翰林余不能詩奈何柘湖笑作吳語云天册自有長茶子後柘湖選庶吉士入翰林有　旨報罷柘湖寄余詩云海上黃金十二樓紫烟繚繞碧雲浮可憐不是飛仙骨咫尺三山隔弱流既而復開館柘湖仍與選余謂之曰君今作飛仙矣向謂天册自有茶

子如今却是短茶子柘湖身短衆爲絶倒

導駕

嘉靖乙未春　賜進士韓應龍等及第出身有差鴻臚官宣　制余當導　駕三鼓至　華盖殿候　駕出鴻臚官及余等導　駕給事中十員又翰林官御史叩頭禮畢翰林官御史先步東門疾馳循　殿臺而下步中左門沿廊而上趨入　奉天殿候　駕稍遲則　駕從中出不復得入矣惟給事中自　御前導　上直至　奉天殿候升　御座分侍左右最爲榮遇　天顔清瑩聲咳鏗然未幾余謫外追昔遭逢慨然有感故余南遷詩云玉殿春光　龍御遠衡陽晚色鴈歸忙盖憶此也

隨地報恩

天之于物生之仁也肅之亦仁也君之于臣予之恩也奪之亦恩也余自給舍謫丞潛山聞報詩云長沙自是酬恩地何必區區弔楚閭盖隨地皆君恩隨地皆可報恩也東坡獄中寄子由詩云聖主如天萬物春小臣愚暗自亡身知君即天地盖罪已而不怨可

謂度越賈生矣

謫仙詩讖

余居京師時同年錢海石數乘月過余引滿高吟余賡韻一絶云明月在地人在天塵寰玉宇遥相連高歌不問南來鶴猶恐人知是謫仙未幾果謫人以爲詩讖云

剿寇拆字

嘉靖癸丑四月倭寇寇平湖官兵失利典史喬登死之五月寇復至湯叅將克寬領兵格戰邑人汹汹余

與兒輩夜宿東園候報因拆二字作口號云曲川地可耕長刀砍低樹元來腹有文軍口三十去令兒輩合之季兒敏劾年十五日得之矣劇寇二字也明日得報湯大克捷斬首三十級

遲速有命

海鹽吳南溪諱昂弘治辛酉鄉試文甚得意忽覺腹中飢不可忍恍惚間將試卷吞之至貢院門即不飢矣謂人曰余不知何故乃有此異余終身不第矣越三年甲子中式乙丑舉進士官至福建布政宦蹟甚

著以此知人之功名不但有無係命雖其遲速亦自有命也

駕虎傷人

吾邑趙漸齋先生佃戶陸大老者朴野勤儉頗足衣食忽有嘉興捕盜兵數人擁入其家稱賊攀指綁縛至舟次出一賊喝曰汝寄某物于彼賊應聲云某物某物指掠追索陸不勝苦楚罄家所有悉與之猶不足則賣田房爲贖既獲免不勝憤憤告于監司行縣追問陸素訥不能質對謀于漸齋漸齋贈以詩云自昔只聞人捕虎于今駕虎偏傷人何時得向龔黃語除盜先除捕盜兵若因其被害而慰解之者且戒之曰慎勿洩候質對時有不如意即出此陸如其言遂得直捕兵追贓發戍矣

徐白雲

余撿古人作句云閒鋤明月種梅花恨無可對者嘉靖甲辰余自太倉入　覲偕寮友數輩坐天曹席龕中以前句索對對者數人俱平平耳既後張洪齋云謾捲疎簾邀燕子清麗閒雅可愛因揭之東園廳柱

後六年友人徐七橋見之云閒鋤明月字意本虛謾捲疎簾似太着實因對云謾掃白雲看鳥跡則超脫塵凡殆有仙氣因呼爲徐白雲

麥舟詩

故人胡文齋遷曠達不羈之士也家頗零落一日詣余出一詩于袖中云藿食鶉衣鬢已秋三喪淺土淚横流登堂稽顙無他話見説先生有麥舟讀之憮然爲賻之

火中人

嘉靖癸丑嘉興宣公橋失火延燒甚衆士人黃湛泉偶至郡舟泊橋下望見火中一物如猫火愈熾其物愈大少頃即成一大紅人湛泉歸數日家亦失火蓋先兆云

納息下氣訣

納息下氣之法不拘晝夜跏趺靜坐啖菜數莖屏伏鼻息心中黙念納息下氣一次五六七八至九俱氣隨意逆直至後門逆出每一口氣逆至九屈一指爲記虚右大指屈至九指是爲九九八十一數虚火自降真水自生元氣週流一無阻滯可以却疾可以延年近取諸身歷有明驗其視鉛汞金丹之術相去遠矣

明目方

余七旬外每患目眩偶撿得一明目方一省讀書二減思慮三專内視四簡外觀五旦起晚六早夜眠凡六物熬以神火下以降氣蘊以胸中七日然後納諸方寸修之一月近能數其目睫遠視尺箠之餘長服不已洞見墻壁之外非但明目乃亦延

行之非可謂之嘲戲亦奇方也

江漢叢談

明 陳士元

大明會典載 朝廷樂器中有二十絃者即箜篌是也

醴陵縣有綠水可以寫字即儒學泮池是也遇雨漣陰則色淡

江陵士人稱挽畜產繩繂之名曰五尺此語見夷堅志

聞前輩云國初進士釋褐之後其朝參出入皆徒步

也

唐音孟浩然峴潭詩曰試垂竹竿釣果得槎頭鯿故杜甫用其事

神仙粥方專治感冒風寒暑濕之邪并四時疫氣流行楚人多用之

荊楚記云正月末日以蘆苣火照井中廁中百鬼皆走

柳子厚述舊詩云衰榮因蓂莢盈缺幾蝦蟇用日月事而不明言日月

韓退之有木居士詩在衡州耒陽縣鼇口寺

投甕隨筆

仁和姜南

貧富不愛錢

錢昕字景寅蘇州常熟人正統乙丑進士歷官湖廣布政使以廉慎著稱同時有魚侃者亦常熟人永樂二十二年進士歷官開封知府亦有廉名然昕故富家而侃則貧士人尤以爲難鹽山王文肅公翺爲吏部常稱之曰富不愛錢錢昕貧不愛錢魚侃

雜種

今人詈人之桀猾不循理者曰雜種按晉書前燕載記贊曰蠢茲雜種奕世彌昌雜種二字見此

危不遺家

正統己巳秋北虜寇邊　王師敗績于土木　大駕北狩京師戒嚴朝士多遣家南徙禮部侍郎李公紹時爲修撰獨曰主辱臣死奚以家爲卒不遣

握兩手汗

今世人旁觀人涉險而濟者輒曰爲爾捻兩把汗按元史憲宗召趙璧問曰天下何如而治對曰請先誅近侍之尤不善者憲宗不悅璧退世祖曰秀才汝渾身都是膽耶吾亦爲汝握兩手汗也

吳越春秋語

孟子曰險阻既遠鳥獸之害人者消然後人得平土而居之趙曄吳越春秋云民去崎嶇歸于中國雖襲孟子意亦簡而佳

叙虞芮質成

虞芮質成之事左傳家語說苑皆載之觀其叙事之法說苑不如家語家語不如左傳

脛大于股

賈誼曰天下之勢方病大瘇一脛之大幾如腰一指之大幾如股按說苑引孔子曰脛大于股者難以步指大于臂者難以把本小末大不能相使也誼之言疑亦本于此

貴賤定分

戰國策淳于髡曰狐裘雖弊不可以補黃狗之皮漢書賈誼曰履雖鮮不加于首冠雖獘不以苴履皆言貴賤有定分也

洗硯新錄

仁和姜南

演小說

世之瞽者或男或女有學彈琵琶演說古今小說以覓衣食北方最多京師特盛南京杭州亦有之嘗讀瞿存齋過汴梁一律云歌舞樓臺事可誇昔年曾此擅豪華尚餘艮嶽排蒼昊那得神霄隔紫霞廢苑草荒堪牧馬長溝柳老不藏鴉陌頭盲女無愁恨能撥琵琶說趙家觀此則自昔蓋有之矣

鑷白髮

南史齊鬱林王五歲戲高帝傍帝令左右鑷白髮問王我誰耶曰太公帝笑曰豈有爲人作曾祖而鑷白髮者乎因讀此而笑世之癡人年近期頤鬚髮皎然非鑷則染將欲何爲乎

廬州四忠

國初從龍諸臣在廬州則有精忠大節者四人謂楚國公廖永安虢國公俞通海蔡國公張德勝永義侯桑世傑楚號二公巢縣人蔡國合肥人永義無爲州人

陶安善讓

國初丙申年三月克金陵七月置江南行中書省以陶安爲左司員外郎陞郎中日贊機務既而得劉基宋濂章溢葉琛四人　上問安四人者何如安對曰臣謀畧不及劉基學問不及宋濂治民之才不及章溢葉琛　上多其善讓

戒子

遂初先生四明王叔載名厚戒子陞儁曰承家不在名位而在不失身敬身不在外貌表襮而在毋自欺讀書當貫古今處世必審進退其身同流合汙以爲通孺博干譽以爲高患得患失以終其身者吾所深惡非所望于汝也

丑庄日記

仁和姜南

翰林七學士

國朝翰林學士不限員數天順初翰林缺學士正員時林文等七人應轉學士　上疑其多兵部尚書陳汝言進曰唐有十八學士是不爲多遂俱拜焉然汝言之對亦率爾唐太宗天策府十八學士乃世俗之稱此時未有翰林院亦未嘗設學士官豈可對君父前如此妄言無乃不讀霍光傳之過乎

客土

浮屠泓師與張說市宅戒無穿東北隅他日怪宅氣索然視東北隅已穿二坎丈餘驚曰公富貴一世而已諸子將不終說將平之泓師曰客土無氣與他脉不連譬身瘡痏補他肉無益也今之俗師妄言風水者一遇方隅坎陷則令補築增榛便謂藏風聚氣豈不謬哉君子無惑焉可也

不立田園

唐張嘉貞雖貴不立田園常曰吾相國矣未死豈有飢寒憂若以譴去雖富田產猶不能保也近世士大夫務廣田宅爲不肖子酒食費我無是也張公之言乃理到之言也士大夫當書此以爲座右銘

康節四事

會有四不赴時有四不出無貴亦無賤無固亦無必里閈閒過從身安心自逸如此三十年幸逢太平日此康節之詩也高不絕俗卑不同流眞隱士口中語耳

時來爲相

宋劉文安公沆擢右正言知制誥　西用兵沆見執政白事翌日請對極言得失仁宗遂其議于中書執政不悅曰須舍人作相自行之沆曰宰相豈有常哉時來則爲之公至至和元年拜相

輟築記

仁和姜南

倖門

王梵志曰倖門如鼠穴也須留一箇若還都塞了好處都穿破觀此言苟非聖君賢相則倖門之塞杜其太甚者已

房玄齡無後

續前定錄房玄齡來買卜成都日者笑而掩鼻曰公知名當世爲時賢相柰無繼嗣何公怒時遺直巳三

歲在側日者顧指曰此兒此兒此兒絶房氏者也公大悵然而退後皆信然也吁以房相之賢而子不肖豈非天乎

指天畫地

陸賈新語云世人不學詩書行仁義將聖人之道極經義之淚乃論不驗之語學不然之事指天畫地動人以邪變驚人以奇怪吁此言道盡索隱行怪者之情狀學務口耳者觀此亦可以自愧矣

管寧思愆

寧避地遼東經海遇風船人危懼皆叩頭悔過寧思愆念向曾如厠不冠即便稽首風亦尋静見周景式孝子傳吁寧持己之敬如此宜乎免于亂世也

白翎雀

朔漠之地無他禽鳥惟鴻鴈與白翎雀鴻鴈畏寒秋南春北白翎雀雖窮冬沍寒亦不易處故元世祖作曲名曰白翎雀

穢冢

秦檜墓在建康墓上豊碑屹立不鐫一字盖當時士

大夫鄙其爲人無畏物議故不敢作神道碑及孟珙滅金回屯軍于檜墓所令軍士糞溺墓上人謂之穢冢

獻楊梅仁

王蕤字豊父守會稽童貫時方用事貫苦脚氣或云楊梅仁可療是疾豊父裒五十石以獻之後擢待制再任不歷貼職徑登次對惟豊父一人此揮麈所載也吁孟佗獻凉州之酒程松市北珠之冠小人之恒也不知五十石楊梅仁何以能裒乎

唐御容

蜀明皇御容院有唐十八帝真像院僧見神堯爲高祖即題其次云曾祖太宗祖高宗後宋趙清獻公至院命小吏刮去曾祖祖三字僧之愚鄙有如此可資一捧腹耳

說郛續目録

弓第十八

雙溪雜記

洮汾王瓊

昔司馬遷罪廢之餘作史記爲萬世史學之宗後世山林隱逸之士有所紀述若無統理然即事寓言亦足以廣見聞而資智識其所紀時事得于耳聞目擊有出于史冊之所不載者皆足以示勸懲而垂永久是宜人見而愛愛而傳之于不泯也然其所紀載聞見或不實毀譽或失真甚至雜以詼諧之語怪誕之事者亦有之矣若是者雖傳于世

讀者何益焉惟夫事核而詞簡理明而論公大而有關治道小而切于日用雖曰信手雜錄而舉一事寓一理使讀者忘倦如芻豢之悅口斯不爲徒言矣予所居巖穴在雙溪之間怡神養氣之餘忽有所思輒錄于冊久而成帙雖不敢自謂盡合道理然皆紀實無空言者格物君子得而觀之未必無所取云

陰陽五行動靜循環本無一定故世道反覆相尋亦無一定試觀歷代帝王創制立法未有久遠可行而無弊者氣數使然也若曰自我立法萬世無弊聖人不能矣今以法制不能盡善者論著于左有志經世者欲求至當必將有感于斯焉堯禪舜舜禪禹善矣魏禪晉周禪隋未善也禹傳啓武王傳成王善矣秦傳　亥隋傳楊廣未善也然則傳賢乎傳子乎未可定也封建善矣爭奪之害生郡縣善矣數易之弊起然則封建乎郡縣乎未可定也有堯舜禹湯文武之爲君則有臯陶伊傅周召之爲臣下至漢用蕭曹丙魏唐用房杜姚宋宋用韓范富歐善矣趙高李斯滅

秦王莽曹操簒漢虞世基李林甫牛僧孺亂唐秦檜韓侂胄史彌遠賈似道亡宋未善也然則將立相乎將不立相乎未可定也井田善矣瑣碎之弊生阡陌善矣兼并之患作然則井田乎阡陌乎未可定也寓兵于農善矣邊　之侵不可行聚兵于衛善矣坐食之久終自困然則將爲農兵乎將爲衛兵乎未可定也什一而稅以一方之貢供一方之用善矣轉輸有遠近脚費有多寡將裒益之使平乎抑隨其地而任其輕重乎未可定也有兵政則有馬政馬育于監苑

善矣兵不得而熟習馬給于兵善矣馬不得而蕃息然則將育于監苑乎將給于兵乎未可定也古昔聖帝明王創立制度令子孫世守不許變更然終不能使其必不變者非帝王智慮有所不及也勢之所使不能不變耳亦猶造化陰陽晝夜寒暑不能一定非人力之所能爲者也

國初天下諸王皆置護衛有兵權至　太宗靖難後遂皆革罷不許來朝初制　親王歲支祿米一萬石後因地方豐歉或有減支郡王將軍俱有常祿亦因

民供有限悉減支一半本色一半折色其折色多不關支又如初封郡王歲支二千石以後襲封俱支一千石後亦有例初封郡王亦支一千石又如郡王生子多至二三十人者有之　慶成王生七十子夫以七十子論之一歲皆支米一千石反多于　親王祿米矣先年陝西　慶府分封郡王俱于慶府一萬米內分撥并軍校亦于大府分出不知彼時奉何事例又如鎮國等將軍年十一二歲即請封號祿米弘治某年因災異禮部會官議修省事件郎中慈谿王綸

白于諸大臣定議鎮國等將軍年及十五歲方准撥支祿米至今行之以民供論之則日益不及以宗室論之往往衣食不繼又宗室降爲庶人者計口月給米一石比與將軍中尉反得實支宗室例不種田納稅商販營利而常祿不給勢所必至矣

國初定制百官俸給皆支本色米石如知縣月支米七石歲支米八十四石足勾養廉用度後改四品以上三分本色七分折色五品以下四分本色六分折色後又改在外官月支本色米二石其餘俱支折色

其折色以鈔爲則每米一石折鈔十五貫或二十貫每布一疋折米二十石京官折俸四五年不得一支外官通不得支此貪婪之難禁也

國初官制全論歷俸深淺轉陞如京官六品六年考滿陞一級從五品又歷俸三年陞一級正五品外官必九年考滿論繁簡陞轉此定制也如宋景濂洪武二年除學士十年致仕五品終身自洪熙以後選法漸變葢因四品已上官漸少五品以下官漸多卑官皆陞高官無缺不得陞或卑官未該陞高官急缺亦

須陞補以此有不待鈌而陞者如翰林院學士春坊殿閣大學士有陞至尚書侍郎帶虛銜者通政使太常卿國子監祭酒及由序班出身陞至鴻臚寺卿醫士出身陞至太醫院使寫字出身在　內閣書辦陞至編修郎中等官皆有陞至尚書侍郎帶虛銜者皆因該陞而無鈌也又有急鈌而皆無可陞之人則與署職如六部署郎中員外郎是也然署職之例惟行六部司屬其餘衙門無之如給事中之上監察御史之上序班行人中書之上俱無五品官翰林院五品

官五員以此俱無署職　國初有御史陞主事者如僉都御史陞侍郎也然翰林科道官職專講讀彈劾近侍清要又因在外四品以上官鈌多乃于科道部屬中各論其歷俸年深者不次陞補翰林官不歷政事故不外補中書九年陞各部員外郎惟序班一官九年方得外陞八品官最爲貧苦此建官之制之變也蓋轉遷雖有資序官制則有定員若資序雖當遷轉而官無員鈌則但仍舊任不遷中間年深政績卓異者加陞俸級必待有鈌方遷補之則黜陟之典額定之員兩不相悖矣

國初定黜陟之法即古三載考績黜陟幽明之意今百官歷俸三年六年九年考滿三次方論黜陟是也然官或有鈌不候考滿而陞去者多矣是三考陟官之法不守也又三年一朝覲考察不候滿考而黜去者多矣是三考黜官之法不守也既行三載考察之法又行遇鈌推補之例天下庶官九載考績者幾何人哉況四方之遠一官赴京考滿往回勞費且誤公務惟許令本處考覈庶爲便也方面官有巡撫都御

史巡按御史開報考語亦令就任復職待朝覲定黜如此朝覲之典考滿之法兩不相悖也

洪武永樂間文武大臣未有師保之加如魏國公徐達誠意伯劉基皆無加秩至　仁宗登極始加英國公張輔爲太師楊士奇陞少保進少傅楊榮陞太子少傅進少保後三楊皆進少師楊士奇楊榮先卒皆進太師楊溥正統十一年卒王振用事不與贈及蹇義夏元吉黄福等加師保皆在永樂之後也景泰間易太子文武大臣皆加保傅之官惟于謙加少保有

安攘功無愧其餘皆濫加也天順初悉革罷保傅官天順五年曹欽反逆吳瑾遜深殺死李賢被傷獨加太子少保至　憲宗登極始加少保吏部尚書王翺始加太子太保其後有以考滿加秩者或以功加者矣

國朝陞用六部堂上官不拘出身何衙門如順天間以布政王𣆀爲禮部尚書初無禮部必用翰林出身之例又楊士奇以儒士由齊府審理副胡儼由知縣李賢由吏部主事薛瑄由御史皆得入閣亦無内閣

必由翰林出身之拘成化弘治以來南京吏部必須用翰林一人南北禮部非翰林出身者不得陞入由是翰林人多陟顯要而科道部屬不得齊軀並駕矣

翰林學士專掌詞命代草然亦有預議朝政者如唐憲宗時裴洎權德輿爲相然軍國大事必與學士李絳等謀之蓋學士備顧問則可若專委決大事則置宰相於何地如學士陶穀出制草於袖中使宋太祖受周禪以後世論之必以爲有翊戴之功然宋太祖未嘗寵任嘗曰陶穀代草依樣畫葫蘆耳終不登之政府蓋以視草之人卽爲府相之托非帝王建立公孤六卿之制也

二酉委譚

吳郡王世懋

天下事有不可曉者往聞邊城有棺數十具啟之皆紗帽紅袍以爲異說頗不甚信數以問人多云有之近至關中則同僚徐方伯時方在并州張大參在京州其說尤異徐云修并州城初破土見有一小棺出之已而愈斷愈多棺皆長二三尺啟視鬚髯儼然老人也服飾不同大都多紗帽紅袍者亡慮數十衆喧然遂止不復發爲祭文掩而瘞之竟不知是何物又

不知是何緣得瘞城土之内張云凉州亦同時有之但不如是之多耳二君皆目擊可信人也此事自古未聞或云是妖狐所化然妖能靈異於生時豈死而猶不復其本質則益不可解始知天下大矣存而不論寧獨六合之外

并州一山洞中有一立化神女名某毋其旁有一屠者蹲踞而化云初屠者日見一女子買豬肝三片疑之乃微踪其往至一山洞中屠者就見焉女爲說法因各化去皆真身也第神女身上無所繫下去地將一尺竟不知何以中懸助甫每往視輒令人手捫之竟不着地云其事何所不有而愚者乃欲謗吾師道嗚呼彼神於事者尚不可疑況神於理者乎

助甫又爲予言并州多瑣陽肉蓯蓉瑣陽形甚不雅莖上生肉蓯蓉生土中掘得之形甚大色紅鮮如肉助甫欲一識之令卒之田間掘得舁來儼如一大人臂因悟蘇子瞻所烹肉蓯蓉耳宜其不能仙也

邇來怪事不可勝書獨二事最真而最奇其一沙頭鎮一童子年未十歲其陰忽長如巨人而毛似能行

人道者已漸頷下生鬚遍體俱毛時時覆體爲交搆狀遺精地下未幾而殞其一吳江娼人病狂走入郡城遍覓死尸食之捋取腸胃臭味不可近渠自云絶美奸肴饌不逮也日食尸不可計數兒童羣逐之官爲錄繫囚之穉遺不知所終二事皆載記所未有沙頭童子似爲妖孽所憑若吳江娼人頗似有古五行志中皆一段新聞也

大璫馮保之腹心曰徐爵爵雖起罪戍提士大夫進退權得罪於　宗社爲大然年老多智而好施頗不

爲小民所愬爵未敗半歲前予聞之客云爵一夕夢一神人長三四寸呼爵謂曰爾祿盡矣爵懼而拜問是何神答曰吾卽君身中神耳爵因哀祈免死神因教之持齋可延也爵自是斷酒與肉日奉佛施棺予頗異之復以質姻家史金吾爲信然已而難作愈信愈疑爲神旣許之延矣柰何竟不免焉金吾爲余言君不知耶爵肉食三月矣蓋朝貴奉之者延爵致酒謂公何自苦信妖夢也強之食爵不得已始嘗一臠因遂不守吁何其神也茲事余不先聞必謂好奇

者傳會其事今歷歷若符契然烏可不紀或曰爵得罪大卽持齋可遂免乎曰爵能致神感好善一念爲之其走權貴而終死於權貴天實使之不終也于道何疑

予歷藩臬於寮寀間見異證二因錄以俟知醫者一秦方伯淦右轄楚中時背脇間生一痰核漸大如癰聞荆南有善醫者須服藥蒲百貼始除恐少弗效也如數服之果愈遷爲豫章左至時了無恙亡何足微蹇問之云足面似簇筋令童子搯之傷皮耳已遂愈數日而病痢提學江公以東私謂同寮曰大夫其非痢之謂疾殆不起乎余怪而問之曰余非知醫者先大夫先患足創一如秦公已而下痢竟不治蓋創毒所發也秦公乃竟死一閩參政王公懋德自延平歸忽瘦甚鬚髮皆枯云是消渴証百方藥之弗效先是延平一鄉宦潜謂人曰王公病曾有嘗其溺否向有患者溺甚甜此不治驗也王後聞之初試微甘已而漸濃愈益甜王亦自知必不起云消渴病聞之溺甜則未之前聞也豈亦糞甜苦之類乎二事皆醫說所

不載

余上計京師乞休不允强出　朝謁過李臨淮唯寅所遇一舊識山人在坐余問所從來唯寅笑謂余曰君知近日山人多改業乎是君爲一邊鎭中丞所知腰已横金矣卽守備無幾何可得也余戲謂山人方競横金耶聽横金吏反作山人也唯寅爲絶倒亡何余發行就道奉　明禁以重値募騾卒僅身肩輿夜宿逆旅主人困甚稍行見數驛騎馳而前中一人大帽繡裳卽向山人也遣騎起居而去蓋渠乃有勘合

宿驛傳又一反也余謂世事翻覆倏忽固然然多於
世亂搶攘時見之今際太平盛世而所見如此爲之
一噓
余謝關中之役歸潼關劉使君以時猶暑憫余逆旅
之艱力勸居公館余咲曰曩爲督學來不傳居今乞
歸顧薄逆旅人將謂僕始懵其官今乃亡藉遂匿跡
行如故獨病不任騎不得已以四夫舁輿行而途間
所見乃有絕相反可供旅人一噓者靈寶道中聞侍
郎栗公起爲甘肅撫院前旌至亟趨田間避之舊規

都御史始得乘八人轎栗公數年前卿貳尊重宜莫
比乃止用四人肩輿儀從甚簡因自笑致仕官輿亦
四人但乘傳顧募輿耳行頃之遇一同歸者身着錦
繡前列執事後擁扇蓋已足起敬而輿乃儼然八人
駭而物色之則三原主簿陞郡幕不赴而歸者也簿
一月前跽拜吾側一旦與余同歸而豐約貴賤頓異
如此蓋繇近　制嚴革驛傳貴官賤士等威莫辨而
希指者又每過爲損約以求知乃有大臣到任儆民
舴艋而小輩總無顧忌擅取原任夫力以自誇詡遂
至八夫輿一主簿而莫之詰何其爲異又豈直山人
而已是深可爲世道慨者聊一記之
余性不耐冠帶暑月尤甚豫章喜蚤熱而今歲尤甚
春三月十七日觴客於滕王閣日出如火流汗接踵
頭涔涔幾不知歸而發狂大叫婦爲具湯沐便科頭
裸身赴之時西山雲霧新茗初至張右伯適以見遺
茶色白大作荳子香幾與虎丘埒余時浴出露坐明
月下亟命侍兒汲新水烹嘗之覺沆瀣入咽兩腋風
生念此境味都非宦路所有琳泉蔡先生老而嗜茶

尤甚於余時已就寢不可呼之共啜晨起復烹遺之
然已作第二義矣追憶夜來風味書一通贈先生
五月十二日歸自郡城夜臥憊甚惡聞蚊聲不寢久
之街鼓欲動始得帖寢忽牕外淙淙於時望雨不啻
調饑竹牀布衾半醒半臥呼侍兒起皆聽之覺倦態
盡蘇檢點胸中畧無一事唯課兒作文題已先一夕
出矣爲復展轉間聞老妻喚聲蓋督課僮婢受黃梅
水採茉莉花耳又作此不急之務一笑披衣而起盥
櫛焚誦畢出坐心遠堂中命筆伸紙作數行記之

萬曆之十三年十二月冬行盡已立春矣余時駐輿化府海波無警閭井安堵而徵以乏雨爲民憂盖瀕海地高民倚麥爲命南中無霜麥且怒長無雨漸萎黄意殊望雨乃除夕前一日雨作心念元日當爲屏翳所苦顧民瘼重而雨當聽之耳亡何遽止不成霖澍入除夕始猶作曀餔後而日大出元旦晴朗市井喧闐不復望雨次日卧醒忽微聞雨聲已漸淙淙四野沾足矣時尚未開印齋頭絶無一事憶往歲所記二事閒適偶同而爲民問幸麥秋意有餘歡因檢麓

中舊稿推牕洗研作小楷錄舊事而續記此條年踰五十娛生之具都絶唯政事多暇一弄筆研便爲佳境耳第三子士駪年十四從老妻侍宦邸書此付之

三月晦日鷄鳴山視牲還雨中過十八衛北衛溪行穿入大教場碧柳周遭無慮千株綠莎鋪牧馬散齕其中輿從軟茵上度望鍾山欝勃雲氣閒作白縷蜿蜒蟠動籠罩萬木雨中佳境也金陵佳麗會心處在在有之正不必選日提壺遠遊也第金陵人生長此中日用不知士大夫又作造請投門狀想自負此景耳歸而記之以示兩兒

江西饒州府浮梁縣科第特盛離縣二十里許爲景德鎮官窑設焉天下窑器所聚其民繁富甲於一省余嘗以分守督運至其地萬杵之聲殷地火光燭天夜令人不能寢戲目之曰四時雷電鎮民既富子弟多入學校然爲窑利所奪絶無登第者惟嘉靖間萬年賊起鎮人逃匿停火三月是秋遂中吳宗吉一人亦竟不成進士後爲吾郡倅陞黎平守而卒宗吉前後終無一人舉者吁亦異矣乃知遐方異域多産奇

寶必乏人才理當如是又況擊摵穿鑿地脉安得不損此堪輿之說所爲不可廢也

文待詔徵仲生年與靈均同嘗爲圖書記取離騷句曰唯庚寅吾以降徵仲書畫名盛郡守令無不致敬者有一二守北人也不欲言其名問人曰文先生前尚有善書於先生者否或對曰有唐解元伯虎問唐何名曰唐寅二守躍然起曰信然信然吾見先生圖書曰唯庚寅吾以降聞者爲之絶倒盖唐庚二字篆書難辨也

衢州城西層樓下臨衢水頗稱壯麗余過之故人李君同年張君以雨道邀余雨中燕集固求余書匾爲重余仰視其上先有四大字云飛閣流丹余匿笑不禁二君問故余謂此四字幸而爾名然爲萬衆所目彼所取義得無採王子安滕王閣記中語耶二君曰然然則子安記乃流舟非流丹也蓋此君少而誤讀丹字爲舟見此樓高而下有行舟以爲天造地設不知流丹是何文理人固有紕繆至此者此不過二君前輩耳二君亦大笑余曰以余書匾未必爲斯樓重

二酉委譚　八　九

亟除四字爲此樓洗穢則二君之功耳於是趣除之而余竟不爲題止刻一詩而去蓋監於前人之輕題也

豫章米賤丁亥大侵米貴至七錢戊子春新建縣一民鄉居窘甚家止存一木桶出貨之得銀三分計無所復之乃以二分銀買米壹分銀買信將與妻孥共一飽食而死炊方熟會里長至門索丁銀無以應之里長者遠來而饑欲一飯而去又辭以無入廚見飯責其欺人人搖手曰此非君所食愈益怪之始流涕而告以實里長大駭亟起傾其飯而埋之曰若無遽至此吾家尚有五斗穀若隨我去負歸舂食可延數日或有別生理奈何遽自殞爲其人感其意而隨之果得穀以歸出之則有五十金在焉其人駭曰此必里長所積償官者誤置其中渠救我死我安忍殺之遽持銀至里長所還之里長曰吾貧人安得此銀此殆天以賜若者其人固不肯持之去久之乃各分二十五金兩家俱稍饒裕矣此得之喻邦相家書不虛也嗚呼頻年饑饉普天同困似天意不欲多生人也

二酉委譚　八　十

河南北人相食而卒未聞上倉有來牟之惠乃忽於豫章兩姓示異如此何耶然彼二人一善念而感天賜金聞者亦足以勸矣

窺天外乘

祖功　宗德懿美何可枚舉而極爲盛德事者有四
宣宗之不廢趙王一也　英宗之赦出建庶人二也
憲宗之追謚　景帝三也聽羣臣之泣諫正　錢
太后之祔葬四也關係　國家之大機者有二　宣
廟之親征漢庶人一也　英廟狩衍監國郕王之卽
位二也庶人之輕於叛逆習於耳目所見意諸將之
推戴也親征而膽破矣也先之挾　英廟而凌中國
以　帝爲質也立帝而謀索矣雖然盛德大機皆不

幸而有之者也

孝宗敬皇帝親萬機任賢臣天下熙熙庶乎無德可
名無機可運者歟

王子曰余讀正德初紀諸名臣蒙難事盖深有感焉
方八黨爲六部大臣所持三閣臣從中下其事　上
爲流不知所出韓忠定盖實創之事成爲首功不成
當受首禍瑾入司禮所欲甘心者宜莫如忠定然削
秩至無官輸粟至無家止矣劉忠宣公爲　孝宗皇
帝所厚正德初早見乞致仕去與瑾絕無纖毫怨頂
逮治最酷謫戍肅州僅僅免大辟耳當時雖云劉宇
憾公　孝廟時不爲勉然非有深讐卽讐瑾亦不宜
過聽至是盖公在　孝廟特應詔陳言盡裁光祿無
名供億歲百萬計又議革騰驤四衛軍士諸內竪皆
切齒大抵犯一人者易爲解犯衆口者難爲銷此人
臣出身任事者之難自古歎之矣不然公之恭謹溫
亮終身無暴言遽色蒙禍豈當爾耶

世廟時本兵李康惠公奏裁去鎮守守備內臣二十
七人錦衣官校旗勇內府詭匠數千人又請考選清

覈騰驤四衛官軍如旗手等衛內臣言四衛禁兵隸
兵部不便往彰義門之破　東市之勦曹賊皆以四
衛直內故得號召建功公執言往歲之事正以兵權
歸閹人致亂彰義門之戰由太監振東市之賊卽太
監吉祥也　上竟從公議天下快之嗚呼非遇　英
主獨斷大臣一出口禍且踵至康惠不爲忠宣幸矣
漢桓帝召蔡邕使密切直言已復從黃門言幾殺之
唐文宗與李鄭王舒謀誅宦官不能庇其亦族嗚呼
英主不世出卽人主亦不足恃哉

玎璫玉珮之製原無紗袋嘉靖中　世廟升殿尚寶司卿謝敏行捧寶玉珮飄飖偶與　上珮相勾連不能解行皇怖跪　世廟命中官爲之解而斂行跪不能起又命中官掖之赦其罪因　詔中外官俱製珮袋以防勾結縉紳便之獨太常寺官以駿奔郊廟取鏗鏘聲不袋如故今　上郊天升壇時中官側不得上獨寺丞董弘業珮從弘業忽勾舄耳堅不得脫　上爲立待從之弘業倉皇以齒嚙斷之始得脫　上不悅卿裴應章被累奪俸明年考察弘業遂以老去

宋時窯器以汝州爲第一而京師自置官窯次之我朝則專設於浮梁縣之景德鎮永樂宣德間內府燒造迄今爲貴其時以騌眼甜白爲常以蘇麻離青爲飾以鮮紅爲寶至成化間所燒尚五色炫爛然而回青未有也回青者出外國正德間大璫鎮雲南得之以煉石爲偽寶其價初倍黃金已知其可燒窯器用之果佳嗣是闔鎮用之內府亦有輸積而青價稍稍賤矣嘉靖間回青雖盛鮮紅土斷絕燒法亦不同前而　上忽命燒大甕圍至六七尺所用土料青料既多比入火十無三三完好者坐是爲虛費甚鉅而人莫敢言穆宗登極詔發宣德間鮮紅樣命造撫臣徐栻力言此土已絕止可採礬紅　上姑允之而加造方器如匣簡類者甚多大鍋之費既在而方器之苦復增蓋窯器圓者鏇之立就倏忽若神獨方物即至小亦須手捻而成最難完整供御大率十不能一二餘皆置之無用殊可惜也今　上時猶踵　二宗之令且添造碁局矣碁局如片板尤難就而苦不中用不知何取而爲之蓋余爲九江分守督運二鍋

親至其地故得詳顛末云

有一邑而前後盛事若合符節者台州臨海縣金學憲賁亨初姓亨後復金姓三子長立愛次立敬又次立相俱中式計偕立愛立敬俱第立相下第歸次科立相亦中與宦南都迎父養懽如陸賈立相尋卒立敬官至工部侍郎後又有王宗沐官刑部侍郎三子長士琦次士崧又次士昌亦同計偕士琦士崧俱第士昌歸次科亦中宗沐見存此事天下罕遇而萃於海濱一邑然王位尊身與三子俱以春秋魁愈出愈

蠢陋而獨　元敢肆憑陵以　變夏衣冠言語國書
官制多仍其俗當斯時也乾坤若爲之倒置人物或
幾乎銷變豈非佛氏所謂二刼之極二傳所謂未濟
之終耶天若不生眞主生人禍亂安極是用厚集於
我　太祖高皇帝龍起濠上肇定金陵鏟漢剗吳長
驅關洛擣　窟於幽薊殲　遺孽於應昌衣冠文物與
若神明中原父老寧當與漢官威儀同其涕淚哉原
夫自古開創之君皆在中　原而我　朝獨自南混北
天意若曰元起漠北陰之極也今自南之北明以陽

窺天外乘　〈八〉　五

而勝陰也蓋自驪山烽舉之後迄於洪武建元而天
地始爲之位置日月始爲之開朗山川始爲之洗滌
故語功則遠駕乎堯舜論正則陋視乎殷周謂之曰
乾坤一小開闢詎不然歟卽以比於洪濛之初臣不
能知要難以中世漢唐爲例矣二百餘年來偉蔕書
生星曆儔人往往私憂過計而終之不驗豈盡人力
亦天意也臣故推言此旨以明當代之盛願我　聖
子神孫毋以　天意爲可憑毋以　祖功爲可久庶
幾億萬斯年未迓天庥尤臣所爲惓惓而祝於牖下

奇矣
偶得近時三盛事記於此萬曆十三年　詔起侍郎
王錫爵爲文淵閣大學士時首相爲申時行直隸吳
縣人次相爲許國直隸歙縣人錫爵余州人三人皆
在直隸一奇也二人同一府二奇也而尤異者時行
壬戌狀元錫爵同科會元國辛酉解元三相各占一
元自有殿閣以來無此盛事華州王庭詩兄弟三人
庭詩年十六中鄉舉其次弟庭譔年十七繼中余過
華州問知有幼弟庭諭年十五是秋亦中三人皆極

窺天外乘　〈八〉　一　六

早發而各占一歲無同者其後又各舉進士少華之
秀巧鍾如此福州府致仕知府林春澤年一百四歲
而卒其子侍郎應亮孫提學副使如楚皆早致仕歸
春澤年一百時院司爲蓋百歲坊春澤率子及孫遍
拜以謝起走如飛時御女如少壯人應亮今亦八十
矣飲食房室壯甚南極老人星似獨聚其父子耶少
室庭諭老至春澤人生際此政復何羨三元閣老

百可漫志

閩中陳鼐

國朝皇陵在順天府昌平縣天壽山近年尚書泉山林文安公瀚請陞昌平爲州隷以密雲順義懷柔三縣章上未報

國朝開科自洪武三年始定條例自十七年始先是試文尚仍元制刻程文自二十一年始先是止錄姓名鄉貢試錄定式又自二十四年始

國初歲貢生在京中式者必令出榜原籍張掛嘗見

新昌志載云禮部爲科舉事洪武十七年九月十三日本部尚書任昻等官於　華蓋殿奏　聖旨在京鄉試多有中式的國子監生爲他肯學所以取中似這等生員好生光顯他父母恁部裏出榜於原籍去處張掛着他鄉里知道欽此今將中式生員開坐合行出榜知會須至榜者浙江布政司紹興府新昌縣第十名蔡用强

國朝藩省大臣無兼銜者近時吳公廷舉以廣東右布政使兼按察司副使亦異數也

正德戊辰廷試二甲三甲一名各刊策丁丑會試五經各刊文三篇皆異常格

金臺李縉卿紳會考覈以浮淺由光祿少卿補忻州知州三疏乞致仕有曰郡縣之職非循良豈弟者弗稱茲以浮躁淺露之名而責其循良豈弟之政蓋亦難矣既得請以歸署聯云五斗懶將雙膝屈三章乞得一身閑

父兄勞於官子弟逸於家一逸已過分兄乃事奢華軒軒傲閭里僕僕趨縣衙不知禍所倚方謂勢可誇

勢亦有時歇禍或來無涯不如愼德業庶幾永無譁此張東海有感之作仕宦子弟宜書諸紳

近日翰林諸公飲宴尚有供湯未至將欲去之且留席尊出題曰東面而征西夷怨南面而征北狄怨諸公請破之皆不喻其意只如本旨席尊曰皆不是諸公曰如何才是曰只是等湯滿坐捧腹

予弟璜知羅田縣時懷予每切因集古詩風雨字句爲二十絶將以寄予忽以疾卒嗚呼痛哉予檢歸橐得其手筆潸然莫禁因錄於此庸舒孔懷之悰云其

卷曰風雨連懷其序曰古詩用風雨字者多矣要不
專爲兄弟發也自蘓長公感韋蘓州風雨對床之句
而其兄弟相思輒寄意焉於是遂成故事瓚奉别家
兄百可先生以來雅切嚮思凡誦古詩至風雨句竊
有長公之感顧意致凡近筆力萎瑣不能別爲之語
遂以所記風雨古句各取韻之相叶者足成絶句風
晨月夕往往諷誦以泄鄙懷殆疑古人預爲予設也
爾來裒集得二十首錄之爲卷將尋便以寄家兄爾
羅之士夫見倘有篇章以廣予志別存一卷於茲卷

題曰風雨連懷云時正德庚午孟秋之望芝麓居士
瓚拜書詩云凉風微雨夜蕭蕭曾茶山人事音書謾寂
寥杜工部無路從容陪笑語天涯涕泗一身遙工部又秖
是當時已惘然李義山可堪風雨夜連天秦淮海一聲何
處送書雁工部春入燈花欲鬬妍蘓東坡又能倚闌干一
愴神陸放翁故園回首隔參辰王平甫山頭日日風和雨
王建幾許悲歡併在身劉長卿又關山無際水漫漫放翁每
軫歸心即萬端羅隱極目相望何處是梅宛丘滿川風雨
獨凭闌黃山谷又鷄鳴風雨不愆時曾文昭千里河山繫
夢思陳后山獨凭闌干意難寫崔魯誰人識此是新詩王瀾
又匆明匆暗篆烟霏陳簡齋風雨空城烏夜飛宛丘憶著
江南舊行路甫仙一身千里獨沾衣簡齋又悵望一別永
相望工部客路那知歲月長王闡愁極本憑誰遣興工部半
隨風雨斷鴛鴦鄭谷又疾風回雨水明霞后山目極因驚
悵望賒王半山落木無邊江不盡后山相思一夜繞天涯
尤延又千秋地迥切西清胡澹菴常送中宵風雨聲蘓子由
猶憐心事凄涼甚放翁卧數山城長短更東坡又一堂風
月阻同游呂頤浩迢遞高城百尺樓李商隱月日望書常

至暮放翁令風凄雨似深秋茶山又五更風雨送殘春陸宣
公南蝶悠悠水映人半山留滯山城莫嗟嘆東坡天將強
健報清貧放翁又惜春連日醉昏昏曾致光風雨蕭蕭欲
斷魂東坡回首家山千里外許仲猷別離心緒向誰言前人
又青楓無樹不猿啼夏儒隣里垣墻咿啞鷄致光家在夢
中何日到工部風吹梧竹雨凄凄子由又蕭蕭晚雨向風
斜宛丘鴻雁分飛道路賒洪舜臣日永東窗淡無事放翁依
然和淚看黃花荆公子又想見掀髯正鶴孤東坡一天風
雨水平潮宣公詩來喚起相思夢劉景太欲傷清尊倒玉

壺（前人）又幕笳鳴咽調孤城（崔魯）日送孤鴻謾寄情（宛丘）雲物不殊鄉國異（工部）滿川風雨看潮生（蘇子美）又午庭風雨撼高槐（曾梅山）肯信愁腸日九迴（崔魯）欲上疎簾看南非（崔德符）寒巖幽霧不曾開（晁無咎）又一片江湖草樹秋（陳止齋）矮簷風雨送蝸牛（楊誠齋）欲知趨走傷心地（工部）落雁昏鴉集遠洲（放翁）又一燈明滅照秋牀（半山）天地無情白髮長（簡齋）假寐塵侵黃卷上（王至甫）蕭城風雨近重陽（杜邠老）又汀雁飛鳴意已還（宛丘）異鄉風物鬢成斑（茶山）相思相見知何日（工部）一夕連牀風雨間（王瀾）

近峰聞略

吳郡皇甫庸

邵康節曰世有温泉而無寒火按抱朴子曰水性純冷而有温谷之陽泉火體宜熾而有蕭丘之寒燄西京雜記董仲舒曰水極陰而有温泉火至陽而有涼燄康節又云石入水則沉而南海有浮石之山木入水則浮而南海有沉水之木虛實之相反也肝屬木當浮而反沉肺屬金當沉而反浮肝實而肺虛也

元親王及功臣侍宴者別賜冠衣謂之只孫今儀從

所服團花只孫當是也與輟耕錄所載制飾不同

楊誠齋簡一江西士人云配塩幽菽欲求少許士人不解亟往謝之請問何物誠齋檢禮部韻畧豉字注云配塩幽菽也按楚辭曰大苦醎酸辛甘行說者曰大苦豉也言取豉汁調以醎酸椒薑飴蜜則辛甘之味皆發而行然古無豉字見史游急就章史記貨殖傳蓋漢以來始有也今江西人患傷寒疾多以豆豉煑湯飲之汗出即愈

唐樂府雜錄云舞有字舞以舞人亞身於地布成字

也王建宮詞云羅衫葉葉繡重重金鳳銀鵝各一叢每遇舞頭分兩向太平萬歲字當中則由來久矣

瑾用事府百官門狀啓禮悉用紅紙故京師紙價頓十數倍雖元臣宿將必曰晚生曰門下生而稱瑾則有恩府恩主千歲公公之語

唐丘和父子同謚曰襄常鑒三世同謚曰貞我朝倪公謙謚文僖子岳謚文毅父子同謚文尤僅見也

野禽殫走犬空蒯通傳狡兎死良狗烹韓信傳

志藕生應月至閏月益一節東坡詩惟有黃楊厄閏

年

今人呼讙之語皆有所本如宋都汴有何家數者其下行貨濫惡故呼何數今越人云數頭者當是南渡之遺也吳人善治豆豉遂以呼之所謂千里蓴羹未下鹽豉者也閩人多疥呼綿錦褌故云癩子見類說

粵人善食蛙蛇秦少游謂蛙蛇當家口故粵有蛇呼秦人不識豹稱為程故秦有豹呼衛地產驢呼驢為衛故洛有驢呼中州謂蜀人誕故稱川藜苴見山谷集老鼠其訛語也褚遂良諫立武后昭儀在簾中大言曰何不撲殺此獠注西南夷曰獠今山西人呼獠獃此青齊人呼奤以貌言也於布尺亦云滇人善馴象呼象奴荊楚人善治鱃魚海錄碎事作鮑呼乾魚元南人仕於朝者多以醋雞為贄見草木子今特江右呼臘雞或曰吉安畜老雞能療病其價數倍故乃云

小滿芒種說者不一按周禮稻人澤草所生種之芒種註云種之芒種謂此地宜稻麥麥有芒刺者蓋至是麥未可收過是則可收矣士人樂明遠曰小滿四

月中謂麥氣至此方小滿而未熟也芒種五月節者芒種而收麥也至是方當熟矣

宋姚鏞守章貢郡人趙東野題跨牛圖詩贈之曰騎牛無笠又無蓑斷壠橫岡到處過煖日香風不常有前村雨暗欲如何規之也後卒貶衡陽近吾蘇劉完庵鋌為僉事將致政有憲臣索題牧牛圖詩曰牧子驅牛去若飛免教風雨濕簑衣回頭笑指桃林外多少牧牛人未歸憲臣亦感泣掛冠去

竹未嘗香也而杜子美詩云雨洗娟娟靜風吹細細

香雪未嘗香也而李太白詩云瑶臺雪花數千點片片吹落春風香出韻語陽秋予亦謂雨未嘗香也李賀四月詞依微香雨青氛氲

昔人謂詩人於雁曰孤燕曰雙而未嘗於孤燕者齊甫敬瑜妻王氏題孤燕詩云昔年有偶去今春猶獨歸故人恩義重不忍更雙飛此詩蓋寓意也

吳人以風吹椶櫚千手佛捏摺疊扇久無對者予先叔祖降神令對之曰霜凋荷葉獨脚鬼帶逍遥巾

予嘗得元僧雪岩外集畧記數語其題買田券云賣與買人誰是主一犂春雨鵓鴣啼鏵工云一聲鏵子噪秋蟬門內老僧驚晝眠毫髮盡時髭髮在夕陽芳草自芊芊皆可人意

周益公云蘇子容聞人語故事必令人檢出處司馬溫公聞新事即便抄錄且記所言之人故當時諺曰古事莫語子容今事勿告君實

近有雁子戲以祿鍾置口中誤吞之有胡僧啖以餳糖半斤即於谷道中隨餳而下僧云凡誤吞五金者皆可啖也

雀糞名白丁香左旋爲雄右旋爲雌辯而用之蝦蟇置地上凡東行者雄陽物受生氣也

兔生從口中出蛙亦然雞之毒在心燕之毒在尾羊之毒在駁名橘栗羊者爲甚凡物之久者皆不可食也

東坡云人老簪花不自羞花應羞上老人頭康節云花見白頭人莫笑白頭人見好花多康節壯而東坡怯

古者賓位皆在西以東卑於西也禮記曰主人就東階客就西階後通謂主人爲東道主韓信得廣武君東鄉坐而師尊之又史記陳平願以右丞相讓周勃於是帝以勃爲右丞相位次第一平爲左丞相位次第二古者得罪下遷者爲左遷古人尚西尚右亦甚明矣後世乃有陰道尚右之説通以東爲尊今時賓主間南人尚東向北人尚西向

少師西崖李公東祀歸上通達下情疏云請以所見驗之節用度如聞河然節一分則上有一分之益廣儲如源泉然積一分則下有一分之利惟在聖心一

轉移之間而已人稱其引類親切
蘇郡守楊貢以民間多隱田於是爲丈量之法有投楊守詩者曰量盡山田與水田只留蒼海與青天如今那有閑洲渚寄語沙鷗莫浪眠楊爲廢法

近峯記畧

吳郡皇甫庸

洪武中求通曉天文曆數奇驗者官之有至侯爵食祿千五百石者率多不免於禍初寧海布衣葉兌占天運有在上策言武事一綱三目　太祖嘉其言欲任以職不就後削平天下規模次第悉如兌言而兌亦得自保其明哲過諸術家遠矣

建文時新宮初成見男子提一人頭血色糢糊直入宮中大索之無得也夜宴張燈忽不見人狐狸滿宮

徧置鷹犬逐之不能止日赤無光彗掃軍門熒惑守心犯斗山崩地震錦衣衛火武庫自焚文華承天俱燬正統間浙中山移於平田地動白毛徧生陝西山崩壓數千家山移有聲號三日黃河東流沒千餘家南京殿宇火明日燬基生荆棘二尺許

文皇將靖難以六月十一日召三司府縣官出西瓜食因責以離間事執都指揮謝貴布政張昺殺之乃舉兵宸濠將謀不軌亦以六月十一日出西瓜與群官共食執都御史孫燧副使許逵殺之乃舉兵事同

而義殊不度德量力也濠舟夜泊問所在衆曰黄石磯濠倉皇曰王失機將何歸乃旋師就執焉

元天厯戊辰婁宿降靈　高皇帝以是年生至洪武戊寅而婁星復明洪武元年正月彗出昴是年元運除舊　高皇布新是昴宿實應胡星也正統巳巳熒惑入南斗車駕北狩

劉太卿桑言　英宗土木之難幾不免矣也先之母告其子曰吾蘇州人少隨夫戍邊被汝父擄回與之生汝吾念昔居中國爲今　天子臣臣無殺君之禮

跪且泣以請也先從之　英宗得還此說不見記載太卿掌詔勑在内閣四十餘年必有所援之也

太宗嘗命翰林院覆試下第舉人得張鉉等六十人賜冠帶入國學以俟後舉又嘗進副榜舉人親試之拔三人入翰林時復有揭榜進士之例

宋制科先命從官各舉平日所爲文五十篇於學士院中選而後召試弘治癸丑以前凡選庶吉士必先期呈所爲文於内閣謂之投獻殆亦宋制科之意後諱其名廢不用

憲宗皇帝受終日　英宗遺言不用殉葬宫嬪此最盛德事也故　憲宗實天亦有是命克遵先訓以貽後昆世守爲成法云

弘治乙丑春朝鐘新成而紐忽絶奉天門寶座下堦石忽自裂五月　上崩崩之日大風拆木黄沙四塞有見黄袍人乗龍上者

孝宗山陵經理皆出巨璫吏部郎中楊子器知石中有水上疏闒懼罪曲爲掩飾子器伏責中外惜之

正德戊寅冬駕幸揚州河氷方合　上問何時當解

江彬對曰立春然尚有旬餘日也　上曰春迎之即至耳焉能俟之命迎春於揚州之東郊明日百花盛開河水流澌臣民駭覩

唐宋宗室得舉進士皇明典禮凡鎮國將軍以下有文武才堪備任用者量才授任不拘原定職名品級按國初靖江王守謙出知東平州後宗室日驕無志於用法遂弛矣

宗藩之盛自古帝王無如我國朝者二百年來不下萬餘人分封之制初封親王歲支禄米萬石郡王二

千石襲封親郡王各減半支後又以歲歉不給乃爲折支之法則實支又減半矣將軍而下毋不得本支葢由生齒之繁如慶成王七十餘子又十一歲卽支祿米有司不能供億予在禮部旣舉行十六歲巳上支祿之法又以生子之多由不檢制其宮嬪而然爲立妃夫人而下不係奏請宮嬪所生皆與庶人同不得混襲庶省歲支嗟乎使帝孫王子豈謂無才而不得一試貧乏者不得爲商農之業以自給坐受困辱則處宗藩之法於斯闕矣

藩府親臣無不任京朝官之禁弘治十二年詔修問刑條例吏書屠鏞與大理少卿王輔有隙言輔係儀賓弟不當居輦下出爲參政遂條爲例至今遵之不知我國初王親多掌禁兵爲輔佐曷有是邪

年號犯前代者凉張重華五代蠻張遇賢宋方臘皆僭永樂元武宗太子阿速急八卽位僭天順夏主李乾順僭正德正德紀元詔下馬冢宰試選人題曰宰相須用讀書人論葢用宋事譏內閣也

弘治間太監何文鼎以旱親入禁城觀燈諸事極言下錦衣衛雜治究所主者文鼎曰有兩人但不可執按曰姑言之曰孔子孟子也文鼎死猶能於禁中搜銅釘作聲若稱冤者特命勒碑祭之人言文鼎少習舉子業能古文詩壯始闍也

我朝宦官如覃吉在東宮口授大學中庸等書導以動作威儀開說府部官守天下民情及宦官專權蠹國之弊時　上賜東宮五莊吉備陳不當受曰天下山河皆殿下所有何以莊爲竟辭之一日東宮誦佛經吉適至驚曰老伴來矣急易孝經誦之吉跪曰得無誦佛經乎曰非也孝經耳　憲宗有易儲之意露

於懷恩恩免冠叩頭曰奴婢死不敢奉詔寧　陛下殺恩無使天下人殺恩也　孝宗之位定恩之力也林俊劾繼曉下詔獄禍在不測恩叩頭諫曰不可也自古未有殺諫官者　上怒以御硯擲之恩以首承之不中推仆其几恩脫帽解帶於御前號哭不起　上命左右扶出恩謂錦衣官曰若等諂事梁方合謀傾俊俊死若等不得獨生　上不得巳解俊獄章瑾以寶石媚　上恩諷兵書俞子俊諫之俞謝不敢恩

嘆曰吾固知外廷無人也　憲廟崩得疏一篋皆房中術悉署臣安進益閣老萬公恩袖至閣下示安曰是大臣所爲乎安慚汗不能出一語科道劾安恩持疏召安讀之安跪而起起而復跪恩摘其牙牌曰請出矣二人雖賢臣不過可闍寺槩論乎

寓圃雜記　長洲王錡

正統十一年太師英國公暨侯伯二十餘人早朝畢奏曰臣等皆武夫不諳經典願賜一日假詣國子監聽講　上命以三月三日往於是太師率諸侯伯至日到監始携茶湯果餅之類甚豐祭酒李先生時勉命諸生立講五經各一章講罷設酒饌奉款諸侯伯讓曰受教之地皆就列坐惟太師與先生抗禮飲甚歡太師屢辭先生曰秀才家飯不易措置願太師少寬後命諸生歌鹿鳴之詩賓主雍雍抵暮而散此亦太平盛事也

恭安胡公濙　宣宗朝爲禮部尚書宮中屢有封冊必先命于公或有不當必奏曰臣掌天下大禮一不合宜遺譏萬世臣不敢奉詔　上亦爲之中止公大節甚明惟於　胡皇后之廢　孫皇后之立不能匡救多受莊田闢者之賜於心不能無愧焉

吳文正公訥爲御史時巡按貴州回三司遣人賫黃金百兩追送夔府公不啓就題其上還之詩曰蕭蕭行李向東還要過前途最險灘若有贓私并土物任

他沉在碧波間廉而不激如此

鄒先生尤安禮字文度　朝廷授以祭酒奏曰臣無德又命爲都憲又奏曰臣無材遂擢爲貴州參議罷官歸只有一子先生命之洒掃執爨以問曰大人地從何處掃起可見其家謙厚之風也

楊先生翥爲修撰居京師隣家有失雞者指其姓而罵家人以告先生曰坊市中不獨我一家姓楊又一隣居甚隘雨至必從先生家出水甚受其汚濕之患家人復告先生解之曰晴乾日多而落雨日少其德量類如此

陳先生選崇尚道學爲繡衣提學南畿惟以禮義廉恥敎化諸生讀書必自小學始其來居必學舍夜則秉燭命諸生列坐爲之講解兼問其疾苦眞得師弟子恩禮獨與權勢不肯少下都憲韓雍居父喪諸繡衣皆致奠送葬先生但一往弔而已後擢河南憲副諸生如失父母先生之名素重人皆望爲天官祭酒終無薦之者止進廣東方伯不久爲宦官所害天下惜之

劉忠愍公球爲侍講奏宦官王振專權振命錦衣指揮馬順夜殺公於獄中二子釪鉞號哭求屍止得一臂釪鉞痛公之死終振之世不出歸葬後皆以進士爲京官同擢宮閩浙二藩母夫人尚無恙兩地奉迎供養極厚人爭羨之此天之報忠也

王太宰恕爲巡撫時革牟俸之煩苛復周文襄之舊政民皆樂業惟宦寺權豪爲敵如水火之不相容每御府縣小官少所黜罰嘗曰此輩去此輩來無益於事徒費迎送耳眞得大臣之體

陸杲孟昭心多惻隱爲刑官十三年初入獄見重囚皆二木仰卧于床不能轉動被鼠夜嚙流血涔涔甚憫之遂買數猫散置獄中鼠患頓息囚多感泣自此獄中畜猫矣

崑山沈愚字通理爲人風流醖籍與從父澗玉先生爲詩酒之交每至余家必觴詠數日而去其詩皆清麗微婉樂府尤高有吳宮詞諸篇往往膾炙人口又有續香奩四卷蓋倣韓致堯之作繡鞋一首曰幾日深閨繡得成看來便覺可人情一彎暖玉凌波小兩

辨秋蓮落地輕南陌踏青春有跡西廂立月夜無聲
看花又濕蒼苔露晒向窗前趂晚晴通理乃宣德間
金陵十才子中一人也
吳中素號繁華自張氏之據天兵所臨雖不被屠戮
人民遷徙實三都戍遠方者相繼至營籍亦隸敎坊
邑里蕭然生計鮮薄過者增感正統天順間余嘗入
城咸謂稍復其舊然猶未盛也迨成化間余先三四
年一入則見其迥若異境以至于今觀美日增閭閻
輻輳綽楔林叢城隅濠股亭館布列略無隙地輿馬

從蓋壺觴罍盒交馳於通衢永巷中光彩耀目游山
之舫載妓之舟魚貫於綠波朱閣之間絲竹謳歌與
市聲相雜凡上供錦衣文具花果珍羞奇異之物歲
有所益若刻絲累漆之屬自浙宋以來其藝久廢今
皆精妙人性愈巧而物產愈多至於人材輩出尤爲
冠絕作者專尚古文書必篆隸駸駸兩漢之域下逮
唐宋未之或先此固氣運使然實由　朝廷休養生
息之恩也人生見此亦何幸哉
天順庚辰春闈火起監場御史焦顯因鎖其門不容
出入死者數十人焦頭爛額折肢傷體者不可勝計
不久　孔林亦災衍聖公某被奏不法得譴此其亦
文運之厄耶
翰林官惟第一甲三人即除授其餘進士選爲庶吉
士敎養數年而後除遠者八九年近者四五年有不
堪者復除授他職蓋重其選也然職清務簡優游自
如世謂之玉堂仙好事者因謂第一甲三人爲天生
仙餘爲半路修行仙亦切喻也

青溪暇筆

金陵姚福

洪武間翰林應奉唐肅有應制賦海東青一絶云雲翮能追萬里風坐令狐兎草間空詞臣不敢忘規諫却憶當時魏鄭公自記云是日　上御奉天門外西廡房觀海東青翰林學士宋濂因諫曰禽荒古所戒　上曰朕聊玩之耳不甚好也濂曰亦當防微杜漸上遂起嗚呼我　太祖聖明天縱固非唐太宗所能肖然宋公之直誠不在鄭公之下而肅之詩亦可謂

善於規諷矣此雖一事可以見當時君臣相得之際如此其盛也

太常博士顧祿字謹中善詩歌有過番陽湖詩其一聯云放歌今日容豪客破敵當年想至尊聞入禁中　太祖命盡進其作一日近臣入便殿見　上所常御之處有祿詩數帙益深喜之也

四明桂彦良洪武初爲太守正字　太祖一日問好善嫉惡之要對曰惟仁者能好人能惡人人須當以至公無私爲好惡上喜曰聖人之言允以切又曰朕每心火炎上喜怒不常何也曰損以懲忿窒慾又郊祀文有予我字上怒將非主者彦良進曰湯祀天曰予小子履武祭天曰我將我享儒生泥古不通煩上譴呵衆遂得釋

李淑通名泰鹿邑人洪武末爲詹事府通事舍人云太祖恒誦唐人李山甫上元懷古詩吟哦不絶且大書置屏間其詩曰南朝天子愛風流盡守江山不到頭總爲戰爭收拾得却因歌舞破除休堯將道德終無敵秦把金湯可自由試問繁華何處在雨花烟草

石城秋嗚呼安不忘危天下寧有不致太平者哉此後王所當法也

太祖一日問劉基曰我朝文章何人爲首基對當以宋濂爲第一又問其次乃曰其次則臣不敢多讓

前代藏書之富無逾本朝永樂辛丑北京大内新成勅翰院林凡南内文淵閣所貯古今一切書籍自有一部至有百部各取一部送至北京餘悉封識收貯如故時修撰陳循如數取進得一百櫃督舟十艘載以赴京至正統已巳南内大災文淵閣向所藏之書

悉爲灰燼此豈非書之厄會也歟

聞之長老云　太宗以北兵渡淮時無一葦之楫有人於橐中取乾猪脬十餘内氣其中環在腰間泅水而渡徑奪舟以濟北軍猪脬蓋預備之者也遠遊之人不可不知

本朝青田劉公潛溪宋公皆雄材博雅宋公既出當制作之任故其篇章富贍劉公在元末幽憂悲憤一寓於詩且以術數稱故所作無幾今睹所著郁離子廣引曲譬雄辯不可當非宋公龍門子所及也然其

言則積年精思之可到而龍門子則以八十八日而成此其所以優劣歟

元史列傳第十八卷有完者都第二十卷又有完者拔都其傳文大段相同微有小異讀之蓋一人誤分爲二者也然則疎漏之失恐不止此

近日一番僧自西域來貌若四十餘通中國語自言六十歲矣不御飲食日啗棗栗數枚而已所坐一龕僅容其身如欲入定則命人鎖其龕門加紙密糊封之或經月餘謦欬之聲亦絶人以爲化去潛聽之但聞掐念珠歷歷濟川楊景方嘗館於其家有叩其術者則勸人少思少睡少食耳一切布施皆不受曰吾無用也予親見雨花臺南回回寺寺中此與希夷一睡數月何異至見異人無世無之

方洲雜録

海鹽張寧

先朝西域貢馬高九尺餘頸與身等昂舉若鳳京師多有畫本景泰末西域進白馬高如之頸亦類焉後足脛節間有二距毛中隱若鱗甲段九成所記松雪翁所圖六蹄此類也天順中予復見之御馬監坊沙道上但不受羈靮不知日行幾何也造物奇偏固有異常是不可與柳宗元疑八駿圖爲妄者並論

袁尚寶忠徹世善相人人干之則叱罵甚有往還終

身不得一言者士大夫至其家爲之留連飲酌久之俟其喜而自言十中八九人謂其高貴不肯輕用其術予謂此正專乎術者也凡人貴賤壽夭禍福根于心而動乎體固有隱而難見者必從容玩狎得其眞而後言否則寧不言也使不善自固其術易干而好談一日所接豈止數十内鑒不精目力隨亂豈眞一一奇中哉忠徹非能盡相人能用相人之術耳

聖賢知人之明與愛人之仁互相發見之於鯀旣知其不可猶举其能治水諸葛孔明之於馬謖先主嘗言其不可大用亮雖知之猶冀其能受節制可以成功後皆敗績故聖賢寧傷其明不忍拂乎仁後世若裴行儉之徒乃欲以一見之間鑒別不遺此必有幽巧也不然史過言耳

韓魏公盜入齋寢事人皆美公有量予謂當先稱其有識也量雖大使盜不捨而殺之已則已矣如國何此殆與春秋戰國之士等耳於量也何益蓋公明識之深灼見盜者之必不加刃故使之旣竊而相與言因而示之以閒暇也故世之有量者無不自識中來

此格致之功所以先於誠正也

予使朝鮮底遼出連山隘口二日挨營荒野官校指言北山中有居人數家一老者自宣德末已年八十餘今猶强健因與副使武士英單騎徐行約里許抵委徑寥絶處所居累壍架梁覆以樹皮男女皆鬘髻草服老者見客殊不省問其年幾何曰不知問其曾至遼城否曰昨日曾去殆若不解人事者蓋自來生長草野世無服役不過墾植收斂或食松榛實蔬蓼菊苗飲泉水不知營度憂慮不嘗五味清淡安全所

以致壽漢胡廣傳載穰縣菊水其地飲之者上壽百二十歲七八十者猶以爲夭觀此老人信有之人能不以外物勞心而又淡薄於世味久而不渝自足致壽彼偃仰呼吸以求鍊形服氣者徒自苦耳

人才之生如貨物之產用而求焉則聚而見不用不求則散而藏其賤且輕者遇貪賈猶可以屈取其貴且重者苟不得善價廉賈寧沒身不售甘遺齎美於後世焉不反其故而謂天下無才是猶謂天下絕貨物也

火浣布予初于蘇州張廷義家及仁和縣純一僧院見者皆大如折二錢近於朱孫榆縣丞家見者狹長如衣帶漬油則可代燭覆火則可爇香油盡火熄則完全如故故梁冀帨巾魏武時所貢元別怯赤山石絨所織信皆不妄因記向在京時嘗於指揮胡鑑寓所見其父宗伯公所得　宣廟賜物如錢大者二形色絕似雲母石類世之硝子而質甚薄以金相輪廓而衍之爲柄紐制其末合則爲一岐則爲二如市肆中等子匣老人目昏不辨細字張此物于雙目字明大加倍近者又於孫景章參政所再見一具試之復然景章云以良馬易得于西域賈胡滿剌似聞其名爲僾逮二物皆世所罕見若論利用于人則火浣雖全足亦當處于僾逮也

予嘗見其侯家傳美石一方中有緋袍玉帶人端拱而坐又見觀音寺衛衕寺僧收謝廷循一石方廣二三寸中劈爲二內函魚骨首尾皆全予先君葬祖考時啓祖妣攢合葬發礪石一紫色者剖爲二其中樹石茂密一冠帶人立樹下若凝眸遠望如筆墨描畫

先君謹藏欲解爲畫屏後因被災而毀家藏石蟹一枚具體如生以水磨之腥氣如蟹病目者稍塗兩眥頗能定痛大氣流行融結變化眞有不可強論者

遼邸記聞

吳郡錢希言

城以內西有子城曰湘城者故湘王分封建宮之地也相傳是高氏舊築今爲麋鹿所游距城數武卽遼王故宮　成祖時自遼而徙於荆六葉矣迨　穆宗朝黜爲庶人國乃滅

世廟時遼邸最盛宮室苑囿聲伎狗馬之樂甲于諸藩而主亦風流好文音曲詞章梟盧擊鞠靡不狎弄離宮別館霧鏁雲蒸舞榭歌樓金鋪繡瀊於是四方

之墨卿賦客博徒酒人黃冠羽服騈子魚文之流無不鱗集其座上矣　世宗晏駕國亦遂除先是王好致方士求長生之術以迎　上意　上加封王爲眞人寵賜絡繹有異數焉　穆皇帝卽位人有嫉王者陰告王有淮南之謀收下鳳陽請室翦其茅土迨今主上登極數年忽夢有羽衣人來叩閽乞命尋感悟稍稍知王異冤貸出將議復之而讐家謀毒未巳甫七日報王薨矣三十年來不獨豪華漸盡卽楚筵一杯之禮亦復寥寥令人氣結

遼王好營宮室置亭院二十餘區以美人鐘鼓充之其名有西樓西宮曲密華房太乙竹宮有月榭紅房花塢藥圃雪溪氷室鶯塢虎圈又有塔橋龍口西疇草湖纍珠洞宮人斜諸處緜延包絡參差蔽虧琪花瑤樹異獸文禽靡不畢致王日與諸名士賦詩觴酒其中

是時秦中孫一元信州宋登春吾吳顧聖之諸君凡數十輩皆爲王門珠履與故荆守徐宗伯公倡和上元諸曲徐有西宮隱隱出鸞簫之句傳誦一時然遼

王雅工詩賦尤嗜宮商其自製小詞艷曲雜劇傳奇最稱獨步有春風十調唾窗絨誤歸期玉闌干金兒弄丸記皆極婉麗才情尋後安置鳳陽又編撰賣花聲諸詞數百闋流傳江表含思凄楚不減南唐後主春意闌珊王今章華臺前老妓半是流落宮人猶能彈出箜篌絃上一曲伊州淚萬行也

遼王晚抱異疾不能親女色後宮中往往有抑鬱致死者今沙橋門外宮人斜卽群姬埋香處每陰寒晦黑過者聞紅愁綠慘之聲近有少年子乘醉踏月迷

入空宮經素香亭下覩一美人霓裳練裳倚闌而歌曰明月滿空，㣲梧桐落如雨涼飇襲人衣不知秋幾許歌竟杳然不見事出哀黍離云著哀黍離者宗人湘陰憲㸑談王陰事頗多而皆非確論葢以私意爲月旦耳紂之不善不如是之甚也

里中王老人嘗爲余談遼邸事津津不休故江陵相未第時極爲遼王所眷甫釋褐還鄉謁王王置酒欵洽遇之甚優嘗從酒次更衣誤江陵緋色稍黴黰然久之私戒尚衣宮監陳曉與工程其短長出繒錦製袍二襲紗縠稱是篝燈夜成旦走騎奴遺之江陵不知也酒醒衣至試之不失尺寸驚喜過望趣赴邸頓首謝王曰瑣瑣何煩主臣未幾而江陵入掌國史權炙手矣日夜思齮齕王而未有間嘗以書抵所知者云荆國主終不可留尋禍作嗟乎解衣衣我我悖之不祥且丞相寧能爲石人耶十年間小山蘭坂鞠爲草莱東閣平津亦廢爲車廄斯非天道好還歟不然何報施之疾也

宛委餘編

吳郡王世貞

東有魚比目曰鰈南有鳥比翼曰鶼西有獸比肩曰邛邛距虛

霍小玉傳有叩頭蟲按異苑曰有小虫形色如大豆呪令叩頭又使吐血皆如所教然後請放稽顙輒七十而有聲傅咸有叩頭蟲賦

又有虫名螠好于緜髮上自經而死故縊傷猶益螠一名縊女物性固有如此者

丹鉛餘錄云宋宮燭香烟成五彩樓閣龍鳳文者不知何藥物竊謂是蠶脂所成詳見同昌公主傳

象膽按四時在四足熊膽亦在四足魚膽春夏近上秋冬近下蚺蛇膽隨擊而護

獸而鳥名者張平犬曰飛鷰王鐸卑卿犬曰花鳥宋犬曰鵲又周處風土記云犬則青鶴白雀秦皇馬曰銅雀晨風漢文馬曰紫鷰豫章王蕭嶷馬曰飛鷰尸子馬亦名紫鷰黃子馬名黃鵠曹洪馬曰白鵠

鳥而獸名者鴗曰魚虎杜宇曰謝豹鵂怪鴟也曰訓

狖又曰訓猴鳩曰天狗又曰魚狗鵧卽魚虎也西域
大鳥曰駞齊庭一足鳥曰商羊
魚鷹魚虎蜜蠭蝎虎蠅虎鴻豹以食之也鴻豹鳩也
鷹奴虎僕以其爲役也由鹿雉媒因以取鹿雉也
人食鈎吻卽死而羊食之肥神仙吞巴豆卽死而鼠
食之長魚食莽草卽死而人食之美犬食木鼈子卽
死而人食之無毒
本草海南產益智花實作長穗而分爲三節其實熟
否以候歲之豐歉其爲藥治氣止水而無益於智盧

循寄劉裕益智粽卽此物也嵇含南方草志云如筆
毫長七八分味辛雜五味中亦可鹽曝
鯔魚與衆魚合如娼也鯔魚魚之生母也凡諸魚欲
產輒以頭銜其腹
抱朴子云不灰之木不熱之火則所謂有溫泉而無
寒火非也又曰無身之頭無首之體若無首之體夷
堅志等書凡三載之無身之頭不知爲何物
麝香野猪運日烏蠳龜蜈蚣俱啖蛇鴆鳥啖蝮蛇一
名曇

藜杖杖之爲杖也桃笙笙之爲簟也阿錫錫之爲布
也藻井井之爲言板也玉巵無當當之爲言底也
貝多樹大葉拾遺記云外國有此樹葉書長五六寸
闊五寸許葉形似琵琶而厚大嵩高寺中有思惟樹
卽貝多也
靈壽杖顏注木似竹有節長不過八九尺圍可三四
寸自然合杖不煩削治
風神曰孟婆對颶母可也又風母如猿打殺遇風卽
活雷公如猪冬月蟄地中掘得之二物皆可食作對

甚切其形亦相似也
楊用修記安寧州潮泉一日三溢三涸連州水下流
有料溪一日十溢十竭貴州城外有漏泃一日百盈
百竭應漏刻焉可謂奇聞矣因筆之
有情化無情婦人化石山蚓化百合無情化有情腐
草化螢陳麥化蝶
鯀化黃熊望帝化杜鵑褒君化龍牛哀化虎黃母化
黿徐伯化魚其他不可勝記
雨水瀑下蟲豸變化化爲魚鱉歲月推移氣變物類

蝦蟇爲鶉雀爲蜃蛤蠶食葉老績而爲蛹蛹又化而爲蛾蠐螬化爲復育復育轉而爲蟬

黄帝作指南車又作華蓋太公作曲蓋殷高宗作雉尾扇俱見崔豹古今注指南車沈約宋書云周公所作

曹植作長行局即雙陸也胡王作握槊亦雙陸也俱見後魏李邵序

帝俊八子作歌舞見山海經又孟頫帝王紀錄云陰康氏作舞吕氏春秋云是陶唐氏作

雍文作舂黄帝臣也見世本吕氏春秋云赤冀作杵

伏羲氏作網見古史世本云句芒作網及羅伏羲臣也

春申君客躡珠履秦始皇有望僊鞋漢有伏虎頭履繡鴛鴦履東晉有鳳頭履聚雲履五朶履南宋有重臺履梁有笏頭履分梢履立鳳履五色雲霞履漢履婦人員頭男子方頭晉太康後婦人皆方頭

晉永嘉間婦人束髮其緩彌甚紒之堅不能自立則被于額自出而已吳婦盛粧者急束其髮而劘角之于耳惠帝元康中婦人之飾有五兵佩又以金銀玳瑁之屬爲斧鉞戈戟以當笄

漢梁冀作平上軿車埤幘狹冠折上巾擁身扇狐尾單衣妻孫壽作愁眉粧墮馬髻折腰步齲齒笑周弘正着紅褌錦絞髻昭開善寺門聽經後又着綠絲布袴繡假種餞劉顯皆所謂服妖也

吾所以備著齊及六朝服飾之異者不惟見其時趣之異亦欲使善畫者不致譏于有識與鑒畫者之不爲人所紿也

江鯊湖鯊皆有子海鯊無子河魨大斑魚小形同皆美肝有客戲謂海鯊爲江湖二鯊婦斑魚爲河魨孫謔而有理

太元中公主婦女必緩鬢傾髻以爲盛飾用髲既多不可恒戴乃先於木及籠上裝之名曰假髻或名假頭

宋文帝元嘉六年民間婦人結髮者三分髮抽其鬟直向上謂之飛天紒始自東府流被民庶

吳公子慶忌欲復王僚之讐而爲要離所殺夫差將

云公子慶忌驟諫欲殺不忠者爲夫差所殺一見史記一見左傳然則吳有兩公子慶忌邪

荀子韓之張去疾趙之奉陽齊之孟嘗可謂纂臣也註去疾張良之祖然則去疾亂韓而良能爲韓克蓋前人之愆者也

王充云堯以天下讓舜鮌爲諸侯欲得三公而堯不聽怒其猛獸欲以爲亂鮌何得有此事而充妄引之

虙子賤治單父而臞有若謂之曰昔者舜鼓五絃歌南風之詩而天下治云然則子賤之鳴琴固有若教之也

谿山餘話

雲間陸深

周諝延之尤溪人字希聖宋熙豐間人知廣之新會縣不肯奉行王安石新法有寄子弟詩浪有虛名落世間自慚無實骨毛寒未年三十身先倦纔得一官心已闌卜宅擬尋栽藥圃買田宜近釣魚灘他年子弟重相見蔾杖簑衣筍籜冠詩雖淺頗不類宋一時門人稱周夫子其風致可想也又著孟子解義禮記說亦一博學之士

嘉靖己丑予謫延平將以八月到任故自七月冒暑渡浙江沿途皆以疾謝遣人事二十六日過蘭溪謁楓山章文懿公祠堂公諱懋字德懋是日始具衣冠文懿家甚寥落八十歲外生一子時年已十五矣祠中塑像乃公服不甚肖似爲賦一詩曰　大明啟運接虞唐成化初年士氣昌歲晚舊京施木鐸日長過客奠椒漿盍棺論定知消長飾惠恩深識播揚青眼門生今白首敢予初志負升堂公丙戌會元入翰林爲編修因鼇山應　制上疏諫止遂謫外是時雖一

峯倫方論時相起復後先就貶士論翕然稱之稍遷
福建僉事遂致仕家居近三十年　孝廟末始因論
薦起爲南京國子祭酒自祭酒遷南太常寺卿不赴
再遷南禮侍再不赴復乞致仕家居復以論薦陞尚
書年八十六卒　賜祭　賜葬　賜謚　復廕食其
幼子皆異典也深卒業南雍極棠公器待時年二十
六今五十三矣公和易不事邊幅喜爲後生輩談論
講說終日不倦其言若不甚切深而其應皆如影響
所謂國家之耆蔡若人是已每爲諸生言甲子歲更

天下多事云云乙丑　孝廟賓天而劉瑾擅權　武
宗朝事無一不驗所聞者非一人世當有記之者別
有一一事得于獨聞因憶正德壬申秋深以編修使
淮府畢事還經蘭溪與今僉都御史唐虞佐龍同謁
公于白露山下公留飯于廳事惟虞佐與深侍公一
一詢　朝事併及當道諸公因曰萬一今　上無嗣
則孝宗絕其繼承云何深不敢對曰當論昭穆昭穆
亦有數說不同若據左傳曰文之昭也武之穆也則
昭穆當視廟制深益不敢對虞佐時以荊城尹持服

素喜議論是時亦默默公微笑字謂深曰子淵意何
如深遂避席對曰此非小臣所敢道公又笑曰官也
不小李綱在宋朝許大擔負只是起居注耳起居注
正是今編修之官深遜謝不省何謂公亦遽以他語
易之深至杭遂上疏移疾還家丙子秋告起迁司業
辛巳奔先太史公喪還家戊子始召迁祭酒明年三
月以　經筵面奏再上疏得　旨降延平同知其事
頗與李忠定合按忠定字伯紀梁溪人梁溪今之無
錫縣其生則在予華亭縣公廨故至今有相公閣以

忠定故也忠定在講筵以面奏謫沙縣沙縣今隷延
平予亦以面奏得延平雖文章勳業萬萬不敢望忠
定而事有偶然相類者不知文懿當日何以特舉忠
定爲深勵耶古人何限亦何必忠定其有意耶其無
意耶皆不可知也漫書于南劍州之九峰吏隱處
予爲庶吉士時一日侍坐于少師洛陽劉公健因問
予章德懋可爲今日何官予亦遜謝不敢對公大聲
曰以尔知德懋故問予始起對曰恭而安宜爲日講
經筵官以輔養　聖德公搖手曰不得不得德懋居

山林久未聞講筵禮數萬一山野使人主不肯親近
儒臣自此始同年崔子鍾銑聞之曰此公私意孰謂
德懋不習禮度耶由今日觀之深之去講筵也雖所
自取亦以少誠意無感悟之效如盛庶子端明魏祭
酒校皆以半疎致秩半歲之間屢有變動　聖心可
想矣乃知前輩練事久自有長識後生未易斷也
我　孰每歎君臣隔絕寔以　憲廟口吃之故至
孝宗末年有意　召見大臣與議機務李西涯文正
公東陽載在燕對錄比來南劒聞之蕭少卿九成韶

言一日　孝廟嘗問司禮監　祖宗時召見大臣其
禮如何當在何處蕭敬對云　英宗多在文華殿嘗
見臨　殿前檻見吏部尚書王公翱問對畢王公辭
去顧見其衣後破損再呼還問衣破何不令家人補
之王公答曰今日偶服此到部適聞　命不及更衣
英廟撫掌笑命賜一綺　孝廟聞之曰朕不能如
祖宗簡易若此數日間遂召見兵部尚書劉公大夏
見後稱好好向見遂菴楊公一清亦談一事云時甘
肅闕總兵官會推恭順侯吳瑾　英廟以爲得人

召問王公如何王公以爲不可用　英廟遽曰老王
執拗外庭皆道此人好獨尔以爲不好何也王公叩
頭曰吳瑾是色目人甘肅地近西域多回回雜處豈
不笑我中國乏人　英廟即撫掌曰還是老王有見
識即命另推　祖宗時君臣之間契會如此　孝廟
有意修復真　聖政也
戶部尚書杏岡李公瓚嘗爲兵部主事言東山劉公
大夏當　孝宗之朝最爲得君公亦以天下爲任議
汰冗食凡軍職皆以軍功爲準適查裁革旣得　旨

議之而一時　侍衛將軍力士之流皆以才藝選初
無軍功該司失于照詳類行報罷一時閧然時駙馬
都尉樊凱管紅盔將軍特過兵部爲言此輩不宜裁
革東山槩拒之凱積不平適當　駕陞殿凱立午門
外語諸人曰爾輩不用了昨已奏　旨裁革雖我亦
無地位矣蓋激之也衆人遂散出　孝宗上殿平昔
執瓜帶刀之人皆不在儀衛簡寂恐恐不安屢顧左
右問故旣退遂宣樊駙馬面究凱奏昨兵部以行裁
革去矣　孝宗大聲曰劉大夏敢如此　王色不怡

復宜兵部東山至走急氣促不能了了而裁革之事
悉罷　聖眷遂衰矣夫以東山之公忠與　孝廟之
有爲事機一失乃至于此信乎臣不密則失身一時
疏畧甚可惜也該司可謂無人矣諺云倖門如鼠穴
此言可以諭
嘗記宋時漕運自荆湖南北米至真揚交卸舟人皆
市私鹽以歸每得厚利故舟人以船爲家一有損漏
旋即補葺久而不壞運道亦通　太宗嘗謂侍臣曰
篙工柁師有少販鬻但無妨公不必究問真帝王之

度哉
亡國之君多善文辭如隋煬帝陳李二後主使與詞
人才子爭長亦居優列豈浮華者無實用耶南漢劉
鋹疑燋對宋太祖曰臣承祖父基業違拒朝廷煩王
師致討罪在不赦陛下既待臣以不死願爲大梁布
衣觀太平之盛未敢飲此酒也其文章質直有西漢
風骨不如五代衰亂僻在南服何以能此此豈有才
質耶
羅仲素云中庸之書孔子傳之曾子曾子傳之子思
分明是有一本書相傳到子思郝云述所授之言著
于篇朱晦菴作大學章句又說經是孔子之言而曾
子述之傳是曾子之意而門人記之如仲素所謂述
而成書猶有可言若謂不得其言徒記其意遂乃支
分節解以不失本書之旨微恐于理有礙誠如所云
則曾子有此門人不應無聞也是二家之說不免學
者之疑畢竟大學中庸却有原書不若程子只說大
學孔氏之遺書也恰好
今東南之田有二則曰官田曰民田然官田未必盡

重而民田未必盡輕也今諸冊籍有此異同其在耕
種各有肥瘠高下而官民之名若于田無與者非如
輕重二則之有利害也惟編審差徭則官田輕而民
田重故受田之家亦嘗校論官民之則然官田之得
名莫能推求所始或指爲近世抄沒之田或以爲賈
似道所買之田偶見李忠定公奏議中已有東南官
田之說元豐間檢正中書五房公事畢仲衍投進中
書備對所述四京十八路田稅數目已見官田則西
北並有之又熙寧八年詔凡官田及已佃而或佃租

違期應刻佃者別召佃悉籍之官當時又有總領借置官田所名目之設其所從來遠矣拈出以俟稽考

鄧肅字志安沙縣人別號栟櫚有栟櫚先生文集栟櫚山水奇絶今屬永安縣志宏有文行與朱韋齋先生交好一日韋齋觴客栟櫚以冠帯寓之醉起韋齋曰留以質紙筆明日如約韋齋受筆還冠而以紙少留帯曰償無千幅竟不還栟櫚爲寄一詩曰歸帽納毫真得策要歳留帯計還疎公如買菜苦求益我已忘腰何用渠閉戸羽衣聊自適推颸柿葉對人書帝

都聲價君知否寄付新傳折檻朱前輩風流調笑藹藹若此

天下水各不同而篙師柁工不相爲用鄧栟櫚稱閩水曲折行亂石間湍急雪噴相應而起親見之方知其工

晉共太子曰君安驪姬是我傷公之心也其言如此異世悲之我朝　憲廟最寵萬貴妃萬嘗得罪　孝廟外傳萬自盡嘗見一中官說萬體豐肥一日以拂子撻一宮人怒甚遂痰厥而死蓋卒疾云内人傳報　憲廟玉色撫然云萬使長去我也待要去也不久遂賓天鍾情之傷若此申生之言益信消心寡欲自是人主壽命之源可不慎哉

吳文恪公訥吾鄉常熟人所著文章辯體一書號爲精博自眞文忠公正宗之後未能過之但聯句小序謂聯句始著于陶靖節而盛于東野退之則失考矣若論聯句寔始于賡歌而柏梁之作其體著矣

歌辭代各不同而聲亦易亡元人變爲曲于今世踵襲大抵分爲二調曰南曲曰北曲胡致堂所謂綺羅

香澤之態綢繆宛轉之度正今日之南詞也登高望遠舉首高歌而逸懷浩氣使人超乎塵垢之表者近于今日之北詞也

予嘗謂張子房之出處其後有李泌韓退之之文筆惟陸宣公可敵

巳丑十一月九日予聞山西之命以明年夏四月六日入太原李忠定公起用即往援太原事亦頗類章公之言予益以愧無所酧云

委巷叢談

錢唐田汝成

宋南渡諸將韓世忠封蘄王楊沂中封和王張俊封循王俱享富貴之極而俊復善治生其罷兵而歸歲收租米六十萬斛今浙中豈能着此富家也紹興間内宴有優人作善天文者云世間貴官人必應星象我悉能窺之法當用渾儀設玉衡若對其人窺之見星而不見其人玉衡不能卒辦用銅錢一文亦可乃令窺光堯云帝星也秦師垣曰相星也韓蘄王曰將星也張循王曰不見其星衆皆駭復令窺之曰中不見星只見張郡王在錢眼内坐殿上大笑俊最多貲故譏之

宋紹興乙卯以旱禱雨諫議大夫趙霈上言自來祈禱斷屠止禁猪羊今後請并禁鵞鴨時胡致堂在兩掖見之笑曰可謂鵞鴨諫議矣聞 中有龍虎大王當以鵞鴨諫議當之嘉定中察院羅相上言越州多虎乞行下措置多方捕殺正言張次賢上言八盤嶺乃禁中來龍乞禁人行太學諸生遂有繫擒虎張奪

龍之對

林逋隱居西湖朝廷命守臣王濟體訪之逋投一啟其文則儷偶聲律之式也濟曰草澤之士不友王侯文須格古功名之事俟時致用則當修辭立誠今逋兩失之矣乃以文學保薦詔下賜粟帛而已又逋嘗放許洞洞作詩嘲逋云寺裏啜齋饑老鼠林間咳嗽病獼猴豪民送物鵝伸頸好客臨門鼈縮頭則逋在當時亦不滿于輿論甚矣賢才處世之難也

洪武中浙江都司徐司馬令郡城人家植冬青樹于門數年後街市綠陰匝地張輿賦詩云比屋冬青樹人皆隱綺羅春風十年後惟恐綠陰多

錢唐祝吉甫居西河上搆小樓眺盡湖山之勝賓客常滿隣有富豪築高墻數仞蔽之吉甫因鬱鬱不樂趙松雪訪吉甫登樓爲書二字扁曰且看一日賈酸齋來亦題於左云酸齋也看無何隣以通番簿錄家徙垣屋摧毀小樓内湖山如故

考亭朱文公得友人蔡元定而後大明天地之數精詣鍾律之學又緯之以陰陽風水之書乃信用蔡說

上書建議乞以武林山爲孝宗皇堂且謂會稽之穴淺狹而不利願博訪草澤以決大議其後言者毀考亭陰援元定元定亦因是得謫云

宋時閫帥郡守等官雖得以官妓歌舞佐酒然不得私侍枕席熙寧中祖無擇知杭州坐與官妓薛希濤通爲王安石所執希濤榜笞至死不肯承伏想唐制亦然也

紹興四年大享明堂更修射殿以爲享所其基即錢王時握髮殿吳人語訛乃云惡發殿謂錢王怒時即

乘此座也時殿柱大者每條圍一十二尺其壯麗如此

度宗崩幼君諒陰榜第一名王龍澤二名路萬里三名胡幼黃行都爲之語曰龍在潭飛不得萬里路行不得幼而黃醫不得

癸辛雜識言宋時杭城除有米之家仰糴而食者凡十六七萬人人以二升計之非三四千石不可以支一日之用而南北二廂不與焉客旅之往來又不與焉武林舊事言杭諺有之杭州人一日吃三十丈木頭。以三十萬家爲率大約每十家吃擂槌一分合而計之則三十丈矣此二事較之今時亦不減也

錢氏時西湖漁者日納魚數斤謂之使宅魚其捕不及者必市以供頗爲民害一日羅隱侍坐壁間有蟠溪垂釣圖武肅王索詩隱應聲曰呂望當年展廟謨直鉤釣國更誰如若教生在西湖上也是須供使宅魚武肅王大笑遂蠲其征

吳越王妃每歲歸臨安王以書遺妃云陌上花開可緩緩歸矣吳人用其語爲歌含思宛轉聽之凄然蘇

子瞻爲之易其詞蓋清平調也調云陌上花開蝴蝶飛江山猶是昔人非遺民幾度垂垂老遊女長歌緩緩歸陌上山花無數開路人爭看翠軿來若爲留得堂堂去且更從教緩緩回生前富貴草頭露身後風流陌上花已作遲遲君去魯猶歌緩緩妾回家

武肅王開國日頻役士卒怨讟興焉或夜書其門曰沒了期沒了期修城纔了又開池王出見之命書其傍云沒了期沒了期春衣纔罷又冬衣嗟怨頓息蓋以恩典發其感激之心也亦應變之智云

西湖雖有山泉而大旱之歲亦嘗龜坼宋嘉熙庚子西湖水涸茂草生焉官司祈雨無應李霜涯戲作一詞云平湖千頃生芳草芙蓉不照紅顛倒東坡道波光瀲灧晴偏好灘者廉捕之遁不知所往

元至正間西湖冰合故老云六十年前曾有此異張仲舉賦詩云西湖雪厚冰徹底行人徑度如長川風吹鹽地結陰鹵日射玉田生暖煙魚龍穴裏寒更縮鷗鷺沙頭饑可憐安得長冰通滄海我欲三島求神僊

尚書故實云百越人以蝦蟆爲上味疥者皮最佳名錦襖子范蜀公東齊筆記云沈文通守杭州禁民食蝦蟆終三年人不敢食而蝦蟆亦絕不生及文通代去禁弛而蝦蟆復生傳子翼蟹譜云杭俗嗜蝦蟆而鄙食蟹時有農夫田彥升者家於半道紅性至孝其母嗜蟹彥升慮其鄰比竊笑常遠市於蘇湖間熟之以布囊負歸已上載紀舛差皆不可曉蝦蟆形雖不典然周禮亦嘗羞而薦之宗廟與羔兎同珍漢武帝欲除饑何以爲上林苑東方朔以爲此地土宜姜芋水多蛙魚貧者家給則食蝦蟆者長安亦有之不獨越人也至云不脫疥皮以爲佳品此又不情蛙皮腥韌非可食者何越人之饞饕至此周時蟈氏焚牡鞠以殺蛙黽其法無驗未聞沈文通以何術禁之使三年不生也杭人最重蟹秋時風致惟此爲佳而云杭人嗜蝦蟆而鄙食蟹此又何說至如歐陽公歸田錄又云國初通判嘗與知州爭權有錢昆者杭人也其俗嗜蟹嘗求外補人問所欲曰但得有螃蟹無通判處足矣其所載杭俗又與傳子翼不同益聞見得於

外方者往往失真非土著者不能辯也

宋時陶穀奉使吳越忠懿王宴之因食蝤蛑詢其族類忠懿命自蝤蛑至蟛蜞凡十餘種以進穀曰眞所謂一解不如一解也

東坡仇池筆記云杭人喜食鵞日居百鵞予自湖上夜歸居者之門百鵞皆號若有所訴鵞能警盜亦能却蛇有二能而不能免死又有祈雨之厄悲夫

古之所謂庾詞即今之隱語也而俗謂之謎人皆知始於黃絹幼婦而不知自漢伍舉曼倩時已有之

矣至飽照集則有井字謎杭人元夕多以此爲猜燈
任人商略永樂初錢唐楊景言以善謎名
外方人嘲杭人則曰杭州風盖杭俗浮誕輕譽而苟毁道聽塗說無復裁量如某所有異物某家有怪事某人有醜行一人倡之百人和之身質其疑皎若目覩譬之風焉起無頭而過無影不可踪蹟故諺云杭州風會撮空好和歹立一宗又云杭州風一把葱花簇簇裹頭空又其俗喜作僞以邀利目前不顧身後如酒攙灰鷄塞沙鵞羊吹氣魚肉貫水織作刷油粉

自宋時已然載於癸辛雜識者可考也
杭人以冬夏二至後數九以紀寒暑云冬至後一九二九招喚不出手三九二十七籬頭吹觱篥四九三十六夜眠如鷺宿五九四十五太陽開門戶六九五十四貧兒爭意氣七九六十三布衲兩頭擔八九七十二猫狗尋陰地九九八十一犂耙一齊出夏至後一九二九扇子不離手三九二十七氷水甜如蜜四九三十六拭汗如出浴五九四十五頭戴秋葉舞六九五十四乘凉入佛寺七九六十三牀頭尋被單八九七十二思量盖夾被九九八十一家家打炭墼
自元豐制尚書省復二十四曹繁簡絕異在汴京時有語曰吏勳封考筆頭不倒戶度金倉日夜窮忙禮祠主膳不識判硯兵職駕庫典了襏袴刑都比門總是冤魂工屯虞水白日見鬼及駕幸臨安喪亂之後士大夫亡失告身批書者多又軍賞百倍平時賄賂公行目濫相乘軍饟日滋賦歛愈繁而刑獄亦衆故吏戶刑三曹吏胥人人富饒宅曹寂寞彌甚吏輩又爲之語曰吏勳封考三婆兩嫂戶度金倉細酒肥羊

禮祠主膳喫虀吃麵兵職駕庫皺眉喞醋刑都比門人肉餛飩工屯虞水生成餓鬼
曹元寵題村學堂圖云此老方捫虱衆雛爭附火想當訓誨間都都平丈我語雖調笑而曲盡社師之狀杭諺言社師讀論語郁郁乎文哉訛爲都都平丈我委巷之童習而不悟一日宿儒到社中爲正其訛學童皆駭散時人爲之語云都都平丈我學生滿堂坐郁郁乎文哉學生都不來曹詩蓋取此也
杭人削松木爲小片其薄如紙鎔硫黃塗其銳名曰

發燭亦曰焠兒蓋以發火代燈燭用也史載周建德六年齊后妃貧者以發燭爲業豈卽杭人所製歟陶學士清異錄云夜有急苦於作燈之緩批杉染硫黃遇火卽發呼爲引光奴今遂有貨者其名頗新

杭人稱四司六局蓋宋時官府貴家置四司六局各有所掌筵席排當凡事整齊都下街市每遇禮席以錢倩之四司者帳設司廚司茶酒司臺盤司也六局者果子局蜜煎局菜蔬局油燭局香藥局排辦局也祗應慣熟不煩賓主之心今時雖無此名而禮筵率

有包辦咄嗟而集他如珠冠禮衣方巾花扇綵轎盒擔幃幔吉凶器具皆有置賃者猶行都之遺風也

世態炎涼緇流尤甚宋時杭州有丘浚者謁珊禪師接之殊倨頃之有州將子弟來謁珊降階接禮甚恭浚不能平伺子弟去乃問曰和尚接浚甚傲而待州將子弟乃爾恭也珊曰接是不接不接是接浚勃然起摑珊數下曰和尚莫怪打是不打不打是打此言殊快人意

輟耕錄言杭州人好爲隱語以欺外方如物不堅緻曰憨大暗換易物曰搠包兒麄蠢人曰杓子朴實曰艮頭白獺髓言杭俗澆薄語年甲則曰年末語居止則曰只在前面語家口則曰一差牙齒語仕祿則曰小差遣此皆宋時事耳乃今三百六十行各有市語不相通用倉猝聆之竟不知爲何等語也有曰四平市語者以一爲憶多嬌二爲耳邊風三爲散秋香四爲思鄉馬五爲誤佳期六爲柳搖金七爲砌花臺八爲霸陵橋九爲救情郎十爲舍利子小爲消黎花大爲朶朶雲老爲落梅風諱低物爲靸以其足下物也

復諱靸爲撒金錢則又義意全無徒以惑亂觀聽耳

宋時臨安四方輻輳浩穰之區游手游食姦黠繁盛有所謂美人局以倡優姬妾引誘少年有櫃坊局以博戲關撲騙賺財物有水功德局以打點求覓脫購財貨有以僞易眞者至以紙爲衣以銅鉛爲銀以土木爲香藥變換如神謂之白日鬼有剪脫衣服環佩荷包者謂之覓貼兒其他穿窬胠篋各有稱首至如頑徒攔街虎九條龍之類尤爲市井之害今之風俗大抵仍之而揷號稍異白手騙人謂之打清水網夾

剪衫袖以掏財物謂之剪綹撒潑無賴者謂之破落
户
杭人言寧可曰耐可音如能可漢書傷越之人耐暑
註與能同李太白詩耐可乘明月又耐可乘流直上
天皆讀如能言人胸次不坦夷偍獨見以忤人者曰
㑦𠆳音如列挈漢書㑦𠆳而無志節言人愚不省事
者曰儓儗萬詩五方造我語知我非儓癡亦曰憨𤸱
書表寶兒多憨態得寵憐言人猶與不前猛者曰墨
尿音如迷癡蘊藉不躁暴者曰𥈬娗音如緬忝出列
子又皮日休反招魂上曖昧而下墨尿言人進退不
果曰佁儗音如癡騃司馬相如賦佗以佁儗柳子厚
夢歸賦紛若倚而佁儗兮言事頻煩不易作者曰鄭
重法王莽傳非皇天所以鄭重符命之意言人無用
者曰不中用史記始皇聞盧生竊議亡去怒曰吾將
收天下書不中用者盡去之罵人曰老狗漢武故事
上嘗語栗姬怒弗應又罵上爲老狗言紛紜不靖曰
海紅花盜海紅花乃山茶之小者開時最繁鬧故借
以爲喻詈人桀猾不循理者曰雜種晉書前燕載記

賛曰蠢茲雜種奕世彌昌見人有不當意者曰嘴鼻
金史宋破金泗州守將畢資倫不肯降繫獄十四年
及盱眙守將納合買住降北望哭拜謂之嘴故主資
倫見買住罵曰國家未嘗負汝何所求死不可乃作
如此嘴鼻也言人聆言不省曰耳邊風杜荀鶴詩百
歲有涯頭上雪萬般無染耳邊風作事助力曰阿𤸱
𤸱武后時南皮縣丞郭勝靜每巡鄉喚民婦託衣縫
補而姦之其夫至謫勝靜鞭數十主簿李戀作救解
之勝靜羞諱其事但恐痛不禁低聲唱云勝靜不被
打阿𤸱𤸱衝寒而饑栗卒起曰㾦禁韓退之鬭鷄詩
㾦毛各禁㾦日光微暖曰溫暾王建宮詞新晴草色
暖溫暾白樂天詩池水暖溫暾言已是如此曰隔是
元微之詩隔是身如夢頻來不爲名問何人曰阿誰
訛爲阿誰劉先主破成都置酒爲樂龐統諫曰伐人
之國而樂之非仁也先主怒曰武王勝商前歌後舞
既而悔曰向者之論阿誰爲失統曰君臣皆失言人
有病曰不快華陀傳體有不快起作一禽之戲又曰
不耐煩庾炳之傳爲人強急而不耐煩俚語又言耍

不得蓋人有病則嗜慾不遂要喫喫不得要行行不得意義雖粗亦有可解遷居而隣友治具過飲曰暖屋亦曰暖房王建宮詞太儀前日暖房來言不潔曰鏖糟霍去病鏖皋蘭下注云盡死殺人爲鏖糟蓋血汚狼籍之意也訴人傭工曰客作三國志焦光饑則爲人客作飽食而已賤丈夫曰漢子北齊書何物漢子與官不就女子及笄曰上頭而娼女初薦寢於人亦曰上頭花蕊夫人宮詞新賜雲鬟使上頭呼女子之賤者曰丫頭劉賓客詩花面丫頭十二三草木釋

而初尋者曰始花音如試月令桃始華蟬始鳴註皆去聲言戲擾不已曰嬲音如褭嵇叔夜書嬲之不置稱善能營生者曰經紀唐滕王蔣王皆好聚歛太宗嘗賜諸王帛敕曰滕叔蔣兄自能經紀不須賜物鄙人之庸賤微薄者曰小家子霍光傳任宣謂霍禹曰使樂成小家子得幸大將軍言日間小食曰點心唐史鄭傪夫人云我未及餐爾且可點心言人作事無據者曰沒雕當又曰沒巴鼻蘇長公詩云有甚意頭求富貴沒些巴鼻使奸邪言人不通時宜者曰方頭

陸魯望詩頭方不會王門事塵土空緇白紵衣事相邂逅曰巨湊蓋鬭湊之訛也或言奥越風俗除日互擎炒豆交納之且餐且祈曰湊投殆此語所從出或事多侵貶曰包彈蓋宋人以包孝肅多所彈刻故云包彈畏憚之詞也言人虛僞不檢者曰樓頭蓋宋時何家樓下多亡賴以濫惡物欺人其時有何樓之號婁頭者蓋何樓之惡魁也言人舉止倉皇者曰麞麕馬鹿蓋四物善駭見人則跳趯自竄故以爲喻又曰鼠張猫勢亦此意也言人儀矩可喜者曰庯峭音如

波峭本梁上小柱名取其有曲折俊俏之意也

杭人有以二字反切一字以成聲者如以秀爲鯽溜以團爲突欒以精爲鯽令以俏爲鯽跳以孔爲窟籠以盤爲勃闌以鐸爲突落以窠爲窟陀以圈爲窟欒以蒲爲鶻盧有以雙聲而包一字易爲隱語以欺人者如以好爲現薩以醜爲懷五以罵爲雜嗽以笑爲喜黎以肉爲直線以魚爲河戲以茶爲仙老以酒爲海老以沒有爲埋夢以莫言爲稀調又有諱本語而巧爲俏語者如訴人嘲我曰淄牙有謀未成曰掃興

冷淡曰秋意無言默坐曰出神言涉敗興曰殺風景言胡說曰扯淡或轉曰牽冷則出自宋時梨園市語之遺未之改也

宋時靈隱寺緇徒甚衆九里松一街多素食香紙雜賣鋪店人家婦女往往皆僧外宅也

鹽橋富室李省者販鹽出必經年紹興元年省與同業六七人出亘四年弗反且無音耗其家絕憂之有與李善者謂其妻曰同業數客盡歸不應獨後得非墮於非命乎宜往占之妻歷訪十數肆皆云不吉慟

哭而歸召僧建道場招魂掛服聞空中泣聲甚哀出視之見李渺茫煙霧閒宛如存日詢問幼稚婢妾且云賴汝薦拔獲離苦難明日妻買地造塚備極勞費又一月李泛舟達江口原不死也黠鬼依人而見幻往往如此

宋時吏部有一胥好滑稽有董公邁參選失去官誥但存印紙遂投狀給據一日侍郎問其胥曰此事無碍否胥曰朝公大夫董公邁失一官誥印紙在也不碍侍郎覺其譃侮杖一百罷之蓋俗有舞十般癩云一般癩不一般癩渾身爛了肚皮在也不碍如是凡十首語言相類故應聲爲戲云

宋時行都節序皆有休假惟七夕百司皆入局不准假有時相古朴問堂吏云七夕不作假有何典故吏應云七夕古今無假時相但唯唯不知其有所侮也蓋用柳詞七夕二郎神云須知此景古今無價

錢塘羅貫中本者南宋時人編撰小說數十種而水滸傳叙宋江等事姦盜脫騙機巧甚詳然變詐百端壞人心術其子孫三代皆啞天道好還之報如此

晉天福中浙中兒童市井皆以趙字爲語助如云得則曰趙得云可則曰趙可通國無不皆然及晉末趙延壽貴盛浙人謂必應讖後延壽爲北虜所執而謡言益盛後宋祖受禪錢氏納土浙中皆屬趙矣淳熙十四年都城市人謡曰汝亦不來我家我亦不來汝家流傳遠近莫詳其說或以爲紹熙二三年兩宮隔絕之兆嘉泰三年杭人唱歌云東君去花無主朝廷禁之未幾景獻太子薨賈似道當國時臨安謡云滿頭靑都是假這回來不作要其時京師女粧競尚假

玉因以假爲賈喻似道專權而景炎丙子之亂非復庚申之役也似道遺貶時人題壁云去年秋今年秋湖上人家樂復憂西湖依舊流吳循州賈循州十五年間一轉頭人生放下休此語視雷州寇司戶之句尤警吳循州謂履齋之貶乃賈擠之也

無用閒談

甘陵孫緒

晉惠帝愚騃其問鳴蟆食肉糜事千古談者掩口至嵇紹之死乃曰嵇侍中忠臣也不可殺及血汚其衣左右欲浣之又曰嵇侍中血勿浣也其明快俊爽先後若兩人然史筆例不可盡信如此

劉屏山葬其嫂熊氏與其妻陸氏共刻一石表諸隧道然猶一家也至葉水心乃并陳同甫王道甫共作一墓誌二人者同稱並列執古御今都無此例先師介軒靳公作先吏部墓誌與先師濟南李公並稱其

亦模倣于斯耶

縉紳家相傳批點孟子爲蘇老泉親筆然其批點內却引洪景盧語景盧去老泉六七十年傳者未之信也其中論文勢筆路至精且密要非具眼不能辭非老泉其亦老泉之流亞矣

天地有情鍾于人陰陽有色因于物虛出聲實成色聲本于天色本于地虛聲中藏實色外暴耳聽天下之聲目視天下之色人之所以異于物也

千金之子終日營營編氓之家一飽衎衎以膏粱之口食物凡物皆粗惡以糠秕之口食物凡物皆芳美故口常澹則能養味心不奢則能養福　則常甘養福則常足

古稱聰明正直爲神夫聰明則無蔽正直則無私無蔽則不可欺無私則不可媚積愆稔惡而覥顏以致禱是欺之也朝祈夕祝而獻饗以徼福是媚之也何待鬼神之淺也

柳子厚云以淮濟之清有玷焉若秋毫固不爲病然

而萬一離婁子恥然視之不若無者之爲快也此即古人洪爐點雪之意子厚特新其語耳

莊生夢爲蝴蝶歐陽公夢爲鸜鵒幽怪錄載薛偉病夢爲魚

古今字俱有反對如古對內上對下與凡高卑深淺饑飽寒暑之類皆有對惟有渴字無對古人未有拈出者隆古時人無詐僞故六經中無眞字人不知有異端故六經中無仙佛僧禪字

蠶不飲蟬不食雞無肺故飲而不溺無金不能生水也兎無脾故狡而不信脾屬土五行之土猶五常之信也

春秋他穀不書無禾則書無麥則書禾與麥民生之所重也東坡作喜雨亭記曰五日不雨則無麥十日不雨則無禾此亦言其甚重者耳

古人有言有心于避禍不若無心以任運馬援自交阯移書戒其子姪愼重沉默勿與人事其所以避禍者亦密矣而其書卒爲梁松所搆至不敢歸葬所以戒子姪者乃躬蹈之禍不可以有心避也如此

兄弟天倫也友愛天性也泰伯以天下讓夷齊季札以國君讓劉愷丁鴻以封爵讓市道小人爭一錢之利遂鬩于牆人品之不同如此

武元衡夜坐有詩曰夜久喧暫息池臺惟月明無因駐淸景日出事還生語意甚妙明日侵晨爲盜所殺無因駐景日出事生之言乃成一讖

或問魯仲連田子方優劣夫鴻冥鳳翥名可得聞不可得而見仲連之謂矣鶴軒龍袞身可得而養亦可得而臨子方之謂矣

路巖自崔鉉幕府不十年至宰相入翰林時鉉謂人曰路巖已入翰林如何得老鄭頻功名太早其父祗德寄聲曰聞汝已判戶部是吾必死之年今又聞欲嘗入相是吾必死之日也巖與顆果不善終令人識見若鉉與祗德者鮮矣

草食者多力而愚肉食者勇敢而悍水食者耐寒而浮土食者無心而惠氣食者神明而壽穀食者知慧而夭

老氏與佛本亦善人其徒學之者不善耳孔氏之徒豈皆盡善哉學老佛之不善僅足以蠹貨財學孔氏之不善乃至于殺天下在我操殺天下之具而猶曉曉然以闢佛老自任哀哉

亾友李憲副公從為諸生時題僞嘉貞便面曰萬疊青山屹然起樓臺彷彿層霄裏驚湍奔濤若怒號一泒松風生澗底茅屋幽人耽勝遊携琴談笑臨清流三聘便須從此出也知不是輕王侯是秋擢第結語亦有識歟

介軒靳先生赴南省時曾與一友人同舟其人溺而

死豎再過其地以詩吊之中一聯云虎談在耳神猶變魚葬傷心骨未收

說郛續四十六弓　弓十九

道旃瑣言

濮陽蘇祐

大同婦人好飾尚腊多美而艷夫婦同行人不知是夫有是婦也宣府教塲東西幾十里南北二十里蔚州城磚所砌朔州近山易採木市房簷廊令頗傾頹語云大同婆娘蔚州城墻宣府教塲朔州營房亦不誣也

臺諫皆以言爲職本同一體自互相糾劾也始相疑姸嘗聞成化弘治時既罷朝御史例該候都御史左

掖外揖而退給事則迤邐緩行候齊相與議今日有何事何人可劾論如事關吏科則會于吏科議奏他科亦然無所言則散各衙門巳遣人覘視被論者則閉門以待今不惟不然又私爲之地被劾官且肆捐撫以辯視事如故無復閉門矣屬階作梗誰實爲之耶

燒荒題頗俗華泉爲燒荒行結腸事頗惟空同爲結腸操皆獨步詞苑使爲近體則難措詞矣詩有宇宜于律者宜于古者不獨題當辨也

黃花嶺上有始皇舊長城豈嵐州有古城墩趙之李牧守鴈門則上谷雲中武開拓在後無依險以爲城如今之內邊耶

霍山下龍祠泉通渠灌田界以濟石趙城什之七洪洞什之三無混于多寡兩邑人至今免于爭競功媲心思前人偉矣蔚州水利鐵板分限如漕石晉祠惟築堰浚渠歲有勞費有田則用水有水則用力力之多寡視田刻石紀事亦免于競

滹沱發源繁峙由代州崞縣忻口折而東歷定襄五

臺東下在太行之西引以灌田爲山西之利過太行至眞定河淵則爲害矣不惟不可灌亦浮沙難以楫地勢高下土脈疏密使然非水之性也

丙戌冬過泗州淮水清淺鑿冰以度及丙申按泗州則合流于河水渾黃矣勢亦洶甚河自孟津以下分四支康家渡符離集飛雲橋小浮橋咸會之淮口入海勢漸南矣弘治間決金堤頭歷曹濮鄆范趨張秋會鹽沙河入海遂阻運道後卒塞改稱安平鎮可並漢宣防然河南趨則北岸漸高北趨亦然迥無故迹

夏潦水退土皆淤畝獲數鍾秋皆沙地利薄矣俱不
可曉
記稱江爲南紀淮爲北紀河之源最遠與濟並稱四
瀆皆天地氣化靈秀互會要非遐方僻隅一水一山
小結融者可比也吏考往古帝王聖賢所生繼天立
極開來繼往自雍而冀而徐而豫而兗可睹記也我
太祖之生河之陽淮之陰諸功臣咸在今　上之生
在江之北漢之南業茂中興功光列聖尤可徵驗
相面算命者遊于公卿之門雖間有驗者不中亦多

逌旃璅言　六　三

視爲狎容置之不較李虛中徐子平一行和尚耶律
楚材世可泛責其人耶其奇中者八个性之靈未能
盡然者見造化之妙可彔胡公知蘇州閶門外一聯
對云相面者算命者打抽豐者各請免見撑廳者鋪
堂者擡太歲者俱聽訪拿蘊藉可敬愛不盡述[illegible]
吳音呼大爲垛酒爲就行爲杭生爲桑雖方言太亦
屬簡韻說文曰酒就也所以就人之善惡也行以屬
陽韻生叶韻思江切如此者不一而足然猶正音與
聲氣剽清稍爲轉耳非如閩廣一字爲兩字甚三字

與有音無字視正音絕相遠則　語呼天爲撑可聲
地爲吟札兒雨爲忽刺雪爲撒刺城爲可團墩爲可
剌馬爲毋林雷爲刀郎都難婦人爲吟乔殺爲吟剌
跪爲抹骨等語又何怪也
說文曰男人罪曰奴女入罪曰婢凡人男而壻婢曰
臧女而婦奴曰獲臧者犯罪沒官爲奴獲者在逃被
獲爲婢今祖制惟公臣家有給賞奴婢其餘有犯男
稱雇工人女稱使女在鄉大夫家且不得有奴婢況
士庶人乎

逌旃璅言　六　四

仕者之情多重內而輕外其在內者又重北而輕南
一進士初授華容令首尾吟一聯云縣丞主簿皆僚
友通判推官且上司無乃近謔乎又外嘲內云你有
牙牌我有排衙南嘲北云腰下輪君三寸白頂門讓
我一輪青蓋南京多張傘云斯善謔矣
地理之說江西稱曾楊二氏未有顯者何也江南地
多白蟻葬不得地有穴棺嚙屍之患人子之心能無
沮乎宅居水道失方向則蟻入房嚙衣書立盡尤善
嚙松木椽楹無不洞中斯又所親見大江以南無蝎

江北無蜈蚣關北無蟬亦地氣也

十七字詩謂之瘸脚助笑談者多不備錄其嘲太學生一首云士子謁黌宮紛紛盡鞠躬頭黑身上白米蟲殊爲近理

鑛徒鹽徒雖皆不逞猶私爲之心存畏避至地方有事乃藉以爲兵應征調由是官多假借遂至無忌憚矣甚至明目張膽某家有錢手若干某姓有梃手若干官府召或不如期彼一呼而集且數百矣家不藏兵邑無百雉之城往古炯訓識微慮憂者能不思所以弭銷之術乎

古有采風之使正觀其所尚將以反正端士習振民風今聞小有才者口肆雌黃形變白黑甚可怪也至如近郡有云某人傘某人劄某人輦某人扁妄肆譏評殊無忌憚風靡俗偷御史提學有觀風督教之責其尚重懲之哉昔唐高宗因鬬雞之檄將虞骨肉爭競之變王勃徑坐黜廢誰謂非君道耶今無盧王之才而鼓譸張之舌終無成也已

世稱錢物曰東西稱男子曰南北不知何義故時人于好男子無錢使者輒咤曰好南北無東西云意蓋鄉語相傳有自來矣由此觀之積而能散者財之主積而不散者財之奴則有東西而無南北眞守財奴矣

蒙時授讀功對吟見刻本多有遺者如吳孟子鄒孟子寺人孟子一男一女一不男不女周宣王齊宣王司馬宣王一君一臣一不君不臣亦對之巧者餘不悉述也

提學來十字街頭無秀才提學去滿城羣彥皆沉醉

青樓花暎東坡巾紅燈夜照西廂記長短句云云乃吾郡憲使澤山桑公口號諷示門生子弟也提學出巡積學待問者固多其恃聰明遊懶者見蒸熱賣三五日內經書翻閱數次果常如此又何五車之不盡涉獵爲博雅人耶

正德丙子東塘毛公巡按河南華泉邊公督視學政會飲華泉命承差酌酒勸飲毛公曰承差差矣乎邊公曰副使使之也二公文雅並見

唐文三變變之善者也唐兵三變變之不善者也唐

詩三變變入于弱明詩亦三變變近千古我亦不敢先彼亦不敢先是以無所爭故能入于不死不生此棊隱語也今有騎兩頭馬蹴兩家船謂之下活棊亦當慎其交遊

語云律設大法禮順人情蓋言聖王緣人情而爲法非禮與法異也姑舉一二律載幼小犯罪出幼事發尚從幼小是幼幼也未老犯罪既老事發即從既老是老老也仁至義盡矣充軍事例積年惡其害民包攬惡其用强否則未減不然单丁獨戶應諸徭賦將

人百其身舊規故牘參對簡查廢將迷謬舉此例餘不服縷數用法者尚慎旃哉

記曰管仲鏤簋而朱紘山節而藻棁孔子曰賢大夫也而難爲上也晏嬰祀其先人豚肩不掩豆澣衣濯冠以朝孔子曰賢大夫而難爲下也又曰刑不上大夫禮不下庶人上上下下政之倫紀乎

諺云忤家不會會家不忤嘗聞吾東郡敖公靜之云槐花黃舉子忙閙時做下忙時用管甚槐花黄不黃公發解登第

蒼頡造字而原有字揚雄識字而不識字六書有象形如草天字三連乾卦也地字轉折坤卦也如篆水字中一畫左右各二畫坎卦火字中二畫左右各一畫離卦象形也上心曰志下心曰忍左步曰彳右步曰亍會意也水工爲江水可爲河諧聲也柯婁爲鉤窟櫳爲孔反切也餘不悉書

天下東西南北之山皆原于崑崙而支分江淮河漢之水皆歸于海而流會是故山則本同支異水則原異支同若夫同歸而殊途一致而百慮在山川亦有

然者

詠詞有善謔而不虐者其詠瘧云冷將來一似冰陵上坐熱將來一似蒸籠內臥顛將來顫的牙關錯疼將來疼的天靈破兀的不害殺人也麼哥似這等寒來暑往人難過其意在末句曲有務頭如此尚審聽之

夫律刑書也情法兼盡文字簡古法罷五刑義兼六籍是故趨吉避凶易教也感善懲惡詩教也明法布象書教也盡性至命春秋教也刑措不用和氣由生

樂敎也出刑入禮出禮入刑禮敎也諺云律設大法禮順人情是故律以正經例以盡變聖人本人情以爲治其斯之謂歟

天如覆釜語其覆也天如倚蓋語其欹也天如旋磨語其行也天左旋水右旋相激也日月星辰皆隨天左旋謂之右旋遲速相形則速者爲左遲者爲右非眞右旋也兩船同行速者如進遲者疑退雲月相薄雲行如進月止疑退

各邊鎭守官有總兵副總兵叅將遊擊總兵總一鎭

之兵謂之正兵副總兵分領三千謂之奇兵遊擊分領三千往來防禦謂之遊兵叅將分守各路東西策應謂之援兵此邊兵之制也

禮樂之用大矣列之六藝令先習其氣數固小學事也然業有專門則精今之瞽師截竹爲管自能成聲其習之者以六凡尺二一五六字爲度移宮換羽亦能協于音調或陽律陰呂隔八相生三分損益之要法如切韻三十六字算法十八字乎恨未能見深于音者一問也

車同軌無古今獨御之六法杳無傳亦時勢之異至于車戰今益無施議者欲舉以禦虜難與知變古之詰朝請見尚有信也敗不逐北尚有禮也犬羊之習寇不厭煩敗不爲恥且如寇中路以車戰矣忽轉而東倏馳而西勢如飄風將守而待其復來抑馳而追其後殿知不能也車變而騎要亦勢之必至若云阨衝守要則不可缺是故結繩之制難與治亂秦之緒干戚之舞不可解平城之圍斯通儒之論

射有大射讌射賓射大射武射也賓射讌射文射也

然皆尚古今大夫士有不能執弓者亦惰于習鄙其事而昧于初度懸弧之義小學之敎廢亦久矣其譏笑賈誼三表五餌之說也固宜遼之不能抗金金之不能禦元雖其君臣之罪要之豢養于中國飲食子女宮室衣服柔脆嬌惰其長一非復如晁錯所稱之時故也語曰百戰之後豪傑挺生又曰人與智長習與化成古稱山西出將豈盡其人之能哉

金蟬脱殻算法前三門因乘加用除雙倍數退一還元八字後三門歸除減用滿法過身一折半身當五

十字盡括之矣作者極思至是
古人宮室門東偏向故謂西南爲奥西北曰屋漏不愧屋漏猶曰不愧暗室也則其制可知也故祀禮以西爲尊南向爲昭北向爲穆今制門中開西南非奥則不尊矣猶襲尚右不反卑耶今東西相向猶稱昭穆不失其序耳而非其義也議者曰不復古禮不變今樂不可以爲治今之樂猶古之樂也與好貨等對斯孟子爲命世亞聖之才歟易翼曰易窮則變變則通通則久孔子之論禮制也而有損益孟子之論井

田也而曰潤色可以觀聖賢之政矣
左史記言尚書是也右史記事春秋是也盤庚誥體也其詞聱牙今之民猶古之民業是經者驟讀莫悉其義安土重遷之衆顧可家喻戸曉之乎觀　皇祖大誥三篇質簡明白則知盤庚三篇乃史臣記言之文非當時告諭之詞也
檜亡東周之始也曹亡春秋之終也夫子之删詩也繫檜于國風之後于檜之卒篇曰誰將西歸懷之好音思周道也傷天下之無主也于曹之卒篇曰四國有王郇伯勞之思治也傷天下之無伯也
仲尼删述六經以秦誓繫周書之後以商頌繫周頌之後以周繼商而秦繼周葢至誠前知以見十世可知之意附于讖緯之說近誣聖矣

井觀瑣言

閩南鄭瑗

鄭子讀書間有繇疑之見輒索筆錄而藏之自忘其陋不復加纂次取韓子原道之語題曰井觀瑣言將就有道而我焉夫坐井觀天謂非全天可也謂非天不可也然則余言雖淺亦焉敢背道而妄肆其喙哉

古文書雖有格言而大可疑觀商周遺器其名識皆類今文書無一如古文之易曉者禮記出於漢儒尚有突兀不可解處豈有四代古書而篇篇平坦整齊如此如伊訓全篇平易惟孟子所引二言獨艱深且以商詩比之周詩自是與古兩商書比之周書乃反平易豈有是理哉泰誓曰謂已有天命謂敬不足行謂祭無益謂暴無傷此類皆不似古語而其他與今文復出者即艱深何也趙岐杜預韋昭賈逵鄭康馬融鄭虔葦皆博洽之儒不應皆不之見也又今原有二十八篇何故孔壁都無一篇亡失誠不可曉劉歆移書太常博士曰禮失求之於野古文不猶愈於野乎蓋古文書在漢不列學官歆雖尊信亦但以爲愈于野而已予嘗論書與孝經皆有孔壁古文皆有安國作傳而古文書至東晉梅賾始顯古文孝經至隋劉炫始顯皆沉沒六七百年而後出未必真孔壁所藏之舊矣

尚書辭語聱牙蓋當時宗廟朝廷著述之體用此一種與古文字其餘記錄答問之辭其文體又自循常如左氏内外傳文雖記西周時諫諍之辭亦皆不甚艱深至載襄王命管仲受享與命晉文公之辭靈王命齊靈公景王追命衛襄公定王使單平公對衛莊公使者之言魯哀公誄孔子辭其文便佶屈如書體禮記文亦不艱深至載衛孔悝鼎銘便佶屈凡古器物諸款識之類其體皆如此又如左氏記秦穆公語皆明白如常辭及觀書秦誓文便自與古至漢齊王閎燕王旦廣陵王胥諸封策尚用此體他文却不然如今人作文辭自是一樣語錄之類自是一樣官府行移又自是一樣不容紊雜予嘗疑孟子父母使舜完廩一段是古逸書之辭其文甚似楚辭曰豈不鬱陶而思君兮亦是用其語

歐陽文紆徐四折偃仰可觀最耐咀嚼荊公文亦高
古意見超卓所乏者雍容整暇氣象爾曾子固文敦
厚婉重如秦碑漢鼎老蘇一擊一刺皆有法度東坡
胡擊亂刺自不出乎法度
古史謂莊子讓王盜跖說劍諸篇皆後人攙入者今
考其文字體製信然如盜跖之文非惟不類先秦文
亦不類西漢人文字然自太史公以前即有之則有
不可曉者嘗觀其前如馬蹄胠篋諸篇文意亦凡近
視逍遥遊大宗師諸篇殊不相侔竊意但其內七篇

是莊氏本書其外雜等二十六篇或是其徒所述因
以附之然無可質據未敢以爲然也大抵莊列書非
一手所爲而列子尤雜
仲舒本原處勝賈生賈生用處却勝似仲舒楊雄韓
愈體用俱欠王通有體有用但粗淺耳董賈之言却
是從胸中流出韓子力追古作雖費力而不甚覺楊
氏法言王氏中說所謂刻木爲鵠者也
國朝宋潛溪文工于擬古燕書四十篇比龍門子蘿
山雜言頗勝誠意伯詩詞作文亦簡使藏機蓄謀如

其爲人所著郁離子見識亦高非龍門子之比蘇平
仲用意太苦遣辭太繁縟不可法王子充文精密但
氣溺方希直志高氣銳而辭鋒浩然足以發之故其
文奇峻有光燄真近世豪傑之士楊東里文典則無
浮泛之病雜錄敘事極平穩不費力梁用之豐贍委
曲亦當代一作家曾子啓詩佳處不減崑體李布政
昌祺人多稱其剛毅不撓嘗觀其所著運甓詩稿大
抵浮豔太逞不類莊人雅士所爲所謂棖也慾焉得
剛者也

宋之得統在太宗平太原之歲此四明陳子經本陳
翁語錄而書未易輕變也　之始　也秉史筆
者當以　突厥之例待之其君書名書死而附見
其年貌于君死之下使後有考證宋室南渡金據中
原則進金比于劉石符姚書主書卒分註其年於宋
統之下西夏小　亦當黜其年而附見之元初起亦
依　初例既滅金則亦進之如金之例祥興既亡
然後帝之可也或欲始終黜元如王莽武曌則已甚
矣使光武不　興中宗不復辟君子豈能終抑莽曌

于分註邪觀秦始隋煬可見嗚呼是豈得已也哉

各處方言亦有暗合古韻者亦有暗合字義者如吾鄉謂來曰釐謂毛曰膜此暗合古韻者謂日曬曰曝謂雨淋曰沃此暗合字義者

前漢書凡史記所已具者皆仍其辭而不變但稍刪潤其重複而已此班氏信而好古不喜立異處可以爲萬世法老蘇乃謂彼旣言矣申言之何益則非也至司馬遷楊雄二傳亦仍其自序之文而曲記其世系之詳則過矣貨殖傳仍敘范蠡子贛至巴寡婦清

名書曰漢而泛及異代之事非例也古今人表亦不宜作

尹氏發明學胡氏春秋傳劉友益綱目書法學公羊穀梁傳書法文甚峻潔似勝發明但有因本文之誤而曲爲之說者如東晉晉王保故將陳安降漢先是漢改號趙矣此猶書漢誤也考之題要漢正作趙初無他義書法謂書漢所以志讐國而爲安惜唐承王璘反肅宗命高適討之其書上皇遣誤也書法謂不以肅宗主之所以著自反不縮之戒皆鑿也而唐諸臣狄仁傑郭子儀李光弼等有卒書謚者亦誤也又皆各爲之說可謂求索之過葢綱目簡帙浩繁朱子僅成書而未及修改故其大義雖明而其間容有未備者如帝或書上弑或書殺卒或書薨之類可見不必曲爲之辭

胡粹中元史續編又下於陳桱續編德祐北遷閩廣繼立宋之統緒猶未絕也乃遽抑景炎祥興之年于分書非綱目書蜀漢東晉之例矣開卷繆亂如此何以繼紫陽筆削之旨哉

汲冢周書甚駁雜恐非先秦書意東漢魏晉間詭士所作反勦禮記史記羣書以文之文義古雅者僅有祭公解等一二篇

柳子厚貞符效司馬長卿封禪書體也然長卿之諛不如子厚之正子厚答問效東方曼倩答客難體也然子厚之慧不如曼倩之安

商周改正朔之說張敷言分史冊所用民俗所用二項爲言極好蔡九峯陳定宇諸儒偏主一說竟有所礙終不可通張氏此說足爲前輩解紛疑得事理之

實然朱子答吳晦叔書已嘗曰或是當時二者並行惟人所用則張説亦有所本

考工記曰天下大獸五則禽亦可謂之獸禮記曰猩猩能語不離禽獸則獸亦可謂之禽五行有木而無草則草亦可謂之木洪範言庶草蕃蕪而不及木則木亦可謂之草

袁紹檄豫州曹操檄江東將校部曲其末皆云如律令李善註言當履繩墨動不失律令也吕延濟謂賞賜一如律令之法二説小異然大槩皆近之今道家符呪類言急急如律令葢竊此語李濟翁資暇錄乃謂令讀爲零律令雷邊捷鬼善走故云如此鬼之疾速其説恠誕不足信

綱目分註記南漢宦官之横云凡羣臣有才能及進士狀頭皆先下蠶室然後得進亦有自宮以求進者由是宦者近二萬人貴顯用事大抵皆宦者也王行卿集覽解自宮引吕刑宫辟爲據云已自割勢求爲宦官也近時陳伯載作正誤乃破其説謂自宮以求進用非求爲宦官也予按通鑑自宮求進者丁云亦有免死而宮者又按齊桓公曰豎貂自宮以近寡言管仲以爲其身之忍又將何有于君今分註先言羣臣皆下蠶室後言宦者近二萬人則集覽之説是矣而伯載非之何也自宮求進猶范華言腐身熏子以自衒達云爾

今人以干求請託爲鑽班孟堅賓戲曰商鞅挾三術以鑽孝公李周翰註鑽者取必入之義如以鐵鑽之也今人以見陵于人爲欺負漢書韓延壽待下吏恩施厚而約誓明或欺負之者延壽痛自刻責此鑽與欺負語所本

尚書之辭有極難曉者鳩僝功弔由靈之類有極易曉者不敢含怒在家不知之類有極繁者一人冕執劉一人冕執鉞之類有極簡者如初如西禮之類有對語者番番良士仡仡勇夫以覲文王之耿光以揚武王之大烈之類有參差不對者承保乃文祖受命民越乃光烈考武王之類

今人呼酌酒器爲壺瓶按唐書太宗賜李大亮胡缾史炤通鑑釋文以爲汲水器胡三省辯誤曰胡缾葢

酒器非汲水器也䍂瓶字通今北人酌酒以相勸酬者亦曰胡䍂然壺字正當作胡耳

汪克寬綱目考異殊無補于書法徒加支離耳夫呂后止稱制故猶書太后武后已革命故黜稱武氏王莽男子也故書名武后婦人也故書氏綱目之權衡審矣汪氏乃謂呂后當稱呂氏武后當稱周嬰不達甚矣唐中宗景龍元年太子重俊殺武三思武崇訓綱目書重俊起兵誅三思崇訓宜矣汪氏却云此起兵討賊而罪人未得但當書討不當書誅且分註明言敘三思崇訓於其第汪氏曾不之考而輕于立論何哉

新安胡庭芳周易翼傳論五行生成之數謂五行之生皆不離乎中五之上以成形質天一生水一得五則成六是地六成之也地二生火二得五則成七是天七成之也天三生木三得五則成八是地八成之也地四生金四得五則成九是天九成之也天生五土五得[illegible]五者生之之[illegible]得其真諸

七八九十之數以成之也又云五行相克子必爲母報讐如土克水水之子木又克土水克火火之子土又克水火克金金之子水又克火金克木木之子火又克金木克土土之子金又克木循環相克無已今有人忘父母大讐而不報者可以觀諸此矣其持論甚新然報讐之說亦似太拘

林泉隨筆

淮浦張綸

愚嘗謂論孟之外若子史若詩文辭賦與夫異端方技術數之書雖有純駁邪正淺深偏全之不同然而吾心之體未始不該也苟能覃思熟究以求其是非得失之所以然抑豈不可以爲學之助乎既又自以爲太史公言六藝經傳以千萬數累世不能通其學當年不能究其理博如司馬遷然尚云爾況今天下九流百氏之書止則充棟宇出則汗牛馬窮鄉白屋

焉得悉致而有之一耳目之管窺蠡測又焉得徧覯而盡識也於是遇書不復力求惟取家藏故書而讀之讀竟則思然又性質庸塞加以俗事紛擾所得毫髮旋復遺忘終未能資乎外而養乎中也數年以來畊釣江淮自愧無益于時追思往昔所讀經傳子史諸書其或理有未暢語有未瑩舛有可考疑有當辯者疏而通之補而足之推廣而明之不分倫類隨筆記錄久之不覺成編至于性命之精微道德之深奧則未敢啓而弗敢以輕言也第恨家戹回祿片紙隻字無遺執筆之際無所考證往往不免郢書而燕說世之博洽君子不以膚末于學而遽云云見喻改而正諸則幸也

蔡傳中有前後自相異者如堯典曰若稽古與召誥越若來三月及大誥弗弔與多士弗弔旻天字義本同而皆訓釋不同何謂也

夬卦莧陸夬夬朱子莧馬齒莧陸商陸也一名章陸程傳誤以爲一物本義亦欠添改

綿之八章云註疏以爲文王事朱子傳曰大王雖不

能殄絕昆夷之愠怒亦不隕墜已之聲聞孟子曰文王事昆夷集註曰事見詩大雅疑指此章而云也

文公四年晉侯伐秦胡傳謂聖人以常情待晉襄而以王事責秦穆故晉侯得稱爵也二年秦晉戰彭衙傳又謂以晉侯爲主於處已息爭之道遠怨之方王者之事也則似又以王事責晉襄矣前後似不照應

周禮祭祀供蕭茅鄭氏疏曰蕭讀作包而引左傳証之葢以爲一物也今以郊特牲及管子所謂一茅而三脊者攷之則蕭者香蒿而茅者其爲二物明矣當

從杜說

明堂位周之大赤蓋周人尚赤而旌旗之色因之也史記周紀云武王伐紂斬紂頭懸于太白之旗嬖妾及二女頭於小白之旗二說不同荀子言紂懸于赤旆必有所受而遷史之訛明矣

湯之問棘也是已梁簡文云湯廣大也棘狹小也今按列子湯問篇張湛註曰夏棘字子棘爲湯大夫則棘爲夏革明甚郭李得之但失不引列子爲証耳

孟子外丙二年仲壬四年趙氏言外丙立二年仲壬

立四年程氏謂古人以歲爲年湯崩時外丙方二歲仲壬方四歲朱子兩存其說今按史記湯壽一百歲而崩豈有八年九十餘而猶生子乎當從趙氏爲是又按蔡氏書傳言太甲繼仲壬而爲王亦主趙說而言之耳

荀子天地比註曰天無實形地之上空虛者皆天也此說最爲有功朱子言天在四畔地居其中減得一尺地遂有一尺氣但人自不覺耳其言蓋本於此

惜誓洪氏以爲中言似賈子亦以其辭瓌異奇偉非賈誼莫能及今考史記漢書本傳惟弔屈原鵩鳥兩賦而無此篇且其死時年僅三十三篇首乃謂惜予老而日衰又曰壽冉冉而日衰漢文之時而謂之亂世可乎誼未嘗如技伯比干之所爲而又曰惜傷身之無功反復一篇旨意而証以出處本末以爲誼之作未敢信其必然也

宋玉九辯曰今世豈無騏驥兮誠莫之能善御見執轡者非其人兮遂踴跳而遠去又見變古易俗兮世衰今之相者兮舉肥韓子雜說曰世有伯樂然後有

千里馬千里馬常有而伯樂不常有一篇主意自此變化來故曰師其意不師其辭此題是也山谷黃太史言作賦須讀宋賈馬楊之作而效其䠞便有古風愚謂屈原離賦之祖苟能究心離騷二十五篇而有得焉則宋馬諸作又在我取舍矣

范曄後漢書南蠻傳載高辛帝以女妻槃瓠之事覽者未嘗不笑其誕且姜嫄簡狄之生稷契後人猶或疑之況有甚于是者乎後之作史者于此類皆勿書可也洛陽令董宣殺湖陽公主之蒼頭光武不知罪

則倚勢假威者知所懼而忠直者知所勸矣范曄正宜表而出之以勸後人乃例儕之酷吏傳何耶

唐李太白蜀道難一篇或以爲爲章讐兼瓊而作或以爲爲房琯杜甫而作蕭氏盡廢舊說以爲因玄宗幸蜀而作以今考之皆無証據且其問君西遊何當還等句輕忽而爾汝之稱尤非人臣所當施於君上葢白之天才絕人見樂府諸題各效一篇以寓其傷今懷古之情蜀道難亦其中之一耳初非有諷有爲如說者之云也

唐杜子美之寓居同谷七歌註謂其風騷之極致不在屈原下予讀之信然然而朱子不取之以續騷者其病在長安卿相多少年富貴應須致身蚤之言有幾於不知命者歟

韓退之嘗欲作唐之一經垂之于無窮誅姦諛于旣死發潛德之幽光及後與劉秀才書論史事則云懼刑禍不敢爲其言自相南北或者疑之葢畏刑禍乃韓公之本心其言述史以褒善貶惡則一時有激而云也柳子厚遺書諷之辭雖婉而意則實嚴矣

三畧曰務廣地者荒貪人之有者殘使徽宗不助女直夾攻滅遼則我猶有一藩籬也靖康之禍雖曰天命素定亦由人爲有以致之觀程史所載燕山先見之說能不爲慨歎乎

金末有完顏陳和尚者一時驍將也嘗蒙古初入中原之時三戰三捷北兵爲之奪氣本傳止言其梗槩而不紀其尅敵制勝之詳史修於元豈有所諱耶

梅聖俞贈郭功甫釆石月一首言功甫是李白後身生爲郭氏子以報子儀納官貰死之恩今按前後身

之說始于佛老漢以前未有也歐陽公平生不喜佛老詩文中未嘗不辨而斥之聖俞與公交最久而其言乃如此何耶

朱子感興詩二十首雖云倣陳子昂感遇詩體而作然其辭嚴義正有補世教非陳可得而髣髴也

唐薛逢詩云病來猶作晉春秋郝氏註以桓彝稱稚褏之言當之愚謂作者撰述也皮裏春秋不過言其內有褒貶耳何撰述之有此葢指孫盛春秋以爲言耳

潮汐之說朱子極稱余氏之說最爲切當知其言有蚤晚大小之異則以爲繫於月蓋以水與月皆陰類而氣相感故也余嘗遊婺州之屬邑曰浦江其地有泉名曰月泉其水晦日則涸月生明則漸溢出未望則長既望則滿由是觀之小者如此大者亦然矣豐山之鍾霜降則鳴亦氣之相感也

周子愛蓮說一篇僅百餘字形容蓮之可愛宛然如在目前蓋不必求太極于梅枝而全體呈露矣

劉靜修夢吉之詩古選不減陶柳其歌行律詩直邀

盛唐而無一字作今人語其爲文章動循法度春容有餘味如田孝子碑輞川圖記等作皆正大光明較之文士之筆其氣象不侔矣

傳子全寄修史諸公詩云仙李摧殘六十秋此言唐亡已久矣又云剖羓北去空亡晉言契丹德光滅晉而北歸也剖羓五代史言德光死衆剖其腹實以鹽載北去晉人謂之帝羓其下三句蓋宗宋太祖代周高宗南渡元顏亮伐宋之事而錯綜以成詩也若夫三史並立之失惟近世會稽楊維禎之論最爲確當後之作者必有取焉

張文忠公三事忠告誠有位者之良規觀其在守令則有守令之式居臺憲則有臺憲之箴爲宰相則有宰相之謨醇深明粹真有德者之言也蓋嘗謂讀其書考其爲人能竭忠殉國正大光明無一行不踐其言希孟之學豈有得於懷孟之傳與

趙子龍題昭君出塞圖詩云我見此圖重太息毛生本是忠君客冶容若使留漢宫卜年未必盈四百又云禍胎已入　庭去玉關寂寞無天驕此蓋蹈襲前

人之意也與王安石所謂意態由來畫不成當時枉殺毛延壽之語畧同于書冊中以爲後人勸侈誨淫之具不亦甚哉至今吳中見有糉盃售而用之者其楊公之罪案也歟

故爲亂辭朱俞皆訓爲謬亂其辭晏氏以爲如楚辭亂曰之亂蓋述廬陵黄氏之說也今觀此後文法如騷體當以晏說爲是其以空同道士鄒訴爲朱子寓名則亦祖他說也

[illegible]論倭書蓋其年十八時所作也規模做

司馬相如諭蜀文其求所述論其王之言雖古之辨
士莫能過也其他大游觀日兩賦與夫形釋泰誓論
補牛尾歌辭等篇皆雄深卓絶真先秦先漢間作者
前輩柳待制黄侍講以文雄一世皆稱賞之自謂莫
及信哉宋太史雖游黄柳之門而有得於吳居多所
著龍門凝道記蘿山雜言六經論七儒解諸子等辨
文過法言中說遠甚宜其名滿天下文傳四　爲一
代之宗師也歟
胡仲申衡運一篇深有得于邵子元會運世之旨其

他文如井牧慎習尚賢廣謨原道樂道齋記等作皆
醇正通達有關世教庶幾韓子原道原性諸篇其序
鄭氏心學圖説則引惟精惟一允執厥中爲主辯釋
老而紊以先儒之言非心悟理融洞見道妙者不能
及此先父蔡庵先生嘗謂仲申持養純熟踐履篤實
有伊洛諸儒氣象豈其有得于白雲許氏之所傳耶
國初文明之盛前代莫及若宋公景濂劉公伯溫蘇
公平仲胡公仲申王公子充許公存仁高公季廸皆
元末遺才其學最稱該博編摩著作直欲跨越董馬

班揚左思范曄而下弗論也惜其詩詞頗染宋人氣
習而不能純乎盛唐之音論者以爲不古若也諸公
既没作者輩出求其精著述之妙窮述作之工無愧
于西京盛唐者猶未多見也
近世鄭露註孫武子十三篇務推求本義不雜以已
意故其言詳其事覈有功於兵家太原劉寅作六書
直解証據經史辯析舛謬其論歷代兵制尤有的見
讀之使人有封狼居胥意可謂深于兵法者矣燕河
東風氣剛勁而鍾于人者亦皆奇偉魁傑故其見于

言論如此
嘗見宋史筆斷一書其論尤爲詳悉觀者若能以史
爲案以此爲斷并取羅氏遵堯録李氏長編等書參
考而折衷之則一代之治亂得失亦可見其大畧矣

推蓬寤語

雲間李豫亨

唐制謚議之法無爵者稱子若蘊德丘園聲實明著雖無官爵亦奏聞賜謚曰先生今三品以上乃得謚號而無爵之謚遂絕予以爲純白之士雖不得出仕者仁朋義友孝子順孫循其行實私爲加謚義無不可又唐碑碣之制五品七品以上立碑若隱淪道素孝義著聞雖不仕亦立碣今無爵者法不得立碑但立右紀瓌月不繼首龜趺亦無傷也

道林先生雖不屑藝數之學其於天文地理星歷律算諸子百家往往能涉其大概謂春秋一經皆魯史舊文孔子特取其紊亂者删之褒貶自明初不假於傳註謂古帝王只郊以祭天社則便是祭地圜丘方澤之說非古后世分合之說亦俱失之此則直破漢儒附會之陋訂千古不決之疑窮經者知此可謂見卓千古識度前賢矣

古人律呂之法最精故聞聲可以識治亂吹律聽聲又能望敵而知吉凶聞聲而決勝負故云六律爲萬事根本今之樂工但知樂數不知樂音君子又以爲器數之末不知審習古樂愈遠師曠曰吾歌北風又歌南風南風不競多死聲楚必無功嗚呼元聲在天地間未嘗止息師曠不作元聲其遂亡乎

世人以常有者爲真以常無者爲妄故聞習於常存而置疑於暫亡昆吾之劍火浣之布西戎之所獻也皇子局於耳目之見聞而不能博通於物理之變遂以爲無此物而傳之者妄後皇子而生者率駭所未聞見其能不果於謔理者幾希矣

凡物浮於水上者性多涼生於水中者性多熱生於水底者性多溫草木如蓮實性凉芡實性熱藕在地中性溫魚蟲如海蟹河賊之屬性涼赤鯉河鲀之屬性熱鯽魚鱔魚藏在土中性溫此因其所處而變其性也北方地高人性多寒南方地卑人性多熱亦類此

予嘗舉似一疑曰油乃水類水能克火何以傳火則燃人不能對曰此同類之所以合體居也油乃菜豈椿麻草木之液蠟魚羊牛禽蟲之膏皆火之類其性

榱熱故能傳火而燃如燒酒醱酒竹木之類皆能燃
灼亦與火同類故耳若油爲水類火遇之且熄矣豈
能焰焰而敘弗絶耶善觀物者當必首肯
陽在上陰在下陽多小陰多大世稱鵬鯤爲海宇間
最鉅物然鵬世不常見鯤魚時時有之此因大海勢
最卑氣屬陰故也地之所産則惟交象爲最鉅交象
之外更無鉅者視海稍高其生亦稍小若冲霄凌漢
者鵰鶚鵰鴈之外無聞也視地更高其所生尤小勢
亢而氣陽故耳因此可以識陰陽大小之辨

山氣多蠅水氣多蚊故固原宣府大同諸鎮多蠅毎
宴會必加罩於肉俎以三關俱崇山故也邵伯寶應
多蚊故有烈女露筋之跡以楊越巨浸故也又有限
於地氣者如江南無蠍虎江北鮮蜈蚣以蠍虎多喜
燥而蜈蚣不畏濕也又有局於地産者如東廣富巨
蛇北　多貂鼠以東廣地熱而蛇種蕃北　地寒而
毛温厚也此類未易縷數但放此推之似可懸解
鴈北歸必銜蘆越關則輸之淮南子以爲鴈愛氣力
銜蘆以避矰繳俗傳以爲過海投蘆爲俘以息氣力
或云輸蘆以供稅供稅之說誕矣過海爲桴之說何
秋來獨無而春始蘆耶蘆避矰繳之說不知來時何
以爲避且使上林射鴈蘆何能避耶予考鴈從風面
飛春夏南風故北飛秋冬朔風故南飛秋冬過南食
肥體重故借蘆以助風力耳塞北風高則無事此故
投於鴈門關姑識之以俟明者焉
水緩則流直水急則流曲所以江水直河水曲有由
致也非獨江河卽小江小河凡緩者皆直急者皆曲
直者徑直而流易曲者迂洄而流難今堪輿家水喜

曲而惡直者正謂水曲則流環抱而有情也黃河之
水縈廻九千里利濟冀幽并燕青齊諸方者曲故耳
此可見雖由天造其實由水性之自然也
物性不同有不可常理測者如鐵非養生也而有食
鐵之兔便鐵之貊齧鐵之獸火遇則化也而有餐火
之雞流火之鼠不灰之木又有火王辟寒犀眞之室
內則不復挾纊又有龍鬚布氷蠶繭絲張之几筵則
滿座宗生西　獻切玉之刀十洲獻起死之香人無
以聞見之臨而盡疑耳目之外也然非特耳目之外

即耳目所覩記亦有不可知者如温泉火井鹽池等類是矣君子當知穹壤之間何所不有人知見自小不能及耳

吳人呼疾速爲飛風未詳所始唐制凡細馬次馬送尚乘局者於尾側依左右閑印以三花其餘雜馬送尚乘者以風字印印右髆以飛字印印左髆然則飛風二字蓋取義於馬耳

世有兩字而呼爲一字者如衚衕爲衖舅母爲妗者乎爲諸不可爲叵之類有諱惡字而呼爲美字者如

傘諱散呼爲聚立箸諱滯呼爲快子竈諱躁呼爲歡喜之類今因流傳之久至有士夫間亦呼箸爲快子者忘其始也故知中原音韻與北溪字義六書精藴諸書暇中留心一考亦博物之助

學庸語孟千古人人盡讀亦有承襲之誤者如大學缺格物致知之釋近時諸公欲移知止而後有定二節附於聽訟吾猶人也之下以補之而以古人明明德節直接在止至善之句甚爲直截足稱全書如論語羿善射奡盪舟俱不得其死爲何不當如由也不得其死然側而併以然字屬上句蓋由也未然而羿奡則已然也如孟子馮婦章卒爲善爲句士則之又爲句不當以卒爲善士爲句而以則字屬下不成文字如齊宣王見孟子於雪宮當是宣王引見孟子於雪宮非是宣王往見所以孟子以游觀事告之以宣王在離宮游觀故也其問賢者亦有此樂乎與梁惠王之問同而今解謂孟子館於雪宮而宣王以辭色之切恐未然耶誌數條於此明眼者辨之

丹書曰五行順行法界火坑五行顛倒大地成寶夫

地至廣大何以能成寶也蓋五行相生俱自土中而形見于外故生金生水生木生火而坤土之氣遂洩如水不外流而藏體于金火不外颺而藏體于木金木交併復歸眞土則氣不散遂爲人物爲草木禽蟲而堅固不散盡成黃金氣不敗朽矣故曰遍地俱黃金也知此人能内固精神不外施用身中三寶亦如金之不敗朽矣其長生久視也奚疑

劉文靖公嘗謂學詩到李杜亦只是兩個醉漢今見人有吟聯琢句動經旬日何爲也哉嘗謂亘古今來

凡有一技古人已到至處如字于晉詩于唐已無餘恨今不過步其後塵况猶不能不貽昔賢之誚乎學人須於自性中理會有光風霽月氣象不妨吟風弄月以歸

讕言長語

滁　曹安

予少游鄉塾見先生長者嘉言善行即筆于楮或於載籍中間見異人異事亦錄之長而奔走四方所得居多凡三四帙因去滇南道遠難將留于松今不知何在滇中重錄所見聞者携來武邑及承乏安丘老而彌勤人皆哂之予獨不倦暇日一一手錄以備遺忘率皆零碎之辭何益于事因名曰讕言長語讕言逸言也長語剩語也何益于事徒

資達人君子一笑云

文章之選自漢而下梁昭明太子統以一人之見去取秦漢至齊之文爲文選宋姚鉉以一人之見去取唐三百年之文爲文粹宋呂東萊選宋人之文爲文鑑元蘇天爵選元人之文爲文類迂齋疊山又各批點古文又有續文章正宗諸集古人之選亦備矣以予觀之在精不在多韓退之嘗取已文二十六篇爲韓子徐斯遠盡平生文才二十餘首首稱善然詩文不能兼工故謂曾子固不能作詩曾嘗云古者作

者或能文不必工於詩或長於詩不必有文有以哉
昔人謂老蘇不工於詩歐陽公不工於賦曾子固短
於韻語黃魯直短於散語東坡詞如詩少游詩如詞
數公之文名世而人猶非之信矣作文之難也
宋葉適浙龍泉人號水心嘗云經欲精史欲博文欲
肆政欲通士擅其門而不能兼也就其兼之或不得
用故位下名卑而功業不見於世為可惜也又云為
之者天也修之者人也
唐子西謂六經以後便有司馬遷六經不可學故作

讕言長語　八　二

文當學司馬遷司馬遷敢亂道却好班固不敢亂道
却不好故宋景濂謂作文專法漢史信然
作史實難非司馬遷班固不能以致其博非孫盛習
鑿齒吳兢不能以致其決非司馬光劉恕不能以達
其權非朱子不能以守其經
老杜云文章千古事得失寸心知作者皆殊列名聲
豈泯垂騷人嗟不見漢道盛於斯于以見漢之文章
渾厚森嚴試以漢之文章讀之自見漢詔尤不可及
近年所刊之書多不關世教以予取之宋胡致堂崇
正辯一書蓋因僧仁贊之所論按其事而折之燎然
明白佛之徒無以逃其妄今刊本在南陽府元張養
浩衞聖編謂老莊申韓楊氏之書與吾聖經黑白較
然惟左氏荀子秦漢以來諸儒濁亂聖人之言則為
之申別昆陵謝蘭取聖賢問答之語闢異端者為書
名曰辯惑編經書子史先儒扶正抑邪之言備載合
而觀之真可以正人心
資治通鑑倣春秋而作楊文貞公謂有關治道之書
予少不知正統十三年授徒海鹽王翁專以綱目為

讕言長語　八　三

問遂日手之不釋蓋左史記言書是也右史記事春
秋是也綱目所以接春秋今續資治綱目於宋元二
代亦備
三體唐詩有實接虛接用事前後對等目謝疊山批
點文章軌範有放膽小心幾字句等法竊恐當時作
詩文時遇景得情任意落筆而自不離于規矩爾若
一一拘束要作某體某字樣非發乎性情風行水上
之旨
予家有陽春白雪小本元人如劉時中關漢卿諸公

之作尤多大抵元之詞曲最擅名予嘗私論之曰漢之文唐之詩宋之性理元之詞曲試以漢之文言之果有出於董賈之策乎以唐之詩言之果有出於李杜之什乎以宋之性理言之果有出於濂洛關閩之論乎以元之詞曲言之果有出於陽春白雪之所載者乎況四代人物又不止於此乎

文人辭勝于理者多曹植七夕詠曰目牽牛兮抛織女交有際兮會有期張文潛七夕歌言牽牛織女二星云帝憐獨居無與娛河西嫁與牽牛夫世人遂實

其事白樂天長恨歌敘明皇思貴妃天上人間會相見云云人讀之不覺可喜元艾性夫作臨邛道士招魂歌云安得天上蓬萊宮却著人間馬嵬鬼今剪燈新話餘話等一切鬼話啓蒙故事收之後人遂以爲實然

太祖高皇帝改正嶽鎮海瀆城隍廟號詔止稱東嶽之神於禮方正搜神記據東方朔謂仜氏即東嶽帝君一何悖耶予兩抵濟瀆在懷慶濟源縣只一池水水之清洵非凡水比其西即北海搜神記謂江瀆楚屈原河瀆漢陳平淮瀆唐裴説濟瀆楚伍大夫甚是無謂

唐呂用之以桐人書高駢姓名於胸桎梏釘之胡致堂曰桐人桎梏世所謂呪咀也或見高駢之誅以爲驗彼呂用之之死又誰咀哉苟明乎理則不以此惑矣

古人和詩和意如賈至蚤朝大明宮和者杜子美王右丞岑參可見後來次韻未免屑軼近時凡百詩章惟歌律與古選全不之尚予嘗欲取皐陶賡歌五子

之歌洪範及詩之三言五言七言體刻之使人習之以復古而未暇

詩詞中有院落籬落村落部落落落居也唐宮中巷有野狐落落亦居也又有碧落勾踐戰敝卒三千入禽夫差於干遂遂者道也干是水灣之高地江干河干是也左思天都賦云長干延屬金陵名長干落干二字實字也史云踰隱以待之隱短墻也與埒同

拯人之危大是好事古今人多能行之其最難者如西京趙岐避難安丘孫嵩年二十餘遊市見岐察非

常人停車呼與共載容問岐岐以實告遂與俱歸藏複壁中數年後諸唐死岐因赦乃出在壁作孟子章句古人於獄中授經又有帶經而鋤負薪而讀者手鈔而讀者今有明窗淨几書坊印本而不讀者獨何心哉

鄭玄承秦焚書之後其所著訓詁亦難及矣然有大害理者不可不辯如周禮以九賦斂財賄乃正賦也玄以為口率出錢君子非之謂此乃周公之罪人而流禍萬世者也石門梁寅謂釋經之誤可不察哉然

五經四書中其釋之誤者亦多而史之斷者尤多謬君子宜辯之

梅溪王十朋號也文曰梅溪集嘗云不善文者宜秘不善書者宜楷不善言者宜省祭昭烈文籌觀八陣細讀三志我雖有酒不祀曹魏祭武侯文將畧非長庸史之語旁有關張一龍一虎祭杜工部文讀書萬卷恭欲有為明光三賦烜赫一時文之有警如此

胡三省註通鑑云人苦不自覺前註之失吾知之吾註之失吾不能知也可為註書自信者戒

人非名字則不能自別于衆人然異于衆人者不在名與字也視其德與行耳虺虿之厲者也而仲虺為良臣蠋蟥動之微也而王蠋為烈士周公子伯禽孔子子伯魚以人之美不在名字也

鏤板肇於五季宋益盛無漢以前耳受之艱無唐以前手抄之勤力筆工刻印章不廢倉頡籀斯二體之文其後隸行篆廢況又姿媚而楷簡要而草乎

陶器梓器皆範金兆於盛宋一二儉儒之口而其流遂成于季宋亡國姦諛之手二者皆變而為金至今

皆然

雙陸盤中彼此內外各有六梁故名雙六雙六最近古號為雅戲始于西竺流于曹魏盛于梁陳魏齊隋唐間宋大宗播之聲詩紀于奎文雙六有光焉

沈存中筆談梅詢為學士草制思索至再徐行廊下見一老軍鼾睡時方暑以箠擊之老軍醒公問睡得快活否答曰快活公又問識字否答曰不識字公曰更快活也東坡尺牘云閑廢無所用心專治經書又往往自笑不會取快活予一生不會取快活亦可笑

也

娘字俗書古無當作孃今通爲婦女之稱于觀韓魏公安陽集公傳中云朱宮中稱郭后爲大娘劉妃爲小娘則皇家亦如此稱之不獨民間

凡寺說文寺廷也有法度者也釋名寺嗣也治事者相嗣續其内也息心所棲曰精舍凡講讀之所亦曰精舍

山東俗語呼拿物來曰取得來取此苟切孟子可以取可以無取張良圯下取履魯仲連排難解紛而無

所取杜甫遭田父泥飲云今年大作社拾遺能住否呼婦開大瓶盆中爲吾取皆此音韻府收在二十五有是也南人多不知此音若七麌取字則士虞切語然後取狂者進取孟子樂取諸人史攻必取秋毫無取取靑拾芥是也

唐代宗廣德二年七月以國用急不及秋苗方青即征之號青苗錢德宗建中元年正月作兩稅法從楊炎之請也又行稅間架除陌錢法又墊陌錢宋神宗熙寧四年行藏役法令人出免役錢七年呂惠卿言免役法出錢不均行手實法有仁心者宜可以爲戒也

晝上二紙條名曰驚燕燕怕紙凡有紙條處則飛去紙條古不粘任其飄動

白樂天自警一詩云蚕老繭成不庇身蜂饑蜜熟屬他人須知年老憂家者恐似二虫虛苦辛又一詩有所悲云獸中刀鎗多怒孔鳥遭羅弋盡哀鳴羔羊口在緣何事闇死屠門無一聲偶閱二詩錄之亦可以警

韻府琴玉亦收之博矣解縉陳繼文人也亦不之取其中正要緊者漏之如足字欠管筆溜足柵字欠青溪柵蘇峻攻青溪柵卞壺拒之高頻殺張麗華于青溪柵二字尚失之他可知也人當自擇

予閱史至齊史司馬王敬則爲齊王所疑欲則世子仲雄善琴齊王以蔡邕焦尾琴借之仲雄作懊農歌曰常歎負情儂郎今果行許又曰君行不淨心那得惡人題齊王愈猜愧後敬則敗死以予度之此歌亦偶然道情耳如楊惲詩曰田彼南山蕪穢不治種一

頃亘落而爲算人生行樂耳須富貴何爲當時以此詩爲誹謗得罪以予度之恐也又如謝景運既臣宋却乃作詩曰韓亡子房奮秦帝魯連恥則是有是心求免于禍難矣蘇軾詩獄不免口多古今人詩多無意作人有病者疑之遂成大禍謝疊山解唐詩絶句首首有意予恐未然解杜詩者亦似此予在滇送劉進士詩一聯云荳鳥偏于風外囀蠻溪多在雨中渾一秀才爲譏其濫人亂作詩不特詩也六經四書子史亦有解差者不可不辨

道士罵老子佛以神怪禍福恐動世人俾皆信向而爾徒高談淸淨遂使我曹寂寞

宋王觀復以詩送黄庭堅黄庭堅曰詩生硬不諧律呂此病自是讀書未精傳耳

宋相李昉玉堂閒事云一院有花春晝永四方無事簡書稀

史所以傳信司馬遷號爲良史如郅都之功績乃爲酷吏傳旨班固又因之何以傳後哉此權德輿所以譏之也

世稱墨爲玄玉玄名其色玉喻其質墨之堅青光黑者佳黑青全謂之玄而黑易青難但黑不青緇爾非玄也堅光備謂之玉而堅易光難但堅不光石爾非玉也

筆之才四圓健尖齊皆易惟妙難四者可以數得而力致惟數之不可得力之不可致有至妙存焉妙不能喻在人自得之耳製筆之法桀者居前毳者居後強者爲刃要者爲輔參之以檾束之以管固以漆液澤以海藻濡墨而試直中繩勾中鉤方員中規矩終

日書而不敗故曰筆妙

襴衫馬周以三代布深衣因于其下及裾名襴衫以爲上士之服今舉子所衣之服是也笏周制也晉宋以來謂之手板

水歸東海化爲氣鶴食從頂嚥下云一百六十年一胎生牛不耳聽聽以角夏至日猶鼻暖餘日皆冷予以此言于人遇夏至日驗之貓鼻仍冷不信予曰未至夏至時刻忽至此時乃暖以此物物要格

予少聞姑蘇陳嗣初先生召用楊少師士奇言其才

求文者千百得錢即予人少師曰先生可留以養老
陳曰秀才不貧高傲殺人濁漢不富敎化無路
宋祁云天分自有所禀不可强也要得數百卷書在
胸中則不爲人所輕誚矣
居官居家出外皆不可無備陶侃木屑事似矣朱温
忽如相州刺史李思安無備削官書曰有備無患
胡文定語楊訓曰人家最不要事事足意得嘗有些
不足處便好人家才事事足意便不好事出來亦體
消長之理然也

古詩云長跪問故夫則婦人亦跪也宋太祖問趙普
拜禮男子跪婦人不跪王溥子眙孫舉此以對
措大能舉措大聲謂貴顯大人也稗碎米畢巷瑣碎
之言曰稗官小說枝梧枝者大柱梧者小柱
淞江府志云三泖乃古由拳縣沉沒每天晴月朗舟
過者分明見其中井欄街砌宛然正統九年夏予赴
舉之南京舟過泖中予適倚舷忽見水清處井欄街
砌如故是亦一遇古迹不泯有如此
鄭伯僑陳陳侯曰鄭何能爲呂東萊曰推此一言實
亡國敗家之本

震澤長語

吳郡王鏊

余久居山林不能嘿嘿閱載籍有得則錄之觀物理有得則錄之有關治體則錄之有裨聞見則錄之久而成帙名曰震澤長語云

經傳

漢初六經皆出秦火煨燼之末孔壁剝蝕之餘然去古未遠尚遺孔門之舊公羊穀梁盖傳子夏氏之學儀禮有子夏傳易有子夏傳而亾之詩序相傳亦云

子夏作易傳於商瞿書傳於伏生之口孔安國又得於孔壁所藏劉向別錄云虞卿作抄撮九卷授荀卿卿授張蒼然則蒼師荀卿者也左傳出蒼家蒼亦有功於斯文矣浮丘伯亦荀卿門人申公事之是爲魯詩根牟子傳荀卿子荀卿子傳大毛公是爲毛詩是時諸儒掇拾補葺專門名家各守其詩之說其後鄭玄之徒箋註訓釋不遺餘力雖未盡得聖經微旨而其功不可誣也宋儒性理之學行漢儒之說盡廢然其間有不可得而廢者今猶見於十三經註疏幸閩中尚有其板好古者不可不考也使閩板或亾則漢儒之學幾乎熄矣

季子觀周樂爲之歌衛曰美哉淵乎憂而不困吾聞衛康叔武公之德如是是其衛風乎爲之歌鄭曰美哉其細已甚民弗堪也是其先亾乎鄭衛多淫風季子皆曰美哉且謂康叔武公之德如是鄭雖譏其細亦不及於淫何也

季子觀周樂豳在齊之後秦之前今居風之末豈非夫子所改定乎文中子曰係之豳遠矣

今五經惟禮最繁亂惜不一經朱子緒正朱子嘗欲以儀禮爲經禮記爲傳經傳相從誠千古之特見也若士冠禮則附以冠義士婚禮附以昏義士相見禮附以士相見義鄉飲酒禮附以鄉飲酒義鄉射禮附以鄉射義燕禮附以燕義大射禮附以大射義聘禮附以聘義公食大夫禮附以公食大夫義覲禮附以朝事如草廬所附亦得矣然其餘有不可附者亦無如之何姑循其舊而釋之庶不失古之義朱子晚年著儀禮經傳始家禮次鄉禮次學禮次邦國禮次王

朝禮秩然有序可舉而行然其間雜引大戴禮春秋內外傳新序列女傳賈誼新書孔叢子之流襍合以成之乃自爲一書非以釋經也至勉齋續喪祭二禮草廬纂言割裂經文某亦未敢從也

程朱之學一也程子以凡百玩好皆奪志史文成誦至於書扎皆以爲以玩物喪志朱子則不然天文曆律度數無不究悉仍好爲文工於詩工於筆扎如楚詞韓文亦皆注釋至五行陰陽風水之術亦皆通曉雖參同契陰符經之類亦注之亦好奇矣視程子得無異乎然通天地人之謂儒朱子有焉

國猷

自古中原無事則居河之南中原多事則居江之南自然之勢也成周以來河南之都惟長安洛陽江南之都惟建康其次則有襄鄧焉唐朱朴之議曰襄鄧之西夷漫數百里其東則漢輿鳳林爲之關南則菊潭環屈而流屬於漢西有上洛重山之險北有白崖聯絡誠形勢之地沃衍之墟若廣浚河渠漕輓天下可使大集此建都之極選也雖然皆未有及燕薊之形勢者大行盤盤自西而北居庸古北松亭等關北踰沙漠南引江淮土厚水深博大爽塏其人沉鷙材勇杜牧所謂王不得不王霸不得不霸之地豈非天遺其勝以貽我　朝萬世帝王之業乎

爲人臣者莫難於任怨不能任天下之怨不能成天下之事孔子論三代之禮有所因有所損益易謂窮則變變則通董子謂更化則可以善治夫祖宗之良法百世守之可也其間時變不同小過不及益之損之與時宜之亦所不免自宋王安石變法馴致大亂後世以爲大戒少有更張則群起而非之曰又一王

安石也稍有損益則曰又一王安石也由是相率爲循默不敢少出意見論列不才者得以自容才者亦無以自見支傾補漏視天下之壞而不敢爲斯時也毅然敢任怨而不懼者其亦難乎

周公制謚法雖臣子於君有不得私焉所以示萬世之公也其法嚴矣漢晉而下既已失之然猶付之一時公議謚不應議則博士駮正之猶爲近古本朝之謚有美無惡所謂謚者特爲褒美之具而已官由翰

林者皆得論文文不以人而以官已不免外議定論出於秉筆一二人或以好惡移其間又不聞有駁正之者於乎何以服天下信後世哉

官制

漢初凡郡國舉秀才廉吏貢于王庭多拜爲郎居三署或至千人屬光祿勳光祿勳詮第郎吏出爲宅官以補員缺是時未屬尚書也成帝初置常侍曹尚書一人主公卿二千石曹尚書一人主郡國二千石蓋選曹之所始也光武詔三公等各舉茂才廉吏歲常

侍曹爲吏部尚書其特選舉於郡國屬功曹公府屬東西曹於天臺屬吏曹尚書令掌之

漢初入仕者不限年如劉向陳咸以八十爲郎劉辟彊八十爲衞尉公孫弘八十爲相貢禹八十遷御史大夫趙充國七十爲將軍

漢置大夫專掌議論事有疑未决合中朝之士雜議之自兩府大臣下至博士議郎皆得議之不嫌以卑亢尊如鹽鐵議是也呼韓欵塞辛用郎中侯應之策朱博得罪議者五十八人王嘉得罪議者六十人故曰漢集議有公天下之心今制亦議統於一二尊官而已

唐六部尚書皆屬尚書令左右僕射尚書三省之一也光宅中以擬周之六卿過矣唐以僕射侍中尚書令爲丞相然皆秦漢之所輕魏晉以來反爲重任唐因之故其名不正

唐制有勳有階有官有爵爵以定崇卑官以分職務階以叙勞勳以叙功四者各不相蒙有官卑而勳階高者亦有勳階卑而官爵高者宋朝列銜凡階高官卑則稱行階卑官高則稱守官與階同則無行守字

今制惟以官爲定爲是官則勳階爵隨之無復叙勞叙功之意顔魯公謂魚軍容階雖開府官卽監門將軍開府特進並是勳官用蔭卽有高卑會燕合依次序然則唐之勳官惟以定蔭而已

宋初承五代三省無專職臺省寺監無定員類以它官主判三省長官不預朝政六曹不釐本務給舍不領本職諫議無言責起居不注記司諫正言非特旨供職亦不任諫諍其官人之制有官有職差遣以登

臺閣禁從爲顯宦不以官之遲速爲榮滯以差遣要劇爲貴途不以勳階爵邑爲輕重名之不正未有如宋之甚者也至元豐間始以唐六典定官制

我朝六部之設倣周制六典最爲簡要有體然其名猶襲唐宋之舊唐以三省長官爲宰相謂中書令門下侍中尚書令左右僕射是也今中書省已去特存中書舍人爲七品官職書翰而已門下省已去特存給事中雖七品而有封駁之權尚書省不復設令僕乃陞六司尚書分爲六部秩二品蓋卽僕射之類也

中書尚書名與古同其實異矣

唐宋翰林極爲淸嚴之地見於詩歌者多矣國朝翰林院設於長安門外爲齋宿委積之所内有東閣衆學士聚焉爲朝退會揖之地史館爲講讀史官所聚集皆無公座至修史之日旋設十館於東角門之右事峻去之求如古之淸嚴未之見也唯文淵閣政本所自出號爲深嚴其比古之翰林耶今翰林在外雖非復唐宋之深嚴然非文學之臣不預無復上伎茶酒醫官雜流駐步卿相視唐宋爲重矣

食貨

井田之法後世不復行愚以爲江南信不可行矣北方平原沃野千里彌望皆不起科使勢要得占爲莊田於此略倣井田之法爲之溝塍畝澮公私有分旱澇有備不亦善乎而世皆以爲不可行餘地姑未敢論卽如河南梁惠王所理山東齊宣王所理滕縣滕文公所理也孟子豈湯不知事而以勸三君乎姑於此先試之自一鄉漸推之一州一郡以至一省庶民不驚事不擾然必得好古力行之君子使爲守令假以便宜不拘文法不求近功不聽浮言　天子親命之使民曉然知此意乃或有濟不然成難行也

國家供三邊之費最大歲用銀至四五十萬愚以爲欲省轉運之費莫若與屯田兵法取敵一鍾當吾二十鍾屯田一石可當二十石今三邊之地固在也而人以爲不可行何哉按趙充國屯田之奏曰計度臨羌東至浩亹羌　故田及公田民所未墾可二千頃又言北邊自敦煌至遼東萬一千五百餘里故有吏卒數千人虜不能攻今留步士萬人屯田地勢平易

多萬山遠望之便部曲相保以爲屯田內有亾費之利外有守禦之傳唐元和中振武軍饑宰相李絳請開營田乃使韓重華爲水陸運使給耒耜與牛耕傍便近地連歲大熟軍不復饑又益募人爲十五屯屯置百三十人而種百頃各就高爲堡東起振武西過雲州界極於中受降城秋果倍收歲省度支錢千三百萬此又近事之效也今獨不可行乎

象緯

周天三百六十五度然天體無定占中星以知方位

天行健而不息如磨之旋自東運而南南而西西而北北而又東以爲昏明寒暑二儀運而出沒五緯隨而起伏列舍就之隱見炎夏天道南行日出于寅入于戌陽盛于陰也日影隨短窮冬北行日出于辰入于申陰盛于陽也日影隨長春秋天道行於正中日出于卯入于酉陰陽平也日影隨停南爲明都天體所見也日月五星至是則明北爲幽都天體所隱也日月五星至是則晦日月五星至北都而晦非天入于地也若天入於地則日月隨之地中爲日月所照安得爲幽都哉此說與渾天不同然亦不爲無理故著之

或問曆書有白黑綠碧黃赤紫何謂也曰此河圖數也河圖之數戴九履一一爲白九爲紫左三右七三爲綠七爲赤二四爲肩二黑四碧六八爲足白故陰陽家一六八爲白二黑三綠四碧五黃七赤九紫

文章

世謂六經無文法不知萬古義理萬古文字皆從經出也其高者遠者未敢遽論卽如七月一篇叙農桑

稼圃內則叙家人寢興烹飪之細禹貢叙山水脈絡原委如在目前後世有此文字乎論語記夫子在鄉在朝使擯等容宛然畫出一箇聖人非文能之乎昌黎序如書銘如詩學書與詩也其他文多從孟子遂爲後世文章家冠孰謂六經無文法乎

爲文必師古使人讀之不知所師善師古者也韓師孟今讀韓文不見其爲孟也歐學韓不覺其爲韓也若拘拘規倣如邯鄲之學步里人之效顰則陋矣所謂師其意不師其詞此最爲文之妙訣

聖賢未嘗有意爲文也理極天下之精文極天下之妙後人殫一生之力以爲文無一字到古人處實中所養未至耳故爲文莫先養氣莫要窮理

史記貨殖傳議論未了忽出敘事敘事未了又出議論不倫不類後世決不如此作文奇亦甚矣

吾讀柳子厚集尤愛山水諸記而在永州爲多子厚之文至永益工其得山水之助耶及讀元次山集記道州諸山水亦曲極其妙子厚豐縟精絶次山簡淡高古二子之文吾未知所先後也唐文至韓柳始變

然次山在韓柳前文已高古絶無六朝一點氣習其人品不可及歟

史記不必人人立傳孟子傳及三騶子荀卿傳間及公孫龍劇子尸子吁之屬衛青霍去病同傳竇嬰田蚡灌夫三人爲一傳其間敘事合而離離而復合文最奇而始末備漢書兩龔同傳亦得此意

史記不與張騫立傳其始附衛青而於大宛傳備載始末蓋大宛諸國土俗皆騫所歸爲武帝言者也騫沒後諸使西域者亦具焉事備具而有條理若漢書則大宛張騫各自爲傳矣

史記董仲舒傳不載天人三策賈誼與屈原同傳不載治安等疏視漢書疏略矣蓋史記宏放漢書詳整各有所長也

史記張蒼傳敘至遷御史大夫忽入周昌周昌後又入趙堯趙堯抵罪又入任敖任敖後仍入張蒼事核而文奇四人皆相繼爲御史大夫者也

太史公伯夷屈原傳時出議論其亦自發其感憤之意也夫退之何蕃傳亦放此意

世謂詩有别才是固然矣然亦須博學亦須精思唐人用一生心於五字故能巧奪天工今人學力未至舉筆便欲題詩如何得到古人佳處

爲文好用事自鄒陽始詩好用事自庾信始其後流爲崑體又爲江西派至宋末極矣

音律

京房曰六十律相生之法以上生下皆三生二以下生上皆三生四房又曰竹聲不可以度調故作準以定數準之狀如瑟長丈而十三弦隱間九尺以應黃

鍾之律九寸中央一絃下有畫分寸六十律以爲清濁之節均其中絃令與黄鍾相得案畫以求諸律無不如數而應者矣

晉荀勗號知音律初勗常於路逢趙賈人牛鐸及掌樂事律呂未諧曰得趙人牛鐸則諧矣遂下郡國悉送牛鐸果得諧者然論者謂勗爲暗解時阮咸達八音時謂神解咸常心譏勗新律高近哀思不合中和每公會作樂勗自以不及咸意咸異己乃出咸爲始平相後有田夫得周玉尺以校前所理鍾石絲竹皆

短校一米益伏咸之妙

總章中潤州得磬以獻張文收扣其一曰是晉某歲閏月造得月數當十三今缺其一於黄鍾東九尺掘必得焉下州求之如其言而得大樂有古鍾十二近代唯用其七餘號啞鍾文收吹律調之樂皆響徹時人咸服其妙文收既定樂復鑄銅律三百六十藏于大樂署

音韻

今宣尼之書東則朝鮮西則凉夏南則交阯北則朔易皆吾故封也瞿曇之書能入諸夏而宣尼之書不能至跋提河者以聲音之道障閡耳所以日月照處甘傳梵書者爲有七音之圖以通百譯之義也

梵人別音在音不在字華人別字在字不在音故梵有無窮之音華有無窮之字梵則音有妙義而字無文彩華則字有變通而音無錙銖梵人長於音所得從聞入華人從見入故以識字爲賢知釋氏以參禪爲大悟通音爲小悟

字學

宣和書譜曰爲八分之說者多矣然秦漢以來石刻特存篆隸行草所謂八分者何有至唐始有八分書其典刑蓋類隸而變方廣作波勢豈在唐始有之耶古今名稱稍異今之正書乃古所謂隸書今之隸書乃古所謂八分至唐又于隸書中別爲八分以別之然則唐之所謂八分非古所謂八分也

周越書苑云郭忠恕云小篆散而八分生八分破而隸書出隸書悖而行書作行書狂而草書聖以此知隸書乃今之真書也趙明誠謂誤以八分爲隸自歐

陽公始

右宋靈隱寺僧莫菴道肯集篆書金剛經備諸體雖

未必盡然亦可見歷代書法之變

姓氏

太史公曰黄秦之先爲嬴姓其後分封以國爲姓有徐氏郯氏莒氏鍾離氏運奄氏菟裘氏將梁氏黄氏江氏脩魚氏白冥氏蜚廉氏秦氏趙氏按嬴姓也餘十四皆爲氏又如周本姬姓其子孫如魯衛毛聃郜雍曹滕畢原酆郇邗晉應韓凡蔣嬴茅各以國氏而

皆姬姓也後之文人多不辯惟昌黎公知之故曰韓姬姓又曰何與韓同姓爲近

桑榆漫志

明　陶輔

雪航論項羽殺宋義爲是先儒斷其矯殺爲非又論王子嬰屠其宗族伐其陵墓焚宫廟坑降卒爲是先儒言其暴横爲非又論羽鴻門不殺沛公有人君之度謂先儒不能表而出之又論項羽獲太公吕后三年無嬬殺之心聞吾翁即若翁之言即捨太公則篤于朋友之義而先儒不能察又論烏江之死羽之才美亘古無倫本實天亡而非羽罪司馬遷楊雄所論

皆謬此雪航之所以立言排論正是非于既往扶世教也夫何不思羽爲人臣受命其君擅殺主將幸而成功即不回顧獨假凶威肆意自負及至沛公滅秦猶且杖兵縱惡不一禀命于君剖分四海任已行封甚至奪君之國遷而弑之嗚呼凡有天下者必以忠孝爲本若項羽者既爲弑君之賊其罪通貫天地雖有百善無足稱也不然其于莽操懿溫豈無私仁假義皆可尚也

嘗見小小常人之家赫然興旺者若非父祖死于其

命必其父祖立行汚下被人鄙視者論者以爲父祖子孫本乎一氣大屈之後必有失伸此雖一定之論然其氣理渺茫無形可証豈敢固執以爲必然形諸言而用諸事乎予有小圃嘗植花木或有雜樹生其間予斫去之隨去復生或久不斫則柯條一發其茂倍常回思無形之理則有形矣

嘗見古城頹處其間杵跡反上人皆莫曉其理後因偶在內府庫中得見築地大石鵞面徑二尺許中開七竅皆透大如酒盃意使起落平正不致風鼓傾側

所以杵平之處復打必有圓跡高起朧似反杵形

始皇初并天下咸陽之間北自九嵕南至鄠杜渭四百里東自河西及汧渭長八百餘里離宮別館相望聯絡宮城前闕以磁石甃門凡外國使來有懷刃者自止不能行以示神異又漢武作鳳凰闕至高七十丈五尺此等皆極奢極過極怪之爲也

元章米公尹雍丘時境內大蝗其隣縣尤甚以爲雍丘之蝗被逐越界集彼境內移文米公使止其打逐米公大笑題紙尾以荅之曰蝗虫本是飛空物天遣來爲百姓災本縣若能驅得去貴司還請打回來

損齋梅氏備忘錄論前人所謂地有四遊之非梅曰地之凝結由制於氣之勁急旋遶而不可嬰也地而可遊是天氣尚可嬰也非不知地亦不知天也噫天地一氣也清濁相附而成天氣附地旋遶地體乘氣升降四遊者乃天道之自然以應乎四時地隨氣運不得不逐氣之移轉也詳損齋之論不知孰又爲知天地者歟

丘瓊山名儒也博學多知賦性高傑獨步時輩嘗述

世史正綱義嚴理到括盡幽隱深得麟經之旨及他詩述精詳偉興不減先儒又惡市井時俗汚下多作淫放鄭聲爲民深害先生自創新意譔傳奇一本題曰五倫全備欲使閭閻演唱化回故亦可習振啓淳風其於先生心迹之正輔世之功又何如哉是後于書肆中有賣鍾情麗集者首尾詩詞數百備序其關目之本末皆道男女私期密約之事其間形容其淫褻穢濫備至見者不堪啓目不知當日作者何顏舉筆書之耶及觀其引則題曰王峯主人所作噫有是

乎意恐他人僞作不然此詞以之追配八風之舞亦不忝矣非敢擅爲彼此宜待識達君子辨之

鼻陽也飲天之六氣口陰也食地之五穀氣以滋元穀以養血氣附血而固如天之附地血依氣而榮如地之依天血氣和而精生精氣堅而神爽一不能獨存兩不能禁止能禁者久視能存者神乎

識破塵圜知是土從前自笑用機深元來身事皆人事只有天心是我心此詩最可玩味

嘗謂蜾蠃者乃長腰黒黄小蜂也能負他虫入巳窠

内皷其羽作聲曰似我似我其虫亦化爲蜾蠃名曰螟蛉世人呼義子爲螟蛉載諸簡册古今通用而無較焉予昔壯年時有佳紙數幅置書架上一日予閑坐間見有此等二蜂飛遶紙卷兩頭出入孔中作如此之聲取紙展而視之其中以泥隔斷如竹節狀爲窠有一青虫乃蜂含來他虫背上負一白子如粒米以漸大其青虫尚活其後子漸次成形青虫亦漸次昏死更後看其子皆成蜾蠃亦漸次老嫩不一其虫漸次死腐就爲蜾蠃所食食盡者則穿孔飛去矣予思此物常在梁棟間或墻壁高處作窠未嘗在紙卷中故前人未得其詳或恐世間別有蜾蠃螟蛉之虫眞能變化予所未見明者又當察焉

漁翁樵夫皆人也因其業而得名綸竿斧擔皆物也因其用而得名捕魚採薪人獲其實用是以名非實則無所本實非名則無所成吁天下之事未始有不關乎名實而可立者然沛公項羽共尊懷王爲義帝以滅暴秦沛公入其都擄其王弔其民義帝遇弑又能發喪討賊名實兩得此所謂先名後實也項羽火

其都殺其王坑其民更弑其君此所謂有名無實也名實俱喪嗚呼世人務實用名者少貪名亡實者多天理無不在上人事不立于下徒枉然耳

或問三教之設其分何分又謂一家其一何一而其間優劣可得品乎答曰夫儒者循乎是理者也釋者出乎是理者也道者返乎是理者也豈得不謂之分乎雖曰各分其途而未嘗遠乎是理又豈得不謂之一家乎至若三教優劣之品若非眞明是理者孰敢輕品其萬一耶

氣運之盛衰乃陰陽一消一長也如春生秋殺夏熱冬寒實天地不可易之理也大則一國小則一家至乎一人一物莫不同軌人當此際皆謂之一定莫逃之數盛者縱奢肆驕衰者屈節忘恥更不思天道固已自然而我當竭人事修之于未然使其盛不過盈衰不至否則天人之道合矣

延州筆記

江陰唐覲

唐音李義山咸陽詩曰自是當時天帝醉不關秦地有山河張文亮註云秦都咸陽而于天帝醉則置不解夫秦都咸陽誰不知之所當解者正在天帝醉之句耳按文選張平子西京賦曰昔者天帝說秦穆公而覲之享以鈞天廣樂帝有醉焉乃爲金策錫用此土而翦諸鶉首又廣文選庾信哀江南賦曰以鶉首而賜秦天何爲而此醉秦穆公夢至帝所事見史記扁鵲傳故二賦皆引之義山詩所謂天帝醉者蓋本之二賦及史記也

綱目唐李德裕獻丹扆六箴其納誨箴曰以規爲瑱是謂塞聰集覽云謂以箴規之辭充耳也因引詩洪奥篇充耳謂之瑱以釋之按國語白公子張驟諫楚靈王王曰不穀雖不能用吾憖置之于耳子張曰賴君之用也故言不然巴浦之犀犛兕象其可盡乎其又以規爲瑱也以規爲瑱正用國語之句集覽既昧乎是而陳濟正誤亦復未曉予故補之

栁子厚文集南霽雲碑曰汧城鑿穴之奇註云未詳而復引田單火牛事則誤矣田單火牛本在齊卽墨地至于汧城則在關中所謂養馬于汧渭之間者也按文選潘安仁馬汧督誄亦有鑿穴之說且云乃舊其奇保此汧城馬汧督者汧城之督馬敦也當齊萬年之亂獨能固守其城忠節昭著與霽雲守睢陽事正相類故栁公碑文援之

唐詩品彙載釋寶月劉令嫺詩皆以為唐人按釋寶月者齊武帝時人劉令嫺者徐悱之妻梁武帝時人

陳徐陵玉臺新詠已有二人詩品彙特重出耳又梁鍾嶸詩品曰釋寶月行路難本出東陽柴廓隋書經籍志亦有梁婦人劉令嫺集尤可證其非唐人也

前漢書枚皐傳曰上有所感輙使賦之為文疾受詔輙成故所賦者多司馬相如善為文而遲故所作少又西京雜記曰相如作上林賦搆思百日而成梁劉勰文心雕龍亦曰淮南終朝而獻賦相如含筆若毫腐皆言相如作文之緩也而宋人林艾軒乃云相如輩昨賦只是說出便罷至楊雄班固始紙上作文是何億斷之甚耶

唐文粹李德裕張辟彊論曰高帝云非劉氏而王者天下共擊之此慮屬在呂宗矣是後蘇老泉作高祖論曰高帝之以太尉屬勃也知有呂氏之禍也謝疊山云此可見老泉讀書有眼力作文有筆力今德裕之論與老泉何異由此言之德裕亦可謂有眼力有筆力者豈獨老泉乎

唐音李頎贈從弟疉卿歌曰第五之名齊驃騎註云第五之名未詳而又引霍去病為驃騎將軍謬甚按

晉書何準傳曰準弱冠知名兄充為驃騎將軍勸令其仕準曰第五之名何減驃騎準弟兄中第五故有此言驃騎旣指其兄何充則于霍去病何與蓋不知頎歌之用晉書全句耳

李太白寄遠詩其七曰滅燭解羅衣士贇註引謝瞻詩開軒滅華燭古詩被服羅衣裳曹植詩羅衣何飄飄以解之皆非也按史記滑稽傳淳于髡曰堂上燭滅主人留賓而送客羅襦襟解微聞薌澤李句蓋本此乎

唐音盧照鄰送鄭司倉入蜀詩曰潘年三十外蜀道五千中註云潘年未詳按文選潘岳作秋興賦曰岳年三十二始見二毛以太尉掾兼虎賁中郎將寓直於散騎之省又駱賓王集上裴侍郎詩曰三十二餘能鬢似潘安仁亦用此也

唐詩品彙劉言史樂府雜詞曰君王試舞鄭櫻桃按晉書載記石季龍寵惑優僮鄭櫻桃此詩蓋詠鄴中事也

徐陵玉臺新詠序曰固勝西蜀豪家託情窮于魯殿

東儲甲觀流詠止于洞簫按三国志蜀劉琰豪侈侍婢悉教誦魯靈光殿賦前漢書王褒傳太子不安命王褒等娛侍太子太子愛褒洞簫賦命宮中皆誦之

綱目桓溫登平乘樓歎曰遂使神州陸沉百年丘墟王夷甫諸人不得不任其責集覽云陸高平地沉溺也神州陸沉謂中原淪溺也猶王道陵遲之義不知二字本出莊子按莊子則陽篇孔子之楚有夫妻臣妾登極者仲尼曰是陸沉者也

晉潘岳作萬年公主誄萬年縣名公主封於萬年既卒而命岳作誄焉陳徐陵玉臺新詠序曰萬年公主非無累德之辭蓋誄字之誤也而藝文類聚載此序文亦作累　則自歐陽率更時傳訛已久非一日矣

氏族之學不講久矣今世凡舉其姓輒自稱某郡誠大惑也何者謂此郡爲此姓之望則可謂此姓皆此郡之出則不可姑自王氏而辨之王氏本出王子晉時周已東遷當繫洛京厥後分派乃以太原爲望然有太原之王有瑯琊之王太原之王如漢之霸魏之昶晉之坦之元魏之慧龍北齊之遵業隋之劭唐之

翃之類是也瑯琊之王如漢之吉魏之覽晉之導宋之僧綽齊之儉梁之騫後周之褒隋之胄唐之方慶之類是也當漢魏之世又有沛之王如陵者涿郡之王如商者上谷之王如次仲者山陽之王如粲者東海之王如朗者東萊之王如基者殆不可勝數年祀邈邈吾誰適從安得悉舍之而專就一太原耶其餘千姓百家亦莫不然何君子之忍于誣其祖也習俗相沿迷而不悟後之達人果能超然遠覽但著其姓而不復繫之爲某郡則善矣況又有假僞以亂眞慕

菀而背枯若祟韜之於予儀者可不爲之重省乎
唐音駱賓王晚泊蒲類詩註云蒲類未詳按前漢書
傳蒲類澤名漢宣帝命五將伐匈奴趙充國爲
蒲類將軍當與烏孫合擊　蒲類澤是也賓王時
隨大總兵裴行儉征西故泊蒲類耳

戒菴漫筆

江陰李詡

正德時逆瑾傳劾譴責忠良目爲奸黨勅中五十餘人而吾江陰獨居其三王事爲小江黄公昭御史爲學静貢公安甫借山史公良佐貢史以奏章忤黄以輓死諫蔣御史詩忤亦一時之盛云

王伯厚云張文饒曰處心不可着着則偏作事不可盡盡則窮先天之學止是此二語天之道也愚謂邵子詩夏去休言暑冬來始講寒則心不着矣美酒飲教微醉後好花看到半開時則事不盡矣

令人大廳五間之前重置屋者俗名五廳三泊暑謂可障蔽炎熱也夷堅志作樸水樸風板又作屋翼剎風板老學菴筆記云蔡京賜第宏敞老疾畏寒惟樸水少低乃作臥室或又作僕處謂廳上待客童僕供待宜列于此耳

醉翁談錄引予言小說者或名演史或謂合生或稱舌耕或作挑閃

杭州湖船最精妙者曰水月樓惟以供耍路之過疏

者
天祿閣外史乃近年崑山王逢年所詭託者逢年特一有筆性浪子耳邇有餘姚人胡御史某沾沾以文學自喜雜此文于左國司馬諸篇中刊行頒于蘇常四郡學宮令諸生誦習之殆亦一奇事也

王浚川廷相云周濂溪之子曰環溪元翁者與蘇黃諸公學佛談禪盡壞其家學歐文忠之子斐與僧講法失其父風蘇東坡之子過父事梁師成變乃翁之節韓稜不謟權貴其孫演則黨附梁冀人之不肖亦

不係於世類如此

父在觀父之志父沒觀父之行先意承志繼志述事之教非孔子觀人也若曰父在子不得自專而志則可知是啓人以陰蓄叛父之志也此是朱近齋之說極爲有理考亭聞之當亦心肯

江西省崇義縣正德間新立民皆畬種洞蠻也畬字在畛韻中音部本切後山叢談云二廣居山谷間不隸州縣謂之猺人舟居謂之蜒人島上謂之黎人猺音姚蜒音延韻書作蜑寫者音但下注南　海種則蜒字宜以虫从下爲正畬種亦曰畬人叢談所載三人今稱無異葢有四等異人稱矣

煮飯何如煮粥強好同兒女熟商量一升可作二升用兩日堪爲六日糧有客只須添水火無錢不必問羹湯莫言淡薄少滋味淡薄之中滋味長右煮粥詩

楊王孫西京雜記云楊貴字王孫文翁張崇文歷代小誌云文翁姓名黨字仲翁壺關三老荀悅漢紀云令狐茂此三人名足以補班史之闕

清虧桂闕一分影寒落江門幾尺潮李空同咏十六

夜月警句當時京師士夫稱賞

道家所唱有道情僧家所唱有拋頌詞說如四遊記藍關記實匹休耳

北地氷凍雖極連底者遇大霧頃刻可解

少游月夜詩末句云歸來枕簟清無夢卧看明星到未央葢用詩小雅夜未央句若言未央而無夜字則不可此詩之病也

糞田宜火日若金水日則不肥圂圊溲亦不肥氣之通塞譬煬不容假也

東入吳門十萬家家家爆穀卜年華就鍋拋下黃金粟轉手翻成白玉花紅粉美人占喜事白頭老叟問生涯曉來粧飾諸兒女數片梅花插鬢斜此爆孛婁詩也錄之以觀風

柿類大小形狀極多有火盆柿大而區方柿四稜六稜乾癟無核甚佳火珠多核不美綠柿品下柑與橘類而皮殼畧異溫衢最多佳品橙香美在皮而癟則酸古云在南稱柑在北曰橙非也

字謎目字加兩點不作貝字看上有加字下增二點是賀字貝字欠兩點不作目字看上有欠字又增二點是資字出荊公木了又一口不作杏字猜若作困字猜便是呆秀才木旁着了字又字一字口字是極字

稻花白而瓣少者米賤多而色黃則貴俗云銀花賤金花貴也

寢輿見邵陵公曹芳廢遷金墉太宰郎范粲素服拜送哀動左右遂徉狂不言寢所乘車足不履地凡三十六年年八十四終所寢之車

唐詩鼓吹有胡宿詩考胡宿乃宋仁宗慶定間知湖州是誤收為唐人也

倭國婦人不裹足髮長散披在後至梢皆剪截極齊服飾有扇子錦

雜俎謂數相從曰支夷堅志甲乙等以支名者取此也

葉水心集墓誌丁楠木叔永嘉人知績溪修陂塘知江陰開渠五百里黃東發曰江陰渠無百里是矣然想木叔在當時必有功于吾邑之水利者邑志于嘉泰元年下僅存其名而不著其功故揭出之

須臾即斯須鄒魯方言楚辭招魂尾句皆曰些蘇個反楚人方言即梵語薩嚩訶也三字合言之即些字

葉文莊公盛云數自一至十惟三平聲八卦惟乾離坤平聲十干十二支皆玄多平少陰常有餘陽常不足君子少而小人多此亦可見

凡涉人為皆是作偽故偽字从人从為凡人之一身只是火候失調便生病故病字从丙言火也

徐廸功昌穀禎卿嘆嘆集皆消遣悲傷之作與廸功集迥然不倫蓋廸功集工于模擬漢魏而嘆嘆集則

任眞而出者也

前輩云地氣高寒便不生物和煖便生物秋氣嚴凝便有一般清高氣象固亦自好終是肅殺人常存得溫和惻怛之意便自然可愛

教字卽是學字古文實同用教學效學俱只是一箇爻字

盧多遜門下士种英蘇冠多遜甚器愛之多遜既得罪獨此二人徒步送抵海而還英改名放字明逸蘇改名易簡

漢明帝聽陽城侯劉峻等出家僧之始也洛陽婦女阿潘等出家尼之始也

東坡曰天下之事成于大度之士而敗于寒陋之小人

海棠欲花盛而鮮須冬至日用糟水澆根下世謂海棠無香惟西蜀潼川府昌州海棠獨香成都人謂海棠爲花尊貴之也

暖姝由筆

江陰徐充

今人干謁者謂之打秋風靖江郭知縣某嘗題謁客所送扇轉贈之曰馬沙沙上縣新開城郭民稀半草萊寄語江南諸子弟秋風切莫過江來郭以語吾縣黃侯夢弼相與大笑

今人患瘧輒往寺觀中躲避多愈唐高力士方逃瘧功臣閣李輔國以謫制授之貶巫州其來已久

成化間羅狀元倫乞致仕　上不允閒居政與致政

孰樂因獻詩曰醉裏功名夢裏拋青山自結白雲巢迎將化雨多栽藥準備秋風厚蓋茅白髮滿簪陶令菊綠陰高繫仲尼匏有人若問興亡事請把韋編玩一爻

張學士元禎弘治間在翰林傳一宮人詩曰金針刺破南窻紙偷引寒梅一線香螻蟻也知春富貴倒拖花片上宮墻

慈谿馮元孝爲知縣時民有訴牛鬬一牛觸死者馮批云兩家牛鬬一死一生死者同剝生者同耕

學士蘇平仲經筵日講書不行跪禮　太祖欲罪之
對曰臣執古聖人書對今聖人講故不跪
詩看用事字看用筆畫看用墨三者不失能事盡矣
今人謂父子不同席至不同堂會飲古者席坐四人
猶今之長櫈父子但不並坐耳非今之燕席也誤會
禮意
劉毅齋鴻臚乾在工部以主事監居庸關鈔馬草火
焚火自中起前官于辛酉年大寒務蚤完事納者不
計美惡束草雜以泥雪堆疊欝蒸至春陽動故火發

也猶腐草爲螢之義
鄧鴻臚某見君山墳塚纍纍謂朱戒軒曰城外都是
土饅頭城中盡是饅頭餡
天順中進士有盆茂賜姓陳盆讀如陳也
山水中凡畫遠山峯青色露尖一[illegible]上濃下淡此何
理也因極意觀察久驗其不然上下濃淡須一色乃
得但爲雲所掩隔腰脚者則變換耳前人未嘗言及
此者
章草在世無人學故無人知其法解散隸體粗書之
亦自一種與大小篆眞草等並刻世有急就章刻本
眞行二行叟是解釋其字耳說者遂謂眞字章草寧
復有眞篆字眞隸字耶故宋仲溫亦以章草體作眞
書所以爲一大變也
竹鶴老人何太守享年九十有九徐中書南當問曰
老大人有何修養之道而致壽若此荅曰無只是好
吃的不要多吃不好吃的全不吃
海旱晚雨潮惟廣東一潮
諺云千粒米不成滴謂酒也千粒麥不得白謂麪也

山東棗園至白露日根下遍堆草焚之蓋以火氣辟
露氣也不爾則多乾落
櫳頭小梳也斜撩尖梳也抿子眉掠也快兒一曰快
子筯也划子小船也兠子輕竹轎也隔壁送槍也滿
堂紅朱絹方燈也兀子櫈也鵓子紙鳶也一曰風箏
搭𧜟禿袖衫也
今人[illegible]謂之鑽人情班固荅賓戲云商
鞅挾三術以鑽孝公又有干謁求人者曰打鑽去聲皆
取攻堅務入之意

今人以裙忽脫者俗謂之腰歡喜與小蜘蛛垂絲墜人衣巾俱言有喜事唐權德輿玉臺體詩云昨夜裙帶解今朝蟢子飛鉛華不可弃莫是藁砧歸始知相傳已久

蘇州戴學官冠字章甫號濯纓以世之富貴多畜妾媵而有亂者嘗曰小人家是百無一有大人家是百有一無

風月須知一書狎遊事也不知何人所作有娼品狎材狎體狎格狎機狎守勉娼七門前序託楊鐵崖後序託宋景濂皆非也𡱈陰戶也𡲰滛液也歒隔歎也隔人而道達思情也三字字書俱無娼品以體格顏色情分耍俏藝能第其有無為十二等惟五者俱全為上此書為蘇州文壽承借去不歸

琴有敓聲初不知何字東坡言稽中散琴賦云間遼故音庳絃長故徽鳴所謂庳者猶今俗云敓聲也敓音鮮出曷鼓錄

舊言西王母居崑崙山蓬頭虎齒而戴勝後世凡壽慶皆圖王毋蟠桃是為美麗婦人何也

蘇子由策問言田常亂齊宰我助田氏以陷于大戮史記中是子我非宰我也子由亦誤用

今人誣罔指人者為事推無者得物不認者皆名為賴老泉謚法辨論中有曰賴者注謂不悔前過曰賴即此字

祝枝山學佛語作乂袋謎子曰無佛物不開口開戶便成佛盛物盤多羅詰結多羅破多刹撒多佛物多難陀駝

方言凡問物之在者則曰在那裏此官語也吾地曰

來邊常州曰來頭丹陽曰來箇無錫曰來上蘇州曰來打上聲

蜀人呼長年者為波猶言丈人也呂東萊有驚起何波理殘夢之句指同舍生何文學也

一箇十字四箇口字是圖字一箇口字四箇十字是畢字

聚寶門舊有六樓來賓重譯輕烟淡粉梅妍柳翠下四名主女侍言

張志淳南園漫錄言正德初內臣最寵狎者入老兒

當去聲猶等輩也然實不計老少惟寵狎是尊余近訪知老兒當皆選年少俊秀小內臣爲之豈閹籍孺之類歟

有白有唱者名雜劇用絃索者名套數扮演戲跳而不唱者名院本

徽墩曹方湖爲江西南豐知縣時其地出小猿如小兒拳大人藏袖中爲戲土人名栗子猿第三乃郎子進說幼隨任曾養玩之杜詩所謂爲致小如拳豈此類耶

暖姝由筆　六

硯水慮凍少着鹽可解鎮江楊邃菴鎮守陝西得此法鎮江秀才試時遇寒欲用燒酒邃菴教以此法

今人凡交遊往來及贄見不論貴賤但有餽送之禮貨物不等皆謂之人事白樂天奏于頔裴均欲入朝事宜狀云上須進奉下須人事其來巳久昌黎集亦有奏韓弘人事物狀

國朝創制器物前代所無者　儒巾　襴衫　摺扇　圍屛　風領　酒盤一名護衣盤　四方頭巾　網巾　水火爐

宮人多用糞車每月初四十四廿四三日以空車推入一換從後宰門出是日遂許作市交易百物鋪地外人亦不禁嘉靖二十三年五月廿四六月初四余嘗兩次進入收得陽文漢銅印曰高慈印信

山西汾州等處字音一東韻與十二文十三元通一宋韻與十三問通如風爲分音公弓爲禪音胸爲熏音俸爲奮音孟夢爲璺音之類

大寒前後十日爲陽宅亂歲寒食前後十日爲陰宅亂歲今人不知但指臘底二十四夜爲亂歲

暖姝由筆　七

兩山墨談引文伯之母季康子之從祖叔母也康子往焉闖門而與之言注以爲闖爲闢謂闢門也今按闖者馬不出門之貌此見國語乃是䦱門說文曰闢門也从門爲聲正引國語此句作闖誤也

今人娶婦之明日婿率妻具禮同至妻家拜禮名拜門亦曰回門又名轉馬若在鄉地遠者或婿獨行有之或擇別日有之春秋宣五年齊高固及子叔姬來傳曰此以高固偕來反馬非禮蓋轉馬即反馬也

今人訪友偶無名帖及乏紙筆輙取土墼或石灰書

其家壁板某人來拜此率易柮俗事耳吾子行間居錄云蔣浻字景裴居葛嶺寶勝寺東廡名公士夫多器之每一入城終日䑛歸白土書門者又滿矣前此亦有之

家常飯今人常言之侯鯖錄云范堯夫丞相嘗教子弟云文正公有言常調官好做家常飯好喫

僧衣肩下有大環雖聞其名而不知其字鄭元祐遂昌雜錄云哲那環常聞哲呼爲執音耳

松漠記聞云殺雞炙股烹脯音蒲膊肉也今亦云然

蓋胸下之白肉也

今女工做鞋子者用紙背梗襯裏剪樣十肐膊武林舊事小經紀有賣圪泊紙者此二字

農田餘話

長谷真逸

至元中遣官十四員分道測日影用四丈之表南海北極出地一十五度夏至日在表南一尺一寸五分晝五十四刻夜四十六刻衡岳北極出地二十五度夏至日在表端無影北至北海北極出地六十五度夏至景長六尺七寸八分晝八十二刻夜十八刻疑即唐太宗時貞觀二十年骨利幹遣使入貢未朝言其國日入後煮羊胛熟已天明者此地是也

古曆五星皆順行至秦始有金火之逆漢初側侯五星皆有逆故班氏謂間之末造人紀不修師旅數起五緯如失常矣

宋南渡後文體破碎詩體卑弱惟范石湖陸放翁爲平正至晦庵諸子始欲一變時習模倣古作故有神頭鬼面之論時人漸染既久莫之或改及文辭留意杜詩所作頓去當時之凡陋觀指南前後錄可見不獨忠義冠于一時亦斯文間氣之發見也至元間載帥初趙子昂諸公始出作詩文皆從李杜韓柳中來

頖掃者時之氣習非惟遺山劉静修諸公系中原文脉而南人文格亦變

今之官斛規制起於宋相賈似道前元至元間中丞崔彧上言其式口狹底廣出入之間盈虧不甚相遠遂行于時至今不改

至元間得南國有總統者發掘先宋江南陵寢其間金寳不可勝計取梓宫中尸體置于故宫殿基上建石塔壓之以厭勝江南人凡宗廟神主人民版籍皆寘于下高一十三丈後有雷火自天而下破塔烟火焚經三日方止或云是天曆戊辰秋也未詳其塔至

張士誠據浙右時其弟士信毁之

翰林王學士逵曰在天爲天命在人爲天性理一也于是乎有心焉故曰聖靈知覺虚則見天理之湛者爲甚明靈則見天理之流行者爲甚妙靈則虚虚則靈知覺于是乎生焉然行其所當行者則知覺原夫理知覺原夫理人心卽道心矣行其所不當行者則知覺梏于氣知覺梏于氣人心遺道心矣故理一而氣二道心同而人心異然則學者可不盡精一之功哉

丙申張氏據姑蘇楊𢡟政以苗獠守嘉禾二境之間往往以取功富貴易于反掌上則參謀軍事次則招集無賴少年爲義士頭目殺掠鄰境名曰撿括金帛財貨打劫不貴至於墻屋亦折毁而歸一時無不如志厥後多被殺戮或後貧困或貽禍于後人

嘗見小説家言吳陸遜居第園有華麗亭故名華亭考之雲間志漢法十里一亭十亭一鄉亭留會宿之所也凡封侯初封亭侯如某亭侯之類遜初封華亭

侯小説妄也泰有亭長

汴京艮嶽元朝嘗有回回人于内取雄黄爐甘石數萬斤蓋雄黄築于嵓穴地道間可以辟蛇虺爐甘石雨過之後日炙之則有濕氣蒸蒸然以象嵐霧故于採二物

古人無畫蒲萄者吳僧溫日觀夜于月下視蒲萄影忽出新意似飛白書體爲之酒酣興發以手潑墨然後揮墨迅于行草收拾散落頃刻而就如神甚奇特也旣殁其弟子沈仲華湖州人傳其法亦佳世多

見之

春帖子難得佳者如鎮南王府碧梧翠竹神仙宅玉葉金枝帝子家張天師宅麒麟閣下神仙客龍虎山中宰相家江浙省治青陽運轉乾坤泰黄道天開日月明

世俗占候雨晴惟甲子壬子甲申甲寅四日頗可憑此外俗説占測水旱豐歉未甚可稽故静家伯翔陸先生嘗著田家五行志若干卷專述田家俗談爲農家占候一家之書率多可驗

愚民惑于妖巫雖官府嚴禁莫之能止海上一富家平日不信巫覡一旦營屋巫者令木匠造木人置柱拱中數年其家人病叩于巫巫言有厭勝于柱拱發而果得之乃詰之匠者告以巫前所教也聞于官坐服罪時縣尹何子正大禁淫祀及巫覡皆由此始

司馬温公奉勅編通鑑置局書寫几有誤字例旁注半非作亾體至今相仍作十字寇萊公當國几有文字准此字去十作准至今不改先朱諸人言之然韻中亦有此准字莊子有平中准

唐德麟開元曆皆以驚蟄爲正月中氣雨水爲二月節氣未審今法起于何時

吳下大水歲饑多是納音屬土之歲如至順庚午至元戊寅至正丁亥洪武丙辰理不可曉

海隅曹宣慰其先起農家至富強有孫文載娶邵玄同先生女初歸曹氏一日謂孫婦曰可從吾出觀花圃遂出所居外一望平田菜麥青黄無際乃言曰吾家花圃如是非爾家奇花異卉之比也斯亦務本之言猶昔人賞黑牡丹之意

謝子蘭曰美内事用柔日外事用剛日者聖人順陰陽之理初不以爲生榮辱貧賤富貴之類一皆繫乎年月日時之吉凶而使人拘拘焉擇而用之孟子曰天時不如地利地利不如人和樂一物而天下之物莫不皆然亦盡乎人事而已夫天時何足泥哉

眞文忠德秀曰程子家治喪不用浮屠在洛亦有化之者司馬氏關之尤嚴彼之教得行由禮之先廢使今之居喪者始死有奠朔而有殷奠虞祔祥禫而有祭既足以盡人子追慕之情則于世俗之禮且將不

服爲之矣不復祭禮而從日勿用浮屠使居喪者悵悵然無以報其親未見其可也以此言之奠祭之禮其可缺乎

司馬温公曰葬者藏也孝子不忍其親之暴露故歛而藏之今之藏者相山川岡壠之形勢考歲月日時之支干以爲子孫貴賤貧富壽夭賢愚繫焉非此地非此時不可葬者舉世惑而信之于是喪親者往往久而不葬問之則曰歲月未利也又曰未有吉地也又曰遊宦遠方未得歸也又曰貧未能辦葬具也至

于終身累世而不葬遂有棄屍失柩不知其處者嗚呼可不令人深嘆愍哉又所貴于身後有子孫者爲能藏其形骸也其所爲乃如是曷若無子孫死于道路猶仁者見而壇之耶先王制禮葬期不過七月今世著令王公以下皆三月而葬又禮未葬不變服食粥居倚廬哀親之未有所歸也既葬然後漸有變除今之人背禮違法未葬而除喪宦遊四方食稻衣錦飲酒作樂其心安乎人之貴賤貧富壽夭繫于天資愚繫于人固無關乎塋兆使皆如葬師之言爲人子者方當哀窮之際何忍不顧其親之暴露乃欲自當其福利耶昔者吾諸祖之葬也家甚貧不能具棺槨自太尉而下始有棺槨金銀珠玉之物未嘗以錙銖置壙中將葬太尉公族人皆曰葬者家之大事奈何不詢陰陽此必不可吾兄伯康無如之何乃曰安得良葬師而詢之族人曰近村有張生者良師也兄乃召張生許錢一萬張生聞之大喜兄曰爾能用吾言俾爾葬不用吾言將求他師張生曰唯命是聽于是兄自已以意處歲月日時及壙之淺深廣狹道路所

從出皆取便于事者使張生以葬書緣飾文曰大吉以是族人皆悅今吾兄年七十九以列節致仕吾年六十六忝備侍從宗族之從仕者二十三人視他人謹用葬書未必勝吾家也前年吾妻死棺成而歛裝辦而行壙成而葬未嘗以一言詢問陰陽迄今亦無他故今著此論俾後之子孫葬必以時欲知葬具之不必厚視吾祖葬書之不足信視吾家

朱子曰歸根本老氏語畢竟無歸這個何曾動此性只是天地之性當初不是自彼來入此亦不是日性

而復歸如月影在一盆水裏除了盆水便無了豈是這月影又飛上天去歸那月裏哉又如這花落便無這花了豈是歸去那裏明年又復來生這枝上哉

朱子曰人死終歸於散然亦未便散盡故祭祀有感格之理然已散者不可復聚釋氏却謂人死爲鬼復爲人如此則天地間常只是許多氣來來去去更不由造化生生必無是理也

雨航雜録

天池馮時可

漢儒之於經臺史之測天也不能盡天而觀象者莫能廢宋儒之於學規矩之畫地也不能盡地而經野者莫能違

子静之求心而其徒棄經典紫陽之窮理而其徒泥章句非教者之過學者之失也今相下不益哉鵝湖論辨無極往復若虛若無　然乎永嘉陳君舉荅文公書言刻畫太精反傷易簡矜持已甚滋涉吝驕蓋

諷之也

屈原之騷莊生之書司馬子長之史相如之賦李杜之詩韓蘇之序記馳騁縱逸天宇不能限其思雄奥哉

宋儒之於文也嗜易而樂淺於論人也喜核而務深於奏事也粗趣拂遂貴直而少諷所以去古愈遠而不能經天下

六經無浮字秦漢無浮句唐以下靡靡爾其詞煒然其義索然譬則秋楊之華哉去治象遠矣九奏無細

響三江無淺源以謂文豈率爾哉永叔侃然而文溫
穆子固介然而文典則蘇長公達而文遒暢次公恬
而文澄蓄介甫矯厲而文簡勁文如其人哉人如其
文哉
漢文雄而士亦雄宋文弱而兵亦弱唐文在盛衰之
間其國勢亦在強弱之際
太史公之文與杜甫之詩皆深渾高厚其敘世隆汙
勝復人慘舒悲喜之變如口畫指撝咸其神化橐籥
之也遷有繁詞甫有累句不害其為大家遷剪其繁

則經矣甫加以穆則雅矣
春秋之文告言倫脊而漸漬人心志戰國之說辭氣
縱橫而聳動人耳目然去聖王之典訓遠矣
楊朱曰賢愚好醜成敗是非無不消滅矜一時之毀
譽焦苦其形神要數百年中之餘名豈足潤枯骨哉
此語達矣而非所以輔教
莊縱觀大化為汪洋浩肆無端崖之言自謂達道而
無束於教乃其弊也背道而傷教鄒子之赤縣神州
其莊之緒論哉

西京之儒術衰於揚雄為利祿也東京之經師衰於
馬融為奢淫也經衰而節行振矣節行摧而清談起
矣世變之移人實為之
孔子作春秋削其事辭華文而從忠也左氏煒煒乎
華繁而實寡矣其時先王之教不遠其所述諸賢議
道講禮憲典陳法猶有懿德大雅之風但多言明變
近譎近誣衰世之文濫觴於茲矣韓子以謹嚴稱春
秋以浮誇加左氏確矣哉戰國策或以為虞卿作矯
稱蠭出猶有兵氣申韓卑卑名實事覈詞巧岻巇激

肆蕩如於義矣莊列之倫離經畔常皆亂世之文哉
漢斵雕為樸反漓為淳而春和諸令穆如溫如以至
賈董楊馬諸賢七者深淳渾灝次者嶄峻雄奇彬彬
乎盛矣
枚乘七發馳騁恢奇祖屈原之騷而變其體者乎五
言古詩有三百篇之遺意而近於哀傷樂淫者乎相
如當盛漢之隆氣旁魄而詞最溫麗然已為六朝端
倪矣
西漢簡質而醇東京新豔而薄時之變也班固贍鄒

而有體左史之亞哉此外寥寥矣

徐偉長曰鄙儒之博學也務於名物詳器械矜於古訓摘其章句而不能統其大義以獲先王之心此何異女史誦詩內豎傳令之學史漢者大都然哉幹之中論可稱論篤當繁響嘈雜之際而獨朱絃疏越也寧諧衆耳哉然其志則顯矣陳思王稱其懷文抱質恬澹寡欲亦可驗於斯

十三經註疏立而西京諸儒之訓亾矣學士大夫取通解而止不復攻堅扣應所爲帖括椎朴淺近能不

詘於詞賦乎譬之布帛朽蠹寧如刺繡故有唐經術之不振治經者之過也

昭明文選唐人枕席沈酣其間而六經如甲乙簿矣易奇而法詩正而葩韓子獨注心焉所以其文高於一代

退之秋懷詩窗前兩好樹衆葉光薿薿秋風一披拂策策鳴不已微燈照空牀夜半偏入耳愁憂無端來感歎成坐起天明視顏色與故不相似義和驅日月疾急不可恃浮生雖多塗趨死惟一軌胡爲浪自苦得酒且歡喜詞雅淡而骨道丨髣髴建安矣

初盛唐之詩其情多而巧思寡神足氣完而色澤不肖屑也晚唐意工詞纖氣力彌復不振矣春鳥秋蛩鳴變音遷人更代運孰能知其然哉

杜子美新婚別云誓欲隨君去形勢反蒼黃無家別云存者無消息死者爲塵泥又久行見空巷日瘦氣慘悽杳眇之極足泣鬼神

宋史稱程明道平居氣象清越灑然如在事外及遇事則與賤者同起居飲食能堪人所不堪嗟乎惟其

能在事外而後能與人同天下事斷非著述者所能辨也

詩曰彼有旨酒又有嘉殽洽比其鄰婚姻孔云是時政亂崇賄輸金載玉不知其幾而獨以酒殽爲言詩人之溫厚若此嗟乎苞苴之昌未世尤甚匪特用以媒進且用以妨賢矣詩人而在不知當何浩嘆

小雅者天子逮下之詩大雅者天子述祖之詩小雅之變者哀怨刺譏之意多大雅之變者憂憫規正之詞切蓋周太史所命孔子删之而未嘗易其次也詩

有南雅頌爲天子所用樂章其十三國之詩止陳述以觀風不用之廟朝惟列國自爲歌咏而已六義曰風曰賦曰比曰興曰雅曰頌起於周禮太師掌之或以風爲孔子所命非也

孔子贊易古之聰明睿智神武而不殺稱善人曰勝殘去殺語季康子曰子爲政焉用殺大學一書於妨賢病國小人深惡痛絕之然止曰迸諸四夷不與同中國未嘗言殺也聖人之慎殺如此哉

孔子四教六藝古聖王之教也學者優游漸漬其中

上焉者以逹次焉者以立此萬世不與易也王文成之即心即性即心即經本爲支離者鍼砭然其末流未免虛而失實內而遺外甚者恣心順意糟粕其經脫畧於教長游談而廢實學此憂世者所深慮也

春秋卿大夫交接以微言相感稱詩以喻志皆取風雅頌之辭不必自賦蓋所以重先民明退讓宗道德洛辭采末世之詩不以明志于何可稱至乃酒食徵召刻燭分韻流連光景而古時雅會之風不可復覩矣江左以來又有酒令莊士耻之酒以令行豈合歡之旨詩以韻分豈感物之義

楚聲杳渺秦聲雄高漢因之而爲樂府其曲大備然視二南之風化固已蔑矣建安風骨遒上而渾渾不足應徐輩之公讌諸作靡麗之開源矣陳思洛神之賦淫艷之濫觴矣知風之自微矣哉

菊坡叢語

明　單宇

俗有桁竿晒衣竹也杜詩翡翠鳴衣桁李嘉祐椸色侵衣桁即此

今小兒乳哺時值母有孕輒眉心青黑泄瀉黄瘦此病俗謂之記爾雅翼言伯勞能療繼病繼病者母有娠而乳子使子得疾如瘧

外任官與京職官相遇外任官曰我愛京官有牙牌京官曰我又愛外任有排衙

西域記婆羅痆斯國有隱士求仙得一烈士令終夕無聲云云與幽怪録杜子春事甚類

汝州楸樹極多富鄭公知州時手植數百本于後圃中

談録云相傳顔回讀書鐵鏑三摧此可對孔子韋編三絶

古人製小兒睡車曰搖車以兒搖則睡故也一名搖籃

西廂記人稱爲春秋或云曲止有春秋而無冬夏故名

此曲中有全賓全白兩人對説曰賓一人自説曰白

玄亭涉筆

龍溪王志遠

天亏虹也見白虎通亦云帝亏

戚屑霜也迷空步障霧也

銀灣許渾謂銀河爲銀灣李賀謂銀浦

竹胎說文筍也

青士竹譜竹曰青士

石髮風土記苔也廣雅曰石衣也

水簾本草曰萍也

水栗菱也酉陽雜俎

水芝廣雅瓜也古今注蓮一名水芝

木蜜廣記曰棗也

丹若石榴也又曰塗林

快果本草梨也

菊婢鳳仙花

堯韭菖蒲也見呂覽

水畜魚也又云川禽亦魚也

一寸樓臺蜂窠也

撲朔蘇東坡詩寒窗煖足來朴握註兎也古樂府雄兎腳撲朔古文苑作朴握

氊根羊也見南楚新聞

山公李約養一猿名山公又王仁裕名爲野賓

殊翁鴻鴈也見漢雋

飛奴鴿也張曲江以傳書故名又曰插羽家人

金烔司空圖以鏡爲金烔

寶箒僞唐宜春王從謙用宣城諸葛筆號翹軒寶箒自此江南士人呼筆爲寶箒

清防屏風也見顏延年詩

香璧蜀士景煥墨印文曰香璧

凉友扇也商山館中有詩云凉友招清風

睡龍枕也

輕容唐類苑云無花薄紗也

樂句拍板也韓愈問牛僧孺拍板與作甚牛曰樂句韓大稱賞因此名播京師

要舟埤雅壺也腰之可以涉水

屈戍窗戶環紐即古金鋪梁簡文詩織成屏風金屈

戍李商隱詩鎖香金屈戍

謻門東京賦謻門曲榭沈存中云字訓謻別也但言別門耳故以對曲榭非有定處

牢丸今湯餅也見束皙餅賦

雜馥和香也見通典

兄公爾雅婦稱夫之兄曰兄公

小鳳唐人謂宰相老鳳翰林學士大鳳中書舍人小鳳

野航史話

防風茅元儀

司馬季主曰伏羲作八卦周文王演三百八十四爻而天下治越王句踐彷文王八卦以破敵國句踐演於易典籍中唯見於此即吳越春秋亦止載范少伯六壬神驗耳

余嘗怪岐黃家製方必窮析分釐而置劑者每以手爲度必不能合欲以已疾焉得不踈古之名醫止華陀置劑心識分銖不假稱量陀能剖腹破背湔洗腸胃此可倣傚乎

秦宓曰僕文不能盡言言不能盡意何文藻之有夫虎生而文炳鳳生而五色豈以文彩自飾畫哉天性自然宓文不甚見然自是文章家第一流語也

謝晦被誅其女爲彭城王義康妃被髮徒跣赴訣曰阿父大丈夫當橫屍戰場柰何狼籍都市此言字字可思吾輩一日當誦三過

謝澹任俠不營當世與名士范泰爲雲霞交交道中擬此爲第一

孔靈符嘗立墅周回三十三里水陸地二百六十五頃含帶二山得此可以老矣

劉孝綽七歲能文每作一篇朝成暮遍流聞河朔亭苑柱壁莫不題之文集數十萬言兄弟及群從子姪凡七十人並能文其三妹一適瑯琊王叔英一適吳郡張嵊一適東海徐悱並著才名而悱妻文尤清拔世稱劉三娘人家聚笏滿牀何足爲榮若此者王謝崔盧皆出其下

火燒張彝宅賀六渾之所以生心也然當時尚妝靴

八人今并此不可得英雄能無嘆乎

魏收爲魏書時稱穢史至投牒者百數然史所譏指況爾朱榮爲韓彭伊霍則不然其原文云若修德義之風韓彭伊霍亦何足數此淡譏直貶之詞何云曲筆也

客有謂賈思伯曰公今貴重寧能不驕思伯曰衰至便驕何常之有世以爲雅談不直雅談良至論也

北齊南陽王綽生於五月五日辰時後主生于五月五日午時綽後見殺經四百餘日始大斂色如生俗云五月五日生者尸不壞

隋志曰淫蛙之音能使骨騰肉飛此文筆亦有天際飛花之致

隋志曰豫章衣冠之人多有數婦暴面市廛競分銖以給其夫及舉孝廉則買妾富戚前妻雖有積年之勤子女盈前猶見放逐則近時習于禮義不可謂非理學之漸摩也

人主假少君之術以見所嬖者有矣無如唐太宗假以見馬周眞君臣知契千古一人也

韋陟常以五采紙爲書記使侍妾分主報答惟授意而已書皆有楷法陟唯署名從來受用姬妾風雅此爲第一

五代時朱瑾事楊行密嘗病痁醫視之色懼瑾曰但理之我非以病死者及徐溫父子專政瑾謀誅之被殺瘞廣陵北門是時民多病瘧取瑾墓上土以水服之病輒愈身知不以病死死後墓土尚能已病眞快士也

唐璘爲御史論宰相以時文之才爲維世之器其言

甚可思

朱仲晦號云今之在位以金珠爲脯醢以契券爲詩文真亂世確症也萬曆初江陵不惡諛言士大夫工啓事以爲媚近有復循此者偏召名士頗費心力裂而還之終致于理彼無啓而金珠者皆高擢矣

南唐陸昭符爲常州刺史一日坐廳而雷雨暴至電光如金蛇繞案吏卒皆震仆昭符不懾撫案叱之雷電遽收及舉案唯得鐵索重百斤昭符亦不變色徐命舉索納庫中此亦異事當爲格物者立一案也

金泰和九年省臣奏科場搜簡至解髮袒衣索及耳鼻非待士禮查大定故事第令舉子就沐浴室官置衣爲易衣既可防濫又不失體上從之禮失而求諸夷可勝慨乎

今當事者堅言西域曆法精愚未敢盡信也觀元時西域曆人有奏五月望月當蝕者楚材曰否卒不蝕明年十月楚材言月當蝕西域人言不蝕卒蝕八分可以驗矣

南唐盧文進仲女有才色能屬文號女學士余嘗論女狀元女較書等此亦足補一事

西峰淡話

防風茅元儀

國初差行人極易故行人官極多而資格亦不貴後則不然矣如民有輸粟千石以上者必降璽書使行人至其家旌為義民此蓋鄭重獎掖不然行人同易差璽書豈易降其家乎今于報功旌善俱草草矣人焉肯自奮

西楊嘗扈從年七十矣特給輿卒二十人本朝給輿夫與致仕官最為殊恩然四人六人多至八人而止此以扈從出塞故至二十人亦無兩也

楊東里集中有慈訓錄是述其母之教此格亦獨創然仁孫孝子之懷可以法後世

陶學士安集載洪武初勑書稱奉天承運皇帝勑旨蓋當時制未定也

元人重吏薄儒此其弊也然漢之郡椽皆以士人為之誠為良法元復漢之舊耳世重迂闊浮華之儒故遂分為二然元之吏頗勝於今之胥吏而所隸之地必選而任非如今之營竊為姦不可方物蓋國初之制猶倣元之舊今漸失之錄於視此太輕也故曰元法亦可取也

寬大之詔及孝子節婦義夫彝典也獨前宋大明七年詔有悌弟有慈姑余以謂此二者甚有關係後可法也

宋潛溪自謂同舍生皆被錦繡被珠纓寶飾之帽腰白玉之環左備刀右備容臭此非儒者之服蓋其時皆紈裝也

元時楊文安公堯賜金錢百僚皆致賻襚人勸其子

輸貨縣官而給鹽于淮安可獲利數倍且無道路害其子恐緩喪不可此即飛錢及射貨之法亦甚便惜今無行之者

裴潾有天和通選潾以藝苑主盟自任裒古文辭續昭明文選為之當時文士非與遊者雖工不取世恨其隘其書不傳平生詩甚多亦不傳今之選詩文者誰為千古何必紛紛乃爾

命書之名如段成式諾皋記志幽怪也以太陰將星神名意甚無謂神名豈止此耶又有支諾皋支若干

支之支謂分類也殊亦新好又溫庭筠著書稱甘饌子謂語怪詭實猶甘饌悅口[illegible]自有致

大賓辱語

仁和姜南

睡鼾

予性不嗜睡然睡則鼾齁之聲徹于戶外初聞者甚訝之及讀宋歐陽公謝人送桃笙詩有云少壯喘息人莫聽中年鼻鼾尤惡聲癡兒掩耳謂作雷竈婦驚窺疑釜鳴則古人固嘗有此矣

學書之難

韋續書訣墨藪云鍾繇教其子曰學書須思吾學書十年坐則畫地臥則畫被致穿見萬類皆倣像之乃能臻妙吁書法之難如此今之學者執筆未旬日輒曰吾之書得鍾王之妙妄哉

吳俗富侈

左太冲吳都賦云富中之甿貨殖之選乘時射利財豐巨萬競其區宇則并疆兼巷矜其宴居則珠服玉饌此數語者曲盡三吳之人富侈之狀可見古人作文下筆不苟也

特賜進士

孔誨山東曲阜人永樂中舉鄉試　上以聖裔欲寵異之特賜進士官左春坊中允賜宅一區　命教皇太子誨師道嚴正不阿

龍骨

龍壽萬年不死今之龍骨或以爲蛻也見本草按造化權輿云龍易骨蛇易皮麋鹿易角蟹易螯由此之信乎龍之骨蛻骨也

抱璞簡記

仁和姜南

禁稱天字

正德初劉瑾用事詔禁官民名字有天字者悉令更之予見宋政和八年閏九月給事中趙野奏　陛下恢崇妙道寅奉高真凡世俗以君王聖三字爲名字悉令革而正之尚有以天字爲稱者竊慮亦當禁約

依奏

更定昶字

太常卿崑山夏公昶字仲昭以經術進而書法絶妙一時由庶吉士改中書舍人

文廟嘗試其書第一時命書諸宮殿榜　賜第宅免朝叅益眷顧極隆初昶字本書作昶因召見　上曰日豈可從傍宜加永上遂爲更定故今書多作昶

羣字

說文羣字書作羣君下羊註云輩也從羊君聲徐鉉曰羊性好羣居也俗書作群或謂本作群字高皇惡其文爲君字與羊字並故移君于羊首盖非

然也

仰字

今官府文移以上臨下皆用仰字按北齊書孝昭紀詔定三恪禮儀體式亦仰議之用仰字始此增韻資也

騎戰之始

孔穎達曰古人不騎馬故但經記正典無言騎者當是周末時史記趙武靈王謀 服騎射以教百姓又李牧日擊數牛饗士習騎射始見于此

說郛續目錄

弓第二十

寶櫝記

明餘姚滑惟善

春皇者即庖犧氏別號也所都之國有華胥之淵神女游於其上有虹繞之久而方滅即有孕歷十二年生庖犧長頭修目龜齒龍唇有白鬚委地人或曰歲星十二年一周審地勢以定山川始嫁娶以修人道以犧牲薦民服其聖故曰庖犧亦名伏犧時有鱗班之玉號曰夜明投水則浮又有丹雀啣九穗禾墜地帝植於田食者後天而老

軒轅出自有熊之國母曰吳樞以戊巳日生故以土德王考歷紀造書契服冕垂衣有袞龍領吹玉律正璇衡薰風至眞人集乃於昆臺之上留其冠劍昆臺者鼎湖之峻處也立館於下帝乘雲龍逝鄉絕域列珪玉於蘭蒲席上然沉榆香舂雜寶爲屑以沉榆膠和之如泥以分別尊卑華戎之位

常使風后伯常荷書劍旦恒涉而夕陰浦行萬里而一息水恒流如沙塵其淺難測有大風吹沙如霧中有神龍魚鼈能飛有石靑石堅而甚輕從風靡靡亦

於波上有草一莖千葉千年一花又名沙海寧封昔
食飛魚而死百年更生寧封仙人是也
少昊以金王母曰星娥處於璇宮而夜織或乘桴而
晝游至窮桑滄洪之浦有神童容貌絶俗稱爲白帝
之子即太白精也降水際與星娥讌戲奏便娟之樂
而忘歸窮桑者西海濱也有孤貢之樹千尋葉紅椹
紫萬歲一實食之不死
帝子星娥泛於海上以桂枝爲表結薰茅爲旆刻玉
爲鳩於表端言鳩知四時之候今之相風之遺像也

寶櫝記　八　二

帝與星娥並坐撫桐皋梓琴星娥倚琴而歌曰天清
野曠浩茫滋萬象洄汨死無方乘桴輕漾著白傍當
其何至窮扶桑衛詩云期我乎桑中謂此也白帝亦
歌云四維八埏渺難極驅光逐影窮水域
星娥生少昊曰窮桑氏又曰桑丘氏六國時桑丘子
著陰陽書即餘裔也少昊以主方一號金天氏又曰
金寶氏又有五鳳隨方色集於帝庭因云鳳鳥氏金
鳴山銀滿地如龍蛇之類似人鬼之形有山如屈龍
之勢故有龍山鳳水之目因以爲姓末代呼爲龍丘
氏
顓頊高陽氏黃帝昌意之子昌意出河濱遇異龍負
叶玉圖時有老叟謂昌意曰女叶水德而王十年顓
頊生子有文龍負玉圖之像羣王執玉以禮而瑞各
有班序文德者錫以鐘磬武德者錫以干戈有浮金
之鐘沉明之磬以羽毛拂之則音振百里浮於水如
萍藻之流有晝影劍騰空劍若四方有兵其劍飛起
指其方而克伐未用時於匣中如龍虎之吟
海濱北有勤題國人皆衣羽毛無翼而飛行日無影

寶櫝記　八　三

乃千歲食黑河藻飲陰山桂憑風而翔至中國
暫河之北紫桂成林其實羣仙餌之
帝之妃鄒屠氏之女當軒轅去蚩尤之凶遷其善者
於鄒屠之地惡者於有北之地鄒屠氏常不踐地常
履而飛鬼游伊洛帝乃期焉納爲妃夢呑日則生子
凡八夢八生子記云八神亦云八星又云八英又云
八力言神力英明也
時有丹丘日進瑪瑙甕以盛甘露充於厨也又其國
有夜叉駒跋之鬼以赤瑪瑙作瓶盂及樂器皆輕妙

魍魅不能逢旃又云瑪瑙是血凝成黃帝除蚩尤并
四方妖媚塡川滿谷積血如淵年久血凝如石丹丘
之野多鬼血化丹則瑪瑙也不彫削可以鑄器至堯
時甕猶存露在其中及舜遷甕於衡山上故衡山有
寶露之壇下有日館以望日月後始皇時零陵人掘
得赤禾玉甕可容八斗以應八方在舜廟之前後人
不知年月東方朔識之乃作寶甕頌曰寶雲生於露
壇祥風起於月館望之山如盈尺視八鴻如縈帶八
鴻八方也

幽州墟羽山之北有善鳴禽人面鳥喙八翼一足毛
色如雉行不踐地名曰青鸐其聲如鐘磬鳴則太平
音中律呂及禹平水土棲於川岳之上又有巨查浮
海其上有光夜明晝滅若星月矣十二年周天而更
始名曰貫月查又桂林羽衣栖息其上

堯在位七年有秖支國進重明鳥又云重精雙精在
目狀如雞鳴似鳳時解落毛羽無翅亦飛能逐猛獸
使妖惡不能爲害飲以瓊膏或一歲數來或數歲不
至時人每掃灑門戶以待其至或未至則人或刻木
爲之狀於門魑魅皆退伏今人元日刻畫雞於門戶
此類也

舜在位十年有五老游於國都舜其師道尊之言及
造化之始及禪於禹五老不知所從舜葬於蒼梧有
鳥自丹州而來吐氣名曰凴霄能嚼土成墳丘兼能
返形變色登木則成禽行地則爲獸嚼青沙如珠積
成壟阜風吹如塵後蒼梧之野人採藥得青石圓潔
如珠服之不飢帶則身輕

冀州西北三萬里有孝讓之國鳥獸昆蟲以應陰陽

至億年山一淪海一塌魚蛟陸居有赤鳥如鵬以翼
覆蛟魚蛟魚以尾扣天求雨

南尋國有陰源其下通地脈中有異魚毛龍同穴時
時蛻骨於澤中

周穆王即位三十二年巡行天下馭黃金碧玉之車
傍氣乘風越朝陽之岳自明及晦窮寓縣之表有書
記其數以瑶華之輪十乘隨王以載其書三十六年
王東巡大嶽之谷超重霄之宮集諸方士問術世之
世時西王母乘翠鳳輦而至前道以文虎文豹後列

雕鸞紫磨碧蒲之席黃莞之薦與王高會薦琬琰清觴又進洞淵紅蓓嫌山甜雪昆流素蓮一房百子凌冬而茂

扶桑東五萬里磅礴山上有桃樹百圍其花青黑萬歲一實

滁陽山有神蓬如蒿長十丈周初時國人獻之即謂蒿宮白有白橘花色翠而實白大如瓜香聞數十餘里

瀛洲上有青石可作磬長一丈而輕若鴻毛

魯襄公十四年晉文公焚山求介子推有日烏遶煙而噪或集介子推之側火不能燒晉人嘉之起一臺曰思煙臺種仁壽木似柏而枝葉長花可食其烏又云仁烏慈烏

周靈王二十一年孔子生於魯襄公之世也生之夜有二蒼龍亘天下來附徵在之房因夢生夫子有二神女擎香露於空中而來沐浴徵在太常下奏鈞天樂列於顏氏之房空中有聲云天感生聖子故降和樂有五老列於庭乃五星也夫子生時有麟吐玉書於里人之家云水精之子系周衰而素王徵在賢明知其異以綉紱繫麟角信宿而去相者云夫子系殷湯水德也

魯定公二十年魯人鋤商田於大澤得麟以示夫子繫角由存夫子知命之終乃抱麟而解紱涕泗滂沱及手解紱垂二百歲

三十二年起昆照臺聚天下異木神工得陰生之樹千尋其文盤錯以此樹而臺兩足大體作拱小枝作欐其龍蛇百獸之形篩水精為泥臺高百尺升之以

望雲色時萇弘能招致神異王登臺見雲氣蓊然忽有人乘空而至鬚髮皆黃非僮之類駕青螭其衣皆緝羽毛時天大旱地裂木然其人能唱引霜雪氣一噴而雲起雪飛坐者皆凛宮中池井堅冰可琢又有人能使即席為炎以指彿蓆而風入室裘蓆金爐弃諸堦下時有容成子質曰大王以天下為家而淫策異術使變夏改寒以誣百姓文武周公之不取王乃踈萇弘而受其諫

有韓房者自渠胥國來進玉駱駝高五尺琥珀鳳凰

高六尺火齊爲鏡廣三尺以門中視雖夜如晝向鏡語其中影應之韓房長一丈垂髮於膝人見如神明矣能以丹沙畫左右作日月盈缺之勢如眞馬照百餘步內又噴氣作雲雨

二十六年王處昆照臺侍臣萇弘辯巧如流人以萇弘諂媚遂殺之流血成石又云成碧不見其尸

師曠者出於晉靈之世以主樂妙辯音律著書萬篇人莫知源爾至晉平公以陰陽之術顯於當世乃薰目作瞽者以絕塞衆慮考鍾呂以定四時無差毫釐

耳

老聃在周末居返景山與世人絕迹惟有黃髮老叟五人乘鴻鵠或衣羽毛隨方色耳出於項童子方面玉潔手握青筠之杖與聃共譚天地之教聃退迹爲柱下史求天下服道懷奇之術四海名士莫不爭至有浮提國進神通善書二人作老作少隱形則出影聞聲則藏形肘間有金壺四寸上有五龍之檢封以青泥中有墨汁若淳漆洒衣多成文畫石成篆科斗字說造化人倫之治有老子撰道經十萬言皆寫以王牒編以金繩貯以玉函晝夜精勤形勞神倦及壺汁盡二人刳心滴血以代之或鑽骨取髓作膏探其懷有玉壺中有丹藥之屑塗身則如故及經成二人不知所往

師涓者出衛靈之世能寫歷代之樂善造新曲有四時之樂春有離鴻去雁蘋生之歌夏有明晨集泉朱華流金之調秋有商飈白雲落葉吹蓬之曲冬有凝河流陰沉靈之操此四氣之聲奏於靈公公情緬心惑忘於政事蘧伯玉趨階諫曰此雖發揚氣律實爲

沉惑公乃去新聲而親政事師涓悔其爭於雅頌乃退而隱迹伯玉攀其寶器恐後世傳之歌湮滅世代遠矣惟紀篇意而已

宋景公之世有善星文者以上大夫之位處於層樓望氣設以珠食施以寶衣食有渠倉之鳥以桂髓塗之變以蘭蕙芬食與香至於臺上忽有野人披草茇而叩關聞國君好陰陽五術之秘公乃延於崇堂語則及未來之兆建以經往之事萬不失一夜則觀星望氣晝則執弄披圖不服寶衣不甘奇食公謝曰

國之喪亂非君何以補之於是賜姓子氏名韋春秋因生以賜姓緣事以顯族乃號星氏至六國未著陰賜之書

輪吳爲傭保又有二美女一名夷光二名脩明以貢吳吳處以椒華之房以細珠爲簾朝下蔽日夕捲待月二人靚粧於簾幌之内窺者無不動其心魂皆謂神人目若雙鸞在輕霧色若綠水映秋渠王乃玩惑怠於政事越兵入乃抱二人以逃吳苑越見二人在樹下皆云神女望而不侵

脚氣集

天台車清臣

潘默成磨鏡帖甚佳帖云僕自喻昏鏡喻書爲磨鏡藥當用此藥揩磨塵垢使通明瑩徹而後已倘積藥鏡上而不施揩磨之功反爲鏡之累故知托儒爲奸者曾不若愚夫愚婦也

孟子集義章先儒被孟子説揠苗處多了將謂是告子助長然告子正是不曾集義惟恐助長只待義自外來襲所謂不得於心勿求於言勿求於氣者也孟

子必有事了方説勿正勿忘了方説勿助長耘苗了方説揠苗次第甚明但其説揠苗處詳人遂謂孟子以揠苗之戒爲重掉了告子眞病

趙幾道説誠無爲幾善惡作一圖上寫一誠字直落寫箇善字偏旁一絲寫箇惡字以惡是誠之庶孽善是宗嫡友人沈可亨疑之以問此疑甚善幾道自謂可勝胡氏同體異用之説不如其尤非也且如喜怒哀樂未發謂之中當其未發只是至善至於發時如有中節與不中節中節者是不走作這中不中節者

是走作這中却不是這中先生箇中節旋生箇不中節如水之淸有以濁之不是當初帶得這濁來着是庶孽須亦從他身上出不在屈

周禮冬官不亾散在諸官之中而地官尤多自簡帙散亂俗儒補緝不得其說不識周禮所謂天官地官者是如何遂以日野諸職並附地官如此則馮相實章華臺之類皆可附天官耶金叔明作周禮十疑十答乃意勤甚予遂授以俞民復古編復古編者葢著冬官不亾將周禮舊本再一證之叔明得之甚喜葦

華翁又辨復古編之不可憑此是忠厚不欲輕動古書之意予後來會叔明云復古編甚是某又與之考有一證據甚佳周官三百六十今巳存三百五十只亾其十豈可謂冬官亾也此說痛快但冬官之不亾只可說數句證以地官使人自曉自推足矣俞氏乃斷定檃置此在天官此在地官此在某官以二千餘載以下之凡夫而妄意聖人之述作其不審如此葢其淺淺之爲人偶得此說喜不自持不覺成此其爲此說之累多矣

程子春秋傳春王正月正月非春假天時以立義此說至正張主一乃以爲非却又云天統建子之月陽氣潛萌於黃鍾之宮此天之所以爲而萬物之所由生也獨不謂之天統之春乎正不必如此巧說

漢時士大夫奏事宮中要便入來只是不到後庭所以公孫弘燕見武帝或時不冠又不冠不見汲黯此猶是周禮古意自武帝以宦者典章奏而士大夫遂疎後來門禁森嚴全隔絕矣於是親宦官宮妾之時多親士大夫之時少

詩誰謂荼苦其甘如薺荼苦菜也周禮掌荼以供喪事取其苦也東坡詩云周詩記苦荼茗飲出近世乃以今之茶爲荼荼今人以淸頭目自唐以來上下好之細民亦日數椀豈是荼也荼之麄者是爲茗

載師國宅無征園廛二十而稅一近郊十一遠郊二十而三甸稍縣都皆無過十二惟其漆林之征二十而五此太宰九職之征一曰邦中之賦二曰四郊之賦三曰邦甸之賦四曰家削之賦五曰邦縣之賦六曰邦都之賦與關市山澤幣餘通而爲九而以財賄

爲歛與助徹之法迥不相干而蘇老泉乃謂周自以十一名其實取於民者自重漸輕而至十一耳蓋惑於前面以某田任某地而以爲田制也予嘗曰遠郊四方井甸稍縣都九十六萬井王畿通百萬井而九十六萬爲十二是周人廢夏商之制厚取於民而孟子爲妄言矣蓋司徒用田制而載師園廛之制也國之園廛邦中之賦是也郊甸削縣都之園廛郊甸稍都之賦是也載師六句相承上既言國故園廛不言國上既言園廛故甸稍縣都不言園廛也其曰以廛里

任國中之地以場圃任園地即此見國宅無征園廛二十而稅一是二句相承下文皆相承其曰以某田任某地者田制定後方就田之中而起地之稅耳予有辨說不詳載古人重本抑末故地稅常重而田租常輕

公及邾儀父盟于蔑程子曰盟誓以結信出於人情先王所不禁也後世屢盟而不信則罪也諸侯交相盟誓亂世之事也此語極其完全是與不是皆已著明胡氏傳刑牲歃血殆不獲已即位之初而汲汲以求焉惡隱公之私也此語已是傷巧張主一云書公之及盟以譏其徇習俗之私而不出於由衷之信曾邾之好卒不能以久成尤巧矣聖人春秋寫一句在這裏則物無遁形如何有許多工夫譏人聖人固有特筆處却不在此只消寫一句是非自見私意不公也見屢盟長亂也見好不久成也見

天王使宰咺來歸惠公仲子之賵寫此一句便見賵諸侯之妾毀壞綱常更不必問其他書法天王兩字春秋方是此第一句書王室事之不可不書天王繼

天爲王舉動如此言外自可見春秋只消得如此平看

張主一有春秋集註集傳予未嘗見忽得本於瑞州守董正翁蓋其刻在瑞州見惠新本也病中未及看偶華翁歸自朝盛稱之方能畧看中間義理自善但春秋一書質實判斷不得文公論之詳矣除非起孔子出來如范明友好再生說當時之事與所以褒貶去取之意方得今作集註便是要質實判斷了此照語孟例不得語孟是說道理春秋是紀事且首先句

便難明了惠公仲子不知惠公之仲子耶或惠公同仲子耶尹氏卒一邊道是婦人一邊道天子之世卿諸儒譏世卿之説自是明訓恐是舉燭尚明之論理自是而事則非也此自是一説至於三統之説予嘗以告華翁華翁亦以爲未穩暨再閱至夫人子氏薨忽云不書葬者婦人從君故君存則葬禮未備待君薨而合祔也本朝后雖先崩必俟合葬於山陵蓋古之遺制與此説可駭此看先儒之言不分曉而又不曉事也穀梁云不書葬夫人之義從君者也程子云

公在故不書葬於此見夫婦之義矣此不過所尊有嫌遂不書葬耳安得待君薨而合祔也本朝后先崩必備葬禮而葬但未歸太廟而神主享于别廟暨帝崩既葬然後以神主合歸于太廟典故甚明安得如張氏之言也魏徵謂太宗曰臣以爲陛下望獻陵若昭陵臣固見之是太宗后之葬而陵名且定張氏何不知之

淵明送一僕與乃子助其薪水之勞而曰彼亦人子也見得淵明知道王褒僮約無此事以文爲戲後世虐用其下者乃以爲口實可嘆也

白樂天長恨歌敘事詳贍後人得知當時實事有功紀錄然以凶亾爲戲更無惻怛憂愛之意身爲唐臣亦然知春秋所以存魯之法便是艸茅亦將不忠蓋祖父與身皆朝廷長養不可謂艸茅不知朝廷苦之此説不是不察臣不做此語但有惻怛憂愛之心語言是重

程子曰盡其心者知其性也釋氏所謂識心見性是也若存心養性一段則無矣愚謂釋氏但能存其無

用之心養其無實之性却不盡心知性也

康誥酒誥梓材斷然是武王封康叔之書不但朕其弟小子封之可證也管蔡以武庚叛幸而獲乎是當時至大至重之事更不引一句分明是武王時誥命然此一段事後人説不得並無考處其有考處皆成王也鄭康成不足信太史公亦是成王太史公又不足信左傳載衛祝鮀之言亦是成王方道兄弟皆武王所封而周公封魯又是成王詩頌分明載也且當時若已封武庚則妹邦無得封衛若已封衛則邶鄘

衞無得與武庚及三監登武王當時已作誥命將封康叔又思以舊地存武庚既平武庚成王始宣武王之誥以封康叔耶不可曉也

望崖錄

吳郡王世懋

李將軍廣出獵見草中石以爲虎也射之飲鏃後知是石頻射不入李將軍射非勇于前而弱于後也前當其志堅也王右軍半醉作蘭亭禊序用鼠鬚筆書繭紙妙絶醒後更寫百十本終不相及王右軍書非工于前而拙于後也前當其趣合也嗚呼學道者可思過半矣能以李將軍射虎之志求道道何患不聞以王右軍醉時之趣採眞眞何患不得神來乎神來乎未易爲俗人言也

毋輕生之徒無養生之厚無求生之過

揣摩傅會爭先巧中世以爲能吾非不能也但能之而不爲爲之而不願耳能之不爲蒲韝猶在爲之不願幾乎漏隄矣自今以往願一切不願必不爲一切不爲如不能非曰能之庶以自勗

修短有數早定于有生之日飛仙至人非凡福可企吾必曰長生即妄也要使生時胸中空濶灑落去日分曉自在朝聞夕死本無限量亦無執着是在勉之

而已
凡人有少疾病志願常收神慮常静逮夫病愈氣揚便多馳騖飲醇擁歡遺事拒客位高意滿望門難人鮮有不招憾者至于卧病之人即有疏節人多恕之是知疾病不幸也然而亦有入焉何者以疾病之心修身則寡累以疾病之人待人則寡怨
子之所慎齋戰疾予中歲懺悔因病思玄實借三言以爲日課晨起焚香誦經夜則宴心静坐絕房室滌滋味嘗使清淨虛明之氣在躬此吾之日事於齋也

望崖錄　八　二

敢不慎歟晝之所交夜之所夢凡功名貨利聲華嗜好機械牢籠好勝憤恚等念隨有發處必以慧劍斬之務使本來面目古德訓言常爲勝主此吾之日事于戰也敢不慎歟稟氣素弱作用小過病態立見朝夕起居事事樽節減省不令快意適可而止即觀書探道不損夜氣隨事應機不涉躁心此吾之日事于疾也敢不慎歟
嘗謂道眼觀世本無榮辱就世間法言之受辱猶是實際榮與吾身了不相關如屈膝揩下候人門外不無邑鬱而受跪拒客之人有何享受然則浮榮之過目不必知道者已能輕視之矣是以古之君子有求免辱無求致榮
問今雖覺得是畢竟作何修曰但患不能覺覺得自然修問至道無爲宗修持安能到曰但患不能修修得自然無又問希夷中有物安得但云無曰但患不能無無得自能有
余中年來似於寄之來去頗知一二但其下手處似與郭言先後稍異即如官之榮辱必先見得它人榮者與我了無欣羨一旦偶被之躬於我若無干涉先

望崖錄　八　三

此心一遇退辱便如故境易處又如日用閒游飲懽合之事通覺得倘然應迹嚼然無味便好塊然獨坐無悶蓋從不荒處下手有巴鼻不樂處自然得無也曾爲醒樂翁賦詩云定須美酒始足樂但醒便到愁城邊意正如此要之理無二致各於入頭有先後耳
坐右箴云染愛染情勞神勞形有一于此必伐其生病則鍊心愈則廣營蠢玆凡民終墮無明四生銘云

勿以娛生敗趣向勿以尊生墮色相勿以貪生廣祈禱勿以憂生作煩惱皆病中自課實學也

王摩詰白樂天皆以詩人早有盛名晚而悟道然右丞逃禪世多知之不知白傅所得之更深也大都摩詰從寡欲入故多矜潔清淨樂天從知足入故多廣大自在學人晚年學道未離游戲當以陶淵明王摩詰韋蘇州白樂天四部時翫可也

燕閒錄

雲間陸深

杜詩風吹滄江樹雨洗石壁來自是以定字作虛字用樹樹立之樹嶰翁以爲誤字欲更爲去對來字恐未然東坡有美堂詩云天外黑風吹海立浙東飛雨過江來祖此但長公不若老杜之簡雅遠矣

山西地寒予六月初巡五臺嶺頭澗底層冰積雪皚皚尚衣薄綿再加一綿適可當憲副陳汝止伯安兵備代州爲予言北上雁門更寒雲中更寒然煖木實

產其間此陰中陽也

水潤下情也性最上故雨露自高降而露又高凡水失其情則潰決之禍甚烈性上故也

開喜之裴自後漢裴輯而下塟北倉村數里間凡五十二人皆尚書侍郎國公將相亦宇內之罕有也

戴石屏詩麥麨朝充食松明夜當燈此是山西本色語溪山老松心有油者如蠟山西人多以代燭謂之松明頗不畏風

一產而三有至四者皆陰氣盛而母道壯也

唐制以禮記春秋左氏傳爲大經詩周禮儀禮爲中經易尚書春秋公穀傳爲小經當是以簡帙繁簡爲次第爾

李勘字定臣唐渤海王奉慈七世孫好學明六經舉進士就試禮部吏唱名乃入定臣恥之遂隱居陽羨常惡元白詩體纖艷乃集詩人之類古斷爲唐詩以譏正其失其識超卓矣惜其集不傳於世無由考觀焉

隋文帝開皇十三年十二月八日勅廢像遺經悉令雕撰此印書之始又在馮瀛王先矣

序記之系銘詩本於漢書諸贊如蒯通等贊云昔子翬謀桓而魯隱危欒書搆郤而晉厲弑豎牛奔仲叔孫卒郈伯毀季昭公逐費忌納女楚建走宰嚭譖胥夫差喪李園進妹春申斃上官訢屈懷王執趙高敗斯二世縊伊戾坎盟宋痤死江充造蠱太子殺息夫作姦東平誅若減去首一二字分明一篇七言古詩少韻爾若東方朔贊云首陽爲拙柱下爲工飽食安步以仕易農依隱玩世詭時不逢則成韻語矣

世稱韓魏公之功業甚偉閱古堂記所謂幅巾坐嘯恬然終日予之所樂惡有既乎觀此則知其所本范文正公特舉中庸以示張子厚皆在濂洛未興之前眞豪傑哉

禹貢八州皆有貢物而冀州獨無之冀即今之山西土瘠天寒生物鮮少蓋自古爲然

石撰平定州人靖難死節州志載撰洪武中爲寧府左長史　太宗靖內難諸郡縣皆下在江西城獨爲守備　上怒攻拔之得撰不爲屈遂支解而死此恐

失實按寧始封乃今之大寧與　太宗同起兵渡江因不之國江西之封乃在永樂中安得撰守備江西伏節此當是約兵之日在大寧盡節不當繫之江西耳

綱目凡例曰凡以國與人者子弟曰傳他人曰讓此義恐未精孔子稱泰伯三以天下讓豈他人乎堯傳之舜舜傳之禹豈子弟乎予謂以國與人者有正有變當具二義乃備

凡天下混一爲正統恐亦未精先輩方正學先生嘗

論之文似過繁予意欲析而言之蓋有正而不統者若周之東遷是巳晉宋之南附之統而不正者若秦晉隋元是巳新莽附之三代而下漢與甚正唐次之宋初與魏晉無大相遠後來功德過之賢人輩出惜乎輿地不完而政教號令未徧於海宇不應混一之義由是觀之惟我　皇朝功德上宇有漢唐之所不及者史家正統宜曰漢唐　明而宋不得與焉

晉水潤行類閩越而悍濁怒號特甚雖步可越處輒起濤頭作澎湃源至高故也夏秋間爲害不細以無

堰堨之具爾予行三晉諸山間嘗欲命緣水之地聚諸亂石做閩越間作灘自源而下審地高低以爲疎密則晉水皆利也有司旣不暇及此而晉人簡惰亦復不知所事甚爲可恨閩諺云水無一點不爲利誠然亦由其先有豪傑之士作與後來因而修舉之遂成永世之業故予謂閩水之爲利者盈科後進晉水之不爲利者建瓴而下爾

石守道作怪說以譏楊大年之文體吾鄉　國初有王彛先生字宗常作文妖以詆楊廉夫之制作文章體裁固當有辯妖怪之目誠過矣

樂府中有蘇幕遮乃高昌婦人所戴油帽高昌西域國西州也

馬端臨論圩田曰今之田昔之湖徒知湖中之水可涸以墾田而不知湖外之田將胥而爲水也此數言極盡吾鄉泖湖之利害當大書深刻以示愚民之嗜利者

沈存中筆談載兵部員外郎范祥爲鈔法令商人就邊郡入錢四貫八百售一鈔至解池請鹽二百斤任

其私賣得錢以實塞下省數十郡搬運之勞此卽今日開中給引之始

北魏延興三年秀容郡婦人一産四男四産十六男秀容今太原之忻州

曆家大抵以漏刻極長於六十極短於四十嘗聞前輩言惟正統巳巳官曆晝刻三十九夜刻六十一以爲陰過故有土木之變元授時曆則長極於六十二刻短極於三十八刻以爲驗於燕地稍偏北故然外國有蒸羊胛未熟而天明者則短又不止於三十八

刻而已豈漏刻隨日因地有不同者如此初不全繫
於陰陽之消長也
宋南渡諸將韓世忠封蘄王楊沂中封和王張俊封
循王異姓眞王俱饗富貴之極而俊復善殖產其罷
兵而歸歲收租米六十萬斛今浙西豈能着此富家
也一偶偏安而有此宋安得復興耶
今歲庚寅官曆九十十一連三月皆大盡冬至節在
二十三日巳酉申正一刻明歲置閏乃在六月曆法
莫問來年閏便數冬至剩剩謂餘也今年十一月大

盡則冬至所餘正七日而閏在六月何與氣朔生閏
豈所謂差一日者耶

閑中今古錄

四明黃溥言

宋太祖建隆庚申受禪後聞陳希夷只怕五更頭之
言命宮中轉六更方鼓嚴鳴鐘太祖之意恐有不軌
之徒竊發于五更之時故終宋之世六更轉于官中
然後鳴鐘殊不省庚更同音也至理宗景定元年歷
五庚申越十七年末宋亡而希夷五更頭之數信矣
到元朝延祐七年庚申而至正帝生帝乃宋少帝趙
顯子詳見稗錄　大兵入燕都遁去當時人只

呼庚申帝觀劉尚賓集庚申帝大事記是也後方號
順帝云由此觀之與宋祖命轉六更之言益信數之
不爽
北狄稱銀曰蒙古胡元之先國號蒙古者因[illegible]號
國曰金乃以銀號其國也後歷世祖方改號元
世人稱生辰曰誕辰曰華誕此誕字因詩經誕生后
稷而云然殊不知誕者發語詞也今以稱誕辰似無
意義但古今稱謂既久奈何亦議一得之愚云爾
元順帝有一象宴群臣時拜舞爲儀　本朝王師破

元都帝北遁徙象至南京一日　上設宴使象舞象伏不起殺之次日作二木牌一書危不如象一書素不如象掛於危素左右肩由是素以老疾告乃謫含山縣尋卒今墓在焉

宋時避廟諱甚謹太祖之諱匡胤即改匡衡作康衡英宗之諱宗實周濂溪改實作順欽宗之諱桓改陶桓公作威公孝宗之諱昚西山本姓慎改姓作眞如此之類甚多又如貞字殷字刋本中並缺二點畫其謹嚴比前代不同因錄如左

予嘗讀檀弓至子思之母死子思哭於廟門人至曰庶氏之母死何爲哭於孔氏之廟乎子思曰吾過矣遂哭於他室註云伯魚卒其妻嫁於衛之庶氏以予論之伯魚先孔子卒時年五十其妻之年必與之相似且上有聖人爲之翁下有大賢爲之子况年已及艾矣何得再嫁庶氏此予之疑已久茲觀瞿宗吉所著香臺集有易安樂府之目引漁隱叢話云趙明誠清獻公之子妻李氏能文詞號易安居士有樂府詞三卷名漱玉集明誠卒易安再適非類既而反目有啓與綦處厚學士猥以桑榆之晚景配茲駔儈之下才見者笑之此宗吉所以有清獻名家厄運乖蹇將晚景對非才之句予歎易安翁則清獻爲時名臣夫則明誠官至郡守亦景薄桑榆何爲而再適耶事類檀弓所記故錄之

奉化應方伯嚴平登洪武庚辰進士除授福建德化知縣三年考滿吏部試論一篇文雖優而貌頗侏儒不得列乃題詩都門之前云爲官不用好文章只要鬍鬚及胖長更有一般堪笑處衣裳糨得硬綳綳末

不書姓名聞者以此呈冢宰冢宰曰此必應知縣也取其文覽之果高次日奏陞考功司郎中越三年出爲常德知府又三年陞貴州按察使仕終雲南左布政使然一詩之感動於人而冢宰亦知過能改皆可以示後故錄之

宣德中先祖司訓南昌爲崔太守彥俊題子昂胡馬圖曰塞馬肥時苜宿枯雞官早已着貂狐可憐松雪當年筆不識檀溪寫的盧胡祭酒謂此含蓄褒貶誦之不輟

世儒論陰陽激而爲雷何神是豈知一物必有一神
乎許敬觀明州衛兵也事毋孝一日拉十兵駕船販
私鹽至郡江北渡忽霹靂一聲挐人船上江岸十人
皆震死獨敬觀昏絶中黙念我死了我毋靠誰即有
人援之去死所三丈地而甦惟雷火燎髮半秃毋殁
卒於宅所雷之有神如此
宣德間大父南山先生與慈谿王公來俱以教職同
薦入憲臺王巡按北直隸時于少保謙任兵部侍郎
欲舉王自代附書問消息大父復詩云出處雖同調

睽離各一方只因交最厚常是念難忘賈誼曾陳策
曹參解促裝明年二三月延佇看翱翔西陽先生甚
奇此詩王在職幾五年陞山西參政大父未滿六年
受
勑任廣西督學僉事常奏保明經章致和等六
人堪任教職不報作詩云意氣日相信交游四十年
自甘楊烱後誰意祖生先散地宜藏拙明時肯蔽賢
殷勤一封疏消息竟茫然是宜出處窮通有命存焉
爾
元薩公天錫常有一詩送濬天淵入朝地濕厭聞天
竺雨月明來聽景陽鍾聞者無不膾炙惟山東有一
叟鄙之公以素慽意特步訪問其故叟曰此聯措詞
周善但聞字與聽字一介耳公曰當以何字易之叟
徐曰看天竺雨公詰其看字叟曰唐人有林下老僧
來看雨公俯首拜爲一字師
宣德初先祖任南昌題春帖於學門云學冠西江一
郡仰詩書之府道宗東魯四方推文獻之邦方伯孟
公見而請題藩司外門先祖以堂堂藩府襟三江而
帶五湖濟濟官僚順四時以宣八政呈公即命刻之
至今不易

正統己巳先祖在湖臬與巡撫侍郎王公一寧督漕
湖南聞土木之變公與先祖哭於岳陽驛因不意今
日亦見此事後　景帝即位有　詔開讀於戲後云
云先祖語王公一寧曰似戲王言體公曰如何而後
可先祖擬以對云於戲漢高帝誤圍白登非無奇計
周宣王薄伐玁狁正在　興宜宗室休戚之相關實
天下臣民之攸望詔告天下咸使聞知公稱善後公
以語徐武功徐亦擊節嘆焉

元末永嘉高明字則誠登至正四年進士歷任慶元路推官文行之名重於時見方谷珍來據慶元避世於鄞之櫟社以詞曲自娛因劉後村有死後是非誰管得滿村聽唱蔡中郎之句因編琵琶記用雪蔡伯喈之耻其曲調拔萃前人入 國朝遣使徵辟辭以心恙不就使復命 上曰朕聞其名欲用之原來無福既卒有以其記進 上覽畢曰五經四書如五穀家家不可缺高明琵琶記如珍羞百味富貴家其可缺耶其見推許如此今流傳華夷不負所學云

綠雪亭雜言

清江敖英

蜀臺清戎官舍之囱有亭焉環亭有竹伯餘竿苗叢檝死若玉人娟娟然焉侍焉拱焉揖焉每職馭亭午飄風徐來則綠蔭蔵甤浮漣几席宛若除洞嶠嵲之間洒淅飛雪涼沁毛骨先輩好奇顏其楣曰綠雪亭云予自公退食嘗來亭中與此君相對翛然有吏隱之適而忘其倦遊於蜀天萬里之遠也欣然會心或追憶見聞或竊有評議輒隨筆而雜記之無詮次焉越數月而脫稿乃以亭標題志所寓也第愧言不居要枝葉空疎作我茲輩莫之或盍然較之博奕庶其賢乎凡將藉手以見君子

或問昔人謂東坡不喜史記信然予愚曰東坡何嘗不喜史記也子長史筆高視萬古稍知文墨蹊徑者莫不醉心況東坡乎觀其記李氏山房曰余猶見老儒先生自言少時欲求史記不可得幸而得之親自手抄日夜誦讀惟恐不及夫既稱老儒先生愛慕史記矣寧有不自好耶又觀其在海上與友人書曰蘇

此抄得漢書一部若再抄得唐書便是貧兒暴富也夫漢書唐書皆憲章史記者也猶抄錄慶幸如此況於史記又寧有不自好耶且荆公嘗稱東坡表忠觀碑似史記諸侯王年表夫既法其體爲文矣非潛心領畧者能若是哉

晉大夫智悼子卒未葬平公飲酒鼓鍾杜蕢曰子卯不樂智悼子在堂其爲子卯也大矣愚按桀以乙卯日死紂以甲子日死謂之疾日蓋忌而惡之也故君不舉樂夫蕢之諫平公善矣竊疑子卯不樂非明王

之禮也凡國有恤有忌不樂禮也獨夫死誰不甘心胡爲而不樂耶曾不思桀紂以是日死固可疾湯武以是日興獨不可幸耶況與其疾桀紂於死亾之日孰若卽其所以致死亾者而疾之與其疾厥致死亾者又孰若卽湯武所以興王者而師之則勸懲具焉善惡幾焉故曰子卯不樂非明王之禮也

愚讀寇萊公斥丁謂拂鬚事竊謂萊公過矣謂也儉人知敬事公實難而顧斥之拂情甚矣夫敬且斥使多行無禮將若之何吾聞古之敬賢有進履結襪與割牲操几杖擁篲馭車者曾是拂鬚爲媚耶公於此宜謝而不宜斥也夫君子待小人宜不惡而嚴公無乃惡而嚴耶與曰到海之行怨根於此矣豈獨孤注者爲哉

或問鶡冠子云中流失船一壺千金何謂也愚曰壺瓠也過水患負之可以不溺葢言物之賤者特乎獲濟其爲物也弘矣昔孟嘗君淹恤於秦賴鷄鳴狗盜之士獻裘出關而脫虎狼之口金虜之陷汴京也邀二帝如青城當是時也使得鷄鳴狗盜之士而用

之必能奪翠華而宵遁何至北轅哉卽此觀之壺也惡乎不千金重耶

郭林宗葬母徐孺子往吊之置生芻一束於墓前衆不知其故林宗曰此必南州高士徐孺子也詩不云乎生芻一束其人如玉吾無德以堪之愚按今人用束芻故實多以爲美死者觀無德以堪之言又似美生者葢古禮知生者吊知死者傷孺子之來吊也非傷也夫吊之爲言唁慰之意也而美德焉意不在耶且吊人母死而美子德於吊意無涉林宗之解無乃

郢書燕說之類耶惜乎當日會集諸賢無有親問之者

高孝基一見房杜奇之而耗以子孫愚謂子孫賢不肖成立覆墜天也豈他人所能陶鑄哉況房杜他日亦不能保子孫不蕩敗門戶又安能庇他人子孫哉愚謂孝基於是乎不智夫大臣以人事君者也當國之樞得賢焉曾不社稷是念顧煦煦焉私之子孫愚謂孝基於是乎不忠

或問沛公斬蛇神母夜哭信然乎予曰適然遘蛇而

斬之無足怪者乃若神母夜哭竊疑沛公嗾老嫗爲之又嗾人告焉使神其事以鼓西向之氣耳夫鈞謂之帝子也在彼爲蛇在此爲沛公何擬倫之不類耶雖然兵詭道也假神道以聳動人心尤兵家秘密之術觀田單守卽墨而天神下降陳勝首禍而魚腹獻丹書類可槩見

陳仲舉不掃一室或問之對曰大丈夫當掃除天下安事一室乎夫言大而誇此乃仲舉疎漏處昔衛武公九十之年猶以洒掃庭內自警蓋克勤小物則遠大可期矧東京之季宦官執政濁亂海內其深根固蔕可易掃乎夫鷙鳥將擊必匿其形願出臣章宣示宦者此何說也仲舉疎漏如此宜其有侯覽曹節之及也

西漢末年災異頻仍金鐵之類有飛動者梅福以爲陰盛陽微之徵也愚按金鐵陰之質也而飛動者陽之氣也夫陽氣既微宜飛之類失常矣而非飛之類顧乃感陽氣而飛何哉蓋陰氣極盛故能乘微陽之氣以妄動而陽不能制也猶姦臣之强梁故能挾弱

君之權以干紀而君不能制也使陽氣盛壯則陰自安其常寧能乘之而妄動哉是時王氏釀禍咎徵告變明著如此

韓魏公於小人欺已處明足以燭之終不道破愚謂此正魏公德量最高處明知其欺則終莫能欺苟訐其情則激怨矣怨則不肖之心生不中傷之不已也古來豪傑敗於小人者多昧此幾噫魏公之智遠矣哉

陸象山曰天下本無事庸人自擾之愚謂庸人豈能

擾天下也哉擾天下者惟好作聰明鬪大好大惡則然觀商鞅李斯之擾秦桑弘羊孔瑾之擾漢李林甫之擾唐王介甫之擾宋謂之庸人可乎自夫斯言之川也世之庸人於凡天下之事有必至之憂叵測之禍往往以此藉口誰則肯匱杞人憂天之念哉

秦始皇坑儒說者謂設爲陷阱而殺之愚以爲坑者只是掩其不知而加害也非眞掘土而爲坑也今民間訟牒亦有坑陷之詞卽是此意此坑字當作虛活字看如古云聲色溺人非眞溺於水也且書之梏非

眞梏以刑也不然白起坑降卒四十萬於長平項羽坑降卒二十萬於新安設使掘土爲坑若是其廣大彼降卒寧不知之又寧肯帖然束手而就死乎

鄭國諸生訕議執政咸陽諸生誹謗君上幸而遇子產則不毁鄉校不幸而遇祖龍則便下毒手後之誦法孔子者當以此爲殷鑒何者古人居是邦不非其大夫況執政乎況君上乎孔子曰邦無道危行言孫夫祖龍無道甚於虎狼括囊自晦猶慮其及之也矧身無言責顧呶呶而橫議乎迨宋南渡以後此風競雖卷堂有文畢竟何益　朝廷懲此弊臥豐碑於學宮戒諸生不許言事其所以洗濯士心培養士氣如保處子意深遠矣

樵談有曰殺人者死法也庸醫殺人不死猛將殺人不死酷吏殺人不死法在乎又曰耕堯田者有九年之水耕湯田者有七年之旱耕心田者日日豐年又曰東家富財車馬接踵西家富德風雪滿門可謂警拔俊語

歐陽公族譜取法史氏之年表蘇老泉族譜取法禮

家之宗圖黃山谷族譜七世以上遠不可知疑不能明者皆畧而不著葢愼之也後之爲譜者當錯綜而憲章焉可也

歷代縉紳之禍多肇於言語文字之激是故誹謗激坑焚之禍清議激黨錮之禍清流激白馬之禍臺諫激新法之禍禍生於激何代不然其始也一人倡之群起而和之不求是非之歸乃譁焉衎焉牢不可破其卒也不可收拾則所傷多矣

古者天子之嫡子亦稱世子如王世子聽於冢宰三

年盟王世子于首止之類是也諸侯之子亦稱太子如晉太子申生鄭太子華齊太子光之類是也西漢天子嫡子稱皇太子諸王之子稱太子如皇太子殺梁王太子之類是也[illegible]元庶子皆稱太子如四太子[illegible]之類是也　本朝東宮稱　皇太子　親王嫡子稱世子　郡王嫡子稱長子無嫡則立庶以長其分嚴矣舊制　太子未生生而未立立而未長親王一位不之國今其出閤而於　太廟司香其慮深遠矣

楊大年弱冠與周翰朱昂同在禁掖時二公皤然老矣大年每論事則侮之曰二老翁以為何如翰不能堪正色謂之曰君莫欺侮我老老亦終留與君昂曰莫留與他免得後人又欺侮他厥後大年不及五旬而終求為老翁亦不可得此事可以為少年英俊侮老慢賢之戒

或問士大夫居鄉與故老讌集當序爵乎序齒乎愚曰古者一命齒於鄉而再命不齒再命齒於族而三命不齒明貴貴之義也又曰族有七十者不敢先貴老老之仁也然觀孔子居鄉鄉人飲酒杖者出斯出矣則是老老之仁孔子亦嘗行之於鄉矣今士大夫居鄉有能然者詎非忠厚之風耶

說命曰事不師古而克永世匪說攸聞然愚觀古人行事亦有卓絕孤高震驚天下後世而非尋常步驟可得而師者如堯舜以天下傳賢伊尹放太甲於桐宮伯夷叔齊讓國而逃柳下惠深夜覆寒女魯仲連談笑却秦軍陳嬰公孫杵臼以死而全趙孤呂叔季主焚梁獄之詞傳介子矯詔而斬樓蘭汲黯矯詔而

發倉廩王覇之令河水諸葛孔明征孟獲而七縱七擒謝安石當秦兵壓境而圍棋賭墅唐太宗縱死囚四百而復來歸獄郭汾陽之單騎降韓昌黎之馴鱷魚張忠定下馬呼萬歲而靖蜀軍之叛李文靖對使焚詔寇萊公决策親征虞允文不奉命出師而成采石之功若此之類皆非庸行之常誰得而師之知此則知古之可師者常也經也其不可師者變也權也

岳蒙泉詠陳橋兵變有曰阿母素知兒有志外人剛

道帝無心又曰黃袍不是尋常物誰信軍中偶得之或曰使藝祖聞此亦將無詞以自解愚曰不然五季亂離斯極天實厭之藝祖於斯特也苟以干戈取之亦無忝湯武之仁義顧能從容受禪廓淸五十二年之間八姓十二君之汙濁而正之有光焉蒙泉以是誅心責備不已甚乎

宋南渡以後聲容盛而武備衰議論多而成功少直道不在臺諫公道不在政府明斷不在朝廷其於兩宮不歸八陵不祀置之於度外卒至靡靡慭慭宋社

乃屋哀哉

或問書云有容德乃大言有量也曾子曰自反而縮雖千萬人吾往矣言有勇也然則量之與勇將奚從乎愚曰凡横逆之來祇逮我躬者固當弘量以容之如藺相如謹避廉頗之辱巳李沆不校狂生之訕呂蒙正不問朝士之名可也若事干天常人紀之大當栽之以義豈容姑息如舜之誅四凶周公之誅管蔡孔子之誅少正卯漢高祖之斬丁公是皆發於義理之勇也謂之無量可乎苟徒以姑息爲事不知以義裁之小如胡廣馮道之頑鈍無恥大如魯莊公宋高宗含垢包羞忘父兄不共戴天之讎是皆見義不爲無勇也謂之有量可乎易曰包荒用馮河包荒量也馮河勇也知易之道其知勇與量之用乎

古人慇潤家國惟貴務農故周人以稼穡艱難爲王業根本秦人以力田受爵賞漢人以力田應辟擧觀古人制字富从田言富自用起也田从一口言有田之入又貴食之者寡也

長沙有朝士某者還鄉意氣滿盈賓至則鼓吹喧闐

里中有執友來謁之朝士曰翁素好誦詩近日誦得何詩執友曰近誦得孫鳳洲贈歐陽圭齋之詩甚有味乃朗然誦之曰圭齋還是舊圭齋不帶些兒官樣回若使他人居二品門前簫鼓鬧如雷朝士聞詩嘿然明日賓至門庭寂然

趙東山垂髫有詩名里中有二執友其一因投荒過家其一以磨勘需調皆栖栖桑榆猶戀雞肋者一日同訪東山見庭下有鋸匠解木因以命題東山口占絕句曰一條黑路兩人忙傍睨相看幾有霜你去我

來向月了虧他扯拽度時光二執友知詩意諷巳相與感歎而去

或問古今大姦惡蟠據深固玩之不可激之不可處之亦有要乎愚曰當於其黨與而圖之或除其黨與以孤其勢所謂剪其羽翼是也或赦其黨與以渙其心所謂脅從罔治是也又貴察幾微而密法術是故得則成左袒之功失則成甘露之禍

春秋靖難之初齊黃方練上觸天怒俱罹赤族之誅於是有人賦詩蛾眉亭中曰一個忠成九族殃全身

遠害亦天常夷齊死後君臣薄力爲君王固首陽此蓋建文遺臣行遯時所作也

王稼村曰繫辭序九卦治一身天德也序十三卦治天下王道也

過蘊步坊賦詩曰東坡昔日此閑行此地遂留藉芳　何事章惇瘞毛骨子孫羞認是先塋愚按東坡投荒嶺海章惇實爲之而後世流芳遺臭乃如此孰謂人心無春秋哉

古人觀會通以行典禮多以三數爲制蓋三者數之節也情文之中也達之天下可以經也故冠禮三加射禮三耦賓主相見之禮三辭三讓郊廟百神之祀致齋三日喪禮孝子三日水漿不入口喪服止於三年娶婦三月而廟見其明罰也止於三黜三居其矜恤也止於三宥其黜陟幽明也止於三考其建官之極也止於三公三孤教之而賓興也止於三物數以三爲制何莫不然不及者則失之儉而固也過之者則失之奢而濫也惟其稱也故君子慎焉

中與之中字漕運之漕字韻書皆讀作去聲近見里

中學究多讀作平聲訛矣噫六書之學廢而點畫諧聲之訛寧止此哉

愚在京師見馬草中火發作陳留縣見油簍中火發在秦州見乾蝗堆中火發在劒州見積聚油紙中火發皆濕熱遏蒸於內不得發越故鬱攸不戒其來有漸

吳中有老儒沈文卿讀書至宵分燈熒熒欲滅忽見盜在室中掏物無所得從容呼之曰穿窬君子虛勞下顧恭輙有小詩奉贈乃長吟曰風寒月黑夜迢迢

孤負勞心此一遭只有古書三四束也堪將去教兒曹穿窬者含笑而去

陽節潘氏以少事僞朝爲陳情之謬孫霜崖嘗有詩曰僞朝料得非公筆不得當時墨本看霜崖意料史官竄易其詞故詠此以平反之失忠孝一揆也以李密之孝寧忍忘君而媚讐乎觀洪景盧改太極圖說首語則僞之一字出於史官之曲筆或然也

生名死諱周制也周人以諱事神名終將諱之然臨文不諱近日士大夫文字中稱生者之名亦曰諱某

綠雪亭雜言　十四

非禮也

近見一種文字險澁其語以爲奇僻恠其字以爲古隱晦其意以爲深奥兀其體以爲高其志益以盤庚爲古文之鼻祖而淺視史記漢書以樊紹述爲古文之宗子而下視韓柳歐蘇鯨吞鼇擲牛鬼蛇神瑤飜碧艷鬼眼傾耳揮霍自恣居之不疑噫弊也甚矣

提學彭雲用嘗語予曰君子提筆撰文字凡是非毀譽之間不宜草草恐不其然終當噬臍予退而思之如陶穀悔作禪詔孔文仲悔作伊川彈文朱文公悔作紫岩墓碑陸放翁悔作南園記姚雪坡悔作秋壑記李西涯悔作玄明宮記諸公當日無乃失之草草或者亦有不得已而然乎

東坡試刑賞忠厚之至論有曰當堯之時臯陶爲士將殺人臯陶曰殺之三堯曰宥之三故天下畏臯陶執法之堅而樂堯用刑之寬考官得之喜甚他日問其出處東坡笑曰想當然爾遂相傳爲笑愚按東坡斯言非無稽臆斷也在文王世子曰公族有罪有司讞于公其死罪則曰某之罪在大辟公曰宥之有司

綠雪亭雜言　十五

又曰在辟公又曰宥之有司又曰在辟三宥不對走出致刑于甸人即此而觀東坡之意得非觸類於此乎

同年楊宗喬尹新鄉質任峭直與人議論不能下氣監臨者惡其不遜同列又從而交搆其間勢如騎虎不可收拾一日桂古山過之宗喬告以故古山曰譬如對奕且饒一着譬如爭路且退一步便無事矣宗喬惕然謝教告改教職

同寮鄺子元由翰林補外十年餘矣不得賜環嘗陀

係無聊遂成心疾每疾作輒昏憒如夢或發譫語有時不作無異平時或曰眞空寺有老僧不用符藥能治心疾子元往叩之老僧曰相公貴恙起於煩惱煩惱生於妄想夫妄想之來其幾有三或追憶數十年前榮辱恩讐悲歡離合及種種閒情此是過去妄想也或事到服前可以順應却乃畏首畏尾三番四復猶豫不决此是見在妄想也或期望日後富貴榮華皆如其願或期望功成名遂告老歸田或期望子孫登庸以繼書香與夫一切不可必成不可必得之事

此是未來妄想也三者妄想忽然而生忽然而滅禪家謂之幻心能照見其妄而斬斷念頭禪家謂之覺心故曰不患念起惟患覺遲此心若同太虛煩惱何處安脚又曰相公貴恙必原於水火不交何以故凡溺愛冶容而作色荒禪家謂之外感之欲夜深枕上思得冶容或成宵寐之變禪家謂之內生之欲二者之欲綢繆染着皆銷耗元精若能離之則腎水自然滋生可以上交於心至若思索文字忘其寝食禪家謂之理障經綸職業不告劬勤禪家謂之事障二者之障雖非人欲亦損性靈若能遣之則心火不至上炎可以下交於腎故曰塵不相緣根無所偶返流全一六用不行又曰苦海無邊回頭是岸子元如其言乃獨處一室掃空萬緣静坐月餘心疾如失子在淅臺聞子元道其詳且曰禪悅可治心疾吾輩姑取節焉可也

春風堂隨筆

雲間陸深

世傳花卉凡以海名者皆從海外來理或當然予家海上園亭中喜種雜花最佳者爲海棠每欲取名花填小詞使童歌之有海紅花海榴花更欲求一種爲四闋累年而不得辛丑南歸訪舊至南浦見堂下盆中有樹婆娑鬱茂問之曰此海桐花即山礬也因憶山谷賦水仙花云山礬是弟梅是兄但白花耳却有歲寒之意

本朝畫手當以錢塘戴文進爲第一　宣廟喜繪事御製天縱一時待詔有謝廷循倪端石鋭李在皆有名文進入京衆工妬之一日在仁智殿呈畫文進以得意之筆上進第一幅是秋江獨釣圖畫一紅袍人垂釣於水次畫家惟紅色最難著文進獨得古法入妙　宣廟閱之廷循從旁奏曰此畫甚好但恨鄙野爾　宣廟詰之乃曰大紅是　朝廷品官服色却穿此去釣魚甚失大體　宣廟頷之遂揮去其餘幅不視故文進在京師頗窘迫宋王士元畫武王誓師獨夫崇飲圖識者以爲精處入神與六經合孫四皓進之天子下圖畫院品第高文進妬之定爲下品止賜三十縑古今忌才雖曲藝亦然可資浩歎文進名亦偶同

今世所用摺疊扇亦名聚頭扇吾鄉張東海先生以爲貢於東　永樂間始盛行於中國予見南宋以來詩詞咏聚扇者頗多予收得楊妹子所寫絹扇面摺痕尚存東坡謂高麗白松扇展之廣尺餘合之止兩指許正今摺扇蓋自北宋以有之倭人亦製爲泥金

面烏竹骨充貢出自東　果然

天地開闢日月重光遭遇際會畢力遐方將掃羣醜還過故鄉肅清萬里總齊八荒告成歸老待罪舞陽此司馬宣王過溫歌宜入詩準

北齊文宣天保七年築長城東至於海前後所築東西凡三千餘里率十里一戍其要害置州鎮凡二十五所是役頗　年又於長城內築重城自庫洛拔而東至於烏紇凡四萬餘里高洋備邊如此

長子羊頭山秬黍可以纍律河內葭莩灰可以布宣

非其地則無驗今長子與河內地相連屬豈天地之氣鍾於此耶

邢子才有書甚多而不甚讐校見人校書常笑曰何愚之甚天下書至死讀不可遍焉能始復校此且誤書思之更是一適

元韶娶魏孝武帝后魏室奇寶多隨后入韶家有二玉鉢相盛可轉而不可出瑪瑙榼容三升玉縫之皆西域鬼作也鬼作卽世所謂鬼工

方言以十二生肖配十二辰爲人命所屬莫知所起

周宇文護母閻齊貽書護曰昔在武川鎭生汝兄弟大者屬鼠次者屬兔汝身屬蛇當時已有此語北狄中舒以十二生肖配年爲號所謂狗兒年羊兒年者豈此皆胡語耶

知止而后有定定而后能靜靜而后能安安而后能慮慮而后能得此一條自具大學始終節目亦吾道異端之所以分也如告子之學可謂定矣而未能靜禪者之學可謂靜矣而未能安惟其未能安故貪於神通惟其未能慮故失之誕謾豈能有所得耶

製筆之法桀者居前毳者居後強者爲刃要者爲輔參之以檾束之以管固以漆液澤以海藻濡墨而試直中繩勾中鉤方圓中規矩終日握而不敗故曰筆妙此數言簡約未知誰所爲可題爲筆經

唐代宗廣德二年七月以國用不及秋苗方青卽征之號爲青苗荆公青苗之法雖不同其爲虐政一也

王忠肅公翱字九皐鹽山人爲太宰時每呼二侍郎爲崔家尹家至今相傳以公爲朴直此字亦有所本蓋尊敬之詞漢稱天子曰官家石曼卿每呼韓魏公

爲韓家若今人則爲輕鮮之詞矣

仲尼之門五尺童子蓋稱五覇古以二歲半爲一尺言五尺是十二歲以上十五歲則稱六尺若嬰兒身不滿三尺是以律起尺矣周尺準今八寸二尺四五寸豈成形體當是極言其短耳曹交九尺四寸以長準今七尺五寸餘

栝松百年卽有白衣如粉本草謂之艾衲香吾鄉錢鼒先生號艾衲蓋取諸此趙文敏公號松雪乃是一琴名若艾衲香亦可稱曰松雪

昔人云讀漢書要取堂扁合作者信難得宋呂文靖題鏡湖天花寺一絕云賀家湖上天花寺一一軒窗向水開不用閉門防俗客愛閒能有幾人來予欲取愛閒二字署山居一軒堂

今世官司各有俚語以寓譏評如在京兵部四司曰武選武選多恩多怨職方職方最窮最忙車駕車駕不上不下武庫武庫又閒又富閒他衙門中尚多惜不得其詳此語蓋自宋以來即有之元豐時有曰吏勳封考筆頭不倒戶度金倉日夜窮忙禮祠主膳不

識判硯兵職駕庫典了潑袴刑都北門總是冤魂工屯虞水白日見鬼紹興後時事不同又為之語曰吏勳考封三婆三嫂戶度金倉細酒肥羊禮祠主膳淡喫虀麵兵職駕庫鹹虀呷醋刑都比門人肉餛飩工屯虞水生身餓鬼本朝國子監自祖宗以來例不刷卷故諺曰金祭酒銀典簿正德戊寅予自編修轉司業時適祭酒闕予得丶首遂署印稽考錢糧其實空虛典簿應臣起息揭債予問之前祭酒石熊峯邦彥先生云自來如此余遂舉劾典簿王釗者黜之適選供堂皂隸銀數兩至色如黑銅子笑曰正好謂之銅司業聞者絕倒

世目簿行人為沒前程此語亦有所自柳子厚作非國語人以為子厚平生作文得國語最深因知其惡長而持之故謂子厚為沒前程然則以夫子之道反害夫子從古已然可歎也

丘文莊公仲深濬近世最號博學強記洛陽劉少師希賢健嘗戲之曰丘先生是有一屋散錢却少一條索子文莊聞之曰劉先生有一屋索子却少散錢蓋

報之也吾聞崔同年子鍾銑云訥齋嘉話云貫如散錢一是索子

武康石色黑而潤文如波浪人家園池疊假山以此為奇大至尋丈者絕少武康縣今屬湖州山溪間多產此石予行江南山中亦見此類有甚大者或云出海島中水洗而成文海船取以壓風者往年入蜀自棧道過鳳縣嶺純是此石人家用作短墻有甚佳者摺皺成文而方整可坐其品格頗多惟疊雪者為甲橫文疊起如卅有黑白層疊相間者有白石作腰帶

圍者曰玉帶流小其文背竪麻衣如人衣麻之狀鄉
犀紅黃色相間成文虎皮大文圓暈作黃黑色麻皮
如畫家麻皮皴海石蒼黑色面作蕈頭紋鬼面石紋
突出而獰狠有透漏如太湖石謂之湖石武康嘗欲
聚而作譜恐未能悉其品也粗記如此

歙石製硯識者以爲在端溪之上予讀江賓暘送姪
售硯序因删次其語爲歙硯志

唐開元間獵人葉氏得石於長城里琢爲硯遂開天
下山在羊闘嶺之歙兩水夾之水盡處乃産硯石有

坑一曰紫足次曰羅紋今呼爲舊坑又次曰莊基三
坑相去百餘步而石品覺異舊坑又自爲三曰泥漿
曰棗心曰緑石去舊坑纔數尺而石品復異自莊基
北行二里泝溪而上曰眉子坑則東坡所歌者今在
水底不可斸矣

舊坑緑石爲上生在石中斷者先去頑石次得硯材
然極麤工人名曰麤麻石石心最緊處爲浪出至燥
處爲絲愈慢處爲羅紋故曰緊處爲浪慢處爲絲如

卜卿然

絲之品不一曰側絲曰内裏絲曰叢絲曰馬尾絲爛
吐絲爲奇正視之䟽䟽見黑點如洒墨側視之刷絲
粲然工人謂之硯寶蓋石之精云惟棗心坑或有之
他産則劣故三衢絲石黑而頑南路絲石暗而黯緑
潭絲石浮而滑夾路絲石紅而枯水池山絲石粗而
燥皆不甚宜筆墨云

宋謝堅知歙州時嘗於舊坑取石貢理宗初坑上嘗
有五色雲氣如錦衾郡檄隨雲所覆處斸之得佳石
有白文繞兩舷宛轉如二龍旣發爲硯而雲氣不復

見矣

哥窑淺白斷紋號百圾碎宋時有章生一生二兄弟
皆處州人主龍泉之琉田窑生二所陶青器純粹如
美玉爲世所貴卽官窑之類生一所陶者色淡故名
哥窑

雲蕉館紀談

會人孔邇

友諒愛姬茗華夫人善月琴友諒出師必以隨呼爲粧鴛未幾物故葬于右耳峯猴溪橋側樹石月琴以表之至今人名月琴塚

友諒聚鹿數百畜于南昌城西章江門外謂之鹿囿嘗至其所自跨一角蒼鹿綴瑟珠爲纓絡掛于角上纈金爲花鞍群鹿皆飾以錦繡遨遊江上 國初駕至南昌宴于滕王閣上命儒臣韓詩放其所畜鹿

于西山

友諒在江州時嘗以春暮結綵爲花樹自府第夾道植至匡山又剪繡于道上與宮人乘肩輿而行黃信詩云錦繡鋪張春色滿小車花下麗人行是也

陳氏既亡有宮人小春逃之民間嫁于蒲亭彭本清本清問陳氏宮中事小春言後庭數百人皆錦衣玉食用極奢侈有桑妃者陳所至愛海賈所進金絲紐花襖紫霞帳水晶樓鳳箱皆以賜之及敗投武昌井死又陳氏喜食王葉羹以西山羅漢菜及曲江金花魚爲之味頗佳

明玉珎徐壽輝臣也初倪文俊陷川蜀令珎守之既而陳友諒殺文俊又弑壽輝珎遂僭號改元時至正二十三年也初都成都繼又都重慶珎卒子昇嗣

浣花溪自唐薛濤後能以溪水造箋者絕少珎守蜀時有郡人陸子良能之巧過于濤珎于溪上建擣錦亭置箋戶十餘家令子良領其事箋有桃花鳳彩雲樣錦幅等名夏亡子良又死今不復有矣

蜀人多以酴醾花作酒未得其妙又以竹葉竹窨貯

葯管中合釀之十餘日開來香聞一室味極甘美氣更清凉至今蜀人傳其法號開襟酒

昇在重慶取涪江青蠏石爲茶磨令宮人以武隆雪錦茶碾之焙以大足縣香霏亭海棠花味倍于常海棠無香獨此地有香焙茶尤妙

昇能飲宴會不用杯盞以大甕盛酒用忠州引藤一吸半甕夏月畏暑作露帳四面架風輪以花竹簟卧其中宮庭侈甚席地以蘇薰薦鋪錦褥于上宮人不用凳兀以此爲坐

城西清水穴亦名粉水井巴人以爲粉則膏膩鮮明昇建銀輝館于側署官掌之以供公用日給數定于宮内號其官爲花粉御史

蜀地荔枝叙州爲上昇于荔枝熟時設荔枝宴以會左右有詩云香浮琥珀御醪潤色重雞冠新荔紅是也

廣安出紫梨到口即化者爲佳昇取其汁和紫藤粉爲糕名雲液紫霜食之能却醉

帝王廟北極眞武廟並在鷄鳴山供國子祭酒宋訥

奉　勑撰記普濟禪師亦葬鷄鳴山又有都城隍廟學士劉三吾奉　勑撰記

江學庭爲祭酒　帝幸國學講易之太極言亨屯循環治亂倚伏惟在人君謹之斯爲得耳　帝悅賜宴崇文閣詔自今講讀明于勸戒者俱皆賜宴名光儒宴

友諒時或進媛王注出于薛塘古墳謝庭春獻月色之盃得于弋陽陶氏又開寶市于僞都招致海商大賈仍建尊珎館朱衣巷内以待有貨者設賓客卿使之名豐其穀祿別其敬禮得其絶色以進則封爲奇貨上賓得珠玉以進則封爲珎精貴客又有華卿麗使亞于賓客也

蒹葭堂雜抄

上海陸楫

國朝 太祖 皇帝用夏變夷 復中華之 稱人謂
闢乾坤於再造功高湯武不但邁漢唐宋而已得以
爲此周天命 聖神爲千古今六爲百王雪耻無足
與者但 皇即位改元之年已渺一四海在位三
十一年身致太平壽七十有一諸子二十餘人親封
王爵星布海內古今帝王之全福亦 皇一人而
已

國朝成化弘治間大學士劉文靖公健丘文莊公濬
同朝雅相敬愛劉北人器度嚴毅在內閣凡事獨秉
大綱其學問不事博洽丘南人則博極羣書爲一時
學士所宗所著有大學衍義補等書一日劉對客論
丘曰渠所學如一倉錢幣縱橫充滿而不得貫以一
繩譏其學無大綱也丘公聞之語人曰我固然矣劉
公則有繩一條而無錢可貫獨奈何哉士林傳以爲
雅謔二公雖名位相抗而劉相孝廟二十年碩德重
望卒受顧命稱本朝賢相丘之所就似爲不逮相業
豈以博洽爲貴哉

自隋設進士科至宋則定甲第其第一甲賜進士及
第貳二十餘人

第一甲例取三名釋褐日即授翰林修撰編修等官
儲之館閣以備台輔其重無以加矣然讀蘇老泉之
文有曰今進士三人之中釋褐之日天下望爲卿相
不十餘年未有不爲兩制者豈宋時第一甲進士雖
多而銓選資序或亦以三人爲重國朝之制亦祖其
意而爲之與然不可考矣

本朝靖難死事之臣以天台方孝孺爲首孝孺博學
宏材少時嘗過嚴陵釣臺有古詩一章敬賢當遠色
治國須齊家如何廢郭后寵此陰麗華糟糠之妻尚
如此貧賤之交安足倚羊裘老子早見幾郡向桐江
釣烟水此不獨工於詩亦天下第一等議論也

本朝兩畿十三省鄉貢士俱有定額雲南貴州二省
以 方地僻解額獨少二省鄉試士俱合試于雲南
共五十五名雲南三十四貴州二十一其後貴州士
苦于就試雲南嘉靖丁酉巡按御史王杏題請乞分

科　詔行之是年雲南解額增至四十名貴州解額
增至二十五名共增十名矣湖廣解額八十五名庚
子撫按合請于　朝以湖廣乃今　上龍潛之地
皇考獻皇德化所及乞增額　詔增至九十名　本
朝額下舉士類如此
嘉靖己丑遂菴楊公爲首相　上倚注甚切時議禮
諸公受知于　上相繼登樞要尚書霍文敏公韜特
爲詹事忌公尤切特疏劾公　上大怒削秩賜罷文
敏猶欲根蔓公門下士一網打盡有大學生孫育公

之鄉人也受恩最久百凡家蠱公保護如子弟公在
相位援育入文華殿供事以書寫資勞例得受京職
時亦以公黨與恐遭斥逐乃錄公居官事數十條呈
於文敏以求自解不意數月後以暴疾卒於京其子
奉柩還公猶易服弔其喪其子跪泣曰人子固不敢
言親過但悖德者不祥吾父負公而死天也願公無
弔公笑曰爾父豈負我者我爲人所擠波及汝父輩
汝父欲保全身家萬不得已姑借我以免禍耳吾獨
詎能忘之是我又負汝父矣人皆服公雅量

太保費文憲公年十六領癸卯鄉薦赴試禮部道經
呂梁洪時公從父某爲主事有事於此一見公即曰
吾姪此行不第當卒業北雍公愕然問故答曰近得
一夢吾見姪在北監領籤出籤上寫彭時二字彭
公狀元宰相也吾姪勉之已而公是年果不第即入
北監讀書專事博洽以資策學至丁未果狀元及第
官至少師太學士計得夢時彭公尚在及後彭公卒
于官謚文憲公以嘉靖乙未再召入閣亦卒于官謚
亦如之二公不但科第祿位偶同雖考終賜謚如出

一轍亦異矣
每見館閣諸先達與後學縷縷道　國朝典故先文
裕公出入館閣前後幾四十年每見　國朝前輩抄
錄得一二事便命不肖熟讀而藏之蓋士君子有志
用事非兼通今古何得言經濟此先儒所以貴練達
朝章而魏相條晁董之對特見重於　朝廷良亦爲
此朱文公有言知古不知今者葉正則也知今不知
古者陳同父也既知古又知今者呂伯公也今世學
者儘有務爲博洽不究心當代事故一問及　胡廷

典故及一代之經制沿革恍如隔世縱才華邁衆恐其見諸施爲自多窒礙宜識者目爲俗學無足怪者矣

吳中名士陸楠登鄉薦上南宮不售歸過揚州鈔關有部官司關欲稅其舟楠投一詩云獻策金門苦未收歸心日夜向東流扁舟載得愁千斛幸有　明王不稅愁其官見詩迎而禮之下第士聞者莫不爲之絕倒

嘉靖庚子予自京師還過淮陰謁漂母祠見題古詩一

絕於壁間有云賢哉一飯恩千載猶廟食如何漢蕭陵寂寞生荆棘吁可以志感矣

皇朝輿地前古無比倚與盛哉然有可疑者一事堯舜時冀州爲王畿四方皆二千五百里今冀州之北能幾何耶三吳在古不入職方其民皆斷髮文身以與蛟龍雜處若空其地爲職下也今財賦日繁而古之遺跡不異其木之不爲害者天幸爾萬一涔水不知何以處之區區開築難以言善

徐武功在史館修何尚書文淵事賦詩曰溫州太守

重來歸昔何癡退今何遽卻金館在已如掃掩月堂寒空掩扉人間固有假仁義天下豈無公是非老夫添秉春秋筆不作諛詞取世譏

鳳凰臺記事

三湘馬生龍

築京城用石灰秫粥錮其外　上時出閱視監掌者以丈尺分治　上任意指一處擊視皆純白色或稍雜泥壤即築築者于垣中斯金湯之固也又于城外起土城以為不測屯守之計宮中陰溝直通土城之外高丈二濶八尺足行一人一馬以備臨禍潛出可謂深思遠慮矣

洪武初以造海運及防倭戰船所用油漆棕纜悉出

于民為費甚重乃營三園于鍾山之陽植棕漆桐樹各千萬株以備用而省民供焉

洪武初于江南門外稍南五里開河通大江江中舟船盡泊此以避風雨名上新河又開下新河官司馬快船所泊處

玄武湖屢溢築堤以防之名太平堤在太平門外又佛寧門外開穩船湖以通江水為泊舟避風之所

建來賓重譯二樓于聚寶門外待四　朝貢者舊有魚脊方緝鱗盤皆中土所少者本浡泥國王物王永樂中來朝卒于京師因遺二物于館後遷都取去王墓在石子崗

太祖初渡江御舟頻危得一檣以免令樹此檣于一舟而祭之遂為常制今在京城清涼門外已逾百四十年矣有司歲脩祀給一兵世守之居舟傍免其餘役或云即當時操舟兵之後也

太祖駕幸鍾山僊洞詹同文應　制詩云大駕春晴臨寶地鍾山老翠擁金僊瑤花如雨三千界紫氣成龍五百年風送香煙浮衮服池涵樹影拂青天詞臣侍從何多幸安得詩才似湧泉

石城開邊有清江樓石城樓三山門外有集賢樓皆洪武間建以聚四方賓客

初監生歷事諸司皆旦往夜歸號舍往返十餘里　太祖一日命察諸司官吏等獨戶部歷事監生不至逮問對曰苦道遠行不前爾　上始知之因給歷事監生驢錢令賃驢而行

高皇后足最大　上嘗戲之曰焉有婦人足大如此而貴為皇后乎后即答曰若無此足安能鎮定得天

下

元宵都城張燈　太祖微行至聚寶門外見民間張一燈燈上繪一大足婦人懷一西瓜而坐　上意其有淮西婦人大足之訕乃勒除一家九族三百餘口隣里俱發充軍

太祖時整容匠杜某專事　上梳櫛修甲一日　上見其以手足甲用好紙裹而懷之　上問將何處去杜對聖體之遺豈敢狼籍將歸謹藏之　上曰汝何詐耶前後吾指甲安在杜對見藏奉于家　上留杜

命人往取甲其家人從佛閣上取之以朱匣盛頓香燭供其前比奏　上大喜謂其誠謹知禮即命爲太常卿後卒葬于末西寧晟塋側至今猶有表題曰太常卿杜公之墓

太祖進膳有髮召問光祿官對曰非髮也龍鬚耳因即捋鬚得一二莖遂叱去不復問

洪武中京師有校尉與隣婦通一晨校瞰夫出即入門登床夫復歸校伏床下婦問夫曰何故復回夫曰見天寒思爾冷來添被耳乃加覆而去校忽念彼愛妻至此乃忍負之即取佩刀殺婦而去有賣菜翁常供蔬婦家至是入門見無人即出隣人執以聞官翁不能明誣伏獄成將棄市校出呼曰某人妻是我殺之奈何要他人償命乎遂白監決者欲面奏監者引見校奏曰此婦實與臣通其日臣聞其夫語云云因念此婦忍負其夫臣在床下一時義氣發作就殺之臣不敢欺願賜臣死　上嘆曰殺一不義生一無辜可嘉也即釋之

顧豐堂漫書

雲間陸深

南畿辛酉鄉試少傅劉野亭先生忠以翰林侍講爲考試官策問中有及　宗室日繁而祿入不繼者余當時才以恩義立說謂恩之所不能周者則當裁之以義與其過於恩而非福不若裁以義而無患此特場屋體耳漫無籌策遂占首選程文所刻乃欲折鈔以當俸入亦非通論此事嘗往來於懷常與朋僚講之今制雖　將軍殿下亦歲給祿米二百石金枝玉

葉日以廣衍傳之千萬年之後雖竭天下之力不足以供之蓋坐困之道也宋神宗時王荊公安石作相裁減宗室恩數宗子相率訴馬前荊公徐諭之曰祖宗親盡亦須祧遷何況賢輩宗子遂散去其後宋宗室無論戚疎少長皆仰食縣官西南兩宗無賴者至縱其婢與閭巷通生子則冒爲己子以利其請給其醜若是今太宰遂菴楊先生一淸謂宜自　國王而下以次制其妃嬪之數蓋有見也

凡圖畫雷形作人間小鼓環而聯之或畫其神狀如飛鳥而銳喙肉翅赤色而人足按宋大觀間大滌山人胡寘隱居山間一日忽聞有聲若鼉鼓數百黑雲晝晦間火毬相逐已而迅雷烈風移時乃止夫陰陽相搏擊則爲雷非若七政可以形象求也雷若有象則火毬近是霹靂斧先儒所謂星隕而石之類火能生土故也晦菴劉少師健爲庶僚時奉　命往祀華山正及夏日晦菴與客高登顧見山下白霧瀰漫若大海然而山頂赤日了無纖翳俯視突煙暴起或丈餘遞至尺許亦無所聞頗異之從者以爲雨作也及

下山村麓人云適有驟雨挾震雷數百已過矣向所見煙中突起者悉雷也凡聲自下聞之則震自上聞之則否所謂山頭只作小兒啼者是已

周文襄公忱巡撫江南日巨璫王振當國慮其異己也時振新作居第令之京衛武學是已公乃令人度其齋閣使松江作剪絨毯遺之覆地不失尺寸振極喜以爲有才公在江南凡上利便事振悉從中贊之宋秦檜格天閣成鄭仲爲蜀宣撫遺錦地衣一鋪檜命鋪閣上廣袤無尺寸差檜默然不樂鄭竟得罪

事極相類一以見疑一以見厚豈其心術之微有不同耶

楊髡發宋諸陵有裒其骨葬之者陶九成輟耕錄所載以爲唐義士玨瞿宗吉歸田詩話所載以爲林義士塾周公謹癸辛雜志則以爲宋陵使羅銑者蓋中官云

張莊懿公鎣仲子早卒聘都城趙氏女女聞夫卒即輿至夫家守制奉翁姑如婦禮年五十餘矣弘治間宜春劉侯德資號守松上其事旌之題曰趙女張節

婦顧侍讀士廉以爲言婦則無所附麗言女則已未

毋家若不當旌者錢修撰與謙奮臂起辨之引張良陶潛爲事類至千餘言不罷郡中一鬨予時遊南雍還心是士廉言而與謙已病革矣元余忠宣公闕爲中書吏部員外郎時安西郭氏女受聘未行會夫卒自縊死有司請旌其門闕以爲過於中庸不可以訓格不下惜當時禮官無引此以駁之者

婦人首飾以髮爲之者曰假頭亦曰假髻作俑於晉太元中弘治末京師婦女悉反戴之今漸傳四方殆始非佳兆

正德壬申秋自饒還過蘭谿拜楓山章先生懋於所居白露山下因留一日語間及吳徵士與弼康齋先生云昔見白沙陳公甫獻章言公甫就學康齋時忽一日晨光初動窻外見康齋手自颺穀其子從作厲聲曰秀才恁地懶惰只如此何到伊川門下又如何到孟子門下又一日出穫手爲鐮傷流血不止舉視傷處曰若血不即止而吾收之即是爲物所勝言已而穫如故又往遊武夷過逆旅索宿錢至多三文壓

不與或勸之曰即此便是暴殄天物乃負擔而夜往焉

天爵堂筆餘

四明薛岡

客星非吉星亦非因子陵而見剡溪漫筆辨之最詳楊升菴先生無書不考有詩云半天高榜驛門青我是客星非使星亦作吉星用不知何説

舍利余見數處大小不一有二三粒四五粒者盛以美器幕以絳紗視之皆砂礫附會可笑獨吾鄉阿育王寺者良異余十五六歲時同衆瞻禮見舍利懸微漸大漸生白毫光俄而變五色其光周帀如車輪或

東西轉或南北轉或平布旋轉或成大珠一圓或散作小珠數十圓久之而滅余驚怖稽首而衆皆稱不見

本朝永樂宣成正嘉窯器與　宣廟銅爐數百年後價視宋時諸甆商周彝鼎必翔宋甆色製雖古雅而器之精工細澤遠遜今代彝鼎出土者反易毁宣爐在今日已不多得矣吳中名畫如沈啓南文徵仲唐伯虎陳道復諸公後世珍之不在趙文敏米襄陽黄癡倪迂之下而吾鄉金本清太僕畫竹亦必在文與可蘇長公之間以其皆文人之筆無一毫畫工色相更難在每畫之中詩與書法無一不隹百世可知進之以理

畫中惟山水義理深遠而意趣無窮故文人之筆山水常多若人物禽蟲花草多出畫工雖至精妙一覽易盡余謂丹青有宗派姑蘇獨得其傳

讀書作文俱要一副真精神坐則神奮卧則神弛此常情也然卧常可以作文而必不可以讀書曹操有欹案可卧讀楊盈川有卧讀書架二君不知何見今

之對書而睡者當儆之

六經二十一史文章在茲經濟亦在茲所當讀之書盡于此矣此外即諸子亦經史鼓吹耳讀固可不讀不妨近日學者務旁求百家雜撰尤沈酣世説以爲奇而實以經史茫然不能應亦奚以爲

士大夫家少年子弟必不宜使讀世説未得其雋永先習其簡傲不可不慎

世説片語隻詞諷之有味但可資口譚近日修辭之士多翕然宗之掇拾其咳唾之餘以飾文而亦斯小

矣

三百篇詩之祖也楚人之騷漢魏之樂府五言古詩去古不遠六義未乖所當誦法唐人之近體典而詩一大變然可兼爲不可專攻者也近日無人不詩無詩不律無律不七言卽五言律五七言絶句善作者少而況古詩乎夫至無人不七言律而誰謂詩不差矣

于鱗華山記既奇既古亦肖亦眞方之寫照洵目送飛鴻之手不知記似三峰三峰似記必讀記而知華

之勝必登華而知記之佳想此老搦管時定有岳靈來助是濟南第一文字

七言律法度貴嚴紀律貴整音調貴響不易染指余見初學後生無不爲七言律似反以此爲入門之路宜其欲入而自閉其門終身不得窺此道藩籬無怪也

謝少連改三國志作季漢書以尊漢室陳壽國志稱魏稱吳而于漢則稱蜀易國號以地名余少時泥以書法爲壽病及今思之壽一代作者立意著史必有所見魏吳本列國之號漢則劉氏正統之號夫以主統之號與列國對稱魏吳之失開卷便見故以蜀代之不知其大無當也朱子綱目雖以蜀漢接東西京之統而三國本志列在二十一入者一字之誤萬世不能改今人作事有偶勝古人者季漢書是已

風人與訓詁人肝腸意見絶不相同訓詁者往往取風人妙義牽强附會老杜身後受虞趙兩君之累不淺近見剡溪漫筆解三峽星河影動搖引天官書註左旗九星在河鼓左右旗九星在河鼓右是天之旗

鼓動搖主兵杜公雖破萬卷恐未必拘拘証古君此暑月夜半露坐時覩晴空星河影隱映錯落儼然動搖處處若此況三峽乎剡溪通士不應爲此解

學問如家計日營運則家日長否則退學問不日長卽日退亦在乎爲之而已

嬰兒纔舉立見成人寸木方栽俄成林樾惟人學問只覺不增是故分陰可惜而思假數年

飲席中譚學問譚人陰私譚宦遊事蹟是大惡道耳不願聞然譚宦蹟止于取人笑譚學問使人妒間有

取禍者讙陰私則鬼神從旁聽之

富貴人作貧態如公孫弘内服貂蟬外衣麻枲以布被示之貧賤之士作富態如庾杲之詣人餉韭菹枯魚菜菹曰我不能食忘其三韭二十七品之膳此輩自古有之不但今日始見以兩人較貧士富態更可也哉

漂母飯信卽今之老嫗見鬚眉男子行乞于市而與之食未嘗擇其人也觀其言曰吾哀王孫而進食明是哀其窮飯之而已矣王孫豈可哀之人乎偶然遭

信遂成千古之名士爲知己者死千金爲報信之意深矣

古今之稱傲弟莫如象及舜以有庳富貴之象亦安焉不復以殺舜爲事矣使象生于今不當稱賢人邪陽明先生在龍場時有象祠爲之記立意極奇觀先生之記象安可不祠人皆有兄弟而我獨無益不能不思及于象

沛公還軍霸上與父老約法三章約之爲言節也觀其言曰父老苦秦苛法曰餘悉除去秦法則秦法極繁多沛公特節之而爲三章耳非相約也

孟子與荀楊同列漢以來皆然請廢莊列之書以孟子爲主自皮日休始

貢禹論贖罪之弊言孝文帝時貴廉潔賤貪污賈人贅婿及吏坐贓皆禁錮不得爲吏夫贅婿爲貧不得已耳何至遂與賈人贓吏同條漢人之輕贅婿如此傷哉貧也

保身于身所大欲德人于人所不知守志于志所未得輕世于世所不驚樂生于生所聊托惜福于福所

過享敦讓于讓所不堪祈天于天所未定眞名言也哉

長卿儀部之才如天風乍來海濤忽湧難原其始難要其終不但今代無雙漢之文園唐之青蓮宋之坡老明之長卿蓋一身四現者也

役使羣動莫若權賢者操之不肖者弄焉操之天下安而身安弄之身危而天下危至操之則不能弄之則不敢而天下與身之安危奚屬

子産在鄭民不能欺西門豹在鄴民不敢欺子賤在

單父民不忍欺爲政者覩鄭鄴單父何去何從
做官而時時言去决非豐林茂艸之人爲士而語語
自高必是昏乞日驕之輩
生我父母知我鮑叔座主之恩不在父母下然有嚴
君之令不行于逆子况師弟乎
在上必陵在下必援上交必諂下交必瀆以此思交
安得無轉盼操戈者
隱忍皆因貪心所使士苟廉潔即能安貧能安貧即
無所貪惡在其肯隱忍

南茶北酒非余僻論余走北方五省足跡遍所至咸
有佳釀北方水土重濁而釀反輕清不類其水土至
清豐呂氏所釀又北酒之最上南和刁氏稍次之亦
爲北酒之上品南則姑蘇三白庶幾可飲若吾郡與
紹興之三白及各品酒幾乎吞刀可刮腸胃

壁疏

武林凌登名

子思子曰君子素其位而行不願乎其外艮之象曰
君子以思不出其位夫出位而思爲妄想出位而言
爲妄言出位而馳騖爲妄動總而言之妄人而已何
補於事業何益於身心故君子但素其位據今日地
位盡今日職分待進一步又作一步區處切莫預自
誇詡使此心常是泰然與人無兢所謂順理而行從
天分付是也

易曰吉人之辭寡我看孔子但說到言語一節止無
一字不教人謹慎南容三復白圭使以兄子妻之至
繫節爻之辭則曰亂之所生也言語以爲階蓋以危
言動人矣古今人以言語敗事者多多少少戒之又
戒謹之又謹可不加意前輩云覺人詐不形於言最
有味夫覺人之詐尚且不言此外又豈有敢言者乎
老子曰毋勞女形毋搖女精毋使女思慮營營寡思
慮以養神寡嗜欲以養精寡言語以養氣知乎此可
以尊生矣

關尹子曰少言者不爲人所忌少行者不爲人所短少智者不爲人所勞少能者不爲人所役知乎此可以養福矣

謝公夫人教兒問太傅那得初不見君教兒答曰我常自教兒孔子曰吾無行而不與二三子者是丘也謝太傅固只是晉代人物然以之教兒當亦無媿士君子能思及此應不特教兒矣

遠公在盧山中雖老講讀不輟弟子中或有惰者遠公曰桑榆之光理無遠照但願朝陽之暉與時並明

耳執經登坐諷誦朗暢詞色甚苦高足之徒皆肅然增敬嗟乎僧修苦行士貴自強若玩日愒月初恃朝日晚棄榆光有媿此僧多矣

惜錙銖似纖嗇久之不覺日益損毫毛似無損久之不覺日消謂片言隻語爲無傷終成大隙謂才高年少爲可恃後悔難追此圖大於細之道也

當忿遽時應以安閑則措置妥當當忿怒時抑以禮義則心氣和平勢順力使人縱意處還須却步榮名厚利人得意處莫生羨心此圖難於易之道也

阮光祿在剡曾有好車借者無不皆給有人葬母意欲借而不敢言阮後聞之嘆曰吾有車而使人不敢借何以車爲遂焚之一段境界殊是不羣

譚輅

長洲張鳳翼

司馬公作通鑑朱氏非其帝魏乃作綱目黜魏帝蜀自以爲獨得之見不知其說昉于習鑿齒之漢晋春秋蓋以晋以蜀乃宗室得爲正統魏雖受禪尚是簒逆至晋文帝平蜀始爲漢亡而晋始興焉是在晋已有此議論非創見于綱目也

晋書叙王敦桓玄宋書叙劭濬二凶于一一之後可謂得春秋書法

嘗讀宋史至韓魏公填空頭敕寘任守忠一事未嘗不廢書而歎第令正德初年館閣大臣能用此道以行韓文之疏則逆瑾輩甘心黜竄何至流毒薦紳旁及黎庶哉古事多可爲今人法而人多不能法古可惜也

宋淳化間東西兩浙饑民相率持仗投劵富室取其粟皆坐强盗棄市知蔡州張榮取爲首者杖脊餘悉從杖以其事聞太宗感悟下詔褒之因遣使分詣諸道巡撫謂曰彼皆平民因饑取餱糧以圖活命耳宜悉從末減不可與强盗同科此一事誠今時從政者之所當知

按束修二字人知爲弟子餽師之禮不知鄧后紀云故能束修不觸羅網註以約束修整釋之又鄭均束修安貧恭儉節整馮衍傳圭潔其行束修其心又劉般束修至行俱是此意可見自行束修以上言能飭躬者皆可教也又杜詩薦伏湛疏内有云自行束修訖無毁玷而註又云十五以上延篤亦云吾自束修以來爲臣子忠孝交不謟瀆何朱註以禮物言若是禮物何以云然以訛傳訛遂不辨明

天下有大盗而跖其小者也曹馬盗人天下呂黄盗人國可謂能盗其究皆不免禍至有欺世盗名者所盗無形宜若可免禍而亦有顯報盖名者造化之所忌也不可以大位厚貲盗之也計世間物惟一閑字可盗語云偷閒偷即盗之謂也惟盗此庶幾無禍然間亦未易可盗故曰不是閒人閒不得

先君性爽豁夏月作希綱[illegible]一巾僅僅可數目郡人爭效之魯[illegible]翁戲予云尊公盛德特以希綱[illegible]

似白璧微瑕予應之曰郭林宗折角巾謝安石蒲葵扇王導業穿角履獨孤信側帽亦可作微瑕否舉座大笑

有一士入試嫌硯重問硯工何物可輕硯工云惟漆查作硯甚輕士子曰我知之矣我聞莊周爲漆園吏當向彼求之走而求諸周周曰汝要漆儘奉只怕人不識若漆查都被諸公偷盡矣此雖戲言似有所指也

予纂文選註既成客有持示一貴游貴游初不知爲

何書及閱其目云張君談矣既云文選安得復選有詩哉客歸以語予予曰此事當問蕭君不于張君事也聞者無不失笑

客有向予談冒籍事有中式二次復擬問革者予謂聖世立賢無方不應有此如李斯謂四君皆客之功則敵國之人皆可用矣況堂堂一統莫非王臣耶且若樂毅自魏劇辛自趙百里奚自虞亦可以非土着而棄之耶孔子之齊之楚自是道大莫容非以冒籍見擯也客大笑

男子即己身不沾祿于兄弟叔姪間有得科甲者亦宜足爲家慶乃有生忌心者寧冒認同姓貴人爲宗攀援異姓貴人爲戚雖傾家而不惜婦人即身不生育苟妾媵產子亦足以延宗祀乃有生妒心者寧至老無所依伶仃孤苦而不悔此舉世通弊惜無有能開諭之者

昔人謂借書一癡借與人書一癡既借書而復還人書爲一癡予謂此說大誤事夫已無書而借人之書有樂取于人之意已有書而借人有與人爲善之意

借人之書既得其益仍復還之不失信義三者皆不得謂之癡也自癡之言一出而有書者不肯借人借書者不肯還人雖欲借書無從借矣

浚縣祠唐后二山衆巫取民女爲公嫗有妨嫁娶前後守令莫敢禁宋均命今後爲山娶者皆娶巫家勿擾良民其害遂絶較之西門豹投巫之事更不惡而嚴從政者所當知

坑儒之禍萌于横議黄河之投起于清流士之處世可不思明哲保身哉

有張姓者别號心石年六十慱徒也客徵詩壽之予戲贈一絶云博望聞孫隱博徒不須對酒亦呼盧今朝石上稱觴處試問添籌事有無然不至謔也近來吳中里鄙多傷人忤物特駕罪于予則不敢承矣

曩時交際辭受俱真辭曰返璧受曰領謝近時辭者或止易一帖卽以其人之禮還餽其人自以爲委曲而不知儀物俱無當也

昔人作文但言所長則其短自見或言一人之長則一人之短自見猶有忠厚之意焉晚近世好于文字

中譏評人甚者至于罵詈吾聞罵詈成文章不聞文章成罵詈也此習不戒必有以筆舌賈禍者

何平一云尚平范丹一云范冉李寄一云李虔古人姓名且不免有誤况其遺事哉要之讀史者不可盡信書也

昔鄫養外孫莒公子爲後春秋書莒人滅鄫賈充以韓壽子謐爲後事實類此秦秀以爲悖理溺情以亂大倫是矣然以呂移嬴以牛易馬古今亦不少更有合二姓以爲一人不知出何典也

郭景純青囊秘書自是堪輿占筮之術不知後世何緣用之爲醫家言考顔弘之傳求蚺膽療嫂不得忽有青衣童子持一青囊授含開視乃蚺膽豈後世因此遂用之醫耶

昔人謂至人無夢在上如黄帝如高宗在下如孔子如莊周可不謂至人乎然夢華胥夢良弼夢周公夢蝴蝶果是無夢否

有二偷入蔡齊室齊聲若雷震一呼二偷驚欻有偷入王獻之室盜物都盡獻之徐曰偷兒青氊我家舊物可特置之羣盜驚走一何勇壯一何從容豈偷之

所遇有幸不幸耶可發一大笑也

憲副金公世龍謝病家居者數年矣一日郡明府以賢士夫見問予首舉公明府不知吳中有此士夫也夫官至四品居城市而能使郡邑大夫不知其名非賢而能之乎此真今時絶無而僅有者

近來士夫謝病多華一僧出遊以表見其高人見之便謂是蘇長公佛印作用不知高政不在此若金公者無僧亦高

齊門外靈殿寺有大銀杏樹約二抱爲土人徐鑰氏所購欲伐之方舉斧樹根出血樹上有聲而鑰家火發遂不敢伐久之復爲從兄鳴伯所得竟伐之今不二十年徐氏與從兄俱絕祀業亦銷滅殆盡孰謂草木無靈哉

戲瑕

吴郡錢希言

毛嬙麗姬人之所美也魚見之深入鳥見之高飛此出漆園氏語故唐人宋之問浣紗篇云鳥驚入松蘿魚畏沉荷花後世遂稱沉魚落雁之容至抱朴子曰昔西施心痛臥於道側蘭麝芬芳見者咸美其容此又言色能感動夫草木不獨魚鳥之有情者矣書固不可盡信哉

拾遺記禹導川夷岳而玄龜負青泥於後玄龜河精之使者也龜頷下有印文皆古篆字作九州山川之字禹所穿鑿處以青泥封記其所使玄龜印其上蓋青泥與漢武闕金紫泥同類耳梁簡文與蕭臨川書必遲青泥之封故今人直以青泥爲墨矣

雲雨是先王楚懷事楚襄雖夢神女而賦中不言雲雨也乃唐人詩如傾國傾城漢武帝爲雲爲雨楚襄王雲雨無情難管領任他別嫁楚襄王料得也應憐宋玉只應無奈楚襄王今來雲雨知何處重上襄王瑇瑁筵此類甚多往往誤稱相沿不改後遂爲

塡詞家借資然使正其訛而作懷王便不成佳話矣高唐賦中且爲行雲至今亦莫有稱旦雲者看來古人下語練字皆須韻致不專以理勝也又閱元微之會眞詩晨會雨濛濛則不獨稱暮雨矣

竹名龍鍾而唐詩雙袖龍鍾淚不乾則直以貌老人衰相矣然竹實有名龍鍾者羅浮山第三十一嶺半是巨竹皆七八圍長一二丈謂之龍鍾竹又名有名龍鍾者漢武帝時陽關外花牛津得異石長十丈高三丈立於望仙宮名龍鍾石

宋王微詠賦而廣文選誤王爲玉題作微詠賦下書宋玉之名王微乃南宋人史具有姓名宋人小說辨之詳矣近眉公桃譚亦援其說以爲疎謬如此殊誤觀者但余考宋書南史並稱微少好學無不通覽善屬文能書畫兼解音律醫方陰陽術數爲文古甚所著文集傳於世其說如此然時代遼遠古人文字少傳集中詠賦未之詳核乃唐陸龜蒙撰自遣詩三十二首載笠澤叢書者中一首云月濟花間夜巳深宋家微詠有遺音重思萬古無人賞露濕淸香獨滿襟據此則天隨子博學人也不應訛之聲詩乃爾豈亦讀誤本而云然耶然令此賦果出景玄手雖章華大夫吐詞命藻無以加焉是知古今人不甚相遠也

凡國之將命遣使往曰奉命來曰復命其稱謂有行李左傳曰行李之往來杜預注行李使人也宋儒謂杜氏不究意理然杜氏未嘗誤也乃是後人不究意理誤以遠行裝束爲行李耳觀隋江總有辭行李賦則行李爲行使亡疑矣

劉玄石於中山酒家沽酒酒家與千日酒三年巳甦

開棺復醒故俗云玄石飲酒一醉千日此載博物志諸書可考搜神記乃演出一段無稽之談以酒家王人爲狄希以沽酒者爲姓玄名石讀之眞可絕倒其非于令升筆斷無疑矣

梁權貴讀誤本蜀都賦注解蹲鴟芋也而爲羊字後有人餉羊肉答書云損惠蹲鴟唐率府兵曹參軍馮光震入集賢院校文選又注蹲鴟爲今之芋子即是著毛蘿蔔此二事一出顏氏家訓一出譚賓錄並足軒渠滿朝貽笑千古

索　託跋叢登鄒山見秦始皇刻石使人排倒之據南史宋書皆載其事以余考之秦有嶧山碑泰山碑朐山碑之罘碑琅玡碑並李斯籀文而未聞鄒山有秦皇石也豈亦所謂沒字碑耶聞山東鄒縣今有嶧山碑翻刻蓋嶧山故石燬于火久矣

魏高僧支謙博覽經籍兩眼多白而睛黄時人謂曰支郎眼中黄形軀雖細是智囊按晉支遁字道林世稱林公亦稱支公亦稱支法師亦稱林道人亦稱林法師未嘗呼郎也然則支郎之名終當屬北地道人耳

南齊蕭諶等謀廢鬱林王領兵入宮出西弄殺之按隋書南寧有小勃弄大勃弄又洞庭山有風弄嚴陵瀨有風七里無風七十里土人謂之瀧或訛爲籠余以爲皆非必當從此弄字宋人葉夢得避暑錄話似未嘗考故因循其舊説耳或以衖字當弄字者恐誤衖即巷字楚辭家衖家巷也楊子一閧一巷也

梁簡文樂府有愛妾換馬樂府解題曰愛妾換馬舊説淮南王所作疑淮南王即漢劉安也古辭今不傳後聞獨異志載魏任城王曹彰性倜儻偶逢駿馬愛之其主所惜也彰曰余有美妾可換惟君所選馬主因指一妓彰遂換之馬號曰白鶻後因獵獻於文帝此於淮南之説理較長矣乃宋人詩話却指鮑生以四絃換韋生紫叱撥爲愛妾換馬是開成後事也何其謬歟簡文樂府結語有眞成恨不已願得路傍兒蓋應劭風俗通引古諺云殺君馬者路傍兒言傍人譽馬乘者盡力馳死也而唐人張祐詩結語翻案最佳恩勞未盡情先盡暗泣嘶風兩意同可謂脱胎換骨

身不出樽俎之間而折衝千里之外韓詩外傳注曰衝衝車也謂敵設此以臨城大臣謀于廟堂遥以折之按風后握奇經天地之前衝爲虎翼風爲蛇蟠圍繞之義也天地之後衝爲飛龍雲爲鳥翔突擊之義也天地風雲龍鳥蛇虎所謂風后八陣傳有圖記後代陣法皆出乎此夫握奇三百八十四字乃漢公孫弘所解豈注韓詩者未見其書故漏斯義而不之及耶漢末三國間有折衝校尉折衝中郎將燕慕輿根

爲折衝將軍隋沈光爲折衝郎唐有折衝府唐人曰司馬爲長松府折衝名各不同

三公象五岳九卿法河海三公象三台九卿法北斗春秋漢含孳載此今世獨尚書稱北斗外藩諸侯得稱四岳與古異矣

塵餘

陳留謝肇淛

雞骨支牀百念灰廢惟是名根詞障未盡剷除賓友過從下榻相對時徵僻事各記新聞不能言者强之說鬼退則稍爲刪潤上之側釐久乃成帙命曰塵餘塵餘者塵之餘也夫虞初齊諧繆悠不經山海宛委窅漫駭俗什九巵言强半道聽是帙也耳目近事歲月有稽徵且信矣世固有厭粱肉而嗜鯁鱐者

丁應泰爲休寧令休寧民逐虎虎急竄入一古廟中

見土偶巋然以爲人也攫之偶踣而折虎腰虎斃焉翌日聞於丁丁命播之歌謠以爲異政

有名醫將入蜀見負薪者揮汗於河中浴醫曰此人必死隨而救之其人入店中取大蒜細切熱麪澆之食之汗出如雨醫曰貧下人且知藥況富貴乎不入蜀

萬曆初江陵張相與司禮馮內使交驩甚一日會飲蒲州張相與馮江陵爲令曰一枝紅杏出墻來裏面也好外邊也好司禮曰杖藜扶我過橋東我也靠你

你也葬我蒲州曰滿地榆錢不當佩遺也使不得那也使不得

國初姑蘇閶門有伍子胥祠神像立而不坐坐則必毀時有童謡曰若要伍公坐須待二兒來及況公鐘爲太守入祠見之曰不可使神久立遂易以坐像自是不復毀矣

吳人張舉爲句章令有妻殺夫因放火燒舍乃詐稱火燒夫死者夫家疑之詣官訴妻妻拒而不承舉乃取猪二口一殺一活仍積薪燒之察殺者口中無灰

活者口中有灰因驗夫口中果無灰以此鞫之妻乃伏罪

談剩

吉安胡江

靳裁之曰志于道德者功名不足以累其心志于功名者富貴不足以累其心趙子昂曰志功名者榮祿不足以動其心重道義者功名不足以易其慮擬倣太過幾于勝錄古人之言矣

公字與私字相對竊疑古人之以公稱者或但是名如曰蓋公丁公吳公扈公之類甚多自後世以君公字爲崇重之詞訓詁家凡遇稱公者皆曰史失其名

恐未必然也

錢狀元福才高一世然頗狂縱不撿既被劾去有詩曰一失足爲天下笑再回頭是百年人數月卒

天地未生聲韻具于太極天地既分聲韻具于天地一陽之復聲韻之萌蘖也四陽之豫聲韻之出地也有聲則有數有數則有卦色象臭味吉凶悔吝皆自然而然者

綠御史綱歸吳絕意功名葺舊業于尹山之陽爲終焉計建思庵于先塋之側塑先賢范文正公文信公

像于中語人曰初吾自分得用于時當學范公否則爲文公死爾今兩失之牽共遺像以見吾志識者憫焉

遇群馬于途凡春穿毛髖瘦憊而觳觫者必官馬也逢數船于河凡蓬破篙折柁敗而罅漏者必官船也蓋乘駕無節愛惜無人故易以敝嗚呼今之從政其亦以民爲官民乎

王建宮詞太儀前日暖房來囑向昭陽乞藥栽勅賜一科紅躑躅謝恩未了奏花開今人有遷居或新築

室朋儕醵金往賀曰暖房蓋自唐人已有之矣

王通著書事事欲學孔子故人以爲儕王莽在位制誥之類事事欲學堯舜而人不甚非之者其人不足責也

張元禎與時宰議不合乃乞歸養家居二十餘年益心性理之學名高一時天下想望其丰采

蘭亭記絲竹管絃之詞誠爲重復然不特右軍言之西漢張禹傳後堂理絲竹管絃則漢初已有此語

昔者聖人之作易也分陰陽而兩之者也上經首乾氣化之始也故象傳言性下經首咸形化之始也故象傳言情

蔡虛齋明經而尤長于易觀其去銓司而乞留曹甘心澹泊以遠權利知時審勢卒脫淮南之禍見幾而不俟終日非深于易者乎

兄弟天倫也友愛天性也泰伯以天下讓夷齊季札以國君讓劉愷丁鴻以封爵讓市道小人爭一錢之利遂鬩于牆人品之不同如此

天地人謂之三才輪人以轂輻牙爲三才弓人以膠漆絲爲三才然其所謂三才者亦眇矣

說郛續目錄

雲林遺事

吳郡顧元慶

五目

高逸第一

初名曰東海倪瓚或曰嬾瓚變姓名曰奚玄朗字曰元鎮或曰玄映別號五曰荊蠻氏淨名居士朱陽館主蕭閒僊卿雲林子雲林多用以題詩畫故尤著

雲林有清閟閣雲林堂清閟閣尤勝客非佳流不得入嘗有夷人道經無錫聞瓚名欲見之以沉香百斤為贄詒云適往惠山翌日載至又云出探梅花夷人以傾慕不得一見徘徊其家瓚密令人開雲林堂使登焉堂前植碧梧四周外奇石東設古玉器西設古鼎尊罍法書名畫[illegible]八方驚顧問謂其家人曰聞有

清閟閣能一覷否家人曰此閣非人所易入且吾主已出不可得也其人望閣再拜而去

張士誠弟士信聞元鎮善畫使人持絹綵侑以幣求其筆元鎮怒曰予生不能為王門畫師即裂其絹而却其幣一日士信與諸文士遊太湖聞漁舟中有異香此必有異人急傍舟近之乃元鎮也士信見之大怒欲手刃之諸文士力為勸免命左右重加箠辱當捶時噤不發聲後有人問之曰君被士信窘辱而一聲不發何也元鎮曰出聲便俗

茆山羽士張伯雨將來謁舟甫至聞報即使二童子邀於水次及中途又遣二童子迎候及門又遣二童子出肅雲林久之始出禮意甚恭伯雨以其久不出有難色詢知沐浴更衣為敬已設遂與定交

元鎮晚年流落泊然居貧有富人厚幣贄謁乃笑曰若亦知有我乎遂受其幣富人出扇索書元鎮不悅裂其幣散坐客且謝富人曰吾畫不可以貨取也其人慚退

元鎮素好飲茶在惠山中用核桃松子肉和真粉成小塊如石狀置茶中名曰清泉白石茶有趙行恕者宋宗室也慕元鎮清致訪之坐定童子供茶行恕連啖如常元鎮艴然曰吾以子為王孫故出此品乃略不知風味真俗物也自是交絶

雲林遺像在人間者甚多大抵皆形似上有張伯雨題讚雲林古衣冠坐一連牀據梧几握筆伸紙搜吟於景象之外几上設酒尊一硯山香鼎各一牀倚書屏籍以錦裀置詩卷盈束一蒼頭持長柄麈拂立几側一女冠左持古銅洗右侍剩水器及巾帨之具

元鎮交惟張伯雨陸靜遠虞伯勝及覺軒王氏父子金壇張氏弟兄吳城陳惟寅惟允周正道陳叔方周南老其他非所知也

詩畫第二

元鎮詩名傳聞館閣間晚年益肆力吟事走筆信口或有似唐人為文不蹈襲前人軌轍書逼黃庭畫法入巨然之室二米有所不逮也陶南村謂其晚年率略似出二手殆非知言

元鎮好僧寺一住必旬日篝燈木榻蕭然宴坐時操紙筆作竹石小景答求必與一時好事者購之價至數十金壯年有巨幅雅宜山圖甚爲當世所珍元鎮又有雅宜山竹枝詞二首云雅宜山得名娜如山蓋虞道園所命名然未若娜如之名近古也

元鎮嘗自題其畫竹云以中每愛予畫竹余之竹聊以寫胸中逸氣耳豈復較其似與非葉之繁與疏枝之斜與直哉或塗抹久之他人視以爲麻爲蘆僕亦不能强辨爲竹眞没奈覽者何但不知以中視爲何物耳

潔癖第三

元鎮既散其田而稅未及推入國朝催科者全集元鎮逃去潛於蘆葦中爇龍涎香竟踪跡得之故柯九思詩云夜雨推蓬寫松石焚香何處獨題詩蓋道其實也

光福徐達左搆養賢樓於鄧尉山中一時名士多集於此雲林爲猶數焉嘗使童子入山擔七寶泉以前桶煎茶後桶濯足人不解其意或問之曰前者無觸故用煎茶後者或爲泄氣所穢故以爲濯足之用耳

嘗眷趙買兒留宿別業疑其不潔俾之浴既其寢且捫且嗅復俾浴不已竟夕不交而罷趙談於人無爲絕倒

其溷廁以高樓爲之下設木格中實鵝毛凡便下則鵝毛起覆之一童子俟其傍輒易去不聞有穢氣也

倪嘗留客夜榻恐有所穢時出聽之一夕聞有咳嗽聲侵晨令家僮遍覓無所得童慮捶楚僞言窗外梧桐葉有唾痕者元鎮遂令翦葉十餘里外棄宿露所凝訛指爲唾以詒之耳

楊廉夫耽好聲色一日與元鎮會飲友人家廉夫脫妓鞋置酒杯其中使坐客傳飲名曰鞋杯元鎮素有潔疾見之大怒翻案而起連呼齷齪而去

元鎮嘗入城訪周南老必先使人投刺南老祗迓特厚凡燕室柱礎之間必先洗滌然後延坐

同郡有富室池館芙蓉盛開邀雲林飲庖人出饌拂衣起不可止主人驚愕叩其所以曰庖人多髯髯多者不潔吾何留焉坐客相顧哄堂

閣前置梧石日令人洗拭及苔蘚盈庭不留水跡綠褥可坐每遇落葉輒令童子以針綴杖頭剔出之不使點壞

游寓第四

踪跡多在松陵笠澤間陸莊有蝸牛廬則其嘗棲止處荆溪善權雜畀銅棺其遊甚數嘗避兵泖上有出泖詩

老年遊歷江湖多寓琳宮梵刹有懷歸詩云他鄉未若還家樂綠樹年年時杜鵑洪武甲寅還鄉時已無

家寓姻戚鄒惟高家是歲中秋鄒氏開宴賞月元鎮以脾疾戒飲濩然不樂乃賦詩有云紅鑪擁翠聽無分白髮悲秋不自支之句不久竟以是疾卒於鄒氏

飲食第五

蜜釀蝤蛑蝤蛑盬水畧煑才色變便撈起劈開留全殼螯脚出肉股劗作小塊先將上件排在殼內以蜜少許入鷄彈內攪勻澆遍次以膏腴鋪鷄彈上蒸之鷄彈才乾凝便啖不可蒸過橙虀醋供

煑蟹法用生姜紫蘇橘皮盬同煑才大沸透便翻再一大沸透便啖凡煑蟹旋煑旋啖則佳以一人爲率秖可煑二隻啖已再煑擣橙虀醋供

黃雀饅頭法用黃雀以腦及翅葱椒盬同剁碎釀腹中以發酵麵裹之作小長卷兩頭令平圓上籠蒸之或蒸後如糟饅頭法糟過香油煠之尤妙

雪盦菜用春菜心少留葉每科作二段入碗內以乳餅厚切片蓋滿菜上以花椒末於手心揉碎糝上椒不須多以純酒入盬少許澆滿碗中上籠蒸菜熟爛啖之

熟灌藕用絕好眞粉入蜜用麝少許灌藕內從大頭灌入用油紙包扎煑藕熟切片啖之

蓮花茶就池沼中早飯前日初出時擇取蓮花蕋略破者以手指撥開入茶滿其中用麻絲縛扎定經一宿明早連花摘之取茶紙包曬如此三次錫罐盛扎口收藏

糟饅頭用細餡饅頭逐箇用細黃草布包裹或用全幅布先鋪糟在大盤內用布攤上稀排饅頭布上再以布覆之用糟厚蓋布上糟一宿取出香油煠之冬

日可留半月冷則旋火炙之

煑菜明法先淨洗入酒瓶內以清茶水貯瓶滿蒲蘸類火煨一番取出換水浸之切用

比事摘錄

闕名

天下未嘗有無對之物兩之所化也卽人事可以類推夫事因有曠百世而相感也況人同此心乎予于諸錄中摘其比事之要者表而出之亦觀感興起之一助也

楚軍煖醉

楚師伐宋師人多寒楚子拊而勉之三軍之士皆如挾纊楚子不能使人皆挾纊而三軍爲之煖煖其言

也楚人有饋簞醪者楚莊王投之于河令將士迎流而飲之三軍皆醉楚莊王不能使河爲醪而三軍爲之醉醉其賜也然則虛言詭賜亦足以感士也士非虛詭所能感也楚子無心於此葢有不費而惠者矣

管仲韓信

韓非子管仲束縛自魯之齊路饑而泣過綺邑乞食封人跪飧之因竊謂仲曰若用齊將何報我仲曰如子之言我且賢之用能之使勞之論我何以報子封人怨之司馬史記韓信始爲布衣從人寄食飲人多

厭之者嘗釣於城下諸母漂有一母見信饑飯信竟漂數十日信喜謂漂母曰吾必有以重報母母怒曰大丈夫不能自食吾哀王孫而進食豈望報乎信後爲楚王召所從食漂母賜千金夫施人者不求報當如漂母不當如封人受人施者不忘報當如韓信不當如管仲仲父之言正矣我何以報子心無乃失之忍乎淮陰之言陋矣吾必有以重報母情固有所不容已也

陰禍陰德

漢陳平嘗言我多陰謀道家之所禁吾世即廢不能復起以吾多陰禍也李廣與望氣王朔語曰吾爲隴西守羌嘗反吾誘降者八百餘人詐而同日殺之李恨獨此爾朔曰禍莫大于殺已降此乃將軍之所以不得侯者也後漢虞詡臨終謂其子恭曰吾所悔者爲朝歌長時殺賊數百人其中何能不有冤者自此二十餘年家門不增一口洵獲罪于天也宋王韶將致政每戒諸子曰吾累爲統帥殺人多矣自免爲幸必無陰德以及後汝爲後善以自庇孫果無達者史稱彥超自悔多殺垂戒後裔近乎仁人之用心矣若漢陳平輩之所言者比之彥超其用心得無亦有類焉者乎而彥超同時若曹彬其人乃眞爲仁人矣爲將亦在人自處何如爾

正誼明道

董仲舒曰仁者正其誼不謀其利明其道不計其功諸葛武侯以復漢討賊爲任其出師表有鞠躬盡瘁死而後已成敗利鈍非所逆覩之語論者謂武侯不問利害只求義理是其見得眞處即聖賢之心也司

馬溫公作韓魏公祠堂記載其言曰凡爲臣者盡力以事君死生以之至于成敗天也豈可豫憂其不成遂輟不爲哉魏公此言視武侯心可無愧矣范淳甫贊誦董仲舒正誼明道語以爲君子行已立朝正當如此若夫成功則天也司馬公改新法或勸防後患公曰天若祚宋必無此事南軒張氏曰使他人答之必曰苟利社稷遑恤其他只如此言已自好而公更不論一已利害其平昔所養聖賢不過如此噬乎此雖言語文字之間要之所以動天地鬼神者自有在

也

衛青李廣

凡人之名也當務實勝焉不觀之衛青李廣乎衛青爲大將軍至尊重而天下之賢士大夫無稱焉名之所稱豈在富貴李將軍廣恂恂如鄙人口不能出辭及死之日天下知與不知皆爲流涕彼其中心誠信于士大夫也亦奚必文章藻飾爲哉

無益禱祀

趙飛燕譖班婕妤妤呪詛于成帝婕妤曰鬼神有知

不受邪之訴若其無知訴之何益理明辭辨深足感人范滂繫獄吏俾祭皐陶滂曰皐陶賢者知滂無罪將理之于帝如其無知祭之何益詞語與婕妤類後人達此可以廢無益之禱祀矣

虞玩鄭棨

虞玩遷司空玩陳讓不聽既拜歎息謂賓客曰以我爲三公是天下無人矣談者稱之唐鄭棨同平章事制下棨曰笑殺天下人既視事謂宗戚曰歇後鄭五作宰相時事可知矣纔三月以疾乞骸得致仕此不

賢于非才而竊位者乎

石崇曹武

石崇被收歎曰奴輩利吾家財收者曰知財致害何不蚤散之人以免其害或以爲散之不如勿聚之爲愈也齊曹武被收歎曰諸人知我無異意所以殺我政欲取吾財貨妓女耳武之嘆即崇之嘆也而又曰恨令衆輩見之武何恨於是夫既自有以致之矣

陶侃張詠

陶侃爲荆州刺史嘗出遊見人持一把未熟稻侃問

用此何爲人云行道所見聊取之耳侃大怒曰汝既不田而戲賊人稻執而鞭之張詠爲崇陽令嘗坐城門下見里人有負菜而歸者問何從得之曰買之市詠怒曰汝居田里不自種而食何惰邪笞而遣之此等小事史何足書然百姓因此知上之教勤于農殖家給人足二公之爲惠則大矣

眞率會

今人飲饌務尚豐腆一筵之設水陸畢具賓客向口盡無幾堆盤累碟溢杯大瓢秖以厭飫諸僕從耳不

知此何益也宋司馬溫公言其先公爲郡牧判官時客至未嘗不置酒或三行或五行不過七行酒沽市果止梨栗棗柿殽止脯醢菜羹器用甆漆當時士大夫皆然人不相非也會數而禮勤物薄而情厚近日士大家酒非内法果非遠方珍異食非多品器皿非滿案不敢作會嘗數日營聚然後敢發書苟或不然人爭非之以爲鄙吝故不隨俗奢靡者鮮矣風俗頹弊如是居位者忍助之乎公之在洛也文潞公范忠宣公相約爲眞率會脫粟一飯酒數行過從不間一

日潞公有詩云啜菽盡甘顏子陋食鮮不愧范郎貧范和之云槁簪既饜宜從簡爲具雖疎不愧貧公和之云隨家所有自可樂爲具更微誰笑貧諸公極救弊與儉之見今人益少思此非惜福養財日用不細吾故備錄之以貽諸同志者

醫孝

北齊李元忠母老多病元忠專心醫道研習積年遂善此技族弟亦因母病醫爲治療不愈遂自精究針藥母病乃除隋許道幼亦因其母疾患徧覽經方得以究極世號名醫誡諸子曰人子當視膳藥不知方術豈爲孝乎由是世相傳授唐王勃嘗謂人子可不知醫時長安曹元有秘術勃從之遊盡得其要勃之所見寔同道幼唐有王燾亦因母病學醫因以所學作書行世宋高若訥亦因母病遂兼通醫書雖國醫皆屈伏張仲景傷寒論訣孫思邈方書及外臺秘要久不傳悉考校訛謬行之世始知有是名醫多出衛州皆本高氏學焉此以醫爲孝者也宋李虛巳母喪明虛巳旦日舐睛不懈二年母目復明李行簡父患

癱極痛行簡吮其敗瘡不唾于地疾尋平此又以孝爲醫者也

狄柳友誼

狄仁傑爲并州法曹時同僚鄭崇質當使絕域崇質母老且病仁傑曰彼母如此豈可使之有萬里之憂詣長史藺仁基請代之行仁基允其代行仁基素與司馬李孝廉不叶因相謂曰吾輩豈可不自愧乎遂相與輯睦夫善之感人有如此者柳宗元初遷柳州刺史其友劉禹錫得播州宗元曰播非人所居而夢

得親在萬無母子俱往理欲請于朝願以柳易播會裴度亦爲禹錫言得改連州韓退之作子厚墓誌實載其事以爲世勸夫郎一善而稱之宗元可追蹤于仁傑矣

裴王進賜

憲宗賜裴晉公玉帶公臨終封進表曰内府之珍先朝所賜既不敢將歸地下又不合留在人間識者賞其明而簡王文正公疾革上臨視賜白金五十兩召楊文公于床前作讓表公覽乃自書四句已慣多藏況無用處見謀散施以息災殃是冬公薨文公歎曰精爽不亂如此前代之風後世之法也

杜黄自反

杜祁公語錄云公爲相食于家惟一麪一飯而已或美其儉公曰衍本一措大爾名位服用皆國家者倖人之餘以給親族之貧者常恐浮食焉敢以自奉也一旦名位爵祿國家奪之却爲一措大又將何以自奉養邪黄庭堅文集云余謫處宜州半載官司謂余不當居關城中乃抱被入宿于城南余所僦舍雖上雨旁風無有蓋障市聲喧憒人不堪其憂余以爲家本農桑使不從進士則田中廬舍如是又可不堪其憂耶然則士當富貴之時丁患難之際恒思自反此生有定分焉可也

韓錢存心之異

韓魏公中進士第二人監左藏庫時方貴高科多徑去爲顯秩公獨滯于筦庫衆以爲非宜公處之自若於職事未嘗苟且及爲開封推官理事不倦暑月汗流浹背府尹王博文大重之曰此人要路在前而治民如此真宰相錢明逸在禁林不滿意出爲秦州居常怏怏不事事公聞之語人曰已雖不足獨不思所部十萬生靈耶噫公之所存自其監庫時已有以異于錢明逸輩之存心者矣

魏程不避好名

宋魏掞之與人交嘉其善而救其失後進以禮來者苟有寸長必汲汲推挽成就之至或訾其好名則歎然曰使夫人而避此嫌爲善之路絕矣元程思廉與人交有終始或有疾病死喪問遺賙恤往返數百里

不憚勞仍爲之經紀家事無視其子孫其家族尤盡恩意好薦達人物或者以爲好名思兼曰若避好名之譏人不復敢爲善矣

論人不專貴有才

朱熹爲江西提刑入奏事論內侍甘昇甚力孝宗曰昇爲德壽所薦爲其有才爾熹曰小人無才安能動人主兵部尚書羅點嘗與人論士或問天下事非才不辦點曰常先論心術不正才雖過人果何取哉蔡夢得除起居郎時用事者蓋小有才夢得言自古用

人必先辨賢能賢者有德之稱先王嘗使德勝才不使才勝德崇寧以來在內惟取議論與朝廷同者爲純正在外惟取推行法令速成者爲幹敏未聞器業任重識慮經遠者特有表異恐用才太勝願繼今用人以有德爲先張恕理宗時因論對引其伯父栻告孝宗之語曰常求曉事之臣不求辦事之臣欲求仗節死義之臣必求犯顏敢諫之臣用人之道蓋不貴于專有才者如此

褚夏年壽

至元丙子淮南閫帥夏貴歸附元授中書左丞至已卯歲死有人贈以詩云自古誰無死惜公遲四年問公今日死何似四年前又有人弔其墓云享年八十三而不七十九嗚呼夏相公萬代名不朽昔宋褚淵身事二姓弟炤歎曰使淵作中書而死也當是一名士今德不昌令有期頤之壽哀哉

學者自信

庖丁解牛目無全牛伯樂相馬所見無非馬者紀昌視蝨大如車輪射之貫心而懸不絕皆心之所寄也

朱子嘗言劉晏見錢流地上是其會計之熟所致而自謂看得聖人言語熟透直見聖人之心從面前過學者未到此安能以自信耶

顛倒見

人不勝實事可笑厭其中而美其外豈非顛倒見乎謝上蔡有言令人做事只管要誇耀別人耳目渾不關自家受用處譬如人食前方丈便向人前喫蔬食菜羹卻去屋裏喫也試一回思何故如此曾紀梵志有翻着襪詩云梵志翻着襪人皆道是錯乍可刺你

蹤不可隱我腳彼爭眺子宜少悟矣

、容人負人

丈夫處世行巳不可不宏常令我容人勿令人容我寧令人負我勿令我負人曹操有寧負人之言此姦賊之所以遭誅也陳述古有當容人之言此先正之所以立訓也

財利禍患

梁蕭允曰禍之所來皆生于利苟不求利禍從何生顧希武曰積財可以備患患以生于多財與其因患

而積財孰若無財而無患皆名言也

修德保家

李德裕平泉山居戒子孫云吾百年之後爲權勢所奪則以先人所命泣而告之此吾志也後經世變遺亂竟不能守花卉燕絕惟石名品俱爲洛城有力取去記所云者秪足貽達人笑耳昔晉桓玄欲以謝安宅爲營其孫謝混曰召伯之仁猶惠及甘棠文靖之德更不保五畝宅耶玄慙而止唐嗣曹王皐將市取張柬之襄陽園圃馬燧諫曰漢陽有中興功今遺、當百世共保柰何使子孫鬻乎皐之後不家金谷園其身不能守馬家玉杯地不復留身後今日諸如此者又何道焉魏徵第太宗用殿材成其正寢其後嗣不能守白居易以爲言朝廷贖而賜之宋邵康節天津之居本官地熙寧初法當斥賣榜三月人不忍買司馬溫公諸人爲集錢買之然則身苟富德不必潤屋爲子孫計也

物不同用

物有效吾所用而不能無弊者病齒之人服苦參齒

愈矣而腰重不舉世不有類是者耶藍蛇有毒尾卻解毒當歸生血鬚卻破血麻黃發汗根節復止汗酸棗醒睡仁復令人貪睡螻蛄腰以前治大小便之過滑者腰以後治閉結者一物也爲用不同如此又鹽以浸魚肉則能經久不敗以沽布帛則易朽爛一物也所施處各有所宜惟醫亦然阿魏性極臭用以人食餌乃能去臭葫氣極葷然置臭肉中能掩臭氣葷臭非所常疑也君子醫國有典嚴除害之責人才繫其用舍可不審其所處者哉

孝悲

尸子云曾子每讀喪禮泣下沾襟史記删徹諸樂毅傳輙流涕漢書揚雄悲屈原不容于世作離騷讀其文未嘗不流涕晉王裒傳裒讀詩至哀哀父母生我劬勞未嘗不三復流涕門人爲廢蓼莪之篇史系記孟元方誦詩至蓼莪篇必哀咽不已南齊書載顧歡事亦然梁書武帝每論孝子傳不終軸而悲慟北齊趙郡王子叡四歲喪父初讀孝經至資於事父輙流涕歔欷又楊歆其舅子問歆讀詩至渭陽未卯歆便號泣舅子亦對之歔欷情感所至不能自已如此

山水遠大

山之恃土石草木以崇其勢塊而視之敧斜破碎叢雜蕪穢不可勝指也其在百十里外朝煙暮藹紫翠如滴横如蛾眉矗比螺髻山其不以遠爲美乎江河之流溝渠泡沫潰潦汙濁以益其委勺而計之臭腐坼泥汙敗便惡溢濫灌注不可勝道也其在千萬頃間涵天浴日上下同澈圓光藏珠方景凝璧水其不以大爲潔乎嗚呼美以遠著潔以大致弗崇弗益則以弗能至矣君子觀此致身之地弗遠大焉可乎

墐戶錄

成都楊慎

綺井

綺井謂之闘八又曰藻井今俗曰天花板也

金滿銅池

羊玄保曰金溝清泚銅池摇颺既佳光景當得劇棊此語殊有韻致

虎落

虎落若今竹虎以竹篾相連遮落之

軸簾

摩勒傳紅綃妓軸簾延客入軸簾言卷之如軸也

銀蒜

歐陽六一放玉臺體詩銀蒜鉤簾宛地垂東坡哨遍詞睡起畫堂銀蒜珠模雲垂地蔣捷白苧詞早是東風作惡旋安排一雙銀蒜鎮羅幙銀蒜蓋鑄銀爲蒜形以押簾也元經世大典親王納妃公主下降皆有銀蒜簾押幾百雙

譙

譙縣吏皷樓多名譙樓出莊子本魏城門名麗譙壯麗而譙嶢也近見王子充作恭府譙樓記首引譙涉傳誤矣

旗亭

秭歸縣有宋玉宅旗亭題宋玉東家

使駮

唐會要驛傳曰使駮音閭

錦贉

右裝褫卷軸引首後以綾粘褚者曰贉有樓臺錦贉

毬絡贉蠲紙贉樗蒲錦贉唐人謂之玉池其引首有二色者曰雙引首標外加竹界曰打撅

義名

容齋四筆載人物以義爲名如義士義帝之類甚多器物在首曰義髻在衣曰義襴義領奇矣予觀樂書有義嘴笛謂笛外更安嘴也抑又奇矣漢蔡湛碑陰有義名

張陸奇語

張又新煎茶水記粉槍末旗蘇蘭薪桂陸羽茶經

華救沸皆奇俊語

晉人俊語

晉世不惟士人語清標玄致而稗子輩語亦復可聽薛道衡稱劉公之文日屢發新彩英英獨照慧帝聞梵唄曰嬰嬰溜溜似伏流之吐波又曰郁轉弄響飛揚長引聲發喉中脣口不動又曰以哀婉爲入神用騰擲爲清舉文句則如端夏冬隙無罪忽景又云依義莫依語又曰籠滄詎貴釣耳難皆又云沙漠織寒長風負雪又云莊矜老帶彌沐斜埃又早悵風首春席雲阿又云雖淚至之有端固憂來之無兆使入世說固不能辯也

多物以幸有功

許胤寄醫嘗云病與藥值惟用一物攻之氣純而愈速今之人不善爲脉以情度病多其物以幸有功譬之獵不知兔廣原絡野冀一人獲之術亦疎矣一藥偶得他味相制弗能專力此難愈之驗也

治蠱方

蠱毒在上則服升麻吐之在腹則服鬱金下之或合升麻鬱金服之不吐則下宋李巽巖侍郎燾爲雷州推官鞫獄得此方活人甚多見范石湖集

宿諾宿問

子路無宿諾宰我無宿問

世說誤字

古書轉刻轉謬蓋病於淺者妄改耳如近日吳中刻世說右軍清眞謂清致而眞率也李太白用其語爲詩右軍本清眞是其證也近乃妄改作清貴兼有諧人之差謂各得諸人之參差近乃妄改差作美聲鳴轉急改鳴作氣義學改作學義皆大失古人語意聊舉一二他不能盡

十樣蠻牋

韓浦詩曰十樣蠻牋出益州成都古今記載其目曰深紅曰粉紅曰杏紅曰明黃曰深青曰淺青曰深綠曰淺綠曰銅綠曰淺雲凡十樣又有松花金沙流沙彩霞金粉桃花冷金之別卽其異名又蜀志載王衍以霞光牋五百幅賜金堂令張蠙霞光卽深紅牋也又有百韻牋以其幅長可寫百韻詩爲名其次學士

賤則短於百韻焉

蒙花紙

蜜香紙以蜜香樹皮葉作之微褐色有紋如魚子極香而堅韌水漬之不潰爛晉太康五年大秦國獻三萬幅帝以萬幅賜杜預令寫春秋釋例疑今之密蒙花也其皮可作紙

蜥箋詭筆

成都楊慎

蠻烟蜃雨

嶺南異物志云蠻烟蜃雨無則晨蒸蜃蛟蜃也

艷雪

韋應物答徐秀才詩云清詩舞艷雪孤抱瑩玄冰極其工緻而艷雪二字尤新又五絃行云如伴流風縈艷雪更逐落花飄御園又樂燕行云艷雪凌空散舞羅起徘徊屢用艷雪字而不厭其複也或問予雪可言艷乎予曰曹子建洛神賦以流風迴雪比美人之飄揺雪固自有艷也然雪之艷非韋不能道梅花之香非太白不能道竹之香非子美不能道也

野燒

管子注獵而行火曰燒本義野火也戰國策所謂楚王獵於雲夢野火之起若雲霓是也又列子趙襄狩於中山藉芿焚林芿舊草未芟新草又生也今南方之民刀耕火種亦成野燒

柴門

晉書儒林傳贊淸貞守道抗志柴門詩人多用柴門
字原出於此
魚栫
栫寂見切說文栫以柴木壅水也江賦栫澱爲涔夾
罛羅筌笞取魚之具蜀中有魚栫之名
流黃簟
會稽竹簟供御號爲流黃簟唐詩珍簟冷流黃
半面
東觀漢記應奉嘗詣袁賀賀時將出行閉門造車匠

於閤內開扇出半面視奉去後數十年於路見車匠
識而呼之今人云半面之識本此事
容頭過身
漢書虞詡䟽公卿巽懦容頭過身葢以猫犬喻之此
猫犬鑽穴頭可容身卽過矣
等身書
宋賈黃中幼日聰悟過人父師取書與其身相等令
讀之謂之等身書張子野詞等身金誰能意買此好
光景

文恭
文恭紼縲
檇李
檇李又作醉李越絕作就李史記作雋李
南窌
南窌縣名前衛靑傳封公孫賀爲南窌侯徐廣作帘
字林云並音匹孝反
茄人城
左傳注楚有茄人城茄人字奇

影國
後梁爲北魏影國猶云附庸
蠻之類八
壁子蠻之類八天竺咳首焦僥跂踵穿胸儋耳狗軹
旁春也
葦橋
焉支國有葦橋之險
陘
陘者山絕之名徐廣注

登科故事

分甲第自興國八年王世則榜始御殿唱名自雍熙二年梁灝榜始賜宴自太平二年呂蒙正榜始給金吾衛士送歸第自蔡齊榜始刻登科録自霍端友榜始

竈瘃

茄子根煎湯浴足能治竈瘃竈瘃足跟凍瘡也

病榻手欥

成都楊慎

鹽泉油井

鹽泉海眼也油井水脂也

洗石

山海經錢來之山多洗石注洗石可以澡體去垢圿圿音甲

蜀之三江

蜀之三江外水岷江中水涪江内水沱江也

汶字三音

汶上音問汶江音岷汶城遼東縣音文前漢書作文城

鼈水

水出牂牁縣不狼山鼈音蔽

陳搏詠瀑布

琉璃滑處玉花飛

延香

延香園梁簡文園也

秦首十月

秦以建亥之月爲歲首自是不思古之亂制漢之陋儒僞造易緯云堯以甲子天元爲推術甲子爲蔀首起十月朔而謂秦首亥本此是其脊說與堯典背矣宋朱震又曰連山首艮風始于不周實居西北于辰爲亥此顓頊所以首十月也是因漢儒之陋而又誣顓頊矣

碧琳腴

碧琳腴酒名見曾吉甫詩可對江瑤柱江瑤柱蠣黃也

鬬釘

食經五色小餅作花卉禽獸珍寶形按抑成之盒中累積名曰鬬釘今人猶云釘果盒釘春盛是也俗書作鬭釘非也

女麴

女麴小麴也蘭糗窠絲糖也石蜜糖霜也自然穀禹餘糧也

敗棊有勝着

尹德毅之說蕭睿龍斂之獻策潞王從珂趙思溫之謀策李敬業皆奇謀也諺云敗棊有勝着惜乎當局者迷耳

小說

說者曰宋人小說不及唐人是也殊不知唐人小說不及漢人如華嶠明妃傳云豐容靚飾光明漢宮顧影徘徊聳動左右伶玄飛燕外傳云以輔屬體無所不靡郭子橫麗娟傳云玉膚柔軟吹氣勝蘭不欲衣纓拂之恐體痕也

六么

古之六博即今骰子也晉謝艾傳梟者邀也六博得邀者勝是知梟即骰子之么也曲名有六么序義取六博之采

古碑有神物護持

唐李邕書雲麾將軍碑已斷裂在蒲城縣正德中劉遠沃御史謫爲蒲城簿訪出以鐵束鋼之復爲完物饒州薦福寺碑爲雷所擊而碎近日好古者取其碎裂合而刻之猶可摹印爾兩碑爲予言親見許予

蘊寄一本尚未獲也以二事占之古碑似有神物護持

分沙漏石

酈道元水經注形容水之清澈云分沙漏石又曰淵無潛甲又曰魚若空懸又曰石子如樗蒲皆極造語之妙

一卷爲号一條爲則

道書以一卷爲一号音周與軸通陶九成説郛用之佛書以一條爲一則洪景盧容齋隨筆史繩祖學齋佔畢用之佛典又云多羅樹葉書凡有二百四十縛縛古絹字亦借爲卷也

香與壘同關紐

邵安又與朱萬初帖云深山高居爐香不可缺退休之久佳品乏絶野人爲取老松柏之根枝葉實共擣治之所楓肪犀和之每焚一丸亦足助清苦今年大雨時行土潤溽暑特甚萬[illegible]致石鼎清晝香空齋蕭寒遂爲一日之借良可喜也萬初本墨妙又兼香癖盇墨之與香同一關紐亦猶書之與畫謎之與禪也

權德輿奇語

甬有溺騎有墜寢有魘飲有醉食有饐行有蹷其甚則皆可以致斃無非危機其可如土偶木寓耶此權德輿文中奇語也

劉騎善射

劉騎善射水斛滿以箭射拔箭水注隨以一矢窒之人服其精或言此即古刿注法也

附近

俗語附近古作傅近仲長統昌言宦豎傅近房卧之内交錯婦人之間

轉喉觸諱

桺文轉喉觸諱本漢食貨志搖手觸禁之語

規影徭賦

唐書規影徭賦即今律文影射之語

稗經

漢儒稗經易有畧書有故詩有細春秋有微

爲善最樂

書云民訖自若是多盛注云民之行已盡用善道是

多樂也東平王蒼曰爲善最樂周公曰心逸日休內典云爲善若熟醍醐快樂亦是此意

翻著韈法

知梵志翻著韈法則可以作文知九方皐相馬法則可以觀人文章

吹臺

吹臺即繁臺本師曠吹臺梁孝王增築班史稱平臺唐稱吹臺又因謝惠連嘗爲雪賦又名雪臺

枕譚

華亭陳繼儒

吾嘗讀古人書往往承襲紕繆至有近在目前可以意解者乃不能互相揚搉殊足邪揄偶與兒輩洗鳩而譚之隨譚隨錄藏于枕中

張玄

晉書謝安傳謝玄北伐苻堅下遠云安與玄圍碁玄上去一張字讀者知爲何玄耶按張玄與謝玄同名人號南北二玄

新都

後漢書志注王莽新都在南陽今蜀之新都非莽所封

重較

漢世有諺語云仕進不止車生耳謂重較也

舉案

孟光舉案齊眉說文案几屬也用修引張平子何以報之青玉案謂以爲青玉盌且云孟光一婦人安能舉案則用修以案爲今案卓耳以案作盌尤無據按

楚漢春秋淮陰侯謝武涉漢王賜臣玉案之食則是玉盤而下有足者曰玉案故說文以爲几屬耳或于案中別寘器或竟寘食者孟光則力能舉石臼而況一案乎

曹娥碑

按世說注曹娥碑在會稽而魏武德祖未嘗渡江

麥金

梁鴻傳載鴻詩二首麥含含兮方秀刻本皆如此藝文類聚引之作麥含金爲是金與含相似而衍爲二

子也當表出之

太形

楊用修引列子太行爲太形此亦一證

條脫

條脫臂飾也一作條達又作跳脫蓋傳寫之誤也

軼烏

傳言羿日落九烏烏最難軼而一日得九言軼之捷也後世遂以爲日謬矣

盜竽

老子服文采帶利劍厭飲食而貲貨有餘此之謂盜竽竽者五音之長竽唱則衆樂皆和大姦倡則小盜和故云盜竽今本誤作盜夸字相近故也

結

韓文石鼎聯句序長頸高結喉中作楚語結字斷句音髻義同

伊傅

秦漢前書文多況喻伊尹負鼎于湯謂尹有鼎鼐之才也橫義者遂以爲庖人誣矣說築傅巖之野築之

爲言居也猶卜築之築求之而不得遂謂起于版築雖孟子亦云誤矣

狄香

張衡同聲歌鞮芬以狄香鞮履也狄香外國之香也謂之香薰履也近刻玉臺新詠及樂府詩集改爲秋香太謬

紫濛

宋人送中國使臣使契丹詩以青巢對紫濛人多不知出處按晉書慕容氏邑于紫濛之野蓊以慕容比之

遮是時宋遼方結好故臣僚送別絕行之詩略不識刺此用紫濛字亦隱而妙矣方虛谷註云紫濛虜中館名実猜語耳

二庭

唐詩二庭歸望斷萬里客心愁二庭者沙鉢羅可汗建庭于淮合水謂之南庭咄陸建牙于鏃曷山謂之北庭二庭以伊列水爲界所謂南單于北單于也近有註唐音云二庭未詳如此尚未核何以註爲

咄撥

唐詩紫陌斷嘶紅咄撥咄撥馬名

偶語

漢高帝既定天下未嘗及封功臣而諸將聚沙偶語以留侯言先封雍齒乃人人自安今按功臣年表曹參至陳平等九人以十二月甲申以次而封張良至陳豨十三人以正月封雍齒與郭蒙以戊午封而諸將陳武等以三月丙申庚子等日相繼而封然則曹參諸公蓋者先三十四日而偶語者僅陳武等二十餘人耳此曹非有大功何敢偶語意者歸美留侯之謚辭未可知也

子姬

殷之德陽德也故以男書子周之德陰德也故以女書姬

遂

遂與歲通用史記註引陸賈楚漢春秋云三老董公八十二遂封爲成侯遂即歲也又古作亗

廣文選

阮嗣宗碑乃東平太守嵇叔良撰而廣文選妄改良

作夜不知叔夜之死先于阮也中山王文木賦乃以文爲中山王名而題作木賦宋玉微詠賦乃誤王爲玉而題作微詠賦下書宋玉之名不知王微乃南宋人史具有姓名而疎謬如此殊誤觀者

服妖

晉傅玄奏議云妹喜冠男冠桀亡天下何晏服女服亦亡其身內外不殊王制失序此妖服也

弄

南史東昏侯被弑于西弄西弄宮中別道如永巷之

類是也元美遊洞庭山記載風弄卽街也人多不知

仁祠

後漢楚王元英傳遵黄老之微言尚浮屠之仁祠仁祠指佛寺唐時多以寺爲仁祠權載之詩逸氣清仁祠訪金碧是也溫公通鑑綱目以祠爲慈

側生

左思蜀都賦旁挺龍目側生荔支張九齡荔支賦雖觀上國之光而被側生之誚杜子美絶句云側生野岸及紅蒲不熟丹宫滿玉壺諱荔支爲側生雖本

之左思張九齡然以時事不欲直道也黄山谷題楊妃病齒云多食側生損其左車則又好奇故耳

五大夫

今人稱泰山五大夫俱云五松樹而不知始皇上泰山封祀風雨暴至休于松樹下遂封其樹爲五大夫五大夫秦官名第九爵也此可證千古之謬

町畽

詩町畽鹿場毛萇云鹿跡也說文云町畽禽獸所踐處漢儒解經如此可笑原詩人之意謂征夫不

畽之地踐爲鹿場非謂町畽卽鹿場也按左傳町原防井衍沃千寶注平川廣澤可井者則井之原阜堤防不可井者則町之町小頃也町畽皆說田野

罘罳

段成式云士林多稱雀網爲罘罳其誤如此按漢書罘罳屏也復也臣朝君至屏所奏之事十下又按劉熙釋名門罘罳在外門罘復也臣將入請事于此復重思也今之罘墻也

青并

史記豫讓漆身爲癩吞炭爲啞其妻不識其友識之不言何人初學皆不知按呂覽襄子馬却不前時事則青并也

措大

今人不知措大之說李濟翁載四說其一以士人貧居新鄭之野以驢負醋而齊邑人指其醋馱而名之又曰鄭有醋溝士人多居其溝州之東以甲乙名族故曰醋大皆自鄭地起也濟翁以爲皆謬曰謂其能舉措大事而已

蔡邕

昔人謂蔡邕無子邕傳亦不言有子無子書悉以授王粲按羊祜傳祜蔡邕外孫景獻皇后同母弟祜討逆有功將進爵土乞以賜舅子蔡襲詔封襲關内侯然則邕實有子其女亦不止文姬一人可知此可補傳缺

聾虫

淮南子馬聾虫也用修以爲奇語按龍無耳牛耳皆實其聽皆以角可稱聾若馬則彼此能相語何言聾

也也

鏡聽

李廓王建皆有鏡聽詞鏡聽今之響卜也

左袒

爲劉左袒爲呂右袒皆人頗以絳侯爲失計者王應麟曰考之儀禮鄉射疏凡事無問吉凶皆左袒是以士喪禮及大射禮皆左袒惟受刑則右袒故覲禮云右肉袒註云刑宜施于右是也以是攷之勃誅呂之計巳定若爲呂則有刑故以右袒令之耳吳興陳霆則云淖齒弑齊王王孫賈入市中呼曰淖齒作亂從我誅淖齒者袒右市人從者四百皆以袒右當受刑則市人從討者亦當刑耶應麟自爲得情而不知其巳屈于陳氏矣是皆未得情也勃老將也巳預知衆心歸劉而不能無疑于呂氏之有黨蓋令一下而間有遲疑未決者立誅之以令衆如楊素朱泚之舉耳豈至此而始覘人心之向背哉

平楚

謝眺詩寒城一以眺平楚正莽然楚叢木也登高望

遠見木杪如平地故云平楚即詩所謂平林也

落月

落月滿屋梁猶疑照顏色言夢中見之而覺其猶在即所謂夢中寃鬼猶言是覺後精神尚未回也詩本淺宋人看得深反晦矣

佩魚

佩魚始于唐永徽二年以鯉爲李也武后天授元年改佩龜以玄武爲龜也杜詩金魚換酒來蓋開元中復佩魚矣

鋃鐺

鋃音俍鋃鐺大鎖也後漢書崔烈以鋃鐺鎖今多誤鋃作銀至有銀鎖三公脚刀槍僕躭頭之句其傳誤習舛如此

檀暈

東坡詩鮫綃剪碎玉簪輕檀暈粧成雪月明甯伴老人春一醉懸知欲落更多情按畫家七十二色有檀色淺絳所合婦女暈眉色似之人皆不知檀暈之義何也

洗馬

洗馬洗先也騎而爲太子先導也

丈夫

按禮十尺曰丈男子成人之極也夫者膚也其智膚敏弘敎也

轂擊

蘇秦稱臨淄之中車轂擊以爲盛其義何居按樂府云齊人本好轂擊相犯以爲樂也

宣室

淮南子紂拘于宣室悔不誅文王則宣室乃繫所漢不宜名齋殿

官燭

丹鉛餘錄云宋官燭香煙成五彩樓閣龍鳳文者疑是蠟脂所成

鳩杖

續漢禮儀志云仲秋之月賜八九十老人杖杖端有玉鳩鳩不咽之鳥蓋取不咽也風俗通記漢高故事恐未可據

令甲

今人稱法令曰令甲然攷漢書有令乙令丙則漢律當有十卷

茗

古傳註茶樹初採爲茶老爲茗再老爲荈今槩稱茗當是錯用事也

長流

古呼治獄參軍爲長流人多不知按帝王紀云少昊崩神降于長流之山于祀主秋秋官司寇主刑罰也

故取秋帝所居爲嘉名也

小鳳小儀

唐人以中書舍人爲小鳳蓋以中書省爲有鳳池也又謂儀部之長曰大儀員外曰中儀主事曰小儀見鄭谷集宋人猶襲之張天覺自小鳳拜右揆是也

書雲

詩人冬至用書雲事宋人小說爲分至啟閉必書雲物獨以爲冬至事非也按春秋感精符云冬至有雲迎送日者來歲美宋忠註曰雲迎日出雲送日沒也

冬至獨用書雲蓋指此

神瀵

陳希夷詩倏爾火輪煎地脉愕然神瀵湧山椒神瀵字甚奇而不知其出于列子即易所謂山澤氣相蒸雲興而爲雨也

裕眠

楚辭遠望兮阡眠呂延濟曰原野之色也按說文裕眠山谷青裕裕也則阡眠字當從裕眠

萬城

國方城以爲城方本方字訛耳唐勤奏土論曰我是楚也世伯南土自越以至葉垂弘境萬里故曰萬城

亭堠

升菴有紀行詩山遮延鷺堠江繞畫烏亭用事甚僻而不知出處按元魏改官制以候望官爲白鷺取延望之意其時亭堠多刻鷺像也上句用此漢明帝起居注帝巡狩過亭障烏鳴亭長引弓射中之奏曰烏鳥啞啞引弓射左腋陛下壽萬年臣爲二千石帝悅

令天下亭障皆畫烏下句用此

渴筆

唐徐浩書張九齡司徒告身多渴筆謂枯無墨也在書家爲難

頖宫

白虎通諸侯之學曰頖宫今或盡作黌宫者非宜作璜宫

趙九齡

紹興甲寅乙卯間劉麟導　南侵時車駕駐平江有

趙九齡者策士也請決淮西水以灌營上不能用而
以實偵知之矣已而韓世忠得 酋約戰書曰聞
江南欲決淮西水以浸吾軍書到明日□即退師當
時但以爲邦敵之功而不知九齡之力蓋陰沮之也

任誕

世謂任誕起于江左非也漢末已有之矣仲長統見
志詩曰寄愁天上埋憂地下叛散五經撤滅風雅鄭
泉嗜酒臨卒謂同類曰必葬我陶家之側庶千歲化
而成土幸見取爲酒壺實獲我心矣二子蓋劉阮之

先著鞭者也

叅

方言吳有叅娥之墟束晳賦朝享五鼎之奉夕宿叅
娥之房叅即七也大玄七政亦作叅褚河南書枯樹
賦亦作叅

笨

笨音奔去聲粗率也晉書儛章太守史疇肥大時或
目爲笨伯宋書王微傳亦有粗笨之語朱子語錄云
諸葛亮只是笨不知笨字乃書作畚而以音發之意
諸葛豈笨者耶字尚不識而欲譏評諸葛乎

化益

世本云化益作井宋衷曰化益伯益也□□成相篇
傳爲平天下躬親爲民行勞苦得益皐陶橫革直成
爲輔呂氏春秋云得皐陶化益眞成橫革之交五人
爲佐化益即伯益眞成即直成也

楓天棗地

張文成太卜判有楓天棗地之語初不省所出後見
乃六典三式云六壬卦局以楓木爲天棗心爲地乃

知文成用此

羣碎錄

華亭陳繼儒

他石可以攻玉衆壤可以益岱讀書者卽一字一語何忍棄之故題曰羣碎羣碎王右軍語也陳繼儒記

親傳業者爲弟子弟子復傳于人爲門生故史記曰七十二弟子傳而歐陽公爲轉相授受者曰門生

耳邊風杜荀鶴詩云百歲有涯頭上雪萬般無染耳邊風

今官府文移以上臨下皆用仰字按北齊書孝昭紀詔定三恪禮儀體式亦仰議之用仰字始此增韻資也

前漢書丙吉傳吉爲廷尉監哀皇曾孫無辜擇謹厚女徒胡組命乳養之及組日滿當去曾孫思慕之吉以私錢顧組又南史武陵王紀以金囊擲游擊將軍樊猛曰以此顧卿送我見七官謂梁元帝此古用顧字

陸放翁問蜀人云攤錢傳也梁冀能意錢之戲注卽攤錢也

詩云江有沱禹貢岷山導江東別爲沱是也滬爾雅謂春秋夏有水冬無水以滬也

鸚鵡州南行洲上有茂林神祠遠望如小山洲蕪海衡被山處故云至今芳洲上蘭蕙不能生

黃鶴樓舊傳費禕飛升于此後忽乘黃鶴來歸

書曰帙者古人書卷外必有帙藏之如今裹袱之類

白樂天嘗以文集留廬山草堂屢亡逸宋眞宗命崇文院寫校包以斑竹帙送寺余嘗于項子京家見王

右丞画一卷外以斑竹帙裹之云是宋物帙如細簾其內襲以薄繒觀帙用巾旁可想也

剛卯王莽傳剛卯長三寸廣一寸四分或用金玉刻作兩行書曰正月剛卯又曰疾日剛卯凡六十六字以正月卯日作此印佩之以拔除不祥漢姓劉以劉字卯金刀使金刀之利不得行也輿服志長一寸二分方六分又云剛卯漢制莽禁之金刀莽所鑄錢後復禁之

宋太宗立郡國戒碑爾俸爾祿民膏民脂下民

上天難欺乃畏煩野人間語書中語也又云摘罰王
孟昶之文按歐陽集古錄戒碑起唐明皇特不見其
詞耳又云宋高宗頒是黃庭堅書
孔穎達曰古人不騎馬故經典不見至趙武靈王誅
胡服騎射以教百姓李牧日殺牛饗士習騎射始見
於此又宋劉炫謂左氏左師展將以公乘馬而歸此
騎馬之漸予按古者服牛乘馬馬以駕車不單騎也
至六國時始單騎
弁髦男子始冠則用之既冠則棄之

今人呼妻父曰岳翁曰丈人一傳曰漢天子我丈
人行也故呼為丈人又以泰山有丈人峰故亦呼丈
人曰岳翁亦曰泰山
元結以不飲者為惡客後人以痛飲者為惡客
投瓊即今之擲投子投今作骰非也蓋取投擲之義
而骰字即股字不音投
甘羅事呂不韋因說趙有功封上卿相秦者羅祖茂
文君當盧盧字不從土蓋賣酒區也顏師古曰賣酒
之處累土為爐以居酒瓮四邊隆起其一面高形如
鍛爐故名非溫酒爐也
首級秦法斬敵一首拜爵一級故謂一首為一級
漢惠帝賜金不言黃謂錢也食貨志黃金一斤直萬
金錢蓋一金與萬錢等也
禮年八十有秩故以八十為八秩
祖道黃帝子纍祖好遠遊而死於道故後人祭之以
為行神因享飲也方相氏黃帝次妃嫫母（纍祖一云帝元妃）
羈縻羈馬絡頭縻牛靷
無恙恙毒蟲也能傷人古人草居露宿故早相見問

勞必曰無恙乎又曰恙憂也又獇食人獸
乘傳傳以木為之長五寸書符信于上又以一板封
之皆封以御史印章所以為信也如今之驛乘傳休
乘符傳而行
陽秋即春秋避晉諱故以春秋為陽秋
孔子無鬚孔叢子子思告齊君先君生無鬚眉天下
王侯不以此損其敬今像多鬚誤
豹直御史初入臺陪直二十五日為伏豹取不出之
義謂之豹直

招關晉代偪陽諸侯之士門焉叔梁紇抉之以出今韓非呂氏書並言孔子力能招國門之關而不以力聞悞

喪禮稱哀子不稱孤子今人父喪稱孤母喪稱哀

張騫無乘槎事乘槎是海上客

毛寶無放龜事放龜是寶所統之人武昌軍

老郎署顔駟事今作馮唐用由左太冲詩誤

諱名司馬遷父名談故史記無談字李布傳趙談改名同范曄父名泰故後漢書無泰字故郭泰鄭泰皆改作太今人與父同名者改曰同本此

天幸霍去病事今作衛青用承王維詩誤

王姬周姬姓故王女皆稱姬如陳嬀楚芈齊姜之後世凡婦人皆稱姬誤

郎官上應列宿天文志郎位十五星在帝座東北依烏郎府是也非二十八宿

齊侯使連稱管至父戍葵丘瓜時而往曰及瓜而代故今稱仕滿當代曰及瓜據傳乃一年戍守耳今例稱瓜期不當

殿試唐武后天授元年始

州縣六曹兵刑工禮戶吏來徽宗設

龍鍾竹名年老者如竹枝葉搖曳不自禁持

孔子主癰疽趙岐以爲癰疽之醫按說苑雍雎人姓名趙岐傳之誤

孟子夫齊宿於晝晝當作畫史記田單聞畫邑王蠋賢劉熙註晝音獲齊西南近邑後漢耿弇討張步進兵畫中遂攻臨淄即此可證

論語禮記中束修束脯也十挺爲束延篤曰吾自束

修以來爲人臣不陷於不忠註束帶修飾也李固奏記梁商曰王公束修厲節晉荀羨擒賈堅堅曰吾束修自立君何謂降耶皆檢束修飾之義與論記不同

漢官儀太守五馬蓋天子六馬諸侯五馬又云漢制九卿則二千石以右驂太守駟馬而已其加秩中二千石乃右騑故以五馬爲太守美稱又王羲之守永嘉庭列五馬後遂援爲太守事

玄孫之子爲耳孫言去高曾遠但耳聞之

楚滅陳爲縣名始此非始於秦

晏駕晏晚也天子當晨起方崩稱晏駕者臣子之心猶謂宫車晚出也

下官梁武帝改稱臣爲下官

牙郎本作互郎取互市之義今訛爲牙郎誤

唐肆令過路亭無儲者

庶出宋神宗問呂惠卿曰蔗字從庶何也曰凡草木種之俱正生蔗獨横生蓋庶出也故從庶

齧膝之馬良馬低頭口至膝故云

前筵後筵古享禮猶今前筵古宴禮猶今後筵也預曰享有禮貌設几而不倚爵盈而不飲肴乾而不享宴則折俎相與共食

舊儀侍中親省起居俗謂之執虎子虎子溺器也

尺牘漢遺單于書以尺一牘中行說教單于以尺二牘報漢

屬纊纊新綿人死置口鼻以候氣之絶否

厠牏牏音投漢石奮洗親褻中厠牏顔師古謂汗衫非也青衫雜記以蘇林說牏爲溷是也

里長隋高帝從蘇威議以百家爲里置里長一人

進士科隋煬帝大業元年始後世因之

矐目矐音角以馬糞薰之使喪明也

爰書爰换也以文書换口辭也

葭莩之親葭莩蘆管中白衣至薄者也

耏刑去頰旁毛

姅變婦人有汙也姅變月事也

緼廣敝衣緼襀箸衣絮暴所衣

泚筆蘸濡筆也岑文本命吏泚筆口占

擘張手張弩也蹶張足踏弩也

叔孫通起朝儀設九賓臚句傳上傳語告下曰臚下告上曰句九賓謂公侯伯子男孤卿大夫士也又言句字衍文臚傳即傳臚殿榜唱名曰臚傳本此

康莊爾雅曰五達謂之康六達謂之莊

公主天子嫁女不親主婚使同姓諸侯主之故謂公

親孫之子爲曾孫曾孫之子爲玄孫玄孫之子爲來孫來孫之子爲昆孫昆孫之子爲仍孫仍孫之子爲雲孫言輕遠如浮雲也

媽媽北地馬羣每一牡將十餘牝而行牝皆隨牡不

入他羣故今稱婦曰媽媽蝗亦不入他羣故爲馬蝗
一名玄駒
嬰兒男曰兒女曰嬰
影國附庸也
八尺曰尋丈六尺曰常五尺曰墨十尺曰丈一手盛
曰溢兩手曰掬掬一升也
三尺法謂以三尺竹簡書法律也
令甲令人稱法令曰令甲出漢宣帝詔蓋是法令首
卷觀江充傳註令乙章帝詔令丙可知想漢律有十
羣碎錄　八　九
卷耳
搢紳謂插笏於紳紳大帶也搢插也今作縉縉帛赤
色非
梟首百勞名梟以其食母不孝故古人賜梟羮死懸
其首於木故今人標賊首以示衆曰梟首
追蠡趙希鵠云追琢也今而家滴粉令凸起猶謂之
追粉蠡剝蝕也追蠡言禹之鍾欵文追起處剝蝕也
今孟子趙岐註非
寤生左傳鄭莊公寤生驚姜氏杜氏註云寐寤而莊
公生風俗通云兒生未能開目視者曰寤生爲是
孟激字公宜孟子之父母仇氏孟仲子名睪孟子之
子見譜朱子從趙氏註以仲子爲孟子從昆弟與譜
不同
堯封禹爲夏伯故謂之伯禹
春秋繁露曰凡贄用羔羊羊有角而不用如好仁者
執之不鳴殺之不號類死義者羔飲其母必跪類知
禮者故羊之爲言祥也故以爲贄
平子陵皆莊姓東漢避顯宗諱遂易莊爲嚴如宣
羣碎錄　八　十
諱荀改荀卿爲孫卿卿名況
杜伯度名操曹魏時避武帝諱故隱操字則知度非
名也韓愈諱辦稱杜度誤
妄一男漢武帝時田千秋以訟太子寃拜相何奴單
于謂漢使曰漢置丞相非用賢也妄一男子上書卽
得之矣
古史考曰柘樹枝長而勁烏集之將飛柘樹反起彈
烏烏乃號呼此枝爲弓快而有力因名烏號之弓
三農者平地山澤也又云原隰及平地

巴豆與蜣蜋研塗傷處可出箭鏃

七夕俗以蠟作嬰兒形浮水中以爲戲爲婦人宜子之祥謂之化生

六博用六棋行之故名又云用六隻骰

古人鑄刀以五月丙午取純陽精以協其數

五月忌翻蓋屋死令人髮禿見風俗通又云五月上屋見影魂飛

男子入學多用七歲五歲蓋俗有男忌雙女忌隻之說至冠笄亦然按北齊李渾弟繪六歲願入學家人以偶年俗忌約弗許伺其伯姊筆牘之便輒竊用未幾通急就章則其來久矣

緣池 池者緣飾之名謂其形象水池耳左太冲詩衣被皆重池是也今被頭別施帛爲緣呼爲被池宋子京春寒到被池用此

周禮方相氏敺罔象好食亡者肝而畏虎與栢故墓上列栢樹路口置石虎爲此

喪服記曰魯哀公曰五穀囊起伯夷叔齊不食粟而死故作五穀囊吾父食味含哺而死何用此爲

竈神姓張名禪字子郭一名隗又云祝融主火化故祀以爲竈神鄭玄以竈神祝融是老婦非巳丑日卯時上天白人罪過此日祭之得福又淮南子炎帝作火故祀以爲竈神五行書云五月辰日猪頭祭竈治生萬倍

卿忌竈神夫人又五經異義云竈神姓蘇名吉利夫人姓王名搏頰

銚明甲戌神呼之入火不燒

參商高辛氏二子閼伯實沈日相征伐帝乃遷閼伯於商丘主辰遷實沈於大夏主參故辰爲商星昏見參爲晉星曉見二星晝夜不相見

俗以初五十四廿三爲月忌蓋三日乃河圖數之中宮五數耳三爲君象故民庶不敢用

冬至後餘一日則閏正月餘二日則閏二月餘十二日則閏十二月若十三日則不閏

堯元年至萬曆元年癸酉計三千九百六十二年六十七甲子

洪武十七年甲子爲中元正統九年甲子爲下元弘

治十七年甲子爲上元嘉靖四十三年甲子爲中元

雪多作於戊巳日凡遇戊午巳未日天必變雨遇亢壁二宿直日則免餘宿不可免

三垣二十八宿中外官計二百八十三座一千五百六十五星皆守常位是謂恒星

市井古井田因井爲市故稱市井

三吳漢分會稽吳興丹陽爲三吳

漢高帝時田橫死從者不敢哭隨柩叙哀故承以爲挽歌漢武時李延年分爲二薤露送王公貴人蒿里送士大夫庶人

字數沈約韻一萬一千五百二十字廣韻二萬六千一百九十四字

行李左傳李本作孝孝古文使字宋方勺云按黃帝有李法一篇師古曰李者法官之號則李與理通人將行先治裝也

卯木柳字後借爲寅卯之卯北本別字後借爲西北之北

敬字從茍音亟非苟也從攴非文

罪古辠字秦以辠以皇字改爲罪

對𦍌下從口漢文帝以口多非誼改從土

劭從刀劉宋太子名劭而惡字文爲刀改刀爲力

朘亦雖或作脧赤子陰也老子云未知牝牡之合而朘作精之至也

天田星爲農在辰位故農字從辰

謚法司馬法俱周公作

杜子美詩空留玉帳術愁殺錦城人蓋玉帳乃兵家厭勝之方位主將於其方置軍帳則堅不可犯其法出黃帝遁甲以月建前三位取之如正月建寅則巳

爲玉帳

琢音篆玉不琢不成器當作琢

隋古用隨楊堅以其近遁走去辵作隋

陣古用陳王右軍小學章旁作車爲陣

影古用景葛洪撰字苑始加彡爲影

酉〻[illegible]去病諸宿將嘗酉落不偶註酉謂遲酉

落謂留落人作流落誤

雒陽漢以火德王忌水故去水加隹以洛陽爲雒

陽魏土德故仍從水

蹇不載姓苑下有蹇字音義同註曰姓也則蹇當作謇春秋蹇叔亦應作謇傳寫之誤耳

雋永雋肥肉也

乾沒得利爲乾失利爲沒與陸沉義同

乘勝逐北北音佩敗也

弔之矢貫弓出古者獵𤡿中野𤡿貫弓而弔以助驅鳥獸之害今從口從巾失其義矣

石敢當五代漢劉知遠將勇士謂其勇無人能當耳

祠山張大帝張秉武陵人一日行山澤間遇仙女謂曰帝以君功在吳分故遣相配長子以木德王其地故且約踰年再會秉如期往果見前女歸子曰當世世相承血食吳楚後生子渤爲祠山神神始自長興自疏聖澤欲通津廣德使化爲豨役使陰兵後爲夫人李氏所見工遂輟故避食豨

符堅拂蓋郎夏黙等三人長至一丈九尺毎食飯一石肉三十斤

王裳長三尺張仲師長二尺二寸

安祿山三百五十斤司馬保八百斤孟業一千斤一

尚長字子平范曄尚作向

馬援路博德俱爲伏波將軍

鮌即鯀字鯀死化爲玄魚故合而爲字

祖士稚祖逖字也作士雅者誤

蔡襲蔡邕子襲子名睦又按羊祜邕外孫則女亦不止文姬

元紐憐太監請於朝謚杜甫爲文貞見張伯雨跋語

樂說告韓信反封慎陽侯享國五十一年至孫買之

棄市國絶

賁赫告英布反封期思侯享國二十九年無後

陶穀本姓唐避晉祖名改小字鐵牛

衛青父姓張稚康父姓奚文彦博父姓敬

苦吟孟浩然眉毫盡落裴祐袖手衣袖至穿王維至走入醋甕

申棖史記作申黨家語作申續續即黨也後漢王政云無申棠之欲其爲棖寫無疑今棖黨並祀是以一人爲二人也黨字子周懸亶孔子弟子字子象史記

作懸豐向未從祀
闕止宰我與田常作亂夷其族見史記按左氏無宰我與田常作亂之文作亂者乃闞止止字子我宰與宰予相似故誤以爲宰我
南華老仙唐天寶元年封莊子爲南華眞人故名
野雞漢呂后名雉改雉爲野雞
醉如泥南海有蟲無骨名曰泥在水中則活失則醉如一堆泥故時人譏周澤曰一日不齋醉如泥
張騫使塗林安石國得榴故名安榴石榴

露葵蔡朗父名純因名蓴菜曰露葵
桑維翰曰唐末文人謂芍藥爲婪尾春蓋婪尾酒乃最後之盃芍藥殿春故名
聖僧揚州人呼楊梅爲聖僧
子毳北方毛段細軟者皆鳥獸毳毛是也今訛爲紫耳
織絲織音志今訛爲注絲又轉訛爲紵絲音音宁非注也見鄭氏釋文
幞頭今訛爲僕頭幞音伏與幞袱之幞同起周武帝以幅巾裹首故云幞頭
笛本四孔京房加一孔于後爲商聲本黃帝後伶倫作
染黃帝觀翬翟草木之華乃染五采爲文章
鸕鶿音鹿專郭璞云鷧也
偏提即注子唐改曰偏提又說郛云猶今酒鱉
鉛槧槧板長三尺謂以鉛刻於槧而書之木可修削故簡亦稱教削
牂牁杙也所以係舟亦云牂柯牂柯那出此材所以

得名
毦音餌羽衣一名兜鍪劉備好結毦
朱紱即朱裳畫爲亞形亞古弗字故因謂之紱亦作黻
緡錢緡絲也以貫錢錢一百曰一緡
漢魏以前戴幅巾晉宋用冪籬後周以三尺皁絹向後幞髮名折上巾
三代兩漢用馬車魏晉至梁陳用牛車唐雖入主妃后非乘馬即步輦自郊祀外不乘車也

漢卅帝聽劉峻女出家又聽洛陽婦阿潘等出家此國中尼姑之始

何充捨宅安尼此尼寺之始

隋文帝以沙門彦琮爲學士命僧以官始此

左傳云國狗之瘈無不噬也杜預注云瘈狂犬也今云猘犬宋書云張收爲猘犬所傷食蝦蟆膾而愈又椎碎杏仁納傷處即愈

桐花飼豬肥大三倍

鼓三百三十三搥爲一通

羣碎録　十九

角十二聲爲一疊

玉巵無當當底也

東方光明電王名阿揭多南方光明電王名阿艇嚕西方光明電王名主多光北方光明電王名蘇多末尼善男子女聞是名字及知方處者遠離一切怖畏雷電災橫之事

梁簡文船神名馮耳五行書云下舡三呼其名除百忌又呼爲孟公孟姥劉思真云玄冥爲水官死爲水神

岳飛死獄卒隗順負其屍踰城至北山以葬後朝廷購求葬處隗之子以告及啓棺如生乃以禮服斂焉隗順史失載

陶人之爲器有酒經焉晉安人盛酒似瓦壺之製小頸環口修腹受一斗凡饋人書一經或二經或五經他境人不達其義聞五經至束帶迎于門乃知是酒五餅爲五經也

勒畢國人長三寸有翼善言語有鳥如蠅聲遠聞狀如鸚鵡名細鳥

羣碎録　二十

鳳子大蝶見韓偓詩

晉書曰犬黑頭畜之令人得財白犬黑尾世世乘車黑犬白耳富貴黑犬白前兩足宜子孫黄犬白耳世世衣冠

鶋周鳥名首重尾屈將欲飲於河則必顛乃銜羽而飲

鷁水鳥能厭水神故畫於舟首

肉樹瑞溪猪肉子大如盃炙食之味如豬肉而美

酒樹椰也似酒甘而薄亦不堪飲若頓遜國樹葉汁

取停之數日卽爲作酒榔㮘岡仙藥取之樹腹中青用核以水注之少頃成酒乃眞酒味也

渠荅鉄蒺藜欽劚曲刀也

不落酒器名白樂天詞銀不落從君勸

桃笙宋魏之間方言謂簟爲笙桃笙以桃竹爲簟也桃竹葉如椶身如竹密節而實中犀理瘦骨見柳子厚詩

豆腐淮南王劉安所作

衢尊尊酒器也六尊爲衢

今人作書及問候事便云呵呵出石季龍載記石宣殺弟石韜乘素車從千人臨韜喪不哭言呵呵似胡語

世言開春出楚辭開春發歲風

令人謂避人爲畔陳後興齊雲觀謡曰齊雲觀寇來無際畔

南越稱男曰珠化女曰珠女貴珠也

今人呼蒸酒器曰鴳抱朴子曰鴳是鵝鳥之別名也

今之卜者以錢蓋唐時已用之賈公彥儀禮註云以三少爲重錢重錢九也三多爲交錢交錢六也兩多一少爲單錢單錢七也兩少一多折錢錢八也

中酒有日惡李後主詩酒惡時拈花蘂嗅蓋鄉語也又曰倒壺

記事珠

唐　馮贄

讀書數眞珠以記

于授幼時家以綠眞珠勝爲簾押授讀書數眞珠以記日輒一遍

玉女進食

嵩高山下有石室名謨觴内有仙書無數昔之人方晝讀書于内玉女進以飲食

馬嵬錦韈

楊貴妃死之日馬嵬媼得錦袎韈一隻過客一翫百錢前後獲錢無數

續骨膏

武帝以金彈彈鳥破其白光琉璃馬鞍甚悔恨之李少君取續骨和獼膏接之狀日而視初無損處

自然簾

徐福爲始皇作自然之簾懸于宮門始皇抱文珠覺膝上其簾便下去之則簾自捲不事鉤也故又名不鉤

無字碑

趙崇凝重清介門無雜賓慕王濛劉眞長之風也標格清峻不爲文章號曰無字碑

安石榴

李漢碎紅瑪瑙盤盛送王莒曰安石榴莒見之不疑既食乃覺

香尉

漢雍仲子進南海香物拜涪陽尉人謂之香尉

蒲桃髻

小兒髮初生爲小髻十數其父母爲兒女相勝之辭曰蒲桃髻十穗勝五穗

魚春出金釵

寶曆中酉陽人見釣魚師有魚臘買黄文愛而買歸食至春上出金釵一隻長六寸

惜春御史

穆宗每宮中花開則以重頂帳蒙蔽欄檻置惜春御史掌之

麯部尚書

汝陽王璡取雲夢石甃泛春渠以蓄酒作金銀龜魚浮沉其中爲酌酒具自稱釀王兼麴部尚書

糠市

洛陽振德坊皆貧民側享糟糠之薄賀知章目爲糠市

碧落侍郎

沈羲爲仙人所迎見老君以金按玉盤賜之後授官爲碧落侍郎

獵蠅記室

盧記室多作脯腊夏則委人於十步肉扇上塗錫以撲蠅脯以青紗障隔塵土時人呼爲獵蠅記室

噴墨

班孟嚼墨一噴皆成字竟紙各有意義

九花虬

代宗時范陽貢馬額高九寸眞虬龍也身被五花紋號九花虬後以賜郭子儀

茗戰

建人謂鬬茶爲茗戰

溫柔鄉

成帝謂合德爲溫柔鄉曰吾老是鄉矣不能效武帝求白雲鄉也

狐穴詩人

唐末有喬子曠者能詩喜用僻事時人謂之狐穴詩人

寶井

范蠡收四方難得之貨或藏之井塹謂之寶井麗色溢於閨房謂之游宮

瓊厨金

光武皇后弟郭況家工冶之聲不絕人謂之郭氏之室不雨而雷東京謂況家爲瓊厨金穴

粧點芳草

午橋莊小兒坡茂草盈里晉公每使數羣羊散于坡上曰芳草多情賴此粧點也

貴家棋子

開成中貴家以紫檀心瑞龍腦爲棋子

桃花醋

唐世風俗貴重葫蘆醬桃花醋照水油

眉目如畫

馬援眉目如畫

忌日

齊世祖于南康郡作樂有絲無管空中聞有箎聲調節相應

鮫人淚

鮫人之淚圓者成明珠長者成玉筯

歌兩曲

絳樹一聲能歌兩曲二人相聽各聞一曲一字不亂人疑其一聲在鼻

沈約集

謝秘書平生不嗜書獨愛沈約集行立坐臥靡不諷詠

女郎講書

貞元中許商舟行湖中青衣迎入一府女郎講書江海賦碧玉硯銀水玻黎爲匣

恨不讀書

沈攸之晚好讀書手不釋卷嘗歎曰早知窮達有命恨不十年讀書

聚芳圖百帶

宗測春遊山谷見奇花異草則係于帶上歸而圖其形狀名聚芳圖百花帶人多效之

沈休文

沈休文多病六月猶綿帽溫爐食薑椒飯不爾則委頓

鶴識字

衛濟川養六鶴日以粥飯啖之三年識字濟川檢書皆使鶴銜取之無差

梨花洗粧

洛陽梨花時人多携酒其下曰爲梨花洗粧或至買樹

袪夜幡

胡陽白壇寺幡刹日中有影月中無影不知何故因號袪夜幡

田水聲

淵明嘗聞田水聲倚杖久聽歎曰秫稻已秀翠色染人時剖胸襟一洗荆棘此水過吾師丈人矣

卧蛇

傳咸掌有卧蛇文揞甲上隱起花草如雕刻是以文章過人

桃花紙

楊炎在中書後閣糊窻用桃花紙塗以水油取其明甚

得意田

雲陽䢵氏值豐年則盡取金錢埋之九里皆滿曰有得意田遂可棄無用金

一醉六日

張麟一醉六日嚙柱幾半

裙幄

長安士女游春野步遇名花則藉草而坐解裙四圍遞綰如奕碁謂之裙幄

貯蘭蕙

王維以黄磁斗貯蘭蕙養以綺石累年彌盛

春草

白樂天有姬善舞名春草

犀如意

虞世南以犀如意爬癢久之歎曰妨吾聲律半工夫

洗筆

白傳每一詩輒洗其筆

杜蘭香

神女杜蘭香降張碩碩問禱何如香曰消摩自可愈疾淫祀無益

夢神

夢神曰䟫離呼之而寢夢清而吉

書倉

曹曾積石為倉以藏書名曹氏書倉

長七寸

李子昂長七寸

自負書劒

淩倚隱衡山往來自負書劒削竹為擔裹以烏氊背既死山僧取以供事

支琴

白傅用胡松節支琴

詩成裁窻紙

段九章詩成無紙就窻裁故紙迎綏川之九章字惠文

弄葫蘆成詩

王衍好弄葫蘆每吟詠則注水於葫傾已復注若擲之於地則詩成矣

崐崙玉盞

宇文卓方執崐崙玉盞聽左丞禮超高譚不覺墜地

俗呼小錄

江陰李翊

船家稱子也又爲稍公今皆稱家長或船家長杜詩中稱長年三老蜀方言也今流俗語音余畧疏于後以俟問俗者

精謂之鯽令　團謂之突欒　孔謂之窟籠　圈謂之屈攣　蓬謂之勃籠　忍謂之熬　足謂之轂　覘謂之張　看謂之望　認謂之紹　單謂之爍　羞謂之鈍　扶謂之當去聲　按謂之欽去聲　轉謂之跛　浮謂之吞上聲　移謂之捅　流謂之淌　虹謂之吼　竅謂之洞　筋謂之快　臥謂之黨　槩謂之斛又謂之盪　跑謂之波　立謂之站　趨謂之跑　搽謂之墜　捧謂之掇　遮謂之擋　添謂之拘　躲謂之掩又謂之閃又謂之伴　藏避謂之躲　藏物謂之囥音抗韻書無此字　熱飯謂之頓　熱酒謂之鏇　篩酒謂之篩　稠密謂之稛　積物謂之頓音敦上聲　干求請托謂之鑽　遞相授受謂之旹　妥相答話謂之召　布帛稀薄謂之澆　絕橫斷港謂

之浜　城市小巷謂之弄　門之横關謂之閂音攙
善飲食者謂嗛音掩平聲　美惡相細兼者謂媛　見陵
于人爲欺頁　非常事爲咤異　喜事爲利市利市出易
憂事爲鈍事　呼下酒具爲添按　物完全者爲
囫圇　作揖謂之唱喏　夾室謂之兩葉　階磴謂
之僵礫　所坐謂之科座　鐮刀謂之吉鎫　托盤
謂之反供　盤脊謂之周捉　此處謂之間邊彼處
謂之箇邊在此謂之來邊　無物可食謂之無害
說作事之無據曰沒雕當入聲　說人不能曰無張主

俗呼小錄　二

又作智　說人之不慧曰不聊瀏　說人之勉强曰鬪
附　說人之自誇曰賣弄　事之相邂逅曰豆湊
雨一陣爲一破又以一番一起爲一潑　鄙嗇計較
者爲摟搜鏤𠸄　六畜統呼爲衆生衆音終　語物事曰牢
骨　人假意曰陽去聲詐　齗齘上顏入聲下茂入　物錢鈌不齊貌
齷齪二字以五錯切上齒牙似也下齒叫缺也　牕牖　坑坂閂𨶹上音
兼下音介今人呼事作成否曰躰　者爲𢰇(?)按字書曰行不正也　䟢䟢今人謂性步者爲䟢
[illegible]上音兜下音達此本夷人服名　嘈嗜供入聲語言　擻擻難之貌　數錢以五
[illegible]一花　覓利之言曰尋錢曰模錢曰賺錢曰趁

錢　鋪地爲倒去聲地又曰搜地　首飾曰頭面鞋襪
曰腳手器用曰家生一曰家伙又曰家私　鳥獸交
感驢馬曰騲雞鴨曰踏水餘鳥曰打雄豬曰付蠶蛾
曰對狗曰練蛇虎曰交　郡邑起更打鼓謂之發擂
大事重擊鼓爲擂鼓唱曲輕擊鼓爲點鼓　凡取物
吳下曰擔平聲江陰曰拏丹陽等處曰捉寧波浙東曰
毗靖江曰掂　以物之足用者曰見不足用者曰不
見音現　湖州以桑葉二十斤爲一箇杭州柴四圓箍
爲一轉　人之頹敗及身病摧靡者云郎當唐明皇聞駝馬

俗呼小錄　三

鈴聲頗似人言語黃幡綽對曰似言三郎郎當　通稱一頓世說欲乞一頓食漢書一頓而
成唐書打汝一頓晉書一時頓有兩王人　嚴市娼曰千人捏千人捏似蟹大如錢
殼甚堅壯大極力捏之不死俗言千人捏不死因以爲名或以譏市娼云　痘瘡謂之天
花瘡疾謂之愣子至諱言曰天上頭北人名發擺子
畏惡[illegible]甚[illegible]江曰發汗病揚州曰忤鴣子音剔　湖人
以上船登岸曰起篙或云起高　江西建昌等處謂
烘爲燒曹方湖尹南豐時令門子烘腳帶答燒了曹驚曰如何燒了取來呈上後曰已燒了也
今人呼禿尾狗爲厥尾衣之短後者亦曰厥歐陽公記尚書
[illegible]語末　事之陳久爲瓚五代時有馬瓚爲府幕其人魯戇有所聞見他人已
[illegible]矣

厭熟而已南爲新奇道之故云供劉貢父詩話

抱持人物曰揲音偞出耙間錄

俗牽連之辭如指其人至某人物及某物皆曰打歐公詩所謂打揭洪且指古洪且是也

江南人呼輕薄之詞爲覆窠出玉堂閒話

淳熙江西饒州曰猫者里俗戲用標誌憨癡之類也

俗指儉不中禮者爲虼蚤而詬罵農畦之稱曰牛

江陵土人稱挽畜產繩絆之名曰五尺出夷堅志

今人以相助爲掣輔諺云鋪掣押音健健掣離即輔中相依之謂則掣輔之皆音宣从手爲是

臥床之帳子謂蚊幮南史宋武如碧紗蚊幮音廚禪帳也蚊幮事見齊威公

午前午後小食謂上晝點心下晝點心

俗呼小錄　六　四

唐鄭傪爲江淮留後夫人曰爾且點心昭明太子別傳門京師穀貴改常饌爲小食郎點心之說也

屭屎見列子俗呼屙西　戾契見韓文俗呼撲及

名公像記

遯園居士

倪文僖

倪文僖公與子文毅公像俱方面大耳豐頤頰微髭鬢文毅尤爲肥碩聞其曾孫翰儒言腰帶圍可容中人四軀也公無子里中傳文僖禱北岳其夫人姚夢岳神指捧香合童子曰以爲爾子孕而生公故名岳言公隱宮公曾生子祝枝山野記亦言文毅頎躬廣顙美如冠玉腹大十圍體有四乳云而陳中丞人物志言文僖雙目如電體有四乳視或誤也

名公像記　六　一

王襄敏

王襄敏公廣額豐頤而骨氣峻拔有威重印堂中直紋五條右頤有一黑子音吐如鍾

劉都督

劉都督公獿面噫削無澀顏聳肩如寒士

楊水田

楊水田公成鐵面劍眉凜不可犯

陳太史

陳太史公沂軀不甚長神采朗秀睟子可照

邵僉憲

邵僉憲公清貌古神秀其聲清逸

徐子仁

徐子仁公霖廣面長耳美鬚髯體貌偉異老而豐潤行步如飛稱曰髯仙

謝野全

謝野全公承舉美鬚髯行九稱曰髯九

許奉常

許奉常公穀長頭面白皙而圓巨鼻微鬚雙眼如碧色八十時狀如世畫老子

王吏部

王吏部公鏊面白皙骨崚嶒清峭兩眉如劍直豎微髭鬚望之義氣凜然

殷宗伯

殷宗伯公邁面圓黄白色微鬚清靜之意可見

姚太守

姚太守公汝循身可中人面上圓下稍銳白晳小有

鬚向人多笑容

俞司成

俞司成公孟麟目小而圓骨法清古耳高于眉下微銳

沈侍御

沈侍御公越修幹廣顙氣韻高邁

盧苑馬

盧苑馬公璧長身面如之黄色古而硬老矣多皺紋

王太守

王太守公可大修軀銳首面長尺白皙眉目疏朗微髭鬚手掌如噀血長上短下聲如鍾

吳司寇

吳司寇公自新大軀方面白皙而紅微髭鬚豐頤目光外現有威重

傷逝記

遯闇居士

余少而嬾慢厭造請即梓里交游可屈指計然以文心墨翰時通往來頗詡衿契乃不二十年零落殆盡矣仕薦紳以迨韋布自長老以及行輩存者十不一二暇日追憶逝者不覺喟然傷焉因以詩學詞曲書法畫蹟四則疏列其人稍叙平生姑以興日

詩學

余伯祥孟麟 祭酒著學士集　王元簡可大 太守著三山彙稿
姚叙卿汝循 太守著錦石山川稿　沈孟威鳳翔 給事中
李士龍登 知縣冶城真寓稿　顧元白顯仁 大參
周長卿元 知縣有周長卿集一卷　張孚之文熚 太守
盛伯年敏耕 文學　焦茂直尊生 貢生有詩一卷
焦茂孝周 孝廉著有說楷十卷　葛雲蒸如龍 文學有竹蔭齋稿
陳廷之弘世 文學著陳廷之集　張玄度振英 文學
謝文學黃鍾 文學　汪雲太鍾英 知縣工四六
翟德孚文炳 文學著陰符解金剛經解　何公露湛之 參議著疎園稿

何仲雅淳之 御史著足園稿　王爾祝堯封 太守著學惠齋稿
馬元赤電 山人有遊梁記　李半野世澤 文學
李惟寅言恭 臨淮侯著青蓮閣貝葉齋二稿
柳陳父應芳 山人流寓通州人著柳陳父集
朱王孫慶聚　王德載元坤 揮使著雅娛閣集

詞曲

盛伯年敏耕 工小令　殷虎臣文炳 文學著小令
張治卿四維 文學有溪上閒情集今傳其雙烈記章臺柳二記
黃上舍方儒 文學著陌花軒詞小令
陳藎卿所聞 文學著南北記又選南北詞記

書法

王元簡可大 行草　姚叙卿汝循 真行
余伯祥孟麟 真草　金玄予光初 舉人知縣真行
李士龍登 真行草鍾鼎小篆　羅惟一肅象 文學草書學懷素
姚封公之裔 真行學松雪　金後林殿 小楷師文徵仲行書師聖教序
李惟禮寧儉 太學臨淮公子草書學懷素
沈孟威鳳翔 草書　焦茂直尊生 真行
張孚之文暉 真行　葛雲蒸如龍 楷書學歐陽率更

畫贖

傷逝記

說郛續目録

弓第二十二

景仰撮書

無錫丁一

被裘公者吳人也延陵季子出遊見道中遺金顧謂之與公曰取彼金公投鐮瞋目拂手而言曰何子居之高視之卑吾被裘而負薪豈拾遺金者哉季子大驚既謝而問其姓名曰何足語姓名

論曰知人可謂難矣以季子之賢而尤不識被裘公況它人乎賢者内重外輕者也理光鏟采者也何物可以動其心季子命公取金何小公之甚哉

晉劉驎之字子驥桓冲到其家驎之於樹條桑使者致命驎之曰使君既枉駕光臨宜先詣家君冲聞大愧乃造其父驎之披短褐與冲話言父使驎之自持濁酒蔬菜供賓冲命廚人代之父曰若使從者代非野人之意也冲請驎之為長史固辭

論曰天下至尊者父也子雖仁智不以仁智先其父何也天秩之所在也驎之使冲先造其父禮也短褐不恥義也躬執酒蔬孝也固辭長史節也之人朝得一官則暮驕其宗族其有驎之者哉然冲交接其父子之間而不以名爵自逞其亦賢於人遠矣後世以官秩傲于士大夫者觀此亦足自愧

唐張志和築室越州豹席棕屩垂釣自怡縣令使浚渠志和執畚無忤色

論曰士君子不以枉屈自愧者以其直在己也賢在我不智在彼何必[illegible]其不智而愧于我哉三代以來賞音者少志和但知從役而已吾不知何者為榮辱也然則[illegible]賢而不知彼縣令者何

如人耶

司馬溫公為西京留[illegible]出前驅不[illegible]後[illegible]相乘馬或不[illegible]蓋[illegible]詩[illegible]隨日伊川程先生謂曰公出無從騎[illegible]便者[illegible]人之不識耳

論曰君子之富貴不[illegible]已[illegible]之者山何容心於富貴哉伊川之[illegible]貴[illegible]貧而公之存心則[illegible]之物也其[illegible]不可[illegible]彼促中[illegible]之人汲汲于得失之[illegible]不得無[illegible]愧矣

文王伐崇至黃竹之墟鞋繫解顧左右皆賢無使者因自結之

論曰古之君子隱於下位者多矣良賈深藏盛德若愚埋光鏟彩惟人之知者君子也使燁燁以求知悻悻以求達烏足以爲君子哉在上者知勢而不知德知貴而不知賢則暗啞叱咤無所不至矣安知無君子隱於其中耶此文王之所以爲聖人也

宗炳字少文好琴書圖畫每臨山水佳處嘯傲忘歸

晉末劉毅領荆州辟爲主簿不就曰吾栖丘飲谷三十年豈可作王門折腰吏耶

論曰晉室衰廢中原雲擾羯[illegible]之氣瀰漫河洛是何等時耶少文蓋有以知之矣與其遑遑救人之不可救之勢又豈若樂天知命以全其天年乎

虞翻與弟書曰長子容當爲求婦遠求小姓足使生子天其福人不在貴族芝草無根醴泉無源

論曰世人爲婚以門第相夸尚女長子大有終身不婚而成亂者有得强援以凌其夫傲其舅姑彼詎知妻以配德之謂乎況貴家大族爲富不仁禍已泯而禍必至吾苟與之締姻鮮有不爲其所及者也虞翻之言足以警世之不智者矣

朱桃椎成都人淡泊絕俗被裘曳索結廬山中常織芒屩置道上見者曰此居士屩也以菜著置其處易之唐初高士廉治蜀備禮見之不答士廉曰欲使我以無事治蜀矣

論曰桃椎之行雖不合於中庸然其高世之行無求之志則非它人所及也世人得之若驚失之若

驚外重而內輕者聞其風得不爲之愧哉

朱松字喬年生有俊才天然秀發自謂卞急害道取古人佩韋之義以名其齋出守建陽晚年屏居建溪日以尋舊學爲事玩心義理之微放意塵埃之外有以自樂

論曰韋齋因褊急以韋名其齋豈所謂克其性偏難克者耶觀松氣象何物可以干其志也世之人立於初年者有矣至於晚年不流於稽老則滯於留連光景而已豈有如韋齋玩心於義理者哉宜

乎生子集大成爲萬世之宗師也

呂公著字晦叔識慮深遠公輔器也宋熙寧中起知河南尹賈昌朝温公程伯淳餞於福先寺温公與公辨論出處不已程伯淳以詩解之曰二龍閒卧洛波清此日都門獨餞行願得賢人均出處始知深意在蒼生元祐中與温公僉相歷事四朝俱重清儉出於天性冬月不附火夏月不用扇寡嗜慾薄滋味聲色華麗視之漠如也宋帝御書其墓曰純誠厚德之碑

論曰莊生有云慾嗜深者天機淺蓋嗜慾者戕性

之具也苟能恥於此則天機日削天機者人之虛靈也彼嗜慾既深矣則此安得而不靈哉呂公夏不扇冬不火非矯情也一性定靜天機明妙耳世之人憐於中而撓於事膠膠汩汩有如狂者如之何而能理大事耶宜乎歷相四朝而得君心也

杜林字伯山博洽多聞時稱通儒初客河西拘於隗囂而不屈節弟成卒囂聽其持喪歸而遣刺客楊賢邀殺之賢見林身推鹿車自載弟喪嘆曰我雖小人何忍殺義士因亡去後光武召拜侍御史

論曰不仕隗囂則其節可知矣至於親推鹿車載其弟喪其友愛之情爲如何也耶誠然天倫之懿宜乎有感於楊賢也雖然若賢者抑亦可人也歟聞義則服賢之謂也

武攸緒則天姪也恬淡寡慾日以周易及老莊書以自怡隱居龍門少室間冬蔽茅椒夏居石室晚年肌肉充潤瞳有紫光晝能見星

論曰易之同人一陰居衆陽之內衆陽之所同欲聖人恐其昵於私也故戒之曰同人于野亨同人

于曠野則無偏暱之私矣然六爻之中惟初九上九二爻爲善初則無偏私上則居曠野其他則皆弗逮也當武后僭亂之時宗族誰不願附之附之未久禍結滋甚攸緒獨能避然遠遁存心物外非識見之卓絕德行之謹密者能如是哉可謂得同人于野之義矣莊生云禍輕乎羽莫知之載禍重於地莫知之避若攸緒者非所謂善於避禍者歟嗚呼不可及矣

管寧字幼安少與華歆同席讀書門外有乘軒者過

歆弃書遠徃覩之寧恥之而割席曰子非吾友也又嘗與歆共鋤菜地得金寧揮鋤不顧歆則捉而擲之漢魏之際居遼東二十年匿景藏光嘉遯養浩魏明帝安車蒲輪束帛加璧聘之寧不受家貧好學一藜床五十年當膝處皆穿

論曰志之於人也大矣夫事之廢興身之成敗莫不由是而致焉寧與歆生同時學同道其所以異者志也寧則清風峻節名高萬古歆則失身喪節委質二姓豈非志之所致耶詩曰彼其之子舍命

不渝寧之謂也

裴休字公美兄弟皆塾書誦經夜著書終年不出戶有饋鹿者諸生共薦之休不食曰蔬食猶不足今一啖肉後何以繼

論曰士君子患乎志不立耳志茍立焉則天下何物可以干其志哉若休者抑亦有志者歟夫口腹之欲無窮也以有限之年求天下無窮之欲吾見志之不遂而身耄矣何益之有此君子所以淡然而無所滯也

顏含字弘都有操行郭璞過含欲爲之筮含曰年在天位在人修己而大不與者命也守道而人不知者性也自有性命無勞蓍龜

論曰蓍龜古雖有之然必先決於己而後資於神去古既遠人心乃蝕擾擾膠膠莫知攸主於是聽於神而不明夫理矣若含者詎非知所重歟

嚴尊字君平西漢時人卜筮於成都市日閱數人每依卦辭教人以忠孝日得百錢足以自養則閉肆下簾而讀老子蜀人羅冲具車馬衣糧勸之仕君平曰

我有餘君不足柰何以不足奉有餘冲曰吾家萬金子無儋石之儲何謂有餘曰吾嘗宿子家見子晝夜汲汲無有足時我賣卜不下床而錢數百埃塵厚寸無所用之豈非我有餘乎年九十而終

論曰最難制者心也最無窮者欲也以難制之心逐無窮之欲役役乎不知入於禽獸之域也君平告人以忠孝者使人心知所重也得百錢而自足者戒此心無所貪也若君平者抑亦不顧乎其外者歟

閔貢字仲叔太原人世稱節士客居安邑
猪肝一片屠者或不肯安邑令聞之勅吏常給仲叔
聞而嘆曰閔仲叔以口腹累安邑耶遂去客沛

論曰節卦上六居節之極節之極者也固守則凶
然禮奢寧儉故雖有悔而終得不亡之吉也若仲
叔者豈非苦節者歟一肝尚不可得可謂苦之極
矣然又孰知其此心之天泰然無愧耶彼昏夜
扣人門戶而驕人於白日者大有徑庭矣謂之悔
亡誠乎其悔亡也

步騭字子山漢末避難江東與衛旌同年相善俱以
種瓜自給一日共修刺奉瓜獻焦征　坐騭於牖下
以小盤飯食之旌不能食騭曰吾貧賤遇之當何愧
哉後爲吳丞相

論曰士申於知己詘於不知己彼既不知我矣我
若與之校曲直則彼爲能信我哉若騭者可謂能
自處矣

李垂明道中知絳州還朝閤門祇候李康伯謂之曰
謂曰舜工文學議論稱於天下諸公欲用爲知制
但宰相以舜工未曾相識盍一往見之垂曰我若昔
謁丁崖州則乾興初已爲翰林學士矣今已老大焉
能隨羣逐隊趍炎附熱看人眉睫以冀推挽乎道之
不行命也

論曰余讀韓子送李愿歸盤谷序云伺候於公卿
之門足將進而趦趄口將言而囁嚅未嘗不掩卷
而嘆也近世以來士風不振者由士子好於奔競
而自辱耳若李垂者豈非識大體而自重者歟

范式字巨卿張劭字元伯相友善劭卒式夢劭呼曰

巨卿吾以某日死某日葬子豈能相及式馳赴之未
至而喪已發將至壙柩不肯進其母撫之曰元伯豈
有望耶移時見有素車白馬號哭而來其母曰必巨
卿也式因執紼引柩乃前

論曰朋友爲五常之一其所係非輕也今之人以
其狹小之量忽乎朋友之道相忌相軋擠之死地
而不恤不亦深可悲哉觀范張之事誠有關於名
教不小易曰二人同心其利斷金豈不信乎

沈麟士齊人也其所着屐爲鄰人所認麟士曰是卿

屐耶郎跣而返鄰人後得屐以前日誤認之屐還鄰士曰非卿屐耶笑而受之

論曰古之人所以不可及者非惟其識之高於人正以其量之過於人也量繇識而充識量者君子之所以處亂世待小人之道也若鄰士者豈非識量之兼備者歟

北宮子衣其短褐有狐貉之溫進其茂菽有稻粱之味庇其蓬室若廣廈之蔭乘其蓽輅若文軒之飾終身逌然不知其爲貧也

論曰寒之於衣不待輕暖饑之於食不待旨甘易足者皆可怡老子曰知足不辱知止不殆以方寸之心役無窮之慾僕僕百年曷能已乎此君子之所處貧賤也北宮子豈其人歟

劉器之爲司馬公所重元祐間薦爲館職謂器之曰足下知所以相薦否器之曰某獲從公游舊矣公曰非也某閑居足下時節問訊不絕某位政府足下獨無一書此某之所以相薦也

論曰附炎趨熱人之常情世降俗澆士風不競知所自重者盖鮮矣若器之者豈非自重者歟然非司馬公之賢則無以知其人矣惟賢知賢吾於二公見之

仰山脞録

江右劉文振

夫善行嘉言德之章也前龜後鑑學之則也見聞日涉景跂斯勤儼高山之覩惕仰止之懷將以插庸品於前路漸塵抱以休風庶幾思齊之希儕進善之有宗也事悉本代紀非以次故曰脞録

丁鶴年

洪武初詩人丁鶴年西域人也常卜日葬其父霖雨十日不止鶴年仰天悲泣翼日雨止葬畢雨如初將兵亂後失母墓所在悲慕深切夜夢母告以葬所鄰翁韓重者亦夢焉即其地求而得之見母屍正中一齒如漆復嚙指滴血試之良驗遂改祔父壙其誠感如此人呼丁孝子善吟詩有集行於世

章贊善

贊善大夫龍泉章公溢始生其音如鐘父母疑爲不祥幾不舉及成童凝然莊重不習鄉井輕儇態至正壬辰蘄黄妖寇自閩犯龍泉公與從子存仁避亂山中存仁爲賊所得公心計曰吾兄止有一子不可使無後挺身出語賊曰兒幼無所知我願代之賊素聞公名方出重購以求之及得公大喜賊帥欲問計公正色拒之曰若等皆有父母妻子願爲此滅族事耶賊怒繫之柱以刀磨其脇曰不降者死公曰貪生惡死固人常情然吾終不爲不義屈賊益怒曰汝誠不畏死曰即死何畏乎賊壯之不敢加害公夜紿守者乘間脫歸避地閩中　太祖以東帛召公遂起爲佐命勳臣

楊退庵

西昌楊退庵卓洪武初爲廣東行省員外郎有周參政者煩苛刻兵卒二十人入山伐木二卒山丁邂逅婦人獨行曳入道傍林中欲亂之婦人怒罵不從即共殺之婦家蹤跡得屍盡疑二十人者所殺訴行省悉捕至周肆拷掠皆引服屬退庵署案退庵曰殺一婦安用二十卒自周周艴然曰員外欲縱殺人賊乎悉付退庵遂列之庭下視其色聽其詞指二卒曰殺人者汝也即吐實伏罪徵其所殺刀斧驗之皆合十八人者得無罪周問員外何料事之審退庵曰二十

人存心宜善惡異也如背在卽不能亂況殺之乎周稱服

王賢良

蜀南部王樂善天爵洪武間舉賢良入見　上問曰汝讀何經且試其欽若昊天之文稱　旨又問汝知知縣知州如何做對曰首要得民心民心旣得則州縣之事治矣又問汝知知府如何做對曰戒左右勿爲州縣之擾州縣無擾則府事治矣又問汝知布政如何做對曰臣井蛙無遠大之識不敢强惑　聖聽

上喜曰謙而婉天爵之對也遂授太原府知府綽有政蹟

方正學

方正學先生孝孺少侍潛溪宋公濂寓京師會大雪太祖宴群臣命各爲瑞雪賦宋公旣醉還邸不能執筆以意屬先生賦翌晨上進　上讀之謂曰此非卿筆辭甚雄偉有用之才也宋公以先生對　上卽召見　賜緋袍銀帶但無冠耳命大臣陪宴先生披袍束帶凝然中坐言動莊重在座咸驚　上連遣內侍窺之還報　上曰朕不能用斯人聞輔嗣君耳後果死革除之難焉

趙雙硯

臨海趙太守洪武間卒業太學爲中貴題織婦圖云蠶未成絲葉已無鬢雲撩亂粉痕枯官中羅綺輕如布爭得王孫見此圖　太祖幸中貴宅見之詰問中貴以趙對卽召除肇慶知府在郡有廉聲及歸嘆曰昔趙清獻持一硯今吾倍之遂持二硯以歸時號趙雙硯

夏忠靖

夏忠靖公原吉先世德興人大父以官寓湘沔遂家湘陰公德量汪洋人莫測其際時同事有性褊急者嘗書公姓于座右以自警少忘之性如舊嘆曰夏公眞不可及也或問公量可學乎公曰某幼時人有犯者未嘗不怒始忍于色中忍于心久則自熟殊不與人較何曾不自學來又曰處有事當如無事處大事當如小事若先自張皇則中便無主矣公薨贈太師國朝輔臣贈太師自公始

張侍御

侍御淸江張公錞以進士巡關宜德初督銀場於寧德崇學校禮師儒嘗堂試諸生作詩曰一鳥不鳴鸞舍幽東風簷外彩雲流喃枚多士胸襟壯織錦何人手段優應有長公當避舍縱非釋子也低頭六經仁義如周道分付諸君莫浪求既試品高下優獎賞士皆爭奮政暇與士夫觴咏往來不計勢分嘗拓學地築池架亭曰觀瀾又建閣修齋廡鑄鐘鼎造祭器百度一新時年甫二十四少年有爲寧人至今頌其功

鄒立齋

合州立齋鄒公智少負才氣未冠發解全蜀赴會試過三原謁尚書王公恕曰智此行取甲第非所急所急者扶陽抑陰此疏不可不上也王公微哂而罷及入試果登第授翰林庶吉士即上扶陽抑陰疏指斥大臣無所顧忌有曰切照少師萬安持祿怙寵殊無厭足太保劉吉附下罔上漫無可否太子少保尹直挾詐懷奸全無廉恥世之所謂小人也願　陛下諷之亟辭以全其體給之餘祿以飽其欲放之田里功休其勞則天下之弊無不革矣再照兵部尚書致仕王恕立志忠勤可任大事兵部尚書致仕王竑秉節剛勁可寢大奸北直隷巡撫右副都御史彭韶學識醇正可決大疑世之所謂君子也願　陛下予之安車以優其體賜之手詔以重其行置之左右以展其蘊則天下之利無不興矣云云疏奏謫吏目卒於嶺南事詳理學名臣錄

周翠渠

莆田翠渠周公瑛知廣德日有道士作法能使童子

舞公摘樹葉置童子懷中戒之曰汝第舞但樹葉落地則笞汝矣於是道士百計作法童子凝然不動蓋童子心以守葉爲主也以是見人心有主則不動公在廣德嘗著祠山雜辯以息好鬼之俗善政不可縷舉云

楊文懿

鄞尚書楊文懿公守陳在妊時母夢大星入懷及生天庭有黑子狀如北斗人以爲與比登第入翰林每進講必傳經義以納忠誨一日講說命有曰明君圖

治常患其臣不言忠臣進言惟恐其君不行臣不言則君徒負聽明而罔聞乎治要君不行則臣徒費講說而無補乎上德臣言之而君行之若高宗傅說可以爲萬世法矣於武成有曰衆論稱舜無爲而治周書稱武王垂拱而治是則帝王之治皆不勞而佚蓋舜所以無爲武王所以垂拱皆常憂勞而有爲乃始佚樂而無爲也嘗作内宴樂詩以時方逸豫則曰謂豐大必宜日中故豫亨尚處城復以時方尚邊功則曰慕帝舜之格有苗思宋國之相司馬以時方貴異

物則曰不作無益而功成不寶異物而民足乃召公之格言無輕民事而惟艱無安厥位而惟危又伊尹之明訓公既進呈語他學士曰萬一蒙　上過聽不賢於優孟滑稽之談乎

羅東川

吉水東川羅公僑歷官有聲嘗爲台州知府至今台人稱德政以公爲首平生潛心理學所養甚正嘗著潛心録以貽其子所論性理之懿極有旨義眞學者所當潛心也有云每見青天白日便看吾心光明何如每見雲影蔽日便看吾心昏蔽何如每見草木生意便看吾心生意何如每見禽獸自適便看吾心自適何如又云人於一日自朝至夕由興至寢不可有一毫惡念惡念一萌即斬絶之使根株悉拔不可一息無善念善念一萌即充廣之使若泉達火然予謂只此二條人能體驗於心身則心無不存而身無不修矣德學如公眞一代巨擘

董蘿石

海寧蘿石董公澐厲隱操有志正學行義多可稱其

兒貧即割已產周之友人鄔鼒以田來質後鼒疾革出券毀焉自爲經理喪葬性好吟每有所感輒發之詩家徒壁立一不經意人有所餽一介不受一時詩家吳下沈石田關西孫太白關中鄭少谷皆相賡酬放浪形骸流連山林有終日長嘯而忘返者年六十七聞王公陽明守仁之學負笈走游其門得聞良知之說幡然改曰不如此得稱爲人乎悚然就弟子之列人問之則曰從吾所好耳更號從吾道人子穀舉于鄉欲受校官爲養公止之期以大就臨殁自吟曰

我非汙世中者儔侶來七十七春秋自知此去無此桊一道天泉月自流

見聞紀訓

安吉陳良謨

歸安施相之（名佐）翊之（名佑）兄弟俱爲知州致仕家居田產參差有脣齒之隙親友月爲處分不能解同邑溪亭嚴公（名鳳）素以孝友著聞事兄如父周恤保愛無所不至是時偶遇翊之於舟中語及產事公蹙然謂曰吾兄懦吾正若之使得如令兄之力量可以盡奪吾田吾復何憂因抑涕不已翊之廼惻然感悟遂挈溪亭同至兄宅且拜且泣深自悔責而相之亦涕流慰解廼各欲以田相讓遂友愛終身人咸稱嚴以誠感施以誠應鄉邦美事至今猶樂譚云

同年葉肅卿（名應驄鄞人）爲刑部郎中以勘獄忤時宰謫戍遼東余服闋赴京會於薊薊人魏維翰（名應召）亦爲刑部郎謫戍還家來訪余因同過肅卿舟坐中語及郡守李公曰此君之同年也今君遠戍宜有厚贐云肅卿艴然不悅曰魏君烏得爲是言吾畱此豈有覬耶既別遽解纜去李公聞之疾趨挽畱一餞不肯止廼遣吏持贐追至滸墅再三陳懇悃意弟領之英

所贐雖箋餌微物皆峻郤無一受者夫肅卿當患難顛沛之特而不苟如此其志節可尚也已

余素承太宰漁石唐翁所知比北闈梟過蘭溪特晉謁焉臨别翁曰吾欲造君舟一拜余有足疡不能步行當遣兒子汝楫代來余曰小子何敢勞翁但翁官居八座年邁七旬天下大老也孔子曰吾從大夫之後不可徒行翁學孔子者而顧欲過之邪翁曰固然第吾楓山先師（名懋尚書）歸祇是步行未嘗乘轎適姪朴菴公（名拯侍郎）及竹澗潘公（名希曾侍郎）俱守此禮吾其敢違

吁浙有楓山猶魯有岱嶽遺矩儼然而諸公皆能率履不越如此觀近時少年纔登一第還鄉乘軒擁蓋揚揚過閭里者果何如耶

同年建德王本立（名建）嘗語余曰渠爲諸生時提學歲考之後適有分守某参政行縣諸生謁見問言及考事惟問案首姓名幇補進學人數而止餘不問焉越數日分巡某僉事繼至亦對諸生言及考事惟問黜退停降撲責人數而止餘不問焉諸生適私相論曰二公發問相反如此吾屬識之且觀二公去後祿位何如乃後分守公官至戶部侍郎子相繼登第僉事公陞陝西副使過安化王作亂腰斬之吁豈謂一問遂能致禍福哉蓋言者心之聲而行之表也存心仁厚則一言一行動依于厚焉存心刻薄則一言一行動依于薄焉君子以厚德載物彼殘忍刻薄之人豈享福祿之器哉

正德三年州大旱各鄉顆粒無收獨吾村賴堰水大稔州官槩申災得蠲租明年又大水各鄉田禾渰沒殆盡而吾村頗高阜又獨稔州官又槩申災租又得

免且得買各鄉所鬻產及器皿諸物價廉獲利三倍於是大家小戶狠戾僭越戲劇宴飲無日不爾意揚揚自以爲樂也余乃謂家叔兄曰吾村嘗有奇禍家叔兄問何也余曰無福消受耳吾家與都與張根基稍厚猶或小可彼俞費蔣李四小姓恐不免也家叔兄殊不以爲然未幾村大疫四家男婦死無孑遺惟費氏僅存五六丁耳至此家叔兄稍動念問吾三家畢竟何如余曰雖無破四家之甚損耗恐終有之越一年果陸續俱罹回祿嗟余爲此言豈無稽哉大抵

冐越之利鬼神所忌而禍福倚伏亦乘除之數況又暴殄天物耶

正德庚午余遊學廣德忽本庠張掌教名孟敬閩人使人呼回謂余曰歸安武大尹名尚文晉江人適蔡虛齋高弟今科必入簾吾介爾往拜其門以文字結知師友之情人孰無之場中當必留意余唯而出私念窮通得失有命在天進不以正識者所鄙遂托辭不往而是歲僥倖中式適恰由武公所取加溢美焉當時設從張師之言則彼此無以自明終身含媿多矣可見人之出處預定真不須分外求謀徒壞心術也

正德甲戌余下第歸與韋南茗名爾臣同舟至寶應湖風浪甚惡余戒舟子勿渡南茗強欲行余持之堅乃作詩以膽小兒誚俄鄰舟徽友四人解維而行南茗指之曰彼獨非人邪遂促使必行舟子不得已方整理篙楫顧視前船開未一箭地忽一浪撲沒不見蹤影矣於是南茗提胷咋舌余亦愕然曰膽大者當何如哉此亦可爲冐險躁進者之戒

龍西溪僉憲名覺語我曰往年在京師其同年友某行人一日過溪西邸謀曰吾欲詿門籍幾日何如西溪問故答曰近有湖廣差我將避之耳西溪曰何哉湖廣非險遠況尊翁在堂便道一省覲豈不善邪欲避邪行人曰實不然吾聞吏部將選科道者承此差恐不得與選吾且避之則楊子山嘗行子山名艮乃西次某行人者溪曰若爲此吾不敢阻君行人竟稱病詿門籍不意纔數日吏部遽開選某行人勢不可即出楊應上選遂得吏科給事中某行人徒撫膺悵恨而已可見爲謀不臧適以自敗反以成他人之功良可哂也已

梅溪一富翁最貪而吝之積銀幣錢穀日益充積余每對錢煥卿曰此人當有奇禍問曰何也曰財積不散又無一善狀欲無殃得乎過二三年余又曰此人禍且至矣錢又問何也曰曩惟貪吝可鄙而已近聞漸驕横非速禍哉未幾爲賊刺殺之

遂昌士人劉介峯言其近處村中有三人同行前臨一渡値溪水驟漲而舟在彼岸中一人素愚戇二人乃誘使脱衣泅過取舟其人出没湍流中幾至滅頂僅而獲濟乃復竭力撑舟來渡二人二人登舟剛欲

撑開愚者忽肚疼欲泄不可禁亟跳而登岸二人遽揮手曰日已暮吾不能候汝矣遂撑去賊而水急舟横抵岸一觸俱覆溺焉而愚者固在岸自若也夫因其愚而擠之于危以自利即此一念不仁甚矣其覆溺也宜哉

同年諸揚伯名偁語我曰嘉興有一賈人積銀數百兩貯以磁甕以金釵二股置其上瘞地中乃出賈於外不虞爲其子窺見之竊發其瘞視甕中惟清水一泓耳以手攪探之無物遂封蓋如故比其父歸發甕取

金覆其數不減而次置攪亂問其妻曰吾瘞金誰曾發耶吾所置金釵在上今顧在下何耶後其子稍自言其故衆相駭歎以父之財子猶不得而有之況可非分覬耶

朱筆峯名觀崑山人與余同官閩泉嘗言其家塾師之父楊姓者一日坐於門見一婦人過墜一銀簪于街石上鏗然一聲伺其去遠就其所視之不見止見一蚯蚓在石罅間蜿蜒良久俄一男子過其所徑俯拾之揚去乃高聲曰此吾所墜簪也其人知其僞楊老隨而牽其衣不釋其人乃取銀二分以一買魚一尾以一付之曰老者休纏將此銀沽酒煑魚作一夜消可也楊老乃歸置魚釜上買酒一壺令其媳煑魚煖酒間忽聞貓突跳釜上媳以杖撲貓竟銜魚去因覆其酒而併盛魚器碎焉人皆憐而笑之夫楊老簪化爲蚓似可怪矣而猶强索之其能食乎吁嗟乎貪夫哉吁嗟乎薄命之人哉

先進遺風

楚黄耿定向

學士宋文憲公濂嘗曰古人爲學必使心正身修措之行事俯仰無愧而已繁辭複説道之蔽也尤篤於倫品與人交和易任眞内誠外恕一見信服汲引後學如恐不及平居布衣疏食無異貧士或勸爲子孫計曰富貴一家物哉我乃所以遺之也自少至老未嘗一時去書致仕居青蘿山閉門纂述人不見其面權要索文者非其人雖罝金滿橐一字不與縱與之

亦不受偶日本使奉勑請文以百金爲獻公卻不受上以問公公對曰天朝侍從之臣而受小夷金非所以崇國體也

參政陶姑孰郡公安 上與儒臣論學術公對曰道之不明邪説害之也 上曰邪説害道猶美色眛目鮮不爲惑自非豪傑不能决去夫邪説不去則正道不興正道不興天下烏得而治公頓首曰主誠探本至論

楊文敏公榮大台魯中丞穆登進士後還鄉杜門讀書絶跡謁請嗣戒行還京有司具腆贐贈之固辭弗受或曰行以贐禮也奈何拒之魯公曰筮仕之始未有分毫益於鄉里而先厲之恐乎嗣拜監察御史尋擢福建僉事摧抑豪右無所顧避文敏時執政家人有犯者亦不少貸文敏以爲賢特薦于宣廟遂拜僉都御史魯公歷仕二十餘年家無餘貲被服如寒士卒之日家無以殮賴諸公卿賻始克襄事跡公終始若此於文敏之知可謂亡負矣

楊文定公溥執政時其子自鄉來省至京邸公問曰

一路守令聞孰賢其子曰兒道出江陵其令殊不賢曰云何曰即待兒苟簡甚矣乃天台范理也文定默識之即薦陞德安府知府甚有惠政民到今頌之再擢爲貴州左布政使或勸范當致書謝范公曰宰相爲 朝廷用人非私理也何謝竟不致一書逮後文定卒乃祭而哭之以謝知己云

楊文懿公守陳以洗馬乞假覲省行次一驛其丞不知其爲何官公與之坐而抗禮卒然問曰公職洗馬日洗幾馬公漫應曰勤則多洗懶則少洗無定數也

餓而報一御史且至丞乃促令讓上舍處之公曰此固宜然待其至而讓未晚也比御史至則公門人也跽而起居丞乃覘御史不見蒲伏堦下百狀乞憐公卒亦不較歸則讀書山間不輕謁官府時陸司寇卒有御史過而不弔也公欲警之於其來謁令閽人辭曰適聞弔陸尚書先至彼以候以故失迓御史旋復詣陸先令其子主事君至彼辭曰家大人遲公良久不至乃歸其人頗慚公偉才高第藻詞淵學藝林推爲雄長而介潔自持未嘗干求恩澤爲翰林五品者十有六年而不調權倖有欲引之者使所親諭意公語所知曰吾猶嫠婦也茹荼積久乃以白首改節耶濡遯散秩竟以三品終

李文正公 東陽 幼負儁才藉有清譽藝林推爲神駿雲路比之祥鸞其推轂天下士孜孜如不及也其爲相也會逆豎劉瑾亂政毒螫縉紳公委曲周旋多所全濟衆頗賴之葢瑾竊太阿之柄大肆憑陵目中已無 天子獨公以素望稍加欽重其淸約之操出自性成冬月不爐披冊操觚不勝其慄輙就日而暴之日移亦移其儉如此余家尚書 邦奇 公門人也一日侍坐有興化守者亦公門下士以覲事至京繊兩帕四扇令從吏饋公公曰扇以染翰固可但多帕奈何吏頓首于庭乃啓緘取扇而歸其帕云即此一事古風可想已

于肅愍公 謙 被害時籍其家無長物惟 上賜盔甲袍帶未幾代公尚書陳汝言敗 上曰于謙囊橐磬懸汝言贓穢山積賢否相去奚啻天淵石亨害公者從旁聽 上言低頭大慚

章文懿公 懋 公任翰林時 朝廷舉張燈故事時命下詞臣詠詩公率同官莊㫤黄仲昭援蘇長公疏意直諫忤 旨左遷尋陞僉事年未及艾即力辭官歸力田自給四方學者雲從家貧糲蔬脫粟而餉之或諷爲文章曰弗暇或請著述曰儒先之言至矣盡矣刪其繁蕪可也弘治中薦起爲南監祭酒以母喪力辭 詔增設司業攝以居終制赴官 世廟初進南禮部尚書致仕公嘗謂門人黄瀠曰待客之禮當存古意今人多以酒食相尚非也聞薛文清公居家

留客止用以雞黍盛以瓦器酒三行就飯而罷又麵文靖公居家客至必留飯止一肉一菜雖不之公府必同訪舟次有所相遺必答禮不虛受人惠此二公可法云

羅文毅公倫性慷慨樂善不疑人欺自少厲志聖賢之學嘗曰舉業非能壞人人自壞之耳郡守嘉其學行而憐其貧命邑令周之謝弗受成化丙戌　廷對幾萬言指切時弊拳拳以格君務學爲說中稱引程止叔親賢士大夫之時多親宦官宮妾之時少語執

政欲節其下句不從　賜及第授官修撰後會大學士李賢遭喪去　朝廷留之公請其第告以不可踰數日歷陳起復非是援宋富弼及劉珙故事疏奏忤旨落職提舉泉州市舶明年商文毅相　召復原官尋改南京問白沙陳先生緒論慕之以疾辭歸時與來往居金牛山山有洞名曰太玄結茅以居取給于隴畝往來其樵牧受徒講學以註經爲業若無意於世者嘗欲倣古置義田贍族或助之堂食錢弗受一日訪友值嚴寒衣單縷爽不可忍入其書室擁衾而坐友人知解衣衣之行過乞人假于途輒解以覆之去客晨至留飯妻語其子曰瓶粟罄矣之隣舍干之比舉火日已近午亦曠然不以爲意大率義之所在毅然必爲人之毀譽欣戚事之成敗利鈍己之死生禍福皆所不顧云

吳文定公寬歷官翰林坊詹侍康陵東宮宮中侍監不欲太子近儒臣數移事間講請公率官僚上疏諫（詳實錄）弘治十七年集議　孝肅太后祔葬　廟禮廷臣皆是公言定議　上喜謂大義深恩並行不悖

云（詳實錄）公爲人靜重醇實無慨慷激烈之行而能以正自持過有不可未嘗碌碌苟隨好古力學至老不倦於權勢榮利則退避如畏又篤厚倫誼未第時嘗讓貢於其友同年賀解元遘疾京師歸其家朝夕視之死爲服一月喪其篤友誼如此既官尚書歸至里第步行未嘗乘輿

謝文正公遷初入翰林有御史驟陞都憲臺中循例丐公言爲賀文公諗其人素不爲公議所與竟辭不作

王文恪公鏊公初授翰林門力學避遠權勢弘治中補充經筵講官中官李廣怙寵干政公進講意存諷諫　上退謂左右曰講官云云意指若曹也後廣敗大臣多被汚公獨不與戚畹壽寧侯與公有婣絕不與通歲時問遺輒麾去或以爲過公曰昔萬循吉攀附昭德吾嘗恥之乃今自附壽寧耶

鄒立齋公智年十六發解蜀省迎宴日閭巷覩者藉藉嘆羨公馬上占絕句云龍泉山下一書生偶占三巴第一名世上許多難了事市兒何用喜相驚比上春官時鄉里一尊官見而欣羨之謂曰某省一解元與子相若可一訪否尊官蓋俗輩第羨其均以妙齡擢魏科云爾公初以其爲同志也亟訪之才晤坐已其人忽問曰子省楣首坊金視衆舉子爲增幾何公大恚即拂衣起不答而出吁燕雀安知鴻鵠志也黄人謂王孝先曰狀元試三場一生喫着不盡孝先艴然曰平生志不在溫飽類此公既第選館中秘應部陳言論進君子退小人大忤權貴謫某州吏目公年雖不永未竟所志其閎議偉節到今燁然烈矣

先進遺風　七

朱恭靖公希周公仕至南冢宰歸里吳中市貨盜衒紛華滿耳入公之室蕭然如村落中見野翁環堵出與賓客游魚魚雅雅宛然一邑庠中舊將弟子後生閒有小不檢則相戒曰恐朱先生知也

王文成先生守仁家居時里人有求鬻其産者先生辭卻已一日先生偕黃從吾王汝止諸門弟游山偶經其處覩其風景佳勝東默悔前之未收也忽惕然內訟曰是何心哉有貪心便無恕心矣且悔且訟兩念交戰膺中行里許始化徐以告從行諸弟曰克己之難如此云

魯文恪公鐸爲舉人時屬遠行遇雪雨泥濘夜止旅舍宿憐馬卒寒苦即令臥之衾下因賦詩云半破青衫弱稚兒馬前怎得浪驅馳凡由父母皆爲子小異閭閻我却誰辜在世情皆可笑恩從吾幼未難推泥途還藉來朝力伸縮相加莫漫疑又爲秀才時曾有詩云古樹岡頭屋數椽主人家世只殘編居臨江漢東南會運到雲龍五百年七澤鳶魚渾道體九州兄弟或顚連西前老鳳雛將近會見梧桐月影圓郎公

先進遺風　八

家食時共志趣如此今富貴家子弟鞭撻童僕不知輕重忍視骨肉疾苦殆猶秦越獨何心哉

何學憲公景明　公初授中書舍人奉　敬皇帝哀詔下雲南遠方君長及中貴人咸贈遺象犀珍貝謝弗受後逆瑾用事上書諸大臣言宜自振立以抑瑾權不用謝病歸踰年免官瑾敗李文正薦復原官直內閣制敕房經筵官其友李夢陽遭江西之訟衆多媒孽其短莫肯爲直者公獨上書爭之訟得辨執清官災上書陳時政極言義子不可畜宦官不當寵疏畱

中不下人爲寒心時四方學士咸願知公車馬塡門巷錢寧欲交驩公持古畫求題謝曰此名畫不可點汚卒不許師御史客死京邸中人廖鵬贈之棺公叱却之曰吾友生不苟受豈以死受之哉遂自出金購之公和粹冲　人樂爲友衆目爲台輔中人然性簡意寬不善事樞要遂出爲校文之職年亦不永人咸惜其未竟厥諸云

呂涇野先生柟　旣入翰林力學慕古時逆瑾用事先生以鄉人欲引先生爲重啗先生賺與鄉佐且援先朝故事得入內閣先生遜避不與往來瑾撼且中傷先生會瑾敗得已嘉靖中夏貴溪怙寵負材傲睨一世顧獨欽心先生先生避南少宗伯時貴溪聘先生詩云天下有道惟涇野其尊信也如此

文莊東廓鄒先生守益　字謙之甘泉湛先生九十餘游衡嶽便過吉州游青原山先生率郡中同志友二三百人走迎且戒之曰湛先生當兹高年猶殷殷訪友如此卽此可證其學矣古云憲老不乞言吾儕第應憲之更不容出一語辯詰煩聒先生也晨夕定省

食而執醬執酳一遵古養老禮惟謹維時先生年亦近七十矣蓋以湛先生爲師王文成莫逆友　或事之謹如此嗣湛先生別歸先生送至境上別時淚潸然橫下沾襟湛先生顧慰之曰謙之何悲甚豈念予老不復再會耶余過十數年重來勝公也余緬想當時此段風光良知天理烱然在目卽唐虞之庭洙泗之間喜起闇侃之風何以尚諸

念菴羅先生洪先　魁天下時才弱冠時外舅官棘寺卿報初下喜甚趨告先生曰喜吾壻乃今幹此大事

也先生聆已而項發赤對曰丈夫事業不知更有多少在此等三年遮一人耳奚足爲大事耶是日猶自袖米偕黄何二孝廉聯榻蕭寺中論學焉

魏文靖公驥讀書山寺中見一毒蛇方化鱉惡而避之俄有漁者捕之以去公懼傷人追買棄之貸所錢以償既以博士挈家累官吏部侍郎參命往南都考察京官時官舍止携一蒼頭歷年所積俸貲携之不可歸之無人乃召同鄉同年子官刑曹郎者付之其人請封鑰公怫然曰後生輩何待前輩薄乎其人

不敢復言

王莊毅公竑爲督漕開府淮揚時清河衞指揮單姓者行不撿公嘗折抑之尋公遭煩言免官歸過清河揮使祗候于江滸具饌致慇懃公嘉其誠欵擇受數瓩以爲醯醬也既發用之則皆糞穢罪蓋藉以紓夙恨云乃公舟抵徐後有言者表公生不忠節　上下命公還官指揮乃逃遁遐方詐爲死家人故爲發喪治殯以愚里人人有仇指揮者廉跡其所在執而訟之于公公竟不較前侮不其訟而遣之淮揚間至今

語曰王都堂不較罪指揮不念舊惡云愚按王莊毅手捶死馬順于殿陛間蓋矯矯剛方人也乃容忍又若此

王端毅公恕由庶吉士授大理寺評事陞寺副出知揚州府屢辨疑獄歲饑發廩不俟報且給醫藥多所全活歷江西河南布政拜右副都御史撫治荊襄南陽多平賊功帥欲縱兵搜山公不可下令擅殺者斬復榜示流民復業年八十餘葺廬於先隴之次搜閱典籍編歷代名臣諫議一百二十卷又作石渠意見

務剗俗學而求合於聖賢之旨凡四卷後又作石渠意見拾遺二卷已又構玩易軒討究易理作石渠意見一卷讀書至耄不倦視衞武公之九十不怠交儆不殊也

耿文恪公裕授給事中以父九疇官尚書改翰林官至禮部尚書時嘗語人曰吾慕自部歸必經過三原王公之門見其老蒼頭每持杯買油念吾自入仕未嘗買油已心竊媿也後公代王爲吏書推後渠滇詞亦及此朝士皆言王公子自三原來京省公只如

士自僱一騾毫不干有司一女適朱監生止乘兩人
所舁肩輿此在公亦其常也近見楊太宰家眷往回
亦如是

許襄毅公進成化中公以御史丁艱還里已起復上
京惟乘馬其配高夫人素病眩暈不能御車亦騎而
從竟不索轎時仲子司徒誥方在襁褓叔子少傅讚
娠在腹而司馬論則其季也三子既皆登上卿諸子
姓列大夫牧守郎官者以數十當代世家稱其盛者
鮮儷云

陳司寇公壽由某科給事中累官刑部尚書致仕後
僑寓南京蒙詔進階一品羊酒綵幣存問公在諫
垣指陳時政得失無隱惟不喜彈劾曰吾父戒我勿
作刑官枉人而言官枉人尤甚顧可輕耶故公雖敢
言而不搜索士大夫短長以沽直名云

董大參公朴公大父曰應修解元官僉憲丈夫子七
蟬聯科第有故時爲南北御史者獨公父未仕公少
魯攻苦誦讀日不能識數行鄰父兄而憐之謂其父
曰卽君不慧讀書非其質也奈何苦之曷不令牧耶
公聞之憤丐工畫一牧子牧牛置座右益奮勵堅苦
力學比長而發慧卒成進士以文學顯累官大參公
中年家居時按楚直指使者公門人也其秋當主監
臨欲中公子先時緘書起居公循封所擬秋試經首
寄公公發書覽而火之竟不以示子子故亦績學負
儁材者後科遇別直指監臨亦卒中式是爲士毅號
三泉公參江藩時三泉公爲舉人家食遣僕候公宦
邸公召至榻前問舉人家居何爲僕對云里中比年
大祲餓殍塞途舉人日募工瘞殍骼幾千計矣公惻

然又問曰舉人故窶甚募工費何能辦曰每一殍計
工費穀若干斛皆貸于族叔某也公曰是義當爲者
因還書勉三泉公大意云凡義所當爲者闇然默而
行之更勿以章示人人微有取名意則淺陋甚矣其
書尚存余省覽之中數百言諄諄道此事更無一語
及家私也公嗣致政歸林下不肯以片字干公府嘗
有鄰翁橫罹盜誣爲郡捕而過其門號泣訴于公曰
公素習我善良幸活我公曰汝故知我素不干公府
也其人頓首泣而去已公徐復心惻之召之還曰憶

後廿年新第室余曾詩以賀汝尚在否其人曰在曰汝第持此往余不作別字也其人執詩以見郡守守覽公詩即愕然曰此非良善董公肯以一字假汝耶遂釋之其見重于時若此公晚歲豫爲宅兆豫製挽歌中有平生師魯叟死不愧門不之句三泉公嗣謁選爲蜀别駕巳丑歲以公務至京其年新第進士黄劉陳三公候之邸公胥令之侍坐首戒之曰慎勿輕買田吾爲舉人時爲人欺買田數畝爲所累甚甚謹識之嗣陞州守宦十數年許僅一青布袍一革靴耳

先進遺風　八　十五

赴任時諸子請曰大人平生志節兒輩能諒一切生事不敢少覬望大人矣第念大人年高蜀中多美材後事可爲計也公曰唯唯既致政歸諸子迎之水次間討於公曰往者兒請命爲後事計者如何公曰吾聞之人云杉不如柏也予曰大人今所具者柏耶公笑然曰吾兹載有柏子在種之可也吁公時子孫振振如是其所種柏子遠而滋蔭耶余聞劉端敏公師事三泉公其清節亦有自也哉

蔣司空公瑤爲揚州太守會　武廟南巡諸省騷動凡乘輿供御及官寺宦妾親軍將遺莫可貲算公曰備亦罪不備亦罪備則患及於民不備則患止於身乃僅爲供應之具不復横歛以爲媚悅自衣青布袍束黄金帶奔走周旋權倖江彬輩横加折辱不爲動一日　上捕得大鯉謂所獲者左右正欲中公曰莫如揚州知府宜　上乃呼而屬之公歸括女衣并首飾數事蒲伏而進曰魚有值矣他無所取惟妻女衣裝在焉臣死罪臣死罪　上熟視之曰汝眞酸子耶吾無須於此其亟持以歸魚亦不取值矣由是清節

先進遺風　八　十六

動天下歷仕至工部尚書白首懸輿卒無歿於羔羊之節士論韙之

周中丞公延初第時與其里中進士曾某同觀政刑部共賃一寓共租一馬更乘出入一日公先入部方回馬趣迎曾曾未及至而司寇公適蚤至鳴鑼升座矣司寇視班行曾不至詢其故公前以實對司寇公大詫曰今進士供乘馬耶亦大異矣予觀政時一僮携冠服徒步至三法司門乃服之入也今士風即至于此爲之三慨焉公諱今蕭右司寇鼐云蕭公亦吉

州人也丹使司寇公視今士習槪又何如

胡公壽安初任信陽調獲鹿永樂中任新繁在官未嘗肉食其子自徽來省居一月烹二鷄胡怒曰飮食之人則人賤之矣吾居官二十餘年嘗以奢侈爲戒猶恐弗能令終爾好大嚼如此不爲吾累乎胡三宰大邑不携妻子之任或誚之胡笑曰吾豈無糟糠之念嘗於是愚之熟矣吾輩讀聖賢書論居官治民之法孰不欲砥礪名節哉及登仕路以耳目玩好聲色之物喪所守者多矣矧婦人小子尤易惑也以是討

之故不欲妻子之爲累耳

少宰陶文懿公大臨余同門同年也第進士冑甲官翰林編爲 今上講官累遷至少宰資望將柄用而卒公官翰林時嘗以差出京便過家歸省尋還朝一日語余慨然太息曰吾儕一刻仕籍卽令念念濟人利物月行其德一生罪業不能贖掩萬一况吾官此閒局銜名清華不得親民將何修而可余曰云何公曰憶余往以差出京由京泝越寧家已出家自越還朝報 命往還凡幾千里或由陸而與所用負載役夫不知若干人或由水而舟所用牽挽役夫不知若干人念玆菜色枵腹之畔鶉衣異體之黎彭彭林林皆亦人子也或當炎蒸淋汗如雨喘息若雷或値嚴寒皸瘃淖濘衝冒風雪由此而躋頓道路委塡溝壑者何可數也此等罪業皆由我作如竺氏果報之說不誣能無惕然乎余聆亦爲之悚然者累日中心識之不忘今 公倘得柄用推此一念天下必多食其福者惜夫

畜德錄

四明陳沂

沂兒時侍外祖金靜虛公時公年九十餘道宣德正統間事甚悉弱冠接夏太常公崇文山其祖忠靖公所紀又述丘文莊公言前輩之可法者多忘去僅追憶得數事後奉吳文定李文正二公教及沂所目擊而著之成篇用以自警名畜德錄雖有不倫而取善之意不以人廢有信以終齒者雖細亦書正孔子所謂有所試之矣惜聞見不廣尚有

望于同志焉

蹇忠定公義善書　成祖手授金龍文牋命書外國詔偶落一字奏曰臣敬畏之深報復有此　上曰朕亦有之此紙艱得姑註之耳對曰示信遠人豈以是惜深然之復授以牋更書之

夏忠靖公原吉嘗得　賜古硯冬月僕炙冰破損甚恐公知召諭之曰受　賜不加愛惜吾之罪也遂釋之又嘗於驛中天甚寒驛人偶焚其襪公知笑曰隻襪何用不加責且以其所遺者賜之又詠蝸首諸後

四句云昂昂飽歷風霜古默默深承雨露滋寄語羣飛諸燕雀好來相近莫相疑人議公太和蓋性度寬大其言如此

孫原貞舉進士以修　實錄事至杭觀學諸生給事筆硯貯于蕭懋公謙在列進曰學校之設將養賢以為用耶抑供事書辦耶孫下席迎上坐謝過遂與定交公居大位薦孫為知己

魏文靖公驥嘗以俸金百兩委人為其家僕盡易之公竟不言他日事覺鞫出金還公其主始知公嘗語

人為子者當求名醫厚結之親有疾則信之必專召之必來也公為尚書北還一小舟常阻於要津其子稍設儀仗公見即命撤去曰豈籍重於是耶公致仕時往于田值御史官舟公岸引纜而行御史怪問曰魏驥又問曰蕭山魏驥又問曰尚書歸老蕭山魏驥也御史惶恐謝罪

尚書徐公晞少為刀筆吏縣有卒伍補諸發誤勾攝者欲公脫之夜飲公於家以他事出避其妻有美色令侑酒以悅之公不能留明日抱案已脫勾攝且語

其人曰吾非歸恐汝疑故述致此鄉人服之公爲任部郎中一員外郎每因吏必慢罵過宿呰請公待公不爲意其人卒於官親爲殮且厚賻之數年因其邑令照拂其家公之子以蔭官尚寶孫中書舍人亦至通政

王忠肅公翶自兩廣召爲吏部尚書舟次濟寧都水主事法以先後敘過問雖貴官不得越人怪之公曰彼立法安忍壞之至吏部郎調爲考功主事人兩賢之公在吏部門無請託太平侯時與　上鞠戲自童

可請會朝退從公後徐呼王問爲誰侯以名自通方以事啓公不顧作厲聲曰不請事侯惶恐而退公之夫人爲其從子請官舉觴既進公大怒起手擊夫於地即出隨使人返慰之事卒不行

禮部尚書姚公夔天順癸未春知貢舉試院災天下貢士死者相籍請論祭于郊祭自謂不能致防殃賢俊伏地慟哭觀者以萬數哀震數里

王文端公直在吏部時其子爲南京國學博士六在部文選郎中欲留侍公改北　公不可曰是亂自我始矣

岳正字子方爲翰林修譔　英廟甚重之嘗曰好箇岳正只是大膽後謫戍於邊自題其像曰好箇岳正只是大膽從今以後再敢不敢公性不能容人或謂公曰不聞宰相腹中撑舟乎曰順撑來可容使縱橫來安容得耶

威寧伯王公越都御史總制北伐時嘗親視諸軍食飲數賜酒肉動息必悉其情至犯令不少貸每暇命出獵計矢中禽之多寡於敵陣爲先後有將官告姦

受金者置之許出死力不問於是將士感泣無不用命者

都御史韓公雍征大藤峽出兵令五鼓戰將領者畱賊巳覺恐遲失事二更即發大破之公賞其功而問以違令之罪以軍法當斬乃具聞請釋曰萬一不用命而敗奈何人謂公得將將之體閒有一郡守治酒具進用盒納妓於內徑入幕府公知必有隱物召郡守入開盒令妓奉酒畢仍納于盒中隨太守出此見公之濶大如此亦一時之權術也若大體禁嚴此物

疑宜至哉公與夏公垍飲各出酒令公欲一字內有大人小人復以諺語二句証之曰傘字有五人下列衆小人上侍一大人所謂有福之人人服事無福之人服事人夏云爽字有五人旁列衆小人中藏一大人所謂人前莫說人長短始信人中更有人

周文襄公忱巡撫江南時嘗去騶從入田野間與村夫野老相語問民間疾苦每坐一處使聚而言之惟恐其不得盡

劉東山公大夏爲廣東布政至新會縣時吳廷舉爲令公到久乃迎告以鄒智殮事故迎遲時鄒以名士出謫公亦重之不怪其遲且嘉其賢東山公當發戍氈帽布袍途步過　大明門俯伏頓首乃行策一蹇驢赴戍所時以兵部尚書謫發莫不加禮不欲至戍公曰大夏有罪不加之誅今復不服役耶披甲持銳與諸卒無異莫不歎服

都御史楊公繼宗居憂時閹宦汪直以權幸延攬名士聞楊公治郡名往弔公衰絰於墳所直趨至墳所拜起手捋公鬚曰比聞楊繼宗名今貌乃爾公曰繼宗貌陋但虧體辱親未之敢也直不復敢言直時威震海內不屈者公一人耳

麻城李文祥將覆試大學士萬安欲託以孫因許及第文祥以正對安怒其孫延於別館有畫鶴鷺題其末句云春來風雨尋常事莫把天恩作己恩後以事左遷渡河氷泮溺死

屠公滽爲御史時直門下彈劾有　人來朝偶仆跌不起公奏云有　人俯伏不起若欲奏而不能言俟扶出具疏以聞人謂識大體

吳文定公寬爲修撰時有同年賀恩寢疾將不起欲易簀託於公之旁無公即掃室請遷及卒奉殮于中堂使子衣衰以答弔者又故人之子有事於京者書託公主之久而有疾不起爲棺殮及櫬帳有輸官鏹若干盡喪于娼家公爲如數償之遣人送喪歸

倪文毅公岳初爲禮部尚書值遣祭金闕眞人奏曰徐知證知諤唐叛臣之裔也祀典不敢議廢但歲時典祀一寺官之職耳宗伯何與焉遂爲令

章公懋爲南京國子祭酒有監生請假託言方採薪

不至將往求之公聞之愕然曰薪水之資托有失奈何憂動顏色使亟求且冀得之當復我此生甚悔曰公待我以誠我何紿之明返命具實謝罪

儲侍郎巏易簀時夫人以公落髮與鬚指爪甲及頭垢各囊盛爲殮其愛親敬身可謂全歸矣

劉少傅忠爲南京吏部尚書時因司屬王主事章之父致政家居素奢而漸貧乏乃遺白金二十兩與章奉親曰恐汝父奉養不悦汝欲曲意以養則變節之事有矣幸勿改節

何編修瑭當劉瑾用事諸司有事必往見約相見長揖不得屈諸司同僚以事詣瑾畏其勢不覺屈膝何公疾聲曰禮惟長揖耳何以爲此瑾曰先生之言是也

朱尚書希周初舉狀元略無喜色後歸里惟徒行人器之後爲禮部侍郎家裁廚一車爲公買宅進都城宦者與之且云必得一剌以別眞僞公亦許家人云必入乃得利公曰不得利又何傷乎竟止於外平時居翰林人多謂無所可否不知公於大節處無間毫髮平生未嘗知與人較官之遷轉升沉皆無所[illegible]擢南京吏部尚書人曰不遷是無天理矣及考功諸司銖兩甚平敗職詆公託有力者爲援　命下詰之公辨明以疾去人至是益服

吳俗浮薄吳文定公舉壬辰狀元大宗伯毛公舉癸丑狀元朱希周舉丙辰狀元皆厚德直操人不可及非風氣所能染也

新倩籍

吳郡徐禎卿

余少何延大人之惠幸弛負擔緣經術以畢諸生竊不遜與從事二三君子之末斯人俱有髦儁材器角名文塲中居止暱近相與兢騖密樂締金石之固要在不遺吾願識其成言其就白頭廼究耳但羽翮各蠹靡可品列玆在身後自有權度之區因綜核志行紬繹如左貽之將來俾有考焉

唐寅字伯虎雅資疎朗任逸不羈喜翫古書多所博

通不爲章句屬文務精思氣最陗厲嘗負凌軼之志庶幾賢豪之蹤俛仰顧眄莫能觸懷家貲微羨而驟習優汰不能自裁日以單㴩踽然處困御杯對友引鏡自窺輒悲以華盛時榮名不立俟河之淸人壽幾何恐世卒莫知沒齒無聞悵然有抑鬱之心乃作昭恤賦以自見又嘗自論曰嗟乎唐生何志之肆而材之縮邪若使剖質相明亦足以彰偉觀流薄曜也素伉於意氣惜世交都甚要盟同比死生相護毋遺舊恩故長者多介其誼樂云

系曰有鳥驕斯高飛提提飲擇淸流棲羞卑枝俶蕩激揚擬比俠士超騰歸龍又類君子長鳴遠慕顧命儔侶狠叙苦辛仍要素辭與子同心願各不移恒共努力比翼天衢風雨凌厲永勿散飛天地閉合廼絶相知

文璧字徵明爲好據古洽聞舊事善議論學者咸高之性專執不同於俗不飾容儀不近女妓憙談薄儔類有小過時見排抵人有薄技亦往往歎譽焉逝造勤工常矯諸友曰君等並持欵說而璧獨擬諭自苦

譬之騄驥泛駕蹇牛負軛誠不可共語也與諸生朱良育善良育亦卓雅通古謂璧曰夫祿不能代養榮不能庇身時逝日莫將愁厄之不勝子其計之璧曰否否命不可枉時不可忽人生寔難不勤何獲奈何計硜硜之愛反不困邪子行矣無戾我圖異日當不若余言也良育竟深賢之余甚偉其術志賦詩以廣之云爾

莅生芟蒿中芬臭不相連朱紫本異色觀者苦自眩憒憒世俗闇方類千萬端君子尚貞詭哄廉好驕揚

磁石能引鍼砥礪乃獨堅鸞鳳不從羣何况於高賢
含和而不同聖哲所稱焉飛蠅惡熱羹曷哉復何言
邢參字麗文爲人沈靜有醞藉閒而不陋嘉遯城市
不急榮祿貧無恒業嘗教授鄉里以著述自娱無所
干伺人皆尚之參志既高而材學精美多屈于子僉
以參之淑懿有四焉養和靖躁汪汪德心恬泊處約
一何潔操文優氣柔君子之思裔榮履方恂恂誼士
近之不猒遠之有望是豈爲人者乎余因作歌以申
歎慕辭曰

新倩籍　八　三

雲中谷子鳴且悲三三五五將焉歸歸在外野獨徘
徊從朝無粱暮不炊於何求乎蘆之漪我將往饋羹
中魚將子不饑兮我心愉
張靈字夢晉性聰慧善習技巧家本貧窶而復挑達
自恣不修方隅不爲鄉黨所禮惟祝允明嘉其才因
受業門下嘗作文以勵之闚涉篇籍能潛識强誦文
思便敏驕曼可采但悵生命逼苦遭歷艱困禍殃紛
然内無僮僕躬操力作饔飧不繼父母妻子愁思無
聊偃息弊廬悄然長歎結心鬱志不遂所懷然不能

感激立節君子有所嘲焉其詩曰
咄咄張堅生時命一何迫窘狂趨欲何之家無斗石
儲爲汝戚戚復戚戚撫畜老幼當從何須晨起步躑
躅且往探囊貲空負文史腹腸枯竟奚爲寒冬十月
裏無重襦短褐聊庇形豈有貂腿之華衣杵臼不聞
春稚子前告饑寧逢猛虎鬬安忍兒女啼滄浪之天
弗用信之賢愚混厚薄若何徒戹戹芝蘭樵爲草行
當隕塵泥悲哉悲哉令人疾思昔在原憲環堵蕭如
仲蔚高士蓬蒿閑居尚繼厥後賢名亦驅亂曰漫漫

新倩籍　八　四

黄河一何深百尺蟠蛟中夜鳴爲君趣車馳洛京思
將誰從邈無朋飯彼我芊終何以聊生
錢同愛字孔周早負才惠不受俗訓善文采夸飾修
容軼蕩簡闊雅爲士林所獎嘗挫溺於時意氣激揚
眇然有青雲之思庶騰顯美志爲終身名惜其不遂
廼專精古學諷閱傳記心朗性明目涉知義强力自
振學有浹洽將沈滔英華秀而求實綜成名言貽之
同好而已唐生甚信篤之常謂人曰夫健駒昂昂終
爲遠器况志士少壯奚能有量哉類嘆其知言云歌

日
鑽火木見毀棄名神亦疲豈不踰食膾餞子甘如飴
匪爲甘如飴男兒寔難爲賢者恤身後愚夫貪厚貴
人生各有重定志靡可移

國寶新編序
蓋平生逝而國子悲惠施歿而莊叟嘆人之云亡邦
國殄瘁昔魏文言文章經國之大業不朽之盛事年
壽有時而盡榮樂止乎其身二者必至之常期未若
文章之無窮也袁三復斯言未嘗不流涕也[illegible]明
龍興文章之美特跨往代鴻儒巧匠川涌雲蒸與文
者上規黃虞下獵秦漢晉宋以還未暇論也艸創之
初人文未開雖氣存淳朴而體沿卑陋劉宋諸公從
容金馬猶未能鋪張功烈與謨訓媲美雅頌同風有

識者未嘗不咨嗟恨惜也弘治間君臣一德夷夏清
安奇英妙哲方軌竝驅文體始變力追元古於時有
關西李獻吉姑蘇徐昌穀信陽何仲默相與表裏以
鳴國家之盛今中丞顧公華玉崛起金陵頡頏其間
塤篪應莫敢軒輊又如希哲之宏博伯虎之奇俊
繼之之古澹升之之精工太初之清曠履吉之麗逸
玄敬之沖淡伯時之醇雅欽佩之雋質叔鳴之新警
咸號名家素稱國手並與顧公敦道藝之交今諸子
繼謝而顧公獨存遠惟伯子絕絃之感近念高生聞

篋之思綴輯遺文爰加壽梓題曰國寶新編委褏技而序之夫文章與時高下而變通之妙存乎其人是以孔父云天之將喪斯文也後死者不得與于斯文也今之作者其無與於斯文者乎褏於茲編而有感于斯文之興廢也編止所知存者弗錄李子而下總十三人陝二人河一人閩一人南畿九人

嘉靖丙申季冬之閏望日姑蘇袁褏識

國寶新編

吳郡顧璘

名氏

亡友十三人

江西按察副使李夢陽

陝西按察副使何景明

應天通州視允明

雲南參政朱應登

國子博士徐禎卿

山東按察副使趙鶴

驗封郎中鄭善夫

太僕少卿都穆

太子中允景暘

太僕少卿王韋

解元唐寅

山人孫一元

大學生王寵

續亡二人

江西按察副使田汝耔

江西按察使周廷用

敘贊

李夢陽字獻吉本關中人從父宦遂寓大梁仕至江西按察副使剛暢玉立傲睨當世初讀書斷自漢魏以上開人論古昔有不解事即曰豈六代以還書耶蓋不之讀故其詩文卓爾不群晚始汎濫諸家益濟弘博武失則麄抑矯枉之偏不得不然耳夙尚氣節當　孝宗朝上書言事意翕翕希賈生代韓司徒艸

國寶新編　四

奏劾諸閹危矣賴武功康子海脫其難視江西學政文教蔚興不能與俗俯仰躬脩縲絏誠亦負氣之過卒使讒毀叢積擯棄終身伊誰咎哉空同集六十三卷可謂富矣姑蘇黃省曾詮次至以辨獄等辭亦錯其間祇點之耳

贊曰黃初嚮絶詩道中微唐與二傑大發厥機世豈不遠知繼者希桓桓李君生也實後上泝風雅志則多有一鳴驚人千古爲友

何景明字仲默信陽人仕至陝西按察副使少有神解弱冠入京身不勝衣馳才長賦使凌作者時海陵儲公巏錫山邵公寶領袖文苑咸加賞歎和粹冲夷人樂爲友撓之不濁澄之不清衆目爲台輔中人然性簡意寬不善事樞要遂出爲校文之職以勞致瘁弗臻大成咎在政人不在其身也夫文章之道初愼師承乃能立體馴臻妙境始自成家觀其與李氏論文直取舍筏登岸爲優斯將盡棄法程專崇質性苟爲已地固非確論賦咏著述互見短長自古恒然匪徒今日若乃天才騰逸咳唾成珠實亦人倫之雋乎

國寶新編　五

贊曰辭尚體要矩矱式程果稟拔萃乃貫天人立訓範世俾也可循穆穆何君學緣宿解源出自山委折歸海旣濟視筏弗舍胡待

祝允明字希哲蘇州人仕至應天通判超穎絶人讀書過目成誦鉅細精粗咸貯腹笥有觸斯應無間猥鄙學務師古吐辭命意迥絶俗界效齊梁月露之體高者凌徐庾下亦不失皮陸玩世自放憚近禮法之儒故貴仕罕知其蘊眞州蔣山卿嘗見所撰建康觀雲記吐舌下之曰文不在茲乎偏才曲學眞河伯未

雖龍門難與言水也余特賞其知言書學精工自急就以建虞道上下数千年變體罔不得其結搆若羲獻眞行懷素狂草尤臻妙筆本朝書品不知合置誰左

贊曰漢隱方朔明玩祝子傲睨冠紳遊戲文史嗜之海涯發也雲蒸騰踏藝苑孰敢爾陵

徐禎卿字昌穀蘇州人仕至國子博士神清體弱雙瞳燭人幼精文理不由教廸著交誠感慕賦諸篇詞旨沉鬱遂闖晉宋之藩凌猶曹魏長宿驚嘆稱爲文

雄筮仕　武皇朝歉司法比請移學職斯亦可窺其雅識矣專門詩學究訂體裁上探騷雅下括高岑融會折衷備兹文質取充棟之草删存百一糞成一家之言傳諸來世至今海内奉如珪璧所謂雖多亦奚以爲也其所研索具在談藝錄中可謂良工獨苦者與

贊曰博士清資水淵斯濯遺編熒熒鳳羽麟角唯寶貴奇匪以其多有文弗粹山委則那

朱應登字升之寶應人仕至雲南參政孝友性成篤厚人理愷悌無恭刑寅町畦故能善下仁賢兼容謝劣卓弘大賢之度職錢穀則政理飭教化則才興斯忠信基之矣特詞華彪發泉涌錦爛或嘗人落筆一掃千言旁觀者往往奪氣萋菲攸興此唯芽孽然高東瀾視邈然不爲意也及其拂袖歸田益窮詞奥以彼易此又豈娟嫉所能知乎今觀其文賦叙綴贍麗森張武庫殆且伯仲潘陸奴僕元白有餘地矣羽儀斯世其兹數人也夫

贊曰仁哉參政不遺其親異類廣含矧我同人天

授藻心讒夫側目白璧永輝蠅非何瀆

趙鶴字叔鳴江都人仕至山東按察副使文性淵奥吏道精覈主覆戸曹屢籌大計督學山東誓清膠庠其甚乃舉郡邑弟子十六汰之士始洶洶弗仕毋亦嬌枉過其正乎詩耻凡語於古愛謝靈運於唐愛孟郊於元愛劉因嘗曰此道不宜淺淺則庸茸下矣善乎嚴滄浪有言劊人直取心肝愉於立命處殫力耳毛膚焉足試乎後登泰山金焦諸篇言言自作更不隨人眞陵駕千古胆也晚註五經考論歷代史刊正

先誤自信爾篤或者以爵位駭搢紳不知正腐鼠等
烏能驚動之哉烏能驚動之哉
贊曰文尚已出襲乃稱賦江都奮精摹謨靡或言
日法後政曰正邦志所嚮往迅雷長江
鄭善夫字繼之福州人仕至南京驗封郎中氣秀巖
谷發情聲詩雖才韻弗充而古色精言高映霞表飄
飄然有逍遥遠舉之志好遊名山嘗入武夷鴈蕩峻
陟冥搜都忘內顧養痾自遠遨遊即曹樂貧高標砥
輕人爵時與衢州方豪同好意泊如矣嘗與余期曰

明年海上有紫氣東來是吾觀化至矣赴官留省中
道奄殂吁亦奇怪也哉
贊曰靈運樂遊稽康慕僊超然驗封千載同然南
海孕靈陽春呈響鵠性鴻情永遺遐想
都穆字玄敬蘇州人仕至太僕少卿清修博學網羅
舊聞考訂疑義多所著述好遊山水雖居官曹奉使
命有間即臨賞名勝騁其素懷所得必撰一記輯成
巨帙又廣錄古今石遺文為金薤琳琅集齋居蕭然
樂奉賓客斷杯道古以永終日不植生產或至屢空
輒笑曰天地之間當不令都生餓死日晏如也文簡
古有法詩雖過爾冲泊竟非俗具
贊曰詞士摛華技陋雕蟲雅儒慕古力紹楊雄
磬非貧玄酒非薄自顧克然時測其樂
景暘字伯時流寓南京本儀真人仕至太子中允事
母至孝目盲數歲復明昆弟不違故舊不遺人歸其
德厚矣夷曠有度無競無傲仕既融達好學無怠法
左氏馬遷為文不尚鉤棘字順語圓具有繩準詩主
盛唐蕭散遺俗庶幾高卧北窓之懐體固所綏言矣

余器重其人每言必正三事乃弗陟五階而逝其命
也夫善書初工眞行後師周伯琦小篆頗得風骨
贊曰文以體正詩以興奇昧者志怪乃蹈支離中
允端士德厚氣直詞鋒沛發靡不中的
王韋字欽佩南京人仕至太僕少卿孝德純備喪母
毀瘠卒父微　憲宗朝給事中直諫有聲少卿承志
挑節屹有稜範歷仕留署匪云要樞確明職司金石
不撓不曰孝思維則者乎論詩專尚才情其言曰唐
風既成詩自為格不與雅頌同趣漢魏變於雅頌唐

辭沿於國風雅言多盡風辭則微今以雅文爲近詩
未嘗不流於宋也故其詩婉麗多致雋味難窮或者
謂爲纖弱豈知所操之殊向哉
贊曰王子維介明辨義利千金不捐一諾無替詞
流別代力綜唐風涵情[illegible]遠挑衆爲工
唐寅字子畏一字伯虎蘇州人舉應天鄉試第一坐
事廢坦夷疏曠寘契禪理[illegible]居庠序漫負狂名著廣
志賦暨連珠數十首跌宕[illegible]暢傾動群類青谿倪公
見之亟稱才子以故翰苑先輩爭相引援驕妒互會

竟媒禍胎棄落之餘益任放誕邪思過念絕而不萌
託興歌謡殉情體物務諧里耳罔避俳文雖作者不
尚其辭君子可以觀其度矣今司馬袁袠所刻僅僅
數篇則其絕詣也
贊曰嗟嗟伯虎孰賡爾志登臺則流膈下斯滯生
滅既一寵辱奚驚上善若水是生令名
孫一元字太初不知何許人自云關中長寓吳越間
卒于湖州風儀秀朗蹤跡[illegible]譎玄巾白袷混游貴賤
常以鐵笛鶴瓢自隨遇所[illegible]心輒一傾倒蓋隱淪之

高逸性好吟詩初談導引人疑其僊晚娶婚娶入司
空劉公湖南雅社援進儒術皆非其本色也詩辭極
備苦心所乏天才耳
贊曰宦達無施偃彼塵鞅山澗考槃乃嘉高尚龍
笛吟風鶴瓢酌月皎皎太初江湖之傑
王寵字履吉蘇州人貢入太學卒清夷靡瞻與物無
競人擬之黃叔度尊官宿儒忘年友善罔不樂其溫
醇詩辭刻尚風骨擺脫輕靡陶鎔李杜洗滌情文既
正體裁復減蹊徑可謂後來之高足惜乎天不假年

進而未止學士覩其汗血可也諺曰瓊玖叢折白石
藏業豈不信然哉行書疏秀出塵頗得晉法
贊曰有美吉人溫其如玉既安孝友亦兆清濁揚
芳詞苑先軌是程心遠節促漸其大成
續亡二人
田汝耔字勤甫祥符人仕至江西按察副使勁直好
義不徇俗爲工任給事中持正執論糾彈不避貴勢
出爲江西提學副使以氣節立教繼李獻吉之後風
稜相競不墜道範官亦坐是不達詩宗漢魏文簡古

宗司馬氏力洗脂澤璘在開封近權璫被逮赴京初脫錦衣獄侵夏止一緇袍勤甫解葛衣相衣又爲具單布中衣舉酒送出宣武門會何仲默崔子鍾諸君仰席賦詩相贈自製一序立就慷慨動人其於斯世何如哉勤甫每飲酒酣慨擊節論時事一無避匿家以此見竒忌者益側目矣家食以後環堵蕭然蓬蒿不翦人比之張仲蔚云

贊曰稜稜勤甫吐氣成虹衆且睢伏獨翹爲雄解衣惠困古烈同風環堵終身樂兹固窮

周廷用字子賢華容人仕至江西按察使才禀超融文鋒迅湧兼能博涉强記培滋詞本故援筆長賦爛然成章氣倜儻豪岸不宜于俗獨下意名品爲御史言事多觸時忌及爲監司每不善遷合失權近意罷官之日浚川王公在南司馬以片楮訊璘曰子賢黜乎惜哉其受知當世大人深矣有酒量飲終日不醉或放口論諸人淺深略不旁顧余每勸之曰阮嗣宗不言人短長稽叔夜服其遠害幸吾子加意然卒蹈之乃其天性剛直不回固一德也

贊曰按察人豪涸硯放言揮斥塵濁吐握仁賢文藻性成早垂鉅篇吏才斯拙德譽長延

金石契序

肇何人也秉獨雄之耿姿隱儁駿之廣志長思弘益必藉於多聞乃慽幽棲未周於藹士爰自賦文之後漸繁友德之期逮乎茲年郁爲合志豈伊私助之隆厥亦華風之會矣若夫歸向則察乎大通之義論議則諧乎太玄之初輸寫則注乎肺肝之藴問學則盡乎玉石之功堪彌不回允謂同聲每一展覿未嘗不欽悚而自幸者焉雲思霆興積月加辰因乘心念之惇布諸簡槧之内畧陳品致用囿因宗如共言行歷履則兆鄭重喉牙蕃以所專焉我非曰方人至於信年隔境亦不繁攀行第旣就遂名曰金石契焉弘治四年八月十六日序

名氏

朱存理字性父

史經字引之

朱凱字堯民

楊循吉字君謙

王淶字濬之

都穆字元敬

李詡字好問

邢參字麗文

吳烜字次明

劉棐字封叔

右共十人以齒爲次

附一人

張布

金石契

吳郡祝肇

性父

性父爰自弱齡夙勤文學閱三餘以廓空攬五車而尤富書關晉戸吟升宋堂接先曹之典刑暢遺民之風格願紬多識庸稗寡聞焉耳贊曰

野有遺民性父老矣深藏若虛博哉君子

引之

引之詞色恬雅氣誼欵原鄙吝親之猶餐玉粒旣充

饑腸尤增和氣彰之吟諷不自苟易孔子所謂志仁者乎贊曰

熏熏飲醇淩淩麗澤洗而不厭允矣尚德

堯民

堯民性尚文和韻含芳冽求聲影於先懿研行素以窮年嘗勝食色動移行䙺崇賢篤分歷久不渝斷金之誼𢀿敝棄之度廣旣如不及猶恐失之肇之飲惠寔醲惟懋弗報而已贊曰

淸矣堯民爽然風塵松顏靡落芝臭常芬

君謙

君謙荷河岳之巘靈結日月之慧氣捲乾鑿坤澄、守湛四海橫流炭然恒岱鋪千年而銓叙始可得其人乎退襟耿度望不可齊而乃深懷接挽莫靳開收可謂友道一振也長肇二歲交踰旬紀時獲分霑一毛便得㳂重九鼎贊曰

君謙堂堂厥懋以揚堪輿之遠孰毀孰藏

濬之

濬之氣抱通朗機局警頴尊賢尚古共善之最肇自

項投漆畍曠滌塵雖連呼遠駕辱不遐遺而恒尋夢路尚漸居崇所惜隱而未見天廄東箭贊曰

濬之英英雅潔不伍時分秀利剖我氛土

元敬

元敬意度騰越論議崇弘言必稱古志將用今動斯存禮行不由徑雖以英妙之期而歸然長宿之表綈紬頷頷夙而後已肇少君一歲辱友最遙入室需香臨衢駐蓋雖川含芥拾本出仁寬之量而蠅附拘續無勝救益之感永言同心遐期童頂贊曰

方冠長裾典刑茲存惇風抗塵哲哉令人

好問

好問天生物則帝降人心譬如桓宮坐皿不溢不項斂學追古恒猶不及積思遠效不安小知輔仁友德厭亦隆哉贊曰

人爲允臧粹固靡疾親之潜蔬踰彼長日

麗文

麗文止水爲心靜山成性抑之不汚抗之靡高求古劇嗜炙之精嚴修辭匪轉石之眞重素位亾諂安節

不尤展矣厚貲凝然遠器足以潛回玄化坐鎮澆風千年叔度其殆庶乎贊曰

金歛其芒玉不露角洸洸百鷙寳哉一鶚

次明

次明儀度明粹格態靖謐智照物先幾通事隱跱居官守之域應收苹季之科矣觚翰之事特臻其巧而熏著文抗標縣留情燮接王恭之席知愧毛曾之纞

……素淨牛刀之才可使從政

贊曰

封叔

封叔斂自華門聿興懿質挺高遐之卓志厲沈潛之茂業揚鑣蔌圃無退履之蹤飛軿詞林速翥雲之力年逾弱冠地已兼人要終之就誰涯誰閫東南之美表後先者子乎贊曰

琚珩其相椎鑿膠膠章華陸離千載南鏐

附一人

張布予門士也天分甚明御就銜勒亦一泛駕

西州合譜

嘉定張鴻磐

崇禎庚午冬十一月十二卧病忍菴汪子子彥對榻而宿雨聲涔涔俯仰今昔不成寐因數生平知巳中道淪喪如乙丑冬客都門聞海陽徐田仲之訃丁卯春唐元常殁於燕邸戊辰春失李甃仲巳巳二月歸自齊安而李長蘅先生殁二十日矣又一月而張彥雍繼之自此摧折心腑無復生人之樂今年病瀕死又聞張叔維化去六年之中先後零落六人矣余一

病浹歲不起倘一旦朝露地下應不寂寞乎少焉寐而夢夢以一册授李子僧筏令寫長蘅檀園田仲司馬公署叔維西泠寓舍元常梅花庄彥雍南城別業甃仲松濤閣各爲一圖且告之曰此余與諸君子討析理道跌宕文酒之地也余旣思其人而不得見庶幾展卷披圖恍然遇之覺而異之翌日亟以語僧筏無忘此緣先作花所未至余一一爲指點其境圖成出示舉目愴然西州之慟益淚下不能自止也嗟夫古之人如王摩詰之輞川錄子瞻之雪堂繼昭諫之

汴河客舍宋延清之陸渾中劉長卿之湖陵別業沈休文之八詠樓千載之後過其地而欷歔憑弔流風餘韻不勝把也余二十年師事長蘅先生檀園春秋之辰雪月之夕客未嘗虛座余未嘗不從有無憂患無不過先生與彥雍而延謁者檀園與城南毋望而如歸元常多四方之游或隔歲一造其梅花之居甃仲松濤閣或經月一詣而相知之眞皆二十年如一日也甲子乙丑客於田仲武林署中傾蓋定交有國士之感時叔維亦寓西泠湖山風月得與叔維共之

以盡十年之懷叔維有送余北游詩云看花泛雪情俱韻汲水尋僧迹尚新蓋實譜也惜也諸君子之中唯田仲少效於爲郡而未竟其用長蘅三上春官賫志以終至於彥雍甃仲老於青衫叔維元常老於布衣天之於諸君子可謂嗇其遇矣要以孝友爲經詩書爲緯咸無適俗之韻出處離合不必同也余之交於諸君子俱託性命瀝肝膽以古人相期師友久要不必同也若諸君子之交情長蘅則稱合併矣長蘅而外未必皆有平生懽而余抵掌論交動必稱諸君

子則諸君子之交情未始不默聯於余之心也九京而下神明往來安知諸君子不睽睇於鳳背問尊下榻背茶看畫之地乎夫輞川諸跡與諸賢之名並美千古而人不必一其地地不必一其世今諸君子遠不出數百里之外近不踰南阡北陌之間風雅相尚意氣相得古今所難獨俯仰之間遽成陳迹悲夫是圖也誠一室之西州也使後之視今猶今之視昔展卷披圖恍然已見諸君子之風流豈待涉輞川登雲堂而後想見摩詰子瞻諸賢也哉乃遂題曰西州合

譜且述所夢以紀作圖之緣如此又六日小至忍菴道人張鴻磐記

檀園

李長蘅先生文章書畫妙天下所居檀園室宇亭榭皆饒有畫思望而知爲幽人之宅好武林山水嘗欲移家入臯亭桃花塢自魏璫竊柄毒流正人先生旣罷上公車而西湖亦起璫祠先生有答聞子將詩云西湖如沸羹豈以此易彼蓋先生從此決避世之志矣乃於園中復鑿曲沼開清軒通修廊栽花灌木若將終老焉四方問字之屨及窮交故人乞一木一石以終其世者塡戶外無不厭所欲而去余家相去僅數武晨夕得侍函丈先生以小友呼之有逾於東坡之與王庠者彌留之際余楚游未返先生惓惓問歸期不置比歸而先生已死嗟乎余實愧先生矣

司馬公署

余客於徐田仲田仲館余於湖上俾得盡湖山之勝時田仲以郡丞綰五篆文檄旁午而尊酒論心必及古今成敗之事吉凶感應之理玄言澹致使人自遠

居官有循吏風西湖之人至今思之若慈母餘事爲詩作書都有古法家黃山白岳間每欲爲余辦買山錢因勸卜鄰此意甚眞余心識之是秋田仲擢守栝蒼期余同行不果田仲未之官而疾歿司馬公署乃武林聚首之地也

西泠寓舍

張叔維畫筆宗黃北苑吳仲圭生於虞山游跡終歲多在西湖自號西泠寓客故煙巒出沒善得吳越諸山之神詩才清逸尤妙於七言絕句程孟陽先生數

稱之爲人孤介自守苟非意氣所合縱王公要人黃金白璧澆焉去之青山賣人即分散貧交或買舟浩酒挐伴湖山間不留一錢眞異人也

梅花庄

唐元常爲王洪洲侍御館甥少即力於古文詞慷慨尚意氣先人緩急有烈丈夫之風侍御愛其才館穀之於家凡所著述多商略焉余辛亥困於鳳牙往依侍御與元常定交已而侍御分洑村宅傍梅竹十畝爲元常卜居戊午春堂成古梅晚花燕竹早筍余十

西州合譜　五

宿元常之舍有贈新居詩云欲邀風月更何地長與琴尊對此君元常屬書之壁是歲秋及辛酉壬戌癸亥又數過皆再宿聯床夜話徃徃達旦未嘗不共歎侍御之殁悲古人不復作也甲子元常游燕丙寅余於都門別元常南還遂不復見矣悲夫

南城別業

張彥雍博極群書凡諸史百家內外典無不通曉溢爲詩文有萬斛泉之勢制舉之業亦若瑶艸瓊英灕發周冊識者貴之中年不遇又善病閉門息交屏跡之居非余輩二三子不爲啟關也己巳春余將遠走而彥雍寢疾甚乃舁與歸予子便共視其卧起醫藥者一月彥雍死余經歲不忍入南城盍巷無居人矣

松濤閣

李藝仲詩才清敏書法遒古尤長於尋丈大字英標格有玉樹臨風之槩余每過濤閣藝仲必手瀹佳茗覓名酒出新詩吟諷信宿不忍別爲人情深而外貌漠然人或以此少之垂髫相得廿載無間余一人而已

西州合譜　六

吳風錄

吳郡黃省曾

自吳王闔廬造九曲路以遊姑胥之臺臺上立春宵宮爲長夜之飲作天池泛青龍舟舟中盛致妓樂日與西施爲嬉自居易治吳則與容滿蟬態輩十妓遊宿湖島至今吳中士夫畫船遊泛攜妓登山而虎丘則以太守胡纘宗創造臺閣數重增益勝眺自是四時遊客無寥寂之日寺如喧市妓女如雲而它所則春初西山踏青夏則泛觀荷蕩秋則桂嶺九月登高

鼓吹沸川以往

自吳王光僚骨肉戕殺至今九族昆弟互謀交爭鮮有親睦者

自甪里披裘公季札范蠡輩前後潔身歷世不絕時時有高隱者永樂中有王賓氏

自漢蔡經居胥門而王方平麻姑會于其宅魏伯陽作丹飛昇楊羲陸修靜輩入勾曲山學道至今吳下好談神仙之術然聲色汩之卒皆無成最下者造黃白僞金誑之茅銀用此欺購者衆

自梁鴻由扶風東方朔由厭次梅福由壽春戴逵由剡適吳國人主之愛禮包容至今四方之人多流寓于此雖編籍爲諸生亦無攻發之者亦多亡命逃法之奸託之醫卜群術以求容焉

自梁武帝好佛大興塔寺竺道生虎丘聚石爲徒講涅槃經石皆首肯支遁入道支硎山海上浮二石像于開元寺至今虎丘開元每有方僧習禪設會講二三月郡中士女渾聚至支硎觀音殿供香不絕

自六朝以士好嗜詞賦二陸擅其英華　國初四才

子爲盛至今髫齔童子即能言詞賦村農學究解作律詠

自王謝支遁喜爲清談至今士夫相聚觴酒爲閒語終日然多浮虛艷辭不敦實幹務

自梁王侃明三禮孝經論語撰禮記講疏五十卷論語義十卷陳張冲撰春秋義喪服義三卷孝經論語義十卷隋褚輝撰禮疏一百卷而陸元朗論撰尤多至今吳人善著書然喜裒集文章雜事無明槩篤實而通經者

自吳曹弗興畫赤龍兵符圖畫龍水傍應時雨足張僧繇丹青絕代而於金陵安樂寺畫四龍點睛者飛去張璪雙管爲生枝枯枿入神品滕昌祐花鳥何充寫貌至今吳人善畫者多

自張弘善篆張彭祖善隸右軍每見其縑素尺牘則藏之張旭草書入神品至今吳人善書章草稱宋克能品稱徐有貞李應禎吳寬而遐入於晉者惟祝允明得變化之妙

自陸謙善棊石荊山善琴呂珍直善雙鉤張珙善刊鐫至今吳中多棊客琴師雙鈎然逐利而爲無古人自得之妙

自朱勔創以花石媚進建節鉞而太湖石一座得銀碗千役夫賜郎官金帶石封爲盤固侯壘爲艮嶽至今吳中富豪競以湖石築峙奇峯陰洞至諸貴占據名島以鑿鑿而嵌空妙絕珍花異木錯映闌圃雖閭閻下戶亦飾小小盆島爲玩以此務爲饕貪積金以充衆欲而朱勔子孫居虎丘之麓尚以種藝壘山爲業游於王侯之門俗呼爲花園子其貧者歲時擔花鬻於吳城而桑麻之事衰矣

自蘇師旦以韓氏書吏受諸將賄至今吳人好遊託權要起家永樂時附于權臣紀綱者有陳湖陸氏張氏正德間附于閹人劉瑾者有湯氏家無擔石者入仕二三年即成鉅富由是莫不以仕爲賈而求入學庠者肯捐百金圖之以大利在後也陸冢宰鼎貨萬餘以宸濠黨論戍陸太守營新宅甲吳中今歸它人天道雖不爽而貪者尤甚然持廉而不營產者則目爲痴其廉行最著者御史陳祚副使陳琦郎中張瑋

自元氏海運用海民朱清張瑄而瑄子文虎遂以戶部尚書領漕取路大洋旬日達于直沽由是朱張二氏得以交通諸番貿易占刈官蘆販鹽行劫第宅遍于吳中瑄妻楊氏美而悍別建第於乘魚橋謂之四夫人府後沒籍二氏特立提舉司專典其金帛至今吳人有通番求富者並海崇明三沙類民多以行販鈔掠爲業

自沈萬三秀好廣闢田宅富累金玉沿至于今競以求書生惟藉進身爲殖生階梯鮮與國家效

患
自顧阿瑛好蓄玩器書畫亦南渡遺風也至今吳俗權豪家好聚三代銅器唐宋玉窑器書畫至有發掘古墓而求者若陸完神品畫累至十卷王延喆三代銅器萬件數倍於宣和博古圖所載

自正德中吳中古墓如城內梁朝公主墳盤門外孫王陵張士誠母墳俱爲勢豪所發獲其殉葬金玉古器萬萬計開吳民發掘之端其後西山九龍塢諸墳凡葬後二三日間即發掘之取其歛衣與棺傾其尸

于土葢少久則墓有宿草不可爲矣所發之棺則歸寄勢要家人店肆以賣乃稍稍輯獲其狀胡太守纘宗發其事罪者若干人至今葬家不謹守者間或遭之

自曹太守鬻物於民皆有鋪戶答應十其入而一其罰在昔已有曹平公傳白奪之謡至今郡縣刻剝鋪戶嘉靖十二年霸州王儀以御史來則鋪戶一切革之

自郡守徐親信吏胥門隸往往成富人至今爲吏胥門隸者酷以刻剋訟人爲事而隸人之害爲尤甚一人之正十人之副與吏胥因緣爲奸買票出則橫行動輙索數十金其富而訟者根長之欲脫務其逋者所聘尤多

自劉氏毛氏創起利端爲鼓鑄囤房王氏債典而大村名鎮必張開百貨之肆以榷管其利而村鎮之負擔者俱困由是累金百萬至今吳中縉紳士夫多以貨殖爲急若京師官店六郭開行債典興販鹽酤其術倍剋於齊民

自江右張鰲山提學來吳廢七塔朱明二尼寺以業宦室胡太守又廢景德等寺爲子游等祠公館且往往餽贈勢顯由是自城至於四郊及西山一帶率爲權豪所奪爲書院園圃墳墓而吳之叢林無完者矣至于黃縣令翟希效則又盡撤古刹以贈權門貪夫否則厚估其值令釋道納之大擾郡中至今未已

自郭令信任鉅富根長納其贓賄千萬以致根長倍收人戶吞併鄉民莫之控訴而根長自用官銀買田造宅置妾百費則又歸坐于小戶謗言其逋至今[illegible]

長虎噬百姓以奉縣官
自張士誠走卒厮養皆授官爵至今稱呼椎油作麵傭夫爲博士剃工爲待詔家人奴僕爲郎中吏人爲相公
自吳民劉永暉氏精造文具自此吳人爭奇鬭巧以治文具行賂者乃贈郡縣故郡縣官此者爭索文具於民若長州郭田二令相繼挾千副以往至今爲民害未已云

吳中往哲記

吳郡楊循吉

勳德第一　凡四人

葉文莊公盛　武功伯徐公有貞
尚書楊公翥　都御史韓公雍

葉文莊公輿中釋褐給事兵科彈驕將楊俊讀疏廷內羣臣震恐由是諫垣益重歷踐既久物望咸歸乃以都御史兩鎮北邊一巡南徼所至公署扁五大字曰不敢負朝廷每履一任而歸舟無私載惟將書史數十篋而已晚歲登吏部侍郎雖爲餘位天下士大夫猶特憚之倚以爲準高峻之節屹立朝端未嘗以公柄私惠親故薨於位所著書殆幾百卷篤學精博爲一時首稱

武功伯徐公有貞負高才談鋒文氣並英邁莫敵治水章秋載免泛溺之患景泰末歲贊決鉅策忠重捐軀褒寵再劇書日三接遂爲儒臣之極遇一時廟堂大謨盡悉預參裁朝野傾望不幸讒搆中作幾陷於水火賴　天子明聖得末減爲金齒之謫隨旋桑梓

能以憂患自外放情曾終泉石之間者忘其先貴矣屈乞文崇朝全集援毫數行輒棄賸收去用是亦不落寞閱世六十餘春議者謂公人物殆是川海物望不但爲吳之增重

尚書楊公仲舉從軍武昌楊文貞公適以流落相遇遂締爲布衣交廬陵既貴首被登薦　景皇帝在邸時爲宮僚以醇謹見重景泰初用舊臣爲禮部侍郎方是時從潜之臣無踰公者僉云樞筦可俟而公獨奉身以還吳宦槖清貧至居無安泊之處寓棲故人

家耳北虜也先既革心向化詣　闕表賀　景皇帝製衣一襲面命服之以觀其修短焉公手疏乞時朝　太上皇帝受尚書以歸及家居猶寒素如故不以身被上知少見於顏色歲時或詣郡縣展禮布袍角帶獨立堦下未嘗先通於閽人及甍子津方八歲朝京師　景皇帝親引入內賜果餌遂授吳縣主簿天順初罷及朝廷追理一時柄臣公獨以靜退得免剝奪武傳猶以前奏故也公忠厚有雅量時稱長者必曰楊尚書

都御史韓公永熙弱冠時爲御史江西巡按吏事精敏一道驚服年向三十巳爲都御史復治江西所立政令皆永用爲例如江南用周文襄也以兵侍左遷浙藩不屑省事日務游覽以需再召兩廣蠻賊不靖果扳公往伐追斬至大藤峽威名大振賊悉逃去邊陲熙皞公乃晝治梧州以身爲南中巨鎮自來諸蠻憑險時出爲患及公既中大伐始知以保命爲事不敢復持戈鋋攻劫至其沒後十餘年猶然則餘威之慴人也進士吳文舉奏立祠於廣祭以春秋未行

剛介第二　凡三人

僉事陳公祚　御史練公綱

長史顧公昌

僉事陳公永錫生有勁氣永樂進士也選入翰林天筆親授河南恭議坐與同寮交訟配均州躬耕十載弊居粗食夫子共之宣德更化復由白衣起爲監察御史上疏勸讀大學衍義由是得辠與骨肉十六人同錄下錦衣獄凡五年蘇有二義士王處常李彥庸爲飲餞饋　食英廟御極赦出復以前官巡按湖

廣坐劾　遼王更得罪當斬會王事亦自發乃得以
前奏不繆免歎三歷顛危弗移厥操後爲福建僉事
鄒茂七起特獨以病在告不署事得無罪而司皆謫
至驛遞小官惟公獨完秩致政歸人以爲忠公之報
焉

御史練公從道士基之役以太學生獻中興十二策
大順初入臺嘗因朝會抗劾羣臣　玉陛宣宥猶不
能奪其直論朝縉欽避巡鹽淮上獨按李駙馬罪槪
其軀幹僅如中人而機慧內朗吏牘精通一措足未

嘗不以公法自律再巡福建按一布政使被中解官
歸然剛鯁之風沒齒不屈

長史顧公德輝清介絕俗平生未嘗受人一蔬之饋
晚歲致仕家居詣人家嘗不飲食留之輒起去或主
自啜茶公對之清談而已雖遠去數里寧饑渴而歸
其爲人剛嚴高峻堅不自汚視古廉士無慚焉

高逸第三　凡四人

王先生賓　安節龔先生大章
邢先生用理　杜先生瓊

王先生仲光志不願仕因自壞其面貌終身獨居無
妻子髽髻布袍游行市中以賣藥自給所至羣兒遮
焉郡守姚善枉謁衡門先生窺戶閒見輿僕森列呼
曰勿驚吾母踰墻遁出姚守他日却儀從獨候門下
始接焉據坐受拜以道誨之若師弟子也姚少師既
貴歸亦來訪弗肯見之方盥掩面走吳隱君子宜爲
冠

龔先生大章崑山老儒也躬秉特操竄伏田間肆力
羣書著述不輟周文襄公嘗累候其家諮質治道因

兩薦爲松江太倉教授皆堅遜不就先生善記　國
初典故至於文移案牘皆能誦之不遺有田三十畝
仰食耕作晚歲獨與一老婢居破廬中種豆植麻詠
歌自適毋有所詣無遠近皆步或勸稍就舟楫先生
曰生吾足將何用哉歿年八十餘門人私議曰安節
先生

邢蠢齋先生用理亦不娶併僮僕無之所居室中盡
列古書無所不覽薪水之勞皆身自爲之日惟炊一
黍分而食焉未嘗得一暖食敗牀破被蕭然如野僧

之居也及抑之經史傳記無不知者客至惟清談不設湯茗有前輩數人毎謁之必袖錢以往午則買食他處復就談焉老得疾殁所藏書皆爲門生持去

杜東原先生用嘉爲人醇和安定博通經史詞翰與其人品俱重一時郡守况伯律雨薦之皆固辭不赴晚歳持方竹杖出游朋儔間逍遥自娯號鹿冠老人歸則蔬羹糲食怡怡如也家有小圃不滿一畝上築瞻緑亭時亦以寓意筆耕求食僅給而已不見其有憂貧之色浩然自足老而彌堅雖古人無以加也尤

善書属辭發揮師董源年八十一卒

著作第四　凡八人

兪先生貞木　檢討陳公繼

副使張公和　叅政劉公昌

長史陳公紹先　祭酒陳公鑑

進士鄭公文康　訓導陳先生頎

兪先生貞木其祖曰石磵先生精於易著書百卷世居呉城郡學之傍水石幽媚代習儒業先生文亦暢達嘗將貴之仕爲都昌縣丞

檢討陳公嗣初爲人長者永樂中楊文貞公薦入翰林特被　知遇毎有顧問必在上左右老而居呉多聞故實德尊行成咸仰以爲宗工羣稱曰陳五經家有緑水園呉中稱衣冠之族爲第一

副使張公節之少一目旣仕猶學讀漢書必三十遍提學浙江殁浙士數百來賻哭哀之如父文有篠菴集

叅政劉公欽謨早歳頴悟書過目不忘廷對以公字立説頗忤時宰抑不得及第乙巳之歳虜冦充斥作

權論景泰史局開首預掄選作史論提學河南搜集殘碑作中州文表又作河南志晚官廣中悲憶太安人作炎臺慟哭記以家在呉作蘇州續志褒撮聞見作懸笥瑣探記録海内人物作叙士平生所歷大都曰金臺南都曰雨花臺河南曰嵩臺廣東曰嶺臺蘇曰胥臺故有五臺集葬文莊公則其知已然未嘗干薦故不得大用

長史陳公紹先文質實書亦清媚家居後以筆硯食厚德人也年九十三殁

祭酒陳公緝熙未仕時嘗曰吾得爲錢塘令足矣及第爲詞臣有文名作大字勁健奇古當代珍之官終祭酒

進士鄭公文康崑山人生有疾第後不受職歸臥山林其文鬱茂有氣官雖不達清望聳然

訓導陳先生永之爲人清介中歲遂致仕其文醇和平淡所論説長於諷刺所著有閑中今古

風雅第五　凡十一人

劉先生原溥　張處士淮

沈氏二先生貞吉恒吉

僉事劉公鉉　陳先生完

徐先生庸

陳氏父子二處士體方大和

進士奚君原啓　院判周君庚

劉草窻先生原溥爲人氣高詩亦豪放爲御醫在都下每覩人詩未嘗有愜意之作俯視一時騷壇之士若培塿焉心所弗盈雖唐宋古人亦攻論不借與郭登湯胤績同稱吟豪

張處士豫源貧甚落魄詩出口便成且新麗自不知有才也破衣垢面與尋常人等合肥徐誌以詩人自負謂蘇無詩人見豫源舉筆驚伏不已後爲富人賭賦牡丹百篇一宿而就餉穀三十石性好酒朝暮不離杯勺竟以醉墮死水中

沈氏二先生兄曰貞吉號南齋弟曰恒吉號同齋相城故家皆工唐律兼善繪事每賦一詩嘗一幛必累月閱歲乃出不可以錢帛購取故尤以少得重家庭之間自相唱酬下至僕隸悉諳文墨竝年八十餘

僉事劉公廷美詩句清圓武功伯吟友也棄官時頭未白家有水竹之勝其書尤精妙人不易得時稱鑒古

陳先生孟賢五經之子吟詩日鍛月煉必作貴重諷之聽者愛焉有侍姬曰梅花居士掌筆墨一時有孫繼康王孟南皆享高壽俱能詩

徐用禮本富家以詩著其吟詠大抵長於香奩之作亦膏粱之餘習也年亦登八十

陳體方老儒也詩思敏捷而嗜酒嘗從人乞飲飲時

隨所求詩累篇輒成試但口占而已每設人拉向壁作詩必先索酒時有美句將欸頭戴野花肩輿遍游田間狂醉三日乃捐世去其子曰陳大和

陳大和詩亦清美一生恒游僧舍號無住髮僧所賦詠多禪語平生蹤跡非西峰則東嶺自來吳中詩人能放浪水石間者一人而已一日醉飲友人家

進士奚君原啓好吟詩以徐字爲韻凡賦數徐久游場屋始得第題坊曰老桂

院判周君原巳詩沉鬱忠厚吾得其詩未嘗不三嘆

兼善小楷今殁矣吳中失此詩人復何可得

豪俠第六　凡四人

常熟劉以則　長洲沈孟淵

玉雪朱公子　陸孟昭恭敢

劉以則常熟人富而好客雖挾巫卜小技往謁之無不有所贈名聞江湖過陽山花家見其門繫耕牛數十頭嘆曰此賣牛牙郎家耶不交醴竟去

沈孟淵相城儒家也被薦不受官終身遯處好自標置恒着道衣逍遥林館之間每日設數筵酒食以待客至者無客則令人於溪上望焉惟恐不至也

公子朱玉雪將家子豪邁不羈盛服肥馬往來士大夫間人許其豪武功伯之歸也日奉以游山水酒饌絲竹之費傾家不吝本不甚知書而特好詞翰武功有游山長短句數闋皆與之游

陸孟昭恭敢平生慷慨多交爲刑部郎中在都下時諸司士大夫無不識者而皆與之善座上恒有數十客門外之車馬未嘗絶也未交者或來交孟昭或孟昭往交一見歡然一時朝紳與交者殆十七八後竟

以讒歸其人大抵豪傑士也

冠衲第七　凡三人

張皮雀　隆菩薩

喫肉和尚

張皮雀手持皮雀兒引群兒童爲戲恒有數十隨之亦能青天致雷人觀其裸童身也

永樂中欲杜釋源籍童行皆謫爲邊士吳僧隆菩薩表求焚身救之許焉積薪坐其上圍以刀戟擁燧未至口吐三昧火自焚肉盡而枯骸植立節節不墮讁

者由是皆赦今吳中有燒身圖也

喫肉和尚不知何來無名字游丐吳中將十年能食肉一頓盡數十斤或四五日不食其色黃瘁而神清扣之無答夜宿北寺門下巡按御史王濬親臨視之亦坐不起也惟摸其帶笑焉死時謝諸嘗施食者爲乞水飲二三石盡洗腸胃乃化

說郛續目錄

弓第二十三

兒世說

天水趙瑜

屬對

詹金龍

金龍五歲同弟召見帝以果分賜金對曰一盂果子賜五歲之神童曰三尺草莽對萬年之天子

王鏊

文恪兒時學于舅氏媼遣婢饋茶公戲執其手舅聞試之曰奴手爲拏此後莫拏奴手公曰人言是信從

今毋信人言

李東陽

文正舉神童入朝不能踰門限　帝曰神童足短曰天子門高・帝置之膝上時父伏丹陛　帝曰子坐父立禮乎曰嫂溺叔援權也

程敏政

篁墩舉神童李賢許字以女指席間果試曰因荷而得藕曰有杏不須梅

言語

王雱

雱數歲時客有以一獐一鹿同籠以獻問雱何者是獐何者爲鹿曰獐邊者是鹿鹿邊者是獐

徐稚

稚九歲嘗月下戲人語之曰若令月中無物當極明耶曰不然譬如人眼中有瞳子無此必不明

楊億

億十歲太宗召見謂曰卿久離鄉里得無念父母乎曰臣見陛下一如臣父母

劉晏

晏七歲爲正字入禁中起居貴妃妃置膝上親爲畫眉總髻上問曰卿爲正字正得幾字曰天下字皆正惟朋字未正

排調

何晏

晏八歲顧良戲曰汝姓是荷葉之荷爲河水之河曰先生姓顧是眷顧之顧爲新故之故

張玄之

玄之八歲嘗隨先達戲之曰君口中何爲開狗竇曰
正使君輩從此中出入

江從簡

從簡小時有文情作採荷調以刺何敬容曰欲持荷
作柱荷弱不勝梁欲持荷作鏡荷暗本無光敬容不
覺唯歎其工

文學

庾子輿

子輿五歲讀孝經手不釋卷或曰此書文句不多何
用自苦曰孝德之本何謂不多

宗懔

懔少聰敏好讀書語輒引古事鄉里呼爲小兒學士

祖瑩

瑩少耽書父母恐其成疾禁之瑩于灰中藏火父母
寢然後燃火讀書先以衣被蔽窗戶恐漏火光爲人
所覺外呼爲聖小兒

注

孙六歲依外家貧無以資給注乃盜於園中燃
薪寫書誦讀

劉歊

歊十二讀莊子逍遙篇曰此可解耳客問之隨問而
答皆有情理

王敬仁

敬仁十三作賢人論長史送示真長真長答云見敬
仁所作論便足參微言

楊烏

子雲言吾家童烏九歲預吾玄文

楊炯

炯中童子科授校書郎十一待制弘文館

謝幾卿

幾卿十二補國子生齊文慧太子自臨策試辨釋無
滯

劉晏

玄宗封泰山晏八歲獻頌命張說試之說曰國瑞也
授太子正字

賈黃中

黃中六歲知臺閣事七歲神童及弟父背取書與其
身等高令誦之謂之等身書
陶弘景
弘景四歲以荻爲筆畫灰中學書
驪記
長孫紹遠
紹遠十三王頒試以月令讀一遍誦之若流
虞荔
荔九歲陸倕問以五經十事對無遺失

賈逵
逵五歲不能言其姊每携聽隣塾讀書輒默識後一
能言便誦之如流
王粲
粲十四讀道邊碑背誦不失一字
應奉
奉兒時凡所經履莫不暗記
昭明太子
昭明五歲能讀五經顧野王七歲讀五經張九成八
歲誦六經
至性
范宣
宣年八歲後園挑菜誤傷指大啼人問痛邪曰非爲
痛身體髮膚不敢毀傷是以啼耳
袁君正
正數歲父疾晝夜專侍人勸暫休曰尊患未瘥眠亦
不安
王充

充兒時不妄狎儕倫不掩雀捕蟬
劉殷
殷九歲因母思菫號於澤中得菫數斛又於籬下得
十五鍾粟
駱統
統八歲年饑統飲食衰少曰士大夫糟糠不足我何
心獨飽
王修
修七歲喪母母以社日亡來歲隣里修社會修感念

亡母哀甚初喪隣里爲之罷社

鮮于文宗

文宗七歲喪父父以種芋時亡明年對芋嗚咽如此終身

殷陶

陶十二喪父有長蛇帶其門舉家奔走陶以柩在側居廬不動

黄香

香九歲失母思慕憔悴事父夏則扇其枕簟冬則温其被蓆京師號曰天下無雙江夏黄童

見世說

楊香

香十四嘗隨父穫父忽爲虎曳去時香手無寸鐵乃搤持虎頸虎驚逝父得免

宿倉舒

舒自賣與王氏得大麥九斛以養母纔七歲後官上黨太守

膽識

岳柱

柱八歲觀畫師何澄畫陶母剪髮圖指陶母手中金釧詰之曰此可易酒何用剪髮澄大驚

司馬光

公幼與羣兒戲一兒墮水甕中羣兒驚走公取石破其甕即得出

文彦博

潞公幼與羣兒擊毬毬蹴入柱穴中公以水灌之毬浮即出

荀攸

見世說

攸祖曇廣陵太守卒故吏張權求守墓時攸年十三疑之謂其叔曰此吏有非常之色殆將有姦乎推問果亡命者

自新

蕭思話

思話十歲好騎屋棟打細腰鼓隣曲患之後折節有令譽

恬裕

陶季直

季亶四歲祖父以四函銀列置前令諸孫各取一季亶獨不取曰若有賜當先父伯不應度及諸孫

王泰

泰數歲時祖母散棗栗於牀羣兒競取之泰獨不動媼問之曰不取自當得賜

孔融

融四歲與兒食梨輒引小者人問之曰小兒法當取小者

宋虞愿

虞愿四歲中庭橘熟人競取之愿獨怡然

方正

何晏

晏七歲明惠若神魏武奇愛之因晏在宮內欲以爲子晏乃晝地令方自處其中人問之曰何氏之廬也魏武知之即遣還

杜根

根十三入太學號奇童貴戚爭遺之書竝不發壁藏之及後捕按貴戚賓客皆封如故

張元

元六歲祖將元就井浴元固不肯曰不能褻露其形於白日之下

師友

荀爽

爽十二通春秋論語荀玄見而稱之曰可爲人師

魏照

童子魏照求事郭泰供給灑掃曰經師易遇人師難遭欲以素絲之質附近朱藍

言志

李宗諤

宗諤七歲恥以父任得官後舉進士三館兩制不數年如父職

郭泰

泰十四母使給事縣庭泰曰大丈夫安能斗筲之役乎乃遊京師

陳蕃

蕃少庭宇不掃薛勤曰孺子何不灑掃以待賓客曰

大丈夫當掃除天下安事一室乎

獨孤及

及兒時讀孝經父曰兒志何語曰立身行道揚名於後世

宗慤

元幹小時叔父少文問其所志曰願乘長風破萬里浪

褚淵

淵生母求寶物於嫡母淵曰但令淵在何患無寶後

為司徒

賞譽

王儉

儉幼篤學叔僧虔曰我不患此兒無名政恐名太盛耳袁粲見之曰宰相之材也栝栢豫章雖小已有棟梁氣矣

王僧祐

僧祐少便聰悟叔父景玄撫其首曰兒神明意用當不作率爾人

謝安

安四歲桓彝曰此兒風神秀異當繼王東海

李禮成

禮成七歲其姑曰此兒平生未嘗回顧異日必為重器

索琳

琳八歲父靖曰吾兒廊廟之才州郡吏不足污吾兒也

劉孝綽

長史幼聰敏王融深賞異之嘗歎曰天下文章若無我當歸阿士

異徵

張鷟

鷟五歲夢大鳥五采降於家占云文章瑞國

江淹

淹十三於樵所得貂蟬將鬻以供母母止之曰此汝休徵也

闕澤

澤十三夢見名字炳然在月中

徐陵

陵數歲家人攜候寶誌誌摩其頂曰此天上石麒麟也

李嶠

嶠兒時夢人以雙筆贈文曰有名

豪豪

傅亮

亮四歲能解衣與人無吝郄超稱其才名過乃父

魯肅

肅十五好爲奇計周瑜提兵過候肅併求資糧肅家有二囷米三千斛指與瑜遂相結納去

荀羨

羨七歲蘇峻亂羨隨父在石頭峻愛之置膝上羨還謂母曰得一利刃于足以殺賊母即掩其口

將畧

錢鏐

鏐幼與羣兒戲大木下坐大石指麾羣兒爲隊伍號令有法

曹彬

彬週歲日父母以百玩之具羅于前觀其所取以覘終身之業彬左手提干戈右手取俎豆斯須取一印餘無所視後爲樞密使相

祗漏

李嶠兒

中宗召蘇頲及嶠子時皆同年帝曰汝等各以所通書取宜奏者言之頲曰木從繩則正后從諫則聖李

曰斮朝涉之脛剖賢人之心帝曰蘇瓌有子李嶠無兒

香案牘序

甲午三月郡文學就試荆溪余出城而讀書孟直夫郊居不五日而客有跡者芓羣相徧余與客班坐樹下視樹影所至輒起遷席風日淡宕則枕籍紅花田以隱囊博山酒鎗佐之有古陶斗柄如鸜鵒喙腹如瓠丹砂繡蝕厚如指甲者數片斑斑桃花色而斟酒有異香蓋三代物也出以酌酒客爲引滿已忽聞林端反舌聲時改夏矣而聲小澁余戲指之曰何異文通才盡又笑曰豈老氏多言數窮耶客亦大笑醉去

余與直夫退而相對起居無恒時憩礙頭橋畔布衲寬博落落不知何如人村中父老小兒習余無他則剪薔薇花縛蔬莽餉余余愧謝不能當也復余山人又摘茶寄余試以惠泉紺碧沁齒蕉衣竹粉婆娑北窻爲枕書而臥臥起抽一緗函之則浮雲山道士仙史在焉出道藏醎字函卷三十有二所載古今眞人列仙四百四十有七顧其言不雅馴余與直夫汰而洗之存其奇逸可喜者精爲一卷以資麈尾其名香案牘者何居曰仙牘王宸吏司之如項羽所謂書不過記名姓而已清懶居士陳繼儒志

香案牘

雲間陳繼儒

軒轅

帝刻玉于蘭蒲席上春雜寶爲屑以沉榆之膠和之爲泥黃野分州別尊卑華戎之異濟南人獻明堂圖複道上有樓從西南入此樓之始蠑蚖大如牛羊螾大如虹以應土德

尹喜

文始先生生室中陸地生蓮花結草爲樓精思至道

范蠡

蠡好服桂飲水賣藥蘭陵於北邙山得仙異

鬼谷

秦時疫死者有鳥如烏銜草覆其面遂活有司上聞始皇遣使賫草以問先生云此瓊田中養神芝其葉似菰而不蘩生一葉能起一人

介推

子推與趙宣子遊且有黃雀在門上晉公重耳異之後見東海邊爲王俗翁賣扇

陸通

楚狂接輿好食橐盧木實及蕪菁子在峨眉山

鹿皮翁

岑山頂有泉人不能到鹿皮翁作轉輪懸閣梯道四間上其巔

阮丘

丘耳長七寸口中無齒

玄俗

俗日中無影

白石生

生煮白石爲糧問之何不霞舉笑曰天上多有至尊相奉事更苦于人間爾時號爲隱遯仙人

宋來子

來子常洒掃一市

古丈人

嵩華松下古丈人一女子二曰老人秦之役者女宮人合爲殉幸脫驪山之禍匿此

董謁

謁乞犬羊皮爲裘編荆爲牀聚鳥獸毛而寢性好異書見輒題掌還家以片籌寫之舌黑掌爛人謂謁掌錄而舌學

季充

充號負圖先生伏生十歲就石壁中受充尚書授四代之事伏生以繩繞腰領一讀一結十寻之繩皆成結矣充餌菊术絕甸不語人問何以荅曰世間無可食亦無可語者

孟岐

岐嘗云見周公旦抱成王以朝于周廟岐時侍周公陛壓公上岐以手摩成王足周公以玉笏遺岐岐常寶執每以衣袂拂拭笏笏今鏡欲折耳

黄安

安坐一神龜廣三尺行則負龜而趨曰伏羲氏始造網罟獲龜以授我背已平此龜畏日月光三千年一出頭我坐此以來龜出者五矣

涉正

正閉目二十年弟子固請之正乃開目有聲如霹靂而閃光若電已復還閉

孫博

博口中吐火指樹火生葉旋焦枯又能于水而布席作樂使衆入舞于上不沒不濡引鏡爲刀屈刀成鏡積時不改

班孟

孟坐空虛中與人語又能入地初沒足至腰及胷漸漸但餘冠幘良久盡沒又叟人屋上瓦瓦飛入簷楣紛如落葉

郴融

融取杯咒成龜煮之可食腸臟皆具而杯成龜殼煮取肉則殼還成杯矣

王興

秋長山洞穴中有千歲金蟾蜍山頂有瓊花木徑八九尺葉如白榴花如芙蓉香聞數里興常見之

桐君

君入山得鳴石雞舂碎爲藥服之有聲氣雞色丹大如燕常在地中應時而鳴吳寶鼎元年貢琥珀燕置

靜室中時一鳴翔此之類也

趙丙

丙舟行遇人酌水爲酒削一桃爲脯並得醉飽

王喬

武陽北平山有白蝦蟆謂之肉芝王喬食以仙去武陽山祠有三王喬一太子晉一葉令王喬一食肉芝王喬

周大賓

賓善鼓琴彈獨絃而八音自和以教糜長生孫廣用

廣用即孫登也

安期生

生以醉墨灑石上皆成桃花

彭宗

宗能以一氣誦五千文通爲兩過音清暢

司馬季主

季主顏如少女鬚三尺黑如墨有子二男名法育女名濟華俱在委羽山

王探

探師司馬季主與人行身散雲霧或屹立平地俄起崇山

章玉子

玉子含水噴成珠玉與弟子行各丸泥爲馬乘之一日行千里

唐公昉

公昉昇仙雞犬皆去惟鼠惡其穢垢不將鼠自悔一月三吐易其腸東廣微所謂唐鼠是也

朱仲

漢高后下書募三寸珠仲貴珠詣闕會元公主從仲求珠仲獻四寸珠景帝時又獻三寸珠數十顆

劉安

淮南王安見太清仙伯以坐起不恭謫守天廁

劉京

京授九子丸于王公公時已七十歲服之御八十妾生二十兒

梅福

墨池在南昌縣水竹幽蔚王右軍與臨川郡日每過

此盤礴不能去因號罷池先是福種蓮花池中嘆日
生爲我酷身爲我梏形爲我辱妻爲我毒遂棄妻入
洪厓山

欒巴

廬山廟有鬼物能使江湖中分風舉帆巴下檄勒鬼
踪跡鬼走齊郡化爲書生談五經太守妻以女巴劾
殺之空中刀下狸頭墮地太守女已生一兒俄化爲
狸亦殺之

孔元方

元方以杖拄地一手抱杖倒竪頭在下足向上以一
手持酒盃倒飲之

李意期

人有說四方郡國宮觀市里期即撮土成之經見者
詫其酷類但纖小耳

張仲常

仲常埋甕室下對妻子轟飲恣飽葷血及發甕已多
度甕中經日不腐

王喬

喬葬蒙城東自成冢其夕縣中牛皆流汗喘乏或云
乘橋山即太子晉

趙威伯

威伯善嘯若衝風之激長林衆鳥群鳴須臾雲翔其
上冥霧四合零雨其濛

劉偉道

偉道學仙仙人試以白髮一莖懸十萬斤巨石鼠齧
髮垂垂欲絕使偉道臥其下了無怖色蓋二十年

王中倫

晉武帝太康中田宣隱于鳴石岩下葉風霜月拊石
自娛每見一人着白單衣徘徊岩上清曉方去自言
王仲倫生周宣王時愛此石聲清激故輒留聽

李阿

阿逢車牛以足脛置車下轢其骨皆折阿死須臾復
生足亦如故

介象

象入東岳受禁制之術能令一市人皆坐不起有客
種黍山中患群猴採食之乞辟猴法象告汝見猴群

弟語之吾已告介君介君教汝莫食明日客試以衆言語猴猴果連臂投林而去

張道陵

道陵居渠亭山見青童絳節前導曰老君至矣從者二人貌似弱冠或指曰此子房此子淵

王卿

卿種黄精虎爲之耕豹爲之耘出入亦乘虎豹具轡轡行鞭策如乘馬

鮑靚

靚與葛稚川善毎來門無車馬獨雙燕往還或怪而網之則雙履也墉城集仙錄云靚以女妻稚川

香案牘　九

姜伯貞

伯貞値史伯眞命立日中背後視之其心不正因教之服石腦

元藏機

機有馴鳥三類黄鶴時翔空中呼之立至能授人語常航海飄至一島島人曰此滄洲也產分帶瓜長二尺碧棗丹栗大如梨池中有四足魚金蓮花婦人採爲首飾曰不戴金蓮花不得在仙家

陳簡

簡遇道者引至石室屬以地上素書一軸曰汝有書性好爲我書發標視皆古篆籀文心難之度無可遜避遂按本字日書竟

葛玄

玄遇親朋輒邀止折草剌樹以杯盛之汁流如泉杯滿即止飲之皆旨酒取瓦礫草木之實勸客皆脯棗指蝦蟇使飛龜使舞應節如人爲客行酒杯自至前不盡杯不去

香案牘　十

鄭思遠

思遠毎出行乘虎二虎雛負經而從横江橋逢許隱具煖藥酒虎爲拾柴燃火隱患齒痛求虎鬚熱插齒間思遠拔之虎帖地不動

黄野人

野人遊羅浮長嘯數聲逝嚮林樾宋咸淳中客有裁烏方帽着鞾往來羅浮山中見人則大笑反走三年不言姓氏他日醉歸忽取煤書壁云雲意不知滄海

春光欲上翠微人間一隴千杪猶愛桃花未歸蓋野
人之儔歟

許翽

眞人告翽曰學道當如穿井井彌深土彌難出

陶弘景

弘景右膝有數十黑子作七星文少便數馬善射晚
皆不爲惟聽吹笙借人書隨悞治定

王遠知

遠知曇首之子母夢靈鳳有身僧寶誌曰生子當爲

神仙宗伯

司馬承禎

禎善金剪刀書腦中有小兒誦經聲玲玲如振玉額
上小日如錢耀射一席

李含光

含光工篆隸或稱過其父一聞之終身不復書

許遜

遜爲蜀旌陽令既歸父老送之如雲有不返者乃于
宅東隙地結茭以居狀如營壘多改氏族以從許姓
號許家營

許大

大爲眞君掃糞夫婦隱于西山不欲人識改姓曰午
旋改曰干夫婦皆解詩許大詩云不是藏名混世俗
賣柴沽酒貰忘言妻緒云見家祇在西山裡除却白
雲誰到門

胡惠超

超身不甚長然每處稠人中首獨昂出其上雖至長
者止及肩下指地中古金石寶器穿之如言而獲

单道開

開服細石子一吞數枚唐子西贊曰世人茹柔剛則
吐之此抄爛飯牛口如飼至人忘物剛柔一致其視
食石如啗餅餌此乎飲羽出于無心食石之理于此
可尋我雖不能而識其理庶幾漱之而礪厥齒

范豹

豹云東方朔乃黠我我小兒時數與之狡獪宋文帝
召見豹從東宮過指宮門曰此中有博勞鳥奈何養
賊

寇謙之

成公興傭于寇之從母家使墾田寇一日于林下布筭周髀算法不合公興教之應手而成

嚴達

周武帝建德中詔達至便殿時已汰浮屠氏復欲澌焚黃冠上問道與釋孰優對曰主優而客劣上曰主客奚辨曰釋出西方得非客乎道出中夏得非主乎上曰客既西歸主無送耶對曰客歸則有期上主在則無損中華去者不追居者自保又何送乎上大笑

得免

孫徹

徹隱遯宿于木杪編葛爲席令日端坐共友馬儉思之取葛席置靜室供養數日輙聞席上有人語

丁玄真

毒龍潭二龍飛入殿與張僧繇画龍鬬風雨震沸玄真画鐵符鎮潭龍穿山而去復釘画龍之目其患乃止

顔真卿

白紫清云真卿今爲北極驅邪院左判官

伊祁玄解

西域進方圓二美玉玄解曰此龍虎玉也圓生于水龍寶之方生于山虎寶之詢使人果得之漁獵者

摸先生

先生束雙髻于頂携小竹筒賣藥有疾者手摸之輒愈人呼爲摸先生

王元之

元之數歲時夜出門見一道士隨之入江在水底月

明中行不見泥沙水隨步自開路傍一物十丈許如龍如蛇有五色光道士指曰此水母也見之長生自是便能逆風掛帆泛水安坐

女俠傳

武進鄒之麟

豪俠

昔太公釣於渭水八十年矣人未有識之者即以文王之聖之亟於求賢且以夢以卜嗟乎士信乎知己而絀於不知己相知蓋若斯之難也傳稱五百年必有王者興其間必有名世者天作之合若武開之於此有人焉睥睨其間與日月爭光此豈非所謂賢豪間者耶鹿門水鏡庶幾近之方諸女子蓋寥寥已

漂母

淮陰侯韓信始爲布衣時貧無行不得推擇爲吏又不能治生商賈常從人寄食飲人多厭之者常數從其下鄉南昌亭長寄食數月亭長妻患之乃晨炊蓐食食時信往不爲具食信亦知其意怒竟絕去信釣於城下諸母漂有一母見信饑飯信竟漂數十日信喜謂漂母曰吾必有以重報母母怒曰大丈夫不能自食吾哀王孫而進食豈望報乎

張耳妻

張耳者大梁人也其少時及魏公子毋忌爲客張耳嘗亡命游外黃外黃富人女甚美嫁庸奴亡其夫去抵父客父客素知張耳乃謂女曰必欲求賢夫從張耳女聽乃卒爲請決嫁之張耳張耳是時脫身游女家厚奉給張耳張耳以故致千里客乃宦魏爲外黃令名由此益賢

齊姜

晉公子重耳出奔至齊齊桓公妻之有馬二十乘公

子安之從者以爲不可將行謀於桑下蠶妾在其上以告姜氏姜氏殺之而謂公子曰子有四方之志其聞之者吾殺之矣公子曰無之姜曰行也懷與安實敗名公子不可姜與子犯謀醉而遣之

僖負羈妻

晉公子重耳及曹僖負羈之妻曰吾觀晉公子之從者皆足以相國若以相夫子必反其國反其國必得志於諸侯得志於諸侯而誅無禮曹其首也子盍蚤自貳焉乃饋盤飧寘璧焉

瀨女

子胥行至吳疾於中道乞食溧陽適遇女子擊絲於瀨水之上筥中有飯子胥過之謂曰夫人可得一餐乎女子曰妾獨與母居三十未嫁飯不可得子胥曰夫人賑窮途少飯亦何嫌哉女子知非恒人遂許之發其簞筥飯其盎漿長跪而與之子胥再餐而止女子曰君子有遠誓之行何不飽而餐之子胥已餐而去又謂女子曰掩夫人之壺漿無令其露女子歎曰嗟乎妾獨與母居三十年自守貞明不願從適何宜饋飯而與丈夫越虧禮義妾不忍也子行矣子胥行反顧女子已自投於瀨水矣

文君

司馬相如初與卓文君還成都貧居愁懣以所著鷫鸘裘就市人陽昌貰酒與文君爲懽文君抱頸而笑曰我平生富足今乃以裘貰酒遂相與謀於成都賣酒相如親著犢鼻褌滌器以耻王孫王孫果以爲病乃厚給文君文君遂爲富人文君姣好眉色如望遠山臉際常若芙蓉肌膚柔滑如脂十七而寡爲人放誕風流故悅長卿之才而越禮焉長卿素有消渴疾及還成都悅文君之色遂以發痼疾乃作美人賦欲以自刺而終不能改卒以此疾至死文君爲誄傳於世

梁夫人

韓蘄王之夫人京口娼也嘗五更入府伺候賀朔忽於廟柱下見一虎蹲卧鼻息齁齁然驚駭亟走出不敢言已而人至者衆復往視之乃一卒也因蹴之起問其姓名爲韓世忠心異之密告其母謂此卒定非凡人乃邀至其家具酒食卜夜盡歡深相結納資以金帛約爲夫婦蘄王後立殊功爲中興名將遂封兩國夫人蘄王嘗邀兀术於黄天蕩幾成擒矣一夕鑿河遁去夫人奏疏言世忠失機縱敵乞加罪責舉朝爲之動色

義俠

摩詰有言西風刎首向公子七十老翁何所求嗟乎有所求者利也無所求者義也傳曾曰求仁而得仁札之劍艮之椎高之筑針布之奏事越頭下仁則吾不知也不既信不倍言義者有焉其庶乎太史公發憤論次古布衣之俠而之數者不少槩見何哉魯連之不帝秦與夷齊叩馬事何異而一則曰義人一則曰其意指不合大義豈君子諭義子長非其人邪爲之次女俠義者

女俠傳　五

如姬

秦昭王圍邯鄲急平原君夫人爲信陵君姊遺書魏公子請救公子及賓客辯士說王萬端魏王畏秦終不聽公子公子自度終不能得之于王乃欲赴秦軍與趙俱死行過夷門別侯生侯生乃屏人語曰嬴聞晉鄙之兵符常在王卧內而如姬最幸出入王卧內力能竊之嬴聞如姬父爲人所殺如姬資之三年自王以下欲求報其父仇莫能得姬爲公子泣公子使客斬其仇頭敬進如姬如姬之欲爲公子死無所辭顧未有路耳公子誠一開口請如姬如姬必許諾則得虎符奪晉鄙軍北救趙而西却秦此五霸之伐也公子從其計請如姬如姬果盜晉鄙兵符與公子

聶榮

聶政姊榮聞人有刺殺韓相者賊不得國不知姓名暴其尸而縣之千金乃於邑曰其是吾弟與嗟乎嚴仲子知吾弟立起如韓之市而死者果政也伏尸哭極哀曰是軹深井里所謂聶政者也市行者諸衆人皆曰此人暴虐吾國相王縣購其名千金夫人不聞與何敢來識之也榮應之曰聞之然政所以蒙汙辱自棄於市販之間者爲老母幸無恙妾未嫁也親既以天年下世妾以嫁夫嚴仲子乃察舉吾弟困汙之中而交之澤厚矣可柰何士固爲知己者死今乃以妾尚在之故重自刑以絕從妾其柰何畏殁身之誅終滅賢弟之名大驚韓市人乃大呼天者三卒於邑悲哀而死政之旁

女俠傳　六

魯保母

孝義保者魯孝公稱之保母臧氏之寡也初孝公父

武公與其二子長子括中子戲朝周宣王宣王立戲爲魯太子武王薨戲立是爲懿公孝公時號公子稱最少義保與其子俱入宮養公子稱括之子伯御與魯人作亂攻殺懿公而自立求公子稱將殺之義保聞伯御將殺稱乃衣其子以稱之衣卧於稱之處伯御殺之義保遂抱稱以出遇稱舅魯大夫於外舅問稱死乎義保曰不死在此舅曰何以得免義保曰以吾子代之義保遂以逃十一年魯大夫皆知稱之在保於是請周天子殺伯御立稱是爲孝公

魏乳母

魏乳母者魏公子之乳母秦攻魏破之殺魏王瑕誅諸公子而一公子不得令魏國曰得公子者賜金千鎰匿之者罪至夷乳母與公子俱逃魏之故臣見乳母而識之曰乳母無恙乎乳母曰嗟乎吾柰公子何故臣曰今公子安在吾聞秦令曰有能得公子者賜金千鎰匿之者罪至夷乳母倘言之則可以得千金知而不言則昆弟無類矣乳母曰吁我不知公子之處故臣曰我聞公子與乳母俱逃母曰吾雖知之亦終不可以言故臣曰今魏國已破亡族已滅子匿之尚誰爲乎母吁而言曰夫見利而反上者逆也畏死而棄義者亂也今持逆亂而以求利吾不爲也且夫凡爲人養子者務生之非爲殺之也豈可利賞畏誅之故廢正義而行逆節哉妾不能生而令公子擒也遂抱公子逃於深澤之中故臣以告秦軍秦軍追見爭射之乳母以身爲公子蔽矢着身者數十與公子俱死秦王義之葬以卿禮賜金百鎰祀太牢寵其兄爲五大夫

龐娥親

酒泉烈女龐娥親者表氏龐子夏之妻祿福趙君安之女也君安爲同郡李壽所殺娥親有弟三人皆欲報讐壽深以爲備會遭災疫三人皆死壽聞大喜會宗族共相慶賀云趙氏彊壯已盡唯有女弱何足復憂防備懈弛娥親子淯出行聞壽此言還以啟娥親娥親既素有報讐之心及聞壽言感激愈深愴然隕涕曰李壽汝莫喜也終不活汝戴履天地爲吾門戶吾三子之羞也焉知娥親不手刃殺汝而自徼倖

邪陰市名刀挾長持短晝夜哀酸志在殺壽壽爲人
凶豪聞娥親之言更乘馬帶刀鄉人皆畏憚之比鄰
有徐氏婦憂娥親不能制恐逆見中害每諫止之曰
李壽男子也凶惡有素加今備衛在身趙雖有猛烈
之志而強弱不敵邂逅不制則爲重受禍於壽絶滅
門戶痛辱不輕也願詳舉動爲門戶之計娥親曰父
母之讐不與共天地不共日月者也李壽不死娥親視
息世間活復何求今雖三弟早死門戶泯絶而娥親
猶在豈可假手於人哉若以卿心況我則李壽不可

得殺論我之心則李壽必爲我所殺明矣夜數磨礪
所持刀扼腕切齒悲涕長歎家人及鄰里咸共笑
之娥親謂左右曰卿等笑我直以我女弱不能殺壽
故也要當以壽頸血汚此刀刃令汝輩見之遂棄家
事乘鹿車伺壽至光和二年二月上旬以白日清時
於都亭之前與壽相遇便下車扣馬叱之壽驚愕
馬欲走娥親奮刀斫之并傷其馬馬驚壽擠道邊溝
中娥親尋復就地斫之深中樹間折所持刀壽被創
未死娥親因取壽所佩刀殺壽壽護刀瞋目大呼跳
梁而起娥親乃挺身奮手左抵其額右椿其喉反覆
盤旋應手而倒遂拔其刀以截壽頭持詣都亭歸罪
有司徐步詣獄辭顏不變時祿福長漢陽尹嘉不忍
論娥親即解印綬去官弛法縱之娥親曰讐塞身死
妾之明分也治獄制刑君之常典也何敢貪生以枉
官法鄉人聞之傾城奔往觀者如堵焉莫不爲之悲
喜慷慨嗟歎也守尉不敢公縱陰語使去以便宜自
匿娥親抗聲大言曰枉法逃死非妾本心今讐人已
雪死則妾分乞得歸法以全國體雖復萬死於娥親

畢足不敢貪生爲明廷負也尉固不聽所執娥親復
言曰匹婦雖微猶知憲制殺人之罪法所不縱今既
犯之義無可逃乞就刑戮隕身朝市肅明王法娥親
之願也辭氣愈厲面無懼色尉知其難奪強載還家
涼州刺史周洪酒泉太守劉班等並共表上稱其烈
義刊石立碑顯其門閭太常弘農張奐貴尚所履以
束帛二十端禮之海內聞之者莫不改容贊善高大
其義

節俠

聖人諱言節恭至於節而天下之事解矣故寧取管仲之仁而不與匹夫匹婦之諒誠重之也雖然臣死君子死父婦死夫天性已固然者況閭巷之所稱朝廷之所褒丹青之所風美備是矣猶尚寥寥不易見豈中庸不可能也白刃固可蹈耶若夫非君非父非夫而無褒稱風美之要片語觸激嚙臂相期雖生而有所不用節以折諸聖賢之節吾不知其何如然而移彼易此易易耳田光先生之報太子丹曰爲行而使人疑之非節俠也嗟乎彼何心哉感而序節俠

虞姬

虞氏西楚霸王項羽美人也羽被漢圍垓下夜聞漢軍四面皆楚歌乃大驚曰漢皆已得楚乎是何楚人之多也乃起飲帳中慷慨悲歌自爲詩曰力拔山兮氣蓋世時不利兮騅不逝騅不逝兮可奈何虞兮虞兮奈若何歌數闋美人和之曰漢兵已畧地四面楚歌聲大王意氣盡賤妾何聊生泣數行下遂自刎

綠珠

綠珠者姓梁白州博白縣人也州則南昌郡古越地秦象郡漢合浦縣地唐武德初削平蕭銑於此置南州尋改爲白州取白江爲名州境有博白山博白江盤龍洞房山雙角山大荒山山上有池池中有婢妾魚綠珠生雙角山下美而艷越俗以珠爲上寳生女爲珠娘男爲珠兒綠珠之字由此而稱晉石崇爲交趾採訪使以眞珠三斛致之崇有別廬在河南金谷澗澗中有金水自太白源來崇即川阜製園館綠珠

能吹笛又善舞明君明君者昭君也漢元帝時匈奴單于入朝詔王嬙配之即昭君也及將去入辭光彩射人天子悔焉重難改更漢人憐其遠嫁爲作此歌崇以此曲教之而自製新歌曰我本良家子將適單于庭辭別未及終前驅已抗旌僕御涕流離轅馬悲且鳴哀欝傷五内涕泣沾珠纓行行日已遠遂造匈奴城延我於穹廬加我閼氏名殊類非所安雖貴非所榮父子見凌辱對之慚且驚殺身良不易默默以苟生苟生亦何頼積思常憤盈願假飛鳥翼乘之以

遐征飛鴻不我顧佇立以屛營昔爲匣中玉今爲糞上英朝華不足歡甘與秋草屛傳語後世人遠嫁難爲情崇又製懊憹曲以贈綠珠崇之婢艷者千餘人擇數十人粧飾一等使忽視之不相分別刻玉爲蛟龍佩縈金爲鳳凰釵結袖繞楹而舞欲有所召者不呼姓名悉聽佩聲視釵色佩聲輕者居前釵色艷者居後以爲行次而進趙王倫亂常賊類孫秀使人求綠珠崇方登涼觀臨淸水婦人侍側使者以告崇出侍婢數百人以示之皆蘊蘭麝而披羅縠曰在所擇使者曰君侯服御麗則麗矣然命指索綠珠未知孰是崇勃然曰吾所愛不可得也秀因譖倫族之收兵忽至崇謂綠珠曰我今爲爾獲罪綠珠泣曰願效死於君前崇止之遂墮樓而死崇棄東市時人名其樓曰綠珠樓在步廣里近狄泉在王城之東

段東美

薛宜僚會昌中爲左庶子充新羅册贈使由靑州泛海船頻阻惡風雨至登州却漂迴泊靑州郵傳一年節使鄔漢貞尤加待遇有籍中飲妓段東美者薛頗屬情連帥置於驛中是春薛發日祖筵嗚咽流涕東美亦然乃於席上留詩曰阿母桃花方似錦王孫草色正如煙不須更向滄溟望惆悵歡情恰一年薛到外國未行册禮旌節曉夕有聲旋染疾謂判官苗甲曰東美何故頻見夢中乎數日而卒苗攝大使行禮薛旋櫬迴及靑州東美乃請告至驛素服執奠哀號撫柩一慟而卒

任俠

余觀漢高之脫季布與條侯得劇孟語任俠行權幾奪天子矣專趨人之急甚已之私既已死生存亡不可謂不賢者而韓子短之且與儒者同類而共譏豈匹夫而託南面犯禁亂法自此始耶汲長孺鄭當時古名臣也皆用俠聞豈不矜能不伐德廉潔退讓有足稱歎嗟乎讓天下者方能任天下鄙人嚮利可與圖事乎哉

昭君

昭君字嬙南郡人也初元帝時以良家子選入掖庭會匈奴單于來朝求美人爲閼氏帝勅以宮女賜之昭君入宮數歲未得見御積悲怨乃請掖庭令求行單于臨辭大會帝召女以示之昭君豐容靚飾光明漢宮顧影徘徊竦動左右帝見大驚意欲留之而重難改更遂與匈奴昭君戎服乘馬提一琵琶出塞而去

木蘭

木蘭陝人也代父戍邊十二年人不知其爲女歸賦戍邊詩一篇其詞云促織何唧唧木蘭當戶織不聞機杼聲唯聞女歎息問女何所思問女何所憶昨夜見軍帖可汗大點兵軍書十二卷卷卷有耶名阿耶無大兒木蘭無長兄願爲市鞍馬從此替耶征東市買駿馬西市買鞍韉南市買轡頭北市買馬鞭旦辭耶孃去暮宿黃河邊不聞耶孃聲喚女但聞河水聲濺濺旦辭黃河去暮宿黑山頭不聞耶孃喚女聲但聞胡騎聲啾啾萬里赴戎機關山度若飛朔氣傳金柝寒光照鐵衣將軍百戰死壯士十年歸歸來見天

子天子坐明堂策勳十二轉賞賜百千强可汗問所欲木蘭不用尚書郎願托千里足送兒歸故鄉耶孃聞女來出郭扶相將阿姊聞妹來當戶理紅粧小弟聞姊來磨刀霍霍向豬羊開我東閣門坐我西間牀脫我戰時袍著我舊時裳當窗理雲鬢挂鏡帖花黃出門看火伴火伴皆驚忙同行十二年不知木蘭是女郎雄兔腳僕走雌兔眼迷離雙兔傍地走安能辨我是雄雌君子曰若木蘭者亦壯而廉矣使載之列女傳緹縈曹娥將遜之蔡姬當低頭愧汗不敢比肩

杜牧題木蘭廟詩云彎弓征戰作男兒夢裡曾經學畫眉幾度思歸還把酒拂雲堆上祝明妃

莒婦

莒有婦人莒子殺其夫已爲嫠婦及老托於紀鄣紡焉以度而去之及師至則投諸外獻諸子占子占使師夜縋而登登者六十人縋絕師鼓譟城上之人亦譟莒公懼啟西門而出七月丙子齊師入紀

緹縈

漢齊太倉令淳于公之女名緹縈者淳于公無男有

女五人孝文皇帝時淳于公有罪當刑是時肉刑尚在詔繫長安當刑會逮公罵其女曰生女不生男緩急非所益緹縈自悲泣而隨其父至長安上書曰妾父爲吏齊中皆稱治平今坐法當刑妾傷夫死者不可復生刑者不可復續雖欲改過自新其道無繇也妾願入身爲官婢以贖父罪使得自新書奏天子憐其意乃下詔曰蓋聞有虞之時畫衣冠異章服以爲戮而民不犯何其至治也今法有肉刑五而姦不止其咎安在非朕德薄而教之不明哉吾甚自愧夫訓導不純而愚民陷焉詩云豈弟君子民之父母今人有過教未施而刑加焉或欲改行爲善其道毋由朕甚憐之夫刑者至斷支體刻肌膚終身不息何其痛而不德也豈稱爲民父母之意哉其除肉刑自是之後鑿顛者髡抽脅者笞刖足者鉗淳于公得免焉君子謂緹縈得一言發聖主之意易曰小懲而大誡漢文之謂也

游俠

太史公之傳游俠詳矣退四公子之徒而進朱家劇孟有以也虞卿不重相印而從魏齊鄭莊行千里不齎糧游道頗廣翩翩儒而俠矣游俠關如何也稍以意爲之論次

陶母

陶侃母湛氏豫章新淦人初侃父丹聘爲妾生侃而陶氏貧賤湛每紡績資給之使交結勝己侃少爲潯陽縣吏嘗監魚梁以一坩鮓遺母湛封鮓及書責侃

曰爾爲吏以官物遺我非惟不能益吾乃以增吾憂矣鄱陽孝廉范逵寓宿於侃時大雪湛乃撤所卧新薦自剉給其馬又密剪髮賣與鄰人供殽饌逵聞之歎息曰非此母不生此子侃竟以功名顯

澤嫗

劉道眞少時嘗漁草澤善歌嘯聞者莫不留連有一老嫗識其非常人甚樂其歌嘯乃殺豚進之道眞食豚盡了不謝嫗見不飽又進一豚食半餘半乃還之後爲吏部郎嫗兒爲小令史道眞超用之不知所由問母母告之

絡秀

周浚作安東時行獵值暴雨過汝南李氏李氏富足而男子不在有女名絡秀聞外有貴人與一婢於內椎猪殺羊作數十人飲食事事精辦不聞有人聲密覘之獨見一女子狀貌非常浚因求爲妾父兄不許絡秀曰門戶殄瘁何惜一女若連姻貴族將來或大益父兄從之生伯仁兄弟絡秀謂伯仁等我所以屈節爲汝家作妾門戶計耳汝若不與吾家作親親者

吾亦不惜餘年伯仁等悉從命由此李氏在世得方幅齒遇

獨孤氏

李呂變在荆州打獵大修裝飾其妻獨孤氏亦出女隊二千人皆著紅紫繡襖子及錦鞍韉

劍俠

昔勾踐之稱荆軻曰惜哉其不講於劍之術也夫白日殺人都市人不之覺傳以刀圭立化呼吸千里度城郭門堂屋壁無礙是道何術與天下無道則見有道則隱大抵伺諸鬼神之發亂以竊借其靈近於怖矣紅綫聶隱根託冉來決傳幽宂漂忽窅耿始儷而鬼神其術者邪然能行之侯王將相不能加無道之始皇賊殺魑魅不軌未聞毒諸端人正士恭取道小而行直方者也世有負心小醜

不足辱朝廷之斧鉞而天下甘心焉倘非以輕劍擊之惡能勝其任而愉快乎

紅綫 俱見劍俠傳

聶隱娘

賈人妻

三鬟女子

車中女子

貧士傳上卷

吳郡黃姬水

披裘公

披裘公者吳人也延陵季子出遊見路有遺金公當夏五月披羊裘負薪而過之季子呼公取焉公投鎌于地瞋目拂手而言曰子何居之高而視之下貌之君子而言之野也吾五月披裘而負薪豈取遺金者哉季子知其為賢者請問姓字公曰吾子皮相之士何足語姓字也遂去季子立而望之不見乃上

札也

行國公講中逵食薪力負冬裘夏披黃金可拾素操豈移秘名勿示佇覽莫追

老萊子

老萊子者楚人也當世亂逃耕蒙山之陽墻以蒹葭室以蓬蒿牀以枝木席以蓍艾水飲菽食墾山播種蕭然世表也楚王駕先其門當萊子織畚而言曰守國之政孤願煩先生萊子許之其妻曰妾聞酒肉我者可鞭箠我官祿我者可鈇鉞我妾詎能為人所制哉遂投其畚而去萊子亦隨至于江南而止曰鳥獸

之毛可績而衣其遺粒足食也仲尼常蹙然改容于斯言

老萊鴻翼蒙中耕處草木遵遊水菽啜哎綠闡陳謨朱方借底績毛食粒蹙容宣父

榮啓期

榮啓期者周時人也値衰世隱居窮處遺物求已時被裘帶索行吟於路曰吾著裘者何求帶索者何索常鼓琴而歌孔子過之問曰先生何樂曰吾樂有三天生萬物惟人爲貴而吾得爲人以男爲貴而吾得

爲男或皆不免于襁褓而吾行年九十矣是三樂也夫貧者士之常也死者命之終也居常待終當何憂乎孔子聆其語爲之三日悲焉

啓期至素拒外抱中以放舒詠因服表衷志揚舜絃詞慨尼聰三樂弗認一丘同窮

春秋三子

春秋三子者楚之父子彝之周子齊之狂子也三子生當衰世之季目覩王綱之斁思欲絶景雲表濯志潁濱乃相與居泰山之陽處環堵之室蓽戸不扉盎

茨不翦而高歌不輟君子謂可方之倪鈇云

殊方三子同道一心蜩覩姬邦鳳遠泰岑作彝舉邑含和保眞豈謂陋棲廢厥高吟

鮑焦

鮑焦者不知何許人也衣弊膚見挈畚持蔬遇子貢於道子貢曰吾子何以至于此也焦曰天下之遺德教者衆矣吾何以不至于此也吾聞之世不已知而行之爽行也上不已用而干之毁廉也爽行毁廉然且弗舍惑于利者也子貢曰吾聞之非其世者不生

其利汙其君者不履其土非其世而持其蔬詩曰普天下之下莫非王土此誰有之哉焦曰嗚呼吾聞賢者重進而輕退廉者易愧而輕死於是棄其蔬而立槁于洛水之上

於烈鮑焦踽步周行耻辰叔季結想上皇目賜啓言投蔬立偃孤潔名流洛水並長

齊餓

齊餓者不知何姓字也齊大饑黔敖爲食於道以待餓人有蒙袂輯屨貿貿然來者敖左奉食右執飲曰

嗟來食迺揚目而視之曰予惟不食嗟來之食以至於斯也從而謝焉終不食而死曾子聞之曰其嗟也可去其謝也可食

淄境薦凶敖也設食㩉瘞有來虖餧孔棘呼嗟致聲舉瞻作色簞豆終擲舍餓甘没

黔婁先生

黔婁先生者魯人也修身清節不求進於諸侯魯公以鍾粟辟爲相齊王以黄金聘爲卿俱辭不就著書四篇抱潔而死曾子與門人往弔之上堂見先生之

尸在牖下枕墼席藁縕袍不表覆以布被手足不盡斂覆頭則足見覆足則頭見曾子曰斜引其被則斂矣妻曰斜而有餘不如正而不足也先生以不斜之故至于此生而不斜死而斜之非先生意也曾子不能應遂哭之曰嗟乎先生之終也何以爲謚妻曰以康乎曾子曰先生在時食不充口衣不蓋形死則手足不斂旁無酒肉何樂于此而謚爲康邪妻曰否否先生之生也甘天下之澹味安天下之卑位不戚戚于貧賤不欣欣于富貴求仁得仁求義得義其斯可謚爲康也已曾子喟然歎曰惟斯人也而有斯婦

有穆先生正以矩身祿辭兩國室之無長袂飲曾惻爲謚妻陳存維若節殁乃康名

北郭騷

北郭騷者齊人也結罘罔捆蒲葦織屨履以養其母猶不足踵門見晏子曰願乞所以養母晏子之僕謂晏子曰此齊國之賢者也其義不臣乎天子不友乎諸侯於利不苟取于害不苟免今乞所以養母是説夫子之義也必與之晏子使人分倉粟府金遺之辭

金而受粟有閒晏子見疑于君出奔北郭子曰吾聞之養及其親者身伉其難於是以身死白之

騷尚蟲盤銖陳晉寵母篤莫光相罔斯踵銜惠何深酬身析膾報不賊廉死非傷勇

仲尼三弟子

仲尼三弟子者顔回曾參原憲也回嘗簞食瓢飲處於陋巷人不堪其憂回也不改其樂孔子賢之宅曰嘗列弟子之行又門回也其庶乎屢空及回死無以葬厥父顔路請夫子之車以爲椁云參不仕居衛縕

袍無表顏色腫噲手足胼胝三日不舉火十年不製衣正冠而纓絶捉衿而肘見納屨而踵决曳縰而歌天子不得臣諸侯不得友而卒傳孔子之道憲居以環堵茨以生草蓬戶不完桑木爲樞而甕牖二室褐以爲塞上漏下濕匡坐而絃歌子貢盛服軒車往見原憲憲華冠縰履杖藜應門子貢曰先生病矣憲應之曰憲聞無財之謂貧學道不能之謂病若憲貧也非病也子貢逡巡而退有愧色

素王樂天水飲疏飯道鑄三賢器同一範乃回幾

化乃參聞貫彼不受命曷知貧憲

河上貧者

河上貧者宋人也家貧緯蕭而食其子没于淵得千金之珠貧者謂其子曰取石來鍛之夫千金之珠必在九重之淵而驪龍頷下子能得珠者必遭其睡也使驪龍而寤子尚奚微之有哉君子謂其不以貧而苟得焉

宋有玄人希微澹寂淵淵幽磐纖葭聊食厥嗣淵投月珠乃獲畏龍作戒碎糜宅石

子桑子

子桑子者不知何許人也子輿與之友霖雨十日子輿恐其病也裹飯而往食之至子桑之門則若歌若哭鼓琴曰父耶母耶天乎人乎有不任其聲而趨舉其詩焉子輿入曰子之歌詩何故若是曰吾思夫使我至此極者而弗得也父母豈欲我貧哉天地豈私貧我哉求其爲之者而弗得也然而至此極者命也夫

桑也居困輿實良朋浹旬病雨一飯造門歌絃前

奏思故方深究之莫得歸彼生辰

列禦寇

列禦寇者鄭人也穆公時子陽爲相專任刑法禦寇乃絶迹窮巷面有饑色或告子陽曰列禦寇有道之士居君之國而窮君無乃不好士乎子陽與粟數十乘禦寇見使辭之其妻望之而拊心曰妾聞爲有道者皆得佚樂今有饑色君過而遺先生食不受非命也哉禦寇咲曰君非自我知也以人之言而遺我粟至其罪我也又且以人之言居一年子陽與其黨皆

見殺列禦寇獨全著書八篇曰列子

鄭圃列子壺丘是依刑名山藪清謐女饑彼以人
餽我以身辭永言窮巷世仰沖虛

莊周

莊周者宋之蒙人也家貧往貸粟于監河侯監河侯
曰諾我將得邑金將貸子以三百金可乎莊周忿然
作色曰周昨來有中道而呼者周顧視車轍中有鮒
魚焉周問之曰鮒魚來子何為者耶對曰我東海之
波臣也君豈有斗升之水活我哉周曰諾我且南遊

吳越之王激西江之水而迎子可乎鮒魚忿然作色
曰吾失我常與我無所處吾得升斗之水然活耳君
乃言此曾不如早索我于枯魚之肆著書內外篇不
仕而終

莊生知樂漆園曠逸郊犧不為塗龜自屈假粟監
河誇金三百達言譬譬秋有倫春

鶡冠子

鶡冠子者楚人也隱居幽山衣敝履空以鶡為冠莫
測其名因服成號著書言道家之用焉護常師事之
後顯于趙鶡冠子懼其薦已也乃與護絕終身不仕

荆有哲靈幽巖芳蹈服不周彤冠因作號赤縣隱
名丹書闡道有朋師顯斥交終擯

顏斶

顏斶者齊人也居齊下邑宣王致見與語以為君子
也願請受為弟子斶曰玉生於山制則破焉非弗寶
貴矣然而太璞不完士生乎鄙野推選則祿焉非不
尊遂也然而形神不全斶雖貧晚食以當肉緩步以
當車無罪以當貴清淨貞正以自娛悅而已因再拜

辭去君子曰斶知足矣終身不辱

斶居側邑明擢齊宣侯師雖顯山玉弗完至道一
陳鄙邑言還貞璞無願君子誦焉

陳仲

陳仲字子終齊人也其兄戴為齊卿食祿萬鍾仲以
為不義嘗殺餽鵝與食出而哇之將妻子適楚居於
陵自謂於陵仲子窮不苟求食不非義遺歲饑乏糧
三日乃匍匐而取井上李食之蟲者三咽而能視聽
身織屨妻辟纑以易衣食楚王遣使持金欲聘為相

其妻曰亂世多害恐先生不保也遂相與逃去為人灌園

子終蚓操於陵自竄鬻生兒傭李充幃半乃屨乃纑乃衣乃爨楚患內規高潛園灌

王高

王高者秦時人也當秦末饑亂父母兄弟死者十有五人家貧徒壁立夫婦晝則傭耕夜則伐草燒博饑食藜藿寒衣草衣而夫婦安然不變所守焉

高生不辰會秦鹿失執然匹婦罄爾四壁晝耨夕

薪草衣藿食素患與貧而無戚戚

宋勝之

宋勝之南陽安衆人也少孤居穀城聚中孝慕甚篤聚中化之少長有禮家貧不能自贍乃依食姊家數歲往受易長安以信義稱從兄袁為東平內史遣使招之勝之曰衆人所樂者非勝之願也乃去太原從郇越牧羊以琴書自娛丞相孔光就太原辟之不至

勝之德亭至孝作人姊食從寄兄爵蔑輕樂遊郇圃恥就孔勳絃棨綵玩展也鴻生

張仲蔚

張仲蔚者平陵人也閉門養性不治榮名與同郡魏景卿俱修道德隱身不仕明天官博物善屬文好詩賦常居窮素所處蓬蒿沒人時人莫識唯劉龔知之

仲蔚削智絺世自謝玄珠則保浮名弗饕采椽唯何惟蓬與蒿獨彼劉𩓥雅素締交

向長

向長字子平河內人性尚中相好通老易貧無資食好事者更饋焉受之取足而返其餘潛隱于家讀易

至損益卦喟然歎曰吾已知富不如貧貴不如賤但未知死何如生耳建武中與同好北海禽慶俱遊五嶽名山不知所終

向子委順榛莽屏居食淡𥤮𥤮受饋返餘潛玩微象暢彝玄知緣海携友名嶽偕歸

孫期

孫期字仲彧濟陰成武城人也習京氏易古文尚書家貧不仕事母至孝養豚莫供乃于大澤中牧豕以資奉養遠人從學者皆執經壟畔黃巾賊起適期里陌

轍相勑約曰莫犯孫先生舍司徒黄琬特辟之不行終於家

期也居約職其爲子乃從先澤牧嚴姤家青玲孝質芳肇詔語德懷蠢冦名徵天府

閔貢

閔貢字仲叔太原人也世稱節士雖以周黨之潔清自以弗及也黨見仲叔食無菜遺之生蒜仲叔曰吾欲省煩耳今更作煩耶受而弗食建武中司徒侯霸既辟至投劾而去復以博士徵不至客居安邑老病家貧不能得肉日買猪肝一片屠者或不肯與令聞勑吏常給焉仲叔怪問知之乃歎曰閔仲叔豈以口腹累安邑耶遂去客沛以壽終

清矣仲叔廉節輿推友饋弗嘗公聘再辭皤顯在旅鮮食莫需潔躬從沛卒老于斯

梁鴻

梁鴻字伯鸞扶風平陵人也鴻幼遭亂父卒卷席而葬受業太學家貧尚節學畢牧豕於上林苑中誤遺火延及宅舍悉以豕償其主猶以爲少鴻無宅財以身居作後肸同縣孟光入門不答乃更椎髻布衣操作而前乃喜曰此真梁鴻妻也有頃共入霸陵山中以耕織爲業復至吳居伯臯伯通廡下爲人賃舂每孟光具食舉案齊眉伯通知非凡人乃舍之于家鴻潛閉著書既卒伯通等爲葬于要離冢傍

伯鸞清白幼遭屯極椎髻作合彼美令德力耕隱山爲舂吳國良彦偕心烈士並域

張楷

張楷字公超不知何郡人也治嚴氏春秋古文尚書就學車馬塡門貴戚之家皆起舍巷以候過客之利楷疾其如此輒徙避之家貧無以爲業常乘驢車至縣賣藥足給食輒還鄉里

公超克學融博古今嘗從既曠鵲徙何深花邑時駕王燕氷春優游鄉里忘厥處貧

孔嵩

孔嵩字仲山南陽人也家貧親老乃變姓名傭爲新野里卒友人范式行部到新野而縣選嵩爲導騎迎式式見而識之呼嵩把臂曰子非孔仲山耶對之歎

息語及平生曰共語俱曳長裾遊集帝學吞蒙國恩致位牧伯而子懷道隱身處乎卒伍不亦惜乎嵩曰昔侯嬴長守於賤業晨門肆志于抱關子居九夷不患其陋貧者士之宜豈爲鄙哉式勑縣令代嵩嵩以爲先備未竟不肯去

嗟爾仲山淪賤攻苦才成國器珉編邑伍騶僕新郊節逢故輿握手論交報言援古

吳祐

吳祐者不知何地人也年二十喪父居無擔石而不

受贍遺常牧豕於長垣澤中行吟經書遇父故人謂之曰卿二千石子而自業賤事縱子無耻奈先君何祐辭謝而已守志如初

祐方弱冠即抱菽悲賢郡將贍牧諷典書父交相遺忝生載規人各有心厥志莫移

婁壽

婁壽字元考南陽隆人也孩童岐嶷有志挽髮傳業好學不厭榮沮溺之耦耕甘山林之杳藹遐夷衡門樂以忘憂郡縣禮請終不回顧施絺大布之衣糲楷蔬菜之食蓬戶茅宇棬樞甕牖樂天知命確乎其不可拔也是以守道識貞之士高尚其事年七十八卒國人相與論德處諡曰玄儒先生

元考純叟性澄不誘敦志星帷誠景雲敷在歎克熙于天宜考玄儒國諡懿述弗

郭太

郭太字林宗太原人也少事父母以孝聞家貧郡縣欲以爲吏歎曰丈夫何能執鞭斗筲哉乃欲遊學無資就姊夫貸錢五千與鬬縣宗仲至京師從屈伯彥

學春秋并日而食衣不蔽形常以蓋幅自障出入入則蔽前出則掩後以母喪歸凡司徒辟大常趙典舉有道皆不就以建寧二年卒

懿哉林宗肯吏豈羈退追聖學言邁王義蛾習典學麟獲授書命褒歸處藏器棲遲

符融

符融字偉明陳留浚儀人也州郡禮請孝廉連辟皆不應會黨事妻子以貧無殯斂頻川張元祖來存融推所乘羸車牛馬欲爲具棺服融不肯受曰古之亡者

棄之巾野惟妻子可以行志但即土埋葬而已與同郡郭林宗田盛並不仕以終云

倬明逸韻杭道虬盤婦亾無歛友欲備棺乃行古志青野埋捐同襟偕逝用晦林泉

申屠蟠

申屠蟠字子龍陳留外黃人也家貧傭爲漆工郭林宗見而奇之少有名節鄉人稱焉父母卒哀毀思慕遂隱居學治京氏易嚴氏春秋小戴禮因博貫五經兼明圖緯前後凡蒲車特徵皆不就年七十四以壽終

恬曠子龍被褐虗姿冲心玄境汙跡傭工贍依是失經緯咸通蒲纁數返考命以終

徐氏父子

徐穉字孺子豫章南昌人也讀書豐城楮山之塵家貧常自耕稼非其力不食恭儉義讓所居服其德常齎磨鏡具到所住傭以自給桓帝以玄纁備禮徵聘陳蕃胡廣黄瓊交辟不就靈帝欲以蒲輪聘穉會卒時年七十二子胤字季登隱居不仕躬行稼穡倦則誦經貧窶困乏執志彌篤不受惠于人太守華歆禮請相見辭疾不詣建安中卒

孺子者何挺生杰出用耕上　鑑磨行給臣命徹求帝兩旌辟子胤丕承巳　德

貧士傳卷下

扈累

扈累字伯重京兆人也遭亂播遷徙鄴喪婦乃詣洛陽遂不復娶獨居道側以甎甋爲障施一廚床食宿其中晝日潛思夜則仰視星宿吟詠不輟衣縕敝服嘉平中縣令閔其孤老給廩不足就工作褌褶糧出後以疾亡

伯重易師青牛戸堂遠播京洛孑止塗傍潛道觀文理素詠緗須捷縣服庸保索糧

寒貧

寒貧者姓石字德林安定人也建安初客三輔乃就學長安宿儒欒文博氏通詩書於衆輩中最爲玄靜關中殉亂南入漢中不治產業不畜妻孥晝夜誦詠道書後還長安獨居窮巷冬夏敝衣連結里人與之衣食不取郡縣以其鰥寡給焉時乞于市亦不多取人問姓名不答故因號之曰寒貧也車騎將軍郭淮以意氣呼之問所欲略而不言因與脯糒及衣取其脯一胞糒一升而已

德林玄默範彼欒儒麾業弗務道典日披寒貧致號芳字莫知戎臣問遺取食却衣

孫登

孫登字公和汲郡共人也無家屬居郡北山窟土爲室夏則編草爲裳冬則披髮自覆好讀易撫琴性無恚怒見者皆親樂之時游邑都所經家或設衣食者一無所受嘗往宜陽山中文帝使阮籍往觀與語不應嵇康從游三年問其所圖終不答康每歎息將別以才多識寡戒之後不知所終

公和弗偶宜陽居穴炎曦蔽草寒暑被髮文係虞絃載鼓載閒阮叩緘言嵇遊戒別

董京

董京字威輦不知何郡人也初與隴西計吏俱至洛陽常宿白社中或乞于市被髮而行逍遙吟咏得殘碎繒絮結以自覆全帛全綿棄而不受著作郎孫楚就社中與語載與俱歸復貽書之往京詩以辭之後數年遁去莫知所之於其寢處唯有一石竹子及詩二篇而已

威華飄踪洛陽客至潔洒幽社汙游鄰市達矣行吟鄙哉言仕絛焉遐舉獨遺玄賦

夏統

夏統字仲御會稽永興人也幼孤貧養親以孝友聞每採梠求食星行夜歸或至海邊拘螊蟣以資養雅善談論宗族勸之仕統勃然作色曰使統屬太平當與元愷評議遇濁代念與屈生齊潔若汙隆之間自當耦耕沮溺豈有辱身屈意于郡府之間乎聞君之談不覺毛灑汗匝顏赤心熱口張耳塞也言者大慙

統幼孤匱孝睦則聞采梠星往拘水海征顯榮族勵沮溺自任斂形遁世畢影高標

郭文

郭文字文舉河內軹人也少愛山水尚嘉遯服畢不娶步擔入吳興大辟山窮谷倚木于樹苫覆而居恒著鹿裘葛巾不茹酒肉區種菽麥采竹實鹽以供餘杭令顧颺與葛洪共造之携與俱歸颺贈韋袴褶一具文不納辭歸颺追遣使者置衣而去後衣爛戶內竟不服用王導聞其名遣船[illegible]迎之文荷擔而至居導西園溫嘗問曰今將用先生以濟時若何文曰山草之人安能佐世後逃歸臨安既卒葛洪庾闡並爲作傳贊頌其美云

郭文嘉尚山水遐思名島既歷荒谷攸居颺服弗御導園暫栖一朝捐瑟二揺揚徽

郭翻

郭翻字長翔武昌人也翻少有志操辭州郡辟家于臨川以漁釣射獵不涉世交居貧無業欲墾荒田先立表題經年無主然後乃作至稻將熟有伊認者悉

推與之縣令聞而給之以稻還翻翻竟不受其漁獵所得或從買者不取其直亦不告姓名嘗墜刀于水路人有爲取者因遂與之路人固辭翻曰爾所不取我豈能得復沈刀于水其廉不受惠皆類此也

武昌翻里臨川寄室乃耕汙萊禾成弗獲乃需漁獵售人無直沈器連淆允符清德

沈道虔

沈道虔吳興武康人也少好老易居縣北石山下與諸孤子弟共釜庾以捃拾自資同捃者爭穟道虔悉

以所得與之爭者媿恧後每事輒云勿令居士知冬無複衣戴顒聞而迎之周以錢服及還悉供諸衆無衣者鄉里少年相率受學道虔無食以立學徒武康令孔恢之相與餽給受業者始得有成道虔年老菜食恒無經日之儲而琴書爲樂以終

道虔玄瞻老易妍文儀仰援穟寒鮮複衿戴周贍族孔給淑人耄年藿食琴典欣欣

孔淳之

孔淳之字彥深魯人也孔子二十六代孫性好墳集

山水爲太原王公所稱居會稽剡縣茅室蓬戶庭草蕪徑牀上有書數帙而已與處士戴顒王弘之王敬弘等並爲人外之交又申之婚姻敬弘以女適淳之子尚遂以烏羊繫所乘車轅提壺爲禮至則盡歡共飲訖暮而歸或怪其若此答曰固農夫田父之禮也會稽太守鄭芳明要之不至使謂曰苟不入我郡何爲入我郭淳之笑曰潛游者不識其水巢棲者非辨其林飛沈所至何問其主終不屑仕元嘉初復徵爲散騎侍郎乃逃去家人莫知所在後東歸七年卒

淳之屬懷丘山水徑草茫茫牀書楚楚三星締姻一壺成禮郡招恥屈帝徵逃徙

翟法賜

翟法賜者潯陽柴桑人也曾祖湯祖莊父矯並　高尚不仕法賜結屋廬山以獸皮結草爲衣雖鄉親中表莫得見焉徵辟不就後家人至石室尋求因復遠徙後卒于巖石之間

翟世清高法賜尤皎栖秀餐靈服毛御草迺避數求復投杳渺達人就蛻青巖陳殍

劉凝之

劉凝之字隱安南郡枝江人也慕老萊嚴子陵爲人推家財與弟及兄子作舍野外非其力不食妻亦不慕榮華樂甘儉苦共乘薄笨車出市賣易周用臨川王義慶衡陽王義季遣使存問凝之答書稱僕人或譏焉凝之曰昔老萊向楚王稱僕嚴陵亦抗禮光武未聞巢許稱臣堯舜也荆州年饑義季慮其餒斃餉錢十萬凝之將錢至市門觀有饑色者悉分與之俄頃立盡自甘饑餓後攜妻子入衡山不返元嘉二十

五年卒
白尚凝之古逸自期于宗謝業于野發居晤媛同
德賢王抗儀衡陽終隱遂厭遁思

朱百年

朱百年會稽山陰人也家貧少有高志談玄屬詠携妻入會稽山業採以樵箬置道頭輒爲行人所取明旦復然人稍怪之積久知是朱處士所賣須者隨多寡畱錢取樵箬而去或遇寒雪不售賫匱自榜船送妻還孔氏天晴復迎之追會母氏亡于冬月衣無綿

絮自此不御嘗寒時就孔覬宿衣被單袂覬以臥具覆之既覺引臥具去體謂覬曰綿定奇溫即洒涕悲慟顔峻爲東陽州餉穀三百斛不受百年卒蔡興宗爲會稽太守贈米以給孔氏遺媍諸郡門固讓時人美之以比梁鴻妻云
百年玄藤樵山自給一日弗售暴旬無食孝不御
溫康能却物淑妻辭饋並彰淸德

顧歡

顧歡字景怡吳郡鹽官人也家世寒賤父祖並爲農夫歡獨好學年六七歲知推六甲父使田中驅雀歡作黃雀賦而歸雀食稻過半父怒欲撻之見賦乃止鄉中有學舍歡貧無以受業於學舍後聽無遺亡者夕則然糠自照及長篤志不倦居剡中天台山每日出戶山鳥集其掌上取食年六十四卒
歡也晨流性資秀悟年方岐嶷推甲作賦屬垣晝
業然糠宵度機心永絶山禽掌哺

吳蔡二隱

吳苞字懷德濮陽鄄城人也學善三禮老莊過江教

授葛巾竹麈蔬食二十餘年與劉瓛俱與褚淵宅講授論語隆昌元年徵太學博士不就蔡會字休明陳畱人也嘗慕苞淸抗圭齋自守不與俗交李撝謂江斆曰古人稱安貧淸白曰夷淟而不淄曰白如蔡休明者可不謂之夷白乎
懷德鉅儒北學南師屣揮宋組鑰闢齊書休明景
式高抗亦特古稱夷白撝頌不虛

徐伯珍

徐伯珍字文楚東陽太末人也少而孤貧學書無紙

常以竹箭箸葉甘焦及地上學書及長讀誦不倦妻亡不娶自比于曾參宅南九里有九巖山遂移居之家極貧窶而兄弟四人皆白首相對時人呼爲四皓前後徵辟凡十次皆不就

伯徵幼艱抱影長嘯藝翰摹精古墳深奥九巖逸栖四人齊耄自擬曾參世稱商皓

沈麟士

沈麟士字雲禎吳興武康人也敏慧博學有高尚之心居貧織簾誦書口手不息鄉人號爲織簾先生又

傭人伐竹以繼饘靡嘗苦無書因游都下歷觀四部畢乃歎曰古人亦何人哉稱疾歸鄉無所營求負薪汲水并日而食守操終老徵薦不出者易禮老莊等要畧數十卷于家

麟士儉敏尚志窮居誦口而畜葉手以需討典都游終履鄉歸昭昭經述來嗣足垂

沈顗

沈顗字處默幼清淨有志行慕黃叔度徐孺子之爲人家貧惟讀書著述獨處一室人罕見其面從叔勃貴顯還吳賓客塡門顗獨不往勃就之顗迎送不踰閾勃歎曰吾今乃知貴不如賤也齊末兵荒與家人同甘困餓二日一餐或饋粮肉閉門不受惟采蓴荇根供食以樵采自資怡然不改其樂

處默高步憲稱欽風守我冲寂傲彼尊榮饑戎並遘饔膳皆空山植溪毛日事以供

阮孝緒

阮孝緒字士宗陳留尉氏人也孝緒七歲出繼從伯胤之胤之母周氏卒遺財百萬應歸孝緒孝緒一無

所納盡以歸胤姊瑯琊王晏之母之聞者嘆異性至孝既冠答父彥之誡曰願跡赤松于瀛海追許由於窮谷庶保餘生以免塵累自是屏居一室非定省未嘗出戶家貧無爨僮僕竊隣人墓樵繼火孝緒知之乃不食更令折屋而炊所居惟竹一叢而已

卓哉士宗年芳行偉百萬推金一廛甘餓瀛海清淙潁陽高軌叢竹安愉沒窮無悔

劉訏

劉訏字彥度平原人也幼貧性不欲仕時有辟之者

訏卽挂檄于樹而逃事息乃還亦不願娶與陳留阮孝緒及族兄歆日夕招携都下謂之三隱卜築東澗有終焉之志毎遭窮迫併日而食隆冬或無絮處之晏然人不覺其仁寒也常著穀皮巾披衲衣毎遊山澤輒留忘返神理閑正姿貌甚華在林谷之間意氣彌遠天監七年卒謚曰玄貞處士

訏嘗鄰紀孤困卽遭觀賓弗利比友相招東澗盤止遠岫遊遨玄貞清謚千載猶昭

胡叟

胡叟者不知何許人也居家高室草遝唯酒自適嘗謂人曰我此生活似勝焦光不治產業飢貧不以爲耻養子字螟蛉以自給毎至貴勝之門恒乘一牸牛布囊容三四升飲噉醉飽便盛餘肉併以付螟蛉見車馬容華視之蔑如也

叟不家治寔勝焦光藉草寄趾黃流適情仰供養子時乞華門視彼榮富太虛馳雲

范元琰

范元琰字伯珪吳郡錢塘人也少通經史兼精佛義居家不出城市雖獨居如對賓客見者莫不改容憚之家徒四壁唯以園蔬爲業縣令上言義行楊州刺史臨川王宏辟命不至卒于家

吳有元琰斂求慧性既涉九經復昭三乘寂矣厭紛儼乎居敬藝疏足老終違辟命

朱桃椎

朱桃椎益州成都人也澹泊絕俗披裘曳索人莫能測長史竇軌見之遺以衣服鹿幘麂韡逼署鄉正委置不服更結廬山中夏則羸冬則緝木皮葉以自蔽

贈遺一無所受嘗織十芒屩置道上見者曰居士屩也爲鬻米茗易之置其所輒取去終不與人接高士廉爲長史備禮以請降階與之語不荅惟瞪視而去士廉拜曰祭酒其使我以無事治蜀耶屢存問輒走林草自匿云

桃椎恬陋裘褐陶熙裕襟弗諒世網若靡搆雲取壯緯草由願友治請言默示無爲

孟浩然

孟浩然襄陽人也骨貌淑清風神散朗灌蔬藝竹以

全高尚然遊不爲利期以放性故常貧名不挂于選部聚不盈于擔石雖屢空不給而自若也郡守韓朝宗偕浩然入秦先樹于朝約日引謁及期會友文酒講好甚適或曰子與韓公預諾而忘之可乎浩然叱曰僕已飲矣身行樂耳遑恤其它遂畢席不赴由是閭罷終于冷城南園

楚獄皇靈孟掊扼生林嘉遯尚文妙匠心放適情志任適天真臨觴負諾樂豈易名

高釋

高釋者長安人也有古人絕行慶曆中召至京師上欲命官固辭歸山賜號曰安素處士家甚貧窶妻子寒餒終不以困固受鄉人饋遺閉門讀書而已

高子勵行卓犖邁古德聞帝耀號錫山處室用雖艱鄉周弗取唯勤遯志披文暢尊

杜生

杜生者莫知其名時人呼爲杜五郎穎昌人也所居去邑三十里有屋兩間與子並居前有空地丈餘即爲籬門生不出門者三十年黎陽尉孫軫往訪之自陳村人無能公何見顧軫問所以爲生對曰昔有及田與兄同耕迨兄子娶婦度不足贍乃盡以與兄而携妻子至此僦屋居之與人擇吉醫藥聊以供飦粥有時不繼云

杜生野寄逾紀潛門讓畝敦睦倂室裕貧嚴卜韓方以粒以薪孫尉惠綏聆厥條陳

俞澹

俞澹字清老金華人也貧而無室栖山以居人呼之曰半山道人荆公王介甫嘉其潔尚乃竄爲釋牛山

以貧澹曰無錢得祠部耳公爲買之牒名紫琳已戒期祝髮愆而不至公訝詰之澹曰吾思僧不易爲生龜脫筒亦難堪恐祠部已付酒家償負耳

清老旅達風神慶表麗偶弗偕芳林孤蹈名公致嘉迦業强造曠性不堪從厥所好

賈收

賈收字耘老烏程人也以詩著名喜飲酒家素貧東坡先生每念之嘗作古木恠石書其後以贈云念賈處士貧甚無以慰其意爲作古木恠石一紙每遇飢

時輒一開看還飽人否若與典有好事能爲君月致
來三石酒三斗終君之世者當便以贈之不爾可令
侍婢掌貯須添丁長以付之也

買生茂士握槧吐珠綠醑則肯白衣罕携室當交
諫友實致思嘉圖雖慰玩豈忘饑

丁時習

丁時習字行可邵武人也父廷彥爲太學錄以忤蔡
攸歸卒時習遂棄青紫業僦舍掩籬玩讀經史晏如
也鄉朝貴有以書薦于有司終不往謁妻危氏同甘

若未嘗以貧窮見辭色子百之千之夙興供酒掃具
蔬食畢卽受業恭謹終日杜來爲之立傳

廷彥邦直克陶哲器國止青蠅闈藏白貴令妻刑
德翼子繩義藝士照陽播芳百嗣

蘇雲卿

蘇雲卿者豫章南昌人也初與丞相張德遠爲友宋
旣渡南德遠貴顯雲卿乃遁跡結菴于東湖之小洲
家貧舂礫爲圃織屨以自給垂三十年後德遠復相
函金帛移書帥府云有故人蘇雲卿在治下斯人管
樂流亞非折簡可招必禮致之帥漕乃以計造見翼
日遣吏迎候書幣不啓而雲卿已遯矣

雲卿國彥乃丁世亂故交顯達湖洲遲玩管樂致
忻幣書森薦松間一語明發遐竄

蘇扶

蘇扶者隱士蘇庠仲子也工詩善書貧甚而有介郡
守辟之語子姪輩曰吾何以獲知時人特以先世隱
名耳殆不過哀吾貧而周之寧恐以父名賣錢耶
固辭不往死至無以斂葬云

庠叟用晦逸範夙傳乃生麟角亦尚龍潛歌彰清
蘊書適熙天抱窮以殁題轢弗全

何溥

何傳字商霖永嘉人也潤澤詳整屬詩知名登變常
空而意趣愍然漠不爲累北葉水心常稱其凍餒自
守之樂死之日殯具無貲其友翁忱率素往來者葬
之

溥也㮣儒聖步賢趨未堪擬德實偶彰儀躬遭肓
鞠心嗜道肢獻稱有試友殯無歸

周方叔

周方叔字矩道居丹徒築室五州山下讀誦不休家貧或終日不得食鄰僧乞米送之一日龔農卿準孫常州吳會造其廬無以爲具乃烹犬食之二公忻然盡歡歎息而去

矩道嵩廬考檟自娛如何樫施乃繼儒靡朝軒有造山岔無儲羹獻作餞式宴樂胥

呂徽之

呂徽之天台人也居芳山中綜博述詠安貧逃名常

漁以自給一日携弊楮詣富家易穀露頂短褐布襪草履值大雪立門下人弗之顧徐至庭前聞閣中語貴遊子弟詠雪苦吟弗就徽之哂焉適出侮之徽之口占以荅無不精美問其姓字終不言諸子弟曰嘗聞吾鄉有呂處士者欲一見而不能先生豈其人耶曰吾農家安知呂處士因惠之穀徽之怒曰不義之貨我何肯取遂去諸子弟嫩識其所雪霽覓訪唯草屋壁立忽米誦內有人乃徽之妻也以天寒無衣坐爲障耳因問先生何在荅曰溪上捕漁乃至彼見之徽之隔溪謂曰少需之得魚易酒飲諸公也俄頃携魚酒至盡歡散別異旦復跡其蹤則徽之已行矣

作者徽之絕塵不羈岩耒山耨網罟捕魚適趾一出僻牖人知諸少甫扣孤雲復移

胡汲仲

胡汲仲字長孺天台人也特立獨行凍餓有守趙子昻嘗爲羅司徒奉鈔百錠請作墓銘長孺怒曰我豈爲宦官墓譽耶是日長孺絕糧其子以情白坐諸客咸勸之受長孺愈堅嘗送蔡如遇歸東陽云靡不繼

襖不溫謳吟猶是鍾球鳴語之曰此余祕密藏中休糧方也

夷風沿濁卓生長孺履有確守困無纖累雖當粒絕終辭墓譽歸友贈言堅哉見志

杜有開

杜有開字伯陽江陰人也家貧授徒以給妻吳氏辟纑助之天曆歲歉學徒散去吳之弟繼勸鬻墓地少延飯死有開在羸憊中堅持不可繼欲挈吳歸吳曰夫能盡孝我獨不能盡婦道乎遂相繼枕藉死鄉人

憐之

伯陽碩儒庚炊莫給養蒙而韜藏緝以易孔殉饑

突克全守德子經婦義斃焉弗失

張介福

張介福字子祺單懷人也從姑氏來吳少慕鄉將許衡遂軒軒以禮自持爲學誠篤周旋規矩張士誠入吳兵掠其舍令導諸富不從乃刃其面流血仆地復戴冠危坐而顔色自若家素貧寒冬不具衣襦或遺以袂絜固辭之雖小物亦不受及死語人曰吾學古

人一無所成死有餘憾矣

單懷秀產吳邑郎旅志在希賢動能中禮自刃莫懾素介無取生雖聞道没猶含悔

王逵

王逵字志道錢塘人也足一跛家極貧無以朝夕因賣藥賣藥復不繼又市卜博究子史百家客至輒談今古不休人知其辯博每以疑難質之無不口應

跛者王生外歉内足山袖泰方市簾楚卜學必窮年談唯稽牘粵義隱詞質皆彰暴

王賓

王賓字仲光吳郡人也志不願仕永樂中自壞其面終身獨居無妻子髽髻布袍游行市中家貧無業賣藥以養所至羣兒隨焉郡守姚善枉謁衡門賓據坐受拜以道誨之若師弟子姚少師廣孝貴歸來訪弗肯見方蹔掩面而走

仲光耽漁獨影窮栖毁顔佯廢編髮高婞性俏赤子道屈貴輿同邦企德展矣我師

邢量

邢量字用禮吳郡人也平生不娶併童僕無之弊屋三間青苔滿壁室中唯左右古書披覽薪水躬自秉執惟炊黍分而食焉未嘗得一饜食折鐺敗席壞麻破被蕭然其居也及扣之經史傳記無弗應者客至清淡不設湯茗有奇彦數人每詣之必挾鈔以往午則買食他處復就談焉量以是𦘔老

邢叟好古經紬史究室乏御令身勞井臼晨炊昏餐著麻寒覆問奇有來如鐘在叩

說郛續目録

客越志

吳郡王穉登

歲丙寅五月余方有事於故相國袁公之喪以十二月壬寅治裝余未識南行道里既從書肆買圖經載麓中又要友人管建初同去建初昔歲曾探禹穴爲余談兩浙山川幽沂若在掌上故遂挾之行黄徵君一之阮都尉時濟皆爲詩贈别已而王青州伯仲從東海來聞余行作壯士言相貫易水悲風不覺蕭灑座上生也坐久日斜不及發十三日早出金昌門十五里實帶橋作詩寄德安令殷君二十里吳江泊垂虹亭下與建初對月賦詩十四日雨舟人買蓑笠早發二十里八尺又二十里平望大雨夾水居人甚稠蝦菜魚鹽與土同價岸有長梁石甃精楚流水作青黛色此去鶯脰湖僅半里雨昏風逆竹纏不前意殊悵悵三十里王江涇千家戶市地產吳綾爲八越初程三十里嘉興春秋傳所稱檇李於越敗吳軍處河流湯湯設關中流曰三清門四十八牐之一剽俗責海邏者夜嚴桴鼓四起夾河軍壘上壯往年東方有

事諸樓船將軍建旗鼓地夜泊城北門雷雨大作十
五日嘉興南行過三塔灣見田間空桑如蠶忌[illegible]過
家兄在石門欲訖問平安命舟師飛槳行十五里抵
門十五里皂林從游擊將院中丞在桐鄉要截自守
宗將軍以無援戰歿於此　朝廷贈官官其子[illegible]司
立廟戰場曰忠[illegible][illegible]王叢關中八官遊擊將[illegible]號[illegible]
善戰約東部伍有古名將之風戲下六郡良家佽飛
射虎之士能談故俠將各姓往往為之雪涕以此入知
其得士心今其祠在水西之人多有為熱淚者五里

客越志　〔　〕　二

石門地饒桑田蠶絲成市四方大賈歲以五月來貿
絲積金如丘山家兄有年亦在館余舟中為言[illegible]
慰勞良苦雨濛濛不休余忙解維十八里泊崇德縣
外燈下焚枯魚佐酒夜雨益甚十六日稍霽四十五
里皂林河廣百尺[illegible]河人聲[illegible]相[illegible][illegible]倒橫空如自
虹沉沉下飲波上漁者拋[illegible]網[illegible]益多魚亦[illegible]戰
青田白鷺小舲如瓜菜葉泊[illegible]有濛[illegible]間[illegible][illegible]
飛山翠微神思飄飛不一[illegible]四十九[illegible][illegible][illegible]
[illegible]關司徒主事余　命推[illegible]其[illegible]行御[illegible]甚[illegible][illegible]

於河中兩端鐵絙維之以譏舟楫大倍於吳中許市
十七日新晴見青天人意欣暢入關泊德勝壩僮輩
入城覓得邸舍過午併當箱篋擔夫三人尚有餘力
此雖土人猛憨亦可知客子橐中如水耳兒子輕如
馬蹄余以畏日獨買一巾車然不若兒子快意從武
林門入風景大略似兩都人家門外悉是冬青樹憶
讀杭州志云洪武間都指揮徐司馬所栽今有如拱
者當猶是其舊植蒼翠鱗鱗屋瓦畫界界如山家青
靄人從樹裏行不見赤日小樓黑戶副以短扉緋簾

客越志　〔　〕　三

作垣加墁其上門門金像奉浮屠氏甚崇每慧燈不
戢即千家爲燼故臨安大火非一燎矣婦人低鬟
粉傅面都作女郎妝又類青樓倚門伎小兒白雪椎
結甚多美少年蓋山川淑清生人部秀亦如吳中然
邸屋在八字橋人家甚湫欲遷入吳山上道士觀
聞霜臺爲勝遂不果買輿訪陸丈陸丈吳人余姻也
爲布政幕僚近擢海豐丞將去與余久别亟欲見時
大方伯視事堂上不容闌入十八日路淖乾去訪陸
丈相見鳥鳥有安仁拙政之歎行李已出關外空堂

如水吳山樹色半入衙齋吏散鴉啼廳事閒有雲氣
眞仙吏也問泰觀察顧杭州俱出候使者於江上求
歸命官厨飯余辭以西子久待爲之嫣然而別遂要
建初出遊同行者爲黃秀才從錢唐門出山色層層
如芙蓉千片欲插入人髩人家斷處見湖色一星兩
星過溜水橋湖波注其下作瀑布聲憩昭慶律寺舊
爲浙西叢林第一設戒壇其中每歲上巳推高臘者
一人登座說法雲水携錫來受戒者無慮千萬居士
長者道品慶門爲之護法四方壇越布施金錢山積

大爲常住之利今寺爲兵燹開府胡公助貲重建使
者逐游僧戒壇不復開髡徒不逞幾有戎心恐亦小
功之察也過寺折而西湖光如鏡千峯萬巒寫影其
中入大佛禪寺寺在寶石山麓一峯數仞僅刻半面
飾以黃金射木如月傳爲始皇繫舟石傍有沁雪泉
深廣可二尺大旱不枯黃塵赤日之困到此盡消遊
侶一與而出山巔保淑塔不及登緣岡破磴水竹蒙
蘙丘丹谷翠人家如棊布雞鳴犬吠皆在雲中矣北
行二里爲嶺下爲岳武穆王祠廟貌英英有中原金

字遺恨同遊肅拜相顧骨竦我背自面生爽[illegible]
淚下朱殿半圮官爲修葺材器萬餘粉飾目[illegible]
從廊間小門入當路有分跪檜[illegible]
檜中開下離上合以當兩君車駕至今不[illegible]爲青塚一
坏金甲葬其下無復有象祠連山色者施金作獄囚
三反接五木爲行跪其前中爲秦檜一是其妻王氏
[illegible]卽万俟卨卨假獄得傷大理卿王氏事急下其謀
者也其軀盡爲遊人擊碎守祠者如磨藥鬥乃已墓
下邂逅黟中吳山人知季舍人來杭州往孤山別業

余八家餘姚祖國南渠公長子爲人開美洗愛文[illegible]
翩翩在都下與余交善[illegible]其來爲其從征山造太門
方有貴游呵殿出[illegible]奏湖泝鷁艤龍舟
易莫敢闖入爲四賢[illegible]四賢爲唐李鄴侯[illegible]舍人
居易宋蘇學士軾林[illegible]先生逋三人皆[illegible]有
惠政而林以山中逸民俎豆其間信纓緌之不足貴
北山之陰卽處士墓野梅數株假其傍近土皆乾不
如有蘚椒藥否北爲放鶴亭俗子酬嘯其中緬想在
陰之聲祇回久之而出踏歌蘇堤上桃葉柳絲存[illegible]

無幾湖中舊植藕花雲錦燦爛香氣十里皆豪家所
據近桂後惠文惡其妨漁一時拔去刻石城闉著爲
令雖釣徒快心而湖色亡賴殊寂寂無可觀余意不
若散水衡錢於種花之家而留花娛人庶幾兩利寔
者謂去花爲西子洗妝無足惜也遊船大小皆梁髹
是南宋遺製惟一二有酒客餘皆野渡自横觀察戒
嚴人莫敢犯或官令張弛稍稍攜壺閒出而坐黃粉
壘非復當時之舊矣過斷橋由故路入城歸門逆旅
主人知秦觀察書來約余明日晩當過邸中是夕□

燈撰祭袁相公文夜分始寐十九日早訪李舍人於
城中寓宅座上遇淨慈寺僧談藕花居之勝又聞會
太史主其家太史鄞人相國門生薊門同遊也余□
心豔藕花又欲見會君尚客相國文字別李君李□
爲遊□山辭以明日由湧金門西過清波門外□□
人家鑿陂種藕青葉田田可人臨湖築亭日遊□□
在寒雲中回首多境步過淨慈寺不入徑入藕□□
□近皆十人未家亡瀹烏多白楊秋氣□□□□
□藕□四市木葉霜下如金蓮承露明珠□□

佛宇爲青蓮又云遠公蓮社以今覩之殆不虛也李
君座上僧出逕問余君已出遊昭慶僧打鐘欲留齋
飯余意在淨慈遂别去遊淨慈寺倚南屏山周顯德
二年錢俶建南渡閒燬而復興山門高棟可當他寺
寶殿殿三倍於門界恩百丈龍象如山皆非他刹可
侔東廡構田字殿貯五百尊者像作四層相背坐尊
尊異形位置曲折屈指多迷余默數亦誤其二家人
輩廻環舛訛不覺失聲而笑寺後有蓮花洞居茶亭
極幽勝聞鵓啼屋上湖面昏昏欲雨不及一探還旅

舍岸幘見高枕而顧杭州貞叔已在門清官瘦馬有
古老將軍風氣爲言小官之難東帶負弩頭鬢爲白
就邀余及建初過飲廨中小屋新麗丹粉光明炊黍
擊鮮楚楚充案客子爲之加食皆揃五斗所爲也秦
觀察來顧余不值而去是夕大風木落如秋星辰半
在霧氣中中夜雨作二十日小雨如絲李家使者來
相屬門其主人已在湖上供張爲具從早起至今李
得自便買輿固請乃乘李家輿先訪秦觀察約日暮
留余集衙中辭以湖上之席余獨行出錢唐門過斷

橋雨大作衣幘霑濡半透肌肉從者張蓋莫能禦然湖色鴻濛千頃一白一處一奇發狂大咤不知滂沱之在體也湖船點點如黑鸕鷀隔煙歌竹枝聲裊裊意不知此曹誰何與復不淺故當是我輩人李君揖客便誇湖色奇否相與大噱酒數行揮去携壺登樓萬狀畢獻君問客此何似水墨畫圖余謂是雲母屏後粉面黛鬟但欲覓裳掖袂李君首肯再四余沾醉頭瞢瞢不能作客命僕夫易巾車來李君有他約其主人巳俟艮久隸人魚貫門外欲俟客去余自謂以西子來意豈在君推使去去未幾鶯啼過湖音中曲調余悔不留君去少遲使聽覓裳袂也興來遂行雨收山出輿來時所見又成異境詩成誦似建初建初亦成一詩佳甚若與余對壘然余堅壁待之午後雨益大泰君折簡來招辭不赴是夜大雨達旦不休廿二日復大雨出看門外涓涓如江河行人攝衣而涉杭人堂構簡畧瓴甋疎脫不甃瓦溝泄水地皆漫板如船既無長廊曲阿聯絡參差皆短簷裊牖不蔽風雨無夏秋淫潦上漏下濕水鳴床間泥淖燭熄客子

到門索屐始入因憶吾家高齋蕭森若在天上又無佳客晤言日對生人作未聞語殊無味越中故心儀一童子鳴流落梁谿不能歸來作東道主人問其姓名無一知者向人讀其詩亦茫茫不識其佳嗟嗟高士負俗家丘見嗤朱輪白馬之子黃口未落而名耀鄉閭才一覓之三尺能對若夫逸民有道獨行至德雖靈珠在握而墻東不聞昔之人如伯鸞執舂孺子磨鏡勾踐酒人韓康藥裹申蟠傭人君平卜肆管安皂帽仲宣登樓於陵灌園陸通狂歌買臣伐薪麟士織簾書傳所載莫能盡紀凡此數子者不逢牙曠郎光消景滅與榴翳朽腐等焉得斑斑青簡芳香襲人士有不遇寧獨一子鳴哉雖然白龍魚服得水而飛。羊質虎皮見豺則恐何時一見子鳴把臂對勞足下艮苦幸毋以彼易此也雨中顧丈來訪衣袍盡濕淙淙在地隸人悉從泥中來不能吐氣問有崇何乃爾爲言州郡凡謁大府上官雖甚風雨不許持蓋又不敢立欄楯下淋漓庭中以爲常乃知柴桑輩不肯折腰真有以余命沽濁醪爲飲坐中談孫太守事甚

快孫前刻杭州風流緼藉無俗吏卑鄙之氣種荷花
滿湖堤上栁絲成畦荒祠廢殿丹青一新建太虛樓
於吳山絕巘捐俸不給從木客質千金足成其事樓
成望見百里時時與琴酒客來登晝游夕治公事無
留後竟為言者所中投劾去不知白傅蘇公之曠達
何以見容於當時亦復有沾沾善宦者在耶是夕雨
霽星皆出廿三日早起欲渡江顧丈騎馬來邀遊吳
山顧先去約共集三茅觀留隸導余行與建初先過
吳山第一泉泉凡五眼銀床石井操罂汲者成市登

躋於栁殊不為潛由大井巷北行人家夾磴道居行
漸深山氣漸綠山以伍行人得名訛為吳武云春秋
為吳南封盡處以別於越一丘一壑支支異稱其實
皆吳山也先入中興觀次至德觀登星宿閣江色鬱
樹中來寒動佥像又次皮場廟火德廟皆不入入重
陽菴觀青衣泉泉出山下深可一尋濶如深之半其
為方池亭據其上睨視池面與江光相映一線綠[illegible]
作風雨聲龕中青衣為髫童妝相傳泉所由名也山
至此一名寶蓮由巷至城隍廟路逕曲繚江[illegible]

樹蹊寄山至此一名金地廟後為太虛樓樓面湖
廟臨江千波萬流左顧右盼讀樓下石牌知孫公名
孟滁州人文出其手亦琅琅可誦隸言孫在郡時栽
花種谷錦繡被麓今悉為茂草樓空野鵲來巢日方
午顧丈家人送酒至云主人奉使者檄出郭不能來
余與建初飲三茅觀山至此一名七寶欲急過紫陽
菴三杯而出紫陽蹲霜府設禁甚嚴客一入門即為
邏者所獲余以隸自衛得從間道入一壑瓏巃雲氣
為碎攢星簇霞曲曲成境如王家池臺假山餖飣華

整松檜蒙籠不雨翠濕亭中塑丁真人蛻骨丁號野
鶴趙宋時於此羽化遼東令威可謂仙種不乏山至
此一名瑞石總謂曰吳山云大抵杭州諸山無甚勝
吳門南金東箭各自為寶吳山散而緩越山聚而湊
行春星橋何衕六橋具區萬頃西湖斯下保叔挿霞
雷峯貫月非不表表而上方靈巖之浮圖亦復影挂
青漢補陀巖石棧仲伯天台大佛所當北面孤山嶠
嶁水心松色如髮何得與太湖一峯比肩藕花居外
覓中窄比之治平草堂當退三舍紫陽奇詭雲泉競

秀城中丹崞雲泉所無霞表石梁紫陽亦欠斯亦又短截長足補銅坑七寶龍慕九珠白雲長流天池不洞若夫第四第三其載水經尤非青衣沁雪所能甲乙其餘昭慶淨慈之流紛紛上水皆籬壁間物何足爲之比論或謂飛來天竺之遂使靈鷲之雄虎視海宇客皆未見余家虎丘鄧尉洞庭四飛之厲故亦未經雌黄他日與越人傳浙猶可一擲百萬勿云吳見孤注也與建初抵掌杭人聞者皆相顧自失而二十四日顧丈來送別遣隸護行過鎮海樓下出

永昌門青泥一尺負而登舟錢唐江一名浙江秦始皇度浙江至會稽是也又名曲江又名羅刹桑欽水經以爲漸水當由浙字之訛西興蕭水略如楊子瓜洲所乏者金焦兩點東望海門[illegible]抑正月入言八月朝生如雪山東傾雷霆鬭鳴爲天下潮聲第一是[illegible]風氣甚恬泯流似鏡漏刻未移已達西興方其怒濤時[illegible]艅艎如龍千丈[illegible]歎莫可渡也西興買舟[illegible]而濤[illegible]境上此地舟形如梭捲篷[illegible]不可直項[illegible][illegible]頭有風則[illegible]無風則縴或擊或刺不開[illegible]

余甚以爲困二十里蕭山縣聽潮樓甚偉日暮過剡溪山川映發水木清華陂深堰曲清波蕩漾數十里皆作碧瑠璃色新田綠漲若佛衣參差十樹一村五樹一塢門扉隔竹人面半綠憶吾鄉義興巷書溪長若衣帶遊者比之武陵桃源而此處居人意殊不覺所謂司空見慣耳吾宗子敬謂應接不暇良非過稱宜乎晉代名流考槃相望今其遺墟尚在精靈何之不知可能騎鶴翩翩雲中下來也四十五里山陰縣枕上過六十里紹興郡禹穴已成夢遊廿五日早過

樊江去紹興五十里爲會稽縣大禹巡狩諸侯防風氏玉帛後至戮於此今不識專車之骨安在時朝旭初升羣峯盡出嵐容如沐紫翠濯濯與建初指揮四顧誇船皆驚又八十里渡曹娥江微波鱗鱗一葦可杭然土人有鐵面之謠當是其風浪時耳西岸叢祠額孝女其中乘潮亂流不及登問行人黃絹幾碑如奏綠琴於牛耳過曹娥爲東關驛買舟如西興三十里上虞縣因山爲城十里中壩十八里下壩灘聲下礦怒如驚濤船從枯堤而下木皮如削爲之毛髮森

竦何必瞿塘峽方知蜀道難也過壩即姚江水才一線是日夏至大熱行李圖書蒸蒸若甑中仰視翠壁夾岸溪流如東對之心凉舊藏趙承旨重江疊嶂黃子久姚江曉色二圖舟挽丹青過實今觀此景乃知良工苦心孝卿四十里夜半過餘姚舟中苦熱廿六日大熱八十里入慈谿縣過袁相公家堂几蕭蕭不勝國士之痛尚寶君多情愛客藹然綈袍之誼生事寥落門庭清寒用穀歲入僅數百斛不作供伏臘古書中所稱八百桑賢相恐不過是飯後尚寶邀遊書

院出縣門外過慈谿以漢董孝子黯得名縣在浮鷔山上山郭生寒瀚錯登市出環山門百步入袁公書院堂構渾朴壯而不華門臨闞湖院據闞峯山麓孫吳太子太傅闞澤故里山水皆闞名命酒坐湖山亭亭在山半書院最高處城裏城外山如魚鱗姚江列嶼盡在窗中飛雨從東南來峯巒出沒頃刻數十回不覺爲之酩酊院右爲宋儒楊慈湖先生祠左普濟寺即闞公香火院山門甚古丹青半落出寺雨作還尚寶家見其二仲清揚白皙並有門風具湯沐留客

宿樓上雨竟夕不止廿七日大雨袁君張燕捧日堂雅歌投壺極歡而罷午後雨晴出遊永明寺大寶山山在西門外僅僅一卷歸與袁君夜坐談先相國生時母夢黑龍盤床間生而豐而少名應龍後易今名五歲占對作驚人語賢豪長者莫不折節父亦自多其兒時時命見客故相國雖晚成然海內早已知袁家郎矣相國畏父如嚴君事事無敢有所與獨飲酒不禁袁氏代擅麯蘗至今尚寶猶以大白自負尚寶父遇弟亦太嚴相國爲學士直呼其名兄稍慾即長

跪謝怒不解不起尚寶幼孤弟在遺腹皆育於相國相國後無子子尚寶之弟尚寶以季父叙爲今官爲相國服三年寢苫一室不入閨房鄧攸兒子之戚可謂刺心鏤骨者也廿八日別袁君欲入郡訪張孺穀袁君治畫船載客送至清道觀爲別此怛依依舟人報乘潮乃行十五里小新壩二里大新壩二十里夜泊寧波西門寧波古鄞子國爲越東南境勾踐滅吳欲置夫差甬東君三百家即其地廿九日大雨孺穀遣舟來迎寓客寶雲寺借香積治供具燕客別久乍

見喜極不能爲寒暄語二季徵孺君孺皆來訪又要余君房同集君房名寅余友沈嘉則嘗稱其人不爲生客席上聽孺穀談鋒如雲若對幽并健兒金甲貂衣而有河朔之氣信快士也淫雨不解旅思頓生往往得孺穀高言消之六月朔日與孺穀伯仲去謁其翁大司馬公黑頭未落尚可爲蒼生復起余君房來邀孺穀陪行先謁賀監祠賀鄞人唐太子賓客請爲黄冠師祠瞰月湖𢸃水如染猶可當一曲也坐君房樓上包參軍庸之來與同飯聞其家江樓絕勝出東

客越志　八　十六

門渡江過其家樓名碧岑僅可容數床下俯三江盪胸決背有無窮之想恨不能歌野鷹來覩此寂寂令江山笑人檻外龍宅明月時弄珠出四光惟射城中又每歲石首來時帆檣蔽日層旗疊鼓而過皆稱偉觀日暮尚書公招燕同集者包參軍李山人尚書器度凝立如青壁巉巖好文下士有古大臣之風評詩騭賦一發破鴻談東湖之勝留余遊甚堅然余病懷惙惙心已在金昌亭予下矣初二日在床上尚書贈詩來枕邊讀之躍然起余亦作一篇贈公公和

余詩甚速而思更益蔣爲之驚心毛正郎來顧問吾友張幼于杜子庸二太學近况未幾尚書公亦來顧午後與遜初孺穀同赴包參軍燕君房已先在樓中憑闌看余輩渡江參軍出所藏古銅玉器示客雖無取克物而一一皆可欣賞孺穀指樓下桃花渡爲永樂中太監三寶奴出西洋處海舟征倭時矴入水不可出益數十人泅出之復有一矴大如斗相撓而上上鑄三寶名憶吾家六世祖陰陽公以星占從大監行過其故蹟爲之停杯而歎初三日天溽暑浮屠石

客越志　八　十七

礎皆濕孺穀與張山人平叔來邀遊東湖出靈橋門過浮橋小頓補陀寺寺外有石浮圖七殿中白衣觀音沉香爲軀坐大圓鏡中鏡大可尋丈入後殿庸之君房建初已先在午齋僧寮齋後登舟舟凡三一大二小大以載客小以載酒及僮子鄞明州海濱澤國亂流爭趨其治水之法因形創制紛紛別名鑿而瀦之曰陂疏而導之曰渠障而高之曰堰隄而石之曰碶樞而運舟曰壩以時停決曰閘方舟連絡車徒並濟曰浮橋是行三十里過一碶一浮橋二堰而後達

茂興山房尚書公別業也門左岑山上有步虛亭坐久之孺穀邀入後圃寒瀾在門涉石而渡小山幽靚花木涓涓亭曰晶山沈嘉則所命名也圓公言數日前虎來踞亭中客俱恐入山房看門前白蓮初開杳氣中人酒皆醒是夜宿山房雨大作孺穀訂客明日雖大風雨必遊湖初四日朝饔後發舟先至莫枝堰留大舟於堰上以二小舟過湖東行湖名東錢又曰萬金山昏木亂濃丹淺碧不知凡幾十重余心已默賞孺穀在中流問此何如西湖余故謂東施效顰耳

孺穀大呵不肯下諸君相顧絕倒青鷺大如鶴羣翔碧藻間烏鳳鵲身黃咮黑光如漆皆吳中所無余心異之不爲問以待客自名始得識益恐孺穀揶揄我也諸君知之則又大笑叅軍指前堰人家喬木重重皆史氏史出宋丞相彌遠彌遠援立理宗權寵震代由父浩以降蟬聯黃閣者五世其三世皆生封王墳墓悉在湖中雲仍至今稱鬥族家家有珍木麗石皆平泉遺物也泊舟登霞嶼嶼在湖心四面皆斷中有補陀洞天史丞相時大母葉夫人目盲欲浮海叅大士史虞涉險鑿此洞侍葉來遊紿云補陀因以爲名洞深百步前後通行寺屋盡傾惟一有髮僧在飲酒數杯而下問大慈路久之乃得艤舟雨大作流泉橫道僮子皆有難色余攝衣自持一蓋袖中皆作泉聲道傍石表離立問皆史氏殘冢行三里至大慈過史丞相冢墓前穹碑斷裂雨甚不可讀冒雨入墓門松關再折始見華表作石筍形湖石爲趺色深紫石馬繡鞍繁纓昂首欲嘶又上小屋扉暗龕像梁間凡四浩彌遠父子婦姑也像才二尺見旒雉衣尚具王者

威儀木主數十錯其中不能一一問葬地半畝石垣四圍不廣而堅石將軍二石翁仲二雕刻如絲皆非今制可及宋栢二人圍之不盡沉沉半黑石爲闕門樹生其上拱矣雙冢相並衛王夫人合璧其中正德間爲盜發檢尸所殉寶玉盜盡出其屍鬚髯如戟史氏裔孫爲蒸藏之嗚呼東園梓器黃腸題湊之爲乃不能自衛殘骸安用錮南山石爲哉與孺穀把臂爲歌去入大慈寺門外亦有石塔七大過補陀而圯其一塔下萬工池史氏所鑿寺爲史功德院賜田踰萬

敗今爲豪家奪去尚存什之三從僧家竹廚然松薪燎衣盡乾乃出坐方丈僧不貧能炙鵞飯客皆田所入也朱殿悉燬新建者茅茨無足觀飯後出讀史王墓碑文撰丹書皆出理宗睿製今破碎不可收拾僧言少年及見詹氏發墓時知碑下有金龙井掘之碑仆如雷林谷皆鳴是夕宿僧顯房山深虎多門早閉大雨達旦僧俗不能持課鐘磬爲之無聲余及諸君對窓裏青山自相慰藉而巳初五日雨庸之邀過其墅道上鳴淵比來時十益其五客不能行者借僧家

馬騎去余復持蓋取故道入舟行數曲得參軍墅命僮子摘雨中楊梅出酒飲客讀孟浩然詩自謂風流不減舟還出梅梁堰雨益作客皆倦卧篷底順流及郭猶未暮朧舟李山人庄登陸邂逅屠田叔田叔父中丞公嘗開府央中爲督官而田叔蕭然如寒士不問不知其爲中丞子庸之君房平叔皆別去余與建初孺穀入城孺穀憩甚過寺門不能入竟去寺僧手剌三言方別駕周中丞余太史來顧皆不值初六日方余兩君招燕並困辭司馬公遺詩來邀遊武陵庄

余先訪司馬辭武陵之招繼訪中丞太史太史方過余寺中中丞亦不遇又訪方君問何爲見知云自李舍人所顧余惓惓有傾蓋之誼方嶺南人相國文襄公仲子以敘自乞外補翩翩有鳳毛知余行急不能留命所乘木蘭爲送約八月過吳當來下榻歸寺趣裝屠田叔見過庸之君房來問行色寺僧恐公治酒送別留共坐良久乃散與孺穀偕訪田叔門庭蕭寂似其爲人張君孺爲余送別將赴其招歸寺欲少休周屠二中丞皆來訪送客出門便與建初過君儒家

聞縣鼓十刻始別方君送舟至又送酒來寺中不能復飲觴寺僧及賞僮子皆沾醉是夜大雨雷電初七日雨行李早發君房孺穀兄弟皆來送孺穀諸君載酒要建初先出西門余買輿訪屠中丞中丞出鎮時余爲諸生去今十二載鬢中絲不爲添爲余設賓禮遜謝不敢當而中丞意殊欵欵故盛德人也出過周中丞留飲贈詩乃別入舟雨暴甚諸君待良久冒雨解維二十里送至壩上爲別衆皆黯然自厓而反建初以同行獨留青衫盡濕余甚爲之淒其晚宿壩上

夜半乘潮過丈亭初八日雨姚江增闊數尺江上山
半入雲中如白幘綦巾下垂綠髮處處流泉噴沺水
銀匹練空中亂垂北來日風景益奇夜泊姚江驛石
楔如林雨城夾河舊城縣治新城李相公所居初九
日大雨姚江驛發舟龍泉嵐氣盡在雉堞之上望孫
忠烈祠拱立而過江橋湍水盤渦千尺爲機度綆始
得進舟師顏色如土夜過中壩水高一丈雨晴微月
積聲怒激若千雷殷作不樞爲水衝落壩人烈炬築
栈數十裝轆轤易以新絙又益添舟人邪許沸地夜

分乃上信矣如升天也初十日雨晴舟中作書及留
別詩謝明州諸君爲詩酧方別駕詩成達曹娥驛渡
江甚平往來不一遭其鐵面幸矣幸矣過曹娥遺方
君舟人還買舟過陶家堰蒼龍挂南海中白日雷電
甚靈惟舟中人皆倚柂而觀久之始滅蘇抵紹興郡
溪清木茂山水名都石壁挿江二三里如翡翠舟行
手捫綠蘿而過月下過蓬萊驛簫師夜行十一日早
達蕭山雨復作到西興小晴萬艘齊赴江流頓高買
大舟渡錢唐江海門在煙中不可見入杭城楊梅滿

市間價甚賤欲就顧丈衙齋飽食以病作還舟中夜
有微月十二日艤舟得勝壩檢校行李遣顧杭州隸
歸并問張觀察玄超尚未至雨復大作晚出關門十
三日晴泊崇德十四日泊平望十五日午還家是行
也自五月十二壬寅迄六月既望甲戌爲日三十有
三自姑蘇閶門迄寧波東錢湖爲程九百里有奇所
歷分野二吳越郡五蘇州嘉興杭州紹興寧波邑十
六長洲吳吳江嘉興秀水崇德桐鄉錢唐仁和蕭山
山陰上虞會稽餘姚慈谿鄞江六吳江錢唐曹娥姚

江谿谿江甬江湖四西湖鑑湖月湖東湖谿一剡關
一三清關一硤一北新雲龍壩五德勝中壩下壩大
新小新堰三陶家莫枝梅梁名山登者十寶石孤山
南屏吳山岡峯大寶茂嶼岑山霞嶼大慈其無名與
名而不及登者不可數舊刹遺祠洞天名蹟古人墓
隧過而題者十四垂虹大佛岳墓林和靖墓昭慶藕
花居淨慈蘇堤紫陽菴寶雲賀監祠補陀洞天大慈
吏丞相墓其過而無題者不可數所過賢士大夫名
流淨侶之屬廿有二王青州伯仲陸海盐黃秀才史

山人李舍人顧杭州泰觀察袁尚寶張孺穀徵君孺包參軍余羕房張尚書張平叔李山人周居南中丞屠田叔方別駕僧殿公後先一人袁文榮公期而不至一人張觀察往來皆不值者一人余太史丙仲所見神物三青鸞烏鳳蒼龍

雨航紀

吳郡王穉登

紀事第一

嘉靖辛酉九月王穉登求志先荊夫人墓卜日至毘陵謁薛憲副先生先期外舅陸丈使人來曰遲之當同行舟以十六日薄莫發于是穉登束裝俟及期晨起作寄顧先生詩書軸上飯後過陸丈草堂日且落舟不及發明日遲發南風甚勁挂帆出楓橋倏忽及許市余欲留訪顧先生先生吳名士與余神交者凡五年其居在陽山大石出許市甚近余過毘陵往來道必由許市由許市輒意先生今年夏中童子鳴以書來云楊梅熟先生日俟君君訪先生幸偕朱子常入余是日令人立子常子常以責業入城未即歸長年嘖嘖歎風順可惜不宜留余不得已以軸上詩投朱君家令先寄先生約舟還當來訪遂怏怏出關去風果駛過曹王涇忽千舩俱落帆北風倒吹檣間聲獵獵猛甚雨亦大作冒雨逆風行入無錫抵秦汝立汝立方戢書千百萬卷縱橫堂上客至罷戢燒燈張

燕留余宿余謂君哉書倦宜少休余明日欲早行宿舟中便乃與陸丈宿舟中夜間雨益大迫曉不止午過五木問薛先生五木人言先生在郡城余卽移舟入郡城至則令人走劉子延所問薛先生蹤跡子延是夕出赴燕不及問十九日舟中書刺欲詣子延子延已遣人來候余欲陸丈同過子延入門便延余作書留薛先生先生在舟中遲則將還五木書去未久薛先生人來要同去余欲起子延謂與君二載別宜少留語薛先生人令先去出酒飲數行一青衣作都

下人裝入對子延鄉語刺刺問知是唐玄卿僕玄卿冀北歸遣送香槳余久別玄卿欲亟面問吳幼元消息顧子延索飯飯畢出門與子延別陸丈還舟中余詣玄卿玄卿閉門不聽客去坐少頃子延亦來同夜坐譚先中丞葬祭事出燕雲品物俑客寺鐘鳴廼散去復別子延入舟陸丈是日病作不能眠俟余入乃眠命童子以燈約白丈夫明去訪白丈白丈今年亦五十與陸丈同年而生差後各相顧問顏色又携酒入舟中飲出東門別去舟行向五木風甚逆窮日行

四十里得達五木已昏黑陸丈病不能與薛先生是日亦病令子孔隣先出先生力疾亦繼出余與先生父子別又五年相見懽甚許作蒯夫人墓文夜宿孔隣齋中風雨大作晨起雨益大風益怒往來舟得俱不行先生出所藏書畫令余鑒入夜張燕復留宿是夜天雨明日天又雨余別先生先生病小間遣書數十種爲別意甚悵悵入舟陸丈病亦間鮮維過慧山汲慧山泉四甖余嘗過泉上雖甚多事及昏夜必迂路汲泉上人熟識余及是風雨復來汲皆大笑以爲

怪嗟乎風甚怒雨甚大舟甚窄道路甚迂而余所汲泉又甚淡無味爲世間所最棄不屑者嗟乎余誠怪余誠怪汲泉後復過汝立汝立許書基上石乃還舟宿汝立濠上是夜夢吳郎先是前三日余從玄卿所問吳郎消息未得逆日夜懷吳郎及是遂夢作夢吳郎詩二十三日從汝立濠上發舟雨猶不止晚及許市竹青塘雨忽止望陽山上丹霞如樓意快甚疾要朱君同訪顧先生朱君持白醪來禦寒飲未盡遂達顧先生所入大石山房讀童子鳴題壁詩余前日所

寄詩亦在壁間先生燈下出示所撰家山八記留宿太石山房命作大石山房詩且曰必以是夕成乃入余及陸丈對牀卧夜半開山聰寒星光白如月謂明日天必晴晴即遊大石各起坐牀上作大石山房詩詩成不復卧起視天宇陰雲復滓空顧願父來訪顧甫年少古心襲嘗聞其人於子鳴及是始見果不負子鳴言已而顧丈出攜古圖書器物示客求余作評銘命書大石山房詩於子鳴詩後余與陸丈亟欲遊大石先生謂泥濘不可行余不聽先生命子從政行

願父亦願行余四人復入舟抵山下登陸泥果濘及屐齒幾顛仆折道傍竹枝杖而行得不仆大石在目前積雨石色而而如青黛各相顧嘆以爲奇山僧出迓客入庵望太湖湖上山青似眉髮余昔年遊山見山中僧與今不類問之已再易主矣石梁亘庭中著屐不可登僧言吳李諸公聯句詩尚無恙出庵過顧先生家山山中勝處凡八歷歷奇秀如先生記中所云從政留客坐欸雲亭畏雨作不果下山移舟復飯于顧先生家日暮雨作宿舟中不能行與陸丈賦遊大石山詩明日舟中起櫛髮欲詣顧先生別顧父已先設雞黍留坐坐半刻與諸君別子長附余舟出許市乃別別子常過許市復作一詩是日爲九月廿又五也舟中遇積風雨困悶命童子滌硯伸紙次第其事於有道里所經泉石所歷人品之勝物類之奇一一紀之以貽諸君太原王穉登射瀆舟中紀事

紀程第二

出金昌十里曰楓橋楓橋十里曰射瀆水當陽山箭闕下相傳始皇射于此

射瀆十里曰許市今名滸墅秦皇廢闔閭墓逐白虎來此初名虎嘯後避吳越諱遁易今名許市迂路由竹青塘入十里至陽山大石山房

許市二十里曰望亭望亭二十里曰新安新安二十里曰無錫

出無錫北門五里曰黃埠在水心由黃埠迂路入五里曰惠山寺汲泉處

黃埠有樓閣多遊人五里曰高橋高橋五里曰石塘灣水曲如鈎石塘灣五里曰滸墅滸墅五里曰洛社

洛社十里曰横林有塍市人煙甚稠横林十里曰戚墅堰戚墅堰十里曰丁堰毘陵五堰此其二也又五里曰劍井曰白家橋劍井中相傳有寶鍔往年白虹貫日唐中丞嘗見之白家橋十里入毘陵曰常州府自蘇州至常州水程一百六十里迂路入陽山慧山又十五里行二日可盡

紀山第三

陽山去郡城二十五里一名四飛山爲三吳巨鎮峰

巒秀而不奇奇盡在大石大石大如百間屋巧類人家石假山透漏瓏若社燕巢門外有疎松亂泉門內有庵曰雲泉庵有樓登之可見太湖石梁起庭中長二三丈天雨梁在雲氣中如白雲左右秀石林立香蘿赤薜蒙纍其上梁可躡而升構屋巖端吳文定李太僕諸公聯句在其中

顧家青山在大石左麓山中有勝蹟八曰玉壁澗清松宅毛竹嶝楊梅岡𣝣雲亭拜石軒宜晚屏招隱橋山中人曰顧先生先生自有記

惠山在無錫北其湊處曰石門曰青山塢甚勝余皆不及遊余所長遊自惠山寺門入西曰聽松東曰觀泉聽松松在斷岡上大可十圍奇曲皆虬枝入聽松緣岡皆士大夫家墓隧松楸白楊青沾綦洒其最勝曰邵文莊墓文莊名寶　武皇時名禮部卒賜金墓墓上石牀唐李陽冰書三松雖立大逾聽松者二陪而奇梢不速入觀泉最勝曰二泉亭堂曰漪瀾泉在亭中二井石甃相去只尺方圓異形汲者多由圓井蓋方動圓靜靜清而動濁也流過漪瀾從石龍口中

出下赴大池者有土氣不可汲泉流冬夏不涸張又新品曰天下第二泉

紀人第四

顧先生名元慶字大有吳名士家近許市凡高人逸士由許市過者多就顧先生顧先生性好客今年七十五猶酧對不倦所著書數十種行亦甚高前太守温公以鄉飲聘

薛先生名應旂中會試第二人才太富文太工而行亦大奇故不爲世所容官止按察副使予近舉宇孔

隣温温玉映爲賢公子

朱子常名大經家許市爲醫童子鳴稱其術甚高亦能詩

外舅陸丈名承憲字子紹能文章溥州太守孫大守在溥州有善政人謂其後宜昌今六上有司猶未第

白丈名仲字子中晉陵人康敏公孫落魄能飲酒學晉人書甚工

童山人名珮字子鳴太末人往來吳中詩清甚讀之如有雲氣以詩窮不修形骸人多白眼視之蔑如也

與顧先生及無錫泰柱有世契蹤跡長在二君家今還太末明年當復來

劉子延名昌祚晉陵人爲人有道氣今年二十九無子復下第余甚惜之

秦柱字汝立尚書諸孫好古博雅慷慨然諾有國士之風

顧謨字從振顧先生第四子能丹青

唐隺徵字玄卿荆川中丞之子有逸才視其神駿殆汗血之駿也

顧顧父名學尼家與顧先生隣其姊夫曰黃姬水又最能詩故顧父亦能詩

吳郎名儼謙字幼元奕世簪組美風儀朱衣傅粉有豪士態讀秦漢人書能成誦今遊燕未歸

王穉登字百穀晉陵人流寓姑蘇其爲人特多病喜交名流故亦知詩然其病以詩益甚

右十三人以齒爲序穉登載其後

紀物第五

薛憲副家藏宋勾龍爽堯民擊壤圖元趙魏公畫蘇黃州像蘇公長耳豐頰鼻準隆起相法鼻主文章故

蘇公能文

國朝錢塘戴進山水四圖余閱戴畫多矣當以此爲第一

顧先生藏宋馬遠鍾馗移家圖

國朝沈周先生大石山圖後有吳文定書大石聯句詩

又吳江圖　又西園雅集圖俱妙品

靈壽杖一長可三尺文如紫玉四時變色瓌物也

宋端溪石硯一硯在山下人家作磨刀石先生購得之余爲銘

明月編

太原王稺登

中秋馬洑沙看月記

今歲僕善病自春迨秋經三時猶不可起支離牀闆骨柴然而憂不食新也秋暑灼人如炮烙客至者踵相躡而問病之若何則御之而已然猶日出汗數斗醫師謂公良苦公之客猬如而竟日不得休請無事我刃圭矣僕請謝客戒門者無納一切長短牘剌至輒覆之更持藏鮭鑰扃其扉然後剝啄聲屬耳益亡

賴不堪思遠游以避之而會友人靖江朱君在明以凡一至日不腆敝邑之陋無足辱車音其幸而惠然臨我則有長江之練若也秋色俄半圓輝漸盈治木蘭於黃田閘遲君矣僕報如命乃卜以八月一日丙辰操舟舸而西明日抵無錫之膠山訪安氏兄弟緇卿留客齋頭出楮墨數輩淋漓作書細者如蚓麤者如老鴟傍觀嘖嘖稱好僕起謂諸君嘗痴已甚則皆閧然閧夜卿方客金陵桃葉小姬歌水調黯然思舊游又邀其叔氏大夫樓中暑益甚賴高木清池消之

不者汗成瘢數杯而下田間桔槔聲達旦農家爭上水如救頭然僕中夜爲再起明日舟中盥櫛能主人請爲山莊之游以筍輿載客從屋後出行田間半里入莊莊在膠山麓大池數百畝蔽以芳渚蕩舟沿洄乍出乍沒池盡處登岸更上數百步復一池三倍之二島峙中流鬱然相望不知何人題作金焦僕語主人此措大者當罰飲池水一斛汞泚而額無辱吾滄浪主人言月下採芙蓉波光如紫綺客何不爲三日留僕謝不能初四日抵無錫訪秦叅軍子仁子仁治

明月編　八　二

裝將北游一堂甚小行李半之不可坐移坐廡下已而葉茂長來借覓胡侍御玉山人不可得曰與東嘉客游無間日秦方伯陳寧州皆在僕戲問客孰何而多長者之游賤不其洗洗者與少焉秦方伯來訪邀游慧山辭不往明日乃偕寧州諸君往登其舟客輿而至者王輿人景純都門舊知也其伯父觀察公開府於此僕笑語王君東嘉者子邪安得不驚座問從何方來舉其故編知文戰而北是日初五暑甚謁黄氏之別墅環慧山而墅者臺池林館相望矣而黄氏

稱其勝酒半月未生移席舟中待之煙霏蔽水夜遊南禪寺夢既醒猶聞諸君隔舫呼盧聲旦起別王君君遂東矣而養和邀游寶界山養和者復一王君也寶界是其家山治樓船載酒浮五里湖以湖中雙撓揚帆牽舟而行既至魚梁當門曰蓮花渡青葉田田花高於葉如紅粧美人立翠盤中舞臨湖者亭名泚混稍上一關爲魚步去魚步而近長松八九樹雲柯龍鱗壘石高盈尺設石須彌座於松根曰松壁壇樹皆栟櫚松桂篔簹數百個檀欒蔽日如行幽谷中輿

明月編　八　三

夫履屐攀躋躋如驚蛇升其巔月浮出松頂如鉤松風醒酒酒頻飲不醉坐嘯臺當松缺處風益甚炎歊洗如亭樹數處青靄蒼然不可辨主人一一名而示客更指前太白一峰曰此下太湖芙蓉七十二可類而數也僕拊沾氈謂主人盍留此俟客之東乎夜宿舟中荷香着人如中酒行三十里枕席猶絪縕初六夜宿江陰黄田閘閘以楚春申君歇得名歇封吳圭田於此今不勝黍離之歎月沈霧中氣昏然問朱君本蘭俟客失期前三日歸矣詰朝買舟渡江未半有

兩龍下垂一蒼一白亭亭若車輪不見頭角黑雲乘之如疊雨微作風起簸蕩江波皆沸舟人落其帆半握手令勿驚然其面如土矣僕立舷間望雲氣鴻濛東行意梁溪間當獲甘澍盈尺是日也雷擊惠山之浮圖木碎如札江中去錫三舍耳乃寂然雷聲信百里哉朱家與人候之江滸行未半在明出道傍揜與握手而步曰龍戰而涉江得無戒心乎僕謝亡恙此屬蝘蜓么麽不足負吾舟相與抵掌過其家見顧朗生朗生亦慰勞僕憊極覓高枕卧松齋中聽風聲颼

颼則快以爲江濤拍艫不寒而栗久之在問在行來士猷亦來明日在充在止偕來坐久暑甚脫帽裸袒就地眠扇不去手尚慴慴不勝皆別去暮訪在問初九日同在明訪士猷又訪在行在止後入城訪在充先過沈梧士家門臨雅潔背棚瓜地悉楚楚解衣坐大麥菴几榻筦簟紗兩鶴棲洒鑪茶爐藥籠之屬靡一非湘竹所爲斑然可玩夫飰在充家持牀留宿盆荷紛敷黃者尤灼灼在明別去夜雷雨快涼明旦朝餐罷別在充從之在明所夜坐溪上月出皎然門樹皆綠游魚唼藻撥剌不休與朗生輩銜杯甚樂十一夜過容與閣閣去在明家南行不一里許鑿曲池綠萍覆之取土爲壇爲臺與樓觀之址突兀陂陀蔽以修篁數百秋花映竹婀娜有態月中花竹影扶疎張幕而坐坐倚四角使不礙月農歌徧野與清商相間在明指揮四顧此可亭此可廡此可重屋架閣此可左右掖此可長廊與複室跨飛梁如虹蜺往來也異時諸君過我者不平原十日不歸矣僕笑主人見彈而求鴞炙皆大絕倒此閣中玩月庶幾可者而恨之

遠觀在明誇其眺臺甚以爲九江三楚在目前矣明夜力疾而登臺在快閣前可離十　牀四周朱欄遶之凭欄跂足僅可望隔江山耳是夜月尤朗綠煙香霧濕人衣僕語在明月不浮江觀者尋常月哉明夕爲十三雲漢淡然星光皆避月不見衆交口如此月也而齋閣窺不見女子態乎主人獨不言而張其聲音無不預戒以一舲俔哉各一載鷁奴厮養渡大江中流客舟矴不動他舟揚帆入煙霧作軍中樂笳鼓競奏黃頭輩雜以棹歌欸乃伊軋長風吹聲入雲漢

或斷或續二三君單絞立而浮白望月出海門紅霞繚之如赤城其下波濤爲水銀色光射人不可瞪視僕拍在明肩指此何似桃花林中水精殿衆皆擊節在問力疾飲獨豪與朗生對舉觴齊灑然爾無算類項羽破章邯鉅鹿下在明十獻時時肉薄仰面攻之不受敵者但僕耳顧覓一巵酹嫦娥曰此曹酒人惡知清光者徒以麴蘖戕波心金奏肆夏而驚水府有如天吳海若支無所筭脫而駭曰是欲燃犀我也公輩不念垂堂乎莫不竦然明生揖客休矣捫鴟夷之

明月編　六

屨且勞於是諸人皆承響而回入門月方午憊甚魚貫瓶屋下花影淋漓滿身在明畏暑不能眠嬲客良久乃去十四日大暑礎潤緣几沾漬不可凭雷殷殷欲雨暮更鬱蒸人望月者如渴呼酒坐松齋待之咏唐人松際露微月清光猶爲君歎其佳絕僕揶揄諸君能賦此否當以清光酬之不然須借管絃吹開耳僮子取長笛奏桓生三弄復歌宛轉音調殊絕惜餘霞五色滓穢太清不堪作纏頭錦柰何已而雲漸收月濛濛照席上都無昨宵晶熒瑠璃屏風掩夜珠差

堪解嘲夜臥枕上聞簷聲迨曉雨闌干不止諸人氣奪爲中秋扼腕或舉貝葉書稱佚陷世界故應爾邪得揚州鶴哉僕漫言此雨洗廣寒殿中塵欲令玉兎見秋毫也今夕滿下而無月者請如金谷數觴我月則觴諸君倍之矣在明甚許客柰何孤注若此爲具於拙園酒肉相屬長廊數十楹懸燈火其中如明河斜傾珠斗錯落圜中高檜成列大者兩人圍之不合籬根阡陌井如稻花香氣撲樽疊客歌天田何所有歷歷見白榆未竟從者呼月出皆翹首東望明鏡燦

明月編　七

然飛出椰梢間光燭地如雪僕顧諸君王生語云何豈有戲人羊叔子者令童子敲柝枝呼美人交觴罰客不能則跽而爲生綃襪履舄交錯聲嘈嘈不知費主人牀頭醪幾斛矣衆賓既去在充與僕對牀不寐鳴而起曰掃孤山一片石待君僕業已許在問矣然則客一而辱主人者二乎明生云然則續而蟹有匡弟酒而兄佐之齒非二也乍辨色與明生在明並輿而東十五里行野田中山漸逼原土漸高田漸狹不宜稼荳落而爲箕臥壠上短若香草吉貝數本一花

花小於常三錢不供籽觔而其里貧可知也至山下捨輿而登山巔一殿其神覓旋殿後亭名觀海蔚然四壁在充在問皆坐而待遠眺海門湯湯如孟諸虞山之雲近在几席狼山如聚米可掬也日巳逼下舂客有饑色在充斫巨鱗噉而飽先去僕與諸君臥候月升命輿夫持錢鑄雞草除地盡一架裝望若芝葢浮者黃雲層疊而與雲際光財一綫未踰時月瀲灧滿山矣江流遶縣若蒼玉帶圍寒潮可染襟也朱君伯仲問茲山云何而客言峭巇哉僕誑此一丸泥不

明月編　八

足封函谷柰何誇我尉陀安知漢大者僴酒餘幾斗尚可泊浮至夜分借廬龕蚊寅不可宿則皆扶而下山譙鼓盡二鼓始達在明家與夫行潦中疾如飛旣至皆牛喘吐氣如蒸彼夫非人與井丹致慨於人車固其宜也僕係游生主人欲東遊秦參軍主人留客苛於陳孟公尚書期且不顧何物參軍能奪朱家客乎夜飲江雲樓竹影霏霏入坡窻月光皆碎於是哉生魄矣在明言吾邑盍有李時可俠也時可名鳳勝兩人通儻喜結客客曰楊維禎寂獄獄矣時可能折其角與之之游維禎挾四青衣浮江過其家時可訪之舟中舟中之器黃金扉毗相半也維禎氣岸然乃時可燕客樓桃下瑪瑙作斝紅甌瑜覆之三數麗人行酒並絕代以赤玉杯盛脯白玉斗盛漿皆盈尺維禎爲色動後賞遊花木精爲食牀窔其中置金鱗翠藻食器皆內越秘色磁其豪侈如此　高皇帝下江南時乞軍與貲聚萬鍾者再猶懼不免浮家去之琉球或王扶餘如虬髯者未可知相與嘖嘖歎其骨猶香僕謂水精食牀最宜月耳柰何朱君獨亡有然文

明月編　九

勝時可者十倍也在明謝不敏主人何敢當李君維禎過乃公公執牛耳矣僕甚慚其言十八夜士獻來相邀士獻者在明猶子其先府君官記室以計然筴起家最善僕與在明隅墻東而居雨作霽積潦盈庭躡屐而過月太模糊不可人士獻網魚剝棗極甘脆而亭客咄咄咄咸哉十九日雨淙淙不堪涉江客心如懸旌晚晴爛旣躍月始出似來時半輪覩月思家益甚竟夕不能寐明旦爇火治裝朗生病甚强下牀送客爲之悽然在明送僕渡中流指龍見處是日微

波鱗鱗如穀紋瞬息達江陰矣童子延闕下買舟僕
與在明入城訪黃君吉甫坐池上晌吉甫性緩不耐
掃除林亭園中徑荒松菊無色顧怡然不問叔度汪
汪千頃邪對之可當佩韋舟人告潮平乃別別在明
士獻附舟至月城乃別乘潮泊青暘行三十里始見
月漏下踰十刻矣二十一日至無錫王鴻臚乘傳從
東方來介予仁附而去解維將宿新安會王山人伯
熈至自金昌與原荆偕來訪并登西來閣原荆指伯
熈曰爲此君一日留不可則又指其偕曰投足下轄

明月編　十

題此閣而去也愈不可則又指養和而嗜曰公子以
麗人來坐海天閣席踰糜一斗而進之客腸非金石
能投筆而去乎僕笑而可矣明日不俟主人艤舟緣
靠菴下命舟師悉去舩牕當風寢比起午炊熟候問
童子此老耶鄉道哉諸君挾麗者至問飾乎無則對
以黃粱夢覺矣麗人者故太史曹公家妓曹公在時
携而坐僕齋頭歌稱是十二樓中第一聲未嘗不歎
侯門如海今流落人間與孟嘗門客俱散對而欷歔
者半晌酒未行先索墨題西來曰爲世尊書一切撈

者當焚衆妙香合掌作禮而後筆可下也何得紅粉
瀾乃公諸君謂老居士如維摩詰天女散花生筆耳
書罷諸君分曹爲探鉤負者歌而酌之大斗無得稱
飲亡何公等不見曹公乎今安在生時不飲而留此
如銅雀臺上妓與他人箏少年吾輩更俟河清邪既
而一客負麗人唱梁州聲嬝嫋如笙簧不似從喉間
出每當闋則低其聲以亞之音極凄婉不知霓裳羽
衣今安在遂作廣陵散乎無也此豈其遺響與於是
無不願爲麗人醉者惟恐其不負也比歌數闋月掛

明月編　十一

塔傍僕擕伯熈袂起曰夜何其而尚歌恐令彼姝者
齋煙出其口中邪客盡酩酊不能別舟宿南門門乍
啟遣奴將茂長行李來載而俱東舟中熟如龍抵家
甫兩大作又三日別茂長檢詩共若干編并紀游之
矣第王生曰吳人所稱玩月者獨先虎丘僕爲兒時
[illegible]嘗予秋也[illegible]去以爲似酒[illegible]家耳後蕩槳
[illegible]石湖[illegible]月之佳又最後得虎山橋垂湖之
[illegible]如[illegible]無[illegible]不[illegible]如大詫賞謂得月之多者
[illegible]大江而後噬然驚矣夏爲之不可詰

水猶是夫以井窺者而可論月乎稠盎有水月觀焉一水一月千水千月斆瓶罌盂之器潢汙行潦之流極而至於滄溟渤澥弱水流沙之浩渺無窮無非水無非月者至於無水無月而觀者止矣無水無月之觀不如無水之水與無月之月之觀之爲解也無水之水無月之月之觀不如所以無水所以無月之觀之爲解也嗟乎此不墨氏糟粕之餘乎若夫滄溟渤澥弱水流沙之水之月而僕與諸君安得坐而攬之曾謂此江之不衣帶與鄒子言九州之外復有九州信然哉

閏中秋毘陵看月記

從黃髮而閏皆不識閏中秋　中秋不恒閏也日者古
英廟至今而所更中秋之閏者三耳嗟夫不誠難遇矣哉恭僕以前中秋玩月靖江矣月下問諸君閏而復月當柰何衆謂下足下望蜀已甚寧能一歲兩中秋而月亡恙者月則人人自觀耳若而人尙安得把臂乎僕淒然感其言後八月十日周太學汝賢自爛溪來僕留之坐指壇前松樹曰今夜清光爲君矣汝賢不許以叔氏左軍公至須其至共醉足下未晚也是夜月不甚佳明日左軍錫臣張文學鳴救偕來飲僕經畬堂覓汝賢不可得僕謂左軍月漸佳而足下傴僂賓人前良苦姊娥不　笑子哉人生能遇中秋幾何況一歲而兩因舉昔游諸君言左軍謂吾長揖二千石遂當西耳出關無復故人公能遂三舍乎前驅至慧山汲新淵一石祖我何所無月何所無客而徒沾沾談二三君者已而華鴻臚存叔人來言知公之將西也請爲半日留啜尊生齋頭脫粟飲歸舟與子

偕矣僕召舟人移衾枕厨　人設雞黍兩俟之明旦起視日表過午而華君不至者遂行無失左軍期乃旦日旦夕華君竟不至移舟訪之其舟中人出告主人方飲[illegible]　[illegible]家送雞黍於其舟而去曰吾爲而主設也索左軍舟已先發矣從間道自射瀆躡之不得物色北來人知已出關趣舟人鼓而前邪許甚駛天[illegible]望見滸墅燈火相屬關法即受水衡錢日幾緡[illegible]數舟驟其關日高舂而後啟非衣繡者無得夜[illegible]閉僕搔首問童子計安在乎則皆曰如

[illegible]不如鴈門太守賓也關外左軍
[illegible]漢然雨過浮雲盡歛月光射船
[illegible]人不能了[illegible]一闋吏手前趨蒼頭數輩尾之
[illegible]道而呼鴻臚來僕意爲存叔也問之果然過其舟
存叔方夜飲指蓮間供具曰足下遺我者非足下我
不敢先僕語此鴻臚具耳僕饌茅容也而安得若此
相顧大笑呀僕之行遲豈無鷄鳴者出客而欲驥尾
我乎則又大笑關既啟方舟而進使偵左軍舟坐客
皆滿相鬪而過之存叔僱夜發而僕有難色也曰樓

船旗鼓而虞象林輩哉公家靑氈亡足當偷兒顧者
僕言有則頌君一詩以免然月如此不雨蕭蕭如博
士時無勞賦江上相逢爲也吏爇燭呼酒飲罔已過
望亭起視船頭明月光若數萬黃金蛇浮湛波中誦
野棠流水之篇爲之靄霽別華君還舟宿枕上聞水
聲潺潺知夜行不休曉視舟泊處已達梁溪鴻臚遣
人留午炊謝之而去艤棹城下邀左軍舟人及僮輩
鼓枻者竟夕矣目睛赤如火齊珠則皆相枕藉臥艙
聲又如雷也僕坐舟中作書寄都門故人凡數尺一

既畢則呼童子起起猶垂首而輦曰寧逢闖吏勿逢
鴻臚矣不覺失聲已而錫臣舟至捲簾呼曰柰何捨
我而先哉問汝賢諸君鵠首皆東張君指慧山之程
幾里雲幾重松幾樹泉幾伽藍若幾百楹有舉微之
宮可憩衆愚可望月乎無也恭君尚未識慧山耳則
勸左軍且勿前而爲張君游晚泊北門迎湖館下此
地卽故蓮蓉湖今爲田者十九然猶巨浸蒼茫水及
慧山之趾是夕十三月最明與前中秋十三夜相若
錫人士好游大抵類吳門短棹輕舸夷猶綠波載嬋

娟而出者官籥之聲入雲僕顧而歎美哉邑乎微茂
苑者甲天下矣左軍文學白公而過僕舟戒無以隸
從者蕩槳循山溪而入乃張君見黃皐不識云烟中
樓閣誰家也僕名而語之故王烏氏言慧山如羣龍
蜿蜒自天而下皐其領也哉張君自負堪輿善[illegible]
其說曰非是彼西浮者復何取西故有大保墩云而
僕對炙盤照乘一而足乎登岸過黃別駕山園門而
坐者鱗亞諸少年銀箏小柱而按梁州如出谷縣蠻
鳥僕將闌入其中而聽平生最好聲音而不識曲如

人見柔曼徃徃稱傾城抑其靴爲毛嫱西子政復浩然謂左軍安得如周郎顧邪周君恐有覺其焦服者以扇障面而過不勝張君之蹻捷去僕且前武追而及之寺門左右士大夫圍休夾道家家有敍桂花開月中香滿山殿佛衣皆清芬僕詒二君此云金粟如來信然不妄山中寂然無一載酒客山僧俗如市井販夫不知月輪爲何等抑其虛無一應鐘磬生塵月正掛殿上鳴吻池光潑澄可見底左軍惟刹巍然而無佛火僕顧庭中月言此瑠璃光徧滿大千恒河沙

明月編　十六

世界奚必一點蓮燈照白雲欲從左廡游泉上陰廊黑不可行復出天王殿折而西過華孝子祠松篁蔽月又西門榜天下第二泉元趙吳興題書法遒美入門綠池尋丈泉從石鯨口中瀉聲濺濺上爲漪瀾堂舊漸圮近觀察使者東嘉公新之榱桷朱欄燦如也又上爲泉亭操瓢汲者左軍之隸映長松而立瘦影如鶴大隸等耳啊殿時虎而冠執青絲緶十丈鳴鴟韁抱甕寒雲中何減漢陰丈人張君首肯僕言濯纓濯足不均此滄浪哉二君覩而漱齒作瀞湲聲曰渡淮踰黃河飲水一石者泥半之憶茲泉若醍醐甘露一鉢千金不可得然近問黃河淸者幾百里矣自西坂而升月愈霽淸光近人張君問廣寒去此路幾何僕對如長安之比日則相與歎長安遠也祠而扁者爲尊賢堂前有石甃流觴處水自若冰澗來今蓮生其中左軍腹鼓如而乏濟勝兩偷掖而下氣忡忡問汲者水幾斛有碎石浸其中否以艇如葉載之而前僕舟觴而對月命紆徐行勿亟左軍謂僕以此邑比長洲者謬甚月如今夕而生公之臺餘尺地乎艅艎

明月編　十七

舳艫相銜而來雞鳴不得休此邦之人日在西崦而生[illegible]武關閉矣僕言此乃所以勝長洲也不者酒肉[illegible]寒山門安得青鐺容吾輩哉十四日樓船角鳴鼓載月早發僕舟尾之行抵五牧乃同舟夜達毘陵舞左軍夜置酒艤客杵中黃雀貫自戚墅堰一金可數千頭啖之不及吳江者之半恭霜降卽魁然如楓落後蘆魚耳方坐舩頭對月而觀察公自孟瀆來鐃吹震林木千艘鬥沸流水作驚濤瀑布鳴盡二更始息明旦爲十五僕移舟入郭約左軍會吳京兆幼元

家僕先至主人披衣起出雲棲館候客曰與自秦淮歸也病暍撫關樹下聽禽言消暑耳客何自來者乃以左軍告且請設二人飧問長君善飯乎則對幸甚

同鴻臚公詩黍

秣陵下呼謁者于官拜起聲不休脣吻皆焦紅樓之歌姬嫁沙叱利死而出出而籠生無意長條矣揖客入新齋自雲棲而北過獨倚樓文太史所署額宛然在樓泉軒曰浮白藍壁龕大士像梵筴磵淋如精藍廉構煙瀹然作禮而出竝樓梢前而南向者爲清玄

明月編　八　十八

齋右序狹如井阻道齋所從入齋新建甚精麗曲欄低檻後爲複室廣袤如齋北扉以納涼颸前壘小山石寒花潔瓏瓏有致亭子面西曰夕陽翦茅覆之可容三人促鄰京兆言吾此齋成而不出戶者更月之望幾矣有先太僕之敝廬以蔽風雨負郭以畢伏臘陂養魚坂植竹二頃秫一頃苴陽蛙種瓜塏地宜栗棗下纍纍丘中麻芃芃也羔豚可以脩蒸嘗雞黍可以宴賓客彈琴讀書以卒歲射雉釣魚以爲樂租庸以輸有司蠶桑以課主者左思記室鮑照參軍官甚畢也而遭吏議恭組盤綬解而還縣官豐年多稼穰穰積家妻子幸免凍餒以其餘供賤吏布裘掩骭沒齒編畔間以終

陛下之賜幸矣若焚如而散髮箕踞令童子爬背癢且不堪欲大冠如箕慎三指刺戚施公卿之前脅拳突梯䏶䏶如也何翅風馬牛哉不如與子婆娑皷枻下酹嫦娥一杯寧爲鷄口耳兩人皆捧腹軒渠而左軍來訪周君秉忠亦來方解帶槃礴談京洛舊游津津隸來促去郡大夫以幣交待舟中者久矣主人不

明月編　八　十九

敢留請單舸載醇酎爲君祖道供帳僕與秉忠飯罷三人同舟西出郊望左軍舟鼓逆逢將發幼元請以折角見祈見張文學邀過舟中伙行五里旗亭乃別左軍謝足下踰百里而送客良苦僕云此歐脫地未出疆也公忘我籍毗陵乎笑而去問秉忠客唐膳部玄卿所別幼元去乃秉忠約二人偕來玩月雲棲無負閏秋三五膳部起家爲郎迄今庭未有玉生跡也不見者踰三年僕日老且寠荒悴亡狀爲月且所羞稱乃玄卿顧謂曾參非殺人者主臣得無爲李陵游

許手感魄子之知不能已僕問君何家食委蛇則上
書請告待　報可耳憶與君爲司門生君駒而汗亦
見者無不稱龍種僕亦自負驪黄之外君今長轡千
里而僕局促轅下俛首斜陽棧豆之萃不勝伏櫪而
悲耳然君今年政四十矣方帳下受經將君鬢霞顧
[illegible][illegible]三十載則僕髮安能不種種也留夜坐辭有
[illegible]約秉忠別館楊光祿家不能借而僕與幼元銜杯
月下并北久斗柄闌干矣是夜月不如前度十五而
此城中寂寂無一踏歌聲鬧直指使者方行部人不

明月編　八　二十

敢夜游游則游耳斯亦何關緇素毘陵人故不好游
僕少居毘陵不聞月下登臨者郡中無山水城樓雉
堞僅可踟躇不則濠上乘舟往來如魚游盎中廻環
當千里矣幼元謂足下識毘陵甚不念桑與梓哉明
日秉忠借同登獨倚樓超然遠覽城中氣佳哉鬱鬱
葱葱幼元請賦之僕云此吾土何賦仲宣賦者懷鄉
也爲題六言從倚不能下謂主人樓殊佳但欠隱中
列岫然京兆郎能畫眉成遠山安用翠黛掛欄杆乎
暮燕雲樓待月乃政得雨輿索然別而登舟夜抵東

門宿十七日下舂至無錫過談思永家留坐庭中爲
賞月供具坐良久月上呼美人佐酒者不至聞思重
補宮得右軍不知換鵞幾群矣思永笑云此公家池
上物爲余仲擬之川視漾上月如霜而罕游者兩人
踏月西行過泰方伯門外欲扣其扉索飲恐妨主人
高眠遂罷舟中對月賦詩寄唐玄卿詩成乃就枕十
八日早趨余昌欲訪華鴻臚思其投轄不相聞而行
是日北風獵獵掛帆行甚疾由望亭下長蕩而歸曰
尚安得與鴻臚夜濟而俾關吏無譏我哉歸見黄六

明月編　八　二十一

秀才書自燕山至以前中秋十三日發兩中秋月皆
以十三夜最佳不知長安此夜何如也夫中秋而閏
稱難遇矣閏而皆有月無風雨之阻又皆有江山樓
閣良朋把酒相燕樂也豈不誠尤難哉毘陵雖無名
山川顧其人務本力嗇而相趣家不善俠邪遨蕩以
類類爲米鹽中人次胥乃仕於朝者又或謂毘陵俗
好傾則僕去毘陵久其風漸變不可知抑非吾土兮
金昌信美不易毘陵矣若夫中秋之間而月月而游
游而無庙夕嵇之人自夫差以來未之有改焉而不

可與毘陵道也

荊溪疏

吳郡王穉登

余以萬曆癸未二月廿又四日過毘陵訪吳幼元萬承夫先在請爲荊溪之游承夫家荊溪幼元姨之子也與幼元固要余而西意良厚余重拂其惓惓遂以廿七日冒雨放舟出毘陵西門泊吳子知南河莊子知載酒至同集者盛原濟吳章叔杜玄慶趙直卿幼元之子雅言入夜皆别去玄慶有事荊溪請偕行廿八日雨止早發抵河橋漸瞑承夫捺單舸先行倩關吏無下歲獿之鑰而後余及幼元舟並得入城泊東門是夜萬子寅杭子湘來訪廿九日早起陸山人元德吳宫詹惟允吳太學惟毓先後偕來朝饔罷訪子貞父子子寅仲父宗伯公都門舊游也請見以單教辭又訪子湘惟允惟毓宬後訪陸山人登周孝侯墓望銅官積雪午後子寅携酒幼元舟中觴余及玄慶東汍之滸是夜泊宜興三十日桃上聞鐃吹幼元先入蜀山余及玄慶飯宫詹家出城訪吳光祿先生游鸚鵡閣請記許之覓蜀山路茫然彷徨道左有呼於

永淮者乃承夫治游具將追幼元遂別玄慶與俱入暮及之蜀山夜泊閶月朔日天霽游與大發幾欲奮飛自蜀山至湖洑日中與幼元亟問張公洞路會金沙寺僧寄公來迎不俟買輿疾走入金沙啜茗而出至洞由前門入余將謁補陀大士以是日齋戒浥去葷酒備啜蔬而已諸君飲微酡出問僧言洞後有屍解異人視日嶮巇矣幼元氣甚銳鼓行而前匍匐入視之既出汗如沐夜泊湖洑是日子寅祭家廟不至初二日游玉女潭史金吾請告歸疏泉架壑為樓觀

極宏麗飯瓊玉軒看瓊樹去游天窟連珠龍湫一綫天皆洞也惟一綫天嶔奇間道走金沙路中見虎蹟與夫讋怖幼元命舉砲震山谷然聞山人言防虎實不宜砲虎驚則跳而堅人既入寺與夫指所從間道者虎穴也不寒而栗坐寄公房禮故講師珂公墓幼元許為造塔余作銘湯沐罷然後奏節鼓入舟觀者如堵放舟宿湖洑初三日南風勁余及子湘聯舟絙東之並行艤松下望幼元舟不至至則折艣不能操召工斲之然後抵北門外宿子寅來初四日驟熱日昏無光疑有雨今歲天文示異仲春之初雷電雨雪並日而作自正月至今未嘗連三日見日天幾漏矣而余與幼元入荊溪來更六旦暮皆晴可謂天幸不可要微相與商略勿游善卷便幼元不聽趣解維西行至祝陵雨大作初五日史戶部來訪遂別雨中持蓋游善卷坐水洞亂石中屏履盡濕幼元命火下窮幽窅淖染其裾不顧余與子湘嘖嘖稱豪舉歲飲三生堂上憶往歲與愚公約同游腳且寒矣為之悵然未幾子寅之東牀徐君遣一廝養來請游龍池從張

公躡之不得復至此涉險行百里矣勞以卮酒許之乃去觀唐殿閣柱上雷書並奇絕惟國山碑兩不可往肘衡避觸而已放舟而前徐君亦自來邀客列炬如星漏下二十刻且蹋於蒐橫道遂辭徐君宿張渚以明日初六乘徐君之車輿馬騾往雨乍晴日光熹微龍池之雲葱蒨在目主人張供具甚盛不聽客游僅一至響山坂入夜雨復作比曉不休相顧興索然如山陰雪下徐君之諸父兄弟知客有歸心悉携酒觴客掩關下楗以大白浮幼元盡一斛不醉於是

莫不稱吳君酒人也徐君送至舟中亦浮之而後去初八夜泊宜興東門與子寅子湘別承大子病從道上先馳歸至是復來別別諸君幾沾裳浮屠不三宿桑下以此譙鼓聲急始別幼元幼元意不忍將偕余歸余謂諸君今夕歸為具不得休且目瓶候足下足下戀戀僕無意幸臨諸君足下猶可僕不良朝那詛楚耶又久之竟別遣蒼頭奴送余初九日至毗陵更三日抵家計入荆溪之日屈指踰一旬晴與雨相半晴即游眺雨亡賴則坐舟中看子寅與幼元奕子寅

寬然長者也喜怒不少見顔色惟奕顧獨使氣每楚風不競輒挺局擲子迸散如走盤幼元愈捧腹鬨之君氣愈盛甚者目搏頰低復手談津津忘之矣以是知君真長者罰觴及君子湘裴代之時待佐君奕欲醉幼元乃酹君每及濡首而幼元獨醒以此豪兩君此一平原期頃不知腹便便盛麵生幾石也

未至荆溪三十里曰河橋豈詩人所云酒慢青者即其地與

宜興古陽羨也一名荆溪城外東西二氿滙諸溪之流注太湖菰蘆之藪剽掠四出稱巖邑焉

氿字字書不載當作九土人以九里計程故名

周將軍廟在城中隆平原碑集王右軍書不佳其半已泐廟後數丘魁然古木蒼蔚登之可望南山或云將軍馬革未還此特藏金甲墓也

城中長橋直縣門甃石堅好非孝侯斬蛟處斬蛟橋在西氿宋蘇文忠公題梁好事者摹刻廟中

銅官山在城南袤五十里山嘗產銅前代設官守之志稱天降銅棺葬袁令甚齊諧蜀山在城東四十五

里水環之如岣嶁蘇長公買田陽羨時徜徉其中因名蜀志懷鄉也今祠堂在山椒鐘虡生青苔矣

蜀山黃黑二土皆可陶陶者穴火負山而居纍纍如兎窟以黃土為胚黑土傅之作洁瓶藥爐釜鬲盤盂敦甗之屬鬻於四方利最博近復出一種似均州者獲直稍高故土價涌貴畝踰三十千高原峻坂半鑿為陂可種魚山木皆童然矣陶者甬東人非土著也

蜀山折而南可二十里曰湖汊記得孫尚書尺牘中作湖務宋時置務於此榷採山之利今作汊亦訛字

潮汶山中大市也夾澗而居者百室地多虎虎白晝堙入暴甚一歲中死者幾二千指近虎妖也余同與幼元來游先三日射殺一虎廵檢藏其皮俟縣官入討還受賞格肉作醢售之飼小兒能稀痘

金沙寺在潮汶東南一里唐陸希聲讀書宅今尚有讀易臺門外綠潭云是玉女洑流至此此洞犀淺不可入遊寺竹竿可數萬個

寺左有杭中丞祠堂弘正間諸兇嗜酒悉賣寺田中丞出鍰贖其半歸常住故沒而俎豆其中

寺中有岳武穆駐師時題壁後為岳氏子孫取去

張公洞去金沙寺三里山如覆釜赤烏間霹靂開為洞洞有前後二門自前門入者懸磴而下日射之光明遍一壑磴盡處幽黑不可窺拾級而上登一臺從臺上仰睇俯矚怪石剌脝莫可狀寫如燃犀照海天吳紫鳳豞波而浮神人異物輸貴獻琛魚龍瀺灂乍出乍沒見者無不咋指吐舌洞中前明後晦自後入者非列炬不可又須側足曲踞蹣跚卻行而後能下石怪不當前洞十三初至撩奇哪堪一傴僂耳憶與幼元以嘉靖辛酉來游迄今萬曆癸未乃經三朝二十有三載而後能偕幼元再至如文律禪中盧生枕上蒼茫恍惚有同隔世昔為健犢今成老驥更二十三年余兩人當作何狀安得俟河之清耶青鬢漸霜紅顏易槁不知尚能着屐幾輛耳

張公一云道陵一云果按曆道陵在前赤烏在後雲房丹竈當屬白騾先生

張公洞冬煖夏寒游宜寒月不煩挾纊洞乾猶可躡屩夏多浮嵐蝙蝠矢覆地如雪垂溜點人衣默承之

無迹但有痕宛然在洞後支徑最幽曲別一小洞近有異人屍解凡三易寒暑不朽余與幼元着促裙脫帽去履作蛇行人持一短炬下燭之雖枯骸如腊而齒髮皆完好非僊蛻不迨此為作記異時携工來勒之洞壁

去張公二里為玉女潭故史吏部別墅潭深不可窮投絲一絇未及底巖光綠可染衣水作碧瑠璃色雲甕膏沐草木猶夸信是洗頭盆也

潭上數武為玉女祠　世皇帝遣一尚書祝釐於此

預樹櫟梆也以獨孤常州詩得名腓脛輪菌空腹半死枝葉尚扶蘇垂藤其上如斗近金吾君築墻圍之面以雕檻若檻猿籠鳥神理頓盡

天窗洞史金吾新闢有兩竇天光下入曠然若堂皇鑽泉出石罅甚細左轉盤旋可通行平崖上覆仰視猶承塵

去天窗而近者爲龍湫水綠如玉女潮云與潭通下視沉沉不與竅井然可浮舟至隔巖亦一靈境

近龍湫者爲連珠洞雙穴如規故名後有池石含之

荆溪疏　八

如蚌

近連珠者爲君陽洞一綫天有大石梁梁下石如砥水逆之可浮杯或病其臨甃稍廣大類圜池間流觴石令人短氣洞右盡處衆炭而涉雙厓劃然不合者僅如綫所謂一綫者也洞傍石如羅漢座游展界道流極駛羽觴隨波客踟跗承之頃刻盡一鴟夷

洞近張公泉近玉女洞非一洞泉非一泉曲引傍緣近湫遠注洞洞鈎連泉泉帶繞或經或緯棼如錯如斯坤維之妙解水德之靈通乎

西汶五十里至祝陵祝英臺葬地山人業採石斧鑿聲錚錚翠微破碎矣

善卷寺去祝陵一里長松夾道今漸少亭跨澗曰扁舟入寺門有閣曰圓通古碑離立閣下唐殿制作甚古料斗蔵欒數有重梁懸櫨楪前榮承塵雕鏤作連錢文使不穴鼠大中初創建庭中左紐柏一

雷書一在殿左第一柱近覡座者曰射釣記詩米漢在左第二柱者但有射釣記右後壁第一柱者但詩米漢皆倒書非籀非隸削之文愈深摹去佩者可辟

荆溪疏　八九

虩義不可解或云是雷部神名

三生堂以唐相李蠙宋相綱得名非圓澤事

玉帶橋亦李司空檀施

梁帝禮斗壇在寺右山上尚有遺址

善卷洞作兩層如重屋上爲旱洞渠渠如廣廈可羅百　床石柱一當其門如蹲獅後壁漸墻可秉炬入中亦宏敞有石床丹竈儼人掌玉柱亭亭可二十尺及潭而止此通下洞路也

水洞在旱洞下鳴瀑徜徉自前山瀉入亂石齒齒水

流其間與石鬭聲潺潺可當子荆一漱仰視石甚奇
不減張公右壁有僊人種玉田綴崖歧級阡陌宛然
石色如雪入稍深路乾泉皆洑流亦及潭而止明處
即旱洞二洞惟幼元獨窮探余及諸君輸一籌矣
後洞與寺左通前洞水所從出也接竹引之以供香
積秋時海棠千本並着花一壑皆丹
善卷避堯不知何緣至此或云高僧别一善卷耳
國山在寺左可一里孫吳登封處上有赤烏碑形如
囤名囤碑

張渚去祝陵十五餘里千家之市大倍湖洑可四五
茶筍竹木煤炭之利日數百金酒肆屠門比舍如櫛
一巡檢守之
凡市之臨水者土人皆稱步湖洑張渚祝陵皆步也
宜興形勢以銅官爲鎮縣當其中負之而居東爲湖
洑西爲張渚置尉設邏略如常山之蛇首尾相應昔
人建邑立都非苟然也
自張渚而北十里曰長林徐氏所居村巷井列塢深
地饒土人富者種竹起家貧者負薪自給屋皆瓦而

不塓塓則白螳蝕之令棟易橈
龍池去長林十里在山巔池中蜥蜴能含氣出雲神
物也有二菴上菴寂勝登之震澤風帆皆可數然山
深多虎游者罕至亡友　原荆寂好游尤能濟勝嘗
徒步來游觀虎鬭大叫以爲奇上人物色之知其杜
後惠文佐以輿馬不受今原荆骨寒言之於邑與幼
元約以秋來畢此緣得造奇境當攜謝眺驚人詩來
擊石三蹋而弔之
水自龍池下者旱潦不竭可灌田千頃故厥田皆上

上歲夏秋水大至行者皆濡足平時石瀨濺濺與松
風竹響互荅乍至者悠然忘去
響山坂去徐氏一里走茗嶺道也石平如棧澗並之
聲淙淙過嶺即吳興顧渚茶所從出嶺因以名
吳幼元名履謙常州人官京兆郎風度甚高有勝情
而不善浮湛闒井故有負俗之累近體詩甚工子雅
言有鳳毛
趙直卿名經德常州人篤行君子
吳子知名近道太學生幼元猶子奕奕有致可方阿

戚

杜玄慶名善楨余里人也

吳章叔名冠明州人北川學士孫

盛原濟名之楫蘇州人醫名甲吳下俊爽不羣豪士之氣

萬尚書名士和宜興人官大宗伯兩忤權相兩疏請歸清貞簡穆卓然有麟鳳之標里門蕭寂冇若寒士子弟相率以醇謹成風人稱爲石君家

子寅名曉故吏部長郎宗伯猶子也直而能通方而

荊溪疏　十二

不執當在夷惠之間子承夫名德緒今爲諸生清茂朴雅青出於藍

杭子湘名士錡中丞諸孫白眉旋艮族之翹楚

吳宮詹名駿字惟允荊溪世家以好客聞於四方樂義好施能周人之急家有園池花木之勝鐘鼎圖書森然武庫弟馳字惟範太學生清通醖藉不減嫖騎者乎

陸山人名本仁字元德東洞庭人移家陽羨吳氏兄弟爲築室孝侯祠傍詩温美似其人酒德甚善大爲諸君所⿰耳麗

吳光祿翀字宮詹猶子恬澹寡營泊於聲利爲圖自娛據鷫鷞塘之勝余記之

史戶部名繼志慄陽人爲郎聲籍甚尤能詩

徐君名承芳家長林代本好客客至雖數十人供具無不咄嗟立辦車輿馬騾一一取給至於厮養僕隸皆饜酒累肉連數日不倦今其家半毀於客然猶輙迹相尋

恩公長干講師也游戲三昧不縛於禪圓通妙解鬱

荊溪疏　十三

爲宗門梁棟

故御史胡君原荊名溥梁溪人疏斥中貴禍幾不測由此直聲震臺中倜儻不羣千載士也傷哉蚤死以貧故

故講師珂公本北人南游荊溪二三大夫請住持金沙遂卓錫於此說法演教大闡宗風珂化去其徒真寄能嗣衣鉢寺因以興寄有戒律亦能詩

竹菇蕈也小如錢赤如丹砂生以二月山中所在皆有之不獨竹下風味極佳當爲伊蒲第一

蘭出荊溪者葉柔花弱比閩浙產不同又易致龍池銅官之間躋坂盈谷山人杖挑籐束筐筥登市每歲正二月之交負而入郭者價賤於土人行市中衣袂皆馥夏月生者一幹數花名曰蕙

閩部疏

吳郡王世懋

天下堪輿易辨者莫如福州府登行省三重樓北視諸山羅抱龍從西北稍衍處適行省小山坐其中烏石九僊二山東西峙作雙闕其外北則東山高大蔽虧日月大海在其外是謂鼓山朱元晦所書天風海濤處也西山逶邐稍卑狀若展旗曰旗山以配鼓其前則印山若屏為南案似人巧湊泊而成者然猶未覩水所經宿已登烏石山望則大小二水歷歷在目

大江從西南蛇行方山下南臺江稍近城而行大江復從南稍折而東北南臺江水合之汪洋瀰漫東下長樂入海其山水明秀如此土人猶謂方山稍西俗名五虎迫視有猛勢以爲徵鈌陷處然予謂即東方山而平之亦終不能作天子都何者愈顯則根愈淺愈巧則局愈小

省府之南山曰方山綿亘數十餘里形甚怪偉俗名五虎山數之正浮志言九龍鼻索之又不足

布政司在山上堂後一大樹是榕樟二樹相樛結而

生蓊然于雲因爲堂以嘉樹顔之余與玉叔俱有詩

福州府布政司前多甃井泉甘人初名曰第一泉第二泉每大比五魁多爲泉人所占以爲泉讖也改顔曰一福井二福井文理殊未愜然須放廣泉士龔然如故

行省鼓樓高絶云是越王無諸建都處也古蹟多在建南諸郡稱越王臺者以數計而獻南平之王臺驛最顯驛以此名有越王古墓在第未知是何王耳閩王審知兄節度使潮墓在興泉間

由福之南門出至南臺江十里而遥民居不斷橋跨江中怒石踞立艣舟鱗次亦一勝處也過此山行數十里間荔枝龍眼夾道交蔭丹榴綠蕉蘁斐間之令人應接不暇舟渡西峽浩淼洶湧望江勢滔滔赴海擊楫而生壯懷

去省城南八十里而近爲靈濟宫即京師所奉二徐眞人也本駐兵此地宫亦　勅建至今禱雨者往焉南十餘里爲大田驛其間有流泉水碓豐原美値大是沃壤

由石竹山而北至常思嶺三十餘里間皆福清縣屬特多崇岡壯岳峰骨怒立巒岫皆欲飛舞五虎一臺睨懸數十里外皆奇觀也常思嶺以南山皆南向獻此嶺北拱遂爲閩縣屬水東北流矣二縣所由界也

諸谿合流至水口以東汪洋巨浸大似浙之富陽江經芋原西峽滙瀾流入長樂大海潮汐上下二百里何異錢塘江而名稱不盛一統志所云南臺江亦此水别支也以南臺一鎮爲之令人稱屈

省府北井樓門出爲連江羅源道與福寧州鄰多高

山大嶺行甚嶔崎連江號有人才盡此境而北科甲寥寥矣福寧北與永嘉連西與建安接瀕海多魚鹽梯航之利民富而尠知禮觀風督學二使者所不至也

閩中獨荔枝奇絶龍眼名荔枝奴眞堪作奴耳次則佛手柑橄欖皆中原所無品亞荔枝又有山果名黄彈金扣子羊桃皆異産然味苦不足登俎

柚大而蘆柑橘小最下品也福延間多有之花亦奇大三月間開香氣甚郁余嘗有詩云最好南平三月

景滿城微雨柚花香

橄欖在芋原上八十里間沿麓樹之蒼鬱可愛甘蔗洲獨多土人雖擔城市貨之頗不登盤

蔗有二種飴蔗節疏而短小食蔗[illegible]大凡飴蔗擣之入釜徑煉為赤糖赤糖再煉燥而成霜為白糖白糖再煆而凝則曰冰糖美人蕉福州為多而無

蕉實泉漳間始家樹大蕉小曰芽蕉皆能實實後斫而絲之是為蕉布其實大都如吳中所生甘露第彼作瓣有露無實此囊生纍纍可乾食耳然味甜無韻

故不如美人蕉花可供玩蕉花獨嬌余廨中以盛冬發一紅瓣上抽綠苗三四月間齊放簇若朱蓮經月不敗大是佳卉

閩地最少楊柳福州城中士大夫園地邊間有一兩株作長條拂地不能拱把

閩地最饒花獨杏花絕產亦一異也

閩方伯嘗言閩中海錯定虛得名丁余惟問何以曰蚶不四明蛤不揚州蟹不三吳余大以為然蚶大而不種故不佳蛤乃車螯非蛤蜊也蟹之別種曰蛑蝤吾地名黃甲此名海蟳特多此種而蟹乃為異狀不中食此又一種非眞蟹也獨興化數里河中有蟹形味俱似吳中而土人不之重豈自厭海錯不能別味耶

海錯出東四郡者以西施舌為第一蠣房次之西施舌本名車蛤以美見諡出長樂澳中閩俗重歲首民間不開正戶慶節後即相率拜墓挂紙錢一如清明迎春日多陳百戲盛亭臺之飾坐嬰兒高槊上兒皆慣習飲啖自若了無怖懼千夫百騎繞堂皇而出唱

呼跳舞勞以曆書惡少輩多舞攫猊求索尤甚即藩臬長無奈之何士女傳觀塡街塞巷自茲春事日盛尤重元宵十三日始放燈數步一竿表一表輒數燈家聯戶綴燦若貫珠如是者至下弦猶不肯撤有司禁之縉紳先生不平見顏色是月也一郡之民皆若狂

端午節尤重競渡所過山溪數家之市皆懸舟以待往往毆擊至殺人成獄禁稍弛復競其俗成不能革也

興化古莆中縣物亦大佳第國狹而貧平江口沵漫漁舟宿步始見海氣東北多良田膏腴畝直三十金其陽皆山也二十里抵漸溪道旁多古木穹碑皆先朝大臣彭惠安韶賜葬之所令人肅然興仰止意

興化背太平山面城以壺公爲案兩山皆峭拔木蘭陂出壺公下登城北山望東南大海浮空檣帆皆見

從興化西門行可八十里至九鯉湖其地非獄以夢靈著與也飛泉九疊下滙爲湖漫漫欲過蕪門百泉豈以壞境故爲仙靈所托耶福清縣石竹山亦有九

仙靈蹟其山亦宏麗在宏路驛大道傍土人祈夢者以秋往九里湖以春往石竹山石竹山是九仙離宮爲行春治所耶

仙遊縣在楓亭西五十里非祈夢九鯉湖者不入縣

楓亭驛荔枝甲天下瀰山被野樹極婆娑可愛亡論丹實纍纍驛甚宏壯中庭六株荔子色皆參天

荔枝以興化府楓亭驛爲最長樂縣次之柑橘以漳州府爲最福州次之

荔枝名以狀元香爲最然實不如長樂勝蒸肉厚而味甘當爲種中第一第乾之不能如狀元香風味

閩地頗畜蠱其神或作小蛇毒人有不能殺者獨泉之惠安最多八十里間北不能過楓亭南不敢度洛陽橋云蔡端明爲泉州日捕殺治蠱者幾盡其妖至今畏之以橋有端明祠而楓亭僊遊屬端明即僊遊人也土人之莊事端明如此

自惠安以南山漸培塿以到海脉窮也而特多巨石林立恭累多不可名狀或臥或起恒若位置嘉木蔭之居然園林間景

洛陽橋一名萬安大江中五里石梁虹臥水上蔡端明眞神人也近南岸一山皆大石倰亂疊城其上而樓之局鑰甚固倭不能過洛陽之南晉江虎渡二橋亦稱鉅麗

吳中雖盛有石梁若令見萬安橋必吐舌亦由閩溪中篙師不知吳楚間有萬石樓船也泉州城大於福北負洛陽江南面晉江倚泉山而城堪輿家謂爲三台山八卦水故多縉紳去城東北五里一荒山纍纍諸墳本術擇也而名曰官山以泉人發科第者其祖

父多壅其上下利後人遂令逝者體勢如厲

泉州城大而土曠士大夫皆散處余以六月行部入家多依原隰爲園林肩輿過其下嘉瓜四垂朱權熠燿絲柚扶搖於短垣之內丹荔點綴於碧葉之上眞令人日不暇給

泉之南北奇石尤多有名紗帽者有名馬頭者有名鼓者有名青蛇者有名蝦蟆者都如巨靈斧劈五丁負置四十里外一石巋聳坐磐石上宛若新成遂以名郡

昔聞長老言廣人種綿花高六七尺有四五年不易者余初未之信過泉州至同安龍溪間扶搖道傍狀若椿荆迫而視之卽綿花也時方淸榆老幹已着瘦黃花矣然不可呼爲木棉木棉花者高樹丹花若茶吐實蓬蓬吳中所謂攀桂花也楊用修具載丹鉛以爲異曰雲南霑益州有之聞嶺廣尤多不知思安志已載此樹名爲攀桂花楊乃曰斑枝花與吳中攀枝花蓋三名一物也花品不當綿花僅堪絮褥耳

漳州羅萬戶良在元末守漳有功爲陳友定所殺其名甚著而一統志不載今載郡志余往來見巨石道傍皆鑿羅萬戶重生父母其爲漳人愛戴如此入泉境兩巨石亦有鐫書一曰攀轅石一曰臥轍石意字俱不雅問知是俞總兵大猷駐兵處其門下人爲而書之然俞亦近時名將也

漳州氣候最煖艸木皆先時華余以四月抵郡廨中盛有所植盤飣間頗不乏味崇蘭桂子茉莉薝蔔一時並開荔子蕉黃舊橘新李同案而薦紫茄帶於陳根王瓜枯爲蘼草誠寰中之異境也

荔枝在漳泉間以四五月熟厥名火山肉薄味酸驟食之能損側生聲價

鷲窩菜竟不辯是何物漳海邊已有之蓋海鷲所築卿之飛渡海中翮力倦則擲置海面浮之若杯身坐其中久之復啣以飛多爲海風吹泊山澳海人得之以貨大奇大奇

海味重於天下者稱西施舌江瑤柱泉漳間皆有之而若不稱美其它鱗介殊狀異態多不可名而最奇者龍蝦置盤中猶蠕動長可一尺許其鬚四條長半

其身目睛突出上隱起二角負介鼎藏體似小龍尾後吐紅于色奪榴花眞奇種也

泉漳間燒山土爲瓦皆黄色郡人以海風能飛瓦奏請用筒瓦民居皆儼似黄屋鴟吻異狀官廨縉紳之居尤不可辯

晌方伯景熈愛談堪輿家余偶爲言武夷山盆中景耳論奇故當以分水關爲勝景熈擊節賞歎以爲知言此公自論形勝耳然實入閩一大奇也初余夜宿廣信而雨自鉛山行入車盤驛晴且二日矣忽望雲

中挂數峰尖皚皚作白色私自恠豈其有葱嶺雪山而在此地問舁夫云此車盤以東入閩界也余猶疑之登紫溪嶺則巳嶢嶤峻絶舁夫陟巔喘吁乍息而分水關正當面出其峰巀削天杪白雲滃之峰頂隱見項刻萬狀或作菡萏或作連環或作靑螺或作金剪眞天下偉觀也後以詢老妻稚子無不俻奇矣飯車盤易舁夫冉冉徐度背樸踵接如是者十里許皆逆泉聲而上初視山巔松皆作蔚藍色巳稍追視故雪也然尚不自意爲殘雪中人稍上見民家茅舍滴水心始異之更上則積素鱗集山坳矣山中人言使君大福祿相昨度此雪擁不前且奈何分水關巡檢閩屬也遠迓頗言此山之秀能西發費相家抵關下輿回望峰尖尚在晻靄中雲氣勃勃始信前所見果身度之度不能到者此峰尖耳從此迤邐東下山勢皆如龍翔鳳舞水從雲中下墮百千丈輿逐之行琤鏦灌水間彌下彌潤是謂建溪源矣蓋以一水分爲二山以二山分爲二省人從空中作地界何必堪輿家始稱奇也一統志以東溪爲建溪大非且云合武

夷諸水更誤東溪從浙之處州來何與武夷古人所詠建溪險者卽西溪也今建陽有建溪驛可證

建寧西南陬有山曰鐵獅從溪南渡歷數招提始至其山左分爲赤芝右分爲雲際寺曰開元閣曰丹靑雲際之上有泉曰陸羽泉之右折而上浮圖歸焉登山北望建寧城長虹跨水萬家鱗集建溪流其下作雷霆聲蓋亦奥壤也

建寧行都司是元陳平章友定開府極宏麗初以鼓樓爲門今移入二百步許猶砌砌可觀後園有竹樹

池沼臺亭之勝細泉溝流滙爲方沼其源直從處州龍泉來抵此始入溪閩多大榕皆十許人合抱一樹中空可容五六人坐槎枒下垂儼如巖洞不如爲樹也

朱元晦先生祠在建寧城東北甚敞麗以　上命稱闕里其裔孫五經博士家焉青衿時有二十許人合建陽之族可得四百許人

建延之間有宋游定夫楊中立羅仲素李愿中朱元晦諸賢及胡康侯劉勉之蔡元定父子兄弟祠屋墳

墓本名海濱鄒魯以此若乃化比文翁文似相如常丞相之爲名宦歐陽博士之爲鄉先生閩東又首善地也

建寧平政橋跨大溪遠望若石亭近視始見葢施柱高甚上覆視甲橋下石林立險甚輿過其上轟轟恒若霆擊不辯人聲隆慶初溪漲橋崩復建爲費鉅萬

建溪之險甚淡灘稱絕去延平五里而遙舟行者多登陸避之余性狎水凌晨直下灘苦無紆曲非長年所畏第水高數尺舟似建瓴波濤奔涌珠絲迸濺人衣亦一奇觀也灘之上有神宇皆宋人疏鑿時所建耶

閩中諸郡邑大都依兩溪合處爲勝如延平府府之順昌建寧府府之建陽皆然建寧府治在東西大溪經城西而南東溪從東北來經南門而西會西溪直下建陽縣治在西大溪環其東而交溪考亭溪諸水西來流經南門而東會東溪直下大都如梓人尺左右用之耳皆會合有面勢順昌雖合流一從正東一從東北會於城之西南似少縈抱故不如二建

自邵武之建陽非孔道也然所過六十里間是閩西最佳麗地原隰夷衍竹樹田疇豐美饒裕郡落相望烟火不絕夾溪面衢人家時有數百於時二月將盡躑躅始放梨花未殘海棠金爵盡以樊剛山花野卉多不可名貨令人應接不暇

自邵武至順昌溪人皆名爲樵水其實非也水名大溪從光澤以西來甚遠樵水出邵武樵山下細流貫城中入大溪耳一統志又云紫雲溪今誌亦不載

將樂溪從邵武建寧縣來東流至順昌合邵武水又

東合沙縣水經延平府城西又東合建溪而南下爲劍津舊傳化劍處也將樂溪甚大城南三華橋長與建寧平政橋埒溪不名故一統志失之第云孔子山突出溪中不知竟是何水沙石水源從汀之寧化縣經清流城下逶迤至永安沙縣始出與順昌水合水迅灘惡爲閩中第一險處一統志所云沙源是也

邵武山多作石壁下映澄江然若無奇瓌之觀

上四郡大都山郡路皆逐溪行溪中無石子而皆巉巖大石險惡百態故其地有怒舟而無怒馬舟多三

板薄裝延津而下才有官舟紓行矛戟間有觸立碎而長年狎習終不令敗每當懸灘一瀉目不及瞬亦一快事也

閩西諸郡大都兩山壁立中行一水亡問巨川細流中皆悍灘怒石撞擊澎湃其傍隙地塹爲甽畝千塍百圩儼如盤盂又行登頓山麓忽開瞥見曠土漫川柳塘桃塢便似游子還鄉

福延之間建溪之陰爲尤溪口入可四十里有山童如銅鐵出焉其陽有民居十餘戶舟人云山泥鑿得鐵即渡水北鐵乃可爐經宿不還鐵不可煆余始不然再問知果爾政自難解

閩中水碓最多然多以木櫃運輪不駛急溪中壅激爲之則佳順昌人作紙家有水碓至造舟懸灘中夾以雙輪如飛舂聲在舟余戲謂此洞庭賊楊么故製耶

山田薄無糞農家燒山茅候雨至流入田中爲糞以故入春則山山皆火舟中夜望山燒爲奇陸行遇燒山皆童而黑殊乏景趣

閩中大都氣煖春花皆先時放方二月下旬已見躑躅每肩輿行山徑中喬松灌木互相掩映綠波外揚丹崖內聳鷓鴣啼晝畫眉弄舌殊不知巾車爲苦

西三郡水皆朝宗於福自長樂入海獨汀水南行入於潮陽水名從丁南位也故七郡雖政統於福轉運而汀獨食廣鹽

汀州地大而交於旁省山川之勝多於建延自長汀以南上杭以東險惡多瘴聞裴太僕云其屬邑永定與漳之龍巖接境處有洞奇甚意此類尚多沒蠻落

中不知耳

歸化故無縣成化間割郡之寧化清流與延之將樂沙爲縣至今生聚寥落然境內雅多奇觀余所遊有獅子巖滴水巖而滴水巖爲最勝見余賦中其東接將樂則玉華洞出焉西抵清流則玉華西洞儼然道左蓋其地實靈巧所鍾也

玉華石出將樂然不產玉華洞中近益艱得滴水巖大勝宜興善權洞所不如者善權下有水洞耳玉華洞石色不如宜興張公洞而廻邃可七八里中小洞

幽巖無慮數十滴水成井溢井成河奧王各適無張公偏叉之若故爲勝之

汀郡小巖可遊者曰霹靂巖朝斗巖蒼玉峽是宗子相徐子與故宦遊處題詠頗多朝斗巖差遠而幽餘皆近城

汀人多種李二月時出閩碎白滿野時間紅桃繽紛可喜入延境絕不見李而特多梨花尤壯上殊令人奇情閩中梨稱建陽爲佳產以當不作蒸食

余始入建安見山麓間多植茶而稍高大枝幹槎枒不類吳中產問之知爲茶油非蔡君謨貢品也已歷汀延邵愈益彌被山谷高者可一二丈大者可拱把餘以冬華以春實榨其實爲油可燈可膏可釜閩人大都用之然獨汀之連城爲第一閩之人能別其品

自崇安周八郡驛路三千餘里而遙路皆甃石獨漳泉間稍因剛土耳一望盤紆條然潔可鏡轎夫行子屩迹不沾尺土爲工亦鉅矣若吳之白公堤杭之蘇公堤以兩公橫得名耳以數計之蓋萬壽方寸也

閩山之鉅麗者武夷九鯉湖而外邵武之七臺山漳

浦之梁山福清之黃蘗山皆名山也余行部所不至殊以爲恨

閩地陸行惡無若漳之汀水行惡無若永安之沙縣余皆幸舟車不及

建地皆山也而多泉不甚處旱建溪南輪福人賴之泉漳間山薄無泉海近易泄故其地喜雨而惡旱田中多置井立石如耒轆水而灌亦云勦矣每遇天旱開府以下惕惕憂恐益漳民饑則易動也然民皆服潮米而食不專恃本土

凡福之紬絲漳之紗絹泉之藍福延之鐵福漳之橘福興之荔枝泉漳之糖順昌之紙無日不走分水嶺及浦城小關下吳越如流水其航大海而去者尤不可計皆衣被天下所仰給它省獨湖絲耳紅不逮京口閩人貨湖絲者往往染翠紅而歸織之

閩山所產松杉而外有竹茶烏桕之饒竹可紙茶可油烏桕可燭也福州而南藍甲天下海錯餳實稱利藪

延平多桂亦能多漳福南四郡桂皆四季花而反盛

於冬凡桂四季者有子唐詩所云桂子月中落此真桂也江南桂八九月盛開無子此木樨也

延福以南有竹叢生淩冬抽萌慈竹類也而長刺雲大者拱把吳越慈竹適出其下

粉竹春絲爲佳紙料者美於江東白苧

建邵之間人帶豫章音長汀以南雜虔嶺之聲自福至泉鴃舌彌甚而盡漳海不啻異域矣然閩西諸郡人皆食山自足爲舉子業不求甚工漳窮海徼其人以業文爲不貲以舶海爲恒產故文則揚葩而吐藻幾埒三吳武則輕生而健鬬雄於東南　無事不令人畏也

漳人既業文尤多習射民間儒童剏大比歲都蠅集省下覩所謂大績遺才者不得復留以就武試文材官多能操觚仰紙作經生語故嘗出五十人大半是漳人也

福州以南橋皆不亭但以巨石壓之雖重不殺亭亦由水性不卞也不然洛陽晉江詎能施南北二虹

閩中橋梁甲天下雖山坳細澗皆以巨石梁之上施

榱棟都極壯麗初謂山間木石易辦已乃知非得已蓋閩水怒而善崩故以數十重重木壓之中多設神佛像香火甚嚴亦厭鎮意也然無如泉州萬安橋蔡端明名幾與此橋不朽矣

地氣莫煖於東南若福南四郡地居東南偏飛霜所不灑故生荔枝木口離郡城稍西北僅兩程許荔枝絕種矣余以盛冬入福州芭蕉葉無凋者廨中美人蕉頳紅鮮甚比出過延平已入春而蕉葉始放乃知二百里外蕉無冬葉矣然吳中蕉三月始抽萌視延

津尚暹兩月

閩之南有木焉非檜非栢厥名水杉非竹非稷厥名桄榔皆美植也

榕䫋木也材不中器爨不生焰至福州始多故以名城然至漳泉間更多而奇扶疎旁出根如流蘓下垂着幹即抱負爲一輪囷連拳奸作怪狀其根盤地㟴㠁蚪臥恒貮許多根故易茂而難拔不才故寡伐而長壽其自處暗與道合者居民植之以當堪輿之屏翳行子賴之以爲憩息之嘉庇豈所謂無用之用耶

斷腸草一枝三葉葉大如蔓食之輒死山谷中在在有之民間鬬不能勝服之令妻子扶而之怨家死焉其妻子利之亦不甚禁也怨家富而畏事厚償之去不者亦服以抵償官惡其事爲下令服草死者不給埋錢第令致斷腸草十斤於官而焚之計久而銷然不能盡除也解此毒者首以糞灌之巳復灌羊血吐出可不死

鳥之異者曰白鷳鷓鴣八郡皆有之白鷳最有文彩土人不能馴畜以飼飯遲間鷓鴣斑而善啼可籠畜味美閩人爲之語曰山食鷓鴣獐海食馬鮫鯧若白鷴鸚鵡五色鸚鵡秦吉了倒挂諸異禽皆舶海外而來偶一有之非其産也

黑羊皮能療杖創京師艱得獨閩中盛産黑羊白者曠見耳八郡飲汀不産羊每遇祭祀貴價從它郡貨之其餕餘輿隸皆棄而不食生不知有此味也

蠣房雖介屬附石乃生得海潮而活凡海濵無石山溪無潮處皆不生余過蒔廼仙寨橋時潮方落兒童羣下皆就石間剔取肉去殻連石不可動或留之仍

能生其生半與石俱偕在有無之間殆非蛤蚌比也後漢書螋魚註云鰒無鱗有殻一面附石細孔雜雜或七或九即以狀蠣房何所不可南蠣北鰒故是造化介生別構

瀕海諸郡以鱟皮代杓歲省銅千餘斤以蠣房代灰眞石灰乃以配蔞葉檳榔啖珍若食品

鱟之爲物介而中坼厥血蔚藍熟之純白尾鋭而長觸之能刺斷而置地其行郭索雌常負雄觸笱而逝或得其雄雌亦兢斃

由莆城東門而出此走海道也竟三十里間壺公延其鉅麗爲玉標其餘秀黃石窮其變衍塘下一鎮冠蓋所居陂水環廻如玦如帶眞天下勝區也弘正之間人才甲於八郡實鍾斯美嘉靖末城破於倭黃石巨家煨燼砂礫迄今未能盡復士多耕田四方人才從此衰焉二十年後休養生息當還舊觀矣從黃石東行六十里而遥爲平海衛從南行六十里而遥爲吉了巡檢司皆負海而城平海正當大洋東南二面了無障蔽登城東望日下黯黯一點青爲烏坵倭

所經行處也天清時小琉球亦隱隱所見云海風日夜吼山爲震動樹皆西靡殊令人難久居吉了多山戰艦可泊民居稍稠南日寨以收汛時託焉余行海上按視城壘殿最將士皆留信宿頗稱偉觀

莆人於海味最重鱆魚及寄生鱆魚即浙之望潮也形雖不雅而味美於烏賊寄生最奇海上枯蠃致存者寄生其中載之而行形味似蝦細視之有四足兩螯又似蟹類得之者不煩剔取曳之即出以肉不附也炒食之味亦脆美天地間何所不有

莆田青山海濱產小白石狀似杏仁而肆兩瓣腹有文如蟲向無知其異者兵人守青山於沙石中拾之歸試貯之醯碟中兩石離立相對須臾能自動兩相迎合名之曰雌雄石亦曰相思曾得四瓣試之果爾惟醯則行易他物則否竟不解所以志所不載也

海中蟳有冬春間生者蚌蟳類也而色瑪瑙斗殼作猙獰斑斕畫似虎頭土人名之曰虎蟳余以配龍蝦爲的對也

蘭以建名而福興四郡尤盛民家無大小皆傳種之

然絕不生山間不知種所自來大都以玉魫爲最四季開者爲珍又賽蘭夏生樹蘭木本生其香皆與蘭埒

興化城中有水從西來故而堰之立石紀小西湖三字字遒而有韻太守岳季方筆也岳以閣臣出守故能破文灋行已意然亦被謫書彭惠安郡人也力明其無他僅得致仕

山果中有枝葉皆似鳳尾蕉者曰山龍眼結實纍纍視龍眼小而味酸山僧取以供佛

天下山躑躅莫盛於豫章餘干安仁境內紅有濃淡二色閩中不甚也然此地紅躑躅未盛開時有一種紫者先開多在泉石邊亦甚麗豫章所無也紅殘後豫章復開一種黄者亦此地所間有

滇茶不實珠而色鮮好嬌於寶珠茶其大如盌瓣有重臺交覆可當芍藥莆人林大輅中丞宦彼帶一株歸今傳種家有之開時千朵艷發綠葉掩蔽大是佳卉

按余記閩部而歌詩於莆以分守所駐地也故以終

入蜀紀見

廣陵郝郊

屈原村

屈原楚人也州南有楚城相傳楚始封於此

昭君村

泝屈原村而上有昭君村焉

香谿

谿源出昭君村水味美甚載在水品色碧如黛令人可愛

三峽

巫峽西陵峽歸峽並稱三峽連山七百里略無斷處自非停午不見日月水經云杜宇所鑿以通江

瞿唐峽

舊名西陵峽峽乃三峽之門兩崖並峙中貫一江灔澦當其口眞天險也

白鹽赤甲

山高峻色若鹽之白故曰白鹽山不生樹木土石一紫如人袒背故曰赤甲二山相近東西瀼

白帝城

公孫述謂漢為赤帝乃自稱為白帝然白帝城雉堞連雲邊江橫瑣入蜀第一險關也

八陣圖

八陣聚小石為之各高五丈布列相向相去九尺許止中南北悉方廣五尺各六十四聚春夏為水所沒水退如故

潸磧

夔人重武侯以歲首人日傾城出遊入陣上謂之踏

積婦人拾沙中小石之可穿者貫以綉縷擕之歸以為一歲之祥

天生橋

橋在萬縣路中一巨石跨蹊而過自然成橋形如玉虹青碧光瑩山橫兩旁水潺潺橋下過者神怡心爽

塗山祠

江南岸有石曰龍門其下水與江通夏禹塗山后祠故址在焉

重慶青石山

漢高時巴蜀人爭山界久而不决一朝宵霧石為之裂自上及下破處直若繩引之於是巴蜀界限始定彼此息爭

巴縣不語灘

灘險甚相傳舟過此戒人言言則水勢潰湧不語則平易

慶符蘭山

慶符縣石門山一名蘭山其林薄中多蘭有春蘭秋蘭鳳尾蘭素蘭石蘭竹蘭春蘭花生葉上秋蘭花生

葉下名雖不同香實無異

龍門山

峩眉龍門山兩崖峭峙仰觀青天僅露一罅相傳孫思邈棲真之所

大邑鶴鳴山

山如覆甕有石如鶴上有二十四洞應二十四氣每至一氣則一洞之竅開餘皆不見

琴臺

臺在府城司馬相如宅也即文君當壚滌器處

浣花溪

溪在華陽縣西一名百花潭吳中復冀國夫人任氏微時見一僧墜污渠夫人爲濯其衣因而百花滿潭故名

黃山行六頌

邑人吳士權

香溪左遡陟降石林得巨浸爲諸澗滙澄碧下三十仞望之如蹄涔曰白龍潭潭之上峽不容屐急流赴之瀉于藥銚曰洗藥溪跨溪登嶺有石翹然出榛莽曰虎頭巖澗石有罅圓中規臨之若引鏡然曰丹井過是叢篠扶之曰醉石瑟瑟韻絕壁曰鳴絃泉落英在水瀌瀌而出曰桃花澗横木再折忽覩石梁縹緲雲外觀止矣頌一

硍硉紫削蒨蔓綠翹潛鱗抱月怒額搏飈玉山既頹氷絃尚調潄以沆瀣乘以扶搖問津維棹采藥通橋纓濯雲漢劍倚絳霄爲折若木御曦逍遙

發趾自朱砂峰芴林巾角香谷杖底遵谿窈窕度天門石矚標石莊巖曰觀音岏折而北雙崎爲壁孤僊爲梁與松罷之曰菩提路路盡繼以棧出崖領左天都右蓮峰得參廓覿月文殊院頌二

水音五絃雲旗九斿若引若導以遨以遊呼吸帝座俯仰飈丘隱磷霞嶭虛峗翠流風幹摩鵠霜枝偃虬

坐石標異飛紅别幽工倆鬼斧幻抽層樓振衣長嘯
傲彼十洲
蓮花洞松撑覃嶂水咽絶壁在菩提路之腋歷笮
逕天都後既陟復降凡數㘓雙峰夾峙曰一線天
側身度之俯蓮花溝轉躡平岡出沒石穴中百折
凌巔石環生片片如夜舒蓮冃蓮花峯周覩群崿
可羅掌上頌三
蒼壁練界丹崖翠披雲容歷亂閼影參差發吹空寥
進躅崩㠑璚草藉倦瑶芝樂飢風輪寂轉口軋低移

黃山行　二

波濤千嶂滯沆四陲巴坐蓮花生七寶池
降雲梯紆婉入壑出歷㵎嶇曰獅子峯叢崿中忽
展平原廣一牛鳴地蒼石微波碧草作浪曰海子
由指月磐折出林杪曰丹臺臺凌虛㞐蓮峯憑玉
几引僊掌攬芙蓉肆筵爲螢嶂張幃爲翠微娑娑
㬪坐與之洽賓主爲容出從而雲門而石牀而煉丹
諸峰若司器列仗于肘腋之間遂妄意壁蛤岈祉
雲霧携謝眺驚人詩向此度十旬活致語山靈毋
申謝客頌四

穿雲雙烏渡海一杯狂呼欲絶凌兹丹臺玲瓏迢遰
淹湛崔嵬連峯繡抹斷崿霞摧奴僕崑崙尨磔蓬萊
紫烟魄長碧玉夢回不衫不履優哉游哉
由海子左脐踰平天矼劃然壁裂下臨不測波激
千峰曰東海門降度二僊峰有徑如篆烟浮莽蔣
是達獅子林穿林得塢幽澗淙淙曰散花松偃伏
據石曰擾龍峰超忽凌霄曰十信排雲戞漢奇幻
至不可思議曰石筍矼山靈之秘畢授于此頌五
玉霄咫尺手贊芙蓉珠函飄飄足躡螭龍海門波峭

黃山行　三

天嶺霞封散花在澗揉雲成峯旗幢劍戟樓榭笙鏞
乍爲擬議終莫儀容倪迂闕筆米顛足恭我牽巘艇
繫于孤松
光明頂出羣峯上極目匡廬九子可捫歷三宿卿
照佛光散紫烟原參横有燈如輪起松谷熠熠燭
空晨發白雲膚寸而合如兜羅綿覆大千界右登
西海門摩五老之頂降自白沙岐趨嶙嶙木末曰
僊燈洞庭逍遥溪上游翠壑中現珠幢絳幟曰擲
鉢菴遥挂霄嶁如天河乍泱停而復放者九曰九

龍潭潭水湛碧傳有龍眠頌六
丈人移封屬此高岡九子導節五老侍觴月低叢桂
日薄扶桑示珠寶色浮燈慧光青巒滅沒白波翺翔
洞霧豹隱巘泉龍驤雲霞千縷冉冉屐齒歸浸靈液
跽受壺漿

山之勝可述者載黃海其未載者終不可述所謂但能讚嘆無能稱說稍得之茲游浹旬半為風雨所錮媿到處悉踵人後耳龍潭推松谷最勝留與秋期白雲紅葉映發其上此際殆尤有曠覽也戊午清和之杪放人吳士權錄寄山史拚公

說郛續目錄

弓第二十五

瀛涯勝覽

稽山馬觀

占城

國在大海南南距眞臘西距交趾東北際海自閩之長樂縣五虎門發舟西南行順風約十日可抵其國國東北百里許有海口曰新洲港者港岸立石塔爲標舶至是繫焉有寨曰設比奈主以二酋領卒五六十輩專戍守焉西南百里至王城曰占城名也城方有四門門有守者王乃鎖里人也尚釋教頂三山金

花玲瓏冠上衣花紵布若綿紬狀下紫緜絲帨巾數匝跣足踦象或乘小車駕以二黃犢其臣頂茭蔁葉冠亦類王冠飾以金綵其冠有品秩上衣不過膝下亦紫緜帨王宮宏壯牖壁甓紫門竪雕木獸以爲威儀民居茅茨高不踰三尺曲身出入違制者有罪衣服紫惟王白服禁服玄黃違者死男蓬頭女椎結于後肌膚俱黑上禿袖短衫下亦繫緜布皆女裝也男女俱跣行四時溫熱並無霜雪草木恒青喫檳榔不口如閩越俗議婚男先詣女成偶或旬日或旬有五日然後父母親黨導以鼓樂迎歸設酒筵酒則釀甕飯待熟用筒咂之賓主繞甕以次而咂咂必注水至味盡乃止文字無紙以椎羊皮及黑木皮書之刑輕則繫以藤重則劓之盜必斷其肱姦不問男女俱燎其頰極刑則銳木于舟坐以罪人順流而下至木貫出口而斃嚴示衆也年無閏月晝夜各分五十刻以鼓記之王當賀日以人膽汁沐浴將領獻人膽爲禮王即位三十年則入山茹素受戒命子姪攝國居一載則籲天自矢曰我不道當充虎狼食否則病死

期年無恙則復辟于是國人呼爲芳㮾馬哈剌札極其尊稱也有號屍致魚者乃婦人也其目無瞳夜寢則頭飛入人家食小兒穢氣侵兒腹必死頭返合體如故移其體則不合而死矣其夫匿不以聞者罪及家屬境有鱷魚潭訟難明者遣詣潭直者雖往返十數而不遭害傍海山野牛甚狠逢青衣人輒觸之至死蓋亦耕牛奔入山積久而成群然也人則重其首犯之不殺不已市交易以金間亦用銀極寶愛中國青磁器暨段疋綾絹見則以金易之厥產伽南香觀

音竹降真香烏木尤勝他國伽南香唯此地有之價亦高觀音竹如藤長丈八尺許色如黑鐵每寸約二三節犀角象牙甚多犀如水牛大者八百斤體無毛黑色鱗甲皮厚蹄有三跲獨角在鼻端長者可尺五寸唯啖刺樹葉條乾木馬小于驢水牛黃牛猪羊亦產鵝鴨則罕鷄大者不踰三斤果有梅橘西瓜蕨柳子蕉子其波羅蜜形如東瓜荔枝大如鷄子膚黃味勝蜜核亦可炒食之蔬有東瓜黃瓜胡盧芥葱薑民務漁不務耕種米粒細顆長而雜紅厥貢犀角象牙伽南香

爪哇

古者闍婆其國有四皆無城郭初入杜板次入廝村次入蘇魯馬益次入滿者伯夷王都也王宮四面磚牆高餘三丈方三百餘里門館深嚴屋高四丈覆地以板蒙以藤花席跏趺而坐死以堅木民居茅茨類皆磚庫坐臥于內王蓬頭頂金葉冠身紫嵌絲帨腰束錦綺曰壓腰腰佩短刀曰不剌頭跣行或跨象或乘牛民間男蓬頭女椎結上衣下帨男必腰刀無老弱貴賤貧富皆然刀必雪花色鑌鐵鑄之柄飾以金或犀象飾往往蒙鬼面倏極精巧會聚間有犯其首及爭鬬必以佩刀刃之傷死則逝踰三日則免罪當即捕獲則仍受刃官無鞭朴罪不問重輕以藤縶之必刃以死殺戮爲常不足怪也市易用中國銅錢杜板者曰賭班地名也約以千餘家主以二酋間有流寓多廣東漳州人也海渚小池水甘冽可飲號聖水傳云元將史弼高興征闍婆經月不克登岸三軍乏水渴甚二將默禱卓槍于渚泉遂湧出軍賴以濟

又東行半日至廝村曰革兒昔者故沽灘地中國人客此而成聚落遂名新村約千餘家村主廣東人也諸番舶至此互市金寶番玲充溢居人多富又南水行可半日至蘇魯馬益港口淺水淺灘僅通小艇二十餘里始至蘇魯馬益門蘇兒把牙約千餘家亦有首領間有中國人港口大州林木蔚茂長尾猿萬數聚于中一里猿俗云　孫也老猿爲主曾掠老番婦與俱國人求嗣者必具酒殽祈于老猿猿食之餘縱群競食食盡少選猿雌雄交以此爲徵求嗣人回郎

若姓不然無應也又水行八十里至埠頭曰漳沽登
岸西南陸行半日至滿者伯夷乃王都也無城二三
百家總領七八人皆王佐也氣候常熱如夏稻歲兩
熟坐卧無牀椅飲食無匙匕唊檳榔不離口眞飯于
盤酥澆之撥則啖去椰肉向盤掬而食食既水飲待
賓以檳榔人有三等西番賈胡流落而久居者服食
皆雅潔一等也唐人如廣東漳泉人流寓者食用鮮
華率尚回回教持齋受戒一等也顏色黝黑猱頭赤
脚崇信鬼道釋云鬼國即此土人也飲食粗惡唊蛇

蟻虫蚓稍燎以火而已與犬同寢食不以爲穢也傳
云昔有鬼子魔王青頰紅肉赤鬢髮與罔象交而生
子百餘以人爲糧忽雷震石裂乃出一人衆異之推
爲主遂領兵驅罔象鬼子而去由是人得安焉俗尚
武勇歲設竹槍會始于冬十月王偕妻出觀夫妻各
坐一塔車妻前夫後車高丈餘四跳軒窻駕馬以行
至會開場列陣相向各操竹槍剡實若鐵登場者亦
携妻至妻亦操三尺棒相格曰那刺格巳被傷斃者
王遣勝者出金錢一箇償之以孀婦勝者即巳凡婚

姻男造女家合卺後五日迎婦歸鳴金鼓吹椰筒擁
以刀盾前後其都婦則裸而被髮跣足縈帨絲帨戴
被金珠絲飾寶釵無不周偹姻鄰亦以檳榔花草眞
綵舟助之燕樂數日始散喪事於病革子弟請遺命
或水火葬或犬腹葬屍至海濱縱犬啖之盡不盡
拾其遺投水而後巳尤慘于水火也有寵妾者誓與
主同往盛粧悲號俟焚骸火熾亦投火死之民間殷
富貿易用中國古錢字書無紙刻于茭蔁葉類鎖俚
字以二十兩爲斤十六錢爲兩四姑邦爲錢每邦二

分一釐八毫七絲五忽截竹爲升升爲一姑刺恭中
國一升八合也斗爲捺黎恭八升中國一斗四升四
合也月望番婦或二十餘或三十餘爲輩成隊月下
縛臂聯行但歌唱和遍歷官戚豪門必投賞以錢又
有展畫指畫以諭衆聽環之坐者有笑有哭殊能動
人最重中國花磁暨麝花絹綺羅厥産白芝蔴綠豆
蘇木金剛子白檀肉荳蔻龜筒玳瑁鸚鵡有綠紅五
綵者鸚哥皆能言又有珍珠鷄倒掛鳥綵鳩孔雀珍
珠雀綠鳩之類白鹿白猿猴羊猪牛馬鷄鴨亦有之

多有芭蕉子柳子甘蔗粗大長可二三丈石榴蓮房蓉柿即波若枇杷稍尖中有白肉

舊港

古號三佛齊曰浡淋邦隸爪哇東距爪哇西距滿剌加南距大山卜西北濱海船入淡港入彭家裘舍易小舟入港達其國國人多廣東漳泉人流寓此境土沃人稠地宜稼穡諺云一季種田三季收稻言收穫廣也水多地少人習水戰將領之家始得岸居民卒往往筏居繫于椓杙港通潮汐風俗語言一如爪哇

洪武間有陳祖義者廣東人也挈家逋避于此爲將橫甚標掠過客永樂間朝命太監鄭和統海船至有施進者亦廣人也具訴祖義于和和領卒擒之祖義伏誅乃官進仍回舊港爲將進没其女代之賞罰黜陟皆從其俗俗好賭博如把龜奕棋鬭鷄皆索錢其也市亦用中國銅錢布帛之類厥產鶴頂黃速降真沉水香黃蠟金銀如鈒花銀器黑色間有白色成色高者白多黑少低者黑多白少爇之氣觸鼻莫禁西番鎖里人重之鶴頂鳥大于鴨毛黑脛長腦骨厚寸餘內黃外紅俱鮮麗可愛火鷄大于鶴頸亦過長軟紅冠鋭背毛如青羊色脚長黑色爪甚利解傷人腹致死食炭雖繫之不死神鹿大如巨猪高可三尺短毛猪喙蹄亦如之三路祗啖草木不近腥物牛羊猪犬鷄鴨蔬果之類與爪哇同

暹羅

地方千里環國皆山峭拔崎嶇地下濕土疏惡罕宜耕種氣候不常或鼠或熱自占城西南舟行七晝夜方至新門海口入港方達其國王居宮室壯麗民樓

居其樓密聯檳榔片藤繫之甚固藉以藤席竹簟寢處于中王乃鎖里人也白布纏首無衣腰束嵌絲帨加以錦綺壓腰跨象行或肩輿金柄傘蓋茭蔁葉爲之尚釋教國人皆然僧尼甚多其服類中國有菴觀持齋受戒民俗婦人多智大聽于妻妻與中國人私寢食與同恬不怪也男白纏首衣長衣婦如之乃椎結男年二十陰必嵌珠玉及富貴者純金盛珠有聲爲美否則貧賤人也婚則僧群迎婿至女家僧取女紅貼于男額曰利市陋不可言踰三月僧暨親黨擁

檳榔綵舟送歸乃開筵作樂喪禮富貴者則灌水銀而葬民間則舁屍投海洲有金色鳥數十飛來食之有遺棄諸海曰鳥葬已而用浮屠教齋事言語與廣東同俗洗浮習水戰常征伐鄰邦市用海𧵅一如錢價厥產紅馬肯的石尖丁紅鴉忽明瑩如石榴子國西北二百餘里有市鎮曰上水迺南居人無慮六百家各種番貨俱有黃連香羅褐速香降真沉水亦有花梨木白豆蔻大風子血竭藤結蘇木花錫象牙翠毛蘇木賤如薪色絕勝獸有白象獅貓白鼠蔬果如占城有米酒椰子酒皆燒酒也厥貢蘇木降真香

滿剌加

舊名五嶼以海有此山也東南距海西北皆岸岸連山地瘠鹵收穫殊寡故未稱國隸暹羅歲輸金五千兩否則被伐永樂七年己丑上命太監鄭和冊爲滿剌加國賜其將領銀印冠服爲王自是不役屬暹羅王携妻子赴京謝恩修職貢上賜舶還其境有大溪貫王宮入海跨溪橋之構亭于上約二十餘楹交易者來集俗尚回回教持齋受戒王以白纏首青細花袍躡皮履乘轎民間男帕首女撮髻于後其體微黑短衫束腰以帨風俗淳朴民舍如暹羅聯榻趺坐業漁刳木爲舟泛海而漁婚喪類爪哇旁海有鼉龍患其龍高四尺四足身皆鱗甲露長牙遇之則齧山出黑虎比常虎差小毛有暗花文虎有能變人形者白晝入市群行覺者禽殺之古城昆頭蠻中國舶亦至其地柞木爲柵闢四門鼓樓夜巡以鈴內設重柵有倉庫可貯貨五月中方發船厥產黃連香烏木打麻香此香乃樹脂墮地成遇火即燃國人以當燈及塗

舟水不能入明瑩者若金箔曰損都盧厮可作珥珠名水珀是已花錫有場山曰樹沙始其皮如鳥鵲瀌成粉可作飯渚生水草曰茭蔁長如刀狀韌堅其子類荔枝大若鷄子以釀酒曰茭蔁酒亦醉人葉可作簟席果有甘蔗芭蕉子波羅蜜野荔枝之類蔬有葱薑蒜芥東瓜西瓜之屬牛羊雞鴨罕有驢馬無

啞魯

南連大山北距海西距蘇門答剌自滿剌加水行四晝夜可至有淡水港東連驥野地宜旱稻其俗小民

業耕漁風俗淳朴婚喪禮與爪哇滿剌加同市易用小綿布曰栲泥米穀牛羊鷄鴨甚豐乳酪亦多國皆回回人也厥產飛虎如猫犬長毛灰色肉翅如蝙蝠飛亦不遠有黄連香金銀香之類

蘇門荅剌　那孤兒

蘇門荅剌者即古須文達那國南連大山北距海東亦連山距阿魯國西距海山連二小國那孤兒黎伐是巳西洋之要會也自滿剌加西南行順風五晝夜可至先有村濵海曰荅魯蠻舍舟十里可至國都無

城郭有大溪入海朝夕潮汐海口大濤船至此往往沒溺舊爲那孤兒國被花面王侵伐乃出戰敗績中矢而死子弱不能復讐其妻忿而揚言曰能復此讐者我則夫之與共國事有漁翁聞之領兵敗花面王殺之國賴以安王妻德之于是改適漁翁國政聽焉永樂七年王來貢上嘉之十年遣使入其國假子率部衆弑王即漁翁也其子曰蘇幹剌領衆奔棚子嶠山時復侵之欲復其讐永樂十一年太監鄭和擒之送京伏法舊王子感激修貢其地氣候朝熱如夏暮凉如秋瘴癘發于五六月間風俗淳厚言語和媚婚喪服用與滿剌加國同民居亦如之番舶往來貨亦充物市用金錫錢金錢曰那底兒重五分交易多用錫厥產硫黄出巖穴山則不生草木土石焦黄地磽宜稻歲兩稔無大小麥依山則種椒園蔓生如中國甜菜狀花黄子白其實初青老則紅半老則采之曝乾每百斤直白金一兩有芭蕉子甘蔗吉柿波羅蜜有臭葉曰賭爾烏如中國鷄頭菱狀長八九寸有刺熟則開瓣五六臭如腐肉酥白十五片甚甘有子可炒

食甘橘四時有綠橘不酸柰久不爛酸子白俺扳如消梨稍長香烈去其皮可食蔬有葱蒜薑芥東瓜西瓜東瓜久留不敗西瓜綠皮紅子長二三尺黄牛多有乳酪羊皆黑毛雄鷄大者七八斤易煮味美異常蚕桑不省繅絲但成錦那孤王一名花面王在蘇門荅剌之西國小僅比上村人皆面故號花面秪千餘家田少稻稀有猪羊鷄鴨服用風俗語言與蘇門荅剌同

黎伐

小國也南連大山北際海西距南浡里國東南連那孤兒國居民有一二千家乃推一人爲王隸蘇門荅剌國操舍一聽之言語服用與荅剌同山産野犀甚多

南浡里

國際海東距黎代國西北距海南連大山山南際海僅千餘家皆回回人也風俗朴實王居類樓高四丈周圍板蔽亦嚴整幽絜下則無壁牧放牛羊之類民居與荅剌同市用銅錢厥産牛羊雞鴨粟粒少蔬果

豐魚蝦降真香甚妙曰蓮花降真有犀牛西北大海中有平頂巨山半日可至曰帽山海乃西洋也曰那没黎船皆以此山爲指南山下淺水有樹乃珊瑚也大者高二三尺分枝婆娑可愛根可爲珥珠器皿依山有居人二三十家人各稱王有問其爲誰曰阿孤楂我蓋王號也問者輒以是對殊可駭笑隸浡里國自蘇門荅剌國舟行三晝夜可至

錫蘭

大海中有翠藍山山有三四高大者曰梭篤蠻自帽山東南乘東北風三日方至人皆穴居不問男女俱裸若野獸然無稻而食芋芭蕉子波羅蜜之類或魚蝦布略蔽身必生爛瘡昔佛度海至此解衣而浴十人竊之佛咒而然蓋附會語也俗云赤卵塢此地是已又西海行七八日見鶯哥嘴山又三二日至佛堂山始爲錫蘭國泊舟曰別羅里濱海山麓磐石隱然足跡尚存長可二尺傳云佛足至此也其跡有泉不涸人蘸之拭面目曰佛清淨蓋民俗之謬也寺有卧佛榻沉香爲之飾以八寶華麗鮮侔佛牙舍利子俱

存于寺所謂涅槃其地是已又西北陸行五十里始至王居王鎖里人也尚釋重象牛煅牛糞灰遍體塗之牛則飲其乳而不食其肉死瘞之有殺者死刑或贖以牛頭金王宮民居旦必調牛糞塗地而禮佛王都大山侵雲有有巨跡深二尺長餘八尺傳云祖阿聃生人足跡即盤古也地廣人稠亞于爪哇國富饒民上裸下帨加以壓腰鬚毫皆剃留髮首布纏之遭文喪則鬚毫不剃女椎髻于後下亦縈白布隱潛飲食不令人見也膳必酥乳檳榔不絕口死者火之而

葬其骨厥產鴉忽有青紅黃三色青朱黯不昔剌泥
窟沒藍石二種出于沙中山被水衝流下則有之海
洲日映光浮乃蚌珠氣也為池關二三年寘蚌于池
有司守之珠可淘取有稻芝蔴菉豆無麥多椰子果
有芭蕉子波羅蜜甘蔗瓜蔬牛羊雞鴨亦有市用金
錢重一分六釐重中國麝香綺縠絲絹青磁器銅錢
樟腦厥貢珠寶石

小葛蘭

東連大山餘方皆瀕海王乃鎖里人也尚浮屠尊重

象牛婚喪服用與錫蘭同自錫蘭國別那里西北海
行六晝夜始至日食多酥用以和飯市用金錢重二
分境土乃小國也

阿枝

東連大山餘方皆瀕海自葛蘭國海行船山西北一
晝夜乃至其國王亦鎖里人首纏黃白布上無衣下
縈絲帨加以絲段一疋繫之曰壓腰臣民服用稍與
王同屋用椰木及葉緝綴當瓦如苫蓋然家造庫藏
甎以避火盜人有五等南毘輩與王同類祝髮懸脛
以線乃貴族一等也回回人二等也富有財者曰哲
地三等也牙驓曰革全四等也卑賤者曰木瓜五等
也木瓜業漁樵習服荷禁不許服長衣濱海居居
僅三尺違者罪之上衣不過膝途遇南毘哲地即伏
而候過乃起王尚浮屠尊敬象牛建寺範金為佛青
石結座環以溝水旁穿井每旦鳴鐘鼓汲泉灌佛頂
數回已乃禮之有曰濁肌者蓋優婆夷之類亦娶妻
自胎髮不剃不櫛以酥搽辮或十縷或七八縷垂于
後牛糞灰塗體不衣而藤束腰白綠四手持大螺常

吹而行其妻秖以小布蔽羞隨夫歷人家覔錢粟氣
候熱如夏無霜雪春雨即葺舍儲具逮夏連雨市陌
成河比屋不能出入至七月始霽八月望後始晴至
冬猶然三月又雨諺云半年有雨半年晴者是已市
用金銀錢金錢九成色曰法南計一分一釐銀錢僅
如螺靨曰答兒計四釐每十五當金錢之一婚喪各
以類不等厥產胡椒往往種于圃四百斤直金錢百
文銀直五兩珠以分論有米粟蔴豆黍稷無麥有象
馬牛羊犬猫鷄無騾馬暨鵝

古俚

西洋大國也西瀕海南距柯支國北距狠奴兒國海近山遠東七百里許距坎巴夷自柯支海行可三日至距中國十萬餘里永樂五年

上命太監鄭和等賜王以誥命陞賞其將領有差皆冠帶勸不美之王尚浮屠敬象牛人有五等一回回一南毘一哲地一革全一木瓜王南毘人不食牛肉將領回回人不食猪肉昔王與回回誓互相禁食銅範佛像曰納兒佛殿以銅瓦座傍穿井汲泉浴佛而

禮之取牛糞調水塗地及壁臣民大家晨起亦用牛糞塗地將牛糞灰囊于身每旦水調灰抹額及股謂敬佛也傳云昔有聖人曰某些行教化人人俱服從其些遂適遣弟曰撒沒黎主之弟乃縱誕鑄金犢以諭國人曰此乃聖主敬之有驗人罔不從命牛日糞金人獲其利遂信之不疑某些歸恚其弟誣惑遂毀牛弟恐于是跨象而逝國人猶望其還故敬象牛者以此國事皆决于二將領乃回回人也國人半崇回回教禮拜寺有二三十餘七日一禮至日齊沐謝事午時男女拜天于寺未刻乃散始治他事俗尚信義中國船貨至皆二將領主之遣驵儈議直言定再不易其算法祇憑手指屈伸分毫不謬市用六成金錢曰吧南重二分文二兩小銀錢曰搭兒重三釐秤曰法利二十兩爲斤當中國一斤九兩六錢升曰党憂黎當中國一升六合樂則葫蘆爲樂器紅銅絲爲絃歌樂自和協鏗鏘可聽婚喪禮各以類王老則不傳子而傳外甥無姊妹子則傳弟無弟則傳于有德者古今皆然刑無鞭笞輕則斷手足重則罰金誅戮甚

則沒家夷族有罪繫之輒承服不承服則寘其手指于沸油中半餉三日後驗之爛者伏辜全者免罪免罪者將領導以鼓樂還家親戚致賀飲酒西洋布曰撦黎出于鄰邦坎巴夷之屬每疋潤四尺五寸長二丈五尺直金錢八文有色絲間花幌潤五尺長一丈三二尺直金錢百文厥產胡椒亦以園種十月熟富家則多植椰子樹千株至二三千者有之嫩者有漿可釀酒老者可作油糖或飯殼可作杯椒枝灰可廂金枝幹可構室葉可蓋屋蔬有薑芥蘿蔔胡荽葱蒜

胡蘆茄瓜東瓜四時有小瓜如指長一寸許味美果有芭蕉子波羅蜜木鼈子樹高十餘丈絲囊如柿三四十有米無麥有鷄鴨無鵝羊高如騾灰色水牛不大黃牛則大有至三四百斤者不食其肉取其乳酥啖飲不絶尸牛死則埋之禽有孔雀烏鴉鷹鷺無鵲烏厥貢金絲寶帶金絲如髮結花綴八寶珍珠

溜山牒幹

四面濱海僅如洲渚小國也曰牒幹無城郭依山聚居西距海中有石門如城闕有八大地皆以溜名亦

通舟楫餘小溜無慮三千數所謂弱水三千者是巳人皆巢居穴處不識稼粟而啖魚蝦無衣衹以葉蔽前後陰舟行遇風一失入溜則水弱而没溺故舟人謹防之牒幹國皆回回風俗淳厚動遵教門業漁好種椰樹男膚微黑白纏首下紮帨婦人短衫下亦紮帨大帨蔽面目婚喪禮遵教門行氣候常熱如夏土瘠米少無麥市用銀錢厥產降真香椰皮結繩可貫板成舟瀝青塗之堅如鐵丁龍涎香然之香濤直與銀同海貝采而鬻于暹羅葛剌用與錢同鮫魚臘之可鬻于鄰國曰溜魚織絲帨甚精緻又織金帨男可紮首牛羊鷄鴨俱有

祖法兒

國瀕海依山東南皆海西北重山自古俚國西北海行十晝夜可至無城郭人皆崇回回教體幹修頎語言朴實王纏首以白細布衣青花細絲帨或織金錦袍穿靴躡屐乘轎蹄馬前後象駝馬隊成行共吹篳篥鎖捺民間纏首長衣靴履當禮拜日罷市半日長幼俱沐浴盛服塗容體或薔薇露或沉水香薰衣及

體又以爐然沉檀香然後行禮禮既乃散香滿街市半餉乃巳婚喪遵回回教氣候常如秋無寒市用金錢重二錢徑一寸五分文以人形銅錢重四分厥產乳香乃樹脂也又有血竭蘆薈没藥安息香蘇合油木鼈子之類以易中國紵絲磁器其米麥豆粟黍稷麻穀瓜茄牛羊馬騾猫犬鷄鴨俱有山駝鷄匾頸鷄身如鶴長三四尺脚二指毛如駝行亦如駝故喚駝鷄蛇有單峯者有雙峯者人以騎坐肉以市鬻厥貢乳香駝鷄等物

阿丹

國瀕海富饒崇回回教阿刺壁言語性情強梗俘戾有勝兵七八千馬步俱精鄰邦畏之自古俚國舟西行一月可至永樂九年詔中使賜命其國王遠迎詔甚卽諭其國人就互市王頂金冠衣黃袍腰寶粧金帶屬禮拜日則易白纏頭以金錦爲頂衣白袍乘車列象而行將領等冠服有差民間男則纏頭衣撒哈刺錦繡紵絲細布等服有靴鞋婦人則長衣頂珠冠纓絡耳金廂寶環手金寶鐲釧足指亦有環絲帨金

銀器皿絕勝赤金錢曰哺嚕黎重一錢面有文紅銅錢曰哺嚕嘶市易用之氣候溫和曆無閏以月出定月之大小夜見月明日又爲一月也有善推步者定某日春則花木開榮某日秋則花木彫落日月交蝕風雨潮汐無不驗者民居累石爲壁上覆以磚或土高至于四五尺市肆熟食及綺帛書籍俱如中國粒食多用酥糖蜜製味極精美厥產有米麥蘇豆蔬菜果有萬年棗松子杷欖乾葡萄核桃花紅石榴桃杏之類獸有象駝牛羊雞鴨犬貓無猪鵝羊則無角頷垂短毛有紫檀薔薇露簷蔔花白葡萄福鹿青花白駝雞福鹿如騾白首白眉滿體細間道青花如畫青花白駝雞如福鹿麒麟前足高九尺餘後足六尺餘項長頭昂至一丈六尺傍耳生二短肉角牛尾鹿身食粟豆餅餌獅子形類虎黃黑毛鉅首濶口尾猶黑其長如纓聲吼如雷百獸見之皆伏厥貢金廂寶帶珍珠八寶金冠鴉忽等各種寶石地角金葉表文

榜葛刺

地廣人稠財物豐碩自蘇門荅剌國海行見山并翠

藍島西北行二十里方至淛地港更小舟入五百餘里至鎖納兒港舍舟而陸西南行三十五里站至其國有城郭王宮豐大小府寺皆在城乃回回人風俗淳厚男婦皆黑色白者稀男皆祝髮白布纏身圓領長衣仍束絲帨躡皮履王及將領冠服用回回制甚潔整語言榜葛俚自成一家亦有巴兒西語者市用銀錢曰儻伽重三錢徑寸二分面有文以此權物價重輕亦有海貝曰考黎婚喪皆回回教氣候常熱如夏刑有笞杖徒流官有印章行移軍亦結糧管軍者

曰吧斯剌兒陰陽醫卜百工技藝皆有衣黑白花衫縈帨以砑子貫珊瑚琥珀曰纓絡爲佩以砑子爲鐲釧繫臂善歌舞以侑酒筵有曰根肯速魯柰柰者優人也每五鼓時候于將領及富室門吹鎖捺擊鼓已乃次第其家作之至寞時詣各家必勞以酒饌錢貨其餘百戲皆有又以鐵索繫虎行市及人家則解索坐虎于庭裸而搏虎虎怒變撲仆虎數回乃已或手投入虎喉虎亦不傷之戲已仍繫之家必啖虎以肉勞其人以錢蓋虎戲以需財也曆止十二月無閏厥

產紅粟麥芝蔴豆黍稻一年二熟蔬有薑芥葱蒜瓜茄酒有椰子酒樹子酒茭蔁酒以檳榔當茶畜有駝馬騾水黃牛山緜羊鷄鴨猪鵝犬猫果有芭蕉子波羅蜜酸石榴蔗糖蜜布有數色單布曰甲泊濶三尺餘長五丈五七尺細膩如粉牋姜黃布曰滿者提濶四尺長五丈餘緊密堅實曰沙納巴付濶五尺長三丈如生羅卽布羅也曰圻白勒搭黎濶三尺長六丈布眼疎麄卽沙布也以纏頭曰沙塌兒濶二尺五寸長四丈若三梭曰驀黑驀勒濶四尺長二丈背面皆毳絨厚可五分卽兜羅錦也蠶絲紙織絲嵌帨亦有絹成錦者布有白者樹皮製成膩滑光潤如鹿皮器有鬆漆杯盤鏇鐵鎗剪

忽魯謨厮

國瀕海倚山通諸國貨故國人多殷富無甚窘者有則衆濟之自古俚國西北海行可二十五日至其國國崇回回敎曰五回禮拜必齋沐誠敬風俗淳厚人肌膚白皙豐偉衣冠嚴肅婚喪禮遵回回教

海槎餘録叙

儋耳孤懸海島非宦遊者不能涉涉必冇鯨波之險瘴厲之毒黎獠之冥頑無法爲兹守者多不能久久亦難其終也余自嘉靖龍飛亦乏是郡迄於丁亥廼有南安之命山川要害土俗民風下至鳥獸虫魚奇怪之物耳目所及無不記載共幾百餘則藏之篋笥將謂他日南歸客有詢及兹郡之略即舉以對旣而水陸跋踄頗多散失遂至湮滅無遺矣今懸車去郡倏有數載不敢謂久而能終但郡中事蹟班班尚能

追憶撮拾數事恍然猶在滄溟杳渺之中因懲吹虀之失用梓以傳名海槎餘録云

海槎餘録

吳郡顧岕

載酒堂即蘇長公寓儋耳遊宴之地也今有堂三楹祀公像于中元廉訪使伯琦周公隷書牌文一道列堂東隅書法甚精堂周遭有牆相去百步有塘寬百畝餘水土深淺異處蒲荻蘆葦之屬最茂密每春秋二祀例卒郡僚師儒會飲堂中即漁此塘以爲樂名濁勞會亦洗闔境諸祀之勞之謂也故傳乳泉井桄榔菴茉莉軒今皆湮廢遺址尚存

波羅密樹類冬青而黑潤倍之榦至斗大方結實多者十數少者五六顆皆生于根榦之上狀似冬瓜外結厚皮若栗蓬多棘刺方熟時可重五六斤去外殼内肉層疊如橘囊以其甘如密故云

黎俗蔵置酒米乾肉衣布之屬不于其家必蔄一高坡之地鄰家百步内外以草樹略加繚繞廻護箄置其中名曰殷雖村家叢雜亦不相混間有盜之者無犯徹獲法曰遂跙痕即足跡也余初不之信因彼自服而后然之

佛桑花枝葉類江南槿樹花類中州芍藥而輕柔過之開時當二三月之五色婀娜可愛

儋耳境山百倍于田土多石少雖絕頂亦可耕植黎俗四五月晴霽時必集衆斫山木大小相錯更需五七日晴洌則縱火自上而下大小焼盡成灰不但根幹無遺土下尺餘亦且熱透矣徐徐鋤轉種綿花又曰貝花又種旱稻曰山禾米粒大而香可食連收三四熟地瘦棄置之另擇地所用前法別治大槩地土產多而稅少無窮之利蓋在此也

蚺蛇產于山中其皮中州市爲鞔樂器之用其膽爲外科治瘡瘇之珍藥然亦肝内小者爲佳此地兼產山馬其狀如鹿特大而能作聲尾更扳濶與鹿稍異蚺蛇嘗捕吞之從后脚而入雖角實大二倍于鹿毒氣所及即時解脫初吞時亦不能轉動略向水次伸舒消盡無餘矣途人卒然相値雖持木棍亦將無施解事者執指大蛇皮水在手一揮即止可見物貴得其制不在操利器也

桄樹最大其陰最密幹及三人圍抱者則枝上生根綿綿垂地得土力又生枝如此數四其餘有濶至三四丈者特中通不圓實陰覆重重六月不知暑木理粗惡不堪器用

青橄欖無仁烏橄欖有仁外肉取來杵碎乾放則自有霜堆起如白鹽名曰欖醬二種俱野生當四五月盛時市人傭力取回用支一年不似吾江南之甚珍貴也

黎俗男女週歲即文其身自云不然則上世祖宗不認其爲子孫也身穿花厚布衣露腿赤足頭戴漆帽

傍贅尺許雉毛二莖披肩領闊可耻也男子家富者兩耳復贅盞口大銀圈十數爲富侈

花梨木雞翅木土蘇木皆產于黎山中取之必由黎人外人不識路徑不能尋取黎衆亦不相容耳又產各種香黎人不解取必外人機警而在内行商久慣者解取之嘗詢其法於此輩曰常七八月晴霽遍山尋視見大小木千百皆凋悴其中必有香凝結乘夜月揚輝探視之則香透林而起用草縈記取之大率林木凋悴以香氣觸之故耳其香美惡種數甚多一

由原木質理粗細非香自爲之種別也
深黎自婺嶺以北有一種曰遐黎其俗去黎益遠習俗又相違居常以椰瓢蔽體更閒習弓矢凡父母過五十懼其老而衰也則烹食之云葬于腹中以爲得所噫天之生人有如此哉
海槎秋晚巡行昌化屬邑偶海洋烟水騰沸競往觀之有二大魚遊戲水面各頭下尾上决起烟波中約長數丈餘離而復合者數四每一跳躍聲震里許余怪而詢于土人曰此番車魚也間歲一至此亦交感

生育之意耳今中州藥肆懸大魚骨如杵臼者乃其脊骨也
海鰍乃水族之極大而變異不測者梧川山界有海灣上下五百里横截海面且極其深當二月之交海鰍來此生育隱隱輕雲覆其上人咸知其有在也候風日晴暖則有小海鰍浮水面眼未啓身赤色隨波蕩漾而來土人用舴艋裝載藤絲綵爲臂大者每三人守一莖其杪分贅逆鬚鎗頭二三支于其上遡流而往遇則並舉鎗中其身縱綵任其去向稍定時復似前法施射一二次畢則棹船並岸創置沙灘徐徐收綵此物初生眼合無所見且忍鎗疼輕漾隨波而至漸登淺處潮落閣置沙灘不能動舉家分臠其肉作煎油用亦大矣哉
馬產于海南者極小只可仵之驢騾而身稍長耳毛片不殊于中州當少剪鬃時極駿可愛然騎馭則無長力上等價可四兩尋常不出二兩
黎俗二月十月則出獵當其時各峝首會遣一二人赴官告知會但出每數十村會留壯兵一二十輩守

舍男婦齊行有司官兵及商賈並不得入入者爲之犯禁用大木枷壓及手足置之死而不顧何其愚也
獵時土舍峝首爲主聚會千餘兵携網百數皆帶犬幾百隻遇一高大山嶺隨遣人周遭伐木開道遇野獸通行熟路施之以網更參置弓箭熟閑之人與犬共守之擺列既成人犬齊奮吽鬧山谷應聲獸驚怖向深嶺藏伏候其定時持鐵砲一二百犬幾百隻密向大嶺舉砲發喊縱犬搜捕山岳震動獸驚走下山無不着網中箭肉則歸于衆皮則歸于土官上者爲

麂皮次者爲鹿皮再次爲山馬皮山猪食肉而已文
豹則間得之也
新場海三面山環北一面只三四里通大海洋内寛
可百里餘分藏新英南灘上下二十四㘵漁戸環列
居焉每風大時蛋船四百餘隻咸漁其中風靜始出
大海可謂坐享無窮之利也
海南地多煖少寒木葉冬夏常青然凋謝則寓于四
時不似中州之有秋冬也天時亦然四時晴冽則穿
單衣陰晦則急添單衣幾層諺曰四時皆是夏一雨

便成秋又曰急脱急着勝如服藥
相思子生于海中如螺之狀而中實若石焉大比荳
粒好事者藏置篋笥積歲不壞亦不轉動若置醋一
盂試投其中遂移動盤旋不已亦一奇物也
檳榔産于海南惟萬崖瓊山會同樂會諸州縣爲多
他處則少每親朋會合互相擎送以爲禮至于議姻
不用年帖只送檳榔而已久之多以家事消長之故
改易告爭官司難于斷理以無憑執耳愚民不足論
士人家亦多有溺是俗者

鸚鵡杯即海螺産于文昌海面頭淡青色身白色周
遭間赤色數棱好事者用金廂飾凡頭脛足翅俱備
置之几案亦異常耳
海南之田凡三等有沿山而更得泉水曰泉源田有
靠江而以竹桶裝成天車不用人力日夜自車水灌
田者曰近江田此二等爲上栽稻二熟又一等不得
泉不靠江旱涝隨時曰遠江田止種一熟爲下等其
境大槩土山多平坡一望無際咸不科税雜植山萸
綿花護利甚廣誠樂土也但其俗好鬬健訟不容人

耕耳
石蠏生于崖之榆林港港内半里許土極細膩最寒
但蠏入則不能運動片時成石矣人獲之則曰石蠏
相傳置之几案能明目
勞將軍廟去城東隅六十里許祀屋久廢只隙地在
焉凡新官到任必先此設祭祀典不載其名爵父老
相傳云此神乃馬伏波部下先鋒將方凱旋時牽馬
飲于河馬忽覩水中影雙蹄奮起傷其陰而死遂爲
神余任時彼中似例祀祀畢父老喜告曰任内當太

吉未逾年新守至亦似例祀泉咸驚報曰祀器無故自裂于案任内當不吉后歲餘守卒此神亦靈驗矣

茨竹大如指長逾二丈節節生枝文采士人家用植于居之周遭以代垣墻雖雞犬不能踰越陰森柔嫩綠潤如沃可愛也

江魚狀如淞江之鱸身赤色亦間有白色者産于鹹淡水交會之中士人家以其肉細膩初爲膾烹之及有味皮厚如錢此品不但膀絕海鄉雖江左時魚鱸鱖之味亦無以尚也

玳瑁産于海洋深處其大者不可得小者時時有之其地新官到任漁人必携一二來獻皆小者耳此物狀如龜鼈背負十二葉有文藻即玳瑁也取用時必倒懸其身用器盛滾醋潑下逐片應手而下但不老大則其皮薄不堪用耳

酸笋大如臂摘至用沸湯泡出苦水投冷井水中浸二三日取出縷如絲醋煮可食好事者携入中州成罕物京師勲戚家會酸笋湯即此品也

桄榔木類綜櫚樹杪挺出數枝每枝必贅青珠數條每條不下百餘顆計一樹可得青珠百餘條團圞懸掛若傘蓊然可愛也其木最重番船用爲鎗以代鐵其鍾直鋒銛倖于鐵也色類花梨而多綜紋

土菓曰陽桃大如拳綠色明潤五稜並起劍脊中核如花紅子味帶酸宜於酒後咀嚼之俗多用曬乾作添案菓用

儋耳與瓊崖萬三處鼎峙爲郡因恭以十縣十一守禦所其地孤懸海島平曠可耕之地多在周遭深入則山愈廣厚黎婺嶺居其中以爲鎮自漢武迄今幾

千年外華内夷卒不可變者以創置州衛縣所必因平原廣陌故周遭近治之民漸被日深風移俗易然其中高山大嶺千層萬疊可耕之土少黎人散則不多聚則不少且水土極惡外人輕入便染瘴癘即其地險惡之勢以長黎人奔竄逃匿之習兵吏烏能制之此外華内夷之判隔非人自爲之地勢使之然也

荔枝凡幾種産于瓊山徐聞者有曰進奉子核小而肉厚味甚嘉士人摘食必以淡塩湯浸一宿則脂不粘手野生及他種味帶酸且核大而肉薄稍不及也

黎村貿易處近城則曰市場在鄉曰墟場又曰集場每三日早晚二次會集物貨四境婦女擔負接踵于路男子則不出也其地殷實之家畜妻多至四五輩每日與物本令出門貿易俟回收息或五分三分不等獲利多者爲好妻異待之此黎獠風俗之難變也

芭蕉常年開花結實有二種一曰板蕉大而味淡一曰佛手蕉小而甜俗呼爲蕉子作常品不似吾江南茂而不花花而不實也

椰子樹初栽時用鹽一二斗先置根下則易發其俗

家之周遭必植之木榦最長至斗大方結實當摘食時在五六月之交去外皮則殼實圓而黑潤肉至白水至清且甜飲之可祛暑氣今行商懸帶椰瓢是其殼也又有一種小者端圓堪作酒盞出于文昌瓊山之境他處則無也

凡深黎村男女衆多必伐長木兩頭搭屋各數間上覆以草中剖竹下横上直平鋪如楼板其下則虛焉登陟必用梯其俗呼曰欄房遇晚村中幼男女盡驅而上聽其自相諧偶若婚姻仍用講求不以此也

文昌海面當五月有失風飄至船隻不知何國人內載有金絲鸚鵡墨女金條等件地方分金坑女止將鸚鵡送縣申呈鎮巡衙門公文駁行鎮守府仍差人督責原地方畏避相率欲飄海王其事者莫之爲謀余適抵郡咸來問計余隨請原文讀之將飄來船作覆來船改申一寨而止衆咸稱快

黎人善射好鬬積世之讐必報每會聚親朋各席地而坐飲酣顧梁上弓矢遂奮報讐之志而衆論稱焉其弓矢益其祖先有幾次鬬敗之恥則尅箭幾次射

于梁上以記之故云飲酣鼓衆復飲相與呌號作狗吠聲輒二三晝夜自云係狗種欲使祖先知而庇之也以次則宰羊犢肉祿散就近村落無不踴躍接受尅日起兵讐家聞之亦如此間法募兵應敵臨陣遇有州縣公差人役樂請觀戰兩家婦女亦各集本營當退食之際婦女爭出營認箭兩不拘忌其俗云男子讐只結于男子而上若及婦女則于其父母家更添讐怨矣其勝敗追殺亦各有程度不少踰之數中推鋒鏑死者密以瘞之父母妻諱不悲泣恐敵人知

為其不武也
翡翠生于深黎之茂林峻嶺人罕得見傳云晴霽日中始一出陰晦竟日不出小大僅仿滾燕羽翰五色離披可愛人必積久探視羅其巢始獲之也
儋耳孤懸海島厤書家不能偏其黎村各一老習知節候與吉凶避忌之略與厤不爽毫髮大率以六十年已往之跡徵驗將來固亦有機巧不能測處嘗取其本熟視字畫訛謬不可識詢其名則曰厤底記
儋耳七坊黎峝山水險惡其俗閒習弓矢好戰鬭中

多可耕之地額糧八百餘石弘治末困于徵求土官符蚺蛇者扇動諸黎遠邇響應得萬兵餘攻城略地一方罹患鎮巡二司調動漢達官軍二萬員名會臨本境分作五道搗其巢第一道首臨落窟境黎首符那南率輕兵據險迎敵官民兵死者三千餘而分守重臣亦與難焉其四道聞風潰回此巻輕率無紀律故耳勢日益猖獗縱橫四出無忌繼而請广朝命將益兵前部方入臨高縣境賊衆適至官兵中道截出一戰勝捷偏帥亦中流矢卒蚺蛇恃勇輕出逼奪民女孫妾飲酒留連官軍躡其跡輕騎赴之謀渡水賊走誤投深淵騎爭逐之中箭死餘黨招撫訖嘉靖初符蚺蛇從姪符崇仁符文龍爭立起兵讐殺因而扇動諸黎陰助作逆余適拜官蒞其境士民咸憂危蹙額道其故余荅曰可徐撫之未幾崇仁文龍弟男相繼率所部來見勞遣之余知二酋已獲繫獄故發間曰崇仁文龍何不親至衆咸然曰上司收獄正嚴余荅曰小事行將保回安生衆欣然感謝郡士民聞之駭然曰此輩寬假即魚肉我民矣余不荅既而閱獄

縱繫囚二百人州人咸賞我寬大之度彼黎衆見之盡闔首祝天曰我輩寃業當散矣余隨查該峝糧俱無追納示喻黎老各出長計轉請海道明示黎衆爭相告乞舉保其主余諭之曰事當徐徐此番先保各從完糧次保其主何如衆曰諾已而得請從黎俱縱回前此土官每石粮徵銀八九錢余欲收其心先申達上司將該峝黎粮品搭見徵無徵均照京價二錢五分徵收示各黎俱親身赴納因其來歸人人撫諭藉其名氏編置十甲辦粮除排年外每排另立知數

協辦小甲各二名又總置總甲綂老各二名共有百餘人則掌兵頭目各有所非樂于自專不顧其主矣日久寖向有司余密察識其情郤將諸首惡五十餘名解至省獄二千里外相繼斗死大患潛消后落窠尚黎聞風向化亦告編版稽粮差詑州倉積存聽征粮斛准作本州官軍俸粮救散地方平妥余后復從事廣西竟有加俸二級恩命檄未下而巳轉官南安矣千里石塘在崖州海面之七百里外相傳此石比海水猶下八九尺海船必遠避而行一墮即不能出矣萬里長堤出其南波流甚急舟入迴溜中未有能脫者番舶久慣自能避雖風汎亦無虞又有鬼哭灘極怪異舟至則波頭隻手獨足短秃鬼百十爭互爲羣來趕舟人以米飯頻頻投之即止未聞有害人者

吳中勝記

明　華鑰

職方氏曰土者首叙東南揚州之域其澤藪曰具區具區即太湖太湖環吳諸山而控之諸山以湖而益勝一山一勝勝勝相形而勝遂表於東南矣鵝湖去山百里而近予歸鵝湖之五年乙未八月丙申邀聽天山人載酒泛月湖上戊戌抵吳之行春橋橋九虹蜿蜒百步東引越城橋西跨橫山之麓南逼石湖烟霏翠靄流動恍惚即此便非塵境矣橋右有亭亭右有石湖書院宋參政范文穆公成大之歸隱也書院有文穆田園雜興六十首輪奐流麗風裁可想湖方數里深不盈仞一水北自橫塘達湖之南直抵太湖曰越來溪乃句踐鑿以進兵伐吳者又築城逼之是謂越城橫山四面皆橫多鳩書院乃其東麓麓形如磨曰茶磨嶼下有接待寺右有坎徙架石梁頂生叢竹天光如鏤曰補陀巖巖之南塢有治平寺寺之南崛起如蟠蓋郊臺也吳僭王而郊故名又南稍折而西曰楞伽山有上方寺寺有塔塔下有雙冷泉楞伽

東南曰褒忠嶺褒忠西塢特起而南曰吳山嶺嶺腰
有寺寺有井僧言鑿石得之宋時龜蛇怪見寺以井
勝病者汲之多愈故名分水嶺又曰施水院一碑篆
龜蚖記甚古記多與僧言合嶺之南曰大尖墩登而
望之左田萬頃石湖平窪如掌僧指旁曲稍遠者爲
百花洲田以東平漠無際一突遠見爲崑山迤北青
烟如抹虞錫諸山也右邇太湖祟巒層擁僧指遠者
爲堯峯此去二十里予即命輿而往過嶺三皆窄峻
不暇指問及抵堯峯回顧不知所從來矣堯峯有寺

寺有吳文定公匏庵之像王文恪公守溪碑徐中丞
仲山墓藏記楊儀部南峯所作僧疏予讀之始知有
所謂横山十景今多廢滅景有龍潭曰碧玉沼多產
異龜有寶雲井圓逕丈許記云大旱不竭旬雨則雲
霧冥濛數里其中白光一渺葢龍噓氣也至是則吳
興雲間諸山隱隱四出南望湖中洞庭東西兩山如
帶而近轉顧則獅山入抱而兩阜如毬此外予所欲
遊者一覽具得其槩北登妙高峯直一突耳並北一
墩如之横山之嶺凡十數嶺各有墩墩如之僧云中

空相傳古藏軍處豈所謂越城荒壘者歟下指多景
巖葱然别塢薄暮不可去乃東向白龍洞山西雲氣
微黑僧云龍作雨矣風逆不吾及也尋雨數點而止
洞口巨石如屏步底有聲僧云其深莫測近塞之洞
左攀磴抵觀音巖又一景矣凡此諸峯堯峯獨勝望
獨遠堯峯者文恪云或傳堯時有人避水洪荒之世
欲免懷襄之害理或然也南峯云此峯最高故名堯
也按堯字從垚在兀上南峯近之
巳亥放舟木瀆縱步靈巖之陽遥見塔影上下怪石

叢立有塊然突者有若倚者望者蹲者偃者鋭者斬
絕者不可名狀者而白路起伏如蛇行達其頂頂則
窿然小也其下一溪達太湖則如矢之疾而直也予
呼僧道之三里抵韓蘄王墓墓旁立鼇數仞石如之
御書中興定國佐命元勳之碑其大勒忠武而松莽
鬱翠者王之墓也僧曰此山乃吳王與西施遊地即
館娃宫也怪石故有異名倚者醉羅漢也望者延勁
龜也蹲者駝也偃者飛來石也鋭者圓照塔也斬絕
者佛日巖也塊然突者西施洞也白路以下響屧廊

也起伏如蛇百步街也直達如矢採香徑也窿然小者琴臺也臺下有坎浣花池也有圓井吳王井也有八角井智積菩薩所鑿也僧復道之三里抵洞洞當湖口湖口兩山如闕而張太湖吞吐其中湖口之外隱焉來者洞庭東山也馴歷諸石名象宦肖佛日嚴字大逕三尺懸勒萬仞殘爍斷碑猶見勅字又見魯國公天官太宰中大夫三行皆宋刻道異可玩響屧諸說蓋無所稽矣夫西施者苧蘿山鬻薪之女越王使善相者得之飾以羅縠教以容步習於土城臨於

都巷三年學服而獻於吳吳以亡國如僧所云固其遺臭也又上百磴死存二井逕各丈有三尺圓者綠萍成蕃清瑩見底角者濁不生萍人多汲之小憩數酌尋登琴臺琴臺叢石平中者也二字古刻深入顯照天日文恪嘗于上下各書吳中勝蹟字表陷異刻苔蘚且蝕矣輿行山陰五里道出井井亭亭刻西涯少師記白巖太宰諸詩皆翰學衡山筆也值井有徑達白樓東閣之先壟壟勢藏密青囊經所謂乘生氣者於是乎在又三里登支硎山一名觀音山山四峯

南峯之南高樹深隱者儀部書院也其號南峯以此峯半有寺新塑觀音像其宏麗從所未覩觀音後石室故有石觀音牆中星星者石色也山之名觀音以此西邇寒泉泉汪平石刻寒泉字逕丈旁有紫霞道人虞字至是天平在望層峯拔引陟峻之中石砌坦坦左瞰綠疇搖落萬頃遠岫三四如畫懸堂中右倚陡峻變態無盡高見無量壽佛字餘隱隱見佛字忽夾石嶄削而立僧曰此石門也至是奇麗益闢松益茂門徑益深右謁忠烈廟蓋范文正公先世葬地也

祠及四代尊爲太師與山同久詎偶然哉廟後天平如錦屏入座其峯皆立僧曰此萬笏朝天也登麓麓磴如綴欲墜躋百丈見懸壁刻白雲泉字乳泉一脉深汪幽亭又百丈見劖石刻龍門字危險莫加焉予仰諸無纔什二耳又百丈見墜石亂下而若留焉又上或止之曰我昔到此見骨聞職乃止僧曰從迷迷嶺可到其顛顛平數十畝可坐千人是謂天平又歷指高峯曰此雲斧石也此穿山洞也此飛來峯卓筆峯鉢架峯小石屋大石室也又曰顛有池甚旱不竭

沍有魚魚安從生又曰顛崖有石兀立曰五丈峯又
有巨石面圓坎如鏡當坎望之全湖在目是謂照湖
鏡予笑曰予既聞而知之矣他日挾虎備寬特日猶
可到也僧曰秦臺猶可到也予曰秦臺何在曰在右
右之峻焉莫登路何在曰在右右之尚遠乃返又明
日從鄧尉得文恪詩誦者三蘇者三詩曰城西諸峯
吾所嘉就中尤愛天平勝亭亭一蓋倚蒼冥巉若端
人人自敬獅山奔伏象山廻支硎秦臺皆退聽横山
當面横作屏背擁蓮花互相映林林萬石相拄撐倚

吳中勝記　六

插半天嶢不定蹲如虎豹奮攫噬奪如鵬鯨恣豪横
勇如武士力贔屭秀如處女色娟靚我來敬拜太師
墳松栢陰森遡一徑忽瞻萬笏森向天直氣噴薄凛
猶勁乃思范公立朝時正色危言拄邪佞茲山固合
生茲人極嶽降賢尼孕聖吳山第一稱天平宋家第
一稱文正

庚子山人疾作謂予曰寄䆗吾登再矣吾僕固能近
也僕道從側麓側麓童然草不盈尺窮無人蹤飛鳥
不過予竊怪之即下從廣道以返但見諸麓列匝風

氣藏頓疑有吉焉又覺有異香微襲與他山異問諸
僕僕曰異香微襲與他山異也因思越絕書云由鍾
窮䆗山者古赤松子所取赤石脂也在古已然此其
徵歟抵舟則山人之疾且瘳矣遂並舟而登華山華
山即天池天池在青松綠樹中夾磵廣道迤陰以到
前太守胡可泉題其門曰中吳第一峯門以後鑱峯
成室連琢石佛樞牖有至正年字妙奪天巧其碧水
一澄紅蓮青荷浮映木面者天池也華山疑以蓮華
得名即文恪所謂背擁蓮華也翼路循池而上池上

吳中勝記　七

巳為人鑿矣上鋟天池字甚大睇視之隱有天池舊
字嘉定年書蓋勝蹟之遺自不可滅也又石室立佛
如前者二予乃褰衣直攀其顛俯視久之怪峯競秀
莫可指狀其右際兩石夾立上闕左則上闕而嵯左
後兀然如坐意必有品之者問諸僧僧不應乃下觀
石門石殿石篩皆刻至正年字一石平廣而中坎圓
澤僧曰此鉢盂泉也予笑曰僧乎告其細而忽其大
也何為天平之名聞而未歷天池之勝覽而無名二
者將孰多乎尋遇諸樵樵曰上闕名天門兀坐名孩

見石子笑曰怪哉僧也山其有乎物之有主者非夫人所可有也然則夫人若予焉覽勝而來得勝而去何莫非僧有也

辛丑登玄墓山玄墓古鄧尉也楊梅梅樹茶棵蓊鬱數里入山則亭亭數松圍竟丈高四之間有最高者僧宿其枝今與僧俱灰矣僧寶峯請見引至祖僧萬峯之坎吳陽左亘笠山右垂太湖圓當其抱而法華一横浮動水面雲影流行程南雲篆題天開圖畫得其景矣及登佛殿景如坎而中井亦如之井畔羣竹

吳中勝記　八

良久特齋日當午而寒生足底如零露逼人襟袵欲濕寶峯曰萬峯闢山凡十有八而得鄧尉改名登蔚自名時蔚得登蔚之勝者三葬坎佛殿中井也而玆山之勝於是焉窮洪武初　詔致天下高僧萬峯不往必致之乃坐逝因出其衣鉢及畫像自題偈曰這箇瞎頭陀看伊直甚麼自如啞盲聾勘破佛祖過不是心不是佛不是物是箇甚麼囫呵呵迸出眼光天雷大默覺人皆仁現成笑道修行求佛做囫幻書形有相身無生無幻本來眞靈源寂默無能覩瞀相傳留轉法輪予今寶峯讀之因思異端之害佛爲尤甚爲其近似而大亂眞也斯偈見之矣雖然萬峯知山得勝坐歸寂滅庶幾所謂蛻殼解者雖謂之高僧也亦宜下歷禪堂羅數衆誦佛經旛幟滿座牙錦爛然一五臺山僧主之數衆皆其所給夫五臺遠在萬里而來玄墓之深難僧誦經良亦苦矣彼惑人者必近村市以爲之招玆惑者也而差異於惑人者也其謂之僧也亦宜晚坐虎山橋橋如行春而勝湖水左右縈繞而不見湖面周水皆田田外皆山涵虛萬頃烟

吳中勝記　九

光四障前塔一錐秀出林表中埠三兩如漚而橋實聯之中橋而坐但見簫鼓歸舟駛水如箭未幾行吟繼之予偕山人避之橋北清磬隔橋如在天外月光寢明浸我座中賦詩盡興而返

壬寅探銅井銅井去光福數里越嶺乃至一徑有水尺許銅青點點浮石者是也三面皆湖環疊數嶺嶺多樹果畝直一金其人朴而訥蒼州一山林矣返光福寺寺燬唐宇獨存而結構逈異碑多唐僧書書皆善有唐進士顧士彥者題石剝落而予昂復書之題

日蒼島孤生白浪中倚天高塔勢翻空烟凝遠岫列寒翠霜染疏林墮碎紅汀沼或棲彭澤鴈樓臺深貯洞庭風六時金磬落何處偏傍葦蘆驚釣翁字句交輝嘗爲光福二絶僧言士容葬宇下施地爲寺五子官皆太守寺左祠之號爲五神而禱祈不絶近山今有顧氏二百餘家某年凋底獲銅觀音雩有異靈而寺以起元至卜僧今市皆其舍也故傳銅鐘千斤其靈亦異國初籍寺產歸之民寺以二異得免予觀士容詩盖唐以前塔寺備矣及歷宇有空聲莫得其自

塔左一坎朱人題石曰墨沼盖士容讀書處也沼畔子昂題石曰觀音泉在寺之後寺之最後即虎山橋橋北一埠偃而復起有東嶽行宮子昂題曰天齊仁智帝殿予亟古以躍後坐諸橋引僧而問之光福寺前乃鄧尉之後前逼而高者百歩嶺也左疊則穹窿堯峯華山天平支硎靈巖多昔所遊也右疊則竺山騎龍西磧銅井或所未至也右以北則安山安泉剖沙酉里諸山左以北則遮山青山節然無際者陽山也光福隱然中處以山則遠而近也以湖則近而遠也以流峙則散而合亂而整盖湖山之東也果如僧言者士容者葬垂千禩陰有專壞亦有而不私之道歟語有之知者樂水仁者樂山彼樂焉如士容是或一道也

於乎浮圖踞名會襲有巨觀開闢以來山川秀麗自然之輝如在驅御垢也久矣茲燬者什七八郎有寺多無僧有僧多田而役庬有所謂梵唄羌吟以潤飾其教者予探古懷賢猶耿耿焉而茲其暢矣況乎晴明見遠秋中見月西成在望而樵牧之歌互上下融

融乎天人之際也予嘗聞太湖三萬六千頃環帶三郡有七十二峯美哉區也乃以敝舟疲從日循湖之濱焉而不敢入合諸天平穹窿而慎巳恤下之道於是乎在詩不云乎好樂無荒良士瞿瞿陶唐氏之遺風也

泉南雜志

攜李陳懋仁

泉州有晉江郡志云晉南渡時衣冠士族避地於此故又名晉江

萬安橋乃宋蔡忠惠公所造世謂洛陽橋是也洛成公自爲記曰泉州萬安渡石橋始造於皇祐五年四月庚寅以嘉祐四年十二月辛未訖功纍址於淵釃水爲四十七道梁空以行其長三千六百尺廣丈有五尺翼以扶欄如其長之數而兩之糜金錢一千四

百萬諸施者渡實支海去舟而徒易危以安民莫不利職其事者盧錫王寔許忠浮圖義波宗善等十有五人既成太守莆陽蔡襄爲之合樂讌飲而樂之明年秋蒙召還京道繇是出因記所作勒於岸左公自書大方尺分勒二石今在公祠並公之功在百世大矣而記僅一百五十三言可見古人不肯擅美如此又聞之父老云先時二石爲倭載去後見江閩發光探之得後一石其前一石乃後人復模故前石不如後石之瑩潤打碑聲時與江濤䖏響也俗傳公造此橋限以濤勢不能纍址乃檄江神得一醋字公云廿一日酉時爲之令公記中無是說也王遵巖曰豈其駕長江之洪流憑虐以搆實其役有足駭人者眛者驚焉而言之異亦以賢者之所爲興事起利人樂其成而賴其功故托於神以美之耶又宋犨太初謂前記多三字至今傳其言也

盤光橋自洛陽橋東接鳳嶼嶼在江中央上多腴田猢民居舊有石路潮落路出行者病之宋寶祐中僧道詢募貲作石橋長四百餘丈廣一丈六尺比蔡端

明所造洛陽橋長多四百餘尺闊多一尺世知洛陽而不知盤光者蓋以人重也

淳化閣帖十卷宋季南狩遺於泉州已而石刻湮地中久之時出光怪櫪馬驚怖發之即是帖也故泉人名其帖曰馬蹄真跡

衛西榕樹幹大如一間屋枝上有纓纓垂下者謂是根也其高參天枝葉蔭可三十餘丈相傳韓少卿國華爲郡誕魏公日樹杪爲吐烟霞又云榕樹千年者其上生伽楠香

德化縣白甆即今市中傳山佛像之類是也其坏土產程寺後山中穴而伐之縋而出之碓極細滑淘去石渣飛澄數過傾石井中以漉其水乃埤埴爲器石爲洪鈞足排而轉之薄則苦窳厚則綻裂土性然也初似貴今流播多不甚重矣或謂開窯時其卜多藏白甆恐傷地脉復掩之

閩之遠海近番處有燕名金絲者首尾似燕而甚小毛如金絲臨卵育子時羣飛近沙泥有石處啄蠘螺食有詢海商聞之土番云蠘螺背上肉有兩肋如

楓蠶絲堅潔而白食之可補虛損已勞痢故此燕食之肉化而肋不化并津液嘔出結爲小窩附石上久之與小雛鼓翼而飛海人依時拾之故曰燕窩也

荔枝才已龍眼始行殼黃皺白核壯肉薄本草謂之荔枝奴信然蓋荔枝飽啖之餘不堪咀嚼如膏粱子君嘗醲醴一旦家落餔薄糜便不適口

甘蔗幹小而長居民磨以煮糖泛海售商其地爲稻利薄蔗利厚往往有改稻田種蔗者故稻米益乏皆仰給於浙直海販涖兹土者嘗設法禁之驟似不情惠後甚溥

清源山茶青翠芳馨超軼天池之上南安縣英山茶精者可亞虎丘惜所產不若清源之多也閩地氣暖桃李冬花故茶較吳中差早

紅梅百葉一花三子曰品字梅紫梗疎條非復霜皮鐵幹可偶

芙蓉有產於山者余廨後手插一枝未半載扶疎出墻名曰木芙蓉花最繁盛不下數百大如甌其色有朝紅暮白者此則粉紅一色耳

九節蘭花易植不若吳中所飲靜宇中雖若棋列亦不甚香

余廨東所植茉莉其高及檐嘗於暑夜設水榻坐其下清芬郁烈可沾眉髮其地易生如吳中種樵也總錄曰晉書都人簪柰花即今末利花也

西施舌蛻似蛤而長外色若水蚌殼肉色如孔翠肉白似乳形酷肖舌潤約大指長及二寸味極鮮美無可與方者本有數肉條如鬚然是其飲處

北方謂泥磚曰土坯晉江有介爲亦曰土坯綠殼白

尾其旁有毛
章魚清脆頗腍諸有然其形醜似病瘡小兒脊指所
切不堪寓目
龍虱如牛虱上亟似黒而薄劈殼食之小有風味
鱟魚碧血海中介魚也似蟹足十有二長六七寸漁
者醢其肉居人以其殼作水杓穆天子傳黒羊白血
以鱟況之則亦可信
蝦有長一二尺者名龍蝦肉實有味人家掏空其殼
如船燈挂佛前

鬬魚大如指長二三寸花身紅尾善鬬人家畜之
俗呼爲丁斑魚張世南宦遊紀云三山溪中產小魚
里中兒豢之角勝爲博戲信然
牡蠣麗石而生肉各爲房剖房取肉故曰蠣房泉無
石灰燒蠣房爲之堅白細膩經久不脆
蚶大而肥鮮美特異海物志名天臠衞雅名魁陸本
草名瓦壠子雜俎云歆俎之味有蚶醬
鰓一名石鱗魚紫斑如纈錦生溪澗高潔處其大如
難得亦不易厭俗兼皮食之有見餉者余令人縱之
野中左右瞪睁不轉曰此難得之珍味也
造白沙糖法用甘蔗汁煮黒糖烹煉成白劈鴨卵攪
之使渣滓上浮按老學庵筆記云聞人茂德言沙糖
中國本無之唐太宗時外國貢至問其使人此何物
云甘蔗汁煎用其法煎成與外國等自此中國方有
沙糖茂德乃宋敕局勘定官余郡人也
蟻有數種能螫人廚中饌案以四木桶盛水灌案脚
於中夏雨夜入卧床雖帷帳周密俱所不免多至一
二升最爲寢食之害蓋蟻爲濕熱相蒸所致故居宇

須疏風放水稍亦可除白蟻尤能運土蝕木令榱易
橈
德化九仙山有瀑布泉自雲際下宋王簿柳驥詩有
天挿一泉聲濺玉地高六月夜凝霜之句
清源山在郡北三里許高數千仞未至絕巘數百武
有泉自石罅流出積於砥石凹處甘冽獨勝他泉好
事者攀躋汲之冬夏不減其東有妙覺巖石上刻第
一山是米元章行書
南臺峭擴摩空在清源山之右臺南有砥石

出仁風門半里許爲靈山其上有磐石可坐百餘人中一圓石下不聯屬勢重萬鈞一夫撼之輒動搖不止其勢就下若將彈丸走坂然然而百夫撼之雖動不移也郡守周道光題爲碧玉毬又惠安縣有雲峯上有大石高廣四丈許又有一石上廣下削高丈餘架於其上恒有落勢併力推之不動以芥挺之輒動故名曰危石二石之異若一轍焉

高士峯在南安是唐校書郎秦系隱處有石刻高士峯三字隸書旁有才翁二字按志謂蘇才翁爲漕使

嘗行部至泉題晉江棲真院壁疑此字乃蘇書也

雄山在南安其上有飛瓦巖相傳昔有僧結庵其上因山伐木但患山高運瓦之難積瓦山下詭欲作法飛瓦砌屋不用工師卜日已定遠近觀者數千人僧僞備人挑瓦上山觀者欲其速於作法爭爲擔運頃刻都盡僧笑曰吾飛瓦只如是耳或謂之智僧余曰此詭詐然亦可與語權者

金石峯在南安上有疊石其赤痕類丹書有石刻金石峯三字

泉之山莫多於西南高絶者莫儷於船山羣峯列秀此山獨出於其上勢若一船泉人加以福字故名福船山

泉郡志云東出海門舟行二日程曰彭湖嶼在巨浸中環島三十六如排衙然昔人多僑寓其上苫茅爲廬推年大者爲長不畜妻女耕漁爲業牧牛羊散食山谷間各剺耳爲記訟者取決於晉江縣城外貿易歲數十艘爲泉之外府後屢以倭患墟其地或云抗于縣官故墟之今鄉落屋址尚存唐施肩吾島夷行

云腥臊海邊多鬼市島夷居處無鄉里黑皮年少學採珠手把生犀照鹹水即其處也今彭湖已設遊兵汛守焉

泉州市舶稅課云香之所產以占城賓達儂爲上沈香在三佛齊名藥沉真臘名香沉實則皆不及占城渤泥有梅花腦金腳腦又有水札腦登流眉有薔薇水占城賓達儂三佛齊真臘渤泥登流眉皆諸番名

泉之南三十里曰石龜峻壁上有石二丈許形酷似龜行旅望之遠近無異吾郡宋太守岳公珂所著桯

史云余外家居泉之石龜即其處也

宋進士呂造詩云閩海雲霞遶刺桐往年城郭爲誰封鵰鳩啼困悲前事荳蔻香銷減舊容刺桐城今泉州築城時環城皆植刺桐故號桐城

優童婿起者不吝高價豪奢家攘而有之蟬鬢傅粉日以爲常然皆土腔不曉所謂余常戲譚之而不存也

南陞志

相臺崔銑

嘉靖己亥後七月望　上晉臣銑爲南京禮部右侍郎俟賀　聖節八月十六日　陛辭十九日出都二十九日至家開書櫝檢舊藁回朔蓑竹黃花間仕情泊然十月十二日丙子發程携士桀孫同行官府及親友餞于魏營子汲亦乘馬隨自日病凡五年不出今幸愈汲深以不侍養爲歉予慰遣歸晚宿五龍李丙年別業其地面衛水通舟楫民治塲堆木貯鹽皆

有利年翁曰予岸上有田河中有船可爲富者相對一笑縣別丁丑午至濬東大伾西枕衛民物繁夥晚至滑縣城大於濬兩邑地亦沙鹻戊寅至長垣多商販故富巳卯望過兩堤至儀封河西徙田可種夜飲張黃門漢卿家庚辰劉中丞大謨召予飲又過雷戶部啓東酌數行乘月與中丞黃門步歸寓館邑多貴官故室多壯固鄉民言有司作大司馬坊用九百金予歎其妄費辛巳辰刻渡河至野雞岡晚至睢州城中惟南北一街有屋餘皆積水望之一湖陂也壬午

至寧陵癸未至歸德自鷄岡至此州皆河所没否則旱十室九饑人皆菜色甲申至石留鎮李守備瑭閔知州材送至此同宿店旁寧陵公館廢予宿儒學進德齋不可故有驛亦廢乙酉四更行午至會亭驛正屋亦破見天日晚至永城丙戌大風行四十里至鐵佛劉氏家止前二十里有善道驛廢夜常有盜予少年聞睢歸名郡也地宜麥河舟通南貨今過之村屯寥落或數十里皆荒坡自城外多野水歸德船渡五里而至門今水淤泥淖歸德雖設守備然法不振欲

備十騎護予行不能辦止有四騎永城令劉瑤言兵備取民快守歸德舛錯可駭軍官富皆剝之下故桀驁不制者竄之餘貧者焉能充役此地北接徐碭南連亳穎一要會也永城民處厰者官不能令豪家大樓居高閣垣收壯健爲奴使弓馬喜鬬殺多者百人名曰家將專匿亡命者官以討捕得之則用其家將奪於途而失收貨急於納稅予意不以大刑從滅十餘家後患不小積弊二十餘年未有經畧此者丁亥辰刻至善道民多棲草舍巷陌蕭索出善道東行皆

岡早發陀下坡四望無人煙故爲盜藪日西至宿州大郡也秋無禾冬種麥未甲土此州爲南北午衢甚者廚傳之供戊子午至大店驛驛之東北有淵賓表二十里秋水涸店人牧豬食菱芡地栗多者至百口冬作醃豬江南客估之晚至固鎮凡千餘家鎮南澮河通商販俗號馬頭言其聚貨而散之他方也己丑早渡澮橋大風中刻宿王莊館舍敝陋門無關鑰家人皆坐至月出遂行庚寅巳刻渡淮至濠梁臨淮令劉仕達來迎劉以御史言事左遷言數日前盜五十

人劫民劉某家火甲圍而攻之得盜三十餘訊之皆河南饑民也則河南之變將作予曰今無一處無患雖一法無弊所願賢者在今耐煩爲一事周詳民大利一事草畧民之害無窮令謝教而別過二小阜至紅心驛舍半頹席蔽之而寐辛卯行二十里過黃龍岡午至池河前此淮上鹽徒來據岡過旅劫掠巖司馬奏准於池河設守備武官統軍千五百人盜不復至今武官夏忠貌朴質戎士整飭民頌忠廉潔故能立事出池河十五里過盤山高六七里旋繞而行二

十里山之麓曰大柳驛壬辰行三十里過關山砰石
錯落壁立直上二里許而降則坦途也山之頂北睢
石磴而上有關羽廟又上石磴有小閣三間四望羣
山煙靄蒼然頗有興致未刻至滁州癸巳午刻至東
葛驛舍盡頹予在簷下一飯而行過黃蜞嶺晚至江
浦大司馬湛公大宗伯熊公遣使來迎十一月甲午
朔渡江巳刻至南京朝謁 孝陵三日丙申上任辦
事計程予家八十里至五龍渡衛又四十里至濬二
十五里至滑九十里至長垣過兩大堤路皆邪經九

十里至儀封三十里至野鷄岡渡黃河又五十里至
睢五十里至寧陵六十里由西門入歸德今門外水
潦而溺由飲馬池入東門乃七十里六十里至石留
五十里至會寧七十里至永城自此而南路多岡陀
或升或降非如中原坦然掌上六十里至百善七十
里至宿六十里至大店六十里至固鎮六十里至王
莊田皆稻畦有陂塘瀦水六十里至濠梁渡淮自此
山行六十里至紅心二十五里過黃龍又二十里至
池河三十五里過磐山至大柳六十里過關山至滁

四十里至東葛六十里至黃蜞嶺至江浦渡江二十
里至京

貴陽山泉志

吳興慎蒙

木閣箐山

木閣箐山在宣慰司城西四十里林木蓊蔚水西之境由此而入

養龍坑

養龍坑在長官司兩山之間泓渟瀰深靈物藏其下當春初和暢夷人立柳坑畔擇牡馬之貞者縶之已而雲霧晦冥類有物蜿蜒與馬接其產必龍駒

本朝洪武四年爲夏明昇降獻良馬十其一白者乃得之於此首高九尺長丈餘不可控御詔祀馬祖然後敕典牧者囊沙四百斤壓而乘之行苑中久漸馴習後將行夕月之禮於淸涼山乘之如躡雲一塵弗驚賜名飛越峯且命給形藏焉翰林學士宋濂爲之贊

大岩山

大岩山在務州縣東八十里山有一岩深邃可容百餘人特多遊翫於此

蝸溪疊岩

蝸溪疊岩在府西一百二十里峻壁間有一石門泉從中出歲旱禱之風雨驟作

銅關鐵寨山

銅關鐵寨山在湄溪長官司西南其山高峻上頗平廣可容千人三面峻險惟南可登

銅鼓岩

銅鼓岩在黎平府城東北二十里有洞高大如屋深遠可三里中有溪水横流

羅團洞

羅團洞在府城東北一十五里洞門寬大傍有石礎如牀可容二百餘人

八部山

八部山在普安州城東三十里諸峯皆石矗然摩空

羅磨塔山

羅磨塔山在州城北一百八十里四面峭壁上有寨惟一徑可達東北瞰盤江

三一溪

三一溪在州治東其源有三一出沙莊一出雲南坡

一出目前山三流合一入于城南

水洞

水洞外狹内廣其嶺有通明處其中懸崖怪石狀若人獸清奇可玩

關索嶺

關索嶺在頂營長官司治東勢極高峻周廻百餘里上有關索廟因名

蔡苗山

蔡苗山在新添衛城東北一十里上有泉懸崖飛下

宛如玉虹名曰飛泉

都勻洞

都勻洞在都勻長官司東一十里前門北向高廣俱一丈五尺後門南向高廣四五尺洞中亂石狀如象鼻樵草叢生

白水河

白水河在安莊衛城南三十里懸崖飛瀑直下數十仞爲河湍激若雷平日雲霧塞其下

棲霞山

棲霞山府城東山半有洞曰來仙頗幽勝

南望山

南望山府城北深林大箐嵐氣晝昏人跡罕到

萬勝山

萬勝山在思南府城南四面斗絶紅巾之亂郡人避兵於此

石屏山

石屏山鎮遠府治在其下山顛有石高百丈許端直

蒼潤如屏

鐵溪

鐵溪在府城西産異蟹

甘梗泉

泉在平頭司石崖中一源湧出清濁分流有似涇渭之狀

摩天嶺

在黎平府城東

天生橋

一石跨潭溪廣二丈許長二十餘丈

又

金筑安撫司界石壁千仞環繞如城水徑其下信天造也

九溪河

衛城東南溪流九曲緣陰夾岸每歲上巳日土人洛此

旗山

山在衛城東南形勢峻拔

谷峽山

谷峽山在大平伐司危峰峭壁惟一徑可通爲兩司之界

木稀山

山在衛城東危崖陡峻石磴崎嶇僅容一馬記稱要扼之地

響水河

衛城東懸崖飛瀑數十仞有聲如雷下注成河一碧萬頃

臨江山

山在安南衛城東與安莊衛接界石路屈曲上下峻險

白石崖

衛城西南層崖峭壁幽藤飛瀑夏月過此清寒逼人眞物外佳境也

木寨山

凱里安撫司城東茂林脩竹青翠如屏峙

雲南山川志

成都楊慎

玉案山

玉案山在雲南府城西二十五里一名列和掌山秀麗多泉石石有碁盤山北平坡中有三泉如盆池郡人春日遊賞于此山中有玉案蘭若

金馬山

金馬山在東二十五里西到碧鷄山中隔滇池山不甚高而綿亘西南數十里上有長亭下有金馬關

碧鷄山

碧鷄山在西南三十里東瞰滇澤蒼崖萬丈綠水千尋月印潛波雲横絶頂雲南一佳景也漢宣帝時方士言益州有金馬碧鷄可祭祀而致遣王褒往祀至蜀而卒顔師古謂金形如鷄碧形如馬未知果否

太華山

太華山在碧鷄山西北

秋雩山

秋雩山在嵩盟州東四十里世傳蒙世隆征烏蒙得四女歸至此山四女遥望故鄉俯仰歎息忽山顛霧結三峰蠻謂三爲秋注爲雩其山尚峯獨峻登眺則雲南悉在目中又名峻葱山

滇池

滇池在府城南一名昆明池一名滇南澤周廣五百餘里合龍盤江黄龍溪諸水滙爲此池中産衣鉢蓮花盤千葉蘂分三色下流爲螳螂川中有大小卧納二山史記滇水源廣末狹有似倒流故曰滇漢武帝欲伐滇國於長安西南穿昆明池象之以習水戰

瀑布泉

瀑布泉在府城西二十里寳珠寺後崖高十餘丈泉自上注下噴珠濺沐清澈可愛

點蒼山

點蒼山在大理府城西高千餘仞有峰十九蒼翠如玉盤亘三百餘里山頂有高河泉深不可測又有瀑布諸泉流注爲錦浪等十八川蒙氏封爲中嶽

鳳羽山

鳳羽山在浪穹縣西南三十里舊名羅浮山相傳蒙

氏細奴邏興時有鳳翔於此故名鳳羽後鳳死每歲冬衆鳥哀吊其上故又名鳥吊至今土人於鳥來時舉火取之鳥見火輒赴火自死

九曲山

九曲山在洱河東百餘里峰岳攢簇狀如蓮花九盤而上又名九重岩上有石洞人莫能通

西洱海

西洱海在府城東古葉榆河也一名洱海又名西洱河源自鄧川合點蒼山之十八川而滙于此形如人

耳周三百餘里中有羅荃濃禾赤厓三島及四洲九曲之勝下流合于樣備江濃禾島形如几案故又名玉案山

判丈山

判丈山在臨安府城南二十里高千餘仞中有三峯削出如筆架昔大理段思平外舅爨判居其上因名有祠在焉

碧玉峯

碧玉峯在寧州北五十里巖石磷磷下瞰撫仙湖波光涵浸如碧玉上有碧玉神祠傍有石如懸鍾又名石鍾巖

玉壁山

玉壁山在定遠縣東六十里亭可千仞望之色如玉壁其東有鳳羽山南有易者山北有絶頂峯皆丹崖壁立高出群山之表

雪山

雪山在麗江府西北二十餘里一名玉龍山條岡百里巋巍十峯上插雲漢下臨麗水山巔積雪經春不

消巖崖澗谷清泉飛流蒙氏異牟尋封爲北嶽

九隆山

九隆山在司城南七里山有九嶺又名九坡嶺沙河源出於此相傳昔有一婦名沙壺浣絮水中觸沉木有感因孕産九男後沉木化爲龍衆子驚走惟季子背龍而坐龍因舐其背蠻語謂背爲九謂坐爲隆故名九隆長而黠遂推爲酋長山下又有一夫婦生九女九隆兄弟娶之種類遂蕃皆刻畫其身象龍文於衣皆着尾世居此山之下諸葛亮南征時鑿斷山脉

以泄其氣有跡存焉

哀牢山

哀牢山在司城東二十里本名安樂夷語訛為哀牢絕頂有一石如人坐懷中有二穴名天井土人於春首視水之盈涸以卜歲之豐歉至者見水溢以為吉兆穴下相通取左穴水則右穴水涸取右亦然又山下有一石狀如鼻二泉出焉一溫一凉號為玉泉故又名玉泉山

愽南山

愽南山在永平縣西南四十里一名金浪顛山一名丁當丁山極為險隘乃蒲蠻出沒之所

瀾滄江

瀾滄江經司城東北八十五里羅岷山下漢明帝兵開愽南行者愁怨作歌漢德廣開不賓度愽南越瀾津渡瀾滄為他人渡舊處以竹索為橋後廢　本朝洪武末鎮撫華岳鑄三鐵柱於岸岸以維舟

方丈山

方丈山在鶴慶府城南一百里巍然峻拔山半有中有池深不可測水滴岩下如方響音昔蒙氏羅閣鳳琢觀音像於壁故又名觀音山南詔名山凡十七此其一也

蒙樂山

蒙樂山在景東府北九十里一名無量山高不可躋連亘三百餘里中有石洞深不可測一峰特出狀若崆峒蒙氏封為南岳其南有泉為通華河其北有泉為清水河俱東入于大河

烏蒙山

烏蒙山在祿勸州東北三百里一名絳雲露山北臨金沙江山有十二峯聳秀為一州諸山之冠八九月間常有雪其頂有烏龍泉下流為烏龍河蒙氏封此山為東岳

高黎共山

高黎共山在司城東北一百二十里一名昆崙岡夷語訛為高良公山極高峻介騰衝潞江之間冬月潞江無霜其山頂霜雪極為嚴沍蒙氏封為西岳其頂有分水泉極清冽行者咸掬飲之

卧獅山

卧獅山在法寶山之南五里以形名高百丈餘袤二里其山俗名卧獅窩其下有洞曰芭蕉廣二尋高稱之入深百五十步其中石乳燦爛有如蓮如鐘如傘之異故又名石花

雲巖山

雲巖山在城北二十五里高二百丈餘盤爲三里許樸木陰森巖石深百步中有石横卧于下長丈餘好事者鑿而爲佛建寺以覆之扁曰雲岩卧佛其左有

洞洞門高三尺深十丈餘寺外築臺建門臺下有池東望沇漻足爲佳麗

羅岷

羅岷在城北八十里卽瀾滄江西岸高千丈餘延袤四十里舊傳蒙氏時有僧自天竺來者名羅岷常作戲舞山石亦隨而舞後没于此後人爲之立祠祀之岩下時墜飛石過者驚趨俗謂之催行石坡飛石本岩上野獸拋踏而下相傳有人於將曉時見石自江中飛上霧中甚多羅岷之南爲險山勢極峻絶還有備鳥道闢仄路以通往來行人便之

易羅池

易羅池在龍泉門外繳九隆山麓泉由地噴者九竇滚滚沸出不舍晝夜郡人神之因名曰九龍池周遭甃以磚石内有荷花夏月盛開西岸有二亭其一舊名覩瀾御史陰汝登重建題曰龍池春曉其一跨沸泉之上舊名偕樂副使郭春震重建題曰九龍清派泉石澄清游人絡繹足爲一方形勝

金陵冬遊記畧

明 羅洪先

嘉靖己亥余當赴官僚命鄒東郭唐荆川有聯舟之約自念山中離索難逢剛七月十八日登舟十月二日始抵鎮江聞二兒既遊矣王龍溪在南京書來邀會與胡大徵同往赴之鎮江諸友至渠亭餞別是夜宿炭渚驛對長松孤月頗有懷人之感初七日宿東流寺遣人入城約龍溪與王鯉湖會初九日午龍溪鯉湖至十一日邀余觀都城勝槩薄午至麒麟

門入觀音寺十二日與鯉湖遊靈谷寺由松徑入五里許至殿前觀吳偉畫廊及後寶誌塔後有八功德水午後龍溪始來同登無梁殿校射塲中暮宿月泉方丈十三日遊禪堂諸禪請作浴浴罷登禪床皆熟寐寐覺諸禪作齋供訖移宿退居十五日由龍潭買小舟破浪下儀真二十三日追徐波石戚南山至金山不遇未幾南山書來邀會十一月初十舟到儀真爲大風所阻林東城昔來期歲暮入安豐十七日與盛範卿盧天啓聯騎趨全椒十九日午抵全椒宿南山家塾二十一日同南山適南京暮抵江浦縣白馬寺寺中有白沙先生手書碑當時與莊定山諸公相會處南山曰前此龍溪荆川皆常宿此夜與南山論及斷欲處南山大省發嘆曰白馬殊不虛行二十二日大霧渡江上下四顧不辨天水色若遊混沌午入報恩寺西方丈二十三日早余與南山觀殿外畫廊有二僧説諸相出處大抵皆苦行得道事已而同登寶塔至九層上是日大風塔窻中不能開目余乃敝窻瞑坐久之從四窻各開半戶盤辟竊觀終不能盡

有頃風稍定余從塔窻扶欄楯周視之北指石城南控雨花東望鍾陵西臨天塹而塔僧復次第細細區別於是頗盡金陵全勢因與南山靜坐論六朝興敗事撫時感激日晏南山先下余留坐塔中久之始去二十四日余與南山間行入徐府菴出寺由春牛廠三官廟入高座寺午飯罷觀方丈中荆川所留詩復從寺後登雨花臺循顧山川廻旋盤鬱徘徊久之下臺入天界寺新菴中熟卧禪榻二十五日與南山過大教場習射射畢入神樂觀觀天地壇返宿陸壽卿

方丈二十六日早投報單入孝陵余素服行謁陵禮飯夏太監宅夏乃鄉人飯罷其侄云尚有懿文皇太子陵由孝陵左折東下行叩頭禮出遇屈奉御引余達觀陵外規制并指吳王孫權所葬處爲之悲悼今昔令人輕世二十七日由洪武門入訪南衙諸老會章介菴談吐多感激與龍溪論及詩文龍溪曰荆川近揀得下縱彼終日執筆總是輕念菴縱終年不作總是重余初不肯服已而察之果然二十八日過雞鳴山欲登覽以井泉翁處促飯不及登席中因陳欲

根難斷處翁云自有知來欲即相棄歲復一歲已成深痼而今無有頓去法亦惟漸次歲減一歲耳已而論及安南事因出治權論見示夜宿龍溪家二十九日謁唐有懷翁語次每慮荆川過高不近人情處余曰在令郎不可有在今世不可無語罷余解衣冠獨乘馬由洪武門外阡陌中欲避謝人事投普照寺龍溪南山不之知也三十日與南山及盧子同遊牛首自鳳臺門出西皐使人邀至萬歲寺午飯罷同步至祝禧寺聽觀楞伽經十二月初一日西皐別去余三

人跨馬透邐循山而行有頃抵牛首至發級處始下馬古杉脩松蕭森屏列循街而上至住持方丈中熟睡睡覺從方丈左折登塔殿殿後依石壁左角有小徑緣石而上從石穴中出上有小石棊石四旁方平僅容人行名舍身崖余與南山次第登之盧子股栗不敢上坐少頃復從石穴下由殿外左折登憑虛閣又折而上入文殊洞出洞憑簷廊立夕陽倒射廊中天光下臨遠近嵐烟映帶林木遠水横帶暮鳥分歸大奇景也出廊西右折横過山腰有僧結茅菴獨坐

與之語亦稍知自謀者宛夜而西觀辟支洞洞甚小且傾仄下至禪堂已昏黑則聞龍溪至矣初二日早起就禪堂前右室中閉門觀塔影影從門孔中入倒懸向下無問陰晴皆得見之已而諸公各乘輿登眺余與盧子從石徑上山頂觀佛眼水水在石孔中出甚清潔深數尺許而是石皆有鉛鐵光盧子恐怖不敢近視余盤跚坐其上俯而下視崖石千仞少頃登絕頂坐盤石上北望鍾陵烟雲羃其下獨露山頂若螺髻然周廻四顧廣漠無際龍溪笑曰可謂下視人

甚矣方欲長歌而諸公使人邀下就席飲罷予乘肩輿過獻花崖而龍溪南山先入祖堂余與盧子觀諸崖洞登芙蓉閣反視牛首山樓閣秀麗若畫凭欄久之復由山左轉入祖堂寺僧游天延入方丈設齋供畢同入禪堂觀諸僧鍊魔皆數日夜始一休因感悟自巳悠悠處初三日同觀懶融洞洞中一石書佛字乃四祖點化懶融處余二人依石而坐適道人唱道詞皆警世語令人心思冷然出洞觀無梁殿乃海天所創歸方丈各跨馬過嶺復入獻花崖二公登陟余

止茅菴中已而由翠濤軒玩竹又從寺左右磴下遂由紅石經馴象門而西趨華嚴寺至則天復晴朗初四日龍溪早別去余三人由江東門外普惠寺陸行入水西門訪西阜飯罷遊西園次早同西阜遊朝天宮宮西偏有卞將軍墓墓前為祠由祠前去靈應觀登觀後臺矚烏龍潭望清凉山以天將雨不及登遂出清凉門四人共乘小艇北觀石頭城有頃天微雨共搆一蓬自蔽將暮抵靜海寺宿對山方丈初六日大風雪横沙凌晨携酒殺出餞西阜先別去將暮横沙別入城余四人同遊方丈前小閣列坐洞中時風雪交至悠然有塵外之樂初七日雪龍溪至餞於方丈別院飲罷令余大書菊坡警語并余途中詩為別初八日雪霽余四人同乘小舟遊觀音山午後始達遂登岸憑觀音閣望江流瀰瀰時天正寒汀洲蕭疎帆檣寥闃因步至觀音門望獅子山積雪日沉西登燕子磯絕頂將暮宿道院中初九日早各拜別南山龍溪送余至磯下登小舟戀戀不能舍去是日江風尚微薄暮抵儀真夜宿見齋客舍初十日飯莫中江

處夜半發舟十一日大雪至揚州乘雪訪吳疎山寓念自丙戌以來致力此學當時自負意氣謂聖域舉足可入每懷五嶽願志四方十四年來茫無所成郎恐日就淪逝終成狂謬因書所聞并以示鄉里同志

蜀都雜抄

雲間陸深

蜀人多姓奇今百家姓以爲出於宋朝故首以趙錢孫李尊國姓也我朝千家姓亦以朱奉天運起文然未見有天姓者而蜀姓或有出於二家外自魏晉以來取才於門閥故姓氏尤重唐重八姓論相於此至不許與他姓爲婚姻自八姓而下凡有三百五十姓宋嘉祐中亦有千姓編篤門邵思撰姓解則分爲一百七十門至有二千五百六十八氏漢潁川太守聊氏復有萬姓譜古姓之存於今者鮮矣按左氏之生賜姓胙土命氏以字以謚以官以邑才五者而已

峨眉山本以兩山相對如峨眉故名字當从虫不當从山

月竹嘉定州之產每月生笋

吾郡松江本緣淞江得名其地下每有水災乃去水而作郡吳淞江今吳江寶帶橋一路是已亦名松陵

眉州有江亦名松江卽蜀江分派過州城與醴泉江合

嘉靖十五年丙申春二月二十八日癸丑四更點[illegible]盡地震者三初震房屋有聲雞犬皆鳴隨以天鼓[illegible]西北而南後數日得報惟建昌尤甚城廓廨宇皆傾死者數千人都司李某亦與焉

蜀都大抵雨多風少故竹樹皆修聳少陵古柏二千尺人訊其瘦長詩固有放言要之屬產與他迥異者謂柏之森森者惟蜀爲然所謂喬木如山者亦惟蜀爲然

傷柳多奇生狀類冬青亦似紫藤經冬不凋春夏之

交作紫花散落滿地省衙前有數株冬月望之榮枯各異

峨眉山周廻千里高八十里中有光怪每天晴雲湧浩若銀河其光五采如輪俗云佛見是已夜半有光熠熠來自天際者又謂之聖燈光相寺在大峨絕頂登其處遥望之西天見雪山一云有小鳥如鴝鵒鳴類人言一云自竹水躡其巔六十里

峨眉古今之勝境也山中光怪若虹蜺然每見十雲日映射之俗際所謂佛光者是已予自陝入川巡撫

陝西與都憲臣有鄰爲予言曩爲川轄時親登其上覩佛光光未發時有烏先飛過若言施主發心菩薩來到光既散復來作聲施主布施菩薩去了又拾穢山中白石大小皆六稜照燿有光采疑光怪即此石所謂也理當或然但鳥聲何爲者耶近余編修承勛懋昭爲余言嘗從楊修撰慎用修兩宿其上登絕頂亦見光具五色俯視在雲壑中其言白石與黃都憲同惟云鳥聲只三字若言佛現了其鳥類雀而稍大只有三枚別無種類三鳥飛入佛殿中嘗就僧食但

不見有長育耳佛殿自西望見三峯插天皆積雪如銀每日下峯頭則殿中燃燈云此西域崑崙山豈所謂日月相掩映爲晝夜者耶夏日從北峯西下冬日從南峯惟春秋之間從中峯下不爽云西域去此尚遠恐目力難及今省城西望亦有雪山聳出將霽時可見蠶茂才三百里爾宋田錫賦詩云高高百里作一盤八十回盤青雲端豈以至高求至高耶東坡亦云峨眉山西雪千里今峨眉當省城南東三百餘里而城樓登望不及要之言八十里六十里者近是

同年安給事磐字公石作州志亦云有白石如泰山之狼牙上饒之水晶之類置之日際則有五色光日中則無僧曰佛現者此也予近覓覩之大類水晶

嘉定高任説貪言亦云施主佛現施主請回

夾江縣之伏龜山有仙掌洞今稱紫府洞是已其山雲常五色黃色居其中亦佛光之類耶

蜀中山水稱嘉定自古名人寓居其間漢則楊子雲晉則郭景純唐則李太白宋則蘇東坡黃山谷晁公武

咸淳間文尚忠字敦詩隱居夾江愛邑西江山之勝並大觀堂築二亭前臨翠嶺下瞰大江暇則擊鮮治具招避地名勝相與登臨觴咏爲樂

五塊石在今萬里橋之西其一入地上疊四石俱方或云其下有一井相傳以爲海眼其南即漢昭烈陵予疑是當時作陵時所餘嘉定州之金銀岡亦有所謂五塊石

黎州安撫司內小廳東有梨樹一株高九丈圍九尺州人取其枝以接果豈黎以梨名耶州人呼爲三藏

梨相傳爲唐僧西遊槓黎杖於此曰化日州治在此恐非實事古稱黎杖黎仰首常養之歷霜雪經一二歲木本修直生鬼面可杖取其經而堅非梨木也

嘉定州有烏一名山和尚一名雨道士堪作對偶

大藏西域記云阿耨達池在香山之南大雪山北周八百里東南流入海者曰殑伽河西南流入海者曰縛芻河西北流入海者曰徙多河又潛流地下出積石山東北流入海者爲中國之河源阿耨達華言無煩惱似指所謂星宿海者殑伽華言天堂縛芻華言

蜀都雜抄　八　五

青徙多華言冷

梵文甚細如叙果有五棗杏等謂之核果梨柰等謂之膚果椰子胡桃等謂之殼果松子栢仁等謂之檜果大小豆等謂之角果核殼易解膚皮脟可啖也角華言亦稱豆角惟檜顆與按字書空外反麤糠皮謂之檜豈取義華梵不能無相通云

金王子可南云咏西瓜云一片冷裁潭底月六灣斜卷隴頭雲又在元世祖前矣

孫甸離殘作堰六言石刻在灌縣相傳以爲秦李冰鑿離堆以利蜀時所爲此恐後人所爲非古詞也至於節宜水利無過此言

蜀城謂之芙蓉城傳自孟氏今城上間栽有數株兩歲著花予適閲視見之皆淺紅一色花亦凋瘵殊不若吳中之爛然數色也

支机石在蜀城西南隅石牛寺之側出土而立高可五尺餘石微紫近土有一竅傍刻支机石三篆文似是唐人書跡想曾橫置故刻字如之事本荒唐此石蓋出傳會然亦舊物也

蜀都雜抄　八　六

天涯石在城東門内寶光寺東之側有亭覆之舊志以爲在寧州衞李小旗家問之蜀人莫詳所始意亦萬里橋之類行旅之人志遠也石首銳而微頑爾

自複姓之外有三字姓如侯莫陳費也頭吐谷渾之類四字姓則有自死獨膊井疆六斤皆虜之姓夫中國無衍語一言見一義[illegible]多侈辭數言見一義或曰中國用文字有定形[illegible]用聲音有長短

日行黄道月行月道月道交絡黄道外十三日有奇而入經黄道謂之交朔凡月之行歷二十九日五十

三分而與日相會謂之合朔
正字以一止爲文前代多諱之如齊文宣之子殷字正道歎曰吾兒其替乎後果不終梁武陵王改元曰天正識者以爲一年而敗此亂亡之兆或出偶然考之帝王建元自漢武始兩漢之世無有以正紀年者至魏齊王芳改元曰正始高貴鄉公曰正元竟俱不祥金煬王有正元正隆之號金哀宗亡國之年亦曰正大元順帝終於至正豈盡偶然耶後世臨文亦稍避所謂宰相須用讀書人也

李侍御鳳翔號五石其居近五塊石故云予問成都石筍遺跡五石指五塊石是也與少陵所賦石筍行不侔又云五塊爲南筍天涯石爲北筍云
永嘉林石介夫變擧泉石闢作萱堂以養母客至竹床瓦豆具酒蔌延之佳山水無不到獨不到郡縣
宋寧宗嘉定十三年與元軍士張福與其黨莫簡作亂以紅巾爲號
予嘗欲取今之州縣推而上之以會于禹貢之命名因以着古今離合遷改之實爲一書宋浦江倪朴文卿嘗作輿地會元志四十卷備嘗時以布衣者書力不能傳其自叙有曰今學者大抵急於利祿而書務於時文故不識者不肯目而識者未暇觀也其言亦可悲矣
撫州出兩大儒前有王荆文公安石後有吳文正公澄向使荆公無熙豐之事文正高不仕之節皆程朱等輩人也荆公值宋祚將衰故釀禍多文正當元運方隆故享福盛此士難以成敗論也
范文穆公成大嘗朱孝宗時起祠知處州陛對論力

之所及者三曰日力曰國力曰天力今盡以虛文耗之不知一時所指者何事後世讀之令人有流涕者
進宋史表或云歐陽玄所爲最警策者是辭容盛而武備衰論建多而成効少不若議論多而成功少差爲渾成至齊亡而有王蠋乃存秉節之臣楚滅而論尊公甚矜守禮之國溫厚典雅之旨尤爲藹然一時史官若張翥吳當號稱博洽而危素亦與焉
姚牧菴燧送暢純序稱先師貫其辭而戒之曰弓矢爲物以待盜也使盜得之亦待其人文章固發聞士

子之利器然先有能一世之名將何以應人之見役者哉非其人而與之與非其人而拒之均罪也非周身斯世之道也其論極爲痛切牧菴嘗受業劉靜修先師必靜修今文集中無此議論

嶓嶓潛沱之義難解今蜀山連綿延亘凡居左者皆曰岷右者皆曰嶓凡水出於岷者皆曰江出於嶓者皆曰漢江別流而復合者皆曰沱漢別流而復合者皆曰潛恐屬方言爾故岷謂之汶今汶川是也漢謂之漾或謂之沔或謂之羌今沿漢水而東有寧羌州

有沔縣又東有洋縣即古洋州也洋漾聲相近豈皆得名於漢水云

按華陽國志云漢有二源東源出武都氐道漾山因名漾禹貢流漾爲漢是也西源出隴西嶓冢山會白水經葭萌入漢始源曰沔故曰漢沔

楠木村巨而良其枝葉亦森秀可翫成都人家庭院多植之有成行列者其枝葉若相廻避然謂之讓木文潞公詩所謂移植虞芮間者以此

成都學宮前綽楔題曰神禹鄉邦予始至視學見而疑之昔堯舜禹嗣興冀爲中州兩河之間聲教暨焉而輿地尚未拓也後千餘年而周始有江漢之化至秦盛强蜀始通焉彼所謂蠶叢魚鳧鼈靈望帝者文物未備且在衰周之世蜀之先可知也禹都在今之安邑鯀實四嶽封爲崇伯崇今之鄠縣其地遼絶何得禹生於此乎新志亦以此爲疑聞之人士皆曰禹生於汶川之石紐村禹穴在焉檢舊志稱唐元和志廣柔縣有石紐村禹所生也以六月六日爲降誕云是蓋凡於巫覡之談王宋許有功作禹廟碑始大書

曰崇伯得有莘氏女治水行天下而禹生於此其言頗爲無據有莘氏於鯀亦不經見按莘今之陳留與崇近縣娶當或有之鯀爲諸侯厥有封守九載弗續多在河北今諸處之鯀城是已安得治水行天下乎又安得以室家自隨荒裔之地如石紐者乎予益疑之雖有功亦曰稽諸人事理或疑然蓋疑詞也此必承元和志之誤而後說益紛紛此雖於事無所損益而蜀故不可以不辯按楊雄蜀都賦止云禹治其江左思三都所賦人物奇若相如君平文若王褒楊雄

怪若萇弘杜宇借若公孫劉璋皆列獨不及禹生耶
至宋王騰不平左詞作賦致辯頗極辭鋒亦云岷山
導江歷經營於禹蹟其後云縣爲父而禹子此槩人
倫之辯爾亦不言禹所生也又按華陽國志載禹治
水命巴蜀以屬梁州禹娶於塗山辛壬癸甲而去生
子啓呱呱啼不及視三過其門而不入室務在救時
今江州之塗山是也帝禹之廟銘存焉志作於晉常
璩可謂博雅矣況隋意蜀之材賢然亦不云禹所生
也今徒以石紐有禹穴二字證之又安之非後人所

爲耶禹穴實在今會稽窆石在焉古稱穴居衆詞也
禹平水土時巳爲司空恐不穴居今言穴蓋藂處非
生處也古今集記則云岷山水源分二派正南入溢
村至石紐過汶川則禹之所導江也由是言之石紐
蓋禹蹟之始而非謂禹所生也又按塗山亦有數說
江州今重慶之巴縣有山曰塗鳳陽之懷遠古鍾離
也自有塗山啓母石在焉江州治水所經鍾離帝都
爲近未知孰是蘇鶚又云塗山有四皆禹跡也併增
會稽與當塗云宋景濂游山記甚詳然亦不能決孔

安國曰塗山國名非山也史記所載啓禹之子其母
塗山氏之女又似姓氏猶今司馬氏歐陽氏之謂恐
亦非國名也聊附所疑於此

嘗聞前輩云本　朝國體與前代不同者三事其一
指北　以爲不可一日忘備濮唐故事但驅出境外
而巳近得戶部移文開稱宣府歲用銀九十二萬五
千九百餘兩大同歲用銀九十九萬二千四百六十
餘兩遼東歲用銀三十九萬四千八百七十餘兩延
綏歲用糧料五十二萬一千三十六石零寧夏歲用

糧料五十三萬四千二百五石草三百九十三萬九
千六百餘束甘肅歲用糧料六十九萬七千六百零
草五百二十萬三千八百五十四束大約歲費四百
餘萬而臨時用兵不與焉

今上大工之費近得工部總計九十餘萬只大木一
項四川巳用九十萬尚須九十萬可足川之民力可
念也

貴州金竺長官司有僧寺曰羅永菴有一僧題二詩
於壁間曰風塵一夕忽南侵天命潛移四海心鳳返

丹山紅日遠龍歸滄海碧雲深紫微有象星還拱仙漏無聲水自沈遥想禁城今夜月六宮猶望翠華臨閒能楞嚴磬懶敲笑看黄屋寄團瓢南來瘴嶺千層迥北望天門萬里遥欵段久忘飛鳳輦袈裟新換衮龍袍百官此日知何處惟有羣烏早晚朝人知爲建文君僧遯避去其詩至今留菴中衛方伯正夫傳其事湜記之以備一説

豫章漫抄

吳郡陸深

今人家池塘所蓄魚其種皆出九江謂之魚苗或曰魚秧南至閩廣北越淮泗東至于海無別種也盖江湖交會之間氣候所鍾每歲於三月初旬挹取於水其細如髮養之舟中漸次長成亦有龐縮其利甚博九江設廠以課之洪武十四年　欽差總旗王道兒等至府編僉漁人謂之鰟户

甲午十月四日舟過安仁偶讀書坊朱學士文集諸版語有云區區富貴能幾何乃無所忌憚至於如此

墓骨已朽覽其官氏人猶指議之不覺感嘆

五日未至弋陽二十里已過龜峯溪下時新月在未位木星入之頃刻遂出西行是日月躔牛二十度木星尚在初度七日方交一度當是太陰允疾所致又明日過鉛山見費少師鵝湖首問及此彼以爲星與月相去才五度云

木各有土宜予行清化見柿樹衢州之橘田皆異他產饒州之間柏亦異冬初葉落結子放蕊顆作

字裂一叢有數顆望之若梅花[illegible]錠枝柯詰曲
野木亂石之間遠近成林眞可愛也
吾鄉諺云斤九爲川以川時人之精慧者不知所本
弋陽德興産梨頗大有至一斤九兩者土人謂之斤
九梨蓋取其類之大者言之猶斗言魁也
趙善鳴字元默與同年湛元明俱出陳白沙之門三
十年前因元明識其人甲午春以南京戶部員外公
差過豫章出許司徒函谷所刻論辯爲惠始得盡見
一時賢俊論學之說予向嘗疑氣以成形而理亦賦

豫章漫抄　八　二

焉爲有語病今諸公倂以性卽理也一言爲不通之
論大抵義理之學要在悅心處如登山然高一步則
所見自別若未至其地而議之何益之有函谷至以
太極圖爲周子之眞贓實犯此何言與
予往歲論廷平北歸宿建陽公館時薛宗鎧作令與
小酌堂後軒是歲閩中大雪四山皓白而芭蕉一株
橫映粉墻盛開紅花名美人蕉世稱王維雪蕉畫爲
奇格而不知胃雪有花乃實境也
九江德安縣布政分司有松當月臺之左合抱餘不
甚聳拔而西偏拘出一枝作偃蓋曲屈盤旋類人力
所爲遠望之若鵲巢然土人以爲有茯苓云甚可愛
翫古稱松千年乃偃蓋果然耶間之葉予奇云松有
命根過石則偃蓋不必千年也再過開先寺道旁長
松二百餘株一徑森然若龍起虬列大者數圍其細
瘦者亦不下徑尺相傳李後主所植亦已五百餘年
矣此皆江西嘉木也
鄱湖之濱民以巨簄漁乃洞其底以簣承之設逆箭
焉使魚能入而不能出也上施轆轤颺網而觀魚之

豫章漫抄　八　三

有無以漸約致魚之初失水也跳躍不已以漸約至
下入箭而水始豁而不知死地之近也陷民於罪何
以異是故曰法網
元至正初史館遣屬官馳驛求書東南異書頗出時
有蜀帥紐鄰之孫盡出其家貲徧遊江南四五年間
得書三十萬卷泝峽歸蜀可謂富矣今江西在江南
號稱文獻故邦予來訪之藏書甚少間有一二往往
新自北方載至亦無甚奇者而浙中猶爲彼善若吾
[illegible]中則有群襲有精美者矣

楊文公億登干越亭歎曰長洲茅屋曲水漁晉樓閣
參差峯巒遠近或白雲或返照或殘雪在樹或微雨
弄晴朝暮掩映誠絶境也予自餘干陸行南至饒干
艮田流水平林遠山觸目藹藹干越亭久廢今爲學
宫下臨琵琶州朱子注楚詞之地溪水自玉山來者
滙在十里外宛有退避之意文公品題要爲實錄

都少卿玄敬南濠先生嘗云家有宋抄京房易傳許
借未償比於鄱陽余少宰子積家錄之於易無所發
明蓋亦自成一家言卦分世應起星氣筭位即今世
星卜五鄉六親之術小數也而文理微密比太玄頗
爲易簡云

鐵柱宫在江西省城東南隅宫之東南隅方丈甃池
作石闌檻鐵柱在焉相傳爲許旌陽治蛟之物甲午
冬初予與同僚偶往俯觀焉微露其端乃石爾非鐵
也亦不作柱形𥮒觚膠所爲與